JN447297

가정 성경 낭송 독본

家庭 聖經 朗誦 讀本

| 安樹植 牧師 編 |

HOME
READ
BIBLE

쿰란출판사

가정 성경
낭송 독본
家庭 聖經 朗誦 讀本

서언 序言 1

코로나 팬데믹은 우리 일상생활에 많은 변화를 가져왔다. 주일예배 집회 제한 조치, 12사단 전방 GOP 벧엘교회 출입 제한, 2020년 그 후 집에서 예배를 드리며 성경 창세기 1장 / 찬송가 1장부터 계속하여 낭독과 송축을 시작하여 드디어 창세기 – 계시록까지 찬송가 1장 – 645장까지 왕복하게 되었다.

아무래도 항공료가 가장 저렴할 때 아이들이나 만나 보고 싶어 코로나 백신을 맞고 복잡한 검역 절차를 거쳐 뉴욕 케네디 공항에 안착했다. 뉴저지 파라무스 차녀 성아네에 거처를 정하였다.

이웃에 유대인 회당이 있어 검정색 정장을 하고 회당으로 가는 유대인 가족을 따라 토요일 안식일 집회에 참석하였다. 그다음 안식일에는 로터리 뒤편에 위치한 유대인 나사렛기독교회 예배에 참석하였다. 그다음 안식일에는 한 블럭 떨어진 Jewish Community Center를 방문하였다. 그들의 예배 공통점은 열심히 토라Torah를 낭송하고 남녀노소 모두가 격렬하게 토론하는 모습이었다.

그 전에 샌프란시스코 실리콘밸리 장남 정모네 집에서 1km 동남방향 제방 밑에 위치한 모스크mosque를 방문하였다. 평일인데도 많은 무슬림muslim들이 큰 회랑과 기도실에 운집해 있었다. 예배 시간이나 기도 시간이 아닌데도 삼삼오오 이곳저곳에 산개된 가운데 기도, 휴식, 취침 등 자유롭게 넓은 공간을 채우고 있었다. 이곳저곳 코란Quran을 읽거나 뒤적이고 있었다. 특별히 부모가 자녀들을 데리고 함께 있는 모습이 유난히 많이 보였다.

뉴욕 맨해튼 St. John Cathedral 대성당 장엄한 미사, 뉴저지 팰리세이드 한인교회 주일예배, 유대교, 회교, 천주교, 개신교…. 어찌하여 믿음의 조상 아브라함의 후손들이 살고 있는 거룩한 땅이 지난 수천 수백 년 동안 죄악이 관영한 갈등과 대립의 땅 전쟁터가 되었나?

오늘날 중동 갈등과 전쟁 어이하리!(하마스, 헤즈블라 vs 이스라엘 / 블레셋 vs 삼손, 사울, 다윗 / 가자 지역 vs 통곡의 벽) 젖과 꿀이 흐르는 평화의 지역이 아닌 갈등과 대립 피투성이 전쟁의 도가니요 저주와 비극의 현장!

가나안 땅 Palestinian 그리고 그 중심지가 예루살렘과 베들레헴이 아닌가? 그 이유는 하나님의 말씀을 거역하고 일부분만 고집한 유대교가 토라만 하나님 말씀이고 다른 성경을 오늘까지 불인정不認定한 결과이다. 무슬림은 BIBLE을 아예 무시하고 코란만 고집하고, 천주교는 성만찬 미사 중심이고, 개신교는 짧은 성경 본문과 긴 설교로 하나님의 직접 선포하신 말씀이 이곳저곳 널뛰기식 부분적으로 강조되어 온 것도 현실이다.

성경 전체에 선포된 하나님의 말씀, 창세기에서부터 계시록까지 일목요연一目要演하게, 금광금맥金鑛金脈과 누에고치 속 명주실Silk같이, 또한 청산유수淸山流水로 세차게 이어져, 심령골수心靈骨髓에 새겨야 하며 신명기 쉐마Shema만 새길 뿐 아니라 창세기부터 계시록까지의 모든 말씀이 Shema가 되어야 한다. 이것이 가나안 복지가 진정한 평화의 땅 Shalom, 구원의 성지가 되는 유일한 길이요 해결책이다.

유대교가 토라 Torah + Bible, 성경도 함께 믿고 낭송하고, 무슬림이 코란 Quran + Bible, 전 세계 교회와 함께 계시의 말씀을 믿고 낭송되기를 위하여 기도하였다.

귀국 후 신영주교회 시무 중, 세 이레 새벽기도회 교안으로 작성하여 사용한 〈가정 성경 낭송 독본〉을 가정예배 시 함께 낭송하니 너무너무 은혜롭고 감동이 크고 컸다. 길고 다양한 강해와 설교도 중요하지만 하나님이 직접 선포하시는 말씀으로 직접 대면 청취, 1:1 Direct 낭송 시에 심령에 스며드는 신비한 하나님의 음성! 성령의 감동으로 신유의 은사 체험을 공유함이 간절하여 금번 쿰란출판사를 통해 출간하게 되었다.

창세기 1장부터 계시록 22장까지 흐르는 하나님의 생생한 계시의 말씀과 음성을 간결簡潔하고 선명鮮明하게 직접 들으면 놀라운 큰 변화의 역사가 전개될 것이다.

그리함으로 하나님의 말씀 곧 예수 그리스도의 복음이 온 세상에 편만遍滿하여 오늘날의 중동문제를 포함하여 모든 뿌리 깊은 갈등과 대립, 테러와 전쟁이 평화Shalom와 구원救援의 역사로 대전환大轉換될 것을 확신한다.

주후 2024년 7월

설악산 내설악정 안수식 목사
(북한교회 재건 시 심을 정원수 수목원 경영,
안식수목원농장安植樹木園農場 대표
12사단 사령부 을지교회 협동목사,
강원노회 은퇴목사회 회장,
포항 대도교회 세례)

서언 序言 2

안수식 목사 / 목회신학박사

우리는 백 년 전에 귀중한 선물을 받았다. 성경 매서인들을 통해 쪽복음을 받아들고 읽고 또 읽었다. 책이 해어질 때까지 마르고 닳도록 읽었다. 글 읽는 소리가 동리마다 골목마다 들려왔다. 새벽 종소리와 더불어 닭 우는 소리와 함께 글 읽는 소리가 들려오는 것을 큰 기쁨과 희망으로 삼아 왔다.

천자문千字文, 사자소학四字小學, 동몽선습童蒙先習, 명심보감銘心寶鑑, 사서삼경四書三經 등 글 읽는 습관과 전통은 우리의 자랑이요 문화 민족의 저력이다. 이 글 읽는 습관과 전통이 우리 한국교회와 성도들의 가정에 성경 읽기로 계승되어 왔으니 은혜요 축복이다. 그러나 오늘날 말로만 성경 읽기를 강조하지만 실제는 땅에 묻어 둔 달란트가 되어가고 있다.

유대인 가정에서는 수천 년 동안 구약성경 토라가 읽혀져 내려왔다. 오늘의 천재성의 비결이 쉐마 교육 탈무드와 토라의 낭독과 강론에 있음을 세계가 주목하고 있다. 무슬림(모슬렘)의 결속과 확장은 코란 낭독과 암송에 있음을 주지하는 바이다.

경전 낭독과 암송의 위력이 역사를 움직이고 변화시키는 힘이 있음에도 불구하고 컴퓨터, 인터넷, 멀티비전 등 각종 미디어에 밀려 활자 인쇄본의 책 읽기는 점점 퇴락해 가고 있다. 뒤처진 교육 방법이 되어 뒷전으로 밀려나고 있는 실정이다.

아무리 급변하는 세상이 되었다 해도 하나님의 말씀은 변치 않으며 그 권능과 지혜의 효능도 변하지 않는다. 그러나 너무나 방대하고 복잡한 내용, 작은 활자와 이해하기 힘든 내용과 용어로 말미암아, 많은 사람들이 읽기 시작했다가 중도에 포기하는 경우가 많은 것이 현실이다.

젊은 세대들은 조금 읽다가 싫증 내고 멀리하다가 끝내 성경책을 덮어 버리고 먼지가 쌓이게 되는 것도 다반사가 되고 말았다. 언제까지 부담만 안고 안타까운 마음만 가지고 있을 것인가. 이 모든 것을 해결하는 대안이 요청되고 있다.

본 교회에서 지난 7년 동안 실제 사용한 성경 읽기 교안 〈가정 성경 낭송 독본〉을 많은 성도들의 요청에 의해 단행본으로 출판하게 되었다. 이 책은 신·구약 성경 창세기 1장부터 요한계시록 22장까지 초등학교 어린이부터 할아버지에 이르기까지 부담없이 은혜롭게 낭독하도록 엮어졌다.

온 가족 가정 예배용으로 적합하니, 본 〈가정 성경 낭송 독본〉을 가정 예배용으로 사용하면 중도에 멈추지 않고 계속해서 은혜롭게 진행될 것이다. 개인기도 QT용으로 깊이 묵상할 수 있게 되었다. 전도용으로 가르치는 분과 배우는 분이 부담없이 대화, 토의, 강의 등 내용이 구절구절마다 풍성해서 좋다. 신학생과 목회자의 설교 준비와 성경 연구 묵상과 명상, 설교 시 인용 등 너무나 다양하고 풍부하다. 필요한 영적 자양분을 지속적으로 공급 받을 수 있다.

잠깐 사용하다가 책장에 꽂아 둘 수 없는, 일평생 사용할 수 있는 〈가정 성경 낭송 독본〉이다. 읽고 또 읽고 보고 또 보고 상고하고 또 상고할, 나의 손때와 땀과 눈물로 얼룩지을 보배 같은 '제2의 성경책'이다. 내 평생 내 손안에서 떠나지 않을 〈가정 성경 낭송 독본〉이 된다. 내 자식과 후손들에게 물려줄 수 있는 유산 1호가 될 것이다.

사용해 보신 분은 '아— 이것이 대안對案이다'라고 공감할 것이다. 밭에 묻힌 보화를 가슴에 안고 기뻐하고 감격하는 농부의 행복과 꿈을 소유하게 될 것을 확신한다.

주후 2002년 7월

신영주교회 담임

(성균관대학교, 장신대 신학대학원,
연세대 연합신학대학원,
신시내티 신학대학원,
샌프란시스코 신학대학원,
총회 단군상대책위원회 서기,
한기총 단군상특별위원회 진행위원장)

목 차

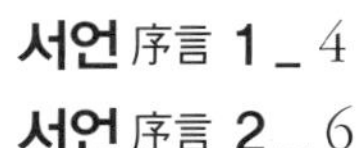

I

하나님이 천지를 창조하시니라

제1일	하나님이 천지天地를 창조創造하시니라	창세기 1:1
제2일	생육生育하고 번성蕃盛하라	창세기 1:28
제3일	너를 인하여 복福을 얻을 것이라	창세기 12:3
제4일	상사喪事 후後에 위로慰勞를 얻었더라	창세기 24:67
제5일	유업遺業으로 받게 하시기를 원하노라	창세기 28:4
제6일	하나님께 단壇을 쌓으라	창세기 35:1
제7일	여호와의 복福이 모든 소유所有에 미친지라	창세기 39:5
제8일	온 땅의 좋은 것이 너희 것임이니라	창세기 45:20
제9일	바로 왕王에게 축복祝福하고 나오니라	창세기 47:10
제10일	네 신을 벗으라	출애굽기 3:5
제11일	나의 표징表徵과 나의 이적異蹟을 행行하리라	출애굽기 7:3
제12일	하나님을 경외敬畏하여 모세를 믿었더라	출애굽기 14:31
제13일	너의 후손後孫을 위하여 간수看守하라	출애굽기 16:31
제14일	함께 담당擔當할 것인즉 일이 쉬우리라	출애굽기 18:21~22
제15일	성결聖潔케 하고 예비豫備하여 제삼일第三日을 기다리라	출애굽기 19:10~11
제16일	여호와의 모든 말씀을 준행遵行하리이다	출애굽기 24:3
제17일	제사장祭司長 직분職分을 행하게 하라	출애굽기 28:3
제18일	청년靑年여호수아는 회막會幕을 떠나지 아니하니라	출애굽기 33:11
제19일	여호와의 말씀을 인하여 광채光彩가 나니라	출애굽기 34:29
제20일	모든 일을 하기에 넉넉하여 남음이 있었더라	출애굽기 36:7
제21일	여호와의 명命하신 대로 할 것이니라	출애굽기 36:1
제22일	여호와께 향기香氣로운 냄새니라	레위기 1:9
제23일	가증可憎한 풍속風俗을 좇음으로 더럽히지 말라	레위기 18:30
제24일	나는 너희 하나님이고 너희는 내 백성百姓이라	레위기 26:12
제25일	그들에게 복福을 주리라	민수기 6:27
제26일	여호와의 영광榮光이 나타나시니라	민수기 14:10
제27일	현재現在보다 천배千倍나 복福 주시기를 원願하노라	신명기 1:11
제28일	사랑하고 계명誡命을 지키는 자에게 은혜恩惠를 베푸느니라	신명기 5:10
제29일	자녀들아 들어라	신명기 6:4
제30일	항상 지키라	신명기 11:1
제31일	주신 복福을 인하여 즐거워할지니라	신명기 26:11

제 1 일

하나님이 천지天地를 창조創造하시니라

창세기 1:1

아득한 먼 옛날에 하나님께서 말씀으로 광활廣闊한 우주宇宙를 창조創造하였습니다. 우리가 살고 있는 태양계太陽系와 지구地球를 만드셨습니다. 그 가운데 에덴 낙원樂園을 창설創設하셨습니다. 창조사역創造使役 목적目的은 하나님의 영광榮光과 인간의 행복幸福을 위한 것입니다.

1. 태초太初에 하나님이 천지天地를 창조하시니라. 땅이 혼돈混沌하고 공허空虛하며 흑암黑暗이 깊음 위에 있고 하나님의 신은 수면水面에 운행運行하시니라. 하나님이 가라사대 빛이 있으라 하시매 빛이 있었고, 그 빛이 하나님의 보시기에 좋았더라. 하나님이 빛과 어두움을 나누사 빛을 낮이라 칭하시고 어두움을 밤이라 칭하시니라. 저녁이 되며 아침이 되니 이는 첫째 날이라. (창 1:1~5)

2. 하나님이 가라사대 물 가운데 궁창穹蒼이 있어 물과 물로 나뉘게 하리라 하시고, 하나님이 궁창을 만드사 궁창 아래의 물과 궁창 위의 물로 나뉘게 하시매 그대로 되니라. 하나님이 궁창을 하늘이라 칭하시니라. 저녁이 되며 아침이 되니 이는 둘째 날이라. 하나님이 가라사대 천하天下의 물이 한곳으로 모이고 뭍이 드러나라 하시매 그대로 되니라. 하나님이 뭍을 땅이라 칭하시고 모인 물을 바다라 칭하시니 하나님의 보시기에 좋았더라. (창 1:6~10)

3. 하나님이 가라사대 땅은 풀과 씨 맺는 채소菜蔬와 각기 종류대로 씨 가진 열매 맺는 과목果木을 내라 하시매 그대로 되니라. 땅이 풀과 각기 종류種類대로 씨 맺는 채소와 각기 종류대로 씨 가진 열매 맺는 나무를 내니 하나님의 보시기에 좋았더라, 저녁이 되며 아침이 되니 이는 셋째 날이라. 하나님이 가라사대 하늘의 궁창에 광명이 있어 주야晝夜를 나뉘게 하라, 또 그 광명光明으로 하여 징조徵兆와 사시四時와 일자日字와 연한年限이 이루라. 광명이 하늘의 궁창에 있어 땅에 비취라 하시니 그대로 되니라. 하나님이 광명을 만드사 큰 광명으로 낮을 주관하게 하시고, 작은 광명으로 밤을 주관主管하게 하시며, 또 별들을 만드시고, 하늘의 궁창에 두어 땅을 비취게 하시며, 주야를 주관하게 하시며 빛과 어두움을 나뉘게 하시니, 하나님의 보시기에 좋았더라. 저녁이 되며 아침이 되니 이는 넷째 날이라. (창 1:11~19)

4. 하나님이 가라사대 물들은 생물로 번성蕃盛케 하라, 땅위 하늘의 궁창에는 새가 날으라 하시고, 물고기는 물에서 번성케 하며 움직이는 생물을 그 종류대로, 날개 있는 모든 새를 그 종류대로 창조하시니, 하나님의 보시기에 좋았더라. 하나님이 그들에게 복을 주어 가라사대, 생육하고 번성하여 여러 바다 물에 충만하라 새들도 땅에 번성하라 하시니라. 저녁이 되며 아침이 되니 이는 다섯째 날이라. 하나님이 가라사대 땅은 생물을 그 종류대로 내되, 육축과 기는 것과 짐승을 종류種類대로 내라 하시니 그대로 되니라. 하나님이 땅의 짐승으로 그 종류대로 육축을 그 종류대로 땅에 기는 것을, 그 종류대로 만드시니 하나님의 보시기에 좋았더라. (창 1:20~25)

5. 하나님이 가라사대 우리의 형상形像을 따라 우리의 모양模樣대로 사람을 창조하시되 남자와 여자를 창조하시고, 하나님이 그들에게 복을 주시며 생육生育하고 번성蕃盛하여 땅에 충만充滿하라, 땅을 정복征服하라, 모든 생물生物을 다스리라 하시니라. 하나님이 가라사대 온 지면地面의 씨 맺는 채소菜蔬와 열매 맺는 모든 나무를 너희에게 주노니 너희 식물食物이 되리라. 땅의 모든 짐승과 공중의 모든 새와 생명이 있어 땅의 모든 것에게는, 내가 모든 푸른 풀을 식물로 주노라 하시니 그대로 되니라. 하나님이 그 지으신 모든 것을 보시니 보시기에 심히 좋았더라. 저녁이 되며 아침이 되니 이는 여섯째 날이라. (창 1:26~31)

6. 천지天地와 만물萬物이 다 이루니라. 하나님의 지으시던 일이 일곱째 날이 이를 때에 마치니 그 지으시던 일이 다하므로 일곱째 날에 안식安息하시니라. 하나님이 일곱째 날을 복 주사 거룩하게 하셨으니 이는 하나님이 창조하시며 만드시던 모든 일을 마치시고 이날에 안식하셨음이더라. (창 2:1~3)

하나님은 말씀대로 온 우주宇宙의 창조사역創造使役을 완수完遂하셨습니다. 하나님의 형상形像으로 지음받은 사람이 하나님과 더불어 만물萬物의 관리자管理者가 되었습니다. 사람에게는 하나님의 영광榮光을 위한 사명使命과 안식安息의 복福까지 주었습니다.

【 낭송 표시 : 1회 ▚ / 4회 ■ / 목표 120회 】

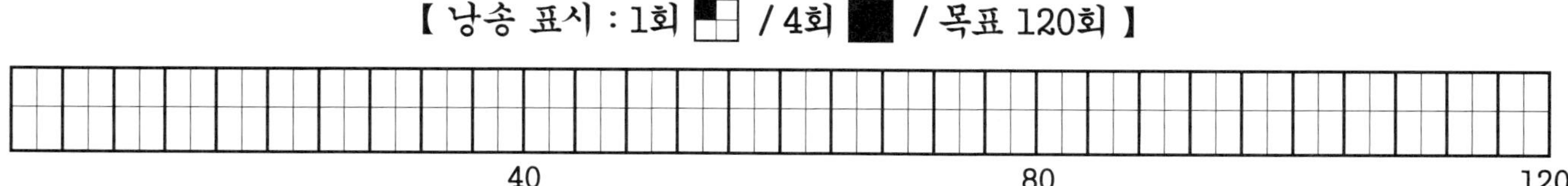

"주의 말씀은 내 발의 등이요 내 길에 빛이니이다"(시 119:105)

제 2 일

생육生育하고 번성蕃盛하라

창세기 1:28

천지창조天地創造의 대역사大役事를 완료完了하신 하나님께서는 최초의 사람인 아담과 하와와 그 후손後孫들에게 생육하고 번성하라는 사명을 주었습니다. 또한 만물萬物을 다스리며 관리管理하라는 청지기廳直의 책임責任까지 부여附與하였습니다.

1. 하나님이 복福을 주시며 이르시되 생육生育하고 번성蕃盛하라, 땅에 충만充滿하라 땅을 정복征服하라, 모든 생물生物을 다스리라. 모든 채소菜蔬와 열매를 너희에게 주노니 너희 식물食物이 되리라, 하나님이 그 지으신 모든 것을 보시니 보시기에 심히 좋았더라. (창 1:28~31)

2. 여호와 하나님이 흙으로 사람을 지으시고, 생기生氣를 불어넣으시니 사람이 생령生靈이 된지라. 여호와 하나님이 에덴에 동산을 창설創設하시고, 그 지으신 사람을 두시고 보기에 아름답고 먹기에 좋은 나무가 나게 하시니, 생명生命 나무와 선악善惡을 알게 하는 나무도 있더라. 강江이 에덴에서 발원發源하여 동산을 적시고, 첫째 강은 비손이라, 금金이 있는 하윌라 온 땅에 둘렸으며, 정금精金과 베델리엄과 호마노縞瑪瑙도 있으며, 둘째 강은 기혼이라 셋째 강은 힛데겔이라, 넷째 강은 유브라데더라. 여호와 하나님이 그 사람을 에덴 동산에 두사 다스리며 지키게 하시니라. (창 2:7~15)

3. 여호와 하나님이 그 사람에게 명命하여 가라사대, 동산 각종各種 나무의 실과實果는 네가 임의任意로 먹되, 선악善惡을 알게 하는 나무의 실과는 먹지 말라 먹는 날에는 정녕丁寧 죽으리라 하시니라. 여호와 하나님이 가라사대 사람의 독처獨處하는 것이 좋지 못하니, 내가 그를 위하여 돕는 배필配匹을 지으리라 하시니라. 여호와 하나님이 흙으로 각종各種 들짐승과 공중空中의 각종 새를 지으시고, 아담이 각 생물生物을 일컫는 바가 곧 그 이름이라, 아담이 모든 육축六畜과 공중의 새와 들의 모든 짐승에게 이름을 주니라. (창 2:16~20)

4. 아담이 돕는 배필이 없으므로, 여호와 하나님이 아담을 깊이 잠들게 하시니, 잠들매 그가 갈빗대 하나를 취取하고 살로 대신代身 채우시고 아담에게 취하신 그 갈빗대로 여자女子를 만드시고, 그를 아담에게로 이끌어 오시니 아담이 가로되, 이는 내 뼈 중의 뼈요 살 중의 살이라, 이것을 남자男子에게 취하였은즉 여자라 칭稱하리라 하니라. 이러므로 남자가 부모父母를 떠나 그 아내와 연합聯合하여 둘이 한 몸을 이룰지로다. (창 2:20~24)

5. 그들이 날이 서늘할 때에 동산에 거니시는 여호와 하나님의 음성音聲을 듣고, 아담과 그 아내가 여호와 하나님의 낯을 피하여 동산 나무 사이에 숨은지라. 아담을 부르시며 그에게 이르시되 네가 어디 있느냐, 가로되 내가 동산에서 하나님의 소리를 듣고 내가 벗었으므로 두려워하여 숨었나이다. 내가 너더러 먹지 말라 명命한 그 나무 실과實果를 네가 먹었느냐, 아담에게 이르시되 아내의 말을 듣고 먹지 말라한 실과를 먹었은즉, 땅은 너로 인하여 저주詛呪를 받고 종신終身토록 수고受苦하여야 소산所產을 먹으리라, 너는 흙이니 흙으로 돌아갈 것이니라 하시니라. (창 3:8~19)

6. 여호와께서 사람의 죄악罪惡이 세상世上에 관영貫盈함과, 그 마음의 생각과 모든 계획計劃이 항상恒常 악할 뿐임을 보시고, 땅 위에 사람 지으셨음을 한탄恨嘆하사 마음에 근심하시고, 나의 창조創造한 사람을 내가 지면地面에서 쓸어 버리되, 그것을 지었음을 한탄함이니라 하시니라. 그러나 노아는 여호와께서 은혜恩惠를 입었더라. 노아는 의인義人이요 당세當世에 완전完全한 자라, 그가 하나님과 동행同行하였으며, 때에 온 땅이 하나님 앞에 패괴敗壞하여 강포强暴가 땅에 충만充滿한지라. 하나님이 노아에게 이르시되 강포强暴가 땅에 가득하므로, 그 끝 날이 내 앞에 이르렀으니, 내가 그들을 땅과 함께 멸滅하리라. (창 6:5~13)

7. 여호와께서 노아에게 이르시되 너와 네 온 집은 방주方舟로 들어가라. 이 세대世代에 의로움을 보았음이니라. 노아가 여호와께서 자기에게 명하신 대로 다 준행遵行 하였더라. 하나님이 가라사대 내가 너와 모든 생물生物 사이에 영세永世까지 세우는 언약言約의 증거證據는 이것이라. 무지개를 구름 속에 두었나니, 이것이 나와 세상과의 언약言約의 증거證據니라. 무지개가 구름 사이에 있으리니 영원한 언약을 기억記憶하리라. 하나님이 노아에게 또 이르시되 내가 나와 땅에 있는 모든 생물生物 사이에 세운 언약의 증거가 이것이라 하셨더라. (창 7:1~9:17)

하나님의 형상形像으로 지음 받은 인간은 모든 창조물創造物을 다스리며 지키는 사명을 받았습니다. 그러나 하나님 말씀을 불순종不順從하고 거역拒逆함으로 하나님의 영광榮光과 인간의 행복幸福을 상실喪失하게 되었습니다. 그 결과 하나님의 징계懲戒와 심판審判을 받게 되어 에덴동산에서 추방追放 당하였습니다.

【 낭송 표시 : 1회 / 4회 / 목표 120회 】

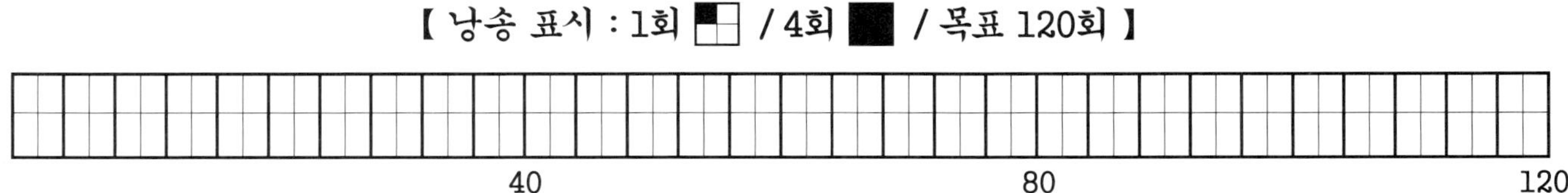

“주의 말씀은 내 발의 등이요 내 길에 빛이니이다”(시 119:105)

제 3 일

너를 인하여 복福을 얻을 것이라

창세기 12:3

세상에 많은 사람 가운데 아브라함을 택하셔서, 인류를 구원하는 메시아 왕국의 기초基礎로 삼고 믿음의 조상祖上으로 세웠습니다. 믿음의 사람 아브라함을 통하여 "너를 인하여 천하만민이 복을 얻을 것이니라"(창 12:3)의 복을 받게 되었습니다.

1. 온 땅의 구음口音이 하나이요 언어言語가 하나이었더라. 이에 그들이 동방東方으로 옮기다가 시날 평지平地를 만나 거기 거居하고, 서로 말하되 자 벽돌을 만들어 견고堅固히 굽자 하고, 이에 벽돌로 돌을 대신하여 역청瀝靑으로 진흙을 대신하고, 또 말하되 자 성城과 대臺를 쌓아 대 꼭대기를 하늘에 닿게 하여, 우리 이름을 내고 온 지면地面에 흩어짐을 면하자 하였더니, 여호와께서 인생人生들의 쌓는 것을 보시려고 강림降臨하셨더라. 여호와께서 그들의 언어言語를 혼잡混雜케 하여, 그들로 서로 알아듣지 못하게 하니, 그들이 성城 쌓기를 그쳤더라. 그러므로 그 이름을 바벨BABEL이라 하니, 이는 여호와께서 온 땅의 언어를 혼잡케 하셨음이라. 여호와께서 거기서 그들을 온 지면地面에 흩으셨더라. (창 11:1~9)

2. 여호와께서 아브람에게 이르시되 너는 본토本土 친척親戚 아비 집을 떠나 내가 지시할 땅으로 가라, 너로 큰 민족民族을 이루고 네게 복을 주어 네 이름을 창대昌大케 하리니, 너는 복의 근원根源이 될지라, 너를 축복祝福하는 자에게는 내가 복을 내리고, 너를 저주하는 자에게 곧 내가 저주詛呪하리니, 땅의 모든 족속族屬이 너를 인하여 복을 얻을 것이니라. (창 12:1~3)

3. 아브람이 애굽에서 나올새 육축六畜과 은금銀金이 풍부豊富하였더라. 롯이 아브람을 떠난 후에 여호와께서 아브람에게 이르시되, 너는 눈을 들어 너 있는 곳에서 동서남북東西南北을 바라보라, 보이는 땅을 내가 너와 네 자손子孫에게 주리니 영원永遠히 이르리라. (창 13:1~15)

4. 이후에 여호와의 말씀이 이상異常 중에 아브람에게 임하여 가라사대, 아브람아 두려워 말라 나는 너의 방패防牌요, 너의 지극至極히 큰 상급賞給이니라. 여호와의 말씀이 그에게

임하여 가라사대, 하늘을 우러러 뭇 별을 셀 수 있나 보라, 네 자손子孫이 이와 같으리라 아브람이 여호와를 믿으니 여호와께서 이를 그의 의로 여기시고, 또 그에게 이르시되 이 땅을 업業을 삼게 하려고 너를 갈대아 우르에서 이끌어 낸 여호와로라. (창 15:1~7)

5. 여호와께서 아브라함에게 이르시되 여호와께 능能치 못한 일이 있겠느냐, 기한期限이 이를 때에 사라에게 아들이 있으리라. 여호와께서 가라사대 나의 하려는 것을 아브라함에게 숨기겠느냐, 아브라함은 강대強大한 나라가 되고, 천하만민天下萬民은 그를 인하여 복을 받게 될 것이라. 내가 그와 그 자식子息과 권속眷屬에게 명命하여, 여호와의 도道를 지켜 의義와 공도公道를 행行하게 하려고 그를 택擇하였나니, 이는 나 여호와가 아브라함에게 대하여 말한 일을 이루려 함이니라. (창 18:13~19)

6. 여호와께서 가라사대 네 아들 네 사랑하는 독자 이삭을 데리고, 모리아 땅으로 가서 내가 네게 지시하는 한 산 거기서 그를 번제로 드리라, 아브라함이 아침에 일찍이 일어나 안장을 지우고, 그 아들 이삭을 데리고 번제에 쓸 나무를 쪼개어 가지고 떠나, 하나님이 자기에게 지시하는 곳으로 가더니, 제삼일에 아브라함이 눈을 들어 그 곳을 바라본지라. 이삭이 그 아비 아브라함에게 말하되 내 아버지여 하니, 내 아들아 내가 여기 있노라. 이삭이 가로되 불과 나무는 있거니와 번제할 양은 어디 있나이까, 아브라함이 가로되 아들아 번제할 어린 양은 하나님이 자기를 위하여 친히 준비하시리라, 아브라함이 그 땅 이름을 여호와 이레Jehovah-jireh라 하였으므로, 오늘까지 사람들이 이르기를 여호와의 산에서 준비準備되리라 하더라. (창 22:2~14)

하나님의 사랑을 받을 수 있는 사람은 아브라함과 같이 독자 이삭을 바쳐 본 사람입니다. 독자 이삭을 데리고 모리아 산으로 올라갈 때 하나님은 숫양을 몰고 저편에서 산을 오르셨을 것입니다. 하나님의 독생자 예수님과 아브라함의 독자 이삭은 동일선상同一線上의 구속사救贖史로 바로 우리 가정과 연결連結 고리가 되어야 합니다.

【 낭송 표시 : 1회 ▚ / 4회 ■ / 목표 120회 】

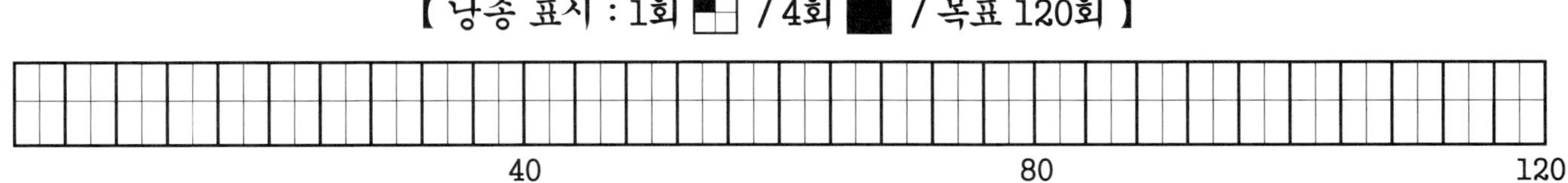

"주의 말씀은 내 발의 등이요 내 길에 빛이니이다"(시 119:105)

제 4 일

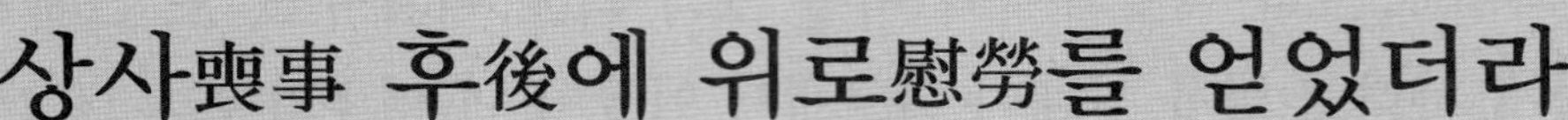

상사喪事 후後에 위로慰勞를 얻었더라

창세기 24:67

어머니를 잃은 사별死別의 슬픔은 이 세상에서 가장 큰 충격衝擊이요 아픔입니다. 믿음의 조상 아브라함은 사랑하는 아내를 잃었고, 순종의 아들 이삭은 어머니를 여의었습니다. 슬픔을 당한 이 가정에 신실한 자부子婦 리브가를 보내 주셔서 큰 위로慰勞가 되었습니다.

1. 여호와의 사자가 하늘에서부터 아브라함을 불러 가라사대, 네가 이같이 네 아들을 아끼지 아니하였은즉, 네게 큰 복을 주고 네 씨로 크게 성盛하여, 하늘의 별과 같고 바닷가의 모래와 같게 하리니 네 자손으로 하여금 천하만민天下萬民이 복을 얻으리니, 이는 네가 나의 말을 준행遵行하였음이니라. (창 22:15~18)

2. 여호와께서 나의 주인主人 아브라함에게 크게 복을 주어 창성昌盛케 하시되, 우양과 은금銀金과 노비奴婢와 약대와 나귀를 주셨고, 나의 주인의 부인夫人 사라가 노년老年에 나의 주인에게 아들을 낳으매, 주인이 그 모든 소유所有를 그 아들에게 주었나이다. 여호와께서 내게 형통亨通한 길을 주셨으니 나를 내 주인 아브라함에게 돌아가게 하소서. 리브가에게 축복하여 가로되, 우리 누이여 너는 천만인千萬人의 어미가 될지어다, 네 씨로 성문城門을 얻게 할지어다. 리브가가 약대를 타고 아브라함의 사환 엘리에셀을 따라 가니라. (창 24:35~61)

3. 이삭이 저물 때에 들에 나가 묵상默想하다가 눈을 들어 보매 약대들이 오더라. 리브가가 눈을 들어 이삭을 바라보고 약대에서 내려 면박面縛을 취하여 가리우더라. 엘리에셀이 그 행한 일을 다 고하매 이삭이 리브가를 인도引導하여, 모친 사라의 장막帳幕으로 들이고, 그를 취娶하여 아내를 삼고 사랑하였으니 이삭이 모친母親 상사喪事 후後에 위로慰勞를 얻었더라. (창 24:63~67)

4. 그 해산解産 기한期限이 찬즉 태胎에 쌍둥雙童이가 있었는데, 먼저 나온 자는 붉고 전신이 갖옷 같아서 에서라 하였고, 후後에 나온 아우는 발꿈치를 잡았으므로 그 이름을 야곱이라 하였으며, 리브가가 낳을 때에 이삭이 육십 세이었더라. 그 아이들이 장성長成하매 에서는 익숙한 사냥꾼인 고로 들사람이 되고, 야곱은 종용한 사람인고로 장막帳幕에 거하니, 이삭은 에서의 사냥한 고기를 좋아하므로, 그를 사랑하고 리브가는 야곱을 사랑하였더라. 야곱이 죽粥을 쑤었더니 에서가 들에서부터 돌아와 심히 곤비困憊하여 그 붉은 것을 나로 먹게 하라 한지라. 야곱이 가로되 형의 장자長子의 명분名分을 오늘날 내게 팔라. 에서가 가로되 내가 죽게 되었으니 이 장자의 명분이 내게 무엇이 유익有益하리요. 야곱이 가로되 오늘 내게 맹세하고 장자의 명분을 야곱에게 판지라. 야곱이 떡과 팥죽을 에서에게 주매 에서가 먹으며 마시고 일어나서 갔으니, 에서가 장자의 명분을 경홀輕忽히 여김이었더라. (창 25:24~34)

5. 이삭이 그 땅에서 농사하여 그해에 백배百倍**나 얻었고, 여호와께서 복을 주시므로 그 사람이 창대**昌大**하고 왕성**旺盛**하여, 마침내 거부**巨富**가 되어 양과 소가 떼를 이루고, 노복**奴僕**이 심히 많으므로 블레셋 사람이 시기**猜忌**하여 모든 우물을 막고 흙으로 메웠더라. 네가 우리보다 크게 강성**强盛**한즉 우리를 떠나가라. 이삭이 거기서 옮겨 다른 우물을 팠더니, 그들이 다투지 아니하였으므로 그 이름을 르호봇**REHOBOTH**이라 하여 가로되, 이제는 여호와께서 우리의 장소**場所**를 넓게 하였으니, 이 땅에서 우리가 번성**蕃盛**하리로다 하였더라. 그 밤에 여호와께서 나타나 가라사대 두려워 말라, 내가 너와 함께 있어 네게 복을 주어 네 자손으로 번성케 하리라 하신지라.** (창 26:12~24)

6. 블레셋 왕 아비멜렉이 군대장관 비골로 더불어 이삭에게 온지라. 그들이 가로되 여호와께서 너와 함께 계심을 우리가 분명히 보았으므로 우리와 너 사이에 맹세를 세워 너와 계약을 맺으리라. 너는 우리를 해하지 말라 이제 너는 여호와께 복을 받은 자니라. 이삭이 그들을 위하여 잔치를 베풀매, 그들이 먹고 마시고 아침에 일찍이 일어나 서로 맹세한 후에 이삭이 그들을 보내매 그들이 평안히 갔더라. 그날에 이삭의 종들이 와서 고하여 가로되 우리가 물을 얻었나이다 하매, 그 이름을 세바SHIBAH**라 한지라 그 성읍 이름이 브엘세바더라.** (창 26:26~33)

7. 이삭이 가로되 나의 즐기는 별미別味**를 만들어 내게로 가져다가 먹게 하여, 내 마음껏 네게 축복**祝福**하게 하라. 이삭이 가로되 내게로 가져오라 내 마음껏 네게 축복하리라. 내 아들아 가까이 와서 내게 입 맞추라. 그가 가까이 가서 그에게 입 맞추니 아비가 그 옷의 향취**香臭**를 맡고, 그에게 축복하여 가로되 내 아들의 향취는 여호와의 복 주신 밭의 향취로다. 하나님은 하늘의 이슬과 땅의 기름짐이며, 풍성한 곡식**穀食**과 포도주로 네게 주시기를 원하노라. 만민**萬民**이 너를 섬기고 열국**列國**이 네게 굴복**屈服**하리니, 네가 형제들의 주**主**가 되고 네게 저주**詛呪**하는 자는 저주를 받고 네게 축복하는 자는 복을 받기를 원하노라.** (창 27:2~29)

믿음의 조상 아브라함의 아들 이삭은 순종順從하는 삶과 양보讓步하고 화해和解하는 일생一生을 살았습니다. 하나님이 예비豫備해 주신 모든 복을 누리며 날마다 풍성豊盛한 삶, 성공적成功的인 인생, 행복幸福한 일생一生이 되었습니다. 아버지의 축복 기도祝福祈禱와 장자 명분長子名分을 귀하게 여긴 차자次子 야곱에게 족장의 축복권祝福權과 장자권長子權이 주어졌습니다.

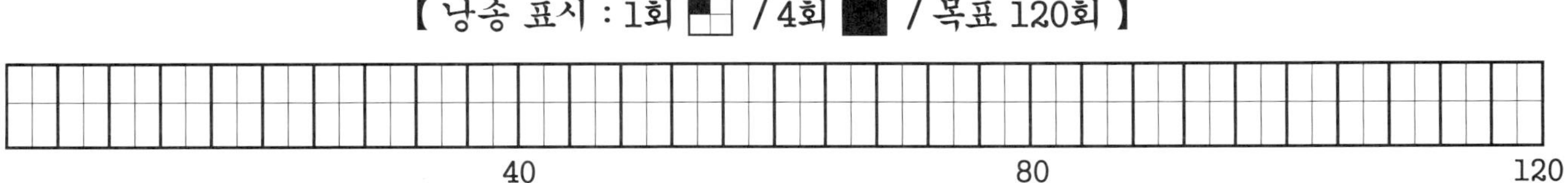

"주의 말씀은 내 발의 등이요 내 길에 빛이니이다"(시 119:105)

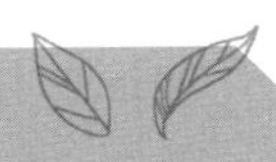

제 5 일

유업遺業으로 받게 하시기를 원하노라

창세기 28:4

유업遺業은 부모님으로부터 물려받는 상속재산相續財産과 상속기업相續企業입니다. 장자長子에게 주어지는 것이지만 성경에서는 믿음이 좋고 기도 많이 하고 하나님과 부모님께 신임信任을 받는 자녀에게 주어졌습니다. 이삭의 둘째 아들 야곱에게 '유업을 받게 하는' 족장族長의 복福을 주었습니다.

1. 이삭이 야곱을 불러 그에게 축복祝福하고 가로되, 전능全能하신 하나님이 네게 복을 주어 너로 생육生育하고 번성蕃盛케 하사, 너로 여러 족속族屬을 이루게 하시고, 아브라함에게 허락許諾하신 복을 네게 주시되, 너와 네 자손에게 주사 너로 아브라함에게 주신 땅을 유업遺業으로 받게 하시기를 원하노라. (창 28:1~4)

2. 야곱이 브엘세바에서 떠나 하란으로 향向하여 가더니, 꿈에 본즉 사닥다리가 땅위에 섰는데 그 꼭대기가 하늘에 닿았고, 하나님의 사자使者가 그 위에서 오르락내리락하고, 여호와께서 그 위에서 가라사대 나는 여호와니 너희 조부祖父 아브라함의 하나님이요 이삭의 하나님이라. 너 누운 땅을 내가 너와 네 자손子孫에게 주리니, 네 자손이 땅의 티끌 같이 되어서 동서남북東西南北에 편만遍滿할지며, 땅의 모든 족속族屬이 너와 네 자손을 인因하여 복을 얻으리라. 내가 너와 함께 있어 네가 어디로 가든지 너를 지키며, 너를 이끌어 이 땅으로 돌아오게 할지라. 내가 네게 허락許諾한 것을 다 이루기까지 너를 떠나지 아니하리라 하신지라. (창 28:10~15)

3. 야곱이 잠이 깨어 가로되 여호와께서 과연果然 여기 계시거늘 가로되 두렵도다 이곳이여, 이는 하나님의 전殿이요 하늘의 문門이로다. 야곱이 아침에 일찍이 일어나 베개 하였던 돌을 가져 기둥으로 세우고, 그 위에 기름을 붓고 그 곳 이름을 벧엘BETHEL이라 하였더라. 야곱이 서원誓願하여 가로되 하나님이 너와 함께 계시사, 내가 가는 이 길에서 나를 지키시고 먹을 양식糧食과 입을 옷을 주사, 나로 평안平安히 아비 집으로 돌아가게 하시오면, 하나님께서 나의 하나님이 되실 것이요, 내가 기둥으로 세운 이 돌이 하나님의 전이 될 것이요, 하나님께서 내게 주신 모든 것에서 십분 일을 내가 반드시 하나님께 드리겠나이다 하였더라. (창 28:16~22)

4. 라반이 그에게 이르되 여호와께서 너를 인하여 내게 복 주신 줄을 내가 깨달았노니, 네가 나를 사랑스럽게 여기거든 유留하라. 야곱이 가로되 내가 오기 전에는 소유所有가 적더니, 이제는 번성蕃盛하여 떼를 이루었나이다. 나의 공력功力을 따라 여호와께서 복을 주셨나이다. 그러나 나는 어느 때나 내 집을 세우리이까. 야곱이 버드나무와 살구나무와 신풍나무의 푸른 가지를 취하여, 껍질을 벗겨 흰 무늬를 내고, 그 가지를 양떼가 와서 먹는 개천의 물 구유에 세워 양떼를 향하게 하매, 그 떼가 물을 먹으러 올 때에 새끼를 배니, 가지 앞에서 새끼를 배므로 얼룩얼룩한 것과 점이 있고 아롱진 것을 낳은지라. 약弱한 양이면 라반의 것이 되고 실實한 자는 야곱의 것이 된지라. 이에 야곱이 심히 풍부豊富하여 양떼와 노비奴婢와 약대와 나귀가 많았더라. (창 30:27~43)

5. 야곱이 라헬을 연애戀愛하므로 내가 라헬을 위하여 칠 년을 봉사奉事하리이다. 야곱이 라헬을 위하여 칠 년 동안 라반에게 봉사하였으나 그들이 연애하는 까닭에 칠 년을 수일數日 같이 여겼더라. (창 29:18~20)

6. 야곱이 노怒하여 라반을 책망責望할새 나의 허물이 무엇이 있나이까. 내가 낮에는 더위를 무릅쓰고 밤에는 추위를 당하며 눈 붙일 겨를도 없이 지내었나이다. 지난 이십 년 동안 내 품값을 열 번이나 변역變易하셨으니, 우리 하나님 아브라함의 하나님 곧 이삭의 하나님이 나와 함께 계시지 아니하셨더면, 이제 나를 공수空手로 돌려 보내셨으리이다마는, 하나님이 나의 고난苦難과 내 손의 수고受苦를 감찰鑑察하시고 어제 밤에 당신을 책망責望하셨나이다. 라반이 대답하여 가로되 이제 오라 너와 내가 언약言約을 세워 증거證據를 삼을 것이니라. 이에 야곱이 돌을 가져 기둥으로 세우고 그 이름을 갈르엣GALEED이라 칭하였으며, 이는 우리 피차彼此 떠나 있을 때에 여호와께서 감찰鑑察하옵소서 함이라. (창 31:36~49)

유업을 받을 자는 사랑하는 여인을 아내로 맞이하기 위하여 '칠 년을 수일 같이' 성실하게 봉사하였으며, 인생의 성공자가 되기 위해 이십 년간 '눈 붙일 겨를도 없이 일하는 젊은 시절'을 보내었습니다.

【 낭송 표시 : 1회 ▞ / 4회 ■ / 목표 120회 】

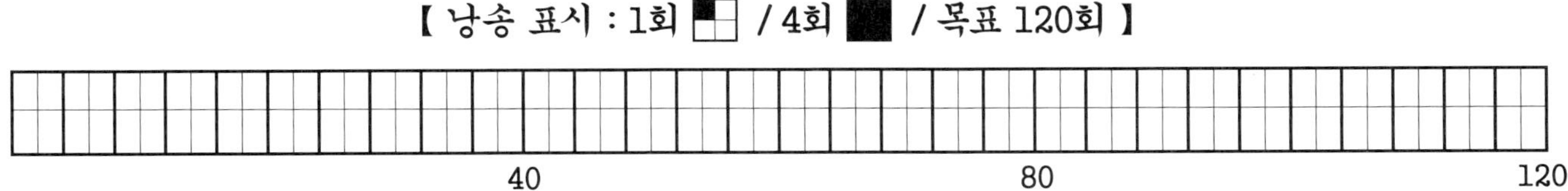

"주의 말씀은 내 발의 등이요 내 길에 빛이니이다"(시 119:105)

제 6 일

하나님께 단壇을 쌓으라

창세기 35:1

부자富者와 성공成功한 사람에게도 위기危機가 닥쳐옵니다. 믿음의 사람 야곱은 먼저 하나님께 기도하고 예배를 드림으로 그 위기의 본질本質을 바로 깨닫고 하나님과 더불어 극복克服하였습니다.

1. 야곱이 그 길을 행진行進하더니 하나님의 사자使者들이 그를 만난지라. 야곱이 그들을 볼 때에 이르기를 이는 하나님의 군대軍隊라 하고 그 땅 이름을 마하나임MAHANAIM(하나님의 두진영)이라 하였더라. 야곱이 에돔에 있는 형 에서에게 사자使者들을 보내어, 내 주主께 은혜恩惠 받기를 원하나이다 하라 하였더니, 사자들이 돌아와 가로되 우리가 주인의 형 에서에게 이른즉, 그가 사백 인을 거느리고 주인을 만나려고 오더이다. 야곱이 심히 두렵고 답답하여 자기와 함께한 종자從者와 양과 소와 약대를 두 떼로 나누고, 한 떼를 치면 남은 한 떼는 피하리라 하고, 야곱이 또 가로되 나의 조부 아브라함의 하나님 나의 아버지 이삭의 하나님 여호와여, 주께서 전에 내게 명하시기를 네 고향故鄕 네 족속族屬에게로 돌아가라 내가 네게 은혜를 베풀리라 하였나이다. (창 32:1~9)

2. 야곱이 가로되 나는 주께서 주의 종에게 베푸신 모든 은총恩寵과 모든 진리眞理를 조금이라도 감당堪當할 수 없사오나, 내가 내 지팡이만 가지고 이 요단을 건넜더니, 지금은 두 떼나 이루었나이다. 내가 주께 간구懇求하오니 내 형의 손에서 나를 건져 내시옵소서, 내가 그를 두려워하옴은 그가 와서 나와 내 처자들을 칠까 겁怯냄이니이다. 주께서 말씀하시기를 내가 정녕丁寧 네게 은혜를 베풀어 네 씨로 바다의 셀 수 없는 모래와 같이 많게 하리라 하셨나이다. (창 32:10~12)

3. 야곱은 홀로 남았더니 날이 새도록 씨름하다가 야곱의 환도뼈가 위골違骨되었더라. 날이 새려 하니 야곱이 가로되 내게 축복하지 아니하면 가게 하지 아니하겠나이다. 네 이름을 이스라엘ISRAEL이라 부를 것이니 거기서 축복한지라. 야곱이 그곳 이름을 브니엘PENIEL이라 하였으니 내가 하나님과 대면對面해 보았으나 내 생명生命이 보전保全되었다 함이더라. (창 32:24~30)

4. 하나님이 야곱에게 이르시되 일어나 벧엘로 올라가서, 거기 거居**하며 네게 나타났던 하나님께 거기서 단**壇**을 쌓으라. 야곱이 자기집 모든 자에게 이르되 너희 중의 이방 신상**神像**을 버리고, 자신을 정결**淨潔**케 하고 의복**衣服**을 바꾸라. 우리가 일어나 벧엘로 올라가자, 나의 환난**患難**날에 내게 응답**應答**하시며, 나의 가는 길에서 나와 함께 하신 하나님께, 내가 거기서 단을 쌓으려 하노라. 야곱과 함께 한 모든 사람이 벧엘에 이르고 거기서 단을 쌓고 엘벧엘**EL BETHEL**이라 불렀으니, 하나님이 그에게 거기서 나타나셨음이더라.** (창 35:1~7)

5. 야곱이 밧단아람에서 돌아오매 하나님이 다시 야곱에게 나타나사 그에게 복을 주시고, 그에게 이르시되 네 이름을 다시는 야곱이라 부르지 않겠고, 이스라엘이 네 이름이 되리라 하시고, 그에게 이르시되 나는 전능한 하나님이니라. 생육하고 번성하라 국민國民**과 많은 국민이 네게서 나고 왕**王**들이 네 허리에서 나오리라. 내가 아브라함과 이삭에게 준 땅을 네게 주고 내가 네 후손**後孫**에게도 그 땅을 주리라 하시고, 하나님이 그와 말씀하시던 곳에 기둥 곧 돌기둥을 세우고 그 위에 전제물**奠祭物**을 붓고 그 위에 기름을 붓고, 하나님이 자기와 말씀하시던 곳의 이름을 벧엘**BETHEL(하나님의 집)**이라 불렀더라.** (창 35:9~15)

6. 그들이 벧엘에서 발행하여 에브랏에 이르는 길에서 라헬이 임산臨産**하여 심히 신고**辛苦**하더니, 그가 난산**難産**할 즈음에 산파**産婆**가 그에게 이르되, 지금 그대가 득남**得男**하느니라 하매, 아들의 이름을 베냐민이라 불렀더라. 라헬이 죽으매 베들레헴 길에 장사**葬事**되었고, 야곱이 라헬의 묘**墓**에 비**碑**를 세웠더니 라헬의 묘비라 일컫더라. 이삭의 나이 일백팔십 세라, 이삭이 나이 많고 늙어 기운**氣運**이 진**盡**하여 죽어 자기**自己 **열조**列祖**에게로 돌아가니, 그 아들 에서와 야곱이 그를 장사**葬事**하였더라.** (창 35:16~29)

야곱은 벧엘에 단을 쌓아 하나님께 예배드리는 생활로 시작하여, 큰 성공을 거두고 다시 와서 벧엘에 단壇을 쌓음으로 굳건한 족장族長의 기반基盤을 세웠습니다. 아브라함의 아들 족장 이삭은 모든 것을 야곱에게 인계引繼하고 열조列祖들이 계신 천국天國으로 갔습니다.

【 낭송 표시 : 1회 / 4회 / 목표 120회 】

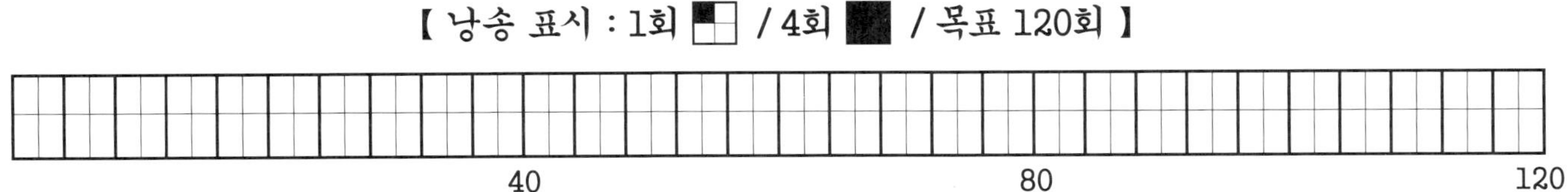

"주의 말씀은 내 발의 등이요 내 길에 빛이니이다"(시 119:105)

제 7 일

여호와의 복福이 모든 소유所有에 미친지라

창세기 39:5

요셉은 하나님이 함께하는 소년이었습니다. 형들의 미움을 받아 노예로 인신매매人身賣買 되었으나 낙심落心하거나 절망絕望하지 않고 믿음으로 성실誠實하게 생활하였습니다. 성적유혹性的誘惑을 성결聖潔된 생활로 이겼습니다. 하나님의 복이 요셉 있는 곳에 크게 나타났습니다.

1. 여호와께서 요셉과 함께하시므로, 그가 형통亨通한 자者가 되어 그 주인主人 애굽 사람의 집에 있으니, 그 주인이 여호와께서 그와 함께하심을 보며, 또 여호와께서 그의 범사凡事에 형통케 하심을 보았더라. 요셉이 그 주인에게 은혜恩惠를 입어 섬기매, 그가 요셉으로 가정家庭 총무總務를 삼고, 자기 소유所有를 다 그 손에 위임委任하니, 그가 요셉에게 자기 집과 그 모든 소유물을 주관主管하게 한 때부터, 여호와께서 요셉을 위하여 그 애굽 사람의 집에 복을 내리시므로, 여호와의 복이 그의 집과 밭에 있는 모든 소유에 미친지라. 주인이 그 소유를 다 요셉의 손에 위임委任하고 간섭干涉하지 아니하였더라. 요셉은 용모容貌가 준수俊秀하고 아담雅淡하였더라. (창 39:2~6)

2. 요셉이 거절拒絶하며 자기 주인主人의 처妻에게 이르되, 나의 주인이 가중 제반 소유家中諸般所有를 간섭지 아니하고 내 손에 위임委任하였으니, 그런즉 내가 어찌 이 큰 악惡을 행하여 하나님께 득죄得罪하리이까, 여인女人이 날마다 청하였으나 요셉이 듣지 아니하여 동침同寢하지 아니할 뿐더러 함께 있지도 아니하니라. 요셉의 주인이 요셉을 옥에 넣으니 그 옥獄은 왕의 죄수를 가두는 곳이었더라. 요셉이 옥에 갇혔으나 여호와께서 요셉과 함께하시고, 그에게 인자仁慈를 더하사 전옥典獄에게 은혜 받게 하시매, 옥중 죄수를 다 요셉의 손에 맡기므로 그 제반 사무를 요셉이 처리處理하니라. 이는 여호와께서 요셉과 함께하심이라. 여호와께서 그의 범사凡事에 형통케 하셨더라. (창 39:8~23)

3. 요셉이 바로에게 대답하여 가로되, 이는 내게 있는 것이 아니라 하나님이 바로에게

평안平安한 대답對答을 하시리이다. 요셉이 바로에게 고하되 바로의 꿈은 하나이라, 하나님이 그 하실 일을 바로에게 보이심이니이다. 바로께서 꿈을 두 번 겹쳐 꾸신 것은 하나님이 이 일을 정하셨음이라, 속히 행하시리니 이제 바로께서는 명철明哲하고 지혜智慧 있는 사람을 택하여 애굽 땅을 치리治理하게 하시고, 장차 올 풍년豊年의 모든 곡물穀物을 거두고, 그 곡물을 각 성에 적치積置하게 하소서. 바로와 그 모든 신하臣下가 이 일을 좋게 여긴지라. (창 41:16~37)

4. 바로가 그 신하臣下들에게 이르되, 이와 같이 하나님의 신이 감동感動한 사람을 우리가 어찌 얻을 수 있으리요. 요셉에게 이르되 하나님이 이 모든 것을 네게 보이셨으니, 너와 같이 명철하고 지혜 있는 자가 없도다. 너는 내 집을 치리하라, 내 백성이 다 네 명命을 복종服從하리니 나는 너보다 높음이 보좌寶座뿐이니라. 바로가 또 요셉에게 이르되, 내가 너로 애굽 온 땅을 총리總理하게 하노라. 자기의 인장 반지印章斑指를 빼어 요셉의 손에 끼우고, 그에게 세마포細麻布 옷을 입히고, 금사슬을 목에 걸고, 버금 수레에 태우고, 소리 지르기를 엎드리라 하더라. 애굽 전국全國을 총리總理하게 하였더라. (창 41:38~43)

5. 요셉이 방성대곡放聲大哭하니, 애굽 사람에게 들리며 바로의 궁중宮中에 들리더라. 요셉이 그 형들에게 이르되 나는 요셉이라. 당신들이 애굽에 판 자라 당신들이 나를 이곳에 팔았으므로, 근심하지 마소서 한탄恨歎하지 마소서 하나님이 생명生命을 구원救援하시려고 나를 당신들 앞서 보내셨나이다. (창 45:2~5)

억울한 일을 당하여도 인내忍耐하고 하나님께 맡기고, 주어진 환경環境과 여건與件에서 최선最善을 다해 나갈 때 하나님은 더 크고 귀貴하게 사용使用하십니다. 원수를 사랑으로 감싸 녹일 때 원한怨恨과 증오憎惡는 사라지고 모두 함께 우애友愛와 행복幸福을 누리게 됩니다.

【 낭송 표시 : 1회 ▦ / 4회 ■ / 목표 120회 】

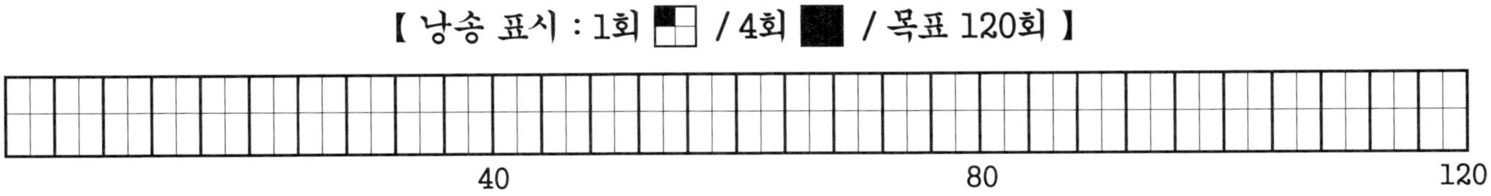

"주의 말씀은 내 발의 등이요 내 길에 빛이니이다"(시 119:105)

제 8 일

온 땅의 좋은 것이 너희 것임이니라

창세기 45:20

애굽 왕 바로가 신실信實한 요셉을 좋아하니, 요셉의 부모 형제 모든 가족들까지도 좋아했습니다. 애굽으로 이민 초청移民招請을 하였습니다. 나일강 하류下流 옥토玉土 삼각주三角洲에 터전을 주고 '온 땅의 좋은 것'을 야곱 가족들에게 제공提供하였습니다.

1. 요셉이 형들에게 이르되 내게로 가까이 오소서, 나는 당신들이 애굽에 판 자라. 당신들이 나를 이곳에 팔았으므로 근심하지 마소서 한탄恨歎하지 마소서, 하나님이 생명生命을 구원救援하시려고 나를 당신들 앞서 보내셨나이다. 하나님이 큰 구원救援으로 당신들의 생명生命을 보존保存하고, 당신들의 후손後孫을 세상에 두시려고, 나를 당신들 앞서 보내셨나니, 그런즉 나를 이리로 보낸 자는 당신들이 아니요, 하나님이시라. 하나님이 나로 바로의 아비를 삼으시며, 그 온 나라의 주主를 삼으시며, 애굽 온 땅의 치리자治理者를 삼으셨나이다. (창 45:3~8)

2. 속히 아버지께로 올라가서 고告하기를, 아버지의 아들 요셉의 말에 하나님이 나를 애굽 전국全國의 주主로 세우셨으니, 내게로 지체遲滯말고 내려오사, 아버지의 아들들과 손자孫子들과 양羊과 소와 모든 소유所有가 고센 땅에 있어서 나와 가깝게 하소서. 당신들은 나의 애굽에서의 영화榮華와 본 모든 것을 다 내 아버지께 고하고, 속히 모시고 내려 오소서 하며, 자기 아우 베냐민의 목을 안고 우니, 베냐민도 목을 안고 우니라. 요셉이 또 형들과 입 맞추며 안고 우니, 형들이 그제야 요셉과 말하니라. (창 45:9~15)

3. 요셉의 형들이 왔다는 소문所聞이 바로의 궁宮에 들리매, 바로와 그 신복臣僕이 기뻐하고, 바로는 요셉에게 이르되 양식糧食을 싣고 가서 너희 가속家屬을 이끌고 애굽으로 오라, 내가 애굽 땅 아름다운 것을 주리니 너희가 나라의 기름진 것을 먹으리라. 이제 명命을 받았으니 이렇게 하라, 너희는 수레를 가져다가 너희 아내와 자녀를 태우고 너희 아비를 데려오라. 또 너희의 기구器具를 아끼지 말라, 온 애굽 땅의 좋은 것이 너희 것임이니라. (창 45:16~20)

4. 요셉이 바로의 명대로 수레를 주고 길 양식糧食을 주며, 각기 옷 한 벌씩과 베냐민에게는 은銀 삼백과 옷 다섯 벌을 주고, 수나귀 열 필에 아름다운 물품物品을 실리고, 암나귀 열 필에는 아비에게 공궤供饋할 곡식穀食과 떡과 양식을 실리고, 가나안 땅으로 돌아가서 아비 야곱에게 이르러 고하여 가로되, 요셉이 살아 있어 애굽 땅 총리總理가 되었더이다. 야곱이 믿지 아니하더니, 요셉이 보낸 수레를 보고야 기운氣運이 소생蘇生한지라. 이스라엘이 가로되 족足하도다, 내 아들 요셉이 지금까지 살았으니 내가 죽기 전에 가서 보리라. (창 45:21~28)

5. 이스라엘이 모든 소유를 이끌고 발행發行하여, 브엘세바에 이르러 그 아비 이삭의 하나님께 희생犧牲을 드리니, 밤에 하나님이 이상 중에 이스라엘에게 나타나시고 불러 가라사대, 야곱아 하는지라 야곱이 가로되 내가 여기 있나이다. 하나님이 가라사대 나는 하나님이라, 네 아비의 하나님이니 애굽으로 내려가기를 두려워 말라, 내가 거기서 너로 큰 민족民族을 이루게 하리라. 내가 너와 함께 애굽으로 내려가겠고, 정녕 너를 인도引導하여 다시 올라올 것이며, 요셉이 그 손으로 네 눈을 감기리라. (창 46:1~4)

6. 야곱이 유다를 요셉에게 미리 보내어, 자기를 고센으로 인도하게 하고, 다 고센 땅에 이르니 요셉이 수레를 갖추고 고센으로 올라가서 아비 이스라엘을 맞으며 그에게 보이고, 그 목을 어긋 맞겨 안고 얼마 동안 울매, 이스라엘이 요셉에게 이르되 네가 지금까지 살아 있고, 내가 네 얼굴을 보았으니 지금 죽어도 가可하도다. (창 46:28~30)

야곱의 파란만장波瀾萬丈한 인생여정人生旅程이, 벧엘-하란-벧엘-애굽으로 이어져 요셉의 집에서 마감하게 됩니다. 죽은 줄 알았던 아들을 만난 감격을 '죽어도 족足하도다', '죽기 전에 가서 보리라'고 고백하였습니다. 요셉은 아버지의 모든 꿈과 한限을 다 풀어 드렸습니다.

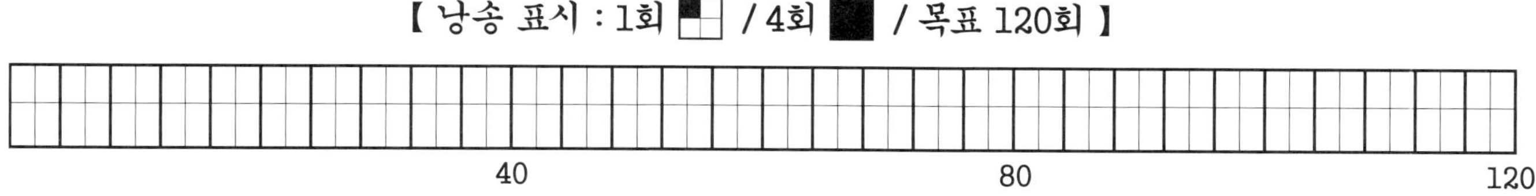

"주의 말씀은 내 발의 등이요 내 길에 빛이니이다"(시 119:105)

제 9 일

바로 왕王에게 축복祝福하고 나오니라

창세기 47:10

족장族長 야곱은 비록 이민자移民者였고 연세年歲가 많은 노인老人이었지만, 그의 영적 권위靈的權威가 탁월卓越하였습니다. 바로에게 축복하는 야곱의 모습에서 세속사회世俗社會 속에서의 당당한 그리스도인의 모습을 발견發見할 수 있습니다.

1. 요셉이 자기 아비 야곱을 인도引導하여 바로 앞에 서게 하니, 야곱이 바로에게 축복祝福하매 바로가 야곱에게 묻되 네 연세가 얼마뇨. 야곱이 바로에게 고하되 내 나그네 길의 세월歲月이 일백삼십 년이니이다. 나의 연세年歲가 얼마 못되니 우리 조상祖上 나그네 길의 세월에 미치지 못하나, 험악險惡한 세월을 보내었나이다 하고, 야곱이 바로에게 축복祝福하고 그 앞에서 나오니라. (창 47:7~10)

2. 이스라엘이 힘을 내어 침상寢床에 앉아, 요셉에게 이르되 전능全能한 하나님이 내게 나타나 복福을 허락許諾하여, 너로 생육하고 번성하게 하여 네게서 많은 백성이 나게 하고, 내가 이 땅을 네 후손後孫에게 주어 영원永遠한 기업基業이 되게 하리라. 요셉이 아비 무릎 사이에서 두 아들을 물리고 땅에 엎드려 절하고 이끌어 그에게 가까이 나아가매, 요셉을 위하여 축복하여 가로되, 내 조부祖父 아브라함과 아버지 이삭의 섬기던 하나님, 지금까지 나를 기르신 하나님, 나를 모든 환난患難에서 건지신 사자使者께서 복을 주시오며, 내 이름과 내 조부 아브라함과 아버지 이삭의 이름으로 칭하게 하시오며, 이들로 세상에서 번식繁殖되게 하시기 원하나이다. 이스라엘이 또 이르되 나는 죽으나 하나님이 너희와 함께 계시사, 너희를 인도引導하여 너희 조상의 땅으로 돌아가게 하시려니와. (창 48:2~21)

3. 야곱이 그 아들들을 불러 이르되 너희는 모이라, 너희의 후일後日에 당當할 일을 내가 너희에게 이르리라. 너희는 모여 들으라 야곱의 아들들아 너희 아비 이스라엘에게 들을지어다. 르우벤아 너는 내 장자長子요 나의 능력能力이요, 나의 기력氣力의 시작始作이라, 위광威光이 초등超等하고 권능權能이 탁월卓越하도다마는 물의 끓음

갈았은즉 너는 탁월치 못하리니, 네가 아비의 침상寢床에 올라 더럽혔음이로다. 유다야 너는 네 형제의 찬송讚頌이 될지라, 홀笏이 유다를 떠나지 아니하며 치리자治理者의 지팡이가 떠나지 아니 하시리니 모든 백성百姓이 복종服從하리로다. (창 49:1~10)

4. 요셉은 무성한 가지 곧 샘 곁의 무성茂盛한 가지라, 그 가지가 담을 넘었도다. 요셉의 활이 견강堅剛하며 그의 팔이 힘이 있으니, 야곱의 전능자全能者의 손을 힘입음이라. 그로부터 이스라엘의 반석盤石인 목자牧者가 나도다, 네 아비의 하나님께로 말미암나니 그가 너를 도우실 것이요, 전능자로 말미암나니 그가 네게 복을 주실 것이라. 위로 하늘의 복과 아래로 원천源泉의 복福과 젖 먹이는 복과 태胎의 복이로다. 네 아비의 축복祝福이 내 부여조父與祖의 축복보다 나아서, 영원永遠한 산이 한限없음같이 이 축복이 요셉의 머리로 돌아오며, 그 형제 중 뛰어난 자의 정수리로 돌아오리로다. 이와 같이 그 아비가 그들에게 말하고 그들에게 축복하였으되, 곧 그들 각인各人의 분량分量대로 축복하였더라. 야곱이 아들에게 명하기를 마치고 기운氣運이 진盡하여 그 열조列祖에게로 돌아갔더라. (창 49:22~33)

5. 요셉이 그들에게 이르되 두려워 마소서, 내가 하나님을 대신하리이까, 당신들은 나를 해害하려 하였으나 하나님은 그것을 선善으로 바꾸사 오늘과 같이 만민萬民의 생명生命을 구원救援하게 하시려 하셨나니, 당신들은 두려워 마소서 내가 당신들과 자녀를 기르리이다 하고, 그들을 간곡懇曲한 말로 위로慰勞하였더라. 요셉이 일백십 세에 죽으매 그들이 그의 몸에 향재료香材料를 넣고 애굽에서 입관入棺하였더라. (창 50:19~26)

창세기 첫 장은 천지창조와 생명의 풍성함으로 개막開幕되고, 창세기 마지막 장은 '애굽에서 입관하니라'고 폐막閉幕되었습니다. 깊고 심오深奧한 교훈敎訓과 계시啓示를 주고 있습니다.

【 낭송 표시 : 1회 / 4회 / 목표 120회 】

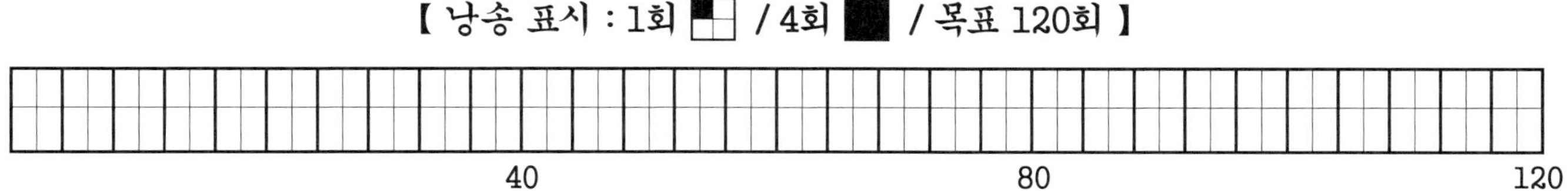

"주의 말씀은 내 발의 등이요 내 길에 빛이니이다"(시 119:105)

제 10 일

네 신을 벗으라

출애굽기 3:5

일개 족장부족族長部族을 국가國家 공동체共同體로 형성形成시키는 과정過程은 하나님의 구원섭리救援攝理입니다. 지도자指導者 양성과정養成過程에 모세가 선택選擇되었습니다. 그는 철저徹底한 교육훈련教育訓練을 받게 됩니다. '신을 벗어 거룩하게 되는 것'이 첫 과정科程이었습니다.

1. 이스라엘 자손子孫은 생육生育이 중다衆多하고, 번식繁殖하고 창성昌盛하고 심히 강대强大하여, 온 땅에 가득하게 되었더라. 하나님께서 은혜恩惠를 베푸시니 백성百姓은 생육生育이 번성蕃盛하고 심히 강대强大하며, 하나님을 경외敬畏함으로 하나님이 그들의 집을 왕성旺盛케 하신지라. (출 1:7~21)

2. 모세가 양무리를 치더니 광야 서편西便으로 인도引導하여, 하나님의 산 호렙에 이르매 여호와의 사자使者가 떨기나무 불꽃 가운데서 그에게 나타나시니라. 그가 보니 떨기나무에 불이 붙었으나 사라지지 아니하는지라, 이에 가로되 내가 돌이켜 가서 이 큰 광경光景을 보리라. 떨기나무가 어찌하여 타지 아니하는고 하는 동시同時에, 여호와께서 그가 보려고 돌이켜 오는 것을 보신지라. 하나님이 떨기나무 가운데서 그를 불러 가라사대, 모세야 모세야 하시매 그가 가로되 내가 여기 있나이다. (출 3:1~4)

3. 하나님이 가라사대 이리로 가까이하지 말라, 너의 선 곳은 거룩한 땅이니 네 앞에서 신을 벗으라, 또 이르시되 나는 네 조상祖上의 하나님이니 아브라함의 하나님 이삭의 하나님 야곱의 하나님이니라. 모세가 하나님 뵈옵기를 두려워하여 얼굴을 가리우매, 여호와께서 가라사대 내가 애굽에 있는 내 백성百姓의 고통苦痛을 정녕丁寧히 보고, 그들의 부르짖음을 듣고, 그 우고憂苦를 알고 내가 내려와서 건져 내고 그들을 인도하여, 아름답고 광대廣大한 땅 젖과 꿀이 흐르는 땅 곧 가나안 지방地方에 이르려 하노라. 이제 내가 너를 보내어 내 백성 이스라엘 자손을 애굽에서 인도引導하여 내게 하리라. (출 3:5~10)

4. 하나님이 가라사대 내가 정녕丁寧 너와 함께 있으리라. 네가 백성百姓을 애굽에서 인도引導하여 낸 후後에, 너희가 이 산에서 하나님을 섬기리니, 이것이 내가 너를 보낸 증거證據니라. 하나님이 모세에게 이르시되 나는 스스로 있는 자니라. 너는 이스라엘 자손에게 이같이 이르기를 스스로 있는 자가 나를 너희에게 보내셨다 하라. 너는 애굽

왕에게 이르기를 하나님 여호와께서 우리에게 임臨하셨은즉, 우리가 우리 하나님 여호와께 희생犧牲을 드리려 하오니, 사흘 길쯤 광야曠野로 가기를 허락許諾하소서 하라. 내가 손을 들어 여러 가지 이적異蹟으로 그 나라를 친 후에야 너희를 보내리라. 애굽 사람으로 은혜恩惠를 입게 할지라. 너희가 빈손으로 가지 아니 하리니, 은 패물佩物과 금 패물佩物과 의복衣服을 구하여 너희 자녀를 꾸미라. 너희가 애굽 사람의 물품物品을 취取하리라. (출 3:12~22)

5. 모세가 여호와께 고告하되 주여 나는 본래本來 말에 능能치 못한 자라. 주께서 종에게 명하신 후에도 그러하니, 나는 입이 뻣뻣하고 혀가 둔鈍한 자니이다. 여호와께서 이르시되 누가 사람의 입을 지었느뇨, 이제 가라 내가 네 입과 함께 있어서 할 말을 가르치리라. 모세가 가로되 주여 보낼 만한 자를 보내소서. 여호와께서 모세를 향하여 노怒를 발發하시고 가라사대, 네 형 아론이 있지 아니하뇨 그의 말 잘함을 내가 아노라. 그가 너를 만나러 나오나니 그가 너를 볼 때에 마음에 기뻐할 것이니라. 너는 그에게 말하고 그 입에 함께 있어서 너의 행行할 일을 가르치리라. 그가 너를 대신代身하여 백성에게 말할 것이니, 그는 네 입을 대신할 것이요 너는 그에게 하나님같이 되리라. 너는 이 지팡이를 손에 잡고 이것으로 이적異蹟을 행할지니라. (출 4:10~17)

6. 여호와께서 아론에게 이르시되 광야曠野에 가서 모세를 맞으라 하시매, 그가 가서 하나님의 산에서 모세를 만나 그에게 입 맞추니, 모세가 여호와께서 자기에게 부탁付託하여 보내신 모든 말씀과, 여호와께서 자기에게 명한 모든 이적異蹟을 아론에게 고告하니라. 모세와 아론이 가서 이스라엘 자손의 모든 장로長老들을 모으고, 아론이 여호와께서 모세에게 명하신 모든 말씀을 전하고, 백성 앞에서 이적을 행하니 백성이 믿으며, 여호와께서 이스라엘 자손을 돌아 보시고 그 고난苦難을 감찰鑑察하셨다 함을 듣고 머리 숙여 경배敬拜하였더라. (출 4:27~31)

하나님의 보내신 일꾼에게는 능력能力과 권위權威가 나타납니다. 하나님이 주신 영적 지도력靈的指導力입니다. 모세는 하나님이 주시는 능력과 권위를 가지고 그 백성을 구원救援하였습니다.

【 낭송 표시 : 1회 ▚ / 4회 ■ / 목표 120회 】

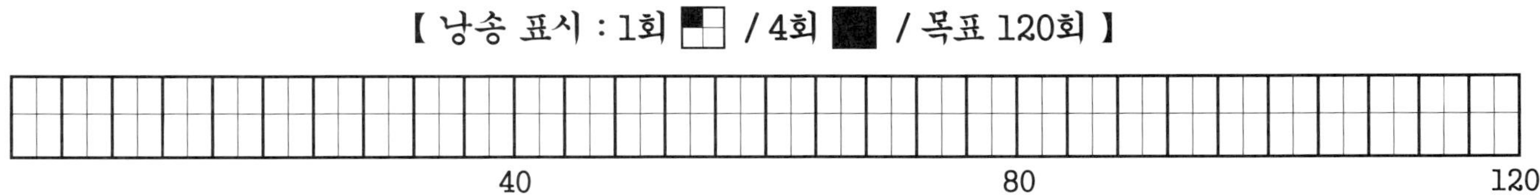

"주의 말씀은 내 발의 등이요 내 길에 빛이니이다"(시 119:105)

제 11 일

나의 표징表徵과 나의 이적異蹟을 행行하리라

출애굽기 7:3

모세가 애굽에서 행한 이적異蹟은 하나님의 권능權能을 나타내고, 하나님의 자녀들을 해방解放시키는 방편方便이었습니다. 하나님께서는 구원사역救援使役을 위하여 오늘도 여러 가지 표징標徵과 이적異蹟을 동원動員하십니다.

1. 여호와께서 모세에게 이르시되 볼지어다 내가 너로 바로에게 신神이 되게 하였은즉 네 형 아론은 네 대언자가代言者가 되리니, 내가 네게 명命한 바를 너는 아론에게 말하고 그는 바로에게 말하여, 그로 이스라엘 자손子孫을 그 땅에서 보내게 할지니라. 내가 내 손을 애굽 위에 펴서 이스라엘 자손을 그 땅에서 인도引導하여 낼 때에야, 애굽 사람이 나를 여호와인 줄 알리라 하시매, 모세와 아론이 여호와께서 자기에게 명命하신 대로 행行하였더라. 그들이 바로에게 말할 때에 모세는 팔십 세이었고, 아론은 팔십삼 세였더라. (출 7:1~7)

2. 여호와께서 모세와 아론에게 일러 가라사대, 너희는 이스라엘 회중會衆에게 고告하여 이르라, 어린 양을 취取할지니 흠欠 없고 일 년 된 수컷으로 하되 해질 때에 그 양을 잡고, 그 피로 문門 설주楔柱와 인방引枋에 바르고, 그 고기를 무교병과 쓴나물과 아울러 먹되 아침까지 남겨 두지 말며 곧 소화燒火하라. 허리에 띠를 띠고 발에 신을 신고 손에 지팡이를 잡고 급急히 먹으라, 이것이 여호와의 유월절逾越節이니라. 너희는 이날을 기념記念하여 여호와의 절기節期를 삼아 영원永遠한 규례規例로 대대代代에 지킬지니라. (출 12:1~14)

3. 너희는 이 일을 규례規例로 삼아 너희와 너희 자손이 영원永遠히 지킬 것이니, 너희는 여호와께서 허락許諾하신 대로 너희에게 주시는 땅에 이를 때에 이 예식禮式을 지킬 것이니라. 이후에 너희 자녀가 묻기를 이 예식禮式이 무슨 뜻이냐 하거든, 너희는 이르기를 이는 여호와의 유월절 제사祭祀라 애굽에 있는 이스라엘 자손의 집을 넘으사, 우리 집을 구원救援하셨느니라 하라 하매, 백성이 머리 숙여 경배敬拜하니라. 이스라엘 자손이 물러가서 그대로 행하되 여호와께서 모세와 아론에게 명命하신 대로 행行하니라. (출 12:24~28)

4. 너는 그날에 네 아들에게 이르기를 이 예식禮式은, 애굽에서 나올 때에 여호와께서 행行하신 일을 인因함이라 하고, 이것으로 네 손의 기호記號와 네 미간眉間의 표標를 삼고, 여호와의 율법律法으로 네 입에 있게 하라. 이는 여호와께서 능能하신 손으로 너를 애굽에서 인도引導하여 내셨음이니, 이 규례規例를 지킬지니라. 바로가 백성을 보낸 후에 블레셋 사람의 땅의 길은 가까울지라도, 하나님이 그들을 그 길로 인도하지 아니하셨으니, 그러므로 하나님이 홍해紅海의 광야曠野길로 돌려 백성을 인도引導하시매, 모세가 요셉의 해골骸骨을 취取하였으니, 이는 요셉이 이스라엘 자손으로 단단히 맹세케 하여 이르기를 하나님이 필연必然 너희를 권고眷顧하시리니, 너희는 나의 해골骸骨을 여기서 가지고 나가라 하였음이었더라. 그들이 발행發行하여 광야廣野에 장막帳幕을 치니, 여호와께서 그들 앞에 행하사 낮에는 구름 기둥으로 그들의 길을 인도하시고, 밤에는 불 기둥으로 그들에게 비취사 주야晝夜로 진행進行하게 하시니, 낮에는 구름 기둥 밤에는 불 기둥이 백성 앞에서 떠나지 아니하니라. (출 13:8~22)

5. 바로가 가까워 올 때에 이스라엘 자손이 눈을 들어 본즉, 애굽 사람들이 자기 뒤에 미친지라. 이스라엘 자손子孫이 심甚히 두려워하여 여호와께 부르짖고 모세가 백성에게 이르되, 여호와께서 오늘날 너희를 위하여 행하시는 구원救援을 보라. 너희가 본 애굽 사람을 또 다시는 영원永遠히 보지 못하고, 여호와께서 너희를 위하여 싸우시리니 너희는 가만히 있을지니라. 여호와께서 모세에게 이르시되 너는 어찌하여 내게 부르짖느뇨, 이스라엘 자손을 명하여 앞으로 나가게 하고 지팡이를 들고, 손을 바다 위로 내밀어 그것으로 갈라지게 하라. 이스라엘 자손이 바다 가운데 육지陸地로 행行하리라. (출 14:10~16)

6. 이스라엘 진陣 앞에 행하던 하나님의 사자使者가 옮겨 그 뒤로 행하매, 구름 기둥도 앞에서 그 뒤로 옮겨 애굽 진陣과 이스라엘 진陣 사이에 이르러 서니 저편便은 구름과 흑암黑暗이 있고, 이편은 밤이 광명光明하므로 밤새도록 저편이 이편에 가까이 못하더라. (출 14:19~20)

하나님의 구원사역救援 使役은 홍해紅海 바다를 가르셔서 하나님의 백성百姓들을 모두 건너가게 하십니다. 하나님의 자녀들을 방해妨害하는 세력勢力들은 모두 홍해 바다에 수장水葬되고 맙니다. 구원救援받은 하나님의 자녀子女들이 가는 길을 낮에는 구름 기둥으로 밤에는 불기둥으로 인도引導하셨습니다.

【 낭송 표시 : 1회 ▚ / 4회 ■ / 목표 120회 】

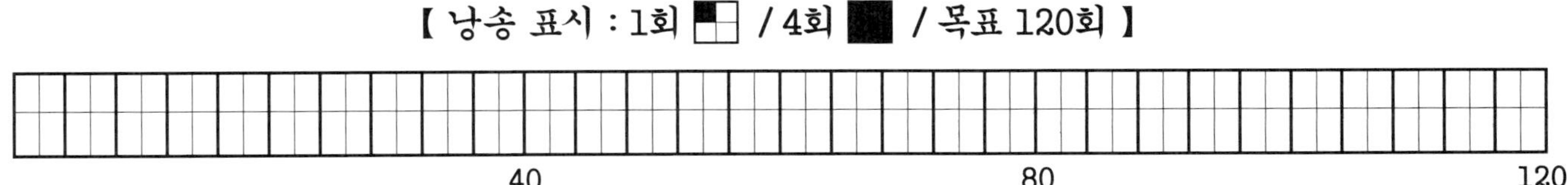

"주의 말씀은 내 발의 등이요 내 길에 빛이니이다"(시 119:105)

제 12 일

하나님을 경외敬畏하여 모세를 믿었더라

출애굽기 14:31

모세의 인도引導함을 받은 하나님의 백성들은 놀라운 광경光景을 목격目擊하고 하나님의 권능權能을 체험體驗하였습니다. 구원救援 받은 하나님의 자녀들이 환희歡喜 가운데 도강渡江하여, 가나안 땅으로 가는 광야에 상륙上陸하였습니다.

1. 모세가 바다 위로 손을 내어민대 여호와께서 큰 동풍東風으로 밤새도록 바닷물을 물러가게 하시니, 물이 갈라져 바다가 마른 땅이 된지라. 이스라엘 자손子孫이 바다 가운데 육지陸地로 행行하고, 물은 그들의 좌우左右에 벽壁이 되니 애굽 사람의 군대軍隊가 뒤를 쫓아, 바다 가운데로 들어오는지라. 새벽에 여호와께서 불 구름 기둥 가운데서 애굽 군대軍隊를 어지럽게 하시니, 여호와가 그들을 위爲해 싸워 치는도다. 여호와께서 모세에게 이르시되 네 손을 바다 위로 내어밀어, 물이 애굽 군대軍隊 위에 흐르게 하라 하시니, 모세가 손을 내어밀매 바다가 회복回復된지라. 물이 다시 흘러 바로의 군대를 다 덮고 하나도 남기지 아니하였더라. 그러나 이스라엘 자손은 바다 가운데 육지陸地로 행하였고, 물이 좌우 벽壁이 되었더라. 이스라엘이 여호와께서 베푸신 큰일을 보았으므로, 백성이 여호와를 경외敬畏하며 여호와와 그 종 모세를 믿었더라. (출 14:21~31)

2. 이때에 모세와 이스라엘 자손子孫이 이 노래로 여호와께 노래하니, 여호와를 찬송讚頌하리니 그는 높고 영화榮華로우심이요, 말과 그 탄 자를 바다에 던지셨음이로다. 여호와는 나의 힘이요 노래시며 나의 구원救援이시로다. 그는 나의 하나님이시니 그를 높이리로다. 여호와여 주의 오른손이 권능權能으로 영광榮光을 나타내시니이다. 주께서 백성을 인도引導하사 그들을 주의 기업基業의 산에 심으시리이다. 여호와여 이는 주의 처소處所를 삼으시려고 예비豫備하신 것이라, 이것이 주의 손으로 세우신 성소聖所로소이다. 여호와의 다스림이 영원무궁永遠無窮하시도다 하였더라. (출 15:1~18)

3. 여호와께서 모세에게 일러 가라사대 내가 이스라엘 자손의 원망怨望함을 들었노라, 너희가 해 질 때에는 고기를 먹고, 아침에는 떡으로 배부르리니 나는 여호와 너희의 하나님인 줄 알리라. 저녁에는 메추라기가 와서 진陣에 덮이고 아침에는 이슬이 진陣 사면四面에 있더니, 그 이슬이 마른 후에 광야 지면曠野地面에 작고 둥글며, 서리같이 세미細微한 것이 있는지라. 이스라엘 자손이 보고 그것이 무엇인지 알지 못하여 서로 이르되 이것이 무엇이냐 하니, 모세가 그들에게 이르되 이는 여호와께서 너희에게 주어 먹게 하신 양식糧食이라. 여호와께서 명命하시기를 너희 각 사람의 식량食量대로 이것을 거둘지니, 곧 너희 인수人數대로 매명每名에 한 오멜씩 취取하되, 각 사람이 그 장막帳幕에 있는 자들을 위하여 취取할지니라. 많이 거둔 자도 남음이 없고 적게 거둔 자도 부족不足함이 없이 각기各其 식량食量대로 거두었더라. (출 16:11~18)

4. 모세가 가로되 오늘은 여호와께 안식일安息日인즉, 육 일 동안은 너희가 그것을 거두되, 제칠은 안식일安息日인즉 그날에는 만나가 없으리라. 여호와께서 모세에게 이르시되 너희에게 안식일을 줌으로 제육일에는 이틀 양식糧食을 너희에게 주는 것이니, 너희는 각기各其 처소에 있고 제칠일에는 아무도 처소處所에서 나오지 말지니라 그러므로 백성百姓이 제칠일에 안식安息하니라. (출 16:25~30)

하나님의 자녀子女들이 광야 생활曠野生活하는 데 일용日用 양식糧食을 공급供給해 주셨습니다. 진陣 사면四面에 만나를 내려 주었습니다. 하나님의 자녀들에게는 오늘도 육肉의 양식糧食과 영靈의 양식糧食을 공급해 주십니다. 이를 잘 섭취攝取해야 영육靈肉이 강건强健합니다.

【 낭송 표시 : 1회 ▞ / 4회 ■ / 목표 120회 】

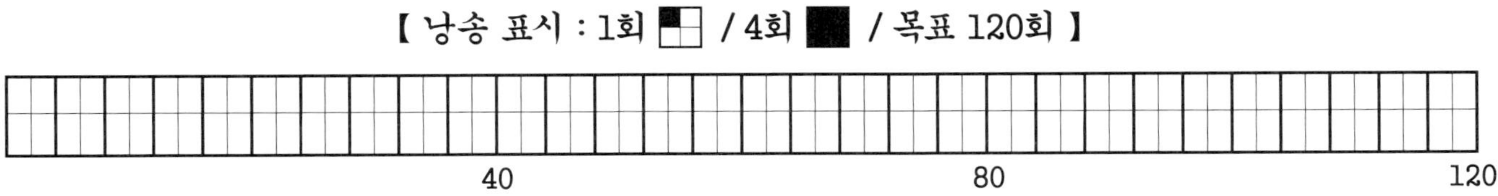

“주의 말씀은 내 발의 등이요 내 길에 빛이니이다”(시 119:105)

제 13 일

너의 후손後孫을 위하여 간수看守하라

출애굽기 16:31

하나님이 은혜恩惠로 내려 주신 하늘의 양식糧食은 매일 공급供給받는 것이지만, 그 뜻과 의미意味는 자녀손子女孫들에게 길이 계승繼承하라는 교훈敎訓입니다. 언약궤言約櫃 속에는 만나 한 그릇과 아론 제사장祭司長의 싹난 지팡이와 십계명十誡命 두 돌판版이 함께 보관保管되어져 있습니다.

1. 이스라엘 족속族屬이 그 이름을 만나MANNA라 하였으며, 깟씨 같고도 희고 맛은 꿀 섞은 과자菓子 같았더라. 여호와께서 명命하시기를 만나를 오멜에 채워서 너희 대대代代 후손後孫을 위爲하여 간수看守하라, 이는 내가 너희를 애굽 땅에서 인도引導하여 낼 때에, 광야曠野에서 너희에게 먹인 양식糧食을 그들에게 보이기 위爲함이니라. (출 16:31~32)

2. 아론에게 이르되 항아리를 가져다가 그 속에 만나 한 오멜을 담아 여호와 앞에 두어, 너희 대대代代로 간수看守하라. 아론이 여호와께서 모세에게 명命하신 대로, 그것을 증거판證據板 앞에 두어, 간수看守하게 하였고, 사십 년 동안 만나를 먹되 곧 가나안 지경地境에 이르기까지 그들이 만나를 먹었더라. (출 16:33~35)

3. 이스라엘 자손의 온 회중會衆이 여호와의 명령命令대로 그 노정路程대로 행行하여 르비딤에 장막帳幕을 쳤으나, 백성百姓이 마실 물이 없는지라. 백성百姓이 다투어 가로되 우리에게 물을 주어 마시게 하라, 모세가 가로되 어찌하여 나와 다투느냐 너희가 어찌하여 여호와를 시험試驗하느냐, 백성百姓이 원망怨望하여 가로되 우리를 애굽에서 인도引導하여 내어서, 우리와 우리 자녀子女와 생축生畜으로 목말라 죽게 하느냐, 여호와께서 모세에게 이르시되 장로長老들을 데리고 하수河水를 치던 네 지팡이를 손에 잡고 가라. 너는 반석磐石을 치라, 그것에서 물이 나리니 백성百姓이 마시리라. 모세가 그대로 행行하니라. 그곳 이름을 맛사MASSAH 또는 므리바MERIBAH라 하리라. (출 17:1~7)

4. 때에 아말렉이 이르러 이스라엘과 르비딤에서 싸우니라. 모세가 여호수아에게 이르되 우리를 위爲하여 사람들을 택擇하여 나가서 아말렉과 싸우라, 내가 하나님의 지팡이를 손에 잡고 산꼭대기에 서리라. 여호수아가 모세의 말대로 행行하여 아말렉과 싸우고,

모세와 아론과 훌은 산꼭대기에 올라가서, 모세가 손을 들면 이스라엘이 이기고, 손을 내리면 아말렉이 이기더니, 모세의 팔이 피곤疲困하매 그들이 돌을 가져다가, 모세의 아래에 놓아 그로 그 위에 앉게 하고, 아론과 훌이 하나는 이편便에서 하나는 저편便에서, 모세의 손을 붙들어 올렸더니 그 손이 해가 지도록 내려 오지 아니한지라. 여호수아가 칼날로 아말렉과 그 백성百姓을 쳐서 파破하니라. 여호와께서 모세에게 이르되 이것을 책冊에 기록記錄하여 기념記念하게 하고, 여호수아의 귀에 외워 들리라 내가 아말렉을 도말塗抹하여, 천하天下에서 기억記憶함이 없게 하리라. 모세가 단壇을 쌓고 그 이름을 여호와 닛시라 하고, 가로되 여호와께서 맹세하시기를 여호와가 아말렉으로 더불어 대대代代로 싸우리라 하셨다 하였더라. (출 17:8~16)

5. 모세의 장인丈人 미디안 제사장祭司長 이드로가 하나님이 모세와 자기 백성百姓 이스라엘에게 하신 모든 일을 들으니라. 모세의 아들을 데려왔으니 게르솜이라. 이는 이방異邦에서 객客이 되었다 함이요, 하나의 이름은 엘리에셀이라 이는 내 아버지의 하나님이 나를 도우사 구원救援하셨다 함이더라. 모세가 여호와께서 이스라엘을 위爲하여, 바로와 애굽 사람에게 행行하신 모든 일과 길에서 당한 모든 고난苦難과, 여호와께서 그들을 구원救援하신 일을 다 그 장인丈人에게 고告하매, 여호와께서 이스라엘에게 모든 은혜恩惠를 베푸신 애굽 사람의 손에서 구원救援함을 기뻐하여 가로되, 여호와를 찬송讚頌하리로다, 너희를 애굽 바로의 손에서 건지셨도다. 이제 내가 알았도다 여호와는 모든 신神보다 크시므로 이스라엘에게 교만驕慢히 행行하는 그들을 이기셨도다. 모세의 장인丈人 이드로가 번제물燔祭物과 희생犧牲을 하나님께 가져오매, 이스라엘의 모든 장로長老가 와서 모세의 장인丈人과 함께 하나님 앞에서 떡을 먹으니라. (출 18:1~12)

광야 길을 통과通過할 때 진로 방해자進路妨害者 아말렉족이 나타나게 됩니다. 이때 젊은이들은 전방前方에서 무찌르고 온 백성百姓과 지도자指導者는 합심合心하여 기도祈禱함으로 승리勝利하게 되었습니다.

【 낭송 표시 : 1회 ▚ / 4회 ■ / 목표 120회 】

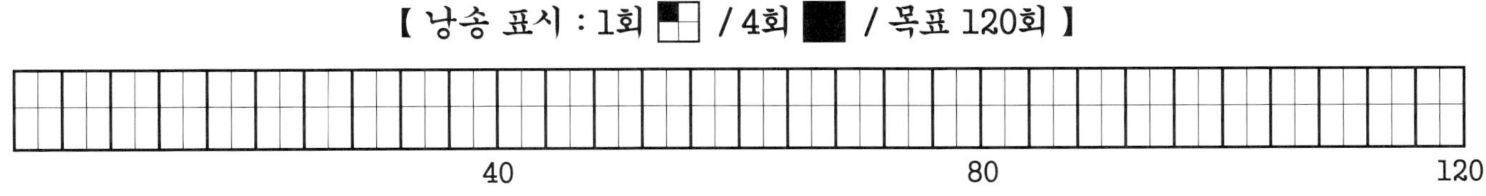

“주의 말씀은 내 발의 등이요 내 길에 빛이니이다”(시 119:105)

제 14 일

함께 담당擔當할 것인즉 일이 쉬우리라

출애굽기 18:21~22

재덕才德이 겸전兼全한 자, 하나님을 두려워하는 자, 진실 무망眞實無妄한 자, 불의不義한 이利를 미워하는 자는 백성의 공동체共同體를 위해 일할 자격資格이 있는 사람입니다. 이드로 제사장은 모세에게 권고勸告했습니다. 오늘도 하나님은 일꾼을 세워 함께 담당하게 하십니다.

1. 모세의 장인丈人이 모세가 백성에게 행行하는 모든 일을 보고 가로되, 그대가 이 백성百姓에게 행하는 이 일이 어찜이뇨, 어찌하여 그대는 홀로 앉았고 백성은 아침부터 저녁까지 그대의 곁에 섰느뇨, 대답하되 백성이 하나님께 물으려고 내게로 옴이라. 그들이 일이 있으면 내게로 오나니 내가 그 양편兩便을 판단判斷하여 하나님의 율례律例와 법도法度를 알게 하나이다. 그대의 하는 것이 선善하지 못하도다. 그대와 함께한 이 백성百姓이 필연必然 기력氣力이 쇠衰하리니, 이 일이 그대에게 너무 중重함이라 그대가 혼자 할 수 없으리라. (출 18:14~18)

2. 이제 내 말을 들으라 방침方針을 가르치리니 하나님이 그대와 함께 계실지로다. 그대는 백성을 위爲하여 하나님 앞에 있어서, 소송訴訟을 하나님께 베풀며 그들에게 율례律例와 법도法度를 가르쳐서 마땅히 갈 길과 할 일을 그들에게 보이고, 온 백성 가운데서 재덕才德이 겸전兼全한 자, 곧 하나님을 두려워하며 진실眞實 무망無妄하며, 불의不義한 이를 미워하는 자를 빼서 백성 위에 세워, 천부장天夫長과 백부장百夫長과 오십부장五十夫長과 십부장十夫長을 삼아, 그들로 때를 따라 백성百姓을 재판裁判하게 하라. (출 18:19~22)

3. 무릇 큰 일이면 그대에게 베풀 것이고, 무릇 작은 일이면 그들이 스스로 재판裁判할 것이니, 함께 담당擔當하면 그대에게 쉬우리라. 그대가 이 일을 하고 하나님께서도 인가認可하시면, 그대가 이 일을 감당堪當하고, 이 모든 백성도 자기 곳으로 평안平安히 가리라. 이에 모세가 그 모든 말대로 하여 무리 중에서 재덕才德이 겸전兼全한 자를 빼서, 그들로 백성의 두목頭目, 곧 천부장天夫長과 백부장百夫長과 오십부장五十夫長과 십부장十夫長을 삼으며, 그들이 때를 따라 백성을 재판裁判하되, 어려운 일은 모세에게 베풀고 쉬운 일은 자단自斷하더라. (출 18:22~26)

4. 모세가 하나님 앞에 올라가니 여호와께서 산에서 그를 불러 가라사대, 너는 이같이 야곱 족속族屬에게 이르고 이스라엘 자손子孫에게 고告하라. 애굽 사람에게 어떻게 행行하였음과 어떻게 독수리 날개로 너희를 업어 내게로 인도引導하였음을 너희가 보았느니라. 세계世界가 다 내게 속屬하였나니 너희가 내 말을 잘 듣고 내 언약言約을 지키면, 너희는 열국列國 중에서 내 소유所有가 되겠고, 너희가 제사장의 나라가 되며 거룩한 백성百姓이 되리라. 너는 이 말을 이스라엘 자손子孫에게 고告하라. (출 19:3~6)

5. 모세가 와서 백성百姓의 장로長老들을 불러, 여호와께서 자기에게 명命하신 그 모든 말씀을 그 앞에 진술陳述하니, 백성百姓이 일제一齊히 응답應答하여 가로되, 여호와의 명命하신 대로 우리가 다 행하리이다. 모세가 백성의 말로 여호와께 회보回報하매, 여호와께서 모세에게 이르시되 내가 빽빽한 구름 가운데서 네게 임함은, 내가 너와 말하는 것을 백성으로 듣게 하며, 또한 너를 영영永永히 믿게 하려함이니라. 여호와께서 모세에게 이르시되, 너는 백성百姓에게로 가서 오늘과 내일 그들을 성결聖潔케 하며, 그들로 옷을 빨고 예비豫備하여 제삼일을 기다리게 하라. 제삼일에 나 여호와가 온 백성百姓의 목전目前에 시내 산에 강림降臨할 것임이니, 나팔을 길게 불거든 산 앞에 이를 것이니라 하라. (출 19:7~13)

6. 모세가 산에서 내려 백성百姓에게 이르러 백성으로 성결聖潔케 하니 그들이 자기 옷을 빨더라. 제삼일 아침에 우뢰雨雷와 번개와 빽빽한 구름이 산 위에 있고, 나팔 소리가 심甚히 크니 진중陣中 모든 백성百姓이 다 떨더라. 모세가 하나님을 맞으려고 백성百姓을 거느리고, 진에서 나오매 그들이 산기슭에 섰더니, 시내 산에 연기煙氣가 자욱하니 여호와께서 불 가운데서 거기 강림降臨하심이라. 그 연기煙氣가 옹기점 연기같이 떠오르고, 온 산이 크게 진동하며 나팔소리가 점점 커질 때에, 모세가 말한 즉 하나님이 음성音聲으로 대답對答하시더라. (출 19:14~19)

종살이하는 노예들을 구원救援하여 선택選擇한 거룩한 하나님의 백성으로 삼기 위하여 시내 산에서 십계명十誡命을 주셨습니다. 그리고 자유인自由人과 주인主人이 되기 위한 양육養育 FOLLOW UP과 훈련訓練 DISCIPLINE을 계속 실시實施하였습니다.

【 낭송 표시 : 1회 ▘ / 4회 ■ / 목표 120회 】

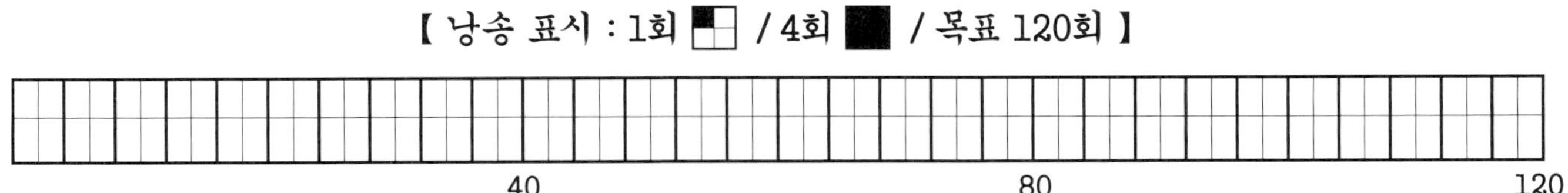

"주의 말씀은 내 발의 등이요 내 길에 빛이니이다"(시 119:105)

제 15 일

성결聖潔케 하고 예비豫備하여 제삼일第三日을 기다리라

출애굽기 19:10~11

애굽에서 노예 생활奴隸生活 하던 백성들은 거룩한 성민聖民이 되는 과정過程을 통과通過해야 합니다. 시내 산에서 십계명十誡命을 받을 때 몸과 마음을 깨끗하게 하고, 삼 일 동안 정성精誠을 다하여 예비豫備하도록 하였습니다. 중요한 일일수록 시간時間과 정성精誠을 다하여 준비準備해야 합니다.

1. 여호와께서 시내 산 꼭대기에 강림降臨하시고 모세를 부르시니, 모세가 올라가매 여호와께서 모세에게 이르시되, 내려가서 백성百姓을 신칙申飭하라, 백성百姓이 돌파突破하고 나 여호와께로 와서 보려고 하다가 죽을까 하노라. 또 여호와께 가까이 하는 제사장祭司長들로 그 몸을 성결聖潔히 하게 하라, 나 여호와가 그들을 돌격突擊할까 하노라. 모세가 여호와께 고하되 주께서 우리에게 명命하여 이르시기를 산 사면에 지경을 세워 산을 거룩하게 하라. 모세가 백성에게 내려가서 그들에게 고告하니라. (출 19:20~25)

2. 하나님이 이 모든 말씀으로 일러 가라사대, 나는 너를 애굽 땅 종 되었던 집에서 인도引導하여 낸 너의 하나님 여호와로라. 너는 나 외에는 다른 신神들을 네게 있게 말지니라. 너를 위爲하여 새긴 우상偶像을 만들지 말고 또 위로 하늘에 있는 것이나, 아래로 땅에 있는 것이나, 땅 아래 물속에 있는 것의 아무 형상形像이든지 만들지 말며, 그것들에게 절하지 말며, 그것들을 섬기지 말라. 나 여호와 너의 하나님은 질투嫉妬하는 하나님인 즉, 나를 미워하는 자의 죄罪를 갚되 아비로부터 아들에게로 삼사 대三四代까지 이르게 하거니와, 나를 사랑하고 내 계명誡命을 지키는 자에게는, 천 대千代까지 은혜恩惠를 베푸느니라. 너는 너의 하나님 여호와의 이름을 망령妄靈되이 일컫지 말라, 나 여호와는 나의 이름을 망령되이 일컫는 자를 죄罪 없다 하지 아니하리라. (출 20:1~7)

3. 안식일安息日을 기억記憶하여 거룩히 지키라, 엿새 동안은 힘써 네 모든 일을 행行할 것이나, 제칠일第七日은 너의 하나님 여호와의 안식일安息日인즉, 너나 네 아들이나 네 딸이나 네 남종이나 네 여종이나, 네 육축六畜이나 네 문門 안에 유留하는 객客이라도, 아무 일도 하지 말라. 이는 엿새 동안에 나 여호와가 하늘과 땅과 바다와 그 가운데 모든 것을 만들고, 제칠일第七日에 쉬었음이라, 그러므로 나 여호와가 안식일安息日을 복福되게 하여, 그날을 거룩하게 하였느니라. (출 20:8~11)

4. 네 부모父母를 공경恭敬하라. 그리하면 너의 하나님 나 여호와가 네게 준 땅에서 네 생명生命이 길리라. 살인殺人하지 말지니라. 간음姦淫하지 말지니라. 도적盜賊질하지 말지니라. 네 이웃에 대對하여 거짓 증거證據 하지 말지니라. 네 이웃의 집을 탐貪내지 말지니라. 네 이웃의 아내나 그의 남종이나 그의 여종이나 그의 소나 그의 나귀나, 무릇 네 이웃의 소유所有를 탐貪내지 말지니라. (출 20:12~17)

5. 뭇 백성百姓이 우뢰雨雷와 번개와 나팔 소리와 산의 연기煙氣를 본지라. 그들이 볼 때에 떨며 멀리 서서 모세에게 이르되, 당신當身이 우리에게 말씀하소서. 우리가 들으리이다 하나님이 우리에게 말씀하시지 말게 하소서, 모세가 백성百姓에게 이르되 두려워 말라, 하나님이 강림降臨하심은 너희를 시험試驗하고, 너희로 경외敬畏하며 범죄犯罪치 않게 하려 하심이니라. 여호와께서 모세에게 이르시되 너는 이스라엘 자손子孫에게 이같이 이르라, 내가 하늘에서부터 너희에게 말하는 것을 너희가 친히 보았으니, 너희는 나를 비겨서 은銀으로 신상神像이나 금金으로 신상神像을 만들지 말고, 토단土壇을 쌓고 그 위에 너의 양羊과 소로 너의 번제燔祭와 화목제和睦祭를 드리라. 내가 무릇 내 이름을 기념記念하게 하는 곳에서 네게 강림降臨하여 복福을 주리라. (출 20:18~24)

6. 너는 매년每年 삼차三次 내게 절기節期를 지킬지니라. 너는 무교병의 절기節期를 지키라. 내가 네게 명命한 대로 정한 때에 칠 일七日 동안 무교병을 먹을지니, 이는 네가 애굽에서 나왔음이라. 빈손으로 내게 보이지 말지니라 맥추절麥秋節을 지키라, 이는 네가 수고受苦하여 밭에 뿌린 것의 첫 열매를 거둠이니라. 수장절收藏節을 지키라, 이는 네가 수고受苦하여 이룬 것을, 연종年終에 밭에서부터 거두어 저장함이니라. 너의 모든 남자는 매년 세 번씩 주 여호와께 보일지니라. 너의 토지土地에서 처음 익은 열매의 첫 것을 가져다가, 너의 하나님 여호와의 전殿에 드릴지니라. (출 23:14~19)

십계명十誡命을 지켜서 하나님의 백성百姓이 되는 것이 아니고, 하나님의 자녀子女가 되었으니 십계명十誡命을 지켜, 거룩하고 훌륭한 사람이 되고 위대한 나라를 건설建設하라는 사명使命을 주신 것입니다. 성도聖徒들은 이 세상에 살면서 천국시민天國市民답게 살아야 합니다.

【 낭송 표시 : 1회 ◱ / 4회 ■ / 목표 120회 】

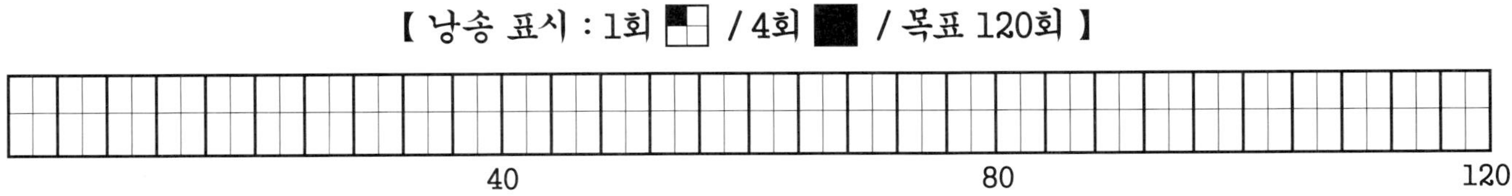

"주의 말씀은 내 발의 등이요 내 길에 빛이니이다"(시 119:105)

제 16 일

여호와의 모든 말씀을 준행遵行하리이다

출애굽기 24:3

하나님은 그 백성과 인격적 관계人間的關係 갖기를 원하십니다. 거룩한 백성으로 하나님과 신뢰관계信賴關係를 유지維持하는 것이 제일第一의 사명使命입니다. 그것은 '여호와의 모든 말씀을 준행'하는 것입니다.

1. 또 모세에게 이르시되 너는 아론과 나답과 아비후와 이스라엘 장로長老 **칠십 인**七十人**과 함께 여호와에게로 올라와 멀리서 경배**敬拜**하고, 너 모세만 여호와에게 가까이 나아오고 그들은 가까이 나아오지 말며, 백성**百姓**은 너와 함께 올라오지 말지니라. 모세가 와서 여호와의 모든 말씀과 그 모든 율례**律例**를 백성**百姓**에게 고하매, 그들이 한 소리로 응답**應答**하여 가로되, 여호와의 명**命**하신 모든 말씀을 우리가 준행**遵行**하리이다.** (출 24:1~3)

2. 모세가 여호와의 모든 말씀을 기록記錄**하고 이른 아침에 일어나, 산 아래 단**壇**을 쌓고 이스라엘 십이 지파**支派**대로 열두 기둥을 세우고, 청년**靑年**들을 보내어 번제**燔祭**와 소로 화목제**和睦祭**를 여호와께 드리게 하고, 모세가 피를 취**取**하여 반**半**은 여러 양푼에 담고, 반**半**은 단**壇**에 뿌리고, 언약서**言約書**를 가져 백성**百姓**에게 낭독**朗讀**하여 들리매, 그들이 가로되 여호와의 모든 말씀을 우리가 준행**遵行**하리이다. 모세가 그 피를 취**取**하여 백성**百姓**에게 뿌려 가로되, 이는 여호와께서 이 모든 말씀에 대하여 너희와 세우신 언약**言約**의 피니라. 모세와 아론과 나답과 아비후와 이스라엘 장로**長老 **칠십 인이 올라가서 하나님을 보니, 그 발 아래에는 청옥**靑玉**을 편 듯하고 하늘 같이 청명**淸明**하더라. 그들이 하나님을 보고 먹고 마셨더라.** (출 24:4~11)

3. 여호와께서 모세에게 이르시되 너는 산에 올라 내게로 와서 거기 있으라, 너로 그들을 가르치려고 내가 율법律法**과 계명**誡命**을 친히 기록**記錄**한 돌판**板**을 네게 주리라. 모세가 그 종자**從者 **여호수아와 함께 일어나 하나님의 산으로 올라가며 장로**長老**들에게 이르되, 너희는 여기서 우리가 너희에게로 돌아오기까지 기다리라. 아론과 훌이 너희와 함께 하리니 무릇 일이 있는 자는 그들에게로 나아갈지라 하고, 모세가 산에 오르매 구름이**

산을 가리며 여호와의 영광榮光이 시내 산 위에 머무르고 구름이 육 일 동안 산을 가리더니, 제칠일에 여호와께서 구름 가운데서 모세를 부르시니라. 산 위의 여호와의 영광榮光이 맹렬猛烈한 불같이 보였고, 모세는 구름 속으로 들어가서 산 위에 올랐으며 사십 일 사십 야를 산 위에 있으니라. (출 24:12~18)

4. 여호와께서 모세에게 일러 가라사대 이스라엘 자손子孫에게 명命하여 내게 예물禮物을 가져오라 하고, 무릇 즐거운 마음으로 내는 자에게서 내게 드리는 것을 너희는 받을지니라. 너희가 받을 예물禮物은 이러하니, 금金과 은銀과 놋과 청색靑色 자색紫色 홍색紅色 실과 가는 베실과 붉은 물 들인 숫양의 가죽과, 해달海獺의 가죽과 조각목皂角木과, 등유燈油와 관유灌油에 드는 향품香品과, 분향焚香할 향香을 만들 향품香品과, 호마노縞瑪瑙며 에봇과 흉패胸牌에 물릴 보석寶石이니라. 내가 그들 중에 거할 성소聖所를 그들을 시켜 나를 위하여 짓되, 무릇 내가 네게 보이는 대로 장막帳幕의 식양式樣과, 그 기구器具의 식양式樣을 따라 지을지니라. (출 25:1~9)

5. 정금精金으로 속죄소贖罪所를 만들되, 장長이 이 규빗 반, 광廣이 일 규빗 반이 되게 하고, 금金으로 그룹 둘을 속죄소贖罪所 두 끝에 쳐서 만들되, 그룹들은 그 날개를 높이 펴서 그 날개로 속죄소贖罪所를 덮으며, 그 얼굴을 서로 대對하여 속죄소贖罪所를 향向하게 하고, 속죄소를贖罪所 궤櫃 위에 얹고, 내가 네게 줄 증거판證據板을 궤櫃 속에 넣으라. 거기서 내가 너와 만나고 속죄소贖罪所 위 곧 증거궤證據櫃 위에 있는 두 그룹 사이에서, 내가 이스라엘 자손子孫을 위하여 네게 명命할 모든 일을 네게 이르리라. (출 25:17~22)

하나님께서는 정성精誠을 다하여 그 백성百姓들을 위하여 필요必要한 모든 것을 제공提供해 주셨습니다. 하나님의 백성들도 정성精誠을 다하여 하나님을 만나고 경배敬拜해야 합니다. 죄인罪人이 거룩하신 하나님을 만나려면 거룩한 성소聖所를 마련해야 합니다.

【 낭송 표시 : 1회 ▚ / 4회 ■ / 목표 120회 】

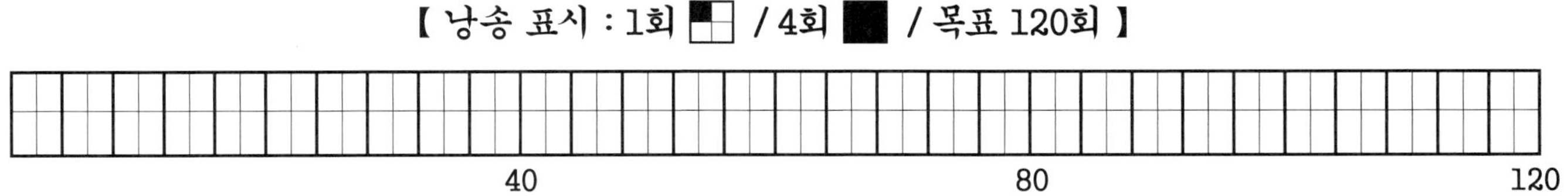

40 80 120

"주의 말씀은 내 발의 등이요 내 길에 빛이니이다"(시 119:105)

제 17 일

제사장祭司長 직분職分을 행하게 하라

출애굽기 28:3

제사장祭司長은 하나님과 그 자녀子女들의 중보 역할仲保役割을 합니다. 최고最高의 정성精誠과 최고의 기술技術로 만든 제의祭衣를 입고, 깨끗하고 정결淨潔한 몸과 마음으로 제사장祭司長 직무職務를 수행遂行해야 합니다.

1. 나를 섬기는 제사장祭司長 직분職分을 행行하게 하되, 거룩한 옷을 지어서 영화榮華롭고 아름답게 할지니, 너는 무릇 마음에 지혜智慧 있는 자, 곧 내가 지혜智慧로운 영靈으로 채운 자들에게 말하여, 제사장祭司長의 옷을 지어 거룩하게 하여, 내게 제사장祭司長 직분職分을 행行하게 하라. 곧 흉패胸牌와 에봇과 겉옷과 반포斑布 속옷과 관冠과 띠라, 거룩한 옷을 지어 내게 제사장祭司長 직분職分을 행하게 할지며, 금金실과 청색青色 자색紫色 홍색紅色실과 가늘게 꼰 베실이니라. 호마노縞瑪瑙 두 개를 취取하여 그 위에 이스라엘 아들들의 이름을 새기되, 이스라엘 아들들의 이름은 그 두 보석寶石에 새겨 금테에 물리고, 정금精金으로 노끈처럼 두 사슬을 땋고 그 땋은 사슬을 그 테에 달지니라. (출 28:1~14)

2. 첫 줄은 홍보석紅寶石 홍옥 녹주옥綠株玉이요, 둘째 줄은 석류석石榴石 남보석藍寶石 홍마노紅馬瑙요, 셋째 줄은 호박琥珀 백마노白瑪瑙 자수정紫水晶이요, 넷째 줄은 녹보석綠寶石 호마노縞瑪瑙 벽옥碧玉으로 다 금테에 물릴지니, 이 보석寶石들은 이스라엘 아들들의 이름대로 열둘이라. 아론이 성소聖所에 들어갈 때에는 이름을 기록記錄한 이 판결判決 흉배胸背를 가슴에 붙여, 여호와 앞에 영원永遠한 기념記念을 삼을 것이니라. 너는 우림과 둠밈을 판결判決 흉패胸牌 안에 넣어 여호와 앞에 들어갈 때에 그 가슴 위에 있게 하라. 여호와 앞에서 판결判決을 항상 그 가슴 위에 둘지니라. (출 28:17~30)

3. 여호와께서 모세에게 이르시되, 너는 소합향蘇合香과 나감향과 풍자향楓子香의 향품香品을 취取하고, 그 향품香品을 유향乳香에 섞되 각기各其 동일同一한 중수重數로 하되, 향香을 만들되 향 만드는 법法대로 만들고, 그것에 소금을 쳐서 성결聖潔하게 하고, 그 향香 얼마를 곱게 찧어 내가 너와 만날 회막會幕 안 증거궤證據櫃 앞에 두라. 이 향은 너희에게 지극히 거룩하니라. 네가 만들 향은 여호와를 위하여 거룩한 것이니 그 방법方法대로 너희를 위하여 만들지 말라. (출 30:34~37)

4. 여호와께서 모세에게 일러 가라사대, 브살렐을 지명指名하여 부르고 하나님의 신神을 그에게 충만充滿하게 하여, 지혜智慧와 총명聰明과 지식知識과 여러 가지 재주로

공교工巧한 일을 연구研究하여, 금金과 은銀과 놋으로 만들게 하며, 보석寶石을 깎아 물리며 나무를 새겨서 여러 가지 일을 하게 하고, 오홀리압을 세워 그와 함께하게 하며 무릇 지혜智慧로운 마음이 있는 자에게 내가 지혜智慧를 주어, 그들로 내가 네게 명命한 것을 다 만들게 할지니 그들이 만들지니라. (출 31:1~11)

5. 여호와께서 모세에게 일러 가라사대, 너희는 나의 안식일安息日을 지키라. 이는 나와 너희 사이에 너희 대대代代의 표징表徵이니, 나는 너희를 거룩하게 하는 여호와인 줄 너희로 알게 함이라. 너희는 안식일安息日을 지킬지니 이는 너희에게 성일聖日이 됨이라. 엿새 동안은 일할 것이나, 제칠일은 큰 안식일安息日이니 여호와께 거룩한 것이라. 무릇 안식일安息日을 범하는 자를 반드시 죽일지니라. 이같이 안식일을 지켜서 대대代代로 영원永遠한 언약言約을 삼을 것이니, 이는 영원永遠한 표징表徵이며 나 여호와가 엿새 동안에 천지天地를 창조創造하고, 제칠일에 쉬어 평안平安하였음이니라. 여호와께서 시내 산 위에서 모세에게 이르시기를, 마치신 때에 증거판證據板 둘을 모세에게 주시니 이는 돌판板이요 하나님이 친親히 쓰신 것이더라. (출 31:12~18)

6. 여호와께서 모세에게 이르시되, 너는 내려가라 네가 애굽 땅에서 인도引導하여 낸 네 백성百姓이 부패腐敗하였도다. 내가 이 백성百姓을 보니 목이 곧은 백성이로다. 주主의 노怒를 그치시고 뜻을 돌이키사 주의 백성에게 화禍를 내리지 마옵소서. 주의 종 아브라함과 이삭과 이스라엘을 기억하소서, 여호와께서 뜻을 돌이키사 화禍를 그 백성百姓에게 내리지 아니하시니라. 모세가 그들의 만든 송아지를 불살라 부수어 가루를 만들어 물에 뿌려 이스라엘 자손子孫에게 마시우니라. 모세가 백성에게 이르되 너희가 큰 죄를 범하였도다. 슬프도소이다 이 백성이 금신金神을 만들었사오니 큰 죄罪를 범犯하였나이다. 이제 그들의 죄罪를 사하시옵소서. 여호와께서 모세에게 이르시되 누구든지 내게 범죄犯罪하면 내 책冊에서 지워 버리리라. 여호와께서 백성을 치시니 이는 그들이 그 금金 송아지를 만들었음이라. (출 32:7~35)

하나님께서 그 백성을 만나 영광榮光을 받으시고, 말씀하실 거룩한 성소聖所를 만드시기 위해, 지혜智慧와 총명聰明이 뛰어난 신실信實한 믿음의 일꾼을 예비豫備하셨습니다. 유다 지파支派의 브살렐BEZLEL과 단 지파支派 오홀리압OHOLIAB을 세워 모든 일을 훌륭하게 완수完遂하게 하였습니다.

【 낭송 표시 : 1회 ▣ / 4회 ■ / 목표 120회 】

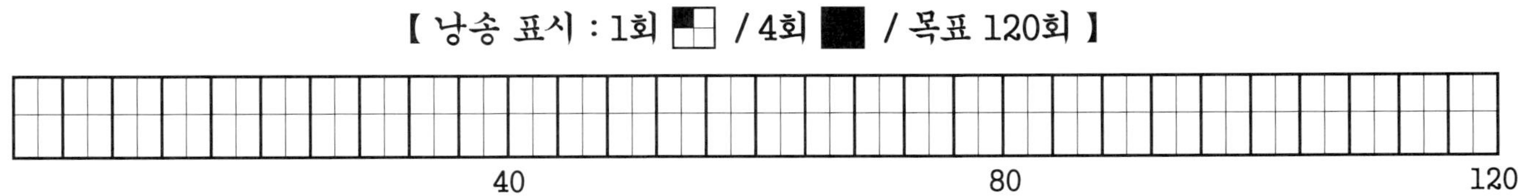

"주의 말씀은 내 발의 등이요 내 길에 빛이니이다"(시 119:105)

제 18 일

청년青年 여호수아는 회막會幕을 떠나지 아니하니라

출애굽기 33:11

하나님이 그 백성을 만나는 곳이 성소聖所였습니다. 또는 성막聖幕 TABERNACLE, 회막會幕 TENT이라 불렀습니다. 모세는 그곳에서 친구親舊와 이야기함같이 하나님과 대면對面하였고 청년青年 여호수아는 회막에서 항상恒常 봉사奉仕하였습니다.

1. 모세가 항상恒常 장막帳幕을 취取하여 진陣 밖에 쳐서 회막會幕이라 이름하니, 여호와를 앙모仰慕하는 자는 회막으로 나아가며 회막會幕으로 나아갈 때에는, 백성이 다 일어나 자기 장막문帳幕門에 서서, 모세가 회막會幕에 들어가기까지 바라보며, 모세가 회막會幕에 들어갈 때에 구름 기둥이 내려 회막문會幕門에 서며, 여호와께서 모세와 말씀하시니, 모든 백성百姓이 회막문會幕門에 구름 기둥이 섰음을 보고 다 일어나, 각기各其 장막문帳幕門에 서서 경배敬拜하며, 사람이 그 친구와 이야기함같이 여호와께서는 모세와 대면對面하여 말씀하시며, 모세는 진陣으로 돌아오나 그 수종자隨從者 눈의 아들 청년青年 여호수아는 회막會幕을 떠나지 아니하니라. (출 33:7~11)

2. 모세가 여호와께 고告하되 보시옵소서, 주께서 나더러 이 백성百姓을 인도引導하여 올라가라. 주께서 전에 말씀하시기를 나는 이름으로도 너를 알고 너도 내 앞에 은총恩寵을 입었다 하셨사온즉, 내가 참으로 주主의 목전目前에 은총恩寵을 입었사오면, 원컨대 주의 길을 내게 보이사 내게 주를 알리시고 주의 목전目前에 은총恩寵을 입게 하시며, 이 족속族屬을 주의 백성으로 여기소서. 여호와께서 가라사대 내가 친親히 가리라. 내가 너로 편케 하리라. 여호와께서 모세에게 이르시되 너의 말하는 이 일도 내가 하리니, 너는 내 목전에 은총을 입었고 내가 이름으로도 너를 앎이니라. 모세가 가로되 원컨대 주의 영광榮光을 내게 보이소서. (출 33:12~18)

3. 여호와께서 가라사대 내가 나의 모든 선善한 형상形像을 네 앞에 반포頒布하리라. 나는 은혜恩惠 줄 자에게 은혜恩惠를 주고 긍휼矜恤히 여길 자에게 긍휼矜恤을 베푸느니라. 여호와께서 가라사대 보라 너는 그 반석磐石 위에 섰으라, 내 영광榮光이 지날 때에 내가 너를 반석磐石 틈에 두고, 내가 지나도록 내 손으로 너를 덮었다가 손을 거두리니, 네가 내 등을 볼 것이요 얼굴은 보지 못하리라. (출 33:19~23)

4. 여호와께서 모세에게 이르시되, 너는 돌판板 둘을 처음 것과 같이 깎아 만들라, 처음 판에 있던 말을 내가 그 판에 쓰리니, 아침 전에 예비豫備하고, 아침에 시내 산에 올라와 산꼭대기에서 내게 보이되, 아무도 너와 함께 오르지 말며, 온 산에 인적人跡을 금禁하고 양羊과 소도 산 앞에서 먹지 못하게 하라. 모세가 돌판 둘을 처음 것과 같이 깎아 만들고, 아침에 일찍이 일어나 그 두 돌판을 손에 들고 여호와의 명命대로 시내 산에 올라가니, 여호와께서 구름 가운데 강림降臨하사, 그와 함께 거기 서서 여호와의 이름을 반포頒布하실새, 여호와께서 그의 앞으로 지나 은혜恩惠롭고 노怒하기를 더디하고, 인자仁慈와 진실眞實이 많은 하나님이라. 인자仁者를 천 대千代까지 베풀며 악惡과 과실過失과 죄罪를 용서容恕하나, 형벌刑罰 받을 자는 결단決斷코 면죄免罪하지 않고, 아비의 악惡을 자여손子與孫 삼사 대까지 보응報應하리라. (출 34:1~7)

5. 모세가 급히 땅에 엎드리어 경배敬拜하며 가로되, 주여 내가 주께 은총恩寵을 입었거든 주는 우리 중에서 행하옵소서 이는 목이 곧은 백성百姓이니이다. 우리의 악惡과 죄罪를 사赦하시고 우리로 주의 기업基業을 삼으소서. 여호와께서 가라사대 보라 내가 언약言約을 세우나니, 내가 이적異蹟을 너희 백성百姓 앞에 행할 것이라. 나의 백성이 다 여호와의 소위所爲를 보리니, 내가 너를 위하여 행할 일이 두려운 것임이니라. (출 34:8~10)

6. 오늘 네게 명하는 것을 삼가 지키라 너는 스스로 세우지 말라, 그들이 너희 중에 올무가 될까 하노니, 너희는 그들의 단壇들을 헐고 그들의 주상柱像을 깨뜨리고 그들의 아세라 상像을 찍을지어다. 너는 다른 신에게 절하지 말라. 여호와는 질투嫉妬라 이름하는 질투嫉妬의 하나님임이니라. 너는 삼가 그 땅의 거민居民과 언약言約을 세우지 말지니, 이는 그들이 모든 신神을 음란淫亂히 섬기며, 그 신神들에게 희생犧牲을 드리고 너를 청請하면 네가 그 희생犧牲을 먹을까 함이며, 그들의 딸들이 그 신들을 음란淫亂히 섬기게 할까 함이니라. 너는 신상神像들을 부어 만들지 말지니라. (출 34:11~17)

하나님께서는 자녀들에게 미신 숭상迷信崇尙과 우상숭배偶像崇拜를 엄금嚴禁하였습니다. 이는 하나님의 백성들의 불성실不誠實함과 무책임無責任함과 부도덕不道德함을 막기 위한 특단特斷의 예방조치豫防措置였습니다.

【 낭송 표시 : 1회 ▦ / 4회 ■ / 목표 120회 】

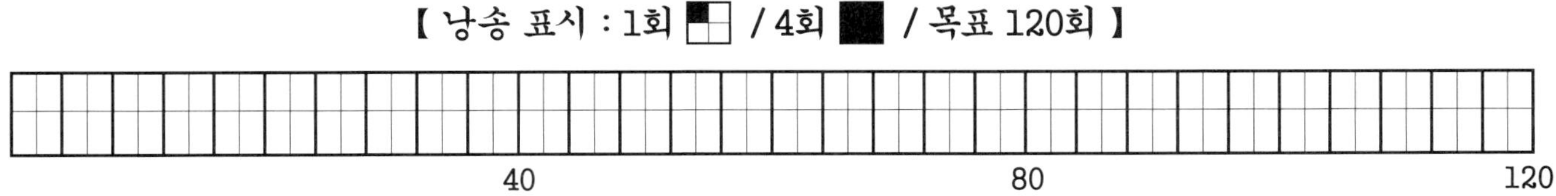

"주의 말씀은 내 발의 등이요 내 길에 빛이니이다"(시 119:105)

제 19 일

여호와의 말씀을 인하여 광채光彩가 나니라

출애굽기 34:29

하나님의 말씀이 기록된 두 돌판을 가지고 시내 산에서 내려온 모세의 얼굴에 광채光彩가 났습니다. 영광榮光의 광채光彩가 반사광채反射光彩로 나타났습니다. 부활하신 주님께 나타났던 부활復活의 광채光彩와 그 맥脈을 같이하고 있습니다. 부활을 믿는 성도聖徒에게 나타나는 부활復活의 신령神靈한 광채光彩입니다.

1. 여호와께서 모세에게 이르시되 너는 이 말들을 기록記錄하라, 내가 이 말들의 뜻대로 너와 이스라엘과 언약言約을 세웠음이니라 하시니라. 모세가 여호와와 함께 사십 일 사십 야를 거기 있으면서 사십 일을 먹지 아니하였고, 여호와께서는 언약言約의 말씀 곧 십계十誡를 그 판들에 기록記錄하셨더라. 모세가 그 증거證據의 두 판을 자기 손에 들고 시내 산에서 내려오니, 모세는 자기가 여호와와 말씀하였음을 인因하여 얼굴 꺼풀에 광채光彩가 나나 깨닫지 못하였더라. (출 34:27~29)

2. 아론과 온 이스라엘 자손子孫이 모세를 볼 때에, 모세의 얼굴 꺼풀에 광채光彩 남을 보고 그에게 가까이하기를 두려워하더니, 모세가 그들을 부르니 온 이스라엘 자손子孫이 가까이 오는지라. 모세가 시내 산에서 자기에게 이르신 말씀을 다 그들에게 명命하고, 그들에게 말하기를 마치고 수건手巾으로 자기 얼굴을 가리웠더라. 이스라엘 자손子孫이 모세의 얼굴의 광채光彩를 보는 고故로, 모세가 여호와께 말씀하러 들어가기까지 다시 수건手巾으로 자기 얼굴을 가리웠더라. (출 34:30~35)

3. 모세가 이스라엘 자손子孫의 온 회중會衆에게 고告하여 가로되, 여호와의 명命하신 일이 이러하니라. 너희의 소유所有 중에서 여호와께 드릴 것을 취取하되, 무릇 마음에 원하는 자는 그것을 가져다가 여호와께 드릴지니, 곧 금金과 은銀과 놋과 청색靑色 자색紫色 홍색紅色 실과 가는 베실과, 염소털과 붉은 물들인 숫양의 가죽과 해달海獺의 가죽과, 조각목皀角木과 등유燈油와 관유灌油에 드는 향품香品과, 분향焚香할 향을 만드는 향품과 호마노縞瑪瑙며, 에봇과 흉패胸牌에 물릴 보석寶石이니라. (출 35:4~9)

4. 무릇 너희 중 마음이 지혜智慧로운 자는 와서 여호와의 명命하신 것을 다 만들지니, 성소聖所에서 섬기기 위하여 공교工巧히 만든 옷 곧 제사祭司 직분職分을 행할 때에 입는 제사장祭司長의 거룩한 옷이니라. (출 35:10~19)

5. 이스라엘 자손子孫의 온 회중會衆이 모세 앞에서 물러갔더니, 무릇 마음이 감동感動된 자와 무릇 자원自願하는 자가 와서 성막聖幕을 짓기 위하여, 그 속에서 쓸 모든 것을 위爲하여 예물禮物을 가져 왔으되, 사람마다 여호와께 금 예물禮物을 드렸으며, 무릇 은銀과 놋으로 예물禮物을 삼는 자는 가져다가 여호와께 드렸으며, 무릇 섬기는 일에 소용所用되는 조각목皂角木이 있는 자는 가져왔으며, 마음이 슬기로운 모든 여인女人은 손수 실을 낳고, 그 낳은 청색靑色 자색紫色 홍색紅色 실과 가는 베실을 가져왔으며, 마음에 감동感動을 받아 슬기로운 모든 여인은 염소털로 실을 낳았으며, 모든 족장族長은 호마노縞瑪瑙와 및 에봇과 흉패胸牌에 물릴 보석寶石을 가져왔으며, 등燈불과 관유灌油와 분향焚香할 향香에 소용所用되는 기름과 향품을 가져왔으니, 마음에 원하는 이스라엘 자손의 남녀마다 여호와께서 모세의 손을 빙자憑藉하여, 명하신 모든 것을 만들기 위하여 물품物品을 가져다가 여호와께 즐거이 드림이 이러하였더라. (출 35:20~29)

6. 모세가 이스라엘 자손子孫에게 이르되, 볼지어다 여호와께서 유다 지파支派 훌의 손자孫子요 우리의 아들인 브살렐을 지명指名하여 부르시고, 하나님의 신神을 그에게 충만充滿케 하여 지혜智慧와 총명聰明과 지식知識으로 여러 가지 일을 하게 하시되, 공교工巧한 일을 연구硏究하여 금金과 은銀과 놋으로 일하게 하시며, 보석寶石을 깎아 물리며 나무를 새기는 여러 가지 공교工巧한 일을 하게 하셨고, 단 지파支派 아히사막의 아들 오홀리압을 감동感動시키사 가르치게 하시며, 지혜智慧로운 마음을 그들에게 충만充滿하게 하사 여러 가지 일을 하게 하시되, 조각爪角하는 일과 공교工巧로운 일과 청색靑色 자색紫色 홍색紅色 실과 가는 베실로 수놓는 일과 짜는 일과 그 외에 여러 가지 일을 하게 하시고, 공교로운 일을 연구硏究하게 하셨나니, 브살렐과 오홀리압과 및 마음이 지혜智慧로운 사람 곧 여호와께서 지혜와 총명聰明을 부으사, 성소聖所에 쓸 모든 일을 할 줄 알게 하심을 입은 자들은 여호와의 무릇 명命하신 대로 할 것이니라. (출 35:30~36:1)

백성百姓을 대표代表하여 하나님께 나가 제사祭祀를 집례執禮하는 제사장祭司長의 제의祭衣를 제작製作하는 일에, 모든 기술技術과 최고最高의 재료材料와 최선最善을 다한 믿음과 정성精誠이 담겼습니다.

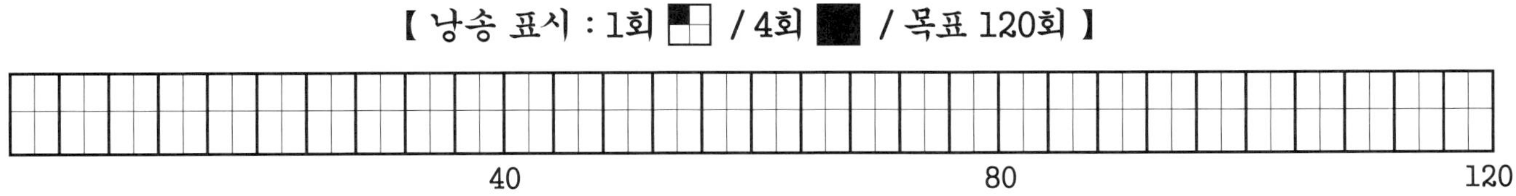

"주의 말씀은 내 발의 등이요 내 길에 빛이니이다"(시 119:105)

제 20 일

모든 일을 하기에 넉넉하여 남음이 있었더라

출애굽기 36:7

하나님의 자녀들이 애굽에서 나올 때 금은보화金銀寶貨를 풍성豊盛하게 가지고 출애굽을 하였습니다. 그 가운데 광야廣野에서 성막聖幕을 지을 재료材料까지 준비準備하여 왔습니다. "모든 일을 하기에 넉넉하여 남음이 있었더라." 봉헌 생활奉獻生活의 기준基準이요, 풍성豊盛한 경제 생활經濟生活의 비결秘訣입니다.

1. 모세가 브살렐과 오홀리압과 및 마음이 지혜智慧로운 사람, 곧 그 마음에 여호와께로 지혜智慧를 얻고 와서, 그 일을 하려고 마음에 원하는 모든 자를 부르매, 그들이 이스라엘 자손子孫의 성소聖所의 모든 것을 만들기 위하여, 가져 온 예물禮物을 모세에게서 받으니라. 그러나 백성百姓이 아침마다 자원自願하는 예물禮物을 연連하여 가져오는 고故로, 성소聖所의 모든 일을 하는 지혜智慧로운 자들이 각기各其 하는 일을 정지停止하고 와서, 모세에게 고告하여 가로되 백성百姓이 너무 많이 가져오므로 여호와의 명하신 일에 쓰기에 남음이 있나이다. 모세가 명을 내리매 그들이 진중陣中에 공포公布하여 가로되, 무론無論 남녀男女하고 성소聖所에 드릴 예물禮物을 더 받지 말라 하매, 백성이 가져오기를 정지停止하니, 있는 재료材料가 모든 일을 하기에 넉넉하여 남음이 있었더라. (출 36:2~7)

2. 일하는 사람 중에 마음이 지혜智慧로운 모든 사람이 열 폭幅 앙장仰帳으로 성막聖幕을 지었으니 곧 가늘게 꼰 베실과 청색靑色 자색紫色 홍색紅色 실로 그룹CHERUBIM들을 무늬 놓아 짜서 지은 것이라. 금金 갈고리 오십을 만들어 두 앙장仰帳을 연連하여 한 막幕을 이루었더라. 널판들을 금金으로 싸고 금고리를 만들고 그 띠도 금으로 쌌더라. 그 가름대를 금으로 쌌으며 그 다섯 받침은 놋이었더라. (출 36:8~38)

3. 브살렐이 조각목皂角木으로 궤櫃를 만들었으니 정금精金으로 안팎을 싸고 금金테를 만들었으며, 금金고리를 달고 정금精金으로 속죄소贖罪所를 만들었으니, 그룹CHERUBIM들이 그 날개를 높이 펴서 속죄소贖罪所를 덮으며 그 얼굴을 서로 대하여 속죄소贖罪所를 향向하였더라. 정금으로 등대燈臺를 만들되, 등대燈臺 줄기에는 살구꽃 형상形狀의 꽃받침과 가지들을 줄기와 연하여 전부를 정금으로 만들었으니, 등대燈臺와 기구器具는 정금 한 달란트TALENT로 만들었더라. (출 37:1~24)

4. 그들이 여호와께서 모세에게 명命하신 대로 청색青色 자색紫色 홍색紅色 실로, 성소聖所에서 섬기기 위한 정교精巧한 옷을 만들고, 제사장祭司長을 위한 거룩한 옷을 만들었더라. 또 금金실과 청색青色 자색紫色 홍색紅色 실과 가늘게 꼰 베실로 에봇을 만들었으되, 금金을 얇게 쳐서 공교工巧히 짜고, 금金실과 청색 자색 홍색 실과 꼰 베실로 에봇EPHOD에 붙여 짰으니, 여호와께서 모세에게 명命하신 대로 하였더라. 또 호마노縞瑪瑙를 깎아 금金테에 물려, 인印을 새김같이 지파派 이름을 새겨 에봇 견대肩帶에 달아 기념記念 보석寶石을 삼았으니, 여호와께서 모세에게 명命하신 대로 하였더라. (출 39:1~7)

5. 그가 또 흉패胸牌를 공교工巧히 짜되 네 줄 보석寶石을 물렸으니, 곧 홍보석弘報石 황옥黃玉 녹주옥綠酒玉이 첫 줄이요, 둘째 줄은 석류석石榴石 남보석藍寶石 홍마노紅瑪瑙요, 셋째 줄은 호박琥珀 백마노白瑪瑙 자수정紫水晶이요, 넷째 줄은 녹보석綠寶石 호마노縞瑪瑙 벽옥碧玉이라, 다 금金테에 물렸으니 이 보석들은 그 열두 지파支派의 각 이름을 새겼으며, 또 정금精金으로 사슬을 땋아 흉패胸牌에 붙이고, 금金테와 금고리를 만들어 흉배 끝에 달고, 에봇 띠에 붙여서 에봇을 떠나지 않게 하였으니, 여호와께서 모세에게 명命하신 대로 하였더라. (출 39:8~21)

6. 그들이 또 정금精金으로 거룩한 패牌를 만들고, 인印을 새김같이 그 위에 여호와께 성결聖潔이라 새기고, 그 패牌를 청색青色 끈으로 관冠 전면前面에 달았으니 모세에게 명命하신 대로 하였더라. 여호와께서 모세에게 명命하신 대로 모든 역사役事를 필畢하매, 모세가 필畢한 모든 것을 본즉 여호와께서 명命하신 대로 되었으므로 그들에게 축복祝福하였더라. (출 39:30~43)

"여호와의 명命하신 대로 하였더라"라는 말씀이 열두 번 기록되어 있습니다(출 35~39장). 얼마나 중요한 내용입니까? 하나님은 명命하시고 모세와 그 백성들은 온전히 준행遵行하였습니다. 이것이 성막聖幕 제작 원리制作原理요 교회 생활 원칙教會生活原則입니다.

【 낭송 표시 : 1회 ▚ / 4회 ■ / 목표 120회 】

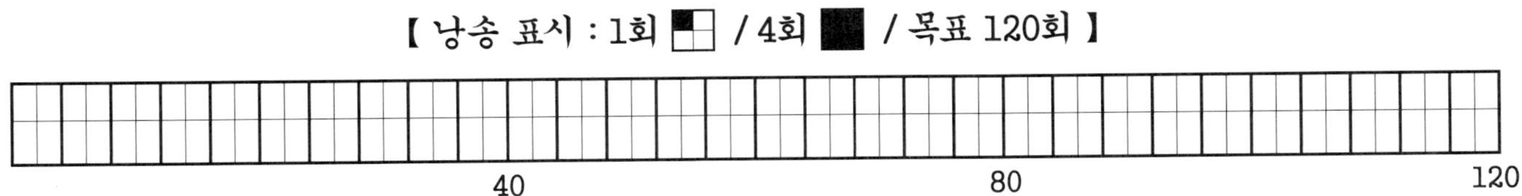

"주의 말씀은 내 발의 등이요 내 길에 빛이니이다"(시 119:105)

제 21 일

여호와의 명命하신 대로 할 것이니라

출애굽기 36:1

아무리 뛰어난 재주와 기술技術이 있다 하더라도 자기 마음대로 해서는 안 됩니다. 여호와의 명命하신 대로 하는 것이 중요합니다. 세상의 여러 분야에서 연구研究하고 개발開發할 때는 능력能力을 최대最大한 발휘發揮해야 합니다. 그러나 하나님의 교회에서 봉사奉仕할 때는 '여호와의 명命하신 대로' 해야 교회가 화평和平하고 은혜恩惠롭고 부흥復興하게 됨을 가르쳐 주셨습니다.

1. 모세가 이스라엘 자손子孫에게 이르되, 여호와께서 유다 지파支派 훌의 손자孫子요, 우리의 아들인 브살렐을 지명指名하여 부르시고, 하나님의 신神을 그에게 충만充滿케 하여, 지혜智慧와 총명聰明과 지식知識으로 여러 가지 일을 하게 하시되, 공교工巧한 일을 연구研究하여 금金과 은銀과 놋으로 일하게 하시며, 보석寶石을 깎아 물리며 나무를 새기는 여러 가지 공교工巧한 일을 하게 하셨고, 단 지파支派 아히사막의 아들 오홀리압을 감동感動시키사 가르치게 하시며, 지혜智慧로운 마음을 그들에게 충만充滿하게 하사, 여러 가지 일을 하게 하시되 조각爪角하는 일과 공교工巧로운 일과, 청색青色 자색紫色 홍색紅色 실과 가는 베실로 수놓는 일과 짜는 일과, 그 외에 여러 가지 일을 하게 하시고, 공교로운 일을 연구研究하게 하셨나니, 브살렐과 오홀리압과 및 마음이 지혜智慧로운 사람 곧 여호와께서 지혜智慧와 총명聰明을 부으사, 성소聖所에 쓸 모든 일을 할 줄 알게 하심을 입은 자들은 여호와의 무릇 명命하신 대로 할 것이니라. (출 35:30~36:1)

2. 모세가 브살렐과 오홀리압과 및 마음이 지혜智慧로운 사람, 곧 그 마음에 여호와께로 지혜智慧를 얻고 와서, 그 일을 하려고 마음에 원하는 모든 자를 부르매, 그들이 이스라엘 자손子孫의 성소聖所의 모든 것을 만들기 위하여 가져온 예물禮物을 모세에게서 받으니라. 그러나 백성百姓이 아침마다 자원自願하는 예물禮物을 연連하여 가져오는 고故로, 성소聖所의 모든 일을 하는 지혜智慧로운 자들이 각기各其 하는 일을 정지停止하고 와서, 모세에게 고告하여 가로되 백성百姓이 너무 많이 가져오므로 여호와의 명하신 일에 쓰기에 남음이 있나이다. 모세가 명을 내리매 그들이 진중陣中에 공포公布하여 가로되, 무론無論 남녀男女하고 성소聖所에 드릴 예물禮物을 가져오지 말라 하매, 백성이 가져오기를 정지停止하니 있는 재료材料가 모든 일을 하기에 넉넉하여 남음이 있었더라. (출 36:2~7)

3. 여호와 앞 그 상床 위에 떡을 진설陳設하니 여호와께서 모세에게 명하신 대로 되니라. 여호와 앞 등잔燈盞에 불을 켜니 여호와께서 모세에게 명하신 대로 되니라. 또 물두멍을 회막會幕과 단壇 사이에 두고 거기 씻을 물을 담고 수족手足을 씻되, 회막會幕에 들어갈 때와 단壇에 가까이 갈 때에 씻었으니 여호와께서 모세에게 명하신 대로 되니라. 성막聖幕과 단 사면四面 뜰에 포장布帳을 치고 뜰문의 장帳을 다니라. 모세가 이같이 역사役事를 필畢하였더라. (출 40:23~33)

4. 그 후에 구름이 회막會幕에 덮이고 여호와의 영광榮光이 성막聖幕에 충만充滿하매, 모세가 회막會幕에 들어갈 수 없었으니 이는 구름이 회막會幕 위에 덮이고, 여호와의 영광榮光이 성막聖幕에 충만充滿함이었으며, 구름이 성막聖幕 위에서 떠오를 때에는 이스라엘 자손子孫이 그 모든 행하는 길에 앞으로 발행發行하였고, 구름이 떠오르지 않을 때에는 떠오르는 날까지 발행發行하지 아니하였으며, 낮에는 여호와의 구름이 성막聖幕 위에 있고, 밤에는 불이 그 구름 가운데 있음을 이스라엘 온 족속族屬이 그 모든 행하는 길에서 친親히 보았더라. (출 40:34~38)

성막聖幕이 드디어 준공竣工되었습니다. 제사장이 정결淨潔하고 성결聖潔한 제의祭衣를 입고 제사祭祀 임무任務를 수행할 때, 여호와의 영광榮光이 성막에 충만充滿히 임臨하였습니다. 밤에는 불기둥으로, 낮에는 구름 기둥으로 그 백성들의 행진行進을 인도引導하고 보호保護해 주셨습니다.

【 낭송 표시 : 1회 ▘ / 4회 ■ / 목표 120회 】

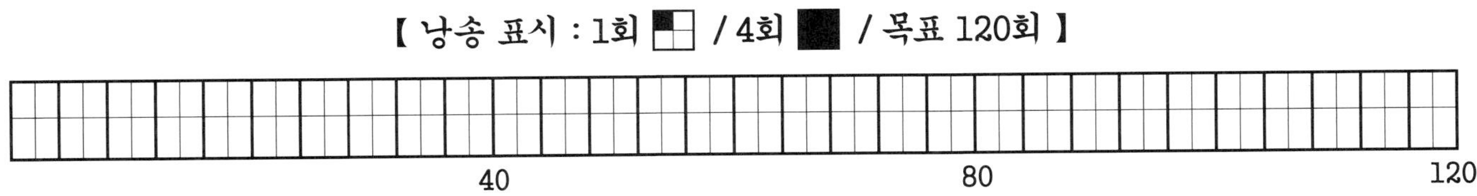

"주의 말씀은 내 발의 등이요 내 길에 빛이니이다"(시 119:105)

제 22 일

여호와께 향기香氣로운 냄새니라

레위기 1:9

번제燔祭는 희생제물犧牲祭物을 불에 태우는 의식儀式입니다. 불고기 냄새가 향기香氣롭다는 것이 아닙니다. 죄인罪人의 제물이 탈 때 죄가 소각燒却되어 사죄赦罪함을 받게 됩니다. 구속救贖의 은혜恩惠가 향기로운 냄새라는 지극한 사랑을 표현表現한 것입니다.

1. 여호와께서 회막會幕에서 모세를 부르시고 그에게 일러 가라사대 이스라엘 자손子孫에게 고告하여 이르라. 너희 중에 누구든지 여호와께 예물禮物을 드리려거든 생축牲畜 중에서 소나 양으로 예물禮物을 드릴지니라. 그 예물禮物이 소의 번제燔祭이면 흠欠 없는 수컷으로 회막會幕 문에서 여호와 앞에 열납悅納하시도록 드릴지니라. 그가 번제물燔祭物의 머리에 안수按手할지니 그리하면 열납悅納되어 그를 위하여 속죄贖罪가 될 것이라. (레 1:1~4)

2. 그는 여호와 앞에서 그 수송아지를 잡을 것이요, 아론의 자손子孫 제사장祭司長들은 그 피를 가져다가 회막會幕 문 앞 단 사면四面에 뿌릴 것이며, 그는 또 그 번제燔祭 희생犧牲의 가죽을 벗기고 각을 뜰 것이요, 제사장祭司長 아론의 자손들은 단壇 위에 불을 두고 불 위에 나무를 벌여 놓고 제사장祭司長 아론의 자손들은 단 위에 불을 두고, 불위에 나무를 벌여 놓고, 아론의 자손 제사장祭司長들은 그 뜬 각과 머리와 기름을 단 윗 불 위에 있는 나무에 벌여 놓을 것이며, 그 내장內臟과 정강이를 물로 씻을 것이요 제사장은 그 전부全部를 단壇 위에 불살라 번제燔祭를 삼을지니 이는 화제火祭라 여호와께 향香기로운 냄새니라. (레 1:5~9)

3. 여호와께서 모세에게 일러 가라사대 이스라엘 자손子孫에게 고告하여 이르라. 화목제和睦祭의 희생犧牲을 여호와께 드리려는 자는 그 화목제和睦祭 희생犧牲 중에서 그 예물禮物을 취取하여 여호와께 가져오되, 여호와의 화제火祭는 그 사람이 자기 손으로 가져 올지니, 그 제물祭物의 기름과 가슴을 여호와 앞에 흔들어 요제搖祭를 삼고 그 기름은 단 위에 불사를 것이며, 가슴은 아론과 그 자손들에게 돌릴 것이며 너희는 화목제和睦祭 희생犧牲의 뒷다리를 제사장에게 주어 거제擧祭를 삼을지니, 이는 제사장과 그 자손에게 주었나니 이는 이스라엘 자손에게 받을 영원永遠한 소득所得이니라. 여호와께서 시내 광야廣野에서 이스라엘 자손에게 그 예물禮物을 여호와께 드리라 명命하신 날에 시내 산에서 이같이 모세에게 명命하셨더라. (레 7:28~38)

4. 여호와께서 모세에게 일러 가라사대 온 회중會中을 회막문會幕門에 모으라. 모세가

여호와께서 자기自己에게 명命하신 대로 하매, 회중會中이 회막會幕 문에 모인지라. 모세가 회중會中에게 이르되 여호와께서 행行하라고 명命하신 것이 이러하니라 하고 제사장祭司長들을 물로 씻기고 속옷을 입히며, 띠를 띠우고 겉옷을 입히며 에봇을 더하고 에봇의 기묘奇妙하게 짠 띠를 띠워서 몸에 매고 흉패胸牌를 붙이고, 흉패胸牌에 우림과 둠밈을 넣고 그 머리에 관冠을 씌우고, 그 관冠 전면에 금패金牌를 붙이니 곧 거룩한 관冠이라. (레 8:1~9)

5. 모세가 관유를 취하여 모든 것에 발라 거룩하게 하고 단에 일곱 번 뿌리고 모두 기구에 발라 거룩하게 하고 관유로 아론의 머리에 부어 발라 거룩하게 하고 아론의 아들들에게 속옷을 입히고 띠를 띠우며 관冠을 씌웠으니 여호와께서 모세에게 명命하심과 같았더라. 모세가 위임식委任式을 취하여 단 위 번제물燔祭物 위에 불사르니 이는 향香기로운 냄새를 위하여 드리는 위임식委任式 제사祭祀로 여호와께 드리는 화제火祭라. 아론과 그 아들들이 여호와께서 모세로 명命하신 모든 일을 준행遵行하니라. (레 8:10~36)

6. 아론의 아들 나답과 아비후가 각기各其 향로香爐를 가져다가 여호와의 명命하시지 않은 다른 불을 담아 여호와 앞에 분향焚香하였더니, 불이 여호와 앞에서 나와 그들을 삼키매 그들이 여호와 앞에서 죽은지라. 모세가 아론에게 이르되 이는 여호와의 말씀이라 이르시기를 나는 나를 가까이하는 자 중에 내가 거룩하다 함을 얻겠고 온 백성百姓 앞에 내가 영광榮光을 얻으리라 하셨느니라. (레 10:1~3)

7. 아론이 잠잠하니 모세가 이르되 너희 형제들을 성소聖所 앞에서 진陣 밖으로 메어 가라 하매 그들이 나아와 모세의 명命대로 진陣 밖으로 메어 내니, 모세가 이르되 하나님의 진노震怒가 온 회중會中에 미침을 면免케하라. 오직 너희 형제 이스라엘 온 족속族屬이 여호와의 치신 불로 인因하여 슬퍼할 것이니라. (레 10:3~6)

하나님께 드리는 예배禮拜는 성경 말씀대로 드려져야 합니다. 구약시대에는 제사祭祀 규례規例를 엄격嚴格하게 시행施行하였습니다. 제단 불은 항상 피워 둡니다. 제단의 불씨로 번제燔祭를 드려야 하는데 나답과 아비후가 제사祭祀 규례規例를 어기고 다른 불로 분향焚香하다가 죽음을 당하였습니다.

【 낭송 표시 : 1회 ▦ / 4회 ■ / 목표 120회 】

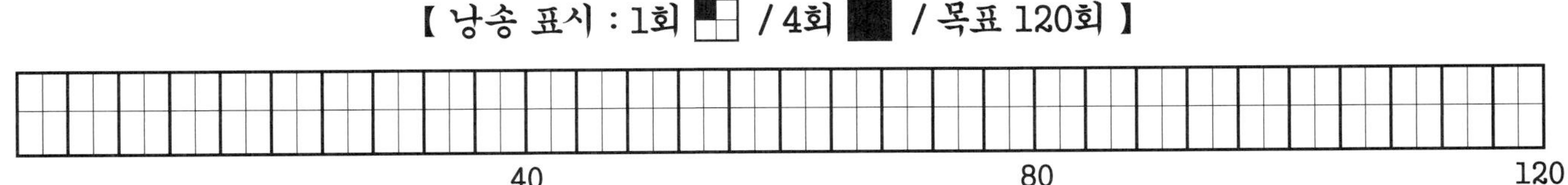

"주의 말씀은 내 발의 등이요 내 길에 빛이니이다"(시 119:105)

제 23 일

가증可憎한 풍속風俗을 좇음으로 더럽히지 말라

레위기 18:30

가증한 풍속風俗은 윤리倫理와 도덕道德이 상실喪失된 사회社會에서 짐승같이 살아가는 모습을 말합니다. 사람이 지켜야 하는 사람다운 도리道理가 있습니다. 애굽 사람과 가나안 원주민들의 가증可憎한 풍속風俗을 따르면 함께 멸망滅亡 당한다는 말씀입니다.

1. 여호와께서 모세에게 일러 가라사대, 너는 이스라엘 자손子孫에게 고告하여 이르라. 나는 여호와 너희 하나님이라 너희는 애굽 땅의 풍속風俗을 좇지 말며, 내가 너희를 인도引導할 가나안 땅의 풍속風俗과 규례規例도 행行하지 말고 너희는 나의 법도法度를 지키라. 사람이 이를 행하면 그로 인因하여 살리라 나는 여호와니라. 너희는 골육지친骨肉之親을 가까이하여 그 하체下體를 범犯치 말라 나는 여호와니라. (레 18:1~6)

2. 네 어미의 하체下體는 곧 네 아비의 하체下體니 너는 범犯치 말라. 그는 네 어미인즉 너는 그의 하체下體를 범치 말지니라. 너는 계모繼母의 하체下體를 범치 말라 이는 네 아비의 하체下體니라. 너는 네 자매姉妹의 하체下體를 범치 말라, 너는 손녀孫女나 외손녀外孫女의 하체를 범치 말라 이는 너의 하체니라. 너는 이복자매의 하체를 범치 말라. 너는 고모姑母의 하체를 범치 말라 네 아비의 골육지친骨肉之親이니라. 너는 이모姨母의 하체를 범치 말라 너는 숙모叔母의 하체를 범하지 말라. 너는 자부의 하체를 범하지 말라, 너는 형제의 아내 하체를 범치 말라. 너는 타인他人의 아내와 통간通姦하여 그로 자기를 더럽히지 말지니라. 너는 여자女子와 교합校合함같이 남자男子와 교합校合하지 말라 이는 가증可憎한 일이니라. 너는 짐승과 교합校合하여 자기自己를 더럽히지 말라 이는 문란紊亂한 일이니라. (레 18:7~23)

3. 너희는 이 모든 일로 스스로 더럽히지 말라. 내가 너희의 앞에서 쫓아내는 족속族屬들이 이 모든 일로 인因하여 더러워졌고, 그 땅도 더러워졌으므로 내가 그 악惡을 인因하여 벌罰하고, 그 땅도 스스로 그 거민居民을 토吐하여 내느니라. 그러므로 너희는 나의 규례規例와 법도法度를 지키고 가증可憎한 일의 하나도 행하지 말라. 너희의 전에 있던 그 땅 거민居民이 모든 가증可憎한 일을 행하였고, 그 땅도 더러워졌느니라. 너희도 더럽히면 그 땅이 전 거민居民을 토吐함같이 너희를 토吐할까 하노라. 너희는 내 명령命令을 지키고 가증可憎한 풍속風俗을 하나라도 좇음으로 스스로 더럽히지 말라, 나는 너희 하나님 여호와니라. (레 18:24~30)

4. 여호와께서 모세에게 일러 가라사대, 너는 이스라엘 자손子孫의 온 회중會衆에게 고告하여 이르라. 너희는 거룩하라 나 여호와 너희 하나님이 거룩함이니라. 너희 각各 사람은 부모父母를 경외敬畏하고 나의 안식일安息日을 지키라. 너희는 헛것을 위爲하지 말며 너희를 위하여 신상神像들을 부어 만들지 말라 나는 너의 하나님 여호와니라. (레 19:1~4)

5. 너희는 무엇이든지 피채 먹지 말며 복술卜術을 하지 말며 술수術數를 행치 말며, 죽은 자를 위하여 너희 살을 베지 말며 몸에 무늬를 놓지 말라 나는 여호와니라. 네 딸을 더럽혀 기생妓生이 되게 말라 음풍淫風이 전국全國에 퍼져 죄악罪惡이 가득할까 하노라. 너희는 신접神接한 자와 박수를 믿지 말며, 그들을 추종追從하여 스스로 더럽히지 말라. 너는 노인老人을 공경恭敬하며 네 하나님을 경외敬畏하라. 너는 타국인他國人을 자기같이 사랑하라. 너희는 재판裁判에든지 도량형度量衡에든지 불의不義를 행치 말고, 공평公平한 저울과 공평公平한 추와 공평公平한 에바와 공평公平한 힌을 사용使用하라, 너희는 나의 모든 규례規例와 모든 법도法度를 지켜 행하라 나는 여호와니라. (레 19:26~37)

6. 너희는 내 규례規例를 지켜 행하라, 나는 너희를 거룩케 하는 여호와니라. 무릇 그 아비나 어미를 저주詛呪하는 자는 반드시 죽일지니, 그 피가 자기에게로 돌아가리라. 누구든지 남의 아내와 간음姦淫하는 자는 간부姦夫와 음부淫婦를 반드시 죽일지니라. 누구든지 계모繼母와 동침同寢하는 자는 그 아비의 하체下體를 범犯하였은즉, 둘 다 반드시 죽일지니 그 피가 자기에게로 돌아가리라. 누구든지 그 자부子婦와 동침同寢하거든 둘 다 반드시 죽일지니, 그들이 가증可憎한 일을 행하였음이라. 그 피가 자기에게로 돌아가리라 누구든지 여인女人과 교합校合하듯 남자男子와 교합校合하면 둘 다 가증可憎한 일을 행함인즉, 반드시 죽일지니 그 피가 자기에게로 돌아가리라. 누구든지 아내와 그 장모丈母를 아울러 취娶하면 악행惡行인즉 그와 그들을 함께 불사를지니, 이는 너희 중에 악행惡行이 없게 하려 함이니라. 남자男子가 짐승과 교합校合하면 그 짐승과 함께 죽일 것이며, 여자女子가 짐승과 교합校合하거든 여자와 짐승을 죽이되 이들을 반드시 죽일지니 그 피가 자기에게로 돌아가리라. (레 20:8~16)

하나님의 백성百姓들은 하나님의 자녀子女답게 살아야 합니다. 인류사회人類社會에 모범模範을 보여 주어야 합니다. 인간人間답게 사는 생활生活의 표준標準이 되어야 합니다.

【 낭송 표시 : 1회 ▞ / 4회 ■ / 목표 120회 】

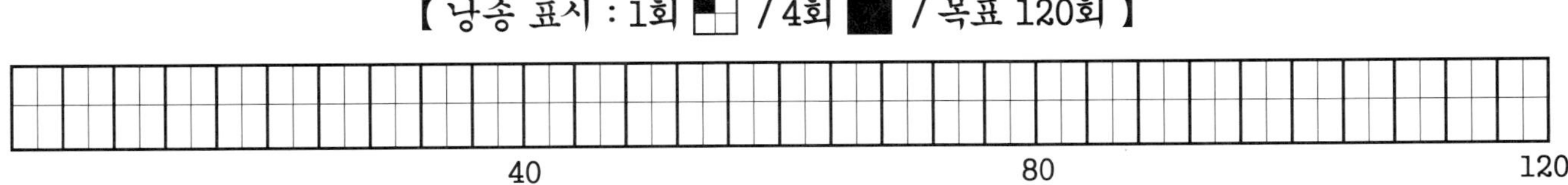

“주의 말씀은 내 발의 등이요 내 길에 빛이니이다”(시 119:105)

제 24 일

나는 너희 하나님이고 너희는 내 백성百姓이라

레위기 26:12

신·구약성경新舊約聖經의 제일第一의 명제命題는 '나의 하나님, 나의 백성' 관계關係입니다. 나의 하나님이기에 믿고 순종順從해야 하고, 나의 백성이기에 거룩하고 성결聖潔해야 합니다. 여기에 영원永遠한 사랑과 영원永遠한 교제交際가 이루어집니다.

1. 너희는 짐승의 정淨하고 부정不淨함과, 새의 정淨하고 부정함을 구별區別하고, 땅에 기는 곤충昆蟲으로 인因하여 너희 몸을 더럽히지 말라. 남자나 여자가 신접神接하거나 박수가 되거든 반드시 죽일지니, 곧 돌로 그를 치라. 그 피가 자기自己에게로 돌아가리라. 너희는 거룩할지어다 이는 나 여호와가 거룩하고, 너희로 나의 소유所有를 삼으려고 너희를 만민萬民 중에서 구별區別하였음이니라. (레 20:25~26)

2. 여호와께서 시내 산에서 모세에게 일러 가라사대, 이스라엘 자손子孫에게 고告하여 이르라. 너희에게 들어간 후에 그 땅으로 여호와 앞에 안식安息하게 하라. 너는 육 년六年 동안 그 밭에 파종播種하며, 육 년 동안 그 포도원葡萄園을 다스려 그 열매를 거둘 것이라. 제칠년에는 땅으로 쉬어 안식安息하게 할지니, 여호와께 대對한 안식安息이라 너는 그 밭에 파종播種하거나 포도원葡萄園을 다스리지 말며, 너의 곡물穀物의 스스로 난 것을 거두지 말고, 다스리지 아니한 포도葡萄나무의 맺은 열매를 거두지 말라 이는 땅의 안식년安息年임이니라. (레 25:1~5)

3. 너는 일곱 안식년安息年을 계수計數할지니, 이는 칠 년이 일곱 번인즉 안식년安息年 일곱 번 동안 곧 사십구 년이라. 칠월 십일은 속죄일贖罪日이니 너는 나팔 소리를 내되, 전국全國에서 나팔을 크게 불지며, 제오십년을 거룩하게 하여 전국全國 거민居民에게 자유自由를 공포公布하라. 이 해는 너희에게 희년禧年이니, 너희는 각각 기업基業으로 돌아가며 각각 그 가족家族에게로 돌아갈지며, 그 오십 년은 너희의 희년禧年이니 너희는 파종播種하지 말며, 스스로 난 것을 거두지 말며 다스리지 아니한 포도葡萄를 거두지 말라. 이는 희년禧年이니 너희에게 거룩함이니라. 너희가 밭의 소산所産을 먹으리라. 이 희년禧年에는 너희가 각기各其 기업基業으로 돌아갈지라. (레 25:8~13)

4. 토지土地를 영영永永히 팔지 말 것은 토지土地는 다 내 것임이라. 너희는 나그네요 우거寓居하는 자로서 나와 함께 있으니라. 이스라엘은 나의 품꾼이 됨이라 그들은 내가 애굽 땅에서 인도引導하여 낸 나의 품꾼이요 나는 너희 하나님 여호와니라. (레 25:23, 55)

5. 너희는 자기自己를 위爲하여 우상偶像을 만들지 말지니, 목상木像이나 주상柱像을 세우지 말며, 너희 땅에 조각彫刻한 석상石像을 세우고 그에게 경배敬拜하지 말라 나는 너희 하나님 여호와임이니라. 너희는 나의 안식일安息日을 지키며 나의 성소聖所를 공경恭敬하라. 너희가 나의 규례規例와 계명誡命을 준행遵行하면, 내가 너희 비를 주리니 땅은 그 산물産物을 내고 밭의 수목樹木은 열매를 맺을지라. 너희가 음식飮食을 배불리 먹고 너희 땅에 완전完全히 거居하리라. 내가 평화平和를 줄 것인즉 너희를 두렵게 할 자가 없을 것이며, 칼이 너희 땅에 두루 행하지 아니할 것이며, 너희 다섯이 백百을 쫓고 너희 백이 만萬을 쫓으리니, 너희 대적對敵들이 너희 앞에서 칼에 엎드러질 것이며, 너희로 번성繁盛케 하고 너희로 창대昌大케 할 것이며, 나는 너희 하나님이 되고 너희는 나의 백성百姓이 될 것이니라. (레 26:1~12)

6. 너희가 나의 명령命令을 청종聽從치 아니하여 이 모든 명령을 준행遵行치 아니하며, 나의 규례規例를 멸시蔑視하며 마음에 나의 법도法度를 싫어하여, 나의 모든 계명誡命을 준행遵行치 아니하며 나의 언약言約을 배반背叛할진대, 너희에게 재앙災殃을 내려 폐병肺病과 열병熱病으로 눈이 어둡고 생명生命이 쇠약衰弱하게 할 것이요, 너희의 파종播種은 헛되리니 너희의 대적對敵이 그것을 먹을 것이며, 너희가 대적對敵에게 패敗할 것이요, 너희 수고가 헛될지라. 땅은 그 산물産物을 내지 아니하고 나무는 그 열매를 맺지 아니하리라. 너희가 먹어도 배부르지 아니하리라. 그 땅을 황무荒蕪케 하리니 너희를 열방 중에 흩을 것이요, 너희 땅이 황무荒蕪하여 너희 성읍이 황폐荒廢하리라. (레 26:14~33)

7. 희년禧年이 되어서 그 밭이 돌아오게 될 때에는, 여호와께서 바친 성물聖物이 되어 영영永永히 드린 땅과 같이 제사장祭司長의 기업基業이 될 것이며, 소나 양의 십분 일은 막대기 아래로 통과通過하는 것의 열째마다 여호와의 거룩한 것이 되리니, 그 우열優劣을 교계較計하거나 바꾸거나 하지 말라, 바꾸면 둘 다 거룩하리니 속贖하지 못하리라. 이상은 여호와께서 시내 산에서 이스라엘 자손子孫을 위하여 모세에게 명命하신 계명誡命이니라. (레 27:21~34)

'희년禧年 JUBILEE을 공포公布하라', '전국거민全國居民에게 자유自由를 공포公布하라' (레 25:10). 하나님이 그 백성들에게 희년禧年의 축복祝福과 희년禧年의 자유自由를 주셨습니다. 하나님의 자녀는 예속隸屬 당하는 생활을 해서는 안 됩니다. 자유自由와 풍요豊饒와 기쁨을 누려야 합니다.

【 낭송 표시 : 1회 ▚ / 4회 ■ / 목표 120회 】

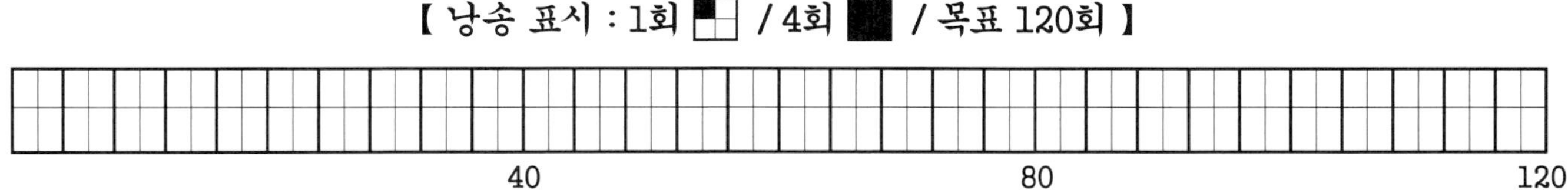

"주의 말씀은 내 발의 등이요 내 길에 빛이니이다"(시 119:105)

제 25 일

그들에게 복福을 주리라

민수기 6:27

하나님은 그 백성들을 사랑하고 복福 주기를 원願하십니다. 사랑하는 부모父母님께서 그 자녀子女들에게 복福 주기를 간절한 마음으로 바라는 것과 같습니다. 오늘 우리 성도聖徒들에게도 복福 주시고 은혜恩惠 주시고 평강平康 주시는 하나님이십니다.

1. 여호와께서 모세에게 일러 가라사대 너희는 이스라엘 자손子孫을 위하여 이렇게 축복祝福하여 이르되, 여호와는 네게 복福을 주시고 너를 지키시기를 원願하며, 여호와는 그 얼굴로 네게 비취사 은혜恩惠 베푸시기를 원願하며, 여호와는 그 얼굴을 네게로 향하여 드사 평강平康 주시기를 원하노라 할지니라 하라. 그들은 이같이 내 이름으로 이스라엘 자손子孫에게 축복祝福할지니, 내가 그들에게 복福을 주리라. (민 6:22~27)

2. 성막聖幕을 세운 날에 구름이 성막聖幕 곧 증거막證據幕을 덮었고, 저녁이 되면 성막聖幕 위에 불 모양貌樣 같은 것이 나타나서 아침까지 이르렀으되, 항상恒常 그러하여 낮에는 구름이 그것을 덮었고, 밤이면 불 모양貌樣이 있었는데 구름이 성막聖幕에서 떠오르는 때에는 이스라엘 자손子孫이 곧 진행進行하였고, 구름이 머무는 곳에 진陣을 쳤으니 이스라엘 자손子孫이 여호와의 명命을 좇아 진행進行하였고, 여호와의 명命을 좇아 진陣을 쳤으며, 구름이 성막聖幕 위에 머무는 동안에는 그들이 유진留陣하였고, 구름이 장막帳幕 위에 머무는 날이 오랠 때에는 진행進行치 아니하였으며, 이틀이든지 한 달이든지 일 년이든지 구름이 성막聖幕 위에 머물러 있을 동안에는 유진留陣하고 떠오르면 진행進行하였으니, 그들이 여호와의 명命을 좇아 진陣을 치며, 모세로 전하신 여호와의 명을 따라 여호와의 직임職任을 지켰더라. (민 9:15~23)

3. 모세가 그 장인丈人 미디안 사람 호밥에게 이르되, 여호와께서 주마하신 곳으로 우리가 진행進行하나니, 우리와 동행同行하자 그리하면 선대善待하리라. 여호와께서 이스라엘에게 복福을 내리리라 하셨느니라. 모세가 가로되 청컨대 우리를 떠나지 마소서, 당신當身은 우리가 광야曠野에서 어떻게 진陣 칠 것을 아나니 우리의 눈이 되리이다. 우리와 동행同行하면 여호와께서 우리에게 복福을 내리시는 대로 우리도 당신에게 행行하리이다. (민 10:29~32)

4. 그들이 여호와의 산에서 떠나 삼일 길을 행할 때에 여호와의 언약궤言約櫃가 그 삼일 길에 앞서 행하며, 그들의 쉴 곳을 찾았고, 그들이 행진行陣할 때에 낮에는 여호와의

구름이 그 위에 덮었었더라. 궤櫃가 떠날 때에는 모세가 가로되, 여호와여 일어나사 주의 대적對敵들을 흩으시고, 주를 미워하는 자로 주의 앞에서 도망逃亡하게 하소서. 궤櫃가 쉴 때에는 가로되 여호와여 이스라엘 천만 인千萬人에게로 돌아오소서 하였더라. (민 10:33~36)

5. 백성百姓이 여호와의 들으시기에 악惡한 말로 원망怨望하매, 여호와께서 들으시고 진노震怒하사 여호와의 불로 진陣 끝을 사르게 하시매, 백성百姓이 모세에게 부르짖으므로 모세가 여호와께 기도祈禱하니 불이 꺼졌더라. 무리가 탐욕貪慾을 품으매 이스라엘 자손도 다시 울며 가로되, 누가 우리에게 고기를 주어 먹게 할꼬, 애굽의 생선生鮮과 외와 수박과 부추와 파와 마늘들을 먹은 것이 생각나거늘, 이제는 우리 정력精力이 쇠약衰弱하되 이 만나 외에는 보이는 것이 아무것도 없도다 하니, 만나는 깟씨와 같고 모양貌樣은 진주眞珠와 같은 것이라. 백성百姓이 두루 다니며 그것을 거두어 맷돌에 갈기도 하며, 절구에 찧기도 하고 가마에 삶기도 하여 과자菓子를 만들었으니, 그 맛이 기름 섞은 과자菓子맛 같았더라. 밤에 이슬이 진陣에 내릴 때에 만나도 같이 내렸더라. (민 11:1~9)

6. 백성의 온 가족家族들이 장막문帳幕門에서 우는 것을 모세가 들으니라, 이러므로 여호와의 진노震怒가 심히 크고, 모세도 기뻐하지 아니하여 여호와께 여짜오되, 어찌하여 이 모든 백성百姓을 내게 맡기사 나로 그 짐을 지게 하시나이까, 이 모든 백성에게 줄 고기를 내가 어디서 얻으리이까, 책임責任이 중重하여 나 혼자는 이 모든 백성을 질 수 없나이다. 주께서 내게 이같이 행하실진대 구하옵나니, 내게 은혜恩惠를 베푸사 즉시 나를 죽여 나로 나의 곤고困苦함을 보지 않게 하옵소서. 바람이 여호와에게로서 나와 바다에서부터 메추라기를 몰아 진陣 곁 이편 저편, 곧 진陣 사방四方으로 각기各其 하룻길 되는 지면地面 위 두 규빗쯤에 내리게 한지라. 백성百姓이 일어나 종일終日 종야終夜와 그 이튿날 종일토록 메추라기를 모으니, 그들이 자기를 위하여 진陣 사면四面에 펴 두었더라. (민 11:10~32)

광야 생활廣野生活 하는 하나님의 백성들에게는 모든 것이 불편不便하고 고생苦生이 됩니다. 이 과정過程이 천국 백성天國百姓들의 훈련訓練인 것입니다. 하나님께서는 생수生水와 만나MANNA 양식糧食과 메추라기로 영양소營養素를 공급供給해 주셨습니다.

【 낭송 표시 : 1회 ▚ / 4회 ■ / 목표 120회 】

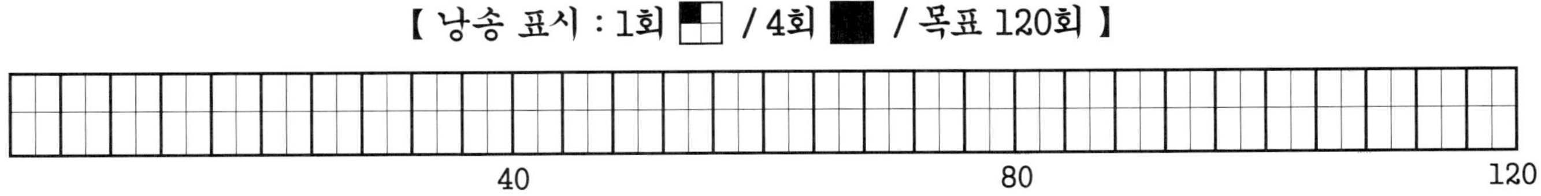

“주의 말씀은 내 발의 등이요 내 길에 빛이니이다”(시 119:105)

제 26 일

여호와의 영광榮光이 나타나시니라

민수기 14:10

약속約束된 땅이라 할지라도 준비準備하고 탐지探知하고 대비待備시키는 하나님이십니다. 부정적 보고자否定的報告者는 하나님의 일을 하는 데 부적합不適合합니다. 하나님의 일은 반드시 긍정적肯定的이고 적극적積極的인 자세姿勢로 임해야 하나님이 함께해 주시고 성공成功하게 해주십니다.

1. 모세가 가나안 땅을 탐지探知하려 그들을 보내며 이르되, 너희는 남방南方 길로 행行하여 산지山地로 올라가서, 그 땅의 어떠함을 탐지探知하라. 곧 그 땅 거민居民의 강약强弱과 다소多少와 그들의 거居하는 성읍城邑이 진영鎭營인지 산성山城인지와, 토지土地의 후박厚薄과 수목樹木의 유무有無니라 그때는 포도葡萄가 처음 익을 즈음이었더라. 사십일 동안에 땅을 탐지探知하기를 마치고 돌아와, 모세와 온 회중會衆에게 회보回報하고 그 땅 실과實果를 보이고 가로되, 당신이 우리를 보낸 땅에 간즉 과연果然 젖과 꿀이 흐르고, 그 땅 거민居民은 강强하고 성읍城邑은 견고堅固하고 심甚히 클 뿐 아니라, 신장身長이 장대長大한 자들이며, 우리는 스스로 보기에도 메뚜기 같으니, 그들의 보기에도 그와 같았을 것이니라. 그와 함께 갔던 사람들은 가로되, 우리는 능能히 올라가서 그 백성百姓을 치지 못하리라 그들은 우리보다 강强하니라. (민 13:17~31)

2. 온 회중會衆이 소리를 높여 부르짖으며 밤새도록 백성百姓이 곡哭하였더라. 이스라엘 자손子孫이 다 모세와 아론을 원망怨望하며, 온 회중會衆이 그들에게 이르되 우리가 애굽 땅에서 죽었거나, 이 광야에서 죽었더면 좋았을 것을 어찌하여 여호와가 우리를 그 땅으로 인도引導하여 칼에 망亡하게 하려 하는고, 애굽으로 돌아가는 것이 낫지 아니하랴 이에 서로 말하되 우리가 한 장관長官을 세우고 애굽으로 돌아가자 하매, 모세와 아론이 이스라엘 자손子孫의 온 회중會衆 앞에서 엎드린지라. (민 14:1~5)

3. 그 땅을 탐지探知한 자 중 눈의 아들 여호수아와 여분네의 아들 갈렙이 그 옷을 찢고, 온 회중會衆에게 일러 가로되 우리가 두루 다니며 탐지探知한 땅은 심히 아름다운 땅이라. 여호와께서 우리를 기뻐하시면 우리를 그 땅으로 인도引導하여 들이시고, 그 땅을 우리에게 주시리라 이는 과연果然 젖과 꿀이 흐르는 땅이니라. 오직 여호와를 거역拒逆하지 말라, 그들은 우리 밥이라 그들의 보호자保護者는 그들에게서 떠났고, 여호와는 우리와 함께 하시느니라. 그들을 두려워 말라 하나, 온 회중會衆이 그들을 돌로 치려 하는

동시同時에 여호와의 영광榮光이 회막會幕에서 이스라엘 모든 자손子孫에게 나타나시니라. (민 14:6~10)

4. 여호와께서 가라사대 나의 영광榮光이 온 세계世界에 충만充滿하시니, 너희가 나의 이적異蹟을 보고도 열 번이나 나를 시험試驗하고, 내 목소리를 청종聽從치 아니한 그 사람들과 나를 멸시蔑視하는 사람은 그것을 보지 못하리라. 오직 내 종 갈렙은 그 마음이 그들과 달라서 나를 온전穩全히 좇았은즉, 그의 갔던 땅으로 내가 그를 인도引導하여 들이리니, 그 자손子孫이 그 땅을 차지하리라. 나를 원망怨望하는 이 악惡한 회중會衆을 내가 어느 때까지 참으랴 나를 원망怨望한 자의 전부가 여분네의 아들 갈렙과 눈의 아들 여호수아 외에는 결단코 들어가지 못하리라. 너희 자녀子女들은 너희의 패역悖逆한 죄罪를 지고 광야曠野에서 유리流離하는 자가 되리라. 그 땅을 탐지探知하러 갔던 눈의 아들 여호수아와 갈렙은 생존生存하니라. (민 14:20~38)

5. 여호와께서 모세에게 일러 가라사대 너는 이스라엘 자손子孫에게 고告하여 각 종족宗族을 따라 지팡이 하나씩 취取하되, 그 모든 족장族長에게서 지팡이 열둘을 취取하고 이름을 각각各各 그 지팡이에 쓰되, 레위의 지팡이에는 아론의 이름을 쓰라. 그 지팡이를 회막會幕 안에서 내가 너희와 만나는 곳인 증거궤證據櫃 앞에 두라. (민 17:1~4)

6. 내가 택擇한 자의 지팡이에는 싹이 나리니 이것으로 원망怨望하는 말을 그치게 하리라. 모세가 그 지팡이들을 증거證據의 장막帳幕 안 여호와 앞에 두었더라. 이튿날 모세가 증거證據의 장막帳幕에 들어가 본즉, 레위 집을 위하여 낸 아론의 지팡이에 움이 돋고 순이 나고 꽃이 피어서 살구 열매가 열렸더라. 모세가 그 지팡이 전부全部를 여호와 앞에서 모든 자손子孫에게로 취取하여 내매, 그들이 보고 각각 자기 지팡이를 취取하였더라. (민 17:5~9)

어떤 경우境遇든지 원망怨望하지 말아야 합니다. 부정적否定的인 생각生覺은 하나님을 거역拒逆합니다. 또한 공동체共同體 분열分裂을 가져와 자멸自滅의 길을 가게 됩니다. 하나님의 백성들은 하나님의 언약言約을 믿고, 긍정적肯定的으로 받아들이고 믿음으로 적극적積極的으로 나아가면 반드시 승리勝利하게 됩니다.

【 낭송 표시 : 1회 ◰ / 4회 ■ / 목표 120회 】

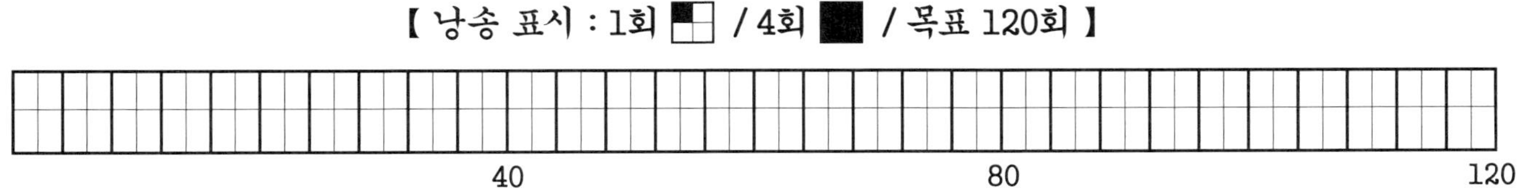

"주의 말씀은 내 발의 등이요 내 길에 빛이니이다"(시 119:105)

제 27 일

현재現在보다 천배千倍나 복福 주시기를 원願하노라

신명기 1:11

하나님은 사랑하는 자에게 현재現在보다 천배千倍나 많은 축복祝福을 주십니다. 이는 파격적 은혜破格的恩惠입니다. 효도孝道하는 자녀에게만 주시는 부모님의 넘치는 사랑입니다. 천 배千倍의 축복이란 '엄청나다', '한限이 없다', '감당하기 어렵다'라는 뜻입니다. 수학적數學的 계산計算을 초월超越한 축복을 말합니다.

1. 모세가 요단 저편 모압 땅에서 이 율법律法 설명說明하기를 시작始作하였더라, 일렀으되 우리 하나님 여호와께서 호렙 산에서 우리에게 말씀하여 이르시기를, 너희가 이 산에 거한지 오래니 방향方向을 돌려 진행進行하여, 산지山地와 평지平地와 가나안 땅과 레바논과 큰 강 유브라데까지 가라 하셨나니, 여호와께서 너희의 열조列祖 아브라함과 이삭과 야곱에게 맹세하사 주리라 하신 땅이, 너희 앞에 있으니 들어가서 얻을지니라. (신 1:5~8)

2. 그때에 내가 너희에게 말하여 이르기를, 나는 홀로 너희 짐을 질 수 없도다. 하나님 여호와께서 너희를 번성蕃盛케 하셨으므로, 너희가 오늘날 하늘의 별같이 많거니와, 너희 열조列祖의 하나님께서 너희를 현재現在보다 천배千倍나 많게 하시며, 너희에게 허락許諾하신 것과 같이 너희에게 복福 주시기를 원하노라. (신 1:9~11)

3. 이스라엘아 이제 내가 너희에게 가르치는 규례規例와 법도法度를 듣고 준행遵行하라, 그리하면 너희가 살 것이요 하나님 여호와께서 주시는 땅에 들어가서 그것을 얻게 되리라. 너희에게 명命하는 말을 가감加減하지 말고, 너희 하나님 여호와의 명령命令을 지키라. 하나님 여호와의 명命하신 대로 규례規例와 법도法度를 너희에게 가르쳤나니, 이는 너희로 들어가서 기업基業으로 얻을 땅에서 너희는 지켜 행하라. (신 4:1~6)

4. 너희는 지켜 행하라 그리함은 열국列國 앞에 너희의 지혜智慧요, 너희의 지식知識이라. 그들이 모든 규례規例를 듣고 이르기를 이 큰 나라 사람은 과연 지혜智慧와 지식知識이 있는 백성百姓이로다 하리라. 우리 하나님 여호와께서 우리가 기도祈禱할 때마다, 우리에게 가까이하심같이 가까이함을 얻은 나라가 어디 있느냐, 오직 너는 스스로 삼가며 네 마음을 힘써 지키라. 너는 그 일들을 네 아들들과 네 손자孫子들에게 알게 하라. 그들로 세상世上에 사는 날 동안 나 경외敬畏함을 배우게 하며, 그 자녀子女에게 가르치게 하려 하노라. (신 4:6~10)

5. 여호와께서 호렙 산 화염火焰 중에서 너희에게 말씀하시던 날에, 너희가 아무 형상形象도 보지 못하였은즉 너희는 깊이 삼가라. 두렵건대 스스로 부패腐敗하여 자기自己를

위하여 아무 형상形象대로든지, 우상偶像을 새겨 만들되 남자男子의 형상形象이라든지, 여자女子의 형상形象이라든지, 땅 위에 있는 아무 짐승의 형상形象이라든지, 하늘에 나는 아무 새의 형상形象이라든지, 땅 위에 기는 아무 곤충의 형상形象이라든지, 물속에 있는 아무 어족魚族의 형상形象이든지 만들까 하노라. 또 두렵건대 네가 하늘을 향向하여 눈을 들어 일월성신日月星辰 하늘의 군중群衆 곧, 너희 하나님 여호와께서 천하만민天下萬民을 위하여 분정分定하신 것을 보고 미혹迷惑하여, 그것에 경배敬拜하며 섬길까 하노라. (신 4:15~19)

6. 여호와께서 너희를 택擇하시고 인도引導하여 내사, 자기 기업基業의 백성百姓을 삼으신 것이, 오늘과 같아도 여호와께서 너희로 인因하여 내게 진노震怒하사 나로 요단을 건너지 못하며, 네 하나님께서 네게 기업基業으로 주신 그 아름다운 땅에 들어가지 못하게 하리라 하셨은즉, 나는 이 땅에서 죽고 요단을 건너지 못하려니와, 너희는 건너가서 그 아름다운 땅을 얻으리니, 너희는 스스로 삼가서 너희 하나님 여호와께서 너희와 세우신 언약言約을 잊어버려서, 네 하나님 여호와께서 금禁하신 아무 형상形象의 우상偶像이든지 조각彫刻하지 말라. 하나님 여호와는 소멸燒滅하는 불이시요 질투嫉妬하는 하나님이시니라. (신 4:20~24)

7. 네가 그 땅에서 아들을 낳고 손자孫子를 얻으며 오래 살 때에, 만일 스스로 부패腐敗하여 무슨 형상形象의 우상偶像이든지, 조각彫刻하여 네 하나님 여호와 앞에 악惡을 행行함으로, 그의 노怒를 격발激發하면 내가 오늘날 천지天地를 불러 증거證據를 삼노니, 너희가 속히 망亡할 것이라. 너희가 거기서 너희 날이 길지 못하고 전멸全滅될 것이니라. 여호와께서 너희를 열국列國 중에 흩으실 것이요, 너희는 사람의 손으로 만든바 보지도 못하고, 듣지도 못하고 먹지도 못하고 냄새도 맡지 못하는 목석木石의 신神들을 섬기리라. 그러나 네가 거기서 네 하나님 여호와를 구하게 되리니, 마음을 다하고 성품性稟을 다하여 하나님께 구하면 만나리라. 환난患難을 당하다가 여호와께로 돌아와서 그 말씀을 청종聽從하리니, 네 하나님 여호와는 자비慈悲하신 하나님이시라. (신 4:25~31)

신명기서申命記書는 하나님의 말씀인 율법律法의 재해석再解釋입니다. 다시 상기想起시키고 다짐하고 반복훈련反復訓練하는 성경聖經입니다. 오늘 우리들의 신앙생활信仰生活도, 신명기 운동申命記運動으로 율법律法의 재해석再解釋으로 상기想起해야겠습니다.

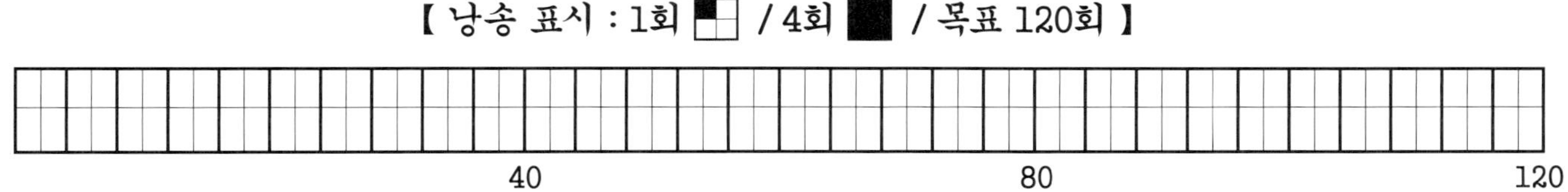

"주의 말씀은 내 발의 등이요 내 길에 빛이니이다"(시 119:105)

제 28 일

사랑하고 계명誡命을 지키는 자에게 은혜恩惠를 베푸느니라

신명기 5:10

하나님이 가장 좋아하시는 것은 그의 자녀子女들이 하나님을 사랑하고, 서로 사랑하고, 하나님의 계명誡命을 지키는 것입니다. 사랑하고 계명誡命을 지키면 천 대千代까지 은혜恩惠와 복福을 주십니다.

1. 마음을 다하고 성품性稟을 다하여 하나님께 구求하면 만나리라. 너희가 환난患難을 당當하다가 네가 하나님께 돌아와서 그 말씀을 청종聽從하리니, 네 하나님 여호와는 자비慈悲하신 하나님이심이라. 하나님이 사람을 세상世上에 창조創造하신 날부터 지금至今까지 지나간 날을 상고詳考하여 보라. 어떤 국민國民이 불 가운데서 말씀하시는 하나님의 음성音聲을 너처럼 듣고 생존生存하였었느냐, 시험試驗과 이적異蹟과 기사奇事와 전쟁戰爭과 강强한 손과 편 팔과 크게 두려워하는 일로 한 민족民族을 인도引導하여 낸 일이 있느냐, 이는 다 너희 하나님 여호와께서 애굽에서 너희를 위하여 너희의 목전目前에서 행行하신 일이라. 이것을 네게 나타내심은 여호와는 하나님이시요, 그 외에는 다른 신神이 없음을 네게 알게 하려 하심이니라. (신 4:29~35)

2. 여호와께서 너를 교훈教訓하시려고 하늘에서부터 그 음성音聲을 너로 듣게 하시며, 땅에서는 그 큰 불을 네게 보이시고 너로 불 가운데서 나오는 그 말씀을 듣게 하셨느니라. 여호와께서 네 열조列祖를 사랑하신 고로 그 후손後孫 너를 택擇하시고, 큰 권능權能으로 친親히 인도引導하여 애굽에서 나오게 하시며, 너를 인도引導하여 네게 기업基業으로 주려 하심이라. 그런즉 너는 오늘날 상천하지上天下地에 오직 여호와는 하나님이시요, 다른 신이 없는 줄을 알아 명심銘心하고, 오늘 내가 네게 명命하는 여호와의 규례規例와 명령命令을 지키라. 너와 네 후손後孫이 복福을 받아 네 하나님 여호와께서 네게 주시는 땅에서 한限 없이 오래 살리라. (신 4:36~40)

3. 모세가 온 이스라엘을 불러 그들에게 이르되, 이스라엘아 오늘 내가 너희 귀에 말하는 규례規例와 법도法度를 듣고 그것을 배우며 지켜 행하라. 우리 하나님 여호와께서 호렙 산에서 우리와 언약言約을 세우셨나니, 이 언약言約은 여호와께서 우리 열조列祖와 세우신 것이 아니요, 오늘날 여기 살아 있는 우리 곧 우리와 세우신 것이라. 여호와께서 산 위 불 가운데서 너희와 대면對面하여 말씀하시매, 그때에 너희가 불을 두려워하여 산에 오르지 못하므로, 내가 여호와와 너희 중간에 서서 여호와의 말씀을 너희에게 전하였노라. 여호와께서 가라사대 나는 너를 애굽 땅에서 종 되었던 집에서 인도引導하여 낸 너희 하나님 여호와로라. 나 외에는 다른 신神들을 네게 있게 말지니라. 너는 자기自己를 위하여 새긴 우상偶像을 만들지 말고, 위로 하늘에 있는 것이나 아래로 땅에 있는 것이나, 땅 밑 물속에 있는 것의 아무 형상形象이든지 만들지 말며, 그것들에게 절하지 말며, 그것들을 섬기지 말라. 나를 사랑하고 내 계명誡命을 지키는 자에게는 천 대千代까지 은혜恩惠를 베푸느니라. (신 5:1~10)

4. 너는 너의 하나님 여호와의 이름을 망령妄靈되이 일컫지 말라. 나 여호와는 나의 이름을 망령妄靈되이 일컫는 자를 죄罪 없는 줄로 인정認定치 아니하리라. 여호와 너의

하나님이 네게 명命한 대로 안식일安息日을 지켜 거룩하게 하라. 엿새 동안은 힘써 네 모든 일을 행할 것이나, 제칠일은 너의 하나님 여호와의 안식일 즉, 너나 네 아들이나 네 딸이나 네 남종이나 네 여종이나 네 모든 육축六畜이나 유留하는 객客이라도 아무 일도 하지 말고 안식할지니라. 너의 하나님 여호와의 명한 대로 네 부모父母를 공경恭敬하라. 그리하면 너의 하나님 여호와가 네게 준 땅에서 네 생명生命이 길고 복福을 누리리라. 살인殺人하지 말지니라. 간음姦淫하지 말지니라. 도적盜賊질 하지도 말지니라. 네 이웃에 대하여 거짓 증거證據하지도 말지니라. 네 이웃의 것을 탐貪내지 말지니라. 여호와께서 이 모든 말씀을 산 위 불 가운데 구름 가운데 흑암黑暗 가운데, 큰 음성音聲으로 너희 총회總會에 이르신 후後에 더 말씀하지 아니하시고, 그것을 두 돌판에 써서 내게 주셨느니라. 우리 하나님 여호와의 하시는 말씀을 다 듣고, 다 우리에게 전傳하소서 우리가 듣고 행하겠나이다. (신 5:11~27)

5. 여호와께서 너희가 내게 말할 때에 너희의 말하는 소리를 들으신지라. 여호와께서 내게 이르시되 이 백성百姓이 네게 말하는 그 말소리를 내가 들은즉 그 말이 다 옳도다. 그들이 항상 이 같은 마음을 품어 나를 경외敬畏하며 나의 모든 명령命令을 지켜서 그들과 그 자손子孫이 영원永遠히 복福 받기를 원하노라. 너희는 여기 내 곁에 섰으라 내가 모든 명령命令과 규례規例와 법도法度를 네게 이르리니, 너는 그것을 그들에게 가르쳐서 내가 그들에게 기업基業으로 주는 땅에서 그들로 이를 행하게 하라 하셨나니, 그런즉 너희 하나님 여호와께서 너희에게 명령命令하신 대로 너희는 삼가 행하여, 좌左로나 우右로나 치우치지 말고 너희 하나님 여호와께서 너희에게 명하신 모든 도道를 행하라. 그리하면 너희가 삶을 얻고 복福을 얻어서 너희의 얻은 땅에서 너희의 날이 장구長久하리라. (신 5:28~33)

6. 이는 곧 너희 하나님 여호와께서 너희에게 가르치라 명命하신 바, 명령命令과 규례規例와 법도法度라. 너희가 건너가서 얻을 땅에서 행할 것이니, 곧 너와 네 아들과 네 손자孫子로 평생平生에 네 하나님 여호와를 경외敬畏하며, 내가 너희에게 명한 그 모든 규례規例와 명령命令을 지키게 하기 위한 것이며, 또 네 날을 장구長久케 하기 위한 것이라. 이스라엘아 듣고 삼가 그것을 행하라, 그리하면 네가 복을 얻고 네 열조列祖의 하나님 여호와께서 네게 허락하심같이, 젖과 꿀이 흐르는 땅에서 너의 수효數爻가 심히 번성蕃盛하리라. (신 6:1~3)

번성蕃盛하고 창대昌大하고 평강平康을 누리며 행복幸福하게 사는 길은 너무나 쉽습니다. 오직 하나님의 말씀을 듣고 믿고 순종順從하고 실천實踐하는 것입니다. "여호와께서 명命하신 도道를 행行하라 그리하면 너희가 삶을 얻고 복福을 인하여 너희의 날이 장구長久하리라"(신 5:33)고 말씀하셨습니다. 이는 만고불변萬古不變의 진리眞理입니다.

【 낭송 표시 : 1회 / 4회 / 목표 120회 】

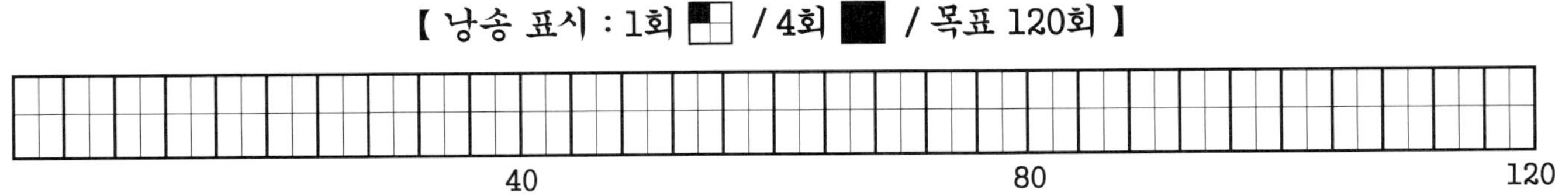

"주의 말씀은 내 발의 등이요 내 길에 빛이니이다"(시 119:105)

제 29 일

자녀들아 들어라

신명기 6:4

"이스라엘아 들어라" 쉐마SHEMA는 하나님 자녀들의 교육헌장敎育憲章입니다. 수천 년 동안 조상 대대로 지켜온 율법律法 말씀입니다. 우리 가정과 교회의 자녀子女들에게 가르쳐 지키고 믿고 실천實踐하게 해야 하는 하나님의 말씀입니다. "믿음은 들음에서 나며 들음은 그리스도의 말씀으로 말미암느니라"(롬 10:17). 대저 부모님들이 하나님의 말씀을 믿고 읽고 듣고 실천實踐하여 모범模範을 보여야 합니다. 이 말씀을 읽고 마음에 새기고 지켜 행行하는 자녀들에게 하나님의 약속約束하신 복福이 임하게 됩니다.

1. 우리 하나님 여호와는 오직 하나인 여호와시니, 너는 마음을 다하고 성품性稟을 다하고 힘을 다하여 네 하나님 여호와를 사랑하라. 오늘날 내가 네게 명命하는 이 말씀을 너는 마음에 새기고, 네 자녀子女에게 부지런히 가르치며, 집에 앉았을 때에든지 길을 행할 때에든지, 누울 때에든지 일어날 때에든지 이 말씀을 강론講論할 것이며, 손목에 매여 기호記號를 삼으며 네 미간眉間에 붙여 표標를 삼고, 집 문門설주와 바깥 문에 기록記錄할지니라. 하나님 여호와께서 명하신 명령命令과 규례規例를 삼가 지키며, 여호와의 보시기에 정직正直하고 선량善良한 일을 행行하라. 그리하면 네가 복福을 얻고 아름다운 땅을 얻으리라 여호와의 말씀이니라. (신 6:4~19)

2. 그런즉 너는 오늘날 내가 네게 명命하는 명령命令과 규례規例와 법도法度를 지켜 행할지니라. 너희가 이 모든 법도法度를 듣고 지켜 행하면 너를 사랑하시고 복福을 주사 너로 번성蕃盛케 하고, 내 소생所生에게 은혜恩惠를 베푸시며 네 토지土地 소산所産과 곡식穀食과 포도주葡萄酒와 기름을 풍성豊盛케 하고, 네 소와 양羊을 번식繁殖케 하리니 네가 복을 받음이 만민萬民보다 우승優勝하리라. 여호와께서 모든 질병疾病을 네게서 멀리하사 애굽의 악질惡疾이 네게 임하지 않게 하고, 너를 미워하는 모든 자들에게 임臨하게 하실 것이라. 너는 조각彫刻한 신상神像들을 불사르고 그것에 입힌 은銀이나 금金을 탐내지 말며 취取하지 말라. 네 하나님 여호와의 가증可憎히 여기는 것이라. 너는 가증可憎한 것을 네 집에 들이지 말라. 너도 그와 같이 진멸殄滅 당當할까 하노라. 너는 그것을 극極히 꺼리며 심甚히 미워하라. 그것을 진멸殄滅 당當할 것임이니라. (신 7:11~26)

3. 내가 오늘날 명命하는 모든 명령命令을 너희는 지켜 행하라. 그리하면 너희가 살고 번성蕃盛하고 여호와께서 너희의 열조列祖에게 맹세하사 땅에 들어가서 그 모든 것을 얻으리라. 네 하나님 여호와께서 너로 광야曠野의 길을 걷게 하신 것을 기억記憶하라. 이는 너를 낮추시며 너로 주리게 하시며 너도 알지 못하며 네 열조列祖도 알지 못하던 만나를 네게 먹이신 것은, 사람이 떡으로만 사는 것이 아니요, 여호와의 입으로 나오는 모든 말씀으로 사는 줄을 알게 하려 하심이라. 사십 년 동안 너의 의복衣服이 해어지지 아니하였고, 네 발이 부릍지 아니하였느니라. 너는 사람이 그 아들을 징계懲戒함같이 네 하나님 여호와께서 너를 징계懲戒하시는 줄 마음에 생각하고, 네 하나님의 명령命令을 지켜 그 도道를 행하며 그를 경외敬畏할지니라. (신 8:1~6)

4. 네 하나님 여호와께서 너로 아름다운 땅에 이르게 하시나니, 그곳은 골짜기에든지 산지山地**에든지 시내와 분천**噴泉**과 샘이 흐르고 밀과 보리의 소산지**所産地**요 포도**葡萄**와 무화과**無花果**와 석류**石榴**와 감람**橄欖**들의 나무와 꿀의 소산**所産**지라. 너희 먹는 식물**食物**의 결핍**缺乏**함이 없고 네게 아무 부족**不足**함이 없는 땅이며, 그 땅의 돌은 철**鐵**이요 산에서는 동**銅**을 캘 것이라. 네가 먹어서 배불리고 네 하나님 여호와께서 복**福**으로 네게 주셨음을 인하여 그를 찬송**讚頌**하라. 내가 오늘날 네게 명**命**하는 여호와의 명령**命令**과 법도**法度**와 규례**規例**를 잘 지키고, 네 하나님 여호와를 잊어버리게 되지 않도록 삼갈지어다.** (신 8:7~11)

5. 네 우양牛羊**이 번성**蕃盛**하며 네 은금**銀金**이 증식**增殖**되고 네 소유**所有**가 다 풍부**豊富**하게 될 때에 두렵건대, 네 마음이 교만**驕慢**하여 네 하나님 여호와를 잊어버릴까 하노라. 네가 마음에 이르기를 내 능**能**과 내 손의 힘으로 내가 이 재물**財物**을 얻었다 할까 하노라. 네 하나님을 기억**記憶**하라, 그가 네게 재물**財物 **얻은 능을 주셨음이라. 네가 만일 네 하나님 여호와를 잊어버리고 다른 신들을 좇아 그들을 섬기며, 그들에게 절하면 내가 너희에게 증거**證據**하노니 너희가 정녕**丁寧**히 멸망**滅亡**할 것이라. 이는 너희가 너희 하나님 여호와의 소리를 청종**聽從**치 아니함이니라.** (신 8:13~20)

6. 네 하나님 여호와께서 네게 요구要求**하시는 것이 무엇이냐, 곧 네 하나님 여호와를 경외**敬畏**하며 그 모든 도**道**를 행하고 그를 사랑하며 마음을 다하고 성품**性稟**을 다하며, 네 하나님을 섬기고 내가 오늘날 네 행복**幸福**을 위하여, 네가 명하는 여호와의 명령**命令**과 규례**規例**를 지킬 것이니라. 하늘과 땅과 그 위의 만물**萬物**은 다 하나님께 속한 것이로되 여호와께서 너희를 사랑하사 만민**萬民 **중에서 택**擇**하였음이니라. 그러므로 너희는 마음에 할례**割禮**를 행하고 목을 곧게 하지 말라. 너희의 하나님 여호와는 신**神**의 신이시며 주의 주시요, 크고 능**能**하시며 두려우신 하나님이시라. 사람을 외모**外貌**로 보지 아니하시며 고아**孤兒**와 과부**寡婦**와 나그네를 사랑하사 식물**食物**과 의복**衣服**을 주시며, 너희를 번성**蕃盛**하고 창대**昌大**케 하사 하늘의 별같이 많게 하셨느니라.** (신 10:12~22)

하나님의 말씀을 듣고 믿고 행行하면, 약속約束하신 은혜恩惠와 언약言約하신 복福을 모두 받아 누리는 성도들의 가정이 됩니다. 또한 우리의 심령心靈과 마음판에 새겨, 달려가면서도 읽을 수 있고 기억記憶되는 하나님의 말씀이 될 때 영육靈肉 간에 풍성豊盛함을 누릴 수 있습니다.

【 낭송 표시 : 1회 ◰ / 4회 ■ / 목표 120회 】

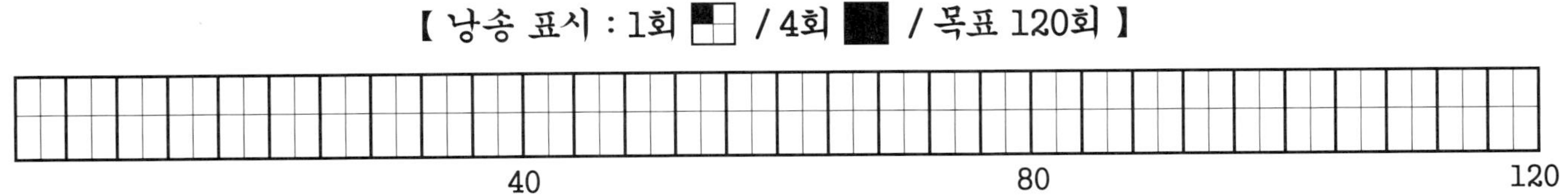

"주의 말씀은 내 발의 등이요 내 길에 빛이니이다"(시 119:105)

제 30 일

항상 지키라

신명기 11:1

하나님 여호와를 사랑하고 그 규례規例와 명령命令을 항상恒常 지키면, 하나님의 강强한 손과 펴신 팔로 인도引導해 주시고 보호保護해 주신다고 언약言約하였습니다. 성도聖徒가 받고 누릴 안전보장장치安全保障裝置입니다. 하나님의 자녀子女들이 하나님의 언약言約을 믿고 항상 지키면, 전능全能하신 하나님께서 항상 지켜 주시고 보호保護해 주십니다.

1. 그런즉 네 하나님 여호와를 사랑하여 그 직임職任과 법도法度와 규례規例와 명령命令을 항상 지키라. 너희가 오늘날 기억할 것은 너희 하나님 여호와의 징계懲戒와 그 모든 큰 일을 목도目覩하였느니라. 그러므로 너희는 오늘날 너희에게 명하는 모든 명령命令을 지키라. 그리하면 너희가 강성强盛할 것이요, 너희가 건너가서 얻을 땅은 산과 골짜기가 있어서 하늘에서 내리는 비를 흡수吸收하는 땅이요, 네 하나님 여호와께서 권고眷顧하시는 땅이라, 세초歲初부터 세말歲末까지 네 하나님 여호와의 눈이 항상恒常 그 위에 있느니라. (신 11:1~12)

2. 오늘날 너희에게 명命하는 나의 명령命令을 너희가 청종聽從하고, 너희의 하나님 여호와를 사랑하여 마음을 다하고 성품性稟을 다하여 섬기면, 여호와께서 너희 땅에 이른 비와 늦은 비를 적당適當한 때에 내리시리니, 너희가 곡식穀食과 기름을 얻을 것이요, 육축六畜을 위하여 들에 풀이 나게 하시리니 네가 먹고 배부를 것이라. 너희는 스스로 삼가라 두렵건대 마음에 미혹迷惑하여 돌이켜 다른 신들을 섬기며 그것에게 절하므로 여호와께서 진노震怒하사, 하늘을 닫아 비를 내리지 아니하여 땅으로 소산所産을 내지 않게 하시리니, 너희가 여호와의 주신 아름다운 땅에서 속速히 멸망滅亡할까 하노라. (신 11:13~17)

3. 이러므로 너희는 나의 이 말을 너희 마음과 뜻에 두고, 너희 손목에 매어 기호記號로 삼고, 너희 미간眉間에 붙여 표標로 삼으며, 너희의 자녀子女에게 가르치며 집에 앉았을 때에든지, 길을 행行할 때에든지 누웠을 때에든지 일어날 때에든지 이 말씀을 강론講論하고, 또 네 집 문門설주와 바깥문에 기록記錄하라. 그리하면 여호와께서 맹세하신 땅에서 너희의 날과 너희 자녀의 날이 많아서 하늘이 땅을 덮는 날의 장구長久함 같으리라. 너희가 이 모든 명령命令을 잘 지켜 행行하여 너희 하나님을 사랑하고, 그 모든 도를 행하여 그에게 부종附從하면, 너희가 모든 다른 나라보다 강대强大한 나라가 되리라. 너희를 능能히 당當할 나라와 사람이 없으리라. (신 11:18~25)

4. 내가 오늘날 복福과 저주詛呪를 너희 앞에 두나니, 너희 하나님 여호와의 명령命令을

듣으면 복福이 될 것이요, 너희가 만일 너희 하나님 여호와의 명령命令을 듣지 아니하고, 다른 신들을 좇으면 저주詛呪를 받으리라. 너는 그리심 산에서 축복祝福을 선포宣布하고 에발 산에서 저주詛呪를 선포宣布하라. 너희 하나님 여호와께서 너희에게 주시는 땅에 들어가서 거기 거居할지라. 내가 오늘날 너희 앞에 베푸는 모든 규례規例와 법도法度를 너희는 지켜 행行할지니라. (신 11:26~32)

5. 너희가 평생에 지켜 행할 규례規例와 법도法度는 이러하니라. 오직 너희 하나님 여호와께서 자기 이름을 두시려고 택하신 곳, 그 거居하실 곳으로 찾아가서 너희 번제燔祭와 희생犧牲과 십일조十一條를 예물禮物로 드리라. 너희 하나님 여호와께서 너희 손으로 수고한 일에 복福 주심을 인하여, 너희와 너희 가족家族이 즐거워할지니라. 각기各其 소견所見대로 하지 말지니라. 여호와께서 너희에게 기업基業으로 주시는 땅에서 사방四方의 모든 대적對敵을 이기게 하시고, 너희에게 안식安息을 주사 평안平安히 거하게 하실 것이니, 너희 하나님 여호와께서 자기 이름을 두시려고 택擇하신 곳에서, 너희 번제燔祭와 희생犧牲과 십일조十一條와 여호와께 서원誓願하는 모든 아름다운 서원물誓願物을 가지고 와서 드리라. 너희 자녀子女와 노비奴婢와 함께 너희 하나님 여호와 앞에서 즐거워할 것이요, 여호와의 택擇하신 그곳에서 번제燔祭를 드리고 내가 네게 명命하는 모든 것을 듣고 지키라. 네 하나님 여호와의 목전目前에 선善과 의義를 행하면 영영永永히 복福이 있으리라. (신 12:1~28)

6. 너는 그 민족民族들의 가증可憎한 행위行爲를 본받지 말 것이니, 복술자卜術者나 길흉吉凶을 말하는 자나 요술妖術하는 자나, 무당이나 신접자神接者나 박수나 초혼자招魂者를 너희 중에 용납容納하지 말라. 무릇 이런 일을 행하는 자는 여호와께서 가증可憎히 여기시나니, 이런 가증可憎한 일로 인因하여 네 하나님 여호와께서 그들을 쫓아내시느니라. 너는 네 하나님 여호와 앞에서 완전完全하라. 무릇 내 말을 듣지 아니하는 자는 내게 벌罰을 받을 것이요, 방자放恣히 내 이름으로 고하든지 다른 신神들의 이름으로 말하면 그들은 죽임을 당하리라. (신 18:9~20)

하나님께서 그 백성百姓들에게 축복祝福을 내려 주셨습니다. 그리심 산에서 축복祝福이 선포宣布되었습니다. 모든 규례規例와 법도法度를 지켜 행行하면 영원永遠한 행복幸福이 보장保障되어 있습니다. 십일조 예물禮物은 언약言約의 계약금契約金으로 그 효력效力이 계속 나타남을 입증入證하는 증거품證據品입니다.

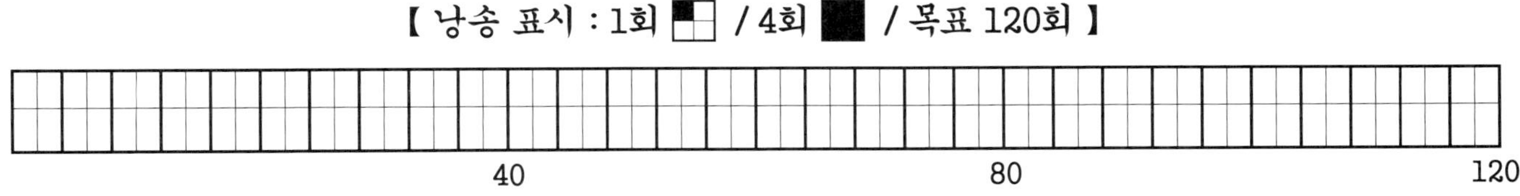

"주의 말씀은 내 발의 등이요 내 길에 빛이니이다"(시 119:105)

제 31 일

주신 복福을 인하여 즐거워할지니라

신명기 26:11

하나님의 자녀子女들은 '여호와께서 주신 복으로 인하여 즐거워하는 인생'들입니다. 우상숭배偶像崇拜는 하나님이 가장 싫어하시는 일이며, 가증可憎히 여기는 것입니다. 하나님 말씀대로 순종順從하며 경건敬虔하게 살면 기쁨과 즐거움이 가득한 행복幸福된 삶을 영위營爲하게 됩니다.

1. 우리가 우리 조상祖上의 하나님 여호와께 부르짖었더니, 여호와께서 우리 음성音聲을 들으시고 우리의 고통苦痛과 신고辛苦와 압제壓制를 하감下鑑하시고, 여호와께서 강强한 손과 편 팔과 큰 위엄威嚴과 이적異蹟과 기사奇事로 우리를 애굽에서 인도引導하여 내시고, 젖과 꿀이 흐르는 땅을 주셨나이다. 여호와여 이제 주께서 주신 토지土地 소산所産의 만물을 가져 왔나이다. 그것을 여호와 앞에 두고 네 하나님 여호와 앞에 경배敬拜할 것이며, 네 하나님 여호와께서 너와 네 집에 주신 복福을 인因하여 즐거워할지니라. 네 모든 소산所産의 십일조十一條를 다 내기를 마친 후에, 레위인과 객客과 고아孤兒와 과부寡婦에게 주어서 배부르게 하라. 내 하나님 여호와의 말씀을 청종聽從하여 주께서 명령命令하신 대로 다 행하였사오니, 원컨대 주의 거룩한 처소處所 하늘에서 하감下鑑하시고, 주의 백성百姓에게 복福을 주시며 우리에게 주신 바 젖과 꿀이 흐르는 땅에 복을 내리소서 할지니라. (신 26:7~15)

2. 오늘날 네 하나님 여호와께서 이 규례規例와 법도法度를 행行하라고 네게 명命하시나니, 그런즉 너는 마음을 다하고 성품性稟을 다하여 지켜 행하라. 내가 오늘날 여호와를 네 하나님으로 인정認定하고, 그 도道를 행하고 그 규례規例와 명령命令과 법도法度를 지키며, 그 소리를 들으리라 확언確言하였고, 오늘날 너를 자기의 보배로운 백성百姓으로 인정認定하시고, 그 모든 명령命令을 지키게 하리라 확언確言하였은즉, 여호와께서 너의 칭찬稱讚과 명예名譽와 영광榮光으로 지으신 모든 민족民族 위에 뛰어나게 하시고, 그 말씀대로 하나님 여호와의 성민聖民이 되게 하시리라. (신 26:16~19)

3. 모든 사람에게 이르기를 우상偶像은 여호와께 가증可憎하니, 그것을 만들어 세우는 자는 저주詛呪를 받을 것이요, 그 부모父母를 경홀輕忽히 여기는 자는 저주詛呪를 받을 것이요, 지계표地界標를 옮기는 자는 저주詛呪를 받을 것이요, 소경으로 길을 잃게 하는 자는 저주詛呪를 받을 것이요, 송사訟事를 억울抑鬱케 하는 자는 저주詛呪를 받을 것이요, 방탕放蕩하고 음란淫亂한 자는 저주詛呪를 받을 것이요, 증오憎惡하고 살해殺害하는 자는 저주詛呪를 받을 것이요, 뇌물賂物을 받는 자는 저주詛呪를 받을 것이요, 이 율법律法의 모든 말씀을 실행實行치 아니하는 자는 저주詛呪를 받을 것이라. 모든 백성百姓은 아멘 할지니라. (신 27:14~26)

4. 네가 네 하나님 여호와의 말씀을 삼가 듣고, 내가 오늘날 네게 명命하는 그 모든

명령命令을 지켜 행하면, 네 하나님 여호와께서 너를 세계世界 모든 민족民族 위에 뛰어나게 하실 것이라. 네가 네 하나님 여호와의 말씀을 순종順從하면, 이 모든 복福이 네게 임臨하며 네게 미치리니, 성읍城邑에서도 복福을 받고 들에서도 복福을 받을 것이며, 네 몸의 소생所生과 네 토지土地의 소산所産과, 네 짐승의 새끼와 우양牛羊의 새끼가 복을 받을 것이며, 네 광주리와 떡반죽 그릇이 복을 받을 것이며, 네가 들어와도 복을 받고 나가도 복을 받을 것이니라. 네 대적對敵들이 일어나 너를 치려 하면 여호와께서 그들을 네 앞에서 패敗하게 하시리니, 그들이 한 길로 일어나 너를 치러 왔으나 네 앞에서 일곱 길로 도망逃亡하리라. 여호와께서 네게 주시는 땅에서 네게 복을 주실 것이며, 네가 네 하나님 여호와의 명령命令을 지켜 그 길로 행하면, 여호와께서 네게 맹세하신 대로 너를 세워 자기의 성민聖民이 되게 하시리니, 너를 여호와의 이름으로 일컬음을 세계 만민世界萬民이 보고 너를 두려워하리라. (신 28:1~10)

5. 여호와께서 네게 주리라고 네 열조列祖에게 맹세하신 땅에서 네게 복福을 주사, 네 몸의 소생所生과 육축六畜의 새끼와 토지土地의 소산所産으로 많게 하시며, 여호와께서 하늘의 아름다운 보고寶庫를 열으사, 네 땅에 때를 따라 비를 내리시고, 네 손으로 하는 모든 일에 복을 주시나니, 네가 많은 민족民族에게 꾸어줄지라도 너는 꾸지 아니할 것이요, 여호와께서 너로 머리가 되고 꼬리가 되지 않게 하시며, 위에만 있고 아래에 있지 않게 하시리니, 오직 너는 내가 오늘날 네게 명하는 네 하나님 여호와의 명령命令을 듣고 지켜 행行하며, 내가 오늘날 너희에게 명命하는 그 말씀을 떠나 좌左로나 우右로나 치우치지 아니하고, 다른 신神을 따라 섬기지 아니하면 이와 같으리라. (신 28:11~14)

6. 네가 만일 네 하나님 여호와의 말씀을 순종順從치 아니하여, 내가 오늘날 네게 명命하는 그 모든 명령命令과 규례規例를 지켜 행하지 아니하면, 이 모든 저주詛呪가 네게 임臨하고 네게 미칠 것이니, 네가 들어와도 저주詛呪를 받고 나가도 저주詛呪를 받으리라. 네가 악惡을 행하여 그를 잊으므로 네 손으로 하는 모든 일에 여호와께서 저주詛呪와 공구恐懼와 견책譴責을 내리사 망亡하며 속速히 파멸破滅하게 하실 것이며, 여호와께서 네 몸에 염병染病이 들게 하사, 폐병肺病과 열병熱病과 상한傷寒과 학질瘧疾과 한재旱災와 풍재風災와 썩는 재앙災殃으로 너를 치시리니, 이 재앙災殃들이 너를 따라서 너를 진멸殄滅케 할 것이라. (신 28:15~22)

하나님 말씀을 낭독朗讀하여 온 백성百姓이 듣고 배우게 하는 것이 가정과 교회敎會의 최대最大의 임무任務요 사명使命입니다. "자녀들로 듣고 네 하나님 여호와를 경외敬畏하기를 배우게 할지니라"(신 31:13). 하나님 여호와를 사랑하고 그 말씀을 순종順從하면 모든 것이 형통亨通하게 되고, 세계世界 모든 나라 가운데 가장 뛰어난 위대偉大한 민족民族과 나라를 건설하게 합니다.

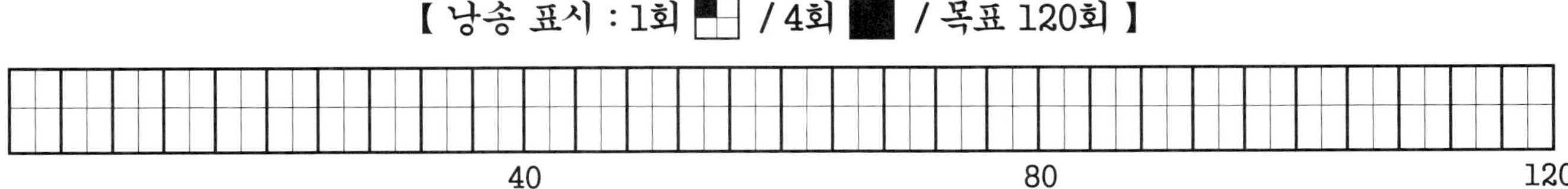

"주의 말씀은 내 발의 등이요 내 길에 빛이니이다"(시 119:105)

Ⅱ

너는 일어나 내가 주는 땅으로 가라

제1일	너는 일어나 내가 주는 땅으로 가라	여호수아 1:2
제2일	이 돌들이 영영永永한 기념記念이 되리라	여호수아 4:7
제3일	새벽에 일찍 일어나 여전한 방식方式으로 도니라	여호수아 6:15
제4일	하나도 남김 없이 다 응應하였더라	여호수아 21:45
제5일	큰 용사勇士여 여호와께서 함께 계시도다	사사기 6:12
제6일	나의 백성과 나의 하나님이 되시리라	룻기 1:16
제7일	여호와께서 그를 생각生覺하신지라	사무엘상 1:19
제8일	여호와께서 여기까지 우리를 도우셨다	사무엘상 7:12
제9일	모든 사람이 크게 기뻐하니라	사무엘상 11:15
제10일	나 여호와는 중심中心을 보느니라	사무엘상 16:7
제11일	그는 기름 부음을 받은 자가 됨이니라	사무엘상 24:6
제12일	그 온 집에 복福을 주시니라	사무엘하 6:11
제13일	주主의 은혜恩惠로 영원永遠히 복福 받게 하옵소서	사무엘하 7:29
제14일	이는 다윗의 마지막 말이라	사무엘하 23:1
제15일	하나님 여호와께서 기쁘게 받으시기를 원하나이다	사무엘하 24:23
제16일	대적對敵도 없고 재앙災殃도 없도다	열왕기상 5:4
제17일	성전聖殿을 건축建築한 동안이 칠 년이었더라	열왕기상 6:38
제18일	기뻐하며 마음에 즐거워하였더라	열왕기상 8:66
제19일	선지자先知者 엘리야가 승천昇天하더라	열왕기하 2:11
제20일	엘리사의 말한 대로 아들을 낳았더라	열왕기하 4:16
제21일	너는 가서 요단 강에 몸을 일곱 번 씻으라	열왕기하 5:10
제22일	불말과 불병거가 산에 가득하여 엘리사를 둘렀더라	열왕기하 6:17
제23일	전殿의 퇴락頹落한 것을 수리修理하라	열왕기하 12:5
제24일	우리를 그 손에서 구원救援하옵소서	열왕기하 19:19
제25일	군기고軍器庫와 내탕고內帑庫에서 보이지 않은 것이 없나이다	열왕기하 20:15
제26일	여호와께서 우리에게 발發하신 진노震怒가 크도다	열왕기하 22:13
제27일	여호와 보시기에 악惡을 행하더라	열왕기하 23:37
제28일	다윗이 점점 강성强盛하여 가니라	역대상 11:9
제29일	다윗 왕이 우상偶像을 소각燒却하니라	역대상 14:10~12
제30일	여호와께 구求하는 자는 마음이 즐거울지로다	역대상 16:10
제31일	이 복福을 영원永遠히 누리리이다	역대상 17:27

제 1 일

너는 일어나 내가 주는 땅으로 가라

여호수아 1:2

구원救援받은 하나님의 백성百姓들은 홍해紅海에서 세례洗禮를 받고 광야 생활曠野生活을 하고, 마침내 목적지目的地 가나안 복지福地에 들어가게 됩니다. 마지막으로 건너야 할 강江이 요단입니다. 믿음으로 용감勇敢하게 건너가야 합니다. 하나님의 약속約束하신 말씀을 믿고 언약궤言約櫃를 메고 도강渡江해야 합니다.

1. 여호와의 종 모세가 죽은 후에 여호와께서 모세의 시종侍從 눈의 아들 여호수아에게 일러 가라사대, 내 종 모세가 죽었으니 이제 너는 이 모든 백성百姓으로 더불어 일어나, 이 요단을 건너 내가 그들 곧 이스라엘 자손子孫에게 주는 땅으로 가라. 너의 평생平生에 너를 능能히 당當할 자 없으리니, 내가 모세와 함께 있던 것같이 너와 함께 있을 것임이라. 내가 너를 떠나지 아니하며 버리지 아니하리니, 마음을 강强하게 하라 담대膽大히 하라 너는 이 백성百姓으로 내가 그 조상祖上에게 맹세하여 주리라 한 땅을 얻게 하리라. (수 1:1~6)

2. 오직 너는 마음을 강强하게 하고 극極히 담대膽大히 하여, 나의 종 모세가 네게 명命한 율법律法을 다 지켜 행하고, 좌左로나 우右로나 치우치지 말라, 그리하면 어디로 가든지 형통亨通하리니, 이 율법책律法冊을 네 입에서 떠나지 말게 하며, 주야晝夜로 그것을 묵상默想하여 그 가운데 기록記錄한 대로 다 지켜 행行하라. 그리하면 네 길이 평탄平坦하게 될 것이라 네가 형통亨通하리라. 네가 어디로 가든지 하나님 여호와가 함께 하느니라. (수 1:7~9)

3. 너희 용사勇士들은 무장武裝하고 건너가서, 여호와께서 안식安息하게 하신 것같이 너희 형제兄弟도 안식安息하게 되며, 그들도 너희 하나님 여호와께서 주시는 땅을 차지할지니라. 그들이 대답하여 가로되 우리가 다 행行할 것이요, 우리를 보내는 곳에 우리가 가리이다. 우리는 범사凡事에 청종聽從하려니와 하나님 여호와께서 함께 계시기를 원願하나이다. 누구든지 명령命令을 거역拒逆하며 말씀을 순종順從치 아니하는 자 그는 죽임을 당當하리니 오직 마음을 강하게 하시며 담대膽大히 하소서. (수 1:14~18)

4. 라합이 지붕에 올라가서 말하되 여호와께서 너희를 심甚히 두려워하고 이 땅 백성百姓이 다 너희 앞에 간담肝膽이 녹나니, 이는 너희가 애굽에서 나올 때에 여호와께서 홍해紅海 물을 마르게 하신 일과 요단 저편의 일을 우리가 들었음이라. 우리가 듣자 곧 마음이 녹았고 정신精神을 잃었나니 너희 하나님 여호와는 상천上天 하지下地에 하나님이시니라. (수 2:8~11)

5. 여호수아가 아침에 일찍이 일어나서, 이스라엘 사람들로 더불어 싯딤에서 떠나 요단에 이르러서는 건너지 아니하고, 거기에 유숙留宿하니라. 백성百姓에게 명命하여 가로되, 너희는 제사장祭司長들이 여호와의 언약궤言約櫃 메는 것을 보거든, 너희 곳을 떠나 그 뒤를 좇으라. 여호수아가 백성百姓에게 이르되 너희는 스스로 성결聖潔케 하라. 여호와께서 내일 너희 가운데 기사奇事를 행行하시리라. 여호수아가 또 제사장祭司長들에게 일러 가로되, 언약궤言約櫃를 메고 백성百姓 앞서 건너라 하매, 곧 언약궤言約櫃를 메고 백성百姓 앞서 나아가니라. (수 3:1~6)

6. 여호와께서 여호수아에게 이르시되, 내가 오늘부터 시작始作하여 너를 온 이스라엘의 목전目前에서 크게 하여, 내가 모세와 함께 있던 것같이 너와 함께 있는 것을 그들로 알게 하리라. 너는 언약궤言約櫃를 멘 제사장祭司長들에게 명命하여 이르기를, 너희가 요단 물가에 이르거든 요단에 들어서라 하라. 여호수아가 이스라엘 자손子孫에게 이르되, 이리 와서 너희 하나님 여호와의 말씀을 들으라 하고, 또 말하되 사시는 하나님이 너희 가운데 계시사 너희 앞에서 행行하는 일을 너희가 알리라. (수 3:7~10)

7. 온 땅의 주의 언약궤言約櫃가 너희 앞에 요단JORDAN으로 들어가나니, 온 땅의 주 여호와의 궤櫃를 멘 제사장祭司長들의 발바닥이 요단 물을 밟고 멈추면 흘러 내리던 물이 끊어지고 쌓여 서리라. 백성百姓이 요단을 건너려고, 자기들의 장막帳幕을 떠날 때에 제사장祭司長들은 언약궤言約櫃를 메고, 백성百姓 앞에서 행行하니라. 요단이 모맥牟麥 거두는 시기時期에는 항상恒常 언덕에 넘치더라. 궤櫃를 멘 자들이 요단에 이르며 궤櫃를 멘 제사장祭司長들의 발이 물가에 잠기자, 곧 위에서 흘러내리던 물이 그쳐서 쌓이고 물은 온전穩全히 끊어지매, 백성百姓이 여리고 앞으로 바로 건널새, 여호와의 언약궤言約櫃를 멘 제사장祭司長들은 요단 가운데 마른 땅에 굳게 섰고, 온 이스라엘 백성百姓은 마른 땅으로 행行하여 요단JORDAN을 건너니라. (수 3:13~17)

제사장祭司長이 언약궤言約櫃를 메고 요단 강 속으로 들어갔습니다. 생명生命을 바친 헌신獻身이었습니다. 제사장祭司長의 제의祭衣는 장식裝飾이 아니고, 생명生命을 바쳤다는 상징象徵의 제복制服입니다. 우리 모든 성도들은 십자가 수의十字架壽衣와 부활復活의 세마포細麻布, 영화榮華로운 옷을 입고 있습니다.

【 낭송 표시 : 1회 ◰ / 4회 ■ / 목표 120회 】

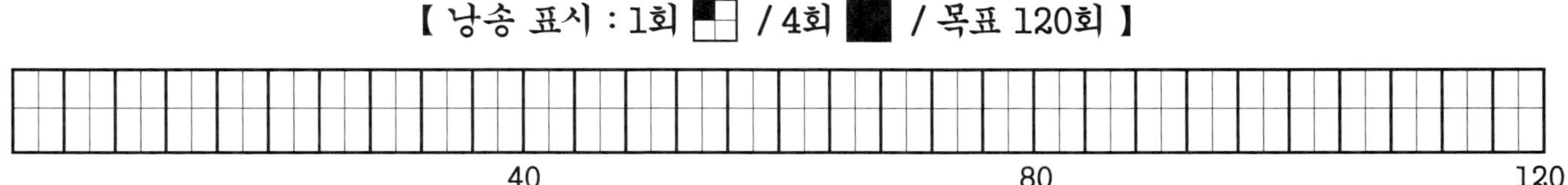

"주의 말씀은 내 발의 등이요 내 길에 빛이니이다"(시 119:105)

제 2 일

이 돌들이 영영永永한 기념記念이 되리라

여호수아 4:7

요단 강 가운데 흩어져 있는 큰 돌들을 각 지파 대표各支派代表들이 한 개씩 메고 나와서, 가나안 땅 요단 강 곁 길갈GILGAL에 기념탑記念塔을 건립建立하였습니다. '영영永永한 기념비記念碑'로 후손後孫들에게 역사적歷史的 교훈教訓으로 삼으라 했습니다.

1. 백성百姓이 요단JORDAN 건너기를 마치매 여호와께서 여호수아에게 일러 가라사대, 백성百姓의 매每 지파支派에 한 사람씩 열두 사람을 택擇하고, 요단 가운데 제사장祭司長들의 발이 굳게 선 그곳에 열두 돌을 취取하고 그것을 가져다가, 너희의 유숙留宿할 그곳에 두라 하라. 여호수아가 이르되 각各 지파 수支派數대로 각기各其 돌 한 개씩 취取하여 어깨에 메라. 이것이 너희 중에 표징表徵이 되리라. (수 4:1~6)

2. 후일에 너희 자손子孫이 물어 가로되 이 돌들은 무슨 뜻이뇨 하거든, 요단 물이 여호와의 언약궤言約櫃 앞에서 끊어졌었나니, 이 돌들이 이스라엘 자손子孫에게 영영永永한 기념記念이 되리라 하라. 지파 수支派數를 따라 요단 가운데서 돌 열둘을 취하여, 자기들의 유숙留宿할 곳으로 가져다가 거기 두었더라. 여호수아가 요단 가운데 언약궤言約櫃를 멘 제사장祭司長들의 발이 선 곳에 돌 열둘을 세웠더니 오늘까지 거기 있더라. (수 4:6~9)

3. 궤櫃를 멘 제사장祭司長들이 여호와께서 여호수아에게 명命하사 백성百姓에게 이르러 하신 일, 곧 모세가 여호수아에게 명命한 일이 다 마치기까지 요단 가운데 섰고, 백성百姓은 속히 건넜으며, 모든 백성百姓이 건너기를 마친 후에 여호와의 궤櫃와 제사장祭司長들이 백성百姓의 목전目前에서 건넜으며, 여리고 평지平地에 이르니라. 그날에 여호와께서 모든 이스라엘 목전目前에서 여호수아를 크게 하시매, 그의 생존生存한 날 동안에 백성百姓이 두려워하기를 모세가 두려워하던 것같이 하였더라. (수 4:10~14)

4. 여호와께서 여호수아에게 일러 가라사대, 증거궤證據櫃를 멘 제사장祭司長들을 명命하여 요단에서 올라오게 하라 하신지라. 여호수아가 제사장祭司長들에게 명命하여 요단에서 올라오라 하매, 여호와의 언약궤言約櫃를 멘 제사장祭司長들이 요단 가운데서 나오며, 육지陸地를 밟는 동시에 요단 물이 본 곳으로 도로 흘러 여전히 언덕에 넘쳤더라. (수 4:15~18)

5. 정월正月 **십 일**十日**에 백성**百姓**이 요단**JORDAN**에서 올라와서 여리고**JERICHO **동편**東便 **지경**地境 **길갈에 진**陣 **치매, 여호수아가 그 요단에서 가져 온 열 두 돌을 길갈**GILGAL**에 세우고, 후일에 너희 자손**子孫**이 묻기를 이돌은 무슨 뜻이냐 하거든, 그들에게 이르기를 이스라엘이 마른 땅을 밟고 이 요단을 건넜음이라. 너희 하나님 여호와께서 요단 물을 너희 앞에 마르게 하사, 너희로 건너게 하신 것이 너희 하나님 여호와께서 우리 앞에 홍해**紅海**를 말리시고, 우리로 건너게 하심과 같았나니 이는 땅의 모든 백성**百姓**으로 여호와의 손이 능**能**하심을 알게 하며, 너희로 하나님 여호와를 영원**永遠**토록 경외**敬畏**하게 하려 하심이라 하라.** (수 4:19~24)

6. 여호와께서 요단 물을 말리시고 우리를 건네셨음을 듣고 마음이 녹았고 정신精神**을 잃었더라. 그때에 여호와께서 여호수아에게 이르시되 너는 부싯돌로 칼**FLINT KNIVES**을 만들어 할례**割禮**를 행하라 하시매, 여호수아가 할례**割禮 **산에서 이스라엘 자손**子孫**에게 할례**割禮**를 행**行**하니라. 온 백성**百姓**에게 할례**割禮 **행하기를 필**畢**하매 백성**百姓**이 진중**陣中 **각**各 **처소**處所**에 처**處**하여 낫기를 기다릴 때에, 여호와께서 여호수아에게 이르시되 내가 오늘날 애굽의 수치**羞恥**를 너희에게 굴러가게 하였다 하셨으므로 그곳 이름을 오늘까지 길갈**GILGAL**이라 하느니라.** (수 5:1~9)

7. 이스라엘 자손子孫**들이 길갈에 진**陣 **쳤고 저녁에는 여리고 평지**平地**에서 유월절**逾越節**을 지켰고, 유월절**逾越節 **이튿날에 그 땅 소산**所産**을 먹되, 무교병과 곡식**穀食**을 먹었더니, 그 땅 소산**所産**을 먹은 다음 날에 만나가 그쳤으니, 이스라엘 사람들이 다시는 만나를 얻지 못하였고, 그해에 가나안 땅의 열매를 먹었더라. 여호와의 군대장관**軍隊長官**이 여호수아에게 이르되, 네 발에서 신을 벗으라 네가 선 곳은 거룩하니라. 여호수아가 그대로 행**行**하니라.** (수 5:10~15)

사람은 누구나 약점과 허물이 있습니다. 그것을 극복克服해서 강점強點과 자랑으로 승화昇華시켜야 합니다. 하나님의 백성들의 허물은 애굽의 종살이 한 것이었습니다. 민족적民族的 수치羞恥를 길갈GILGAL에 기념비記念碑를 세우고 굴러가게 되었고 지나갔습니다. 이제 자유자自由者가 되었다는 공동체共同體 선언宣言을 하였습니다.

【 낭송 표시 : 1회 ▞ / 4회 ■ / 목표 120회 】

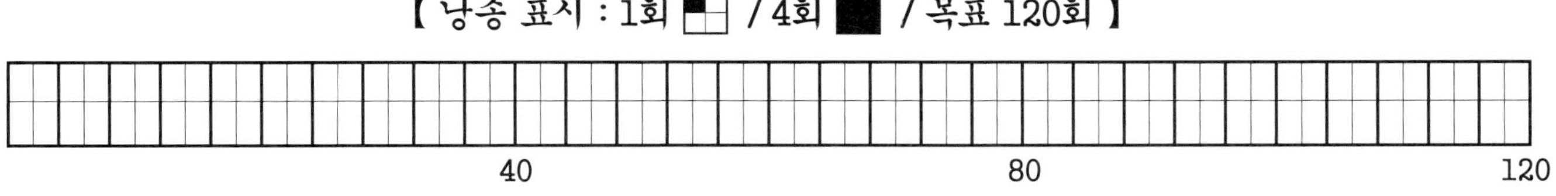

"주의 말씀은 내 발의 등이요 내 길에 빛이니이다"(시 119:105)

제 3 일

새벽에 일찍 일어나 여전한 방식方式으로 도니라

여호수아 6:15

"새벽에 일찍 일어나 여전한 방식方式으로"는 성실誠實한 신앙생활信仰生活의 모습을 보여 줍니다. 아무리 어렵고 힘든 일이 있더라도 새벽기도와 정상적正常的이고 성실誠實한 믿음으로 나아가면, 난공불락難攻不落의 여리고 성이라도 함락陷落시킵니다.

1. 여리고는 굳게 닫혔고 출입出入하는 자 없더라. 여호와께서 여호수아에게 이르시되, 보라 내가 여리고와 그 용사들을 네 손에 붙였으니, 너희 모든 군사軍士는 성城 주위周圍를 매일每日 한 번씩 돌되 엿새 동안을 그리하라. 제사장祭司長 일곱은 양각羊角 나팔을 잡고 언약궤言約櫃 앞에서 행行할 것이요, 제칠일에는 성城을 일곱 번 돌며 제사장祭司長들은 나팔을 불 것이며, 제사장祭司長들이 양각羊角나팔을 길게 불어서 그 나팔 소리가 들릴 때에는 백성百姓은 다 큰소리로 외쳐 부를 것이라. 그리하면 그 성벽城壁이 무너져 내리리니 백성百姓은 각기各其 앞으로 올라갈지니라. (수 6:1~5)

2. 여호수아가 제사장祭司長들을 불러서 너희는 언약궤言約櫃를 메고, 일곱 제사장祭司長은 양각羊角 나팔을 잡고 여호와의 궤櫃 앞에서 행하라 하고, 또 백성百姓에게 이르되 나아가서 성城을 돌되 무장武裝한 자들이 여호와의 궤櫃 앞에 행行할지니라. (수 6:6~7)

3. 제칠일第七日 새벽에 그들이 일찍이 일어나서, 여전如前한 방식方式으로 성城을 일곱 번 도니 성을 일곱 번 돌기는 그날뿐이었더라. 일곱 번째에 제사장祭司長들이 나팔을 불 때에 여호수아가 백성百姓에게 이르되 외치라. 여호와께서 너희에게 이 성城을 주셨느니라. 이에 백성百姓은 외치고 제사장祭司長들은 나팔을 불매 백성百姓이 나팔 소리를 듣는 동시同時에 크게 소리 질러 외치니 성벽城壁이 무너져 내린지라. 여호와께서 여호수아와 함께 하시니 여호수아의 명성名聲이 그 온 땅에 퍼지니라. (수 6:15~27)

4. 여호수아가 아침 일찍이 일어나서 그 지파支派대로 가까이 나아오게 하였더니, 세라 족속族屬이 뽑혔고 삽디의 손자孫子요 갈미의 아들인 아간이 뽑혔더라. 여호수아가 아간에게 이르되 내 아들아 청請하노라. 하나님 여호와께 자복自服하고 네 행行한 일을 고告하라 그 일을 숨기지 말라. (수 7:16~18)

5. 아간이 대답하여 가로되, 참으로 나는 하나님께 범죄犯罪하였나이다. 시날 산 아름다운 외투外套와 은銀 이백 세겔과 오십 세겔중의 금덩이를 탐貪내어 취取하였나이다. 보소서 내 장막帳幕 땅속에 감추었나이다. 그것을 장막帳幕 가운데서 취取하여 가져오매 그것을

여호와 앞에 놓으니라. 여호수아가 가로되 네가 어찌하여 우리를 괴롭게 하였느뇨, 여호와께서 오늘날 너를 괴롭게 하시리라 하니, 온 이스라엘이 그를 돌로 치고 불사르고 그 위에 돌 무더기를 크게 쌓았더라. 그러므로 그곳 이름을 아골ACHOR 골짜기라 부르더라. (수 7:20~26)

6. 때에 유다 자손子孫이 길갈에 있는 여호수아에게 나아오고, 여분네의 아들 갈렙이 여호수아에게 말하되, 여호와께서 가데스 바네아에서 나와 당신當身에게 대對하여 하나님의 사람 모세에게 이르신 일을 당신當身이 아시는 바라. 내 나이 사십 세에 여호와의 종 모세가 나를 보내어 이 땅을 정탐偵探케 하므로 내 마음에 성실誠實한 대로 그에게 보고報告하였고, 나와 함께 올라갔던 내 형제兄弟들은 백성百姓의 간담肝膽을 녹게 하였으나, 나는 나의 하나님 여호와를 온전穩全히 좇았으므로, 그날에 모세가 맹세하여 가로되, 네가 나의 하나님 여호와를 온전穩全히 좇았은즉 네 발로 밟는 땅은 영영永永히 너와 네 자손子孫의 기업基業이 되리라 하였나이다. (수 14:6~9)

7. 이제 보소서 여호와께서 이 말씀을 모세에게 이르신 때로부터 이스라엘이 광야曠野에 행한 사십오 년 동안을 여호와께서 말씀하신 대로 나를 생존生存케 하셨나이다. 오늘날 내가 팔십오 세로되, 모세가 나를 보내던 날과 같이 오늘날 오히려 강건强健하니, 나의 힘이 그때나 이제나 일반一般이라 싸움에나 출입出入에 감당堪當할 수 있사온즉, 그 날에 여호와께서 말씀하신 이 산지山地를 내게 주소서. 당신當身도 그날에 들으셨거니와 여호와께서 나와 함께하시면, 내가 필경畢竟 여호와의 말씀대로 그들을 쫓아내리이다. 여호수아가 여분네의 아들 갈렙을 위하여 축복祝福하고 헤브론을 그에게 주어 기업基業을 삼게 하매, 헤브론이 갈렙의 기업基業이 되어 오늘날까지 이르렀으니, 이는 그가 이스라엘의 하나님 여호와를 온전穩全히 좇았음이며, 그 땅에 전쟁戰爭이 그쳤더라. (수 14:10~15)

갈렙GALEB은 여호수아JOSHUA의 신실信實한 동역자同役者였습니다. 40년간 모세의 보좌관輔佐官을 하였습니다. 여호수아를 영도자領導者로 세워 충성忠誠을 다하였습니다. 마지막 은퇴 시隱退時에는 남쪽 국경선 방위國境線防衛를 담당擔當하여 전쟁戰爭이 그치게 하고 평화平和를 이룩했습니다.

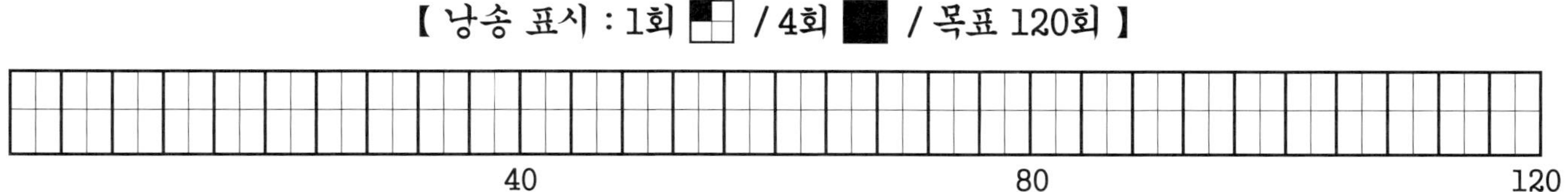

"주의 말씀은 내 발의 등이요 내 길에 빛이니이다"(시 119:105)

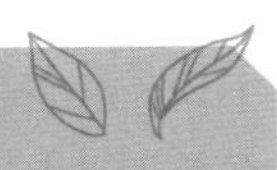

제 4 일

하나도 남김 없이 다 응應하였더라

여호수아 21:45

'하나님이 말씀하신 것이 하나도 남김없이 다 응應하였더라' 이 얼마나 놀랍고 경탄敬歎할 일입니까? 여호수아는 하나님께서 말씀하신 모든 것을 다 순종順從하고 실천實踐하였습니다.

1. 여호와께서 열조列祖에게 맹세하사, 주마 하신 온 땅을 이와 같이 다 주셨으므로 그것을 얻어 거기 거居하였으며, 여호와께서 사방四方에 안식安息을 주셨으되, 그 열조列祖에게 맹세하신 대로 하셨으므로, 그 모든 대적對敵이 그들을 당當한 자가 하나도 없었으니, 이는 여호와께서 모든 대적對敵을 그들의 손에 붙이셨음이라. 여호와께서 말씀하신 선善한 일이 하나도 남음이 없이 다 응應하였더라. (수 21:43~45)

2. 여호수아가 그들에게 이르되, 여호와의 종 모세가 너희에게 명命한 것을 너희가 다 지키며, 또 내가 너희에게 명한 모든 일에 내 말을 너희가 청종聽從하여 형제兄弟를 떠나지 아니하고, 오직 너희 하나님 여호와의 명命하신 그 책임責任을 지키도다. 이제는 여호와께서 말씀하신 대로 안식安息을 주셨으니, 너희에게 준 소유지所有地로 가서 너희의 장막帳幕으로 돌아가되, 크게 삼가 너희에게 명命한 명령命令과 율법律法을 행하여 너희 하나님 여호와를 사랑하고, 그 모든 길로 행하며 그 계명誡命을 지켜 친근親近히 하고, 너희 마음을 다하며 성품性稟을 다하여 그를 섬길지니라 하고, 여호수아가 그들에게 축복祝福하여 보내매 그들이 자기 장막帳幕으로 갔더라. 여호수아가 그들에게 축복祝福하고 일러 가로되, 너희로 많은 재산財産과 많은 가축家畜과 은銀 금金 동銅 철鐵과 많은 의복衣服을 가지고, 너희 장막帳幕으로 돌아가서 너희 형제兄弟와 나눌지니라. (수 22:1~8)

3. 여호와께서 사방四方 대적對敵을 멸滅하시고, 안식安息을 이스라엘에게 주신 지 오랜 후에 여호수아가 나이 많아 늙은지라. 여호수아가 이르되 나는 나이 많아 늙었도다. 너희 하나님 여호와께서 너희를 위하여 행行하신 일을 너희가 다 보았거니와, 너희 하나님 여호와 그는 너희를 위하여 싸우신 자시니라. 그러므로 너희는 크게 힘써 율법책律法冊에 기록記錄된 것을 다 지켜 행하라. 그것을 떠나 좌左로나 우右로나 치우치지 말라. (수 23:1~6)

4. 오직 너희 하나님 여호와를 친근親近히 하기를 오늘날까지 행行한 것같이 하라. 대저 여호와께서 모든 대적對敵을 쫓아내셨으므로, 오늘날까지 너희를 당當한 자가 하나도 없었느니라. 너희 중 한 사람이 천 명을 쫓으리니 이는 너희 하나님 여호와가 너희에게 말씀하신 것같이 너희를 위爲하여 싸우심이라. 그러므로 스스로 조심操心하여 너희 하나님 여호와를 사랑하라. (수 23:7~11)

5. 그러므로 이제는 여호와를 경외敬畏하며 성실誠實과 진정眞正으로 그를 섬길 것이라. 모든 우상偶像을 제除하여 버리고 여호와만 섬기라. 너희 섬길 자를 오늘날 택擇하라 오직 나와 내 집은 여호와를 섬기겠노라. 백성百姓이 대답對答하여 가로되 여호와를 버리고 다른 신神들 섬기는 일을 결단코 하지 아니하오리니, 우리는 여호와를 섬기리니 그는 우리 하나님이심이니이다. 백성百姓이 대답對答하여 가로되 여호와를 버리고 다른 신神을 섬기는 일을 우리가 결단코 하지 아니하오리니, 여호와를 섬기리니 그는 우리 하나님이심이니이다 우리가 정녕丁寧 여호와를 섬기겠나이다. (수 24:14~21)

6. 그날에 여호수아가 세겜에서 백성百姓으로 더불어 언약言約을 세우고 그들을 위하여 율례律例와 법도法度를 베풀었더라. 여호수아가 그 모든 말씀을 하나님의 율법책律法冊에 기록記錄하고, 큰 돌을 취取하여 거기 여호와의 성소聖所 곁에 있는 상수리나무 아래 세우고, 모든 백성百姓에게 이르되 보라 이 돌이 증거證據가 되리니, 이는 여호와께서 우리에게 하신 말씀을 이 돌이 들었음이라. 그런즉 너희 하나님을 배반背叛치 않도록 이 돌이 증거證據가 되리라. 백성百姓을 보내어 각기各其 기업基業으로 돌아가게 하였더라. (수 24:22~28)

다수多數의 불순종不順從하는 무리들은 모두 광야曠野에 쓰러지고, 순종하는 강强하고 담대膽大한 믿음의 소수자小數者는 약속約束의 땅 가나안 복지福地에 들어가게 됩니다. 변함 없는 믿음의 사람은 강强하고 담대膽大합니다. 창조적創造的 소수자小數者는 미래未來 역사歷史를 주도主導하게 됩니다.

【 낭송 표시 : 1회 ▣ / 4회 ■ / 목표 120회 】

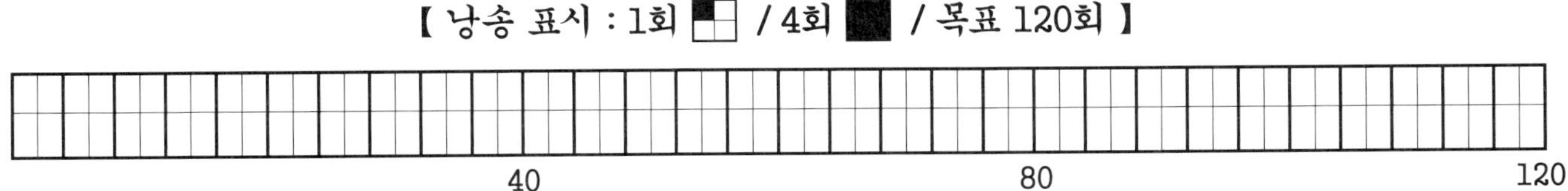

"주의 말씀은 내 발의 등이요 내 길에 빛이니이다"(시 119:105)

제 5 일

큰 용사勇士여 여호와께서 함께 계시도다

사사기 6:12

약속約束의 땅 가나안은 복지福地가 아니었습니다. 가나안 복지는 지역地域 AREA이나 영토領土 TERITORY가 아니고 하나님의 백성들의 마음과 정신精神과 영혼靈魂입니다. 시간時間과 공간空間을 초월超越하는 영역領域입니다.

1. 이스라엘이 미디안을 인因하여 미약微弱함이 심한지라. 이에 이스라엘 자손子孫이 여호와께 부르짖었더라. 미디안을 인하여 여호와께 부르짖은 고로, 여호와께서 선지자先知者를 보내사 그들에게 이르되 하나님 여호와의 말씀에 너희를 애굽에서 인도引導하여 내며, 너희를 학대虐待하는 모든 자의 손에서 건져 내고 그 땅을 너희에게 주었으며, 또 이르기를 나는 너희 하나님 여호와니, 너희의 거하는 땅의 신神들을 두려워 말라 하였으나, 너희가 내 목소리를 청종聽從치 아니하였느니라. 여호와의 사자使者가 요아스의 아들 기드온이 밀을 포도주葡萄酒 틀에서 타작打作하더니, 여호와의 사자使者가 기드온에게 나타나 이르되, 큰 용사勇士여 여호와께서 너와 함께 계시도다. (삿 6:6~12)

2. 여호와께서 그를 돌아보아 가라사대, 너는 가서 이스라엘을 미디안 손에서 구원救援하라. 내가 너를 보낸 것이 아니냐, 기드온이 주여 무엇으로 이스라엘을 구원救援하리이까, 보소서 나의 집은 약弱하고 작은 자니이다. 여호와께서 그에게 이르시되 내가 반드시 너와 함께하리니, 네가 미디안 사람 치기를 한 사람을 치듯 하리라. (삿 6:14~16)

3. 여호와께서 기드온에게 이르시되 너는 안심安心하라 두려워 말라 하시니라. 기드온이 여호와를 위爲하여 거기서 단壇을 쌓고, 이름을 여호와 살롬이라 하였더라. 이날 밤에 여호와께서 기드온에게 이르시되 칠 년 된 수소를 취取하고, 바알BAAL의 단壇을 헐며 단 곁의 아세ASHERAH라 상像을 찍고, 이 견고堅固한 성城 위에 하나님 여호와를 위하여 규례規例대로 단을 쌓고 수소를 취하여, 네가 찍은 아세라 나무로 번제燔祭를 드릴지니라. (삿 6:23~26)

4. 이에 기드온이 종 열을 데리고 여호와의 말씀대로 행하되 밤에 행하니라. 성읍城邑 사람들이 아침에 일찍이 일어나 본즉 바알의 단壇이 훼파毁破되었으며, 단 곁에 아세라가 찍혔고 새로 쌓은 단 위에 수소를 드렸는지라. 그 날에 기드온을 여룹바알이라 하였으니, 이는 그가 바알의 단壇을 훼파毁破하였은즉, 바알이 더불어 쟁론爭論할 것이라 함이었더라. 여호와의 신神이 기드온에게 강림降臨하시니, 기드온이 나팔을 불매 아비에셀 족속族屬이 다 모여서 그를 좇고, 므낫세 아셀 스불론 납달리의 무리도 올라와서 그를 영접迎接하더라. (삿 6:27~35)

5. 이 밤에 여호와께서 기드온에게 이르시되, 일어나 내려가서 적진敵陣을 치라 내가 그것을 네 손에 붙였느니라. 삼백 명을 세 대로 나누고 각 손에 나팔과 빈 항아리를 들리고, 항아리 안에는 횃불을 감추게 하고 진陣 사면四面에서 나팔을 불며 이르기를, 여호와를 위하라 기드온을 위하라 하라 하니라. 이 경초勁草에 진陣 가에 이른즉 번병藩屛의 체번替番할 때라. 나팔을 불며 손에 가졌던 항아리를 부수니라. 네 대가 나팔을 불며 항아리를 부수고, 좌수左手에 횃불을 들고 우수右手에 나팔을 들어 보며 외쳐 가로되, 여호와와 기드온의 칼이여 하고 각기各其 당처當處에 서서 그 진陣을 사면四面으로 에워싸매, 그 온 적군敵軍이 달음질하고 부르짖으며 도망逃亡하는데, 삼백 명이 나팔을 불 때에 여호와께서 그 온 적군敵軍으로 동무끼리 칼날로 치게 하시므로, 적군敵軍이 도망逃亡하여 경계境界에 이르렀으며, 이스라엘 사람들은 모여서 미디안 사람을 쫓았더라. (삿 7:9~23)

하나님 백성들이 하나님의 말씀을 불순종不順從하고 하나님의 뜻을 거역拒逆하면 결국 숨어서 추수秋收한 곡식穀食을 탈곡脫穀하게 됩니다. 미디안 족속族屬에게 모든 것을 빼앗기고 식민지植民地가 되고 맙니다. 그러나 믿음의 사람 기드온을 세워서 승리勝利하게 하십니다. 하나님이 함께하시면 큰 용사勇士가 됩니다.

【 낭송 표시 : 1회 ◰ / 4회 ■ / 목표 120회 】

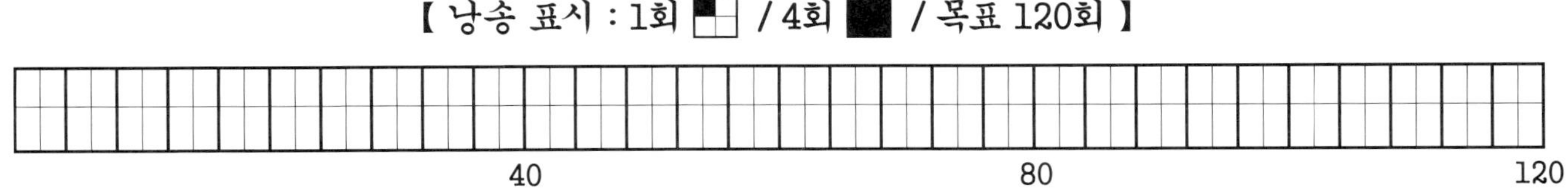

"주의 말씀은 내 발의 등이요 내 길에 빛이니이다"(시 119:105)

제 6 일

나의 백성과 나의 하나님이 되시리라

룻기 1:16

이 세상世上에는 예기치 못한 가운데 일어나는 불행不幸한 사고事故와 사건事件이 꼬리를 물고 일어납니다. 인간사人間事는 예기치 않은 많은 사건 사고事件事故에 직접 간접直接間接으로 관련關聯되어 고통苦痛을 당하는 일이 비일비재非一非再하고, 사람의 판단判斷으로 설명說明할 수 없는 일도 많습니다.

1. 사사士師들이 치리治理하던 때에 그 땅에 흉년凶年이 드니라. 유다 베들레헴에 엘리멜렉이 그 아내와 두 아들을 데리고, 모압 지방地方에 가서 우거寓居하더니 남편과 아들이 다 죽고 여인들만 남았더라. 여호와께서 자기 백성百姓을 권고眷顧하사 양식糧食을 주셨다 함을 듣고, 유다 땅으로 돌아오려고 길을 행하다가, 나오미NAOMI가 두 자부子婦에게 이르되 너희는 각각 어미의 집으로 돌아가라. 여호와의 손이 나를 치셨으므로 나는 너희로 인하여 더욱 마음이 아프도다. 그들이 소리를 높여 다시 울더니 오르바는 그 시모에게 입맞추되 룻RUTH은 그를 붙좇았더라. 나오미가 가로되 보라 네 동서同壻는 그 백성百姓과 그 신神에게로 돌아가나니 너도 돌아가라. 룻이 가로되 나로 어머니를 떠나며 어머니를 따르지 말고 돌아가라 강권强勸하지 마소서. 어머니께서 가시는 곳에 나도 가고 어머니께서 유숙留宿하시는 곳에 나도 유숙留宿하겠나이다. (룻 1:1~16)

2. 어머니의 백성百姓이 나의 백성百姓이 되고, 어머니의 하나님이 나의 하나님이 되시리니, 어머니께서 죽으시는 곳에서 나도 죽어 거기 장사葬事될 것이라. 만일 내가 죽는 일 외에 어머니와 떠나면 여호와께서 내게 벌罰을 내리시고 더 내리시기를 원하나이다. 나오미가 룻의 자기와 함께 가기로 굳게 결심決心함을 보고 그에게 말하기를 그치니라. 이에 그 두 사람이 베들레헴에 이르니라. 나오미 그들에게 이르되 나를 나오미라 칭稱하지 말고 마라MARA라 칭하라, 전능全能자가 나를 심甚히 괴롭게 하셨음이니라. 내가 풍족豊足하게 나갔더니 여호와께서 나로 비어 돌아오라 하셨느니라. 여호와께서 나를 징벌懲罰하셨고 전능자全能者가 나를 괴롭게 하셨거늘, 너희가 어지 나를 나오미NAOMI(기쁨, 사랑스런)라 칭하느뇨 하니라. 나오미가 모압 지방地方에서 그 자부子婦 룻RUTH과 돌아왔는데, 그들이 보리 추수秋收 시작始作할 때 베들레헴에 이르렀더라. (룻 1:16~22)

3. 모압MOAB 여인 룻이 나오미에게 이르되 나를 밭에 가게 하소서 이삭을 줍겠나이다. 나오미가 그에게 이르되 내 딸아 갈지어다. 룻이 가니 밭에서 이삭을 줍는데 우연偶然히 엘리멜렉의 친족親族 보아스BOAZ에게 속屬한 밭에 이르렀더라. 마침 보아스가 베들레헴BETHLEHEM에서부터 와서 베는 자들에게 이르되, 여호와께서 너희와 함께 하시기를 원願하노라. 그들이 대답對答하되 여호와께서 당신當身에게 복福주시기를 원願하나이다. (룻 2:1~4)

4. 이에 룻이 보아스의 소녀少女들에게 가까이 있어서, 보리 추수秋收와 밀 추수秋收를 마치기까지 이삭을 주우며, 그 시모媤母와 함께 거하니라. 룻의 시모 나오미가 이르되, 내 딸아 내가 너를 위하여 안식安息할 곳을 구하여 너로 복福되게 하여야 하지 않겠느냐, 그런즉 너는 목욕沐浴하고 기름을 바르고 의복衣服을 입고 거기 누우라, 그가 너의 할 일을 네게 고하리라. 룻이 시모媤母에게 이르되 어머니의 말씀대로 내가 다 행行하리이다 하니라. (룻 2:23~3:5)

5. 그가 타작打作 마당으로 내려가서 시모媤母의 명命대로 다 하니라. 보아스가 먹고 마시고 마음이 즐거워서 거기 누웠더라. 가로되 네가 누구뇨 대답對答하되 나는 당신當身의 시녀侍女 룻이 오니 당신當身의 옷자락으로 시녀侍女를 덮으소서, 당신當身은 우리 기업基業을 무를 자가 됨이니이다. 가로되 내 딸아 여호와께서 네게 복福 주시기를 원願하노라. 내 딸아 두려워 말라. 내게 네 말대로 행하리이다. 네가 현숙賢淑한 여자女子인 줄 나의 성읍城邑 백성百姓이 다 아느니라. (룻 3:6~11)

6. 보아스가 성읍城邑 장로長老 십인을 청請하여 가로되, 나오미의 손에서와 모압 여인 룻에게서 기업基業을 잇게 하여야 할지니라. 성문城門에 있는 백성百姓과 장로長老들이 가로되, 당신當身은 우리의 주인이 되노니 여호와께서 네 집에 들어가는 여인女人으로 네게 후사後嗣를 주사, 네 집으로 다말이 유다에게 낳아 준 베레스의 집과 같게 하시기를 원願하노라. (룻 4:2~12)

7. 이에 보아스가 룻을 취娶하여 아내로 삼고 그와 동침同寢하였더니, 여호와께서 그로 잉태孕胎케 하시므로 그가 아들을 낳은지라. 여인들이 나오미에게 이르되 찬송讚頌할지로다. 여호와께서 오늘날 이 아이의 이름이 이스라엘 중에 유명有名하게 되기를 원하노라. 이는 네 생명生命의 회복자回復者며 네 노년老年이 봉양자奉養者라, 곧 너를 사랑하며 일곱 아들보다 귀貴한 자부子婦가 될지로다. 그 이웃 여인女人들이 그에게 이름을 주되 나오미가 아들을 낳았다 하여, 그 이름을 오벳이라 하였는데 그는 다윗의 아비인 이새의 아비였더라. (룻 4:13~17)

룻기서는 우리에게, 환경環境과 여건與件도 중요重要하지만, 그 형편形便을 믿음과 순종順從함으로 극복克復하는 것이 더욱 중요하다는 것을 사건事件과 사고를 통해서 우리에게 교훈敎訓하고 있습니다. 아멘.

【 낭송 표시 : 1회 ◰ / 4회 ■ / 목표 120회 】

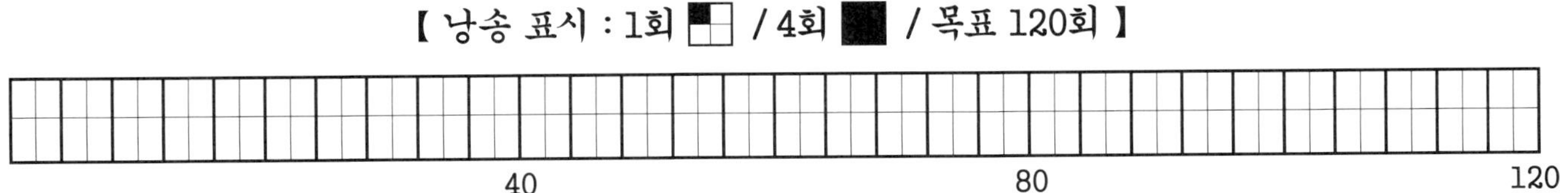

"주의 말씀은 내 발의 등이요 내 길에 빛이니이다"(시 119:105)

제 7 일

여호와께서 그를 생각生覺하신지라

사무엘상 1:19

한 여인의 비극悲劇적인 운명이 하나님께 기도祈禱 드림으로 행복幸福한 인생人生, 성공적인 삶으로 전환되었습니다. '여호와께서 한나를 생각해 주심으로' 개인 문제, 가정 문제家庭問題, 교회 문제敎會問題, 민족사회民族社會 문제까지 해결解決하는 역사적歷史的 사실을 통해 교훈敎訓해 주고 있습니다.

1. 한나HANNA가 마음이 괴로워서 여호와께 기도祈禱하고 통곡痛哭하며 서원誓願하여 가로되, 만군萬軍의 여호와여 주의 여종의 고통苦痛을 돌아보시고 나를 생각生覺하시고, 주의 여종을 잊지 아니하사 아들을 주시면, 그의 평생平生에 그를 여호와께 드리고 삭도削刀를 그 머리에 대지 아니하겠나이다. 그가 여호와 앞에 오래 기도하는 동안에 입술만 동動하고 음성音聲은 들리지 아니하므로, 엘리는 그가 취醉한 줄로 생각한지라. 한나가 대답對答하여 가로되 나의 주여 그렇지 아니하나이다. 나는 마음이 슬픈 여자라 포도주葡萄酒를 마신 것이 아니요, 여호와 앞에 나의 심정心情을 통한 것뿐이오니, 당신의 여종을 악한 여자로 여기지 마옵소서. 나의 원통寃痛함과 격동激動됨이 많음을 인因함이니이다. 엘리가 대답對答하여 가로되 평안平安히 가라, 이스라엘의 하나님이 너의 기도祈禱하여 구한 것을 허락許諾하시기를 원하노라. 가로되 당신當身의 여종이 당신께 은혜恩惠 입기를 원하나이다. 가서 먹고 얼굴에 다시는 수색愁色이 없으니라. (삼상 1:10~18)

2. 아침에 일찍이 일어나 여호와 앞에 경배敬拜하고 돌아가서 자기 집에 이르니라. 여호와께서 그를 생각生覺하신지라. 한나가 잉태孕胎하고 때가 이르매 아들을 낳아 사무엘이라 이름 하였으니, 이는 내가 여호와께 그를 구求하였다 함이더라. 한나는 이르되 아이를 젖 떼거든 데리고 가서 여호와 앞에 뵈게 하고 거기서 영영永永히 있게 하리이다. 엘가나가 이르되 오직 여호와께서 수소 셋과 가루 한 에바와 포도주葡萄酒 한 가죽부대를 가지고 실로 여호와의 집에 나갔는데 아이가 어리더라. 한나가 가로되 나의 주여 나는 여기서 나의 주 당신當身 곁에 서서 여호와께 기도祈禱하던 여자라. 이 아이를 위하여 내가 기도祈禱하였더니, 여호와께서 나의 구하여 기도祈禱한 바를 허락許諾하신지라. 그러므로 나도 그를 여호와께 드리되, 그의 평생平生을 여호와께 드리나이다 하고 그 아이는 거기서 여호와께 경배敬拜하니라. (삼상 1:19~28)

3. 한나HANNA가 기도祈禱하여 가로되 내 마음이 여호와를 인因하여 즐거워하며, 내 뿔이 여호와를 인하여 높아졌으며 내 입이 크게 열렸으니 주의 구원救援을 인하여 기뻐함이니이다. 여호와는 죽이기도 하시고 살리기도 하시며, 음부音符에 내리기도 하시고 올리기도 하시는도다. 가난한 자를 진토塵土에서 일으키시며, 빈핍貧乏한 자를 거름더미에서 드사 귀족貴族들과 함께 앉게 하시며, 영광榮光의 위를 차지하게 하시도다. 땅의 기둥들은 여호와의 것이라 여호와께서 세계世界를 그 위에 세우셨도다. (삼상 2:1~8)

4. 사무엘SAMUEL이 어렸을 때에 세마포細麻布에 에봇을 입고 여호와 앞에 섬겼더라. 엘리가 축복祝福하여 가로되 여호와께서 이 여인으로 말미암아 후사後嗣를 주사 여호와께 구하여 얻은 아들을 대신하기를 원하노라. 여호와께서 한나를 권고眷顧하사 아이 사무엘이 여호와 앞에 자라니라. 아이 사무엘이 점점 자라매 여호와와 사람들에게 은총을 더욱 받더라. (삼상 2:18~26)

5. 그러므로 이스라엘의 하나님 여호와가 말하노라. 나를 존중尊重히 여기는 자를 내가 존중尊重히 여기고, 나를 멸시蔑視하는 자를 내가 경멸輕蔑히 여기리라. 내가 나를 위하여 충실充實한 제사장祭司長을 일으키리니 그 사람은 내 마음 내 뜻대로 행行할 것이라. 내가 그를 위하여 견고堅固한 집을 세우리니 그가 나의 기름 부음을 받은 자 앞에서 영구永久히 행行하리라. (삼상 2:30~35)

6. 아이 사무엘이 엘리 앞에서 여호와를 섬길 때에는, 여호와의 말씀이 희귀稀貴하여 이상異像이 흔히 보이지 않았더라. 하나님의 등登불은 아직 꺼지지 아니하였으며, 사무엘은 하나님의 궤櫃가 있는 여호와의 전殿 안에 누웠더니, 여호와께서 사무엘을 부르시는지라. 그가 일어나서 엘리에게로 가서 가로되 당신當身이 나를 부르셨기로 내가 여기 있나이다. 엘리가 여호와께서 이 아이를 부르신 줄 사무엘에게 이르되 가서 누웠다가, 그가 너를 부르시거든 네가 말하기를 여호와여 말씀하옵소서 주의 종이 듣겠나이다 하라. 이에 사무엘이 가서 처소處所에 누우니라. 여호와께서 사무엘아 사무엘아 부르시는지라. 사무엘이 가로되 말씀하옵소서 주의 종이 듣겠나이다. 보라 내가 이스라엘 중에 한 일을 행하리니 그것을 듣는 자마다 두 귀가 울리리라. (삼상 3:1~11)

7. 사무엘이 자라매 여호와께서 그와 함께 계셔서 그 말로 하나도 땅에 떨어지지 않게 하시니, 온 이스라엘이 사무엘은 여호와의 선지자先知者로 세우심을 입은 줄을 알더라. 여호와께서 다시 나타나시되 여호와의 말씀으로 사무엘에게 자기를 나타내시니 사무엘의 말이 전국全國에 전파傳播되니라. (삼상 3:19~21)

가장 행복幸福한 환경을 가장 불행不幸하게 마감한 두 청년青年이 홉니와 비느하스입니다. 가장 힘들고 고생苦生스런 환경이지만 하나님의 전에서 기도祈禱하고 스승이신 제사장祭司長의 말씀에 순종順從한 사무엘은 가정과 성소聖所와 나라를 구원救援하는 위대한 지도자指導者가 되었습니다.

【 낭송 표시 : 1회 ▞ / 4회 ■ / 목표 120회 】

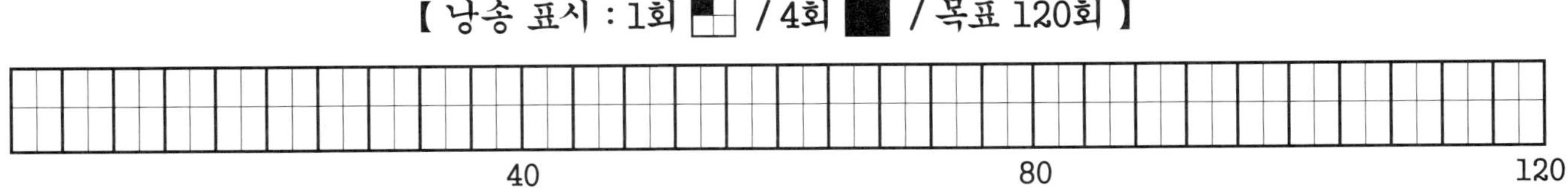

"주의 말씀은 내 발의 등이요 내 길에 빛이니이다"(시 119:105)

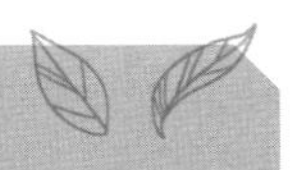

제 8 일

여호와께서 여기까지 우리를 도우셨다

사무엘상 7:12

국민정신國民精神이 해이解弛해지고 윤리倫理와 도덕道德이 땅에 떨어지고, 사치奢侈와 방탕放蕩에 빠지면 그 민족 공동체民族共同體는 와해瓦解되고 국가는 붕괴崩壞됩니다. 이러한 현상이 엘리 시대에 일어났습니다. 급기야 성소聖所에 있던 하나님의 언약궤言約櫃까지 이웃 나라 블레셋 군대軍隊에 빼앗기고 말았습니다. 지도자指導者와 온 백성百姓이 회개悔改하고 정신을 차리고 신앙생활信仰生活을 회복回復하여 정상화正常化 될 때, 하나님이 은혜恩惠를 베풀어서 새로운 부강富强한 나라를 건설建設하게 됩니다.

1. 하나님의 궤櫃를 빼앗겼으므로 영광榮光이 이스라엘에서 떠났다 하였더라. 블레셋PHILISTINES 사람이 하나님의 궤櫃를 빼앗아 가지고 에벤에셀에서부터 아스돗에 이르니라. 블레셋 사람이 하나님의 궤櫃를 가지고 다곤당에 들어가서 다곤DAGON 곁에 두었더니, 아스돗 사람이 이튿날 일찍이 일어나 본즉 다곤이 여호와의 궤櫃 앞에 엎드러져 그 얼굴이 땅에 닿았는지라. 그들이 다곤을 일으켜 다시 세웠더니 그 이튿날 일어나 본즉 머리와 손목이 끊어져 몸뚱이만 남았더라. 여호와의 손이 아스돗 사람에게 엄중嚴重히 더하사 독종毒腫의 재앙災殃으로 그 지경地境을 쳐서 망亡하게 하니, 사람들이 이를 보고 여호와의 손이 우리와 우리 다곤을 친다 하고, 우리가 이스라엘 신神의 궤櫃를 어찌할꼬 하니라. 이에 블레셋 모든 방백方伯을 모으고 가로되 이스라엘 신의 궤櫃를 본처本處로 돌아가게 하고, 우리 백성百姓의 죽임을 면케 하자 하니 이는 온 성城이 사망死亡의 환난患難을 당當함이라. 거기서 하나님의 손이 엄중嚴重하시므로 성읍城邑의 부르짖음이 하늘에 사무쳤더라. (삼상 5:1~12)

2. 여호와의 궤櫃를 옮겨 아비나답의 집에 들여놓고 엘리아살을 거룩히 구별區別하여 여호와의 궤櫃를 지키게 하였더니, 이스라엘 온 족속族屬이 여호와를 사모思慕하니라. 사무엘이 이스라엘 온 족속族屬에게 일러 가로되 너희가 전심全心으로 여호와께 돌아오려거든, 이방 신들과 아스다롯을 너희 중에서 제除하고 너희 마음을 여호와께로 향向하여 그만 섬기라. 사무엘이 가로되 온 이스라엘은 미스바MIZPAH로 모이라 내가 너희를 위하여 여호와께 기도祈禱하리라 하매, 그들이 미스바에 모여 물을 길어 여호와 앞에 붓고, 그날에 금식禁食하고 거기서 가로되 우리가 여호와께 범죄犯罪하였나이다 하니라. (삼상 7:1~6)

3. 사무엘에게 이르되 당신當身은 우리를 위하여 우리 하나님 여호와께 쉬지 말고 부르짖어 우리를 블레셋 사람의 손에서 구원救援하시게 하소서. 사무엘이 젖 먹는 어린 양을 취하여 온전穩全한 번제燔祭를 여호와께 드리고, 이스라엘을 위하여 여호와께 부르짖으매 여호와께서 응답應答하셨더라. 사무엘이 번제燔祭를 드릴 때에 블레셋 사람이 이스라엘과 싸우려고 가까이 오매 그날에 여호와께서 큰 우뢰雨雷를 발發하여 그들을 어지럽게 하시니 블레셋이 이스라엘 앞에 패敗한지라. 사무엘이 돌을 취取하여 미스바와 센 사이에 세워 가로되 여호와께서 여기까지 우리를 도우셨다 하고 그 이름을 에벤에셀EBENEZER이라 하니라. (삼상 7:8~12)

4. 베냐민 지파支派에 기스의 아들이 있으니 그 이름은 사울이요 준수俊秀한 소년少年이라. 사울의 아비 기스가 암나귀들을 잃고 그 아들 사울에게 이르되, 너는 사환使喚을 데리고 일어나 가서 암나귀들을 찾으라 하매 두루 다니되 찾지 못하니라. 사울이 사환使喚에게 이르되 돌아가자 내 부친父親이 우리를 위하여 걱정하실까 하노라. 사환使喚이 대답對答하되 이 성城에 하나님의 사람이 있는데 존중尊重히 여김을 받는 사람이라. 그가 말한 것은 반드시 다 응應하리니 그리로 가사이다. 그가 우리의 갈 길을 가르칠까 하나이다. 사울이 사환使喚에게 이르되, 우리가 가면 그 사람에게 무엇을 드리겠느냐, 우리 그릇에 식물食物이 다 하였으니 하나님의 사람에게 드릴 예물禮物이 없도다. 무엇이 있느냐 사환使喚이 가로되 보소서 내 손에 은 한 세겔의 사분일이 있으니, 하나님의 사람에게 드려 우리 길로 가르치게 하겠나이다. 사울이 이르되 네 말이 옳도다 가자 하고 그들이 하나님의 사람 있는 성城으로 가니라. (삼상 9:1~10)

5. 사울이 오기 전날 여호와께서 사무엘에게 일러 가라사대, 내일 이맘때에 베냐민 땅에서 한 사람을 네게 보내리니, 너는 그에게 기름을 부어 내 백성百姓 이스라엘의 지도자指導者를 삼으라. 그가 내 백성百姓을 블레셋 사람의 손에서 구원救援하리라. 내 백성百姓의 부르짖음이 내게 상달上達하였으므로 내가 그들을 돌아 보았노라 하시더니, 사무엘이 사울을 볼 때에 여호와께서 그에게 이르시되 보라 이는 내가 네게 말한 사람이니, 이는 내 백성百姓을 통할統轄하리라 하시니라. (삼상 9:15~17)

6. 사울이 성문城門 가운데 사무엘에게 나아가 가로되 청컨대 내게 가르치소서 가로되 내가 선견자先見者니라. 너는 내 앞서 산당山堂으로 올라가라. 너희가 오늘날 나와 함께 먹을 것이요, 아침에는 너를 보내되 네 마음에 있는 것을 다 네게 말하리라. 사흘 전에 잃은 암나귀들을 염려念慮하지 말라 찾았느니라. 온 이스라엘의 사모思慕하는 자가 누구냐 너와 네 아비 집이 아니냐, 사울이 대답對答하여 가로되 나의 가족은 베냐민 지파支派 가족家族 중에서 가장 미약微弱하지 아니하나이까, 어찌하여 내게 이같이 말씀하시나이까 사무엘이 사울에게 이르되 너는 이제 서 있으라. 내가 하나님의 말씀을 네게 들리리라 이에 사무엘이 기름병을 취하여, 사울의 머리에 붓고 입 맞추어 가로되 여호와께서 네게 기름을 부으사 그 기업基業의 지도자指導者를 삼지 아니하셨느냐, 네게는 여호와의 신神이 사울에게 크게 임하니라. 사무엘이 모든 백성百姓에게 이르되 너희는 여호와의 택擇하신 자를 보느냐 하니, 모든 백성百姓이 왕의 만세를 외쳐 부르니라. (삼상 9:18~10:27)

아버지 말씀에 순종順從한 사울은 선지자先知者 사무엘을 만나게 되었습니다. 사울은 잃은 나귀를 찾기 위해 사무엘에게 갔고, 사무엘은 왕 될 젊은이를 기다리고 있었습니다. 사울은 작은 은전 사분의 일 세겔 헌금으로 왕으로 임직任職되는 축복祝福을 받았습니다. 어려움을 직면直面했을 때 주님의 종을 찾아가서 상담하는 것은 문제 해결問題解決뿐 아니라 더 큰 복福을 받는 길입니다.

【 낭송 표시 : 1회 ▚ / 4회 ■ / 목표 120회 】

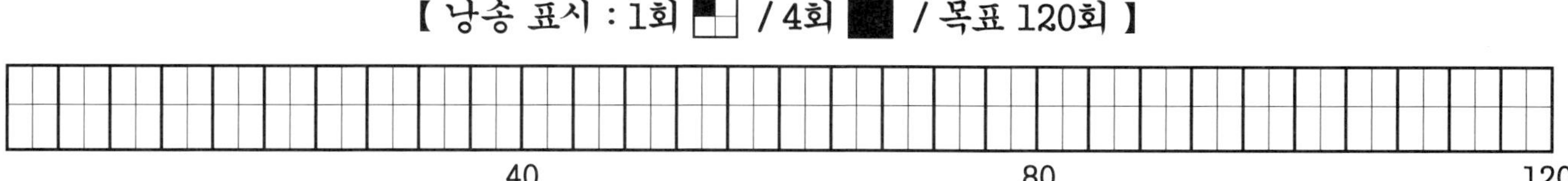

"주의 말씀은 내 발의 등이요 내 길에 빛이니이다"(시 119:105)

제 9 일

모든 사람이 크게 기뻐하니라

사무엘상 11:15

겸손謙遜히 순종順從하고 정성精誠을 다하여 봉사奉仕할 때 하나님의 신神이 크게 감동感動합니다. '나귀 찾는 길'이 '왕이 되는 길'이 되어 모든 사람이 크게 기뻐하게 됩니다. 신앙생활信仰生活은 작은 일부터 겸손謙遜히 순종順從하고 정성精誠을 다해 봉사奉仕하는 삶입니다.

1. 사울이 이 말을 들을 때에 하나님의 신神에게 크게 감동感動되매, 일어나서 가로되 누구든지 사울과 사무엘을 좇지 아니하면 이와 같이 하리라. 여호와의 두려움이 백성百姓에게 임하매 그들이 한 사람같이 나온지라. 백성百姓이 사무엘에게 이르되 사울이 우리를 다스리겠느냐, 여호와께서 오늘날 이스라엘 중에 구원救援을 베푸셨음이니라. 사무엘이 백성百姓에게 이르되 오라 우리가 길갈로 가서 나라를 새롭게 하자. 모든 백성百姓이 길갈로 가서 거기서 여호와 앞에 사울로 왕을 삼고, 거기서 여호와 앞에 화목제和睦祭를 드리고, 사울과 이스라엘 모든 사람이 거기서 크게 기뻐하니라. (삼상 11:6~15)

2. 사무엘이 온 이스라엘에게 이르되 보라 너희가 내게 한 말을 다 듣고 너희 위에 왕王을 세웠더니 왕이 너희 앞에 출입出入하느니라. 보라 나는 늙어 머리가 희었고, 내가 어려서부터 오늘날까지 너희 앞에 출입出入하였거니와 내가 여기 있나니, 여호와 앞과 그 기름 부음 받은 자 앞에서 내게 대하여 증거證據하라. 사무엘이 백성百姓에게 이르되 모세와 아론을 세우시며, 너희 열조列祖를 애굽 땅에서 인도引導하여 내신 이는 여호와시니, 그런즉 가만히 섰으라 여호와께서 너희 열조列祖에게 행하신 모든 의로운 일에 대하여 내가 여호와 앞에서 너희와 담론談論하리라. 너희가 여호와의 목소리를 듣지 아니하고 여호와의 명령命令을 거역拒逆하면 여호와의 손이 너희를 치실 것이라. 너희는 이제 가만히 서서 여호와께서 너희 목전目前에서 이 큰 일을 보라. 내가 여호와께 아뢰리니 여호와께서 우뢰雨雷와 비를 보내사, 너희가 왕王을 구한 일 곧 여호와의 목전目前에 범犯한 죄악罪惡이 큼을 너희로 밝히 알게 하시리라. 이에 사무엘이 여호와께 아뢰매 여호와께서 그날에 우뢰雨雷와 비를 보내시니 모든 백성百姓이 여호와와 사무엘을 크게 두려워하니라. (삼상 12:1~18)

3. 모든 백성百姓이 사무엘에게 이르되 당신當身의 종들을 위하여, 당신의 하나님 여호와께 기도祈禱하여 우리로 죽지 않게 하소서. 우리가 우리의 모든 죄罪에 왕王을 구하는 악惡을 더하였나이다. 사무엘이 백성百姓에게 이르되 두려워 말라 오직 마음을 다하여 여호와를 섬기라. 헛된 것을 좇지 말라 여호와께서는 너희로 자기 백성百姓 삼으신 것을 기뻐하신 고로, 자기 백성百姓을 버리지 아니하실 것이요, 나는 너희를 위하여 기도祈禱하기를 쉬는 죄罪를 여호와 앞에 결단코 범犯하지 아니하고, 선善하고 의義로운 도道로 너희를 가르칠 것인즉, 너희는 여호와께서 너희를 위하여 행行하신 그 큰일을 생각하여, 오직 그를 경외敬畏하며 너희 마음을 다하여 진실眞實히 섬기라. 만일 너희가 여전如前히 악惡을 행하면 너희와 너희 왕이 다 멸망滅亡하리라. (삼상 12:19~25)

4. 사울이 왕이 될 때에 사십 세라 그가 이스라엘을 다스린지 이 년에 이스라엘 사람 삼천을 택하여 그중에서 이천은 자기와 함께 믹마스와 벧엘 산에 있게 하고 일천은 요나단과 함께 베냐민 기브아에 있게 하고 남은 백성은 각기 장막으로 보내니라.

요나단이 게바에 있는 블레셋 사람의 수비대를 치매 블레셋 사람이 이를 들은지라 사울이 온 땅에 나팔을 불어 이르되 히브리 사람들은 들으라 하니, 온 이스라엘이 사울의 블레셋 사람의 수비대를 친 것과 이스라엘이 블레셋 사람의 가증히 여김이 되었다 함을 듣고 길갈로 모여 사울을 좇으니라. (삼상 13:1~4)

5. 사울이 사무엘의 정한 기한 대로 이레를 기다리되 사무엘이 길갈로 오지 아니하매 백성이 사울에게서 흩어지는지라. 사울이 가로되 번제와 화목제물을 이리로 가져오라 하여 번제를 드렸더니, 번제 드리기를 필하자 사무엘이 온지라. 사울이 나가 맞으며 문안하매 사무엘이 가로되 왕의 행한 것이 무엇이뇨 사울이 가로되 백성은 나에게서 흩어지고 당신은 정한 날 안에 오지 아니하고 블레셋 사람은 믹마스에 모였음을 내가 보았으므로, 이에 내가 이르기를 블레셋 사람은 나를 치러 길갈로 내려오겠거늘 내가 여호와께 은혜를 간구치 못하였다 하고 부득이하여 번제를 드렸나이다. 사무엘이 사울에게 이르되 왕이 망령되이 행하였도다 왕이 왕의 하나님 여호와께서 왕에게 명하신 명령을 지키지 아니하였도다. 그리하였더면 여호와께서 이스라엘 위에 왕의 나라를 영영히 세우셨을 것이어늘, 지금은 왕의 나라가 길지 못할 것이라. 여호와께서 왕에게 명하신 바를 왕이 지키지 아니하였으므로 여호와께서 그 마음에 맞는 사람을 구하여 그 백성의 지도자를 삼으셨느니라 하고, 사무엘이 일어나 길갈에서 떠나 베냐민 기브아로 올라가니라. 사울이 자기와 함께한 백성을 계수하니 육백 명 가량이라. (삼상 13:8~15)

6. 사무엘이 가로되 왕이 스스로 작게 여길 그때에 이스라엘 지파의 머리가 되지 아니하셨나이까, 여호와께서 왕에게 기름을 부어 이스라엘 왕을 삼으시고, 또 왕을 길로 보내시며 이르시기를 가서 죄인 아말렉 사람을 진멸하되 다 없어지기까지 치라 하셨거늘, 어찌하여 왕이 여호와의 목소리를 청종치 아니하고 탈취하기에만 급하여 여호와의 악하게 여기시는 것을 행하였나이까, 사울이 사무엘에게 이르되 나는 실로 여호와의 목소리를 청종하여 여호와께서 보내신 길로 가서 아말렉 왕 아각을 끌고 왔고 아말렉 사람을 진멸하였으나, 다만 백성이 그 마땅히 멸할 것 중에서 가장 좋은 것으로 길갈에서 당신이 하나님 여호와께 제사하려고 양과 소를 취하였나이다. 사무엘이 가로되 여호와께서 번제와 다른 제사를 그 목소리 순종하는 것을 좋아하심같이 좋아하시겠나이까, 순종이 제사보다 낫고 듣는 것이 숫양의 기름보다 나으니, 이는 거역하는 것은 사술의 죄와 같고 완고한 것은 사신 우상에게 절하는 죄와 같음이라. 왕이 여호와의 말씀을 버렸으므로 여호와께서도 왕을 버려 왕이 되지 못하게 하셨나이다. (삼상 15:17~23)

하나님께서는 준수俊秀한 외모外貌나 권력權力위에 군림君臨하는 제왕帝王보다 하나님의 말씀에 겸손謙遜히 순종順從하는 지도자指導者를 귀貴하게 여기십니다. "번제燔祭나 다른 제사祭祀 드리는 것보다 그 목소리 순종順從하는 것"을 더 좋아하십니다. 사울 왕의 성공成功은 순종順從에서 이루어졌고, 사울 왕의 실패失敗역시 불순종不順從에서 결말結末되었습니다.

【 낭송 표시 : 1회 ▞ / 4회 ■ / 목표 120회 】

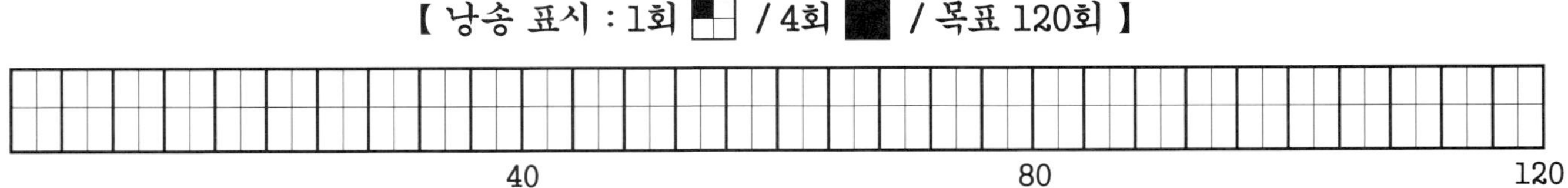

"주의 말씀은 내 발의 등이요 내 길에 빛이니이다"(시 119:105)

제 10 일

나 여호와는 중심中心을 보느니라

사무엘상 16:7

'신언서판'身言書判은 예로부터 중시되었습니다. 곧 외모外貌, 언변言辯, 필체筆體, 학벌學閥은 일반적一般的으로 사람에 대한 평가 기준平價基準이 됩니다. 그러나 하나님께서는 개인의 외적인 조건으로 판단判斷하지 아니하고, 그 사람의 마음과 행동行動과 생활生活을 중요重要하게 평가平價하십니다. 사울 왕은 실격失格되고 하나님 기준基準인 마음과 중심中心에 합당合當한 다윗을 택擇하여 왕王으로 세우셨습니다.

1. 여호와께서 사무엘에게 이르시되 내가 이미 사울을 버려 이스라엘 왕이 되지 못하게 하였거늘, 네가 그를 위하여 언제까지 슬퍼하겠느냐 너는 기름을 뿔에 채워 가지고 가라. 내가 너를 베들레헴 사람 이새에게로 보내리니, 이는 내가 그 아들 중에서 한 왕王을 예선豫選하였느니라. 사무엘이 가로되 내가 어찌 갈 수 있으리이까 사울이 들으면 나를 죽이리이다. 여호와께서 가라사대 너는 암송아지를 끌고 가서 말하기를 내가 여호와께 제사祭祀를 드리러 왔다 하고 이새를 제사祭祀에 청請하라, 내가 너의 행行할 일을 가르치리니, 내가 네게 알게 하는 자에게 나를 위하여 기름을 부을지니라. (삼상 16:1~3)

2. 사무엘이 여호와의 말씀대로 행行하여 베들레헴에 이르매, 성읍城邑 장로長老들이 떨며 그를 영접迎接하여 가로되, 평강平康을 위하여 오시나이까 가로되 평강平康을 위함이니라. 내가 여호와께 제사祭祀하러 왔으니 스스로 성결聖潔케 하고 와서, 나와 함께 제사祭祀하자 하고, 이새와 그 아들들을 성결聖潔케 하고 제사祭祀에 청請하니라. 그들이 오매 사무엘이 엘리압을 보고 마음에 이르기를 여호와의 기름 부으실 자가 과연果然 그 앞에 있도다 하였더니, 여호와께서 사무엘에게 이르시되 용모容貌와 신장身長을 보지 말라. 내가 이미 그를 버렸노라. 나의 보는 것은 사람과 같이 아니하니 사람은 외모外貌를 보거니와, 나 여호와는 중심中心을 보느니라. (삼상 16:4~7)

3. 이새가 그 아들 일곱을 다 사무엘 앞을 지나게 하나, 사무엘이 이새에게 이르되 여호와께서 이들을 택擇하지 아니하였으니라. 또 이새에게 이르되 네 아들들이 다 여기 있느냐. 이새가 가로되 아직 말째가 남았는데 그가 양을 지키나이다. 사무엘이 이새에게 이르되 보내어 그를 데려오라 그가 여기 오기까지는 우리가 식사食事 자리에 앉지 않겠노라. 이에 보내어 그를 데려오매 그의 빛이 붉고 눈이 빼어나고 얼굴이 아름답더라. 여호와께서 가라사대 이가 그니 일어나 기름을 부어라. 사무엘이 기름 뿔을 취하여 그 형제 중에서 그에게 부었더니, 이날 이후로 다윗이 여호와의 신神에게 크게 감동感動되니라 사무엘이 떠나서 라마RAMAH로 가니라. (삼상 16:8~13)

4. 블레셋 사람의 진陣에서 싸움을 돋우는 자가 왔는데 그 이름은 골리앗GOLIATH이요 가드 사람이라. 그 신장身長은 여섯 규빗 한 뼘이요, 머리에는 놋 투구를 썼고 몸에는

어린갑魚鱗甲을 입었으니, 그 갑옷의 중수重數가 놋 오천 세겔SHEKELS이며, 그 창자루는 베틀 채같고, 창날은 육백 세겔SHEKELS이며 방패防牌든 자는 앞서 행하더라. 그 블레셋 사람이 가로되 내가 오늘날 이스라엘 군대軍隊로 모욕侮辱하였으니, 사람을 보내어 나를 더불어 싸우게 하라. 사울과 온 이스라엘이 듣고 놀라 크게 두려워하니라. 다윗DAVID이 아침에 일찍이 일어나서 양을 맡기고 아버지의 명命대로 군대軍隊로 달려가서, 형들에게 문안問安하고 다윗이 사울SAUL에게 고하되 골리앗을 인하여 낙담落膽하지 말 것이라. 주의 종이 가서 저 블레셋 사람과 싸우리라. 사울이 다윗에게 이르되 네가 가서 저 블레셋 사람과 싸우기에 능能치 못하리니, 너는 소년少年이요 그는 용사勇士임이라. 다윗이 손에 막대기를 가지고 매끄러운 돌 다섯을 골라서 자기 목자牧者의 제구諸具 곧 주머니에 넣고 손에 물매를 가지고 블레셋 사람에게로 나아가니라. (삼상 17:4~40)

5. 블레셋 사람이 다윗에게 이르되, 네가 나를 개로 여기고 막대기를 가지고 내게 나왔느냐 하고, 그 신神들의 이름으로 다윗을 저주詛呪하고 보라 공중空中의 새들과 들짐승들에게 주리라. 다윗이 이르되 너는 칼과 단창短槍으로 내게 오거니와, 나는 만군萬軍의 여호와의 이름 곧 네가 모욕侮辱하는 이스라엘 군대軍隊의 하나님의 이름으로 네게 가노라. 오늘날 여호와께서 너를 내 손에 붙이시리니, 내가 너를 쳐서 네 머리를 베고 온 땅으로 이스라엘에 하나님이 계신 줄 알게 하겠고, 또 여호와의 구원救援하심이 칼과 창槍에 있지 아니함을 이 무리로 알게 하리라. 전쟁戰爭은 여호와께 속한 것인즉 너희를 우리 손에 붙이시리라. (삼상 17:43~47)

6. 블레셋 사람이 일어나 다윗에게로 마주 올 때에, 다윗이 빨리 달리며 손을 주머니에 넣어 돌을 취하여, 물매로 던져 이마를 치매 돌이 이마에 박히니 땅에 엎드러지니라. 다윗은 블레셋 사람의 머리에 예루살렘에 가져가고, 갑주甲冑는 자기 장막帳幕에 두니라. 사울이 그에게 묻되 소년少年이여 누구의 아들이뇨 다윗이 대답對答하되 나는 주의 종 베들레헴 사람 이새의 아들이니이다. 다윗이 사울에게 말하기를 마치매 요나단의 마음이 다윗의 마음과 연락聯絡되어, 요나단이 다윗을 자기 생명生命같이 사랑하니라. 다윗이 사울의 보내는 곳마다 가서 지혜智慧롭게 행하매, 사울이 그로 군대軍隊의 장長을 삼았더니 온 백성百姓이 합당合當히 여겼고, 사울의 신하臣下들도 합당合當히 여겼더라. (삼상 17:48~18:5)

골리앗 장군과 소년 다윗은 대결 상대對決相對가 아니었습니다. 그러나 하나님이 함께하심을 믿은 소년 다윗은 용감하게 싸워 이겼습니다. 하나님이 함께하심으로 승리勝利하였습니다. 준비準備와 조건條件도 필요必要하지만 하나님이 함께하시느냐가 제일 중요第一重要한 것입니다.

【 낭송 표시 : 1회 ▚ / 4회 ■ / 목표 120회 】

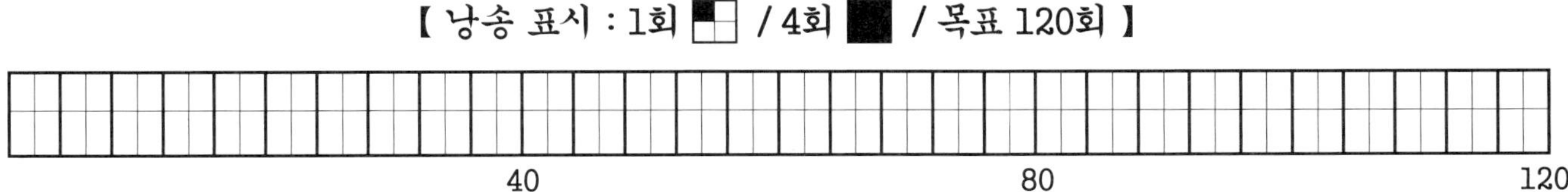

"주의 말씀은 내 발의 등이요 내 길에 빛이니이다"(시 119:105)

제 11 일

그는 기름 부음을 받은 자가 됨이니라

사무엘상 24:6

다윗 왕의 위대한 점은, 자신의 생명生命을 노리는 정적政敵이었지만 '하나님이 세우신 사울 왕'을 자기 손으로 해치지 않고 오히려 피신避身하였다는 사실입니다. 엔게디 굴속에서 잠든 사울 왕의 옷깃을 베었고(삼상 24:4) 하길라 산기슭 황무지에 잠자고 있는 사울 왕과 그 곁에 놓여 있던 창과 물병을 가져올 때도(삼상 26:11) 하나님의 기름 부음 받음 때문에 그를 해하지 아니했습니다. 절호의 기회를 양보하였지만 하나님은 더 좋은 축복祝福과 승리를 부여하였습니다.

1. 다윗이 일어나서 사울의 겉옷 자락을 가만히 베니라. 다윗이 마음이 찔려 내가 손을 들어 여호와의 기름 부음을 받은 내 주를 치는 것은 여호와의 금禁하시는 것이니, 그는 여호와의 기름 부음을 받은 자가 됨이니라 하고, 다윗이 이 말로 사울을 해하지 못하게 하니라. 사울이 일어나 굴에서 나가 자기 길로 가니라. 오늘 여호와께서 굴에서 내 손에 붙이신 것을 왕이 아셨을 것이니이다. 내가 왕을 아껴 말하기를 나는 내 손을 들어 내 주를 해치 아니하리니 그는 여호와의 기름 부음을 받은 자가 됨이라. 보소서 내 손에 왕의 옷자락을 보소서. 내가 왕을 죽이지 아니하고 겉옷 자락만 베었은즉 나의 손에 악惡이나 죄과罪過가 없는 줄을 아실지니이다. (삼상 24:4~11)

2. 왕은 내 생명生命을 찾아 해하려 하시나 나는 왕에게 범죄犯罪한 일이 없나이다. 여호와께서는 나와 왕 사이를 판단判斷하사 보복報復하시려니와 내 손으로 왕을 해하지 않겠나이다. 그런즉 여호와께서 재판장裁判長이 되어 나와 왕 사이에 판결判決하사 나의 사정事情을 살펴 신원伸寃하시고, 나를 왕의 손에서 건지시기를 원願하나이다. 사울이 다윗에게 이르되 나는 너를 학대虐待하되 너는 나를 선대善待하니 너는 나보다 의義롭도다. 보라 네가 반드시 왕이 될 것을 알고 나라가 네 손에 견고堅固히 설 것을 아노니, 그런즉 너는 내 후손後孫을 끊지 아니하며 내 이름을 멸하지 아니할 것을 맹세하라. 다윗이 맹세하매 사울은 집으로 가고 다윗은 요새要塞로 올라가니라. (삼상 24:11~22)

3. 아비가일이 급急히 떡 이백 덩이와 포도주葡萄酒 두 가죽 부대負袋와 잡아 준비準備한 양 다섯과 볶은 곡식穀食 다섯 세아와 건포도乾葡萄 백송이와 무화과無花果 뭉치 이백을 취取하여 나귀에 싣고, 소년少年들에게 이르되 내 앞서 가라 하고 아비가일이 나귀를 타고 유벽幽僻한 곳으로 좇아 내려가더니, 다윗과 그의 사람들이 자기에게로 마주 오는 것을 만나니라. 다윗이 내가 나발의 소유물所有物을 광야曠野에서 지켜 그 모든 것을 하나도 손실損失이 없게 한 것이 진실眞實로 허사虛事라 그가 악으로 나의 선을 갚는도다. 아비가일이 다윗을 보고 급急히 나귀에서 그가 악으로 나의 선善을 갚는도다. 아비가일이 다윗을 보고 급히 나귀에서 내려 다윗 앞에 엎드려 그 얼굴을 땅에 대니라. 내 주여 청請컨대 이 여종의 말을 들으소서. 내 주여 여호와께서 사시고 내 주도 살아 계시거니와 친親히 보수報讐하시는 일을 여호와께서 막으셨으니, 여종이 가져온 이 예물禮物로 내 주를 좇는 이 소년少年들에게 주게 하시고 주의 여종의 허물을 사하여 주옵소서. (삼상 25:18~28)

4. 여호와께서 반드시 내 주를 위하여 든든한 집을 세우리니, 이는 내 주께서 여호와의 싸우심이요, 내 주의 일생一生**에 내 주에게서 악**惡**한 일을 찾을 수 없음이니이다. 내 주의 생명**生命**은 하나님 여호와와 함께 생명**生命 **싸개 속에 싸였을 것이요, 내 주의 원수**怨讐**들의 생명**生命**은 물매로 던지듯 여호와께서 그것을 던지시리이다. 여호와께서 내 주에 대**對**하여 하신 말씀대로 모든 선**善**을 내 주에게 행하사, 내 주를 이스라엘의 지도자**指導者**로 세울 때에 내 주께서 무죄**無罪**한 피를 흘리셨다든지 내 주께서 친**親**히 보수**報讐 **하셨다든지 함을 인하여 슬퍼하실 것도 없고, 내 주의 마음에 걸릴 것도 없으시리니 다만 여호와께서 내 주를 후대**厚待**하신 때에 원**願**컨대 내 주의 여종을 생각하소서. 다윗이 아비가일에게 이르되 오늘날 너를 보내어 나를 영접**迎接**케 하신 하나님 여호와를 찬송**讚頌**할지로다. 또 네 지혜**智慧**를 칭찬**稱讚**할지며 네게 복**福**이 있을지로다. 오늘날 내가 피를 흘릴 것과 보수**報讐**하는 것을 네가 막았느니라. 다윗이 그가 가져온 것을 받고 그에게 이르되 네 집으로 평안**平安**히 올라가라. 내가 네 말을 듣고 네 청**請**을 허락**許諾**하노라.** (삼상 25:28~35)

5. 내가 손을 들어 여호와의 기름 부음 받은 자를 치는 것을 여호와께서 금禁**하시나니, 너는 그의 머리 곁에 있는 창**槍**과 물병을 가지고 떠나가되, 깨든지 이를 보든지 알든지 하는 사람이 없었으니, 이는 여호와께서 그들로 깊이 다 잠이 들게 하였더라. 사울이 가로되 내가 범죄**犯罪**하였도다. 내 아들 다윗아 돌아오라. 네가 오늘 내 생명**生命**을 귀중**貴重**히 여겼은즉 내가 다시는 너를 해하려 하지 아니하리라. 내가 어리석은 일을 하였으니 대단히 잘못하였노라. 다윗이 대답**對答**하여 가로되 왕은 창**槍**을 보소서 여호와께서 각 사람에게 그 의**義**와 신실**信實**을 갚으시리니, 이는 여호와께서 오늘날 왕을 내 손에 붙이셨으되, 나는 손을 들어 여호와의 기름 부음을 받은 자 치기를 원**願**치 아니하였음이니이다. 오늘날 왕의 생명**生命**을 내가 중히 여긴 것같이 내 생명**生命**을 여호와께서 중히 여기셔서, 모든 환난**患難**에서 나를 구하여 내시기를 바라나이다. 사울이 다윗에게 이르되 내 아들 다윗아 네게 복이 있을지로다. 네가 큰 일을 행하겠고 반드시 승리**勝利**를 얻으리라 하니라. 다윗은 자기 길로 가고 사울은 자기 곳으로 돌아가니라.** (삼상 26:11~25)

6. 사울이 블레셋 사람의 군대軍隊**를 보고 두려워서 그 마음이 크게 떨린지라. 사울이 여호와께 묻자오되 여호와께서 꿈으로도 우림으로도 선지자**先知者**로도 그에게 대답**對答**지 아니하시므로, 사울이 그 신하**臣下**들에게 이르되 나를 위하여 신접**神接**한 여인을 찾으라 내가 그리로 가서 그에게 물으리라. 그 신하**臣下**들이 그에게 이르되 보소서 엔돌에 신접**神接**한 여인이 있나이다.** (삼상 28:5~7)

하나님의 뜻에 순종順從하는 다윗은 점점 승승장구乘勝長驅하고, 다윗을 추격追擊하는 사울은 하나님께 불순종不順從하므로 점점 쇠퇴하게 되었습니다. 사울 왕은 하나님을 버리고 엔돌의 무당을 찾아가 미신 숭상, 귀신숭배에 사로잡힘으로 그의 인생人生과 왕권王權의 몰락沒落이 가속화되었습니다.

【 낭송 표시 : 1회 ▚ / 4회 ■ / 목표 120회 】

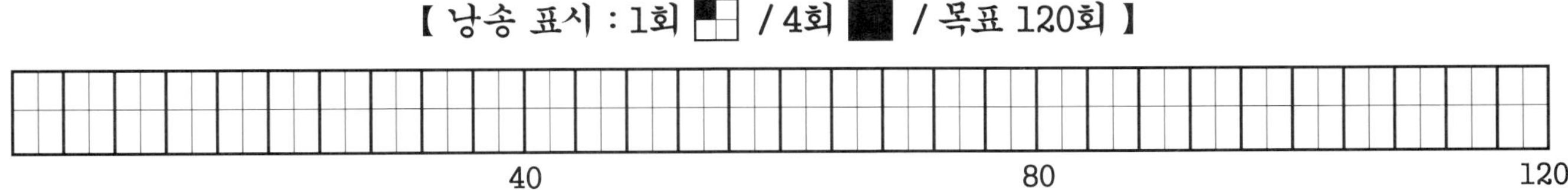

"주의 말씀은 내 발의 등이요 내 길에 빛이니이다"(시 119:105)

제 12 일

그 온 집에 복福을 주시니라

사무엘하 6:11

하나님의 언약궤言約櫃를 올바로 모시면 큰 은혜恩惠와 복福을 받습니다. 잘못 관리하면 큰 불행不幸을 당하게 됩니다. 오벧에돔 가정은 하나님의 궤櫃를 잘 모심으로 '온 집에 복'과 '모든 소유에 복'을 받게 되었습니다. 언약궤言約櫃를 가장 귀하게 모신 다윗은 왕권王權과 부귀영화富貴榮華와 영적 축복祝福까지 풍성豊盛히 받게 되었습니다.

1. 이스라엘의 모든 지파支派가 헤브론에 이르러 다윗에게 나아와 말하여 가로되 보소서 우리는 왕의 골육骨肉이니이다. 여호와께서 왕에게 말씀하시기를 네가 내 백성百姓 이스라엘의 목자牧者가 되며, 이스라엘의 주권자主權者가 되리라 하셨나이다. 다윗이 헤브론에서 여호와 앞에서 저희와 언약言約을 세우매, 저희가 다윗에게 기름을 부어 이스라엘의 왕을 삼으니라. 다윗이 삼십 세에 왕위에 나아가서 사십 년을 다스렸으되 헤브론에서 칠 년 육 개월 동안 유다를 다스렸고, 예루살렘에서 삼십삼 년 동안을 이스라엘의 유다를 다스렸더라. (삼하 5:1~4)

2. 다윗이 시온 산성山城을 빼앗았으니 이는 다윗 성이더라. 다윗이 그 산성山城에 거하여 다윗 성이라 이름하고 밀로에서부터 안으로 성城을 둘러쌓느니라. 다윗이 여호와께서 자기를 세우사 이스라엘 왕을 삼으신 것과 그 백성百姓 이스라엘을 위하여 그 나라를 높이신 것을 아니라. 다윗이 여호와께 물어 가로되 내가 블레셋 사람에게로 올라가리이까, 여호와께서 저희를 내 손에 붙이시겠나이까, 여호와께서 다윗에게 말씀하시되 올라가라 내가 단정코 블레셋 사람을 네 손에 붙이리라 하신지라. (삼하 5:7~19)

3. 다윗이 이스라엘에서 뺀 무리 삼만을 다시 모으고, 일어나서 그 함께 있는 모든 사람으로 더불어 바알레유다로 가서, 거기서 하나님의 궤櫃를 메어 오려 하니, 그 궤櫃는 그룹들 사이에 좌정坐定하신 만군萬軍의 여호와의 이름으로 이름하는 것이라. 저희가 하나님의 궤櫃를 새 수레에 싣고 아비나답의 집에서 나오는데, 다윗과 이스라엘 온 족속族屬이 잣나무로 만든 여러 가지 악기樂器와 수금竪琴과 비파琵琶와 소고小鼓와 양금洋琴과 제금提琴으로 여호와 앞에서 주악奏樂하더라. 다윗이 그날에 여호와를 두려워하여 가로되 여호와의 궤櫃가 어찌 내게 오리요 하고, 여호와의 궤櫃를 옮겨 오벧에돔 집으로 메어 간지라. 여호와께서 오벧에돔과 그 온 집에 복福을 주시니라. 여호와께서 하나님의 궤櫃를 인하여 오벧에돔의 집과 그 모든 소유所有에 복福을 주셨다 한지라. (삼하 6:1~12)

4. 다윗이 가서 하나님의 궤櫃를 기쁨으로 메고 오벧에돔의 집에서 다윗 성으로 올라갈새,

여호와의 궤櫃를 멘 사람들이 여섯 걸음으로 행하매, 다윗이 소와 살진 것으로 제사祭祀를 드리고, 여호와 앞에서 힘을 다하매 춤을 추는데 때에 베 에봇을 입었더라. 다윗과 온 이스라엘 족속族屬이 즐거이 나팔을 불고, 여호와의 궤櫃를 메고 오니라. 여호와의 궤櫃가 다윗 성으로 들어올 때에 사울의 딸 미갈이 창窓으로 내려보다가 다윗 왕이 여호와 앞에서 뛰놀며 춤추는 것을 보고 심중心中에 저를 업신 여기니라. 여호와의 궤櫃를 메고 들어가서 다윗을 위하여 친 장막帳幕 가운데 그 예비豫備한 자리에 두매, 다윗이 번제燔祭와 화목제和睦祭를 여호와 앞에 드리니라. (삼하 6:13~17)

5. 다윗이 번제燔祭와 화목제和睦祭 드리기를 마치고, 만군萬軍의 여호와의 이름으로 백성百姓에게 축복祝福하고, 모든 백성百姓 곧 온 이스라엘 무리의 무론남녀毋論男女하고 떡 한 개와 고기 한 조각과 건포도乾葡萄 한 덩이씩 나눠 주매, 모든 백성百姓이 각기 집으로 돌아가니라. 다윗이 자기 가족家族에게 축복祝福하러 돌아오매 사울의 딸 미갈이 나와서 다윗을 맞으며 가로되, 이스라엘 왕이 자기의 몸을 드러내셨도다. 다윗이 이르되 이는 여호와 앞에서 한 것이니라. 하나님께서 사울의 집을 버리시고 나를 택擇하사, 여호와의 백성百姓 이스라엘의 주권자主權者를 삼으셨으니, 내가 여호와 앞에서 뛰놀리라. 그러므로 사울의 딸 미갈이 죽는 날까지 자식이 없으니라. (삼하 6:18~23)

6. 여호와께서 사방四方의 모든 대적對敵을 파破하사, 왕으로 궁에 평안平安히 거하게 하신 때에 다윗 왕이 선지자先知者 나단에게 이르되 볼지어다 나는 백향목柏香木 궁宮에 거하거늘 하나님의 궤櫃는 휘장揮帳 가운데 있도다. 나단이 왕께 고하되 여호와께서 왕과 함께 계시니, 무릇 마음에 있는 바를 행하소서. 그 밤에 여호와의 말씀이 나단에 임하여 가라사대 가서 내 종 다윗에게 말하기를 여호와의 말씀이 네가 나를 위하여 나의 거할 집을 건축建築하겠느냐, 내가 이스라엘 자손子孫을 애굽에서 인도引導하여 내던 날부터 오늘까지 집에 거하지 아니하고, 장막帳幕과 회막會幕에 거하며 행하였나니, 무릇 이스라엘 자손子孫으로 더불어 행하는 곳에서 내가 내 백성百姓 이스라엘을 먹이라고 명한 지파支派에게 너희가 어찌하여 나를 위하여 백향목柏香木 집을 건축建築하지 아니하였느냐고 말하였느냐. (삼하 7:1~7)

하나님께 찬양讚揚하고 기뻐하는 예배禮拜와 축하 행사를 비웃거나 비난非難하는 행동行動은 삼가야 합니다. 몰락沒落한 왕가에서 생존生存한 미갈은 매사 부정적否定的인 시각을 가지고 비판批判하기를 좋아했습니다. 언약궤言約櫃가 예루살렘 성에 안치될 때 기뻐하여 찬양讚揚하며 춤춘 다윗 왕을 비난非難함으로 그녀는 고독孤獨하고 외로운 인생人生을 살다가 생生을 마감磨勘하였습니다.

【 낭송 표시 : 1회 ▣ / 4회 ■ / 목표 120회 】

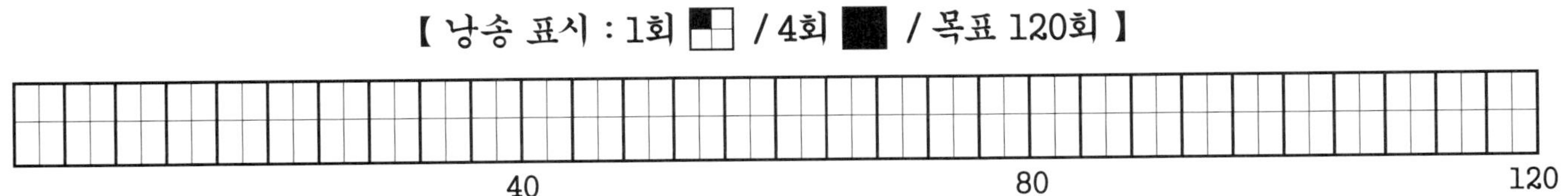

"주의 말씀은 내 발의 등이요 내 길에 빛이니이다"(시 119:105)

제 13 일

주主의 은혜恩惠로 영원永遠히 복福 받게 하옵소서

사무엘하 7:29

다윗은 비천했던 자신의 과거를 항상恒常 회상回想하고 추억追憶하고 기억記憶하여 오늘의 영화로움을 진심眞心으로 감사하였습니다. "주의 은혜로 종의 집이 영원히 복을 받게 하옵소서" 일생一生동안 드린 기도祈禱 제목이었습니다. 이 얼마나 아름답고 은혜恩惠로운 믿음의 고백告白이며 기도祈禱의 내용입니까? 하나님께서는 이런 기도 제목과 내용을 좋아하시고 기쁘게 응답應答해 주십니다.

1. 그러므로 이제 내 종 다윗에게 말하라. 만군萬軍의 여호와께서 말씀하시기를 내가 너를 목장牧場 곧 양을 따르는 데서 취取하여 내 백성百姓 이스라엘의 주권자主權者로 삼고 네가 어디를 가든지 너와 함께 있어 모든 대적對敵을 멸하였은즉 네 이름을 존귀尊貴케 만들어 주리라. 너를 모든 대적對敵에게서 벗어나 평안平安케 하리라. 여호와가 또 네게 이르노니 너를 위하여 집을 이루고 네 수한壽限이 차서 네 몸에서 난 자식을 네 뒤에 세워 그 나라를 견고堅固케 하리라. 저는 내 이름을 위하여 집을 건축建築할 것이요 그 나라 위를 견고堅固케 하리라. 나는 그 아비가 되고 그는 내 아들이 되리니, 죄罪를 범犯하면 사람 막대기와 인생人生 채찍으로 징계懲戒하려니와, 네 집과 네 나라가 영원永遠히 보전保全되고 네 위가 영원永遠히 견고堅固하리라. 나단이 이 모든 말씀과 이 모든 묵시默示대로 다윗에게 고하니라. (삼하 7:8~17)

2. 다윗 왕이 여호와 앞에 들어가 앉아서 가로되 주 여호와여 나는 누구오며 내 집은 무엇이관대 나로 이에 이르게 하였나이까. 주 여호와는 종을 아시오니 주께 무슨 말씀을 하오리이까, 주의 말씀을 인하여 주의 뜻대로 이 모든 큰 일을 행하사 주의 종에게 알게 하셨나이다. 여호와 하나님이여 주는 광대廣大하시니 주와 같은 이가 없고 주 외에는 참 신神이 없나이다. 주께서 주의 백성百姓 이스라엘을 세우사 영원永遠히 주의 백성百姓을 삼으셨사오니 여호와여 주께서 저희 하나님이 되셨나이다. (삼하 7:18~24)

3. 여호와 하나님이여 이제 주의 종과 집에 대하여 말씀하신 것을 영원永遠히 확실確實케 하옵시며 말씀대로 행하사, 영원永遠히 주의 이름을 높여 만군萬軍의 여호와는 이스라엘의 하나님이라 하옵시며, 주의 종 다윗의 집으로 주 앞에 견고堅固하게 하옵소서. 만군萬軍의 여호와 이스라엘의 하나님이여 주의 종에게 알게 하여 이르시기를, 내가 너를 위하여 집에 세우리라 하신 고로, 주의 종이 이 기도祈禱로 구할 마음이 생겼나이다. 주 여호와여 오직 주는 하나님이시며 말씀이 참되시나이다. 주께서 이 좋은 것으로 종에게 허락許諾하였사오니 이제 청컨대 종의 집에 복福을 주사 영원永遠히 있게 하옵소서. 주 여호와께서 말씀하였사오니 주의 은혜恩惠로 종의 집이 영원永遠히 복福을 받게 하옵소서 하니라. (삼하 7:25~29)

4. 다윗이 가로되 사울의 집에 남은 사람이 있느냐 내가 요나단을 인하여 그 사람에게 은혜恩惠를 베풀리라. 왕이 가로되 사울의 집에 남은 사람이 없느냐 내가 그 사람에게

하나님의 은총恩寵**을 베풀고자 하노라. 시바가 왕께 고하되 요나단의 아들 하나가 있는데 절뚝발이이니이다. 다윗 왕이 사람을 보내어 마길의 집에서 저를 데려오니 사울의 손자**孫子 **요나단의 아들 므비보셋이 다윗에게 나아와서 엎드려 절하매, 다윗이 가로되 므비보셋이여 하니 대답하되 주의 종이 여기 있나이다. 다윗이 가로되 므비보셋이여 무서워 말라 내가 반드시 네 아비 요나단을 인하여 네게 은총**恩寵**을 베풀리라. 내가 네 조부**祖父 **사울의 밭을 다 네게 도로 주겠고, 또 너는 항상**恒常 **내 상**床**에서 먹을지니라. 저가 절하여 가로되 이 종이 무엇이관대 왕께서 죽은 개 같은 나를 돌아보시나이까, 므비보셋이 항상**恒常 **왕의 상에서 먹으므로 예루살렘에 거하니라 그는 두 발이 다 절뚝이더라.** (삼하 9:1~13)

5. 여호와께서 다윗을 모든 대적對敵**의 손과 사울의 손에서 구원**救援**하신 그날에, 다윗이 이 노래의 말씀으로 여호와께 아뢰어 가로되 여호와는 나의 반석**盤石**이시요, 나의 요새**要塞**시요, 나를 건지시는 자시요, 나의 하나님이시요, 나의 피**避**할 바위시요, 나의 구원**救援**의 뿔이요, 나의 높은 망대**望臺**시요 나의 피난처**避難處**시요, 나의 구원**救援**자시라 나를 흉악**凶惡**에서 구원**救援**하셨도다. 내가 찬송**讚頌 **받으실 여호와께 아뢰리니 내 원수들에게서 구원**救援**을 얻으리로다. 내가 환난**患難 **중에서 여호와께 아뢰며 나의 하나님께 아뢰었더니, 저가 그 전에서 내 소리를 들으심이여 나의 부르짖음이 그 귀에 들렸도다. 여호와께서 하늘에서 뇌성**雷聲**을 발**發**하시며 지존**至尊**하신 자가 음성**音聲**을 내심이여 나를 넓은 곳으로 인도**引導**하시고 나를 기뻐하시므로 구원**救援**하셨도다.** (삼하 22:1~20)

6. 여호와께서 내 의義**를 따라 상**賞 **주시며 내 손의 깨끗함을 좇아 갚으셨으니, 내가 여호와의 도**道**를 지키고 악**惡**을 행**行**하여 내 하나님을 떠나지 아니하였으며, 그 모든 규례**規例**를 내가 앞에 두고 그 율례**律例**를 버리지 아니하였음이로다. 그러므로 여호와께서 내 의대로, 그 목전**目前**에 내 깨끗한 대로 내게 갚으셨도다. 자비**慈悲**한 자에게 주의 자비**慈悲**를 나타내시며 완전**完全**한 자에게는 주의 완전**完全**하심을 보이시며, 깨끗한 자에게는 주의 깨끗하심을 보이시며 사특**邪慝**한 자에게는 주의 거스리심을 보이시리이다. 주께서 곤고**困苦**한 백성**百姓**을 구원**救援**하시고 교만**驕慢**한 자를 살피사 낮추시리이다.** (삼하 22:21~28)

다윗은 성공成功한 후와 승리勝利한 후에도 과거의 정적이었던 사울 왕의 가족들을 잘 보살펴 주었습니다. 몰락沒落한 왕가 자손子孫, 불구의 몸으로 고생苦生하는 므비보셋을 찾아 왕궁王宮에 살게 하고 함께 식탁에 앉게 하며 관용과 사랑을 베풀었습니다. 하나님은 이러한 다윗을 영원永遠히 사랑하고 축복祝福해 주셨습니다.

【 낭송 표시 : 1회 ▚ / 4회 ■ / 목표 120회 】

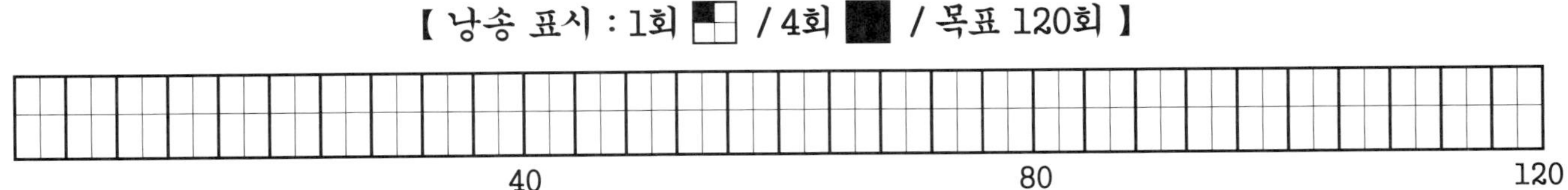

"주의 말씀은 내 발의 등이요 내 길에 빛이니이다"(시 119:105)

제 14 일

이는 다윗의 마지막 말이라

사무엘하 23:1

초등학교初等學校 교과서敎科書에 실린 '마지막 수업'은 나라를 빼앗기고 언어言語와 말을 빼앗긴 폴란드 어느 학교 교실敎室의 수업 장면이 나옵니다. 엄숙嚴肅하다 못해 국운國運이 기우는 암울暗鬱함과 비애悲哀를 느끼게 합니다. 우리 인생人生에게도 '마지막 말'을 해야 하는 순간瞬間이 다가오고 있습니다. 그때 할 말을 지금 준비準備해 봅시다.

1. 여호와여 주는 나의 등燈불이시니 여호와께서 나의 흑암黑暗을 밝히시리이다. 내가 주를 의뢰依賴하고 적군敵軍을 달리며 내 하나님을 의지依支하고 성벽城壁을 뛰어 넘나이다. 하나님의 도道는 완전完全하고 여호와의 말씀은 정미精微하니 저는 자기에게 피避하는 모든 자에게 방패防牌시리로다. 하나님은 나의 견고堅固한 요새要塞시며 나를 온전穩全한 곳을 인도引導하시며, 나의 발로 암사슴 발 같게 하시며 나를 높은 곳에 세우시며 내 손을 가르쳐 싸우게 하시니 내 팔이 놋활을 당기도다. 주께서 주의 구원救援의 방패防牌를 내게 주시며 주의 온유溫柔함이 나를 크게 하셨나이다. 내 걸음을 넓게 하였고 나로 실족失足지 않게 하셨나이다. 여호와는 생존生存하시는 나의 바위를 찬송讚頌하며 내 구원救援의 하나님을 높일지로다. 하나님이 나를 위하여 보수하고 민족民族들로 내게 복종服從케 하시며, 나를 원수怨讐들에게서 나오게 하시며 나를 대적對敵하는 자 위에 나를 드시고 나를 강포强暴한 자에게서 건지시는도다. 여호와여 내가 열방列邦중에서 주께 감사感謝하며 주의 이름을 찬양讚揚하리이다. 여호와는 큰 구원救援을 주시며 주의 기름 부음 받은 자에게 인자仁慈를 베푸심이여, 영원永遠토록 다윗과 그 후손後孫에게로다. (삼하 22:29~51)

2. 이는 다윗의 마지막 말이라. 이새의 다윗이 말함이여 높이 올리운 자, 야곱의 하나님에게 기름 부음 받은 자, 이스라엘의 노래 잘하는 자가 말하도다. 여호와의 신이 나를 빙자憑藉하여 말씀하심이여 그 말씀이 내 혀에 있도다. 이스라엘의 하나님이 말씀하시며 이스라엘의 바위가 내게 이르시기를 사람을 공의公義로 다스리는 자, 하나님을 경외敬畏함으로 다스리는 자여, 저는 돋는 해 아침 빛 같고, 구름 없는 아침 같고 비 후의 광선光線으로 땅에서 움이 돋는 새풀 같으니라 하시도다. 내 집이 하나님 앞에 영원永遠한 언약言約을 세우사 만사萬事에 구비具備하고 견고堅固케 하셨으니, 나의 모든 구원救援과 나의 모든 소원所願을 어찌 이루지 아니하시랴. (삼하 23:1~5)

3. 사악邪惡한 자는 다 내어 버리울 가시나무 같으니 이는 손으로 잡을 수 없음이로다. 그것들을 만지는 자는 철鐵과 창槍자루를 가져야 하리니 그것들이 당장當場에 불사르리로다. (삼하 23:6~7)

4. 그때에 다윗은 산성山城에 있고 블레셋 사람의 영채營寨는 베들레헴에 있는지라. 다윗이 사모思慕하여 가로되 베들레헴 성문城門 곁 우물물을 누가 나로 마시게 할꼬 하매, 세 용사勇士가 지나가서 베들레헴 성문城門 곁 우물물을 길어 가지고 다윗에게로 왔으나, 다윗이 마시기를 기뻐 아니하고 그 물을 여호와께 부어 드리며 가로되, 여호와여 내가 결단決斷코 이런 일을 하지 아니하리이다. 이는 생명生命을 돌아보지 아니하고 갔던 사람들의 피니이다 하고 마시기를 즐겨 아니하니라. 세 용사勇士가 이런 일을 행行하였더라. (삼하 23:14~17)

5. 여호와께서 다시 이스라엘을 향向하여 진노震怒하사 저희를 치시려고 다윗을 감동感動시키사, 가서 이스라엘과 유다의 인구人口를 조사調査하라 하신지라. 저희 무리가 국중國中을 두루 돌아 아홉달 스무날 만에 예루살렘에 이르러, 요압이 인구수人口數를 왕께 고하니 곧 이스라엘에서 칼을 빼는 담대膽大한 자가 팔십만이요 유다 사람이 오십만이었더라. 다윗이 인구수人口數를 조사調査한 후에 그 마음에 자책自責하고, 여호와께 아뢰되 내가 이 일을 행함으로 큰 죄罪를 범犯하였나이다. 여호와여 이제 간구懇求하옵나니 종의 죄罪를 사하여 주옵소서. 내가 심히 미련하였나이다 하니라. 다윗이 일어날 때에 여호와의 말씀이 선견자先見者 된 선지자先知者 갓에게 임하여 가라사대, 가서 다윗에게 말하기를 여호와의 말씀에 내가 네게 세 가지를 보이노니 너는 그 중에서 하나를 택擇하라. 내가 그것을 네게 행하리라 하셨다 하라. (삼하 24:1~12)

6. 갓이 다윗에게 이르러 고하여 가로되 왕의 땅에 칠 년 기근饑饉이 있을 것이니이까, 혹시 왕이 왕의 대적對敵에게 쫓겨 석 달을 그 앞에서 도망逃亡하실 것이니이까, 혹시 왕의 땅에 삼 일 동안 온역瘟疫이 있을 것이니이까, 왕은 생각하여 보고 나를 보내신 이에게 대답對答하게 하소서. 다윗이 갓에게 이르되 내가 곤경困境에 있도다. 여호와께서는 긍휼矜恤이 크시니 우리가 여호와의 손에 빠지고 내가 사람의 손에 빠지지 않기를 원願하노라. (삼하 24:13~14)

다윗의 고향故鄕 베들레헴이 블레셋 침략侵掠을 받아 그만 적들에게 점령占領 당하고 말았습니다. 전쟁戰爭에 시달려 심한 갈증渴症을 느낀 다윗은 고향故鄕 마을을 내려다보면서 시원한 고향 우물물이 생각이 났습니다. 용감勇敢한 세 용사가 목숨을 걸고 달려가 우물물을 길어 왔습니다. 너무 감격感激한 다윗은 그 물을 마시지 않고 '부하들의 생명의 피'라고 격찬激讚하고 여호와께 제사물로 사용使用하였습니다. 희생犧牲의 위대한 공로를 병사들에게 돌려주고 하나님께 영광榮光의 제물祭物로 봉헌奉獻하였습니다.

【 낭송 표시 : 1회 ▪ / 4회 ■ / 목표 120회 】

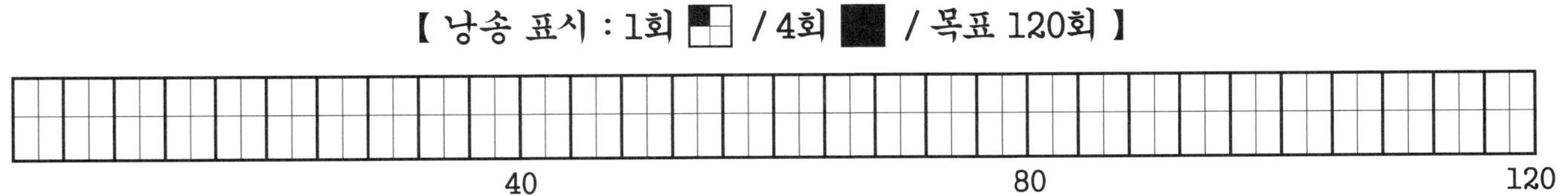

“주의 말씀은 내 발의 등이요 내 길에 빛이니이다”(시 119:105)

제 15 일

하나님 여호와께서 기쁘게 받으시기를 원하나이다

사무엘하 24:23

무서운 재앙災殃 온역瘟疫이 전국全國에 창궐猖獗하여 7만 명이 희생犧牲되었습니다. 이 재앙災殃을 멈추게 하는 유일한 방법方法은 하나님께 회개悔改 제사祭祀를 드리는 것이였습니다. 선지자先知者의 지시指示에 순종順從한 다윗 왕은 아라우나 타작打作마당에서 번제燔祭와 화목제和睦祭를 드림으로 모든 재난災難이 종료終了되고 안정을 회복回復하게 되었습니다. 아라우나는 자신의 타작打作마당에서 제단祭壇을 쌓으므로 나라와 백성百姓과 왕을 구하였습니다. 그 타작마당에 예루살렘 성전이 건축建築 되었습니다.

1. 천사天使가 예루살렘을 향向하여 그 손을 들어 멸滅하려 하더니, 여호와께서 천사天使에게 이르시되 이제는 네 손을 거두라 하시니, 때에 여호와의 사자使者가 여부스 사람 아라우나 타작打作마당 곁에 있는지라. 다윗이 천사天使를 보고 여호와께 아뢰어 가로되 나는 범죄犯罪하였고 악惡을 행하였삽거니와 이 양무리는 무엇을 행하였나이까, 청컨대 주의 손으로 나와 내 아비의 집을 치소서 하니라. 이날에 선지자先知者 갓이 다윗 왕에게 이르러 고하되 올라가서 여부스 사람 아라우나의 타작打作마당에서 여호와를 위하여 단壇을 쌓으소서 하매, 다윗이 여호와의 명命하신바 선지자先知者 갓의 말대로 올라가니라. (삼하 24:16~19)

2. 아라우나가 바라보다가 다윗 왕과 그 신복臣僕들이 자기를 향向하여 옴을 보고 나가서 왕의 앞에서 얼굴을 땅에 대고 절하며 가로되, 어찌하여 내 주 왕께서 종에게 임하시나이까, 다윗이 가로되 네게서 타작打作마당을 사서 여호와께 단壇을 쌓아 백성百姓에게서 내리는 재앙災殃을 그치게 하려 함이로다. 아라우나가 다윗에게 고하되 원컨대 내 주 왕은 좋게 여기시는 대로 취하여 드리소서. 번제燔祭에 대하여는 소가 있고, 땔 나무에 대하여는 마당질하는 제구諸具와 소의 멍에가 있나이다. 왕이여 이것을 다 왕께 드리나이다 하고 또 왕께 고하되, 왕의 하나님 여호와께서 왕을 기쁘시게 받으시기를 원하나이다. (삼하 24:20~23)

3. 왕이 아라우나에게 이르되 그렇지 아니하다. 내가 값을 주고 네게서 사리라 값 없이는 내 하나님 여호와께 번제燔祭를 드리지 아니하리라 하고, 은 오십 세겔로 타작打作마당과 소를 사고, 그곳에서 여호와를 위하여 단壇을 쌓고 번제燔祭와 화목제和睦祭를 드렸더니, 이에 여호와께서 그 땅을 위하여 기도祈禱를 들으시매, 이스라엘에게 내리는 재앙災殃이 그쳤더라. (삼하 24:24~25)

4. 다윗이 죽을 날이 임박臨迫하매 그 아들 솔로몬에게 명命하여 가로되, 내가 이제 세상世上 모든 사람의 길로 가게 되었노니, 너는 힘써 대장부大丈夫가 되고, 네 하나님 여호와의 명命을 지켜 그 길로 행하여, 그 법률法律과 계명誡命과 율례律例와 증거證據를 모세의 율법律法에 기록記錄된 대로 지키라. 그리하면 네가 무릇 무엇을 하든지 어디로

가든지 형통亨通할지라. 여호와께서 내 일에 대하여 말씀하시기를 네 자손子孫이 그 길을 삼가, 마음을 다하고 성품性品을 다하여 진실眞實히 내 앞에서 행하면 이스라엘 왕위에 오를 사람이 네게서 끊어지지 아니하리라 하신 말씀을 확실確實히 이루게 하시리라. (왕상 2:1~4)

5. 다윗이 그 열조列祖와 함께 누워 자니 다윗 성에 장사葬事되니라. 다윗이 이스라엘 왕이 된 지 삼십 년이라 헤브론에서 칠 년을 치리治理하였고, 예루살렘에서 삼십 년을 치리治理하였더라. 솔로몬이 그 아비 다윗의 위에 앉으니 그 나라가 심히 견고堅固하니라. (왕상 2:10~12)

6. 그때까지 여호와의 이름을 위하여 전殿을 아직 건축建築하지 아니하였으므로 백성들이 산당山堂에서 제사祭祀하며, 솔로몬이 여호와를 사랑하고 그 부친父親 다윗의 법도法度를 행하되, 산당山堂에서 제사祭祀하며 분향焚香하였더라. 이에 왕이 제사祭祀하던 기브온으로 가니 거기는 산당山堂이 큼이라. 솔로몬이 그 단에 일천번제一千燔祭를 드렸더니, 밤에 여호와께서 솔로몬의 꿈에 나타나시니라. 하나님이 이르시되 내가 네게 무엇을 줄꼬 너는 구하라. 솔로몬이 가로되 주의 종 내 아비 다윗이 성실誠實과 공의公義와 정직正直한 마음으로 주의 앞에서 행함으로 주께서 저에게 큰 은혜恩惠를 베푸셨고, 주께서 또 저를 위하여 큰 은혜恩惠를 예비豫備하시고, 오늘날과 같이 저의 위에 앉을 아들을 저에게 주셨나이다. (왕상 3:2~6)

7. 나의 하나님 여호와여 주께서 종으로 종의 아비 다윗을 대신代身하여 왕이 되게 하셨사오니, 종은 작은 아이라 출입出入할 줄을 알지 못하고 주의 빼신 백성百姓 가운데 있나이다. 저희는 큰 백성百姓이라. 수효數爻가 많아서 셀 수도 없고 기록記錄할 수도 없사오니, 지혜智慧로운 마음을 종에게 주사 주의 백성百姓을 재판裁判하여 선악善惡을 분별分別하게 하옵소서. 솔로몬이 이것을 구하매 그 말씀이 주의 마음에 맞은지라. (왕상 3:7~10)

'하나님 마음에 맞는 사람'은 가장 복福된 자입니다. 솔로몬은 즉위卽位한 후 기브온 산당山堂에 가서 일천번제一千燔祭를 드렸습니다. 또한 하나님의 백성百姓을 올바로 다스릴 수 있는 지혜智慧를 구하였을 때, 하나님은 솔로몬 왕을 마음에 맞는 자로 칭찬稱讚하시고 만족하셨습니다. 하나님 마음에 맞는 자가 가장 행복幸福한 사람인 동시同時에 위대偉大한 자입니다.

【 낭송 표시 : 1회 ▞ / 4회 ■ / 목표 120회 】

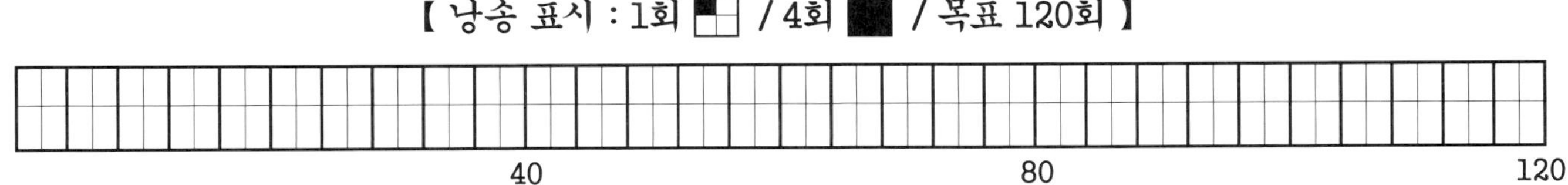

"주의 말씀은 내 발의 등이요 내 길에 빛이니이다"(시 119:105)

제 16 일

대적對敵도 없고 재앙災殃도 없도다

열왕기상 5:4

하나님의 뜻을 이루어 드리고 하나님께 영광榮光을 돌리고 '사방四方의 태평泰平을 주시고 대적對敵도 없고 재앙災殃도 없도다'는 은혜恩惠와 복福을 받게 됩니다. 솔로몬은 부왕 다윗의 소원을 이루어 드림으로, 아버지의 사랑과 하나님의 축복祝福을 독차지하게 되었습니다. 다윗의 일평생一平生 소원은 예루살렘 성전 건축建築이었습니다. 성전 건축의 소원과 사명감使命感 때문에 너무나 크고 놀라운 축복祝福을 받고 영화榮華로움을 계속 누리게 되었습니다.

1. 하나님이 솔로몬에게 이르시되 네게 이것을 구하였도다. 자기를 위하여 수壽도 구하지 아니하고, 부富도 구하지 아니하고 원수怨讐를 멸滅하기도 구하지 아니하고, 오직 송사訟事를 듣고 분별分別하는 지혜智慧를 구하였은즉, 네게 지혜智慧롭고 총명聰明한 마음을 주노니, 너와 같은 자가 일어남이 없으리라. 내가 또 구하지 아니한 부富와 영광榮光도 네게 주노니, 네 평생平生에 너와 같은 자가 없을 것이라. 네 아비 다윗이 행함같이 내 길로 행하며 내 법도法度와 명령命令을 지키면 네 날을 길게 하리라. 이에 솔로몬이 예루살렘에 이르러 여호와의 언약궤言約櫃 앞에서 번제燔祭와 수은제酬恩祭를 드리고 모든 신복臣僕을 위하여 잔치하였더라. (왕상 3:11~15)

2. 때에 두 여인이 솔로몬 왕께 와서 내 주여 내가 저와 함께 집에 있으며 아이를 낳았더니, 밤에 저 여인이 아이 위에 누우므로 그 아들이 죽으니, 내 아들을 자기 품에 뉘우고 죽은 아들을 내 품에 뉘었나이다. 미명未明에 일어나 본즉 내가 낳은 아들이 아니더이다 하매, 다른 여인은 이르되 아니라 산 아이는 내 아들이고, 죽은 아이는 네 아들이라 왕 앞에서 쟁론爭論하는지라. 솔로몬 왕이 가로되 칼을 내게로 가져오라. 산 아들을 나눠 반은 이에게 주고 반은 저에게 주라. 그 산 아들의 어미는 가로되 청컨대 내 주여 산 아들을 저에게 주시고 아무쪼록 죽이지 마옵소서 하되, 죽은 아이의 어미는 말하기를 내 것도 되게 말고 네 것도 되게 말고 나누게 하라 하는지라. 왕이 대답하여 가로되 산 아들을 저 여인에게 주고 결코 아이를 죽이지 말라. 저가 그 어미니라 한대, 온 이스라엘이 지혜智慧가 저의 속에 있어 판결判決함을 봄이더라. (왕상 3:16~28)

3. 하나님이 솔로몬에게 지혜智慧와 총명聰明을 심히 많이 주시고, 또 넓은 마음을 주시되 바닷가의 모래같이 하시니, 솔로몬의 지혜智慧가 동양 모든 사람의 지혜智慧와 애굽의 모든 사람의 지혜智慧보다 뛰어난지라. 저가 잠언箴言 삼천을 말하였고, 그 노래는 일천

다섯이며, 저가 또 초목草木을 논하되 백향목柏香木으로부터 담에 나는 우슬초牛膝草까지 하고, 저가 또 짐승과 새와 기어다니는 것과 물고기를 논한지라. 모든 민족民族 중에서 솔로몬의 지혜智慧와 소문所聞을 들은 천하天下 모든 왕들이 그 지혜智慧를 들으러 왔더라. (왕상 4:29~34)

4. 이에 솔로몬이 두로 왕 히람에게 기별寄別하여 가로되 내 부친父親 다윗이 사방四方의 전쟁戰爭으로 인하여, 하나님 여호와의 이름을 위하여 전殿을 건축建築하지 못하고, 이제 내 하나님 여호와께서 내게 사방四方의 태평泰平을 주시매, 대적對敵도 없고 재앙災殃도 없도다. 여호와께서 내 부친父親 다윗에게 하신 말씀에 내가 너를 이어 네 위에 오르게 할, 네 아들 그가 내 이름을 위하여 전殿을 건축建築하게 하리라 하신 대로 내가 내 하나님 여호와의 이름을 위하여 전殿을 건축建築하려 하오니, 당신은 영令을 내려 레바논에서 백향목柏香木을 베어 내게 하소서. 나의 종과 당신의 종이 함께 한 것이요, 우리 중에는 시돈 사람처럼 벌목伐木을 잘하는 자가 없나이다. 히람이 솔로몬의 말을 듣고 크게 기뻐하여 가로되 오늘날 여호와를 찬양讚揚할지로다. 내 백향목柏香木 재목材木과 잣나무 재목材木에 대하여는 당신의 바라시는 대로 할지라. (왕상 5:2~8)

5. 레바논 백향목柏香木을 바다로 수운輸運 하겠고, 바다에서 떼로 엮어 지정指定하는 곳을 보내고, 거기서 풀리니 당신은 받으시고 나의 원을 이루어 나의 궁정宮庭을 위하여 식물食物을 주소서 하고, 솔로몬의 모든 원대로 백향목柏香木 재목材木과 잣나무 재목材木을 주매, 솔로몬이 히람에게 그 궁정宮庭의 식물食物로 밀 이만 석과 맑은 기름 이십 석을 주고 해마다 그와 같이 주었더라. 여호와께서 그 말씀대로 솔로몬에게 지혜智慧를 주시므로 히람과 솔로몬이 친목親睦하여 함께 약조約條를 맺었더라. (왕상 5:9~12)

하나님의 성전을 건축建築하게 될 때 사방의 태평四方泰平을 주시고 대적對敵과 재앙災殃이 없어지게 됩니다. 레바논 히람 왕이 적극적으로 백향목柏香木과 건축자재를 자발적으로 공급해 줌으로 평화平和와 번영繁榮을 누리게 됩니다. 건축建築 책임자인 솔로몬은 역사상 전무후무前無後無한 지혜자智慧者가 되어 영광榮光을 누리게 됩니다.

【 낭송 표시 : 1회 ◪ / 4회 ■ / 목표 120회 】

"주의 말씀은 내 발의 등이요 내 길에 빛이니이다"(시 119:105)

제 17 일

성전聖殿을 건축建築한 동안이 칠 년이었더라

열왕기상 6:38

다윗 왕의 일평생一平生 소원이 아들 솔로몬을 통해 이루어졌습니다. 다윗은 성전 건축建築을 위해 일생一生동안 준비準備해 왔습니다. 대리석大理石과 백향목柏香木 목재木材와 금·은·동·철 모든 건축建築자재를 충분하게 마련했습니다. 솔로몬은 7년간의 대역사를 수만 명의 인원을 동원하여 드디어 완공完工하여 하나님께 봉헌奉獻하게 되었습니다.

1. 솔로몬 왕이 온 이스라엘에서 역군役軍을 불러 일으키니 그 역군役軍의 수가 삼만이라. 솔로몬이 저희들을 한 달에 일만 인씩 번갈아 레바논으로 보내매 담군擔軍이 칠만 인이요, 산에서 돌을 뜨는 자가 팔만 인이며 그 역사役事를 동독董督하는 관리官吏가 삼천삼백 인이라. 저희가 일하는 백성百姓을 거느렸더라 이에 왕이 영令을 내려 크고 귀한 돌을 떠다가 다듬어서 전殿의 기초석基礎石으로 놓게 하며, 솔로몬의 건축자建築者와 히람의 건축자建築者와 그발 사람이 그 돌을 다듬고 전殿을 건축建築하기 위하여 재목材木과 돌들을 갖추니라. (왕상 5:13~18)

2. 이스라엘 자손子孫이 애굽 땅에서 나온 지 사백팔십 년이요, 솔로몬이 왕이된 지 사 년 이 월에 솔로몬이 여호와를 위하여 전殿을 건축建築하기를 시작始作하였더라. 여호와의 말씀이 솔로몬에게 임하여 가라사대 네가 이제 이 전殿을 건축建築하니, 내 법도法度를 따르며 내 율례律例를 행하며 나의 모든 계명誡命을 지켜 그대로 행하면, 네 아비 다윗에게 한 말을 네게 확실確實히 이룰 것이요, 내가 이스라엘 자손子孫 가운데 거하며 내 백성百姓 이스라엘을 버리지 아니하니라 하셨더라. 솔로몬 왕 재위 제사년에 여호와의 전을 쌓았고, 제십일년에 그 설계設計와 식양式樣대로 전이 다 필역畢役되었으니 솔로몬이 전殿을 건축建築한 동안이 칠 년이였더라. (왕상 6:1~38)

3. 솔로몬이 또 여호와의 전殿의 모든 기구器具를 만들었으니, 곧 금단金壇과 진설병陳設餠의 금상金床과 내소內所 앞에 좌우左右로 다섯씩 둘 정금精金 등대燈臺며, 또 금꽃과 등잔燈盞과 불집게며, 또 정금精金 대접과 불집게와 주발周鉢과 숟가락과 불 옮기는 그릇이며, 또 내소內所 곧 지성소至聖所 문의 금 돌쩌귀와 전殿 곧 외소문外所門의 금돌쩌귀더라. 솔로몬이 여호와의 전殿을 위하여 만드는 모든 것을 바친지라. 이에 솔로몬이 그 부친父親 다윗의 드린 물건 곧 은銀과 금金과 기구器具들을 가져다가 여호와의 전殿 곳간에 두었더라. (왕상 7:48~51)

4. 솔로몬이 여호와의 언약궤言約櫃를 다윗 성 곧 시온에서 메어 올리고자 하여, 이스라엘 장로長老와 모든 지파支派의 두목 곧 이스라엘 자손子孫의 족장族長들을 예루살렘 자기에게로 소집召集하니, 모든 백성百姓들이 솔로몬 왕에게 모이고, 이스라엘 장로長老들이 다 이르매 제사장祭司長들이 궤櫃를 메니라. 여호와의 궤櫃와 회막會幕과 성막聖幕 안의 모든 거룩한 기구器具들을 메고 올라가되, 제사장祭司長과 레위 사람이 그것들을 메고 올라가매, 솔로몬 왕과 그 앞에 모인 이스라엘 회중會衆이 저와 함께 궤 앞에 있어 양과 소로 제사祭祀 드렸으니, 그 수가 많아 기록記錄할 수도 없고 셀 수도 없었더라. (왕상 8:1~5)

5. 제사장祭司長들이 여호와의 언약궤言約櫃를 그 처소處所로 메어 들였으니, 곧 내전內殿 지성소至聖所 그룹들의 날개 아래라. 그룹들이 궤櫃 처소處所 위에서 날개를 펴서 궤櫃와 그 채를 덮었는데, 채가 긴 고로 채 끝이 내전內殿 앞 성소聖所에서 보이나 밖에서는 보이지 아니하며, 궤 안에는 두 돌판이 있으니 여호와께서 언약言約을 세우실 때에 모세가 호렙에서 그 안에 넣은 것이더라. 제사장祭司長이 능能히 서서 섬기지 못하였으니, 이는 여호와의 영광榮光이 여호와의 전殿에 가득稼得함이었더라. (왕상 8:6~11)

6. 그때에 솔로몬이 가로되 여호와께서 캄캄한데 계시겠다 말씀하셨사오나, 내가 참으로 주를 위하여 계실 전殿을 건축建築하였사오니, 주께서 영원永遠히 거하실 처소處所로소이다 하고, 얼굴을 돌이켜 이스라엘 온 회중會衆을 위하여 축복祝福하니, 때에 이스라엘의 온 회중會衆이 섰더라. 왕이 가로되 이스라엘 하나님 여호와를 송축頌祝할지로다. 여호와께서 그 입으로 나의 부친 다윗에게 말씀하는 것을 이제 그 손으로 이루셨도다. 내 부친父親 다윗이 하나님 여호와를 위하여 전殿을 건축建築할 마음이었으니, 이 마음이 네게 있는 것이 좋도다. 그러나 너는 그 전殿을 건축建築하지 못할 것이요 네 몸에서 낳은 내 아들 그가 내 이름을 위하여 전을 건축建築하리라 하시더니 이제 여호와께서 말씀하신 대로 이루시도다. (왕상 8:12~20)

예루살렘 성전聖殿이 준공竣工되어 하나님께 봉헌奉獻하였습니다. 언약궤言約櫃를 지성소에 안치安置하였습니다. 정성을 다하여 나라와 백성百姓이 한 마음으로 봉헌奉獻 번제燔祭와 화목제和睦祭를 드리고 하나님께 영광榮光을 돌렸습니다. 하나님의 전에 여호와의 영광榮光이 나타났습니다. 하나님의 영광榮光은 온 나라와 백성百姓들에게 은혜恩惠와 축복祝福으로 임재臨齋하였습니다.

【 낭송 표시 : 1회 ▚ / 4회 ■ / 목표 120회 】

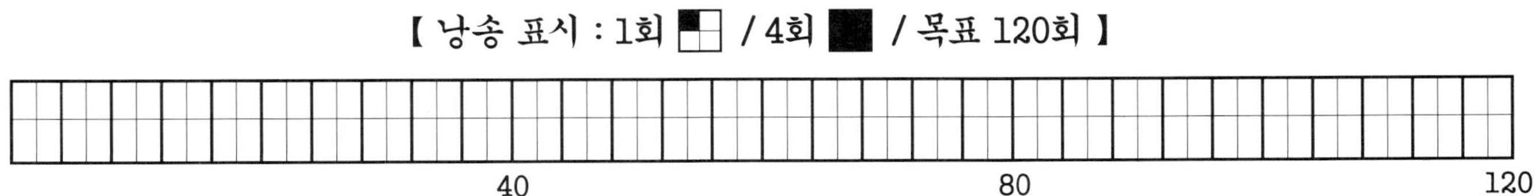

"주의 말씀은 내 발의 등이요 내 길에 빛이니이다"(시 119:105)

제 18 일

기뻐하며 마음에 즐거워하였더라

열왕기상 8:66

예루살렘 성전聖殿 건축建築으로 나라와 백성百姓과 왕이 모두 큰 은혜恩惠와 복福을 받았습니다. 역사상 가장 훌륭한 성전聖殿이 건축建築될 때 역사상 최고의 부강富强한 나라, 번영하는 국가, 평화平和로운 사회, 온 국민國民이 행복幸福을 누리며 사는 태평성대太平聖代가 이루어집니다.

1. 내가 여호와의 허許하신 대로 내 부친父親 다윗을 대신代身하여 일어나서 이스라엘 위에 앉고, 이스라엘 하나님 여호와의 이름을 위하여 전殿을 건축建築하고, 내가 또 그곳에 우리 열조列祖를 애굽 땅에서 인도引導하여 내실 때에 저희와 세우신 바, 여호와의 언약言約 곧 궤櫃를 위하여 한 처소處所를 설치設置하였노라. 솔로몬이 여호와의 단 앞에서 이스라엘 온 회중會衆을 마주서서 하늘을 향하여 손을 펴고 가로되, 이스라엘 하나님 여호와여 상천하지上天下地에 주와 같은 신이 없나이다. 주께서는 마음으로 주의 앞에 행동行動하는 종들에게 언약言約을 지키시고 은혜恩惠를 베푸시나이다. 주께서 주의 종 내 아비 다윗에게 허락許諾하신 말씀을 지키사, 주의 입으로 말씀하신 것을 손으로 이루심이 오늘날과 같으니이다. (왕상 8:20~24)

2. 하나님 여호와여 주께서 주의 종 내 아비 다윗에게 말씀하시기를, 네 자손子孫이 자기 길을 삼가서 네가 내 앞에서 행한 것같이, 내 앞에서 행하기만 하면 네게로 좇아나서, 이스라엘 위에 앉을 사람이 내 앞에서 끊어지지 아니하니라 하셨사오니, 이제 다윗을 위하여 그 허락許諾하신 말씀을 지키시옵소서. 하나님이여 원컨대 주는 주의 종 내 아비 다윗에게 하신 말씀이 확실確實하게 하옵소서. 하나님이 참으로 땅에 거하시리이까, 하늘이라도 주를 용납容納지 못하겠거든 하물며 내가 건축建築한 이 전殿이오리이까, 그러나 나의 하나님 여호와여 종의 기도祈禱와 간구懇求를 돌아보시며, 종이 오늘날 주의 앞에서 부르짖음과 비는 기도祈禱를 들으시옵소서. (왕상 8:26~28)

3. 주께서 말씀하시기를 내 이름이 거기 있으리라 하신 곳, 이곳을 향하여 주의 눈이 주야晝夜로 보옵시며, 종이 이곳을 향하여 비는 기도祈禱를 들으시옵소서. 종과 주의 백성百姓이 이곳을 향하여 기도祈禱할 때에 주는 그 간구懇求함을 들으시되 주의 계신 곳 하늘에서 들으시고 들이시사 사赦하여 주옵소서. (왕상 8:29~30)

4. 주의 백성百姓이 주께 범죄犯罪하여 주께 돌아와서, 주의 이름을 인정認定하고 이 전殿에서 주께 빌며 간구懇求하거든, 주는 하늘에서 들으시고 주의 백성百姓 이스라엘의 죄罪를 사赦하시고, 그 열조列祖에게 주신 땅으로 돌아오게 하옵소서. 만일 저희가 주께 범죄犯罪함을 인하여 하늘이 닫히고, 비가 없어서 주의 벌을 받을 때에 이곳을

향하여 빌며, 주의 이름을 인정認定하고 그 죄罪에서 떠나거든 주는 하늘에서 들으사 주의 종들과 주의 백성百姓 이스라엘의 죄罪를 사赦하시고, 그 마땅히 행할 선한 길을 가르쳐 주옵시며, 주의 백성百姓에게 기업基業으로 주신 주의 땅에 비를 내리시옵소서. 주의 관대寬大한 이름과 주의 능能하신 손과 펴신 팔의 소문所聞을 듣고 와서 이 전殿을 향하여 기도祈禱하거든, 주는 계신 곳 하늘에서 들으시고, 주께 부르짖는 대로 이루사 만민萬民으로 주의 이름을 알고, 주의 백성百姓 이스라엘처럼 경외敬畏하게 하옵시며, 내가 건축建築한 이 전殿을 주의 이름으로 일컫는 줄을 알게 하옵소서. (왕상 8:33~43)

5. 솔로몬이 무릎을 꿇고 손을 펴서, 하늘을 향하며 이 기도祈禱와 간구懇求로 여호와께 아뢰기를 마치고, 여호와의 단壇 앞에서 일어나 서서 큰 소리로 이스라엘의 온 회중會衆을 위하여 축복祝福하여 가로되, 여호와를 찬송讚頌할지로다. 여호와의 선하신 말씀이 하나도 이루어지지 않음이 없도다. 우리 하나님 여호와께서 우리 열조列祖와 함께 계시던 것같이 우리와 함께 계시옵고, 우리를 떠나지 마옵시며 버리지 마옵시고, 우리 마음을 자기에게로 향하여 그 모든 길로 행하게 하옵시며, 우리 열조列祖에게 명命하신 계명誡命과 법도法度와 율례律例를 지키게 하시기를 원하오며, 여호와 앞에서 나의 간구懇求한 이 말씀을 주야晝夜로 우리 하나님 여호와께 가까이 있게 하옵시고, 주의 종의 일과 주의 백성百姓의 일을 날마다 돌아보사, 세상世上 만민萬民에게 여호와만 하나님이신 것을 알게 하시기를 원하노라. (왕상 8:54~60)

6. 이에 왕이 함께한 이스라엘이 다 여호와 앞에 희생犧牲을 드리니라. 솔로몬이 화목제和睦祭 희생犧牲을 드렸더니, 곧 여호와께 드린 소가 이만이천이요 양이 십이만이라. 이와 같이 왕과 모든 이스라엘 자손子孫이 여호와의 전殿의 낙성식落成式을 행하였는데, 제 팔일에 솔로몬이 백성百姓을 돌려 보내매 백성百姓이 왕을 위하여 축복祝福하고, 자기 장막帳幕으로 돌아가는데 여호와께서 그 종 다윗과 그 백성百姓 이스라엘에게 베푸신 모든 은혜恩惠를 인하여 기뻐하며 마음에 즐거워하였더라. (왕상 8:62~66)

이스라엘 역사의 황금기黃金期는 솔로몬 왕의 예루살렘 성전聖殿 헌당식獻堂式이었습니다. 하나님께는 영광榮光이요, 국가·민족民族·공동체共同體에게는 평화平和와 번영이요, 왕과 백성百姓들에게는 기쁨과 즐거움이 가득하였습니다. 변함없는 믿음 생활은 이와 같은 축복祝福과 행복幸福과 영광榮光이 지속되게 합니다.

【 낭송 표시 : 1회 ▚ / 4회 ■ / 목표 120회 】

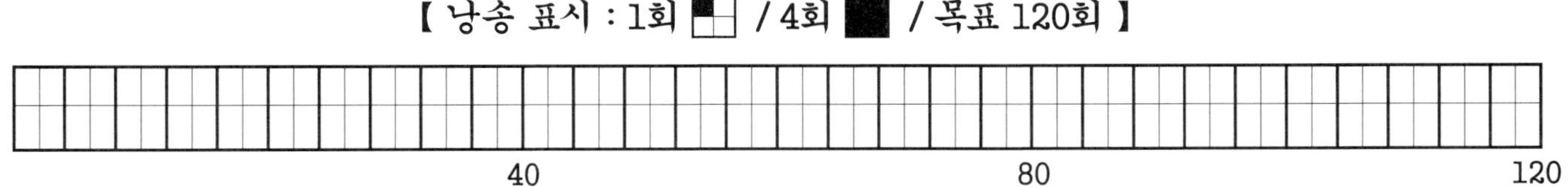

"주의 말씀은 내 발의 등이요 내 길에 빛이니이다"(시 119:105)

제 19 일

선지자先知者 엘리야가 승천昇天하더라

열왕기하 2:11

성경聖經에 육신肉身의 몸을 그대로 가지고 죽음을 경험經驗하지 않고 하나님 나라로 승천昇天한 분은 에녹과 엘리야입니다. 예수님께서는 십자가에 죽으시고 부활復活하신 후 승천昇天하셨습니다. 예수님 재림再臨하실 때에 우리 성도聖徒들이 이 세상에 생존生存해 있다면 죽음을 경험하지 않고 승천 휴거될 것입니다.

1. 여호와께서 회리바람으로 엘리야를 하늘에 올리고자 하실 때에, 엘리야가 엘리사ELISHA로 더불어 길갈GILGAL에서 나가더니 너는 여기 머물라 여호와께서 나를 벧엘BETHEL로 보내시느니라. 엘리사가 가로되 내가 당신을 떠나지 아니하겠나이다. 이에 두 사람이 벧엘에 내려가니 엘리사야 너는 여기 머물라. 여호와께서 나를 여리고JERICHO로 보내시느니라. 저희가 여리고에 이르매 너는 여기 머물라. 여호와께서 나를 요단JORDAN으로 보내시느니라. 엘리사가 가로되 내가 당신을 떠나지 아니하겠나이다 하매 이에 두 사람이 행하니라. 그 두 사람이 요단 가에 섰더니 엘리야가 겉옷을 취하여 말아 물을 치매 물이 이리저리 갈라지고 두 사람이 육지陸地 위로 건너더라. 엘리야가 엘리사에게 이르되 내가 네게 이렇게 할 것을 구救하라. 엘리사가 가로되 당신의 영감靈感이 갑절이나 내게 있기를 구하나이다. 가로되 내가 어려운 일을 구救하는도다. 두 사람이 행하며 말하더니 홀연忽然히 불수레와 불말들이 두 사람을 격隔하고 엘리야가 회리바람을 타고 승천昇天하더라. (왕하 2:1~11)

2. 엘리사ELISHA가 보고 소리지르되 내 아버지여 내 아버지여 이스라엘의 병거兵車와 그 마병馬兵이여 하더니 다시 보이지 않는지라. 이에 엘리사가 자기의 옷을 잡아 둘에 찢고, 엘리야의 몸에서 떨어진 겉옷을 주워 가지고 돌아와서 요단 언덕에 서서 엘리야의 몸에서 떨어진 그 겉옷을 가지고 물을 치며 가로되 엘리야의 하나님 여호와는 어디 계시니이까 하고 저도 물을 치매 물이 이리저리 갈라지고 엘리사가 건너니라. (왕하 2:12~14)

3. 맞은편 여리고에 있는 선지자先知者 생도生徒들이 저를 보며 말하기를 엘리야의 영감靈感이 엘리사의 위에 머물렀다 하고, 가서 저를 영접迎接하여 그 앞에서 땅에 엎드리고 가로되 당신의 종들이 용사勇士 오십 인五十人이 있으니 청컨대 저희로 가서 당신의 주를 찾게 하소서 염려念慮컨대 여호와의 신이 저를 들어가다가 어느 산에서 어느 골짜기에 던지셨을까 하나이다. 엘리사가 가로되 보내지 말라 하니 무리가 강청强請하매 보내라 한지라. 저희가 오십 인을 보내었더니 사흘을 찾되 발견發見하지 못하고 저에게 돌아오니 엘리사가 저희에게 이르되 내가 자기 말라고 너희에게 이르지 아니하였느냐 하였더라. (왕하 2:15~18)

4. 그 성城 사람들이 엘리사에게 고告하되 우리 주께서 보시는 바와 같이 이 성읍城邑의 터는 아름다우나 물이 좋지 못하므로 토산土産이 익지 못하고 떨어지나이다. 엘리사가 가로되 새 그릇에 소금을 담아 내게로 가져오라 하매 곧 가져온지라. 엘리사가 물 근원根源으로 나아가서 소금을 그 가운데 던지며 가로되 여호와의 말씀이 내가 이 물을 고쳤으니, 이로 좇아 다시는 죽음이나 토산土産이 익지 못하고 떨어짐이 없을지니라 하셨느니라 하니, 그 물이 엘리사의 말과 같이 고쳐져서 오늘날에 이르렀더라. (왕하 2:19~22)

5. 엘리사가 거기서 벧엘로 올라가더니 길에 행할 때에 젊은 아이들이 성城에서 나와서 저를 조롱嘲弄하여 가로되 대머리여 올라가라 대머리여 올라가라 하는지라. 엘리사가 돌이켜 저희를 보고, 여호와의 이름으로 저주詛呪하매 곧 수풀에서 암콤 둘이 나와서 아이들 중에 사십이 명을 찢었더라. 엘리사가 거기서부터 갈멜 산으로 가고 거기서 사마리아로 돌아왔더라. (왕하 2:23~25)

6. 선지자先知者의 생도生徒의 아내 중에 한 여인女人이 엘리사에게 부르짖어 가로되 당신의 종 나의 남편男便이 이미 죽었는데 당신의 종이 여호와를 경외敬畏한 줄은 당신이 아시는 바니이다. 이제 채주債主가 이르러 나의 두 아이를 취하여 그 종을 삼고자 하나이다. 엘리사가 이르되 내가 너를 위하여 어떻게 하랴 네 집에 무엇이 있는지 내게 고하라. 저가 가로되 집에 한 병甁 기름 외에는 아무것도 없나이다. 가로되 너는 밖에 나가서 모든 이웃에게 그릇을 빌리라. 빈 그릇을 빌되 조금 빌지 말고, 너는 두 아들과 함께 들어가서 문을 닫고 그 모든 그릇에 기름을 부어서 차는 대로 옮겨 놓으라. 여인이 물러가서 그 두 아들과 함께 문을 닫은 후에 저희는 그릇을 그에게로 가져오고 그는 부었더니 그릇에 다 찬지라. 그 여인이 하나님의 사람에게 나아가서 고한대 가로되 너는 가서 기름을 팔아 빚을 갚고 남은 것으로 너와 두 아들이 생활生活하라 하였더라. (왕하 4:1~7)

스승의 능력能力을 계승繼承한 엘리사 선지자先知者는 주변周邊에 어려움을 당한 이웃을 도와주며 당면한 문제를 해결解決해 주었습니다. 비웃고 조롱嘲弄하는 자는 비극悲劇의 주인공이 되고, 믿고 순종順從하는 자는 풍성豊盛한 은혜恩惠와 축복祝福을 받게 됩니다.

【 낭송 표시 : 1회 ▞ / 4회 ■ / 목표 120회 】

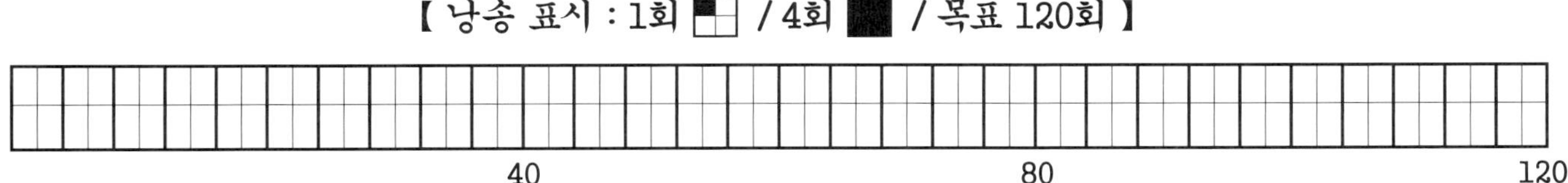

"주의 말씀은 내 발의 등이요 내 길에 빛이니이다"(시 119:105)

제 20 일

엘리사의 말한 대로 아들을 낳았더라

열왕기하 4:16

수넴 지역에 존귀尊貴한 여인이 엘리사 선지자를 초청했습니다. '간권懇勸하여 음식을 먹게' 하였습니다. 그 지역에서 사역使役을 할 때마다 그 여인女人의 가정에서 숙식宿食을 하였습니다. 이러한 섬김과 봉사를 하다가 그 가정이 큰 축복祝福을 받았습니다. 자녀子女가 없는 가정에서 아들을 낳게 되었습니다.

1. 하루는 엘리사가 수넴SHUNEM에 이르렀더니 거기 한 귀貴한 여인女人이 저를 간권懇勸하여 음식飮食을 먹게 한 고로 엘리사가 그곳을 지날 때마다 음식飮食을 먹으러 그리로 들어갔더라. 여인이 그 남편에게 이르되 항상恒常 우리에게로 지나는 이 사람은 하나님의 거룩한 사람인 줄을 내가 아노니, 우리가 저를 위하여 작은 방을 담 위에 짓고 침상沈床과 책상冊床과 의자倚子와 촛대를 진설陳設하사이다 저가 우리에게 이르면 거기 유留하리이다 하였더라. (왕하 4:8~10)

2. 하루는 엘리사ELISHA가 거기 이르러 그 방에 들어가서 누웠더니 자기 사환使喚 게하시에게 이르되, 이 수넴 여인을 불러오라 곧 부르매 여인이 그 앞에 선지라. 가로되 왕이나 군대장관軍隊長官에게 구求할 것이 있느냐, 여인이 가로되 나는 내 백성百姓 중에 거居하나이다 하니라. 엘리사가 가로되 무엇을 하여야 할꼬, 게하시가 대답對答하되 참으로 이 여인은 아들이 없고 그 남편男便은 늙었나이다. 가로되 다시 부르라 부르매 여인이 문門에 서니라. 엘리사가 가로되 돌이 되면 네가 아들을 안으리라 여인이 가로되 아니로소이다. 내 주 하나님의 사람이여 당신의 계집종을 속이지 마옵소서 하니라. (왕하 4:11~16)

3. 엘리사가 집에 들어가 보니 아이가 죽었는데 자기의 침상沈床에 눕혔는지라. 엘리사가 여호와께 기도祈禱하고 아이의 위에 올라 엎드려, 입과 눈을 손에 대고 그 몸에 엎드리니 아이의 살이 차차 따뜻하더라. 다시 아이 위에 올라 엎드리니 아이가 재채기를 하고 눈을 뜨는지라. 엘리사가 가로되 수넴 여인을 불러오라 하니 여인女人이 들어가니 엘리사가 네 아들을 취하라 하니 여인이 들어가서 엘리사의 발 앞에서 땅에 엎드려 절하고 아들을 안고 나가니라. (왕하 4:32~37)

4. 엘리사가 다시 길갈에 이르니 그 땅에 흉년凶年**이 들었는데 선지자**先知者**의 생도**生徒**가 엘리사 앞에 앉은지라. 선지자**先知者**의 생도**生徒**를 위하여 큰솥을 걸고 국을 끓이라. 한 사람이 들외를 따서 썰어 국솥에 넣어 끓어 이에 퍼다가 무리에게 주어 먹게 하였더니, 무리가 국을 먹다가 외쳐 가로되 하나님의 사람이여 사망**死亡**의 독**毒**이 있나이다 하고 능**能**히 먹지 못하는지라. 엘리사가 가로되 가루를 가져오라 하여 솥에 넣고 퍼다가 무리에게 주어 먹게 하라 하매 이에 솥 가운데 해독**害毒**이 없어지니라.** (왕하 4:38~41)

5. 한 사람이 바알 살리사에서부터 처음 익은 식물食物 **곧 보리떡 이십과 자루에 담은 채소를 하나님의 사람에게 드린지라. 저가 가로되 무리에게 주어 먹게 하라. 이것을 일백 명에게 베풀겠나이까 하나, 엘리사는 또 가로되 무리에게 주어 먹게 하라. 여호와의 말씀이 무리가 먹고 남으리라 하셨느니라. 저가 드디어 무리 앞에 베풀었더니 여호와의 말씀과 같이 다 먹고 남았더라.** (왕하 4:42~44)

6. 아람 왕의 군대장관軍隊長官 **나아만**NAAMAN**은 크고 존귀**尊貴**한 자니, 이는 여호와께서 전**殿**에 저로 아람을 구원**救援**하게 하셨음이라. 저는 큰 용사**勇士**나 문둥병자더라. 이스라엘 땅에서 작은 계집 아이 하나를 사로잡으매 나아만의 아내에게 수종**隨從 **들더니, 그 주모**主母**에게 이르되 우리 주인**主人**이 사마리아에 계신 선지자**先知者 **앞에 계셨더면 좋겠나이다. 저가 문둥병을 고치리이다 아람 왕이 가로되 갈지어다 이제 내가 이스라엘 왕에게 글을 보내리라. 나아만이 곧 떠날새 은 십 달란트**TALENT**와 금 육천 개와 의복 열 벌을 가지고 가서, 이스라엘 왕에게 그 글을 전하니 일렀으되 내가 내 신하**臣下 **나아만을 당신에게 보내오니 당신은 그 문둥병을 고쳐 주소서 하였더라.** (왕하 5:1~6)

엘리사 선지자先知者께서는 큰 권능權能과 능력能力을 행하였습니다. 불임여성不妊女性에게 아들을 낳게 하였습니다. 죽은 아이를 살렸습니다. 독毒을 제거除去하였습니다. 적은 음식으로 많은 사람을 배부르게 먹였습니다. 군대장관軍隊長官 나아만의 문둥병을 요단 강에 씻음으로 고침 받게 하였습니다. 하나님의 능력能力이 선지자先知者 엘리사를 통해 나타났습니다.

【 낭송 표시 : 1회 ◪ / 4회 ■ / 목표 120회 】

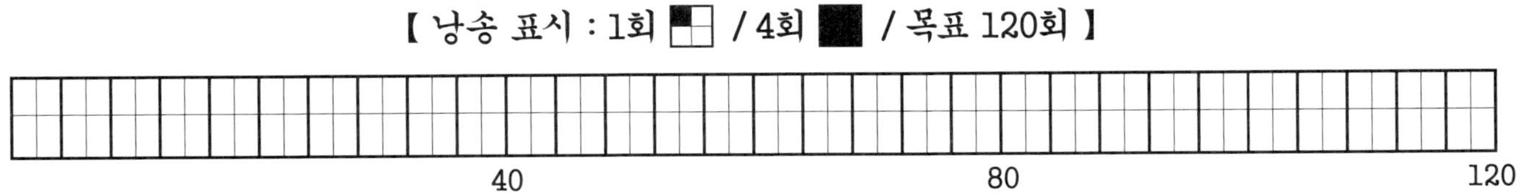

"주의 말씀은 내 발의 등이요 내 길에 빛이니이다"(시 119:105)

제 21 일

너는 가서 요단 강에 몸을 일곱 번 씻으라

열왕기하 5:10

선지자先知者의 말씀을 하나님의 말씀으로 받아들여 믿고 순종順從하면 기적을 경험하게 됩니다. 나병 환자 나아만 장군將軍은 부하의 권고勸告를 받아들여 엘리사 선지자先知者의 명령命令에 순종順從하였습니다. 요단 강에 몸을 일곱 번 씻었더니 문둥병은 사라지고 온몸이 깨끗하게 고침을 받았습니다.

1. 이스라엘 왕이 그 글을 읽고 자기 옷을 찢으며 가로되, 내가 어찌 하나님이관대 능能히 사람을 죽이며 살릴 수 있으랴 저가 어찌하여 사람을 내게 보내어 그 문둥병을 고치라 하느냐, 너희는 깊이 생각하고 저 왕이 틈을 타서 나로 더불어 시비是非하려 함인 줄 알라 하니라. 하나님의 사람 엘리사가 이스라엘 왕이 자기 옷을 찢었다 함을 듣고 왕에게 보내어 가로되, 왕이 어찌하여 옷을 찢었나이까 그 사람을 내게로 오게 하소서. 저가 이스라엘 중에 선지자先知者가 있는 줄 알리이다. 나아만이 이에 말들과 병거兵車들을 거느리고 이르러 엘리사의 집 문門에 서니, 엘리사가 사자使者를 저에게 보내어 가로되 너는 가서 요단 강江에 몸을 일곱 번 씻으라 네 살이 여전如前하여 깨끗하리라. (왕하 5:7~10)

2. 나아만이 노怒하여 물러가며 가로되, 내 생각에는 저가 내게로 나아와 서서 그 하나님 여호와의 이름을 부르고 당처當處 위에 손을 흔들어 문둥병을 고칠까 하였도다. 다메섹 강江 아마나와 바르발은 이스라엘 모든 강江물보다 낫지 아니하냐 내가 거기서 몸을 씻으면 깨끗하게 되지 아니하랴 하고, 몸을 돌이켜 분憤한 모양貌樣으로 떠나니, 그 종들이 나아와서 말하여 가로되, 내 아버지여 선지자先知者가 당신을 명命하여 큰일을 행하라 하였더면 행치 아니하였으리까, 하물며 당신에게 이르기를 씻어 깨끗하게 하라 함이리이까. 나아만이 이에 내려가서 하나님의 사람의 말씀대로 요단 강에 일곱 번 몸을 잠그니 그 살이 여전如前하여 어린아이의 살 같아서 깨끗하게 되었더라. (왕하 5:11~14)

3. 나아만이 모든 종자從者와 함께 하나님의 사람에게로 도로 와서 그 앞에 서서 가로되, 내가 이제 이스라엘 외에는 온 천하天下에 신神이 없는줄을 아나이다. 가로되 당신의 종에게서 예물禮物을 받으소서. 가로되 나의 섬기는 여호와의 사심을 가리켜 맹세하노니 내가 받지 아니하리라. 나아만이 받으라 강권強勸하되 저가 고사固辭한지라. (왕하 5:15~16)

4. 나아만이 가로되 그러면 청請컨대 노새 두 바리에 실을 흙을 당신의 종에게 주소서 이제부터는 종이 번제燔祭든지 제祭든지 다른 신神에게는 드리지 아니하고 다만 여호와께

드리겠나이다. 오직 한 가지 일이 있사오니 여호와께서 당신의 종을 사유赦宥**하시기를 원**願**하나이다. 엘리사가 가로되 너는 평안**平安**히 가라 저가 엘리사를 떠나 조금 진행**進行**하니라.** (왕하 5:17~19)

5. 엘리사의 사환使喚 **게하시가 스스로 이르되 내 주인**主人**이 나아만에게 면**免**하여 주고, 그 가지고 온 것을 그 손에서 받지 아니하였도다. 내가 저를 쫓아가서 무엇이든지 그에게서 취하리라 하고 나아만의 뒤를 쫓아가니 우리 주인**主人**께서 나를 보내시며 은**銀 **한 달란트와 옷 두 벌을 주라 하시더이다. 나아만이 가로되 두 달란트를 받으라. 옷 두 벌을 아울러 두 사환**使喚**에게 지우매 저희가 게하시 앞에서 지고 가니라. 언덕에 이르러는 게하시가 그 물건**物件**을 두 사환**使喚**의 손에서 취하여 집에 감추고 저희를 보내어 가게 한 후, 들어가서 그 주인 앞에 서니 엘리사가 이르되 게하시야 네가 어디서 오느냐 대답**對答**하되 종이 아무 데도 가지 아니하였나이다. 엘리사가 이르되 그 사람이 수레에서 내려 너를 맞을 때에 내 심령**心靈**이 감각**感覺**되지 아니하였느냐, 지금**只今**이 어찌 은**銀**을 받으며 옷을 받으며 감람원**橄欖園**이나 포도원**葡萄園**이나 양**羊**이나 소나 남**男**종이나 여**女**종을 받을 때냐, 그러므로 나아만의 문둥병이 네게 들어 네 자손**子孫**에게 미쳐 영원**永遠**토록 이르리라. 게하시가 문둥병이 발**發**하여 눈같이 되었더라.** (왕하 5:20~27)

6. 선지자先知者**의 생도**生徒**가 엘리사에게 이르되, 보소서 우리가 당신과 함께 거한 곳이 좁으니 재목**材木**을 취하여 우리의 거할 처소**處所**를 세우사이다. 엘리사가 가로되 가라 내가 가리라 하고 저희와 함께 가니라. 무리가 나무를 벨 때에 도끼가 물에 떨어진지라. 이에 외쳐 가로되 아아, 내 주여 이는 빌려온 것이니이다. 엘리사가 나뭇가지를 베어 물에 던져서 도끼로 떠오르게 하고 가로되 너는 취하라 그 사람이 손을 내밀어 취하니라.** (왕하 6:1~7)

나아만 장군將軍은 말씀대로 순종順從함으로 문둥병을 고쳤습니다. 그러나 게하시는 건강한 젊은이였지만 거짓으로 속임수를 쓰다가 "그러므로 나아만의 문둥병이 네게 들어" 문둥병자가 되었습니다. 이 얼마나 불행不幸한 일입니까? 금은보화金銀寶貨보다 하나님께 순종順從하는 것이 더욱 귀貴한 것입니다.

【 낭송 표시 : 1회 / 4회 / 목표 120회 】

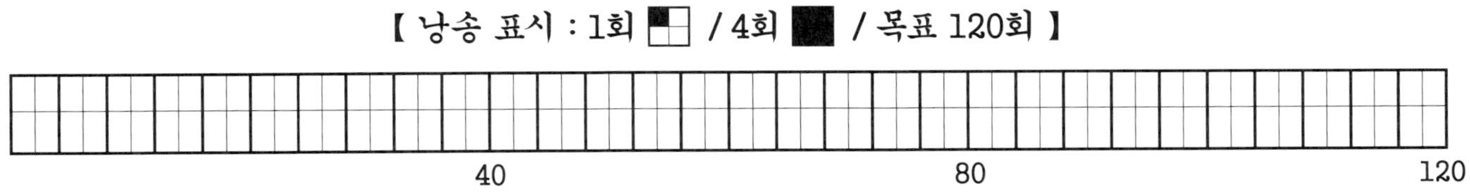

"주의 말씀은 내 발의 등이요 내 길에 빛이니이다"(시 119:105)

제 22 일

불말과 불병거가 산에 가득하여 엘리사를 둘렀더라

열왕기하 6:17

아람 나라 군대장관軍隊長官 나아만의 문둥병이 요단 강에 일곱 번 씻으므로 완전完全하게 고침을 받았습니다. 나아만 장군은 이스라엘 땅 흙을 노새 두바리에 싣고 본국本國으로 돌아갔습니다. 너무 놀랍고 감사感謝한 큰 복福을 받았습니다. 그럼에도 불구하고 아람 왕은 배은망득背恩忘得하게 대군大軍을 이끌고 침략侵掠해 왔습니다. 엘리사 선지자先知者가 하나님께 기도祈禱하여 병사兵事들이 모두 시력視力을 상실喪失하게 되었습니다. 맹인盲人이 된 병사兵士를 수도首都 사마리아까지 인솔引率해서 모두 포로가 되게 했습니다. 하나님의 군대軍隊는 하늘과 엘리사 선지 숙소宿所 주변을 불말과 불병거로 철통鐵桶 같이 방어防禦하고 있었습니다.

1. 아람 왕王이 가로되 엘리사가 어디 있나 보라 내가 보내어 잡으리라. 왕에게 고告하여 가로되 엘리사가 도단DOTHAN에 있나이다. 이에 말과 병거兵車와 많은 군사軍士를 보내매, 저희가 밤에 가서 그 성城을 에워쌌더라. 하나님의 사람을 수종隨從 드는 자가 일찍이 일어나서 나가보니 군사軍士와 말과 병거兵車가 성城을 에워쌌는지라. 그 사환使喚이 엘리사에게 고告하되 아아, 내 주여 우리가 어찌하리이까. 대답對答하되 두려워하지 말라 우리와 함께한 자가 저와 함께한 자보다 많으니라 하고 기도祈禱하여 가로되, 여호와여 원願컨대 저의 눈을 열어서 보게 하옵소서 하니, 여호와께서 그 사환使喚의 눈을 여시매 저가 보니 불말과 불병거가 산에 가득하여 엘리사를 둘렀더라. (왕하 6:13~17)

2. 아람 사람이 엘리사에게 내려오매 엘리사가 여호와께 기도祈禱하여 가로되 원願컨대 저 무리의 눈을 어둡게 하옵소서 하매, 엘리사의 말대로 그 눈을 어둡게 하신지라. 엘리사가 저희에게 이르되 나를 따라오라 내가 너희를 인도引導하여 사마리아에 이르니라. 엘리사가 가로되 여호와여 이 무리의 눈을 열어서 보게 하소서 하니, 여호와께서 저희 눈을 여시매 저희가 보니 사마리아 가운데 있더라. 이스라엘 왕이 저희를 보고 엘리사에게 이르되 내 아버지여 내가 치리이까, 대답對答하되 치지 마소서. 떡과 물을 그 앞에 두어 먹고 마시게 하고 그 주인主人에게 돌려보내소서. 왕이 식물食物을 많이 베풀고 저희가 먹고 마시매 놓아 보내니, 저희가 그 주인主人에게로 돌아가니라. 이로부터 아람 군사軍士의 부대部隊가 다시는 이스라엘 땅에 들어오지 못하니라. (왕하 6:18~23)

3. 선지자先知者 엘리사가 선지자先知者의 생도生徒를 불러 이르되 너는 허리를 동이고 이 기름병甁을 손에 가지고 길르앗 아못으로 가라. 거기 이르거든 여호사밧의 아들 예후를 찾아 기름병을 가지고 그 머리에 부으며 이르기를, 여호와의 말씀이 내가 네게 기름 부어 이스라엘 왕王을 삼노라 하셨느니라. 하나님 여호와의 말씀이 내가 네게 기름을 부어 여호와의 백성百姓의 왕王을 삼노니, 너는 아합의 집을 치라 내가 나의 종 곧

선지자先知者들의 피와 여호와의 종들의 피를 이세벨에게 갚아 주리라. 아합의 온 집이 멸망滅亡하리니 이스라엘 지방地方에서 개들이 이세벨을 먹으리니 저를 장사葬事할 사람이 없으리라 하셨느니라. (왕하 9:1~10)

4. 예후가 거기서 떠나가다가 레갑의 아들 여호나답이 맞으러 오는 것을 만난지라. 그 안부安否를 묻고 가로되 내 마음이 네 마음을 향向하여 진실眞實함과 같이 네 마음도 진실眞實하냐. 여호나답이 대답對答하되 손을 잡으니 예후가 끌어 병거兵車에 올리며 가로되 나와 함께 가서 여호와를 위한 나의 열심熱心을 보라 하고, 이에 자기 병거兵車에 태우고 사마리아에 이르러 거기 남아 있는 바 아합에게 속한 자를 죽여 진멸殄滅하였으니 여호와께서 엘리야에게 이르신 말씀과 같이 되었더라. (왕하 10:15~17)

5. 제사장祭司長 여호야다JEHOJADA의 명命대로 행하되 각기各其 관할管轄하는 바 안식일安息日에 입번入番할 자와 출번出番할 자를 거느리고 제사장祭司長이 여호와의 전殿에 있는 다윗 왕의 창槍과 방패防牌를 백부장百夫長들에게 주니, 호위병護衛兵이 각각各各 손에 병기兵器를 잡고 왕을 호위護衛하되, 전殿 우편右便에서부터 전殿 좌편左便까지 단壇과 전殿 곁에 서고, 여호야다가 왕자王子를 인도引導하여 내어 면류관冕旒冠을 씌우며, 율법책律法冊을 주고 기름을 부어 왕을 삼으매 무리가 박수拍手하며 왕의 만세萬歲를 부르니라. (왕하 11:9~12)

6. 여호야다가 왕王과 백성百姓으로 여호와와 언약言約을 세워 여호와의 백성百姓이 되게 하고, 온 국민國民이 바알의 당堂으로 가서 그 당堂을 훼파毁破하고, 그 단壇들과 우상偶像들을 깨뜨리고 그 단壇 앞에서 바알의 제사장祭司長 맛단을 죽이니라. 제사장祭司長이 관리官吏들을 세워 여호와의 전殿을 수직守直하게 하고 또 백부장들과 호위병護衛兵과 온 국민國民들을 거느리고 왕王을 인도引導하여 여호와의 전殿에서 내려와서 호위병護衛兵의 문 길로 말미암아 왕궁王宮에 이르매 저가 왕의 보좌寶座에 앉으니, 온 국민國民이 즐거워하고 성중城中이 평온平穩하더라. (왕하 11:17~20)

아합 왕과 이세벨은 여호와 하나님을 버리고 바알과 아스다롯을 섬기는 대표적인 우상숭배자偶像崇拜者였습니다. 그 결과 3년 6개월의 흉년凶年과 기근을 당하였고, 끝내는 죽임을 당하나 장례葬禮를 치를 자가 없었고, 살해殺害당한 자리에 개들이 와서 그 피를 먹는 비극悲劇의 주인공主人公들이 되었습니다.

【 낭송 표시 : 1회 / 4회 / 목표 120회 】

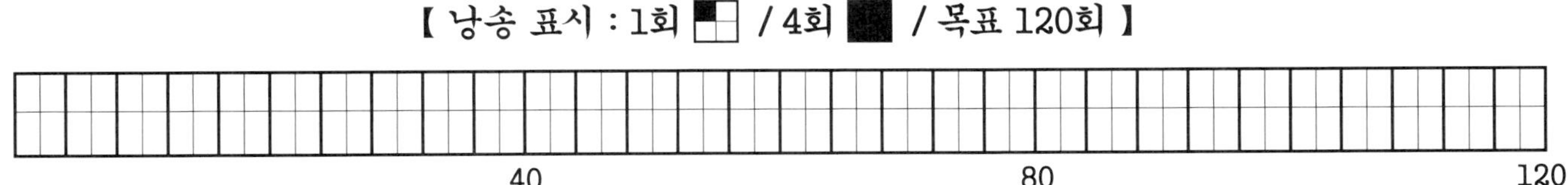

"주의 말씀은 내 발의 등이요 내 길에 빛이니이다"(시 119:105)

제 23 일

전殿의 퇴락頹落한 것을 수리修理하라

열왕기하 12:5

건물建物은 계속 수리修理하고 보수補修해야 합니다. 하나님의 성전聖殿도 계속해서 보수 관리를 잘해야 합니다. 요아스 왕이 예루살렘 성전聖殿의 퇴락頹落한 곳을 모두 수리修理하게 하였습니다. 하나님께서 그의 몸된 성전聖殿을 잘 유지 관리하는 왕과 제사장祭司長과 백성百姓들에게 큰 복福과 은혜恩惠를 베풀어 주셨습니다.

1. 요아스JOASH가 위에 올라 예루살렘JERUSALEM에서 사십 년을 치리治理하니라. 요아스가 제사장祭司長 여호야다의 교훈教訓을 받을 동안에 여호와 보시기에 정직正直히 행行하였으되, 요하스가 제사장祭司長들에게 이르되 무릇 여호와의 전殿에 거룩하게 하여 드리는 은 곧 자원自願하여, 여호와의 전殿에 드리는 모든 은銀을 제사장祭司長들이 받아들여서 전殿의 퇴락頹落한 것을 보거든 그것으로 수리修理하라 하였더니, 요아스 왕 이십삼 년에 이르도록 전殿의 퇴락頹落한 데를 수리修理하지 아니하였는지라. 요아스 왕이 제사장祭司長 여호야다를 불러서 이르되 너희가 어찌하여 수리修理하지 아니하였느냐, 이제부터는 저희로 전 퇴락頹落한 데를 위하여 드리게 하라. (왕하 12:1~7)

2. 제사장祭司長 여호야다가 한 궤櫃를 취取하여 그 뚜껑에 구멍을 뚫어 여호와의 전문殿門 어귀 우편右便에 두매, 무릇 여호와의 전殿에 가져오는 은銀을 다 제사장祭司長들이 그 궤櫃에 넣더라. 이에 그 궤櫃 가운데 은銀이 많은 것을 보면, 왕의 서기書記와 제사장祭司長이 계수計數하여 봉封하고, 그 달아 본 은銀을 여호와의 전殿을 수리修理하는 목수木手와 건축建築하는 자들에게 주고, 또 미장이와 석수石手에게 주고, 수리修理할 목재木材와 돌을 사게 하며, 모든 물건物件을 위하여 쓰게 하였으되, 이는 성실誠實히 일을 하였음이라. 속건제贖愆祭의 은銀과 속죄제贖罪祭의 은銀은 제사장祭司長에게 돌렸더라. (왕하 12:9~16)

3. 아하스가 왕이 되니 그 조상祖上 다윗과 같지 아니하여, 그 하나님 여호와 보시기에 정직正直히 행行치 아니하고, 여호와께서 쫓아내신 이방異邦 사람의 가증可憎한 일을 본받아 자기 아들을 불 가운데로 지나가게 하며, 또 산당山堂과 작은 산 위에와 모든 푸른 나무 아래서 제사祭祀를 드리며 분향焚香하였더라. 아하스가 여호와의 전殿과 왕궁王宮 곳간에 있는 은금銀金을 취取하여 앗수르 당堂에게 예물禮物로 보내었더라. 아하스 왕이 다메섹에 갔다가 거기 있는 단壇을 보고 그 구조構造와 제도制度의 식양式樣을 보고 단壇을 만든지라. (왕하 16:1~11)

4. 아하스가 돌아와서 만든 단壇을 보고 단壇 앞에 나아가 그 위에 제사祭祀를 드리되, 자기自己의 번제燔祭와 소제素祭를 불사르고, 또 전제奠祭를 붓고 수은제水銀劑 짐승의 피를 단壇에 뿌리고, 또 여호와의 전殿 앞에 있던 놋단을 옮기되 단壇 북편北便에 두니라. 제사장祭司長 우리야에게 명命하여 가로되, 아침 번제燔祭와 저녁 소제素祭와 전제奠祭를 다 이 큰 단壇에게 불사르고, 다른 제물祭物의 피를 다 그 위에 뿌리고, 오직 놋은 나의 물을 일에 쓰게 하라 하매, 모든 명命대로 행하였더라. 아하스 왕이 물두멍 받침의 옆판을 떼어내고 물두멍을 그 자리에서 옮기고 놋바다를 내려다가 돌판 위에 두며, 성전聖殿에 건축建築한 낭실廊室을 앗수르 왕을 인하여 여호와의 전殿에 옮겨 세웠더라. (왕하 16:12~18)

5. 이 일은 하나님 여호와께서 죄罪를 범犯하고 또 다른 신神들을 경외敬畏하며, 이방異邦 사람의 규례規例와 율례律例를 행하였음이라. 그들이 불의不義를 행하여 하나님 여호와를 배역背逆하여 모든 성읍城邑에 망대望臺로부터 견고堅固한 성城에 이르도록 산당山堂을 세우고, 모든 산 위에와 모든 푸른 나무 아래에 목상과 아세라 상을 세우고, 모든 산당山堂에서 분향焚香하며 또 악惡을 행하여 여호와를 격노激怒케 하였으며, 우상偶像을 섬겼으니 이는 여호와께서 행行치 말라 명命하신 일이라. (왕하 17:7~12)

6. 여호와께서 각 선지자先知者로 경계警戒하여 이르시기를 너희는 돌이켜 너희 악惡한 길에서 떠나 나의 명령命令과 율례律例를 지키되, 너희에게 전한 모든 율법律法대로 행하라 하셨으나 저희가 듣지 아니하고 그 목을 굳게 하기를, 그 열조列祖와 더불어 세우신 언약言約과 경계警戒하신 말씀을 버리고 허무虛無한 것을 좇아 허망虛妄하며 본받지 말라 하신 사면四面 이방異邦 사람을 본받아 하나님의 모든 명령命令을 버리고, 자기를 위하여 송아지 형상形像을 부어 만들고 아세라 목상木像을 만들고, 하늘의 일월성신日月星辰을 숭배崇拜하며 또 바알을 섬기고 또 자기 자녀子女를 불 가운데로 지나가게 하며, 복술卜術과 사술邪術을 행하고 스스로 팔려 여호와 보시기에 악惡을 행하여 그 노怒를 격발激發케 하였으므로, 여호와께서 심甚히 노怒하사 그 앞에서 제除하시니 유다 지파支派 외에는 남는 자가 없으니라. (왕하 17:13~18)

가장 큰 죄악罪惡은 성전聖殿에 우상偶像 제단祭壇을 만드는 일입니다. 멸망滅亡을 자초하는 일입니다. 예루살렘 성전聖殿에 이방異邦의 잡다한 우상偶像 제단祭壇을 세워 하나님의 성전聖殿을 더럽게 하고, 혼란混亂스럽게 한 일은, 민족民族 전체와 모든 지도자指導者들이 하나님의 심판審判을 받아 민족民族 공동체共同體 몰락沒落을 가져오게 하였습니다.

【 낭송 표시 : 1회 ◪ / 4회 ■ / 목표 120회 】

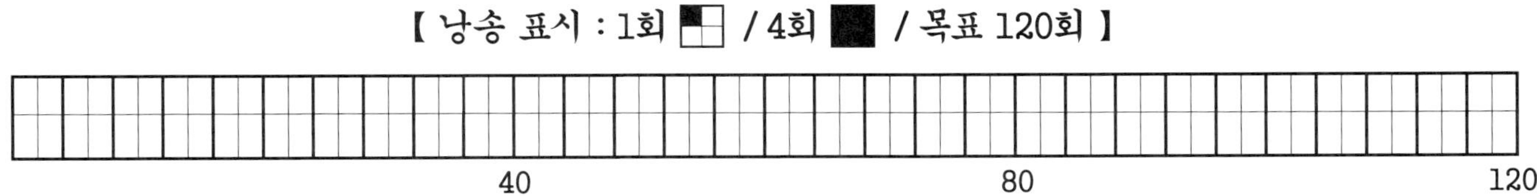

“주의 말씀은 내 발의 등이요 내 길에 빛이니이다”(시 119:105)

제 24 일

우리를 그 손에서 구원救援하옵소서

열왕기하 19:19

앗수르 왕이 산헤립 장군에게 십팔만의 대군大軍을 맡겨 진격進擊해 왔습니다. 이 위급危急한 상황에 처한 히스기야 왕은 침략侵掠 도전장挑戰狀을 가지고 성전聖殿에 올라가서 하나님 앞에 펴놓고 구국기도救國祈禱를 드렸습니다. 하나님께서 응답應答하셔서 적군敵軍 모두가 싸늘하게 시신이 되어 버렸습니다. 기도祈禱하는 왕 히스기야에게 도전挑戰한 앗수르 군대軍隊는 완전 패배敗北하고 말았습니다.

1. 히스기야HEZEKIAH 왕이 굵은 베를 입고 여호와의 전殿에 들어가서, 궁내대신宮內大臣 엘리야김과 서기관書記官과 제사장祭司長중 장로長老들에게 굵은 베를 입혀서 선지자先知者 이사야에게 보내매, 저희가 이사야에게 이르되 히스기야의 말씀이 오늘은 곤란困難과 책벌責罰과 능욕凌辱의 날이라. 아이가 임산臨産 하였으나 해산解産할 힘이 없도다. 랍사게가 앗수르ASSYRIA 왕의 보냄을 받고 와서 사신 하나님을 훼방毁謗하였으니, 하나님 여호와께서 그 말을 인하여 꾸짖으실 듯하니 당신은 남아 있는 자를 위하여 기도祈禱하소서 하더이다. 이사야가 저희에게 이르되 너희 주主에게 이렇게 고告하라. 여호와의 말씀이 너는 앗수르 왕의 신복臣僕에게 들은바 나를 능욕凌辱하는 말을 인하여 두려워하지 말라. 내가 한 영靈을 저의 속에 두어 저로 풍문風聞을 듣고 그 본국本國으로 돌아가게 하고, 또 그 본국本國에서 저로 칼에 죽게 하리라 하셨느니라. (왕하 19:1~7)

2. 히스기야가 사자使者의 손에서 편지便紙를 받아보고 여호와의 전殿에 올라가서 그 편지便紙를 여호와 앞에 펴놓고, 그 앞에서 기도祈禱하여 가로되, 그룹들 위에 계신 하나님 여호와여 주는 천하만국天下萬國에 홀로 하나님이시리라. 주께서 천지天地를 조성造成하셨나이다. 여호와여 귀를 기울여 들으소서. 여호와여 눈을 떠서 보시옵소서 산헤립SENNACHERIB이 사신 하나님을 훼방毁謗하러 보낸 말을 들으시옵소서. 여호와여 앗수르 열왕列王이 과연果然 열방列邦과 그 땅을 황폐荒廢케 하고, 또 그 신神들을 불러 던졌사오니 이는 저희가 신神이 아니요 사람의 손으로 지은 것 곧 나무와 돌뿐이므로 멸滅하였나이다. 우리 하나님 여호와여 원願컨대 이제 우리를 그 손에서 구원救援하옵소서. 그리하면 천하만국天下萬國이 주 여호와는 홀로 하나님이신 줄 알리이다. (왕하 19:14~19)

3. 또 네게 보일 징조徵兆가 이러하니 너희가 금년에는 스스로 자라난 것을 먹고, 명년明年에는 그것에서 난 것을 먹되 제삼년에는 심고 거두며 포도원葡萄園을 심고 그

열매를 먹으리라. 여호와의 열심이 이 일을 이루리라. 그러므로 여호와께서 앗수르 왕을 가리켜 이르시기를 저가 이 성城에 이르지 못하며, 이리로 살을 쏘지 못하며 방패防牌를 성城을 향向하여 세우지 못하며, 치려고 토성土城을 쌓지도 못하고 오던 길로 돌아가고, 이 성城에 이르지 못하리라 하셨으니 이는 여호와의 말씀이시라. 내가 나와 나의 종 다윗DAVID을 위하여 이 성城을 보호保護하여 구원救援하리라 하셨나이다 하였더라. 이 밤에 여호와의 사자使者가 나와서 앗수르 진陣에서 군사軍士 십팔만 오천을 친지라. 아침에 일지기 일어나 보니 다 송장이 되었더라. 앗수르 왕 산헤립이 떠나 돌아가서 니느웨NINEVEH에 거하더니, 그 신 니스록NISROCH의 묘廟에 경배敬拜할 때에, 사레셀이 저를 칼로 쳐 죽이고 에살핫돈ESARHADDON이 대신代身하여 왕王이 되니라. (왕하 19:29~37)

4. 그때에 히스기야HEZEKIAH 왕이 병病들어 죽게 되매 선지자先知者 이사야ISAIAH가 저에게 나아와서 이르되, 여호와의 말씀이 너는 집을 처치處置하라 네가 죽고 살지 못하리라 하셨나이다. 여호와여 구求하오니 내가 진실眞實과 전심全心으로 주 앞에 행하며, 주의 보시기에 선善하게 행行한 것을 기억記憶하옵소서 하고 심히 통곡痛哭하더라. 이사야가 성읍城邑 가운데까지도 이르기 전에 여호와의 말씀이 저에게 임臨하여 가라사대, 너는 돌아가서 내 백성百姓의 주권자主權者 히스기야에게 이르기를 왕王의 조상祖上 다윗의 하나님 여호와의 말씀이 내가 네 기도祈禱를 들었고 네 눈물을 보았노라. 내가 너를 낫게 하리니 네가 삼 일 만에 여호와의 전殿에 올라가겠고, 내가 네 날을 십오 년을 더할 것이며, 내가 너와 이 성城을 앗수르 왕의 손에서 구원救援하고 내가 나를 위하고 내 종 다윗을 위하므로 이 성城을 보호하리라 하셨더라. 이사야가 가로되 무화과無花果 반죽을 가져오라 하매, 무리가 가져다가 그 종처腫處에 놓으니 나으니라. (왕하 20:1~7)

사람은 점점 노쇠老衰해 갑니다. 건강 관리健康管理를 잘못하거나 큰 고민이나 고생苦生을 하면 질병疾病으로 고통苦痛을 당하게 됩니다. 히스기야 왕은 하나님께 기도祈禱함으로 건강健康을 회복回復하여 왕권王權을 15년 연장延長 받았습니다.

【 낭송 표시 : 1회 ▚ / 4회 ■ / 목표 120회 】

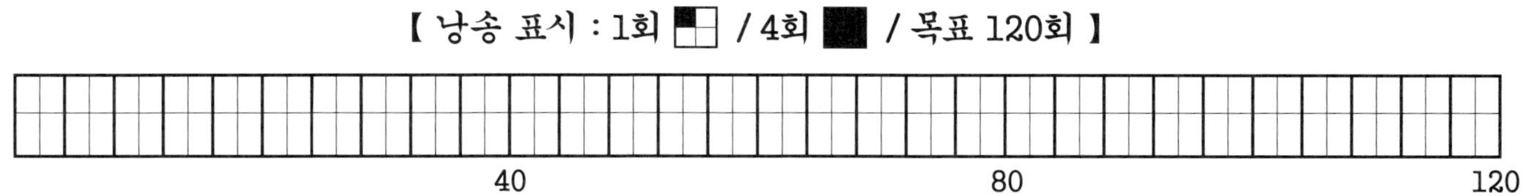

40 80 120

"주의 말씀은 내 발의 등이요 내 길에 빛이니이다"(시 119:105)

제 25 일

군기고軍器庫와 내탕고內帑庫에서 보이지 않은 것이 없나이다

열왕기하 20:15

보여 줄 것과 보여 주지 말아야 할 것이 있습니다. 아무리 좋은 사이라 할지라도 삼갈 것은 삼가야 합니다. 히스기야 왕이 병문안 온 바벨론 사자使者에게 군기고軍器庫와 내탕고內帑庫의 국가國家 기밀과 국방력國防力과 경제력經濟力의 내막內幕을 모두 보여 줌으로 침략侵掠의 기회를 제공하는 어리석음을 범犯하였습니다.

1. 그때에 바벨론 왕 부로닥발라단이 히스기야가 병病들었다고 함을 듣고 편지便紙와 예물禮物을 저에게 보낸지라. 히스기야가 사자使者의 말을 듣고 자기 보물고寶物庫의 금은金銀과 향품香品과 보배로운 기름과 그 군기고軍器庫와 내탕고內帑庫의 모든 것을 다 사자使者에게 보였는데, 무릇 왕궁王宮과 그 나라 안에 있는 것을 저에게 보이지 아니한 것이 없으니라. 선지자先知者 이사야가 히스기야 왕에게 나아와서 이르되, 이 사람들이 무슨 말을 하였으며 어디서부터 왕에게 왔나이까. 히스기야가 가로되 먼 지방地方 바벨론에서 왔나이다. 이사야가 가로되 저희가 왕궁王宮에서 무엇을 보았나이까, 히스기야가 대답對答하되 내궁內宮에 있는 것을 저희가 다 보았나니, 나의 내탕고內帑庫에서 하나도 보이지 아니한 것이 없나이다. 이사야가 히스기야에게 이르되 여호와의 말씀을 들으소서 날이 이르리니, 무릇 왕궁王宮에 있는 모든 것과 왕의 열조列祖가 오늘까지 쌓아 두었던 것을 바벨론으로 옮긴 바 되고 하나도 남지 아니할 것이요, 또 왕王의 몸에서 날 아들 중에서 사로잡혀 바벨론 왕궁王宮의 환관宦官이 되리라 하셨나이다. 히스기야가 이사야에게 이르되 당신의 전한 바 여호와의 말씀이 선善하니이다 하고, 만일 나의 사는 날에 태평太平과 진실眞實이 있을진대 어찌 선善하지 아니하리요 하니라. (왕하 20:12~19)

2. 므낫세가 여호와 보시기에 악惡을 행行하여 이방異邦 사람의 가증可憎한 일을 본本받아서, 그 부친父親 히스기야 왕이 헐어 버린 산당山堂을 다시 세우며, 아합 왕의 소유所有를 본本받아 바알을 위하여 단壇을 쌓으며, 아세라 목상木像을 만들며 하늘의 일월성신日月星辰을 숭배崇拜하여 섬기며, 여호와의 전殿 두 마당에 하늘의 일월성신日月星辰을 위하여 단壇들을 쌓고, 그 아들을 불 가운데로 지나가게 하며, 점치며 사술邪術을 행하며 신접神接한 자와 박수를 신임信任하여 여호와 보시기에 악惡을 많이 행하여 그 진노震怒를 격발激發하였으며, 또 자기가 만든 아로새긴 아세라 목상木像을 전殿에 세웠더라. (왕하 21:2~7)

3. 옛적에 여호와께서 이 전殿에 대하여 다윗과 그아들 솔로몬에게 이르시기를, 내가 택擇한 이 전殿과 예루살렘에 내 이름을 영원永遠히 둘지라. 나의 모든 명령命令과 모든 율법律法을 지켜 행行하면 그 열조列祖에게 준 땅에서 떠나 유리遊離하지 않게 하리라 하셨으나, 이 백성百姓이 듣지 아니하였고 므낫세의 꾀임을 받고 악惡을 행한 것이 여호와께서 멸滅하신 열방列邦보다 더욱 심甚하였더라. 여호와께서 말씀하여 가라사대 므낫세 왕이 이 가증可憎한 일과 악惡을 행行함이 그 전殿에 있던 아모리 사람의 행위行爲보다 더욱 심甚하였고, 또 그 우상偶像으로 유다를 범죄犯罪케 하였도다. 하나님 여호와가 말하노니 내가 이제 예루살렘과 유다에 재앙災殃을 내리리니 듣는 자마다 두 귀가 울리리라. 내가 사마리아를 잰 줄과 아합의 집을 다림 보던 추錘로 예루살렘에 베풀고 또 사람이 그릇을 씻어 엎음같이 예루살렘을 씻어 버릴지라. 내가 나의 기업基業에서 남은 자를 버려 그 대적對敵의 손에 붙인즉, 저희가 모든 대적對敵에게 노략擄掠과 겁탈劫奪이 되리니, 이는 오늘까지 나의 보기에 악惡을 행行하여 나의 노怒를 격발激發하였음이니라 하셨더라. 므낫세가 여호와 보시기에 악惡을 행行하여 유다로 범犯하게 한 그 죄罪 외에도 또 무죄無罪한 자의 피를 심히 많이 흘려 이 가에서 저 가까지 가득하게 하였더라. (왕하 21:7~16)

4. 요시야 왕이 여호와 보시기에 정직正直히 행行하여, 그 조상祖上 다윗의 모든 길로 행行하고 좌우左右로 치우치지 아니하였더라. 요시야 왕 십팔 년에 서기관書記官 사반을 여호와의 전殿에 보내며 가로되, 너는 제사장祭司長 힐기야에게 올라가서, 백성百姓이 여호와의 전殿에 드린 은銀을 계수計數하여, 여호와의 전殿 역사役事 감독자監督者의 손에 붙여 저희로 여호와의 전殿에 있는 공장工匠에게 주어 전殿의 퇴락頹落한 것을 수리修理하게 하되, 곧 목수木手와 건축자建築者와 미장美匠이에게 주게 하고, 또 재목材木과 다듬은 돌을 사서 그 전殿을 수리修理하게 하라 하니라. 그러나 저희 손에 붙인 은을 회계會計하지 아니하였으니, 이는 그 행行하는 것이 진실眞實함이었더라. (왕하 22:2~7)

하나님의 성전聖殿이 퇴락頹落한 것을 수리修理하는 일은 복福 받는 일입니다. 요시야 왕이 성전聖殿 보수 공사補修工事를 하다가 율법책律法冊을 발견하였습니다. 온 백성百姓에게 율법책律法冊을 읽히고 가르침으로 큰 축복祝福을 받게 되었습니다.

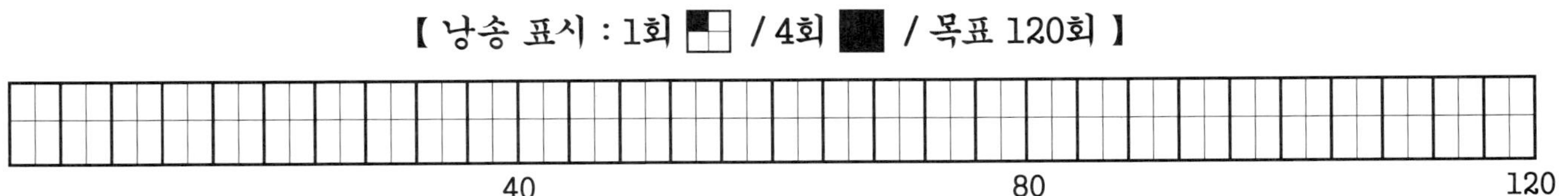

"주의 말씀은 내 발의 등이요 내 길에 빛이니이다"(시 119:105)

제 26 일

여호와께서 우리에게 발發하신 진노震怒가 크도다

열왕기하 22:13

하나님 앞에 지도자指導者와 백성百姓이 지난날의 잘못을 회개悔改하면 하나님의 사죄의 은총恩寵이 임하게 됩니다. 율법책律法冊을 품에 안고 왕王과 제사장祭司長과 온 백성百姓이 회개悔改하고 말씀을 상고하고 순종順從하는 생활生活을 하면 하나님께서 큰 은혜恩惠와 복福을 내려 안정安定되고 부강富强한 국가를 이루게 해주십니다.

1. 대제사장大祭司長 힐기야가 서기관書記官 사반에게 이르되, 내가 여호와의 전殿에서 율법책律法冊을 발견發見하였노라 하고, 그 책冊을 사반이 왕에게 돌아가서 복명復命하여 가로되, 왕의 신복臣僕들이 전殿에 있던 돈을 쏟아 여호와의 전殿 역사役事 감독자監督者의 손에 붙였나이다 하고, 또 왕王에게 고告하여 가로되 제사장祭司長 힐기야가 내게 책冊을 주더이다 하고, 왕의 앞에서 읽으매 왕이 율법책律法冊의 말을 듣자 곧 그 옷을 찢으니라. 왕이 제사장祭司長과 서기관書記官과 대신待臣에게 명命하여 가로되, 너희는 가서 나와 백성百姓과 온 유다를 위하여 이 발견發見한 책의 말씀에 대하여 여호와께 물으라. 우리 열조列祖가 이 책의 말씀을 듣지 아니하며, 이 책에 우리를 위하여 기록된 모든 것을 준행遵行치 아니하였으므로 여호와께서 우리에게 하신 진노震怒가 크도다. (왕하 22:8~13)

2. 여선지女先知 훌다가 저희에게 이르되, 하나님 여호와의 말씀이 내가 이곳과 거민居民에게 재앙災殃을 내리되, 곧 왕의 읽은 책의 모든 말대로 하리니, 이는 이 백성百姓이 나를 버리고 다른 신神에게 분향焚香하며, 그 손의 모든 소위所爲로 나의 노怒를 격발激發하였음이라. 그러므로 나의 이곳을 향하여 발發한 진노震怒가 꺼지지 아니하리라 하라 하셨느니라. 너희를 보내어 여호와께 묻게 한 유다 왕에게는 너희가 이렇게 고告하라. 하나님 여호와의 말씀이 이곳과 그 거민居民에게 대하여 빈터가 되고 저주詛呪가 되리라 한 말을 네가 듣고 마음이 연軟하여 여호와 앞 곧 내 앞에서 겸비謙卑하여 옷을 찢고 통곡痛哭하였으므로, 나도 네 말을 들었노라 여호와가 말하였느니라. 그러므로 내가 너로 너의 열조列祖에게 돌아가서 평안平安히 묘실墓室로 들어가게 하리니, 내가 이곳에 내리는 모든 재앙災殃을 네가 눈으로 보지 못하리라 사자使者들이 왕王에게 복명復命하니라. (왕하 22:15~20)

3. 왕王이 전국全國의 모든 장로長老들을 모으고 이에 여호와의 전殿에 올라가매, 모든 백성百姓과 예루살렘 거민居民과 제사장祭司長들과 선지자先知者들과 모든 백성百姓 무론노소無論老少하고 다 왕과 함께한지라. 왕이 여호와의 전殿 안에서 발견發見한 언약책言約冊의 모든 말씀을 읽어 무리의 귀에 들리고, 왕이 대臺 위에 서서 여호와 앞에 언약言約을 세우되, 마음을 다하고 성품性品을 다하여 여호와를 순종順從하고, 그 계명誡命과 법도法度와 율례律例를 지켜 이 책에 기록記錄된 이 언약言約의 말씀을 이루게 하리라 하매 백성百姓이 다 그 언약言約을 좇기로 하니라. (왕하 23:1~3)

4. 왕王이 제사장祭司長 힐기야와 모든 제사장祭司長들과 문을 지킨 자들에게 명命하여, 바알과 아세라와 하늘의 일월성신日月星辰을 위하여 만든 모든 기명器皿을 여호와의 전殿에서 내어다가 기드론 밭에서 불사르고, 그 재를 벧엘로 가져가게 하고 옛적에 세워진 사면四面 산당山堂에서 분향焚香하며, 우상偶像을 섬기게 한 제사장祭司長들을 폐廢하며, 또 바알과 해와 달과 열두 궁성宮城과 하늘의 모든 별에게 분향焚香하는 자들을 폐廢하고, 아세라 상像을 내어 예루살렘 바깥 기드론 시내로 가져다가, 거기서 불사르고 빻아서 가루를 만들어 평민平民의 묘지墓地에 뿌리고, 또 여호와의 전殿 가운데 미동美童의 집을 헐었으니, 그곳은 여인이 아세라를 위하여 휘장揮帳을 짜는 처소處所이었더라. (왕하 23:4~7)

5. 왕王이 사람으로 몰록에게 드리기 위하여 그 자녀子女를 불로 지나가게 하지 못하게 하고, 태양太陽을 위하여 드린 말들을 제除하여 버렸으니, 이 말들은 여호와의 전殿으로 들어가는 곳의 근처近處에 있던 것이며 또 태양太陽 수레를 불사르고, 여호와의 전殿 두 마당에 세운 단壇들을 왕이 다 헐고, 거기서 빻아 내려서 그 가루를 기드론 시내에 쏟아버리고, 시돈 사람의 가증可憎한 아스다롯과 모압 사람의 가증可憎한 그모스와 암몬 자손子孫의 가증可憎한 밀곰을 위하여 세던 것이며, 벧엘에 세운 단壇과 산당山堂을 왕王이 헐고, 또 그 산당山堂을 불사르고 빻아서 가루를 만들며 또 아세라 목상木像을 불살랐더라. (왕하 23:10~15)

6. 왕이 뭇 백성百姓에게 명命하여 가로되, 이 언약책言約冊에 기록記錄된 대로 너희의 하나님 여호와를 위하여 유월절逾越節을 지키라 하매, 요시야 왕 십팔 년에 예루살렘에서 여호와 앞에 이 유월절逾越節을 지켰더라. 유다 땅과 예루살렘에 보이는 신접神接한 자와 박수와 드라빔과 우상偶像과 모든 가증可憎한 것을 다 제除하였으니, 이는 대제사장大祭司長 힐기야가 여호와의 전殿에서 발견發見한 책에 기록記錄된 율법律法 말씀을 이루려 함이라. 요시야와 같이 마음을 다하며 성품性品을 다하며 힘을 다하며 여호와를 향하여 모세의 모든 율법律法을 온전히 준행遵行한 임금은 요시야 전에도 없었고 후에도 그와 같은 자가 없었더라. (왕하 23:21~25)

하나님의 말씀을 왕王과 그 백성百姓들이 읽고 지키고 행할 때, 하나님께서 큰 은혜恩惠와 복福을 내려 주십니다. 요시야 왕은 어려운 시기에 말씀 중심中心의 정치와 국가國家 경영을 하여 전무후무前無後無한 왕권王權을 유지하였습니다.

【 낭송 표시 : 1회 ▚ / 4회 ■ / 목표 120회 】

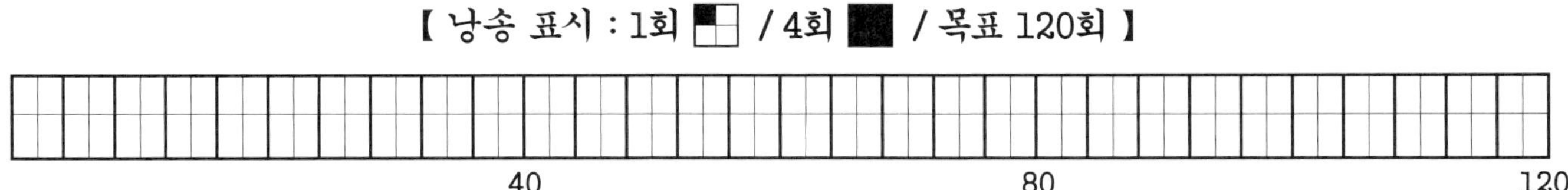

40 80 120

"주의 말씀은 내 발의 등이요 내 길에 빛이니이다"(시 119:105)

제 27 일

여호와 보시기에 악惡을 행하더라

열왕기하 23:37

가장 불행不幸하고 비극悲劇적인 일은 '여호와 보시기에 악惡을 행하는 일'입니다. 우상偶像을 숭배崇拜하고, 하나님의 뜻을 거역하고, 하나님의 종들을 핍박逼迫하고 죄를 짓고 타락한 생활生活을 계속 진행進行하면, 결국 국가國家가 패망하고 왕권王權이 몰락沒落하고 백성百姓들은 포로가 되고 노예奴隷로 전락하고 맙니다. 구약성경의 역사서는 이를 증명證明하고 있습니다.

1. 므낫세 왕이 여호와를 격노激怒케 한 그 모든 격노激怒를 인함이라. 여호와께서 이스라엘을 물리친 것같이 유다도 내 앞에서 물리치며 예루살렘에 내 이름을 거기 두리라 한 이 전殿을 버리리라. 요시야의 아들 여호아하스가 왕이 되어, 그 열조列祖의 모든 행위行爲대로 여호와 보시기에 악惡을 행行하였더니, 여호야김이 그 열조列祖의 모든 행한 일을 본받아 여호와의 보시기에 악惡을 행하였더라. 시드기야가 여호야김의 모든 행위行爲를 본받아 여호와 보시기에 악을 행한지라. 여호와께서 예루살렘과 유다를 진노震怒하심이 저희를 그 앞에서 쫓아내실 때까지 이르렀더라. 시드기야가 바벨론 왕을 배반背叛하니라. (왕하 23:26~24:20)

2. 시드기야 구년 시월 십일에 바벨론 왕 느부갓네살이 그 모든 군대軍隊를 거느리고, 예루살렘을 치러 올라와서 진陣을 치고 사면四面으로 토성土城을 쌓으매 성城이 시드기야 왕 십일 년까지 에워싸였더라. 그 사월 구일에 성중城中에 기근饑饉이 심하여 그 땅 백성百姓의 양식糧食이 진陣하였고, 갈대아 사람이 그 성읍城邑을 에워쌌으므로, 성벽城壁 사이 왕의 동산 곁문 길로 도망逃亡하여 아라바 길로 가더니, 갈대아 군사軍士가 왕을 잡아 바벨론 왕에게로 끌고 가매 저에게 신문訊問하고, 시드기야의 아들들을 저의 목전目前에서 죽이고, 시드기야의 두 눈을 빼고 사슬로 결박結縛하여 바벨론으로 끌어갔더라. (왕하 25:1~7)

3. 오월 칠일에 바벨론 왕의 시위대侍衛隊 장관長官 느부사라단이 여호와의 전殿과 왕궁王宮을 사르고 예루살렘의 모든 집을 불살랐으며, 사면 성벽을 헐었으며 성중에 남아 있는 백성百姓을 다 사로잡아 가고 빈천貧賤한 국민國民을 그 땅에 두어 농부農夫가 되게 하였더라. (왕하 25:8~12)

4. 갈대아 사람이 또 여호와의 전殿 두 놋기둥과 받침들과 여호와의 전의 놋바다를 깨뜨려 그 놋을 바벨론으로 가져가고, 섬길 때에 쓰는 모든 놋그릇을 다 가져갔으며, 금물金物의 금金과 은물銀物의 은銀을 가져갔으며, 또 솔로몬이 여호와의 전殿을 위하여 만든 두 기둥과 한 바다와 받침들을 취하였는데, 이 모든 기구器具의 놋 중수重數를 헤아릴 수 없으니, 그 한 기둥은 고高가 삼 규빗이요 그 머리에 둘린 그물과 석류石榴가 다 놋이라. 다른 기둥의 장식粧飾과 그물도 이와 같았더라. (왕하 25:13~17)

5. 하늘에서 소리가 내려 가로되, 느부갓네살 왕아 네게 말하노니 나라의 위位가 네게서 떠났느니라. 네가 사람에게서 쫓겨나서 들짐승과 함께 거하여 소처럼 풀을 먹을 것이요, 몸이 하늘 이슬에 젖고 머리털이 독수리 털과 같았고 손톱은 새 발톱과 같았었느니라. (단 4:31~33)

6. 벨사살 왕이 그 귀인貴人 일천 명을 위하여 큰 잔치를 배설排設하고 술을 마시니라. 벨사살이 술을 마실 때에 명命하여 그 부친父親 느부갓네살이 예루살렘 전殿에서 취하여 온 금金 은銀 기명器皿을 가져오게 하였으니, 이는 왕과 귀인貴人들과 왕후王后들과 빈궁嬪宮들이 다 그것으로 마시려 함이었더라. 이에 예루살렘 하나님의 성소聖所 중에서 취하여 온 금金 기명器皿을 가져오매, 그것으로 마시고 술을 마시고는 금金 은銀 동銅 철鐵 목木 석石으로 만든 신神들을 찬양讚揚하니라. 그때에 사람의 손가락이 나타나서 왕궁王宮 촛대 맞은편 분벽粉壁에 글자를 쓰는데, 왕이 그 글자 쓰는 손가락을 본지라. 이에 왕의 즐기던 빛이 변하고 그 생각이 번민煩悶하여 넓적다리 마디가 녹는 듯하고 그 무릎이 서로 부딪힌지라. 그러므로 벨사살 왕이 크게 번민煩悶하여 그 낯빛이 변하였고 귀인貴人들도 다 놀라니라. 기록記錄한 글자는 이것이니 곧 메네 메네 데겔 우바르신MENE,MENE,TEKEL,PARSIN 그 뜻을 해석解釋하건대, 하나님이 저울에 달려서 부족不足함이 뵈었다 함이니이다. 그날 밤에 벨사살 왕이 죽임을 당當하고 메대 사람 다리오가 나라를 얻었는데 때에 다리오DRIUS는 육십이 세였더라. (단 5:1~31)

7. 바사 왕 고레스 원년元年에 여호와께서 고레스의 마음을 감동感動 시키시매 조서詔書를 내려 가로되, 하늘의 신神 여호와께서 세상世上 만국萬國으로 네게 주셨고, 나를 명命하사 예루살렘에 전殿을 건축建築하라 하셨나니 하나님은 참 하나님이시라. 너희 중 무릇 그 백성百姓된 자는 유다 예루살렘으로 올라가서, 거기 있는 여호와의 전殿을 건축建築하라. 너희 하나님이 함께 하시기를 원願하노라. 하나님의 전殿을 위하여 예물禮物을 즐거이 드릴지니라. (스 1:1~4)

하나님의 뜻을 거역拒逆하고 성전聖殿을 파괴破壞하고 성전聖殿 기명器皿을 환락歡樂의 도구로 사용하면 왕권王權도 몰락沒落하고 멸망滅亡의 주인공主人公이 됩니다. 하나님은 신실信實한 왕王을 세우셔서 하나님의 백성百姓을 고국으로 귀환歸還케 하여 예루살렘 성전聖殿을 재건再建하게 하고, 성전聖殿 기명器皿을 제자리에 두게 하여 제사祭祀 업무業務를 정상화正常化시키십니다.

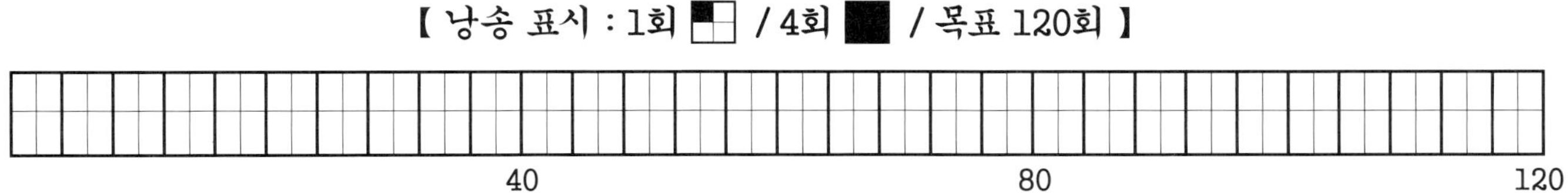

"주의 말씀은 내 발의 등이요 내 길에 빛이니이다"(시 119:105)

제 28 일

다윗이 점점 강성强盛하여 가니라

역대상 11:9

하나님의 말씀을 거역拒逆하고 선지자先知者의 지도를 거부한 사울 왕은 점점 쇠약衰弱해지고 하나님께 순종順從하는 다윗은 점점 강성强盛하여졌습니다. 하나님이 함께하는 사람은 언제나 강성强盛하고 창대昌大케 됩니다.

1. 골짜기에 있는 모든 이스라엘 사람이 도망逃亡한 것과, 사울과 그 아들들의 다 죽은 것을 보고 그 성읍城邑들을 버리고 도망逃亡하매, 사울의 갑옷을 그 신神의 묘廟에 두고 그 머리를 다곤의 묘廟에 단지라. 길르앗 야베스 모든 사람이 블레셋 사람의 사울에게 행한 모든 일을 듣고 용사勇士들이 다 일어나서, 사울과 그 아들의 시체屍體를 취取하여 상수리 나무에서 장사葬事하고 칠 일을 금식禁食하였더라. 사울의 죽은 것은 여호와께 범죄犯罪하였음이라. 저가 여호와의 말씀을 지키지 아니하고, 또 신접神接한 자에게 가르치기를 청請하고, 여호와께 묻지 아니하였으므로 여호와께서 저를 죽이고 그 나라를 이새의 아들 다윗에게 돌리셨더라. (대상 10:7~14)

2. 온 이스라엘이 헤브론에 모여 다윗을 보고 가로되, 우리는 왕의 골육骨肉이니이다. 왕의 여호와께서도 왕에게 말씀하시기를 내가 내 백성百姓 이스라엘의 목자牧者가 되며, 내 백성百姓 이스라엘의 주권자主權者가 되리라 하셨나이다 하니라. 이에 모든 장로長老가 헤브론에 이르러 왕王에게 나아오니, 다윗이 헤브론에서 여호와 앞에서 저희와 언약言約을 세우고, 저희가 다윗에게 기름을 부어 왕王을 삼으니, 여호와께서 사무엘로 전傳하신 말씀대로 되었더라. 다윗이 온 이스라엘로 더불어 예루살렘 곧 여부스에 이르니 다윗이 시온 성을 빼앗았으니 이는 다윗 성이라. 만군萬軍의 여호와께서 함께 계시니 다윗이 점점 강성强盛하여 가니라. (대상 11:1~9)

3. 그때에 다윗은 산성山城에 있고 블레셋 사람의 영채營寨는 베들레헴에 있는지라. 다윗이 사모思慕하여 가로되 베들레헴 성문城門 곁 우물물을 누가 나로 마시게 할꼬 하매, 이에 세 사람이 블레셋 군대軍隊를 충돌衝突하고 지나가서, 베들레헴 성문城門 곁 우물물을 길어가지고 다윗에게로 왔으나 다윗이 마시기를 기뻐하지 아니하고, 그 물을 여호와께 부어 드리고 가로되, 내 하나님이여 내가 결단코 이런 일을 돌아보지 아니하고 갔던 사람들의 피를 어찌 마시리이까 하고, 마시기를 즐겨 아니하니라 세 용사勇士가 이런 일을 행行하였더라. (대상 11:16~19)

4. 베냐민과 유다 자손子孫 중에서 다윗에게 나아오매, 다윗이 나가서 맞아 저희에게 일러 가로되 너희가 평화平和로이 와서 나를 돕고자 하면 내 마음이 너희와 연합聯合하려

니와, 너희가 나를 속여 내 대적對敵에게 붙이고자 하면 우리 열조列祖의 하나님이 감찰鑑察하시고 책망責望 하시기를 원하노라 하매, 이때 성신聖神이 아마새에게 감동感動하시니, 가로되 다윗이여 우리가 당신에게 속하였고 이새의 아들이여, 우리가 당신과 함께하리니 이는 하나님이 당신을 도우심이니라 한지라. 다윗이 드디어 접대接對하여 군대장관軍隊長官을 삼았더라. 그때에 날마다 다윗에게로 돌아와서 돕고자 하매 큰 군대軍隊를 이루어 하나님의 군대軍隊와 같았더라. (대상 12:16~22)

5. 다윗이 천부장千夫長과 백부장百夫長 곧 모든 장수將帥로 더불어 의논議論하고, 이스라엘 온 회중會衆에게 이르되 너희가 선善히 여기고, 우리 하나님 여호와께로 말미암았으면 우리가 이스라엘 온 땅의 백성百姓과 제사장祭司長을 우리에게 보이게 하고, 우리 하나님의 궤櫃를 옮겨오자 사울 때에는 우리가 궤櫃 앞에서 묻지 아니 하였느니라 하매, 뭇 백성百姓이 이 일을 선히 여기므로 온 회중會衆이 그대로 행하겠다 한지라. (대상 13:1~4)

6. 이에 다윗이 남방 애굽의 시홀 시내에서부터 북방 하맛 어귀까지 온 이스라엘을 불러 모으고, 기럇여아림에서부터 하나님의 궤櫃를 메어 오고자 할새, 다윗이 온 이스라엘을 거느리고 여호와 하나님의 궤櫃를 메어 오려 하니, 이는 여호와께서 두 그룹 사이에 계시므로 이스라엘 온 무리와 하나님 앞에서 힘을 다하여 뛰놀며 노래하며 수금竪琴과 비파琵琶와 소고小鼓와 제금提琴과 나팔로 주악奏樂 하니라. (대상 13:5~8)

7. 하나님의 궤櫃를 새 수레에 싣고 아비나답의 집에서 나오는데, 기돈의 타작打作 마당에 이르러서는 소들이 뛰므로, 웃사가 손을 펴서 궤櫃를 붙들었더니 여호와께서 진노震怒하사 치시매 하나님 앞에서 죽으니라. 그날에 다윗이 하나님을 두려워하여 가로되, 내가 어찌 하나님의 궤櫃를 내 곳으로 오게 하리요 궤櫃를 옮겨 오벧에돔의 집으로 메어가니라. 하나님의 궤櫃가 오벧에돔의 집과 그 모든 소유所有에 복福을 내리셨더라. (대상 13:7~14)

하나님의 언약궤言約櫃를 정성情性을 다해 모신 오벧에돔의 집과 그 모든 소유所有에 하나님께서 복福을 내리셨습니다. 오늘날 언약궤言約櫃의 올바른 안치安置는 하나님의 말씀과 하나님의 교회敎會를 사랑하고 순종順從하는 신앙생활信仰生活입니다.

【 낭송 표시 : 1회 ◪ / 4회 ■ / 목표 120회 】

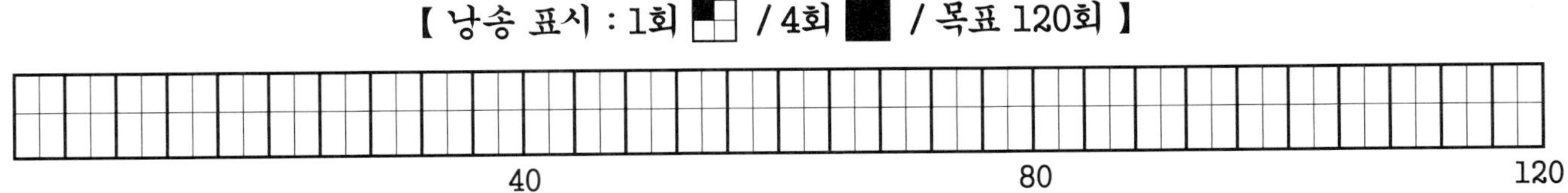

"주의 말씀은 내 발의 등이요 내 길에 빛이니이다"(시 119:105)

제 29 일

다윗 왕이 우상偶像을 소각燒却하니라

역대상 14:10~12

블레셋 사람의 우상은 다곤상이었습니다. 블레셋 군대軍隊가 침입侵入하면서 전쟁터에 다곤 신상神像을 가지고 왔습니다. 패배敗北하고 도망逃亡갈 때 다곤상을 버리고 갔습니다. 다윗 왕은 버리고 간 다곤상을 소각 처분燒却處分하도록 명하였습니다.

1. 다윗이 여호와께서 자기로 이스라엘 왕을 삼으신 줄을 깨달았으니, 이는 그 백성百姓 이스라엘을 위하여 나라를 진흥振興하게 하셨음이더라. 다윗이 기름 부음을 받아 온 이스라엘의 왕이 되었다 함을 블레셋 사람이 듣고 다윗을 찾으러 다 올라오매, 다윗이 하나님께 물어 가로되 내가 블레셋 사람을 치러 올라가리이까 주께서 저희를 내 손에 붙이시겠나이까, 여호와께서 이르시되 올라가라 내가 저희를 네 손에 붙이리라 하신지라. 다윗이 거기서 저희를 치고 가로되 하나님이 물을 흩음같이 내 손으로 대적對敵을 흩으셨다 함으로, 그곳 이름을 바알브라심이라 칭하니라. 블레셋 사람이 우상偶像을 그곳에 버렸으므로 다윗이 명命하여 불에 사르니라. (대상 14:2~12)

2. 블레셋이 다시 침범侵犯한지라. 다윗이 하나님께 묻자온대 하나님이 이르시되, 마주 올라가지 말고 뽕나무 수풀 맞은편에서 엄습掩襲하여 싸우라, 하나님이 네 앞서 나아가니 블레셋 군대軍隊를 치리라 하신지라. 이에 다윗이 하나님의 명命대로 하여 블레셋 군대軍隊를 쳐서 기브온에서 게셀까지 이르렀더니, 다윗의 명성名聲이 열국列國에 퍼졌고, 여호와께서 열국列國으로 저를 두려워하게 하셨더라. (대상 14:13~17)

3. 다윗이 다윗 성에서 자기를 위하여 왕궁王宮을 세우고 또 하나님의 궤櫃를 위하여 처소處所를 예비豫備하고 위하여 장막帳幕을 치고, 가로되 레위 사람 외에는 하나님의 궤櫃를 멜 수 없나니, 이는 여호와께서 택擇하신 하나님의 궤櫃를 메고 영원永遠히 저를 섬기게 하셨음이니라 하고, 이스라엘 온 무리를 예루살렘으로 모으고, 여호와의 궤櫃를 그 예비豫備한 곳으로 메어 올리고자 하여, 너희는 몸을 성결聖潔케 하고 내가 예비豫備한 곳으로 하나님 여호와의 궤櫃를 메어 올리라. (대상 15:1~12)

4. 전에는 너희가 메지 아니하였으므로, 우리 하나님 여호와께서 우리를 충동衝動하셨나니, 이는 우리가 규례規例대로 저희에게 구救하지 아니하였음이라. 이에 제사장祭司長들과 레위 사람들이 하나님 여호와의 궤櫃를 메고 올라가려 하여 몸을 성결聖潔케 하고, 모세가 여호와의 말씀을 따라 명命한 대로 하나님의 궤櫃를 어깨에 메니라. (대상 15:13~15)

5. 다윗이 노래하는 자를 세우고, 비파琵琶와 수금竪琴과 제금提琴 등의 악기樂器를 울려서 즐거운 소리를 크게 내라 하매, 노래하는 헤만과 아삽과 에단은 놋제금提琴을 크게 치고, 스가랴와 아시엘과 브나야는 비파琵琶를 타서 여청에 맞추고, 맛디디야와 오벧에돔과 아사시야는 수금竪琴을 타서 여덟째 음音에 맞추고, 레위 족장族長 그나냐는 노래에 익숙하므로 노래를 주장主掌하고 제사장祭司長 스바냐와 엘리에셀은 하나님 궤櫃 앞에서 나팔을 불고, 이에 다윗과 장로長老들과 천부장이 가서 여호와 언약궤言約櫃를 즐거이 메고 오벧에돔 집에서 올라왔는데, 하나님이 여호와의 언약궤言約櫃를 멘 레위 사람을 도우셨으므로 수송아지 일곱과 숫양 일곱으로 제사祭祀를 드렸더라. (대상 15:16~26)

6. 다윗과 궤櫃를 멘 레위 사람과 노래하는 자와, 그 두목 그나냐와 모든 노래하는 자로 다 세마포細麻布 겉옷을 입었으며, 다윗은 또 베 에봇을 입었고, 이스라엘 무리는 크게 부르며 각角과 나팔을 불며, 제금提琴을 치며 비파琵琶와 수금竪琴을 힘 있게 타며, 여호와의 언약궤言約櫃를 메어 올렸더라. 여호와의 언약궤言約櫃가 다윗 성으로 들어올 때에, 사울의 딸 미갈이 창으로 내려다보다가, 다윗 왕이 춤추며 뛰노는 것을 보고 심중心中에 업신여겼더라. (대상 15:27~29)

사울 왕 때 전쟁터에 가지고 나간 언약궤言約櫃가 오랫동안 성소聖所에 돌아오지 못하였습니다. 다윗은 언약궤言約櫃를 모시고 시온 성으로 입성入城케 하였습니다. 다윗 왕은 너무나 기쁘고 감격感激해서 찬송讚頌을 부르고 춤을 추며 하나님께 영광榮光을 돌렸습니다.

【 낭송 표시 : 1회 / 4회 / 목표 120회 】

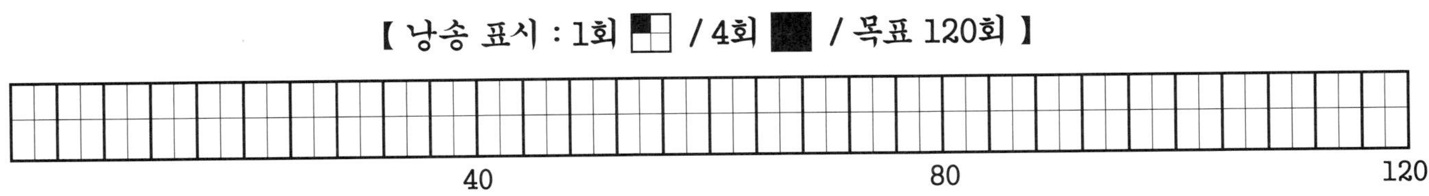

“주의 말씀은 내 발의 등이요 내 길에 빛이니이다”(시 119:105)

제 30 일

여호와께 구求하는 자는 마음이 즐거울지로다

역대상 16:10

언약궤言約櫃를 성소聖所에 안치安置한 후 정성精誠을 다하여 제사祭祀를 드리고 큰 잔치殘置를 베풀어 백성百姓들과 함께 기뻐하고 즐거워하였습니다. 목동 다윗은 왕이 된 후 언약궤言約櫃를 되찾아 성소聖所에 모심으로 '여호와께 구求하여 응답應答 받은 기쁨을' 온 백성百姓들과 나누고 다함께 기뻐하고 받은 복福을 인하여 하나님께 영광榮光을 돌렸습니다.

1. 하나님의 궤櫃를 메고 들어가니 다윗이 위하여 친 장막帳幕 가운데 두고 번제燔祭와 화목제和睦祭를 하나님 앞에 드리니라. 다윗이 번제燔祭와 화목제和睦祭 드리기를 마치고, 여호와의 이름으로 백성百姓을 축복祝福하고, 또 이스라엘 무리의 무론 남녀無論男女하고 매每 명名에 떡 한 덩이와 고기 한 조각과 건포도병乾葡萄餠 하나씩 나누어 주었더라. 또 레위 사람을 세워 하나님의 궤櫃 앞에서 섬기며, 이스라엘 하나님을 칭송稱頌하며 감사感謝하며 찬양讚揚하게 하였으니, 아삽은 제금提琴을 힘 있게 치고 제사장祭司長은 하나님의 언약궤言約櫃 앞에서 나팔을 부니라. 그 앞에 다윗이 아삽과 그 형제를 세워 하나님께 감사感謝하여 이르기를, 너희는 여호와께 감사感謝하며 그 이름을 불러 아뢰며 그 행사行事를 만민萬民 중에 알게 알지어다. 그에게 노래하며 찬양讚揚하며 그 성호聖號를 자랑하라 무릇 여호와께 구求하는 자는 마음이 즐거울지로다. (대상 16:1~10)

2. 여호와와 그 능력能力을 구求할지어다. 그 얼굴을 항상恒常 구求할지어다. 그 행하신 기사奇事와 이적異蹟과 판단判斷을 기억記憶할지어다. 그는 여호와 우리 하나님이시라. 너희는 그 언약言約과 그 명命하신 말씀을 영원永遠히 기억記憶 할지어다. 이것은 아브라함에게 하신 언약言約이며 이삭에게 하신 맹세며 야곱에게 세우신 율례律例 곧 영원永遠한 언약言約이라 이르시기를, 내가 가나안 땅을 네게 주어 너희 기업基業의 지경地境이 되게 하리라 하셨도다. 너희는 나의 기름 부은 자를 만지지 말며 나의 선지자先知者를 상傷하지 말라 하셨도다. (대상 16:11~22)

3. 온 땅이여 여호와께 노래하며 그 구원救援을 날마다 선포宣布할지어다. 그 영광榮光을 열방列邦 중에 그 기이奇異한 행적行蹟을 만민萬民중에 선포宣布할지어다. 여호와는 광대廣大하시니 극진極盡히 찬양讚揚할 것이요, 모든 신보다 경외敬畏할 것임이요. 만방萬邦의 모든 신神은 헛것이요 여호와께서는 하늘을 지으셨음이로다. 존귀尊貴와 위엄威嚴이 그 앞에 있으며 능력能力과 즐거움이 그 처소處所에 있도다. 만방萬邦의 족속族屬들아 영광榮光과 권능權能을 여호와께 돌릴지어다. (대상 16:23~28)

4. 여호와의 이름에 합당合當한 영광榮光을 그에게 돌릴지어다. 예물禮物을 가지고 그 앞에 들어갈지어다. 아름답고 거룩한 것으로 여호와께 경배敬拜할지어다. 하늘은 기뻐하고 땅은 즐거워하며 여호와께서 통치統治하신다 할지로다. 바다와 거기 충만充滿한 것이 외치며 밭과 그 가운데 모든 것은 즐거워할지로다. 삼림森林의 나무들이 여호와 앞에서 즐거이 노래하리니 주께서 땅을 심판審判하러 오실 것임이라. 여호와께 감사感謝하라 그는 선善하시며 그 인자仁慈하심이 영원永遠함이로다. 우리의 구원救援의 하나님이시여 우리를 구원救援하여 만국萬國 가운데 건져 내시고 모으시사, 주의 성호聖號를 감사感謝하며 주의 영예榮譽를 찬양讚揚하게 하소서. 여호와 하나님을 영원永遠부터 영원永遠까지 송축頌祝할지로다 하매, 모든 백성百姓이 아멘 하고 여호와를 찬양讚揚하였더라. (대상 16:29~36)

5. 다윗이 아삽과 그 형제를 여호와의 언약궤言約櫃 앞에 머물러 항상恒常 그 궤櫃 앞에서 섬기게 하되 날마다 그 일대로 하게 하였고, 오벧에돔과 그 형제 육십팔 인과 여두둔의 아들 오벧에돔과 호사로 문지기門直를 삼았고, 제사장祭司長 사독과 그 형제兄弟 제사장祭司長들로 기브온 산당山堂에서 여호와의 성막聖幕 앞에 모시게 하니라. (대상 16:37~39)

6. 항상恒常 조석朝夕으로 번제단燔祭壇 위에 여호와께 번제燔祭를 드리되, 여호와의 율법律法에 기록記錄하여 명命하신 대로 다 준행遵行하였고, 헤만과 여두둔과 녹명錄名된 자를 세워 여호와의 자비慈悲하심이 영원永遠함을 인因하여 감사感謝하게 하였고, 저희와 함께 헤만과 여두둔을 세워 나팔과 제금提琴들과 하나님을 찬송讚頌하는 악기樂器로 소리를 크게 내게 하였고, 여두둔의 아들로 문門을 지키게 하였더라. 이에 뭇 백성百姓은 각각 그 집으로 돌아가고 다윗도 자기 집을 위하여 축복祝福하려고 돌아갔더라. (대상 16:40~43)

언약궤言約櫃를 성소聖所에 모심으로 나라 전체가 안정安定되고 모든 일이 정상화正常化되었습니다. 하나님께서 기쁘게 받으실 찬양讚揚을 작곡作曲하여 성가대聖歌隊와 연주단을 동원動員하여 하나님께 영광榮光의 찬양讚揚을 돌렸습니다. 드디어 이스라엘에 민족民族과 국가國家의 황금 시대黃金時代 전성기全盛期가 전개全開되었습니다.

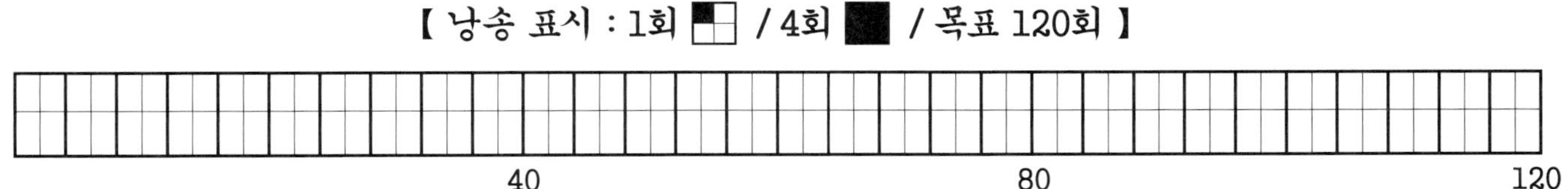

"주의 말씀은 내 발의 등이요 내 길에 빛이니이다"(시 119:105)

제 31 일

이 복福을 영원永遠히 누리리이다

역대상 17:27

감각感覺 SENSE이란 느낌FEEL입니다. 모든 방면方面에 적용適用되는 말입니다. 예민銳敏할수록 좋고 둔감鈍感하면 용도用度가 떨어집니다. 감각感覺과 감정感情이 민감敏感해야 모든 면에 앞설 수 있습니다. 다윗은 매사每事에 예민銳敏하였습니다. 특별히 하나님의 마음과 뜻을 먼저 헤아렸습니다. 성전 건축 불가不可 판정判定을 받은 다윗은 성전 대지 매입과 성전 건축 자재 준비를 완료完了하고 하나님의 지시指示를 기다렸습니다.

1. 다윗이 그 궁실宮室에 거居할 때에 선지자先知者 나단에게 이르되 나는 백향목柏香木에 거居하거늘 여호와의 언약궤言約櫃는 휘장揮帳 밑에 있도다. 나단이 다윗에게 고하되 하나님의 말씀이 나단에게 임臨하여 가라사대 가서 내 종 다윗에게 말하기를 여호와의 말씀이 너는 나의 거居할 집을 건축建築하지 말라. 내가 이스라엘을 올라오게 한 날부터 오늘까지 집에 거居하지 아니하고, 오직 이 장막帳幕과 저 장막帳幕에 있으며 이 성막聖幕과 저 성막聖幕에 있었나니 내 종 다윗에게 말하라. (대상 17:1~7)

2. 만군萬軍의 여호와께서 너를 양을 따르는 데서 취取하여 내 백성百姓의 주권자主權者를 삼고, 네가 어디를 가든지 내가 너와 함께 있어 네 모든 대적對敵을 멸滅하였은즉 세상世上에서 존귀尊貴한 자의 이름을 네게 만들어 주리라. 또 네 모든 대적對敵이 네게 복종服從하게 하리라. 여호와가 너를 위하여 집을 세울지라. 네 아들중 하나를 세우고 저는 나를 위하여 집을 건축建築할 것이요, 나는 그 위를 견고堅固케 하리라. 내가 영원永遠히 내 집과 내 나라를 세우리니 그 위가 영원永遠히 견고堅固하리라 하셨다 하라. 나단이 이 모든 말씀과 이 모든 묵시默示대로 다윗에게 고告하니라. (대상 17:7~15)

3. 다윗 왕이 여호와 앞에 들어가 가로되, 여호와 하나님이여 나는 누구오며 내 집은 무엇이관대 나로 이에 이르게 하셨나이까. 하나님이여 주께서 이것을 오히려 작게 여기시고, 종의 집 장래將來까지 말씀하셨사오니 여호와 하나님이여 나를 존귀尊貴한 자 같이 여기셨나이다. 주께서 종에게 베푸신 존귀尊貴에 대하여 다시 무슨 말을 하오리까. 주께서는 주의 종을 아시나이다. 주께서 주의 백성百姓 이스라엘로 영원永遠히 주의 백성百姓을 삼으셨사오니, 여호와여 주께서 저희 하나님이 되셨나이다. (대상 17:16~22)

4. 여호와여 이제 주의 종과 그 집에 거居하여 말씀하신 것을 영원永遠히 견고堅固케 하시며 말씀하신 대로 행하사 견고堅固케 하시고, 사람으로 영원永遠히 주의 이름을 높여 이르기를 만군萬軍의 여호와는 이스라엘의 하나님이시라. 주의 종 다윗의 집이 주

앞에서 견고堅固히 서게 하옵소서. 나의 하나님이여 주께서 종을 위하여 집을 세우실 것을 이미 듣게 하셨으므로, 주의 종이 주 앞에서 이 기도祈禱로 구求할 마음이 생겼나이다. 여호와여 오직 주는 하나님이시라. 주께서 이 좋은 것으로 주의 종에게 허락許諾하시고, 이제 주께서 종의 집에 복福을 주사 주 앞에 영원永遠히 두시기를 기뻐하시나이다. 여호와여 주께서 복福을 주셨사오니 이 복福을 영원永遠히 누리리이다 하니라. (대상 17:23~27)

5. 여호와의 사자使者가 갓을 명命하여 다윗에게 이르시기를, 올라가서 여부스 사람 오르난의 타작打作마당에서 여호와를 위하여 단壇을 쌓으라 하신지라. 다윗이 여호와의 이른 말씀대로 올라가니라 때에 오르난이 밀을 타작打作하다가 돌이켜 천사天使를 보고 네 아들과 함께 숨었더니, 다윗이 오르난에게 나아가매 타작打作마당에서 나와서 얼굴을 땅에 대고 절하매, 다윗이 오르난에게 이르되 이 타작打作하는 곳을 내게 불이라. 너는 상당相當한 값으로 불이라. 내가 여호와를 위하여 여기 한 단壇을 쌓으리니 그리하면 온역瘟疫이 백성百姓 중에 그치리라. 오르난이 다윗에게 고告하되 왕은 취取하소서 내 주 왕의 좋게 여기시는 대로 행行하소서. (대상 21:18~23)

6. 보소서 내가 이것들을 드리나이다. 소들은 번제물燔祭物로 곡식穀食 떠는 기계機械는 화목火木으로, 밀은 소제물素祭物로 삼으시기 위하여 다 드리리이다. 다윗은 오르난에게 이르되 그렇지 아니하다. 내가 결단코 상당相當한 값으로 사리라. 내가 여호와께 드리려고 네 물건物件을 취取하지 아니하겠고, 값 없이는 번제燔祭를 드리지 아니하리라. 그 값으로 금 육백 세겔을 달아 오르난에게 주고 다윗이 거기서 여호와를 위하여 단壇을 쌓고 번제燔祭와 화목제和睦祭를 드려 여호와께 아뢰었더니, 여호와께서 하늘에서부터 번제단燔祭壇에 불을 내려 응답應答하시니라. (대상 21:23~26)

다윗 왕은 하나님이 원하시는 것을 미리 파악하였고 하나님 원하시지 않은 것은 사전事前에 중지하였습니다. 오르난 타작打作마당에 제사祭祀 드리는 것을 원하였을 때 금 600세겔의 거금을 지불하고 타작打作마당과 모리아 산 전체를 매입買入하여 거룩한 시온 산을 성역화聖域化하였습니다. "여호와여 주께서 복福을 주셨사오니 이 복福을 영원永遠히 누리리이다"(대상 17:27). 다윗과 같이 영적靈的 감각感覺을 예리銳利하게 하여 주소서. 아멘.

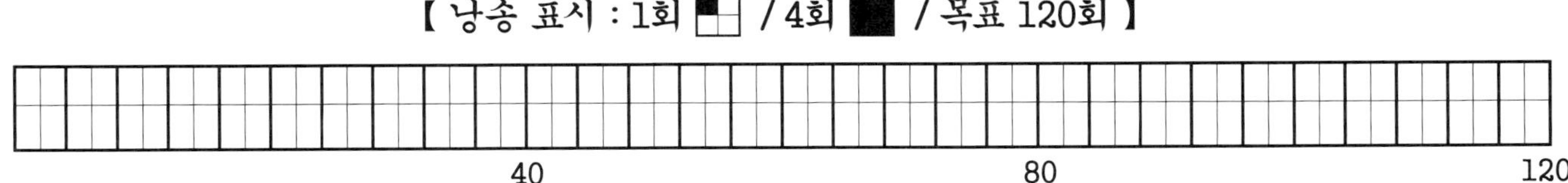

"주의 말씀은 내 발의 등이요 내 길에 빛이니이다"(시 119:105)

Ⅲ

나의 눈물을 주의 병에 담으소서

제1일	극히 장려壯麗하여 명성名聲과 영광榮光이 있게 할지라	역대상 22:5
제2일	명命하신 규례規例대로 수종隨從드니라	역대상 24:19
제3일	여호와 전殿의 모든 역사役事를 마칠 때까지 함께하시리라	역대상 28:20
제4일	주께 즐거이 드리는 것을 보오니 심히 기쁘도소이다	역대상 29:17
제5일	솔로몬이 일천 희생一千犧牲의 번제燔祭를 드렸더라	역대하 1:6
제6일	모리아 산에 여호와의 전殿 건축建築하기를 시작始作하니라	역대하 2:1
제7일	여호와의 영광榮光이 전殿에 가득함이었더라	역대하 5:14
제8일	베푸신 은총恩寵을 기억記憶하옵소서	역대하 6:42
제9일	베푸신 은혜恩惠를 인하여 기뻐하며 즐거워하였더라	역대하 7:10
제10일	복福되도다 당신의 사람들이여	역대하 9:7
제11일	먼저 여호와의 말씀이 어떠하신지 물어 보소서	역대하 18:4
제12일	여호와가 너희와 함께하리라	역대하 20:17
제13일	여호와께 구求하는 동안에 하나님이 형통亨通케 하셨더라	역대하 26:5
제14일	그 더러운 것을 성소聖所에서 없이하라	역대하 29:5
제15일	백성百姓으로 더불어 기뻐하였더라	역대하 29:36
제16일	남은 것이 많으니 그 백성百姓에게 복福을 주셨음이라	역대하 31:10
제17일	부富와 영광榮光이 극極한지라	역대하 32:27
제18일	유월절逾越節을 지켰더라	역대하 35:19
제19일	여호와의 전殿을 위하여 예물禮物을 즐거이 드릴지니라	에스라 1:4
제20일	온 백성百姓이 즐거이 하나님의 전殿 봉헌식奉獻式을 행하니라	에스라 6:16
제21일	일어나소서 우리가 도우리니 힘써 행하소서	에스라 10:4
제22일	종의 기도祈禱를 들으시옵소서	느헤미야 1:6
제23일	다른 데로 구원救援을 얻으리라	에스더 4:14
제24일	범죄犯罪하지 아니하고 원망怨望하지 아니하니라	욥기 1:22
제25일	그 행사行事가 형통亨通하리로다	시편 1:3
제26일	나를 후대厚待하심이로다	시편 13:6
제27일	주께 열납悅納되게 하소서	시편 19:14
제28일	내 잔盞이 넘치나이다	시편 23:5
제29일	기뻐하며 즐거워할지어다	시편 32:11
제30일	나의 건강健康을 회복回復시켜 주소서	시편 39:13
제31일	나를 도우시는 내 하나님을 찬송讚頌하리로다	시편 42:5

제 1 일

극히 장려壯麗하여 명성名聲과 영광榮光이 있게 할지라

역대상 22:5

끝까지 최선最善을 다하는 것은 위대한 삶의 과정科程입니다. 성전 건축聖殿建築 허락許諾을 받지 못한 다윗 왕은 아들 솔로몬이 성전 건축聖殿建築을 잘할 수 있도록 아낌없는 후원을 하였습니다. 극히 장려壯麗하여 명성名聲과 영광榮光이 나타나는 성전聖殿을 건축建築하도록 죽기 전에 많이 준비準備하였습니다. 다윗은 하늘나라 부르심을 받을 때까지 최선을 다하는 신앙생활信仰生活의 참된 모습을 보여 주었습니다.

1. 이때에 다윗이 여호와께서 오르난의 타작打作**마당에서 응답**應答**하심을 보고 거기서 제사**祭祀**를 드렸으니, 모세가 광야**曠野**에서 지은 여호와의 장막**帳幕**과 번제단**燔祭壇**이 그때에 기브온 산당**山堂**에 있으나, 다윗이 여호와의 사자**使者**의 칼을 두려워하여 감히 그 앞에 가서 하나님께 묻지 못함이라.** (대상 21:28~30)

2. 다윗이 가로되 이는 여호와의 전殿**이요 이스라엘의 번제단**燔祭壇**이라 하였더라. 다윗이 명**命**하여 이스라엘 땅에 우거**寓居**하는 이방**異邦 **사람들을 모으고, 석수**石手**를 시켜 하나님의 전**殿**을 건축**建築**할 돌을 다듬게 하고, 다윗이 철**鐵**을 한없이 준비**準備**하고 또 심히 많아 중수**重數**를 셀 수 없는 놋을 준비**準備**하고, 또 백향목**柏香木**을 준비**準備**하였으니, 이는 시돈 사람과 두로 사람이 백향목**柏香木**을 다윗에게로 많이 수운**輸運**하여 왔음이라.** (대상 22:1~4)

3. 다윗이 가로되 내 아들 솔로몬이 어리고 연약軟弱**하고, 여호와를 위하여 건축**建築**할 전**殿**은 극히 장려**壯麗**하여, 만국**萬國**에 명성**名聲**과 영광**榮光**이 있게 하여야 할지라. 그러므로 내가 이 전**殿 **위하여 준비**準備**하리라 하고, 죽기 전에 많이 준비**準備**하였더라. 다윗이 그 아들 솔로몬을 불러 이스라엘 하나님 여호와를 위하여 전**殿**을 건축**建築**하기를 부탁**付託**하여 이르되, 내 아들아 나로 내 하나님 여호와의 이름을 위하여 전**殿**을 건축**建築**할 마음이 있었으나 여호와의 말씀이 내게 임**臨**하여 가라사대, 너는 피를 많이 흘렸고 크게 전쟁**戰爭**하였느니라 내 이름을 위하여 전**殿**을 건축**建築**하지 못하리라.** (대상 22:6~8)

4. 한 아들이 네게서 나리니 저는 평강平康**의 사람이라 그 이름을 솔로몬이라 하리니, 이는 내가 평안**平安**과 안정**安靜**을 이스라엘에게 줄 것임이니라. 저가 내 이름을 위하여 전**殿**을**

건축建築할지라. 저는 내 아들이 되고 나는 저의 아비가 되어 그 나라 위를 이스라엘 위에 굳게 세워 영원永遠까지 이르게 하리라. (대상 22:9~10)

5. 내 아들아 여호와께서 너와 함께 하시기를 원願하며, 네가 형통亨通하여 여호와께서 네게 대對하여 말씀하신 대로 여호와의 전殿을 건축建築하며, 여호와께서 네게 지혜智慧와 총명聰明을 주사 너로 이스라엘을 다스리게 하시고, 너의 하나님 여호와의 율법律法을 지키게 하시기를 더욱 원願하노라. 여호와께서 이스라엘에게 명命하신 율례律例와 규례規例를 행하면 형통亨通하리니, 강强하고 담대膽大하여 두려워 말고 놀라지 말지어다. (대상 22:11~13)

6. 내가 환난患難 중에 여호와의 전殿을 위하여 금 십만 달란트와 은 일백만 달란트와 놋과 철鐵을 그 중수重數로 셀 수 없을 만큼 심히 많이 예비豫備하였고, 또 재목材木과 돌을 예비豫備하였으나 너는 더할 것이며, 또 공장工匠이 많이 있나니 석수石手와 목수木手와 온갖 일에 익숙한 사람들이라. 금金과 은銀과 놋과 철鐵이 무수無數하니 너는 일어나 일하라. 여호와께서 너와 함께 계실지로다. (대상 22:14~16)

7. 다윗이 모든 방백方伯에게 명命하여 솔로몬을 도우라 하여 가로되, 너희 하나님 여호와께서 너희와 함께 하지 아니하시느냐, 사면四面으로 너희에게 평강平康을 주시지 아니하셨느냐, 이 땅으로 여호와와 그 백성百姓 앞에 복종服從케 하셨나니, 이제 너희는 마음과 정신精神을 진정鎭靜하여 너희 하나님께 구求하고 일어나서 여호와 하나님의 성소聖所를 건축建築하고, 여호와의 언약궤言約櫃와 하나님의 거룩한 기구器具를 가져다가 여호와의 이름을 위하여 건축建築한 전殿에 드리게 하라. (대상 22:17~19)

"너는 일어나 일하라 여호와께서 너희와 함께 계실지로다"는 다윗의 신앙생활信仰生活과 성전건축聖殿建築의 표어標語였습니다. 오늘 우리의 표어標語로 삼아 극히 장려壯麗하여 명성名聲과 영광榮光이 넘치는 성전聖殿을 건축建築하므로 장려壯麗하고 명성名聲과 영광榮光이 나타나는 교회敎會와 성도聖徒들이 되시기를 바랍니다. 아멘.

【 낭송 표시 : 1회 / 4회 / 목표 120회 】

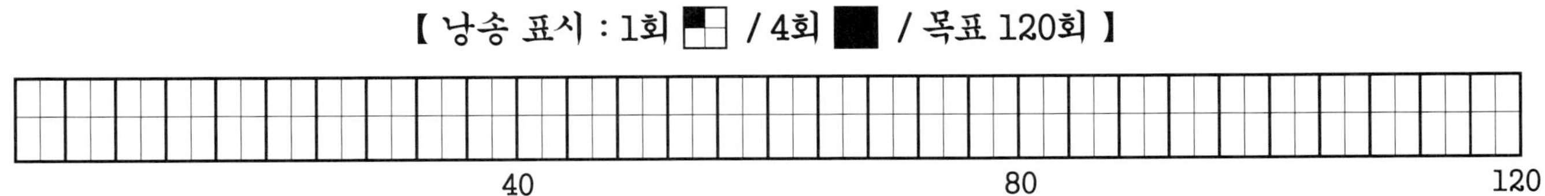

"주의 말씀은 내 발의 등이요 내 길에 빛이니이다"(시 119:105)

제 2 일

명命하신 규례規例대로 수종隨從드니라

역대상 24:19

규례規例 REGULATIONS는 제사祭祀 드리는 순서順序와 진행進行, 준비準備와 태도態度에 관한 자세한 지침指針과 규정規定입니다. 하나님께 예배드릴 때 정성을 다하여 준비準備하고, 소홀疏忽함이나 형식적形式的이나 내 편의나 마음대로 드리지 아니하고 규정規定대로 최선最先을 다하여 드리도록 명命하였습니다.

1. 다윗이 이르기를 이스라엘 하나님 여호와께서 평강平康을 그 백성百姓에게 주시고, 예루살렘에 영원永遠히 거居하시나니, 레위 자손子孫의 직분職分은 아론의 자손子孫 제사장祭司長에게 수종隨從들어 여호와의 전殿과 뜰과 골방에서 섬기고, 또 모든 성물聖物을 정결精潔케 하는 일 곧 하나님의 전殿에서 섬기는 일과, 또 진설병陳設餠과 고운 가루의 소제물素祭物 곧 무교전병과 새벽과 저녁마다 서서 여호와께 축하祝賀하며 찬송讚頌하며, 또 안식일安息日과 절기節期에 번제燔祭를 여호와께 드리니, 그 명命하신 규례規例의 정定한 수효數爻대로 여호와 앞에 드리며, 또 회막會幕의 직무職務와 성소聖所의 직무職務와 그 형제兄弟 아론의 직무職務를 지켜 여호와의 전殿에서 수종隨從 드니라. (대상 23:25~32)

2. 아론 자손子孫의 반차班次가 이러하니라. 엘르아살과 이다말이 제사장祭司長 직분職分을 행行하였더라. 다윗이 엘르아살의 자손子孫 사독과 이다말의 자손子孫 아히멜렉으로 더불어 저희를 나누어 각각 그 섬기는 직무職務를 맡겼는데, 엘르아살 자손子孫중에 족장族長이 십육이요 이다말 자손子孫은 여덟이라. 이에 제비 뽑아 피차彼此에 차등差等이 없이 나누었으니, 이는 성소聖所의 일을 이와 같은 반차班次로 여호와의 전殿에 들어가서 이스라엘 하나님 여호와께서 저희 조상祖上 아론에게 명命하신 규례規例대로 수종隨從 들었더라. (대상 24:1~19)

3. 다윗이 군대軍隊 장관長官들로 더불어 아삽과 헤만과 여두둔의 자손子孫 중에서 구별區別하여 섬기게 하되, 수금竪琴과 비파琵琶와 제금提琴을 잡아 신령神靈한 노래를 하게 하였으니, 그 직무職務대로 일하는 자의 수효數爻가 이러하니라. 아삽의 아들들은 아삽의 수하手下에 속하여 왕의 명령命令을 좇아 신령神靈한 노래를 하며, 여두둔의 아들들은 여두둔의 수하手下에 속하여 수금竪琴을 잡아 신령神靈한 노래를 하며 여호와께 감사感謝하며 찬송讚頌하며 헤만은 하나님의 말씀을 받드는 왕의 선견자先見者라. 헤만의 아들들은 그 수하手下에 속하여 제금提琴과 비파琵琶와 수금竪琴을 잡아 여호와 하나님의 전殿에서 노래하여 섬겼으니, 곧 여호와 찬송讚頌하기를 배워 익숙한 자의 수효數爻가 이백 팔십팔 인이라. (대상 25:1~7)

4. 다윗 왕이 일어나서 가로되 나의 형제兄弟 나의 백성百姓들아 내 말을 들어라. 나는 여호와의 언약궤言約櫃 곧 우리 하나님의 발등상発床을 봉안奉安할 전殿을 건축建築할 마음이 있어 건축建築할 재료材料를 준비準備하였으나, 오직 하나님이 내게 이르시되, 너는 군인軍人이라. 피를 흘렸으니 내 이름을 위하여 전殿을 건축建築하지 못하리라 하셨느니라. 그러나 이스라엘 하나님 여호와께서 전前에 나를 내 부친父親의 온 집에서 택擇하여 영원永遠히 이스라엘 왕王이 되게 하셨나니, 곧 하나님이 유다 지파支派를 택擇하사 머리를 삼으시고, 유다 족속族屬에서 내 부친父親의 집을 택擇하시고, 내 부친父親의 아들 중에서 나를 기뻐하사 온 이스라엘의 왕王으로 삼으셨느니라. (대상 28:1~4)

5. 여호와께서 내게 여러 아들을 주시고, 그 모든 아들 중에서 내 아들 솔로몬을 택擇하사, 여호와의 나라 위에 앉혀 이스라엘을 다스리게 하려 하실새, 내게 이르시기를 네 아들 솔로몬 그가 내 전殿을 건축建築하고 내 여러 뜰을 만들리니, 이는 내가 저를 택擇하여 내 아들을 삼고 나는 그 아비가 될 것임이라. 나의 계명誡命과 규례規例를 힘써 준행遵行하기를 오늘날과 같이 하면 내가 그 나라를 영원永遠히 견고堅固케 하리라. 이제 너희는 온 이스라엘 곧 여호와의 회중會衆의 보는 데와 우리 하나님의 들으시는 데서 여호와의 모든 계명誡命을 구求하여 지키도록 하라. 그리하면 이 아름다운 땅을 누리고, 너희 후손後孫에게 끼쳐 영원永遠한 기업基業이 되게 하리라. (대상 28:5~8)

6. 내 아들 솔로몬아 너는 네 아비의 하나님을 알고 온전穩全한 마음과 기쁜 뜻으로 섬길지어다. 여호와께서는 뭇 사람의 마음을 감찰鑑察하사 모든 사상思想을 아시나니, 네가 저를 찾으면 만날 것이요 버리면 저가 너를 영원永遠히 버리시리라 그런즉 너는 삼갈지어다. 여호와께서 너를 택擇하여 성소聖所의 전殿을 건축建築하게 하셨으니 힘써 행할지니라. (대상 28:9~10)

하나님 마음에 합하게 규례規例대로 하나님께 예배禮拜드리고 하나님의 말씀에 순종順從하는 생활生活은, 하나님께 영광榮光을 돌리게 되고, 약속하시고 예비豫備하신 큰 복福을 받게 합니다. "모든 계명誡命을 지키면 아름다운 땅에서 영원永遠한 기업基業이 되게 하리라"(대상 28:8) 언약言約하셨습니다. 다윗은 "힘써 행할지니라"며 유언으로 당부하였습니다.

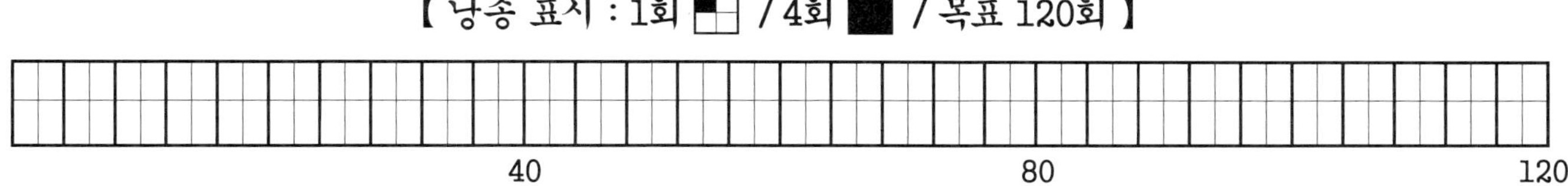

"주의 말씀은 내 발의 등이요 내 길에 빛이니이다"(시 119:105)

제 3 일

여호와 전殿의 모든 역사役事를 마칠 때까지 함께하시리라

역대상 28:20

임마누엘IMMANUEL은 '하나님이 함께하심'입니다. "그 이름을 임마누엘이라 하리라 하나님이 우리와 함께 계시다"(마 1:23) '하나님께서 모든 역사役事를 마칠 때까지 함께 하시리라'는 말씀은 하나님의 구원 사역救援使役 완성完成을 위하여 함께하시고 성전聖殿 역사役事 완공完工까지 함께하신다는 언약言約입니다. 성전 건축聖殿建築은 하나님이 함께 하시는 거룩하고 복된 임마누엘의 역사役事입니다.

1. 다윗이 전殿의 낭실廊室과 그 집들과 그 곳간과 다락과 골방과 속죄소贖罪所의 식양式樣을 그 아들 솔로몬에게 주고, 또 성신聖神의 가르치신 모든 식양式樣 곧 여호와의 전殿의 뜰과 사면四面의 모든 방房과, 하나님의 전殿 곳간과 성물聖物 곳간의 식양式樣을 주고, 또 제사장祭司長과 레위 사람의 반열班列과 여호와의 전殿에 섬기는 모든 일과 섬기는 데 쓰는 모든 그릇의 식양式樣을 설명說明하고, 금기명金器皿을 만들 금金의 중량重量과 은기명銀器皿을 만들 은銀의 중량重量을 정하고, 금등대金燈臺들과 은등대銀燈臺의 중량重量을 각기各其 적당適當하게 하고 진설병陳設餠 금金 중량重量을 정하니라. (대상 28:11~16)

2. 또 향단香壇에 쓸 정금精金과 그룹들의 식양式樣대로 금金의 중량重量을 정하여 주니, 그룹들은 날개를 펴서 여호와의 언약궤言約櫃를 덮는 것이더라. 다윗이 가로되 모든 것의 식양式樣을 여호와의 손이 내게 임臨하여 나로 알게 하였으니라. 솔로몬에게 이르되 너는 강强하고 담대膽大하여 이 일을 행行하며 두려워 말며 놀라지 말라. 네가 여호와의 전殿 역사役事의 모든 일을 마칠 동안에 여호와 하나님 나의 하나님이 너와 함께하사, 네게서 떠나지 않게 하시고 너를 버리지 아니하시리라. (대상 28:18~20)

3. 제사장祭司長과 레위 사람의 반열班列이 있으니 여호와의 전殿의 모든 역사役事를 도울 것이요, 또 모든 공역工役에 공교工巧한 공장工匠이 기쁜 마음으로 너와 함께 할 것이요, 모든 장관長官과 백성百姓이 온전穩全히 네 명령命令 아래 있으리라. (대상 28:21)

4. 다윗 왕이 온 회중會衆에게 이르되 내 아들 솔로몬이 홀로 하나님의 택擇하신 바 되었으나, 오히려 어리고 연약軟弱하고 이 역사役事는 크도다. 이 전殿은 사람을 위한 것이 아니요 여호와 하나님을 위한 것이라. 내가 이미 내 하나님의 전殿을 위하여 힘을 다하여 예비豫備하였나니, 곧 기구器具를 만들 금金과 은銀과 놋과 철鐵과 나무며, 또 마노瑪瑙와

박을 보석寶石과 꾸밀 보석寶石과 채석採石과 다른 보석寶石들과 화반석花斑石이 매우 많으며, 성전聖殿을 위하여 예비豫備한 이 모든 것 외에도 내 마음에 내 하나님의 전殿을 사모思慕하므로, 나의 사유私有의 금金 은銀으로 내 하나님의 전殿을 위하여 드렸노니, 곧 오빌의 금 삼천 달란트와 천은 칠천 달란트라. (대상 29:1~4)

5. 모든 전殿 벽壁에 입히며 금金 은銀 그릇을 만들며, 공장工匠의 손으로 하는 모든 일에 쓰게 하였노니, 오늘날 누가 즐거이 손에 채워 여호와께 드리겠느냐. 이에 모든 족장族長과 이스라엘 모든 지파支派 어른과 천부장千夫長과 백부장百夫長과 왕王의 사무감독事務監督이 다 즐거이 드리되, 하나님의 전殿 역사役事를 위하여 금 오천 달란트와, 금金 다릭 일만과, 은銀 일만 달란트와, 놋 일만 팔천 달란트와, 철鐵 십만 달란트를 드리고, 무릇 보석寶石이 있는 자는 여호와의 전殿 곳간에 드렸더라. 백성百姓이 자기의 즐거이 드림으로 기뻐하였으니, 곧 저희가 성심誠心으로 여호와께 즐거이 드림이며 다윗 왕도 기쁨을 이기지 못하여 하니라. (대상 29:4~9)

6. 다윗이 온 회중會衆 앞에서 여호와를 송축頌祝하여 가로되, 우리 조상祖上 이스라엘의 하나님 여호와여 주는 영원永遠히 송축頌祝을 받으시옵소서. 여호와의 광대廣大하심과 권능權能과 영광榮光과 이김과 위엄威嚴이 다 주께 속하였사오니, 천지天地에 있는 것이 다 주의 것이로소이다. 여호와여 주권主權도 주께 속하였사오니, 주는 높으사 만유萬有의 머리심이니이다. 부富와 귀貴가 주께로 말미암고 주는 만유萬有의 주재主宰가 되사 권세權勢와 능력能力이 있사오니, 우리 하나님이여 주께 감사感謝하오며 주의 영화榮華로운 이름을 찬양讚揚하나이다. (대상 29:10~13)

다윗 왕은 최고의 건축 자재建築資材 곧 금金, 은銀, 놋, 철鐵, 대리석大理石, 백향목柏香木, 각종 보석寶石들을 충분充分하게 마련하였습니다. 하나님이 설계設計하신 식양式樣대로 최고最高의 기술奇術과 정성情性을 다하여 준비準備하였습니다. "성심誠心으로 여호와께 즐거이 드림으로 다윗 왕이 기쁨을 이기지 못하여 하니라." 참으로 아름답고 거룩하고 은혜恩惠롭고 감격感激의 극치極致를 이루고 있는 장면場面이 역대기서歷代記書의 결론結論입니다. 아멘.

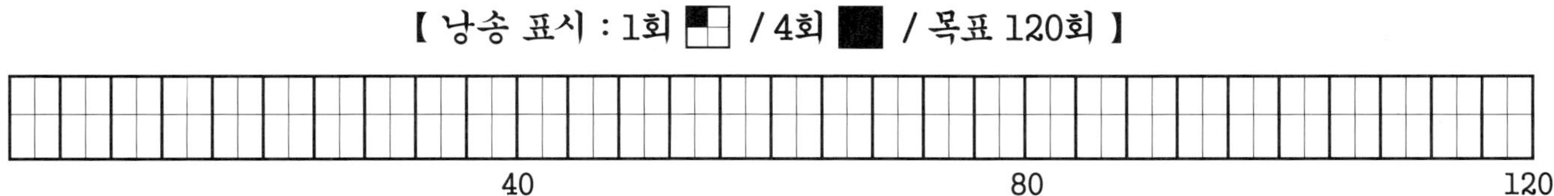

"주의 말씀은 내 발의 등이요 내 길에 빛이니이다"(시 119:105)

제 4 일

주께 즐거이 드리는 것을 보오니 심히 기쁘도소이다

역대상 29:17

생활生活의 기쁨과 삶의 보람이 어디 있으며 무엇일까요? 여러 가지가 있겠습니다만, 성군聖君 다윗은 '주께 즐거이 드리는 것'을 보니 '심히 기쁘도소이다'라고 했습니다. 그것은 백성百姓들이 하나님 성전聖殿을 위하여 예물禮物을 드리는 것이였습니다. 하나님께 예물禮物을 풍성豊盛히 드리는 생활生活과 그 환경 모두가 큰 은혜恩惠요 복福이 아닐 수 없습니다.

1. 나와 나의 백성百姓이 무엇이관대 이처럼 즐거운 마음으로 드릴 힘이 있었나이까, 모든 것이 주主께로 말미암았사오니 우리가 주의 손에서 받은 것으로 주께 드렸을 뿐이니이다. 주 앞에서는 우리가 우리 열조列祖와 다름이 없이 나그네와 우거寓居한 자라 세상世上에 있는 날이 그림자 같아서 머무름이 없나이다. 우리 하나님 여호와여 우리가 주의 거룩한 이름을 위하여 전殿을 건축建築하려고 미리 저축貯蓄한 이 모든 물건物件이 다 주의 손에서 왔사오니 다 주의 것이니이다. (대상 29:14~16)

2. 나의 하나님이여 주께서 마음을 감찰鑑察하시고 정직正直을 기뻐하시는 줄 내가 아나이다. 내가 정직正直한 마음으로 이 모든 것을 즐거이 드렸사오며, 이제 내가 또 여기 있는 주의 백성百姓이 주께 즐거이 드리는 것을 보오니 심히 기쁘도소이다. 우리 열조列祖 아브라함과 이삭과 이스라엘의 하나님 여호와여, 주께서 이것을 주의 백성百姓의 심중心中에 영원永遠히 두어 생각生覺하게 하시고, 그 마음을 예비豫備하여 주께로 돌아오게 하옵시며, 또 내 아들 솔로몬에게 정성精誠된 마음을 주사, 주의 계명誡命과 법도法度와 율례律例를 지켜 이 모든 일을 행하게 하시고, 내가 위하여 예비豫備한 것으로 전殿을 건축建築하게 하옵소서. (대상 29:17~19)

3. 다윗이 온 회중會衆에게 이르되 너희는 너희 하나님 여호와를 송축頌祝하라 하매, 회중會衆이 그 열조列祖의 하나님 여호와를 송축頌祝하고 머리를 숙여 여호와와 왕에게 절하고, 이튿날 여호와께 제사祭祀를 드리고 또 번제燔祭를 드리니 수송아지가 일천이요, 숫양이 일천이요 어린양이 일천이요 또 그 전제奠祭라. 온 이스라엘을 위하여 풍성豊盛한 제물祭物을 드리고 이날에 무리가 크게 기뻐하여 여호와 앞에서 먹으며 마셨더라. (대상 29:20~22)

4. 무리가 다윗의 아들 솔로몬으로 다시 왕을 삼아 기름을 부어, 여호와께 돌려 주권자主權者가 되게 하고, 사독에게도 기름을 부어 제사장祭司長이 되게 하시니라.

솔로몬이 여호와께서 주신 위에 앉아 부친父親 **다윗을 이어 왕**王**이 되어 형통**亨通**하니, 온 이스라엘이 그 명령**命令**을 순종**順從**하며 모든 방백**方伯**과 용사**勇士**와 다윗 왕의 여러 아들이 그 명령**命令**에 순종**順從**하니, 여호와께서 솔로몬으로 이스라엘 무리의 목전**目前**에 심**甚**히 존대**尊大**케 하시고, 또 왕의 위엄**威嚴**을 주사 그전**前 **이스라엘 모든 왕**王**보다 뛰어나게 하셨더라.** (대상 29:22~25)

5. 이새의 아들 다윗이 온 이스라엘의 왕王**이 되어, 이스라엘을 치리**治理**한 날짜는 사십 년이라. 헤브론에서 칠 년을 치리**治理**하였고 예루살렘에서 삼십삼 년을 치리**治理**하였더라. 저가 나이 많아 늙고 부**富**하고 존귀**尊貴**하다가 죽으매, 그 아들 솔로몬이 대신하여 왕이 되니라. 다윗 왕의 시종**始終**과 행적**行蹟**이 선견자**先見者 **사무엘의 글과 선지자**先知者 **나단의 글과 선견자**先見者 **갓의 글에 다 기록**記錄**되고, 또 저의 왕된 일과 그 권세**權勢**와 저와 이스라엘과 온 세상 열국**世上列國**의 지난 시사**時事**가 다 기록**記錄**되니라.** (대상 29:26~30)

6. 하나님이여 나를 보호保護**하소서 내가 주께 피**避**하나이다 내가 여호와께 아뢰되 주는 나의 주**主**시오니 주 밖에는 나의 복**福**이 없나이다. 땅에 있는 성도**聖徒**는 존귀**尊貴**한 자니 나의 모든 즐거움이 저희에게 있도다. 여호와는 나의 산업**産業**과 나의 잔**盞**의 소득**所得**이시니 나의 분깃을 지키시나이다. 내게 줄로 재어 준 구역**區域**은 아름다운 곳에 있음이여, 나의 기업**基業**이 실로 아름답도다. 주께서 생명**生命**의 길로 내게 보이시리니 주 앞에는 기쁨이 충만**充滿**하고 주의 우편**右便**에는 영원**永遠**한 즐거움이 있나이다.** (시편 16:1~11)

다윗의 최후 모습을 기록記錄하고 있습니다. "저가 나이 많아 늙고 부富하고 존귀尊貴하다가 죽으매 그 아들 솔로몬이 대신하여 왕王이 되니라"(대상 29:28). '환란患亂 중에 여호와의 전殿을 위하여 셀 수 없을 만큼 심히 많이 예비豫備하였고'라고 하였습니다. 이 얼마나 위대偉大한 신앙생활信仰生活입니까. 환란患亂 중에서나 영광榮光 중에서나 한결같이 변함 없는 믿음으로 일생을 살아간 다윗의 길을 오늘 우리도 달려가게 하옵소서. 나의 역대기歷代記에 나의 신앙생활信仰生活과 업적業績이 기록記錄되게 하옵소서. 아멘.

【 낭송 표시 : 1회 ▚ / 4회 ■ / 목표 120회 】

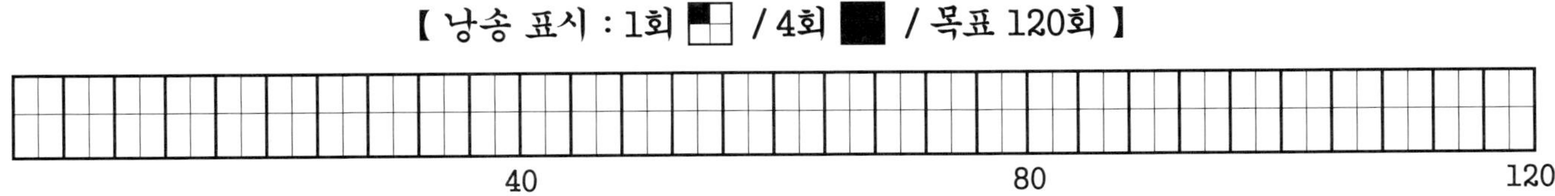

"주의 말씀은 내 발의 등이요 내 길에 빛이니이다"(시 119:105)

제 5 일

솔로몬이 일천 희생一千犧牲의 번제燔祭를 드렸더라

역대하 1:6

다윗의 아들 솔로몬이 왕王이 된 후에 여호와의 성소聖所에 가서 천千 마리의 양羊을 제물祭物로 삼아 하나님께 예배禮拜를 드렸습니다. 예배禮拜드린 그날 밤에 큰 은혜恩惠와 복福을 받는 계시啓示가 임臨하였습니다.

1. 다윗DAVID의 아들 솔로몬SOLOMON의 왕위王位가 견고堅固하여가며, 그 하나님 여호와께서 저와 함께하사 심甚히 창대昌大케 하시니라. 솔로몬이 온 회중會衆과 함께 기브온 산당山堂으로 갔으니, 하나님의 회막會幕 곧 여호와의 종 모세가 광야曠野에서 지은 것이 있음이라. 다윗이 전前에 예루살렘에서 하나님의 궤櫃를 위하여 장막帳幕을 쳤었으므로, 그 궤櫃는 다윗이 기랏여아림에서부터 예비豫備한 곳으로 메어 올렸고, 옛적에 브살렐의 지은 놋단은 여호와의 장막帳幕 앞에 있더라. 솔로몬이 회중會衆으로 더불어 나아가서 여호와 앞 놋단에 이르러 그 위에 일천희생一千犧牲으로 번제燔祭를 드렸더라. (대하 1:1~6)

2. 이 밤에 하나님이 솔로몬에게 나타나사 이르시되, 내가 네게 무엇을 줄꼬 너는 구求하라. 솔로몬이 하나님께 여짜오되 주께서 전前에 큰 은혜恩惠를 나의 아비 다윗에게 베푸시고, 나로 대신代身하여 왕王이 되게 하셨사오니, 여호와 하나님이여 원願컨대 주는 내 아비 다윗에게 허許하신 것을 이제 굳게 하옵소서. 주께서 나로 땅의 티끌 같이 많은 백성百姓의 왕王을 삼으셨사오니, 주는 이제 지혜智慧와 지식知識을 주사 이 백성百姓 앞에서 출입出入하게 하옵소서. 이렇게 많은 주의 백성百姓을 누가 능能히 재판裁判하리이까. 하나님이 솔로몬에게 이르시되 이런 마음이 네게 있어서 부富나 재물財物이나 존영尊榮이나 원수怨讐의 생명生命 멸滅하기를 구求하지 아니하며, 장수長壽도 구求하지 아니하고 오직 내가 너로 치리治理하게 한 내 백성百姓을 재판裁判하기 위하여 지혜智慧를 구求하였으니, 그러므로 네게 지혜智慧와 지식知識을 주고 부富와 재물財物과 존영尊榮도 주리니, 너의 전前에도 후後에도 이와 같음이 없으리라. 왕王이 예루살렘에서 은銀 금金을 돌같이 흔하게 하고, 백향목柏香木을 평지平地의 뽕나무같이 많게 하였더라. (대하 1:7~15)

3. 솔로몬이 여호와의 이름을 위하여 전殿을 건축建築하고 자기 권영權榮을 위하여 궁궐宮闕 건축建築하기를 결심決心하니라. 사자使者를 두로 왕王 후람에게 보내어 이르되, 이제 내가 나의 하나님 여호와를 위하여 전殿을 건축建築하여 구별區別하여 드리고 번제燔祭를 드리고저 하니, 공교工巧한 공장工匠과 함께 백향목柏香木과 잣나무와 백단목白檀木을 내게로 보내소서. (대하 2:1~8)

4. 내가 건축建築하고자 하는 전殿은 크니 우리 하나님은 모든 신神보다 크심이라. 누가

능能히 하나님을 위하여 전殿을 건축建築하리요. 하늘과 하늘이라도 주主를 용납容納지 못하겠거든 내가 누구관대 어찌 능能히 위하여 전殿을 건축建築하리요. 이제 청請컨대 당신은 금金 은銀 동銅 철鐵로 제조製造하며, 자색紫色 홍색紅色 청색靑色 실로 직조織造하며, 또 아로새길 줄 아는 공교工巧한 공장工匠 하나를 내게 보내어 내 부친父親 다윗이 예비豫備한 공교工巧한 공장工匠과 함께 일하게 하고, 또 레바논의 백향목柏香木을 내게로 보내소서. 내가 알거니와 당신의 종은 벌목伐木을 잘하나니 내 종이 도울지라. 이와 같이 나를 위하여 재목材木을 많이 하게 하소서. 내가 건축建築하려는 전殿은 크고 화려華麗할 것임이니이다. 내가 당신의 벌목伐木을 하는 종에게 용정舂精한 밀 이만 석二萬石과 보리 이만 석二萬石과 포도주葡萄酒 이만二萬 말과 기름 이만二萬 말을 주리이다 하였더라. (대하 2:5~10)

5. **두로TYRE 왕 후람HIRAM이 솔로몬에게 답장答狀하여 가로되, 여호와께서 그 백성百姓을 사랑하시므로 당신當身을 세워 그 왕王을 삼으셨도다. 또 가로되 천지天地 지으신 하나님 여호와는 송축頌祝을 받으실지로다. 다윗 왕에게 지혜智慧로운 아들을 주시고 명철明哲과 총명聰明을 품부稟賦하시사, 능能히 여호와를 위하여 전殿을 건축建築하고 자기 권영權榮을 위하여 궁궐宮闕을 건축建築하게 하시도다. 내가 이제 공교工巧하고 총명聰明한 사람을 보내오니, 능能히 금金 은銀 동銅 철鐵과 돌과 나무와 자색紫色 청색靑色 홍색紅色 실과 가는 베실로 일을 잘하며, 또 모든 아로새기는 일에 익숙하고 모든 기묘奇妙한 식양式樣에 능能한 자니 당신의 공교工巧한 공장工匠과 함께 일하게 하소서.** (대하 2:11~14)

6. **내 주의 말씀하신 밀과 보리와 기름과 포도주葡萄酒는 주의 종들에게 보내소서. 우리가 레바논에서 당신의 쓰실 만큼 벌목伐木하여 떼를 엮어 바다에 띄워 욥바로 보내리니, 당신은 수운輸運하여 예루살렘으로 올리소서. 칠만 명은 담군擔軍이 되게 하였고 삼천 육백 인은 감독監督을 삼아 백성百姓들에게 일을 시키게 하였더라.** (대하 2:15~18)

솔로몬 왕王이 부왕父王 다윗의 유언遺言을 받아 하나님의 성전聖殿을 건축建築하였습니다. 금金, 은銀, 동銅, 철鐵, 석石, 목木의 건축 재료建築材料를 모두 준비準備하였습니다. 이웃 나라 레바논 왕이 필요必要한 목재木材 백향목柏香木을 담당擔當하였고, 필요必要한 건축 기술자建築技術者를 보내어 주었습니다. 하나님의 성전聖殿은 왕王과 온 지도자指導者와 백성百姓이 합심合心하여 건축建築합니다. 이웃 나라 왕도 기술자技術者들을 보내어 협력協力해 줍니다.

【 낭송 표시 : 1회 ▚ / 4회 ■ / 목표 120회 】

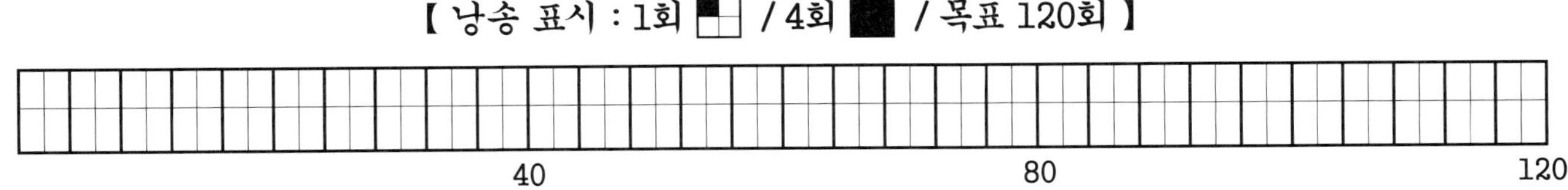

"주의 말씀은 내 발의 등이요 내 길에 빛이니이다"(시 119:105)

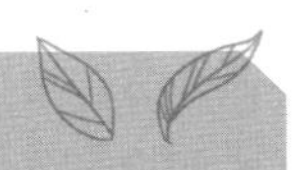

제 6 일

모리아 산에 여호와의 전殿 건축建築하기를 시작始作하니라

역대하 2:1

솔로몬 왕이 성전聖殿 건축建築한 곳은 일찍이 아브라함이 이삭을 제물祭物로 드리려 했던 여호와 이레 제단祭壇입니다. 또한 다윗 왕이 오르난 타작打作마당에 번제燔祭를 드린 곳 일대一帶를 매입買入하여 성전聖殿 터전으로 마련한 곳입니다. 이 예비豫備된 모리아 산 중심中心에 성전聖殿을 건축建築하였습니다.

1. 솔로몬이 예루살렘 모리아 산山에 여호와의 전殿 건축建築하기를 시작始作하니 그 곳은 전前에 여호와께서 그 아비 다윗에게 나타나신 곳이요, 오르난의 타작打作마당에 다윗이 정定한 곳이라. 솔로몬이 왕위王位에 나아간 지 사 년 이월 초일일에 건축建築하기를 시작始作하였더라. 솔로몬이 하나님의 전殿을 위하여 놓은 지대地臺로 이러하니, 옛적 재는 법法대로 장長이 육십 규빗이요 광이 이십 규빗이며, 그 전殿 앞 낭실廊室의 장長이 전殿의 광廣과 같이 이십 규빗이요 고高가 일백이십 규빗이니 안에는 정금精金으로 입혔으며, 그 대전大殿 천장天障은 잣나무로 만들고 보석寶石으로 전殿을 꾸며 화려華麗하게 하였으니, 금金으로 전殿과 들보와 문門지방과 벽壁과 문門짝에 입히고 벽壁에 그룹들을 아로새겼더라. (대하 3:1~7)

2. 또 지성소至聖所를 지었으니 전殿 넓이대로 장長이 이십 규빗이요 광廣도 이십 규빗이라. 정금精金 육백 달란트로 입혔으니 못 중수重數가 오십 금金 세겔이요 다락들도 금金으로 입혔더라. 지성소至聖所 안에 두 그룹의 형상形狀을 새겨 만들어 금金으로 입혔더라. 지성소至聖所 안에 두 그룹의 형상形狀을 새겨 만들어 금金으로 입혔으니, 두 그룹의 날개 길이가 모두 이십 규빗이라 좌우左右 그룹의 한 날개는 다섯 규빗이니 전殿에 닿았고, 그 한 날개도 다섯 규빗이니 그룹의 날개에 닿았으며 우편右便 그룹의 한 날개도 다섯 규빗이니, 전殿 벽壁에 닿았고 이 두 그룹의 편 날개가 모두 이십 규빗이라. 그 얼굴을 외소外所로 향向하고 서 있으며 청색靑色 자색紫色 홍색紅色 실과 고운 베로 문장門帳을 짓고 그 위에 그룹의 형상形狀을 수繡 놓았더라. (대하 3:8~14)

3. 전殿 앞에 기둥 둘을 만들었으니 고高가 삼십오 규빗이요, 각各 기둥 꼭대기의 머리가 다섯 규빗이라. 성소聖所 같이 사슬을 만들어 그 기둥머리에 두르고 석류石榴 일백 개를 만들어 사슬에 달았으며, 그 두 기둥을 외소外所 앞에 세웠으니 좌편左便에 하나요 우편右便에 하나라 우편右便 것은 야긴이라 칭稱하고, 좌편左便 것은 보아스라 칭稱하였더라. (대하 3:15~17)

4. 이와 같이 솔로몬이 모든 기구器具를 심甚히 많이 만들었으므로 그 놋 중수重數를 능能히 측량測量할수 없었더라. 솔로몬이 또 하나님의 전殿의 모든 기구器具를 만들었으니, 곧 금단金壇과 진설병陳設餠 상床들과 내소內所 앞에서 규례規例대로 불을 켤 정금精金 등대燈臺와 그 등잔燈盞이며, 또 순정純精한 금金으로 만든 꽃과 등잔燈盞과 화火젓가락이며, 또 정금精金으로 만든 불집게와 주발周鉢과 숟가락과 불 옮기는 그릇이며, 또 전殿 문門 곧 지성소至聖所의 문門과 외소外所의 문門을 금金으로 입혔더라. (대하 4:18~22)

5. 솔로몬이 여호와의 전殿을 위하여 만드는 모든 것을 마친지라. 이에 그 부친父親 다윗이 드린 은銀과 금金과 모든 기구器具를 가져다가 하나님의 전殿 곳간에 두었더라. 이에 솔로몬이 여호와의 언약言約궤櫃를 다윗 성 곧 시온에서 메어 올리고자 하여, 이스라엘 장로長老들과 모든 지파支派의 두목頭目 곧 이스라엘 자손子孫의 족장族長들을 다 예루살렘으로 소집召集하니, 칠월 절기節期에 이스라엘 모든 사람이 다 왕王에게로 모이고, 이스라엘 장로長老들이 막幕과 장막帳幕 안에 모든 거룩한 기구器具를 메고 올라가매, 솔로몬 왕王과 그 앞에 모인 이스라엘 회중會衆이 궤櫃 앞에 있어 양羊과 소로 제사祭祀를 드렸으니, 그 수數가 많아 기록記錄할 수도 없고 셀 수도 없었더라. (대하 5:1~6)

6. 제사장祭司長들이 여호와의 언약궤言約櫃를 그 처소處所로 메어 들였으니 곧 내전內殿 지성소至聖所 그룹들의 날개 아래라. 그룹들이 궤櫃 처소處所 위에서 날개를 펴서 궤櫃와 그 채를 덮었는데, 그 채가 길어서 궤櫃에서 나오므로 그 끝이 내전內殿 앞에서 보이나 밖에서는 보이지 아니하며, 궤櫃 안에는 두 돌판板외에 아무것도 없으니 이것은 여호와께서 저희와 언약言約을 세우실 때에 모세가 호렙에서 그 안에 넣은 것이더라. (대하 5:7~10)

"솔로몬이 여호와의 전殿을 위하여 만드는 모든 것을 마친지라"(대하 5:1). 애굽에서 종살이하던 하나님의 백성百姓들이 해방시켜 광야曠野로 인도引導하여 성소聖所를 세웠습니다. 약속의 땅 가나안 중심부中心部 시온 성 모리아 산山에 성전聖殿은 완공完工하였습니다. 예수님께서는 자신의 몸을 십자가十字架 제단祭壇에 바쳐 영원永遠한 하나님의 전殿을 완성完成하였습니다.

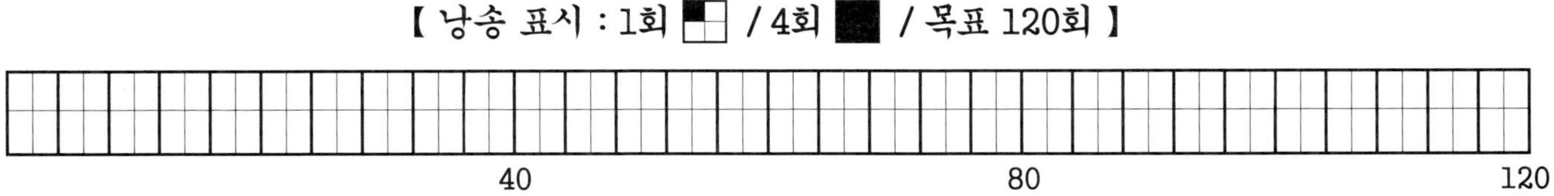

"주의 말씀은 내 발의 등이요 내 길에 빛이니이다"(시 119:105)

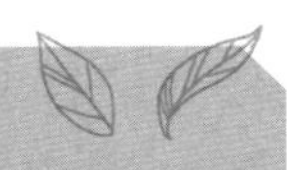

제 7 일

여호와의 영광榮光이 전殿에 가득함이었더라

역대하 5:14

성전 헌당 예배 시聖殿獻堂禮拜時에 하나님의 영광榮光의 구름이 성전聖殿 내부內部에 충만充滿하였습니다. 봉헌奉獻과 헌신獻身과 제물祭物은 모두 하나님께 열납悅納되었습니다. 예배禮拜의 극치極致입니다.

1. 이때에는 제사장祭司長들이 스스로 정결淨潔케 하고 성소聖所에 있다가 나오매, 노래하는 아삽과 헤만과 여두둔과 그 아들들과 형제兄弟들이 다 세마포細麻布를 입고 단壇 동편東便에 서서, 제금提琴과 비파琵琶와 수금竪琴을 잡고 나팔 부는 제사장祭司長 일백이십 인이 함께 서 있다가, 나팔 부는 자와 노래하는 자가 일제一齊히 소리를 발發하여 여호와를 찬송讚頌하며 감사感謝하는데, 나팔 불고 제금提琴 치고 모든 악기樂器를 울리며 소리를 높여 여호와를 찬송讚頌하여 가로되 선善하도다. 그 자비慈悲하심이 영원永遠히 있도다 하매, 그때에 여호와의 전殿에 구름이 가득한지라. 제사장祭司長이 그 구름을 인因하여 능能히 서서 섬기지 못하였으니, 이는 여호와의 영광榮光이 하나님의 전殿에 가득함이었더라. (대하 5:11~14)

2. 그때에 솔로몬이 가로되 여호와께서 캄캄한 데 계시겠다 말씀하셨사오나, 내가 주主를 위하여 거居하실 전殿을 건축建築하였사오니 주主께서 영원永遠히 거居하실 처소處所로소이다 하고, 얼굴을 돌이켜 온 회중會衆을 위하여 축복祝福하니 때에 온 회중會衆이 서 있더라. 왕王이 가로되 하나님 여호와를 송축頌祝할지로다. 여호와께서 그 입으로 나의 부친父親 다윗에게 말씀하신 것을 이제 그 손으로 이루셨도다. 예루살렘을 택擇하여 내 이름을 거기 두고 또 다윗을 택擇하여 내 백성百姓을 다스리게 하였노라 하신지라. 내 부친父親 다윗이 하나님 여호와의 이름을 위하여 전殿을 건축建築할 마음이 있으니 이 마음이 네게 있는 것이 좋도다. 그러나 너는 그 전殿을 건축建築하지 못하리요, 네 아들이 내 이름을 위하여 전殿을 건축建築하리라 하시더니 이제 여호와께서 말씀하신 대로 이루시도다. (대하 6:1~10)

3. 내가 여호와의 허許하신 대로 내 부친父親 다윗을 대신代身하여 일어나서 하나님 여호와의 이름을 위하여 전殿을 건축建築하고, 내가 그곳에 여호와께서 이스라엘 자손子孫으로 더불어 세우신 언약言約을 넣은 궤櫃를 두었노라. 솔로몬이 여호와의 단壇 앞에서 회중會衆을 마주 서서 그 손을 펴니라. 솔로몬이 회중會衆 앞에서 무릎을 꿇고 하늘을 향向하여 손을 펴고 가로되, 하나님 여호와여 천지天地에 주主와 같은 신神이 없나이다. (대하 6:10~14)

4. 주主께서는 온 마음으로 주의 앞에서 행行하고, 주의 종들에게 언약言約을 지키시고 은혜恩惠를 베푸시나이다. 주께서 주의 종 내 아비 다윗에게 허許하신 말씀을 지키시되, 주의 입으로 말씀하신 것을 이루심이 오늘날과 같으니이다. 하나님 여호와여 내 자손子孫이 자기 길을 삼가서 율법律法대로 행行하기만 하면 네게로 좇아 나서 위에 앉을 사람이 끊어지지 아니 하리라. 이제 다윗을 위하여 그 허許하신 말씀을 지키시옵소서. 하나님 여호와여 주의 종 다윗에게 하신 말씀이 확실確實하게 하옵소서. (대하 6:15~17)

5. 하나님이 참으로 사람과 함께 땅에 거居하시리이까 하늘과 하늘들의 하늘이라도 주主를 용납容納지 못하겠거든 하물며 내가 건축建築한 이 전殿이오리이까. 나의 하나님 여호와여 종의 기도祈禱와 간구懇求를 돌아보시며, 종이 주의 앞에서 부르짖음과 비는 기도祈禱를 들으시옵소서. 주께서 내 이름을 거기 두리라 하신 곳 이 전殿을 향向하여 주의 눈이 주야晝夜로 보옵시며, 종이 이곳을 향向하여 기도祈禱할 때에 주는 그 간구懇求함을 들으시되 주의 계신 곳 하늘에서 들으시고 들으시사 사赦하여 주옵소서. 주의 백성百姓이 범죄犯罪하여 주께서 돌아와서 주의 이름으로 인정認定하고, 이 전殿에서 주께 빌며 간구懇求하기를, 주는 하늘에서 들으시고 주의 백성百姓의 죄罪를 사赦하시고 그 열조列祖에게 주신 땅으로 돌아오게 하옵소서. (대하 6:18~25)

6. 저희가 주께 범죄犯罪함을 인因하여 하늘이 닫히고 비가 없어서 주의 벌罰을 받을 때에, 이곳을 향向하여 빌며 주의 이름을 인정認定하고 그 죄罪에서 떠나거든, 주는 하늘에서 들으사 주의 종들과 주의 백성百姓들의 죄罪를 사赦하시고 마땅히 행行할 선善한 길을 가르쳐 주옵시며, 주의 백성百姓의 땅에 기근饑饉이나 온역瘟疫이 있거나 곡식穀食이 시들거나, 깜부기가 나거나 메뚜기나 황충蝗蟲이 나거나 적국敵國이 와서 성읍城邑을 에워싸거나 무슨 재앙災殃이나 무슨 질병疾病이 있든지, 무론無論하고 온 백성百姓이 다 각각各各 자기의 마음에 재앙災殃과 고통苦痛을 깨닫고, 이 전殿을 향向하여 손을 펴고 기도祈禱와 간구懇求를 하거든 주는 계신 곳 하늘에서 들으시며, 사유赦宥하시되 각 사람의 마음을 아시오니 그 모든 행위行爲대로 갚으시옵소서. (대하 6:26~30)

솔로몬의 성전 봉헌기도聖殿奉獻祈禱는 참으로 위대偉大한 기도祈禱였습니다. 모범적模範的인 성도聖徒의 기도祈禱입니다. 각자 마음의 지성소至聖所에서 생의 위대偉大한 기도祈禱를 드립시다. 여호와의 전殿에 가득한 영광榮光의 신비神秘를 경험經驗합시다.

【 낭송 표시 : 1회 ▦ / 4회 ■ / 목표 120회 】

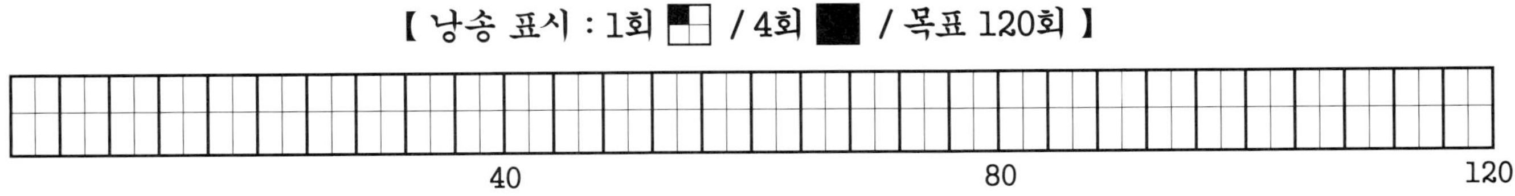

"주의 말씀은 내 발의 등이요 내 길에 빛이니이다"(시 119:105)

제 8 일

베푸신 은총恩寵을 기억記憶하옵소서

역대하 6:42

솔로몬 왕의 성전 봉헌기도聖殿奉獻祈禱는 역대하 6장 전 장全章에 수록收錄되어 있습니다. 모든 국가 지도자國家指導者들이 드려야 할 기도祈禱이며, 성도聖徒 각 개인各個人이 드려야 할 기도祈禱입니다.

1. 하나님이 참으로 사람과 함께 땅에 거居하시리이까. 하늘과 하늘의 하늘이라도 주主를 용납容納지 못하겠거든 하물며 내가 건축建築한 이 전殿이오리이까. 그러나 나의 하나님 여호와여 종의 기도祈禱와 간구懇求를 돌아보시며, 종이 주의 앞에서 부르짖음과 비는 기도祈禱를 들으시옵소서. 종과 주의 백성百姓이 이곳을 향向하여 기도祈禱할 때에 주는 그 간구懇求함을 들으시사 사赦하여 주옵소서. (대하 6:18~21)

2. 저희가 주께 범죄犯罪함을 인因하여 하늘이 닫히고 비가 없어서 주의 벌罰을 받을 때에, 이곳을 향向하여 빌며 주의 이름을 인정認定하고 그 죄罪에서 떠나거든, 주는 하늘에서 들으사 주의 종들과 주의 백성百姓들의 죄罪를 사赦하시고 마땅히 행行할 선善한 길을 가르쳐 주옵시며, 주의 백성百姓의 땅에 기근饑饉이나 온역瘟疫이 있거나 곡식穀食이 시들거나, 깜부기가 나거나 메뚜기나 황충蝗蟲이 나거나 적국敵國이 와서 성읍城邑을 에워싸거나 무슨 재앙災殃이나 무슨 질병疾病이 있든지, 무론無論하고 온 백성百姓이 다 각각各各 자기의 마음에 재앙災殃과 고통苦痛을 깨닫고, 이 전殿을 향向하여 손을 펴고 기도祈禱와 간구懇求를 하거든 주는 계신 곳 하늘에서 들으시며, 사유赦宥하시되 각 사람의 마음을 아시오니 그 모든 행위行爲대로 갚으시옵소서. 주主만 홀로 인생人生의 마음을 아심이니이다. 그리하시면 저희가 주께서 우리 열조列祖에게 주신 땅에 사는 동안 항상恒常 주를 경외敬畏하여 주의 길로 행行하리이다. (대하 6:26~31)

3. 주의 백성百姓에 속하지 않은 이방인異邦人에게 대對해서도 저희가 주의 큰 이름과 능能한 손과 펴신 팔을 위하여 먼 지방地方에서 와서 이 전殿을 향向하여 기도祈禱하거든, 주는 계신 곳 하늘에서 들으시고 무릇 이방인異邦人이 주께 부르짖는 대로 이루사, 땅의 만민萬民으로 주의 이름을 알고 주의 백성百姓 이스라엘처럼 경외敬畏하게 하옵시며, 또 내가 건축建築한 이 전殿을 주의 이름으로 일컫는 줄을 알게 하옵소서. (대하 6:32~33)

4. 주主의 백성百姓이 그 적국敵國으로 더불어 싸우고자 하여, 주의 성城과 내가 주의

이름을 위하여 건축建築한 전殿 있는 편便을 향向하여 여호와께 기도祈禱하거든, 주는 하늘에서 저희의 기도祈禱와 간구懇求를 들으시고, 그 일을 돌아보옵소서 범죄犯罪치 아니하는 사람이 없사오니, 저희가 주께 범죄犯罪하므로 주께서 저희에게 진노震怒하사, 저희를 적국敵國에서 붙이시매 적국敵國이 저희를 사로잡아 땅의 원근遠近을 물론勿論하고 끌어간 후에, 저희가 사로잡혀 간 땅에서 스스로 깨닫고 주께 간구懇求하기를 우리가 범죄犯罪하여 패역悖逆을 행行하여 악惡을 지었나이다 하며, 온 마음과 온 뜻으로 주께 돌아와서 주의 이름을 위하여 건축建築한 전殿 있는 편便을 향向하여 기도祈禱하거든, 주는 계신 곳 하늘에서 저희의 기도祈禱와 간구懇求를 들으시고 주께 득죄得罪한 주의 백성百姓을 용서容恕하옵소서. (대하 6:34~39)

5. 나의 하나님이여 이제 이곳에서 하는 기도祈禱에 눈을 드시고 귀를 기울이소서. 여호와 하나님이여 원願컨대 주의 제사장祭司長으로 구원救援을 입게 하시고, 또 주의 성도聖徒로 은혜恩惠를 기뻐하게 하옵소서. 여호와 하나님이여 주의 기름 부음 받은 자에게서 얼굴을 돌이키지 마옵시고, 주의 종 다윗에게 베푸신 은총恩寵을 기억記憶하옵소서. (대하 6:40~42)

6. 솔로몬이 기도祈禱를 마치매 불이 하늘에서부터 내려와서 그 번제물燔祭物과 제물祭物들을 사르고, 여호와의 영광榮光이 그 전殿에 가득하니, 여호와의 영광榮光이 여호와의 전殿에 가득하므로, 제사장祭司長이 그 전殿에 능能히 들어가지 못하였고, 이스라엘 모든 자손子孫은 불이 내리는 것과 여호와의 영광榮光이 전殿에 있는 것을 보고, 박석礴石 깐 땅에 엎드려 경배敬拜하여 여호와께 감사感謝하여 가로되, 선善하시도다 그 인자仁慈하심이 영원永遠하도다 하니라. (대하 7:1~3)

솔로몬 왕의 성전 봉헌기도聖殿奉獻祈禱가 드려진 직후 하늘에서 불이 내려와 그 번제물燔祭物을 모두 사름으로 하나님의 응답應答의 역사役事가 나타났습니다. 그뿐만 아니라 새 성전聖殿 안에 영광榮光의 구름이 가득 찼습니다. 신앙생활信仰生活, 예배 생활禮拜生活의 극치極致를 이루었습니다. 하나님 나라 천국天國의 신비神秘와 영화榮華로움이 성전聖殿에 나타났습니다.

【 낭송 표시 : 1회 ▞ / 4회 ■ / 목표 120회 】

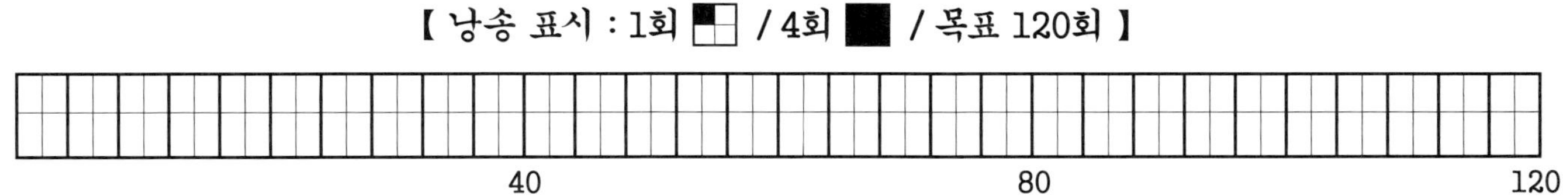

"주의 말씀은 내 발의 등이요 내 길에 빛이니이다"(시 119:105)

제 9 일

베푸신 은혜恩惠를 인하여 기뻐하며 즐거워하였더라

역대하 7:10

아브라함이 모리아 산山에서 독자 이삭을 대신代身하여 하나님이 준비準備하신 숫양으로 제사祭祀 드렸을 때 뜨거운 감사感謝를 드렸을 것입니다. 모세가 광야曠野에서 성막聖幕을 필역畢役하여 봉헌奉獻하였을 때 백성百姓과 더불어 기쁨과 감사感謝가 충만充滿하였을 것입니다. 솔로몬 왕王이 예루살렘 성전聖殿을 준공하여 봉헌奉獻하였을 때 온 백성百姓과 더불어 기뻐하고 즐거워하면서 계속되는 은혜恩惠와 축복祝福이 충만充滿하였습니다.

1. 이에 왕王과 모든 백성百姓이 여호와 앞에 제사祭祀를 드리니 솔로몬 왕王의 드린 제물祭物이 소가 이만이천이요 양羊이 십이만이라. 이와 같이 왕王과 모든 백성百姓이 하나님의 전殿의 낙성식落成式을 행行하니라. 때에 제사장祭司長들은 직분職分대로 모셔 서고, 레위 사람도 여호와의 악기樂器를 가지고 섰으니, 이 악기樂器는 전前에 다윗 왕이 레위 사람으로 여호와를 찬송讚頌하려고 만들어서 여호와의 인자仁慈하심이 영원永遠함을 감사感謝케 하던 것이라. 제사장祭司長은 무리 앞에서 나팔을 불고 온 이스라엘은 섰더라. 솔로몬이 여호와의 전殿 앞뜰 가운데를 거룩히 구별區別하고, 거기서 번제물燔祭物과 화목제和睦祭의 기름을 드렸으니, 이는 솔로몬의 지은 놋단이 능能히 그 번제물燔祭物과 소제물素祭物과 기름을 용납容納할 수 없음이더라. (대하 7:4~7)

2. 그때에 솔로몬이 칠 일 동안 절기節期를 지켰는데, 하맛 어귀에서부터 애굽 하수河水까지의 온 이스라엘의 심甚히 큰 회중會衆이 모여 저와 함께 하였더니, 제팔일에 무리가 한 성회聖會를 여니라. 단壇의 낙성식落成式을 칠일 동안 행한 후에, 이 절기節期를 칠일 동안 지키니라. 칠월 이십삼일에 왕王이 백성百姓을 그 장막帳幕으로 돌려보내매, 백성百姓이 여호와께서 다윗과 솔로몬과 그 백성百姓에게 베푸신 은혜恩惠를 인因하여 기뻐하며 마음에 즐거워하였더라. (대하 7:8~10)

3. 솔로몬이 여호와의 전殿과 왕궁王宮을 필역畢役하고, 무릇 그 심중心中에 여호와의 전殿과 자기自己 궁궐宮闕에 어떻게 만들고자 한 것을 다 형통亨通하게 이루니라. 밤에 여호와께서 솔로몬에게 나타나사 이르시되, 내가 이미 내 기도祈禱를 듣고 이곳을 택擇하여 내게 제사祭祀하는 전殿을 삼았으니, 내가 하늘을 닫고 비를 내리지 아니하거나, 메뚜기로 토산土産을 먹게 하거나 열병熱病으로 내 백성百姓 가운데 유행流行하게 할 때에, 내 이름으로 일컫는 내 백성百姓이 내 얼굴을 구求하면 내가 하늘에서 듣고 그 죄罪를 사赦하고 그 땅을 고칠지라. 이곳에서 하는 기도祈禱에 내가 눈을 들고 귀를 기울이리니, 이는 내가 이미 이 전殿을 택擇하고 거룩하게 하여 내 이름으로 여기 영영永永히 있게 하였음이라. 내 눈과 내 마음이 항상恒常 여기 있으리라. (대하 7:11~16)

4. 네가 네 아비 다윗같이 내가 네게 명命한 모든 것을 행行하여, 내 율법律法과 규례規例를 지키면 네 나라 위位를 견고堅固케 하되, 다윗과 언약言約하기를 다스릴 자가 끊어지지 아니하리라. 그러나 내 율례律例와 명령命令을 버리고 다른 신神을 섬기며 숭배崇拜하면 그 뿌리를 뽑아내고, 내 이름을 위하여 거룩하게 한 이 전殿을 내 앞에서 버려, 모든 민족民族 중에 속담俗談거리와 이야깃거리가 되게 하리니, 이 전殿이 비록 높을지라도 지나가는 자가 놀라 가로되, 여호와께서 무슨 까닭으로 이 땅과 이 전殿에 이같이 행行하셨는고 하면, 대답對答하기를 저희가 자기 열조列祖 애굽 땅에서 인도引導하여 내신 자기自己 하나님 여호와를 버리고, 다른 신神에게 부종附從하여 그를 숭배崇拜하여 섬기므로, 여호와께서 이 모든 재앙災殃을 저희에게 내리셨다 하리라 하셨더라. (대하 7:17~22)

5. 솔로몬이 여호와의 전殿과 자기自己의 궁궐宮闕을 이십 년 동안에 건축建築하기를 마치고, 성읍城邑들을 다시 건축建築하여 백성百姓들을 거居하게 하니라. 솔로몬이 광야曠野에서 다드몰을 건축建築하고, 모든 국고성國庫城과 모든 병거성兵車城과 마병馬兵의 성城들을 건축建築하고 다스리는 온 땅에 건축建築하고자 하던 것을 다 건축建築하니라. (대하 8:1~6)

6. 솔로몬이 낭실廊室 앞에 쌓은 여호와의 단壇 위에 여호와께 번제燔祭를 드리되, 모세의 명命을 좇아 매일每日에 합의合意한 대로 안식일安息日과 월삭月朔과 정定한 절기節期 곧 일 년의 세 절기節期 무교절과 칠칠절七七節과 초막절草幕節에 드렸더라. 솔로몬이 그 부친父親 다윗의 정규定規를 좇아 제사장祭司長들의 반차班次를 정定하여 섬기게 하고, 레위 사람에게도 그 직분職分을 맡겨 매일每日에 합의合意한 대로 찬송讚頌하며, 제사장祭司長들 앞에서 수종隨從들게 하며, 문지기로 그 반차班次를 좇아 문門을 지키려 하게 명命하였음이라. 제사장祭司長과 레위 사람이 국고國庫 일에든지 무슨 일에든지 왕王의 명命한 바를 다 어기지 아니하였더라. 솔로몬이 여호와의 전殿의 기지를 쌓던 날부터 준공竣工하기까지 범백凡百을 완비完備하였으므로 여호와의 전殿이 결점缺點이 없이 필역畢役하니라. (대하 8:12~16)

제사장祭司長들은 규례規例대로 업무業務를 수행修行하였고, 백성百姓들은 정성精誠을 다하여 봉사奉仕를 하였고, 왕王은 하나님의 성전 건축聖殿建築에서부터 준공竣工까지 하나의 결점缺點 없이 필역畢役하였습니다.

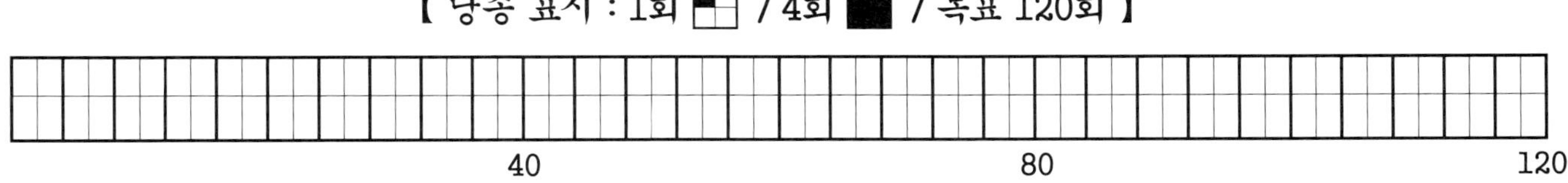

"주의 말씀은 내 발의 등이요 내 길에 빛이니이다"(시 119:105)

제 10 일

복福되도다 당신의 사람들이여

역대하 9:7

하나님의 뜻을 이루며 기뻐하시는 대로 살면 주변 사람들이 '복福되도다' 칭송稱頌을 합니다. 스바 여왕女王이 솔로몬 왕에게 와서 "복福되도다, 당신의 사람들이여 당신의 하나님 여호와를 송축頌祝할지로다"라면서 부름과 찬사讚辭를 아끼지 않았습니다.

1. 스바 여왕女王이 솔로몬의 명예名譽를 듣고 와서 어려운 문제問題로 솔로몬을 시험試驗코자하여 예루살렘에 이르니, 수원隨員이 심甚히 많고 향품香品과 많은 금金과 보석寶石을 약대에 실었더라. 저가 솔로몬에게 나아와 자기 마음에 있는 것을 다 말하매, 솔로몬이 그 묻는 말을 다 대답對答하였으니 솔로몬이 은미隱微하여 대답對答지 못한 것이 없었더라. 스바 여왕女王이 솔로몬의 지혜智慧와 그 건축建築한 궁宮과 그 상床의 식물植物과, 그 신복臣僕들의 좌석座席과 그 신하臣下들의 시립侍立한 것과, 그들의 공복公服과 관원官員들과 공복公服과 여호와의 전殿에 올라가는 층계層階를 보고 정신精神이 현황眩慌하여, 왕王께 고告하되 내가 내 나라에서 당신當身의 행위行爲와 당신當身의 지혜智慧에 대하여 들은 소문所聞이 진실眞實하도다. 내가 그 말들을 믿지 아니하였더니 이제 와서 목도目覩한즉, 당신의 지혜智慧가 크다 한 말이 그 절반折半도 못되니 당신은 내가 들은 소문所聞보다 지나도다. (대하 9:1~6)

2. 복福되도다 당신의 사람들이여, 복福되도다 당신의 이 신복臣僕들이여, 항상恒常 당신當身의 앞에 서서 당신의 지혜智慧를 들음이로다. 당신의 하나님 여호와를 송축頌祝할지로다. 하나님이 당신을 기뻐하시고 그 위에 올리사 하나님 여호와를 위하여 왕王이 되게 하셨도다. 당신當身의 하나님이 사랑하사 영원永遠히 견고堅固하게 하시려고, 당신을 세워 저희의 왕王을 삼아 공公과 의義를 행行하게 하셨도다 하고, 이에 저가 금金 일백이십 달란트와 심甚히 많은 향품香品과 보석寶石을 왕께 드렸으니, 스바 여왕女王이 솔로몬 왕께 드린 향품香品 같은 것이 전前에는 없었더라. 왕王이 백단목白檀木으로 여호와의 전殿과 왕궁王宮의 층대層臺를 만들고, 또 노래하는 자를 위하여 수금竪琴과 비파琵琶를 만들었으니 이 같은 것을 전前에는 보지 못하였더라. 솔로몬 왕이 스바 여왕女王의 가져온 대로 답례答禮하고 그 외에 또 저의 소원所願대로 무릇 구求하는 것을 주니, 이에 저가 그 신복臣僕들로 더불어 본국本國으로 돌아갔더라. (대하 9:7~12)

3. 솔로몬 왕王의 재산財産과 지혜智慧가 천하天下 열왕列王보다 큰지라. 천하天下 열왕列王이 하나님께서 솔로몬의 마음에 주신 지혜智慧를 들으며, 그 얼굴을 보기 원願하여 각기各其 예물禮物을 가지고 왔으니, 곧 은銀그릇과 금金그릇과 의복衣服과 갑甲옷과 향품香品과 말과 노새라 해마다 정定한 수數가 있었더라. (대하 9:22~24)

4. 아사가 왕王이 되어 하나님 보시기에 선善과 정의正義를 행行하여, 이방異邦 제단祭壇과 산당山堂을 없이하고 주상柱像을 훼파毁破하며 아세라 상像을 찍고, 그 열조列祖의 하나님 여호와를 구求하게 하며, 그 율법律法과 명령命令을 행行하게 하고, 모든 성읍城邑에서 산당山堂과 태양상太陽像을 없이하매 나라가 그 앞에서 평안平安함을 얻으니라. 여호와께서 아사에게 평안平安을 주셨으므로 그 땅이 평안平安하여 싸움이 없은지라. 저가 견고堅固한 성읍城邑을 건축建築하니라. 우리가 주主를 찾았으므로 주께서 우리에게 사방四方의 평안平安을 주셨느니라 하고 이에 저희가 성읍城邑을 형통亨通하게 건축建築하였더라. (대하 14:2~7)

5. 구스 사람 세라가 저희를 치려하여 군사軍士 백만과 병거兵車 삼백승三百乘을 거느리고 이르매, 아사 왕이 마주 나가서 스바다 골짜기에 진陣 치고, 그 하나님 여호와께 부르짖어 가로되 여호와여 강强한 자와 약弱한 자 사이에는 주主 밖에 도와줄 이가 없사오니, 우리 하나님 여호와여 우리를 도우소서. 우리가 주를 의지依支하오며 주의 이름을 의탁依託하옵고 이 많은 무리를 치러 왔나이다. 여호와여 주主는 우리 하나님이시오니 원願컨대 사람으로 주를 이기지 못하게 하옵소서 하였더니, 여호와께서 구스 사람을 아사와 유다 사람 앞에서 패敗하게 하시니 구스 사람이 도망逃亡하는 지라. 아사와 그 좇는 자가 구스 사람을 쫓아 그랄까지 이르매 이에 구스 사람이 엎드러지고 살아남은 자가 없었으니, 이는 여호와 앞에서와 그 군대軍隊 앞에서 패망敗亡하였음이라. (대하 14:9~13)

6. 하나님의 신神이 오뎃의 아들 아사랴에게 임臨하시매, 저가 나가서 아사를 맞아 이르되 무리들아 내 말을 들으라. 여호와와 함께하면 여호와께서 너희와 함께하실지라. 너희가 하나님을 찾으면 만난 바 되시려니와 너희가 버리면 하나님께서도 너희를 버리시리라. 환난患難 때에 하나님 여호와께 돌아가서 찾으매 만난 바가 되셨나니, 그런즉 너희는 강强하게 하라 손이 약弱하지 않게 하라. 너희 행위行爲에는 상급賞給이 있음이니라. 아사 왕이 선지자先知者 오뎃의 예언豫言을 듣고 마음을 강强하게 하여, 가증可憎한 물건物件을 온 땅에서 제除하고, 여호와의 단壇을 중수重數하니 아사 왕의 하나님 여호와께서 함께 하심을 보고 돌아오는 자가 많았음이더라. (대하 15:1~9)

받은 바 축복祝福과 은혜恩惠를 지속持續하는 것이 중요重要합니다. 그 길은 변함없는 신앙생활信仰生活입니다. 하나님의 율례律例와 법도法度를 잘 지키며 하나님의 뜻을 따라 말씀대로 순종順從하는 생활生活입니다. 변치 않는 신앙생활信仰生活만이 항상恒常 누릴 수 있는 영원永遠한 행복幸福을 누리는 길입니다.

【 낭송 표시 : 1회 ▞ / 4회 ■ / 목표 120회 】

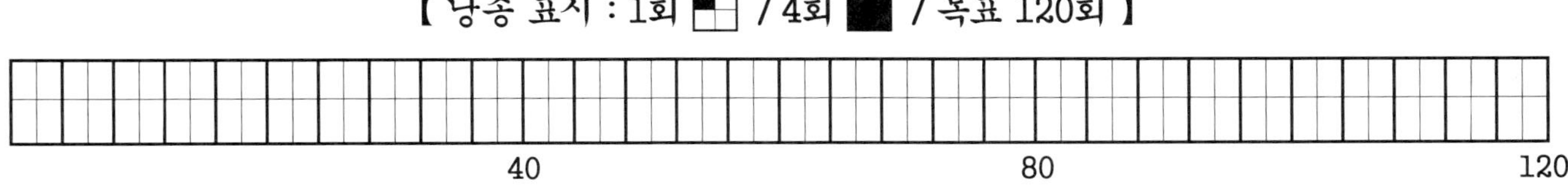

"주의 말씀은 내 발의 등이요 내 길에 빛이니이다"(시 119:105)

제 11 일

먼저 여호와의 말씀이 어떠하신지 물어 보소서

역대하 18:4

하나님의 뜻을 먼저 물어 보는 것이 성도聖徒의 기도 자세祈禱姿勢입니다. 내 마음대로 내 판단判斷대로 내 결정結定대로 하기보다 하나님의 계시啓示를 우선于先으로 하는 것이 올바른 신앙생활 태도信仰生活態度입니다.

1. 아사 왕 십오 년 삼월에 저희가 예루살렘에 모이고 소 칠백과 양羊 칠천으로 여호와께 제사祭祀를 드리고, 또 마음을 다하고 성품性稟을 다하여 열조列祖의 하나님 여호와를 찾기로 언약言約하고, 무릇 하나님 여호와를 찾지 아니하는 자는 대소大小 남녀男女를 무론無論하고 죽이는 것이 마땅하다 하고, 무리가 큰 소리로 부르며 피리와 나팔을 불어 여호와께 맹세하매 온 유다가 이 맹세를 기뻐한지라. 무리가 마음을 다하여 맹세하고 뜻을 다하여 여호와를 찾았으므로, 여호와께서도 저희의 만난 바가 되시고 그 사방四方에 평안平安을 주셨더라. 아사 왕이 아세라의 가증可憎한 목상木像과 우상偶像을 찍고 빻아 기드론 시냇가에서 불살랐으니, 아사 왕의 마음이 일평생一平生 온전穩全하였더라. 구별區別한 물건物件 곧 은銀과 금金과 기명器皿들을 하나님의 전殿에 드렸더라 이때부터 전쟁戰爭이 없으니라. (대하 15:10~19)

2. 여호와께서 여호사밧과 함께하셨으니 이는 저가 그 조상祖上 다윗의 처음 길로 행行하여 바알들에게 구求하지 아니하고, 오직 그 부친父親의 하나님께 구求하며 그 계명誡命을 행行하고, 이스라엘의 행위行爲를 좇지 아니하였음이라. 그러므로 여호와께서 나라를 그 손에서 견고堅固하게 하시매, 무리가 여호사밧에게 예물禮物을 드렸으므로 저가 부귀富貴와 영광榮光이 극極하였더라. 저가 전심全心으로 여호와의 도道를 행行하여, 산당山堂과 아세라 목상木像들도 제除하였더라. 저희가 여호와의 율법책律法冊을 가지고 가르치되, 그 모든 성읍城邑으로 순행巡行하며 인민人民을 가르쳤더라. (대하 17:3~9)

3. 여호사밧 왕王이 부귀富貴와 영광榮光이 극極하였고 아합으로 더불어 연혼連婚하였더라. 이스라엘 왕 아합이 유다 왕 여호사밧에게 이르되, 당신當身은 나와 함께 길르앗 라못으로 가시겠느뇨 대답對答하되 나는 당신과 일반一般인이요, 내 백성百姓은 당신當身의 백성百姓과 일반一般이니 당신當身과 함께 싸우리이다. 여호사밧이 이르되 먼저 여호와의 말씀이 어떠하신지 물어 보소서. 이스라엘 왕이 이에 선지자先知者 사백 인을 모으고 저희에게 이르되, 우리가 길르앗 라못에 가서 싸우랴 말랴 저희가 가로되 올라가소서 하나님이 그 성城을 왕의 손에 붙이시리이다. 미가야가 가로되 그런즉 여호와의 사심을 가리켜 맹세하노니 내 하나님의 말씀하시는 것을 말하리라. 가로되 올라가서 승리를 얻으소서 내가 보니 온 이스라엘이 목자牧者 없는 양羊같이 산에 흩어졌는데, 여호와의 말씀이 이 무리가 주인主人이 없으니, 각각各各 평안平安히 그 집으로 돌아갈 것이니라 하셨나이다. 미가야가 가로되 왕은 여호와의 말씀을 들으소서. (대하 18:1~18)

4. 여호사밧이 예루살렘에서 레위 사람과 제사장祭司長**과 족장**族長 **중에서 사람을 세워 여호와께 속한 일과 예루살렘 거민**居民**의 모든 송사**訟事**를 재판**裁判**하게 하고, 저희에게 명**命**하여 가로되 너희 여호와를 경외**敬畏**하고 충의**忠義**와 성심**誠心**으로 이 일을 행**行**하라. 여호와께 속한 모든 일에는 대제사장**大祭司長 **아마랴가 너희를 다스리고, 왕**王**에게 속한 모든 일은 스바댜가 다스리고, 레위 사람들은 너희 앞에 관리**官吏**가 되리라. 너희는 힘써 행하라 여호와께서 선**善**한 자와 함께 하실지로다 하니라.** (대하 19:8~11)

5. 그 후에 모압 자손子孫**과 암몬 자손**子孫**이 마온 사람과 함께 와서 여호사밧을 치고자 한지라. 큰 무리가 왕**王**을 치러 오는데 엔게디에 있나이다. 여호사밧이 두려워하여 여호와께로 낯을 향**向**하여 간구**懇求**하고, 온 백성**百姓**에게 금식**禁食**하라 공포**公布**하매, 모든 성읍**城邑**에서 모여와서 여호와께 간구**懇求**하더라. 여호사밧이 여호와의 전**殿 **새 뜰 앞에서 회중**會衆 **가운데 서서 가로되, 우리 열조**列祖**의 하나님 여호와여 주는 하늘에서 하나님이 아니시니이까. 이방**異邦 **사람의 모든 나라를 다스리지 아니하시나이까. 주의 손에 권세**權勢**와 능력**能力**이 있사오니 능**能**히 막을 사람이 없나이다. 우리 하나님이시여 주의 이름을 위하여 성소**聖所**를 건축**建築**하고, 재앙**災殃**이나 난리**亂離**나 견책**譴責**이나 온역**瘟疫**이나 기근**饑饉**이 우리에게 임**臨**하면, 주의 이름이 이 전**殿**에 있으니 우리가 이 전**殿 **앞과 주**主**의 앞에 서서 이 환난**患難 **가운데서 주께 부르짖은즉 구원**救援**하시리라 하였나이다. 우리 하나님이여 우리를 치러 오는 큰 무리를 우리가 대적**對敵**할 능력**能力**이 없고, 어떻게 할 줄도 알지 못하옵고 오직 주만 바라보나이다 하고, 유다 모든 사람은 그 아내와 자녀**子女**와 어린 자로 더불어 여호와 앞에 섰더라.** (대하 20:1~13)

6. 여호와의 신神**이 회중**會衆 **가운데서 레위 사람 야하시엘에게 임**臨**하셨으니, 가로되 온 거민**居民**과 왕**王**이여 들을지어다. 여호와께서 너희에게 말씀하시기를 이 큰 무리로 인**因**하여 두려워 하거나 놀라지 말라. 이 전쟁**戰爭**이 너희에게 속한 것이 아니요 하나님께 속한 것이라. 이 전쟁**戰爭**에는 너희가 싸울 것이 없나니, 항오**行伍**를 이루고 서서 너희와 함께한 여호와가 구원**救援**하는 것을 보라.** (대하 20:14~17)

"오직 주만 바라보나이다." 여호사밧 왕王이 성전聖殿에서 하나님께 드린 기도祈禱입니다. 전쟁戰爭의 위급危急한 상태狀態에서 드린 기도祈禱를 하나님께서 응답應答하셔서 하나님의 군대軍隊가 적군敵軍을 다 물리쳐 주었습니다.

【 낭송 표시 : 1회 ▚ / 4회 ■ / 목표 120회 】

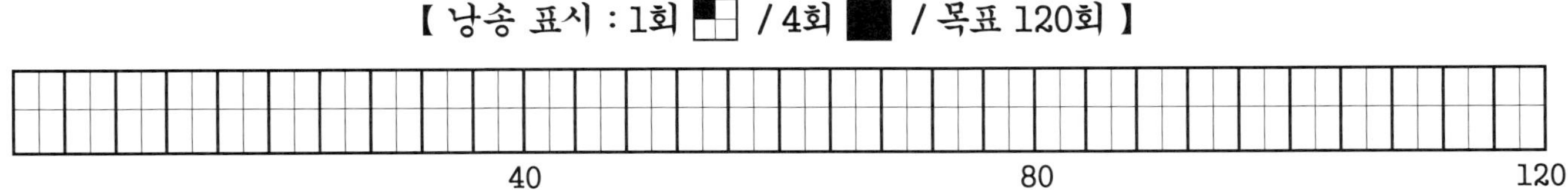

"주의 말씀은 내 발의 등이요 내 길에 빛이니이다"(시 119:105)

제 12 일

여호와가 너희와 함께하리라

역대하 20:17

큰 전쟁戰爭이 발발勃發하였습니다. 암몬, 모압, 세일이 연합전선聯合戰線을 펴 진격進擊해 왔습니다. 성군聖君 여호사밧 왕은 전 국민全國民에게 여호와 하나님이 함께해 주심을 선포宣布하였습니다. 여호와 하나님께 경배敬拜하고 성가대聖歌隊를 군대軍隊 앞에 세워 하나님을 찬양讚揚하였습니다. 하나님께서 큰 영광榮光을 받으시고 적군敵軍을 다 물리쳐 주시어 큰 승리勝利를 거두었습니다.

1. 유다와 예루살렘아 너희는 두려워 말고 내일 저희를 마주 나가라. 여호와가 너희와 함께 하리라 하였느니라 하매, 여호사밧이 몸을 굽혀 얼굴을 땅에게서 온 백성百姓들로 여호와 앞에 엎드려 경배敬拜하고, 레위 사람들은 서서 심甚히 큰 소리로 하나님 여호와를 찬송讚頌하니라. 이에 백성百姓들이 일찍이 일어나서 나가니라. 여호사밧이 서서 가로되 너희는 하나님 여호와를 신뢰信賴하라 그리하면 견고堅固히 서리라 그 선지자先知者를 신뢰信賴하라. 그리하면 형통亨通하리라 하고, 백성百姓으로 더불어 의논議論하고 노래하는 자를 택擇하여 거룩한 예복禮服을 입히고, 군대軍隊 앞에서 행行하며 여호와께 감사感謝하세 그 자비慈悲 하심이 영원永遠하도다 하게 하였더니, 그 노래와 찬송讚頌이 시작始作될 때에, 여호와께서 복병伏兵을 주어 유다를 치러 암몬과 모압과 세일산 사람을 치게 하시므로, 저희가 패敗하였으니 저희가 피차彼此에 살육殺戮하였더라. (대하 20:17~23)

2. 유다 사람이 들 망대望臺에 이르러 그 무리를 본즉 땅에 엎드러진 시체屍體뿐이요 하나도 피避한 자가 없는지라. 여호사밧과 그 백성百姓이 가서 적군敵軍의 물건物件을 취取할새, 재물財物과 의복衣服과 보물寶物이 많은고로, 너무 많아 능能히 가져갈 수 없을 만큼 많으므로 사흘 동안 취取하고, 무리가 브라가 골짜기에 모여서 여호와를 송축頌祝한지라. 그러므로 그곳을 브라가 골짜라 일컫더라. 여호사밧을 선두先頭로 즐거이 예루살렘으로 돌아왔으니 이는 여호와께서 저희로 그 적군敵軍을 이김을 인하여 즐거워하게 하셨음이라. (대하 20:24~27)

3. 무리가 비파琵琶와 수금竪琴과 나팔을 합주合奏하고 예루살렘 여호와의 전殿에 나아가니라. 이방異邦 모든 나라가 여호와께서 이스라엘의 적군敵軍을 치셨다 함을 듣고 하나님을 두려워한 고로 여호사밧의 나라가 태평太平하였으니, 이는 하나님이 사방四方에서 저희에게 평강平康을 주셨음이더라. (대하 20:28~30)

4. 여호야다가 자기와 뭇 백성百姓과 왕王의 사이에 언약言約을 세워 여호와의 백성百姓이 되리라 한지라. 온 국민國民이 바알의 당堂으로 가서 그 당堂을 훼파毁破하고, 그 단壇들과 우상偶像들을 깨뜨리고 그 단壇 앞에서 바알의 제사장祭司長 맛단을 죽이니라. 여호야다가

여호와의 전殿의 직원職員을 세워 제사장祭司長 레위 사람의 수하手下에 맡기니, 이들은 다윗이 전殿에 그 반차班次를 나누어서 여호와의 전殿에서 모세의 율법律法에 기록記錄한 대로 여호와께 번제燔祭를 드리며, 자기의 정定한 규례規例대로 즐거이 부르고 노래하게 하였던 자더라. 또 문지기를 여호와의 전殿 여러 문門에 두어, 무릇 아무 일에든지 부정不淨한 자는 들어오지 못하게 하고, 백부장百夫長들과 존귀尊貴한 자들과 백성百姓의 방백方伯들과 온 국민國民을 거느리고, 왕王을 인도引導하여 여호와의 전殿에서 내려와서 왕궁王宮에 이르러 왕王을 나라 보좌寶座에 앉히매, 온 국민國民이 즐거워하고 성중聖衆이 평온平穩하더라. (대하 23:16~21)

5. 그 후에 요아스가 여호와의 전殿을 중수重修할 뜻을 두고, 제사장祭司長과 레위 사람을 모으고 이르되, 너희는 여러 성읍城邑에 가서 하나님의 전殿을 수리修理할 돈을 거두되, 그 일을 빨리 하라 하였으나 레위 사람이 빨리 하지 아니한지라. 왕王이 대제사장大祭司長 여호야다를 불러 이르되, 네가 어찌하여 여호와의 종 모세와 회중會衆이 법막法幕을 위하여 정定한 세稅를 거두게 하지 아니하였느냐 하니, 이는 악惡한 여인 아달랴의 아들들이 하나님의 전殿을 깨뜨리고, 또 여호와의 전殿의 모든 성물聖物을 바알에게 드렸음이더라. 이에 왕王이 명命하여 궤櫃를 만들어 여호와의 전문殿門 밖에 두게 하고 반포頒布하여, 하나님의 종 모세가 광야曠野에서 정定한 세稅를 여호와께 드리라 하였더니, 모든 방백方伯과 백성百姓들이 기뻐하여 마치기까지 돈을 가져다가 궤櫃에 던진지라. (대하 24:4~10)

6. 왕王과 여호야다가 그 돈을 여호와의 전殿 간역자幹役者에게 주어 석수石手와 목수木手를 고용雇用하여 여호와의 전殿을 중수重修하고, 또 철공장鐵工匠과 놋 공장工匠을 고용雇用하여 여호와의 전殿을 수리修理하게 하였더니, 공장工匠들이 맡아서 수리修理하는 역사役事가 점점 진취進就되므로, 하나님의 전殿을 이전以前 모양模樣대로 견고堅固케 하니라. (대하 24:12~13)

왕王이 방탕放蕩한 생활生活을 할 때의 특징特徵은 우상숭배偶像崇拜입니다. 왕이 올바르게 신앙생활信仰生活하여 선정善政을 베풀 때면 하나님의 성전聖殿을 잘 관리管理합니다. 여호야다 왕과 요아스 왕은 우상偶像 단壇을 제거除去하고 성전聖殿을 잘 관리管理하고 하나님이 기뻐하시는 예배禮拜를 드렸습니다.

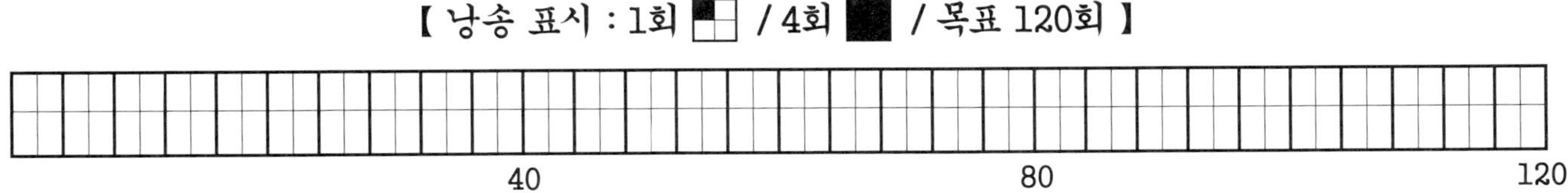

"주의 말씀은 내 발의 등이요 내 길에 빛이니이다"(시 119:105)

제 13 일

여호와께 구求하는 동안에 하나님이 형통亨通케 하셨더라

역대하 26:5

거역拒逆하면 불통不通하고 순종順從하면 형통亨通케 되는 것이 성경의 일관一貫된 가르침입니다. '너희가 여호와를 버린고로 여호와께서 너희를 버리셨다.' 하나님은 인격적人格的인 신神이십니다. 하나님의 자녀子女들을 하나님의 동역자同役者로 친구로 존중尊重히 여기십니다. 기도祈禱와 형통亨通의 공식公式을 선용善用하는 자가 하나님의 동역자同役者입니다.

1. 여호와의 전殿 중수重數를 필역畢役한 후에 그 남은 돈을 왕과 여호야다의 앞으로 가져온 고로, 그것으로 여호와의 전殿에 쓸 그릇을 만들었으니 곧 섬겨 제사祭祀 드리는 그릇들이라. 여호야다가 세상世上에 사는 모든 날에 여호와의 전殿에 항상恒常 번제燔祭를 드렸더라. 여호야다가 후에 유다 방백方伯들이 와서 왕王에게 절하매, 왕이 그의 말을 듣고 그 열조列祖의 하나님 여호와의 전殿을 버리고 아세라 목상木像과 우상偶像을 섬긴고로 이 죄罪로 인因하여 진노震怒가 임臨하니라. 여호와께서 선지자先知者를 저희에게 보내사 돌아오게 하시매 듣지 아니하니라. 이에 하나님의 신神이 제사장祭司長 여호야다의 아들 스가랴를 감동感動시키시매, 저가 백성百姓 앞에 높이 서서 저희에게 이르시되, 여호와께서 말씀하시기를 너희가 어찌하여 여호와의 명령命令을 거역拒逆하여 스스로 형통亨通치 못하게 하느냐, 너희가 여호와를 버린고로 여호와께서도 너희를 버리셨느니라. (대하 24:14~20)

2. 웃시야가 위位에 나아갈 때에 나이 십육 세라. 웃시야가 그 부친父親의 모든 행위行爲대로 여호와의 보시기에 정직正直히 행行하여, 하나님의 묵시黙示를 밝히 아는 스가랴의 사는 날에 하나님을 구求하였고 저가 여호와를 구求할 동안에는 하나님이 형통亨通케 하였더라. (대하 26:3~5)

3. 웃시야가 예루살렘에서 성城 모퉁이 문門과 골짜기 문門과 성城굽이에 망대望臺를 세워 견고堅固하게 하고, 거친 땅에 망대望臺를 세우고 물웅덩이를 많이 팠으니, 평야平野와 평지平地에 육축六畜을 많이 기름이며, 또 여러 산과 좋은 밭에 농부農夫와 포도원葡萄園을 다스리는 자를 두었으니 농사農事를 좋아함이더라. 또 예루살렘에서 공교工巧한 공장工匠으로 기계器械를 창작創作하여 망대望臺와 성곽城郭 위에 두어 살과 큰 돌을 발發하게 하였으니, 그 이름이 원방遠方에 퍼짐은 기이奇異한 도우심을 얻어 강성强盛하여짐이더라. (대하 26:9~15)

4. 웃시야가 강성强盛하여지매 그 마음이 교만驕慢하여 악惡을 행行하여 그 하나님 여호와께 범죄犯罪하되, 곧 여호와의 전殿에 들어가서 향단香壇에 분향焚香하려 한지라. 제사장祭司長 아사랴가 여호와의 제사장祭司長 용맹勇猛한 자 팔십 인을 데리고 그 뒤를

따라 들어가서 웃시야 왕王을 막아 가로되, 웃시야여 여호와께 분향焚香하는 일이 왕王의 할 바가 아니요, 오직 분향焚香하기 위하여 구별區別함을 받은 제사장祭司長이 할 바니 성소聖所에서 나가소서. 왕王이 범죄犯罪하였으니 하나님 여호와께 영광榮光을 얻지 못하리이다. 웃시야가 그 손으로 향로香爐를 잡고 분향焚香하려 하다가 노怒를 발發하니, 저가 제사장祭司長에게 노怒할 때에 여호와의 전殿 안 향단香壇 곁 제사장祭司長 앞에서 그 이마에 문둥병이 발發한지라. 대제사장大祭司長 아사랴와 모든 제사장祭司長이 왕王의 이마에 문둥병이 발發하였음을 보고, 전殿에서 급急히 쫓아내고 여호와께서 치시므로 왕도 속速히 나가니라. 웃시야 왕이 죽는 날까지 문둥이가 되었고 문둥이가 되매 여호와의 전殿에서 끊어졌고, 별궁別宮에 홀로 거居하였으므로 그 아들 요담이 왕궁王宮을 관리管理하며 국민國民을 치리治理하였더라. (대하 26:16~21)

5. 아하스가 그 조상祖上 다윗과 같지 아니하여 여호와 보시기에 정직正直히 행行치 아니하고, 바알들의 우상偶像을 부어 만들고 골짜기에서 분향焚香하고, 여호와께서 쫓아내신 이방異邦 사람들의 가증可憎한 일을 본받아 그 자녀子女를 불사르고, 또 산당山堂과 작은 산 위와 모든 푸른 나무 아래에서 제사祭祀를 드리며 분향焚香한지라. 그러므로 하나님 여호와께서 아람 왕의 손에 붙이시매, 저희가 쳐서 심히 많은 무리를 사로잡아 가지고 다메섹으로 갔으며 크게 살육殺戮하였으니, 이는 그 열조列祖의 하나님 여호와를 버렸음이라. (대하 28:1~6)

6. 그곳에 여호와의 선지자先知者 오뎃이 저희에게 이르되, 너희 열조列祖의 하나님 여호와께서 진노震怒하신고로, 아람 왕 군대軍隊의 손에 붙이셨거늘 노기怒氣가 충천衝天하여 살육殺戮하고, 백성百姓들을 압제壓制하여 노예奴隷로 삼고자 생각하는도다. 너희는 내 말을 듣고 포로에서 놓임을 받게 하라. 여호와의 진노震怒가 임박臨迫하였느니라. 우리의 허물이 이미 커서 진노震怒하심이 임박臨迫하였느니라. 아하스가 하나님의 전殿의 기구器具들을 모아 훼파毁破하고, 여호와의 전문殿門들을 닫고 예루살렘 구석마다 단壇을 쌓고, 각 성읍城邑에 산당山堂을 세워 다른 신神에게 분향焚香하여 여호와 하나님의 노怒를 격발激發케 하였더라. (대하 28:9~25)

강성强盛해진 웃시야 왕은 그 마음이 교만驕慢하여 제사장祭司長 직무職務를 빼앗아 자기가 제사장祭司長 일을 했습니다. 하나님이 가장 싫어하는 일을 했습니다. 이는 삼가 조심해야 할 일입니다. 불행不幸한 사태는 사전에 막고 예방豫防해야 합니다.

【 낭송 표시 : 1회 ▚ / 4회 ■ / 목표 120회 】

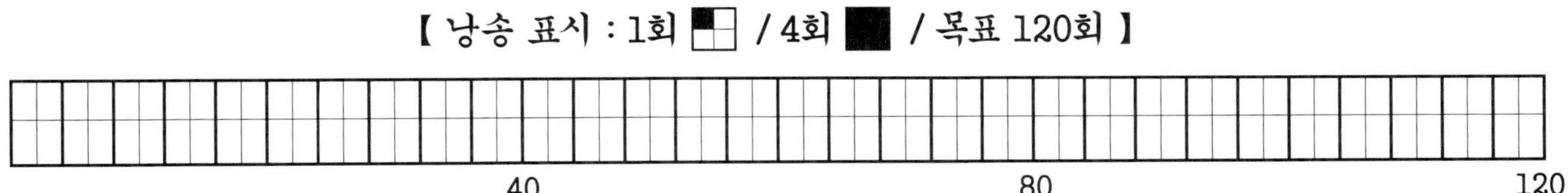

"주의 말씀은 내 발의 등이요 내 길에 빛이니이다"(시 119:105)

제 14 일

그 더러운 것을 성소聖所에서 없이하라

역대하 29:5

성도聖徒는 거룩한 무리들입니다. 성소聖所는 거룩한 장소입니다. 성전聖殿은 거룩한 건물建物입니다. 거룩은 깨끗하고 정결淨潔되고 아름답게 구별區別된 것입니다. 그러므로 우리 성도聖徒들은 깨끗하고 정결淨潔되고 아름답고 고귀高貴하게 성별聖別된 생활生活을 해야 합니다. 성소聖所에는 더러운 것은 모두 제거際去하여 거룩한 공간空間이 되게 해야 합니다.

1. 히스기야가 그 조상祖上 다윗의 모든 행위行爲와 같이 여호와 보시기에 정직正直히 행行하여 원년元年 정월正月에 여호와의 전殿 문門들을 열고 수리修理하고, 제사장祭司長들과 레위 사람들을 동편東便 광장廣場에 모으고, 저희에게 이르되 레위 사람들아 내 말을 들으라. 이제 너희는 성결聖潔케 하고 또 너희 열조列祖의 하나님 여호와의 전殿을 성결聖潔케 하여 그 더러운 것을 성소聖所에서 없이 하라. 우리 열조列祖가 범죄犯罪하여 우리 하나님 여호와의 보시기에 악惡을 행行하여, 하나님을 버리고 얼굴을 돌이켜 여호와의 성소聖所를 등지고, 또 낭실廊室 문門을 닫으며 등불을 끄고 성소聖所에서 분향焚香하지 아니하며, 하나님께 번제燔祭를 드리지 아니한 고로 여호와께서 진노震怒하시고 내어 버리사, 두려움과 놀람과 비웃음거리가 되게 하신 것을 너희가 목도目睹하는 바라. 이로 인因하여 우리의 열조列祖가 칼에 엎드러지며 우리의 자녀子女와 아내가 사로잡혔느니라. 이제 하나님 여호와로 더불어 언약言約을 세워 그 맹렬猛烈한 노怒로 우리에게서 떠나게 할 마음이 내게 있노니, 내 아들들아 이제는 게으르지 말라 여호와께서 이미 너희를 택擇하사 그 앞에 서서 수종隨從들어 섬기며 분향焚香하게 하셨느니라. (대하 29:2~11)

2. 저희가 성결聖潔케 하고 들어가서 왕王이 여호와의 말씀대로 명命한 것을 좇아 여호와의 전殿을 깨끗케 할새, 제사장祭司長들도 여호와의 전殿에 있는 모든 더러운 것을 끌어내어, 여호와의 전殿 뜰에 이르매 레위 사람들이 취하여 바깥 기드론 시내로 가져갔더라. 정월正月 초하루에 성결聖潔케 하기를 시작始作하여 그달 초팔일에 여호와의 낭실廊室에 이르고, 또 팔 일 동안 여호와의 전殿을 성결聖潔케 하여 정월正月 십육 일에 이르러 마치고, 안으로 들어가서 히스기야 왕王을 보고 가로되, 우리가 여호와의 온 전殿과 번제단燔祭壇과 그 모든 기구器具와 떡을 진설陳設하는 상床과 그 모든 기구器具를 깨끗케 하였고, 아하스 왕이 범죄犯罪할 때 버린 모든 기구器具도 우리가 정돈整頓하고 성결聖潔케 하여 여호와의 단壇 앞에 두었나이다 하니라. (대하 29:15~19)

3. 히스기야 왕王이 일찍이 일어나 성읍城邑의 귀인貴人들을 모아 여호와의 전殿에 올라가서, 수송아지 일곱과 숫양 일곱과 어린양 일곱과 숫염소 일곱을 끌어다가, 나라와 성소聖所를 위하여 속죄제물贖罪祭物을 삼고 제사장祭司長을 명命하여 여호와의 단壇에 드리게 하니, 이에 수소를 잡으매 그 피를 받아 단壇에 뿌리고, 또 숫양을 잡으매 그 죄罪를 단壇에 뿌리고, 또 어린양을 잡으매 그 피를 단壇에 뿌리고, 이에 속죄제물贖罪祭物로 드린 숫염소를 왕王과 회중會衆의 앞으로 끌고 오매, 저희가 그 위에 안수按手하고 제사장祭司長이 잡아 그 피를 속죄제贖罪祭를 삼아 단壇에 드려, 온 이스라엘을 위하여 속죄贖罪하니 이는 왕王이 명命하여, 온 이스라엘을 위하여 번제燔祭와 속죄제贖罪祭를 드리게 하였음이더라. (대하 29:20~24)

4. 왕王이 레위 사람을 여호와의 전殿에 두어서 다윗 왕과 왕의 선견자先見者 갓과 선지자先知者 나단의 명命한 대로 제금提琴과 비파琵琶와 수금竪琴을 잡게 하니, 이는 여호와께서 그 선지자先知者들로 이렇게 명하였음이라. 레위 사람은 다윗의 악기惡器를 잡고 제사장祭司長은 나팔을 잡고 서매, 히스기야가 명命하여 번제燔祭를 단壇에 드릴새, 번제煩提 드리기를 시작始作하는 동시同時에 여호와의 시詩로 노래하고 나팔을 불며, 이스라엘 왕 다윗의 악기惡器를 울리고, 온 회중會衆이 경배敬拜하며 노래하는 자들은 노래하고, 나팔 부는 자는 나팔을 불어 번제燔祭를 마치기까지 이르니라. (대하 29:25~28)

5. 제사祭祀 드리기를 마치매 왕王과 함께 있는 자가 다 엎드려 경배敬拜하니라. 히스기야 왕王이 귀인貴人들로 더불어 다윗과 선견자先見者 아삽의 시詩로 여호와를 찬송讚頌하게 하매, 저희가 즐거움으로 찬송讚頌하고 몸을 굽혀 경배敬拜하니라. 히스기야가 일러 가로되 너희가 이제 몸을 깨끗케 하여 여호와께 드렸으니, 마땅히 나아와 제물祭物과 감사제물感謝祭物을 여호와의 전殿으로 가져오라. (대하 29:29~31)

불결不潔하고 더러운 것은 죄악罪惡과 방탕放蕩과 우상숭배偶像崇拜입니다. 히스기야 왕王은 왕권王權을 동원動員하여, 성전聖殿을 수리修理하고 청결淸潔하게 하였습니다. 올바른 제사祭祀가 드려지게 하고 백성百姓들이 하나님의 말씀대로 깨끗하고 정결淨潔하게 질서秩序 있는 생활生活을 하게 하였습니다.

【 낭송 표시 : 1회 / 4회 / 목표 120회 】

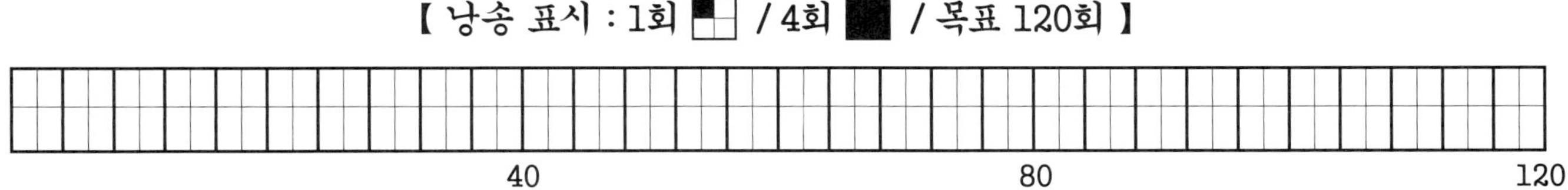

"주의 말씀은 내 발의 등이요 내 길에 빛이니이다"(시 119:105)

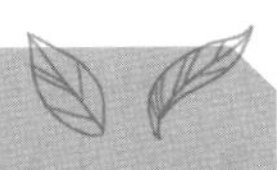

제 15 일

백성百姓으로 더불어 기뻐하였더라

역대하 29:36

예배 생활禮拜生活이 정상화正常化되면 모든 일에 형통亨通합니다. 백성百姓들의 안정安定된 생활生活과 국가國家의 안정安定과 번영繁榮을 가져오게 합니다. 그 결과結果는 왕王과 백성百姓이 더불어 기뻐하게 되었습니다. 제사장祭司長들의 성결聖潔이 지도자指導者와 국민國民 모두에게 미치게 되었습니다.

1. 회중會衆이 드디어 제물祭物과 감사제물感謝祭物을 가져오되 무릇 마음에 원願하는 자는 번제물燔祭物을 가져오니, 회중會衆의 가져온 번제물燔祭物의 수효數爻는 수소가 칠십이요, 숫양이 일백이요 어린 양이 이백이니 이는 다 여호와께 번제물燔祭物로 드리는 것이며, 또 구별區別하여 드린 소가 육백이요 양羊이 삼천이라. 그런데 제사장祭司長이 부족不足하여 그 모든 번제燔祭 짐승의 가죽을 능能히 벗기지 못하는 고로, 그 형제兄弟 레위 사람이 그 일을 마치기까지 돕고 다른 제사장祭司長의 성결聖潔케 하기까지 기다렸으니, 이는 레위 사람의 성결聖潔케 함이 제사장祭司長보다 성심誠心이 있었음이라. 번제燔祭와 화목제和睦祭의 기름과 각 번제燔祭에 속한 전제奠祭가 많더라. 이와 같이 여호와의 전殿에서 섬기는 일이 순서順序대로 갖추어지니라. 이 일이 갑자기 되었을지라도 하나님이 백성百姓을 위하여 예비豫備하셨음을 인因하여 히스기야가 백성百姓으로 더불어 기뻐하였더라. (대하 29:31~36)

2. 히스기야가 온 나라에 편지便紙를 보내어 예루살렘 여호와의 전殿에 와서 하나님 여호와를 위하여 유월절逾越節을 지키라 하니라. 왕王이 방백方伯들과 온 회중會衆으로 더불어 의논議論하고 이월二月에 유월절逾越節을 지키려 하였으니, 이는 성결聖潔케 한 제사장祭司長이 부족不足하고, 백성百姓도 예루살렘에 모이지 못한 고로 그 정定한 때에 지킬 수 없었음이라. 왕王과 온 회중會衆이 이 일을 선善히 여기고 드디어 명命을 발發하여, 브엘세바에서부터 단까지 온 이스라엘의 반포頒布하여 일제一齊히 예루살렘으로 와서, 하나님 여호와의 유월절逾越節을 지키라 하니, 이는 기록記錄한 규례規例대로 오랫동안 지키지 못하였음이더라. (대하 30:1~5)

3. 보발군步發軍들이 왕王의 편지便紙를 받아가지고 전국全國에 두루 다니며 전傳하니 일렀으되, 너희는 아브라함과 이삭과 이스라엘의 하나님 여호와께로 돌아오라. 그리하면 앗수르 왕王의 손에서 벗어난 자에게로 돌아오시리라. 그런즉 목을 곧게 하지 말고 여호와께 귀순歸順하여 영영永永히 거룩케 하신 전殿에 들어가서, 너희 하나님 여호와를 섬겨 그 진노震怒가 너희에게서 떠나게 하라. (대하 30:6~8)

4. 너희가 만일 여호와께 돌아오면 너희 형제兄弟와 너희 자녀子女가 자비慈悲를 입어 돌아오리라. 너희 하나님 여호와는 은혜恩惠로우시고 자비慈悲하신지라. 너희가 그에게로 돌아오면 그 얼굴을 너희에게서 돌이키지 아니하시리라. 보발군步發軍이 각 성城에 두루 다녀 스블론까지 이르렀으나 사람들이 저희를 조롱嘲弄하며 비웃었더라. 그러나 하나님이 감동動感 시키사 저희로 왕王과 방백方伯들이 여호와의 말씀대로 전傳한 명령命令을 일심一心으로 준행遵行하게 하셨더라. (대하 30:9~12)

5. 무리가 일어나 예루살렘에 있는 제단祭壇과 향단香壇들을 모두 제除하여 기드론 시내에 던지고, 이월 십사일에 유월절逾越節 양羊을 잡으니, 제사장祭司長과 레위 사람이 부끄러워하고 성결聖潔케 하고, 번제물燔祭物을 가지고 여호와의 전殿에 이르러 규례規例대로 각각 처소處所에 서로 하나님의 사람 모세의 율법律法을 좇아 제사장祭司長이 레위 사람의 손에서 피를 받아 뿌리니라. (대하 30:14~16)

6. 회중會衆에 많은 사람이 성결聖潔하지 못한고로, 레위 사람들이 모든 부정不淨한 사람들을 위하여 유월절逾越節 양羊을 잡아 저희로 여호와 앞에서 성결聖潔케 하였으나, 많은 무리는 자기를 깨끗하게 하지 아니하고, 유월절逾越節 양羊을 먹어 기록記錄한 규례規例를 어긴지라. 히스기야가 위하여 기도祈禱하여 가로되 선善하신 여호와여 사하옵소서 하였더니, 여호와께서 들으시고 백성百姓을 고치셨더라. (대하 30:17~20)

7. 예루살렘에 모인 백성百姓들이 크게 즐거워하여 칠 일 동안 무교절을 지켰고, 레위 사람과 제사장祭司長들은 날마다 여호와를 칭송稱頌하여 큰 소리 나는 악기樂器를 울려 여호와를 찬양讚揚하였으며, 히스기야는 여호와를 섬기는 일에 통달通達하였더라. 이와 같이 절기節期 칠 일 동안에 무리가 먹으며 화목제和睦祭를 드리고 그 열조列祖의 하나님 여호와께 감사感謝하였더라. (대하 30:21~22)

성결聖潔에 참여하지 못한 백성百姓들까지도 모두 동참同參케 하였습니다. 히스기야 왕王은 낙오落伍된 백성百姓과 불참不參한 사람까지 모두 성결의식儀式聖潔에 참여케 하고, 성결 생활聖潔生活을 하게 하였습니다.

【 낭송 표시 : 1회 ▞ / 4회 ■ / 목표 120회 】

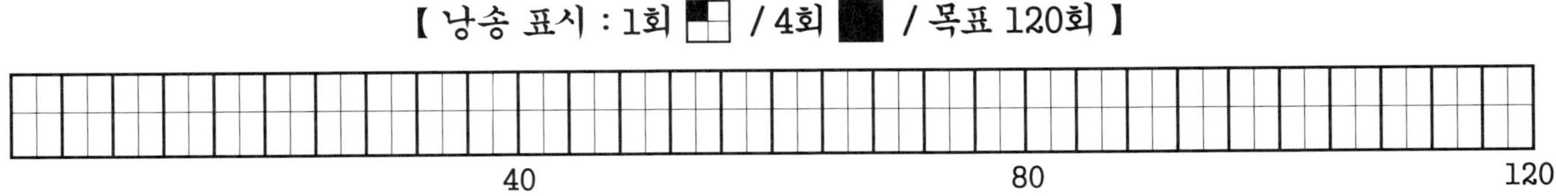

"주의 말씀은 내 발의 등이요 내 길에 빛이니이다"(시 119:105)

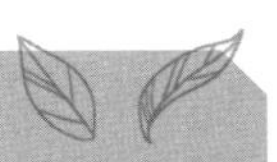

제 16 일

남은 것이 많으니 그 백성百姓에게 복福을 주셨음이라

역대하 31:10

열심熱心히 일을 해도 부족不足하고 배고픈 나라가 있는가 하면, 일할 때 일하고 쉴 때 쉬어도 풍족豊足한 나라가 있습니다. 히스기야 왕 재임在臨 기간에는 매우 풍성豊盛하고 넉넉하고 차고 넘쳤습니다. 왕王과 그 백성百姓이 하나님 말씀대로 순종順從하고 성전 중심 생활聖殿中心生活을 잘하였기 때문이라고 성경은 생생하게 교훈教訓하고 있습니다.

1. 온 회會가 다시 칠 일을 지키기로 결의決議하고 이에 또 칠 일을 즐거이 지켰더라. 유다 왕 히스기야가 수송아지 일천과 양 칠천을 회중會衆에게 주었고, 방백方伯들은 수송아지 일천과 양 일만을 회중會衆에게 주었으며, 성결聖潔케 한 제사장祭司長도 많았는지라. 온 회중會衆과 제사장祭司長들과 레위 사람들과 온 회중會衆과 나그네가 다 즐거워하였으므로, 예루살렘에 큰 희락喜樂이 있었으니, 이스라엘 왕 다윗의 아들 솔로몬 때로부터 이러한 희락喜樂이 예루살렘에 없었더라. 그때에 제사장祭司長과 레위 사람들이 일어나서 백성百姓을 위하여 축복祝福하였으니, 그 소리가 들으신 바 되고 그 기도祈禱가 여호와의 거룩한 처소處所 하늘에 상달上達하였더라. (대하 30:23~27)

2. 이 모든 일이 마치매 거기 있는 무리가 나가서 여러 성읍城邑에 이르러 주상株像을 깨뜨리며, 아세라 목상木像을 찍으며 온 땅에서 산당山堂과 단壇을 제除하여 멸滅하고, 모든 자손子孫이 각각 그 본성本城 기업基業으로 돌아갔더라. 히스기야가 제사장祭司長들과 레위 사람들의 반차班次를 정定하고, 각각 그 힘을 행行하게 하되 곧 제사장祭司長들과 레위 사람들도 번제燔祭와 화목제和睦祭를 드리며, 여호와의 영문營門에서 섬기며 감사感謝하며 찬송讚頌하게 하고, 또 자기 재산財産 중에서 얼마를 정定하여 여호와의 율법律法에 기록記錄된 대로, 번제燔祭 곧 조석朝夕 번제燔祭와 안식일安息日과 초하루와 절기節期의 번제燔祭에 쓰게 하고, 또 예루살렘에 거居한 백성百姓을 명命하여 제사장祭司長들과 레위 사람들의 응식應食을 주어 저희로 여호와의 율법律法을 힘쓰게 하라 한지라. (대하 31:1~4)

3. 왕王의 명령命令이 내리자 곧 이스라엘 자손子孫이 곡식穀食과 포도주葡萄酒와 기름과 꿀과, 밭의 모든 소산所産의 처음 것을 풍성豊盛히 드렸고, 또 모든 것의 십일조十一條를 많이 가져왔으며, 그 하나님 여호께 구별區別하여 드릴 성물聖物의 십일조를 가져왔으며 그것을 쌓아 더미를 이루었는데, 삼월에 쌓기를 시작始作하여 칠월에 마친지라. 히스기야와 방백方伯들이 와서 더미를 보고 여호와를 송축頌祝하고 그 백성百姓을 위하여 축복祝福하니라. 대제사장大祭司長 아사랴가 가로되 백성百姓이 예물禮物을 여호와의 전殿에 드리기 시작始作함으로부터 우리가 족足하게 먹었으나, 남은 것이 많으니 이는 여호와께서 그 백성百姓에게 복福을 주셨음이라 그 남은 것이 이렇게 많이 쌓였나이다. (대하 31:5~10)

4. 그때에 히스기야가 명命하여 여호와의 전殿 안에 방房을 예비豫備하라 한 고로 드디어 예비豫備하고, 성심誠心으로 그 예물禮物과 십일조와 구별區別한 물건物件을 갖다 두고, 레위 사람 고나냐는 그 일을 주관主管하고, 동문지기 고레는 즐거이 하나님께 드리는 것과 모든 지성물至聖物을 나눠 주며, 스가냐는 제사장祭司長의 성읍城邑들에 있어서 직임職任을 맡아 그 형제兄弟에게 반차班次대로 무론無論 대소大小하고 나눠 주되, 날마다 여호와의 전殿에 들어가서 그 반차班次대로 직임職任에 수종隨從드는 자들에게 나눠 주며, 회중會衆은 성결聖潔하고 충실充實히 그 직분職分을 다하는 자며, 그 하나님 여호와 보시기에 선善과 정의正義와 진실眞實함으로 행行하였으니, 무릇 그 행하는 모든 일을 하나님의 전殿에 수종隨從드는 일에나 율법律法에나 계명誡命에나 그 하나님을 구求하고 일심一心으로 행行하여 형통亨通하였더라. (대하 31:11~21)

5. 히스기야가 세력勢力을 내어 퇴락頹落한 성城을 중수重修하되 망대望臺까지 높이 쌓고 또, 외성外城을 쌓고 다윗 성의 밀로를 견고堅固케 하고 병기兵器와 방패防牌를 많이 만들고, 성문城門 광장廣場에 무리를 모으고 위로慰勞하여 가로되, 너희는 마음을 강强하게 하고 담대膽大히 하여 두려워 말며 놀라지 말라. 우리와 함께한 자라. 저와 함께 하는 자보다 크니 저와 함께하는 자는 육신肉身의 팔이요, 우리와 함께하는 자는 우리의 하나님 여호와시라. 반드시 우리를 도우시고 우리를 대신代身하여 싸우시리라 하매 백성百姓이 안심安心하니라. (대하 32:5~8)

6. 히스기야 왕이 아모스의 아들 선지자先知者 이사야로 더불어 하늘을 향向하여 부르짖어 기도祈禱하였더니, 여호와께서 한 천사天使를 보내어 앗수르 왕王의 영營에서 모든 용사勇士와 대장大將과 장관長官들을 멸滅하신지라. 앗수르 왕의 얼굴이 뜨뜻하여 그 고국故國으로 돌아갔더니, 그 신神의 전殿에 들어갔을 때에 그 몸에서 난 자들이 거기서 칼로 죽였더라. 이와 같이 여호와께서 모든 적국敵國의 손에서 구원救援하여 내사 사면四面으로 보호保護하시매, 여러 사람이 예물禮物을 가지고 와서 여호와께 드리고 보물寶物은 히스기야에게 드린지라. 이후부터 히스기야가 열국列國의 눈에 존대尊大하게 되었더라. (대하 32:20~23)

그 행行하는 모든 일 곧 하나님의 전殿에 수종隨從드는 일에서 율법律法이나 계명誡命을 따라 하나님께 구求하고, 일심一心으로 행行하면 형통亨通하고 풍부豊富하여, 나라 안팎에 재물財物 많이 쌓여 전 세계全世界에 원조援助하는 나라와 교회敎會가 됩니다.

【 낭송 표시 : 1회 ▚ / 4회 ■ / 목표 120회 】

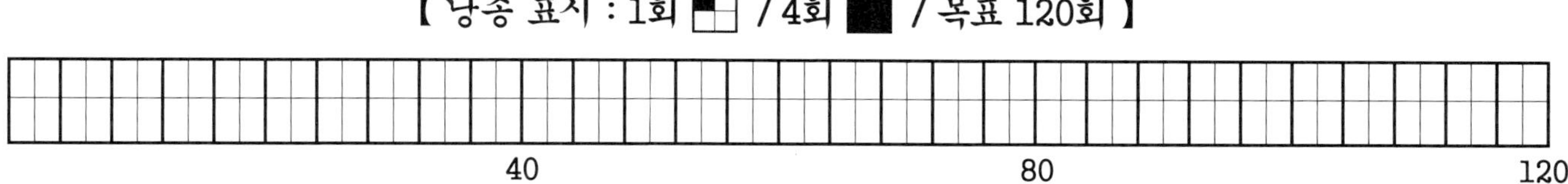

"주의 말씀은 내 발의 등이요 내 길에 빛이니이다"(시 119:105)

제 17 일

부富와 영광榮光이 극極한지라

역대하 32:27

신앙생활信仰生活은 철저徹底하게 당사자當事者 중심中心이요, 개별적個別的인 것입니다. 히스기야 왕은 여호와 하나님의 길로 정직正直히 행하여 큰 은혜恩惠를 받았지만, 그 아들 므낫세 왕은 아버지의 신앙信仰을 저버리고 우상숭배偶像崇拜하기를 좋아하다가 적에게 잡혀가는 큰 수모受侮를 당하였습니다.

1. 그때에 히스기야가 병炳들어 죽게 된 고로 여호와께 기도祈禱하매 여호와께서 그에게 대답對答하시고 또 이적異蹟을 보이셨으나, 히스기야가 마음이 교만驕慢하여 그 받은 은혜恩惠를 보답報答지 아니하므로, 진노震怒가 임臨하게 되었더니 히스기야가 마음의 교만驕慢함을 뉘우치고 예루살렘 거민居民들도 그와 같이 하였으므로 여호와의 노怒가 히스기야의 생전生前에는 임臨하지 아니하니라. (대하 32:24~26)

2. 히스기야가 부富와 영광榮光이 극極한지라. 이에 은금銀金과 보석寶石과 향품香品과 방패防牌와 온갖 보배로운 그릇들을 위하여 국고國庫를 세우며, 곡식穀食과 새 포도주葡萄酒와 기름의 산물産物을 위하여 창고倉庫를 세우며, 온갖 짐승의 외양간을 세우며 양羊 떼의 우리를 갖추며 양羊 떼와 많은 소 떼를 위하여 성읍城邑들을 세웠으니, 이는 하나님이 저에게 재산財産을 심甚히 많이 주셨음이며, 히스기야가 기혼의 윗 샘물을 막아 그 아래로 다윗 성 서편西便으로 곧게 인도引導하였으니 저의 모든 일이 형통亨通하였더라. (대하 32:27~30)

3. 므낫세 왕王이 여호와 보시기에 악惡을 행行하여 여호와께서 이스라엘 자손子孫 앞에서 쫓아내신 이방異邦 사람의 가증可憎한 일을 본받아, 그 부친父親 히스기야의 헐어 버린 산당山堂을 다시 세우며 바알들을 위하여 단壇을 다시 세우며, 아세라 목상木像을 만들며 하늘의 일월성신日月星辰을 숭배崇拜하여 섬기며, 여호와의 전殿 두 마당에 하늘의 일월성신日月星辰을 위하여 단壇을 쌓고, 골짜기에서 아들들을 불 가운데로 지나게 하며 또 점占치며 사술邪術과 요술妖術을 행行하며, 신접神接한 자와 박수를 신임信任하여 여호와 보시기에 악惡을 행行하여 그 진노震怒를 격발激發하였으며, 또 자기가 만든 아로새긴 목상木像을 하나님의 전殿에 세웠더라. 모든 백성百姓들이 므낫세 왕의 꾀임을 받고 악惡을 행한 것이 열방列邦보다 심하였더라. 여호와께서 므낫세와 그 백성百姓에게 저희가 듣지 아니한 고로, 여호와께서 앗수르 왕의 군대軍隊 장관長官들로 와서 치게 하시매, 저희가 므낫세를 사로잡고 쇠사슬로 결박結縛하여 바벨론으로 끌어 간지라. (대하 33:1~11)

4. 므낫세 왕이 환난患難을 당當하여 그 하나님께 간구懇求하고 그 열조列祖의 하나님 앞에 겸비謙卑하여 기도祈禱한 고로, 하나님이 그 기도祈禱를 받으시며 그 간구懇求를 들으시사, 저를 예루살렘에 돌아와서 다시 왕위王位에 거하게 하시매, 므낫세가 그제야 여호와께서 하나님이신 줄을 알았더라. 이방신異邦神들과 우상偶像을 여호와의 전殿에서 제除하여, 모든 우상偶像의 단壇을 성城 밖에 던지고, 여호와의 단壇을 중수重修하고 화목제和睦祭의 감사제感謝祭를 그 단壇 위에 드리고 명命하여, 하나님 여호와를 섬기라 하매 백성百姓이 그 하나님 여호와께만 제사祭祀를 드렸더라. (대하 33:12~17)

5. 요시아 왕이 여호와 보시기에 정직正直히 행行하여 그 조상祖上 다윗의 길로 행하여 좌우左右로 치우치지 아니하고, 다윗의 하나님께 구求하고 예루살렘을 정결淨潔케 하여, 그 산당山堂과 아세라 목상木像들과 아로새긴 우상偶像들과 부어 만든 우상偶像들을 제除하여 버리매, 무리가 왕 앞에서 바알들의 단壇을 훼파毁破 하였으며, 왕이 또 그 단壇위에 높이 달린 태양신太陽神을 찍고, 또 아세라 목상木像들과 아로새긴 우상偶像과 부어 받은 우상偶像들을 빻아 가루를 만들어, 거기 제사祭祀하던 자들의 무덤에 뿌리고, 예루살렘을 정결淨潔케 하였으며 그 땅과 전殿을 정결淨潔케 하기를 마치고, 그 하나님 여호와의 전殿을 수리修理하려 하여 부윤府尹 마아세야와 서기관書記官 요아를 보낸지라. (대하 34:1~8)

6. 무리가 여호와의 전殿에 연보捐補한 돈을 꺼낼 때에 제사장祭司長 힐기야가 모세의 전殿한 여호와의 율법책律法冊을 발견發見하고, 서기관書記官 사반에게 일러 가로되 내가 여호와의 전殿에서 율법책律法冊을 발견發見하였노라 하고, 그 책冊을 사반에게 주매 사반이 책을 가지고 왕에게 나아가서 복명復命하여 가로되, 왕께서 종들에게 명하신 것을 종들이 다 준행遵行하였나이다. 또 여호와의 전殿에 있던 돈을 쏟아서 감독자監督者와 공장工匠의 손에 붙였나이다 하고, 서기관書記官 사반이 고하여 가로되 제사장祭司長 힐기야가 내게 책冊을 주더이다 하고, 사반이 왕의 앞에서 읽으매, 왕이 율법律法의 말씀을 듣자 곧 자기 옷을 찢더라. 왕이 명命하여 가로되 너희는 가서 이 발견發見한 책의 말씀에 대하여 여호와께 물으라. 여호와의 말씀을 지키지 아니하고 이 책에 기록記錄된 모든 것을 준행遵行치 아니하므로 여호와께서 우리에게 쏟으신 진노震怒가 크도다. (대하 34:14~21)

므낫세 왕은 우상숭배偶像崇拜하다가 큰 고통苦痛을 당하였으나 요시아 왕은 재위 초在位初부터 성전 중심 생활聖殿中心生活을 하여 왕조王朝 후기後期에 최대最大의 번영繁榮을 누렸습니다.

【 낭송 표시 : 1회 ▣ / 4회 ■ / 목표 120회 】

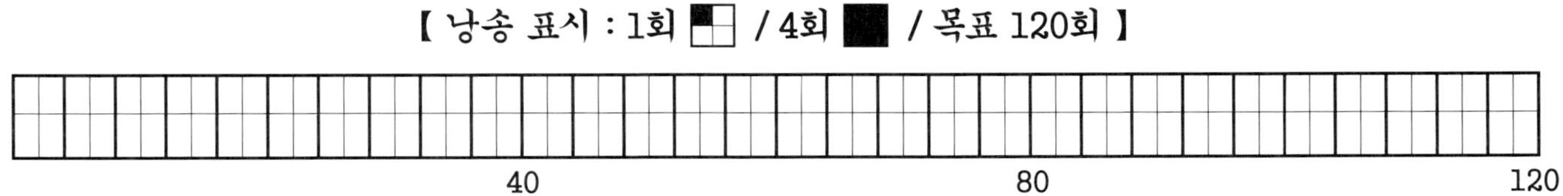

"주의 말씀은 내 발의 등이요 내 길에 빛이니이다"(시 119:105)

제 18 일

유월절逾越節을 지켰더라

역대하 35:19

몸이 건강健康하면 음식飮食 맛이 좋습니다. 그러나 병病이 들면 진수성찬珍羞盛饌, 산해진미山海珍味도 모래알 씹는 것과 같습니다. 나라가 영적靈的으로 건강健康하면 국력國力이 강强하며 번영繁榮과 평화平和를 누립니다. 성전聖殿에서는 유월절逾越節 제사祭祀를 드리고 온 국민國民들은 유월절逾越節 축제祝祭로 행복幸福한 생활生活을 영위營爲합니다.

1. 여호와의 말씀이 백성百姓들이 나를 버리고 다른 신神에게 분향焚香하며, 그 손의 모든 소위所爲로 나의 노怒를 격발激發하였음이라. 여호와께 묻게한 왕王에게는 이렇게 고告하라. 너희가 나의 남을 듣고 마음이 연軟하여 하나님 앞에서 겸비謙卑하며 옷을 찢고 통곡痛哭하였으므로 나로 네 말을 들었노라. 이에 왕王이 모든 장로長老들을 불러모으고 여호와의 전殿에 올라가매 모든 백성百姓 무론노소無論老少하고 다 함께 한지라. 왕王이 여호와의 전殿 안에서 발견發見한 언약책言約冊의 모든 말씀을 읽어 무리의 귀에 들리고, 왕王이 자기의 처소處所에 서서 여호와 앞에서 언약言約을 세우되, 마음을 다하고 성품性稟을 다하여 여호와를 순종順從한 그 계명誡命과 법도法度와 율례律例를 지켜 이 책冊에 기록記錄된 언약言約의 말씀을 이루리라 하고, 예루살렘 거민居民이 하나님의 언약言約을 좇으니라. 이와 같이 요시야가 모든 땅에서 가증可憎한 것을 제除하여 버리고, 그 하나님 여호와를 섬기게 하였으므로 요시야가 사는 날에 백성百姓이 하나님 여호와께 복종服從하고 떠나지 아니하였더라. (대하 34:25~33)

2. 요시야가 예루살렘 여호와 앞에서 유월절逾越節을 지켜 어린 양을 잡으니라. 왕王이 제사장祭司長들에게 그 직분職分을 맡기고 면려勉勵하여 여호와의 전殿에서 사무事務를 행行하게 하고, 또 여호와 앞에서 구별區別되어서 온 이스라엘을 가르치는 레위 사람에게 이르되, 거룩한 궤櫃를 다윗의 아들 솔로몬의 건축建築한 전殿 가운데 두고, 다시는 너희 어깨에 메지 말고 마땅히 너희 하나님 여호와와 그 백성百姓 이스라엘을 섬길 것이라. 스스로 성결聖潔케 하고 유월절逾越節 어린 양을 잡아 너희 형제를 위하여 예비豫備하되, 여호와께서 모세로 전傳하신 말씀을 좇아 행行할지니라. (대하 35:1~6)

3. 아삽의 자손子孫 노래하는 자들은 다윗과 아삽과 헤만과 왕王의 선견자先見者 여두둔의 명命한 대로 자기 처소處所에 있고, 그 직임職任에서 떠날 것이 없었으니 이는 그 형제兄弟 레위 사람들이 저희를 위하여 예비豫備하였음이더라. 이와 같이 당일當日에 여호와를 섬길 일이 다 준비準備되매, 요시야 왕王의 명命대로 유월절逾越節을 지키며 번제燔祭를 여호와의 단壇에 드렸으며, 그때에 모인 이스라엘 자손子孫이 유월절을 지키고 연軟하여 무교절을 칠 일 동안 지켰으니, 요시야의 위에 있은 지 십팔 년에 이 유월절을 지켰더라. (대하 35:15~19)

4. 여호야김이 그 하나님 여호와 보시기에 악惡을 행行하였더라. 바벨론 왕王 느부갓네살이 올라와서 치고 저를 쇠사슬로 결박結縛하여 바벨론으로 잡아가고, 느부갓네살이

여호와의 전殿 기구器具들을 바벨론으로 가져다가 바벨론에 있는 자기 신당神堂에 두었더라. 여호야김이 위에 나아가서 치리治理하여 여호와의 보시기에 악惡을 행行하였더라. 세초歲初에 느부갓네살이 보내어 여호야김을 잡아가고 여호와의 전殿의 귀貴한 기구器具도 함께 가져가고, 시드기야를 왕으로 삼았더라. 시드기야가 그 하나님 여호와의 보시기에 악惡을 행行하고 선지자先知者 예레미야가 여호와의 말씀으로 일러도 그의 앞으로 겸비謙卑치 아니하였으며, 목을 곧게 하며 마음을 강퍅케 하여 하나님 여호와께 돌아오지 아니하였고, 이방異邦 모든 가증可憎한 일을 본받아서 거룩하게 두신 그 전을 더럽게 하였으며, 하나님의 사자使者를 비웃고 말씀을 멸시蔑視하며, 그 선지자先知者를 욕辱하여 여호와의 진노震怒로 그 백성百姓에게 미쳐서 만회挽回할 수 없게 하였으므로, 하나님이 갈대아 왕의 손에 저희를 다 붙이시매, 저가 와서 그 성전聖殿에서 칼로 청년靑年을 죽이며, 청년靑年 남녀男女와 노인老人과 백발白髮노옹老翁을 긍휼矜恤히 여기지 아니하였으며, 또 하나님의 전殿의 대소大小기명器皿들과 여호와의 전殿의 보물寶物과 왕王과 방백方伯들의 보물寶物을 다 바벨론으로 가져가고, 또 하나님의 전殿을 불사르며 예루살렘 성城을 헐며, 그 모든 궁실宮室을 불사르며 그 모든 귀貴한 기명器皿을 훼파毁破하고, 무릇 칼에서 벗어난 자를 저가 바벨론으로 사로잡아 가매, 무리가 거기서 갈대아 왕과 그 자손子孫의 노예奴隷가 되어 바사국이 주재主宰할 때까지 이르니라. (대하 36:5~20)

5. 이에 토지土地가 황무荒蕪하여 안식년安息年을 누림같이 안식安息하여 칠십 년을 지내었으니, 여호와께서 예레미야의 입으로 하신 말씀이 응應하였더라. (대하 36:21)

6. 바사 왕 고레스 원년元年에 여호와께서 예레미야의 입으로 하신 말씀을 응應하게 하시려고 바사 왕 고레스의 마음을 감동感動시키시매, 저가 온 나라에 공포公布도 하고 조서調書도 내려 가로되, 바사 왕 고레스는 말하노니 하늘의 신 여호와께서 세상 만국世上萬國으로 내게 주셨고, 나를 명命하여 유다 예루살렘에 전殿을 건축建築하게 하셨나니, 너희 중에 무릇 그 백성百姓된 자는 다 올라갈지어다. 너희 하나님 여호와께서 함께하시기를 원願하노라 하더라. (대하 36:22~23)

하나님은 은혜恩惠와 자비慈悲와 긍휼矜恤이 풍부豊富하심을 믿고 순종順從하는 하나님의 백성百姓에게 적용適用되지만, 불순종不順從하고 거역拒逆하고 우상숭배偶像崇拜를 하는 자들에게는 적용되지 않습니다. 역사歷史 속에서 선악善惡 안에서 심판審判하시는 공의公儀의 하나님이십니다. 구약성경 역사서舊約聖經歷史書의 결론結論이요 교훈敎訓입니다.

【 낭송 표시 : 1회 ◰ / 4회 ■ / 목표 120회 】

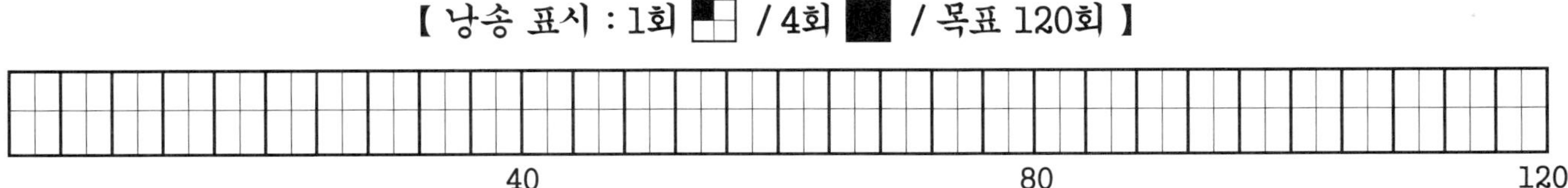

"주의 말씀은 내 발의 등이요 내 길에 빛이니이다"(시 119:105)

제 19 일

여호와의 전殿을 위하여 예물禮物을 즐거이 드릴지니라

에스라 1:4

어떤 경우境遇와 상황狀況이든지 낙심落心하거나 좌절挫折하거나 절망絕望하지 말아야 합니다. 오늘의 결과結果는 과거過去의 원인原因과 과정過程의 산물産物인 것입니다. 또한 미래未來는 지금只今의 결단結斷과 극복克服, 노력勞力과 하나님의 축복祝福으로 새롭게 전개展開되어 나가는 것입니다. 바벨론 왕 느부갓네살은 성전聖殿을 파괴破壞하고 성전 기물聖殿器物을 탈취奪取하고 악행惡行을 범犯했지만, 바사 왕 고레스는 성전 비품聖殿備品을 모두 반환返還하고 국력國力을 동원動員하여 성전聖殿을 건축建築하는 선善한 일을 하였습니다.

1. 바사 왕 고레스 원년元年에 여호와께서 예레미야의 입으로 하신 말씀을 응應하게 하시려고 바사 왕 고레스의 마음을 감동感動 시키시매, 저가 온 나라에 공포公布하고 조서調書를 내려 가로되 바사 왕 고레스는 말하노니, 하늘의 신神 여호와께 세상 만국世上萬國으로 네게 주셨고, 나를 명命하사 예루살렘에 전殿을 건축建築하라 하셨나니 이스라엘의 하나님은 참 신神이시라. 너희 중에 무릇 그 백성百姓 된 자는 유다 예루살렘으로 올라가서 거기 있는 여호와의 전殿을 건축建築하라. 너희 하나님이 함께하시기를 원願하노라. (스 1:1~3)

2. 무릇 그 백성百姓이 어느 곳에 우거寓居 하였든지 마땅히 은銀과 금金과 기타其他 물건物件과 짐승으로 도와주고, 예루살렘 하나님의 전殿을 위하여 예물禮物을 즐거이 드릴지니라 하였더라. 이에 족장族長들과 제사장祭司長들과 레위 사람들과 무릇 그 마음이 하나님께 감동感動을 받고 올라가서, 예루살렘 여호와의 전殿을 건축建築코자 하는 자가 다 일어나서, 그 사면四面 사람들이 은銀과 황금黃金과 물건物件과 짐승과 보물寶物로 돕고 그 외에도 예물禮物을 즐거이 드렸더라. (스 1:4~6)

3. 고레스 왕이 여호와의 전殿 기명器皿을 꺼내니 옛적에 느부갓네살이 예루살렘에서 옮겨다가 자기 신神들의 당堂에 두었던 것이라. 그 수효數爻는 금반金盤이 삼십이요 은반銀盤이 일천이요, 금대접金大楪이 삼십이요 은대접銀大楪이 사백 열이요, 기타其他 기명器皿이 일천이니 금은金銀 기명器皿의 도합都合이 오천사백이라. 사로잡힌 자를 예루살렘으로 데리고 올 때에 세스바살이 그 기명器皿들을 다 가지고 왔더라. (스 1:7~11)

4. 이스라엘 자손子孫이 그 본성本城에 거居하였더니 칠월에 이르러 일제一齊히 예루살렘에 모인지라. 예수아와 제사장祭司長들과 스룹바벨과 그 형제兄弟들이 다 일어나 이스라엘 하나님의 단壇을 만들고, 하나님의 사람 모세의 율법律法에 기록記錄한 대로 번제燔祭를 그 위에 드리려 할새, 단壇을 그 터위에 세우고 그 위에 조석朝夕으로 여호와께 번제燔祭를 드리며, 기록된 규례規例대로 초막절草幕節을 지켜 번제燔祭를 매일 정수定數대로 날마다 드리고, 여호와의 모든 거룩한 절기節期의 번제燔祭와 사람이 여호와께 즐거이 드리는 예물禮物을 드리되, 칠월 초하루부터 비로소 여호와께 번제燔祭를 드렸으나 그때에 여호와의 전殿 지대地臺는 오히려 놓지 못한지라. (스 3:1~6)

5. 이에 석수石手와 목수木手에게 돈을 주고, 시돈 사람과 두로 사람에게 먹을 것과 마실 것과 기름을 주고 바사 왕 고레스의 조서詔書대로 백향목柏香木을 레바논에서 욥바 해변海邊까지 수운輸運하게 하였더라. 예루살렘 하나님의 전殿에 이른 지 이년 이월에 역사役事를 시작始作하고, 레위 사람들을 세워 여호와의 전殿 역사役事를 감독監督하게 하매, 레위 사람들이 일제一齊히 일어나 하나님 전殿 공장工匠을 감독監督하니라. (스 3:7~9)

6. 건축자建築者가 여호와의 전殿 지대地臺를 놓을 때에 제사장祭司長들은 예복禮服을 입고, 나팔을 들고 아삽 자손子孫들은 제금提琴을 들고 서서, 이스라엘 왕 다윗의 규례規例대로 여호와를 찬송讚頌하되 서로 찬송가讚頌歌로 회답回答하며, 여호와께 감사感謝하여 가로되 주는 지선至善하시므로 그 인자仁慈하심이 이스라엘에게 영원永遠하시도다. 아멘. (스 3:10~11)

고레스 왕 원년元年은 예루살렘 성전 재건聖殿再建을 위한 왕명王命이 선포宣布된 해입니다. "다니엘은 고레스 왕 원년元年까지 있으니라"(단 1:21). 하나님을 거역拒逆하고 불순종不順從하고 우상숭배偶像崇拜한 자들에게 의해 성전이 파괴破壞 당하고 탈취奪取당하고 백성들은 포로捕虜로 잡혀갔습니다. 하나님께 순종順從하고 성결聖潔된 생활生活을 한 다니엘·에스더·에스라·느헤미야·에스겔로 말미암아 포로捕虜 귀환歸還과 성전 기명 반환聖殿器皿返還과 성전 재건聖殿再建의 역사役事가 일어났습니다.

【 낭송 표시 : 1회 ▞ / 4회 ■ / 목표 120회 】

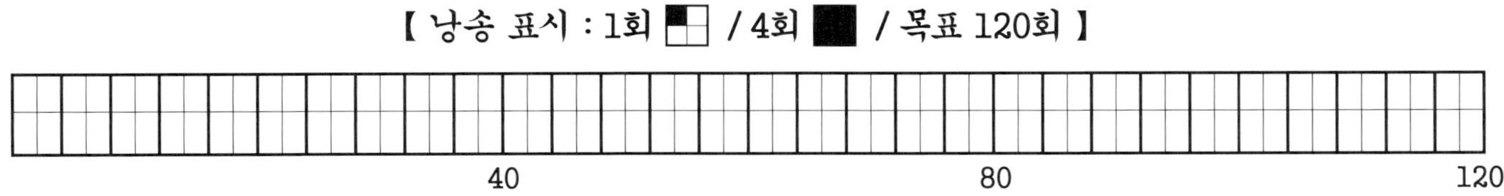

"주의 말씀은 내 발의 등이요 내 길에 빛이니이다"(시 119:105)

제 20 일

온 백성百姓이 즐거이 하나님의 전殿 봉헌식奉獻式을 행하니라

에스라 6:16

하나님의 전殿은 그 백성百姓들의 안정安定과 번영繁榮과 영광榮光의 측정 계기판測定計器板입니다. 하나님의 전殿이 위태危殆로워지면 그 나라와 백성百姓이 위태危殆로워지고, 파괴破壞되면 나라와 백성百姓이 고통苦痛을 당하게 됩니다. 하나님의 성전聖殿이 봉헌奉獻되는 동시에 그 나라와 백성百姓이 번영繁榮과 안정安定과 행복幸福을 누리게 됩니다. 이는 성경聖經 역사歷史와 세계世界 역사歷史가 입증立證하고 있습니다.

1. 이스라엘 자손子孫과 제사장祭司長들과 온 백성百姓이 즐거이 하나님의 전殿 봉헌식奉獻式을 행行하니, 하나님의 전殿 봉헌식奉獻式을 행行할 때에 수소 일백과 숫양 이백과 어린 양 사백을 드리고, 이스라엘 지파支派의 수數를 따라 숫염소 열둘로 이스라엘 전체全體를 위하여 속죄제贖罪祭를 드리고, 제사장祭司長을 그 분반分班대로 레위 사람을 그 반차班次대로 세워, 예루살렘에서 하나님을 섬기려 하되 모세의 책冊에 기록記錄된 대로 하게 하니라. (스 6:16~18)

2. 정월 십사일에 유월절逾越節을 지키되 제사장祭司長들과 레위 사람들이 일제一齊히 몸을 정결貞潔케 하여 유월절逾越節 양羊을 잡으니, 무릇 스스로 구별區別하여 이방異邦 사람의 더러운 것을 버리고, 이스라엘 하나님 여호와를 구求하는 자가 다 먹고 즐거우므로 칠일동안 무교절을 지켰으니, 이는 여호와께서 저희로 즐겁게 하시고, 또 앗수르 왕王의 마음을 돌이켜 하나님 전殿 역사役事하는 손을 힘 있게 하도록 하셨음이라. (스 6:19~22)

3. 에스라가 바벨론에서 올라왔으니, 저는 이스라엘 하나님 여호와께서 주신 바 모세의 율법律法에 익숙한 학사學士로서 그 하나님 여호와의 도우심을 입으므로, 왕王에게 구求하는 것을 다 받은 자더니, 정월 초하루에 바벨론에서 길을 떠났고, 하나님의 선善한 손의 도우심을 입어 오월 초하루에 예루살렘에 이르니라. 에스라가 여호와의 율법律法을 연구研究하여 준행遵行하며 율례律例와 규례規例를 이스라엘에게 가르치기를 결심決心하였더라. (스 7:6~10)

4. 여호와의 계명誡命의 말씀과 이스라엘에게 주신 율법律法의 학사學士 겸兼 제사장祭司長 에스라에게 왕王이 내린 조서詔書는 아래와 같으니라. 모든 왕王의 왕 아닥사스다는 하늘의 하나님의 율법律法에 완전完全한 학사學士 겸兼 제사장祭司長 에스라에게

조서詔書하여, 우리나라에 있는 이스라엘 백성百姓과 저희 제사장祭司長들과 레위 사람 중에 예루살렘에 올라갈 뜻이 있는 자는 누구든지 너와 함께 갈지어다. 왕王과 모사謀士들이 예루살렘에 거居하신 이스라엘 하나님께 성심誠心으로 드리는 은금銀金을 가지고, 또 바벨론 온 도道에서 얻은 모든 은금銀金과 하나님 전殿을 위하여 즐거이 드릴 예물禮物을 가져다가 물품物品을 신속迅速히 사서 예루살렘 하나님의 전殿에 드리고, 그 나머지 은금銀金은 선善히 여기는 일에 너의 하나님의 뜻을 좇아 쓸지며, 에스라여 너는 네 손에 있고 네 하나님의 지혜智慧를 따라 재판裁判하며 가르치라. (스 7:11~25)

5. 무릇 네 하나님의 명령命令과 왕王의 명령命令을 준행遵行치 아니하는 자는, 속速히 그 죄罪를 정定하여 죽이거나 정배定配하거나 가산家産을 적몰籍沒하거나 옥獄에 가둘지니라. 우리 열조列祖의 하나님 여호와를 송축頌祝할지로다. 그가 왕王의 마음에 예루살렘 여호와의 전殿을 아름답게 할 뜻을 두시고, 나의 하나님 여호와의 앞에서 은혜恩惠를 입게 하셨도다. 나의 하나님 여호와의 손이 나의 위에 있으므로, 내가 힘을 얻어 이스라엘 중에 두목頭目을 모아 나와 함께 올라오게 하였노라. (스 7:26~28)

6. 나의 하나님 여호와를 향向하여 손을 들고 말하기를 나의 하나님이여, 내가 부끄러워 낯이 뜨뜻하여 감敢히 나의 하나님을 향向하여 얼굴을 들지 못하오니, 이는 우리 죄악罪惡이 많아 정수리에 넘치고, 우리 허물이 커서 하늘에 미침이니이다. 우리의 열조列祖 때로부터 오늘까지 우리 죄罪가 심甚하매 우리의 죄악罪惡으로 인因하여, 우리와 우리 왕王들과 우리 제사장祭司長들을 열방列邦 왕王들의 손에 붙이사, 죽이며 사로잡히며 노략擄掠을 당當하며 얼굴을 부끄럽게 하심이 오늘날 같으니이다. (스 9:5~7)

하나님의 성전聖殿이 봉헌奉獻되고 하나님의 말씀이 선포宣布되고, 하나님께 정성精誠을 다하여 예배禮拜를 드리고, 하나님의 말씀대로 온 백성百姓과 지도자指導者들이 순종順從하면 만사형통萬事亨通 평화 안정平和安定과 번영 영광繁榮榮光이 온 나라와 세상世上에 가득 차 하나님의 평화平和, 여호와 샬롬이 이루어집니다. 아멘.

【 낭송 표시 : 1회 ▚ / 4회 ■ / 목표 120회 】

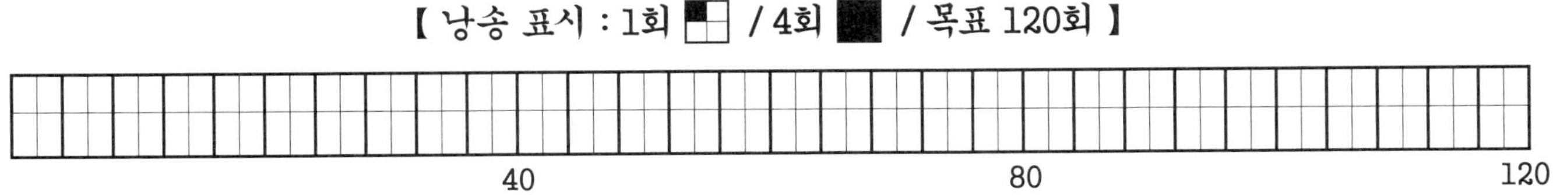

"주의 말씀은 내 발의 등이요 내 길에 빛이니이다"(시 119:105)

제 21 일

일어나소서 우리가 도우리니 힘써 행하소서

에스라 10:4

민족적 각성民族的覺醒과 국민정신 혁명國民精神革命은 새로운 역사役事를 창조創造하고 발전發展시킵니다. 포로 생활捕虜生活을 마감磨勘하고 새 시대 주역主役이 되기 위해서 새로운 각오覺悟와 변화變化가 요청要請되었습니다. "일어나소서 우리가 도우리니 힘써 행하소서" 과거過去의 죄罪를 회개悔改하고 지도자指導者와 백성百姓이 합심단결合心團結하여 하나님 말씀에 순종順從하겠다는 결의決意는 새 역사役事를 창조創造하는 원동력原動力이 됩니다.

1. 이제 우리 하나님 여호와께서 우리에게 잠간暫間 은혜恩惠를 베푸사 얼마를 남겨 두어 피避하게 하신 우리를 그 거룩한 처소處所에 박힌 못과 같게 하시고 우리 눈을 밝히사 우리로 종노릇하는 중에서 조금 소성蘇醒하게 하셨나이다. 우리가 비록 노예奴隷가 되었사오니, 우리 하나님이 우리를 그 복역服役하는 중에 버리지 아니하시고, 바사 열왕列王 앞에서 우리로 긍휼矜恤히 여김을 입고 소성蘇醒하여, 우리 하나님의 전殿을 세우게 하시며 그 퇴락頹落한 것을 수리修理하게 하셨나이다. 우리의 악惡한 행실行實과 큰 죄罪로 인하여 이 모든 일을 당當하였사오니, 이스라엘 하나님 여호와여 주는 의義롭도소이다. 무리가 남아 피避한 것이 오늘날과 같사옵거늘 도리어 주主께 범죄犯罪하였사오니, 이로 인因하여 주 앞에 한 사람도 감敢히 서지 못하겠나이다. (스 9:8~15)

2. 에스라가 하나님의 전殿 앞에 엎드려 울며 기도祈禱하여 자복自服할 때에 많은 백성百姓이 심히 통곡痛哭하매, 이스라엘 중에 백성百姓의 남녀男女와 어린아이의 큰 무리가 그 앞에 모인지라. 우리가 하나님께 범죄犯罪하여 이방異邦 여자를 취娶하여 아내를 삼았으나, 이스라엘에게 오히려 소망所望이 있나니, 곧 내 주主의 교훈教訓을 좇으며 우리 하나님의 명령命令을 떨며 준행遵行하는 자의 의논議論을 좇아, 우리 하나님과 언약言約을 세우고 율법律法대로 행行할 것이라. 일어나소서 우리가 도우리니 힘써 행하소서. 이에 에스라가 일어나 온 이스라엘에게 이 말대로 행行하기를 맹세盟誓하매 무리가 맹세盟誓하는지라. (스 10:1~5)

3. 이스라엘의 장자長子 르우벤의 아들들은 이러하니라. 르우벤은 장자長子라도 그 아비의 침상寢床을 더럽게 하였으므로, 장자長子의 명분名分이 이스라엘의 아들 요셉의 자손子孫에게로 돌아갔으나 족보族譜에는 장자長子의 명분名分대로 기록記錄한 것이 아니니라. 유다는 형제兄弟보다 뛰어나고 주권자主權者가 유다로 말미암아 났을지라도 장자長子의 명분名分은 요셉에게 있으니라. (대상 5:1~2)

4. 언약궤言約櫃가 평안平安한 곳을 얻은 후에, 다윗이 이 아래의 무리를 세워 여호와의 집에서 찬송讚頌하는 일을 맡게 하매, 솔로몬이 예루살렘에서 여호와의 전殿을 세울 때까지 저희가 회막會幕 앞에서 찬송讚頌하는 직무職務를 행行하되 그 반열班列대로 직무職務를 행行하였더라. 직무職務를 행하는 자와 그 아들들이 이러하니 그핫 자손子孫중에 헤만은 찬송讚頌하는 자라. 아론과 그 자손子孫들은 번제단燔祭壇과 향단香壇위에 분향焚香하며 제사祭祀를 드리며, 지성소至聖所의 모든 일을 하여 하나님의 종 모세의 모든 명命대로 이스라엘을 위하여 속죄贖罪하니 아론의 자손子孫들은 이러하니라. (대상 6:31~33, 49~50)

5. 유다가 범죄犯罪함을 인하여 바벨론으로 사로잡혀 갔더니, 먼저 그 본성本城으로 돌아와서 그 기업基業에 거할 자는 이스라엘 제사장祭司長들과 레위 사람과 느디님 사람들이라. 여호와께서 함께 하신 엘르아살의 아들 비느하스가 옛적에 그 무리를 거스렸고 스가랴는 회막會幕 문지기가 되었더라. 택擇함을 받아 문지기가 된 자는 모두 이백 둘이니 다윗과 사무엘이 전殿에 세워서 이 직분職分을 맡긴자라. 저희와 그 자손子孫이 그 반열班列을 좇아 여호와의 전殿 곧 성막문聖幕門을 지켰는데 이 문지기가 동서남북東西南北 사방四方에 섰고, 저희는 하나님의 전殿을 맡은 직분職分이 있으므로 전殿 사면四面에 유留하며 아침마다 문門을 여는 책임責任이 있었더라. (대상 9:1~27)

6. 섬기는 데 쓰는 기명器皿을 맡아서 그 수효數爻대로 들어가고, 수효數爻대로 내어오며 성소聖所의 기구器具와 모든 기명器皿과 고운 가루와 포도주葡萄酒와 기름과 유향油香과 향품香品을 맡았으며, 향품香品으로 향기름을 만들었으며 진설陳設하는 떡을 맡아 안식일安息日마다 준비準備하였더라. 찬송讚頌하는 자는 골방에 거하여 주야晝夜로 자기 직분職分에 골몰汨沒하므로 하는 다른 일은 하지 아니하였더라. (대상 9:28~33)

장자長子의 명분名分은 르우벤에게서 요셉에게로 옮겨졌습니다. 출생 순서出生順序도 중요重要하지만 장자長子의 역할役割을 수행修行하느냐가 더욱 중요重要합니다. 르우벤은 아버지의 침상寢床을 더럽혔고, 동생 인신매매人身賣買를 막지 못했고, 집안 대소사大小事 처리處理를 올바로 하지 못함으로, 장자長子 대표권한代表權限은 총리대신總理大臣인 요셉에게 인계引繼되고 말았습니다. 열한 번째 아들이지만 집안과 나라를 구求하고 형제들의 잘못한 죄악罪惡을 용서容恕하고 관용寬容를 베풀어 화해和解하는 요셉과 그 아들 에브라임은 장자권長子權을 받게 되었습니다.

【 낭송 표시 : 1회 / 4회 / 목표 120회 】

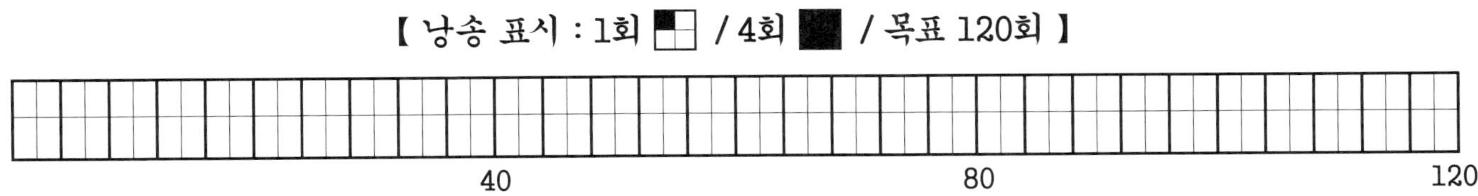

"주의 말씀은 내 발의 등이요 내 길에 빛이니이다"(시 119:105)

제 22 일

종의 기도祈禱를 들으시옵소서

느헤미야 1:6

페르시아 수산궁에 근무勤務하는 고급관리高級管理 느헤미야는 고국故國의 소식을 듣고 금식기도禁食祈禱를 드렸습니다. 아닥사스다 왕王에게 진언進言하여 예루살렘 성곽城郭과 성문 건축城門建築을 허락받고 왕명王命과 후원後援으로 짧은 기간期間에 준공竣工하였습니다.

1. 내가 이 말을 듣고 앉아서 울고 수일數日 동안 슬퍼하며, 하늘의 하나님 앞에 금식禁食하며 기도祈禱하여 가로되, 하늘의 하나님 여호와 크고 두려우신 하나님이여 주主를 사랑하고, 주主의 계명誡命을 지키는 자에게 언약言約을 지키시며 긍휼矜恤을 베푸시는 주여 간구懇求하나이다. 이제 종이 주主의 종 이스라엘 자손子孫을 위하여 주야晝夜로 기도祈禱하오며, 이스라엘 자손子孫들이 주主앞에 범죄犯罪함을 자복自服하오니, 주主는 귀를 기울이시며 눈을 여시사 종의 기도祈禱를 들으시옵소서. 나와 나의 아비집이 범죄犯罪하여 주主를 향向하여 심甚히 악惡을 행行하여 주의 종 모세에게 주主께서 명命하신 계명誡命과 율례律例와 규례規例를 지키지 아니하였나이다. (느 1:4~7)

2. 옛적에 주께서 주의 종 모세에게 명命하여 가라사대 너희가 범죄犯罪하면 내가 너희를 열국列國 중에 흩을 것이요, 내게로 돌아와서 내 계명誡命을 지켜 행行하면, 너희 쫓긴 자를 내 이름을 두려고 택擇한 곳에 돌아오게 하리라 하신 말씀을 청請컨대 기억記憶하옵소서. 이들은 주께서 일찍 큰 권능權能과 강强한 손으로 구속救贖하신 주主의 종이요 주의 백성百姓이니이다. 주여 구求하오니 귀를 기울이사 종의 기도祈禱와 주의 이름을 경외敬畏하기를 기뻐하는 종들의 기도祈禱를 들으시고, 오늘날 종으로 형통亨通하여 이 사람 앞에서 은혜恩惠를 입게 하옵소서. (느 1:8~11)

3. 왕王이 내게 이르시되 네가 병病이 없거늘 어찌하여 얼굴에 수색愁色이 있느냐 이는 필연必然 네 마음에 근심이 있음이로다. 왕王께 대답對答하되 나의 열조列祖의 묘실墓室이 있는 성읍城邑이 황무荒蕪하고 성문城門이 소화燒火 되었사오니, 어찌 얼굴에 수색愁色이 없사오리이까. 네가 무엇을 원하느냐 하시기로 내가 곧 하나님께 묵도默禱하고 왕王에게 고告하되, 왕王이 즐겨 하시고 은혜恩惠를 얻었사오면, 유대 왕王 열조列祖의 묘실墓室이 있는 성읍城邑에 보내어, 그 성城을 중건重建하게 하옵소서. 하나님의 선善한 손이 도와주심으로 왕王이 허락許諾하고 왕王이 조서詔書를 내리사 군대장관軍隊長官과

마병馬兵을 보내어 예루살렘에 이르러 성城을 중건重建하고자 일어나 건축建築하자. 하늘의 하나님이 우리로 형통亨通하게 하시리니 우리가 일어나 건축建築하리라. (느 2:2~20)

4. 우리 하나님이여 들으시옵소서 우리가 업신여김을 당當하나이다. 원願컨대 저희의 욕辱하는 것으로 자기의 머리에 돌리사 노략擄掠거리가 되어 이방異邦에 사로잡히게 하시고, 주主의 앞에서 그 악惡을 덮어두지 마옵시며, 그 죄罪를 도말塗抹하지 마옵소서. 저희가 건축建築하는 자 앞에서 주主의 노怒를 격동激動하였음이니이다. 이에 우리가 성城을 건축建築하여 절반折半에 미쳤으니 이는 백성百姓이 마음들여 역사役事하였음이니라. (느 4:4~6)

5. 성城의 역사役事가 오십 이일만에 끝나매 사면四面 이방異邦 사람들이 듣고 두려워하여 스스로 낙담落膽하였으니, 이는 이 역사役事를 우리 하나님이 이루신 것을 앎이니라. 성城이 건축建築되매 하나냐로 예루살렘을 다스리게 하였는데, 하나냐는 위인爲人이 충성忠誠되어 하나님을 경외敬畏함이 무리에서 뛰어난 자라. (느 6:15~7:2)

6. 이스라엘 자손子孫이 일제一齊히 수문水門앞 광장廣場에 모여 학사學士 에스라에게 명命하신 율법책律法冊을 가지고 오기를 청請하매, 에스라가 율법책律法冊을 가지고 회중會衆 앞에 이르러 새벽부터 오정午正까지 읽으매, 뭇 백성이 율법책律法冊에 귀를 기울였는데, 모든 백성百姓 위에 서서 저희 목전目前에서 책을 펴니 모든 백성百姓이 일어서니라. 에스라가 광대廣大하신 하나님 여호와를 송축頌祝하매 모든 백성百姓이 손을 들고 아멘 아멘 응답應答하고, 몸을 굽혀 얼굴을 땅에 대고 여호와께 경배敬拜하였느니라. (느 8:1~6)

성전 봉헌식聖殿奉獻式은 하나님의 백성百姓들의 완전完全한 해방解放과 자유와 번영繁榮을 이룩한 축복祝福과 은혜恩惠의 축제祝祭였습니다. 단순한 건물建物 준공식竣工式이 아니었습니다. 하나님의 백성百姓의 특권特權과 사명使命이 온 세상世上에 선포宣布된 날입니다. 열방列邦을 향한 제사장祭司長의 사명使命과 통치자統治者 왕王의 사명使命을 수행修行하는 특명特命을 받는 대관식戴冠式이 되었습니다. 아멘.

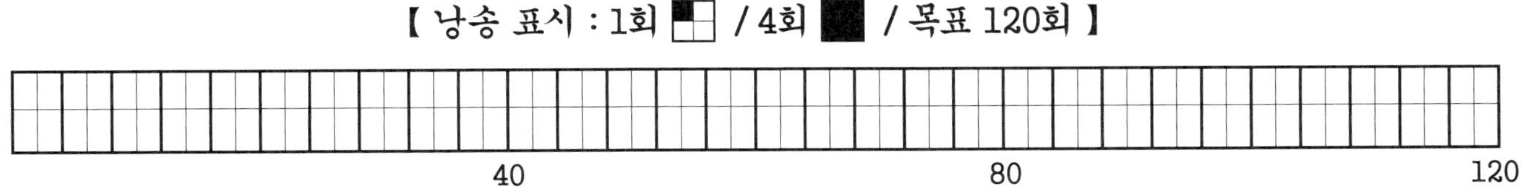

"주의 말씀은 내 발의 등이요 내 길에 빛이니이다"(시 119:105)

제 23 일

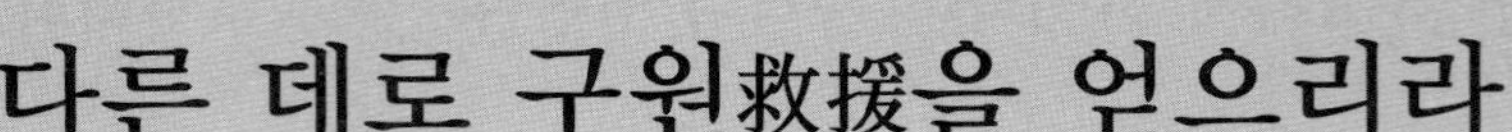

다른 데로 구원救援을 얻으리라

에스더 4:14

'적재적소適材適所 필요적절必要適切'이란 말이 있습니다. 꼭 필요必要한 때 가장 적합適合한 장소場所에서 적당한 해결책解決策을 강구講究하는 것입니다. 이 기회機會를 놓치면 돌이킬 수 없는 파국破局을 가져오며 엄청난 고통苦痛과 손실損失을 가져오게 됩니다. 6·25 전쟁戰爭의 파국破局을 사전事前에 막았다면 얼마나 좋았을까요? 에스더서는 한 민족 공동체民族共同體의 파국破局과 파멸破滅 그리고 불행不幸과 비극悲劇을 사전事前에 예방豫防한 쾌거快擧를 교훈敎訓해 주고 있습니다.

1. 왕王이 모든 여자女子보다 에스더를 더욱 사랑하므로 저가 모든 처녀處女보다 왕王의 앞에서 더욱 은총恩寵을 얻은지라. 왕王이 그 머리에 면류관冕旒冠을 씌우고, 왕후王后를 삼은 후後 왕王이 크게 잔치를 베푸니 모든 방백方伯과 신복臣僕을 향응饗應하고 세금稅金을 면제免除하고 왕王의 풍부豊富함을 따라 크게 상賞 주니라. (에 2:17~18)

2. 모르드개가 자기自己의 당當한 모든 일과 하만이 유다인을 멸滅하려고 또 유다인 진멸殄滅하라고 수산 궁宮에 내린 조서詔書 초본抄本을 에스더에게 뵈어 알게 하고, 왕王에게 나아가니 자기 민족民族을 위하여 간절懇切히 구求하라 하니, 에스더가 고告하기를 내가 부름을 입어 왕王에게 나아가지 못한 지가 이미 삼십 일이라. 모르드개가 에스더에게 회답回答하되 너는 왕궁王宮에 있으니 모든 유다인 중에 홀로 면免하리라 생각生覺지 말라. (에 4:7~13)

3. 이때에 네가 만일 잠잠潛潛하여 말이 없으면 유다인은 다른 데로 말미암아 놓임과 구원救援을 얻으려니와 너와 네 아비 집은 멸망滅亡하리라. 네가 왕후王后의 위位를 얻은 것이 이때를 위爲함이 아닌지 누가 아느냐. 에스더가 명命하여 회답回答하되 당신은 가서 수산에 있는 유다인을 다 모으고 나를 위하여 금식禁食하되, 밤낮 삼 일을 먹지도 말고 마시지도 마소서. 나도 나의 시녀侍女로 더불어 이렇게 금식禁食한 후에 규례規例를 어기고 왕王에게 나아가리니 죽으면 죽으리이다. 모르드개가 가서 에스더의 명命한 대로 다 행行하니라. (에 4:14~17)

4. 제 삼일에 에스더가 왕후王后의 예복禮服을 입고 왕후王后 안뜰 곧 어전御殿 맞은편에 서니, 왕王이 어전御殿에서 전殿 문門을 대하여 보좌寶座에 앉았다가, 왕후王后 에스더가 뜰에 선善 것을 본즉 심甚히 사랑스러우므로 손에 잡았던 금홀金笏 끝을 만진지라. 왕王이 이르되 왕후王后 에스더여 그대의 소원所願이 무엇이며, 요구要求가 무엇이요 나라의 절반折半이라도 그대에게 주겠노라. (에 5:1~3)

5. 에스더가 왕王의 앞에 말씀하시며 왕王의 발 아래 엎드려, 아각 사람 하만이 유다인을 해害하려 악惡한 꾀를 제除하여 주기를 울며 구求하니, 왕王이 에스더를 향向하여 금홀金笏을 내미는지라. 에스더가 일어나 왕王의 앞에 서서 가로되 왕王이 즐겨 하시면 내가 왕王의 목전目前에 은혜恩惠를 입었고, 또 왕王이 이 일을 선善히 여기시며 나를 기쁘게 보실진대, 조서詔書를 내사 유다인을 멸滅하려고 꾀하여 쓴 조서詔書를 취소取消하소서. 내가 어찌 내 민족民族의 화禍 당當함을 참아 보며 내 친척親戚의 멸망滅亡을 참아 보리요. 아하수에로 왕王이 하만을 처단處斷하고 재산財産을 탈취奪取하고, 조서詔書를 내려 유다인의 생명生命을 보호保護하라. 왕의 명命이 심甚히 급急하매, 역졸驛卒이 왕王의 일에 쓰는 준마駿馬를 타고 그 조서詔書를 반포頒布 하니라. (에 8:3~14)

6. 모르드개가 푸르고 흰 조복朝服을 입고, 큰 금면류관金冕旒冠을 쓰고, 자색紫色 가는 베 겉옷을 입고 왕王의 앞에서 나오니, 수산 성城이 즐거이 부르며 기뻐하고 유다인에게는 영광榮光과 즐거움과 기쁨과 존귀尊貴함이 있는지라. 왕王의 조명詔命이 이르는 각各 도道, 각各 읍邑에서 유다인이 즐기고 기뻐하여 잔치를 베풀고, 그날로 경절慶節을 삼으니, 본토本土 백성百姓이 유다인을 두려워하여 유다인 되는 자가 많더라. (에 8:15~17)

7. 이날에 유다인이 대적對敵에게서 벗어나서 평안平安함을 얻어 슬픔이 변變하여 기쁨이 되고, 애통哀痛이 변變하여 길吉한 날이 되었으니, 이날을 지켜 잔치를 베풀고 즐기며 서로 예물禮物을 주며 가난한 자를 구제救濟하라. 각各 도道 각各 읍邑, 각 집에서 대대代代로 이날을 기념記念하며 지키되, 이 부림일을 그 자손子孫 중에서도 기념記念함이 되었더라. 화평和平하고 진실眞實한 말로 편지便紙를 써서 아하수에로의 나라 일백이십칠 도에 있는 모든 사람에게 보내어 정定한 기한期限에 이 부림절을 지키게 하였으니 에스더의 명령命令이 이 부림에 대對한 일을 견고堅固히 하였고, 그 백성百姓의 이익利益을 도모圖謀하며 모든 종족宗族을 안위安慰하였더라. (에 9:22~10:3)

왕후王后의 위位를 얻은 것은 하나님의 영광榮光과 그 백성百姓의 안위安慰를 위함입니다. 왕후王后의 영광榮光과 생명生命을 걸고 일사각오一死覺吾의 결심決心과 금식기도禁食祈禱를 한 에스더 왕후王后는 그 백성百姓을 구원救援하고 부림절의 영광榮光을 가져오게 하였습니다. 에스더 왕후王后가 개인 일신상個人一身上의 안일安逸을 위해 거부拒否하였다면 하나님은 에스더를 버리고 다른 사람을 통通하여 구원救援의 역사役使를 이루셨을 것입니다.

【 낭송 표시 : 1회 ▚ / 4회 ■ / 목표 120회 】

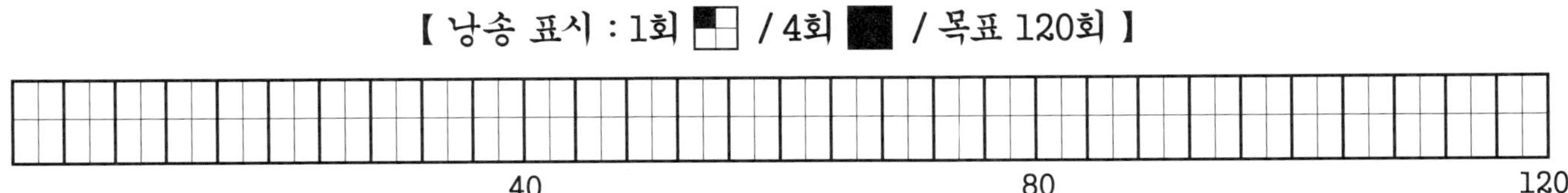

"주의 말씀은 내 발의 등이요 내 길에 빛이니이다"(시 119:105)

제 24 일

범죄犯罪하지 아니하고 원망怨望하지 아니하니라

욥기 1:22

정직正直하고 의義로운 사람이 고난苦難 당하는 문제問題를 깊이 파헤쳐 주는 책이 욥기서입니다. 욥은 정직正直하고 의義로운 사람이었으나 큰 고난苦難과 시련試鍊을 당當하였습니다. 그는 이러한 과정過程을 정금精金이 되는 인생人生으로 받아들이고 더욱 성숙成熟한 신앙 인격자信仰人格者가 되었습니다.

1. 우스 땅에 욥이라 이름하는 사람이 있었는데, 그 사람은 순전純全하고 정직正直하여 하나님을 경외敬畏하며 악惡에서 떠난 자더라. 이 사람은 동방東方 사람 중에 가장 큰 자라. 그 아들들이 자기 생일生日이면 잔치를 베풀고 잔치 날이 지나면 욥이 그들을 불러다가 성결聖潔케 하되, 아침에 일어나서 그들의 명수名數대로 번제燔祭를 드렸으니 이는 욥이 말하기를 내 아들들이 죄罪를 범犯하여 마음으로 하나님을 배반背叛하였을까 함이라. 욥의 행사行事가 항상恒常 이러하였더라. (욥 1:1~5)

2. 여호와께서 이르시되 내 종 욥을 유의留意하여 보았느냐, 그와 같이 순전純全하고 정직正直하여 하나님을 경외敬畏하며 악惡에서 떠난 자가 세상世上에 없느니라. 욥이 일어나 겉옷을 찢고 땅에 엎드려 경배敬拜하며 가로되, 내가 모태母胎에서 적신赤身이 나왔사온즉 또한 적신赤身이 그리로 돌아가올지라. 주신 자도 여호와시요 취取하신 자도 여호와시오니 여호와의 이름이 찬송讚頌을 받으실지니이다 하고, 이 모든 일에 욥이 범죄犯罪하지 아니하고 하나님을 향向하여 어리석게 원망怨望하지 아니하니라. (욥 1:8~22)

3. 사탄이 이에 여호와 앞에서 물러가서 욥을 쳐서 그 발바닥에서 정수리까지 악창惡瘡이 나게 한지라. 욥이 재 가운데 앉아서 기와 조각을 가져다가 몸을 긁고 있더니, 그 아내가 그에게 이르되 당신이 그대로 자기의 순전純全을 굳게 지키느뇨 하나님을 욕辱하고 죽으라. 그대의 말이 어리석은 여자女子 중 하나의 말 같도다. 우리가 하나님께 복福을 받았은즉 재앙災殃도 받지 않겠느뇨 하고, 이 모든 일에 욥이 입술로 범죄犯罪치 아니하니라. (욥 2:7~10)

4. 하나님께 구求하고 내일을 하나님께 의탁依託하리라. 하나님은 크고 측량測量할 수 없는 일을 행하시며, 기이奇異한 일을 셀 수 없이 행行하시나니, 비를 땅에 내리시고 물을 밭에 보내시며 낮은 자를 높이 드시고 슬퍼하는 자를 흥기興起시켜 안전安全한 곳에 있게 하시느니라. 하나님은 궤휼詭譎한 자의 계교計巧를 파破하사 그 손으로 하는 일을 이루지 못하게 하시며, 자기 궤휼詭譎에 빠지게 하시며 사특邪慝한 자의 계교計巧를 패敗하게 하시므로, 낮에도 캄캄함을 만나고 대낮에도 밤과 같이 하느니라. 하나님은 곤비困憊한 자를 그들의 입의 칼에서, 강强한 자의 손에서 면免하게 하시나니 하나님께 징계懲戒 받는 자에게는 복福이 있나니 전능자全能者의 경책警責을 업신여기지 말지니라. (욥 5:8~17)

5. 하나님은 아프게 하시다가 싸매시며 상傷하게 하시다가 그 손으로 고치시나니, 여섯 가지 환난患難에서 너를 구원救援하시며 일곱 가지 환난患難이라도 그 재앙災殃이 네게 미치지 않게 하시며, 기근饑饉 때에 죽음에서 전쟁戰爭 때에 칼 권세權勢에서 너를 구속救贖하실 터인즉, 네 장막帳幕의 평안平安함을 알고 네 우리를 살펴도 잃은 것이

없을 것이며, 네 자손子孫이 많아지며 장수長壽하다가 무덤에 이르리니 곡식穀食단이 그 기한期限에 운반運搬되어 올리움 같으리라. 볼지어다 우리의 연구研究한 바가 이와 같으니 너는 듣고 네게 유익有益된 줄 알지니라. (욥 5:18~27)

6. 하나님을 부지런히 구求하며 전능全能하신 이에게 빌고, 또 청결淸潔하고 정직正直하면 정녕丁寧 너를 돌아보시고, 네 의義로운 집으로 형통亨通하게 하실 것이라. 네 시작始作은 미약微弱하였으나 네 나중은 심甚히 창대昌大하리라. 하나님은 순전純全한 사람을 버리지 아니하시고, 악惡한 자를 붙들어 주지 아니하신즉 웃음으로 네 입에, 즐거운 소리로 네 입술에 채우시리니 너를 미워하는 자는 부끄러움을 입을 것이라 악인惡人의 장막帳幕은 없어지리라. (욥 8:5~22)

7. 너는 하나님과 화목和睦하고 평안平安하라 그리하면 복福이 네게 임臨하리라. 너는 그 입에서 교훈敎訓을 받고 그 말을 네 마음에 두라. 네가 전능자全能者에게로 돌아가고 네 장막帳幕에서 불의不義를 버리면 다시 흥興하리라. 전능자全能者가 네 보배寶杯가 되시며, 네가 전능자全能者를 기뻐하여 하나님께로 얼굴을 들 것이라. 너는 그에게 기도祈禱하겠고 그는 들으실 것이며 너의 서원誓願한 것을 네가 갚으리라. 네가 경영經營하면 이루어질 것이요, 네 길에 빛이 비취리라. 네가 낮춤을 받거든 높아지리라 하나님은 겸손謙遜한 자를 구원救援하시느니라. (욥 22:21~29)

8. 내가 앞으로 가도 그가 아니 계시고 뒤로 가도 보이지 아니하며, 그가 왼편에서 일하시나 내가 만날 수 없고, 그가 오른편으로 돌이키시나 뵈올 수 없구나. 나의 가는 길을 오직 그가 아시나니 그가 나를 단련鍛鍊하신 후에는 내가 정금精金 같이 나오리라. (욥 23:8~10)

9. 욥이 여호와께 대답對答하여 가로되, 주主께서는 무소 불가능無所不可能하시오며 무슨 경영經營이든지 못 이루실 것이 없는 줄 아오니, 내가 주主께 대對하여 귀로 듣기만 하였삽더니 이제는 눈으로 주主를 뵈옵나이다. 그러므로 내가 스스로 한恨하고 티끌과 재 가운데서 회개悔改하나이다. 여호와께서 명命하신 대로 행行하니라 여호와께서 욥을 기쁘게 받으셨더라. 여호와께서 욥의 곤경困境을 돌이키시고 그 전前 소유所有보다 갑절이나 주신지라. 여호와께서 욥의 모년暮年에 복福을 주사 처음 복福보다 더하게 하시고, 전국全國 중에 욥의 딸처럼 아리따운 여자女子가 없었더라. 그 아비가 그들에게 그 오라비처럼 산업産業을 주었더라. (욥 42:1~15)

욥기서는 인과보응因果保應과 업보사상業報思想을 극복克服하였습니다. 모든 사건 배후事件背後에 하나님의 뜻과 섭리攝理가 있음을 교훈敎訓하고 있습니다. 지금은 알 수 없는 것도 나중에는 모두 알게 되고, 지금은 감사感謝할 수 없으나 나중에는 감사感謝하게 됨을 가르쳐 주고 있습니다. 욥으로 하여금 하나님과 친구가 되고 동역자同役者로 삼기 위해서는 특별特別 교육敎育과 훈련訓練이 필요必要했습니다.

【 낭송 표시 : 1회 ▞ / 4회 ■ / 목표 120회 】

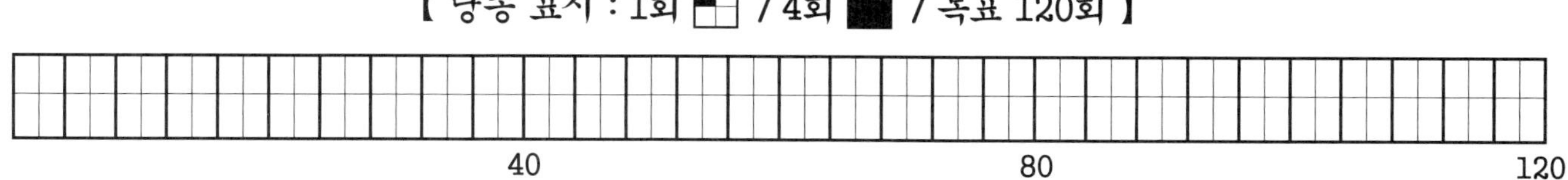

"주의 말씀은 내 발의 등이요 내 길에 빛이니이다"(시 119:105)

제 25 일

그 행사行事가 형통亨通하리로다

시편 1:3

복福 있는 사람은 오직 여호와의 율법律法을 즐거워하며 주야晝夜로 묵상黙想합니다. 주야晝夜로 묵상黙想하는 것은 암송暗誦하는 말씀을 깊이 마음에 생각하고 명상暝想하고 실천實踐하는 것입니다. 생활生活 속에 과실果實이 많이 열려 잘 익고, 삶이 무성茂盛한 잎으로 풍성豊盛하며 모든 일이 주 안에서 형통亨通하게 됩니다.

1. 복福 있는 사람은 악인惡人의 꾀를 좇지 아니하며 죄인罪人의 길에 서지 아니하며 오만傲慢한 자의 자리에 앉지 아니하고, 오직 여호와의 율법律法을 즐거워하여 그 율법律法을 주야晝夜로 묵상黙想하는 자로다. 저는 시냇가에 심은 나무가 시절을 좇아 과실果實을 맺으며 그 잎사귀가 마르지 아니함 같으니 그 행사行事가 다 형통亨通하리로다. 악인惡人은 그렇지 않음이여 오직 바람에 나는 겨와 같도다. 그러므로 악인惡人이 심판審判을 견디지 못하며 죄인罪人이 의인義人의 회중會衆에 들지 못하리로다. 대저 의인義人의 길은 여호와께서 인정認定하시나 악인惡人의 길은 망亡하리로다. (시 1:1~6)

2. 어찌하여 열방列邦이 분노忿怒하며 민족民族들이 허사虛事를 경영經營하는고, 세상世上의 군왕君王들이 나서며 관원官員들이 서로 꾀하여 여호와와 그 기름 부음 받은 자를 대적對敵하며 우리가 그 맨 것을 끊고 그 결박結縛을 벗어 버리자 하도다. 하늘에 계신 자가 웃으심이여 주께서 저희를 비웃으시리로다. 내게 구求하라 내가 열방列邦을 유업遺業으로 주리니 네 소유所有가 땅끝까지 이르리로다. 네가 철장鐵杖으로 저희를 깨뜨림이여 질그릇같이 부수리라 하시도다. 그런즉 군왕君王들아 너희는 지혜智慧를 얻으며 세상世上의 관원官員들아 교훈教訓을 받을지어다. 여호와를 경외敬畏함으로 섬기고 떨며 즐거워할지어다. 여호와를 의지依支하는 자는 다 복福이 있도다. (시 2:1~12)

3. 여호와여 주主는 나의 방패防牌시요 나의 영광榮光이시요 나의 머리를 드시는 자니이다. 내가 나의 목소리로 여호와께서 부르짖으니 그 성산聖山에서 응답應答하시는도다. 내가 누워자고 깨었으니 여호와께서 나를 붙드심이로다. 천만 인이 나를 둘러 치려 하여도 나는 두려워 아니하리이다. 여호와여 일어나소서 나의 하나님이여 나를 구원救援하소서. 주主께서 나의 모든 원수怨讐를 치시며 악惡을 꺾으셨나이다. 구원救援은 여호와께 있사오니 주의 복福을 주主의 백성百姓에게 내리소서. (시 3:3~8)

4. 내 의義의 하나님이여 내가 부를 때에 응답應答하소서. 나를 긍휼矜恤히 여기사 나의 기도祈禱를 들으소서. 여호와께서 자기를 위하여 경건敬虔한 자를 택擇하신 줄 너희가

알지어다. 내가 부를 때에 여호와께서 들으시리로다. 너희는 떨며 범죄犯罪**치 말지어다. 자리에 누워 심중**心中**에 말하고 잠잠**潛潛**할지어다. 의**義**의 제사**祭祀**를 드리고 여호와를 의뢰**依賴**할지어다 주께서 내 마음에 두신 기쁨은 저희의 곡식**穀食**과 새 포도주**葡萄酒**의 풍성**豊盛**할 때보다 더 하니이다. 내가 평안**平安**히 눕고 자기도 하리니 나를 안전**安全**히 거**居**하게 하시는 이는 오직 여호와시니이다.** (시 4:1~8)

5. 여호와여 나의 말에 귀를 기울이사 나의 심사心思**를 통촉**洞燭**하소서. 나의 왕 나의 하나님이여 나의 부르짖는 소리를 들으소서 내가 주**主**께 기도**祈禱**하나이다. 여호와여 아침에 주께서 나의 소리를 들으시리니 아침에 내가 주께 기도**祈禱**하고 바라나이다. 오직 나는 주의 풍성**豊盛**한 인자**仁慈**를 힘입어 주의 집에 들어가 주**主**를 경외**敬畏**함으로 성전**聖殿**을 향**向**하여 경배**敬拜**하리이다. 오직 주께 피**避**하는 자는 다 기뻐하며 주**主**의 보호**保護**를 인**因**하여 영영**永永**히 기뻐 외치며, 주의 이름을 사랑하는 자들은 주를 즐거워하리이다. 여호와여 주**主**는 의인**義人**에게 복**福**을 주시고, 방패**防牌**로 함같이 은혜**恩惠**로 저를 호위**護衛**하시리이다.** (시 5:1~12)

6. 여호와여 주主**의 분**忿**으로 나를 견책**譴責**하지 마옵시며, 주의 진노**震怒**로 나를 징계**懲戒**하지 마옵소서. 여호와여 내가 수척**瘦瘠**하였사오니 긍휼**矜恤**히 여기소서. 여호와여 나의 뼈가 떨리오니 나를 고치소서. 여호와여 나의 영혼**靈魂**을 건지시며 나를 구원**救援**하소서. 내가 탄식**歎息**함으로 곤핍**困乏**하여 밤마다 눈물로 내 침상**寢床**을 띄우며 내 요를 적시나이다. 행악**行惡**하는 자는 떠나라 여호와께서 내 기도**祈禱**를 들으셨도다. 여호와께서 내 간구**懇求**를 들으셨음이여 여호와께서 내 기도**祈禱**를 받으시리로다. 악인**惡人**은 끊고 의인**義人**을 세우소서. 의**義**로우신 하나님이 사람의 심장**心腸**을 감찰**鑑察**하시나이다. 나의 방패**防牌**는 정직**正直**한 자를 구원**救援**하시는 하나님께 있도다. 여호와의 의**義**를 따라 감사**感謝**함이여 지극**至極**히 높으신 여호와의 이름을 찬양**讚揚**하리로다.** (시 6:1~7:17)

분노忿怒하고 허사虛事를 경영經營하고 대적對敵하는 것보다 어리석은 일은 없습니다. 하나님을 경외敬畏하고 그 말씀대로 순종順從하는 자가 가장 복福있는 자입니다. 여호와 하나님은 아침에 드리는 우리의 기도祈禱에 응답應答하기를 좋아하십니다. 여호와 우리 주여! 주의 이름이 온 땅에, 온 하늘에, 우리 삶 속에, 모든 일에, 형통亨通한 축복祝福을 내려 주옵소서. 아멘.

【 낭송 표시 : 1회 / 4회 / 목표 120회 】

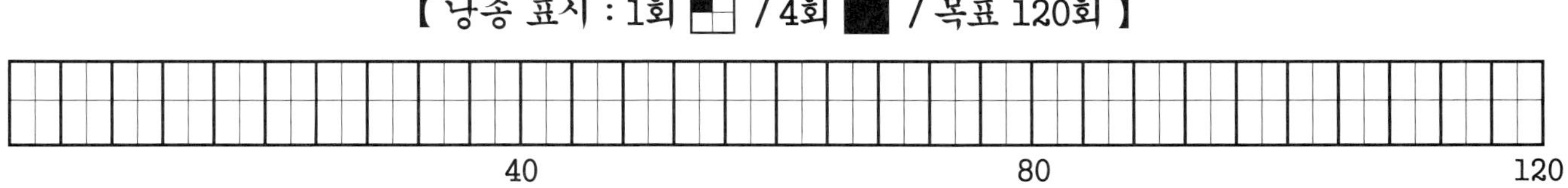

"주의 말씀은 내 발의 등이요 내 길에 빛이니이다"(시 119:105)

제 26 일

나를 후대厚待하심이로다

시편 13:6

문전박대門前薄待란 말은 욕심 많고 심술꾸러기인 놀부가 동생 흥부를 대할 때에 쓰는 말입니다. 야박野薄한 세상世上 인심人心을 나타낸 말입니다. 하나님을 믿고 순종順從하는 자녀子女들에게는 해당該當되는 말이 아닙니다. 언제나 후厚하게 대접待接해 주고 귀貴하게 여겨 주시는 성도聖徒이기에 땅에서 존귀尊貴한 자들입니다.

1. 여호와 우리 주여 주의 이름이 온 땅에 어찌 그리 아름다운지요 주의 영광榮光을 하늘 위에 두셨나이다. 주의 손으로 만드신 하늘과 달과 별들을 내가 보오니 사람이 무엇이관대 주主께서 저를 생각하시며 인자人子가 무엇이관대 주主께서 저를 권고眷顧하시나이까. 저를 천사天使보다 조금 못하게 하시고 영화榮華와 존귀尊貴로 관冠을 씌우셨나이다. 주의 손으로 만드신 것을 다스리게 하시고 만물萬物을 그 발 아래 두셨으니 모든 우양牛羊과 들짐승이며 공중空中의 새와 바다의 어족魚族과 해로海路에 다니는 것이니이다. 여호와 우리 주主여 주主의 이름이 온 땅에 어찌 그리 아름다운지요. (시 8:1~9)

2. 내가 전심全心으로 여호와께 감사感謝하오며 주의 모든 기사奇事를 전傳하니이다. 내가 주主를 기뻐하고 즐거워하며 지극至極히 높으신 주의 이름을 찬송讚頌하리니, 여호와께서 영영永永히 앉으심이여 심판審判을 위하여 보좌寶座를 예비豫備하였도다. 공의公義로 세계世界를 판단判斷하심이여 정직正直으로 만민萬民에게 판단判斷을 행行하시리로다. 여호와는 압제壓制를 당當하는 자의 산성山城이시오 환난患難 때에 산성山城이시로다. 너희는 시온에게 하신 여호와를 찬송讚頌하며 그 행사行事를 백성百姓 중에 선포宣布할지어다. 내가 주의 찬송讚頌을 다 전傳할 것이요 시온의 문門에서 주主의 구원救援을 기뻐하리이다. 여호와여 주는 겸손謙遜한 자의 소원所願을 들으셨으니 저희 마음을 예비豫備하시며 귀를 기울여 들으시고 압박壓迫하는 자를 심판審判하사 세상世上에 속한 자들로 다시는 위협威脅치 못하게 하시리이다. (시 9:1~10:18)

3. 여호와께서 그 성전聖殿에 계시니 여호와의 보좌寶座는 하늘에 있음이여 그 눈이 인생人生을 통촉洞燭하시고 그 안목眼目이 저희를 감찰鑑察하시도다. 여호와는 의義로우사 의義로운 일을 좋아하시나니 정직正直한 자는 그 얼굴을 뵈오리다. 여호와여 도우소서 경건敬虔한 자가 끊어지며 충실忠實한 자가 인생人生 중에 없어지리로이다. 여호와의 말씀은 순결純潔함이여 흙도가니에 일곱 번 단련鍛鍊한 은銀 같도다. 여호와여 저희를 지키사 이 세대世代로부터 영영永永토록 보존保存하시리이다. 나는 오직 주의 인자仁慈하심을 의뢰依賴하였사오니 내 마음은 주의 구원救援을 기뻐하리이다. 내가 여호와를 찬송讚頌하리니 이는 나를 후대厚待하심이로다. (시 11:4~13:6)

4. 어리석은 자는 그 마음에 이르기를 하나님이 없다 하도다. 저희는 부패腐敗하고

소행所行이 가증可憎하여 선善을 행行하는 자가 없도다. 여호와께서 하늘에서 인생人生을 굽어 살피사 지각知覺이 있어 하나님을 찾는 자가 있는가 보려 하신즉, 다 치우쳤으며 함께 더러운 자가 되었으니 구원救援이 시온에서 나오기를 원願하도다. 선善을 행行하는 자가 없으니 하나도 없도다. 여호와께서 그 포로捕虜된 것을 돌이키시고 구원救援할 때에 야곱이 즐거워하고 이스라엘이 기뻐하리로다. (시 14:1~7)

5. 여호와여 주의 장막帳幕에 유留할 자 누구오며 주의 성산聖山에 거居할 자 누구오니이까. 정직正直하게 행行하며 공의公義를 일삼으며 그 마음이 진실眞實을 말하며 그 혀로 참소讒訴치 아니하고, 그 벗에게 행악行惡지 아니하며 그 이웃을 훼방毁謗치 아니하며, 그 눈은 망령妄靈된 자로 멸시蔑視하며 여호와를 두려워하는 자를 존대尊待하며, 그 마음에 서원誓願한 것은 해害로울지라도 변變치 아니하며 변리邊利로 대금貸金치 아니하며, 뇌물賂物을 받고 무죄無罪한 자를 해害치 아니하는 자니, 이런 일을 행行하는 자는 영영永永히 요동搖動치 아니하리이다. (시 15:1~5)

6. 하나님이여 나를 보호保護하소서 내가 주主께 피避하나이다. 내가 주主께 아뢰되 주는 나의 주主시오니 주밖에는 나의 복福이 없나이다. 땅에 있는 성도聖徒는 존귀尊貴한 자니 나의 모든 즐거움이 저희에게 있도다. 우상偶像에게 예물禮物 드리는 자는 괴로움이 더할 것이라 여호와는 나의 산업産業과 나의 잔盞의 소득所得이시니 나의 분깃을 지키시나이다. 내게 줄로 재어 준 구역區域은 아름다운 곳에 있음이여 나의 기업基業이 실實로 아름답도다. 나를 훈계訓戒하신 여호와를 송축頌祝할지라 밤마다 내 심장心腸이 나를 교훈敎訓하도다. (시 16:1~7)

7. 내가 여호와를 항상恒常 내 앞에 모심이여 그가 내 우편右便에 계시므로 내가 요동搖動치 아니하리로다. 이러므로 내 마음이 기쁘고 내 영광榮光도 즐거워하며 내 육체肉體도 안전安全히 거居하리니, 내 영혼靈魂을 음부陰府에 버리지 아니하시며 주의 거룩한 자로 썩지 않게 하실 것임이니다. 주主께서 생명生命의 길로 내게 보이시리니, 주의 앞에는 기쁨이 충만充滿하고 주의 우편右便에는 영원永遠한 즐거움이 있나이다. (시 16:8~11)

세상世上에서 가장 우매愚昧한 사람은 창조주創造主 하나님을 부인否認하는 사람입니다. 나를 낳아 주시고 길러 주신 부모님을 거역拒逆하고 불순종不順從하는 것과 같습니다. 부모님의 말씀에 순종順從하고 기쁘게 해드리는 효도孝道가 가정家庭의 행복幸福이듯이, 하나님을 경외敬畏하는 것이 인생人生의 행복幸福이며 영원생명永遠生命의 길을 가는 것입니다.

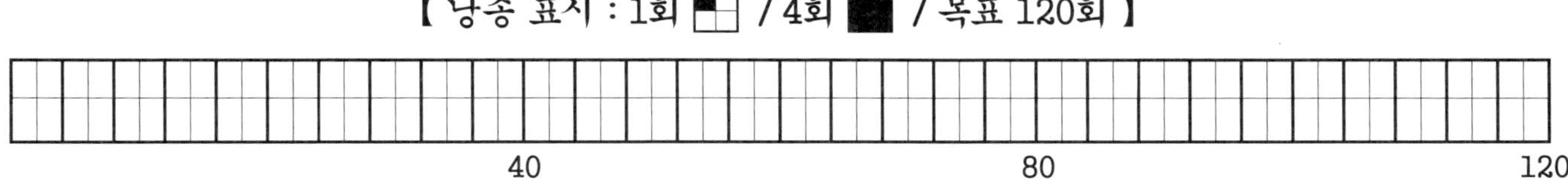

"주의 말씀은 내 발의 등이요 내 길에 빛이니이다"(시 119:105)

제 27 일

주께 열납悅納되게 하소서

시편 19:14

가장 큰 축복祝福과 행복幸福은 우리의 예배禮拜가 열납悅納되고 우리의 기도祈禱가 하나님께 상달上達되는 것입니다. 예배禮拜의 열납悅納은 하나 됨의 은혜恩惠요, 기도祈禱의 상달上達은 소원所願의 성취成就입니다. 우리의 예배禮拜를 하나님께서 즐겁게 받으시고, 우리의 기도祈禱와 찬송讚頌을 하나님께서 기쁘게 받아 주시면 모든 것이 주主 안에서 형통亨通하게 됩니다. 내 입의 말과 마음의 묵상黙想이 주의 앞에 열납悅納되도록 여호와께 기도祈禱하고 찬송讚頌하는 새벽 제단祭壇이 되시기 바랍니다.

1. 여호와여 정직正直함을 들으소서 나의 부르짖음에 주의注意하소서. 거짓되지 않는 입술에서 나오는 내 기도祈禱에 귀를 기울이소서. 나의 걸음이 주의 길을 굳게 지키고 실족失足지 아니하였나이다. 하나님이여 내게 응답應答하시므로 내가 불렀사오니 귀를 기울이사 내 말을 들으소서. 나를 눈동자같이 지키시고 주의 날개 아래 감추사 나를 압제壓制하는 악인惡人과 나를 에워싼 극極한 원수怨讐에게서 벗어나게 하소서. 여호와여 악인惡人에게서 나의 영혼靈魂을 구원救援하소서. 나는 의義로운 중에 주主의 얼굴을 보리니 주의 형상形象으로 만족滿足하리이다. (시 17:1~15)

2. 나의 힘이 되신 여호와여 내가 주主를 사랑하나이다. 여호와는 나의 반석磐石이시요 나의 요새要塞시요 나를 건지시는 자시요 나의 하나님이시요 나의 피避할 바위시요 나의 방패防牌시요 나의 구원救援의 뿔이시요 나의 산성山城이시로다. 내가 환난患難에서 여호와께 아뢰면 그 전殿에서 내 소리를 들으심이여 그 앞에서 나의 부르짖음이 그 귀에 들렸도다. 하나님의 도道는 완전完全하고 여호와의 말씀은 정미精美하니 자기에게 피避하는 자의 방패防牌시로다. 주主께서 구원救援의 방패防牌를 내게 주시며 주의 오른손이 나를 붙들고 주의 온유溫柔함이 나를 크게 하셨나이다 내 걸음을 넓게 하셨고 나로 실족失足지 않게 하셨나이다. 여호와여 열방列邦 중에서 주께 감사感謝하며 주의 이름을 찬송讚頌하리이다. 여호와께서 큰 구원救援을 주시며 기름 부음 받은 자에게 인자仁慈를 베푸심이여 영영永永토록 다윗과 그 후손後孫에게로다. (시 18:1~50)

3. 하늘이 하나님의 영광榮光을 선포宣布하고 궁창穹蒼이 그 손으로 하신 일을 나타내는도다. 날은 날에게 말하고 밤은 밤에게 지식知識을 전傳하니 언어言語가 없고 들리는 소리도 없으나 그 소리가 온 땅에 통通하고 그 말씀이 세계世界 끝까지 이르는도다. 하나님이 해를 위하여 하늘에 장막帳幕을 베푸셨도다. 해는 그 방에서 나오는 신랑新郎과 같고, 그 길을 달리기를 기뻐하는 장사壯士 같아서 하늘 이 끝에서 나와서 하늘 저 끝까지 운행運行함이여 그 온기溫氣에서 피避하여 숨은 자 없도다. 여호와의 율법律法은 완전完全하여 영혼靈魂을 소성蘇醒케하고 여호와의 증거證據가 확실確實하여 우둔愚鈍한 자로 지혜智慧롭게 하며 여호와의 교훈敎訓은 정직正直하여 마음을 기쁘게 하고 여호와의 계명誡命은 순결純潔하여 눈을 밝게 하도다. 여호와를 경외敬畏하는 도道는 정결淨潔하여 영원永遠까지 이르고 여호와의 규례規例는 확실確實하여 다 의義로우니 곧 금金 많은 정금精金보다 더 사모思慕할 것이며 꿀과 송이꿀보다 더 달도다. 주의 종이 경계警戒를 받고

지킴으로 상賞이 크니이다. 나의 반석磐石이시요 나의 구속救贖자이신 여호와여 내 입의 말과 내 마음의 묵상默想이 주의 앞에 열납悅納되기를 원願하나이다. (시 19:1~14)

4. 환난患難날에 여호와께서 네게 응답應答하시고 너를 높이 드시며, 성소聖所에서 너를 도와주시고 시온에서 너를 붙드시며 네 모든 소제素祭를 기억記憶하시며 네 번제燔祭 받으시기를 원願하노라. 네 마음의 소원所願을 허락許諾하시고 네 모든 도모圖謀를 이루시기를 원願하노라. 우리가 승리勝利를 인因하여 개가凱歌를 부르며 우리 하나님의 이름으로 우리 기旗를 세우리니 여호와께서 모든 기도祈禱를 이루시기를 원願하노라. 여호와께서 자기에게 속한 기름 부음 받은 자를 구원救援하시는 줄 아노니, 그 오른손에 구원救援하는 힘으로 그 거룩한 하늘에서 저에게 응락應諾하시리로다. 우리는 여호와 우리 하나님 이름을 자랑하리로다. 저희는 엎드러지고 우리는 일어나 바로 서도다 여호와여 구원救援하소서 우리가 부를 때에 응락應諾하소서. (시 20:1~9)

5. 여호와여 주의 힘을 인因하여 기뻐하며 주의 구원救援을 인因하여 크게 즐거워하리이다. 주의 아름다운 복福으로 저를 영접迎接하시고 정금精金 면류관冕旒冠을 그 머리에 씌우셨나이다. 저가 생명生命을 구求하매 주主께서 주셨으니 곧 영영永永 장수長壽로소이다. 주主의 구원救援으로 그 영광榮光을 크게 하시고 존귀尊貴와 위엄威嚴으로 저에게 입히시나이다. 저로 영영永永토록 지극至極한 복福을 받게 하시며 주의 앞에서 기쁘고 즐겁게 하시나이다. 여호와여 주主의 능력能力으로 높임을 받으소서. 우리가 주主의 권능權能을 노래하고 칭송稱頌하겠나이다. (시 21:1~13)

6. 내 하나님이여 내 하나님이여 어찌 나를 버리셨나이까 내 신음呻吟하는 소리를 듣지 아니하시나이까 하나님이여 내가 낮에도 부르짖고 밤에도 잠잠潛潛치 아니하오나 응답應答지 아니하시나이다. 이스라엘의 찬송讚頌 중에 거居하시는 주主여 주主는 거룩하시나이다. 여호와여 멀리하지 마옵소서 나의 힘이시여 속히 나를 도우소서 여호와를 두려워하는 너희여 그를 찬송讚頌할지어다. 모든 자손子孫이여 그에게 영광榮光을 돌릴지어다. 너희 모든 자손子孫이여 그를 경외敬畏할지어다. 겸손謙遜한 자는 먹고 배부를 것이며 여호와를 찾는 자는 그를 찬송讚頌할 것이라 너희 마음은 영원永遠히 살지어다. 땅의 모든 끝이 여호와를 기억記憶하고 돌아오며 열방列邦의 모든 족속族屬이 주의 앞에 경배敬拜하리니 나라는 여호와의 것이요 여호와는 열방列邦의 주재主宰심이로다. (시 22:1~28)

하나님이 제일 좋아하시는 것은 하나님의 자녀子女들이 부르는 찬송讚頌입니다. "찬송讚頌중에 거居하시는 하나님이시라." 요리문답要理問答 제1문 사람의 제일되는 목적目的이 무엇이냐는 질문에 대한 답은 '하나님을 영화榮華롭게 하는 것입니다'입니다. 하나님을 영화榮華롭게 하는 것은 성도聖徒가 찬송讚頌부르는 것입니다.

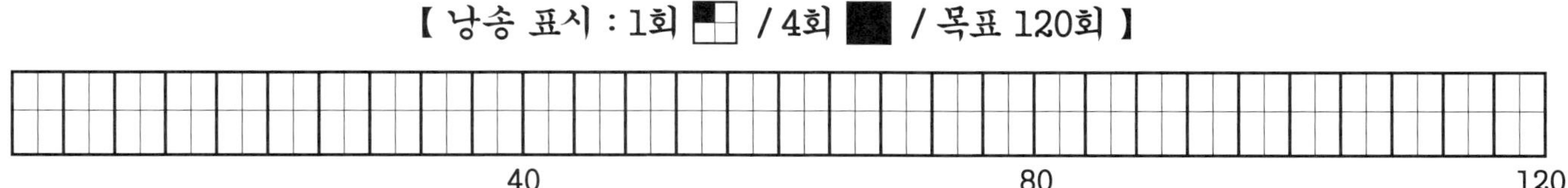

"주의 말씀은 내 발의 등이요 내 길에 빛이니이다"(시 119:105)

제 28 일

내 잔盞이 넘치나이다

시편 23:5

이 세상世上의 모든 일들은 채워도 부족不足합니다. 끝없는 부족不足함을 채우는 것이 인생人生살이입니다. 그러나 빈손으로 왔다가 빈손으로 가는 인생空手去空手來 人生입니다. 하지만 여호와 하나님을 인생의 목자人生牧者로 모신 사람은 그 인생人生의 잔盞이 차고 넘치는 풍성豊盛한 인생人生이요 부족不足함이 없는 인생人生이 됩니다.

1. 여호와는 나의 목자牧者시니 내가 부족不足함이 없으리로다. 그가 나를 푸른 초장草場에 누이시며 쉴 만한 물가으로 인도引導하시는도다. 내 영혼靈魂을 소생蘇生시키시고 자기 이름을 위하여 의義의 길로 인도引導하시는도다. 내가 사망死亡의 음침陰沈한 골짜기로 다닐지라도 해害를 두려워하지 않을 것은 주主께서 나와 함께하심이라. 주主의 지팡이와 막대기가 나를 안위安慰하시나이다. 주主께서 내 원수怨讐의 목전目前에서 내게 상床을 베푸시고 기름으로 내 머리에 바르셨으니 내 잔盞이 넘치나이다. 나의 평생平生에 선善하심과 인자仁慈하심이 나를 따르리니 내가 여호와의 집에 영원永遠히 거居하리로다. (시 23:1~8)

2. 땅과 거기 충만充滿한 것과 세계世界와 그 중에 거居하는 자가 다 여호와의 것이로다. 여호와께서 그 터를 바다 위에 세우심이며 강江들 위에 건설建設하셨도다. 여호와의 산에 오를 자 누구오며 그 거룩한 곳에 설 자가 누군고 곧 손이 깨끗하며 마음이 청결淸潔하며 뜻을 허탄虛誕한 데 두지 아니하며 거짓 맹세盟誓치 아니하는 자로다. 저는 여호와께 복福을 받고 구원救援의 하나님께 의義를 얻으리니 이는 여호와를 찾는 족속族屬이요 야곱의 하나님의 얼굴을 구求하는 자로다. 문들아 너희 머리를 들지어다 영원永遠한 문들아 들릴지어다 영광榮光의 왕王이 들어가시리로다. 영광榮光의 왕王이 뉘시뇨 만군萬軍의 여호와께서 영광榮光의 왕王이시로다. (시 24:1~10)

3. 여호와여 나의 영혼靈魂이 주主를 우러러 보나이다. 나의 하나님이여 내가 주께 의지依支하였사오니 나를 부끄럽지 않게 하시고, 나의 원수怨讐가 이기어 개가凱歌를 부르지 못하게 하옵소서. 여호와여 주主의 도道를 내게 보이시고 주의 길을 내게 가르치소서. 주의 진리眞理로 나를 지도指導하시고 교훈敎訓하소서 주는 내 구원救援의 하나님이시니 내가 종일 주主를 바라보나이다. 여호와여 내 소시少時의 죄罪와 허물을 기억記憶지 마시고 주의 인자仁慈하심을 따라 나를 기억記憶하시되 주의 선善하심을 인하여 하옵소서. 여호와는 선善하시고 정직正直하시니 그 도道로 죄인罪人을 교훈敎訓하시리로다. 여호와를 경외敬畏하는 자 누구뇨 그 택擇한 길을 저에게 가르치시로다. 저희 영혼靈魂이 평안平安히 거居하고 그 자손子孫은 땅을 상속相續하리로다. 내 마음의 근심이 많사오니 나를 곤란困難에서 끌어내소서. 내가 주主를 바라오니

성실誠實과 정직正直으로 나를 보호保護하소서 하나님이여 이스라엘을 그 모든 환난患難에서 구속救贖하소서. (시 25:1~22)

4. 여호와를 의지依支하였사오니 여호와여 나를 판단判斷하소서 여호와여 나를 살피시고 시험試驗하사 내 뜻과 내 마음을 단련鍛鍊하소서. 주의 인자仁慈하심이 내 목전目前에 있나이다. 내가 주主의 진리眞理 중에 행行하여 허망虛妄한 사람과 앉지 아니하였사오며 간사奸詐한 사람과 같이 앉지 아니하였사오며, 간사奸詐한 자와 동행同行치도 아니하리이다. 여호와여 내가 손을 씻고 주의 단壇에 두루 다니며 감사感謝의 소리를 들리고 주의 계신 집과 주主의 영광榮光이 거居하는 곳을 사랑하오니 나를 구속救贖하시고 긍휼矜恤히 여기소서. 내 발이 평탄平坦한데 섰사오니 회중會中에서 여호와를 송축頌祝하리이다. (시 26:1~12)

5. 여호와는 나의 빛이요 나의 구원救援이시니 내가 누구를 두려워하리요 여호와는 내 생명生命의 능력能力이시니 내가 누구를 무서워하리요. 나의 대적對敵 나의 원수怨讐된 행악行惡 자가 내 살을 먹으려고 내게로 왔다가 실족失足하여 넘어졌도다. 군대軍隊가 나를 대적對敵하여 진陣칠지라도 내 마음이 두렵지 아니하리니 전쟁戰爭이 일어나 나를 치려 할지라도 내가 오히려 안연晏然하리로다. (시 27:1~3)

6. 내가 여호와께 청請하였던 그것을 구求하리니 내 생전生前에 여호와의 집에 거居하여 여호와의 아름다움을 앙망仰望하며 그 전殿에서 사모思慕하게 하실 것이라. 여호와께서 환난患難날에 나를 그 초막草幕 속에 비밀秘密히 지키시고, 그 장막帳幕은 일할 곳에 나를 숨기시며 바위 위에 높이 두시리로다. 내가 그 장막帳幕에서 즐거운 제사祭祀를 드리겠고 노래하여 여호와를 찬송讚頌하리로다. 여호와여 내 소리를 들으시고 나를 긍휼矜恤히 여기사 응답應答하소서. 너희는 내 얼굴을 찾으라 하실 때에 내 마음이 주主께 말하되 여호와여 내가 주의 얼굴을 찾으리이다. 너는 여호와를 바랄지어다 강强하고 담대膽大하여 여호와를 바랄지어다. (시 27:4~14)

주 앞에서 기쁘고 즐겁게 사는 삶은 진실眞實로 복福된 인생人生입니다. 목자牧者되신 여호와 하나님을 믿고 따르면 푸른 초장草場으로 잔잔潺潺한 물가로 인도引導함을 얻고 쉼을 얻게 됩니다. 영육靈肉 간에 평안平安을 누립니다. 목자牧者는 막대기와 지팡이로 인도引導해 주십니다. 막대기는 잘못 행行했을 때 채찍이요, 지팡이는 가야 할 곳을 지시指示하는 지휘봉指揮棒이요 맹수猛獸를 물리치는 무기武器입니다. 주님의 인도引導하심을 받아 나의 삶의 잔盞이 넘치는 축복祝福을 누리시기 바랍니다.

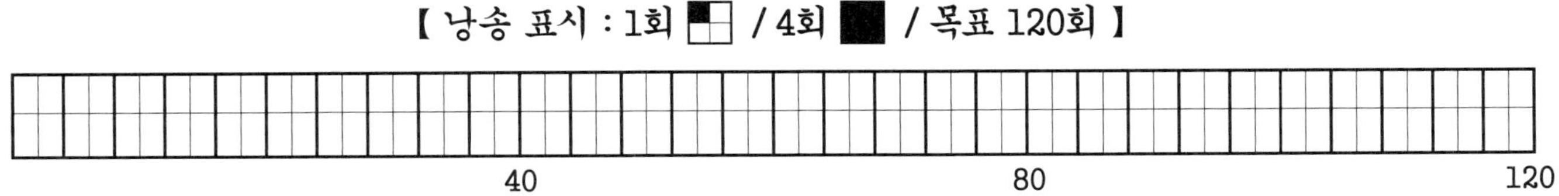

"주의 말씀은 내 발의 등이요 내 길에 빛이니이다"(시 119:105)

제 29 일

기뻐하며 즐거워할지어다

시편 32:11

"기뻐하고 즐거워하라." 힘들고 어려운 세상世上입니다. 슬퍼하고 괴로워하는 인생人生길에서 기뻐하고 즐거워하는 삶이, 천국天國의 산 소망所望 가운데 있는 성도聖徒들의 특권特權이요 권리權利입니다. "주 안에 있는 나에게 딴 근심 있으랴 십자가 밑에 나아가 내 짐을 풀었네 주님을 찬송讚頌하면서 할렐루야 내 앞길 멀고 험해도 나 주님만 따라가리"(찬송가 370장), 슬퍼할 일과 괴로워 할 일들을 모두 예수 그리스도의 십자가十字架에 내려놓고 부활復活의 기쁨과 감격感激으로 즐거워하는 신령神靈한 삶을 살도록 권고勸告하였습니다.

1. 여호와는 나의 힘과 나의 방패防牌시니 내 마음이 저를 의지依支하여 도움을 얻었도다. 그러므로 내 마음이 크게 기뻐하며 내 노래로 저를 찬송讚頌하리로다. 여호와는 저희의 힘이시오 그 기름 부음 받은 자의 구원救援의 산성山城이시로다. 주主의 백성百姓을 구원救援하시며 주의 산업産業에 복福을 주시고 또 저희의 목자牧者가 되사 영원永遠토록 오십소서. 너희 권능權能 있는 자들아 영광榮光과 능력能力을 여호와께 돌리고 돌리지어다. 여호와의 이름에 합당合當한 영광榮光을 돌리며 거룩한 옷을 입고 여호와께 경배敬拜할지어다. 여호와께서 자기 백성百姓에게 힘을 주심이여 여호와께서 자기 백성百姓에게 평강平康의 복福을 주시리로다. (시 28:7~29:11)

2. 여호와 내 하나님이여 주께 부르짖으매 나를 고치셨나이다. 주主의 성도聖徒들이 여호와를 찬송讚頌하며 그 거룩한 이름에 감사感謝할지어다. 그 노염怒焰은 잠간暫間이요 그 은총恩寵은 평생平生이도다 저녁에는 울음이 기숙寄宿할지라도 아침에는 기쁨이 오리로다 내 영광榮光으로 주主를 찬송讚頌케 하심이니 여호와 나의 하나님이여 내가 주께 영영永永히 감사感謝하리이다. (시 30:2~12)

3. 허물의 사赦함을 얻고 그 죄罪의 가리움을 받는 자는 복福이 있도다. 마음에 간사奸詐가 없고 여호와께 정죄定罪를 당當치 않는 자는 복福이 있도다. 내 허물을 여호와께 자복自服하리라 주께 내 죄罪를 아뢰고 내 죄악罪惡을 숨기지 아니하였더니 주께서 내 죄罪의 악惡을 사赦하였나이다. 무릇 경건敬虔한 자는 주를 만날 기회機會를 타서 주主께 기도祈禱할지라 주는 나의 은신처隱身處이오니 환난患難에서 나를 보호保護하시고 구원救援의 노래로 나를 에우시리이다. 너희 의인義人들아 여호와를 기뻐하며 즐거워할지어다 마음이 정직正直한 너희들아 다 즐거이 외칠지어다. (시 32:1~11)

4. 너희 의인義人들아 여호와를 즐거워하라. 수금竪琴으로 여호와께 감사感謝하고 열 줄 비파琵琶로 찬송讚頌할지어다. 새 노래로 노래하며 즐거운 소리로 공교工巧히 연주演奏할지어다. 여호와의 말씀은 정직正直하며 그 행위行爲는 다 진실眞實하시도다. 정의正義와 공의公義를 사랑하심이여 세상世上에 여호와의 인자仁慈하심이 충만充滿

하도다. 여호와의 말씀으로 하늘이 지음이 되었으며 그 만상萬象이 그 입 기운으로 이루었도다. 온 땅은 여호와를 두려워하며 세계世界의 모든 거민居民은 그를 경외敬畏할지어다. 저가 말씀하시매 이루었으며 명命하시매 견고堅固히 섰도다. (시 33:1~9)

5. 여호와께서 열방列邦의 도모圖謀를 폐廢하시며 민족民族들의 사상思想을 무효無效케 하시도다. 여호와 곧 자기 하나님을 삼은 나라 곧 하나님의 기업基業으로 빼신 바 된 백성百姓은 복福이 있도다. 여호와께서 하늘에서 감찰鑑察하사 모든 인생人生을 보심이여 세상世上의 모든 거민居民을 하감下鑑하시도다. 우리 영혼靈魂이 여호와를 바람이여 저는 우리의 도움과 방패防牌시도다. 여호와여 우리가 주께 바라는 대로 주의 인자仁慈하심을 우리에게 베푸소서. (시 33:10~22)

6. 내가 여호와를 항상恒常 송축頌祝함이여 그를 송축頌祝함이 내 입에 계속하리로다. 내 영혼靈魂이 여호와로 자랑하리니 곤고困苦한 자가 이를 듣고 기뻐하리로다. 나와 함께 여호와를 광대廣大하시다 하며 함께 그 이름을 높이세 내가 여호와께 구求하매 내게 응답應答하시고 내 모든 두려움에서 나를 건지셨도다. 이 곤고困苦한 자가 부르짖으매 여호와께서 들으시고 그 모든 환난患難에서 구원救援하셨도다. 여호와의 사자使者가 주主를 경외敬畏하는 자들을 둘러 진陣치고 저희를 건지시는도다. 너희는 여호와의 선善하심을 맛보아 알지어다. 그에게 피避하는 자는 복福이 있도다. (시 34:1~8)

7. 너희 성도聖徒들아 여호와를 경외敬畏하라 저를 경외敬畏하는 자에게는 부족不足함이 없도다. 젊은 사자使者는 궁핍窮乏하여 주릴지라도 여호와를 찾는 자는 모든 좋은 것에 부족不足함이 없으리로다. 생명生命을 사모思慕하고 장수長壽하여 복福 받기를 원願하는 사람이 누구뇨 네 혀를 악惡에서 금禁하여 네 입술을 궤사詭詐한 말에서 금禁할지어다. 악惡을 버리고 선善을 행行하며 화평和平을 찾아 따를지어다. 여호와의 눈은 의인義人을 향向하시고 그 귀는 저희 부르짖음에 기울이시는도다. 의인義人이 외치매 여호와께서 들으시고 저희의 모든 환난患難에서 건지셨도다. 여호와는 마음이 상傷한 자에게 가까이 하시고 중심中心에 통회痛悔하는 자를 구원救援하시는도다. (시 34:9~18)

여호와 하나님을 경외敬畏하는 사람은 '모든 좋은 것에 부족不足함이 없다'라고 했습니다. 이것은 이론理論이나 상상想像이 아니라 생생生生한 생활生活의 경험經驗에서 나온 체험담體驗談이요 간증干證입니다.

【 낭송 표시 : 1회 ▚ / 4회 ■ / 목표 120회 】

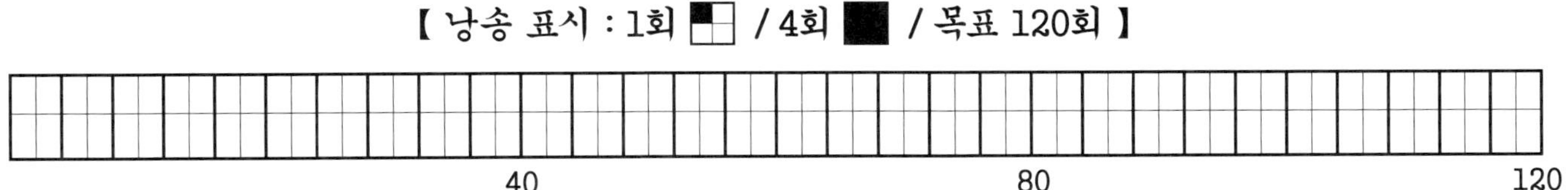

“주의 말씀은 내 발의 등이요 내 길에 빛이니이다”(시 119:105)

제 30 일

나의 건강健康을 회복回復시켜 주소서

시편 39:13

성도聖徒들은 영육靈肉이 건강健康해야 합니다. 건강健康해야 하나님께 영광榮光이 되고 교회敎會에 덕德이 되고 세상 이방인世上異邦人들에게 영적 지도력靈的指導力이 나타납니다. 몸이 병약病弱한 이들은 영육靈肉이 강건强健하도록 힘쓰고 기도祈禱하므로 회복回復의 은혜恩惠를 받으시기 바랍니다.

1. 여호와여 주主의 인자仁慈하심이 하늘에 있고 주主의 성실誠實하심이 공중空中에 사무쳤으며 주主의 의義는 하나님의 산들과 같고 주의 판단判斷은 큰 바다와 일반一般이라. 여호와여 주主는 사람과 짐승을 보호保護하시나이다. 하나님이여 주主의 인자仁慈하심이 어찌 그리 보배로우신지요 인생人生이 주主의 날개 그늘 아래 피避하나이다. 저희가 주主의 집의 살진 것으로 풍족豊足할 것이라. 주主께서 주의 복락福樂의 강수江水로 마시우리라. (시 36:5~8)

2. 대저 생명生命의 원천源泉이 주主께 있사오니 주主의 광명光明 중에 우리가 광명光明을 보리이다. 주主를 아는 자에게 주의 인자仁慈하심을 계속繼續하시며 마음이 정직正直한 자에게 주의 의義를 베푸소서. 교만驕慢한 자의 발이 내게 미치지 못하게 하시며 악인惡人의 손이 나를 쫓아내지 못하게 하소서. 죄악罪惡을 행行하는 자가 넘어졌으니 엎드러지고 다시 일어날 수 없으리이다. (시 36:9~12)

3. 행악자行惡者를 인因하여 불평不平하지 말며 불의不義를 행行하는 자를 투기妬忌하지 말지어다. 저희는 풀과 같이 베임을 볼 것이며 푸른 채소菜蔬같이 쇠잔衰殘할 것임이로다. 여호와를 의뢰依賴하여 선善을 행行하라 땅에 거居하여 그의 성실誠實로 식물食物을 삼을지어다. 여호와를 기뻐하라 저가 내 마음의 소원所願을 이루어 주시리로다. 너의 길을 여호와께 맡기라 저를 의지依支하면 저가 이루시고 내 의義를 빛같이 나타내시며 네 공의公義를 정오正午의 빛같이 하시리로다. (시 37:1~6)

4. 여호와 앞에 잠잠潛潛하고 참아 기다리라. 자기 길이 형통亨通하며 악惡한 꾀를 이루는 자를 인因하여 불평不平하지 말지어다. 온유溫柔한 자는 땅을 차지하며 풍부豊富한 화평和平으로 즐기리로다. 의인義人의 적은 소유所有가 많은 악인惡人의 풍부豊富함보다 승勝하도다. 악인惡人의 팔은 부러지나 의인義人은 여호와께서 붙드시는도다. (시 37:7~17)

5. 여호와여 나의 종말終末과 연한年限의 어떠함을 알게 하사 나로 나의 연약軟弱함을 알게 하소서. 주主께서 나의 날을 손 넓이만큼 되게 하시매, 나의 일생一生이 주主 앞에는 없는 것 같사오니 사람마다 그 든든히 선 때도 진실眞實로 허사虛事뿐이니이다. 진실眞實로 사람은 그림자 같이 다니고 헛된 일에 분요紛擾하며 재물財物을 쌓으나 누가 취取할는지 알지 못하나이다. (시 39:4~6)

6. 주여 내가 무엇을 바라리요 나의 소망所望은 주主께 있나이다. 나를 죄과罪過에서 건지시고 우매愚昧한 자에게 욕辱을 보지 않게 하소서. 여호와여 나의 기도祈禱를 들으시며 나의 부르짖음에 귀를 기울이소서 내가 눈물 흘릴 때에 잠잠潛潛하지 마옵소서. 주主는 나를 용서容恕하사 내가 떠나 없어지기 전에 나의 건강健康을 회복回復시켜 주소서. (시 39:7~13)

7. 내가 여호와를 기다리고 기다렸더니 귀를 기울이사 나의 부르짖음을 들으셨나이다. 나를 기氣가 막힐 웅덩이와 수렁에서 끌어올리시고 내 발을 반석磐石 위에 두사 내 걸음을 견고堅固케 하셨도다. 우리 하나님께 올릴 찬송讚頌을 내 입에 두셨으니 많은 사람이 보고 두려워하여 여호와를 의지依支하리로다. 여호와를 의지依支하고 교만驕慢한 자와 거짓에 치우치는 자를 돌아보지 아니하는 자는 복福이 있도다. 나의 하나님이여 내가 주主의 뜻 행行하기를 즐기오니 주의 법法이 나의 심중心中에 있나이다. 내가 대회大會 중에서 의義의 기쁜 소식消息을 전傳하였나이다. (시 40:1~9)

8. 여호와여 내 입술을 닫지 아니할 줄 주主께서 아시나이다. 여호와여 주의 긍휼矜恤을 내게 그치지 마시고 주의 인자仁慈와 진리眞理로 나를 항상恒常 보호保護하소서. 여호와여 은총恩寵을 베푸사 나를 구원救援하소서 속히 나를 도우소서, 무릇 주主를 찾는 자는 다 주主를 즐거워하고 기뻐하게 하시며 주의 구원救援을 사랑하는 자는 여호와는 광대廣大하시다 하게 하소서. 나는 가난하고 궁핍窮乏하오나 주께서는 나를 생각하시오니, 주는 나의 도움이시오 건지시는 자시라 나의 하나님이여 지체遲滯하지 마소서. (시 40:9~17)

9. 주의 빛과 주의 진리眞理를 보내어 나를 인도引導하사 주主의 성산聖山과 장막帳幕에 이르게 하소서. 내가 하나님의 단壇에 나아가 나의 극락極樂의 하나님께 이르리이다. 하나님이여 나의 하나님이여 내가 수금竪琴으로 주主를 찬양讚揚하리이다. 내 영혼靈魂아 네가 어찌하여 낙망落望하며 어찌하여 내 속에서 불안不安하여 하는고, 너는 하나님을 바라라 나는 내 얼굴을 도우시는 내 하나님을 오히려 찬송讚頌하리로다. (시 43:3~5)

나의 힘이 되신 여호와를 사랑하면 여호와 하나님께서는 우리 성도聖徒들을 항상恒常 후대厚待 하십니다. 필요必要한 것을 채워주시되 넘치도록 채워주십니다. 채워주실 뿐 아니라 극진極盡한 기쁨과 즐거움을 누리게 하십니다. 하나님의 단壇에 나아가 극락極樂에 이르는 축복祝福을 받게 됩니다. 나의 힘이 되신 여호와를 사랑하는 모든 성도聖徒들이 되시기 바랍니다.

【 낭송 표시 : 1회 ▚ / 4회 ■ / 목표 120회 】

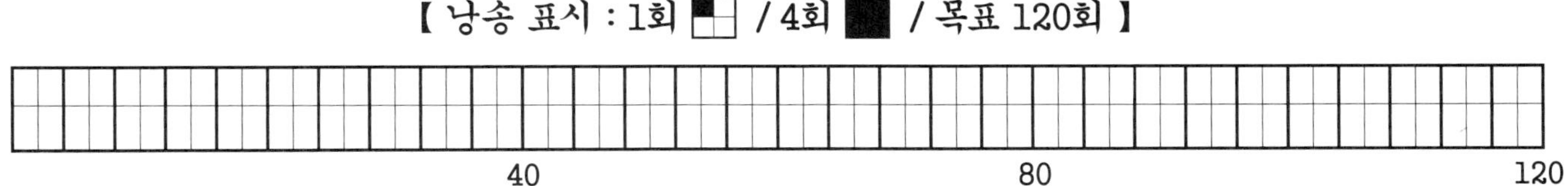

"주의 말씀은 내 발의 등이요 내 길에 빛이니이다"(시 119:105)

제 31 일

나를 도우시는 내 하나님을 찬송讚頌하리로다

시편 42:5

"이 세상世上에 근심된 일이 많고 참 평안平安을 몰랐구나"(찬송가 486장). 이 세상世上은 근심된 일이 많고 참 평안平安이 없습니다. 성聖 어거스틴은 "하나님의 품 안에 참 평안平安을 찾았다"고 고백告白하였습니다. 세상世上의 근심 걱정 모두를 기도祈禱로 극복克服하고 오히려 찬송讚頌하여 하나님께 영광榮光 돌린 다윗의 신앙信仰은 참으로 훌륭하고 위대偉大하였습니다.

1. 하나님이여 사슴이 시냇물을 찾기에 갈급渴急함같이 내 영혼靈魂이 주主를 찾기에 갈급渴急하나이다. 내 영혼靈魂이 하나님 곧 생존生存하시는 하나님을 갈망渴望하나니 내가 어느 때에 나아가서 하나님 앞에 뵈올꼬. 사람들이 종일 나더러 하는 말이 네 하나님이 어디 있느뇨 하니 내 눈물이 주야晝夜에 내 음식飮食이 되었도다. 내가 전前에 성일聖日을 지키는 무리와 동행同行하여 기쁨과 찬송讚頌의 소리를 발發하여 저희를 하나님 집으로 인도引導하였더니, 이제 이 일을 기억記憶하고 내 마음이 상傷하는도다. 내 영혼靈魂아 네가 어찌하여 낙망落望하며 어찌하여 내 속에서 불안不安하여 하는고 너는 하나님을 바라라 그 얼굴의 도우심을 인因하여 내가 오히려 찬송讚頌하리로다. 내 하나님이여 내 영혼靈魂이 내 속에서 낙망落望하므로 내가 주를 기억記憶하나이다. 주의 소리에 깊은 바다가 서로 부르며 주의 파도波濤와 물결이 나를 엄몰淹沒 하도소이다. 낮에는 여호와께서 그 인자仁慈함을 베푸시고 밤에는 그 찬송讚頌이 내게 있어 생명生命의 하나님께 기도祈禱하리이다. 내 뼈를 지르는 칼같이 내 대적對敵이 나를 비방誹謗하기를 네 하나님이 어디 있느냐 하도다. 내 영혼靈魂아 네가 어찌하여 낙망落望하며 어찌하여 내 속에서 불안不安하여 하는고 너는 하나님을 바라라 나는 내 얼굴을 도우시는 내 하나님을 오히려 찬송讚頌하리로다. (시 42:1~11)

2. 하나님은 우리의 피난처避難處시요 힘이시니 환난患難 날에 만날 큰 도움이시라. 그러므로 땅이 변變하든지 산이 흔들려 바다 가운데 빠지든지 바닷물이 흉용洶湧하고 뛰놀든지 그것이 넘침으로 산山이 요동搖動할지라도 우리는 두려워 아니하리로다. 한 시내가 있어 나뉘어 흘러 하나님의 성城 곧 지극至極히 높으신 자의 장막帳幕의 성소聖所를 기쁘게 하도다. 하나님이 그 성중城中에 거居하시매 성城이 요동搖動치 아니할 것이라 새벽에 하나님이 도우시리로다. 만군萬軍의 여호와께서 우리와 함께 하시니 야곱의 하나님은 우리의 피난처避難處시로다. 와서 여호와의 행적行蹟을 볼지어다 저가 전쟁戰爭을 쉬게 하심이여 활을 꺾고 창槍을 끊으며 수레를 불사르시는도다. 너희는 가만히 있어 내가 하나님 됨을 알지어다. 내가 열방列邦과 세계世界 중에서 높임을 받으리라. 만군萬軍의 여호와께서 우리와 함께 하시니 야곱의 하나님은 우리의 피난처避難處시로다. (시 46:1~11)

3. 전능全能하신 하나님 여호와께서 말씀하사 해 돋는 데서부터 지는 데까지 세상世上을 부르셨도다. 온전穩全히 아름다운 시온에서 하나님이 빛을 발發하셨도다. 내 백성百姓아 들을지어다 내가 말하리라 이스라엘아 내가 네게 증거證據하리라 나는 하나님 곧 네 하나님이로다. 삼림森林의 짐승들과 천산千山의 생축牲畜이 다 내 것이며, 산山의 새들도 나의 아는 것이며 들의 짐승도 내 것임이로다. 감사感謝로 하나님께 제사祭祀를 드리며 지극至極히 높으신 자에게 네 서원誓願을 갚으며 환난患難 날에 나를 부르라 내가 너를 건지리니 내가 나를 영화榮華롭게 하리로다. 감사感謝로 제사祭祀를 드리는 자가 나를 영화榮華롭게 하나님 그 행위行爲를 옳게 하는 자에게 내가 하나님의 구원救援을 보이리라. (시 50:1~23)

4. 하나님이여 주主의 인자仁慈를 좇아 나를 긍휼矜恤히 여기시며 주主의 많은 자비慈悲를 좇아 내 죄과罪過를 도말塗抹하소서. 나의 죄악罪惡을 말갛게 씻기시며 나의 죄罪를 깨끗이 제除하소서. 대저大抵 나는 내 죄과罪過를 아오니, 내 죄罪가 항상恒常 내 앞에 있나이다. 내가 죄악罪惡 중에 출생出生하였음이여 모친母親이 죄罪중에 나를 잉태孕胎하였나이다. 우슬초牛膝草로 나를 정결淨潔케 하소서 내가 정淨하리이다. 나를 씻기소서 내가 눈보다 희리이다. 주의 얼굴을 내 죄罪에서 돌이키시고 내 모든 죄악罪惡을 도말塗抹하소서. 하나님이여 내 속에 정淨한 마음을 창조創造하시고 내 안에 정직正直한 영靈을 새롭게 하소서. 나를 주 앞에서 쫓아내지 마시며 주의 성신聖神을 내게서 거두지 마소서. 주의 구원救援의 즐거움을 내게 회복恢復시키시고 자원自願하는 심령心靈을 주사 나를 붙드소서. 주여 내 입술을 열어주소서 내 입이 주主를 찬송讚頌하여 전파傳播하리이다. 하나님이 구求하시는 제사祭祀는 상傷한 심령心靈이라. 하나님이여 상傷하고 통회痛悔하는 마음을 주主께서 멸시蔑視치 아니하시리이다. 주主께서 의義로운 제사祭祀와 번제燔祭와 온전穩全한 번제燔祭를 기뻐하시리니 저희가 수소로 주主의 단壇에 드리리이다. (시 51:1~19)

해돋는 데서부터 해지는 데까지 모든 피조세계被造世界를 주관主貫하시는 하나님께 찬송讚頌으로 영광榮光이 됩시다. 그런 성도聖徒들을 사랑하시고 복福을 주시기를 기뻐하십니다. 통회痛悔하는 마음으로 예배禮拜하는 성도聖徒들을 더욱 사랑하시고 은혜恩惠를 주십니다.

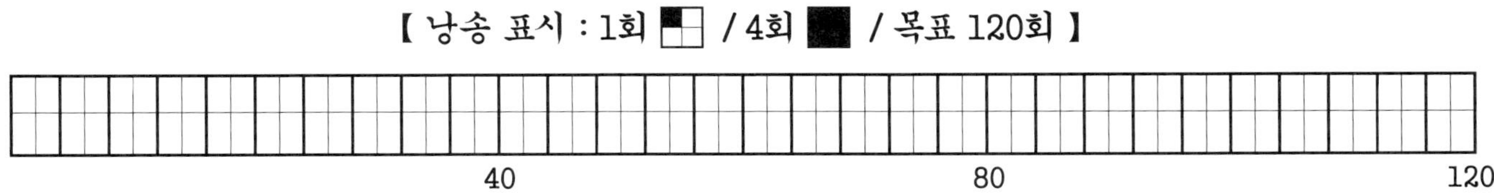

“주의 말씀은 내 발의 등이요 내 길에 빛이니이다”(시 119:105)

Ⅳ

명성과 영광이 있게 할지라

제1일	나의 눈물을 주의 병에 담으소서	시편 56:8
제2일	주의 전殿을 위하여 주께 예물禮物을 드리리이다	시편 68:29
제3일	다윗의 기도祈禱가 필必하니라	시편 72:19
제4일	네 입을 넓게 열라 내가 채우리라	시편 81:10
제5일	우리 손의 행사行事를 견고堅固케 하소서	시편 90:17
제6일	저와 함께하여 영화榮華롭게 하리라	시편 91:15
제7일	아름답고 거룩한 것으로 여호와께 경배敬拜할지어다	시편 96:9
제8일	주의 부요富饒가 가득하나이다	시편 104:24
제9일	모든 백성百姓들아 아멘 할지어다	시편 106:48
제10일	사모思慕하는 영혼靈魂을 만족滿足케 하소서	시편 107:9
제11일	내가 새벽을 깨우리로다	시편 108:2
제12일	자녀子女의 즐거운 어미가 되라	시편 113:9
제13일	버린 돌이 머릿돌이 되었나이다	시편 118:22
제14일	주의 율례律例의 도道를 내가 끝까지 지키리이다	시편 119:33
제15일	내 발의 등燈이요 내 길에 빛光이니이다	시편 119:105
제16일	기쁨으로 거두리로다	시편 126:5
제17일	우상偶像은 사람의 수공물手工物이라	시편 135:15
제18일	강변에 앉아서 시온을 향하여 울었도다	시편 137:1
제19일	여호와로 자기 하나님으로 삼는 백성百姓은 복福이 있도다	시편 144:15
제20일	호흡呼吸이 있는 자마다 여호와를 찬양讚揚할지어다	시편 150:6
제21일	지혜智慧롭게 의義롭게 공평公平하게 정직正直하게 하소서	잠언 1:1
제22일	개미에게 가서 지혜智慧를 얻으라	잠언 6:6
제23일	여호와께 은총恩寵을 받는 자 되라	잠언 18:12
제24일	마땅히 행할 길을 아이에게 가르치라	잠언 22:6
제25일	부지런히 살피며 마음을 두라	잠언 27:23
제26일	여호와를 경외敬畏하는 여자는 칭찬稱讚을 받으리라	잠언 31:30
제27일	자기 일에 즐거워하는 분복分福을 누리게 하소서	전도서 3:22
제28일	사랑하는 아내와 즐겁게 살지어다	전도서 9:9
제29일	이것이 사람의 본분本分이니라	전도서 12:13
제30일	내가 여기 있나이다 나를 보내소서	이사야 6:8
제31일	네 기도祈禱를 들었고 네 눈물을 보았노라	이사야 38:5

제 1 일

나의 눈물을 주의 병에 담으소서

시편 56:8

세상世上에서 제일 미련未練하고 어리석은 자는 창조주創造主 하나님을 불신不信하고 신神이 없다 하고 거역拒逆하는 자들이라고 성경聖經은 규정規定하고 있습니다. 가장 지혜智慧롭고 복福된 사람은 하나님을 경외敬畏하고 그 말씀을 믿고 순종順從하는 믿음의 사람입니다. 하나님은 그의 사랑하는 자의 기도祈禱와 눈물을 모두 귀貴하고 거룩한 병에 담아 반드시 기쁨과 행복幸福과 감격感激의 눈물이 되게 해주신다고 언약言約하였습니다.

1. 어리석은 자는 그 마음에 이르기를 하나님이 없다 하도다. 저희는 부패腐敗하여 가증可憎한 악惡을 행行하며 선善을 행하는 자가 없도다. 하나님이 하늘에서 인생人生을 굽어 살피사 하나님을 찾는 자가 있는가 보려 하신즉 선善을 행行하는 자가 없도다. 죄악罪惡을 행行하는 자는 무지無知하여 하나님을 부르지 아니하는도다. (시 53:1~4)

2. 하나님이여 내 기도祈禱에 귀를 기울이시고 내가 간구懇求할 때 숨지 마소서. 나는 하나님께 부르짖으리니 여호와께서 나를 구원救援하시리로다. 저녁과 아침과 정오正午에 내가 근심하여 탄식嘆息하리니 여호와께서 내 소리를 들으시리로다. 나를 대적對敵하는 자 많더니 나를 치는 전쟁戰爭에서 저가 내 생명生命을 구속救贖하사 평안平安하게 하였도다. 네 짐을 여호와께 맡겨 버려라 나는 주主를 의지依支하리로다. (시 55:1, 16~23)

3. 하나님이여 나를 긍휼矜恤히 여기소서 사람이 종일終日치며 압제壓制하나이다. 내가 하나님을 의지依支하고 그 말씀을 찬송讚頌하올지라. 나의 유리遊離함을 주主께서 계수計數하셨으니 나의 눈물을 주主의 병甁에 담으소서. 내가 하나님을 의지依支하여 그 말씀을 찬송讚頌하며 여호와를 의지依支하여 말씀을 찬송讚頌하리이다. 하나님이여 내가 주主께 서원誓願함이 있사온즉, 내가 감사제感謝祭를 주主께 드리리니 주主께서 내 생명生命을 사망死亡에서 건지셨음이니라. 주主께서 나를 하나님 앞에서 생명生命의 빛으로 다니게 하였나이다. (시 56:1~13)

4. 하나님이여 나를 불쌍히 여기시고 나를 긍휼矜恤히 여기소서. 내 영혼靈魂이 주主께로 피避하되 주의 날개 그늘 아래서 이 재앙災殃이 지나기까지 피避하리이다. 내가 지극至極히 높으신 하나님께 부르짖음이여, 나를 위하여 모든 것을 이루시는 하나님께로다. 하나님이여 주主는 하늘 위에 높이 들리시며 주主의 영광榮光은 온 세계世界 위에 높아지기를 원願하나이다. 하나님이여 내 마음이 확정確定되었고 내 마음이 확정確定되었사오니 내가 노래하고 내가 찬송讚頌하리이다. 내 영광榮光아 깰지어다 비파琵琶야 수금竪琴아 깰지어다. 내가 새벽을 깨우리로다. 주여 내가 만민萬民 중에서 주主께 감사感謝하오며 열방列邦 중에서 주主를 찬송讚頌하리이다. 하나님이여 주主는 하늘 위에 높이 들리시며 주主의 영광榮光은 온 세계世界 위에 높아지기를 원願하나이다. (시 57:1~11)

5. 나의 하나님이여 나를 건지시고 나를 높이 드소서. 사악邪惡을 행行하는 자에게서 나를

건지시고 피 흘리기를 즐기는 자에게서 나를 구원救援하소서. 나는 주主의 힘을 노래하며 아침에 주主의 인자仁慈하심을 높이 부르오리니, 주主는 나의 산성山城이시며 나의 환난患難 날에 피난처避難處이심이니다. 나의 힘이 되신 주主께 내가 찬송讚頌하오리니 하나님은 나의 산성山城이시며 나를 긍휼矜恤히 여기시는 하나님이심이니이다. (시 59:1~17)

6. 하나님이여 나의 부르짖음을 들으시며 내 기도祈禱에 유의留意하소서. 주는 나의 피난처避難處시요 견고堅固한 망대望臺심이니이다. 내가 영원永遠히 주主의 장막帳幕에 거居하며 주의 날개 밑에 피避하리이다. 하나님이여 내 서원誓願을 들으시고 주의 이름을 경외敬畏하는 자의 얻을 기업基業을 내게 주셨나이다. 내가 영원永遠히 하나님 앞에 거居하리니 인자仁慈와 진리眞理를 예비豫備하사 우리를 보호保護하소서. 내가 주의 이름을 영원永遠히 찬양讚揚하며 나의 서원誓願을 이행履行하리이다. (시 61:1~8)

7. 하나님이여 주主는 나의 하나님이시라. 내가 간절懇切히 주主를 찾되 내 영혼靈魂이 주主를 갈망渴望하며, 내 육체肉體가 주를 앙모仰慕하나이다. 내가 주主의 권능權能을 보려 하여 성소聖所에서 주主를 바라보나이다. 내 입술이 주를 찬양讚揚하나이다 내 평생平生에 주主를 송축頌祝하나이다. 골수骨髓와 기름진 것을 먹음과 같이 내 영혼靈魂이 만족滿足할 것이라. 내 입이 기쁜 입술로 주主를 찬송讚頌하되, 내가 침상寢床에서 주主를 기억記憶하며 밤중에 주를 묵상默想하오리니 주는 나의 도움이시라. 내가 주의 날개 아래서 즐거이 부르리이다. (시 63:1~7)

8. 하나님이여 찬송讚頌이 시온에서 주主를 기다리오며 사람이 서원誓願을 주主께 이행履行하리이다. 기도祈禱를 들으시는 주主여 모든 육체肉體가 주主께 나아오리이다. 우리의 죄과罪過를 주主께서 사赦하시리이다. 주主께서 택擇하시고 가까이 오게 하사 주의 뜰에 거居하게 하신 사람은 복福이 있나이다. 주의 성전聖殿의 아름다움으로 만족滿足하리이다. 주主께서 땅을 권고勸告하사 물을 대어 심甚히 윤택潤澤케 하시며 하나님의 강江에 물이 가득하게 하시고 땅을 예비豫備하신 후後에 저희에게 곡식穀食을 주시나이다. 주께서 밭고랑에 물을 넉넉히 대사 그 이랑을 평평平平하게 하시며, 단비로 부드럽게 하시고 그 싹에 복福을 주시나이다. 주主의 은택恩澤으로 연사年事에 관冠을 씌우시니 주의 길에는 기름이 떨어지며 들의 초장草場에도 떨어지니 작은 산들이 기쁨으로 띠를 띠었나이다. 초장草場에는 양羊떼가 입혔고 골짜기에는 곡식穀食이 덮였으며 저희가 다 즐거이 외치고 노래하나이다. (시 65:1~13)

하나님은 온 세상世上을 감찰監察하시고 역사役事를 주관主管하시고 그의 사랑하는 자녀子女들을 사랑하십니다. 필요必要한 은혜恩惠와 복福을 내려 주시기를 기뻐하십니다. 하나님이 우리에게 복福을 주시리니 세상世上 모든 백성百姓들이 기뻐하고 즐거워하여 하나님을 경외敬畏하게 됩니다.

【 낭송 표시 : 1회 ▞ / 4회 ■ / 목표 120회 】

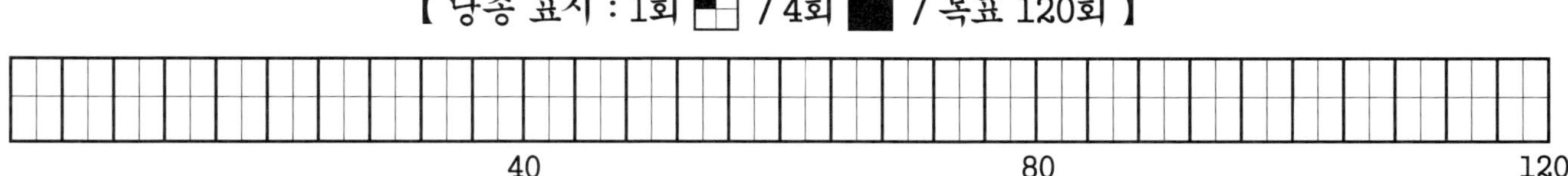

40 80 120

"주의 말씀은 내 발의 등이요 내 길에 빛이니이다"(시 119:105)

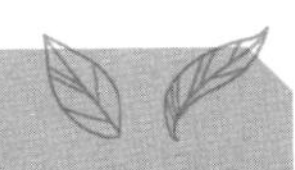

제 2 일

주의 전殿을 위하여 주께 예물禮物을 드리리이다

시편 68:29

"네 보물寶物 있는 그곳에 네 마음도 있느니라"(마 6:21). 보물과 마음은 불가분 관계不可分關係가 있습니다. 주의 전殿을 사랑하고 사모思慕하는 다윗 왕王은 정성精誠을 다하여 예물禮物을 봉헌奉獻하였습니다.

1. 온 땅이여 하나님께 즐거운 소리를 발發할지어다. 그 이름의 영광榮光을 찬양讚揚하고 영화榮華롭게 찬송讚頌할지어다. 주의 큰 권능權能으로 원수怨讐가 주主께 복종服從할 것이며, 온 땅이 주主께 경배敬拜하고 주主를 찬양讚揚하며 주主의 이름을 찬양讚揚하리이다. 와서 하나님의 행行하신 것을 보라 인생人生에게 행行하심이 엄위嚴威하시도다. 하나님이 바다를 변變하여 육지陸地되게 하셨으므로 무리가 도보徒步로 강江을 통과通過하고, 우리가 거기서 주主를 인因하여 기뻐하였도다. 그 능력能力으로 영원永遠히 치리治理하시며 그 눈으로 열방列邦을 감찰鑑察하시나니 거역拒逆하지 말며 자고自高하지 말지어다. 만민萬民들아 우리 하나님을 송축頌祝하라. 내가 숫양羊의 향기香氣와 함께 번제燔祭를 드리리이다. (시 66:1~15)

2. 하나님은 우리를 긍휼矜恤히 여기사 복福을 주시고, 그 얼굴 빛으로 우리에게 비취사, 주主의 도道를 땅 위에 주主의 구원救援을 만방萬邦 중에 알리소서. 하나님이여 민족民族들로 주主를 찬송讚頌케 하시며 모든 민족民族으로 주主를 찬송讚頌케 하소서. 열방列邦은 기쁘고 즐겁게 노래할지니, 주主는 민족民族들을 공평公平히 판단判斷하시며, 땅 위에 열방列邦을 치리治理하실 것임이니라. 하나님이여 민족民族들로 주主를 찬송讚頌케 하시며, 모든 민족民族으로 주主를 찬송讚頌케 하소서. 땅이 그 소산所産을 내었도다. 하나님 곧 우리 하나님이 우리에게 복福을 주시리로다. 하나님이 우리에게 복福을 주시리니, 땅의 모든 끝이 하나님을 경외敬畏하리로다. (시 67:1~7)

3. 하나님이여 일어나사 원수怨讐들을 흩으시며, 주主를 미워하는 자들을 주主의 앞에서 도망逃亡가게 하소서. 의인義人은 기뻐하여 하나님 앞에서 뛰놀며 기뻐하고 즐거워할지어다. 하나님께 노래하며 그 이름을 찬양讚揚하라. 하나님의 병거兵車가 천천千千이요 만만萬萬이라, 주主께서 그중에 계심이 시내 산 성소聖所에 계심 같도다. 날마다 우리 짐을 지시는 주主 우리의 구원救援이신 하나님을 찬송讚頌할지로다. 네 하나님이 네 힘을 명命하셨도다. 하나님이여 우리를 위하여 행하신 것을 견고堅固히 하소서. 예루살렘에 있는 주主의 전殿을 위하여 주主께 예물禮物을 드리리이다. 하나님이여 위엄威嚴을 성소聖所에서 나타내시나이다. 하나님은 그 백성百姓에게 힘과 능能을 주시나니 하나님을 찬송讚頌할지어다. (시 68:1~35)

4. 여호와여 열납하시는 때에 나는 주主께 기도祈禱하오니, 하나님이여 많은 인자仁慈와 구원救援의 진리眞理로 내게 응답應答하소서. 여호와여 주主의 인자仁慈하심이 선善하시오니 내게 응답應答하시며, 주主의 많은 긍휼矜恤을 따라 내게로 돌이키소서. 주主의 얼굴을 주主의 종에게서 숨기지 마소서. 내가 환난患難 중에 있사오니 속히 내게 응답應答하소서. 나는 가난하고 슬프오니 하나님이여 주主의 구원救援으로 나를 높이소서.

내가 노래로 하나님의 이름을 찬송讚頌**하며 감사**感謝**함으로 하나님을 광대**廣大**하시다 하리니, 하나님이 시온을 구원**救援**하시고 성읍**城邑**들을 건설**建設**하시리니, 무리가 소유**所有**를 삼으리로다. 후손**後孫**들이 상속**相續**받고 사랑하는 자들이 거**居**하리로다.** (시 69:13~36)

5. 하나님이여 속速**히 나를 건지소서 여호와여 속**速**히 나를 도우소서. 주**主**를 찾는 모든 자로 주를 인**因**하여 기뻐하고 즐거워하게 하시며, 주의 구원**救援**을 사모**思慕**하는 자로 항상**恒常 **말하기를 하나님은 광대**廣大**하시다 하게 하소서. 나는 가난하고 궁핍**窮乏**하오니 하나님이여 속**速**히 내게 임**臨**하소서. 주는 나의 도움이시오 나를 건지시는 자시오니 여호와여 지체**遲滯**치 마소서.** (시 70:1~5)

6. 여호와여 내가 주主**께 피**避**하오니 나로 영영**永永**히 수치**羞恥**를 당**當**케 마소서. 주**主**의 의**義**로 나를 건지시며 나를 풀어 주시며 주**主**의 귀를 내게 기울이사 나를 구원**救援**하소서. 주**主**께서 나의 반석**磐石**이시오 나의 산성**山城**이시니이다. 주 여호와는 나의 소망**所望**이시오 나의 어릴 때부터 의지**依支**시라. 내가 모태**母胎**에서부터 주의 붙드신 바 되었으며 내 어미 배에서 주**主**의 취**取**하여 내신 바 되었사오니 나는 항상**恒常 **주**主**를 찬송**讚頌**하리이다.** (시 71:1~6)

7. 주主**를 찬송**讚頌**함과 주**主**를 존중**尊重**함이 종일**終日**토록 내 입에 가득하리이다. 나를 늙은 때에 버리지 마시며 내 힘이 쇠약**衰弱**한 때에 떠나지 마소서. 하나님이여 나를 멀리하지 마소서. 나의 하나님이여 속**速**히 나를 도우소서 나는 항상**恒常 **소망**所望**을 품고 주**主**를 더욱 찬송**讚頌**하리이다. 내가 측량**測量**할 수 없는 주**主**의 구원**救援**을 내 입으로 전**傳**하리이다. 하나님이여 나를 어려서부터 교훈**教訓**하셨으므로 내가 지금**至今**까지 주**主**의 기사**奇事**를 전**傳**하였나이다. 하나님이여 내가 늙어서 백수**白首**가 될 때에도 나를 버리지 마시며, 내가 주의 힘을 후대**後代**에 전**傳**하고 주**主**의 능**能**을 장래**將來 **모든 사람에게 전**傳**하기까지 나를 버리지 마소서. 나를 위로**慰勞**하시고 더욱 창대**昌大**케 하소서 나의 하나님이여 내가 비파**琵琶**로 주**主**를 찬양**讚揚**하며 주**主**의 성실**誠實**을 찬양**讚揚**하리이다. 이스라엘의 거룩하신 주**主**여 내가 수금**竪琴**으로 주**主**를 찬양**讚揚**하리이다. 내가 주**主**를 찬양**讚揚**할 때 내 입술이 기뻐 외치며 내 영혼**靈魂**이 즐거워하리이다.** (시 71:8~23)

어릴 때부터 하나님께 감사 찬양感謝讚揚 드리고 일생一生 동안 주님을 찬양讚揚하리라. 백수白首가 되어서도 변變함없이 찬양讚揚하는 생애生涯야 말로 복福되고 복福된 인생人生입니다. "주主를 찬송讚頌함과 주主를 존중尊重함이 종일終日토록 내 입에 가득하리이다"(시 71:8). 마음에 가득하고 입술에 가득한 찬양讚揚, 영혼靈魂에 충만充滿한 찬양讚揚이 되어 영원永遠히 주님을 기쁘시게 하고 영광榮光 돌리는 찬송 생활讚頌生活이 되시기를 바랍니다.

【 낭송 표시 : 1회 ◪ / 4회 ■ / 목표 120회 】

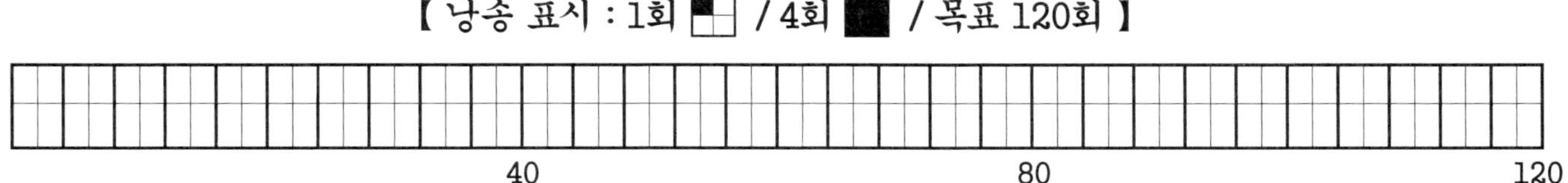

"주의 말씀은 내 발의 등이요 내 길에 빛이니이다"(시 119:105)

제 3 일

다윗의 기도祈禱가 필必하니라

시편 72:19

다윗은 기도祈禱의 용사勇士입니다. 시편 전반부前半部 1~72편까지 다윗의 기도祈禱가 아름답고 은혜恩惠로운 시詩와 찬양讚揚으로 가득 채웠졌습니다. 복福 있는 사람은/ 여호와는 나의 목자牧者시니/ 나의 힘이 되신 여호와여/ 영원永遠히 찬송讚頌할지어다/ 아멘 아멘! 이새의 아들 다윗의 기도祈禱가 필必하다로 마감되었습니다. 기도祈禱는 시작始作할 때와 필必하여 마칠 때가 있습니다.

1. 하나님이여 주主의 판단력判斷力을 왕王에게 주시고 주主의 의義를 왕王의 아들에게 주소서. 주主의 백성百姓을 의義로 판단判斷하며 주主의 가난한 자를 공의公義로 판단判斷하리니, 의義로 인因하여 백성百姓에게 평강平康을 주며, 백성百姓의 가난한 자를 신원伸寃하며 궁핍窮乏한 자의 자손子孫을 구원救援하며, 압박壓迫하는 자를 꺾으리로다. 의인義人이 흥왕興旺하여 평강平康의 풍성豐盛함이 다할 때까지 이르리로다. 바다에서부터 땅끝까지 다스리리니, 만왕萬王이 부복俯伏하며 열방列邦이 다 그를 섬기리로다. 저는 궁핍窮乏한 자의 부르짖을 때에 건지며, 가난한 자와 궁핍窮乏한 자를 긍휼矜恤히 여기며, 궁핍窮乏한 자의 생명生命을 구원救援하며, 압박壓迫과 강포强暴에서 구속救贖하리니, 항상恒常 기도祈禱하고 찬송讚頌하리로다. (시 72:1~15)

2. 땅에도 화곡禾穀이 풍성豐盛하고, 그 열매가 땅의 풀같이 왕성旺盛하리로다. 그 이름이 영구永久함이여 그 이름이 장구長久하리로다. 그로 인因하여 복福을 받으리니 열방列邦이 다 그를 복福되다 하리로다. 홀로 기사奇事를 행하시는 여호와 하나님을 찬송讚頌하며, 그 영화榮華로운 이름을 영원永遠히 찬송讚頌할지어다. 온 땅에 그 영광榮光이 충만充滿할지어다 아멘 아멘. 이새의 아들 다윗의 기도祈禱가 필必하니라. 아멘. (시 72:16~20)

3. 내가 하나님의 성소聖所에 들어갈 때에야 저희의 결국結局을 깨달았나이다. 내 마음이 산란散亂하며 우매愚昧하고 무지無知하오니 주主께서 내 오른손을 붙드셨나이다. 주主의 교훈敎訓으로 나를 인도引導하시고 영광榮光으로 나를 영접迎接하시리니, 하늘에서 주主 외에 누가 있으리요 땅에서는 주主밖에 사모思慕할 자 없나이다. 하나님은 내 마음의 반석磐石이시오 영원永遠한 분깃이시라. 하나님께 가까이함이 내게 복福이라. 내가 주 여호와를 나의 피난처避難處로 삼아 주의 모든 행사行事를 전파傳播하리이다. (시 73:17~28)

4. 하나님이여 주께서 어찌하여 우리를 버리시나이까, 어찌하여 진노震怒의 연기煙氣를

발發하시나이까, 옛적부터 구속救贖하사 주主의 기업基業의 지파支派로 삼으신 주主의 회중會衆을 기억記憶하시며 주主의 거居하신 시온산도 생각生覺하소서. 하나님은 예로부터 나의 왕王이시라. 낮도 주의 것이요 밤도 주의 것이라. 주께서 빛과 해를 예비豫備하셨으며, 땅의 경계境界를 정定하시며 여름과 겨울을 이루셨나이다. 여호와여 이것을 기억記憶하소서. 원수怨讐가 주主를 비방誹謗하며 우매愚昧한 백성百姓이 주主의 이름을 능욕凌辱하였나이다. (시 74:1~18)

5. 언약言約을 돌아보소서 대저大抵 흑암黑暗한 곳에 강포强暴한 자의 처소處所가 가득하였나이다. 학대虐待 받은 자로 부끄러이 돌아가게 마시고, 가난한 자와 궁핍窮乏한 자로 주의 이름을 찬송讚頌케 하소서. 하나님이여 원통寃痛한 것을 푸시고 주主를 비방誹謗하는 것을 들어주소서. 주主의 대적對敵의 소리를 잊지 마소서. 주主를 항거抗拒하는 자의 훤화喧譁가 항상恒常 상달上達하나이다. (시 74:20~23)

6. 하나님이여 주主께 감사感謝하고 감사感謝함은 주主의 이름이 가까움이라. 사람들이 주主의 기사奇事를 전파傳播하나이다. 주의 말씀이 정定한 기약期約을 정의正義로 판단判斷하리니, 땅과 그 모든 거민居民이 소멸消滅하리라. 오만傲慢한 자와 행악자行惡者는 뿔을 들지 말라, 악인惡人의 뿔을 다 베고 의인義人의 뿔은 높이 들리로다. 오직 재판장裁判長이신 하나님이 낮추시고 저를 높이시리라. (시 75:1~8)

7. 하나님의 이름은 크시도다. 그 장막帳幕이 살렘에 있음이여, 그 처소處所는 시온에 있도다. 저가 화살과 방패防牌와 칼과 전쟁戰爭을 깨치시도다. 주主는 영화榮華로우시며 존귀尊貴하시도다. 주主께서 판결判決을 선포宣布하시매 땅이 두려워 잠잠潛潛하였나니, 하나님이 땅의 모든 온유溫柔한 자를 구원救援하시려고 판단判斷하러 일어나신 때에로다. 너희는 여호와께 서원誓願하고 갚으라, 사방四方에 있는 모든 자도 마땅히 경외敬畏할 이에게 예물禮物을 드릴지로다. (시 76:1~11)

하나님 없이 사는 인생人生은 미움과 싸움과 전쟁戰爭으로 달려가서 마지막 심판審判을 받게 됩니다. 서로 사랑하고 용서하고 섬기는 생활生活은 모두를 행복幸福하고 평화平和롭게 해줍니다. 이것이 하나님께서 원願하시는 샬롬이요 평화平和입니다.

【 낭송 표시 : 1회 / 4회 / 목표 120회 】

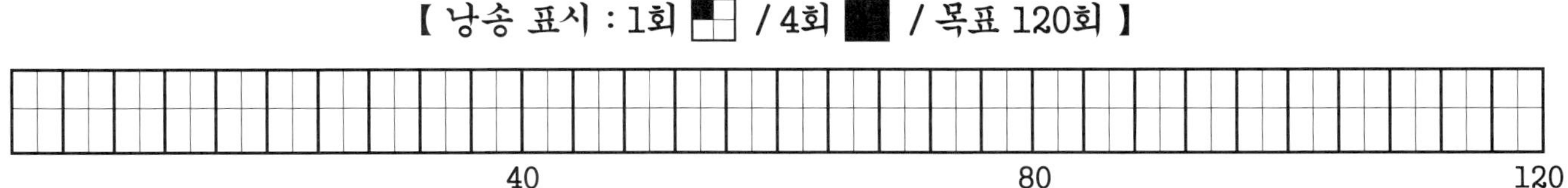

40 80 120

“주의 말씀은 내 발의 등이요 내 길에 빛이니이다”(시 119:105)

제 4 일

네 입을 넓게 열라 내가 채우리라

시편 81:10

하나님은 풍성豊盛하시고 부요富饒하십니다. 믿고 기도祈禱하고 최선最善을 다하여 성실誠實하게 일하면 풍부豊富하게 채워 주십니다. '네 입을 넓게 열라 내가 채우리라' 언약言約하셨습니다.

1. 내 음성音聲으로 하나님께 부르짖으라, 하나님께 내 음성音聲으로 부르짖으면 내게 귀를 기울이시리로다. 환난患難 날에 내가 주主를 찾았으며, 내가 하나님을 생각生覺하고 불안不安하여 근심하니 내 심령心靈이 상傷하도다. 또 주主의 모든 일을 묵상黙想하며 주主의 행사行事를 깊이 생각生覺하리이다. 주主는 기사記事를 행하시는 하나님이시라 민족民族들 중에 주主의 능력能力을 알리시고 주主의 팔로 주의 백성百姓을 구속救贖하셨나이다. (시 77:1~15)

2. 내 백성百姓이여 교훈敎訓을 들으며 귀를 기울일지어다. 옛적에 하나님이 애굽 땅에서 기이奇異한 일을 행하였으되, 바다를 갈라 저희를 지나게 하셨으며, 낮에는 구름으로 온 밤에는 화광火光으로 인도引導하였으며, 광야曠野에서 반석磐石을 쪼개시고 깊은 수원水源에서 나는 것같이 저희에게 물을 흡족洽足히 마시우셨으며, 반석磐石에서 시내를 내사 물이 강江같이 흐르게 하시니라. 하늘 문을 여시고 저희에게 만나를 비같이 내려 먹이시며 하늘 양식糧食으로 주셨나니, 권세자權勢者의 떡을 먹음이여 하나님이 식물食物을 충족充足히 주셨도다. 저가 동풍東風으로 하늘에서 일게 하시며 그 권능權能으로 남풍南風을 인도引導하시고 저희에게 고기를 티끌같이 내리시니, 나는 새를 그 진중陣中에 떨어지게 하사 그 거처居處에 둘리셨도다. 저희가 먹고 배불렀나니 하나님이 저희 소욕所欲대로 주셨도다. (시 78:1~29)

3. 하나님이여 열방列邦이 주主의 기업基業에 들어와서 주主의 성전聖殿을 더럽히고 예루살렘으로 돌무더기가 되게 하였나이다. 우리 이웃에게 비방誹謗 거리가 되며 조소嘲笑와 조롱嘲弄 거리가 되었나이다. 우리 구원救援의 하나님이여 주의 이름과 영광榮光을 위하여 우리를 도우시며, 주의 이름을 위하여 우리를 건지시며 우리의 죄罪를 사赦하소서. 주여 우리 이웃이 훼방毁謗한 그 훼방毁謗을 칠 배나 갚으소서 그리하면 주의 백성百姓된 우리는 영원永遠히 주께 감사感謝하며 주主의 영예榮譽를 대대代代로 전傳하리이다. (시 79:1~13)

4. 이스라엘의 목자牧者**여 귀를 기울이소서. 그룹 사이에 좌정**坐定**하신 자여 빛을 비취소서. 주의 용력**勇力**을 내사 우리를 구원**救援**하여 주소서. 하나님이여 주**主**의 얼굴빛을 비취사 우리로 구원**救援**을 얻게 하소서. 주**主**께서 저희들에게 눈물 양식**糧食**으로 먹이시며 다량**多量**의 눈물을 마시게 하셨나이다. 만군**萬軍**의 하나님이여 우리를 돌이키시고 주**主**의 얼굴빛을 비취사 우리로 구원**救援**을 얻게 하소서. 주**主**를 위하여 힘 있게 하신 자 위에 손을 얹으소서 우리를 소생**蘇生**케 하소서. 우리가 주**主**의 이름을 부르리이다. 만군**萬軍**의 여호와여 주**主**의 얼굴빛을 비취소서 우리가 구원**救援**을 얻으리이다.** (시 80:1~19)

5. 우리 능력能力 **되신 하나님께 높이 노래하며 즐거이 소리할지어다. 시**詩**를 읊으며 소고**小鼓 **치고 아름다운 수금**竪琴**에 비파**琵琶**를 아우를지어다. 월삭**月朔**과 월망**月望**과 우리의 절일**節日**에 나팔을 불지어다. 내 백성**百姓**이여 들으라 너희 중에 다른 신**神**을 두지 말며 이방신**異邦神**에게 절하지 말지어다. 네 입을 넓게 열라 내가 채우리라. 내 백성**百姓**이 나를 청종**聽從**하며 내 도**道 **행**行**하기를 원**願**하노라. 내가 밀의 아름다운 것으로 저희에게 먹이며 반석**磐石**에서 나오는 꿀로 너를 만족**滿足**케 하리라.** (시 81:1~16)

6. 하나님이 하나님의 회會 **가운데 서시며 재판장**裁判長 **중에서 판단**判斷**하시되, 가난한 자와 고아**孤兒**를 위하여 판단**判斷**하며 곤난**困難**한 자와 빈궁**貧窮**한 자에게 공의**公義**를 베푸시며 가난한 자와 궁핍**窮乏**한 자를 구원**救援**하여 악인**惡人**들의 손에서 건질지니라. 하나님이여 일어나사 세상**世上**을 판단**判斷**하소서 모든 열방**列邦**이 주**主**의 기업**基業**이 되겠음이니다.** (시 82:1~8)

우리의 기도祈禱가 우리의 입을 통하여 하나님께 드려지고 입술을 통通하여 찬양讚揚되고 손으로 연주演奏될 때, 하나님은 무한無限한 영광榮光을 받으시고 기뻐하고 즐거워하십니다. '하나님을 찬송讚頌하며 그 영화榮華로운 이름을 영원永遠히 찬송讚頌하리이다, 온 땅에 그 영광榮光이 충만充滿할지어다 아멘 아멘' (시 72:18-19). 다윗의 기도祈禱와 찬송讚頌이 우리의 기도祈禱와 찬송讚頌이 되기 바랍니다.

【 낭송 표시 : 1회 ◪ / 4회 ■ / 목표 120회 】

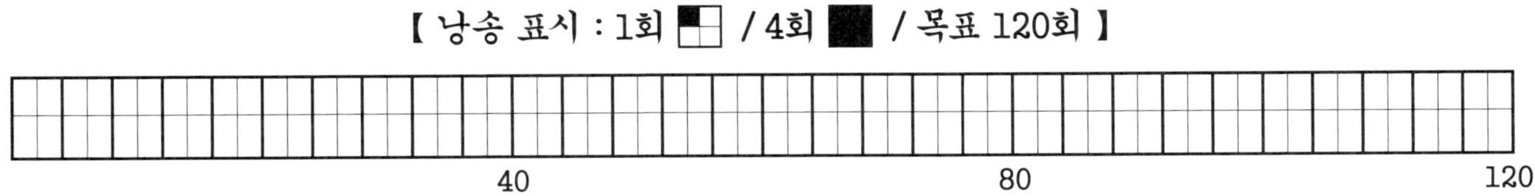

"주의 말씀은 내 발의 등이요 내 길에 빛이니이다"(시 119:105)

제 5 일

우리 손의 행사行事를 견고堅固케 하소서

시편 90:17

밤이 맞도록 수고하였으나 얻은 것이 없지만 말씀에 순종順從하여 그물을 내린 시몬 베드로는 그물에 가득찬 고기를 엄청나게 많이 잡았습니다. 허사虛事는 실망失望과 낙담落膽케 하지만 성사成事는 보람과 기쁨을 안겨 줍니다. 하나님의 말씀대로 순종順從하고 하나님의 뜻에 합당合當하게 살면 우리 손의 행사行事를 견고堅固케 해 주십니다.

1. 만군萬軍의 여호와여 주主의 장막帳幕이 어찌 그리 사랑스러운지요. 내 영혼靈魂이 여호와의 궁정宮庭을 사모思慕하여 쇠약衰弱함이여 내 마음과 육체肉體가 생존生存하시는 하나님께 부르짖나이다. 나의 왕王 나의 하나님 만군萬軍의 여호와여 주主의 제단祭壇에서 참새도 제 집을 얻고 제비도 새끼들 보금자리를 얻었나이다. 주主의 집에 거居하는 자가 복福이 있나이다. 저희가 항상恒常 주主를 찬송讚頌하리이다. 주主께 힘을 얻고 그 마음에 시온의 대로大路가 있는 자는 복福이 있나이다. (시 84:1~5)

2. 저희는 눈물 골짜기로 통행通行할 때에 그 곳으로 많은 샘의 곳이 되게 하며 이른 비도 은택恩澤을 입히나이다. 저희는 힘을 얻고 더 얻어 나아가 시온에서 하나님 앞에 각기各其 나타나리이다. 만군萬軍의 하나님 여호와여 내 기도祈禱를 들으소서. 우리 방패防牌이신 하나님이여 주主의 기름 부으신 자의 얼굴을 살펴 보옵소서. 주의 궁정宮庭에서 한 날이 다른 곳에서 천 날보다 나은즉 악인惡人의 장막帳幕에 거居함보다 내 하나님 문지기로 있는 것이 좋사오니 여호와 하나님은 해요 방패防牌시라. 여호와께서 은혜恩惠와 영화榮華를 주시며, 정직正直히 행行하는 자에게 좋은 것을 아끼지 아니하실 것임이니이다. 만군萬軍의 여호와여 주主께 의지依支하는 자는 복福이 있나이다. (시 84:6~12)

3. 여호와여 주主께서 주의 땅에 은혜恩惠를 베푸사 야곱의 포로捕虜된 자를 돌아오게 하셨으며, 주主의 백성百姓의 죄악罪惡을 사赦하시고 저희의 모든 죄罪를 덮으셨나이다. 주主의 모든 분노忿怒를 거두시며 주主의 진노震怒를 돌이키셨나이다. 우리 구원救援의 하나님이여 우리를 돌이키시고 우리에게 향向하신 주主의 분노忿怒를 그치소서. 우리를 다시 살리사 주主의 백성百姓으로 주主를 기뻐하게 하시겠나이까. 여호와여 주主의 인자仁慈하심을 우리에게 보이시며 주主의 구원救援을 우리에게 주소서. 내가 하나님 여호와의 하실 말씀을 들으리니 대저 그 백성百姓과 그 성도聖徒에게 화평和平을 말씀하실 것이라. 너희는 다시 망령妄靈된 데로 가지 말지어다. 진실眞實로 구원救援이 하나님을 경외敬畏하는 자에게 있으니 영광榮光이 우리 땅에 거居하리로다. 긍휼矜恤과 진리眞理가 같이 만나고 의義와 화평和平이 입 맞추며 진리眞理는 땅에서 솟아나고 의義는 하늘에서 하감下鑑하도다. 여호와께서 좋은 것을 주시리니 땅이 그 산물産物을 내리로다. (시 85:1~12)

4. 여호와여 나는 곤고困苦하고 궁핍窮乏하오니 귀를 기울여 내게 응답應答하소서. 나는 경건敬虔하오니 내 영혼靈魂을 보존保存하소서. 내 주主 하나님이여 주主를 의지依支하는 종을 구원救援하소서. 주主여 나를 긍휼矜恤히 여기소서 내가 종일 주主께 부르짖나이다. 주主여 내 영혼靈魂이 주主를 우러러 보오니 주여 내 영혼靈魂을 기쁘게 하소서. 여호와여 나의 기도祈禱에 귀를 기울이시고 나의 간구懇求하는 소리를 들으소서. 나의 환난患難 날에 내가 주主께 부르짖으리니 주主께서 내게 응답應答하시리이다. 주主의 지으신 모든 열방列邦이 와서 주의 앞에 경배敬拜하며 주의 이름에 영화榮華를 돌리리이다. 대저大抵 주主는 광대廣大하사 기사奇事를 행行하시오니 주主만 하나님이시니이다. 여호와여 주主의 도道를 내게 가르치소서 내가 주主의 진리眞理를 행行하오리니 일심一心으로 주의 이름을 경외敬畏하게 하소서. (시 86:1~11)

5. 주主 나의 하나님이여 내가 전심全心으로 주主를 찬송讚頌하고 영원永遠토록 주의 이름에 영화榮華를 돌리오리니 내게 향向하신 주主의 인자仁慈하심이 크사 내 영혼靈魂을 깊은 음부陰府에서 건지셨음이니이다. 주主는 긍휼矜恤히 여기시며 은혜恩惠를 베푸시며 노怒하기를 더디하시며, 인자仁慈와 진실眞實이 풍성豊盛하신 하나님이시니이다. 나를 긍휼矜恤히 여기소서 주主의 종에게 힘을 주시고 주의 여종의 아들을 구원救援하소서. 은총恩寵의 표증表證을 내게 보이소서. 여호와여 주主는 나를 돕고 위로하심이니이다. (시 86:12~17)

6. 여호와 내 구원救援의 하나님이여 내가 주야晝夜로 주主의 앞에 부르짖었사오니 나의 기도祈禱를 주의 앞에 상달上達하게 하시며 나의 부르짖음에 귀를 기울이소서. 대저 나의 영혼靈魂에 곤란困難이 가득하여 나의 생명生命은 음부陰府에 가까웠사오니 나는 무덤으로 내려가는 자와 함께 가는 힘 없는 자 같으며, 사망死亡에 던지운 바 되었으며 무덤에 누운 자 같으니이다. 여호와여 오직 주主께 내가 부르짖었사오니 아침에 나의 기도祈禱가 주의 앞에 달達하리이다. (시 88:1~13)

주主의 장막帳幕을 사모思慕하고 주主의 성소聖所에서 기도祈禱하고 주主의 전殿에서 찬양讚揚드리는 것을 하나님은 기대期待하시고 영광榮光을 받으십니다. 사모思慕하고 기도祈禱하고 찬양讚揚하는 자의 손을 견고堅固케 하셔서 모든 일이 주 안에서 형통亨通하게 해주십니다. '주主의 인자仁慈로 우리를 만족滿足케 하사 우리 평생平生에 즐겁고 기쁘게 하여 우리의 행사行事를 견고堅固케 하여' 하나님의 영광榮光을 나타나게 하십니다.

【 낭송 표시 : 1회 / 4회 / 목표 120회 】

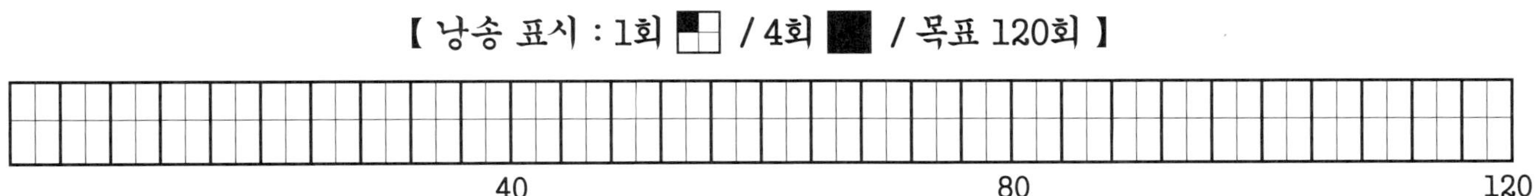

"주의 말씀은 내 발의 등이요 내 길에 빛이니이다"(시 119:105)

제 6 일

저와 함께하여 영화榮華롭게 하리라

시편 91:15

새 노래로 여호와 하나님을 찬양讚揚하는 것이 하나님을 영화榮華롭게 하는 것입니다. 하나님께서 가장 기뻐하시는 것은 성도聖徒들의 찬송讚頌입니다. 찬송讚頌하는 성도聖徒는 천군천사天君天使와 함께 하나님의 영광榮光에 동참同參하는 것입니다. '저와 함께하여 영화榮華롭게 하리라.' 하나님의 영광榮光에 참여參與하여 찬송讚頌을 부르는 성도聖徒들이 됩시다.

1. 내가 여호와의 인자仁慈하심을 영원永遠히 노래하며 주主의 성실誠實하심을 내 입으로 대대代代에 알게 하리이다. 주主의 인자仁慈하심을 영원永遠히 세우시며 주主의 성실誠實하심을 견고堅固히 하시리이다. 여호와여 주主의 기사奇事를 하늘이 찬양讚揚할 것이요, 주主의 성실誠實을 거룩한 자의 회중會衆에서 찬양讚揚하리이다. 하늘이 주主의 것이요 땅도 주의 것이라. 세계世界와 그 중에 충만充滿한 것을 주主께서 건설建設하셨나이다. 주主의 팔에 능력能力이 있사오며 주의 손 앞에서 행行하나이다. (시 89:1~14)

2. 즐거운 소리를 발發하는 자는 유복有福한 자라. 여호와여 저희가 주主의 얼굴빛에 다니며 주의 이름을 기뻐하며 주主의 의義를 높이리니 주는 저희의 힘과 영광榮光이심이라. 주의 은총恩寵으로 높아지리니 우리 방패防牌는 여호와시라. 주主는 나의 아버지시요 나의 구원救援이시요 나의 구원救援이시라, 저희로 장자長子를 삼고 세계世界 열왕列王의 으뜸이 되게 하며, 그 후손後孫들을 영구永久케 하여 그 위位를 하늘의 날과 같게 하리로다. (시 89:15~29)

3. 주主여 주主는 대대代代에 우리의 거처居處가 되셨나이다. 산山이 생기기 전 땅과 세계世界도 주主께서 조성造成하시기 전 영원永遠부터 영원永遠까지 주主는 하나님이시나이다. 주主께서 사람을 티끌로 돌아가게 하시고, 말씀하시기를 너희 인생人生들은 돌아가라 하였으니, 주主의 목전目前에는 천년千年이 지나간 어제 같으며 밤의 한 경점更點 같을 뿐이니이다. 주主께서 저희를 홍수洪水처럼 쓸어가시나이다. 저희는 잠자는 것 같으며 아침에 돋는 풀이니이다. 풀은 아침에 꽃이 피어 자라다가 저녁에는 벤 바 되어 마르나이다. (시 90:1~5)

4. 우리의 모든 날이 주의 분노忿怒 중에 지나가며 강건康健하면 팔십이라도 그 연수年數의 자랑은 수고受苦와 슬픔 뿐이요 신속迅速히 가니 날아가나이다. 우리에게 우리 날 계수計數함을 가르치사 지혜智慧의 마음을 얻게 하소서. 아침에 주主의 인자仁慈로 우리를 만족滿足케 하사 우리 평생平生에 즐겁고 기쁘게 하소서. 주主의 행사行事를 주主의 종들에게 나타내시며 주主의 영광榮光을 저희 자손子孫에게 나타내소서. 주 우리 하나님의 은총恩寵을 우리에게 임臨하게 하사 우리 손의 행사行事를 우리에게 견고堅固케 하소서 우리 손의 행사行事를 견고堅固케 하소서. (시 90:6~17)

5. 지존자至尊者의 은밀隱密한 곳에 거居하는 자는 전능全能하신 자의 그늘 아래 거居하리로다. 내가 여호와를 가리켜 말하기를 저는 나의 피난처避難處요 나의 요새要塞요 나의 의뢰依賴하는 하나님이라 하리니, 이는 저가 너를 새 사냥꾼의 올무에서와 극極한 염병染病에서 건지실 것임이로다. 저가 너를 그 깃으로 덮으시리니 네가 그 날개 아래 피避하리로다. 그의 진실眞實함은 방패防牌와 손방패防牌가 되나니, 천인千人이 네 곁에서 만인萬人이 네 우편右便에서 엎드러지나 이 재앙災殃이 네게 가까이 못하리로다. (시 91:1~7)

6. 여호와는 나의 피난처避難處시라 저가 너를 위하여 그 사자使者들을 명命하사 네 모든 길에 너를 지키게 하심이라. 저희가 그 손으로 너를 붙들어 발이 돌에 부딪히지 않게 하리로다. 네가 사자獅子와 독사毒蛇를 밟으며 젊은 사자獅子와 뱀을 발로 누르리로다. 하나님이 가라사대 저가 나를 사랑한즉 내가 저를 높이리라. 저가 내 이름을 안즉 내가 저를 높이리라. 저가 내게 간구懇求하리니 내가 응답應答하리라. 저의 환난患難 때에 내가 저와 함께하여 저를 건지고 영화榮華롭게 하리라. 내가 장수長壽함으로 저를 만족滿足케 하며 나의 구원救援으로 보이리라. (시 91:8~16)

7. 지존자至尊者여 십현금十絃琴과 비파琵琶의 수금竪琴의 정숙靜肅한 소리로 여호와께 감사感謝하며, 주의 이름을 찬양讚揚하며 아침에 주主의 인자仁慈하심을 나타내며 밤마다 주主의 성실誠實하심을 베풂이 좋으니이다. 여호와여 주主의 행사行事로 나를 기쁘게 하셨으니, 주主의 손의 행사行事로 인因하여 내가 높이 부르리이다. 여호와여 주主의 행사行事가 어찌 그리 크신지요. 주主의 생각生覺이 심甚히 깊으시나이다. 의인義人은 종려나무같이 번성蕃盛하며 레바논의 백향목柏香木같이 발육發育하리로다. 여호와의 집에 심겼음이여 우리 하나님의 궁정宮庭에서 흥왕興旺하리로다. 늙어도 결실結實하며 진액津液이 풍족豊足하고 빛이 청청靑靑하여 여호와의 정직正直하심을 나타내리로다. (시 92:1~15)

8. 여호와께서 통치統治하시니 권위權威를 입으셨도다. 세계世界도 견고堅固히 서서 요동搖動치 아니하도다. 주主의 보좌寶座는 예로부터 견고堅固히 섰으며 주主는 영원永遠부터 계셨나이다. 여호와여 큰 물이 소리를 높였고 큰물이 그 소리를 높였고 큰물이 그 물결을 높이나이다. 높이 계신 여호와의 능력能力은 위대偉大하시니이다. 여호와여 주主의 증거證據하심이 확실確實하고 거룩함이 주主의 집에 합당合當하게 영구永久하리이다. (시 93:1~5)

"늙어도 결실結實하여 진액津液이 풍족豊足하여 빛이 청청靑靑하여" 이 얼마나 영육 간靈肉間에 복福되고 풍성豊盛한 인생人生입니까. 영원永遠토록 여호와의 궁정宮庭에서 복락福樂을 누리는 생애生涯가 되시기 바랍니다.

【 낭송 표시 : 1회 ▚ / 4회 ■ / 목표 120회 】

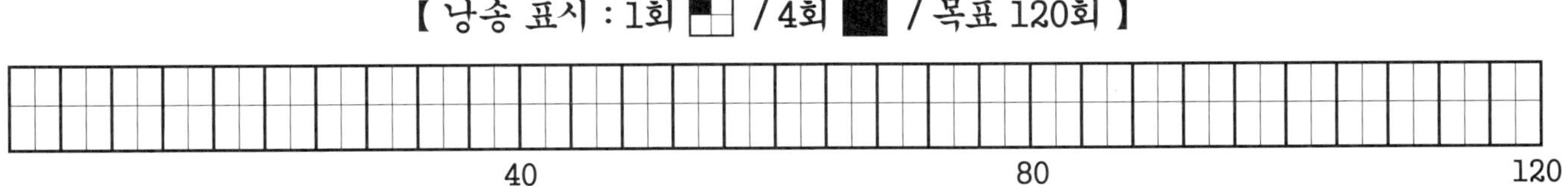

"주의 말씀은 내 발의 등이요 내 길에 빛이니이다"(시 119:105)

제 7 일

아름답고 거룩한 것으로 여호와께 경배敬拜할지어다

시편 96:9

아름다움을 작품화作品化한 것이 예술藝術입니다. 거룩한 것은 따로 분리分離해서 깨끗하고 성聖스럽게 하는 것입니다. 하나님이 기쁘게 받으시고 예배禮拜는 최고의 정성精誠과 기술技術로 깨끗하고 거룩하게 구별區別하여 몸과 마음을 합合하여 드리는 예배禮拜입니다.

1. 오라 우리가 여호와께 노래하며 우리 구원救援의 반석磐石을 향向하여 즐거이 부르자. 우리가 감사感謝함으로 그 앞에 나아가며 시詩로 그를 향向하여 즐거이 부르자. 대저大抵 여호와는 크신 하나님이시오 모든 신神 위에 크신 왕王이시로다. 바다가 그의 것이라 그가 만드셨고 육지도 그의 손으로 지으셨도다. 오라 우리가 굽혀 경배敬拜하며 우리를 지으신 여호와 앞에 무릎을 꿇자. 대저大抵 저는 우리 하나님이시요 우리는 그의 기르시는 백성百姓이며 그 손의 양羊이라. 너희가 오늘날 그 음성音聲 듣기를 원願하노라. (시 95:1~7)

2. 새 노래로 여호와께 노래하라 온 땅이여 여호와께 노래할지어다. 여호와께 노래하여 그 이름을 송축頌祝하며 그 구원救援을 날마다 선포宣布할지어다. 그 영광榮光을 열방列邦중에 그 기이奇異한 행적行蹟을 만민萬民중에 선포宣布할지어다. 여호와는 광대廣大하시니 극진極盡히 찬양讚揚할 것이요, 진심眞心으로 경외敬畏할 것이며 존귀尊貴와 위엄威嚴이 그 앞에 있으며 능력能力과 아름다움이 그 성소聖所에 있도다. 만방萬邦의 족속族屬들아 영광榮光과 권능權能을 여호와께 돌릴지어다. 여호와의 이름에 합당合當한 영광榮光을 그에게 돌릴지어다. 예물禮物을 가지고 그 궁정宮庭에 들어갈지어다. 아름답고 거룩한 것으로 여호와께 경배敬拜할지어다 온 땅이여 그 앞에서 떨지어다. (시 96:1~9)

3. 여호와께서 통치統治하시니 세계世界가 굳세게 서서 하늘은 기뻐하고 땅은 즐거워하며, 바다와 거기 충만充滿한 것을 외치며 즐거워할지어다. 삼림森林의 나무들이 여호와 앞에서 즐거이 노래하리니 저가 의義로 세계世界를 판단判斷하시며 그의 진실眞實하심으로 백성百姓을 판단判斷하리로다. 여호와께서 통치統治하시니 땅은 즐거워하며 성城은 기뻐할지어다. 여호와여 주主는 온 땅 위에 지존至尊하시고 초월超越하시니이다. 의인義人이여 너희는 여호와를 인因하여 기뻐하며 그 거룩한 기념記念에 감사感謝할지어다. (시 96:10~97:12)

4. 새 노래로 여호와께 찬송讚頌하라. 대저大抵 기이奇異한 일을 행行하사, 그 오른손과 거룩한 팔로 자기自己를 위하여 구원救援을 베푸셨도다. 여호와께서 그 구원救援을 알게 하시며 그 의義를 열방列邦의 목전目前에 명백明白히 나타내셨도다. 이스라엘 집에 향向하신 인자仁慈와 성실誠實을 기억記憶하셨으므로, 땅의 끝이 우리 하나님의 구원救援을

보았도다. 온 땅이여 여호와께 즐거이 소리할지어다. 소리를 발發하여 즐거이 노래하며 찬송讚頌할지어다. 수금竪琴으로 여호와를 찬양讚揚하라 수금竪琴과 음성音聲으로 찬양讚揚할지어다. 나팔과 호각號角으로 왕王 여호와 앞에 즐거이 소리할지어다. 바다와 거기 충만充滿한 것과 세계世界와 그중에 거居하는 자는 다 외칠지어다. 여호와 앞에 큰물이 박수拍手하며 산악山嶽이 함께 즐거이 노래할지어다. (시 98:1~8)

5. 여호와께서 통치統治하시니 만민萬民이 떨 것이요 여호와께서 그룹 사이에 좌정坐定하시니 땅이 요동搖動할 것이로다. 주主의 크고 두려운 이름을 찬송讚頌할지어다 그는 거룩하시도다. 너희는 여호와 우리 하나님을 높여 그 발등상凳床 앞에서 경배敬拜할지어다 그는 거룩하시도다. 그 제사장祭司長 중에는 모세와 아론이요 그 이름을 부르는 자 중에 사무엘이라 저희가 여호와께 간구懇求하매 응답應答하셨도다. 여호와께서 구름 기둥에서 저희에게 말씀하시니 저희가 그 주신 증거證據와 율례律例를 지켰도다. 여호와 우리 하나님이여 주께서는 저희에게 응답應答하셨고 저희 행行한 대로 갚기는 하였으나 저희를 사赦하신 하나님이시니이다. 너희는 여호와를 높이고 그 성산聖山에서 경배敬拜할지어다. 대저大抵 여호와 우리 하나님은 거룩하시도다. (시 99:1~9)

6. 온 땅이여 여호와께 즐거이 부를지어다. 기쁨으로 여호와를 섬기며 노래하면서 그 앞에 나아갈지어다. 여호와가 우리 하나님이신 줄 너희는 알지어다. 그는 우리를 지으신 자시요 우리는 그의 것이니 그의 백성百姓이요 그의 기르시는 양羊이로다. 감사感謝함으로 그 문門에 들어가며 찬송讚頌함으로 그 궁정宮庭에 들어가서 그에게 감사感謝하며 그 이름을 송축頌祝할지어다. 대저大抵 여호와는 선善하시니 그 인자仁慈하심이 영원永遠하고 그 성실誠實하심이 대대代代에 미치리로다. (시 100:1~5)

하나님은 이스라엘의 찬송讚頌 가운데 거하신다고 언약言約하셨습니다. 성도聖徒들이 부르는 찬송讚頌 가운데 하나님께서 임재臨在하심을 믿으시기 바랍니다. "여호와께 즐거이 부를지어다 기쁨으로 섬기며 노래하면서 하나님 앞에 나아갈지어다"(시 100:1-2). 감사찬송感謝讚頌을 부르면 여호와의 궁정宮庭에 들어가게 됩니다. 또한 그 거룩함과 그 영광榮光에 참여參與하게 됩니다.

【 낭송 표시 : 1회 ▚ / 4회 ■ / 목표 120회 】

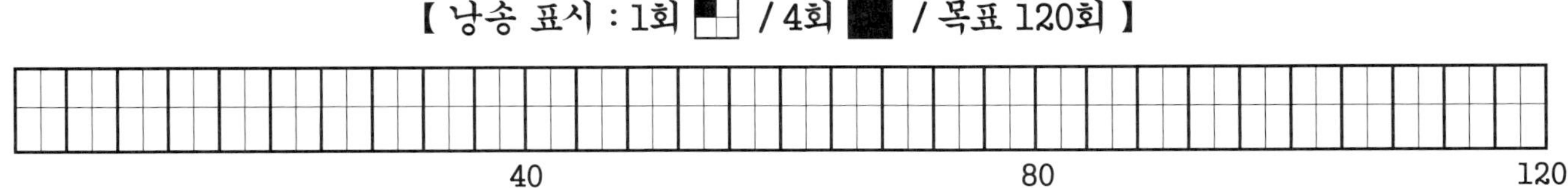

"주의 말씀은 내 발의 등이요 내 길에 빛이니이다"(시 119:105)

제 8 일

주의 부요富饒가 가득하나이다

시편 104:24

프랑스 지식知識인 학자學者들이 전 세계世界를 향向하여 북한 주민北韓住民들의 굶주림과 인권유린人權蹂躪에 대하여 성명서聲明書를 발표發表했습니다. 전 세계世界가 북한北韓 문제에 관심觀心을 가지고 개입介入해서 굶주림과 억압抑壓에서 구출救出하고자 호소呼訴하고 있습니다. 한국 지식인韓國知識人과 한국韓國 그리스도인들이 해야 할 말을 프랑스 지식인知識人들이 대신代身 하고 있습니다. 잘못된 사상思想, 잘못된 이념理念, 잘못된 제도制度로 말미암아 모두를 궁핍窮乏하게 하고 억압抑壓하고 죽음의 길로 몰아넣고 있는 북한 공산당北韓共産黨에게 인질人質로 잡혀 있는 북한北韓 주민住民들을 구출救出하는 일에 전 세계世界가 동참同參하자고 제의提議하고 있습니다. 남북한南北韓 7천만 우리 동포同胞들은 참으로 깊이 생각生覺하고 반성反省하고 결단決斷할 때가 되었습니다.

1. 내가 인자仁慈와 공의公義를 찬송讚頌하겠나이다. 여호와여 내가 주主께 찬송讚頌하리이다. 내가 완전完全한 마음으로 내 집안에서 행行하리이다. 눈이 높고 마음이 교만驕慢한 자를 내가 용납容納하지 아니하리로다. 내 눈이 이 땅의 충성忠誠된 자를 살펴 나와 함께 거居하게 하리니 완전完全한 길에 행行하는 자가 나를 수종隨從하리로다. 거짓을 행하는 자가 내 집안에 거하지 못하며 거짓말하는 자가 내 목전目前에 서지 못하리로다. 아침마다 이 땅에 모든 악인惡人이 멸滅하리니 죄악罪惡을 행行하는 자는 여호와의 성城에서 끊어지리로다. (시 101:1~8)

2. 여호와여 내 기도祈禱를 들으시고 나의 부르짖음을 주主께 상달上達케 하소서. 나의 괴로운 날에 주主의 얼굴에 내게 숨기지 마소서. 주主의 귀를 기울이사 내가 부르짖는 날에 속速히 응답應答하소서. 대저大抵 내 날이 연기煙氣같이 소멸燒滅하며 내 뼈가 타나이다. 내가 음식飮食 먹기도 잊었음으로 내 마음이 풀같이 쇠잔衰殘하였사오며, 나의 탄식嘆息 소리를 인因하여 나의 살이 뼈에 붙었나이다. 내 원수怨讐들이 종일終日 나를 훼방毁謗하며 내 날이 기울어지는 그림자 같고 내가 풀의 쇠잔衰殘함 같으니이다. (시 102:1~11)

3. 주主께서 일어나사 긍휼矜恤히 여겨 주시리니 여호와의 이름을 경외敬畏하며 주主의 영광榮光을 경외敬畏하리이다. 여호와께서 빈궁貧窮한 자의 기도祈禱를 돌아보시며 창조創造함을 받은 백성百姓들이 여호와를 찬송讚頌하리로다. 여호와의 이름을 시온에서 그 영예榮譽를 선포宣布하리로다. 민족民族들과 나라들이 모여 여호와를 섬기리로다. 나의 하나님이여 나의 중년中年에 나를 데려가지 마소서. 주主의 연대年代는 무궁無窮하리이다. 주主께서 땅의 기초基礎를 두셨사오며, 하늘도 주主의 손으로 지으신 바니이다. 주主는 영존永存하시겠고 주主는 여상如常 하시고 주의 연대年代는 무궁無窮하리이다. 주主의 종들의 자손子孫들이 항상恒常 있고 그 후손後孫이 주主 앞에 굳게 서리이다. (시 102:13~28)

4. 내 영혼靈魂아 여호와를 송축頌祝하라 내 속에 있는 것들아 다 그 성호聖號를 송축頌祝하라. 내 영혼靈魂아 여호와를 송축頌祝하며 그 모든 은택恩澤을 잊지 말지어다. 저가 네 모든 죄악罪惡을 사赦하시며, 네 모든 병病을 고치시며, 네 생명生命을 파멸破滅에서 구속救贖하시고, 인자仁慈와 긍휼矜恤로 관冠을 씌우시며, 좋은 것으로 네 소원所願을 만족滿足케 하사, 네 청춘靑春으로 독수리같이 새롭게 하시도다. 여호와께서 의義로운 일을 행하시며 압박壓迫 당當하는 자를 위하여 판단判斷하시는도다. 여호와는 자비慈悲로우시며 은혜恩惠로우시며 노怒하기를 더디하시며 인자仁慈하심이 풍부豊富하시도다. 항상恒常 경책警責지 아니하시며 노怒를 영원永遠히 품지 아니하시리로다. 우리 죄罪를 따라 처치處置하지 아니하시며, 우리의 죄악罪惡을 따라 갚지 아니하셨으니, 이는 하늘이 땅에서 높은 것같이 그를 경외敬畏하는 자에게 그 인자仁慈하심이 크심이로다. (시 103:1~11)

5. 동東이 서西에서 먼 것같이 우리 죄과罪過를 멀리 옮기셨으며, 아비가 자식子息을 불쌍히 여김같이 여호와께서 자기自己를 경외敬畏하는 자를 불쌍히 여기시나니, 이는 저가 우리의 체질體質을 아시며 우리가 진토塵土임을 기억記憶하심이로다. 인생人生은 그 날이 풀과 같으며 그 영화榮華가 들의 꽃과 같도다. 그것은 바람이 지나면 없어나니, 그곳을 알지 못하거니와 여호와의 인자仁慈하심은 자기自己를 경외敬畏하는 자에게 영원永遠부터 영원永遠까지 이르며, 그의 의義는 자손子孫에게 미치리니 그 언약言約을 지키고 그 법도法度를 행行하는 자에게로다. 여호와께서 그 보좌寶座를 하늘에 세우시고 만유萬有를 통치統治하시도다. 능력能力이 있어 여호와의 말씀을 이루고 그 말씀을 듣는 천사天使여 여호와를 송축頌祝하라. 여호와께 봉사奉事하여 그 뜻을 행行하는 모든 천군天君이여 여호와를 송축頌祝하라. 여호와의 지으심을 받고 그 다스리시는 모든 곳에 있는 너희여 여호와를 송축頌祝하라. 내 영혼靈魂아 여호와를 송축頌祝하라. (시 103:12~22)

하나님은 삼라만상森羅萬象을 통해 필요必要한 양식糧食을 풍성豊盛하게 공급供給해 주십니다. 산의 나무와 숲속의 많은 들짐승에게 풍성豊盛한 양식糧食을 주십니다. 들판에 풀을 자라게 하시고 과일과 곡식穀食을 공급供給해 주십니다. 바다 속에 많은 수자원水資源과 양식糧食의 보고寶庫를 마련해 주셨습니다. "여호와여 주의 하신 일이 어찌 그리 많은지요 주께서 지혜智慧로 저희를 다 지으셨으니 주의 부요富饒가 땅에 가득하니이다"(시 104:24). "이것들이 다 주主께서 때를 따라 식물食物 주시기를 바라나이다"(시 104:27). 주여 이 땅에 사는 모든 사람들에게 일용日用할 양식糧食과 자유自由를 주옵소서.

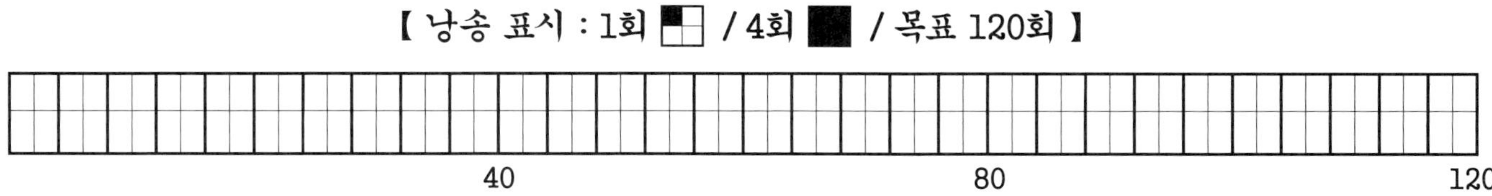

"주의 말씀은 내 발의 등이요 내 길에 빛이니이다"(시 119:105)

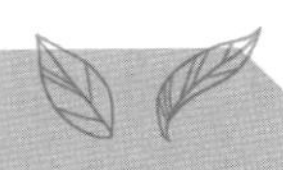

제 9 일

모든 백성百姓들아 아멘 할지어다

시편 106:48

인생人生에 있어서 최대最大의 축복祝福은 하나님의 사랑과 은총恩寵에 대하여 '진심眞心으로 믿고 받아들입니다'는 아멘의 신앙고백信仰告白입니다. 이 믿음은 천국天國과 지옥地獄의 갈림길에서 천국天國으로 인도引導하는 안내서案內書요 천국天國 입장권入場券입니다.

1. 저희가 여호와의 행사行事를 잊어버리고 그 가르치심을 지키지 아니하고, 광야曠野에서 욕심慾心을 크게 발發하여 사막沙漠에서 하나님을 시험試驗하였도다. 저희가 진陣에서 모세와 아론을 질투嫉妬하매 땅이 갈라져 다단을 삼키며 아비람 당黨을 덮었으매 불이 붙음이여 화염火焰이 악인惡人을 살랐도다. 저희가 금송아지를 만들어 우상숭배偶像崇拜하여 자기自己의 영광榮光을 풀먹는 소의 형상形像으로 바꾸었도다. 그러므로 여호와께서 저희를 멸滅하리라. 저희가 멸시蔑視하여 그 말씀을 믿지 아니하고 저희 장막帳幕에서 원망怨望하며 여호와의 말씀을 청종聽從치 아니하였도다. (시 106:13~25)

2. 저희가 여호와의 명命을 좇지 아니하며 열방列邦과 섞여서 그 행위行爲를 배우며 그 우상偶像들을 섬기므로 그것이 올무가 되었도다. 가나안 우상偶像에게 제사祭祀하므로 그 땅이 피에 더러웠도다. 저희는 그 행위行爲로 더러워지며 그 행동行動이 음탕淫蕩하도다. 저희를 열방列邦의 손에 붙이시매 저희를 치리治理하였도다. 저희가 원수怨讐들의 압박壓迫을 받고 복종服從케 되었도다. 여호와 우리 하나님이여 우리를 구원救援하사 주主의 성호聖號를 감사感謝하며 주主의 영예榮譽를 찬양讚揚하게 하소서. 여호와 하나님을 영원永遠부터 영원永遠까지 찬양讚揚할지어다 모든 백성百姓들아 아멘 할지어다 할렐루야. (시 106:34~48)

3. 나의 하나님이여 잠잠潛潛하지 마옵소서. 대저大抵 저희가 악惡한 입과 궤사詭詐한 입을 열어 나를 치며, 거짓된 혀로 내게 말하며 미워하는 말로 나를 두르고 무고無故히 나를 공격攻擊하나이다. 나는 사랑하나 저희는 도리어 나를 대적對敵하니 나는 기도祈禱할뿐이라. 저희가 악惡으로 나의 선善을 갚으며 미워함으로 나의 사랑을 갚았사오니, 저를 제어制馭하게 하시며 대적對敵으로 그 오른편에 서게 하소서. 판단判斷 받을 때에 죄罪를 지게 하시고 그 연수年壽를 단촉短促하게 하시며 그 직분職分을 타인他人이 취取하게 하소서. (시 109:1~8)

4. 저가 긍휼矜恤히 여길 일을 생각生覺지 아니하고 가난하고, 궁핍窮乏한 자와 마음이

상傷한 자를 핍박逼迫하여 죽이려 한 연고緣故니이다. 저가 저주詛呪하기를 좋아하더니 자기自己에게 임臨하고 축복祝福하기를 기뻐 아니하더니, 복福이 저를 멀리 떠났으며 저주詛呪하기를 옷 입듯 하더니, 저주詛呪가 물같이 그 내부內腑에 들어가며 기름같이 그 뼈에 들어갔나이다. 이는 대적對敵하여 악담惡談하는 자가 여호와께 받는 보응報應이니이다. (시 109:16~20)

5. 주主 여호와여 주主의 이름을 인因하여 나를 선대善待하시며, 주主의 인자仁慈하심의 선善을 인因하여 나를 건지소서. 나는 가난하고 궁핍窮乏하여 중심中心이 상傷함이니이다. 나의 가는 것은 석양夕陽 그림자 같고, 금식禁食함을 인因하여 무릎은 약弱하고 내 육체肉體는 수척瘦瘠하오며, 나는 저희의 훼방毁謗 거리가 되었나이다. 여호와 나의 하나님이여 나를 도우시며 주主의 인자仁慈하심을 좇아 나를 구원救援하소서. 주主는 내게 복福을 주소서. 저희는 수치羞恥를 당當하고 주主의 종은 즐거워하게 하소서. 내가 입으로 여호와께 크게 감사感謝하며 무리 중에서 찬송讚頌하리니, 저가 궁핍窮乏한 자의 우편右便에 서사 그 영혼靈魂을 판단判斷하려 하는 자에게서 구원救援하실 것임이로다. (시 109:21~31)

6. 여호와께서 말씀하시기를 네 원수怨讐로 네 발등상凳床이 되게 하기까지 너는 내 우편右便에 앉으라 하셨도다. 여호와께서 시온에서부터 주主의 권능權能의 홀笏을 보내주소서. 주主의 권능權能의 날에 주主의 백성百姓이 거룩한 옷을 입고 즐거이 헌신獻身하니, 새벽 이슬 같은 주主의 청년靑年들이 주主께 나오는도다. 여호와는 맹세盟誓하고 변變치 아니하시리라. 너는 멜기세덱의 반차班次를 좇아 영원永遠한 제사장祭司長이라 하셨도다. 주主의 우편右便에 계신 주主께서 그 노怒하시는 날에 열왕列王를 쳐서 파破하시고 열방列邦 중에 판단判斷하시리라. (시 110:1~6)

권능權能의 날에 거룩한 옷을 입고, 하나님께 온전한 헌신獻身을 하기 위해 새벽이슬 같은 주의 청년靑年들이 나오는 모습은 우리의 희망希望이요 꿈입니다. 새벽이슬은 영롱玲瓏한 아침 햇살을 받고 빛나는 새벽 들판을 함초롬히 적셔, 모든 식물植物들에게 새 생명生命을 약동躍動케 하는 은혜恩惠가 온 나라에 임臨하도록 기도祈禱합시다.

【 낭송 표시 : 1회 / 4회 / 목표 120회 】

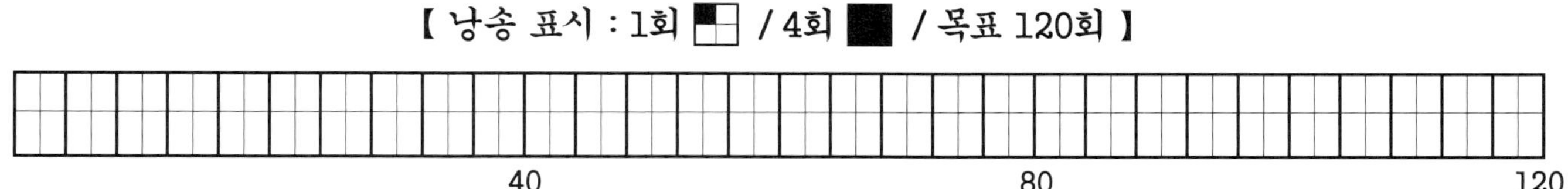

“주의 말씀은 내 발의 등이요 내 길에 빛이니이다”(시 119:105)

제 10 일

사모思慕하는 영혼靈魂을 만족滿足케 하소서

시편 107:9

'미련未練함과 범과犯過와 죄악罪惡의 연고緣故는 각종 식물食物을 싫어하게 되고 사망死亡의 문門에 가깝도다'(시 107:17~18). 오늘도 우리 주변周邊에 이와 같은 경험經驗을 하거나 이와 같은 상황狀況에 처해 있는 이들이 있습니다. 대부분 외롭고 고독孤獨하게 고통苦痛 가운데 몸부림 치고 있습니다. 그러나 여호와 하나님을 찾는 자, 그 뜻대로 살고 그 말씀에 순종順從하는 자에게는 '저가 사모思慕하는 영혼靈魂을 만족滿足케 하시며' '주린 영혼靈魂에게 좋은 것으로 채워 주심이로다'라고 했습니다. 받은 은총恩寵과 사랑을 감사感謝 찬송讚頌하는 삶을 살아가야 참으로 복福된 인생人生이 됩니다.

1. 내 영혼靈魂아 여호와를 송축頌祝하라. 여호와 나의 하나님이여 주主는 심甚히 광대廣大하시며 존귀尊貴와 권위權威를 입으셨나이다. 주主께서 옷을 입음같이 빛을 입으시며 하늘을 휘장揮帳같이 치시며, 물에 자기自己 누각樓閣의 들보를 얹으시며 구름으로 자기 수레를 삼으시고 바람날개로 다니시며, 바람으로 자기 사자使者를 삼으시며 화염火焰으로 자기 사역자使役者를 삼으시며, 땅의 기초基礎를 두사 영원永遠히 요동搖動치 않게 하셨나이다. 옷으로 덮음같이 땅을 바다로 덮으시매 물이 산들 위에 섰더니, 주께서 물의 경계境界를 정定하여 넘치지 못하게 하시며 다시 돌아와 땅을 덮지 못하게 하셨나이다. 여호와께서 샘으로 골짜기에서 솟아나게 하시고 산 사이에 흐르게 하사 들의 짐승에게 마시우니 해갈解渴하며, 공중空中의 새들이 깃들이며 나무 가지에서 소리를 발發하도다. 저가 그 누각樓閣에서 산에 물을 주시니 주의 행사行事가 땅에 풍족豊足하도다. (시 104:1~13)

2. 주께서 가축家畜을 위한 풀과 사람을 위한 채소菜蔬를 자라게 하시고, 땅에서 식물食物이 나게 하시고 사람의 마음을 기쁘게 하는 포도주葡萄酒와 사람의 얼굴을 윤택潤澤케 하는 기름과 몸을 힘 있게 하는 양식糧食을 주셨도다. 나무들이 우택雨澤에 흡족洽足함이여 그가 심으신 백향목柏香木이로다. 새들이 그 속에 깃들임이여 학鶴들이 잣나무에 집을 삼는도다. 높은 산들은 산양山羊을 위함이여 바위 틈은 너구리의 피난처避難處로다. 여호와께서 달로 절기節期를 정定하심이여 해의 운행運行함을 알도다. 주主께서 흑암黑暗을 지어 밤이 되게 하시니 삼림森林의 모든 짐승이 거기 거居하도다. 젊은 사자使者가 부르짖으며 식물食物을 구하고 해가 돋으면 그 굴혈掘穴에 눕고, 사람은 나와서 노동勞動하리니 저녁까지 수고受苦하도다. 여호와여 주의 하신 일이 어찌 그리 많은지요. 주께서 지혜智慧로 저희를 다 지으셨으니 주의 부요富饒가 땅에 가득하니이다. (시 104:14~24)

3. 저기 크고 넓은 바다가 있고 그 속에 대소大小 생물生物이 무수無數하니이다. 선척船隻이 거기 다니며 주의 지으신 악어鰐魚가 그 속에 노나이다. 이것들이 주께서 때를 따라 식물食物 주시기를 바라나이다. 주께서 주신즉 저희가 취하며 주께서 손을 펴신즉 좋은 것으로 만족滿足하리라. 주께서 낯을 숨기신즉 저희가 떨고 주께서 저희의 호흡呼吸을 취하신즉 죽어 본本 흙으로 돌아가나이다. 주의 영靈을 보내어 저희를 창조創造하사 지면地面을 새롭게 하시나이다. 여호와의 영광榮光이 영원永遠히 계속繼續할지며 여호와는 자기 행사行事로 인因하여 즐거워 하실지로다. 나의 평생平生에 여호와께 노래하며 나의

생존生存할 동안 내 하나님을 찬양讚揚하리로다. 나의 묵상默想을 가상嘉尙히 여기시기를 바라나니 나는 여호와를 인하여 즐거워하리이다. 죄인罪人을 땅에서 소멸消滅하시며 악인惡人을 다시 있지 못하게 하실지로다. 내 영혼靈魂아 여호와를 송축頌祝하라. (시 104:25~35)

4. 여호와께 감사感謝하며 그 이름을 불러 아뢰며 그 행사行事를 만민萬民 중에 알게 할지어다. 그 성호聖號를 자랑하라 여호와께 구求하는 자는 그 마음이 즐거울지로다. 여호와의 능력能力을 구求할지어다 그 얼굴을 항상恒常 구求할지어다. 천대千代에 명命하신 언약言約과 말씀을 기억記憶하라. 아브라함에게 하신 언약言約과 이삭에게 하신 맹세盟誓와 야곱에게 세우신 율례律例라. 이스라엘에게 하신 언약言約이니 내가 가나안 땅을 네게 주어 너희 기업基業의 지경地境이 되게 하리라. 이르시기를 나의 기름 부은 자와 나의 선지자先知者를 상傷하지 말라. (시 105:1~15)

5. 여호와께서 그 백성百姓을 크게 번성繁盛케 하사 그들의 대적對敵보다 강强하게 하셨으며, 그 종 모세와 아론을 보내시니 그 백성百姓에게 표징表徵과 기사奇事를 행行하였도다. 여호와께서 흑암黑暗을 보내사 어둡게 하시고 물이 변하여 피가 되게 하시고, 개구리 떼와 파리 떼가 덮이게 하였으며, 우박雨雹을 내리시며 황충蝗蟲과 메뚜기 떼가 모든 채소菜蔬와 열매를 먹었도다. 여호와께서 그 땅의 모든 장자長子를 치시고 그들이 은금銀金을 가지고 나오게 하시고 약弱한 자가 하나도 없었도다. 여호와께서 구름을 펴사 덮개를 삼으시고 밤에 불로 밝히셨으며, 메추라기로 오게 하시며 하늘 양식糧食으로 그들을 만족滿足케 하였도다. 반석磐石을 가르신즉 물이 흘러나서 마른 땅에 강 같이 흘렀으니, 이는 그 거룩한 말씀과 아브라함을 기억記憶하였음이로다. (시 105:24~42)

6. 할렐루야 여호와께 감사感謝하라 그는 선善하시며 그 인자仁慈하심이 영원永遠함이로다. 여호와여 주의 백성百姓에게 베푸시는 은혜恩惠로 나를 기억記憶하시며, 주의 구원救援으로 나를 권고眷顧하사 주의 택擇하신 자의 형통亨通함을 보고, 주主의 나라의 기업基業으로 즐거워하게 하시고, 주의 기업基業과 함께 자랑하게 하소서. 우리가 열조列祖와 함께 범죄犯罪하여 악惡을 지었나이다. 우리 열조列祖가 애굽에서 주께서 행한 기사奇事를 깨닫지 못하여 주의 인자仁慈를 기억記憶지 아니하고 홍해紅海에서 거역拒逆하였나이다. 여호와께서 자기 이름을 위하여 저희를 구원救援하였으니 그 큰 권능權能을 알게 하려 하심이로다. 홍해紅海를 꾸짖으시니 곧 마르고 저희를 인도引導하여 바다 지나기를 광야曠野를 지남같이 하사 원수怨讐의 손에서 구원救援하셨고, 저희 대적對敵을 물로 덮으매 하나도 남지 아니하였도다. 이에 저희가 그 광경光景을 보고 찬송讚頌을 불렀도다. (시 106:1~12)

"나의 선지자先知者를 상傷하지 말라"(시 105:15). 세상世上에서 가장 어리석고 미련한 자는 하나님의 종인 선지자先知者에게 고통苦痛을 주며 위해危害를 가하는 행동行動을 합니다. 다윗 왕이 성군聖君이 된 결정적決定的 이유理由는 여호와의 기름 부은 자를 해害치지 않은 데 있습니다.

【 낭송 표시 : 1회 ▙ / 4회 ■ / 목표 120회 】

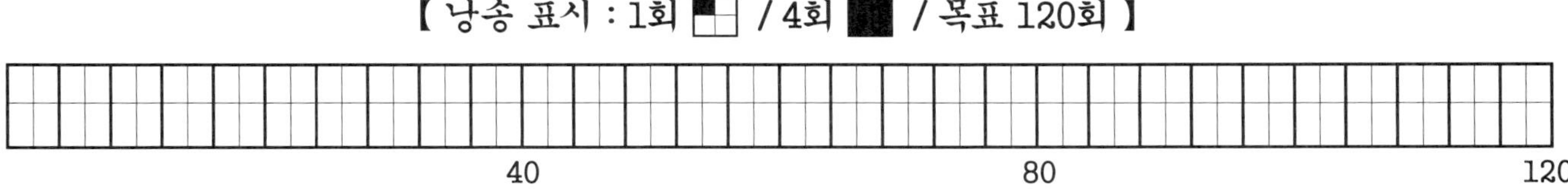

"주의 말씀은 내 발의 등이요 내 길에 빛이니이다"(시 119:105)

제 11 일

내가 새벽을 깨우리로다

시편 108:2

역사歷史를 주도主導하는 창조적創造的인 지도자指導者들은 모두 새벽 시간時間을 선용善用했습니다. 새벽은 여명黎明이 동트고 새 생명生命이 약동躍動하는 시간입니다. 지난날의 피곤疲困을 다 씻고 새 힘을 얻어 출발出發하는 시간時間입니다. 새벽 첫 시간, 첫 정성精誠, 첫 마음을 하나님께 드리고 위로부터 내려오는 지혜智慧와 총명聰明과 창조적創造的 아이디어를 얻어 새로운 일을 설계設計하고 추진追進합니다. 새벽은 은총恩寵을 받는 시간입니다. 우리 하나님은 새벽에 도와주시고 새벽에 드리는 기도祈禱를 응답應答해 주십니다.

1. 여호와께 감사感謝하라 그 선善하시며 인자仁慈하심이 영원永遠함이로다. 여호와께 구속救贖함을 받은 자는 이같이 말할지어다. 여호와께서 대적對敵의 손에서 저희를 구속救贖하사 동서남북東西南北 각 지방地方에서부터 모으셨도다. 저희가 사막沙漠 길에서 방황彷徨하며 거居할 성城을 찾지 못하고 주리고 목마름으로 그 영혼靈魂이 속에서 피곤疲困하였도다. 이에 저희가 그 근심 중에 여호와께 부르짖으매, 그 고통苦痛에서 건지시고 또 바른길로 인도引導하사 거居할 성城에 이르게 하셨도다. 여호와의 인자仁慈하심과 인생人生에게 행行하신 기이奇異한 일을 인因하여 그를 찬송讚頌할지로다. 저가 사모思慕하는 영혼靈魂을 만족滿足케 하시며 주린 영혼靈魂에게 좋은 것으로 채워 주심이로다. (시 107:1~9)

2. 사람이 흑암黑暗과 사망死亡의 그늘에 앉으며 곤고困苦와 쇠사슬에 매임은, 하나님의 말씀을 거역拒逆하며 지존자至尊者 하나님의 뜻을 멸시蔑視함이라. 그러므로 수고受苦하고 낮아지고 엎드러져도 돕는 자가 없도다. 이에 저희가 그 근심 중에 여호와께 부르짖으매, 그 고통苦痛에서 구원救援하시되 흑암黑暗과 사망死亡의 그늘에서 인도引導하여 내시고 그 얽은 줄을 끊으셨도다. 여호와의 인자仁慈하심과 인생人生에서 행行하신 기이奇異한 일을 인하여 그를 찬송讚頌할지로다. 저가 놋문을 깨뜨리시며 쇠빗장을 꺾으셨음이로다. (시 107:10~16)

3. 저희가 그 근심 중에서 여호와께 부르짖으매 그 고통苦痛에서 구원救援하시되, 저가 그 말씀을 보내어 저희를 고치사 위경危境에서 건지시는도다. 여호와의 인자仁慈하심과 인생人生에게 행行하신 기이奇異한 일을 인因하여 그를 찬송讚頌할지로다. 감사제感謝祭를 드리며 노래하여 그 행사行事가 그 기사奇事를 바다에서 보나니, 여호와께서 명命하신즉 광풍狂風이 일어나서 바다 물결을 일으키는도다. (시 107:19~25)

4. 저희가 그 근심 중에서 여호와께 부르짖으매, 그 고통苦痛에서 인도引導하여 내시고 광풍狂風을 평정平靜하사 물결로 잔잔潺潺케 하시는도다. 저희가 평온平穩함을 인因하여 기뻐하는 중에 여호와께서 저희를 소원所願의 항구港口에 인도引導하시는도다. 여호와의 인자仁慈하심과 인생人生에게 행行하신 기이奇異한 일을 인因하여 그를 찬송讚頌할지로다. 백성百姓의 회會에서 저를 높이고 장로長老들의 자리에서 저를 찬송讚頌할지로다. (시 107:28~32)

5. 여호와께서는 강江을 변變하여 광야曠野가 되게 하시며 샘으로 마른 땅이 되게 하시며, 그 거민居民의 악惡을 인因하여 옥토沃土로 염鹽밭이 되게 하시며, 광야曠野를 변變하여 못이 되게 하시며 마른 땅으로 샘물이 되게 하시고, 주린 자로 거기 거居하게 하사 저희로 거居할 성城을 예비豫備케 하시고 밭에 파종播種하며 포도원葡萄園을 재배栽培하여 소산所産을 취取케 하시며, 또 복福을 주사 저희로 크게 번성繁盛케 하시고, 그 가축家畜이 감소減少치 않게 하시고 궁핍窮乏한 자는 곤란困難에서 높이 드시고, 그 가족家族을 양무리 같게 하시나니 정직正直한 자는 보고 기뻐하며 모든 악인惡人은 자기 입을 봉封하리로다. 지혜智慧 있는 자들은 이 일에 주의注意하고 여호와의 인자仁慈하심을 깨달으리로다. (시 107:33~43)

6. 하나님이여 내 마음을 정定하였사오니 내가 노래하며 내 심령心靈으로 찬양讚揚하리로다. 비파琵琶야 수금竪琴아 깰지어다 내가 새벽을 깨우리로다. 여호와여 내가 열방列邦 중에서 주主께 감사感謝하고 열방列邦 중에서 주主를 찬양讚揚하오리니, 대저大抵 주主의 인자仁慈하심이 하늘 위에 광대廣大하시며 주主의 진실眞實은 궁창穹蒼에 미치나이다. 하나님이여 주主는 하늘 위에 높이 들리시며 주主의 영광榮光이 온 세계世界 위에 높이 들리시기를 원願하나이다. 주의 사랑하는 자를 건지시기 위하여 우리에게 응답應答하사 오른손으로 구원救援하소서. 하나님이 그 거룩하심으로 말씀하시되 내가 뛰놀리라. 하나님이여 주主께서 우리와 함께 하소서 우리 군대軍隊와 함께 하소서 우리를 도와 대적對敵을 치게 하소서. 사람의 구원救援은 헛됨이니라. 우리가 하나님을 의지依支하고 용감勇敢히 행行하리니 대적對敵을 밟아 이기게 하소서. (시 108:1~13)

"내가 새벽을 깨우리로다." 새벽을 깨워 창조적創造的 아이디어를 공급供給받아, 역사歷史와 사회社會를 주도主導하는 능력能力있는 지도자指導者들을 배출倍出하는 우리 교회敎會와 우리 가정家庭이 되기를 축복祝福합니다.

【 낭송 표시 : 1회 ◰ / 4회 ■ / 목표 120회 】

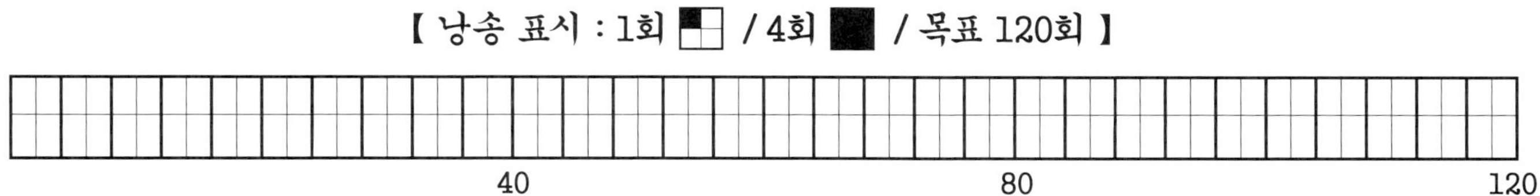

"주의 말씀은 내 발의 등이요 내 길에 빛이니이다"(시 119:105)

제 12 일

자녀子女의 즐거운 어미가 되라

시편 113:9

오래전 우리나라의 불임 여성不妊女性들은 칠거지악七去之惡으로 속박束縛 당해 왔습니다. 성경에 많은 불임 여성不妊女性들이 성령聖靈의 은혜恩惠로 자녀子女를 생산生産하여 큰 기쁨과 축복祝福을 받게 되었습니다. 아브라함의 아내 사라, 사무엘의 어머니 한나, 삼손의 어머니, 세례 요한의 어머니 엘리사벳, 모두 하나님의 은혜恩惠로 귀貴한 아들을 얻었습니다.

1. 할렐루야 내가 정직正直한 자의 회會와 공회公會 중에서 전심全心으로 여호와께 감사感謝하리로다. 여호와의 행사行事가 크시니 이로 즐거워하는 자가 다 연구硏究하는도다. 그 행사行事가 존귀尊貴하고 엄위嚴威하며 그 의義가 영원永遠히 있도다. 그 기이奇異한 일을 사랑으로 기억記憶케 하였으니 여호와는 은혜恩惠로우시고 자비慈悲하시도다. 여호와께서 자기自己를 경외敬畏하는 자에게 양식糧食을 주시며 그 언약言約을 영원永遠히 기억記憶하시리로다. (시 111:1~5)

2. 자기 백성百姓에게 열방列邦을 기업基業으로 주사 그 행사行事의 능能을 저희에게 보이셨도다. 그 손의 행사行事는 진실眞實과 공의公義며, 그 법도法度는 다 확실確實하니, 영원무궁永遠無窮히 정定하신 바요 진실眞實과 정의正義로 행行하신 바로다. 여호와께서 그 백성百姓에게 구속救贖을 베푸시고, 그 언약言約을 영원永遠히 세우셨으니, 그 이름이 거룩하고 지존至尊하시도다. 여호와를 경외敬畏함이 지혜智慧의 근본根本이라, 그 계명誡命을 지키는 자는 좋은 지각知覺이 있나니, 여호와를 찬송讚頌함이 영원永遠히 있으리로다. (시 111:6~10)

3. 할렐루야 여호와를 경외敬畏하며 그 계명誡命을 크게 즐거워하는 자는 복福이 있도다. 그 후손後孫이 땅에서 강성强盛함이여 정직자正直者의 후대後代가 복福이 있으리로다. 부요富饒와 재물財物이 그 집에 있음이여 그 의義가 영원永遠히 있으리로다. 정직正直한 자에게는 흑암黑暗 중에 빛이 일어나나니, 그는 어질고 자비慈悲하고 의義로운 자로다. 은혜恩惠를 베풀며 꾸이는 자는 잘되나 그 일은 공의公義로 하리로다. 저가 영영永永히 요동搖動치 아니함이여 의인義人은 영원永遠히 기념記念하게 되리로다. 그는 흉凶한 소식消息을 두려워 아니함이여 여호와를 의뢰依賴하고 그 마음을 굳게 정定하였도다. 그 마음이 견고堅固하여 두려워 아니할 것이라. 저가 재물財物을 흩어 빈궁貧窮한 자에게 주었으니 그 의義가 영원永遠히 있고 그 뿔이 영화榮華로이 들리리로다. 악인惡人은 한恨하여 소멸消滅하리니 악인惡人의 소욕所欲은 멸망滅亡하리로다. (시 112:1~10)

4. 할렐루야 여호와의 종들아 찬양讚揚하라, 여호와의 이름을 찬양讚揚하라, 이제부터 영원永遠까지 여호와의 이름을 찬양讚揚할지로다. 해 돋는 데서부터 해 지는 데까지 여호와의 이름이 찬양讚揚을 받으시리로다. 여호와는 모든 나라 위에 높으시며 그 영광榮光은 하늘 위에 높으시도다. 여호와 우리 하나님과 같은 자 누구리요 높은 위에 앉으셨으나 스스로 낮추사 천지天地를 살피시고, 가난한 자를 진토塵土에서 일으키시며, 궁핍窮乏한 자를 거름 무더기에서 드셔서 방백方伯들과 함께 세우시며, 또 잉태孕胎하지 못하던 여자女子로 집에 거居하게 하사, 자녀子女의 즐거운 어미가 되게 하시도다 할렐루야. (시 113:1~9)

5. 여호와께서 내 음성音聲과 내 간구懇求를 들으시므로 내가 저를 사랑하는도다. 그 귀를 내게 기울이셨으므로 내가 평생平生에 기도祈禱하리로다. 사망死亡의 줄이 나를 누르고 음부陰府의 고통苦痛이 내게 미치므로 내가 환난患難과 슬픔을 만났을 때에 내가 여호와의 이름으로 주主께 구求하오니 내 영혼靈魂을 건지소서. 여호와는 은혜恩惠로우시며 의義로우시며 자비慈悲하시도다. 어리석은 자를 보존保存하시나니 낮게 될 때에 구원救援하셨도다. (시 116:1~6)

6. 내 영혼靈魂아 평안平安함에 들어갈지어다. 여호와께서 너를 후대厚待 하심이로다. 주主께서 내 영혼靈魂을 사망死亡에서 내 눈을 눈물에서 내 발을 넘어짐에서 건지셨나이다. 내가 생존 세계生存世界에서 여호와 앞에 행行하리이다. 여호와께서 내게 주신 모든 은혜恩惠를 무엇으로 보답報答할꼬, 내가 구원救援의 잔을 들고 여호와 앞에서 나와서, 서원誓願을 여호와께 갚으리이다. 내가 주主께 감사제感謝祭를 드리고 여호와의 이름을 부르리이다. (시 116:7~17)

'이제부터 영원永遠까지' '해 돋는 데서 해 지는 데까지' 하나님의 이름을 감사찬송感謝讚頌 하는 자에게는 '진토塵土에서 일으켜 방백으로 세우시고' '잉태孕胎 못 하는 여인女人을 자녀子女의 즐거운 어미가 되게' 하십니다. 이제부터 영원永遠까지–해 돋는 데서부터 해 지는 데까지 주의 이름을 찬양讚揚하는 성도聖徒와 그 가정家庭이 되시기 바랍니다.

【 낭송 표시 : 1회 ◪ / 4회 ■ / 목표 120회 】

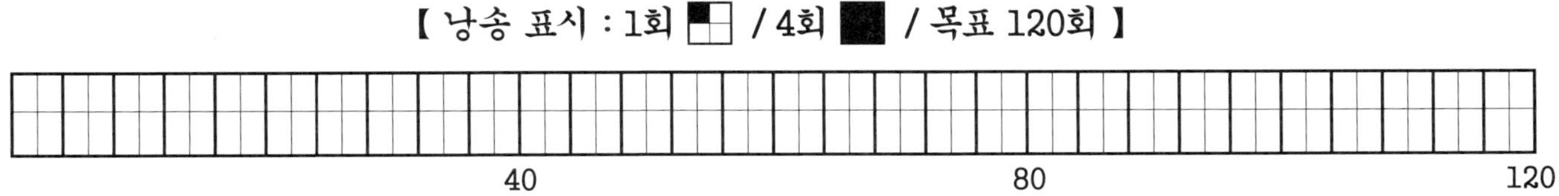

"주의 말씀은 내 발의 등이요 내 길에 빛이니이다"(시 119:105)

제 13 일

버린 돌이 머릿돌이 되었나이다

시편 118:22

건축자建築者의 버린 돌. 이 세상世上 살면서 억울抑鬱함을 당하거나 배척排斥을 받거나 무고誣告를 당하거나 버림받음을 당하는 경우가 있습니다. 그러나 결코 낙심落心하거나 자포자기自暴自棄해서는 안 됩니다. 때가 이르면 집 모퉁이의 머릿돌이 될 수 있는 것입니다. 버림받고 죽임당할 뻔한 요셉이 구사일생九死一生되어 애굽의 총리대신總理大臣으로 취임就任하여 열방列邦을 7년 재난災難에서 구求하며 머릿돌처럼 요긴하게 쓰임 받게 됩니다. 예수님은 지배 계층支配階層 인사人士들에게 버림을 받았지만 인류人類를 구원救援하는 구원救援의 머릿돌이 되셨습니다.

1. 모든 나라들아 여호와를 찬양讚揚하며 모든 백성百姓들아 여호와를 찬송讚頌할지어다. 우리에게 향向하신 여호와의 인자仁慈하심이 크고 진실眞實하심이 영원永遠함이로다. 할렐루야. 여호와께 감사感謝하라 저는 선善하시며 그 인자仁慈하심이 영원永遠함이로다. 여호와는 내 편便이시라 내게 두려움이 없나니 사람이 내게 어찌할꼬, 여호와께서 내 편便이 되사, 나를 돕는 자 중에 계시니 나를 미워하는 자에게 보응報應하시는 것을 내가 보리라. (시 117:1~118:7)

2. 여호와께 피避함이 사람을 신뢰信賴하는 것보다 나으며 여호와께 피避함이 방백方伯들을 신뢰信賴함보다 낫도다. 열방列邦이 나를 에워쌌으니 내가 여호와의 이름으로 저희를 끊으리로다. 저희가 벌 같이 나를 에워쌌으나 가시덤불의 불같이 소멸燒滅되었나니, 내가 여호와의 이름으로 저희를 끊으리로다. 나를 밀쳐 넘어뜨리려 하였으나 여호와께서 나를 도우셨도다. 여호와는 나의 능력能力과 찬송讚頌이시오 나의 구원救援이 되셨도다. (시 118:8~14)

3. 의인義人의 장막帳幕에 기쁜 소리와 구원救援의 소리가 있음이여, 여호와의 오른손이 권능權能을 베푸시며 여호와의 오른손이 높이 들렸으며 여호와의 오른손이 권능權能을 베푸시도다. 내가 죽지 않고 살아서 여호와의 행사行事를 선포宣布하리로다. 내게 의義의 문門을 열지어다. 내가 들어가서 여호와께 감사感謝하리로다. 여호와는 문이라 의인義人이 그리로 들어가리로다. 주主께서 내게 응답應答하시고 나의 구원救援이 되셨으니, 내가 주께 감사感謝하리이다. 건축자建築者의 버린 돌이 집 모퉁이의 머릿돌이 되었나니, 이는 여호와의 행行하신 일이요 우리 눈에 기이奇異한 바로다. 이 날은 여호와의 정하신 것이라. 이 날에 우리가 즐거워하고 기뻐하리로다. 여호와여 구求하옵나니 이제 구원救援하소서 여호와여 우리가 구求하옵나니 이제 형통亨通케 하소서. 여호와의 이름으로 오시는 자가 복福이 있음이여 우리가 여호와의 집에서 너희를 축복祝福하였도다. 주主는 나의 하나님이시라 내가 주께 감사感謝하리이다. 주는 나의 하나님이시라 내가 주를 높이리라. 여호와께 감사感謝하라 그는 선善하시며 그 인자仁慈하심이 영원永遠함이로다. (시 118:15~29)

4. 이스라엘이 애굽에서 나오며 야곱의 집이 나올 때에 유다는 여호와의 성소聖所가 되고 이스라엘은 그의 영토領土가 되었도다. 바다는 도망逃亡하며 요단 강은 물러갔으며 산들은 숫양같이 뛰놀며 요단은 물러갔도다. 너희 산들아 숫양같이 뛰놀며 작은 산들아 어린양 같이 뛰놂은 어찜인고, 땅이여 너는 주 앞 곧 야곱의 하나님 앞에 떨지어다. 저가 반석磐石을 변變하여 못이 되게 하시며 차돌로 샘물이 되게 하셨도다. (시 114:1~8)

5. 여호와여 영광榮光을 우리에게 돌리지 마옵소서. 오직 주의 인자仁慈하심과 진실眞實하심을 인因하여 주의 이름에 돌리소서. 오직 우리 하나님은 하늘에 계셔서 원願하시는 모든 것을 행行하였나이다. 저희 우상偶像은 은銀과 금金이요 사람의 수공물手工物이라. 입이 있어도 말하지 못하며, 눈이 있어도 보지 못하며, 귀가 있어도 듣지 못하며, 코가 있어도 맡지 못하며 손이 있어도 만지지 못하며, 발이 있어도 걷지 못하며, 목구멍으로 소리도 못하느니라. 우상偶像을 만드는 자와 그것을 의지依支하는 자가 다 그와 같으리로다. 이스라엘아 여호와를 의지依支하라 그는 너의 도움이시오 너희 방패防牌시로다. 여호와께서 우리를 생각生覺하사 복福을 주시되, 이스라엘 집에도 복福을 주시고 아론의 집에도 복福을 주시며, 대소무론大小無論하고 여호와를 경외敬畏하는 자에게 복福을 주시리로다. 여호와께서 너희 자녀子女와 자손子孫을 더욱 번창繁昌케 하시기를 원願하노라. 너희는 천지天地를 지으신 여호와께 복福 받는 자로다. 우리는 이제부터 영원永遠까지 여호와를 송축頌祝하리로다 할렐루야. (시 115:1~18)

6. 행위行爲가 완전完全하여 여호와의 법法에 준행遵行하는 자가 복福이 있음이여, 여호와의 증거證據를 지키고 전심全心으로 여호와를 구求하는 자가 복福이 있도다. 실實로 저희는 불의不義를 행치 아니하고 주主의 도道를 행하는도다. 주께서 주의 법도法度로 명命하사 우리로 근실勤實히 지키게 하셨나이다. 내 길을 굳게 정定하사 주의 율례律例를 지키게 하소서. 내가 주의 모든 계명誡命에 주의注意할 때에는 부끄럽지 아니하리이다. 내가 주의 의義로운 판단判斷을 배울 때에는 정직正直한 마음으로 주께 감사感謝하리이다. 내가 주의 율례律例를 지키오리니 나를 버리지 마옵소서. 청년靑年이 무엇으로 그 행실行實을 깨끗케 하리이까 주의 말씀을 따라 삼갈 것이니이다. 내가 전심全心으로 주를 찾았사오니 주의 계명誡命에서 떠나지 말게 하소서. 내가 주께 범죄犯罪치 아니하려 하여 주의 말씀을 내 마음에 두었나이다. (시 119:1~11)

주의 말씀 따라 사는 길이 복福된 인생人生길입니다. 영원永遠히 찬양讚揚하며 사는 것이 영원永遠한 행복幸福입니다. 우상숭배偶像崇拜는 우상偶像과 같은 움직일 수도 없고 말할 수도 없는 무력無力한 존재存在가 되는 것입니다.

【 낭송 표시 : 1회 ▚ / 4회 ■ / 목표 120회 】

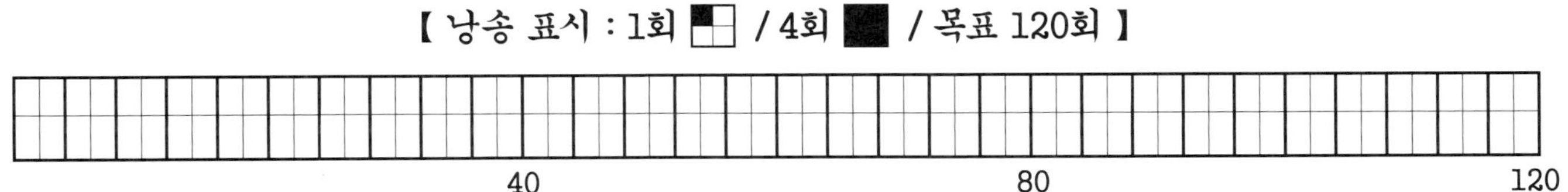

"주의 말씀은 내 발의 등이요 내 길에 빛이니이다"(시 119:105)

제 14 일

주의 율례律例의 도道를 내가 끝까지 지키리이다

시편 119:33

"끝까지 지키리이다." 시종여일始終如一한 것은 참으로 중요重要합니다. 여기에 위대偉大함이 있습니다. 성공成功이 있습니다. 주의 말씀을 끝까지 지키는 자가 복福이 있습니다.

1. 찬송讚頌 받으실 여호와여 주의 율례律例를 가르치소서. 내가 주主의 도道를 묵상默想하며 주의 율례律例를 즐거워하며 주의 말씀을 잊지 아니하리이다. 주의 종을 후대厚待하여 살게 하소서 그리하시면 주의 말씀을 지키리이다. 내 눈을 열어주소서 주의 법法의 기이奇異한 것을 보게 하소서. 주의 규례規例를 항상恒常 사모思慕함으로 내 마음이 상傷하나이다. 주의 증거證據는 나의 즐거움이요 나의 모사謀士니이다. 내 영혼靈魂이 진토塵土에 붙었사오니 주의 말씀대로 나를 소성蘇醒케 하소서. 주의 법도法度의 길을 깨닫게 하소서. 내가 주의 기사奇事를 묵상默想하리이다. 여호와여 주의 율례律例의 도道를 가르치소서 내가 끝까지 지키리이다. (시 119:12~33)

2. 나로 깨닫게 하소서 내가 주의 법法을 준행遵行하며 전심全心으로 지키리이다. 내 마음을 주의 증거證據로 향向하게 하시고 탐욕貪慾으로 향向치 말게 하소서. 내 눈을 돌이켜 허탄虛誕한 것을 보지 말게 하시고 주主의 도道로 나를 소성蘇醒케 하소서. 주를 경외敬畏케 하는 주의 말씀을 주의 종에게 세우소서. 내가 주의 법도法度를 사모思慕하였사오니 주의 의義로 나를 소성蘇醒케 하소서. (시 119:34~40)

3. 여호와여 주의 말씀대로 주의 인자仁慈하심과 주의 구원救援을 내게 임臨하게 하소서. 내가 주의 율법律法을 항상恒常 지키리이다. 그리고 영원永遠히 지키리이다. 나의 사랑하는 바 주의 계명誡命을 즐거워하며 나의 사랑하는 바 주의 율례律例를 묵상默想하나이다. 주의 말씀은 곤란困難 중에 위로慰勞가 되시며 주의 말씀이 나를 살리셨음이니다. (시 119:41~50)

4. 여호와는 나의 분깃이시니 나는 주의 말씀을 지키리라 하였나이다. 내가 전심全心으로 주의 은혜恩惠를 구求하였사오니 주의 말씀대로 나를 긍휼矜恤히 여기소서. 내가 내 행위行爲를 생각生覺하고 주의 증거證據로 내 발을 돌이켰사오며, 주의 계명誡命을 지키기에 신속迅速히 하고 지체遲滯치 아니하였나이다. 악인惡人의 줄이 내게 두루 얽혔을지라도 나는 주의 법法을 잊지 아니하였나이다. (시 119:57~61)

5. 내가 주의 의義로운 규례規例로 인因하여 밤중에 일어나 주께 감사感謝하리이다. 여호와여 주의 인자仁慈하심이 땅에 충만充滿하였사오니 주의 율례律例로 나를 가르치소서. 여호와여 주의 말씀대로 주의 종을 선대善待하셨나이다. 내가 주의 계명誡命을 믿었사오니 명철明哲과 지식知識을 내게 가르치소서. 고난苦難 당當하기 전에는 내가 그릇 행하였더니 이제는 주의 말씀을 지키나이다. (시 119:62~67)

6. 주의 입의 법法이 내게는 천천금은千千金銀보다 승勝하니이다. 주의 손이 나를 만들고 세우셨사오니 나로 깨닫게 하사 주의 계명誡命을 배우게 하소서. 구求하오니 주의 종에게 하신 말씀대로 주의 인자仁慈하심이 나의 위안慰安이 되게 하시며, 주의 긍휼矜恤하심이 나로 살게 하시고, 주의 법法은 나의 즐거움이니이다. 나의 영혼靈魂이 주의 구원救援을 사모思慕하다가 피곤疲困하오니 나는 오히려 주의 말씀을 바라나이다. (시 119:72~81)

'여호와여 구求하옵나니 이제 구원救援하소서 형통亨通케 하소서. 여호와의 이름으로 복福 받게 하소서. 여호와의 집에서 축복祝福받게 하소서 버림받은 돌같이 쓸모없어 버림받은 죄인罪人들을 가장 요긴要緊하게 쓰임 받는 머릿돌이 되게 하여 주소서. 여호와의 이름으로 오는 자가 복福이 있음이여 우리가 여호와의 집에서 너희를 축복祝福하였도다.' 여호와의 이름으로, 여호와의 집에서 복福 있는 인생人生이 되시기 바랍니다.

【 낭송 표시 : 1회 ▚ / 4회 ■ / 목표 120회 】

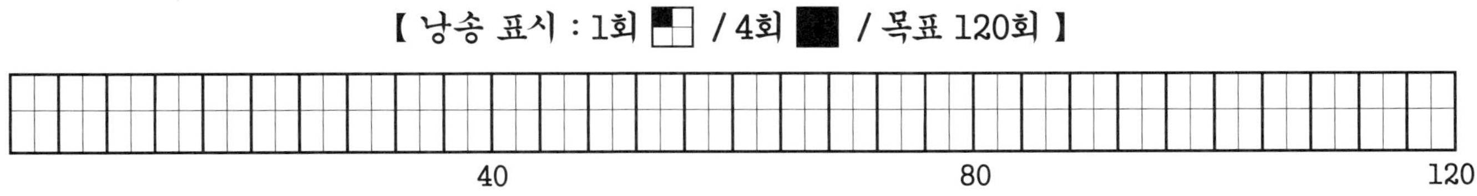

"주의 말씀은 내 발의 등이요 내 길에 빛이니이다"(시 119:105)

제 15 일

내 발의 등燈이요 내 길에 빛光이니이다

시편 119:105

대양大洋을 항해航海하는 배는 정확正確한 해도海圖가 있어야 합니다. 우리 인생 항해人生航海에 꼭 필요必要한 항해도航海圖는 주님의 말씀 곧 신구약성경新舊約聖經입니다. "주의 말씀은 내 발에 등燈이요 내 길에 빛이니이다." 인생人生의 등불과 천국天國 가는 정확正確한 항해도航海圖를 소유所有하여 모두 천국天國에 안착安着할 수 있기를 바랍니다.

1. 내가 주主의 법法을 어찌 그리 사랑하는지요 내가 종일終日 묵상黙想하나이다. 주의 계명誡命이 항상恒常 나와 함께 함으로 나로 지혜智慧롭게 하나이다. 내가 주의 증거證據를 묵상黙想하므로 나의 명철明哲함이 나의 모든 스승보다 승勝하며 주의 법도法度를 지키므로 나의 명철明哲함이 노인老人보다 승勝하니이다. 내가 주의 말씀을 지키려고 발發을 금禁하여 모든 악惡한 길로 가지 아니하였사오며, 주께서 나를 가르치셨으므로 내가 주의 규례規例를 떠나지 아니하였나이다. (시 119:97~102)

2. 주의 말씀의 맛이 내게 어찌 그리 단지요 내 입에 꿀보다 더하니이다. 주의 법도法度를 인因하여 내가 명철明哲케 되었으므로 모든 거짓 행위行爲를 미워하나이다. 주의 말씀은 내 발의 등燈이요 내 길에 빛이니이다. 주의 의義로운 규례規例를 지키기로 맹세盟誓하고 굳게 정定하였나이다. 여호와여 주의 말씀대로 나를 소성蘇醒케 하소서. (시 119:103~107)

3. 여호와여 내가 전심全心으로 부르짖었사오니 내게 응답應答하소서 내가 주의 율례律例를 지키리이다. 내가 주께 부르짖었사오니 나를 구원救援하소서 내가 주의 증거證據를 지키리이다. 내가 새벽 전에 부르짖으며 주의 말씀을 바랐사오며, 주의 말씀을 묵상黙想하려고 내 눈이 야경夜更이 깊기 전에 깨었나이다. 주의 인자仁慈하심을 따라 내 소리를 들으소서. 여호와여 주의 규례規例를 따라 나를 살리소서. 여호와여 주의 긍휼矜恤이 크오니 주의 규례規例를 따라 나를 소성蘇醒케 하소서. 주의 말씀의 강령綱領은 진리眞理오니 주의 의義로운 모든 규례規例가 영원永遠하리이다. 주의 의義로운 규례規例를 인因하여 하루 일곱 번씩 주를 찬양讚揚하나이다. 주의 법法을 사랑하는 자에게는 큰 평안平安이 있으니 저희에게 장애물障碍物이 없으리이다. (시 119:145~165)

4. 내가 환난患難 중에 여호와께 부르짖었더니 내게 응답應答하였도다. 여호와여 거짓된

입술과 궤사詭詐한 혀에서 내 생명生命을 건지소서. 너 궤사詭詐한 혀여 무엇을 주며 무엇을 더할꼬 장사壯士의 날카로운 살과 로뎀나무 숯불이로다. (시 120:1~4)

5. 내가 산을 향向하여 눈을 들리라 나의 도움이 어디서 올꼬 나의 도움이 천지天地를 지으신 여호와에게서로다. 여호와께서 너로 실족失足지 않게 하시며 너를 지키시는 자가 졸지 아니하시리로다. 이스라엘을 지키시는 자는 졸지도 아니하시고 주무시지도 아니하시리로다. 여호와는 너를 지키시는 자라, 여호와께서 네 우편右便에서 네 그늘이 되시나니 낮의 해가 너를 상傷치 아니하며, 밤의 달도 너를 해치 아니하리로다. 여호와께서 너를 지켜 모든 환난患難을 면免케 하시며 또 네 영혼靈魂을 지키시리로다. 여호와께서 너의 출입出入을 지금只今부터 영원永遠까지 지키시리로다. (시 121:1~8)

6. 여호와의 집에 올라가자 할 때에 내가 기뻐하였도다. 예루살렘아 우리 발이 네 성문成門 안에 섰도다. 예루살렘아 너는 조밀稠密한 성읍城邑과 같이 건설建設되었도다. 여호와의 지파支派들이 여호와의 이름에 감사感謝하려고 이스라엘의 전례傳例대로 그리로 올라가는도다. 거기 판단判斷의 보좌寶座를 두셨으니 곧 다윗의 보좌寶座로다. 예루살렘을 사랑하는 자는 형통亨通하리로다, 네 성城 안에는 평강平康이 있고, 네 궁중宮中에는 형통亨通이 있을지어다. 내 형제兄弟와 붕우朋友를 위하여 이제 말하리니, 네 가운데 평강平康이 있을지어다. 여호와 우리 하나님의 집을 위하여 내가 네 복福을 구求하리로다. (시 122:1~9)

하나님께 예배禮拜하는 제단祭壇이 있는 곳에는 하나님께서 임재臨在하시고 영광榮光이 나타납니다. 그곳에 평강平康과 형통亨通함이 충만充滿한 은혜恩惠로 임臨하십니다.

【 낭송 표시 : 1회 ◪ / 4회 ■ / 목표 120회 】

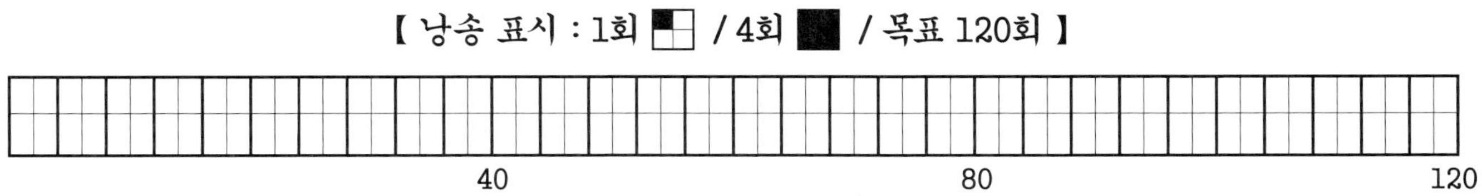

“주의 말씀은 내 발의 등이요 내 길에 빛이니이다”(시 119:105)

제 16 일

기쁨으로 거두리로다

시편 126:5

'눈물을 흘리며 씨를 뿌리는 자'는 세상世上살이에 너무나 힘들고 어려운 삶을 살아가는 이들을 총칭總稱하고 있습니다. 낙심落心하지 말고 열熱과 정성精誠을 다하면 반드시 좋은 결과結果를 가져오게 한다는 약속의 말씀입니다.

1. 여호와를 찬송讚頌할지로다. 우리 혼魂이 새가 사냥꾼의 올무에서 벗어나감같이 되었나니 올무가 끊어지므로 우리가 벗어났도다. 우리의 도움은 천지天地를 지으신 여호와 이름에 있도다. (시 124:6~8)

2. 여호와를 의뢰依賴하는 자는 시온 산이 요동搖動치 아니하고 영원永遠히 있음 같도다. 산들이 예루살렘을 두름과 같이 여호와께서 그 백성百姓을 지금只今부터 영원永遠까지 두르시리로다. 악인惡人의 권세權勢가 의인義人의 업業에 미치지 못하리니, 이는 의인義人으로 죄악罪惡에 손을 대지 않게 함이로다. 여호와여 선인善人에게와 마음이 정직正直한 자에게 선善을 행行하소서. 이스라엘에게는 평강平康이 있을지어다. (시 125:1~5)

3. 여호와께서 시온의 포로捕虜를 돌리실 때에 우리가 꿈꾸는 것 같았도다. 그때에 우리 입에는 웃음이 가득하고 우리 혀에는 찬양讚揚이 찼었도다. 열방列邦 중에서 말하기를 여호와께서 저희를 위하여 대사大事를 행하였으니 우리는 기쁘도다. 여호와여 우리의 포로捕虜를 남방南方 시내들같이 돌리소서. 눈물을 흘리며 씨를 뿌리는 자는 기쁨으로 거두리로다. 울며 씨를 뿌리러 나가는 자는 정녕丁寧 기쁨으로 그 단壇을 가지고 돌아오리다. (시 126:1~6)

4. 여호와께서 집을 세우지 아니하시면 세우는 자의 수고受苦가 헛되며 여호와께서 성城을 지키지 아니하시면 파수把守꾼의 경성警醒함이 허사로다. 너희가 일찍이 일어나고

늦게 누우며 수고受苦의 떡을 먹음이 헛되도다. 그러므로 여호와께서 그 사랑하시는 자에게 잠을 주시는도다. 자식子息은 여호와의 주신 기업基業이요 태胎의 열매는 그의 상급賞給이로다. 젊은 자의 자식子息은 장사壯士의 수중手中의 화살 같으니, 이것이 그 전통傳統에 가득한 자는 복福되도다. 저희가 성문城門에서 그 원수怨讐와 말할 때에 수치羞恥를 당當치 아니하리로다. (시 127:1~5)

5. 여호와를 경외敬畏하며 그 도道에 행行하는 자는 복福이 있도다. 네가 네 손이 수고受苦한 대로 먹을 것이라 네가 복福되고 형통亨通하리로다. 네 집 내실內實에 있는 네 아내는 결실結實한 포도葡萄나무 같으며 네 상床에 둘린 자식子息은 어린 감람橄欖나무 같으리로다. 여호와를 경외敬畏하는 자는 이같이 복福을 얻으리로다. 여호와께서 시온에서 네게 복福을 주실지어다. 너는 평생平生에 예루살렘의 복福을 보며 네 자식子息의 자식子息을 볼지어다 이스라엘에게 평강平康이 있을지로다. (시 128:1~6)

6. 형제兄弟가 연합聯合하여 동거同居함이 어찌 그리 선善하고 아름다운고, 머리에 있는 보배로운 기름이 수염 곧 아론의 수염에 흘러서 그 옷깃까지 내림 같고, 헬몬의 이슬이 시온의 산들에 내림 같도다. 여호와께서 복福을 명命하셨나니 곧 영생永生이로다. (시 133:1~3)

인생人生길에 말씀의 등燈과 진리의 빛을 따라가면 평안平安을 얻게 됩니다. 형통亨通함을 주십니다. 정녕 기쁨으로 결실結實의 단壇을 거둡니다. 수고愁苦한 보람을 얻게 됩니다. 여호와의 주신 기업基業이 됩니다. 포도 열매를 맺으며 향기香氣를 발發하고 감람나무의 건강健康을 얻습니다. 예루살렘의 복福을 받고 이스라엘의 평강平康을 누리게 됩니다.

【 낭송 표시 : 1회 ▘ / 4회 ■ / 목표 120회 】

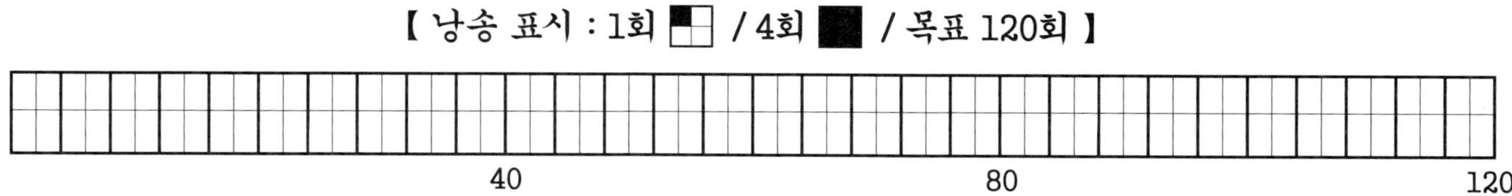

"주의 말씀은 내 발의 등이요 내 길에 빛이니이다"(시 119:105)

제 17 일

우상偶像은 사람의 수공물手工物이라

시편 135:15

하나님이 가장 싫어하는 것이 우상 제작偶像制作과 우상숭배偶像崇拜입니다. 우상偶像은 인간人間의 열등劣等함과 우월優越함을 교묘巧妙히 만들어 삐뚤어진 욕구 충족 수단欲求充足手段으로 이용利用하는 경배敬拜 대상입니다. 우상숭배偶像崇拜의 해악害惡은 자기기만술책自己欺瞞術策이요 하나님을 속이는 우매愚昧한 행위行爲들이기 때문입니다.

1. 밤에 여호와의 집에 섰는 여호와의 모든 종들이여 여호와를 송축頌祝하라. 성소聖所를 향向하여 손을 들고 여호와를 송축頌祝하라. 천지天地를 지으신 여호와께서 시온에서 네게 복福을 주실지어다. (시 134:1~3)

2. 할렐루야 여호와의 이름을 찬송讚頌하라. 여호와의 종들아 찬송讚頌하라 여호와의 집 우리 하나님의 전정殿庭에 섰는 너희여 여호와를 찬송讚頌하라. 여호와는 선善하시며 그 이름이 아름다우니 그 이름을 찬양讚揚하라. 여호와께서 자기를 위하여 이스라엘을 자기의 특별한 소유所有로 택擇하셨음이로다. 여호와께서는 광대廣大하시며 무릇 기뻐하시는 일을 천지天地와 바다와 모든 깊은데서 다 행하셨도다. 안개를 땅끝에서 일으키시며 비를 위하여 번개를 만드시며 바람을 그 곳간에서 내시는도다. 저희 땅을 기업基業으로 주시되 자기 백성百姓의 기업基業으로 주셨도다. (시 135:1~12)

3. 여호와여 주의 이름이 영원永遠하시니이다. 여호와께서 자기 백성百姓을 판단判斷하시며 그 종들을 긍휼矜恤히 여기시리라. 열방列邦의 우상偶像은 은금銀金이요 사람의 수공물手工物이라. 입이 있어도 말하지 못하며, 눈이 있어도 보지 못하며, 귀가 있어도 듣지 못하여 그 입에는 아무 기식氣息도 없나니, 그것을 만든 자와 그것을 의지依支하는 자가 다 그것과 같으리로다. 이스라엘 족속族屬아 여호와를 송축頌祝하라, 아론의 족속族屬아 여호와를 송축頌祝하라, 레위 족속族屬아 여호와를 송축頌祝하라, 여호와를 경외敬畏하는 너희들아 여호와를 송축頌祝하라. 예루살렘에 거居하시는 여호와는 시온에서 찬송讚頌을 받으실지어다 할렐루야. (시 135:13~21)

4. 여호와께 감사感謝하라 그는 선善하시며 그 인자仁慈하심이 영원永遠함이로다. 모든 신神에 뛰어나신 하나님께 감사感謝하라 그 인자仁慈하심이 영원永遠함이로다. 모든 주主에

뛰어나신 주께 감사感謝하라 그 인자仁慈하심이 영원永遠함이로다. 홀로 큰 기사奇事를 행하시는 이에게 감사感謝하라 그 인자仁慈하심이 영원永遠함이로다. 지혜智慧로 하늘을 지으신 이에게 감사感謝하라 그 인자仁慈하심이 영원永遠함이로다. 땅을 물 위에 펴신 이에게 감사感謝하라 그 인자仁慈하심이 영원永遠함이로다. 큰 빛을 지으신 이에게 감사感謝하라 그 인자仁慈하심이 영원永遠함이로다. 해로 낮을 주관主管하신 이에게 감사感謝하라 그 인자仁慈하심이 영원永遠함이로다. 달과 별들을 주관主管케 하신 이에게 감사感謝하라 그 인자仁慈하심이 영원永遠함이로다. 이스라엘을 인도仁道하신 이에게 감사感謝하라 그 인자仁慈하심이 영원永遠함이로다. (시 136:1~11)

5. 홍해紅海를 가르신 이에게 감사感謝하라. 강强한 손과 펴신 팔로 인도引導하여 내신 이에게 감사感謝하라. 홍해紅海를 통과通過케 하신 이에게 감사感謝하라. 그 백성百姓을 인도引導하여 광야曠野로 통과通過케 하신 이에게 감사感謝하라. 저희의 땅을 기업基業으로 주신 이에게 감사感謝하라. 우리를 비천卑賤한 데서 기념記念하신 이에게 감사感謝하라 그 인자仁慈하심이 영원永遠함이로다. 우리를 대적對敵에게 건지신 이에게 감사感謝하라 그 인자仁慈하심이 영원永遠함이로다. 모든 육체肉體에게 식물食物을 주신 이에게 감사感謝하라 그 인자仁慈하심이 영원永遠함이로다. 하늘의 하나님께 감사感謝하라 그 인자仁慈하심이 영원永遠함이로다. (시 136:12~26)

6. 여호와의 집에 올라가라 할 때에 내가 기뻐하였도다. 예루살렘을 위하여 평안平安을 구求하라 예루살렘을 사랑하는 자는 형통亨通하리로다. 네 성城 안에는 평강平康이 있고 내 궁중宮中에는 형통亨通이 있을지어다. 내가 내 형제兄弟와 붕우朋友를 위하여 이제 말하리니 너희 가운데 평강平康이 있을지어다. 여호와 우리 하나님의 집을 위하여 복福을 구求하리로다. (시 122:1~9)

하나님의 자녀子女들은 하나님께서 항상恒常 지켜 주시고 보호保護해 주십니다. '여호와께 감사感謝하라 선善하시며 인자仁慈하심이 영원永遠함이라' 감사 찬송感謝讚頌을 영원永遠히 부르고 기뻐합니다. 영원永遠히 영광榮光 가운데 살아갑니다.

【 낭송 표시 : 1회 ▞ / 4회 ■ / 목표 120회 】

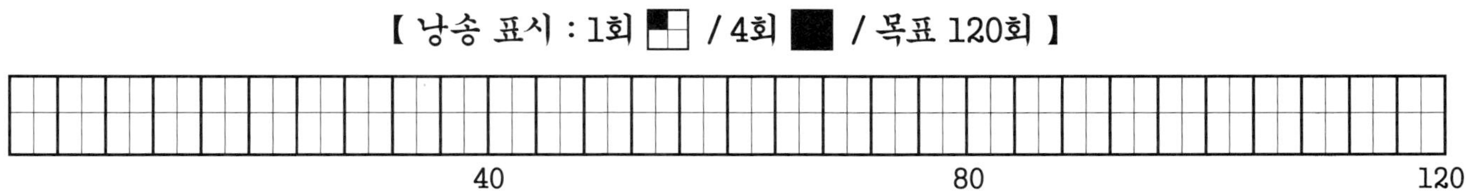

"주의 말씀은 내 발의 등이요 내 길에 빛이니이다"(시 119:105)

제 18 일

강변에 앉아서 시온을 향하여 울었도다

시편 137:1

바벨론 포로捕虜들이 그발 강가에 앉아서 시온을 향向하여 통곡痛哭한 것은 민족 역사상民族歷史上 최대最大 비극悲劇이었습니다. 조롱嘲弄 당하고 업신여김 당하며 갖은 수모受侮와 모욕侮辱을 당했습니다. "내 혀가 입천장에 붙을지로다." 혀가 입천장에 말라붙는 처절凄切한 고통苦痛을 경험經驗했습니다. 유명有名한 가극歌劇 베르디 오페라 주제곡主題曲 내용內容이기도 합니다. 패전敗戰으로 말미암아 주권 상실主權喪失을 당하고, 포로捕虜들의 인권 유린人權蹂躪은 민족적民族的 절규絕叫와 처절凄切한 찬송시讚頌詩로 나타내고 있습니다.

1. 여호와께 감사感謝하라 그는 선善하시며 그 인자仁慈하심이 영원永遠함이로다. 모든 신神에 뛰어나신 하나님께 감사感謝하라 그 인자仁慈하심이 영원永遠함이로다. 모든 주主에 뛰어나신 주主께 감사感謝하라 그 인자仁慈하심이 영원永遠함이로다. 홀로 큰 기사奇事를 행行하시는 이에게 감사感謝하라 그 인자仁慈하심이 영원永遠함이로다 지혜智慧로 하늘을 지으신 이에게 감사感謝하라 그 인자仁慈하심이 영원永遠함이로다. 땅을 물 위에 펴신 이에게 감사感謝하라 그 인자仁慈하심이 영원永遠함이로다. 큰 빛을 지으신 이에게 감사感謝하라. 그 인자仁慈하심이 영원永遠함이로다. 해로 낮을 주관主管하신 이에게 감사感謝하라 그 인자仁慈하심이 영원永遠함이로다. 달과 별들을 주관主管케 하신 이에게 감사感謝하라 그 인자仁慈하심이 영원永遠함이로다. 이스라엘을 인도引導하신 이에게 감사感謝하라 그 인자仁慈하심이 영원永遠함이로다. (시 136:1~11)

2. 우리가 바벨론 여러 강변江邊 거기 앉아서 시온을 기억記憶하며 울었도다. 그중의 버드나무에 우리가 우리의 수금豎琴을 걸었나니, 이는 우리를 사로잡은 자가 거기서 우리에게 노래를 청請하며 우리를 황폐荒廢케 한 자가 기쁨을 청請하고 자기自己들을 위하여 시온 노래 중 하나를 노래하라 함이로다. 우리가 이방異邦에 있어서 어찌 여호와의 노래를 부를꼬. 예루살렘아 내가 너를 잊을진대 내 오른손이 그 재주才操를 잊을지로다. 내가 예루살렘을 기억記憶지 아니하거나 내가 너를 나의 제일第一 즐거워하는 것보다 지나치게 할진대 내 혀가 내 입천장에 붙을지로다. 여호와여 예루살렘이 해 받던 날을 기억記憶하옵소서. (시 137:1~7)

3. 내가 전심全心으로 주主께 감사感謝하며 주主께 찬양讚揚하리이다. 내가 주主의 성전聖殿을 향向하여 경배敬拜하며, 주主의 인자仁慈하심과 성실誠實하심을 인因하여 주의 이름에 감사感謝하오리니, 이는 주께서 주의 말씀을 주의 모든 이름 위에 높게 하셨음이라. 내가 간구懇求하는 날에 주主께서 응답應答하시고, 내 영혼靈魂을 장려獎勵하여 강强하게 하셨나이다. 여호와여 땅의 열왕列王이 주主께 감사感謝할 것은 저희가 주의 입의 말씀을 들음이오며, 저희가 여호와의 도道를 노래할 것은 여호와의 영광榮光이 크심이니이다. (시 138:1~5)

4. 여호와께서 높이 계셔도 낮은 자를 하감下鑑하시며 멀리서도 교만驕慢한 자를 아시나이다. 내가 환란患亂 중에 다닐지라도 주께서 나를 소성蘇醒케 하시고, 주의 손을 펴사 원수怨讐들의 노怒를 막으시며, 주의 오른손이 나를 구원救援하시리이다. 여호와께서 내게 관계關係된 것을 완전完全케 하신지라. 여호와여 주主의 인자仁慈하심이 영원永遠하오니 주主의 손의 지으신 것을 버리지 마옵소서. (시 138:6~8)

5. 여호와께서 시온의 포로捕虜를 돌리실 때에 우리가 꿈을 꾸는 것 같았도다. 그때에 우리의 입에는 웃음이 가득하고 우리 혀에는 찬양讚揚이 찼었도다. 열방列邦 중에 말하기를 여호와께서 저희를 위하여 대사大事를 행하셨다 하였도다. 여호와께서 우리를 위하여 대사大事를 행하셨으니 우리는 기쁘도다. 여호와여 우리의 포로捕虜를 남방南方 시내들같이 돌리소서. 눈물을 흘리며 씨를 뿌리는 자는 기쁨으로 거두리로다. 울며 씨를 뿌리러 나가는 자는 정녕丁寧 기쁨으로 그 단壇을 가지고 돌아오리로다. (시 126:1~6)

6. 여호와여 주主께서 나를 감찰鑑察하시고 아셨나이다. 주主께서 나의 앉고 일어섬을 아시며 멀리서도 나의 생각生覺을 통촉洞燭하시오며, 나의 길과 눕는 것을 감찰鑑察하시며, 나의 모든 행위行爲를 아시오니, 여호와여 나의 혀의 말을 알지 못하시는 것이 하나도 없으시니이다. 주主께서 나의 전후前後를 두르시며 내게 안수按手하셨나이다. 내가 주의 신을 떠나 어디로 가며 주의 앞에서 어디로 피하리이까. 내가 하늘에 올라갈지라도 거기 계시며 음부陰府에 내 자리를 펼지라도 거기 계시니이다. 내가 새벽날개를 치며 바다 끝에 가서 거할지라도 주의 손이 나를 인도引導하시며 주의 오른손이 나를 붙드시리이다. 주主께서 내 장부臟腑를 지으시며 나의 모태母胎에서 나를 조직組織하셨나이다. 내가 주主께 감사感謝하옴은 나를 지으심이 신묘막측神妙莫測하심이라. 주의 행사行事가 기이奇異함을 내 영혼靈魂이 잘 아나이다. (시 139:1~14)

나의 모든 것을 아시는 주님, 나의 과거過去와 현재現在와 미래未來까지 알고 계시고 은혜恩惠 가운데 인도引導하시는 하나님. 나의 장부臟腑를 지으시고 모태母胎에서 조직組織하신 하나님, 모든 것을 믿고 모든 것을 맡기고 사랑받고 은혜恩惠 받는 인생人生이 가장 복福된 것입니다.

【 낭송 표시 : 1회 / 4회 / 목표 120회 】

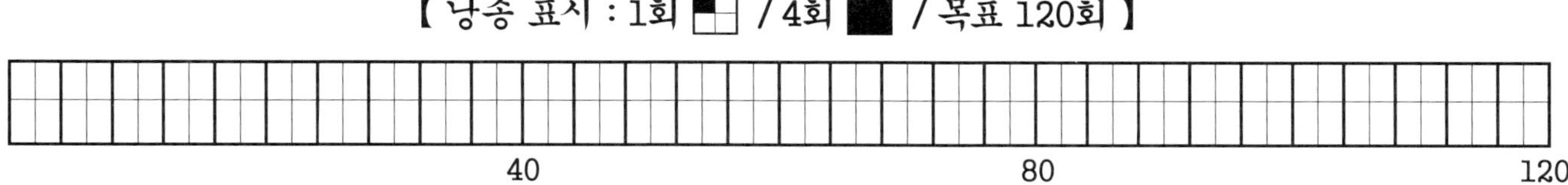

"주의 말씀은 내 발의 등이요 내 길에 빛이니이다"(시 119:105)

제 19 일

여호와로 자기 하나님으로 삼는 백성百姓은 복福이 있도다

시편 144:15

여호와 하나님을 믿고 섬기고 순종順從하는 나라와 백성百姓들에게 주시는 복福을 구체적具體的으로 열거列擧한 다윗 왕의 축복기도시祝福祈禱詩입니다. 아들들은 장성長成한 나무 같은 인재人才가 됩니다. 딸들은 아름답게 다듬은 모퉁이돌 같은 재원才媛이 됩니다. 곳간에는 백곡百穀이 가득하게 됩니다. 들판의 양羊들은 천천만만千千萬萬으로 번성蕃盛합니다. 수소는 무겁게 실어 운송사업運送事業이 확장擴張됩니다. 손실損失이나 침노侵擄 당하는 일이 없습니다. 모든 일에 막히는 것이 없고 형통亨通합니다. 슬퍼 부르짖는 일은 없고 기쁨과 즐거움과 감격感激스러운 일이 넘칩니다. 여호와를 자기 하나님으로 삼는 백성百姓은 이상 8가지 복八福을 받는다고 언약言約하였습니다.

1. 여호와여 나를 감찰鑑察하시고 아셨나이다. 주主께서 나의 앉고 일어섬을 아시며 멀리서도 나의 생각生覺을 통촉洞燭하시오며, 나의 길과 눕는 것을 감찰鑑察하시며, 나의 모든 행위行爲를 아시오니, 여호와여 나의 혀의 말을 알지 못하시는 것이 하나도 없으시니이다. 내가 주의 신神을 떠나 어디로 가며 주의 앞에서 어디로 피하리이까. 내가 하늘에 올라갈지라도 거기 계시며 음부陰府에 내 자리를 펼지라도 거기 계시니이다. 내가 새벽날개를 치며 바다 끝에 가서 거할지라도 주의 손이 나를 인도引導하시며 주의 오른손이 나를 붙드시리이다. 주主께서 내 장부臟腑를 지으시며 나의 모태母胎에서 나를 조직組織하셨나이다. 내가 주主께 감사感謝하옴은 나를 지으심이 신묘막측神妙莫測하심이라. 주의 행사行事가 기이奇異함을 내 영혼靈魂이 잘 아나이다. 내 형질形質이 이루어지기 전에 주의 눈이 보셨으며 나를 위하여 정定한 날이 하나도 되기 전에 주의 책에 다 기록記錄되었나이다. (시 139:1~16)

2. 여호와여 악인惡人에게서 나를 건지시며 강포强暴한 자에게서 나를 보전保全하소서. 저희가 중심中心에 해害 하기를 꾀하고 싸우기 위하여 매일每日 모이오며 뱀같이 그 혀를 날카롭게 하니 그 입술 아래는 독사毒蛇의 독毒이 있나이다. 여호와께서 나를 지키사 악인惡人의 손에 빠지지 않게 하시며 나를 보전保全하사 강포强暴한 자에게서 벗어나게 하소서. 저희는 나의 걸음을 밀치려 하나이다. 내가 여호와께 말하기를 주는 나의 하나님이시니 여호와여 나의 간구懇求하는 소리에 귀를 기울이소서, 내 구원救援의 능력能力이신 주 여호와여 전쟁戰爭의 날에 내 머리를 가리우셨나이다. 악담惡談하는 자는 세상世上에 굳게 서지 못하며 강포强暴하는 자에게는 재앙災殃이 따라서 패망敗亡케 하나이다. 여호와는 고난苦難 당하는 자를 신원伸冤하시며 궁핍窮乏한 자에게 공의公義를 베푸시리이다. 진실眞實로 의인義人이 주의 이름에 감사感謝하며 정직正直한 자가 주의 앞에 거居하리이다. (시 140:1~13)

3. 여호와여 내가 주主를 불렀사오니 속速히 내게 임臨하소서, 내가 주께 부르짖을 때에 내 음성音聲에 귀를 기울이소서. 나의 기도祈禱가 주의 앞에 분향焚香함과 같이 되며, 나의 손 드는 것이 저녁 제사祭祀같이 되게 하소서. 여호와여 내 입에 파수꾼을 세우시고 내 입술의 문을 지키소서. 내 마음이 악惡한 일에 기울어 죄악罪惡을 행行하는 자와 함께 악惡을 행치 말게 하시며 저희 진수珍羞를 먹지 말게 하소서. 주 여호와여 내 눈이 주께 향하며 내가 주께 피避하노니, 내 영혼靈魂이 빈궁貧窮한 대로 버려두지 마옵소서. (시 141:1~8)

4. 나의 반석磐石이신 여호와를 찬송讚頌하리로다. 여호와는 나의 인자仁慈시요, 나의 요새要塞시요, 나의 산성山城이시요, 나를 건지시는 자시요, 나의 방패防牌시요, 나의 피난처避難處시요, 내 백성百姓을 복종服從케 하시는 자시로다. 사람이 무엇이관대 주께서 저를 알아주시고 인생人生이 무엇이관대 저를 생각生覺하시나이까, 사람은 헛것 같고 그의 날은 지나가는 그림자 같으니이다. 여호와여 주의 하늘을 드리우고 강림降臨하시며, 산들에 접촉接觸하사 연기煙氣가 발發하게 하소서. 번개를 번득이사 대적對敵을 흩으시며 주의 살을 발發하사 저희를 파破하소서. 하나님이여 내가 주께 새 노래로 노래하며 열 줄 비파琵琶로 주를 찬양讚揚하리이다. 주는 구원救援을 베푸시며 다윗을 구원救援하시는 자시니이다. 이방인異邦人의 손에서 나를 구求하여 건지소서. (시 144:1~11)

5. 우리 아들들은 어리다가 장성長成한 나무 같으며, 우리 딸들은 궁중宮中의 식양式樣대로 아름답게 다듬은 모퉁이돌과 같으며, 우리의 곳간에는 백곡百穀이 가득하며, 우리의 양羊은 들에서 천천千千과 만만萬萬으로 번성蕃盛하며, 우리의 수소는 무겁게 실었으며, 또 우리를 침노侵擄하는 일이나 우리가 나아가 막히는 일이 없으며, 우리 거리에는 슬피 부르짖음이 없을진대, 이러한 백성百姓은 복福이 있나니, 여호와를 자기 하나님으로 삼는 백성百姓은 복福이 있도다. (시 144:12~15)

오늘날 지구상地球上에 여호와를 자기 하나님으로 삼는 나라와 백성百姓들은 예외例外 없이 모두 선진국先進國 사회社會를 이룩하고, 경제적經濟的으로 부강富强하고, 정치적政治的으로 안정安定되어 있습니다. 자유自由와 안전安全과 번영繁榮을 이루어, 인간답게 사는 복지국가福祉國家와 사회社會를 건설建設하고 있음을 현대사現代史가 증명證明하고 있습니다.

【 낭송 표시 : 1회 / 4회 / 목표 120회 】

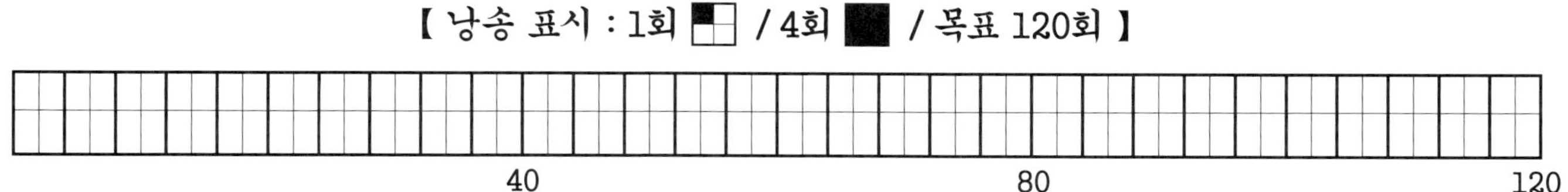

"주의 말씀은 내 발의 등이요 내 길에 빛이니이다"(시 119:105)

제 20 일

호흡呼吸이 있는 자마다 여호와를 찬양讚揚할지어다

시편 150:6

시편詩篇은 '복福 있는 사람'으로 시작始作하여 '여호와를 찬양讚揚할지어다'로 마감하고 있습니다. 여호와 하나님을 찬양讚揚하며 하나님을 영화榮華롭게 하는 사람은 진정 복福 있는 사람입니다. 창조주創造主 하나님을 영화榮華롭게 하는 것은 피조물被造物의 최고最高, 최대最大의 사명使命입니다. 시편詩篇 마지막 절에서 "호흡이 있는 자마다 여호와를 찬양讚揚할지어다" 하였으니 이 세상世上의 생명체生命體는 모두 생명生命을 주신 창조주創造主 하나님을 찬양讚揚할 책임責任이 부여附與되어 있습니다.

1. 왕王이신 나의 하나님이여 내가 주를 높이고, 영원永遠히 주의 이름을 송축頌祝하리이다. 내가 날마다 주를 송축頌祝하며 영영永永히 주의 이름을 송축頌祝하리이다. 여호와는 광대廣大하시니 크게 찬양讚揚할 것이라. 그의 광대廣大하심을 측량測量치 못하리로다. 대대代代로 주의 행사行事를 크게 칭송稱頌하며 주의 능能한 일을 선포宣布하리로다. 주의 존귀尊貴하고 영광榮光스러운 위엄威嚴과 주의 기사奇事를 나는 묵상黙想하리이다. 여호와는 은혜恩惠로우시며 자비慈悲하시며 노怒하기를 더디하시며 인자仁慈하심이 크시도다. 여호와여 주의 지으신 모든 것이 주께 감사感謝하며 주의 성도聖徒가 주께 송축頌祝하리이다. (시 145:1~10)

2. 주의 능能하신 일과 주의 나라의 위엄威嚴과 영광榮光을 인생人生에게 알게 하리이다. 주의 나라는 영원永遠한 나라이니 주의 통치統治는 대대代代에 이르리이다. 주는 때를 따라 저희에게 식물食物을 주시며, 손을 펴사 모든 소원所願을 만족滿足케 하시나이다. 여호와께서는 자기自己에게 간구懇求하는 자에게 가까이하시는도다. 저는 자기自己를 경외敬畏하는 자의 소원所願을 이루시며 저희 부르짖음을 들으사 구원救援하시리로다. 여호와께서 자기自己를 사랑하는 자는 다 보호保護하시고 악인惡人은 다 멸滅하시리로다. 네 입이 여호와의 영예榮譽를 말하며 모든 육체肉體가 그 성호聖號를 영영永永히 송축頌祝할지로다. (시 145:12~21)

3. 할렐루야 내 영혼靈魂아 여호와를 찬양讚揚하라 나의 생전生前에 여호와를 찬양讚揚하며 나의 평생平生에 내 하나님을 찬송讚頌하리로다. 방백方伯들을 의지依支하지 말며 도울 힘이 없는 인생人生도 의지依支하지 말지니 그 호흡呼吸이 끊어지면 흙으로 돌아가서 당일當日에 그 도모圖謀가 소멸消滅하리로다. 야곱의 하나님으로 자기 도움을 삼으며 여호와 자기 하나님에게서 그 소망所望을 두는 자가 복福이 있도다. 여호와는 천지天地와 그 바다와 그 중의 만물萬物을 지으시며, 영원永遠히 진실眞實함을 지키시며 압박壓迫 당하는 자를 위하여 공의公義를 판단判斷하시며, 주린 자에게 식물食物을 주시는 자시로다. 여호와는 갇힌 자를 해방解放하시며 소경의 눈을 여시며, 여호와께서 비굴卑屈한 자를 일으키시며, 여호와께서 의인義人을 사랑하시며 나그네를 보호保護하시며,

고아孤兒와 과부寡婦를 붙드시고 악인惡人의 길을 굽게 하시는도다. 시온아 여호와 네 하나님은 영원永遠히 대대代代에 통치統治 하시리로다 할렐루야. (시 146:1~10)

4. 여호와여 내 기도祈禱를 들으시며 내 간구懇求에 귀를 기울이시고 주의 진실眞實과 의義로 내게 응답應答하소서. 주의 목전目前에는 의義로운 인생人生이 없나이다. 내 심령心靈이 속에서 상傷하며 내 마음이 속에서 참담慘憺하니이다. 내가 옛날은 기억記憶하고 주의 모든 행하신 것을 묵상默想하며 주의 행사行事를 생각生覺하고 주를 향向하여 손을 펴고 내 영혼靈魂이 마른 땅같이 주를 사모思慕하나이다. 여호와여 속速히 내게 응답應答하소서. 내 영혼靈魂이 피곤疲困하니이다. 아침에 나로 주主의 말씀을 듣게 하소서 내가 주를 의뢰依賴함이니이다. 나의 길을 알게 하소서 내 영혼靈魂을 주께 받듦이니이다. 주는 나의 하나님이시니 나를 가르쳐 주의 뜻을 행케 하소서. 여호와여 주의 이름을 인因하여 나를 살리시고 주의 의義로 내 영혼靈魂을 환난患難에서 끌어내소서 주의 인자仁慈하심으로 내 영혼靈魂을 괴롭게 하는 자로 다 멸滅하소서 나는 주의 종이니이다. (시 143:1~12)

5. 할렐루야 새 노래로 여호와께 노래하며 성도聖徒의 회중會衆에서 찬양讚揚할지어다. 춤추며 그의 이름을 찬양讚揚하며 소고와 수금竪琴으로 그를 찬양讚揚할지어다. 성도聖徒들은 영광榮光 중에 즐거워하며 기쁨으로 노래할지어다. 그 입에는 하나님의 존엄尊嚴이요, 이런 영광榮光은 그 모든 성도聖徒들에게 있도다 할렐루야. (시 149:1~9)

6. 할렐루야 그 성소聖所에서 하나님을 찬양讚揚하며 그 권능權能의 궁창穹蒼에서 그를 찬양讚揚할지어다. 그의 능能하신 행동行動을 인因하여 찬양讚揚하며 그의 지극至極히 광대廣大하심을 좇아 찬양讚揚할지어다. 나팔 소리로 찬양讚揚하며 비파琵琶와 수금竪琴으로 찬양讚揚할지어다. 소고小鼓치며 춤추어 찬양讚揚하며 현악絃樂과 퉁소洞簫로 찬양讚揚 할지어다. 큰소리 나는 제금提琴으로 찬양讚揚할지어다. 호흡呼吸이 있는 자마다 여호와를 찬양讚揚할지어다 할렐루야. (시 150:1~6)

모든 악기樂器를 동원動員하고, 모든 음성音聲을 하나로 묶어서, 아름답고 은혜恩惠로운 찬양讚揚을 부르고, 악기樂器를 함께 연주演奏하여, 하나님께 영광榮光 돌리는 것이, 피조물被造物의 최대 사명最大使命입니다. 찬양讚揚을 통해 영광榮光 받으시는 하나님께서는, 은혜恩惠와 복福을 찬양讚揚하는 이들에게 내려주십니다. 창조주創造主의 영광榮光과 피조물被造物의 행복幸福을 함께 누리게 됨을 시편詩篇이 가르쳐 주고 있습니다. 아멘.

【 낭송 표시 : 1회 / 4회 / 목표 120회 】

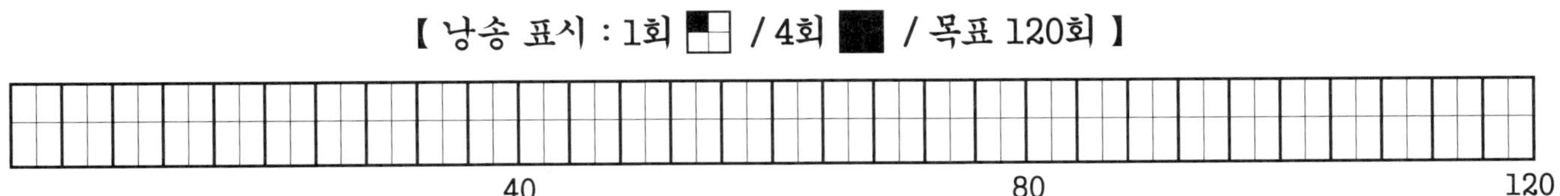

"주의 말씀은 내 발의 등이요 내 길에 빛이니이다"(시 119:105)

제 21 일

지혜智慧롭게 의義롭게 공평公平하게 정직正直하게 하소서

잠언 1:1

지혜智慧 WISDOM는 선악善惡을 분별分別하고 올바른 삶을 살아가는 지적 능력知的能力입니다. 지혜智慧는 하나님의 말씀을 듣고 배움으로 얻게 되는 은혜恩惠입니다. 구약성경舊約聖經 잠언서箴言書는 인생人生의 참된 지혜智慧를 공급供給해 주는 보고寶庫입니다.

1. 다윗의 아들 이스라엘 왕 솔로몬의 잠언箴言이라. 이는 지혜智慧와 훈계訓戒를 알며 명철明哲의 말씀을 깨닫게 하며, 지혜智慧롭고 의義롭게 공평公平하고 정직正直하게 행行할 일에 대하여 훈계訓戒를 받으며, 어리석은 자로 슬기롭게 하며, 젊은 자에게 지식知識과 근신謹愼함을 주기 위한 것이니, 지혜智慧 있는 자는 듣고 학식學識이 더할 것이요, 명철明哲한 자는 모략謀略을 얻을 것이라. 잠언箴言과 비유比喩와 지혜智慧와 그 오묘奧妙한 말을 깨달으리라. 여호와를 경외敬畏하는 것이 지식知識의 근본根本이어늘 미련한 자는 지혜智慧와 훈계訓戒를 멸시蔑視하느니라. 내 아들아 네 아비의 훈계訓戒를 들으며 네 어미의 법法을 떠나지 말라. 이는 네 머리의 아름다운 관冠이요 네 목의 금사슬이니라. 내 아들아 악惡한 자가 너를 꾈지라도 좇지 말라. (잠 1:1~10)

2. 내 아들아 나의 법法을 잊어버리지 말고 네 마음으로 나의 명령命令을 지키라. 그리하면 너로 장수長壽하여 많은 해를 누리게 하며 평강平康을 더하게 하시리라. 인자仁慈와 진리眞理로 네게서 떠나지 않게 하고, 그것을 네 목에 매며 네 마음판에 새기라. 그리하면 네가 하나님과 사람 앞에서 은총恩寵과 귀중貴重히 여김을 받으리라. 너는 마음을 다하여 여호와를 의뢰依賴하고 네 명철明哲을 의지依支하지 말라. 너는 범사凡事에 그를 인정認定하라 그리하면 네 길을 인도引導하시리라. 스스로 지혜智慧롭게 여기지 말지어다 여호와를 경외敬畏하며 악惡을 떠날지어다. 이것이 네 몸에 양약良藥이 되어 네 골수骨髓로 윤택潤澤케 하리라. 네 재물財物과 네 소산물所産物의 처음 익은 열매로 여호와를 공경恭敬하라. 그리하면 네 창고倉庫가 가득히 차고 네 즙汁 틀에 새 포도즙葡萄汁이 넘치리라. (잠 3:1~10)

3. 내 아들아 여호와의 징계懲戒를 경輕히 여기지 말라. 그 꾸지람을 싫어하지 말라. 대저 여호와께서 그 사랑하시는 자를 징계懲戒하시기를 마치 아비가 그 기뻐하는 아들을 징계懲戒함같이 하시느니라. 지혜智慧를 얻은자와 명철明哲을 얻은 자는 복福이 있나니, 이는 지혜智慧를 얻는 것이 은銀을 얻는 것보다 낫고, 그 이익利益이 정금精金보다 나음이니라. 지혜智慧는 진주眞珠보다 귀貴하니 너의 사모思慕하는 모든 것으로 이에 비교比較할 수 없도다. 그 우편右便에는 장수長壽가 있고 그 좌편左便 손에는 부귀富貴가 있나니, 그 길은 즐거운 길이요 그 첩경捷徑은 평강平康이니라. 지혜智慧는 그 얻은 자에게 생명生命나무라 지혜智慧를 가진 자는 복福 되도다. (잠 3:11~18)

4. 아들들아 아비의 훈계訓戒를 들으며 내 법法을 떠나지 말라. 아버지께서 내게 가르쳐 이르기를 내 말을 네 마음에 두라. 내 명령命令을 지키라 그리하면 살리라. 지혜智慧를 버리지 말라 그가 너를 보호保護하리라. 지혜智慧를 사랑하라 너를 지키리라. 주를 높이라 그리하면 그가 너를 높여 주리라. 그를 품으라 너를 영화榮華롭게 하리라. 아름다운 관冠을 네 머리에 두겠고 영화榮華로운 면류관冕旒冠을 네게 주리라. 내 아들아 내 말을 받으라 그리하면 네 생명生命의 해가 길리라. 지혜智慧를 얻는 자에게 생명生命이 되며 육체肉體의 건강健康이 됨이라. 무릇 지킬 만한 것보다 더욱 네 마음을 지키라. 생명生命의 근원根源이 이에서 남이니라. 네 모든 길을 든든히 하라 우편右便으로나 좌편左便으로나 치우치지 말고, 네 발을 악惡에서 떠나게 하라. (잠 4:1~27)

5. 대저 음녀淫女의 입술은 꿀을 떨어뜨리며 그 입은 기름보다 미끄러우나, 나중은 쑥같이 쓰고 두 날 가진 칼날 같이 날카로우며, 그 발은 사지死地로 내려가며 그 걸음은 음부陰府로 나아가나니, 그것을 깨닫지 못하느니라. 네 길을 그에게서 멀리하라 가까이 가지 말라, 네 존영尊榮이 남에게 잃어버리게 되며, 네 수한壽限이 잔폭자殘暴者에게 빼앗기게 되리라. 두렵건대 타인他人이 네 재물財物로 충족充足하게 되며, 네 수고受苦한 것이 외인外人의 집에 가 버리고, 마지막에 이르러 네 몸과 육체肉體가 쇠패衰敗할 때에 한탄恨歎하며, 내가 어찌하여 훈계訓戒를 싫어하고 꾸지람을 가벼이 여기고 청종聽從치 아니하며 모든 악惡에 빠지게 되었노라 하리라. (잠 5:3~14)

6. 너는 네 우물에서 물을 마시며 네 샘에서 흐르는 물을 마시라. 어찌하여 네 샘물을 집 밖으로 넘치게 하겠으며, 발이랑 물을 거리로 흘러가게 하겠느냐. 그 물을 네게만 있게 하고 타인他人으로 더불어 나누지 말라. 네 샘으로 복福되게 하라. 네게 젊어서 취娶한 아내를 즐거워하라. 그는 사랑스런 암사슴 같고 아름다운 암노루 같으니 너는 그 품을 항상恒常 족足하게 여기며 그 사랑을 항상恒常 연모戀慕하라. 내 아들아 어찌하여 음녀淫女를 연모戀慕하겠으며 어찌하여 이방異邦 계집의 가슴을 안겠느냐, 악인惡人은 자기의 악惡에 끌리며 그 죄罪의 줄을 매이나니, 그는 훈계訓戒를 받지 아니함을 인하여 죽겠고, 미련함으로 인하여 혼미昏迷하게 되리라. (잠 5:15~23)

여호와 하나님을 경외敬畏하고 그 말씀대로 순종順從하는 삶이 가장 지혜智慧로운 사람이 되는 것입니다. 지혜智慧는 시행착오施行錯誤를 예방豫防해 주고, 부끄럽고 수치修治스러운 일을 범犯하지 않게 해주는 안전장치安全裝置입니다. 하나님의 말씀으로 지혜智慧를 얻어 승리勝利하는 인생人生이 되시기 바랍니다.

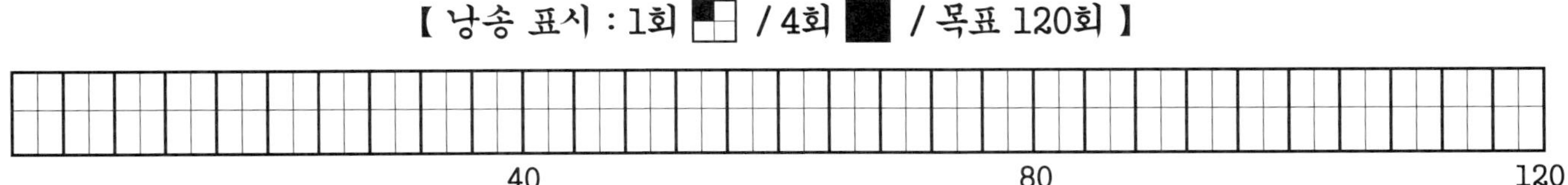

"주의 말씀은 내 발의 등이요 내 길에 빛이니이다"(시 119:105)

제 22 일

개미에게 가서 지혜智慧를 얻으라

잠언 6:6

"소복小福은 재근在勤이요 대복大福은 재천在天"이란 말이 있습니다. 부지런함은 복福된 삶의 근본根本입니다. 잠언서에서는 게으른 자를 향해서 개미에게 지혜智慧를 배우라고 권면勸勉했습니다. "부지런하여 게으르지 말고 열심을 품고 주를 섬기라"(롬 12:11). 하나님의 자녀子女들이 부지런히 자신의 일을 잘하고 다른 사람의 일까지 사랑으로 도와주는 생활生活을 할 때 인생人生의 성공자成功者가 되어 복음 전파福音傳派의 열매를 맺게 합니다.

1. 내 아들아 이웃을 위하여 담보擔保하며 타인他人을 위하여 보증保證하였으면, 네 입의 말로 네가 얽혔으며, 네 입의 말로 인하여 잡히게 되었느니라. 노루가 사냥꾼의 손에서 벗어나는 것같이, 새가 그물 치는 자의 손에서 벗어나는 것같이 스스로 구원救援하라. 게으른 자여 개미에게로 가서 그 하는 것을 보고 지혜智慧를 얻으라. 먹을 것을 여름 동안에 예비豫備하여 추수秋收 때에 양식糧食을 모으느니라. 게으른 자여 네가 어느 때까지 눕겠느냐 네가 어느 때에 잠이 깨어 일어나겠느냐 좀 더 자자 좀 더 졸자. 손을 모으고 좀 더 눕자 하면 빈궁貧窮이 강도强盜같이 오며 네 곤핍困乏이 군사軍士같이 이르리라. 여호와의 미워하시는 것은 교만驕慢한 눈과, 거짓된 혀와 무죄無罪한 자의 피를 흘리는 손과, 악惡한 계교計巧를 꾀하는 마음과, 빨리 악惡으로 달리는 발과, 거짓을 말하는 망령妄靈된 증인證人자요, 형제兄弟를 이간離間하는 자이니라. 내 아들아 네 아비의 명령命令을 지키고, 네 어미의 법法을 떠나지 말고, 항상恒常 네 마음에 새기며 네 목에 매라. 그것이 너를 인도引導하여 너를 보호保護하리니 대저 여호와의 명령命令은 등불이요, 여호와의 법法은 빛이요 훈계訓戒와 책망責望은 생명生命의 길이라. (잠 6:1~23)

2. 네 마음에 색色을 탐貪하지 말며 그 눈꺼풀에 홀리지 말라. 너를 지켜서 악惡한 여인女人에게 이방異邦 여인女人의 혀로 호리는 말에 빠지지 않게 하라. 음녀淫女로 인하여 한 조각 떡만 남게 되며 음란淫亂한 사람은 귀貴한 생명生命을 사냥함이니라. 사람이 숯불을 밟고야 어찌 그 발이 데이지 아니하겠느냐, 통간通姦하는 자는 이와 같을 것이라. 부녀婦女와 간음姦淫하는 자는 자기의 몸과 영혼靈魂을 망亡하게 하며, 상傷함과 능욕凌辱을 받고 부끄러움을 씻을 수 없게 되나니, 분노忿怒하여 원수怨讐를 갚는 날에 용서容恕하지 아니하고, 아무 벌금罰金도 돌아보지 아니하고 많은 선물膳物을 줄지라도 듣지 아니하리라. (잠 6:24~35)

3. 어리석은 자 중에 한 지혜智慧없는 한 사람을 보았노라. 음녀淫女의 골목 모퉁이를 가까이하여 그 집에 들어가는데, 저물 때 황혼黃昏 때 깊은 밤 흑암黑暗 중에 기생妓生의 옷입은 간교奸巧한 여인女人이 그를 맞으니, 그를 붙잡고 입을 맞추며 부끄러움을 모르는 얼굴로 말하되, 내 침상寢床에는 화문花紋 요와 애굽의 문채紋彩있는 이불을 폈고 몰약沒藥과 침향沈香과 계피桂皮를 뿌렸으니 여러 가지 고운 말로 혹惑하게 하며, 입술의 호리는 말과 꾀므로 사람이 그를 따라갔나니, 소가 푸줏간 도살장으로 가는 것 같고 미련한 자가 벌罰을 받으려고 쇠사슬에 메이러 가는 것과 일반一般이라. 필경畢竟은 살이 그 간肝을 뚫기까지에 이를 것이라. 새가 빨리 그물로 들어가되 그 생명生命을 잃어버릴 줄 알지 못함과 일반一般이니라. 아들들아 나를 듣고 내 입의 말에 주의注意하라. 네 마음이 음녀淫女의 길을 치우치지 말며 그 길에 미혹迷惑지 말지어다. 대저 그가 많은 사람을 상傷하게 엎드러지게 하였나니 죽은 자가 허다許多하니라. 그 집은 음부陰府의 길이라

사망死亡의 방房으로 내려 가느니라. (잠 7:7~27)

4. 속이는 저울은 여호와께서 미워하셔도 공평公平한 추錘는 기뻐하시느니라. 교만驕慢하면 욕辱이 오고 겸손謙遜한 자에게는 지혜智慧가 있느니라. 성실誠實은 자기를 인도引導하거니와 패역悖逆은 자기를 망亡하게 하느니라. 정직正直한 자는 구원救援을 얻으려니와 사특邪慝한 자는 악惡에 잡히어 그 이웃을 망亡하게 하느니라. 두루 다니며 한담閒談하는 자는 남의 비밀秘密을 누설漏泄하나 마음이 신실信實한 자는 그런 것을 숨기느니라. 도략韜略이 없으면 백성百姓이 망하여도 모사謀士가 많으면 평안平安을 누리느니라. 유덕有德한 여자는 존영尊榮을 얻고 근면勤勉한 남자는 재물財物을 얻으니라. 인자仁慈한 자는 자기의 영혼靈魂을 이롭게 하고 잔인殘忍한 자는 자기의 몸을 해롭게 하느니라. 의義를 지키는 자는 생명生命에 이르고 악惡을 행하는 자는 사망死亡에 이르느니라. 흩어 구제救濟하여도 더욱 부富하게 되고 과도過度히 아껴도 가난하게 될 뿐이니라. 구제救濟를 좋아하는 자는 풍족豊足하여 질 것이요, 남을 윤택潤澤하게 하는 자는 윤택潤澤하여지리라. (잠 11:1~25)

5. 보라 내가 오늘날 생명生命과 복福과 사망死亡과 화禍를 네 앞에 두었나니, 곧 내가 오늘날 너를 명하여 네 하나님 여호와를 사랑하고 그 모든 길로 행하며, 그 명령命令과 규례規例와 법도法度를 지키라. 그리하면 네가 생존生存하며 번성蕃盛할 것이요. 네 하나님 여호와께서 네게 복福을 주실 것임이니라. 내가 오늘날 천지天地를 불러서 너희에게 증거證據를 삼노라. 내가 생명生命과 사망死亡과 복福과 저주詛呪를 네 앞에 두었은즉, 너와 네 자손子孫이 살기 위하여 생명生命을 택擇하고 네 하나님 여호와를 사랑하고 그 말씀을 순종順從하며 그에게 부종附從하라 그는 네 생명生命이시요 네 장수長壽시니라. (신 30:15~20)

6. 너는 마음을 강强하게 하고 담대膽大히 하라. 네 하나님 여호와 그가 너와 함께 행하실 것임이라. 반드시 너를 떠나지 아니하시며 버리지 아니하시리라. 너는 마음을 강强하게 하고 담대膽大히 하라. 너는 이 백성百姓을 거느리고 여호와께서 주시거나 언약言約하신 땅에 들어가서 그 땅을 얻게 하라. 여호와께서 네 앞서 행하시며 너와 함께하여 너를 떠나지 아니하시며 너를 버리지 아니하시리니, 너는 두려워 말라 놀라지 말라. 이 율법律法을 써서 제사장祭司長과 장로長老에게 주고 이 율법律法을 낭독朗讀하여 온 백성百姓들이 듣게 할지니, 그들이 듣고 배우고 네 하나님 여호와를 경외敬畏하며 이 율법律法의 모든 말씀을 지켜 행하게 하고, 이 말씀을 알지 못하는 자녀子女들에게서 네 하나님 여호와 경외敬畏하기를 배우게 할지니라. (신 31:6~13)

보증保證과 담보擔保는 이익利益을 보려고 하지 말고, 책임責任지고 기쁜 마음으로 모든 것을 도와줄 각오를 하고 해주라는 교훈敎訓입니다. 정직正直하고 성결聖潔하게 사는 것이 성공成功과 행복幸福의 길임을 가르쳐 줍니다. 생명生命을 택擇하고 여호와 하나님을 사랑하고 그 말씀을 순종順從하는 것이 최고最高의 축복祝福이요 최상最上의 행복幸福임을 보장保藏해 주셨습니다.

【 낭송 표시 : 1회 ▚ / 4회 ■ / 목표 120회 】

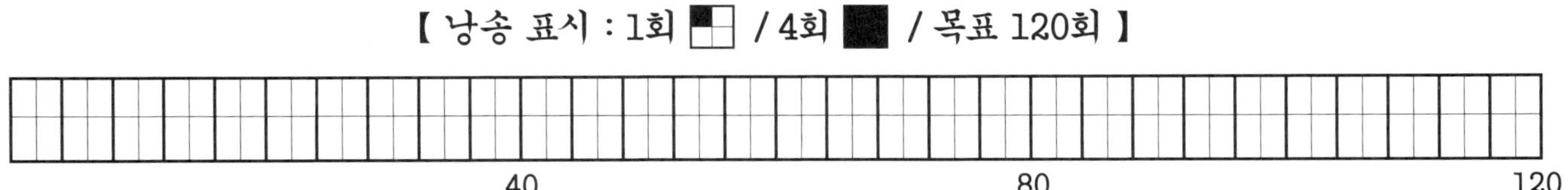

40 80 120

"주의 말씀은 내 발의 등이요 내 길에 빛이니이다"(시 119:105)

제 23 일

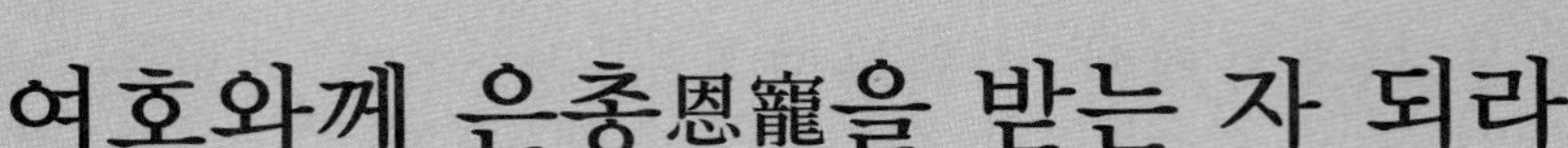

잠언 18:12

“마음의 즐거움은 얼굴을 빛나게 하여도 마음의 근심根尋은 심령心靈을 상傷하게 하느니라”(잠 15:13). 즐거움과 기쁨과 만족滿足은 행복幸福한 인생人生에게 주시는 은총恩寵입니다. 하나님을 사랑하고 그 뜻대로 사는 자에게 주시는 무한無限한 축복祝福입니다. 여호와께 은총恩寵을 받은 자로 살아가는 이들이 성도聖徒들입니다.

1. 유순柔順한 대답對答은 분노忿怒를 쉬게 하여도 과격過激한 말은 노怒를 격동激動케 하느니라. 마음의 즐거움은 얼굴을 빛나게 하여도 마음의 근심은 심령心靈을 상傷하게 하느니라. 가산家産이 적어도 여호와를 경외敬畏하는 것이 크게 부富하고 번뇌煩惱하는 것보다 나으니라. 여간如干 채소를 먹으며 서로 사랑하는 것이 살진 소를 먹으며 서로 미워하는 것보다 나으니라. 분忿을 쉽게 내는 자는 다툼을 일으켜도 노怒하기를 더디하는 자는 시비是非를 그치게 하느니라. 게으른 자의 길은 가시 울타리 같으나 정직正直하고 성실誠實한 자의 길은 대로大路니라. 지혜智慧로운 아들은 아비를 즐겁게 하여도 미련한 자는 어미를 업신여기느니라. 의논議論이 없으면 경영經營이 파破하고 모사謀士가 많으면 경영經營이 성립成立하느니라. 여호와를 경외敬畏하는 것이 지혜智慧의 훈계訓戒라 겸손謙遜은 존귀尊貴의 앞잡이니라. (잠 15:1~33)

2. 너희 행사行事를 여호와께 맡겨라 그리하면 너의 경영經營하는 것이 이루리라. 사람이 마음으로 자기의 길을 계획計劃할지라도 그 걸음을 인도引導하시는 자는 여호와니라. 교만驕慢은 패망敗亡의 선봉先鋒이요 거만倨慢한 마음은 넘어짐의 앞잡이니라. 삼가 말씀에 주의注意하는 자는 좋은 것을 얻나니 여호와를 의지依支하는 자가 복福이 있느니라. 노怒하기를 더디하는 자는 용사勇士보다 낫고 자기 마음을 다스리는 자는 성城을 빼앗는 것보다 나으니라. 사람이 제비를 뽑으나 일을 작정作定하기는 여호와께 있느니라. (잠 16:3~33)

3. 마른떡 한 조각만 있고도 화목和睦하는 것이 육선肉饍이 집에 가득하고 다투는 것보다 나으니라. 슬기로운 종은 주인의 부끄러움을 끼치는 아들을 다스리겠고, 또 그 아들들 중에서 유업遺業을 나눠 얻으리라. 도가니는 은銀을 풀무는 금金을 연단鍊鍛 하거니와 여호와는 마음을 연단鍊鍛하시느니라. 악惡을 행하는 자는 궤사詭詐한 입술을 잘 듣고, 거짓말하는 자는 악惡한 혀에 귀를 기울이느니라. 손자孫子는 노인老人의 면류관冕旒冠이요 아비는 자식子息의 영화榮華니라. 누구든지 악惡으로 선善을 갚으면 악惡이 그 집을 떠나지 아니하리라. 다투는 시작始作은 방축防築에서 물이 새는 것 같은즉 싸움이 일어나기 전에 시비是非를 그칠 것이니라. 마음이 사특邪慝한 자는 복福을 얻지 못하고 혀가 패역悖逆한 자는 재앙災殃에 빠지느니라. 마음의 즐거움은 양약良藥이라도 심령心靈의 근심은 뼈로 마르게 하느니라. 악인惡人은 뇌물賂物을 받고 재판裁判을 굽게 하느니라. (잠 17:1~23)

4. 명철明哲한 사람과 그 입의 말은 깊은 물과 같고 지혜智慧의 샘은 솟쳐 흐르는 내와 같으니라. 미련한 자의 입술은 다툼을 일으키고 그 입은 매를 자청自請하느니라. 자기의 일을 게을리 하는 자는 패가 하는 자니라. 여호와의 이름은 견고堅固한 망대望臺라 의인義人은 그리로 달려가서 안전安全함을 얻느니라. 부자富者의 재물財物은 그의 견고堅固한 성城이라 그가 높은 성벽城壁같이 여기느니라. 교만驕慢은 멸망滅亡의

선봉先鋒이요 겸손謙遜은 존귀尊貴함의 앞잡이니라. 사람의 심령心靈은 그 병病을 능能히 이기려니와 심령心靈이 상傷하면 누가 일으키겠느냐. 선물膳物은 그 사람의 길을 너그럽게 하며 존귀尊貴한 자의 앞으로 인도引導하느니라. 송사訟事에 원고原告의 말이 바른 것 같으나 그 피고被告가 와서 밝히느니라. 제비 뽑는 것은 다툼을 그치게 하여 강强한 자 사이에 해결解決케 하느니라. 노怒엽게 한 형제兄弟와 화목和睦하기가 견고固堅한 성城을 취하기보다 어려운즉 이러한 다툼은 산성山城 문빗장 같으니라. 사람의 입에서 나오는 열매로 하여 배가 부르게 되나니, 곧 그 입술에서 나오는 것으로 하여 만족滿足하게 되느니라. 죽고 사는 것이 혀의 권세權勢에 달렸나니 혀를 쓰기 좋아하는 자는 그 열매를 먹으리라. 좋은 아내를 얻는 자는 복福을 얻고 여호와께 은총恩寵을 받을자니라. (잠 18:4~22)

5. 사람이 미련하므로 자기 길을 굽게 하고 마음으로 여호와를 원망怨望하느니라. 재물財物은 많은 친구를 더하게 하나 가난한즉 친구가 끊어지느니라. 너그러운 사람에게는 은혜恩惠를 구求하는 자가 많고 선물膳物 주기를 좋아하는 자에게는 사람마다 친구가 되느니라. 지혜智慧를 얻는 자는 자기 영혼靈魂을 사랑하고 명철明哲을 지키는 자는 복福을 얻느니라. 거짓 증인證人은 벌罰을 면免치 못할 것이요 거짓말을 하는 자는 망亡할 것이니라. 너는 권고勸告를 들으며 은혜恩惠를 받으라 그리하면 네가 필경畢竟은 지혜智慧롭게 되리라. 여호와를 경외敬畏하는 것은 사람으로 생명生命에 이르게 하는 것이라. 여호와를 경외敬畏하면 만족滿足하게 지내고, 재앙災殃을 만나지 아니하느니라. 심판審判은 거만倨慢한 자를 위하여 예비豫備된 것이요, 채찍은 어리석은 자의 등을 위하여 예비豫備된 것이니라. (잠 19:3~29)

6. 포도주葡萄酒는 거만倨慢케 하는 것이요 독주毒酒는 떠들게 하는 것이라. 무릇 술에 미혹迷惑되는 자는 지혜智慧가 없는 자니라. 왕의 진노震怒는 사자獅子의 부르짖음 같으니 그를 노怒하게 하는 것은 자기의 생명生命을 해하는 것이니라. 다툼을 멀리하는 것이 사람에게 영광榮光이어늘 미련한 자와 다툼을 일으키느니라. 게으른 자는 가뭄에 밭 갈지 아니하나니 거둘 때에는 구걸求乞할지라도 얻지 못하리라. 한결같지 않은 저울추와 말은 여호와께서 미워하시느니라. 비록 아이라도 그 동작動作으로 자기의 품행品行의 청결淸潔하며 정직正直한 여부與否를 나타내느니라. 듣는 귀와 보는 눈은 다 여호와의 지으신 것이라. 너는 잠자기를 좋아하지 말라. 네가 빈궁貧窮하게 될까 두려우니라 네 눈을 뜨라 그리하면 양식糧食에 족하리라. 지혜智慧로운 입술은 보배니라. 타인他人을 위하여 보증保證이 된 자의 옷을 취하라 의인義人들의 보증保證이 된 자는 그 몸을 볼모 잡힐지니라. 속이고 취한 식물食物은 맛이 좋은 듯 하나 후에는 그 입에 모래가 가득하게 되리라. (잠 20:1~17)

유순柔順한 대답對答과 마음의 즐거움은 좋은 인간관계人間關係와 내적 평안內的平安을 줍니다. 서로 사랑하며 화목和睦하게 생활生活하는 것이 행복幸福을 누리는 비결秘結입니다. 정직正直하고 성실誠實하게 살아가는 이의 앞길은 형통亨通함과 번영繁榮이 기다리고 있습니다.

【 낭송 표시 : 1회 ◰ / 4회 ■ / 목표 120회 】

"주의 말씀은 내 발의 등이요 내 길에 빛이니이다"(시 119:105)

제 24 일

마땅히 행할 길을 아이에게 가르치라

잠언 22:6

“세 살 버릇 여든까지 간다”라는 격언格言은 어린이 교육教育의 중요성重要性을 깨우쳐 주는 교훈教訓입니다. 선악시비善惡是非 정사곡직正邪曲直을 어릴 때부터 잘 분별分別하고 결정決定할 수 있도록 가르치고 지도指導해야 합니다. 잠언서箴言書는 풍부豊富한 지혜智慧의 자원 보고資源寶庫입니다.

1. 의義와 공평公平을 행하는 것은 제사祭祀 드리는 것보다 여호와께서 기쁘게 여기시느니라. 눈이 높은 것과 마음이 교만驕慢한 것과 악인惡人의 형통亨通한 것은 다 죄罪니라. 부지런한 자의 경영經營은 풍부豊富함에 이를 것이나 조급躁急한 자는 궁핍窮乏함에 이를 따름이니라. 속이는 말로 재물財物을 모으는 것은 죽음을 구求하는 것이라. 다투는 여인女人과 함께 큰 집에서 사는 것보다 움막에서 혼자 사는 것이 나으니라. 가난한 자의 부르짖는 소리로 듣지 아니하면 자기의 부르짖을 때에도 들을 자가 없으리라. 공의公義를 행하는 것은 의인義人의 즐거움이요, 불의不義를 행하는 것은 죄인罪人의 패망敗亡이니라. 명철明哲의 길을 떠난 사람은 사망死亡에 거居하리라. 연락宴樂을 좋아하는 자는 가난하게 되고, 술과 기름을 좋아하는 자는 부富하게 되지 못하느니라. 다투며 성내는 여인女人과 함께 사는 것보다 광야曠野에서 혼자 사는 것이 나으니라. 의義와 인자仁慈를 구求하는 자는 생명生命과 의義와 영광榮光을 얻느니라. (잠 21:3~21)

2. 겸손謙遜과 여호와를 경외敬畏함의 보응報應은 재물財物과 영광榮光과 생명生命이니라. 패역자悖逆者의 길에는 가시와 올무가 있으니라. 마땅히 행할 길을 아이에게 가르치라 그리하면 늙어도 그것을 떠나지 아니하리라. 선善한 눈을 가진 자는 복福을 받으리니, 마음의 정결淨潔을 사모思慕하는 자의 입술에는 덕德이 있으므로, 임금이 그의 친구親舊가 되느니라. 음녀淫女의 입은 깊은 함정陷穽이라 여호와의 노怒를 당當한 자는 거기 빠지리라. 노怒를 품는 자와 사귀지 말며 울분한 자와 동행同行하지 말지니 네 영혼靈魂이 올무에 빠질까 두려움이니라. 선조先祖의 세운 옛 지계석地界石을 옮기지 말지니라. 자기 사업事業에 근실勤實한 사람은 왕王 앞에 설 것이라. 너는 귀를 기울여 지혜智慧의 말씀을 들어라. 네 속에 보존保存하며 네 입술에 있게 함이 아름다우니라. (잠 22:4~18)

3. 네가 관원官員과 함께 음식을 먹게 되거든 삼가 네 앞에 있는 자가 누구인지 생각하며 만일 탐식貪食자여든 네 목에 칼을 둘 것이니라. 그 진찬珍饌을 탐貪하지 말라 그것은 간사奸詐하게 베푼 식물食物이니라. 대저大抵 그 마음의 생각이 어떠하면 그 위인爲人도 그러한즉 그가 너더러 먹고 마시라 할지라도 그 마음은 너와 함께 하지 아니함이라. 악惡한 눈이 있는 자의 음식飮食을 먹지 말라. 네가 조금 먹은 것을 토吐하였고 아름다운 말도 헛된 데로 돌아가리라. 훈계訓戒에 착심着心하며 지식知識의 말씀에 귀를 기울이라. 아이를 훈계訓戒하라 채찍으로 때릴지라도 죽지 아니하리라. 채찍으로 때리면 그 영혼靈魂을 음부陰府에서 구원救援하리라. 내 아들아 네 마음이 지혜智慧로우면 내 마음이 즐겁겠고 네 입술이 정직正直하면 내 속이 유쾌愉快하리라. 네 마음으로 죄인罪人의 형통亨通을 부러워하지 말고, 항상恒常 여호와를 경외敬畏하라 그리하면 네 장래將來가 형통亨通하리라. (잠 23:1~17)

4. 내 아들아 너는 듣고 지혜智慧를 얻어 마음의 정로正路로 인도引導할지라. 술을 즐겨하는 자와 고기를 탐貪하는 자를 더불어 사귀지 말라 술취醉하고 탐식貪食하는 자는 가난하여질 것이요, 잠자기를 즐겨하는 자는 해어진 옷을 입을 것임이니라. 너 낳은 아비에게 청종聽從하고 네 어미를 경輕히 여기지 말지니라. 네 아버지를 즐겁게 하며 어머니를 기쁘게 하라 내 마음이 즐거워지리라. 대저大抵 음녀淫女는 깊은 구덩이요 이방여인異邦女人은 좁은 함정陷穽이라. 그는 강도强盜같이 매복埋伏하여 인간人間에 궤사詭詐한 자에게 얽매이게 되느니라. 재앙災殃과 근심根尋과 분쟁紛爭과 원망怨望과 창상創傷이 임하느니라. 술에 잠긴 자의 혼합混合한 술에 잠긴 자는 붉은 술잔의 술이 순하게 내려가서 마침내 뱀같이 물 것이요, 독사毒蛇같이 쏠 것이며 네 눈에는 괴이怪異한 것이 보일 것이요, 네 마음은 망령妄靈된 것을 발發할 것이요, 바다 가운데 누운자 같을 것이요, 돛대 위에 누운 자 같을 것이며, 나를 때려도 나는 아프지 아니하고 나를 상傷하게 하여도 내게 감각感覺이 없도다. 내가 언제나 깰까 내가 다시 술을 찾겠다 하리라. (잠 23:18~35)

5. 너는 악인惡人의 형통亨通함을 부러워하지 말며 그와 함께 있지 말아라. 그들의 마음은 강포强暴를 품고 그 입술은 잔해殘害를 말함이라. 미련한 자의 생각은 죄罪요 거만倨慢한 자는 미움을 받는 자니라. 대저大抵 의인義人은 일곱 번 넘어질지라도 다시 일어나려니와, 악인惡人은 재앙災殃으로 인因하여 엎드려지고 악인惡人의 등불은 꺼지느니라. 게으른 자의 밭과 지혜智慧없는 자의 포도원葡萄園은 가시덤불이 퍼졌으며 거친 풀이 지면地面에 덮였고 돌 담이 무너졌느니라. 좀더 자자 좀더 졸자 손을 모으고 좀더 눕자하니 네 빈궁貧窮이 강도强盜같이 오며 네 곤핍困乏이 군사軍士같이 이르리라. (잠 24:1~34)

6. 하늘의 높음과 땅의 깊음같이 마음은 헤아릴 수 없느니라. 은銀에서 찌끼를 제除하라. 그리하면 장색匠色의 쓸만한 그릇이 나올 것이요, 악惡한 자를 제除하라 그리하면 의義로 말미암아 견고堅固히 서리라. 스스로 높은 체하지 말라 너는 급히 나가서 다투지 말라, 이웃과 다투거든 변론辯論만하고 남의 은밀隱密한 일을 누설漏洩치 말라. 경우境遇에 합당合當한 말은 아로새긴 은쟁반銀錚盤에 금金사과니라. 슬기로운 자의 책망責望은 청종聽從하는 귀에 금金고리와 정금 장식精金粧飾이니라. 충성忠誠된 자는 그 주인主人의 마음을 시원케 하느니라. (잠 25:3~13)

인생人生은 시행착오施行錯誤를 해서 다시 시작始作하고 반복反復할 만한 시간적時間的 여유餘裕가 없는 길입니다. 모두 단일회적 선상單一回的線上을 달려가고 있습니다. 지혜智慧는 우리의 시행착오施行錯誤를 막아 주고 자유롭게 그리고 행복幸福하게 해줍니다. 우리의 몸과 영혼靈魂과 가정家庭과 일생一生을 행복幸福하게 지켜 보호保護해 줍니다. 지혜智慧는 하나님 말씀을 바로 깨닫고 실천實踐하는 능력能力입니다. 여호와께 은총恩寵을 받은 자는 경건敬虔하게 살고 지혜智慧롭게 판단判斷하게 됩니다.

【 낭송 표시 : 1회 ▚ / 4회 ■ / 목표 120회 】

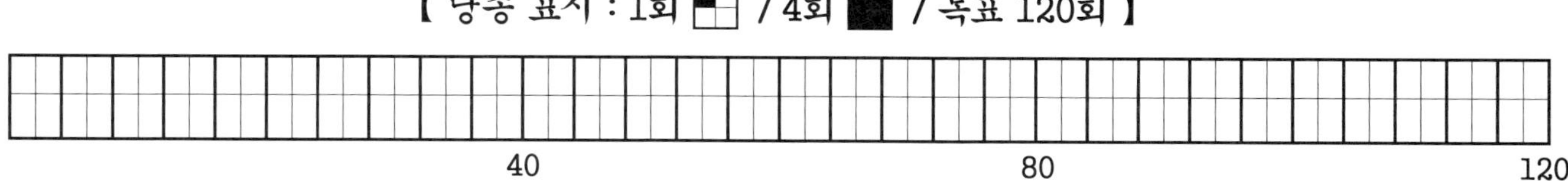

"주의 말씀은 내 발의 등이요 내 길에 빛이니이다"(시 119:105)

제 25 일

부지런히 살피며 마음을 두라

잠언 27:23

지혜자智慧者는 자기自己 맡은 분야分野에서 최선最善을 다하는 생활인生活人입니다. 동양 고사성어東洋古事成語에 '수신제가치국평천하修身齊家治國平天下' 뜻과 일치一致합니다. '부지런히 자기 양 떼를 살피며 소 떼에 마음을 두라.' 자신과 가정家庭과 직장職場과 사업事業에 근면勤勉하며 성실誠實한 생활生活을 교훈敎訓하고 있습니다.

1. 선물膳物한다고 자랑하는 자는 비 없는 구름과 같으니라. 오래 참으면 관원官員이 그 말을 용납容納하나니 부드러운 혀는 뼈를 꺾느니라. 너는 꿀을 만나거든 족足하리만큼 먹으라. 과식過食하므로 토吐할까 두려우니라. 너는 이웃집에 자주 다니지 말라 그가 너를 싫어하며 미워할까 두려우니라. 그 이웃을 쳐서 거짓 증거證據하는 사람은 방망이요 칼이요 뾰족한 살이니라. 환난患難 날에 진실眞實치 못한 자를 의뢰依賴하는 것은 부러진 이와 위골違骨된 발 같으니라. 마음이 상傷한 자에게 노래하는 것은 추운 날에 옷을 벗음 같고 소다 위에 초醋를 부음 같으니라. (잠 25:14~20)

2. 네 원수怨讐가 배고파 하거든 식물食物을 먹이고 목말라 하거든 물을 마시우라. 그리하는 것은 핀 숯으로 그의 머리에 놓는 것과 일반一般이요 여호와께서는 네게 상賞을 주시리라. 북풍北風이 비를 일으킴같이 참소讒訴하는 사람의 얼굴에 분忿을 일으키느니라. 다투는 여인女人과 함께 큰 집에서 사는 것보다 움막에서 혼자 사는 것이 나으니라. 좋은 기별奇別은 목마른 사람에게 냉수冷水 같으니라. 의인義人이 악인惡人 앞에 굴복屈伏하는 것은 우물의 흐리어짐과 샘의 더러워짐 같으니라. 꿀을 많이 먹는 것이 좋지 못하고 자기自己의 영예榮譽를 구求하는 것이 헛되니라. 자기自己의 마음을 제어制馭하지 아니하는 자는 성읍城邑이 무너지고 성벽城壁이 없는 것 같으니라. (잠 25:21~28)

3. 미련한 자에게는 영예榮譽가 적당適當하지 아니하니, 말에게는 채찍이요 나귀에는 자갈이요 미련한 자의 등에는 막대기니라. 미련한 자의 어리석은 것을 따라 대답對答하지 말라 두렵건대 네가 그와 같을까 하노라. 미련한 자에게 영예榮譽를 주는 것은 돌을 물매에 매는 것과 같으니라. 개가 토한 것을 도로 먹는 것같이 미련한 자는 그 미련한 것을 거듭 행하느니라. 게으른 자는 길에 사자獅子가 있다 거리에 사자獅子가 있다 하느니라. 문짝이 돌쩌귀를 따라서 도는 것같이 게으른 자는 침상寢床에서 쉬느니라. 함정陷穽을 파는 자는 그것에 빠질 것이요, 돌을 굴리는 자는 도리어 그것에 치이리라. 아첨阿諂하는 입은 패망敗亡을 일으키느니라. (잠 26:1~28)

4. 너는 내일 일을 자랑하지 말라, 하루 동안에 무슨 일이 날는지 네가 알 수 없음이니라. 타인他人으로 너를 칭찬稱讚하게 하고 네 입으로는 말며 외인外人으로 너를 칭찬稱讚하게 하고 네 입술로는 말지니라. 배부른 자는 꿀이라도 싫어하고 주린 자에게는 쓴 것이라도 다니라. 기름과 향이 사람의 마음을 즐겁게 하나니 충성忠誠된 권고勸告가 아름다우니라. 네 친구와 아비의 친구親舊를 버리지 말며 네 환난患難날에 형제兄弟의 집에 들어가지 말지어다. 가까운 이웃이 먼 형제兄弟보다 나으니라. 슬기로운 자는 재앙災殃을 보면 숨어 피하여도 어리석은 자들은 나아가다가 해害를 받느니라. 보증保證이 된 자는 그 몸을 볼모 잡힐지니라. 이른 아침에 큰 소리로 그 이웃을 축복祝福하면 도리어 저주詛呪같이 여기게 되리라. (잠 27:1~14)

5. 철鐵이 철鐵을 날카롭게 하는 것 같이, 사람이 그 친구親舊의 얼굴을 빛나게 하느니라. 무화과無花果 나무를 지키는 자는 그 과실果實을 먹고 자기自己 주인主人의 시종侍從하는 자는 영화榮華를 얻느니라. 물에 비취이면 얼굴이 서로 같은 것같이 사람의 마음도 서로 비취느니라. 음부陰府와 유명幽冥은 만족滿足함이 없고 사람의 눈도 시련試鍊하느니라. 네 양 떼의 형편形便을 부지런히 살피며 네 소 떼에 마음을 두라. 풀을 벤 후에는 새로 움이 돋나니 산에서 꼴을 거둘 것이니라. 양털은 옷이 되며 염소는 밭을 사는 값이 되며, 염소의 젖은 넉넉하여 식물食物이 되느니라. (잠 27:17~27)

6. 악인惡人은 쫓아오는 자가 없어도 도망逃亡하나 의인義人은 사자獅子같이 담대膽大하니라. 악인惡人은 공의公義를 깨닫지 못하나 여호와를 찾는 자는 모든 것을 깨닫느니라. 성실誠實히 행하는 가난한 자는 사곡邪曲히 행하는 부자富者보다 나으니라. 율법律法을 듣지 아니하면 그 기도祈禱가 가증可憎하니라. 정직正直한 자를 악惡한 길로 유인誘引하는 자는 스스로 함정陷穽에 빠져도 성실誠實한 자는 복福을 얻느니라. 경외敬畏하는 자는 복福되거니와, 강퍅剛愎한 자는 재앙災殃에 빠지리라. 토지土地를 경작耕作하는 자는 먹을 것이 많으려니와 방탕放蕩하는 자는 궁핍窮乏하리라. (잠 28:1~19)

내일 일은 아무도 알지 못합니다. 기다림과 가능성可能性과 희망봉希望奉입니다. 하나님께서 약속約束의 선물膳物로 내일과 미래未來를 주셨습니다. 각자各自 맡은 일에 최선最善을 다하는 성실誠實 근면勤勉 절약節約이 진정 성공적成功的의 인생人生길입니다.

【 낭송 표시 : 1회 ▣ / 4회 ■ / 목표 120회 】

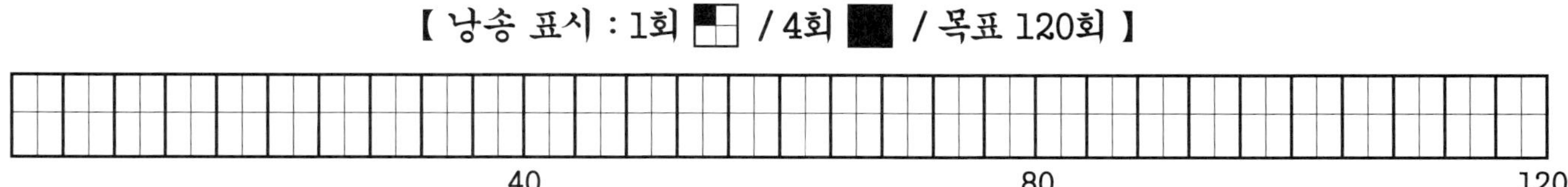

"주의 말씀은 내 발의 등이요 내 길에 빛이니이다"(시 119:105)

제 26 일

여호와를 경외敬畏하는 여자는 칭찬稱讚을 받으리라

잠언 31:30

어머니의 역할役割이 중요重要합니다. 여인女人의 역할役割은 '딸-아내-어머니'로 일생 동안一生同安 이어집니다. 어머니는 가정家庭의 안전安全과 행복幸福의 열쇠를 관리管理하는 안방마님입니다.

1. 지혜智慧로운 자와 미련한 자가 다투면 노怒하든지 웃든지 그 다툼이 그침이 없느니라. 피 흘리기를 좋아하는 자는 온전穩全한 자를 미워하고 정직正直한 자의 생명生命을 찾느니라. 어리석은 자는 그 노怒를 다 드러내어도 지혜智慧로운 자는 그 노怒를 억제抑制하느니라. 가난한 자와 포악暴惡한 자가 섞여 살거니와 여호와께서는 빛을 주시느니라. 채찍과 꾸지람이 지혜智慧를 주거늘 임의任意로 버려두면 그 자식子息은 어미를 욕辱되게 하느니라. 자식子息을 징계懲戒하라 그리하면 그가 너를 평안平安하게 하겠고 또 네 마음에 기쁨을 주리라. 묵시默示가 없으면 백성百姓이 방자放恣히 행하거니와 율법律法을 지키는 자는 복福이 있느니라. (잠 29:9~18)

2. 종을 어렸을 때부터 곱게 양육養育하면 그가 나중에는 자식子息인 체하리라. 노怒하는 자는 다툼을 일으키고 분忿하는 자는 범죄犯罪함이 많으니라. 교만驕慢하면 낮아지게 되겠고 겸손謙遜하면 영예榮譽를 얻으리라. 불의不義한 자는 의인義人에게 미움을 받고 정직正直한 자는 악인惡人에게 미움을 받느니라. (잠 29:21~27)

3. 하나님의 말씀은 순전純全하며 하나님은 그를 의지依支하는 자의 방패防牌시니라. 허탄虛誕과 거짓말을 멀리 하옵시며, 나로 가난하게도 마옵시고, 부富하게도 마옵시고 오직 필요한 양식糧食으로 내게 먹이시옵소서. 혹 내가 배불러서 하나님을 모른다 여호와가 누구냐 할까 하오며, 혹 내가 가난하여 도적질하고 내 하나님의 이름을 욕辱되게 할까 두려워함이니이다. (잠 30:5~9)

4. 공중에 날아다니는 독수리의 자취와 반석磐石 위로 기어다니는 뱀의 자취와, 바다로 지나다니는 배의 자취와 남자가 여자와 함께 한 자취며 음녀淫女의 자취도 그러하니라. 그가 먹고 그 입을 씻음같이 말하기를 내가 악惡을 행치 아니하였다 하느니라. (잠 30:19~20)

5. 세상世上을 진동震動시키며 세상世上으로 견딜 수 없게 하는 것 서넛이 있나니, 곧 종이 임금된 것과 미련한 자가 배부른 것과, 꺼림을 받는 계집이 시집간 것과 계집 종이 주모主母를 이은 것이니라. 땅에 작고도 가장 지혜智慧로운 것 넷이 있나니, 곧 힘이 없는 종류種類로되 먹을 것을 여름에 예비豫備하는 개미와 약弱한 종류種類로되, 집을 바위 사이에 짓는 사반과 임금이 없으되 다 떼를 지어 나아가는 메뚜기와 손에 잡힐 만하여도

왕궁王宮에 있는 도마뱀이니라. 만일 네가 미련하여 스스로 높은 체하였거니와, 혹 악惡한 일을 도모圖謀하였거든 네 손으로 입을 막으라. 대저大抵 젖을 저으면 뻐터가 되고 코를 비틀면 피가 나는 것같이 노를 격동激動하면 다툼이 남이니라. (잠 30:21~33)

6. 르우엘아 포도주葡萄酒를 마시는 것이 왕王에게 마땅치 아니하고, 왕王에게 마땅치 아니하며 독주毒酒를 찾는 것이 주권자主權者에게 마땅치 않도다. 술을 마시다가 법法을 잊어버리고 모든 간곤艱困한 백성百姓에게 공의公義를 굽게 할까 두려우니라. 독주毒酒는 죽게 된 자에게 포도주葡萄酒는 근심하는 자에게 줄지어다. 그는 마시고 그 빈궁貧窮한 것을 잊어버리겠고 다시 그 고통苦痛을 기억記憶치 아니하리라. 너는 입을 열어 공의公義로 재판裁判하여 간곤艱困한 자와 궁핍窮乏한 자를 신원伸寃할지니라. (잠 31:4~9)

7. 누가 현숙賢淑한 여인女人을 찾아 얻겠느냐 그 값은 진주眞珠보다 더 하니라. 남편男便의 마음은 그를 믿나니 산업産業이 핍절乏絶치 아니하겠으며, 살아있는 동안에 선善을 행하고, 양털과 삼을 구求하여 부지런히 손으로 일하며, 상고商賈의 배와 같아서 먼데서 양식糧食을 가져오며, 밤이 새기 전에 일어나서 그 집 사람에게 식물食物을 나눠 주며 여종에게 일을 정定하여 맡기며, 밭을 간품看品하여 사며, 그 손으로 번 것을 가지고 포도원葡萄園을 심으며, 힘으로 허리를 묶으며 그 팔을 강强하게 하며, 자기自己의 무역貿易하는 것이 이로운 줄을 깨닫고, 밤에 등불을 끄지 아니하고 손으로 솜뭉치를 들고 손가락으로 가락을 잡으며, 간곤艱困한 자에게 손을 펴며, 궁핍窮乏한 자를 위하여 손을 내밀며 그 집 사람들은 다 홍색紅色 옷을 입었으므로, 눈이 와도 두려워 아니하며 아름다운 방석方席을 지으며, 세마포細麻布와 자색紫色 옷을 입으며 그 남편男便은 장로長老로 더불어 성문城門에 앉으며, 사람의 아는 바가 되며 그는 베로 옷을 지어 팔며 띠를 만들어 상고商賈에게 맡기며, 능력能力과 존귀尊貴로 옷을 삼고 후일後日을 웃으며, 입을 열어 지혜智慧를 베풀며 그 혀로 인애仁愛의 법法을 말하며, 그 집안 일을 보살피고 그 남편男便은 칭찬稱讚하기를 덕행德行 있는 여자가 많으나, 그대는 여러 여자女子보다 뛰어난다 하느니라. 고운 것도 거짓되고 아름다운 것도 헛되나 오직 여호와를 경외敬畏하는 여자女子는 칭찬稱讚을 받을 것이라. 그 손의 열매가 그에게로 돌아갈 것이요 그 행한 일을 인하여 성문城門에서 칭찬稱讚을 받으니라. (잠 31:10~31)

현숙賢淑한 여인 여호와를 경외敬畏하는 여인女人입니다. 여호와를 경외敬畏하는 현숙賢淑한 여인女人은 가정家庭과 교회敎會와 사회社會를 아름답게 하고 은혜恩惠롭게 하며 모두를 행복幸福하게 합니다.

【 낭송 표시 : 1회 ▚ / 4회 ■ / 목표 120회 】

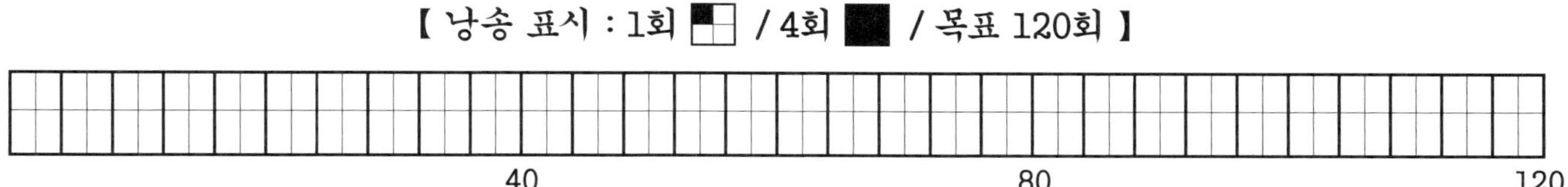

40 80 120

"주의 말씀은 내 발의 등이요 내 길에 빛이니이다"(시 119:105)

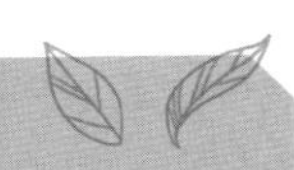

제 27 일

자기 일에 즐거워하는 분복分福을 누리게 하소서

전도서 3:22

솔로몬 왕王은 잠언서箴言書에서 하나님을 경외敬畏하는 것이 지혜智慧의 근본根本임을 교훈敎訓하였습니다. 전도서傳道書에서는 '모든 것이 헛되도다'라며 허무주의虛無主義를 노래하였습니다. 해 아래 수고受苦하는 것이 헛되지만 '하나님이 행行하시는 것은 영원永遠하다'라고 노래하였습니다. 더 할 수도 덜 할 수도 없는 제한制限된 사람이나 하나님을 경외敬畏하는 것이 인생人生의 본분本分임을 가르치고 있습니다.

1. 전도자傳道者가 가로되 헛되고 헛되며 헛되고 헛되니 모든 것이 헛되도다. 사람이 해 아래서 수고受苦하는 모든 수고受苦가 자기에게 무엇이 유익有益한고 한 세대世代는 가고, 한 세대世代는 오되 땅은 영원永遠히 있도다. 해는 떴다가 지며 그 떴던 곳으로 빨리 돌아가고, 바람은 남南으로 불다가 북北으로 돌이키며 이리 돌며 저리 돌아 불던 곳으로 돌아가고, 모든 강물은 바다로 흐르되 바다를 채우지 못하며 어느 곳으로 흐르든지 그리고 연連하여 흐르느니라. (전 1:2~7)

2. 만물萬物의 피곤疲困함을 사람이 말로 다 할 수 없나니, 눈은 보아도 족足함이 없고 귀는 들어도 차지 아니하도다. 이미 있었던 것이 후後에 다시 있겠고 이미 한 일을 후後에 다시 할지라. 해 아래 새것이 없나니 보라 이것이 새것이라 할 것이 있으랴, 나 전도자傳道者는 예루살렘에서 이스라엘 왕王이 되어 마음을 다하여 지혜智慧를 써서 하늘 아래서 행하는 모든 일을 궁구窮究하며 살핀즉, 이는 괴로운 것이니 하나님이 인생人生들에게 주사 수고受苦하게 하신 것이라. (전 1:8~13)

3. 내가 해 아래서 행하는 모든 일을 본즉 다 헛되어 바람을 잡으려는 것이로다. 구부러진 것을 곧게 할 수 없고, 어지러진 것을 셀 수 없도다. 내가 큰 지혜智慧를 많이 얻었으므로 나보다 먼저 예루살렘에 있던 자보다 낫다 하였나니, 곧 내 마음이 지혜智慧와 지식知識을 많이 만나 보았음이로다. 내가 지혜智慧를 알고자 하여 미친 것과 미련한 것을 알고자 하여 마음을 썼으나, 이것도 바람을 잡는 것인 줄 깨달았도다. 지혜智慧가 많으면 번뇌煩惱도 많으니 지식知識을 더하는 자는 근심을 더하느니라. (전 1:14~18)

4. 천하天下에 범사凡事가 기한期限이 있고, 모든 목적目的이 이룰 때가 있나니, 날 때가 있고 죽을 때가 있고, 심을 때가 있고 뽑을 때가 있고, 죽일 때가 있고 치료시킬 때가

있으며, 헐 때가 있고 세울 때가 있으며, 울 때가 있고 웃을 때가 있으며, 슬퍼할 때가 있고 춤을 출 때가 있으며, 돌을 던져 버릴 때가 있고 거둘 때가 있으며, 안을 때가 있고 멀리할 때가 있으며, 찾을 때가 있고 잃을 때가 있으며, 지킬 때가 있고 버릴 때가 있으며, 찢을 때가 있고 꿰맬 때가 있으며, 사랑할 때가 있고 미워할 때가 있으며, 전쟁戰爭할 때가 있고 평화平和할 때가 있느니라. 일하는 자가 그 수고受苦로 말미암아 무슨 이익利益이 있으랴. 하나님이 인생人生들에게 노고勞苦를 주사 아프게 하신 것을 보았노라. 하나님이 모든 것을 지으시되 때를 따라 아름답게 하였고, 또 사람에게 영원永遠히 사모思慕하는 마음을 주셨느니라. 그러나 하나님의 하시는 일의 시종始終을 사람이 측량測量할 수 없게 하셨도다. (전 3:1~11)

5. 사람이 사는 동안에 기뻐하며 선善을 행行하는 것보다 나은 것이 없는 줄을 내가 알았고 사람마다 먹고 마시는 것과 수고受苦함으로 낙樂을 누리는 것이 하나님의 선물膳物인 줄을 알았도다. 무릇 하나님의 행하시는 것은 영원永遠히 있을 것이라. 더할 수도 없고 덜할 수도 없나니, 하나님이 이같이 행하심은 사람으로 그 앞에서 경외敬畏하게 하려 하심인 줄 알았도다. 이제 있는 것이 옛적에 있었고 장래將來에 있을 것도 옛적에 있었나니, 하나님은 이미 지난 것을 다시 찾으시느니라. (전 3:12~15)

6. 의인義人과 악인惡人을 하나님이 심판審判하시리니, 이는 모든 목적目的과 모든 일이 이룰 때가 있음이라. 다 흙으로 말미암았으므로 다 흙으로 돌아가나니, 다 한곳으로 가거니와 인생人生의 혼魂은 위로 올라가고 짐승의 혼魂은 땅으로 내려가는 줄 누가 알랴. 그러므로 사람이 자기 일에 즐거워하는 것보다 나은 것이 없나니 이는 그의 분복分福이라. 이 신후사身後事를 보게 하려고 저를 도로 데리고 올 자가 누구이랴. (전 3:17~22)

"하나님이 모든 것을 지으시되 때를 따라 아름답게 하였고…사람에게 영원永遠을 사모思慕하는 마음을 주셨느니라"(전 3:11). 그러므로 "자기 일에 즐거워하는 것보다 나은 것이 없나니 이는 그의 분복分福이라"는 말씀처럼 하나님께서 우리 인생人生에게 맡긴 일을 즐겁게 최선最先을 다하는 청지기 직분자職分者가 가장 복福 있는 자임을 가르쳐 주셨습니다.

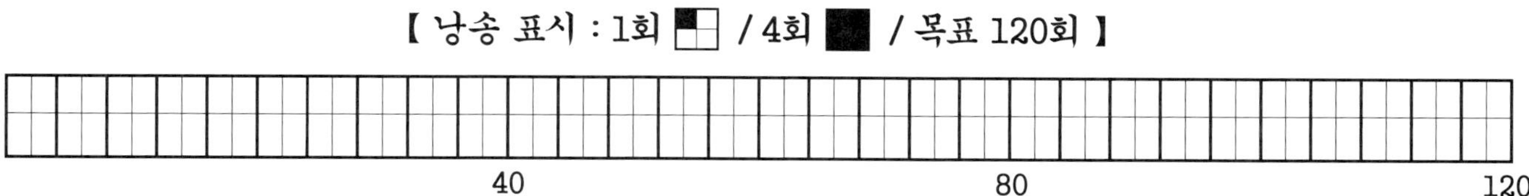

"주의 말씀은 내 발의 등이요 내 길에 빛이니이다"(시 119:105)

제 28 일

사랑하는 아내와 즐겁게 살지어다

전도서 9:9

가정家庭은 하나님이 세우신 행복幸福의 낙원樂園입니다. 돕는 배필配匹과 함께 즐겁고 기쁘게 살도록 보금자리를 마련해 주셨습니다. “사랑하는 아내와 즐겁게 살지어다.” 가정家庭과 교회敎會는 영육간靈肉間에 행복幸福을 보장保障하고 유지維持시켜 주는 거룩한 기관機關입니다. 우리 교회 모든 성도聖徒님들의 가정家庭은 즐겁게 살아가는 행복幸福한 가정家庭이 되시기 바랍니다.

1. 너는 하나님의 전殿에 들어갈 때에 네 발을 삼갈지어다. 가까이 하여 말씀 듣는 것이 우매자愚昧者의 제사祭祀드리는 것보다 나으니, 저희는 악惡을 행하면서도 깨닫지 못함이니다. 너는 하나님 앞에서 함부로 입을 열지 말며, 급急한 마음으로 말을 내지 말라. 하나님은 하늘에 계시고 너는 땅에 있음이니라. 그런즉 마땅히 말을 적게 할 것이라. 일이 많으면 꿈이 생기고 말이 많으면 우매자愚昧者의 소리가 나타나느니라. 꿈이 많으면 헛된 것이 많고 말이 많아도 그러하니 오직 너는 하나님을 경외敬畏하라. 은銀을 사랑하는 자는 은銀으로 만족滿足함이 없고, 풍부豊富를 사랑하는 자는 소득所得으로 만족滿足함이 없나니 이것도 헛되도다. 재산財産이 더하면 먹는 자도 더하나니, 그 소유주所有主가 눈으로 보는 외에 무엇이 유익有益하랴. 노동자勞動者는 먹는 것이 많든지 적든지 잠을 달게 자거니와, 부자는 배부름으로 자지 못하느니라. (전 5:1~12)

2. 저가 모태母胎에서 벌거벗고 나왔은즉 그 나온 대로 들어가고 수고受苦하여 얻은 것을 아무것도 손에 가지고 가지 못하리니, 어떻게 왔든지 그대로 가리니 바람을 잡으려는 수고受苦가 저에게 무엇이 유익有益하랴, 일평생一平生 번뇌煩惱와 병病과 분노忿怒가 저에게 있느니라. 사람이 하나님의 주신바 그 일평생一平生에 먹고 마시며, 해 아래서 수고受苦하는 모든 수고受苦 중에서 낙樂을 누리는 것이 선善하고 아름다움을 보았나니, 이것이 그의 분복分福이로다. 하나님이 재물財物과 부요富饒를 주사 능能히 누리게 하시며 분복分福을 받아 수고受苦함으로 즐거워하게 하신 것은 하나님의 선물膳物이라. (전 5:15~19)

3. 너는 가서 기쁨으로 네 식물食物을 먹고 즐거운 마음으로 네 포도주葡萄酒를 마실지어다. 이는 하나님이 나의 하는 일을 벌써 기쁘게 받으셨음이니라. 네 의복衣服을 항상恒常 희게 하고 네 머리에 향기름을 그치지 않게 할지니라. 네 헛된 평생平生의 모든 날 곧 하나님이 해 아래서 네게 주신 모든 헛된 날에 사랑하는 아내와 함께 즐겁게 살지어다. 네가 일평생一平生에 해 아래서 수고受苦하고 얻은 분복分福이니라. 무릇 네 손이 일을 당하는 대로 힘을 다하여 일할지어다. (전 9:7~10)

4. 내 마음에 이르기를 너를 즐겁게 하리니 너는 낙樂을 누리라 하였으나 이것도 헛되도다. 내가 어떻게 하여야 내 마음에 지혜智慧로 다스림을 받으면서 내 육신肉身을 즐겁게 할까. 또 어떻게 하여야 취取하여서 인생人生을 종신終身토록 생활生活함에 어떤 것이 쾌락快樂인지 알까. 나의 사업事業을 크게 하였노라, 집들을 지으며 포도원葡萄園을 심으며, 여러 동산과 과원果園을 만들고 각종各種 과목果木을 심었으며, 수목樹木을 기르는 삼림森林과 물 주기 위하여 못을 팠으며, 소와 양 떼의 소유所有를 많게 하였으며, 금은金銀 보배와 노래하는 남녀男女와 첩妾들을 두었노라. 내 눈이 원하는 것과 내 마음이 즐거워하는 것을 막지 아니하였으니, 그 후後에 본즉 내 손으로한 모든 일과 수고受苦가 다 헛되어 바람을 잡으려는 것이며 해 아래서 무익無益한 것이로다. (전 2:1~11)

5. 아름다운 이름이 보배로운 기름보다 낫고, 죽는 날이 출생出生하는 날보다 나으며, 초상初喪집에 가는 것이 잔칫집에 가는 것보다 나으니, 모든 사람의 결국結局이 이와 같이 됨이라. 슬픔이 웃음보다 나음은 얼굴에 근심함으로 마음이 좋게 됨이라. 지혜자智慧者의 마음은 초상初喪집에 있으되, 우매자愚昧者의 마음은 연락宴樂하는 집에 있느니라. 지혜자智慧者의 책망責望을 듣는 것이 우매자愚昧者의 노래를 듣는 것보다 나으니라. 우매자愚昧者의 웃음소리를 솥 밑에서 가시나무의 타는 소리 같으니 이것도 헛되니라. 일의 끝이 시작始作보다 낫고, 참는 마음이 교만驕慢한 마음보다 나으니, 급한 마음으로 노怒를 발發하지 말라. 노怒는 우매자愚昧者의 품에 머무름이니라. 하나님의 행하시는 일을 보라 형통亨通한 날에는 기뻐하고 곤고困苦한 날에는 생각生覺하라. (전 7:1~14)

6. 의인義人이나 지혜자智慧者나 그들이 행하는 일이 다 하나님의 손에 있으니, 사랑을 받을는지 미움을 받을는지 사람이 알지 못하는 것은 모두 그 미래未來임이라. 모든 사람의 결국結局이 일반一般인 그것은 해 아래서 모든 일 중에 악惡한 것이니, 곧 인생人生의 마음에 악惡이 가득하여 평생平生에 미친 마음을 품다가 후後에는 죽은 자에게로 돌아가는 것이라. 모든 산 자 중에 참여參與한 자가 소망所望이 있음은 산 개가 죽은 사자獅子보다 나음이니라. (전 9:1~4)

지나친 욕심慾心은 화禍를 불러오고 지나친 욕망慾望은 몸을 해칩니다. 주어진 여건與件과 환경環境에 알맞게 자기 분수自己分守에 맞게 감사感謝한 마음으로 즐겁게 사는 것이 인생人生의 지혜智慧요 행복幸福임을 교훈敎訓하고 있습니다.

【 낭송 표시 : 1회 ▚ / 4회 ■ / 목표 120회 】

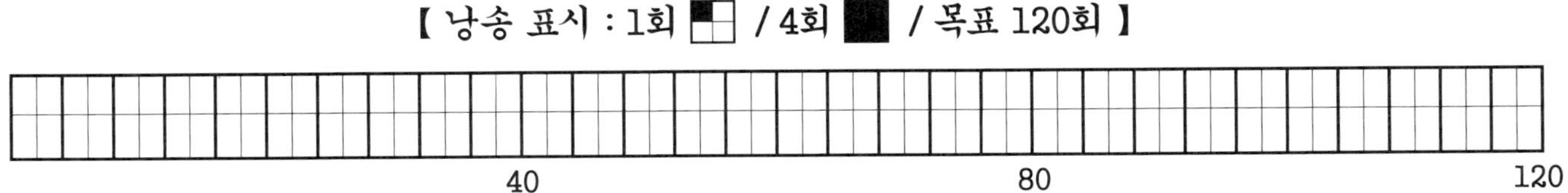

"주의 말씀은 내 발의 등이요 내 길에 빛이니이다"(시 119:105)

제 29 일

이것이 사람의 본분本分이니라

전도서 12:13

사람의 본분本分은 생명生命을 귀貴하게 여기고 삶을 풍성豊盛하게 영위榮位하는 것입니다. 생명生命을 전수傳受해 주시고 양육養育해 주신 부모님께 효도孝道하는 것입니다. 생명生命을 주신 하나님을 경외敬畏하고 영광榮光 돌리는 것입니다. 생명生命을 계승繼承하는 가정家庭을 잘 꾸미고 자녀子女들을 잘 길러야 합니다. 평안平安과 번영繁榮을 이룩하고 함께 기쁨과 즐거움 가운데 행복幸福하게 살아가야 합니다. 하나님이 허락許諾하신 영원永遠한 생명生命을 얻어 풍성豊盛하게 살아가는 것이 사람의 본분本分입니다.

1. 이러므로 내가 사는 것을 한恨하였노니 이는 해 아래서 하는 일이 내게는 괴로움이요, 다 헛되어 바람을 잡으려는 것임이로다. 내가 해 아래서 수고受苦한 모든 수고受苦에 대하여 도리어 마음으로 실망失望케 하였도다. 사람이 해 아래서 수고受苦하는 모든 수고受苦와 마음에 애쓰는 것으로 소득所得이 무엇이랴. 일평생一平生에 근심하며 수고受苦하는 것이 슬픔뿐이라 그 마음이 밤에도 쉬지 못하니 이것도 헛되도다. 사람이 먹고 마시며 수고受苦하는 가운데서 심령心靈으로 낙樂을 누리게 하는 것보다 나은 것이 없나니, 내가 이것도 본즉 하나님의 손에서 나는 것이로다. 하나님이 그 기뻐하시는 자에게 지혜智慧와 지식知識과 희락喜樂을 주시나, 죄인罪人에게는 노고勞苦를 주시고, 저로 모아 쌓게 하사 하나님을 기뻐하는 자에게 주게 하시나이다. (전 2:17~26)

2. 너는 네 식물食物을 물 위에 던지라. 여러 날 후에 도로 찾으리라. 구름에 비가 가득稼得하면 땅에 쏟아지며 나무가 남南으로나 북北으로나 쓰러지면 그 쓰러진 곳에 그냥 있으리라. 바람의 길이 어떠함과 뼈가 어떻게 자라는 것을 네가 알지 못함같이, 만사萬事를 성취成就하시는 하나님의 일을 네가 알지 못하느니라. 너는 아침에 씨를 뿌리고 저녁에도 손을 거두지 말라. 이것이 잘될는지 알지 못함이니라. 빛은 실實로 아름다운 것이라 눈으로 해를 보는 것은 즐거운 일이로다. 사람이 여러 해를 살면 항상恒常 즐거워할지로다. (전 11:1~8)

3. 청년青年이여 네 어린 때를 즐거워하며, 네 청년青年의 날을 마음에 기뻐하여 마음에 원願하는 길과 네 눈이 보는 대로 좇아 행行하라. 그러나 하나님이 이 모든 일로 인因하여 너를 심판審判하실 줄을 알라. 그런즉 근심으로 네 마음에서 떠나게 하며 악惡으로 네 몸에서 물러가게 하라. (전 11:9~10)

4. 너는 청년青年 **때 곧 곤고**困苦**한 날이 이르기 전, 나는 아무 낙**樂**이 없다고 할 때가 가깝기 전에 너의 창조자**創造者**를 기억**記憶**하라. 해와 빛과 달과 별들이 어둡기 전에 비 뒤에 구름이 다시 일어나기 전에 그리하라. 그런 날에는 집을 지키는 자들이 떨 것이며 힘 있는 자들이 구부러질 것이며, 맷돌질하는 자들이 적으므로 그칠 것이며, 창들로 내어다 보는 자가 어두워질 것이며, 길거리 문들이 닫혀질 것이며 맷돌 소리가 적어질 것이며, 새의 소리로 인하여 일어날 것이며 음악**音樂**하는 여자**女子**들은 다 쇠**衰**하여질 것이며, 살구나무가 꽃이 필 것이며, 메뚜기도 짐이 될 것이며, 원욕**願欲**이 그치리니 이는 사람이 자기**自己 **영원**永遠**한 집으로 돌아가고, 조문자들이 거리로 왕래**往來**하게 됨이라.** (전 12:1~5)

5. 은銀**줄이 풀리고 금**金**그릇이 깨어지고, 항아리가 샘곁에서 깨어지고 바퀴가 우물 위에서 깨어지고, 흙은 여전히 땅으로 돌아가고 신은 그 주신 하나님께로 돌아가기 전에 기억**記憶**하라, 전도자**傳道者**가 가로되 헛되고 헛되도다 모든 것이 헛되도다.** (전 12:6~8)

6. 전도자傳道者**가 지혜**智慧**로움으로 여전**如前**히 백성**百姓**에게 지식**知識**을 가르쳤고, 또 묵상**默想**하고 궁구**窮究**하여 잠언**箴言**도 많이 지었고, 전도자**傳道者**가 힘써 아름다운 말을 구**求**하였나니 기록**記錄**한 것은 정직**正直**하여 진리**眞理**의 말씀이니라. 지혜자**智慧者 **말씀은 찌르는 채찍 같고, 회중**會衆**의 스승의 말씀은 잘 박힌 못 같으니 다 한 목자**牧者**의 주신 바니라. 내 아들아 징계**懲戒**를 받으라. 여러 책을 짓는 것은 끝이 없고 많이 공부하는 것은 몸을 피곤**疲困**케 하느니라. 일의 결국**結局**을 다 들었으니 하나님을 경외**敬畏**하고 그 명령**命令**을 지킬지어다. 이것이 사람의 본분**本分**이니라. 하나님은 모든 행위**行爲**와 모든 은밀**隱密**한 일을 선악**善惡 **간에 심판**審判**할지니라.** (전 12:9~14)

전도서傳道書는 복잡複雜한 인생人生을 가장 단순單純하여 복福되게 사는 지혜智慧를 교훈敎訓해 주었습니다. 일의 결국結局은 하나님을 경외敬畏하고 그 명령命令을 지키는 것이 인생人生의 본분本分이요 행복幸福입니다. 이것이 인생人生과 역사歷史의 가장 핵심核心되는 교훈敎訓이요 행복幸福의 비결秘結입니다.

【 낭송 표시 : 1회 ▚ / 4회 ■ / 목표 120회 】

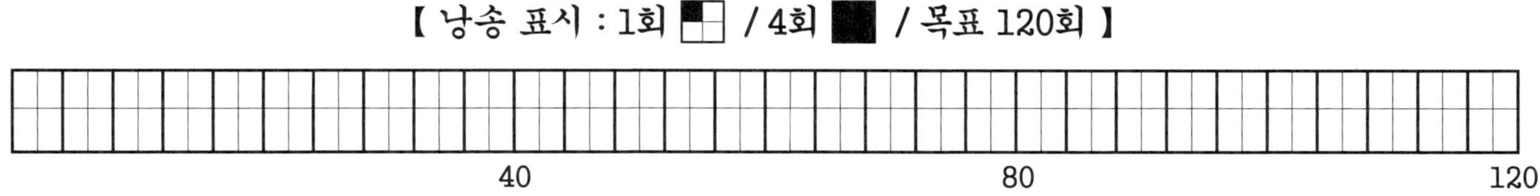

40 80 120

"주의 말씀은 내 발의 등이요 내 길에 빛이니이다"(시 119:105)

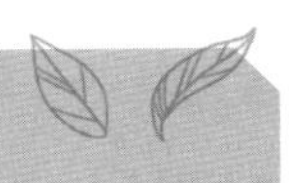

제 30 일

내가 여기 있나이다 나를 보내소서

이사야 6:8

자유自由는 방종放縱으로 변變하기 쉽고, 부유富裕함은 방탕放蕩으로 변질變質되기 쉽습니다. 유복裕福해진 이스라엘이 우상숭배偶像崇拜를 좋아하고 허랑방탕虛浪放蕩에 빠져, 택擇한 백성百姓의 거룩함을 잊고 그 사명使命을 망각忘却하고 세속화世俗化되어 갔습니다. 하나님께서 마지막 기회機會를 주었습니다. "누가 갈꼬…내가 여기 있나이다 나를 보내소서"(사 6:8). 이사야 선지先知는 하나님의 계시啓示를 받고 그 백성百姓을 구원救援하기 위해 선지자先知者 사역使役을 수행遂行하였습니다.

1. 하늘이여 들으라 땅이여 귀를 기울이라. 여호와께서 말씀하시기를 내가 자식子息을 양육養育하였거늘, 그들이 나를 거역拒逆하였도다. 소는 그 임자를 알고 나귀는 주인主人의 구유를 알건만은 이스라엘은 알지 못하고 나의 백성百姓은 깨닫지 못하는도다. 슬프다 범죄犯罪한 나라요, 허물진 백성百姓이요, 행악行惡의 종자種子요, 행위行爲가 부패腐敗한 자식子息이로다. 그들이 여호와를 버리고 이스라엘의 거룩한 자를 만홀慢忽히 여겨 멀리하고 물러갔도다. 너희가 어찌하여 매를 더 맞으려고 더욱 더욱 패역悖逆하느냐. 온 머리는 병病들었고 온 마음은 피곤疲困하였으며, 발바닥에서 머리까지 성한 곳이 없이 상傷한 것과 터진 것과 새로 맞은 흔적痕跡 뿐이어늘, 이것을 짜며 싸매어 기름으로 유柔하게 함을 받지 못하였도다. (사 1:2~6)

2. 여호와께서 말씀하시되 오라 우리가 서로 변론辯論하자. 너희 죄罪가 주홍朱紅 같을지라도 눈과 같이 희어질 것이요, 진홍眞紅같이 붉을지라도 양羊털같이 되리라. 너희가 즐겨 순종順從하면 땅의 아름다운 소산所産을 먹을 것이요, 너희가 거절拒絶하여 배반背叛하면 칼에 삼키우리라 여호와의 입의 말씀이니라. (사 1:18~20)

3. 웃시야 왕의 죽던 해에 내가 본즉 주께서 높이 들린 보좌寶座에 앉으셨는데, 그 옷자락은 성전聖殿에 가득하였고, 스랍들은 모셔섰는데 각기 여섯 날개가 있어, 그 둘로는 그 얼굴을 가리었고 그 둘로는 그 발을 가리었고, 그 둘로는 날며 서로 창화唱和하여 가로되, 거룩하다 거룩하다 만군萬軍의 여호와여 그 영광榮光이 온 땅에 충만充滿하도다. 그때에 내가 말하되 화禍로다 나여 망亡하게 되었도다. 나는 입술이 부정不淨한 사람이요, 입술이 부정不淨한 백성百姓중에 거居하면서 만군萬軍의 여호와이신 왕을 뵈었음이로다. 때에 그 스랍의 하나가 화저火箸로 단壇에서 취한 바 핀 숯을 손에 가지고 내게로 날아와서 그것을 내 입에 대며 가로되, 보라 이것이 네 입에 닿았으니 네 악惡이 제除하여졌고 내 죄罪가 사赦하여졌느니라. 이르시되 내가 누구를 보내며 누가 우리를 위하여 갈꼬, 그때에 내가 가로되 내가 여기 있나이다 나를 보내소서. (사 6:1~8)

4. 전前에 고통苦痛하던 자에게 흑암黑暗이 없으리로다. 여호와께서 스불론 땅과 납달리 땅으로 멸시蔑視를 당當케 하였더니, 요단 저편 갈릴리를 영화榮華롭게 하셨느니라.

흑암黑暗에 행行하던 백성百姓이 큰 빛을 보고, 사망死亡의 그늘진 땅에 거居하던 자에게 빛을 비춰도다. 주께서 이 나라를 창성昌盛케 하시며 그 즐거움을 더하게 하셨으므로, 추수秋收하는 즐거움을 주의 앞에서 즐거워하오니, 무겁게 멘 멍에와 막대기는 꺾으시느니라. 이는 한 아기가 우리에게 났고 한 아들을 우리에게 주신 바 되었는데, 그 어깨에는 정사政事를 메였고 그 이름은 기묘자奇妙者라, 모사謀士라 전능全能하신 하나님이라 영존永存하시는 아버지라. 평강平康의 왕王이라 할 것임이라. 그 정사政事와 평강平康이 무궁無窮하여 다윗의 나라를 굳게 세우고, 영원永遠토록 공평公平과 정의正義로 보존保存하실 것이라. 만군萬軍의 여호와의 열심熱心이 이를 이루시리라. (사 9:1~7)

5. 이새의 줄기에서 한 싹이 나며 그 뿌리에서 한 가지가 나서 결실結實할 것이요, 여호와의 신神 곧 지혜智慧와 총명聰明의 신神이요 모략謀略과 권능權能의 신神이요, 지식知識과 여호와를 경외敬畏하는 신神이 그 위에 강림降臨하시리니, 여호와를 경외敬畏함으로 즐거움을 심을 것이며, 공의公義로 심판審判하며 겸손謙遜한 자를 판단判斷할 것이며, 그 입의 막대기로 세상世上을 치며 입술의 기운氣運으로 악인惡人을 죽일 것이며 공의公義로 허리띠를 삼으며 성실誠實로 몸의 띠를 삼으리라. 그때에 이리가 어린양과 함께 거居하며, 표범이 어린 염소와 함께 누우며, 송아지가 어린 사자獅子와 살찐 짐승이 함께 있어 어린아이에게 끌리며, 젖 먹는 아기가 독사毒蛇의 구멍에서 장난하며 젖 뗀 어린아이가 독사毒蛇의 굴에 손을 넣을 것이라. 나의 거룩한 산 모든 곳에서 해害됨도 없고 상傷함도 없나니, 이는 물이 바다를 덮음같이 여호와의 아는 지식知識이 세상世上에 충만充滿할 것임이라. (사 11:1~9)

6. 보라 하나님은 나의 구원救援이시라. 내가 의뢰依賴하고 두려움이 없으리니, 주 여호와는 나의 힘이시며 나의 노래시며 나의 구원救援이심이라. 그러므로 너희가 기쁨으로 구원救援의 우물들에게 물을 길으리로다. 여호와께 감사感謝하라 그 이름을 부르며 그 행하심을 만국萬國 중에 선포宣布하며 그 이름이 높게 하라. 여호와를 찬송讚頌할 것은 극極히 아름다운 일을 하셨음이니 온 세계世界에 알게 할지어다. 시온의 거민居民아 소리 높여 부르라 이스라엘의 거룩하신 자가 너희 중에 크심이니라. (사 12:2~6)

하나님의 후회後悔하심과 한탄恨歎하심이 기록紀錄되어 있습니다. "사람의 죄악罪惡이 세상世上에 관영貫盈함을 보시고 땅위에 사람 지으셨음을 한탄恨歎하사 근심하시고"(창 6:7). "내가 자식子息을 양육養育하였거늘 그들이 나를 거역拒逆하였도다. 슬프다 범죄犯罪한 나라요 허물진 백성百姓이요, 행악行惡의 종자種子요 부패腐敗한 자식子息이로다"(사 1:2-4). 인간人間의 타락상墮落相과 하나님의 용서容恕와 사랑을 깊이 헤아려 보아야 합니다.

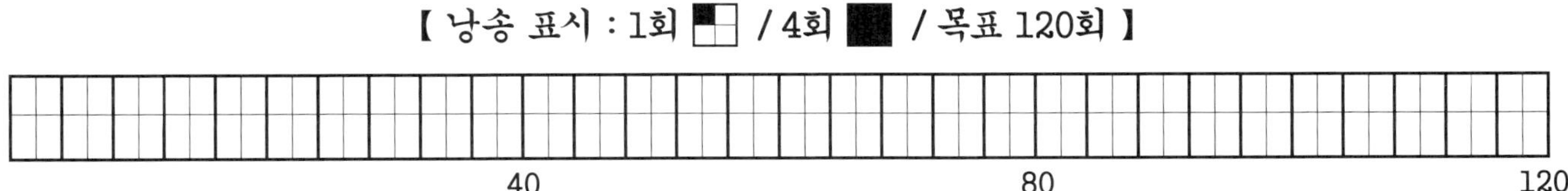

"주의 말씀은 내 발의 등이요 내 길에 빛이니이다"(시 119:105)

제 31 일

네 기도祈禱를 들었고 네 눈물을 보았노라

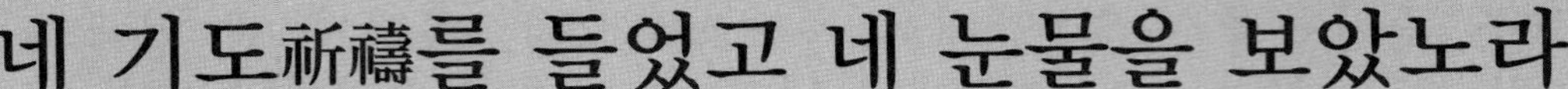

이사야 38:5

히스기야 왕이 병病들어 죽게 되었습니다. 그때 왕은 하나님께 병病 고침 받고자 간절히 기도祈禱를 드렸습니다. 회개悔改의 기도祈禱를 드렸습니다. '네 기도祈禱와 네 눈물'은 병고침의 역사役事로 응답應答 되었습니다.

1. 광야曠野와 메마른 땅이 기뻐하며 사막沙漠이 백합화百合化같이 피어 즐거워하며, 무성茂盛하게 되어 기쁜 노래로 즐거워하여 레바논의 영광榮光과 갈멜과 사론의 아름다움을 얻을 것이라. 그들이 여호와의 영광榮光 곧 우리 하나님의 아름다움을 보리로다. 약弱한 손을 강强하게 하여 주며 떨리는 무릎을 굳게하여 주며, 겁내는 자에게 이르기를 너는 굳세게 하라. 두려워 말라 보라 너의 하나님이 오사 보수報讐하시며 보복報復하여 주실 것이라. 그가 너희를 구救하시리라. (사 35:1~4)

2. 그때에 소경의 눈이 밝을 것이며 귀머거리의 귀가 열릴 것이며, 그때에 저는 자는 사슴같이 뛸 것이며 벙어리의 혀는 노래하리니, 이는 광야曠野에 물이 솟겠고 사막沙漠에서 시내가 흐를 것임이라. 거기 대로大路가 있어 그 길을 거룩한 길이라 일컫는 바 되리니, 오직 구속救贖함을 입은 자들을 위하여 얻게 된 것이라. 여호와의 속량贖良함을 얻은 자들이 돌아오되, 노래하여 시온에 이르러 그 머리 위에 영영永永한 희락喜樂을 띠고 기쁨과 즐거움을 얻으리니, 슬픔과 탄식歎息이 달아나리로다. (사 35:5~10)

3. 그즈음에 히스기야가 병病들어 죽게 되니, 여호와께서 말씀하시기를 너는 유언遺言하라 네가 죽고 살지 못하리라. 히스기야가 얼굴을 벽壁으로 향向하고 여호와께 기도祈禱하여 가로되, 여호와여 구求하오니 내가 주의 앞에서 진실眞實과 전심全心으로 행하여 주의 목전目前에서 선善하게 행한 것을 추억追憶하옵소서, 하고 심甚히 통곡痛哭하니 여호와의 말씀이 이사야에게 임하니라. 가라사대 너는 가서 히스기야에서 이르기를 하나님 여호와께서 말씀하시기를 네 기도祈禱를 들었고 네 눈물을 보았노라, 내가 네 수한壽限에 십오 년을 더하고 내가 이 성城을 보호保護하리라. (사 38:1~6)

4. 유다 왕 히스기야가 병病들었다가 그 병病이 나을 때에, 주여 사람의 사는 것이 주께 있고 내 생명生命도 온전穩全히 주께 있사오니, 원願컨대 나를 치료治療하시고 살려 주시니 감사感謝하나이다. 보옵소서 내게 큰 고통苦痛을 더하신 것은 내게 평안平安을

주려 하심이라. 주께서 나의 영혼靈魂**을 사랑하사 멸망**滅亡**의 구덩이에서 건지셨고, 나의 모든 죄**罪**를 던졌나이다. 오늘날 내가 산 것을 주께 감사**感謝**하며, 주의 신실**信實**을 그 자녀**子女**에게 알게 하리이다. 여호와께서 나를 구원**救援**하시리니 우리가 종신**終身**토록 여호와의 전**殿**에서 나의 노래로 노래하리로다.** (사 38:9~20)

5. 하나님이 가라사대 너희는 위로慰勞**하라. 내 백성**百姓**을 위로**慰勞**하라 외치는 자의 소리여 가로되 너희는 광야**曠野**에서 여호와 길을 예비**豫備**하라. 사막**沙漠**에서 우리 하나님의 대로**大路**를 평탄**平坦**케 하라. 골짜기마다 돋우어지며 산마다 작은 산마다 낮아지며, 고르지 않는 곳이 평탄**平坦**케 되며 험한 곳이 평지**平地**가 될 것이요, 여호와의 영광**榮光**이 나타나고 모든 육체**肉體**가 그것을 함께 보리라. 대저**大抵 **여호와의 입이 말씀하였느니라. 말하는 자의 소리여 가로되 외치라 대답**對答**하되 모든 육체**肉體**는 풀이요 그 모든 아름다움은 들의 꽃과 같으니, 풀은 마르고 꽃도 시듦은 여호와 기운**氣運**이 그 위에 붊이라. 이 백성**百姓**은 실로 풀이로다 풀은 마르고 꽃은 시드나 우리 하나님의 말씀은 영영**永永**히 서리라.** (사 40:1~8)

6. 아름다운 소식消息**을 시온에 전**傳**하는 자여 너는 높은 산에 오르라, 아름다운 소식**消息**을 예루살렘에 전**傳**하는 자여 너는 힘써 소리를 높이라. 두려워 말고 소리를 높여 이르기를 너희 하나님을 보라 하라. 영원**永遠**하신 하나님 여호와 땅끝까지 창조**創造**하신 자는 피곤**疲困**치 아니하시며 곤비**困憊**치 아니하시며, 피곤**疲困**한 자에게 능력**能力**을 주시며 무능**無能**한 자에게 힘을 더하시나니, 오직 여호와를 앙망**仰望**하는 자는 새 힘을 얻으리니 독수리의 날개치며 올라감 같을 것이요, 달음박질하여도 곤비**困憊**치 아니하겠고 걸어가도 피곤**疲困**치 아니하리라.** (사 40:9~31)

하나님의 말씀으로 고침 받아 영적靈的으로 육적肉的으로 건강健康을 회복回復하여야 합니다. 하나님의 성전聖殿에 영광榮光이 가득 차야 평화平和와 번영繁榮이 주어집니다. 메시아의 탄생誕生으로 완전完全한 구원救援이 성취成就됩니다. 완전完全한 해방解放과 자유自由는 메시아 왕국王國에서 이루어집니다. 죽을 병病에 들어도 회개悔改하고 하나님께로 돌아오면 고침 받고 건강健康과 생명生命을 얻게 됩니다. 여호와를 경외敬畏하는 사람은 새 힘을 얻어 구원救援의 새 역사役事를 이룹니다.

【 낭송 표시 : 1회 ▞ / 4회 ■ / 목표 120회 】

“주의 말씀은 내 발의 등이요 내 길에 빛이니이다”(시 119:105)

V

너를 도와주리라

제 1 일

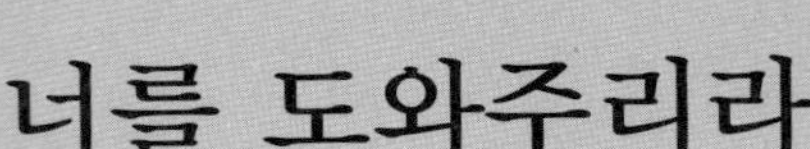

너를 도와주리라

이사야 41:10

하나님은 죄罪와 허물이 많은 사람도 부르십니다. 택擇한 백성百姓이기 때문입니다. 과거過去에도 사랑했고 지금只今도 사랑하시고 미래未來에도 사랑하시기 때문입니다. 하나님께 돌아오면 품에 안아 주시고 용서容恕해 주시고 사랑해 주십니다. "너는 내것이라." "너를 도와주리라." 하나님의 자녀子女는 영원永遠한 천국백성天國百姓입니다.

1. 나의 종 너 이스라엘아 나의 택擇한 야곱아 나의 벗 아브라함의 자손子孫아, 땅끝에서부터 너를 붙들며 땅 모퉁이에서부터 너를 부르고, 네게 이르기를 너는 나의 종이라, 내가 너를 택擇하고 버리지 아니하리라. 두려워 말라 나는 네 하나님이 됨이라 내가 너를 굳세게 하리라. 참으로 너를 도와주리라 참으로 나의 의義로운 오른손으로 너를 붙들리라. 나 여호와 너의 하나님이 네 오른 손을 붙들고 네게 이르기를 두려워 말라 내가 너를 도우리라 할 것임이라. (사 41:8~13)

2. 지렁이 같은 너 야곱아 너희 이스라엘 사람들아 두려워 말라. 나 여호와가 말하노라 내가 너를 도울 것이라 네 구속자救贖者는 이스라엘의 거룩한 자니라. 내가 강江을 열며 골짜기 가운데 샘이 나게 하며, 광야曠野로 물이 되게 하며 마른 땅으로 샘의 근원根源이 되게 할 것이며, 내가 광야曠野에 백향목柏香木과 싯딤나무와 화석류化石榴와 감람나무를 심고, 잣나무와 소나무와 황양목黃楊木을 함께 두리니, 여호와의 손이 지은 바요 이스라엘의 거룩한 자가 창조創造한 바를 알리라. (사 41:14~20)

3. 내가 붙드는 나의 종 내 마음에 기뻐하는 나의 택擇한 사람을 보라. 내가 나의 신神을 그에게 주었은즉 공의公義를 베풀리라. 상傷한 갈대를 꺾지 아니하며 꺼져 가는 등불을 끄지 아니하고 진리眞理로 공의公義를 베풀 것이며, 쇠衰하지 아니하고 낙담落膽하지 아니하고, 세상世上에 공의公義를 세우리라. 나는 영광榮光의 여호와니 내 영광榮光을 다른 자에게 내 찬송讚頌을 우상偶像에게 주지 아니하리라. 항해航海하는 자와 바다 가운데 섬과 그 거민居民들아 여호와께 새 노래로 노래하며, 땅 끝에서부터 찬송讚頌하라. 여호와께 영광榮光을 돌리며 그의 찬송讚頌을 선전宣傳할지어다. (사 42:1~12)

4. 야곱아 너를 창조創造하신 여호와께서 이제 말씀하시느니라. 이스라엘아 너를 조성造成하신 자가 이제 말씀하시느니라. 너는 두려워 말라 내가 너를 구속救贖하였고, 내가 너를 지명指名하며 불렀나니 너는 내 것이라. 네가 물 가운데로 지날 때에 내가 함께 할 것이라. 강江을 건널 때에 물이 너를 침몰沈沒치 못할 것이며, 네가 불 가운데로 행할 때에 타지도 아니할 것이요, 불꽃이 너를 사르지 못할 것이니, 대저大抵 나는 여호와 네 하나님이요 이스라엘의 거룩한 자요 네 구원자救援者임이라. (사 43:1~3)

5. 내가 너를 보배롭고 존귀尊貴하게 여기고 너를 사랑하였은즉 두려워 말라. 내가 너와 함께하여 내 이름으로 일컫는 자 곧 내 영광榮光을 위하여 창조創造한 자를 오게 하라. 그들을 내가 지었고 만들었느니라. 나는 여호와라 나 외에 구원자救援者가 없느니라. 나는 여호와 너희의 거룩한 자요, 창조자創造者요 왕王이니라. 너희는 이전 일을 기억記憶하지 말며 옛적 일을 생각하지 말라. 보라 내가 새 일을 행하리니 이제 나타낼 것이라. 이 백성百姓은 내가 나를 위하여 지었나니, 나의 찬송讚頌을 부르게 하려 함이니라. (사 43:4~21)

6. 나의 종 야곱, 나의 택擇한 이스라엘아 이제 들어라. 너를 지으며 너를 모태母胎에서 조성造成하고 너를 도와 줄 여호와가 말하노라. 나의 종 야곱 나의 택擇한 여수룬아 두려워 말라. 대저大抵 내가 갈渴한 자에게 물을 주며, 마른 땅에 시냇가 흐르게 하며 나의 신神을 네 자손子孫에게 나의 복福을 네 후손後孫에게 내리리니, 그들이 풀 가운데서 솟아나기를 시냇가에 버들같이 할 것이라. 나는 여호와께 속屬하였다 할 것이며, 여호와께 속屬하였음을 기록記錄하고 칭호稱呼하리라. 왕王인 여호와 구속자救贖者인 여호와가 말하노라. 나는 처음이요 마지막이라 나 외에 다른 신神이 없느니라. (사 44:1~6)

7. 너희는 두려워 말며 겁怯내지 말라. 너희는 나의 증인證人이라 나 외에 신神이 있겠느냐 과연果然 반석磐石이 없나니 다른 신神이 없음이라. 우상偶像을 만드는 자는 다 허망虛妄하도다 그들의 기뻐하는 우상偶像은 무익無益한 것이어늘 수치羞恥를 당當하리라. 신상神像을 만들며 무익無益한 우상偶像을 부어 만든 자는 다 수치羞恥를 당當할 것이니라. 자기 우상偶像을 만들고 그 앞에 부복俯伏하여 경배敬拜하며 기도祈禱하여 이르기를 너는 나의 신神이니 나를 구원救援하라 하는도다. 그들이 알지 못하고 깨닫지 못하고 눈이 가리워져서 보지 못하며 그 마음이 어두워져서 깨닫지 못함이라. (사 44:8~18)

"무익無益한 우상偶像을 만드는 자는 수치羞恥를 당當하리라. 알지 못하고 깨닫지 못하고 눈이 가리워져서 보지 못하고 마음이 어두워서 깨닫지 못함이라"(사 44:9, 18). 미신 숭상迷信崇尙과 우상숭배偶像崇拜는 하나님이 가장 싫어하고 가증可憎히 여기는 행동行動입니다.

【 낭송 표시 : 1회 ▚ / 4회 ■ / 목표 120회 】

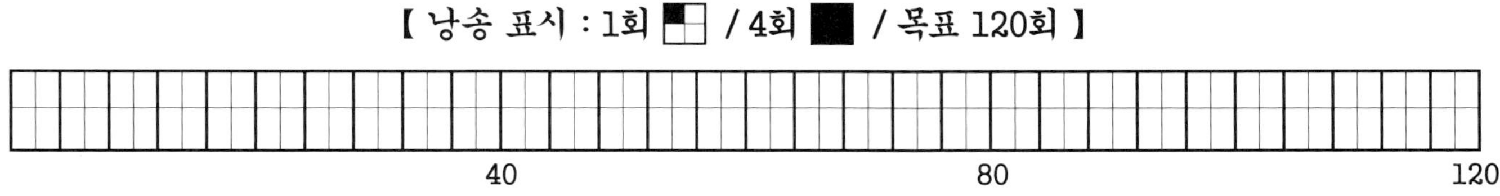

"주의 말씀은 내 발의 등이요 내 길에 빛이니이다"(시 119:105)

제 2 일

내게로 오라 내가 너를 구속救贖하였음이니라

이사야 44:22

사랑의 하나님은 그의 택擇한 백성百姓을 끝까지 부르십니다. 일관一貫된 하나님의 은총恩寵입니다. '내게로 오라 네 죄罪를 도말塗抹하였고 너를 구속救贖하였음이라.' 너무나 큰 사랑이요 큰 은혜恩惠입니다.

1. 만군萬軍의 여호와가 말하노라. 나는 처음이요 나는 마지막이라. 나 외에 다른 신神이 없느니라. 내가 네 허물을 빽빽한 구름의 사라짐 같이 네 죄罪를 안개의 사라짐 같이 도말塗抹 하였으니, 너는 네게로 오라 내가 너를 구속救贖하였음이니라. 여호와께서 이 일을 행行하셨으니 하늘아 노래할지어다 땅들아 부를지어다. 모든 나무들아 소리내어 노래할지어다. 여호와께서 구속救贖하셨으니 영화榮華롭게 하실 것이로다. 네 구속자救贖者요 모태母胎에서 너를 조성造成한 여호와라 말하노라. 나는 만물萬物을 지은 여호와라 나와 함께한 자 없이 홀로 하늘을 폈으며, 땅을 베풀었고 거짓말 하는 자를 폐廢하며 점占치는 자를 미치게 하며, 지혜智慧로운 자들을 물리쳐 그 지식知識을 어리석게 하며, 내 종의 말을 응應하게 하며 내 사자使者의 모략謀略을 성취成就하게 하며 모든 성읍城邑이 중건重建 될 것이라. 황폐荒廢한 곳들을 복구復舊시키리라. (사 44:6~26)

2. 너희 조상祖上 아브라함과 사라를 생각하여 보라. 내가 부르고 복福을 주어 창성昌盛케 하였느니라. 대저大抵 나 여호와가 시온을 위로慰勞하고, 그 모든 황폐荒廢한 곳을 위로慰勞하여 광야曠野로 에덴 같고, 사막沙漠으로 동산 같게 하였으니 기뻐함과 즐거워함과 감사感謝함과 창화唱和하는 소리가 있으리라. 내 백성百姓이여 내게 주의注意하라 내 나라여 내게 귀를 기울이라 이는 율법律法이 내게서 발發할 것임이라. 내 공의公義를 만민萬民의 빛으로 세우리라. 의義를 아는 자들아, 마음에 율법律法이 있는 자들아 사람의 훼방毁謗을 두려워 말라. 사람의 비방誹謗에 놀라지 말라. 나의 의義는 영원永遠히 있겠고 나의 구원救援은 세세世世에 미치리라. (사 51:2~8)

3. 여호와께 구속救贖된 자들이 돌아와서 노래하며 시온으로 들어와서, 그 머리 위에 영영永永한 기쁨을 쓰고, 즐거움과 기쁨을 얻으리니 슬픔과 탄식嘆息이 달아나리로다. 나는 네 하나님 여호와라 내 이름은 만군萬軍의 여호와니라. 내 말을 네 입에 두고 내 손으로 너를 덮었으니, 이는 내가 하늘을 펴며 땅의 기초基礎를 정定하며 너는 내 백성百姓이라 하였음이라. (사 51:11~16)

4. 시온이여 깰지어다 깰지어다 네 힘을 입을지어다. 거룩한 성城 예루살렘이여 아름다운

옷을 입을지어다. 여호와께서 말씀하시되 너희가 돈 없이 속량贖良 되리라. 좋은 소식消息을 가져오며 평화平和를 공포公布하며, 네 하나님이 통치統治하신다 하는 자의 산을 넘을 발이 어찌 그리 아름다운고, 너 예루살렘의 황폐荒廢한 곳들아 기쁜 소리를 발發하여 함께 노래할지어다. 이는 여호와께서 그 백성百姓을 위로慰勞하셨고 예루살렘을 구속救贖하셨음이라. 우리 하나님의 구원救援을 보았도다. (사 52:1~10)

5. 그는 주主 앞에서 자라나기를 연軟한 순 같고, 마른 땅에서 나온 줄기 같아서, 고운 모양貌樣도 없고 풍채風彩도 없은즉 우리의 보기에 흠모欽慕할 만한 아름다운 것이 없도다. 그는 멸시蔑視를 받아서 사람에게 싫어 버린 바 되었고, 간고艱苦를 많이 겪었으며 질고疾苦를 아는 자라 사람들에게 멸시蔑視를 당當하였고, 그를 귀貴히 여기지 아니하였도다. 그는 실實로 우리의 질고疾苦를 지고 우리의 슬픔을 당當하였거늘, 우리의 생각하기를 그는 징벌懲罰을 받아서 하나님에게 맞으며 고난苦難을 당當한다 하였노라. (사 53:2~4)

6. 그가 찔림은 우리의 허물을 인因함이요, 그가 징계懲戒를 받음으로 우리가 평화平和를 누리고, 그가 채찍에 맞음으로 우리가 나음을 입었도다. 우리는 다 양羊 같아서 그릇 행行하여 각기各其 제 길로 갔거늘, 여호와께서는 우리 무리의 죄악罪惡을 그에게 담당擔當시키셨도다. 그가 곤욕困辱을 당當하여 괴로울 때에도 그 입을 열지 아니하였음이여, 어린 양이 털 깎는 자 앞에 잠잠潛潛한 양羊같이 그 입을 열지 아니하였도다. 그가 곤욕困辱과 심문審問을 당當하고 끌려갔으니, 그가 산 자의 땅에서 끊어짐은 마땅히 형벌刑罰 받을 내 백성百姓의 허물을 인因함이라. 그 무덤이 악인惡人과 함께 되었으며, 그 묘실墓室이 부자富者와 함께 되었도다. 여호와께서 그로 상傷함을 받게 하시기 원願하사, 질고疾苦를 당當케 하였은즉 그의 손으로 여호와의 뜻을 성취成就하리로다. 나의 의義로운 종이 많은 사람을 의義롭다 하며 그들의 죄악罪惡을 친親히 담당擔當하리라. (사 53:5~11)

우리 무리의 죄악罪惡을 어린 양 예수에게 담당擔當시켰습니다. 이것은 대속적代贖的 은총恩寵입니다. "예수 나를 위하여 십자가十字架를 질 때 세상 죄世上罪를 지시고 고초 당하셨네 예수님 예수님 나의 죄罪 위하여 보배피를 흘리니 죄인罪人 받으소서"(찬송가 144장).

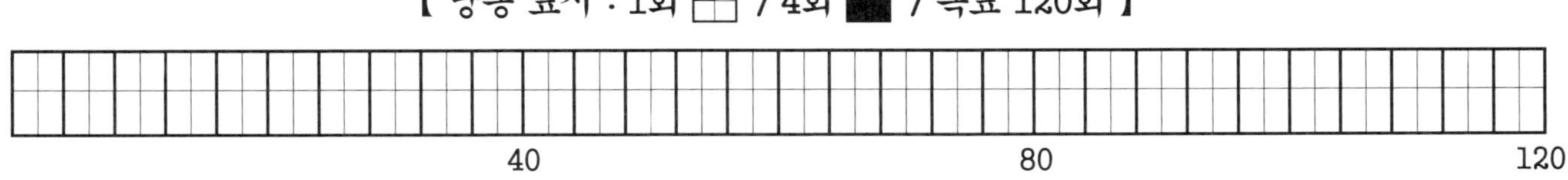

"주의 말씀은 내 발의 등이요 내 길에 빛이니이다"(시 119:105)

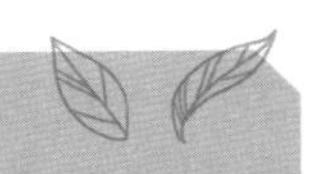

제 3 일

나아와 들어라 영혼靈魂이 살리라

이사야 55:3

"믿음은 들음에서 나며 들음은 그리스도의 말씀으로"(롬 10:17). 하나님께로 나와서 말씀을 듣고 믿고 순종順從하면 영혼靈魂이 살고 큰 은혜恩惠를 받아 복福된 인생人生이 됩니다.

1. 잉태孕胎치 못하며 생산生産치 못한 너는 노래할지어다. 구로劬勞치 못한 너는 외쳐 노래할지어다. 여호와의 말이니라 네 장막帳幕터를 넓히며 네 처소處所의 휘장揮帳을 아끼지 말고 널리 펴되, 너의 줄을 길게 하며 너의 말뚝을 견고堅固히 할지어다. 이는 네가 좌우左右로 퍼지며 네 자손子孫은 열방列邦을 얻으며 황폐荒廢한 성읍城邑들로 사람 살 곳이 되게 할 것임이니라. 이는 너를 지으신 자는 만군萬軍의 여호와시며, 네 구속자救贖者는 이스라엘의 거룩한 자시라. 온 세상世上의 하나님이라 나의 인자仁慈는 네게서 떠나지 아니하며 화평和平케 하는 나의 언약言約을 옮기지 아니하리라. 너를 긍휼矜恤히 여기는 여호와의 말이니라. (사 54:1~10)

2. 너희 목마른 자들아 물로 나아오라. 돈 없는 자도 오라 나를 청종聽從하라 그리하면 너희가 좋은 것을 먹을 것이며, 너희 마음이 기름진 것으로 즐거움을 얻을 것이라. 너희는 귀를 기울이고 내게 나아와 들어라 그리하면 너희 영혼靈魂이 살리라. 내가 너희에게 영원永遠한 언약言約을 세우리니 다윗에게 허락許諾한 확실確實한 은혜恩惠니라. 내가 그를 만민萬民에게 증거證據로 세웠고 만민萬民의 인도자引導者와 명령자命令者를 삼았었나니, 나 여호와 네 하나님 곧 이스라엘의 거룩한 자를 인함이니라. 내가 너를 영화榮華롭게 하였느니라. (사 55:1~5)

3. 너희는 여호와를 만날 만한 때에 찾으라, 가까이 계실 때에 그를 부르라. 악인惡人은 그 길을 불의不義한 자는 그 생각을 버리고 여호와께로 돌아오라. 그리하면 그가 긍휼矜恤히 여기시리라. 우리 하나님께로 나아오라 그가 널리 용서容恕하시리라. 여호와의 말씀에 내 생각은 너희 생각과 다르며, 내 길은 너희 길과 달라서 하늘이 땅보다 높음같이 내 생각은 너희 생각보다 높으니라. 비와 눈이 하늘에서 내려서는 다시 그리로 가지 않고 토지土地를 적시어서 싹이 나게 하며 열매가 맺게 하여 파종播種하는 자에게 종자種子를 주며, 먹는 자에게 양식糧食을 줌과 같이, 내 입에서 나가는 말도 헛되이 내게로 돌아오지 아니하고 나의 뜻을 이루며 나의 뜻을 이루며, 나의 명命하여 보낸 일에 형통亨通하리라. 너희는 기쁨으로 나아가며 평안平安히 인도引導함을 받을 것이요, 산들과 작은 산들이 너희 앞에서 노래를 발發하고 들의 모든 나무가 손바닥을 칠 것이며, 잣나무는 가시나무를 대신代身하여 나며 화석류花石榴는 질려疾癘를 대신代身하여 날 것이라. 이것이 여호와의 명예名譽가 되며 영영永永한 표징表徵이 되어 끊어지지 아니하리라 하시니라. (사 55:6~13)

4. 여호와께서 말씀하시되 너희는 공평公平을 지키며 의義를 행하라. 나의 구원救援이

가까이 왔고 나의 의義가 쉬 나타날 것임이라 하셨은즉, 안식일安息日을 지켜 더럽히지 아니하며 그 손을 금禁하여 모든 악惡을 행치 아니하여야 하나니 이같이 행하는 사람, 이같이 굳이 잡는 인생人生은 복福이 있느니라. 여호와께서 말씀하시기를 나의 안식일安息日을 지키며, 나를 기뻐하는 일을 선택選擇하며 나의 언약言約을 굳게 잡는 고자鼓子들에게는 내 집에서 내 성城안에서 자녀子女보다 나은 기념물記念物과 이름을 주어 영영永永한 이름을 주어 끊치지 않게 할 것이며, 또 나 여호와에게 연합聯合하여 섬기며, 나 여호와의 이름을 사랑하며 나의 종이 되며, 나의 언약言約을 굳게 지키는 자는 나의 성산聖山으로 인도引導하여 기도祈禱하는 내 집에서 그들을 기쁘게 할 것이며, 그들의 번제燔祭와 희생犧牲은 나의 단壇에서 기꺼이 받게 되리니 이는 내 집은 만민萬民의 기도祈禱하는 집이라 일컬음이 될 것임이라. (사 56:1~7)

5. 나의 기뻐하는 금식禁食은 흉악凶惡의 결박結縛을 풀어 주며, 멍에의 줄을 끌러 주며, 압제壓制 당當하는 자를 자유自由케 하며 주린 자에게 식물食物을 주며 유리流離하는 빈민貧民을 네 집에 들이며, 벗은 자를 입히라 그리하면 네 빛이 아침같이 비췰 것이며, 네 치료가 급속할 것이며, 여호와의 영광榮光이 호위護衛하리니 네가 부를 때에는 나 여호와가 응답應答하겠고 네가 부르짖을 때에는 내가 여기 있다 하리라. 나 여호와가 너를 항상恒常 인도引導하여 네 영혼靈魂을 만족滿足케 하며, 너를 견고堅固케 하리니 너는 물 댄 동산 같겠고, 물이 끊어지지 않는 샘 같을 것이라. 안식일安息日에 네 발을 금禁하여 내 성일聖日에 오락娛樂을 행치 아니하고, 안식安息을 일컬어 즐거운 날이라. 여호와의 성일聖日을 존귀尊貴한 날이라 하여 존귀尊貴히 여기면 네가 여호와 안에서 즐거움을 얻을 것이라. 내가 너를 높은 곳에 올리고 야곱의 업業으로 기르리라 여호와 입의 말이니라. (사 58:6~14)

6. 여호와의 손이 짧아 구원救援치 못하심도 아니요 귀가 둔鈍하여 듣지 못하심도 아니라. 오직 너희 죄악罪惡이 너희와 너희 하나님 사이를 내었고, 너희 죄罪가 그 얼굴을 가리워서 너희를 듣지 않으시게 함이니, 이는 너희 손이 피에 너희 손가락이 죄악罪惡에 더러웠으며 너희 입술은 거짓을 말하며 너희 혀는 악독惡毒을 발發함이라. (사 59:1~3)

이사야서는 창세기創世記와 역사서役事書를 다시 조명照明하여 구속救贖의 역사役事를 재해석해주는 메시아 예언서豫言書입니다. 역사役事를 주관主官하시는 하나님은 그 역사役事를 이루어 나가는 성도聖徒 한 사람 한 사람에게 관심觀心을 가지고 사랑해 주시고 용서容恕해 주시고 구원救援해 주시는 아버지 하나님이십니다. 메시아를 통해서 에덴 낙원樂園의 특권特權과 영광榮光을 새 예루살렘에서 회복回復시켜 주십니다. 아멘.

【 낭송 표시 : 1회 / 4회 / 목표 120회 】

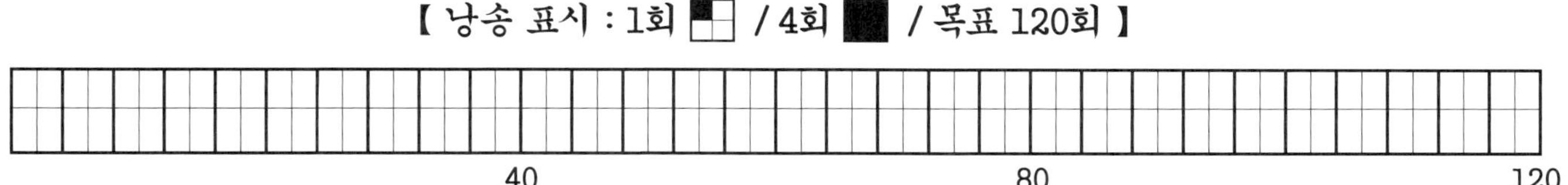

40 80 120

"주의 말씀은 내 발의 등이요 내 길에 빛이니이다"(시 119:105)

제 4 일

일어나 빛을 발發하라

이사야 60:1

빛은 어둠을 밝힙니다. 창조創造의 힘이요, 상징象徵입니다. 생명生命의 빛입니다. 예수님은 참빛이십니다. (요 1:9). "너희 빛을 사람 앞에 비취게 하여"(마 5:16). "일어나 빛을 발하라." 이사야 선지자先知者는 빛을 발하는 성도聖徒들이 되라고 권고勸告하였습니다.

1. 일어나라 빛을 발發하라 이는 네 빛이 이르렀고 여호와의 영광榮光이 네 위에 임臨하였음이라. 오직 여호와께서 네 위에 임하실 것이며 그 영광榮光이 네 위에 나타나리니, 열방列邦은 네 빛으로 열왕列王은 비취는 네 광명光明으로 나아오리라. 네 눈을 들어 사면四面을 보라 무리가 다 모여 네게로 오느니라. 네 아들들은 원방遠方에서 오겠고 네 딸들은 안기워 올 것이라. 그때에 희색喜色을 발發하며 마음이 놀라고 또 화창和暢하리니, 이는 바다의 풍부豊富가 네게로 돌아오며 열방列邦의 재물財物이 네게로 옴이라. 약대가 편만遍滿할 것이며 금金과 유황硫黃을 가지고 와서 여호와의 찬송讚頌을 전파傳播할 것이며, 내 영광榮光의 집을 영화榮華롭게 하리라. 섬들이 앙망仰望하고 배들이 원방遠方에서 은금銀金을 싣고 와서 하나님 여호와의 이름에 드리고 영화榮華롭게 하리라. 이제는 내가 너로 영영永永한 아름다움과 대대代代의 기쁨이 되게 하리니, 나 여호와는 네 구원자救援者요 전능자全能者인 줄 알리라. (사 60:1~16)

2. 내가 금金을 가져 놋을 대신代身하며 은銀을 가져 철鐵을 대신代身하며 놋으로 나무를 대신代身하며 철鐵로 돌을 대신代身하며 철鐵로 돌을 대신代身하며 화평和平을 세워 관원官員을 삼으며 의義를 세워 감독監督을 삼으리니, 다시는 강포强暴한 일이 네 땅에 들리지 않을 것이요, 황폐荒廢와 파멸破滅이 네 경내境內에 다시 없을 것이며 네 성문城門을 찬송讚頌이라 칭稱할 것이라. (사 60:17~18)

3. 오직 여호와가 영영永永한 빛이 되며 네 하나님이 네 영광榮光이 되리니, 네 백성百姓이 다 의義롭게 되어 영영永永히 땅을 차지하리니, 그들은 나의 심은 가지요 나의 손으로 만든 것으로서 나의 영광榮光을 나타낼 것인즉, 그 작은 자가 천千을 이루겠고 그 약弱한 자가 강국强國을 이룰 것이라. 나 여호와가 속速히 이루리라. (사 60:19~22)

4. 주 여호와의 신神이 내게 임臨하셨으니, 이는 여호와께서 내게 기름을 부으사 가난한 자에게 아름다운 소식消息을 전傳하게 하려 하심이라. 나를 보내사 마음이 상傷한 자를 고치며, 포로捕虜 된 자에게 자유自由를, 갇힌 자에게 놓임을 전파傳播하며,

여호와의 은혜恩惠의 해와 우리 하나님의 신원伸怨의 날을 전파傳播하여 모든 슬픈 자를 위로慰勞하되, 무릇 시온에서 슬퍼하는 자에게 화관花冠을 주며, 그 재를 대신代身하며 희락喜樂의 기름으로, 그 슬픔을 대신代身하며 찬송讚頌의 옷으로 그 근심을 대신代身하시고, 그들로 의義의 나무 곧 여호와의 심으신바 그 영광榮光을 나타낼 자라 일컬음을 얻게 하려 하심이니라. (사 61:1~3)

5. 오직 너희는 여호와의 제사장祭司長이라. 너희를 하나님의 봉사자奉仕者라 할 것이며, 너희 열방列邦의 재물財物을 먹으며 그들의 영광榮光을 얻어 자랑할 것이며 영영永永한 기쁨이 있으리라. 그들은 여호와께 복福 받은 자손子孫이라 인정認定하리라. 내가 여호와를 인因하여 크게 기뻐하며 내 영혼靈魂이 나의 하나님을 인하여 즐거워하리니, 이는 그가 구원救援의 옷을 내게 입히시며 신랑新郞이 사모紗帽를 쓰며 신부新婦가 자기 보물寶物로 단장丹粧함 같게 하셨음이라. (사 61:6~10)

6. 예루살렘을 사랑하는 자여 다 그와 함께 기뻐하라. 다 그와 함께 즐거워하라. 그 위로慰勞하는 품에서 만족滿足하겠고 그 영광榮光의 풍성豊盛함을 인因하여 즐거워하리라. 여호와께서 말씀하시되 보라 내가 평강平康을 강江 같이, 영광榮光을 넘치는 시내 같이 주리라. 내가 너희를 위로慰勞할 것인즉 너희가 예루살렘에서 위로慰勞를 받으리니, 너희 마음이 기뻐서 풀의 무성茂盛함 같으리라. 때가 이르면 열방列邦과 열족列族을 모으리니, 그들이 와서 나의 영광榮光을 볼 것이며 나의 영광榮光을 열방列邦에 선파하리라 나 여호와가 말하노라. 나의 자손子孫이 예물禮物을 깨끗한 그릇에 담아 여호와의 집에 드림같이, 열방列邦에서 나의 성산聖山 예루살렘에 와서 여호와께 예물禮物을 드린 것이요 나 여호와가 말하노라. 새 하늘과 새 땅이 내 앞에 항상恒常 있음같이 너희 자손子孫과 이름이 항상恒常 있으리라. 여호와가 말하노라 내 앞에 경배敬拜하리라. (사 66:10~23)

"오직 너희는 여호와의 제사장祭司長이라." 이 말씀은 개혁사상改革思想의 근본정신根本精神입니다. 제사장祭司長의 사명使命과 선지자先知者의 사명使命을 바로 수행遂行하면 전 세계全世界 만방萬邦의 재물財物과 보화寶貨가 모이고 전 세계全世界를 주도主導하는 나라와 교회敎會가 될 것을 언약言約해 주었습니다.

【 낭송 표시 : 1회 ▘ / 4회 ■ / 목표 120회 】

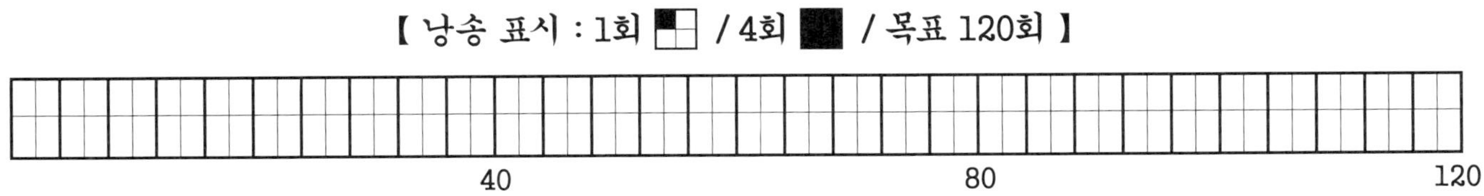

"주의 말씀은 내 발의 등이요 내 길에 빛이니이다"(시 119:105)

제 5 일

여호와의 말씀이 임하시니라

예레미야 1:1

하나님의 백성百姓들이 하나님의 말씀을 거역拒逆하고 제 마음대로 행行하는 모든 생활生活은 결국結局 우상숭배偶像崇拜로 전락轉落하게 됩니다. 우상숭배偶像崇拜의 결과結果 개인個人과 가정家庭과 나라와 민족공동체民族共同體 전체全體가 멸망滅亡 당當하는 무서운 역사적歷史的 심판審判인 재난災難을 경험經驗합니다. 끝내 나라가 망亡하고 포로 생활捕虜生活의 비극悲劇을 당當하고 말았습니다. 그 원인原因과 결과結果뿐 아니라 해결解決과 극복克服을 위한 하나님의 말씀이 예레미야를 통해 계시啓示되었습니다. 사전 예방事前豫防과 사후 해결事後解決의 말씀이 증거證據되어 있습니다. 오늘 우리를 향한 계시啓示의 말씀입니다.

1. 여호와의 말씀이 임臨하시니라. 내가 너를 복중腹中에 짓기 전에 너를 알았고, 태胎에서 나오기 전에 너를 구별區別하였고, 너를 열방列邦의 선지자先知者로 세웠노라. 주 여호와여 보시옵소서 나는 아이라 말할 줄 모르나이다. 여호와께서 내게 이르시되 너는 아이라 하지 말고 내가 너를 누구에게 보내든지 너는 가며, 무엇을 명하든지 너는 말할지니라. 너는 두려워말라 내가 너와 함께하여 너를 구원救援하리라 나 여호와의 말이니라. 여호와께서 그 손을 내밀어 내 입에 대시며 보라 내 말을 네 입에 두었노라. 보라 내가 오늘날 너를 열방列邦 만국萬國 위에 세우고 너를 뽑아 건설建設하며 심게 하였느니라. (렘 1:4~10)

2. 나 여호와가 말하노라. 너는 허리를 동이고 일어나 내가 네게 명命한 바를 다 그들에게 고告하라. 그들을 인因하여 두려워 말라. 보라 내가 오늘날 너로 온 땅과 왕王들과 족장族長들과 그 땅 백성百姓 앞에 견고堅固한 성읍城邑 쇠기둥 놋 성벽城壁이 되게 하였은 즉 그들이 너를 치나 이기지 못하리니, 이는 내가 너와 함께 하여 너를 구원救援할 것임이니라 여호와의 말이니라. (렘 1:15~19)

3. 여호와께서 말씀하시되 이 언약言約의 말씀을 좇지 않는 자는 저주詛呪를 받을 것이니라. 이 언약言約은 너희 열조列祖를 애굽 땅에서 이끌어 내던 날에 그들에게 명命한 것이라. 곧 내가 이르기를 너희는 나의 목소리를 청종聽從하고 나의 모든 명령命令을 좇아 행行하라. 그리하면 너희는 내 백성百姓이 되고 나는 너희 하나님이 되리라. 내가 그들에게 젖과 꿀이 흐르는 땅을 주리라 한 언약言約을 이루리라. 너희는 언약言約의 말씀을 듣고 준행遵行하라. 너희는 내 목소리를 청종聽從하라. (렘 11:3~7)

4. 나 여호와가 말하노라, 이 백성百姓들이 내 말 듣기를 거절拒絶하고 그 마음의 강퍅剛愎한 대로 행하며, 다른 신神들을 좇아 그를 섬기며, 유다의 교만驕慢과 예루살렘의 큰 교만驕慢을 인因하여 썩게 되리라. 그들은 피차彼此 충돌衝突하여 상傷하게 되고,

그들을 불쌍히 여기지 아니하고 멸滅하리라. 너희는 들을지어다 귀를 기울일지어다 교만驕慢하지 말지어다. 너희 교만驕慢을 인하여 통곡痛哭할 것이며 사로잡힘을 인하여 눈물을 흘려 통곡痛哭하리라. 그러므로 네 치마를 네 얼굴에까지 들춰서 네 수치羞恥를 드러내리라. 너의 간음姦淫과 사특邪慝한 소리와 네 음행淫行의 가증可憎한 것을 보았노라. 이그러진 길을 사랑하여 그 발을 금禁하지 아니하였으므로 그들의 죄罪를 기억記憶하고 그 죄罪를 벌罰하리라. 너희는 이 백성百姓을 위하여 복福을 구求하지 말라. 칼과 기근饑饉과 염병染病으로 그들을 멸滅하리라. (렘 13:9~14:12)

5. 나 여호와가 이같이 말하노라 무릇 사람을 믿으며 혈육血肉으로 그 권력權力을 삼고 마음이 여호와에게 떠난 사람은 저주詛呪를 받을 것이라. 그는 좋은 일의 오는 것을 보지 못하고 광야曠野 간조幹燥한 곳, 건건한 땅 사람이 거居하지 않는 땅에 거居하리라. 그는 물가에 심은 나무가 그 뿌리를 강변江邊에 뻗치고 그 잎이 청청靑靑하며 그 결실結實이 그치지 아니함 같으니라. 여호와여 주는 나의 찬송讚頌이시오니 나를 고치소서 그리하면 내가 낫겠나이다. 나를 구원救援하소서 그리하시면 내가 구원救援을 얻으리이다. (렘 17:5~14)

6. 여호와의 말씀이 내게 임臨하기로 내가 너희에게 부지런히 일렀으나 너희가 듣지 아니하였으며, 여호와께서 그 모든 종 선지자先知者를 부지런히 보내셨으나 너희가 듣지 아니하였으며, 귀를 기울여 들으려고 아니하였도다. 너희는 각기各其 악惡한 길과 너희 악행惡行에서 돌이키라. 너희는 다른 신神을 좇아 섬기거나 숭배崇拜하지 말며 너희 손으로 만든 것을 섬김으로 나의 노를 격동激動케 말라. 그 죄악罪惡으로 인因하여 온 땅이 황폐荒廢하여, 너희 중에서 기뻐하는 소리와 즐거워하는 소리와 신랑新郞의 소리와 신부新婦의 소리와 맷돌소리와 등燈불 빛이 끊쳐지게 하리니, 내가 그들의 행위行爲와 손의 행한 대로 보응報應하리라. (렘 25:3~14)

하나님의 말씀 듣기를 좋아하는 것은 큰 은혜恩惠요 축복祝福입니다. 하나님의 말씀 듣기를 싫어하면 그 마음이 강퍅剛愎하여져서 하나님의 성전聖殿을 떠나 우상 신전偶像神殿으로 가서 방탕放蕩한 생활生活을 하게 됩니다. 그리하면 온 땅이 황폐荒廢케 되고, 기뻐하는 소리와 즐거워하는 소리가 끊어진다고 예레미야 선지자는 눈물로 탄식歎息하는 경고警告를 하였습니다.

"주의 말씀은 내 발의 등이요 내 길에 빛이니이다"(시 119:105)

제 6 일

재앙災殃을 돌이키시리라

예레미야 26:13

하나님 말씀만 청종聽從하면 선고宣告된 재앙災殃을 돌이켜 주신다고 했습니다. 이 얼마나 쉬운 일입니까, 하나님 말씀을 순종順從하는 것은 운전자運轉者가 교통법규交通法規를 준수遵守하는 것과 같습니다. 이는 자신과 다른 사람을 보호保護하는 것입니다. 믿고 순종順從하면 선고宣告된 재앙災殃을 돌이키시는 사랑과 자비慈悲의 하나님이십니다.

1. 나 여호와가 이같이 이르노라 내가 네게 명命하여 이르게 한 모든 말을 고告하되 한 말도 감減하지 말라. 그들이 듣고 각각各各 그 악惡한 길에서 떠나리라. 그리하면 내가 그들의 악행惡行으로 인因하여 재앙災殃을 내리지 아니하거나, 악행惡行으로 인因한 재앙災殃을 그들에게 내리려 하던 내 뜻을 돌이키리라. 나의 종 선지자先知者들의 말을 듣지 아니하면, 집과 성읍城邑을 세계世界 열방列邦의 저주詛呪거리가 되게 하리라. 그런즉 너희는 너희 길과 행위行爲를 고치고 너희 하나님 여호와의 목소리를 청종聽從하라. 그리하면 여호와께서 너희에게 선고宣告하던 재앙災殃을 돌이키시리라. (렘 26:2~13)

2. 너희는 집을 짓고 거기 거居하면 전원田園을 만들고 그 열매를 먹으라. 아내를 취娶하여 생산生産하며 너희 딸로 남편男便을 맞아 그들로 자녀子女를 생산生産케 하여 너희가 거기서 번성蕃盛케 하고 쇠잔衰殘하지 않게 하라. 너희는 성읍城邑의 평안平安하기를 힘쓰고 위하여 여호와께 기도祈禱하라. 이는 그 성城이 평안平安함으로 너희도 평안平安할 것임이니라. 나 여호와가 말하노라. 너희를 향向한 나의 생각은 재앙災殃이 아니라 평안平安이요, 너희 장래將來에 소망所望을 주려 함이라. 너희는 내게 부르짖으며 와서 내게 기도祈禱하면 내가 너희를 들을 것이요, 너희가 진심眞心으로 찾고 찾으면 나를 만나리라. (렘 29:5~13)

3. 나 여호와가 말하노라 내가 너를 치료治療하여 네 상처傷處를 낫게 하리라. 나 여호와가 말하노라 내가 포로捕虜 된 장막帳幕을 돌이키고 그 거居하는 곳들을 긍휼矜恤히 여길 것이라, 그 성읍城邑은 중건重建될 것이요, 그 궁궐宮闕은 복구復舊될 것이라 감사感謝하는 소리와 즐거워하는 자의 목소리가 그들 중에 나오리라. 내가 그들을 번성蕃盛케 하리라. 내가 그들을 영화榮華롭게 하리라. 그 자손子孫은 번성蕃盛하리니 너희는 내 백성百姓이 되겠고 나는 너희 하나님이 되리라. (렘 30:17~22)

4. 나 여호와가 말하노라 내가 너희 모든 가족家族의 하나님이 되고 그들은 내 백성百姓이 되리라. 나 여호와가 이같이 말하노라 칼에서 벗어난 백성百姓이 광야曠野에서 은혜恩惠를

얻었나니, 안식安息을 얻게 하러 갈 때에라. 나 여호와가 이르기를 내가 무궁無窮한 사랑으로 너를 사랑하는고로 인자仁慈함으로 너를 인도引導하였다 하였노라. 내가 다시 너를 세우리니 소고小鼓로 장식裝飾하고 즐거운 춤을 추며 포도원葡萄園을 심는 자가 그 과실果實을 먹으리라. 너희는 일어나라 우리가 시온에 올라가서 우리 하나님 여호와께로 나아가자 하리라. (렘 31:1~6)

5. 나 여호와가 이같이 말하노라. 너희는 기뻐 노래하며 만국萬國의 머리된 자를 위하여 외쳐 전파傳播하며 찬양讚揚하며 이르기를, 여호와여 주의 백성百姓을 구원救援하소서. 보라 내가 그들을 북편北便 땅에서 인도引導하여 땅끝에서부터 모으리니, 큰 무리를 이루어 이곳으로 돌아오되, 나의 인도引導함을 입고 간구懇求할 때에 넘어지지 아니하고 바른길로 행하게 하리라. 목자牧者가 그 양무리에게 행함같이 그를 지키시리라. 여호와께서 야곱을 속량贖良하시되 그들보다 강强한 자의 손에서 구속救贖하셨으니, 그들이 와서 시온의 높은 곳에서 찬송讚頌하며 여호와의 은사恩賜, 곧 곡식穀食과 기름과 양羊과 소의 떼에 모일 것이라. 그 심령心靈은 물 댄 동산 같겠고 다시는 근심이 없으리로다. 그때에 처녀處女는 춤추며 즐거워하겠고, 청년靑年과 노인老人이 함께 즐거워하리니, 내가 그들의 슬픔을 돌이켜 즐겁게 하며, 그들을 위로慰勞하여 근심한 후에 기쁨을 얻게 할 것임이니라. 내가 기름으로 제사장祭司長들의 심령心靈에 흡족洽足케 하며, 내 은혜恩惠로 내 백성百姓에게 만족滿足케 하리라 나 여호와의 말이니라. (렘 31:7~14)

6. 나 만군萬軍의 여호와 하나님이 이같이 말하노라. 의義로운 처소處所여 거룩한 산이여 여호와께서 네게 복福 주시기를 원願하노라. 내가 피곤疲困한 심령心靈을 만족滿足케 하며 슬픈 심령心靈을 상쾌케 하였음이라 하시기를 내가 깨어 보니 내 잠이 달았도다. 나 여호와가 말하노라 내가 새 언약言約을 세우리라. 나의 법法을 그들 속에 두며 그 마음에 기록하여, 나는 그들의 하나님이 되고 그들은 내 백성百姓이 될 것이라. 내가 그들의 죄악罪惡을 사赦하고 다시는 그 죄罪를 기억記憶지 아니하리라 여호와의 말이니라. (렘 31:23~34)

회개悔改하면 하나님께서 기꺼이 용서容恕하시고 "다시는 그 죄罪를 기억記憶지 아니하리라" 하셨습니다. 이 얼마나 놀랍고 엄청난 큰 은혜恩惠입니까. 이는 하나님과 그 자녀子女와의 사랑 속에서만 이루어지는 사죄赦罪의 은총恩寵입니다.

【 낭송 표시 : 1회 ▚ / 4회 ■ / 목표 120회 】

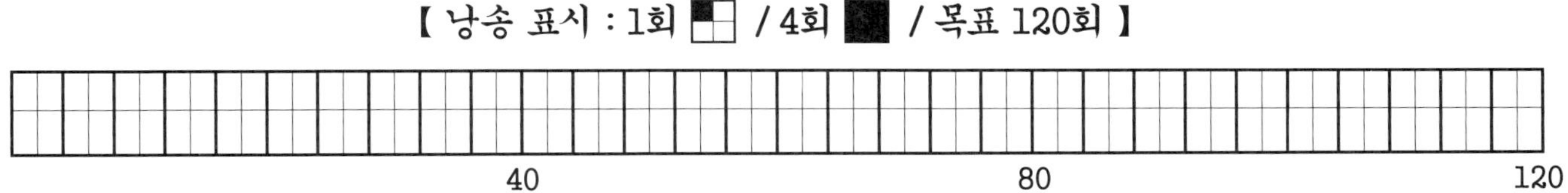

"주의 말씀은 내 발의 등이요 내 길에 빛이니이다"(시 119:105)

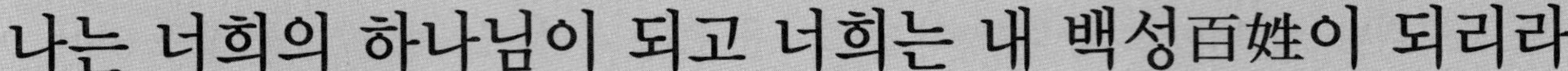

제 7 일

나는 너희의 하나님이 되고 너희는 내 백성百姓이 되리라

예레미야 31:33

한결같은 바람은 '하나님과 그의 자녀子女' 관계關係입니다. 하나님의 소원所願은 '나는 너희의 하나님 되고 너희는 내 자녀子女됨'입니다. 억지가 아닌 자발自發적인 응답應答의 신앙생활信仰生活입니다.

1. 나 만군萬軍의 여호와 하나님이 이같이 말하노라. 의義로운 처소處所여 거룩한 산이여 여호와께서 네게 복福 주시기를 원願하노라. 내가 피곤疲困한 심령心靈을 만족滿足케 하며 슬픈 심령心靈을 상쾌爽快케 하였음이라 하시기를 내가 깨어 보니 내 잠이 달았도다. 나 여호와가 말하노라 내가 새 언약言約을 세우리라. 나의 법法을 그들 속에 두며 그 마음에 기록하여, 나는 그들의 하나님이 되고 그들은 내 백성百姓이 될 것이라. 내가 그들의 죄악罪惡을 사赦하고 다시는 그 죄罪를 기억記憶지 아니하리라 여호와의 말이니라. (렘 31:23~34)

2. 만군萬軍의 여호와 이스라엘의 하나님 내가 이같이 말하노라. 이 땅에서 집과 밭과 포도원葡萄願을 다시 사게 되리라 하셨다 하니라. 주 여호와여 주께서 큰 능能과 드신 팔과 천지天地를 지으셨사오니 주主에게는 능能치 못한 일이 없으시니이다. 주의 은혜恩惠는 천만 인千萬人에게 베푸시며, 주는 크고 능能하신 하나님이시오 만군萬軍의 여호와시니이다. 인류人類의 모든 길에 주목注目하시며 그 길과 행위行爲의 열매대로 보응報應하시나이다. 주께서 강强한 손과 팔로 주의 백성百姓을 인도引導하여 내시고, 젖과 꿀이 흐르는 이 땅을 주셨사오나 주의 목소리를 청종聽從치 아니하여, 주의 도道에 행치 아니하며 명命하신 일을 행하지 아니하였으므로, 주께서 이 모든 재앙災殃을 내리셨나이다. 보옵소서 이 성城을 취取하는 자가 와서 흉벽胸壁을 쌓았고, 칼과 기근饑饉과 염병染病으로 인因하여 멸망滅亡케 되었음이라. (렘 32:15~24)

3. 그러므로 여호와가 이같이 말하노라. 내 백성百姓들이 네 목전目前에서 악惡을 행하였음이라. 그들이 등을 내게로 향向하고 얼굴을 내게로 향向치 아니하고, 내가 부지런히 가르칠지라도 그들이 교훈敎訓을 듣지 아니하며 받지 아니하고, 내 집에 가증可憎한 물건物件을 세워서 더럽게 하며 바알 산당山堂을 건축建築하였으며, 자기 자녀子女를 몰렉의 불에 지나가게 하였느니라. 바알에게 분향焚香하며 우상숭배偶像崇拜한 집들을 사르리니, 내 목전目前에 악惡만 행行하였음이라. 그 손으로 만든 것을 가지고 나를 격노激怒케 한 것뿐이니라. 나 여호와가 말하노라. (렘 32:28~30)

4. 너희는 집을 짓고 거기 거居하면 전원田園을 만들고 그 열매를 먹으라. 아내를 취娶하여 생산生産하며 너희 딸로 남편을 맞아 그들로 자녀子女를 생산生産케 하여, 너희가 거기서 번성蕃盛케 하고 쇠잔衰殘하지 않게 하라. 너희는 성읍城邑의 평안平安하기를 힘쓰고 위하여 여호와께 기도祈禱하라. 이는 그 성城이 평안平安함으로 너희도 평안平安할 것임이니라. 나 여호와가 말하노라 너희를 향向한 나의 생각은 재앙災殃이 아니라 평안平安이요, 너희 장래將來에 소망所望을 주려 함이라. 너희는 내게 부르짖으며 와서 내게 기도祈禱하면 내가 너희를 들을 것이요, 너희가 진심眞心으로 찾고 찾으면 나를 만나리라. (렘 29:5~13)

5. 나 여호와가 말하노라 내가 너를 치료治療하여 네 상처傷處를 낫게 하리라. 나 여호와가 말하노라 내가 포로捕虜 된 장막帳幕을 돌이키고 그 거居하는 곳들을 긍휼矜恤히 여길 것이라. 그 성읍城邑은 중건重建 될 것이요 그 궁궐宮闕은 복구復舊 될 것이라. 감사感謝하는 소리와 즐거워하는 자의 목소리가 그들 중에 나오리라. 내가 그들을 번성蕃盛케 하리라. 내가 그들을 영화榮華롭게 하리라. 그 자손子孫은 번성蕃盛하리니 너희는 내 백성百姓이 되겠고 나는 너희 하나님이 되리라. (렘 30:17~22)

6. 열방列邦이여 너희는 나 여호와의 말을 듣고 전파傳播하여 이르기를 목자牧者가 그 양무리를 지키시리로다. 여호와께서 강强한 자의 손에서 구속救贖하셨나니, 시온의 높은 곳에서 찬송讚頌하며 여호와의 은사恩賜로 곡식穀食과 기름과 양羊 떼와 소 떼가 모일 것이라. 그 심령心靈은 물 댄 동산 같겠고 근심이 없으리로다. 그때에 처녀處女는 춤추며 즐거워하겠고, 청년靑年과 노인老人이 함께 즐거워하리니 내가 슬픔을 돌이켜 즐겁게 하며 그들을 위로慰勞하여 기쁨을 얻게 할 것임이니라. 내가 기름으로 제사장祭司長들의 심령心靈에 흡족洽足케 하며 은혜恩惠로 내 백성百姓에게 만족滿足케 하리라 여호와의 말이니라. (렘 31:10~14)

오늘 나에게 주시는 여호와 하나님의 말씀은 무엇입니까. 하나님의 말씀은 예레미야를 통해서 선포宣布되었고, 오늘 우리를 향向하여 재해석再解釋되기를 원하십니다. 예레미야에게 계시啓示된 말씀을 오늘 우리에게 주시는, 이 시대時代 나에게 주시는 말씀으로 받아들여 아멘 하시기 바랍니다.

【 낭송 표시 : 1회 / 4회 / 목표 120회 】

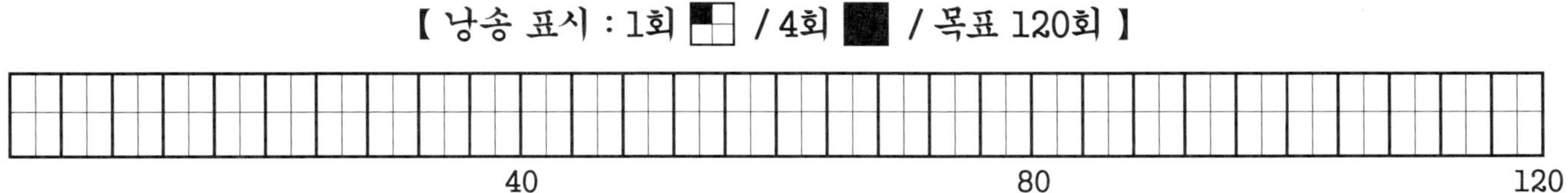

"주의 말씀은 내 발의 등이요 내 길에 빛이니이다"(시 119:105)

제 8 일

나 여호와가 말하노라

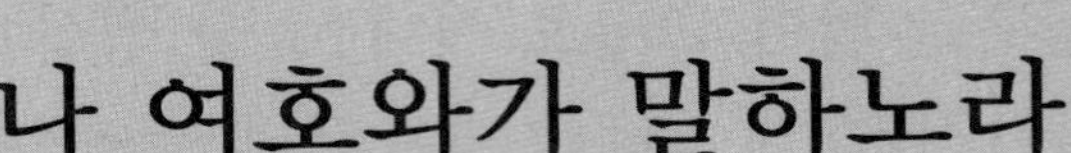

예레미야 32:35

말씀하시는 하나님은 대화對話하기를 좋아하는 하나님이십니다. 신앙信仰은 명상瞑想이나 독백獨白이 아닙니다. 사랑으로 신뢰信賴하고 교제交際하는 것입니다. 인격人格 대 인격人格의 대면對面과 교제交際입니다. 이것이 설교說敎와 기도祈禱입니다.

1. 나 여호와는 해를 낮의 빛으로 주었고, 달과 별들을 밤의 빛으로 규정規定하였고, 바다를 격동激動시켜 그 파도로 소리치게 하나니 내 이름은 만군萬軍의 여호와니라 내가 말하노라. 나 여호와가 이같이 말하노라. 위로 하늘을 측량測量 할 수 있으며 아래로 땅의 기초基礎를 탐지探知할 수 있다면, 내가 이스라엘 자손子孫의 행行한 모든 일을 인因하여 그들을 다 버리리라 여호와의 말이니라. 나 여호와가 말하노라 보라 날이 이르리니 이 성城을 망대望臺에서부터 모퉁이 문까지 여호와를 위하여 건축建築할 것이라. (렘 31:35~38)

2. 만군萬軍의 여호와 이스라엘의 하나님 내가 이같이 말하노라, 이 땅에서 집과 밭과 포도원葡萄園을 다시 사게 되리라 하셨다 하니라. 주 여호와여 주께서 큰 능能과 드신 팔과 천지天地를 지으셨사오니 주에게는 능能치 못한 일이 없으시니이다. 주의 은혜恩惠는 천만 인千萬人에게 베푸시며 주는 크고 능能하신 하나님이시오 만군萬軍의 여호와시니이다. 인류人類의 모든 길에 주목注目하시며 그 길과 행위行爲의 열매대로 보응報應하시나이다. 주께서 강强한 손과 팔로 주의 백성百姓을 인도引導하며 명하신 일을 행行하지 아니하였으므로 주께서 이 모든 재앙災殃을 내리셨나이다. 보옵소서 이 성城을 취取하는 자가 와서 흉벽胸壁을 쌓았고, 칼과 기근饑饉과 염병染病으로 인因하여 멸망滅亡케 되었음이라. (렘 32:15~24)

3. 그러므로 여호와가 이같이 말하노라. 내 백성百姓들이 내 목전目前에서 악惡을 행하였음이라. 그들이 등을 내게로 향向하고 얼굴을 내게로 향向치 아니하고, 내가 부지런히 가르칠지라도 그들이 교훈敎訓을 듣지 아니하며 받지 아니하고, 내 집에 가증可憎한 물건物件을 세워서 더럽게 하며, 바알 산당山堂을 건축建築하였으며 자기自己 자녀子女를 몰렉의 불에 지나가게 하였느니라. 바알에게 분향焚香하며 우상숭배偶像崇拜한 집들을 사르리니 이는 나를 격동激動케 한 것뿐이라 나 여호와가 말하노라. (렘 32:28~30)

4. 여호와의 말씀이 다시 임臨하니라, 가라사대 일을 행하는 여호와 그것을 지어 성취成就하는 여호와 그 이름을 여호와라 하는 자가 이같이 이르노라. 너는 내게 부르짖으라 내가 네게 응답應答하겠고 네가 알지 못하는 크고 비밀秘密한 일을 네게 보이리라. 보라 내가 이 성城을 치료治療하며 고쳐 낫게 하고, 평강平康과 성실誠實함에 풍성豊盛함을 나타낼 것이며, 그들이 세계世界 열방列邦에서 내게 기쁜 이름이 될 것이며, 찬송讚頌과 영광榮光이 될 것이요, 나의 백성百姓에게 베푼 모든 복福을 들을 것이요, 나의

성읍城邑에 베푼 모든 복福과 모든 평강平康이 임臨하니라. 여호와께 감사感謝하라 그는 선善하시며 그 인자仁慈하심이 영원永遠함이로다. 여호와의 전에서 감사제感謝祭 드리는 소리가 들리리니, 이 땅에 공평公平과 정의定義가 실행實行할 것이라. 유다가 구원救援을 얻겠고 예루살렘이 안전安全히 거할 것이며, 그 성읍城邑은 여호와 우리의 의義라 일컬음을 입으리라. (렘 33:1~16)

5. 모든 군대軍隊의 장관長官과 백성百姓의 작은 자로부터 큰 자까지 다 나아와, 선지자先知者 예레미야에게 이르되 당신當身은 우리의 간구懇求를 들으시고, 남아 있는 모든 자를 위하여 당신의 하나님 여호와께 기도祈禱하소서. 당신의 하나님 여호와께서 우리의 마땅한 갈 길과 할 일을 보이시기를 원하나이다. 선지자先知者 예레미야가 그들에게 이르되, 내가 너희 말을 들었은즉 너희 말대로 너희 하나님 여호와께 기도祈禱하고, 무릇 여호와께서 너희에게 응답應答하시는 것을 숨김 없이 너희에게 고하리라. 그들이 예레미야에게 이르되 하나님 여호와께서 우리에게 이르시는 모든 말씀대로 행하리이다. 여호와는 우리 중에 진실무망眞實無妄한 증인證人이 되시옵소서. 우리가 당신을 우리 하나님 여호와께 보냄은 그의 목소리가 우리에게 좋고 좋지 아니함은 물론 청종聽從하려 함이라. 우리가 하나님 여호와의 목소리를 청종聽從하면 우리에게 복福이 있으리이다. (렘 42:1~6)

6. 나 여호와가 말하노라. 너희는 바벨론 왕王을 두려워 말라. 내가 너희와 함께하여 너희를 구원救援하며, 그의 손에서 너희를 건지리니 두려워 말라. 내가 너희를 긍휼矜恤히 여기리니 너희를 본향本鄕으로 돌려보내게 하리라. 너희 남은 자들이여 이제 여호와의 말씀을 들으라. (렘 42:11~15)

7. 여호와께서 너희 악행惡行과 가증可憎한 소위所爲를 더 참을 수 없으셨으므로, 너희 땅이 오늘과 같이 황무荒蕪하여 놀람과 저주詛呪거리가 되어 거민居民이 없게 되었나니, 너희가 분향焚香하여 여호와께 범죄犯罪하였으며, 여호와의 목소리를 청종聽從치 아니하고 여호와의 법法과 율례律例와 증거證據대로 행치 아니하였으므로, 이 재앙災殃이 오늘과 같이 너희에게 미쳤느니라. (렘 44:22~23)

오늘 나에게 주시는 여호와 하나님의 말씀은 무엇입니까, 하나님의 말씀은 예레미야를 통通해서 선포宣布되었고 오늘 우리를 향向하여 재해석再解釋되기를 원願하십니다. 예레미야에게 계시啓示된 말씀은 오늘 나에게 주시는 말씀입니다.

【 낭송 표시 : 1회 ▦ / 4회 ■ / 목표 120회 】

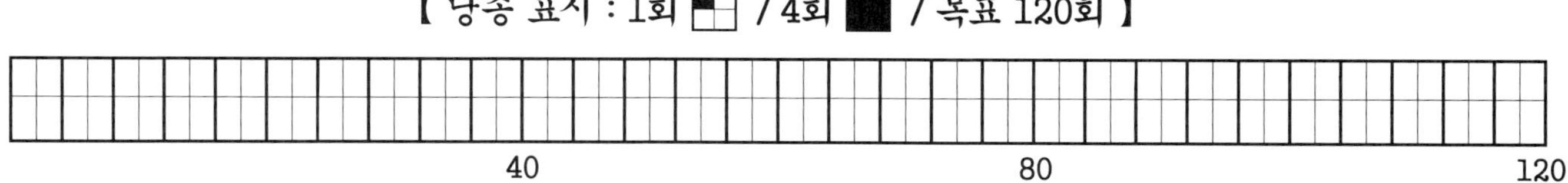

"주의 말씀은 내 발의 등이요 내 길에 빛이니이다"(시 119:105)

제 9 일

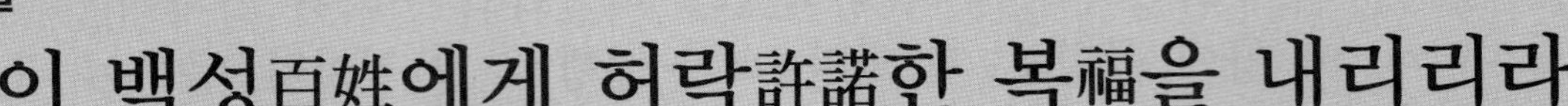

이 백성百姓에게 허락許諾한 복福을 내리리라

예레미야 32:42

하나님의 말씀을 거역拒逆한 백성百姓들을 용서容恕하시고 다시 구원救援하셨습니다. 회개悔改한 자녀子女들에게 허락許諾하신 복福을 내려 주셨습니다.

1. 때에 여호와의 말씀이 예레미야에게 임臨하여 이르시되, 나는 여호와요 모든 육체肉體의 하나님이라. 내게 능能치 못한 일이 있겠느냐, 내 백성百姓이 등을 내게로 향向하고 얼굴을 내게로 향向치 아니하며, 내가 그들을 가르치되 부지런히 가르칠지라도 그들이 교훈敎訓을 듣지 아니하고, 내 이름으로 일컬음을 받는 집에 가증可憎한 물건物件들을 세워서 그 집을 더럽게 하며, 골짜기에 바알의 산당山堂을 건축建築하였으며 자기自己들의 자녀子女를 몰렉의 불에 지나가게 하였느니라. 그들을 칼과 기근饑饉과 염병染病으로 인因하여 바벨론 왕王의 손에 붙인 바 되었느니라. (렘 32:26~36)

2. 보라 내가 노怒와 분忿과 큰 분노忿怒로 그들을 모아 내어 이곳으로 인도引導하여 안전安全히 거居하게 할 것이라. 그들은 내 백성百姓이 되겠고 나는 그들의 하나님이 될 것이며, 내가 그들에게 한 마음과 한 도道를 주어 항상恒常 나를 경외敬畏하게 하고 그들을 떠나지 아니하리라. 내가 기쁨으로 그들에게 복福을 주되 정녕丁寧히 나의 마음과 정신精神을 다하여 그들을 이 땅에 심으리라. 나 여호와가 이같이 말하노라 내가 이 백성百姓에게 허락許諾한 모든 복福을 내리리라. (렘 32:37~42)

3. 여호와의 말씀이 다시 임臨하니라. 가라사대 일을 행하는 여호와 그것을 지어 성취成就하는 여호와, 그 이름을 여호와라 하는 자가 이같이 이르노라. 너는 내게 부르짖으라 내가 네게 응답應答하겠고, 네가 알지 못하는 크고 비밀秘密한 일을 네게 보이리라. 보라 내가 이 성城을 치료治療하며 고쳐 낫게 하고, 평강平康과 성실誠實함에 풍성豊盛함을 나타낼 것이며, 그들이 세계世界 열방列邦에서 내게 기쁜 이름이 될 것이며 찬송讚頌과 영광榮光이 될 것이요, 나의 백성百姓에게 베푼 모든 복福을 들을 것이요, 나의 성읍城邑에 베푼 모든 복福과 모든 평강平康이 임臨하니라. 여호와께 감사感謝하라 그는 선善하시며 그 인자仁慈하심이 영원永遠하리로다. 여호와의 전殿에서 감사제感謝祭 드리는 소리가 들리리니, 이 땅에 공평公平과 정의正義가 실행實行할 것이라. 유다가 구원救援을 얻겠고 예루살렘이 안전安全히 거할 것이며, 그 성읍城邑은 여호와 우리의 의義라 일컬음을 입으리라. (렘 33:1~16)

4. 때에 여호와의 말씀이 예레미야에게 임臨하여 가라사대, 만군萬軍의 여호와 하나님이 이같이 말하노라. 너희가 내 말을 들으며 교훈敎訓을 받으라. 레갑의 아들 요나답이 그 자손子孫에게 포도주葡萄酒를 마시지 말라 한 그 명령命令은 실행實行되도다. 그들은 그 선조先祖의 명령命令을 순종順從하여 오늘까지 마시지 아니하거늘, 내가 너희에게 말하고 부지런히 말하여도 너희는 듣지 아니하도다. 선지자先知者를 너희에게 보내고 부지런히 보내며 이르기를 너희는 이제 각기各其 악惡한 길에서 돌이켜 행위行爲를 고치고, 다른 신神을 좇아 섬기지 말라. 그리하면 너희가 이 땅에 거居하리라. 너희가 귀를 기울이지 아니하면 듣지 아니하였느니라. (렘 35:12~16)

5. 백성百姓의 작은 자로부터 큰 자까지 다 나아와 선지자先知者 예레미야에게 이르되 당신은 우리의 간구懇求를 들으시고, 이 남아 있는 모든 자를 위하여 당신의 하나님께 기도祈禱하소서. 당신이 목도目睹하시거니와 우리는 많은 중에서 조금만 남았사오니, 당신의 하나님 여호와께서 우리의 마땅히 갈 길과 할 일을 보이시기를 원하나이다. 선지자先知者 예레미야가 그들에게 이르되 내가 하나님 여호와께 기도祈禱하고 여호와께서 응답應答하시는 것을 너희에게 고하리라. 그들이 이르되 하나님 여호와께서 우리에게 이르시는 모든 말씀대로 행하리이다. 여호와는 우리 중에 진실무망眞實無妄한 증인證人이 되시옵소서. 하나님 여호와의 목소리를 청종聽從하면 복福이 있으리이다. (렘 42:1~6)

6. 여호와께서 우리 의義를 드러내셨으니 오라 시온에서 우리 하나님 여호와의 일을 선포宣布하자. 여호와께서 그 권능權能으로 땅을 지으셨고, 그 지혜智慧로 세계世界를 세우셨고 그 명철明哲로 하늘들을 펴셨으며, 사람마다 우준愚蠢하고 무식無識하도다. 금장색金匠色마다 자기自己의 만든 신상神像으로 인因하여 수치羞恥를 당當하나니, 이는 그의 부어 만든 우상偶像은 거짓이요, 그 속에 생기生氣가 없음이라. 그것들은 헛것이요 망령妄靈되이 만든 것인즉, 징벌懲罰하시는 때에 멸망滅亡할 것이라. 하나님은 만물萬物의 조성자造成者요, 이스라엘은 그 산업産業의 지파支派라 그 이름은 만군萬軍의 여호와시니라. (렘 51:10~19)

눈물의 선지자先知者 예레미야가 선포宣布한 하나님의 말씀을 거역拒逆하였습니다. 불순종不順從하는 나라와 백성百姓들은 최후最後에 결국 분열分裂하고 약화弱化되었고, 급기야 멸망滅亡 당하고야 말았습니다. 그러나 회개悔改하고 돌아오면 긍휼矜恤히 여김을 받아 구원救援을 받고 다시 회복回復되었을 것입니다. 이것이 구약성경舊約聖經 역사서歷史書의 교훈敎訓입니다.

【 낭송 표시 : 1회 ▚ / 4회 ■ / 목표 120회 】

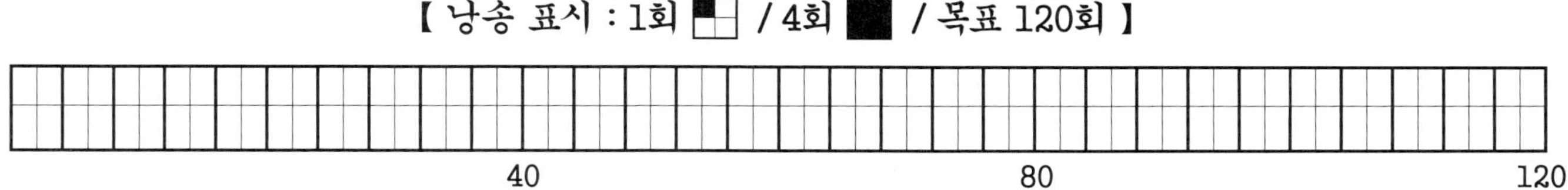

"주의 말씀은 내 발의 등이요 내 길에 빛이니이다"(시 119:105)

제 10 일

슬프다 이 성城이여

애가 1:1

눈물의 선지자先知者 예레미야는 망국亡國의 슬픔을 통곡痛哭하며 예레미야애가哀歌로 슬픔의 노래로 애곡哀哭하였습니다. 하나님 말씀을 거역拒逆하고 우상숭배偶像崇拜를 좋아한 지도자指導者와 백성百姓의 말로末路가 얼마나 비참悲慘한 것인가를 극명克明하게 보여 주고 있습니다.

1. 슬프다 이 성城이여 본래本來는 거민居民이 많더니 이제는 어찌 그리 적막寂寞히 앉았는고, 본래本來는 열국列國 중에 크던 자가 이제는 과부寡婦 같고, 본래本來는 열방列邦 중에 공주公主 되었던 자가 이제는 조공朝貢 드리는 자가 되었도다. 밤새도록 애곡哀哭하니 눈물이 뺨에 흐름이여 사랑하던 자 중에 위로慰勞하는 자가 없고, 친구親舊도 다 배반背叛하여, 원수怨讐가 되었도다. 유다는 환난患難과 많은 수고受苦로 인因하여 사로잡혀 갔도다. 저가 열방列邦에 거居하여 평강平康을 얻지 못함이여 그 모든 핍박逼迫하는 자가 저를 쫓아 협착狹窄한 곳에 미쳤도다. 시온의 도로道路가 처량凄凉함이여 절기節期에 나아가는 사람이 없음이로다. 모든 성문城門이 황적荒寂하며 제사장祭司長들이 탄식歎息하며, 처녀處女들이 근심하며 저도 곤고困苦를 받았도다. 저의 대적對敵이 머리가 되고 저의 원수怨讐가 형통亨通함은 저의 죄罪가 많으므로 여호와께서 곤고困苦케 하셨음이라. 어린 자녀子女들이 대적對敵에게 사로잡혔도다. (애 1:1~5)

2. 시온의 모든 영광榮光이 떠나감이여 사슴이 쫓는 자 앞에서 힘없이 달림 같도다. 예루살렘이 환난患難과 군박窘迫을 당當하는 날에 옛날의 모든 즐거움을 생각함이여, 백성百姓이 대적對敵의 손에 빠지나 돕는 자가 없고 대적對敵은 보고 그 황적荒寂함을 비웃도다. 예루살렘이 크게 범죄犯罪하므로 불결不潔한 자같이 되니, 전에 높이던 모든 자가 그 적신赤身을 보고 업신여김이여 저가 탄식歎息하며 물러가도다. 놀랍게 낮아져도 위로慰勞할 자가 없도다. 여호와여 나의 환난患難을 감찰鑑察하소서. 대적對敵이 손을 펴서 보물寶物을 빼앗았나이다. 그 모든 백성百姓이 생명生命을 소성蘇醒시키려고 보물寶物로 식물食物들을 바꾸었더니 지금只今도 탄식歎息하며 양식糧食을 구求하나이다. 나는 비천卑賤하오니 여호와여 나를 권고眷顧하옵소서. 이를 인하여 내가 우니 내 눈에 눈물이 물같이 흐름이여, 나를 위로慰勞하여 내 영靈을 소성蘇醒시킬 자가 떠났음이로다. 여호와는 의義로우시도다 내가 여호와의 명령命令을 거역逆拒하였도다. (애 1:6~18)

3. 여호와여 돌아보옵소서 내가 환난患難 중에서 마음이 괴롭고 마음이 번뇌煩惱하오니 나의 패역悖逆이 심甚히 큼이니이다. 밖으로는 칼의 살육殺戮이 있고 집에는 사망死亡 같은 것이 있나이다. 저희가 나의 탄식歎息을 들었으나 나를 위로慰勞하는 자가 없고, 나의 모든 원수怨讐가 나의 재앙災殃을 들었으나 주께서 이렇게 행行하심을 기뻐하나이다. 주主께서 반포頒布하신 날을 이르게 하시리니 저희가 나와 같이 되겠나이다. 저희 모든

악惡을 주 앞에 나타내시고 나의 모든 죄악罪惡을 인因하여 내게 행하신 것같이 저희에게 행行하옵소서. 나의 탄식歎息이 많고 나의 마음이 곤비困憊하니이다. (애 1:20~22)

4. 슬프다 주主께서 어찌 그리 진노震怒하사, 시온을 구름으로 덮으셨는고 이스라엘의 아름다운 것을 하늘에서 땅에 던지셨음이여, 야곱의 거처居處를 삼키시고 긍휼矜恤히 여기지 아니하셨음이여, 견고堅固한 성城을 헐어 땅에 엎으시고 나라와 방백方伯으로 욕辱되게 하셨도다. 맹렬猛烈한 진노震怒로 뿔을 자르셨음이여 맹렬猛烈한 불이 사방四方으로 사름같이 야곱을 사르셨도다. 시온의 장막帳幕에 노怒를 불처럼 쏟으셨도다. 모든 궁宮을 삼키고 견고堅固한 성城들을 훼파毁破하사 근심과 애통哀痛을 더하셨도다. 성막聖幕을 초막草幕 같이 헐어 버리시고 공회公會 처소處所를 훼파毁破하셨도다. (애 2:1~6)

5. 여호와께서 자기自己 제단祭壇을 버리시며 자기自己 성소聖所를 미워하시며 시온 성을 헐기로 하시고, 줄을 띠로 훼파毁破함에서 손을 거두지 아니하사, 성城과 곽廓으로 통곡痛哭하게 하셨으매 저희가 함께 쇠衰하였도다. 성문城門 땅에 묻히며 빗장이 꺾여 훼파毁破되고, 왕王과 방백方伯들이 율법律法 없는 열방列邦 가운데 있으며 선지자先知者들은 여호와의 묵시默示를 받지 못하는도다. 내 눈물이 상傷하며 내 창자가 끓으며 간이 쏟아졌으니, 백성百姓이 패망敗亡하여 아이들이 성읍城邑 거리에 혼미昏迷함이로다. 노유老幼는 다 길바닥에 엎드러졌사오며, 처녀處女들과 소년少年들이 칼에 죽었나이다. 여호와께서 진노震怒하신 날을 피避하거나 남은 자가 없나이다. 내 손에 받들어 기르는 자를 내 원수怨讐가 다 멸滅하였나이다. (애 2:7~22)

6. 여호와의 노怒하신 매로 인하여 고난苦難 당當하는 자가 되었도다. 나는 조롱嘲弄거리가 되었도다. 내 고초苦楚와 재난災難 곧 쑥과 담즙膽汁 같으리이다. 내 심령心靈이 낙심落心되오나 중심中心에 회상回想한즉 오히려 소망所望이 있사옴은, 여호와의 자비慈悲와 긍휼矜恤이 무궁無窮하시므로 우리가 진멸殄滅되지 아니함이니이다. 아침마다 새로우니 주主의 성실誠實이 크도소이다. 여호와는 나의 기업基業이시니 내가 저를 바라리라. 기다리는 자에게나 구求하는 영혼靈魂에게 여호와께서 선善을 베푸시는도다. 여호와의 구원救援을 바라고 잠잠潛潛히 기다림이 좋도다. (애 3:1~26)

하나님을 믿고 그 말씀대로 순종順從하는 자녀子女들에게는 절망絕望이란 없습니다. 하나님께서 그의 자녀子女들을 사랑하고 보호保護하십니다. 슬픔의 노래 애가哀歌가 기쁨과 승리勝利의 찬송讚頌이 됩니다.

【 낭송 표시 : 1회 / 4회 / 목표 120회 】

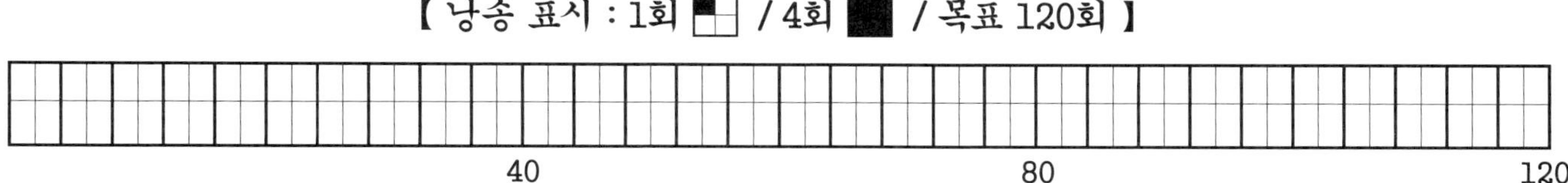

"주의 말씀은 내 발의 등이요 내 길에 빛이니이다"(시 119:105)

제 11 일

아침마다 새로우니 주의 성실誠實하심이 크도다

애가 3:23

"아침마다 새로우니 주의 성실誠實하심이 크도다" 희망希望의 찬 말씀입니다. 명화名畵 〈바람과 함께 사라지다〉의 마지막 장면의 "내일은 내일의 태양이 떠오른다"라는 말은 많은 관객觀客들에게 감동感動을 주었습니다. 하나님은 아침마다 새로운 은혜恩惠를 그 자녀子女들에게 주십니다.

1. 여호와의 자비慈悲와 긍휼矜恤이 무궁無窮하시므로 우리가 진멸殄滅되지 아니함이니이다. 아침마다 새로우니 주의 성실誠實하심이 크도소이다. 무릇 기다리는 자에게나 구求하는 영혼靈魂에게 여호와께서 선善을 베푸시는도다. 사람이 여호와의 구원救援을 바라고 잠잠潛潛히 기다림이 좋도다. 사람이 젊었을 때에 멍에를 메는 것이 좋으니, 잠잠潛潛할 것은 주께서 그것을 메우셨음이라. (애 3:22~28)

2. 저가 비록 근심케 하시나 그 풍부豊富한 자비慈悲대로 긍휼矜恤히 여기실 것임이라. 우리가 스스로 행위行爲를 조사調査하고 여호와께로 돌아가자. 마음과 손을 아울러 하늘에 계신 하나님께 들자 내 눈의 흐르는 눈물이 그치지 아니하고 쉬지 아니함이여, 여호와께서 하늘에서 살피고 돌아보시기를 기다리는도다. 주여 주께서 내 심령心靈의 원통寃痛을 펴셨고 내 생명生命을 속贖하셨나이다. 나의 노래하는 것을 주여 보옵소서. 여호와여 주께서 저의 손으로 행한 대로 보응報應하사 그 마음을 강퍅剛愎하게 하시고 저주詛呪를 더하시며, 진노震怒로 저희를 군축軍縮하사 여호와의 천하天下에서 멸滅하시리이다. (애 3:32~66)

3. 슬프다 어찌 그리 금金이 빛을 잃고 정금精金이 변하였으며 성소聖所의 돌이 각 거리 머리에 쏟아졌는고, 시온의 아들들이 보배寶杯로와 정금精金에 비比할러니, 어찌 그리 토기장이의 만든 질항아리같이 여김이 되었는고, 내 백성百姓은 잔인殘忍하여 광야曠野의 타조駝鳥 같도다. 젖먹이가 목말라서 혀가 입천장에 붙음이여, 떡을 구求하나 떼어 줄 사람이 없도다. 진수珍羞를 먹던 자가 이제는 거름더미를 안았도다. 전前에는 존귀尊貴한 자의 몸이 눈보다 깨끗하고 젖보다 희며 산호珊瑚보다 붉어 그 윤택潤澤함이 마광磨光한 청옥靑玉 같더니, 이제는 그 얼굴이 숯보다 검고 그 가죽이 뼈에 붙어 막대기 같이 말랐으니 거리에서 알 사람이 없도다. 시온아 네 죄악罪惡의 형벌刑罰이 다하였으니 주主께서 네 죄악罪惡을 벌罰하시며 네 허물을 드러내시리로다. (애 4:1~22)

4. 그 선지자先知者들의 죄罪와 제사장祭司長들의 죄악罪惡을 인因함이니, 저희가 성읍城邑 중에서 의인義人의 피를 흘렸도다. 저희가 거리에서 소경 같이 방황彷徨함이여 그 옷이

피에 더러웠으므로 사람이 만질 수 없도다. 사람이 저희에게 외쳐 이르기를 부정不淨하다 가라 가라 가라 만지지 말라 하였음이여, 저희가 도망逃亡하여 방황彷徨할 때에 이방인異邦人이 이르기를 저희가 다시는 여기 거居하지 못하리라 하였도다. 여호와께서 노怒하여 흩으시고 다시 권고勸告치 아니하시리니, 저희가 제사장祭司長들을 높이지 아니하였으며 장로長老들을 대접待接지 아니하였음이로다. (애 4:13~16)

5. 여호와여 우리의 당當한 것을 기억記憶하시고 우리의 수욕羞辱을 감찰鑑察하옵소서. 우리 기업基業이 외인外人에게 우리 집들도 외인外人에게 돌아갔나이다. 우리를 쫓는 자는 우리 목을 눌렀사오니 우리가 곤비困憊하여 쉴 수 없나이다. 우리 열조列祖는 범죄犯罪하였고 우리는 그 죄악罪惡을 담당擔當하였나이다. (애 5:1~7)

6. 대적對敵이 시온에서 부녀婦女들을 유다 각 성城에서 처녀處女들을 욕辱보였나이다. 방백方伯들의 손이 매어달리며 장로長老들의 얼굴이 존경尊敬을 받지 못하나이다. 소년少年들이 맷돌을 지오며 아이들이 섶을 지다가 엎드러지오며, 노인老人은 다시 성문城門에 앉지 못하며 소년少年은 다시 노래하지 못하나이다. 우리 마음에 희락喜樂이 그쳤고, 우리의 무도舞蹈가 변變하여 애통哀痛이 되었사오며, 우리 머리에 면류관冕旒冠이 떨어졌사오니 오호라 우리의 범죄犯罪함을 인因함이니이다. 이러므로 우리 마음이 피곤疲困하고 우리 눈이 어두우며, 시온산이 황무荒蕪하여 여우가 거기서 노나이다. (애 5:11~18)

7. 여호와여 주主는 영원永遠히 계시오며 주의 보좌寶座는 세세世世에 미치나이다. 주主께서 어찌하여 우리를 영원永遠히 잊으시오며 우리를 이같이 오래 버리시나이까, 여호와여 우리를 주主께로 돌아가겠사오니 우리의 날을 다시 새롭게 하사 옛적 같게 하옵소서. 주께서 우리를 아주 버리셨사오며 우리에게 진노震怒하심이 특심特甚하시니이다. (애 5:19~22)

주主는 영원永遠하며 주主의 보좌寶座는 세세무궁世世無窮합니다. 우리의 나날은 너무나 짧은 일순간一瞬間입니다. 그러나 하나님의 은총恩寵 안에 있는 사람은 영원永遠한 생명生命을 소유所有한 복福된 자들입니다. 어둠의 밤 슬픔의 애가哀歌가 새 아침에 기쁨과 승리의 찬양讚揚이 됩니다.

【 낭송 표시 : 1회 / 4회 / 목표 120회 】

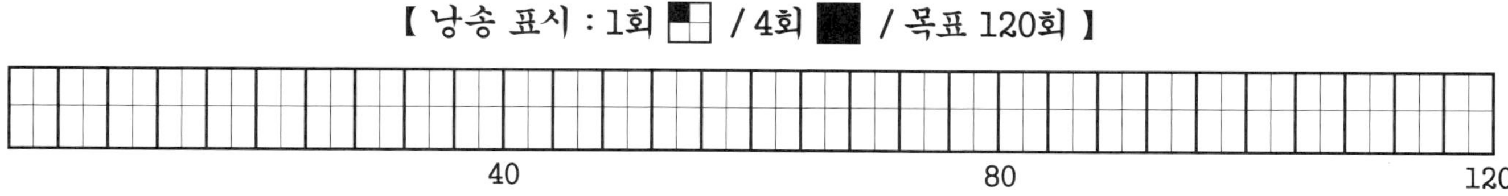

"주의 말씀은 내 발의 등이요 내 길에 빛이니이다"(시 119:105)

제 12 일

여호와의 권능權能이 내 위에 있으니라

에스겔 1:3

선지자先知者 에스겔은 바벨론 포로 생활捕虜生活하는 중에 하나님의 부르심을 받고 예언자豫言者의 사역使役을 하게 되었습니다. 그발 강변 포로捕虜 수용소收容所에서 포로 생활捕虜生活을 하고 있었습니다. 하나님의 백성百姓과 함께 포로捕虜로 끌려와서 처참悽慘한 생활生活을 하던 중 하나님이 보여 주신 환상幻想과 미래未來에 전개展開될 광경光景을 계시啓示로 보게 되었습니다.

1. 내가 그발 강가 사로잡힌 자 중에 있더니 하늘이 열리며 하나님의 이상異像을 내게 보이시니, 여호와의 말씀이 나 에스겔에게 특별히 임臨하고 여호와의 권능權能이 번쩍번쩍하여, 빛이 그 사면四面에 비치며 그 불 가운데 단 쇠 같은 것이 나타나 보이고, 그 속에서 네 생물生物의 형상形像이 나타나는데 그 모양貌樣이 이러하니 사람의 형상形像이라. 각각各各 네 얼굴과 네 날개가 있고 그 다리는 곧고 그 발바닥은 송아지 발바닥 같고, 마광磨光한 구리같이 빛나며 그 사면四面 날개 밑에는 각각各各 사람의 손이 있더라. (겔 1:1~8)

2. 그 네 생물生物의 얼굴과 날개가 이러하니 날개는 다 서로 연連하였으며, 행할 때에는 돌이키지 아니하고 일제一齊히 앞으로 곧게 행하며, 그 얼굴들의 모양貌樣은 넷의 앞은 사람의 얼굴이요, 넷의 우편右便은 사자獅子의 얼굴이요, 넷의 좌편左便은 소의 얼굴이요 넷의 뒤는 독수리의 얼굴이니, 또 생물生物의 모양貌樣은 숯불과 횃불 모양貌樣 같은데, 그 불이 그 생물生物 사이에서 오르락 내리락하며, 그 불은 광채光彩가 있고 그 가운데는 번개가 나며 그 생물生物의 왕래往來가 번개같이 빠르더라. (겔 1:8~14)

3. 내가 그 생물生物을 본즉 그 생물生物 곁 땅 위에 바퀴가 있는데, 그 네 얼굴을 따라 하나씩 있고, 그 바퀴의 형상形像과 그 구조構造는 넷이 한결 같은데 황옥黃玉 같고, 그 형상形像과 구조構造는 바퀴 안에 바퀴가 있는 것 같으며, 행할 때에는 사방四方으로 향向하는 대로 돌이키지 않고 행하며, 그 둘레는 높고 무서우며 그 네 둘레로 돌아가면서 눈이 가득하며, 생물生物이 행할 때에 바퀴도 그 곁에서 행하고 어디든지 신神이 가려 하면 가려 하는 곳으로 가고, 이는 생물生物의 신神이 그 바퀴 가운데 있음이라. (겔 1:15~20)

4. 생물生物들이 행할 때에 내가 그 날개 소리를 들은즉, 많은 물소리와도 같으며 전능자全能者의 음성音聲과도 같으며, 군대軍隊의 소리와도 같더니 그 생물生物들이 설 때에 그 날개를 드리우더라. 궁창穹蒼 위에 보좌寶座의 형상形像이 있는데 그 모양貌樣이 남보석藍寶石 같고, 그 보좌寶座의 형상形像이 사람의 모양貌樣 같더라. 내가 본즉 그 모양貌樣은 단 쇠 같아서 그 속과 주위周圍가 불같고 사면四面으로 광채光彩가 나며, 그 광채光彩의 모양貌樣은 무지개 같으니 이는 여호와의 영광榮光의 형상形像 모양貌樣이라, 내가 보고 곧 엎드리어 그 말씀하시는 자의 음성音聲을 들으니라. (겔 1:19~28)

5. 그가 내게 이르시되 인자人子야 일어서라 내가 네게 말하리라. 말씀하실 때에 그 신神이 내게 임臨하사 나를 일으켜 세우시기로, 내게 이르시되 인자人子야 내가 너를 패역悖逆한

백성百姓 **나를 배반**背叛**하는 자에게 보내노라. 그들과 그 열조**列祖**가 범죄**犯罪**하여 오늘날까지 이르렀나니 얼굴이 뻔뻔하고 마음이 강퍅**剛愎**한 자니라. 내가 그들에게 보내노니 너는 그들에게 주 여호와의 말씀이 이러하시다 하라. 그들은 패역**悖逆**한 족속**族屬**이라 듣든지 아니 듣든지 그들 가운데 선지자**先知者**가 있는 줄 알지어다. 인자**人子**야 패역**悖逆**하지 말고 네 입을 벌리고 내가 주는 것을 먹으라 하시기로, 내가 보니 한 손이 나를 향**向**하여 펴지고 그 손에 두루마리 책**冊**이 있더라. 내 앞에서 펴시니 그 안팎에 글이 있는 애가**哀歌**와 애곡**哀哭**과 재앙**災殃**의 말이 기록**記錄**되었더라.** (겔 2:1~10)

6. 내게 이르시되 인자人子**야 너는 받은 것을 먹으라. 너는 이 두루마리를 먹고 가서 이스라엘 족속**族屬**에게 고**告**하라 하시기로 내가 입을 벌리니, 그가 그 두루마리를 내게 먹이시며 이 두루마리로 네 배에 넣어라 내가 먹었더니 그것이 내 입에서 달기가 꿀 같더라. 이 모든 말을 너는 마음으로 받으며 귀로 듣고 사로잡힌 네 민족**民族**에게로 가서, 그들에게 고**告**하여 이르기를 주 여호와의 말씀이 이러하시다 하라 하시더라. 때에 주의 신**神**이 나를 들어 올리시는데 내 뒤에 크게 울리는 소리가 들려 이르기를, 여호와의 처소**處所**에서 나는 영광**榮光**을 찬송**讚頌**할지어다 하니, 이는 생물**生物**들의 날개가 서로 부딪치는 소리와 생물**生物 **곁에 바퀴 소리가 크게 울리는 소리더라. 주의 신**神**이 나를 들어 올려 데리고 가시는데 내가 근심하니 여호와의 권능**權能**이 힘 있게 나를 감동**感動**하시더라.** (겔 3:1~14)

7. 인자人子**야 너를 이스라엘 족속**族屬**의 파수꾼으로 세웠으니, 내 입의 말을 듣고 나를 대신**代身**하여 그들을 깨우치라. 네가 악인**惡人**을 깨우치되 악**惡**한 마음과 악**惡**한 행위**行爲**에서 돌이키지 아니하면, 그들은 죄악**罪惡 **중에서 죽으려니와 너는 생명**生命**을 보존**保存**하리라. 깨우쳐 범죄**犯罪**치 아니하면 정녕 살리니 네 영혼**靈魂**도 보존**保存**하리라. 여호와께서 권능**權能**으로 내게 임**臨**하시고 내게 이르시되 일어나 들로 나아가라 내가 거기서 말하리라. 내가 일어나 들로 나아가니 여호와의 영광**榮光**이 거기 머물렀는데, 그발강 가에서 보던 영광**榮光**과 같은지라. 내가 곧 엎드리니 주의 신**神**이 내게 임**臨**하사 가라사대 너는 가서 네 집에 들어가 문을 닫으라.** (겔 3:17~24)

에스겔 선지자先知者는 바벨론 그발 강변江邊에서 하나님의 모습과 하늘 보좌寶座와 하나님의 운행運行 광경光景을 바라보았고, 하나님의 음성音聲을 듣게 되었습니다. 하나님의 백성百姓들이 포로捕虜가 되었으며 예루살렘 성전聖殿에서 일어난 모든 상황狀況을 다시금 분명分明히 알게 되었던 것입니다. 그러나 권능權能과 영광榮光의 하나님께서는 회개悔改하고 돌아오는 그 백성百姓들을 긍휼矜恤히 여기셔서, 과거過去의 죄악罪惡을 용서容恕하시고 새로운 광복光復과 해방解放과 자유自由를 환상幻想으로 보여 주었습니다. 하나님의 영광榮光과 위엄威嚴과 권능權能이 포로 생활捕虜生活 하고 있는 하나님의 백성百姓들 위에 좌정坐定해 계심을 바라보게 되었습니다. 우리의 성전聖殿과 강산江山 위에 영광榮光과 위엄威嚴의 하나님 보좌寶座를 바라볼 수 있게 영안靈眼을 열어 주옵소서.

【 낭송 표시 : 1회 ▚ / 4회 ■ / 목표 120회 】

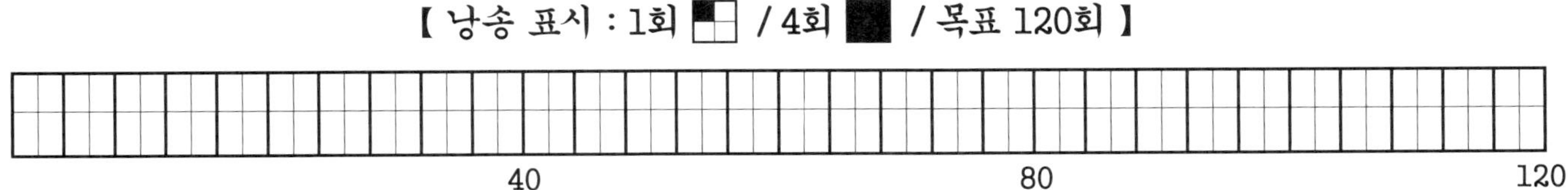

"주의 말씀은 내 발의 등이요 내 길에 빛이니이다"(시 119:105)

제 13 일

가증可憎한 것을 제制하여 버릴지라

에스겔 11:18

하나님의 관심사關心事는 택擇한 백성百姓과 올바른 신뢰信賴와 사랑의 관계關係를 유지維持하는 것입니다. 타락墮落과 불순종不順從은 하나님과의 관계關係를 파괴破壞하는 행위行爲입니다. "너희가 나를 여호와인 줄 알리라." 에스겔 선지자先知者의 설교說敎 요지였습니다. 가증可憎한 것을 제制하여 버리고 성결聖潔하게 사는 길이 하나님과 은혜恩惠롭고 복福된 관계關係를 유지維持하는 신앙생활信仰生活입니다.

1. 너는 그들을 쳐서 예언豫言하고 예언豫言할지니라. 여호와의 신神이 내게 임臨하여 가라사대, 너는 말하기를 여호와의 말씀에 이스라엘 족속族屬아 너희 마음에서 일어나는 것을 내가 다 아노라. 너희가 나를 여호와인 줄 알리라. 너희가 내 율례律例를 행行치 아니하며 규례規例를 지키지 아니하고, 너희 사면四面에 있는 이방인異邦人의 규례規例대로 행行하였느니라. 내가 너희를 만민萬民 가운데서 모으며 너희를 흩은 열방列邦 가운데서 몰아내고 이스라엘 땅으로 이끌어 주리라. 그들이 가서 모든 미운 물건物件과 가증可憎한 것을 제制하여 버릴지라. 내가 그들에게 일치一致한 마음을 주고, 그 속에 새 신神을 주며 그 몸에서 굳은 마음을 제制하고 부드러운 마음을 주어서 내 율례律例를 좇으며, 내 규례規例를 지켜 행行하게 하리니 그들은 내 백성百姓이 되고 나는 그들의 하나님이 되리라. (겔 11:4~20)

2. 여호와의 말씀이 내게 임臨하여 가라사대 인자仁慈야 예루살렘으로 그 가증可憎한 일을 알게 하여 이르기를, 주 여호와께서 예루살렘에 대하여 말씀하시되, 네 근본根本과 난 땅은 가나안이요 네 아비는 아모리 사람이요 네 어미는 헷 사람이라. 내가 물로 너를 씻겨서 네게 기름을 바르고 수繡놓은 옷을 입히고, 가죽신을 신기고 가는 베로 띠우고 명주明紬로 덧입히고, 패물佩物을 채우고 사슬을 목에 드리우고, 귀고리를 달고 화려華麗한 면류관冕旒冠을 머리에 씌웠나니, 고운 밀가루와 꿀과 기름을 먹음으로 극極히 곱고 형통亨通하여 왕후王后의 지위地位에 나아갔느니라. (겔 16:1~13)

3. 네 화려華麗함을 인因하여 네 명성名聲이 이방인異邦人 중에 퍼졌음은 네 영화榮華로 네 화려華麗함이 온전穩全함이니라 나 주 여호와의 말이니라. 그러나 네 화려華麗함을 믿고 네 명성名聲을 인因하여 행음行淫하되, 지나가는 자와 더불어 음란淫亂을 많이 행行함으로 네 몸이 그들의 것이 되도다. 네 의복衣服을 취하여 색色스러운 산당山堂을 만들고 거기서 행음行淫하였나니, 또 나의 준 금金 은銀 장식품裝飾品으로 남자男子 우상偶像을 만들어 행음行淫하여 수繡놓은 옷으로 우상偶像에게 입히고, 나의 기름과 향香으로 그 앞에 베풀며 또 내가 네게 주어 먹게 한 식물食物, 곧 고운 밀가루와 기름과 꿀을 그 앞에 베풀어 향기香氣를 삼았나니, 과연果然 너희들이 그렇게 행行하였느니라. (겔 16:14~19)

4. 네가 나를 위하여 낳은 네 자녀子女를 가져 그들에게 드려 제물祭物로 삼아 불살랐느니라. 자녀子女들을 죽여 우상偶像에게 붙여 불 가운데로 지나가게 하였느냐. 네가 모든 가증可憎한 일과 음란淫亂을 행行하였느니라. 너를 위하여 누樓를 건축建築하며 높은 대臺를 쌓았도다. 네 아름다움을 가증可憎하게 하여 모든 지나가는 자에게 다리를 벌려 행음行淫하고, 하체下體가 이웃나라 사람과 행음行淫하되 심甚히 음란淫亂하여 내 노怒를 격동激動하였도다. (겔 16:20~26)

5. 여호와의 말씀이 내게 임臨하여 가라사대 주 여호와의 말씀에 너는 완전完全한 인印이었고, 지혜智慧가 충족充足하며 온전穩全히 아름다웠도다. 하나님의 동산 에덴에 있어서 각종各種 보석寶石 곧 홍보석紅寶石과 황보석黃寶石과 금강석金剛石과 황옥黃玉과 홍마노紅瑪瑙와 창옥蒼玉과 청보석靑寶石과 남보석藍寶石과 홍옥紅玉과 황금黃金으로 단장丹粧하였음이여, 소고小鼓와 비파琵琶가 예비豫備 되었도다. 너는 기름 부음을 받은 그룹임이여, 내가 너를 세우매 네가 하나님의 성산聖山에 있어서 화광석火光石 사이에 왕래往來하였도다. 네가 아름다움으로 마음이 교만驕慢하였으며, 네가 영화榮華로우므로 네 지혜智慧를 더럽혔음이여, 네가 죄악罪惡이 많고 불의不義하므로 성소聖所를 더럽혔음이여, 내가 불을 내어 너를 사르게 하고 재가 되게 하였도다. (겔 28:1~18)

6. 내가 한 목자牧者를 세워 먹이게 하리니 그는 내 종 다윗이라, 그가 그들을 먹이고 그들의 목자牧者가 되리라. 나 여호와는 그들의 목자牧者가 되고 내 종 다윗은 그들 중에 왕王이 되리라. 내가 화평和平의 언약言約을 세우고 평안平安히 거居하며 잘지라. 내가 그들에게 복福을 내리며 모든 곳도 복福되게 하여 때를 따라 비를 내리되 복福된 장맛비를 내리리라. 그리한즉 열매를 맺으며 땅에서 평안平安할지라. 내 양羊 곧 내 초장草場의 양羊 너희는 사람이요 나는 너희 하나님이라 나 주 여호와의 말이니라. (겔 34:23~31)

하나님의 뜻을 거역拒逆하고 불순종不順從하며, 우상숭배 생활偶像崇拜生活을 좋아하는 가증可憎스런 사람들 때문에, 가나안 복지福地가 불결不潔해지고 더럽혀졌습니다. 하나님께서 정리정돈整理整頓과 대청소大淸掃를 하십니다. "내가 깨끗하니 너희도 깨끗하라." "내가 거룩하니 너희도 거룩하라." 하나님의 백성百姓도 깨끗하고 거룩해야 약속約束의 땅 축복祝福의 땅에서 번성蕃盛하고 창대昌大케 됩니다. 그리하여 세계 만방世界萬邦에 하나님의 그 영광榮光을 나타내게 됩니다.

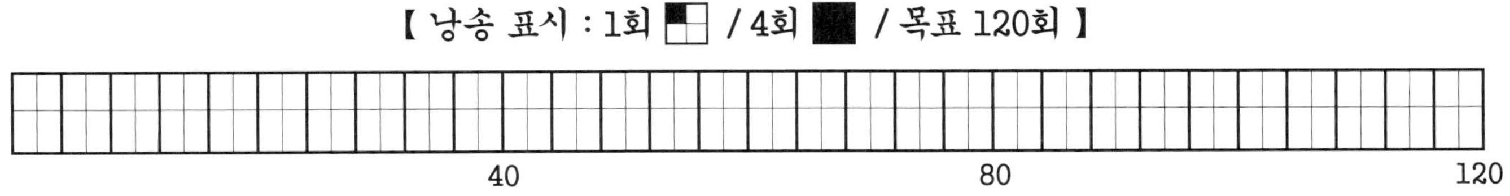

"주의 말씀은 내 발의 등이요 내 길에 빛이니이다"(시 119:105)

제 14 일

그리한즉 그들이 나를 여호와인 줄 알리라

에스겔 36:38

부모父母님께서는 자녀子女들 모두가 건강健康하고 보람 있게 일하고 잘살고 성공成功하여 행복幸福하게 되기를 원願하십니다. 하나님께서도 부모父母님 생각 이상으로 성도聖徒들 모두가 영육靈肉간에 건강健康하고 형통亨通하고 잘되고 행복幸福한 성공자成功者가 되기를 원願하고 계십니다. 그래서 깨끗한 생활生活로 건강健康하여라, 성결聖潔된 생활生活로 행복幸福하여라, 가증可憎한 것을 버리고 성공成功하여라 하며 방황彷徨하지 말고 목표 달성目標達成과 목적지目的地에 도달到達하여 성공成功하도록 율례律例와 규례規例를 주셨습니다. 최선最善을 다해도 부족不足한 부분部分은 하나님이 담당擔當하셔서 여호와의 신神 성령聖靈을 보내 주시는 것입니다.

1. 인자人子야 너는 예언豫言하여 이르기를 여호와의 말씀을 들어라. 너희 이스라엘 산山들아 가지를 내고 내 백성百姓을 위하여 과실果實을 맺으리니, 내가 사람과 짐승으로 많게 하되, 생육生育이 중다衆多하고 번성蕃盛하게 할 것이라. 나의 큰 이름을 내가 거룩하게 할지라. 나의 거룩함을 나타내리니 열국列國 사람이 나를 여호와인 줄 알리라. 내가 너희를 열방列邦 중에서 모아 데리고 고토故土에 들어가서 맑은 물로 너희에게 뿌려서 너희로 정결淨潔케 하되, 곧 너희 모든 더러운 것에서와 모든 우상偶像 섬김에서 너희를 정결淨潔케 할 것이며, 또 새 영靈을 너희속에 두고 새 마음을 너희에게 주되, 너희 육신肉身에서 굳은 마음을 제制하고 부드러운 마음을 줄 것이며, 또 내 신神을 너희 속에 두어 너희로 내 율례律例를 행하게 하리니, 너희가 내 규례規例를 지켜 행할지니라. (겔 36:1~27)

2. 내가 너희 열조列祖에게 준 땅에 거居하여 내 백성百姓이 되고 나는 너희 하나님이 되리라. 내가 너희를 구원救援하고 곡식穀食으로 풍성豊盛하게 하며, 너희도 다시는 욕辱을 받지 않게 하리니 나 주 여호와가 말하노라. 모든 죄악罪惡에서 정결淨潔케 되는 날에 성읍城邑들에 사람이 거접居接하게 되며, 황폐荒廢한 것이 건축建築되게 할 것인즉 그 황무荒蕪한 땅들이 기경起耕이 될지라. (겔 36:28~34)

3. 이 땅이 황무荒蕪하더니 이제는 에덴 동산 같이 되었고, 황량荒凉하고 적막寂寞하고 무너진 성읍城邑에 성벽城壁과 거민居民이 있다 하리니, 나 여호와가 무너진 곳을 건축建築하며 인수人數가 양羊 떼같이 많아지게 하되, 예루살렘 정定한 절기節期에 양羊 떼 같이 황폐荒廢한 성읍城邑에 사람의 떼로 채우리라. 그리한즉 그들이 나를 여호와인 줄 알리라. (겔 36:35~38)

4. 주 여호와께서 가라사대 이것이 예루살렘이라. 그들이 내 규례規例를 거슬려서 이방인異邦人보다 악惡을 더 행行하며 내 율례律例를 행치 아니하였음이라. 그러므로 나 주 여호와가 말하노라 너를 치며 이방인異邦人의 목전目前에서 너희 중에 벌罰을 내리되, 네 모든 가증可憎한 일로 인因하여 모든 미운 물건物件과 모든 가증可憎한 일로 내 성소聖所를 더럽혔은즉, 나도 너를 아껴 보지 아니하며 긍휼矜恤을 베풀지 아니하고 미약微弱하게

하리니, 온역溫疫**으로 기근**饑饉**으로 칼에 엎드러질 것이요 사방**四方**에 흩어지리라. 이방인**異邦人**에게 수욕**羞辱**과 조롱**嘲弄**을 당**當**하고 경계**警戒**와 괴이**怪異**한 것이 되리라 나 여호와의 말이니라.** (겔 5:5~15)

5. 이에 내가 보니 그룹들 머리 위 궁창穹蒼**에 남보석**藍寶石 **같은 것이 나타나는데 보좌**寶座 **형상**形狀 **같더라. 그룹들은 성전**聖殿 **우편**右便**에 섰고, 구름은 안뜰에 가득하며 여호와의 영광**榮光**이 그룹에서 올라 성전**聖殿 **문지방에 임**臨**하니 구름이 성전**聖殿**에 가득하며, 여호와의 영화**榮華**로운 광채**光彩**가 뜰에 가득하였고 전능**全能**하신 하나님의 말씀하시는 음성**音聲 **같더라. 여호와의 영광**榮光**이 성전**聖殿 **문지방을 떠나서 그룹들 위에 머무르니, 그들이 여호와의 전**殿**으로 들어가는 동문**東門**에 머물고 하나님의 영광**榮光**이 그 위에 덮였더라. 그것이 내가 그발강 가에서 본 바 하나님의 아래 있던 생물**生物**이라.** (겔 10:1~20)

6. 여호와의 말씀이 또 내게 임臨**하여 가라사대 모든 영혼**靈魂**이 다 내게 속**速**한지라 범죄**犯罪**하는 그 영혼**靈魂**이 죽으리라. 내 율례**律例**를 좇으며 내 규례**規例**를 지켜 진실**眞實**히 행**行**할진대 그는 의인**義人**이니 정녕**丁寧 **살리라. 선**善**을 행치 아니하며 악**惡**을 행하고 강포**强暴**하거나 살인**殺人**하거나, 산**山 **위에서 우상**偶像**의 제물**祭物**을 먹거나 이웃의 아내를 더럽히거나, 가난하고 궁핍**窮乏**한 자를 학대**虐待**하거나 억탈**抑奪**하거나 빚진 자의 전당물**典當物**을 도로 주지 아니하거나, 우상**偶像**에게 눈을 들거나 가증**可憎**한 일을 행하거나 모든 가증**可憎**한 일을 행하였은즉 정녕**丁寧 **죽을지라 그 피가 자기에게로 돌아가리라.** (겔 18:1~13)

7. 나는 여호와 너희 하나님이라 너희는 나의 율례律例**를 좇으며 나의 규례**規例**를 지켜 행**行**하고 또 나의 안식일**安息日**을 거룩하게 할지어다. 이것이 표징**表徵**이 되어 너희로 내가 여호와 너희 하나님인 줄 알게 하리라. 율례**律例**를 좇지 아니하며 나의 안식일**安息日**을 지키지 아니하면 나의 분노**忿怒**를 그들 위에 쏟으리라. 나의 규례**規例**를 행치 아니하며 나의 율례**律例**를 멸시**蔑視**하며 안식일**安息日**을 더럽히고 우상**偶像**들을 사모**思慕**하면 그들로 멸망**滅亡**케 하여 나를 여호와인 줄 알게 하리라. 나 주 여호와가 말하노라 이스라엘 족속**族屬**아 너희가 내 말을 듣지 아니하려거든 가서 각각**各各 **그 우상**偶像**을 섬기고 우상**偶像**들로 내 거룩한 이름을 더럽히지 말지니라.** (겔 20:19~39)

방탕放蕩과 타락墮落의 상징象徵이 우상숭배偶像崇拜입니다. 마음에 하나님 두기를 싫어하매 사탄과 마귀魔鬼와 귀신鬼神이 들어와 그 마음과 생각生覺과 행동行動을 점령占領하고 지배支配합니다. 이것을 하나님이 가장 싫어하시고 끝내 심판審判하십니다.

【 낭송 표시 : 1회 / 4회 / 목표 120회 】

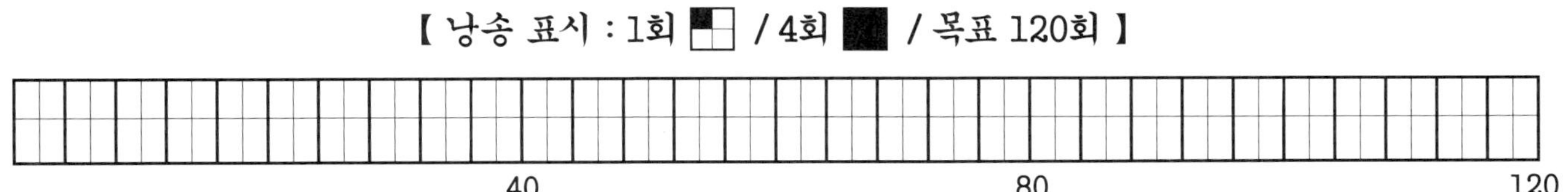

"주의 말씀은 내 발의 등이요 내 길에 빛이니이다"(시 119:105)

제 15 일

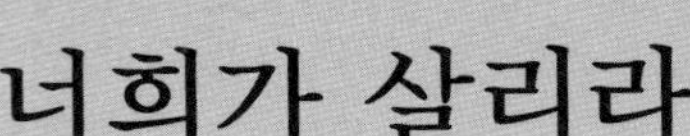

너희가 살리라

에스겔 37:5

에스겔 선지자先知者는 골짜기 지면地面에 흩어져 있는 많은 뼈들을 보게 됩니다. 하나님께서 "내가 생기生氣로 너희에게 들어가게 하리니 너희가 살리라"고 하십니다. 과연 말씀대로 뼈들에게 생기生氣가 덮여 부활復活하매 큰 군대軍隊가 되었습니다. 무덤을 열고 나오게 한즉 놀라운 광경光景을 보여 주셨습니다.

1. 여호와께서 권능權能으로 내게 임臨하시고 그 신神으로 나를 데리고 가서 골짜기 가운데 두셨는데 거기 뼈가 가득하더라. 나를 그 뼈 사방四方으로 지나게 하시기로 본즉 그 골짜기 지면地面에 뼈가 심甚히 많고 아주 말랐더라. 인자人子야 이 뼈들이 능能히 살겠느냐 하시기로 내가 대답對答하되 주 여호와여 주께서 아시나이다. 너는 이 모든 뼈에게 대언代言하여 이르기를 너희 마른 뼈들아 여호와의 말씀을 들을지어다. 주 여호와께서 이 뼈들에게 말씀하시기를 내가 생기生氣로 너희에게 들어가게 하리니 너희가 살리라. 너희 위에 힘줄을 두고 살을 입히고 가죽으로 덮고 너희 속에 생기生氣를 두리니 너희가 살리라. 또 나를 여호와인 줄 알리라. (겔 37:1~6)

2. 내가 명命을 좇아 대언代言하니 대언代言할 때에 소리가 나고 움직이더니, 이 뼈 저 뼈가 들어맞아서 소리가 나고 움직이더니, 이 뼈 저 뼈가 들어맞아서 서로 연락連絡하더라. 내가 또 보니 그 뼈에 힘줄이 생기고 살이 오르며, 그 위에 가죽이 덮이나 그 속에 생기生氣가 없더라. 인자人子야 너는 생기生氣를 향向하여 대언代言하라. 주 여호와의 말씀에 생기生氣야 사방四方에서부터 와서 이 사망死亡을 당當한 자에게 불어서 살게 하라. 이에 내가 그 명命대로 대언代言하였더니 그들이 곧 살아 일어나서 서는데 극極히 큰 군대軍隊더라. (겔 37:7~10)

3. 인자人子야 이 뼈들은 이스라엘 온 족속族屬이라. 주 여호와의 말씀에 내 백성百姓들아 너희 무덤을 열고 나오게 하고 이스라엘 땅으로 돌아가게 하리라. 내 백성百姓들아 내가 너희 무덤을 열고 너희로 거기서 나오게 한즉 너희가 나를 여호와인 줄 알리라. 내가 또 내 신神을 너희 속에 두어 너희로 살게 하고, 내가 또 너희를 고토故土에 거居하게 하리니 나 여호와가 이 일을 말하고 이룬 줄을 너희가 알리라 나 여호와의 말이니라. (겔 37:11~14)

4. 여호와의 말씀이 또 내게 임臨하여 가라사대 인자人子야 막대기 하나를 취取하여 그 위에 유다와 그 짝 이스라엘 자손子孫이라 쓰고, 또 다른 막대기를 취取하여 그 짝 이스라엘 온 족속族屬이라 쓰고, 그 막대기들을 서로 연합連合하여 하나가 되게 하라 네 손에서 둘이 하나라 되리라. 주 여호와의 말씀에 내가 이스라엘 자손子孫을 그 열국列國에서 취取하여 그 사면四面에서 모아서 그 고토故土로 돌아가게 하고, 그들로 한 나라를 이루어서 다시는 두 민족民族이 되지 아니하며 두 나라로 나누이지 아니할지라. (겔 37:15~22)

5. 그들이 우상偶像과 가증可憎한 물건物件과 그 모든 죄악罪惡으로 스스로 더럽히지 아니하리라. 내가 그들을 그 범죄犯罪한 모든 처소處所에서 구원救援하여 정결淨潔케 한즉, 그들은 내 백성百姓이 되고 나는 그들의 하나님이 되리라. 내 종 다윗이 그들의 왕王이 되리니 그들에게 한 목자牧者가 있을 것이라. 그들이 내 규례規例를 준행遵行하고 내 율례律例를 지켜 행하며, 내가 내 종 야곱에게 준 땅 곧 그 열조列祖가 거居하던 땅에 그들이 거居하되 그들과 자자子子 손손孫孫이 영원永遠히 거기 거居할 것이요 내 종 다윗이 영영永永히 그 왕王이 되리라. (겔 37:23~25)

6. 내가 화평和平의 언약言約을 세워서 영원永遠한 언약言約이 되게 하고, 그들을 견고堅固케 하고 번성蕃盛케 하며 내 성소聖所를 그 가운데 세워서 영원永遠히 이르게 하리니, 내 처소處所가 그들 가운데 있을 것이며, 나는 그들의 하나님이 되고 그들은 내 백성百姓이 되리라. 내 성소聖所가 영원永遠토록 그들 가운데 있으리니 열국列國이 나를 이스라엘을 거룩케 하는 여호와인 줄 알리라. (겔 37:26~28)

에스겔 골짜기의 마른 뼈들은 하나님 없이 가증可憎한 생활生活을 한 자들의 최후最後의 모습입니다. 골짜기에 흩어져 백골白骨이 된 뼈들은 아무런 희망希望도 꿈도 없는 완전 절망 상태完全絕望狀態입니다. 그러나 하나님의 말씀과 성령聖靈의 역사役事가 임臨하면 막강莫强한 하나님의 군대軍隊로 재생부활再生復活 된다는 것을 보여 줍니다. 에스겔 골짜기에 하나님의 말씀과 성령聖靈의 강强한 역사役事가 재현再現되기를 기도祈禱합시다. "그러한즉 그들이 나를 여호와인 줄 알리라."

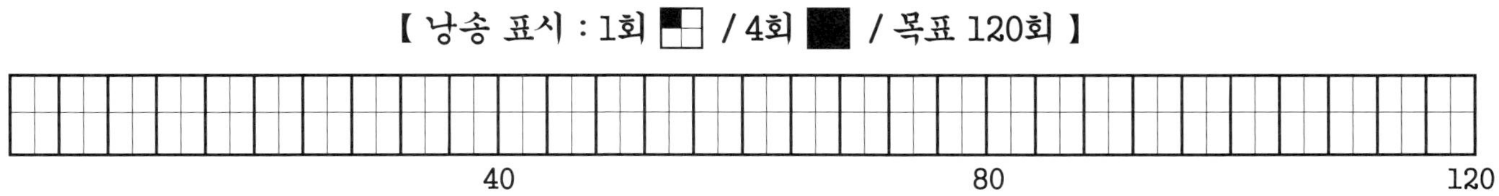

"주의 말씀은 내 발의 등이요 내 길에 빛이니이다"(시 119:105)

제 16 일

새 성전聖殿을 설계設計하고 건축建築할지니라

에스겔 40:4

포로捕虜 수용소收容所에서 받은 계시啓示의 절정絕頂은 예루살렘 새 성전聖殿 재건再建의 모습이었습니다. 사방 20km 50리 장방형長方形 대지臺地 위에 성전聖殿 뜰 성전문聖殿門 가운데 지성소至聖所를 건축建築하는 거대巨大한 설계設計였습니다. 준공竣工된 성전聖殿에서 드려지는 제사祭祀를 하나님께서 기쁘게 흠향歆饗하십니다. 예배禮拜를 통하여 영광榮光을 받으신 하나님께서 그 백성百姓에게 큰 복福을 내려 주셔서 분단分斷된 나라와 민족民族이 하나로 통일統一되어 태평성대太平聖代를 이루게 되는 것입니다.

1. 그날에 여호와의 권능權能이 내게 임臨하여 나를 데리고 이스라엘 땅으로 가시되, 하나님의 이상異像 중에 나를 데리고 그 땅에 이르러, 나를 극極히 높은 산 위에 내려 놓으시는데 거기서 남南으로 향向하여 성읍城邑 형상形狀 같은 것이 있더라. 나를 데리고 거기 이르시니 모양貌樣이 놋같이 빛난 사람 하나가 손에 삼줄과 척량尺量하는 장대를 가지고 문에 섰더니, 인자人子야 눈으로 보고 귀로 들으며 마음으로 생각할지어다. 너는 본 것을 다 이스라엘 족속族屬에게 고告하라. 내가 본즉 집 사면四面으로 담이 있더라. 동향東向 문門에 이르러 층계層階에 오르고 문간방門間房에 있는데 그 앞에 현관玄關이 있고 그 앞에 안 문이 있더라. 그 현관玄關을 측량測量하니라. (겔 40:1~8)

2. 바깥 뜰에 들어가니 삼면三面에 박석礡石 깔린 땅이 있고, 남南으로 간즉 남향南向한 문간門間에 층계層階가 있고, 일곱 층계層階 위에 문門 벽壁이 있는데 종려棕櫚나무를 새겼으며 문간門間까지 척량尺量하니 일백 척一百尺이더라. 북문北門 위에 여덟 층계層階가 있고 벽壁에는 종려棕櫚나무가 새겼으며, 번제물燔祭物을 씻는 방이며 그 문의 현관玄關이 편便에 상床들이 있고, 그 위에 번제燔祭와 속죄제贖罪祭의 희생犧牲을 잡게 한 것이며 합合이 여덟 상이라 그 위에서 희생犧牲을 잡는 소용所用이며 상床들에는 희생犧牲의 고기가 있더라. 남향南向한 방房은 성전聖殿을 수직守直하는 제사장祭司長들이 살 것이요, 여호와께 가까이 나아가 수종隨從드는 자니라. 그 뜰을 척량尺量하니 장長이 일백 척一百尺이요 광廣이 일백 척一百尺이라 네모 반듯하며 제단祭壇은 전殿 앞에 있더라. (겔 40:17~47)

3. 그가 나를 데리고 성소聖所에 이르러 그 문벽門壁을 척량尺量하니 육 척六尺이요 광廣은 십 척十尺이요, 성소聖所를 척량尺量하니 장長이 사십 척四十尺이요 광廣이 이십 척二十尺이며, 문門통의 벽壁을 척량尺量하니 두께가 이 척二尺이라. 그가 네게 이르되 이는 지성소至聖所니라 하고, 전殿의 벽壁을 척량尺量하니 두께가 육 척六尺이며, 골방房은 삼층三層인데 골방房 위에 골방房이 있어 모두 삼십三十이라. 그 골방房 문門은 다 빈터로

향向하였는데, 한 문門은 북北으로 향向하였고 한 문門은 남南으로 향向하였으며 빈터의 광廣은 오 척五尺이더라. (겔 41:1~11)

4. 그가 전殿을 척량尺量하니 장이 일백척一百尺이요, 광廣이 일백 척一百尺이요, 그 좌우편左右便 다락까지 일백 척一百尺이라 널판板에는 그룹들과 종려棕櫚나무를 새겼는데 그룹 사이에 종려棕櫚나무가 있으며, 매每 그룹에 두 얼굴이 있으니 하나는 사람의 얼굴이라 하나는 사자獅子의 얼굴이라. 땅에서부터 문門통 위에까지 그룹들과 종려棕櫚나무를 새겼으니 성전 벽聖殿壁이 다 그러하더라. (겔 41:13~20)

5. 내게 이르되 북편北便 남편南便에 있는 방房들은 거룩한 방房이라. 여호와를 가까이 하는 제사장祭司長들이 지성물至聖物을 거기서 먹을 것이며, 지성물至聖物 곧 소제素祭와 속죄제贖罪祭와 속건제贖愆祭의 제물祭物을 거기 둘 것이며 이는 거룩한 곳이라. 제사장祭司長의 의복衣服은 거룩하므로 제사장祭司長이 성소聖所에 들어갔다가 나올 때에 수종隨從드는 그 의복衣服을 그 방房에 두고, 다른 옷을 입고 백성百姓의 뜰로 나갈 것이니라 하더라. (겔 42:13~14)

6. 그 후後에 나를 데리고 문門에 이르니 동향문東向門이라. 하나님의 영광榮光이 동편東便에서부터 오는데 하나님의 음성音聲이 많은 물소리 같고, 땅은 그 영광榮光으로 인因하여 빛나니 그 모양貌樣이 곧 성읍城邑을 멸滅하러 올 때의 이상異像과 그 발하수河水가에서 보던 이상異像과도 같기로 내가 곧 얼굴을 땅에 대고 엎드렸더니, 여호와의 영광榮光이 동문東門으로 말미암아 전殿으로 들어가고 성신聖神이 나를 데리고 안뜰에 들어가시기로 내가 보니 여호와의 영광榮光이 전殿에 가득하더라. 내게 이르시되 이는 내 보좌寶座의 처소處所, 내 발을 두는 처소處所, 내가 이스라엘 족속族屬 가운데 영원永遠히 거居할 곳이라. 다시는 내 거룩한 이름을 더럽히지 아니하리라. (겔 43:1~7)

에스겔 선지자先知者에게 보여 준 재건축再建築된 새 성전聖殿은 하나님의 설계設計대로 세워졌습니다. "여호와의 영광榮光이 전殿에 가득하더라"(겔 43:5). 성전 복구聖殿復舊는 모든 것의 원상 회복原狀回復을 가져옵니다.

【 낭송 표시 : 1회 ▚ / 4회 ■ / 목표 120회 】

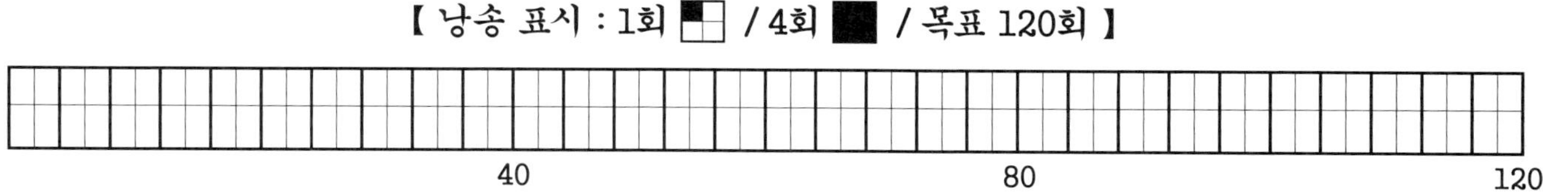

"주의 말씀은 내 발의 등이요 내 길에 빛이니이다"(시 119:105)

제 17 일

내가 너희를 즐겁게 받으리라

에스겔 43:27

정성精誠을 다하여 믿음으로 드리는 예배禮拜를 하나님은 기쁘게 받으십니다. "내가 너희를 즐겁게 받으리라." 하나님과 자녀子女들이 제사祭祀를 통하여 하나가 되는 신령神靈한 은혜恩惠를 누리게 되는 것을 표현表現하였습니다.

1. 너는 이 전殿의 제도制度와 식양式樣과 출입出入하는 곳과 그 모든 형상形狀을 보이며, 그 모든 규례規例와 율례律例를 알게 하고, 그 목전目前에 써서 그 모든 법도法度와 그 모든 규례規例를 지켜 행하게 하라. 이 전殿의 법法은 이러하니라. 산꼭대기 지점地點의 주위周圍는 지극至極히 거룩하니라. 주主 여호와가 말하노라 이 제단祭壇을 만드는 날에 그 위에 번제燔祭를 드리며 피 뿌리는 규례規例가 이러하니라. 나를 가까이하여 내게 수종隨從드는 제사장祭司長에게 수송아지를 주어 속죄贖罪 제물祭物을 삼되 그 피를 취取하여 제단祭壇뿔과 제단祭壇에 발라 정결淨潔케 하고, 나 여호와 앞에 받들어다가 나 여호와께서 번제燔祭로 드릴 것이며, 속죄제贖罪祭를 드려 정결淨潔케 하여 봉헌奉獻할 것이며, 제사장祭司長이 제단祭壇 위에서 너희 번제燔祭와 감사제感謝祭를 드릴 것이니라. 그리하면 내가 너희를 즐겁게 받으리라 나 주 여호와의 말이니라. (겔 43:10~19)

2. 그 피를 취取하여 네 뿔과 아래층 네 모퉁이와 사면四面 가장자리에 발라 속죄贖罪하여 제단祭壇을 정결淨潔케 하고, 그 속죄제물贖罪祭物의 수송아지를 취取하여 그 전殿의 정定한 처소處所에서 불사를지며, 정결淨潔케 하기를 수송아지와 숫양을 드리되, 나 여호와 앞에서 번제燔祭로 드릴 것이며, 이와 같이 칠일동안 제단祭壇을 위하여 속죄제贖罪祭를 드려 정결淨潔케하여 봉헌奉獻할 것이요, 이 모든 날이 찬 후에 제사장祭司長이 제단祭壇 위에서 번제燔祭와 감사제感謝祭를 드릴 것이라. 그리하면 내가 너희를 즐겁게 받으리라. (겔 43:20~27)

3. 그가 나를 데려 성소聖所 동향東向한 문에 돌아오시니 그 문門이 닫혀 있더라. 나를 데리고 북문北門을 통하여 전殿 앞에 이르시기로 내가 보니 여호와의 영광榮光이 여호와의 전殿에 가득한지라. 내가 얼굴을 땅에 대고 엎드린대, 여호와께서 내게 이르시되 인자人子야 너는 전심全心으로 주목注目하여, 여호와의 전殿의 모든 규례規例와 모든 율례律例를 귀로 듣고, 전殿의 입구入口와 성소聖所의 출구出口를 전심全心으로 주의注意하고, 내가 그들을 세워 전殿을 수직守直하게 하고 전殿의 모든 수종隨從드는 일과 그 가운데서 행하는 모든 일을 맡기리라. 제사장祭司長들은 내 성소聖所의 직분職分을 지켰은즉, 그들은 내게 가까이 나아와 수종隨從들되 내 앞에 서서 기름과 피를 네게 드릴지니라 나 주 여호와의 말이니라. (겔 44:1~15)

4. 나 주 여호와가 말하노라, 이스라엘 족속族屬 중에 있는 이방인異邦人 중에 마음과

몸이 할례割禮 받지 아니한 이방인異邦人은 내 성소聖所에 들어오지 못하리라. 이스라엘 족속族屬이 그릇하여 나를 떠날 때에 그 우상偶像을 좇아 나를 멀리 떠났으니 그 죄악罪惡을 담당擔當하리라. 레위 족속族屬이 내 성소聖所에서 수종隨從들어 전문殿門을 말을 것이며, 전殿에서 수종隨從들어 백성百姓의 번제燔祭의 희생犧牲을 잡아 백성百姓들 앞에 서서 수종隨從들게 되리라. 나 주 여호와가 말하노라 그들이 전前에 백성百姓을 위하여 그 우상偶像 앞에서 수종隨從 들어서 백성百姓들이 죄악罪惡으로 거치게 하였으므로, 내 손을 들어 쳐서 그들로 죄악罪惡을 담당擔當하여, 그들을 죄악罪惡을 담당擔當하여 내게로 가까이 나아와 제사장祭司長의 직분職分을 행行치 못하게 하며 또 내 성물聖物곧 지성물至聖物에 가까이 오지 못하게 하리니, 그들이 자기의 수욕羞辱과 그 행行한 바 가증可憎한 일을 담당擔當하리라. (겔 44:9~13)

5. 내가 레위 족속族屬을 세워 전殿을 수직守直하게 하고, 전殿의 모든 수종隨從드는 일과 그 가운데서 행하는 모든 일을 맡기리라. 내 백성百姓이 그릇하여 나를 떠날 때 제사장祭司長들은 내 성소聖所의 직분職分을 지켰은즉, 내게 가까이 나아와 수종隨從을 들어 내 앞에 서서 기름과 피를 내게 드릴지니라 주 여호와의 말이니라. (겔 44:14~15)

6. 그들이 내 성소聖所에 들어오며, 또 내 상床에 가까이 나아와 내게 수종隨從들어 나의 맡긴 직분職分을 지키되 가는 베옷을 입을 것이니, 가는베 관冠을 머리에 쓰며 제사장祭司長이 안뜰에 들어갈 때에는 포도주葡萄酒를 마시지 말 것이며, 과부寡婦나 이혼한 여인女人에게 장가들지 말고, 오직 이스라엘 족속族屬의 처녀處女나 제사장祭司長의 과부寡婦에게 장가들 것이며, 내 백성百姓에게 거룩한 것과 속俗된 것의 구별區別을 가르치며, 부정不定한 것과 정定한 것을 분별分別하게 할 것이며, 모든 정定한 절기節期에는 내 법도法度와 율례律例를 지킬 것이며, 내 안식일安息日을 거룩케 하며 스스로 정결淨潔케 한 후에 성소聖所에 수종隨從들어 속죄제贖罪祭를 드릴지니라. 각종各種 처음 익은 열매와 모든 예물禮物 중에 각종 거제제물擧祭祭物을 다 제사장祭司長에게 돌리고, 첫 밀가루를 제사장祭司長에게 주어 그들로 네 집에 복福이 임臨하도록 하게 하라. (겔 44:16~30)

성전聖殿 문門지방에서 흘러나와 넘치는 은혜恩惠와 축복祝福의 강물은, 온 세상世上을 소생蘇生하게 하고 풍성豊盛하게 하였습니다. 포로捕虜 석방釋放은 민족民族 해방解放을 가져오고, 이어 민족民族이 하나 되는 통일統一의 역사役事가 이루어지게 하였습니다. 온 세상世上을 구원救援하여 하나님 나라가 완성完成되는 비전으로 에스겔의 계시啓示는 그 절정絕頂을 이루게 됩니다. 그발 강변의 포로捕虜 수용소收容所는 영광榮光의 그날을 향한, 택擇한 백성百姓들의, 축복祝福과 은혜恩惠로 가득 찬 하나님의 사랑의 보금자리가 되었습니다.

【 낭송 표시 : 1회 ▚ / 4회 ■ / 목표 120회 】

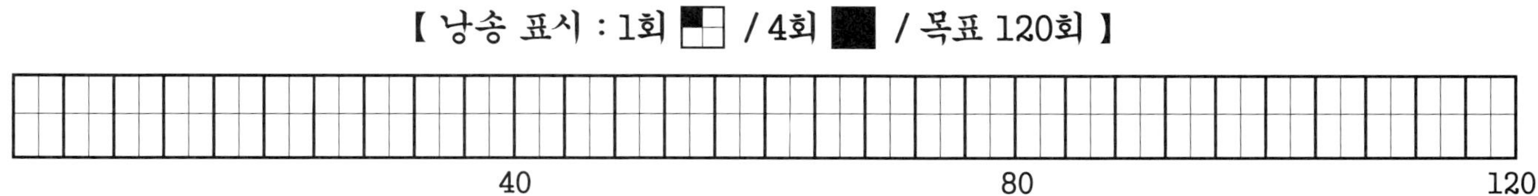

"주의 말씀은 내 발의 등이요 내 길에 빛이니이다"(시 119:105)

제 18 일

나 주主 여호와가 말하노라

에스겔 47:23

에스겔서의 특징은 '나 주主 여호와가 말하노라'입니다. 직접 말씀하시는 하나님이십니다. 에스겔과 하나님과의 관계關係는 항상恒常 대화對話가 은혜恩惠롭게 이루어지는 관계關係입니다. 하나님께서 말씀하시고자 할 때 언제 어디서 말씀하시고, 에스겔이 하나님께 기도祈禱 드리고자 할 때 언제 어디서나 드렸습니다. 포로捕虜 수용소收容所에서 하나님과의 대화對話는 민족해방民族解放과 예루살렘 성전 건축聖殿建築의 위업偉業을 성취成就하게 되었습니다. "주主 여호와 하나님 말씀하시옵소서, 종이 듣겠나이다." 우리의 신앙信仰과 고백告白이 되기 바랍니다. 그리하면 오늘도 기적奇蹟과 환상幻像과 은혜恩惠가 임臨합니다.

1. 너희가 땅을 기업基業 삼을 때에 한 구역區域을 거룩한 땅으로 삼아, 여호와께 예물禮物로 드릴지니 그 장長은 이만오천二萬五千 척尺이요 광廣이 일만一萬 척尺이라, 그 구역區域 안 전부全部가 거룩하리라. 그 중에서 성소聖所에 속屬한 땅은 장長이 오백五百 척尺이요, 광廣이 오백五百 척尺이니, 네모반듯하며, 그 외에 사면四面 오십五十 척尺으로 뜰이 되게 하되, 이 척량尺量 한 중에서 장長 이만오천二萬五千 척尺과 광廣 일만一萬 척尺을 척량尺量하고, 그 가운데 성소聖所를 둘지니 지극히 거룩한 곳이요 그 땅의 거룩한 구역區域이라. (겔 45:1~4)

2. 여호와께 가까이 나아가서 성소聖所에 수종隨從드는 제사장祭司長에게 돌려 그 집을 위하여 있는 곳이 되게 하며, 성소聖所를 위하여 있는 거룩한 곳이 되게 하라 나 주主 여호와가 말하노라. 이스라엘의 치리자治理者들아 공평公平과 공의公義를 행行하라 나 주 여호와의 말이니라. 또 윤택潤澤한 초장草場의 떼에서 어린 양羊을 제물祭物로 드릴지니라. 백성百姓을 속죄贖罪하기 위하여 소제素祭와 번제燔祭와 감사제물感謝祭物을 삼을지니라. 나 주 여호와의 말이니라. (겔 45:4~15)

3. 윤택潤澤한 초장草場의 떼 이백 마리에서는 한 어린 양羊을 드릴 것이라. 백성百姓을 속죄贖罪하기 위하여 이것들로 소제素祭와 번제燔祭와 감사제물感謝祭物을 삼을지니라. 나 주 여호와의 말이니라. 이 땅 모든 백성百姓은 이 예물禮物로 왕王에게 드리고, 왕王은 본분本分대로 번제燔祭와 소제素祭와 전제奠祭를 절기節期와 월삭月朔과 안식일安息日과 모든 정定한 절기節期에 드릴지니, 속죄贖罪하기 위하여 속죄제贖罪祭와 소제素祭와 번제燔祭와 감사제물感謝祭物을 갖출지니라. 나 여호와가 말하노라. (겔 45:15~18)

4. 왕王이 자원自願하여 번제燔祭를 갖추거나 감사제感謝祭를 갖추어 여호와께 드릴 때에는 동향東向한 문을 열고, 번제燔祭와 감사제感謝祭를 드리고 밖으로 나갈지며, 나간 후後에는

문을 닫을지니라. 아침마다 일 년一年 되고 흠欠 없는 양羊으로 번제燔祭를 갖추어 나 여호와께 드리고, 또 아침마다 소제素祭를 갖추되 이는 영원永遠한 규례規例를 삼아 항상恒常 나 여호와께 드릴 소제素祭라. 이와 같이 아침마다 그 어린 양羊과 밀가루와 기름을 갖추어 항상恒常 드리는 번제燔祭를 삼을지니라. (겔 46:12~15)

5. 주主께서 나를 데리고 전殿 문門에 이르시니 전殿의 전면前面이 동東에 이르시니, 그 문門지방 밑에서 물이 나와서 동東으로 흐르다가 전殿 우편右便 제단祭壇 남편南便으로 흘려 내리더라. 동향東向 바깥 문에 이르시기로 본즉 물이 그 우편右便에서 스미어 나오더라. 동東으로 나아가며 척량尺量한 후後에 그 물을 건너게 하시니 물이 발목에 오르더니, 다시 척량尺量하고 물을 건너게 하시니 물이 허리에 오르고 다시 일천척一千尺을 측량測量하시니 물이 강江이 된지라. 그 물이 창일漲溢하여 헤엄할 물이요 사람이 능能히 건너지 못할 강江이더라. 내가 돌아간 즉 강江 좌우편左右便에 나무가 심히 많더라. 이 강江물이 이르는 곳마다 번성蕃盛하여 모든 생물生物이 살고 고기가 심甚히 많으리니, 이 물이 흘러 들어가므로 소성蘇醒함을 얻겠고 모든 것이 살 것이며, 강江 좌우左右에는 각종各種 실과實果나무가 자라서 그 잎들이 시들지 아니하며 실과實果가 끊치지 아니하고, 달마다 새 실과實果를 맺으리니 그 물이 성소聖所로 말미암아 나옴이라. (겔 47:1~12)

6. 또 저가 수정水晶 같이 맑은 생명수生命水의 강江을 내게 보이니, 하나님과 및 어린 양의 보좌寶座로부터 나서 길 가운데로 흐르더라. 강江 좌우左右에 생명生命나무가 있어 열두가지 실과實果를 맺히고, 그 나무 잎사귀들을 만국萬國을 소성蘇醒하기 위하여 있더라. 다시 저주詛呪가 없으며 하나님과 그 어린 양의 보좌寶座가 그 가운데 있으리니, 그의 종들이 그를 섬기며 그의 얼굴을 볼 터이요 그의 이름도 저희 이마에 있으리라. 다시 밤이 없겠고 등불과 햇빛이 쓸데없으리니 이는 주 하나님이 저희에게 비취심이라. 저희가 세세世世토록 왕 노릇 하리로다. (계 22:1~5)

하나님의 새 성전聖殿 문지방門地枋 밑에서 흐르는 물이 온 세상世上에 창일漲溢하여 강江 좌우左右의 각종 실과各種實果가 날마다 맺혀 온 땅을 소성蘇醒 합니다. 이는 창세기創世記의 에덴동산의 회복回復이요, 계시록啓示錄의 새 하늘과 새 땅의 생명수生命水 강江의 낙원樂園과 상통相通하는 말씀입니다.

【 낭송 표시 : 1회 ▚ / 4회 ■ / 목표 120회 】

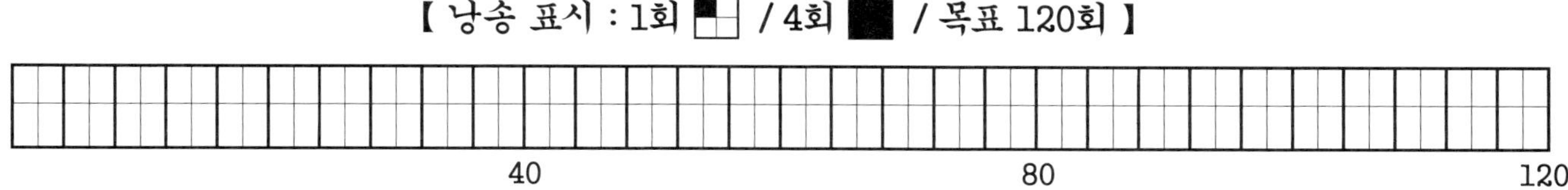

"주의 말씀은 내 발의 등이요 내 길에 빛이니이다"(시 119:105)

제 19 일

다니엘은 고레스 왕 원년元年까지 있으니라

다니엘 1:21

하나님은 역사歷史를 경륜經綸하고 섭리攝理하실 때 신실信實한 믿음의 사람을 통通해서 역사役事하였습니다. 다니엘 선지자先知者가 그중 한사람입니다. 다니엘은 하나님 백성百姓들이 포로생활捕虜生活 하는 이유理由와 과정過程과 목적目的을 분명分明히 알고 있었습니다. 석방釋放과 해방解放과 민족民族 번영繁榮은 하나님 말씀을 순종順從하고 거룩한 백성百姓이 되어 선교宣敎의 사명使命을 수행遂行하는 데 있음을 일찍 깨닫게 되었습니다. 청년靑年 시절부터 총리總理가 된 후後까지 하나님 앞에서나 사람 앞에서 모범模範적인 신앙생활信仰生活을 하여 왔습니다. 드디어 바사 제국 고레스 왕 때 민족民族 해방解放을 선포宣布하고 성전건축聖殿建築의 조서詔書가 발표發表되었습니다.

1. 바벨론 왕 느부갓네살이 예루살렘에 이르러 에워쌌더니 주께서 유다 왕王과 하나님의 전殿 기구器具 얼마를 그의 손에 붙이시매, 시날 땅 자기自己 신神의 묘廟에 이르러 보고寶庫에 두었더라. 왕王이 이스라엘 자손子孫 중에서 흠欠이 없고 아름다우며, 모든 재주에 통달通達하며 지식知識이 구비具備하며 학문學問에 익숙하여, 왕궁王宮에 모실 만한 소년少年을 데려오게 하였고, 그들에게 갈대아 사람의 학문學問과 방언方言을 가르치게 하였고, 또 왕王이 진미珍味 자기自己의 마시는 포도주葡萄酒에서 그들의 날마다 쓸 것을 주어 삼 년三年을 기르게 하였으니, 그 후後에 그들로 왕王의 앞에 서게 하려 함이었더라. 다니엘은 뜻을 정定하여 왕王의 진미珍味와 포도주葡萄酒로 자기自己를 더럽히지 아니함이었더라. (단 1:1~8)

2. 하나님이 다니엘로 은혜恩惠와 긍휼矜恤을 얻게 하신지라. 다니엘이 말하되 청請하오니 열흘 동안 시험하여 채식菜食을 주어 먹게 하고, 물을 주어 마시게 한 후 우리의 얼굴과 왕王의 진미珍味를 먹는 소년少年들의 얼굴을 비교比較하여 보아서 보이는 대로 처분處分하소서, 그들의 말을 좇아 열흘 후에 얼굴이 더욱 아름답고 더욱 윤택潤澤하여, 왕王의 진미珍味를 먹는 모든 소년少年보다 나아 보인지라. 하나님이 이 네 소년少年에게 지식知識을 얻게 하시며, 모든 학문學問과 재주才操에 명철明哲하게 하신 외에 다니엘은 또 모든 이상異像과 몽조夢兆를 깨달아 알더라. 왕王이 그들에게 모든 일을 묻는 중에 그 지혜智慧와 총명寵命이 온 나라 박수와 술객術客보다 십 배十倍나 나은 줄을 아니라. 다니엘은 고레스 왕王 원년元年까지 있으니라. (단 1:9~21)

3. 느부갓네살 왕王이 꿈을 꾸고 마음이 번민煩悶하여 잠을 이루지 못한지라. 내가 꿈을 꾸고 그 꿈을 알고자 하여 마음이 번민煩悶하도다. 너희가 꿈과 그 해석解釋을 보이면 선물膳物과 상賞과 큰 영광榮光을 얻으리라. 그런즉 꿈과 그 해석解釋을 내게 보이라. 다니엘이 왕王께 기한期限을 주시면 그 해석解釋을 보여 드리겠다 하니라. 다니엘이 집에 돌아가서 그 동무에게 이 일을 고告하고 하늘에 계신 하나님을 찬송讚頌하니라. (단 2:1~19)

4. 다니엘이 가로되 영원무궁永遠無窮히 하나님의 이름을 찬송讚頌할 것은 지혜智慧와 권능權能이 그에게 있음이로다. 때와 기한期限을 변變하시며 왕王들을 폐廢하시며

세우시며, 지혜자智慧者에게 지혜智慧를 주시고 지식자知識者에게 총명聰明을 주시는도다. 깊고 은밀隱密한 일을 나타내시고 내게 지혜智慧와 능력能力을 주시고, 우리가 주主께 구求한바 일을 내게 알게 하셨사오니, 내가 주主께 감사感謝하고 주를 찬양讚揚하나이다. 곧 주主께서 왕王의 그 일을 내게 보이셨나이다 하니라. (단 2:20~23)

5. 다니엘이 왕王 앞에 대답對答하여 가로되 왕王의 물으신 바 은밀隱密한 것은 박사博士나 술객術客이나 박수나 점장占匠이가 능能히 왕王께 보일 수 없으되, 오직 은밀隱密한 것을 나타내실 자는 하늘에 계신 하나님이시라. 하나님께서 왕王에게 후일後日에 될 일을 알게 하셨나이다. 왕王이 침상寢床에서 받은 이상異像은 이러하니이다. 왕王이 한 큰 신상神像을 보셨나이다. 그 신상神像이 왕王의 앞에 섰는데 크고 광채光彩가 특심特甚하며, 그 모양貌樣이 심히 두려우니 그 우상偶像의 머리는 정금精金이요 가슴과 팔은 은銀이요, 배와 넓적다리는 놋이요, 그 종아리는 철鐵이요, 그 발은 얼마는 철鐵이요 얼마는 진흙이었나이다. 또 보신즉 뜨인 돌이 신상神像의 철鐵과 진흙의 발을 쳐서 부숴뜨리매, 때에 철鐵과 진흙과 놋과 은銀과 금金이 다 부숴져 타작打作마당의 겨같이 되어, 바람에 불려 간곳이 없었고, 우상偶像을 친돌은 태산泰山을 이루어 온 세계世界에 가득하였나이다. (단 2:24~35)

6. 왕王은 열왕列王의 왕王이시라 하늘의 하나님이 나라와 권세權勢와 영광榮光을 왕王에게 주셨고, 인생人生들과 들짐승과 공중空中의 새들, 어느 곳에 있는 것을 무론無論하고, 왕王의 손에 붙이사 다 다스리게 하셨으니 왕은 곧 그 금金머리니이다. 뜨인 돌이 철鐵과 놋과 진흙과 은銀과 금金을 부서뜨린 것은 크신 하나님이 장래將來일을 알게 하신 것이라. 이 꿈은 참되고 이 해석解釋이 확실確實하니라. 이에 왕王이 엎드려 다니엘에게 절하고 명命하여 예물禮物과 향품香品을 그에게 드리게 하니라. 왕이 대답對答하여 다니엘에게 이르되, 너희 하나님은 참으로 모든 신神의 신神이시오 모든 왕王의 주재主宰시로다. 네가 능能히 이 은밀隱密한 것을 나타내었으니, 네 하나님은 또 은밀隱密한 것을 나타내시는 자시로다. 왕王이 다니엘을 높여 귀貴한 선물膳物을 많이 주며 바벨론 도道를 다스리게 하며, 또 바벨론 모든 박사博士의 어른으로 삼았으며, 다니엘의 청구請求대로 사드락과 메삭과 아벳느고를 세워 바벨론 도道의 일을 다스리게 하였고, 다니엘은 왕궁王宮에 있었더라. (단 2:37~49)

"다니엘은 고레스 왕王 원년元年까지 있으니라"는 중요重要한 교훈敎訓을 주고 있습니다. 포로捕虜로 끌려갔지만 바벨론 왕조王朝, 메대 왕조王朝, 바사 왕조王朝 고레스 왕王 때까지 정치政治 지도자指導者로 그 역할役割과 사명使命을 수행遂行하였습니다. 포로捕虜 석방釋放과 성전 기명聖殿器皿 반환返還과 성전 재건聖殿再建의 대역사大役事를 이루게 하였습니다.

【 낭송 표시 : 1회 ▚ / 4회 ■ / 목표 120회 】

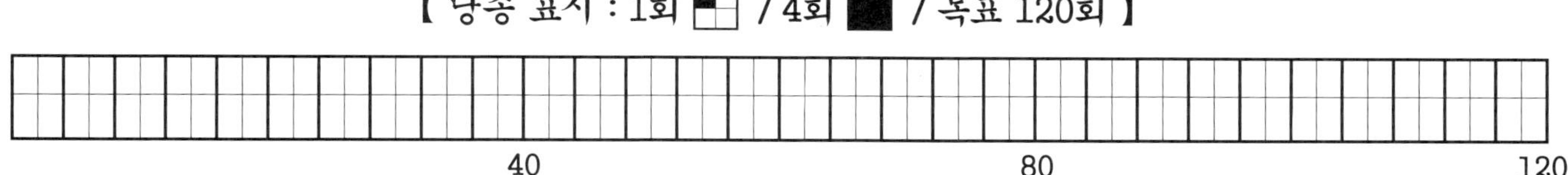

"주의 말씀은 내 발의 등이요 내 길에 빛이니이다"(시 119:105)

제 20 일

크도다 그 이적異蹟이여 능能하도다 그 기사奇事여

다니엘 4:3

금신상金神像에 절하지 아니한 우상숭배偶像崇拜 거부자拒否者들은 풀무 속에 들어가게 되었습니다. 하나님께서 지켜 보호保護해 주셔서 화상火傷도 입지 않고 오히려 왕王을 회개悔改시켰습니다. 하나님의 권능權能을 나타내어 하나님을 찬양讚揚하였습니다. 다니엘과 사드락과 메삭과 아벳느고 곧 유대 청년靑年 관리官吏들이 금신상金神像에 우상숭배偶像崇拜 했다면 민족 해방民族解放과 포로 석방捕虜釋放과 성전 재건聖殿再建의 조서詔書는 선언宣言되지 않았고 포로 생활捕虜生活은 더 오래 계속되었을 것입니다. 순결純潔과 성결聖潔, 우상숭배偶像崇拜 배격排擊은 평화통일平和統一 민족 번영民族繁榮을 앞당겨 주는 축복祝福과 기적奇蹟의 역사役事가 되었습니다.

1. 왕王이 세우신 금신상金神像에 절하지 아니한 사드락과 메삭과 아벳느고를 끌어오라. 명命하매 끌어온지라. 왕王에게 대답對答하여 가로되 우리가 이 일에 대하여 대답對答할 필요가 없나이다. 우리가 섬기는 하나님이 우리를 극렬極烈히 타는 풀무 가운데서 능能히 건져 내시겠고 왕王의 손에서도 건져 내시리이다. 그리 아니하실지라도 왕王이여 우리가 왕王의 신神들을 섬기지 아니하고 왕王의 세우신 금신상金神像에게 절하지도 아니할 줄 아옵소서. 느부갓네살 왕王이 분憤이 가득하여 낯빛이 변變하고 명命하여 이르되, 그 풀무를 뜨겁게 하기를 평일平日보다 칠 배七排나 뜨겁게 하라, 왕王의 명령命令에 엄嚴하고 풀무가 심甚히 뜨거우므로 불꽃이 그들을 붙든 사람을 태워 죽였고, 세 사람이 결박結縛된 채 극렬極烈히 타는 풀무 가운데 떨어졌더라. 가로되 내가 보니 결박結縛되지 아니한 네 사람이 불 가운데로 다니는데 상傷하지도 아니하였도다. 그 넷째 모양貌樣은 신神의 아들과 같도다. 지극至極히 높으신 하나님의 종 사드락과 메삭과 아벳느고야 나와서 이리로 오라 하매 불 가운데서 나온지라. 불이 능能히 그들의 몸을 해害하지 못하였고 머리털도 그슬리지 아니하였고 고의 빛도 변變하지 아니하였고 불탄 냄새도 없었더라. (단 3:1~27)

2. 느부갓네살이 말하여 가로되 사드락과 메삭과 아벳느고의 하나님을 찬송讚頌할지로다. 그가 사자使者를 보내사 자기自己를 의뢰依賴하고 그 몸을 버려서 왕王의 명령命令을 거역拒逆하고 그 하나님 밖에는 다른 신神을 섬기지 아니하며, 그에게 절하지 아니한 종들을 구원救援하셨도다. 그러므로 내가 이제 조서詔書를 내리노니, 각 백성百姓과 각 나라와 각 방언方言하는 자나 무릇 사드락과 메삭과 아벳느고의 하나님께 설만褻慢히 말하거든 그 몸을 쪼개고 그 집으로 거름터를 삼을지니 이는 이같이 사람을 구원救援할 다른 신神이 없음이니라. 왕王이 드디어 사드락과 메삭과 아벳느고를 바벨론 도道에게 더욱 높이니라. (단 3:28~30)

3. 느부갓네살 왕王은 천하天下에 거居하는 백성百姓들과 나라들과 방언方言하는 자에게 조서詔書하노라. 원願하노니 너희에게 많은 평강平康이 하는 자에게 조서詔書하노라. 원하노니 너희에게 많은 평강平康이 있을지어다. 지극至極히 높으신 하나님이 내게 행行하신 이적異蹟과 기사奇事를 내가 알게 하기를 즐겨 하노라. 크도다 그 이적異蹟이여

능能하도다 그 기사여, 그 나라는 영원永遠한 나라요 그 권병權柄은 대대代代에 이르리로다. (단 4:1~3)

4. 나 느부갓네살이 내 궁宮에서 평강平康할 때에 한 꿈을 꾸고, 그로 인因하여 두려워하였으되 내 침상沈床에서 받은 이상異像을 인因하여 번민煩悶하였음이라. 이러므로 내가 명命하여 바벨론 모든 박사博士를 내 앞으로 불러다가 그 꿈의 해석解釋을 내게 알게 하라. (단 4:4~6)

5. 왕王이여 그 해석解釋은 이러하니이라. 곧 지극至極히 높으신 자의 명정命定하신 것이 왕王에게 미칠 것이라. 왕王이 쫓겨나서 들짐승과 함께 거居하며, 소처럼 풀을 먹으며 하늘 이슬에 젖을 것이요 이와 같이 일곱 때를 지낼 것이라. 그런즉 왕王이여 공의公義를 행行함으로 죄罪를 속贖하고 가난한 자를 긍휼矜恤히 여김으로 죄악罪惡을 속贖하소서, 그리하시면 평안平安함을 장구長久하리이다. 이 모든 일이 다 느부갓네살 왕王에게 임臨하였느니라. 하늘에서 소리가 내려 가로되 나라의 위가 네게서 떠났느니라. 너는 쫓겨나서 들짐승과 함께 거居하며 소처럼 풀을 먹을 것이라. 그 동시同時에 이 일이 느부갓네살에게 응應하므로 내가 사람에게 쫓겨나서, 소처럼 풀을 먹으며 몸이 하늘 이슬에 젖고 머리털이 독수리 털과 같았고 손톱은 새 발톱과 같았었느니라. (단 4:24~33)

6. 기한期限이 차매 느부갓네살이 하늘을 우러러 보았더니, 내 총명聰明이 다시 돌아온지라. 지극至極히 높으신 자에게 감사感謝하며 영생永生하시는 자를 찬양讚揚하고 존경尊敬하였으니 그 권세權勢가 영원永遠한 권세權勢요 그 나라를 대대代代에 이르리로다. 내 총명聰明이 내게 돌아왔고 내 나라 영광榮光과 위엄威嚴과 광명光明이 돌아왔고, 모사謀士들과 관원官員들이 내게 조회朝會하니, 내가 다시 세움을 입고 지극至極한 위세威勢가 내게 더하였느니라. 그러므로 정녕 나 느부갓네살이 하늘의 왕王을 찬양讚揚하며 칭송稱頌하며 존경尊敬하노니 그의 일이 다 진실眞實하고 그의 행行하심이 의義로우시므로 무릇 교만驕慢하게 행行하는 자는 그가 낮추심이니라. (단 4:34~37)

예루살렘 성城을 파괴破壞하고 성전聖殿 기명器皿을 탈취奪取해 간 느부갓네살 왕王은 마침내 정신情神 이상자異狀者가 되어 폐인廢人이 되었습니다. 왕권王權을 탈취奪取 당當하고 추방追放 당當하여 "소처럼 풀을 먹으며 몸은 하늘 이슬에 젖고 머리털이 독수리 털과 같았고 손톱은 새 발톱과 같았었느니라"(단 4:33). 그 아들 벨사살은 성전聖殿 기명器皿을 잔치 술잔으로 사용使用하다가 벽에 손가락이 나타나 '메네 메네 데겔 우바르신'라고 쓴 글자대로 하나님의 저울에 달아 미달未達됨으로 처참悽慘하고 비극적悲劇的인 망국亡國의 한을 안고 역사歷史의 뒤안 길로 사라졌습니다.

【 낭송 표시 : 1회 ▜ / 4회 ■ / 목표 120회 】

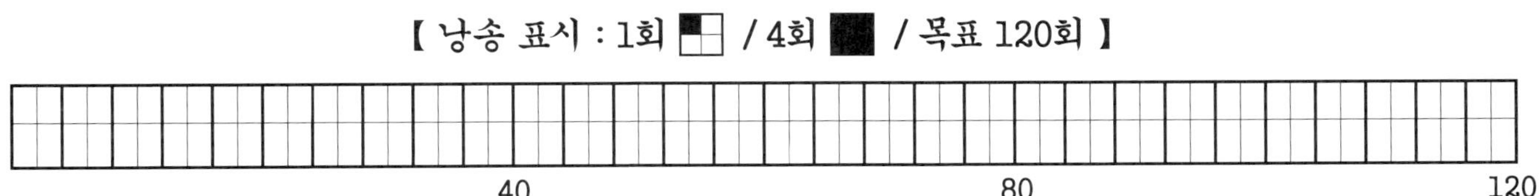

"주의 말씀은 내 발의 등이요 내 길에 빛이니이다"(시 119:105)

제 21 일

만든 신神을 찬양讚揚하니라

다니엘 5:4

성전 기명聖殿器皿을 연회 술잔으로 사용使用하고, 만든 우상偶像을 경배敬拜하고 찬양讚揚하면 반드시 멸망滅亡 당當하고야 맙니다. 벽에 손가락이 나타나서 '하나님의 저울에 미달未達'이라는 판결判決이 게시揭示된 그날 밤 무서운 심판審判이 임臨하여 왕王이 몰락沒落하고 참석자參席者 모두 사살射殺되고 말았습니다.

1. 벨사살 왕王이 큰 잔치를 배설排設하고 그 일천 명一千名 앞에서 술을 마시니라. 벨사살이 술을 마실 때에 그 부친父親 느부갓네살이 예루살렘 전殿에서 취取하여 온 금金은銀 기명器皿을 가져오게 하였으니, 이는 왕王과 귀인貴人들과 왕후王后들과 빈궁嬪宮들이 다 그것으로 마시려 함이었더라. 이에 예루살렘 하나님의 전殿 성소聖所 중에서 취取하여 온 은銀 금金 기명器皿을 가져오매, 왕王 그 귀인貴人들이 왕후王后들과 빈궁嬪宮들로 더불어 그것으로 마시고, 무리가 술을 마시고는 그 금金 은銀 동銅 철鐵 목석木石으로 만든 신神을 찬양讚揚하니라. (단 5:1~4)

2. 그때에 사람의 손가락이 나타나서 왕궁王宮 촛대 맞은편 분벽粉壁에 글자를 쓰는데 왕王이 그 글자 쓰는 손가락을 본지라. 이에 왕王이 즐기던 빛이 변變하고 그 생각이 번민煩悶하여 넓적다리 마디가 녹는 듯하고 그 무릎이 서로 부딪힌지라. 왕王이 크게 소리하여 무론無論 누구든지 이 글자를 읽고 해석解釋을 내게 보이면 나라의 셋째 치리자治理者로 삼으리라 하니라. (단 5:5~7)

3. 때에 왕王의 박사博士들이 다 들어왔으나 능能히 그 글자를 읽지 못하며, 그 해석解釋을 왕王께 알게 하지 못하는지라. 그러므로 왕王이 크게 번민煩悶하여 그 낯빛이 변變하였고, 귀인貴人들도 다 놀라니라. 태후太后가 가로되 왕王의 나라에 거룩한 신神들의 영靈이 있는 사람이 있으니, 곧 왕王의 부친父親 때에 있던 자로서 민첩敏捷하고 지식知識과 총명聰明이 있어 능能히 꿈을 해석解釋하여 은밀隱密한 말을 밝히며 의문疑問을 파破할 수 있었음이라. 이제 다니엘을 부르소서 그리하면 해석解釋을 알려드리니이다. 다니엘이 왕王에게 대답對答하여 가로되 왕王의 예물禮物은 왕王이 스스로 취取하시며 왕王의 상급賞給은 다른 사람에게 주소서. 그럴지라도 내가 왕王을 위하여 이 글을 읽으며 그 해석解釋을 아시게 하리이다. (단 5:8~17)

4. 왕王이여 지극至極히 높으신 하나님이 왕王의 부친父親 느부갓네살에게 나라의 큰

권세權勢와 영광榮光과 위엄威嚴을 주셨고, 왕위王位가 폐한 바 되며 그 영광榮光을 빼앗기고 인생人生 중에서 쫓겨나서 그 마음이 들짐승의 마음과 같았고 들나귀와 함께 거居하며, 또 소처럼 풀을 먹으며 그 몸이 하늘 이슬에 젖었으며, 지극至極히 높으신 하나님이 인간 나라를 다스리시며 자기自己의 뜻대로 누구든지 그 위에 세우시는 줄을 알기까지 이르게 되었나이다. (단 5:18~21)

5. 벨사살이여 왕王은 그의 아들이 되어서 이것을 알고도 오히려 마음을 낮추지 아니하고 도리어 스스로 높여서, 하늘의 주재主宰를 거역拒逆하고 그 전殿의 기명器皿을 왕王의 앞으로 가져다가 술을 마시고, 알지도 못하는 금金 은銀 동銅 철鐵 목석木石으로 만든 신상神像들을 찬양讚揚하고, 도리어 왕王의 호흡呼吸을 주장主掌하시고 왕王의 모든 길을 작정作定하시는 하나님께서는 영광榮光을 돌리지 아니한지라. 이러므로 이 손가락이 나와서 이 글을 기록記錄하였나이다. 기록記錄한 글자는 이것이니 곧 메네 메네 데겔 우바르신MENE MENE TEKEL UPARSIN이라 그 뜻을 해석解釋하건대 메네는 하나님이 이미 왕王의 나라의 시대時代를 세어서 끝나게 하셨다 함이요, 데겔은 왕王이 저울에 달려서 부족不足함을 뵈었다 함이요, 베레스는 나라가 나뉘어서 메대와 바사 사람에게 준바 되었다 함이니이다. 그 날밤에 갈대아 왕 벨사살이 죽임을 당當하였고 메대 사람 다리오가 나라를 얻었는데 때에 다리오는 육십이六十二 세歲였더라. (단 5:22~31)

6. 다리오 왕王이 전국全國을 통치統治하게 되었고, 다니엘은 마음이 민첩敏捷하여 총리總理들과 방백方伯들 위에 뛰어나므로 왕王이 그를 세워 전국全國을 다스리게 한지라. (단 6:1~3)

성공成功하고 형통亨通할 때 더욱 겸손謙遜해야 합니다. 쓰임 받을 때 충성忠誠해야 끝까지 귀貴하게 일을 감당堪當하게 됩니다. 해야 할 일과 해서는 안 되는 것을 올바로 판단判斷해야 합니다. 교회敎會와 관계關係되는 일, 하나님과 관계關係되는 일은 더욱 진실眞實하게 믿음으로 최우선最優先으로 최선最先을 다해야 큰 은혜恩惠와 복福을 받습니다. 자신과 가정家庭과 자손子孫들에게 큰 영향影響을 미친다는 것을 잊지 말아야 합니다. 교만驕慢하고 방자放恣하고 하나님을 망령妄靈되게 한 왕王은 풀 먹는 소처럼 되고 크게 번민煩悶하다가 몰락沒落하게 됩니다. 포로 생활捕虜生活 가운데서도 하나님 말씀대로 순종順從하고 겸손謙遜히 충성忠誠한 사람은 큰 명예名譽와 민족 구원民族救援의 영광榮光과 축복祝福을 받게 됩니다.

【 낭송 표시 : 1회 ▞ / 4회 ■ / 목표 120회 】

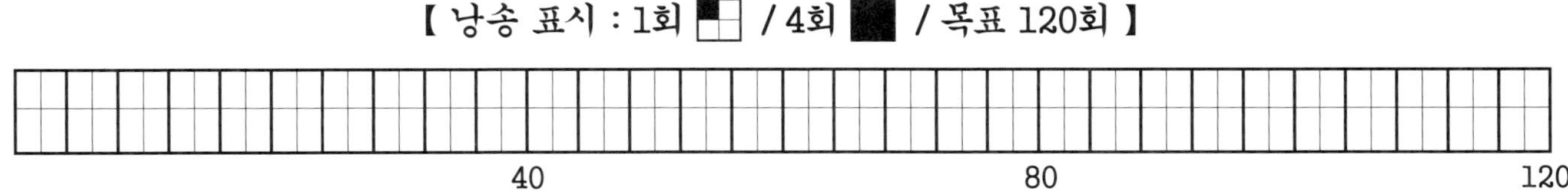

"주의 말씀은 내 발의 등이요 내 길에 빛이니이다"(시 119:105)

제 22 일

다니엘은 형통亨通하였더라

다니엘 6:28

'다니엘은 고레스 왕 때에 형통亨通하니라'(단 6:28). 이 얼마나 멋있고 은혜恩惠로운 말씀의 기록記錄입니까? 우리의 신앙생활信仰生活 내용이 기록記錄되어야 합니다. 다니엘과 같이 기도祈禱로 형통亨通함을 받고, 성결聖潔함으로 윤택潤澤케 되고, 담대膽大함으로 하나님이 함께하시고, 끝까지 모든 일에 주 안에서 합력合力하여 선善을 이루는 역사役事가 나타남을 기록記錄해야 훌륭한 신앙信仰 역사役事가 될 것입니다. 다니엘과 같이 바벨론, 메대, 바사 왕조王祖가 바뀌어도 승승장구乘勝長驅하는 길을 행진行進하게 하옵소서. 이 시간時間 우리의 기도祈禱가 되기 바랍니다.

1. 다니엘이 조서詔書**에 어인**御印**이 찍힌 것을 알고도, 자기**自己 **집에 돌아가서 그 방**房**의 예루살렘으로 향**向**하여 열린 창**窓**에서 전**前**에 행**行**하던 대로, 하루 세 번씩 무릎을 꿇고 기도**祈禱**하며 간구**懇求**하는 것을 발견**發見**하고, 왕**王**께 아뢰되 왕**王**이여 왕**王 **외에 어느 신**神**에게나 구**求**하면 사자**獅子**굴에 던져 넣기로 하지 아니하였나이까, 왕**王**이 대답**對答**하여 가로되 변개**變改**치 아니하는 규례**規例**대로 된 것이니라. 왕**王**이여 사로잡혀 온 유다 자손**子孫 **중에 그 다니엘이, 왕**王**의 어인**御印**이 찍힌 금령**禁令**을 돌아보지 아니하고 기도**祈禱**하나이다.** (단 6:10~13)

2. 왕王**이 이 말을 듣고 심**甚**히 근심하여 다니엘을 구**求**하려고 마음을 쓰며, 힘을 다하여 해가 질 때까지 이르매 무리들이 왕**王**이여 세우신 금령**禁令**과 법도**法度**는 변개**變改**하지 못할 것이니이다. 이에 다니엘을 끌어다가 사자**獅子**굴에 던져 넣는지라. 이에 돌을 굴려다가 왕**王**의 어인**御印**을 쳐서 봉**封**하였으니 이는 다니엘 처치**處置**한 것을 변개**變改**함이 없게 하려 함이었더라.** (단 6:14~17)

3. 다리오 왕王**이 궁**宮**에 들어가서는 밤이 맞도록 금식**禁食**하고 그 앞에 기악**妓樂**을 그치고 침수**寢睡**를 폐**廢**하니라. 이튿날 왕**王**이 새벽에 일어나 급**急**히 사자굴**獅子窟**로 가서, 다니엘의 든 굴에 가까이 이르러는 슬피 소리 질러, 다니엘에게 물어 가로되 사시는 하나님의 종 다니엘아 너의 항상**恒常 **섬기는 네 하나님이 사자**獅子**에게서 너를 구원**救援**하시기에 능**能**하셨느냐. 다니엘이 왕**王**이여 만세수**萬歲壽**를 하옵소서 나의 하나님이 이미 그 천사**天使**를 보내어 사자**獅子**들의 입을 봉**封**하셨으므로 사자**獅子**들이 나를 상해**傷害**치 아니하였사오니, 이는 나의 무죄**無罪**함이 명백**明白**함이오며, 왕**王 **앞에서도 해**害**를 끼치지 아니하였나이다. 왕**王**이 심**甚**히 기뻐서 명**命**하여 다니엘을 굴**窟**에서 올리라 하매 올린즉 그 몸이 조금도 상**傷**하지 아니하였으니, 이는 그가 자기**自己 **하나님을 의뢰**依賴**함이었더라.** (단 6:18~23)

4. 왕王이 명命을 내려 다니엘을 참소讒訴한 사람들을 끌어오게 하여 사자굴獅子窟에 던져 넣으니, 그들이 굴窟 밑에 닿기 전에 사자獅子가 그들을 움켜서 그 뼈까지 부숴뜨렸더라. 이에 다리오 왕王이 온 땅에 모든 백성百姓과 나라들에 조서詔書를 내려 가로되 원願컨대 평강平康이 너희에게 있을지어다. 내가 이제 조서詔書를 내리노니 내 나라 관할管轄 아래 있는 사람들은 다 다니엘의 하나님 앞에서 떨며 두려워할지니, 그는 사시는 하나님이시요 영원永遠히 변變치 않을 자시며, 그 권세權勢는 무궁無窮할 것이며 그는 구원救援하시며 건져 내시며, 이적異蹟과 기사奇事를 행하시며, 다니엘을 구원救援하여 사자獅子의 입에서 벗어나게 하였음이라 하였더라. 다니엘은 다리오 왕王 시대와 고레스 왕王 시대에 형통亨通하였더라. (단 6:24~28)

5. 내가 금식禁食하며 베옷을 입고 재를 무릅쓰고, 주主 하나님께 기도祈禱하며 간구懇求하기를 결심決心하고, 내 하나님 여호와께 기도祈禱하며 자복自服하며 이르기를, 크시고 두려워할 주主 하나님 주主를 사랑하고 주의 계명誡命을 지키는 자를 위하여 언약言約을 지키시고, 그에게 인자仁慈를 베푸시는 자시여 우리는 범죄犯罪하여 패역悖逆하여 행악行惡하며 반역叛逆하여 주의 법도法度와 규례規例를 떠났사오며, 주主의 종 선지자先知者들이 주主의 이름으로 온 국민國民에게 말씀하신 것을 듣지 아니하였나이다. (단 9:3~6)

6. 주主여 공의公義는 주主께로 돌아가고 수욕羞辱은 우리 얼굴로 돌아옴이 오늘날과 같아서 각국各國에서 수욕羞辱을 입었사오니, 이는 주主께 죄罪를 범犯하였음이니이다. 우리 하나님께는 긍휼矜恤과 사유赦宥 하심이 있사오니, 이는 우리가 주主께 패역悖逆하였음이오며, 우리 하나님 여호와의 목소리를 청종聽從치 아니하며, 여호와께서 그 종 선지자先知者들에게 부탁하며 우리 앞에 세우신 율법律法을 행行치 아니하였음이니라. (단 9:7~10)

예루살렘을 향向하여, 열린 창窓에서 전前에 행行하던 대로 무릎을 꿇고, 기도祈禱하며 하나님께 감사感謝(단 6:10)하는 것은 다니엘의 신앙생활信仰生活의 자세姿勢와 태도態度였습니다. 향向하여, 열린 창窓에서, 전前에 행行하던 대로, 무릎을 꿇고, 기도祈禱하며, 감사感謝하는 다니엘은 일생승승장구一生乘勝長驅 하였습니다.

【 낭송 표시 : 1회 ▣ / 4회 ■ / 목표 120회 】

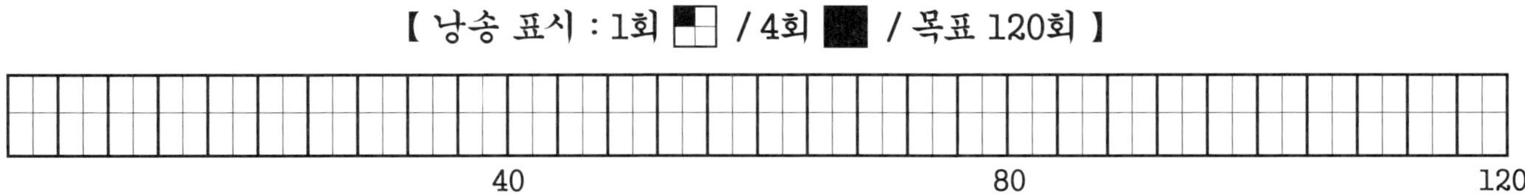

"주의 말씀은 내 발의 등이요 내 길에 빛이니이다"(시 119:105)

제 23 일

그러므로 너는 깨달아 알지니라

다니엘 9:25

다니엘은 나라와 민족民族을 위한 중보仲保, 제사장祭司長의 기도祈禱를 하나님께 드렸습니다. 자신自身과 민족民族과 국가國家를 위하여 드리는 회개悔改 기도祈禱는 하나님께 상달上達되어 용서容恕하심을 받고, 긍휼矜恤을 입은 구원救援의 은총恩寵을 입게 되었습니다. 다니엘의 중보 기도仲保祈禱는 고레스 왕王을 통通하여 포로 석방捕虜釋放과 예루살렘 성전 건축聖殿建築의 왕명王命을 선포宣布하게 하였습니다. 한 사람의 중보 기도仲保祈禱와 참회 기도懺悔祈禱는 민족民族을 구원救援하고, 교회敎會를 부흥復興케 하고, 나라를 융성隆盛케 하는 원동력原動力이 됩니다. 주여! 저희들도 다니엘과 같은 회개悔改의 기도祈禱와 중보仲保의 기도祈禱를 드리는 기도祈禱의 용사勇士가 되게 하옵소서.

1. 온 이스라엘이 주主의 율법律法을 범犯하고 치우쳐 가서, 주主의 목소리를 청종聽從치 아니하였으므로 이 저주詛呪가 우리에게 내렸으되, 곧 하나님의 종 모세의 율법律法 가운데 기록記錄된 맹서盟誓대로 되었사오니, 이는 우리가 주主께 범죄犯罪 하였음이니다. 우리는 우리의 죄악罪惡을 떠나고 주主의 진리眞理를 깨닫도록 우리 하나님 여호와의 은총恩寵을 간구懇求치 아니하였나이다. 강强한 손으로 주의 백성百姓을 애굽에서 인도引導하여 내시고, 오늘과 같이 명성名聲을 얻으신 우리 주 하나님이여, 우리가 범죄犯罪하였고 악惡을 행行하였나이다. 주主여 내가 구求하옵나니 주主의 공의公儀를 좇으나 주主의 분노憤怒를 주主의 성城 예루살렘 거룩한 산에서 떠나게 하옵소서. (단 9:11~16)

2. 우리 죄罪와 우리 열조列祖의 죄악罪惡을 인하여 예루살렘과 주主의 백성百姓이 사면四面에 있는 자들에게 수욕羞辱을 받음이니다. 그리한즉 우리 하나님이여 지금 주主의 종의 기도祈禱와 간구懇求를 들으시고, 주를 위하여 주의 얼굴빛을 주의 성도聖徒에 비취시옵소서. 나의 하나님이여 귀를 기울여 들으시며 눈을 떠서 우리의 황폐荒廢한 상황狀況과 주의 이름으로 일컫는 성城을 보옵소서. 우리가 주主의 앞에 간구懇求하옵는 것은 우리의 의義를 의지依支함이 아니요 주의 크신 긍휼矜恤을 의지依支함이오니 주여 들으소서 주여 용서容恕하소서. 주主여 들으시고 행行하소서 지체遲滯치 마옵소서 나의 하나님이여 주를 위하여 행하시옵소서. 주主의 성城과 주主의 백성百姓이 주主의 이름으로 일컫는 바 됨이니이다. (단 9:16~19)

3. 내가 이같이 말하여 기도祈禱하며 내 죄罪와 백성百姓의 죄罪를 자복自服하고, 내 하나님의 거룩한 산을 위하여, 내 하나님 여호와 앞에 간구懇求할 때 천사天使 가브리엘이 와서 네게 이르고 가르쳐서 말하기를 다니엘아 네게 지혜智慧와 총명聰明을 주려고 왔나니, 곧 네가 기도祈禱를 시작始作할 즈음에 명령命令이 내렸으므로 이제 네게 고告하러 왔느니라. 너는 크게 은총恩寵을 입은 자라. 그런즉 너는 이 일을 생각하고 그 이상異像을 깨달을지니라. 네 백성百姓과 네 거룩한 성城을 위하여 칠십七十 이레로 기한期限을

정定하였나니, 허물이 마치며 죄罪가 끝나며 죄악罪惡이 영속永速되며 영원永遠한 의義가 드러나며, 이상異像과 예언豫言이 응應하며 기름 부음을 받으리라. 그러므로 너는 깨달아 알지니라. 예루살렘을 중건重建하라는 영靈을 받음이라. (단 9:20~25)

4. 육십이六十二 이레 후後에 기름 부음을 받은 자가 끊어져 없어질 것이며, 장차將次 한 왕王의 백성百姓이 와서 그 성읍城邑과 성소聖所를 훼파毁破하려니와, 그의 종말終末은 홍수洪水에 엄몰淹沒됨 같을 것이며, 또 끝까지 전쟁戰爭이 있으리니 황폐荒廢할 것이 작정作定되었느니라. 그가 장차將次 많은 사람으로 더불어 한 이레 동안의 언약言約을 굳게 정定하겠고, 그 이레의 절반折半에 제사祭祀와 예물禮物을 금지禁止할 것이며, 또 잔포殘暴하여 미운 물건物件이 날개를 의지依支하여 설 것이며, 이미 정定한 종말終末까지 진노震怒가 황폐荒廢케 하는 자에게 쏟아지리라. (단 9:26~27)

5. 그때에 나 다니엘이 세 이레 동안을 슬퍼하며 세 이레가 차기까지 떡을 먹지 아니하며, 고기와 포도주葡萄酒를 입에 넣지 아니하며 기름을 바르지 아니하니라. 그때에 내가 눈을 들어 바라본즉 한 사람이 세마포細麻布 옷을 입었고, 허리에는 정금精金띠를 띠었고 그 몸은 황옥黃玉 같고, 그 얼굴은 번개빛 같고, 그 눈은 횃불 같고 그 팔과 발은 빛난 놋과 같고, 그 말소리는 큰 무리의 소리와 같더라. 그러므로 이 큰 이상異像을 볼 때에 내 몸에 힘이 빠졌고, 나의 아름다운 빛이 변變하여 썩은 듯하였고, 나의 힘이 다 없어졌으니, 내가 그 말소리를 들었는데 내가 얼굴을 땅에 대고 깊이 잠들었었느니라. (단 10:2~9)

6. 한 손이 있어 나를 어루만지기를 내가 떨더니 그가 내 무릎과 손바닥이 땅에 닿게 일으키고 내게 이르되, 은총恩寵을 크게 받은 사람 다니엘아 네게 이르는 말을 깨닫고 일어서라. 내가 네게 보내심을 받았느니라. 내가 떨며 일어서매 다니엘아 두려워 말지어다. 네 하나님 앞에 스스로 겸비謙卑케 하기로 결심決心하던 첫날부터 네 말이 들으신 바 되었으므로 내가 네 말로 인하여 왔느니라. (단 10:10~12)

하나님께서는 다니엘에게 인류 역사人類歷史 종말終末에 관한 비밀秘密을 계시啓示해 주었습니다. 너무나 놀랍고 엄청난 계시啓示로 인해서 큰 충격衝激을 받아 실신 상태失神狀態에 이르게 되었습니다. 다니엘은 세 이레 특별 기도祈禱를 드림으로 문제 해결問題解決과 큰 은혜恩惠와 복福을 받게 되었습니다. 천사장天使長 가브리엘과 군장軍葬 미가엘의 도움으로 다시 새 힘을 얻고 큰 은총恩寵을 받고 담대膽大함과 평안平安함과 강건强健함의 변화變化를 경험經驗하게 되었습니다. 은총恩寵을 크게 받은 사람, 강强하고 담대膽大한 사람, 평안平安하고 강건强健한 사람이 되는 응답應答을 받았습니다.

【 낭송 표시 : 1회 ▚ / 4회 ■ / 목표 120회 】

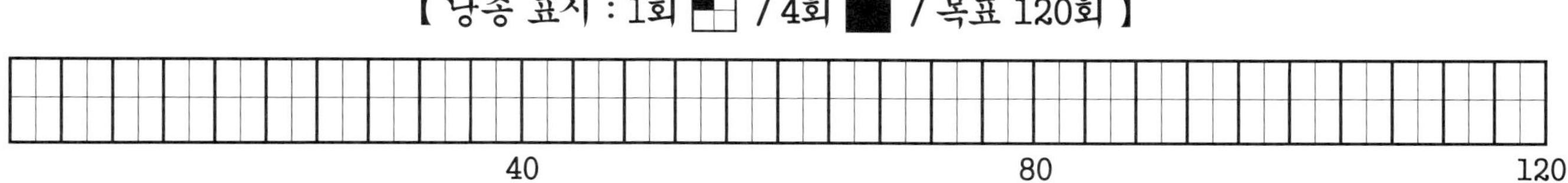

“주의 말씀은 내 발의 등이요 내 길에 빛이니이다”(시 119:105)

제 24 일

두려워 말라 평안平安하라 강건强健하라

다니엘 10:19

다니엘은 너무 힘들고 어려운 처지處地에 놓인 때 약弱하여지고 쓰러지게 되었습니다. 최선最善을 다한 후에 탈진脫盡하게 될 때 하나님께서 그 사자使者를 보내어 재기再起하게 하십니다. "두려워 말라, 평안平安하라, 강건强健하라." 승리勝利하게 하십니다. 지쳐 쓰러진 성도聖徒들에게 새로운 힘과 용기勇氣와 능력能力을 주십니다. 다니엘에게 새 힘과 능력能力을 주신 하나님께서 오늘 우리에게 동일同一하게 주십니다.

1. 미가엘 군장軍長이 와서 나를 도와주므로 이제 내가 내일來日에 네 백성百姓이 당當할 일을 네가 깨닫게 하려 왔노라. 대저大抵 이 이상理想은 오래 후後의 일이니라. 내가 얼굴을 땅에 향向하고 벙벙하였더니, 인자仁慈 같은 이가 있어 내 입술로 만진지라. 내가 곧 입을 열어 내 주여 이 이상異像을 인因하여 근심이 내게 더하므로 힘이 없어졌나이다. 내 몸에 힘이 없어졌고 호흡呼吸이 남지 아니하였사오니, 내 주의 종이 내 주主로 더불어 말씀할 수 있으리이까, 나를 만지며 나로 강건强健케 하여 가로되 은총恩寵을 크게 받은 사람이여 두려워 말라 평안平安하라 강건强健하라, 그가 내게 말하매 내가 곧 힘이 나서 가로되 내 주主께서 나로 힘이 나게 하셨사오니 말씀하옵소서. 그가 이르되 내가 어찌하여 네게 나아온 것을 네가 아느냐 이제 내가 돌아가서 바사 군과 싸우려니와 내가 나간 후에 헬라 군이 이를 것이라. 오직 내가 먼저 진리眞理의 글에 기록記錄된 것으로 네게 보이리라. 나를 도와서 그들을 대적對敵하는 자는 너희 군 미가엘뿐이니라. (단 10:13~21)

2. 내가 다리오 왕王 원년元年에 그를 돕고 강强하게 한 일이 있었느니라. 이제 내가 참된 것을 네게 보이리라 북방왕北方王은 많은 재물財物을 가지고 본국本國으로 돌아가리니, 그는 마음으로 거룩한 언약言約을 거스리며 임의任意로 행하고 본토本土로 돌아갈 것이며, 작정作定된 기한期限에 그가 다시 나와서 성소聖所를 더럽히며 제사祭祀를 폐廢하며, 멸망滅亡케 하는 미운 물건物件을 세울 것이며, 언약言約을 배반背叛하고 행악行惡하는 자를 궤휼詭譎로 타락墮落시킬 것이나, 오직 자기自己의 하나님을 아는 백성百姓은 강强하여 용맹勇猛을 발發하리라. (단 11:1~32)

3. 백성百姓 중에 지혜智慧로운 자가 많은 사람을 가르칠 것이나, 그들이 칼날과 불꽃과 사로잡힘과 약탈掠奪을 당當하여 여러 날 동안 쇠패衰敗하리라. 무리로 연단鍊鍛되며 정결淨潔케 되며 희게 되어 마지막 때까지 이르게 하리니, 이는 작정作定된 기한期限이 있음이니라. (단 11:33~35)

4. 이 왕王이 자기自己 뜻대로 행行하며 스스로 높여 모든 신神보다 크다 하여 비상非常한 말로 신神들의 신神을 대적對敵하며, 형통亨通하기를 분노憤怒하심이 쉴 때까지 하리니 이는 그 작정作定된 일이 반드시 이룰 것임이니다. 그가 모든 것보다 스스로 크다 하고 그 열조列祖의 신神들과 여자女子의 사모思慕하는 것을 돌아보지 아니하며 아무 신神이든지 돌아보지 아니할 것이나, 그 대신代身 세력勢力의 신神을 공경恭敬할 것이요, 그 열조列祖가 알지 못하던 신神에게 금金 은銀 보석寶石과 보물寶物을 드려 공경恭敬할 것이며, 그는 이방신異邦神을 힘입어 견고堅固한 산성山城들을 취取할 것이요, 뇌물賂物을 받고 땅을 나눠 주기도 하리라. (단 11:36~39)

5. 그때에 네 백성百姓 중 무릇 책冊에 기록記錄된 자는 구원救援을 얻을 것이라. 지혜智慧 있는 자는 궁창穹蒼의 빛과 같이 빛날 것이요, 많은 사람을 옳은데로 돌아오게 하는 자는 별과 같이 영원永遠토록 비취리라. 다니엘아 마지막 때까지 이 말을 간수看守하며 이 글을 봉함封緘하라. 많은 사람이 빨리 왕래往來하며 지식知識이 더하리라. 내가 들은즉 그 세마포細麻布 옷을 입고 강물 위에 있는 자가 그 좌우左右 손을 들어, 하늘을 향向하여 영생永生하시는 자를 가르켜 맹세盟誓하여 가로되, 한 때 두 때 반 때를 지나서 모든 일이 다 끝나리라 하더라. (단 12:1~7)

6. 많은 사람이 연단鍊鍛을 받아 정결淨潔케 하며 회개悔改할 것이나 악惡한 자는 깨닫지 못하되, 오직 지혜智慧있는 자는 깨달으리라. 기다려서 이르는 사람은 복福이 있으리라. 너는 가서 마지막을 기다리라. 이는 네가 평안平安히 쉬다가 끝날에는 네 업業을 누릴 것임이니라. (단 12:10~13)

다니엘서 후반부後半部에 나타난 예언豫言의 계시啓示는 오묘奧妙하고 신비神秘합니다. 종말론적終末論的 계시啓示이기 때문에 어느 시대時代라고 확정確定지을 수 없는 내용內容들입니다. 다니엘 당시當時의 세계世界 정세情勢인 동시同時에 인류人類 종말終末에 전개展開될 계시啓示와 예언豫言의 말씀입니다. 때와 기한期限은 아버지의 주권主權에 맡기고 '은총恩寵을 받고 강强하고 담대膽大하여 평안平安함과 강건强健함으로', '많은 사람을 옳은 데로 돌아오게 하여 별과 같이 영원永遠히 비취는' 다니엘과 같은 영적 지도력靈的指導力을 발휘發揮하게 되기를 축복祝福합니다.

【 낭송 표시 : 1회 ◪ / 4회 ■ / 목표 120회 】

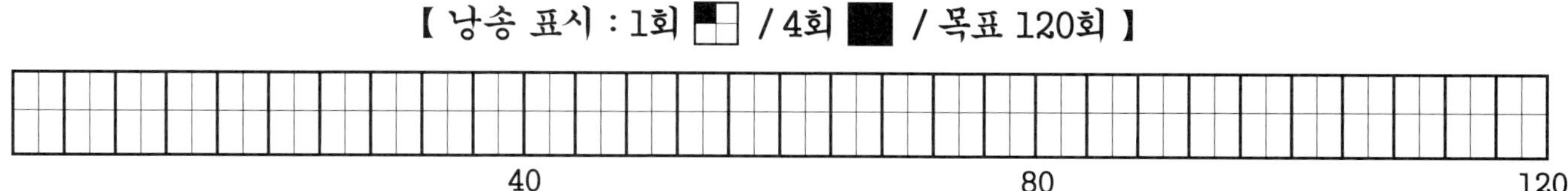

"주의 말씀은 내 발의 등이요 내 길에 빛이니이다"(시 119:105)

제 25 일

오라 우리가 여호와께로 돌아가자

호세아 6:1

호세아 선지자先知者 가정家庭은 당시 하나님의 백성百姓들의 가정家庭을 대표代表하고 있습니다. 참으로 안타깝고 불행不幸한 처지處地에 있는 호세아는 모든 일을 '사랑'HESHED으로 해결解決하도록 하였습니다. 용서容恕할 수 없는 일들을 하나님의 용서容恕와 사랑으로 용납容納하고 화해和解하고 회복回復시켜 주셨습니다. 오늘 우리 사회社會와 가정家庭의 불행不幸한 일들을 해결解決하는 길은 호세아서에 나타난 하나님의 사랑과 용서容恕로 회복回復하는 것임을 교훈敎訓해 주고 있습니다. 가출家出하여 방황彷徨하는 고멜은 하나님을 거역拒逆하고 우상숭배偶像崇拜와 방탕放蕩과 타락墮落의 길에 빠져 있는 모든 백성百姓들임을 지적指摘하고 있습니다. "오라 우리가 여호와께로 돌아가자." 호세아의 피맺힌 절규絕叫와 눈물의 설교說敎 말씀이 오늘도 선포宣布 되어 변화變化의 역사役事가 일어나게 하는 것이 이 시대時代 그리스도인의 사명使命입니다.

1. 호세아에게 임한 여호와의 말씀이니라. 여호와께서 비로소 호세아로 말씀하시니라. 여호와께서 호세아에게 이르시되 너는 가서 음란淫亂한 아내를 취娶하여 자식子息들을 낳으라. 이 나라가 여호와를 떠나 크게 행음行淫함이니라. 이에 가서 고멜을 취娶하였더니 저가 잉태孕胎하여 아들을 낳으매, 여호와께서 이르시되 그 이름을 이스르엘이라 하라, 고멜이 잉태孕胎하여 딸을 낳으매 여호와께서 호세아에게 이르시되 그 이름을 로루하마라 하라. 내가 긍휼矜恤히 여겨서 사赦하지 않을 것임이니라. 고멜이 또 잉태孕胎하여 아들을 낳으매 여호와께서 이르시되 그 이름을 로암미라 하라. 너희는 내 백성百姓이 아니요 나는 너희 하나님이 되지 아니할 것임이니라. 내가 그 자녀子女를 긍휼矜恤히 여기지 아니하리니, 이는 저희가 음란淫亂한 자식子息들임이니라. (호 1:1~2:4)

2. 이스라엘 자손子孫들아 여호와의 말씀을 들으라. 이 땅에는 진실眞實도 없고 인애仁愛도 없고 지식知識도 없고 오직 저주詛呪와 사위詐僞와 살인殺人과 투절偸竊과 간음姦淫 뿐이요, 강포强暴하여 피가 피를 뒤대임이라. 아무 사람이든지 다투지 말라. 내 백성百姓이 지식知識이 없으므로 망亡하는도다. 너희가 하나님의 율법律法을 잊었으니 나도 네 자녀子女들을 잊어버리리라. 저희는 번성蕃盛할수록 내게 범죄犯罪하니 내가 저희의 영화榮華를 변變하여 욕辱이 되게 하리라. 저희가 음란淫亂한 마음에 미혹迷惑되어 너희 딸들이 행음行淫하며 남자男子들이 창기娼妓와 함께 나가며 음부淫婦와 함께 희생犧牲을 드림이니라. 깨닫지 못하는 백성百姓은 패망敗亡하리라. (호 4:1~14)

3. 여호와의 말씀을 들으라. 여호와께서 이 땅 거민居民과 쟁변爭辯하시나니, 이 땅에는 진실眞實도 없고 인애仁愛도 없고 하나님을 아는 지식知識도 없고, 오직 저주詛呪와 사위詐僞와 살인殺人과 투절偸竊과 간음姦淫뿐이요 강포强暴하여 피가 피를 뒤대임이라.

그러므로 이 땅이 슬퍼하며 다 쇠잔衰殘할 것이요, 네 백성百姓들이 제사장祭祀長과 다투는 자 같이 되었음이니라. 내 백성百姓이 지식知識이 없으므로 망亡하는도다. 네가 지식知識을 버렸으니 나도 너를 버려 내 제사장祭司長이 되지 못하게 할 것이요, 네 하나님의 율법律法을 잊었으니 나도 네 자녀子女들을 잊어버리리라. 저희는 번성蕃盛할수록 내게 범죄犯罪하니 내가 저희의 영화榮華를 변變하여 욕辱이 되게 하리라. 내가 그 소행所行대로 벌罰하며 그 소위所爲대로 갚으리라. (호 4:1~9)

4. 오라 우리가 여호와께로 돌아가자, 여호와께서 우리를 찢으셨으나 도로 낫게 하실 것이요, 우리를 치셨으나 싸매어 주실 것이라. 여호와께서 우리를 살리시며 제삼일第三日에 우리를 일으키시리니, 우리가 그 앞에서 살리라. 그러므로 우리가 여호와를 알자 힘써 여호와를 알자, 그의 나오심은 새벽빛같이 일정一定하니, 비와 같이 땅을 적시는 늦은 비와 같이 우리에게 임臨하시리라. 나는 인애仁愛를 원願하고 제사祭祀를 원願치 아니하며 번제燔祭보다 하나님을 아는 것을 원願하노라. (호 6:1~6)

5. 이스라엘아 네 하나님 여호와께로 돌아오라 네가 불의不義함을 인因하여 엎드러졌느니라. 너는 말씀을 가지고 여호와께 돌아와서 아뢰기를 모든 불의不義를 제除하시고 선善한 바를 받으소서. 우리가 입술로 수송아지를 대신代身하여 주主께 드리리이다. 내가 너희의 패역悖逆을 고치고 즐거이 너희를 사랑하리니, 나의 진노震怒가 저에게서 떠났음이니라. 내가 이스라엘에게 이슬과 같으리니, 저가 백합화 같이 피겠고, 레바논의 백향목柏香木 같이 뿌리가 박힐 것이니, 그 가지는 퍼지며 그 아름다움은 감람橄欖나무와 같고 그 향기香氣는 레바논의 백향목柏香木 같으리니, 그 그늘 아래 거居하는 자가 돌아올지라. 저희는 곡식穀食같이 소성蘇醒할 것이며 포도葡萄나무 같이 꽃이 필 것이며, 그 향기香氣는 레바논의 포도주葡萄酒 같이 되리라. 여호와의 도道는 정직正直하니 의인義人이라야 그 도道에 행行하리라. 그러나 죄인罪人은 그 도道에 거쳐 넘어지리라. (호 14:1~9)

"오라 우리가 여호와께서 돌아가자 여호와께서 우리를 낫게 하실 것이요, 싸매어 주실 것이요, 우리를 살리시며 우리를 일으키시리니 우리가 그 앞에서 살리라. 그러므로 우리가 여호와를 알자, 힘써 여호와를 알자. 새벽빛같이 비쳐 주시고 높은 비와 같이 우리에게 임하시리라." 그 어느 때 어느 시대時代보다도 오늘 우리 사회社會와 가정家庭에 절실絕實이 요청要請되는 말씀입니다. 주여! 이 말씀이 가정家庭과 가족家族들의 마음에 가득 채워 충만充滿하게 하옵소서.

【 낭송 표시 : 1회 ◪ / 4회 ■ / 목표 120회 】

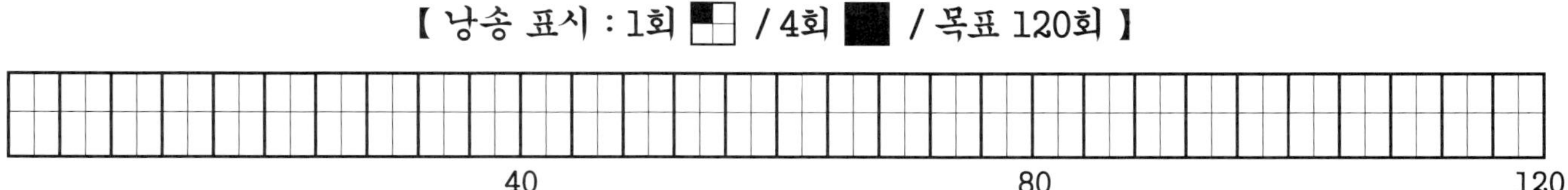

"주의 말씀은 내 발의 등이요 내 길에 빛이니이다"(시 119:105)

제 26 일

자는 자여 어찜이뇨 하나님께 구求하라

요나 1:6

하나님의 선교 명령宣敎命令을 거역拒逆하고 도망逃亡가던 선지자先知者 요나는 배 밑창에 들어가 깊은 잠에 빠졌습니다. 바다 위를 항해航海하던 배에 노도 광풍怒濤狂風이 휘몰아쳐 일엽편주一葉片舟가 되어 침몰沈沒 직전直前에 처處하였습니다. 모든 선원船員과 승객乘客들은 살기 위해 필사必死의 노력努力을 기울이고 각자各者가 믿는 신神에게 안전 운항 기원安全運航祈願을 드리게 되었습니다. 이때 선장船長은 배 밑창에 잠자고 있는 요나를 발견發見하고 "자는 자여 어찜이뇨 일어나서 네 하나님께 구求하라" 하며 기도祈禱를 부탁付託하였습니다. '자는 자여 어찜이뇨 하나님께 기도祈禱하라.' 오늘 우리를 향向한 말씀입니다.

1. 여호와의 말씀이 요나에게 임臨하니라. 이르시되 너는 일어나 저 큰 성읍城邑 니느웨로 가서 그것을 쳐서 외치라. 그 악독惡毒이 내 앞에 상달上達하였음이니라 하시니라. 그러나 요나가 여호와의 낯을 피避하여 욥바로 내려 갔더니 마침 다시스로 가는 배를 만난지라. 여호와의 낯을 피避하여 다시스로 가려고 선가船價를 주고 배에 올랐더라. 여호와께서 대풍大風을 바다 위에 내리시매, 바다 가운데 폭풍暴風이 대작大作하여 배가 거의 깨어지게 된지라. (욘 1:1~4)

2. 사공沙工이 두려워하여 각각各各 자기自己의 신神을 부르고, 또 배를 가볍게 하려고 물건物件을 바다에 던지니라. 요나는 배 밑층에 내려가서 누워 깊이 잠이 든지라. 선장船長이 그에게 이르되 자는 자여 어찜이뇨 네 하나님께 구求하라. 하나님이 우리를 생각하사 망亡하지 않게 하시리라. 우리가 제비를 뽑아 이 재앙災殃이 누구로 인因하여 임臨하였는지 알고자 하여 제비를 뽑으니 제비가 요나에게 당當한지라. (욘 1:5~7)

3. 이 재앙災殃이 무슨 연고緣故로 우리에게 임臨하였는지 고告하라. 요나가 대답對答하되 나는 히브리 사람이요 바다와 육지陸地를 지으신 하나님 여호와를 경외敬畏하는 자로다. 여호와의 낯을 피避함인 줄을 고告하였으므로, 무리가 심甚히 두려워하여 네가 어찌하여 이렇게 행하였느냐, 바다가 점점 흉용洶湧하니라 우리가 너를 어떻게 하여야 바다가 잔잔潺潺하겠느냐, 요나가 대답對答하되 나를 들어 바다에 던지라 그리하면 바다가 잔잔潺潺하리라. 너희가 이 큰 폭풍暴風을 만난 것이 나의 연고緣故인 줄을 내가 아노라. (욘 1:8~12)

4. 무리가 여호와께 부르짖어 가로되 여호와여 구求하고 구求하오니 우리를 멸망滅亡시키지 마옵소서. 요나를 들어 바다에 던지매 바다의 뛰노는 것이 곧 그친지라. 그 사람들이 여호와를 크게 두려워하여 여호와께 제물祭物을 드리고 서원誓願을 하였더라. 여호와께서 이미 큰 물고기를 예비豫備하사 요나를 삼키게 하셨으므로 요나가 삼일삼야三日三夜를 물고기 배에 있으니라. (욘 1:14~17)

5. 요나가 물고기 배 속에서 그 하나님께 기도祈禱하여 가로되, 내가 받는 고난苦難을 인因하여 여호와께 불러 아뢰었삽더니, 주께서 내게 대답對答하셨고 내가 스올의 배 속에서 부르짖었삽더니, 주께서 내 음성音聲을 들으셨나이다. 주主께서 나를 깊음 속 바다 가운데 던지셨으므로 큰물이 나를 둘렀고, 주의 파도波濤가 큰 물결이 다 내 위에

넘쳤나이다. 내가 말하기를 내가 주主의 목전目前에서 쫓겨났을지라도 다시 주主의 성전聖殿을 바라보겠나이다. 내 영혼靈魂이 피곤疲困할 때에 내가 여호와를 생각하였삽더니 내 기도祈禱가 주께 이르렀사오며 주主의 성전聖殿에 미쳤나이다. 나는 감사感謝하는 목소리로 주께 제사祭祀를 드리며 나의 서원誓願을 주께 갚겠나이다. 구원救援은 여호와께로 말미암았나이다. 여호와께서 그 물고기에게 명命하시매 요나를 육지陸地에 토吐하니라. (욘 2:1~10)

6. 여호와의 말씀이 두 번째 요나에게 임臨하니라. 이르시되 일어나 저 큰 성읍城邑 니느웨로 가서 내가 네게 명命한 바를 그들에게 선포宣布하라 하신지라. 요나가 여호와의 말씀대로 일어나서 니느웨로 가니라. 니느웨는 극히 큰 성읍城邑이므로 사십일四十日이 지나면 니느웨가 무너지리라 하였더니, 니느웨 백성百姓이 하나님을 믿고 금식禁食을 선포宣布하고 무론대소無論大小하고 굵은 베옷을 입은지라. 그 소문所聞이 니느웨 왕王에게 들리매 왕王이 보좌寶座에서 일어나 조복朝服을 벗고 굵은 베를 입고 재에 앉으니라. 왕王이 대신代身과 더불어 조서詔書를 내려 선포宣布하여 가로되 사람이나 짐승이나 소떼나 양떼나 아무것도 입에 대지 말지니, 곧 먹지도 말 것이요 마시지도 말 것이며, 힘써 여호와께 부르짖을 것이며 각기各其 악惡한 길과 손으로 행行한 강포强暴에서 떠날 것이라. 하나님이 뜻을 돌이키사 그 진노震怒를 그치사 우리로 멸망滅亡치 않게 하시리라. 하나님이 그들의 행한 것 곧 그 악惡한 길에서 돌이켜 떠난 것을 감찰鑑察 하시고 뜻을 돌이키사 그들에게 내리라 말씀하신 재앙災殃을 내리지 아니하시니라. (욘 3:1~10)

7. 요나가 심甚히 싫어하고 노怒하여 여호와께 기도祈禱하여 가로되 내가 고국故國에 있을 때 말씀하지 아니하였나이까, 그러므로 내가 빨리 다시스로 도망逃亡하였사오니, 주께서는 은혜恩惠로우시며 자비慈悲로우시며 노怒하기를 더디하시며, 인애仁愛가 크시사 뜻을 돌이켜 재앙災殃을 내리지 아니하시는 하나님이신 줄 내가 알았음이니라. 여호와여 원願컨대 이제 내 생명生命을 취取하소서 사는 것보다 죽는 것이 내게 나음이니이다. 여호와께서 이르시되 너의 성냄이 어찌 합당合當하냐 하시니라. 하나님이 요나에게 이르시되 네가 성냄이 어찌 합당合當하냐 네가 수고受苦도 아니하고 배양培養도 아니하였고, 하룻밤에 났다가 하룻밤에 마른 박덩쿨을 네게 아꼈거든, 하물며 이 큰 성읍城邑 니느웨에는 좌우左右를 분변分辨치 못하는 자가 십이만 명十二萬名이요, 육축六畜도 많이 있나니 내가 아끼는 것이 어찌 합당合當치 아니하냐. (욘 4:1~11)

선교 명령宣教命令을 수행修行하면 선지자先知者와 선교宣教를 받는 나라 백성百姓 모두가 큰 은혜恩惠와 복福을 받는 것입니다. 불순종不順從하고 거역拒逆하면 당사자當事者와 주변周邊 사람 모두가 고난苦難을 당當하고 불행不幸하여집니다. 요나 선지자先知者의 선교 사역宣教使役을 통해서 니느웨 도성都城이 구원救援받고 12만 명의 어린이들이 큰 복福을 받게 되었습니다. 기도祈禱하는 성도聖徒, 복음福音 증거證據하는 성도聖徒는 지역사회地域社會를 구원救援하는 선교사宣教師들이 되는 것입니다.

【 낭송 표시 : 1회 ◪ / 4회 ■ / 목표 120회 】

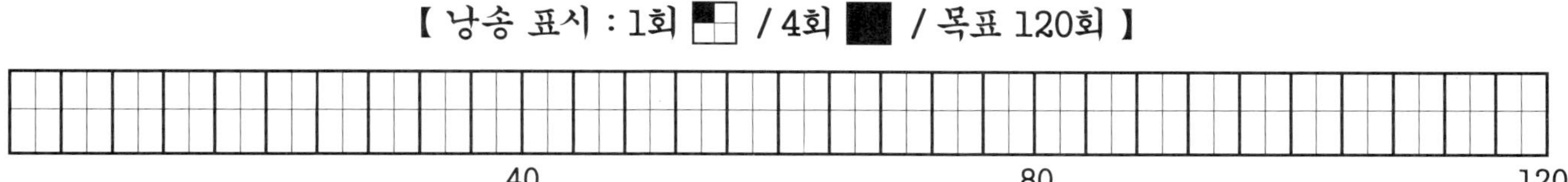

“주의 말씀은 내 발의 등이요 내 길에 빛이니이다”(시 119:105)

제 27 일

칼과 창을 보습과 낫으로 만들라

미가 4:3

도구道具로 사용使用될 때는 삶을 윤택潤澤하게 하지만 무기武器로 사용使用될 때는 파괴破壞와 고통苦痛을 가져오게 합니다. 미가 선지자先知者는 '칼과 창을 보습과 낫으로' 평화平和와 번영繁榮의 시대時代를 노래하였습니다. 전쟁戰爭은 수십 년간 건설建設하고 일구어 놓은 삶의 터전을 일순간一瞬間 폐허廢墟와 잿더미로 만들고 육체肉體와 마음의 상처傷處를 평생平生 동안 다음 세대世代까지 유전遺傳케 합니다. 모든 군비軍備와 장비裝備와 무기武器를 평화平和의 도구道具로 사용使用하게 하소서. 다시는 전쟁戰爭 연습練習을 하지 않는 평화平和의 새 날이 오게 하소서. 우리의 간절한 기도祈禱를 응답應答하여 주옵소서. 아멘.

1. 백성百姓들아 너희는 다 들을지어다 땅과 거기 있는 모든 것들아 자세히 들을지어다. 주主 여호와께서 너희에 대하여 증거證據하시되 주主께서 성전聖殿에서 그리하실 것이니라. 여호와께서 그 처소處所에서 나오실 것이요 강림降臨하사 땅의 높은 곳을 밟으실 것이라, 새긴 우상偶像을 다 파쇄破碎하고 음행淫行의 값을 불사르며 그 목상木像을 다 훼파毁破하리니 애곡哀哭하고 애통哀痛하리니, 그 상처傷處는 고칠 수 없고 백성百姓의 성문城門에 미쳤음이니라. 침상寢床에서 악惡을 꾀하며 간사奸詐를 경영經營하고 날이 밝으면 그 손에 힘이 있으므로 탐貪하고 빼앗고 취取하니 사람과 산업産業을 학대虐待하도다. (미 1:2~2:2)

2. 내가 또 이르노니 두령頭領과 치리자治理者들아 들어라 공의公義는 너희의 알 것이 아니냐, 너희가 선善을 미워하고 악惡을 좋아하여 가죽을 벗기고 살을 뜯어 먹으며, 공의公義를 미워하며 정직正直한 것을 굽게하는 자들아, 시온을 피로 예루살렘을 죄악罪惡으로 건축建築하도다. 뇌물賂物을 위하여 재판裁判하며 삯을 위하여 교훈敎訓하며 돈을 위하여 점占을 치면서, 여호와께서 우리 중에 계시지 아니하니 재앙災殃이 우리에게 임臨하지 아니하리라 하는도다. 이러므로 너희로 인하여 시온은 밭같이 갊을 당當하고 예루살렘은 무더기가 되고, 성전聖殿의 산은 수풀의 높은 곳과 같이 되리라. (미 3:1~12)

3. 오라 우리가 여호와의 산에 올라가서 야곱의 하나님의 전殿에 이르자 그가 그 도道를 우리에게 가르치시리라. 이는 율법律法이 시온에서부터 나올 것이요, 여호와의 말씀이 예루살렘에서부터 나올 것임이라. 그가 민족民族을 심판審判하시며 이방異邦을 판결判決하시리니, 칼을 쳐서 보습을 만들고 창槍을 쳐서 낫을 만들 것이며, 이 나라와 저 나라가 칼을 들고 서로 치지 아니하며 다시는 전쟁戰爭을 연습練習하지 아니하고, 자기 포도葡萄나무 아래와 무화과無花果나무 아래 앉을 것이라. 그들을 두렵게 할 자가 없으리니 이는 만군萬軍의 여호와의 입이 이같이 말씀하셨느니라. (미 4:2~4)

4. 베들레헴 에브라다야 너는 유다 족속族屬 중에 작을지라도 이스라엘을 다스릴 자가 네게서 나올 것이라. 그의 근본根本은 상고上古에 태초太初니라. 그가 여호와의 능력能力과 하나님 여호와의 이름의 위엄威嚴을 의지依支하고 안연晏然히 거居하게 할 것이라. 이제

그가 창대昌大하여 땅 끝에 미치리라. 야곱의 남은 자는 많은 백성百姓 중에 있으리니, 그들은 여호와에게로서 내리는 이슬같고 풀 위에 내리는 단비 같아서, 사람을 기다리지 아니하고 인생人生을 기다리지 아니하리라. 복술자卜術者가 끊어지고 점장占匠이가 없게 될 것이며 우상偶像과 주상柱像이 멸절滅絶하리니 네 손으로 만든 것을 다시는 섬기지 아니하리라. (미 5:2~13)

5. 너희는 여호와의 말씀을 들을지어다. 너는 내게 증거證據하라 내가 너를 애굽땅에서 인도引導하여 종노릇하는 집에서 속량贖良하였고, 모세와 아론과 미리암을 보내어 네 앞에 행하게 하였느니라. 내 백성百姓아 발람의 대답對答한 것을 추억追憶하며 싯딤부터 길갈까지의 일을 추억追憶하라. 그리하면 여호와의 의義롭게 행한 것을 알리라. 내가 무엇을 가지고 여호와 앞에 나아가며 높으신 하나님께 경배敬拜할까 내가 번제물燔祭物 일 년一年 된 송아지를 가지고 그 앞에 나아갈까. 여호와께서 천천千千의 숫양이나 만만萬萬의 강수江水 같은 기름을 기뻐하실까, 내 허물을 위하여 맏아들을 영혼靈魂의 죄罪를 인因하여 내 몸의 열매를 드릴까, 사람아 주께서 선善한 것이 무엇임을 네게 보이셨으니, 여호와께서 구求하는 것이 오직 공의公義를 행하며 인자仁慈를 사랑하며 겸손謙遜히 네 하나님과 함께 행行하는 것이 아니냐, 여호와께서 성읍城邑을 향向하여 외쳐 부르시나니 완전完全한 지혜智慧는 주 이름을 경외敬畏함이니라. 너희는 매를 순順히 받고 그것을 정定하신 자를 순종順從할지니라. (미 6:1~9)

6. 악인惡人의 집에 불의不義한 재물財物이 있느냐 축소縮小시킨 가증可憎한 에바가 있느냐, 부정不正한 저울을 사용使用했거나 거짓 저울추錘를 사용使用했느냐, 부자富者들은 강포强暴가 가득하였고 거민居民들은 거짓을 말하니 그 혀가 입에서 궤사詭詐하도다. 그러므로 너를 쳐서 상傷하게 하겠으며 죄罪를 인因하여 적막寂寞하게 하고 네가 먹으나 배부르지 못하고, 속이 항상恒常 빌 것이며 감추나 보존保存되지 못하겠고, 씨를 뿌리나 추수秋收하지 못하고 기름을 얻지 못하고 바르지 못하고 마시지 못하리라. 너희는 수욕羞辱을 당하리라. (미 6:10~16)

불의不義한 재물財物, 축소縮小시킨 말과 되박, 부정不正한 눈금, 거짓 저울추, 부자富者의 강포强暴, 주민住民의 거짓말, 입과 혀의 궤사詭詐가 없는 사회社會를 만드는 것이, 하나님의 백성百姓 곧 그리스도인들의 시대적時代的 사명使命입니다. 하나님을 경외敬畏하며 이웃을 사랑하고 맡은 일에 최선最善을 다하며, 정직正直하고 진실眞實되게 살며, 맡은 일에 최선最善을 다하는 사람들이 많아지면 사회社會 정의正義가 구현具現되어, 진정眞正한 샬롬SHALOM 平和이 실현實現됩니다. 우리 그리스도인들은 이 땅에 하나님의 나라의 평화平和와 정의正義가 이루어지도록 기도하여 "나라와 권세權勢와 영광榮光이 영원永遠히 있사옵나이다" 주님의 기도祈禱가 이루어져야 합니다.

【 낭송 표시 : 1회 ◰ / 4회 ■ / 목표 120회 】

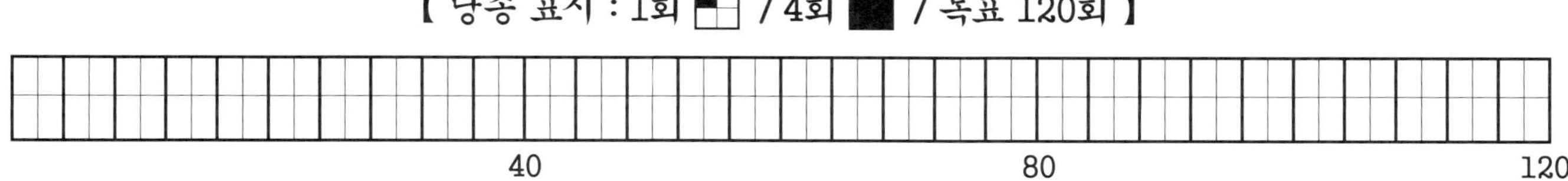

40 80 120

"주의 말씀은 내 발의 등이요 내 길에 빛이니이다"(시 119:105)

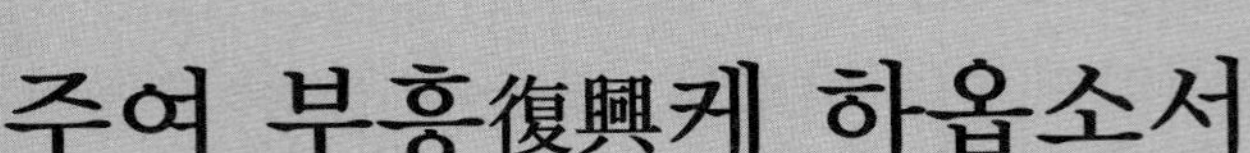

제 28 일

주여 부흥復興케 하옵소서

하박국 3:2

하나님의 택擇한 백성百姓들을 핍박逼迫하거나 괴롭히거나 손해損害를 보게 하는 자들은 하나님께서 직접直接 징계懲戒와 심판審判을 하신다고 나훔 선지자先知者는 메시지를 선포宣布하였습니다. "여호와는 투기하시며 보복報復하시는 하나님이시니라." 하나님의 백성百姓에게 피해被害를 준 앗수르, 바벨론, 애굽, 블레셋 나라들을 하나님이 징벌懲罰하시고 심판審判하셨습니다. 지금도 하나님이 사랑하시는 성도聖徒들에게 고통苦痛을 주고 피해被害를 준다면 하나님이 그들을 응징膺懲하신다는 사실事實입니다. "사랑하는 자들아 너희가 친親히 원수怨讐를 갚지 말고 진노震怒하심에 맡기라 원수怨讐 갚는 것이 내게 있으니 내가 갚으리라고 주主께서 말씀하시니라"(롬 12:19). 신약성경에서도 분명히 밝히고 있습니다.

1. 재앙災殃이로다 나여 나는 여름 실과實果를 딴 후에 포도葡萄를 거둔 후後 같아서 먹을 송이가 없은즉, 내 마음에 사모思慕하는 무화과無花果가 없도다. 선인善人이 끊쳤고 정직正直자가 없도다 피 흘리게 하려고 매복埋伏하며 그물로 형제兄弟를 잡으려 하고, 두손으로 악惡을 행行하도다. 재판자裁判者는 뇌물賂物을 구求하며 악惡한 사욕私慾을 발發하며 서로 연락連絡을 취取하니 그들은 모두 가시 같고 찔레 울타리 같도다. 너희는 이웃을 믿지 말며 친구親舊를 의지依支하지 말며 네 입의 문을 지킬지어다. 아들이 아비를 멸시蔑視하며 딸이 어미를 대적對敵하며 며느리가 시어머니를 대적對敵하니 원수怨讐가 집안 사람이로다. 오직 여호와를 우러러 보며 구원救援하시는 하나님을 바라보나니, 하나님이 들으시리로다 나는 엎드려 질지라도 일어날 것이요, 어두운데 있을지라도 여호와께서 나의 빛이 되실 것임이로다. 주主께서 나를 인도引導하사 광명光明에 이르게 하시리니 내가 그의 의義를 보리로다. (미 7:1~9)

2. 여호와는 투기妬忌하시며 보복報復하시는 하나님이시라. 여호와는 보복報復하시며 진노震怒하시되 자기自己를 거스리는 자에게 보복報復하시며 자기自己를 대적對敵하는 자에게 진노震怒하시는도다. 여호와께서 말씀하시기를 그들이 비록 강장强壯하고 중다衆多할지라도 반드시 멸절滅絶 당當하리니 그들이 없어지리라. 이제 네게 지운 멍에를 내가 깨뜨리고 너의 결박結縛을 끊으리라. 새긴 우상偶像과 부은 우상偶像을 멸절滅絶하며 네 무덤을 예비豫備하리니 네가 비루卑陋함이니라. 볼지어다 아름다운 소식消息을 보報하고 화평和平을 전傳하고 절기節期를 지키고 서원誓願을 갚을지어다. (나 1:2~15)

3. 너는 산성山城을 지키고 길을 파수把守하고 허리를 견고堅固히 묶고 네 힘을 크게 굳게 할지어다. 여호와께서 야곱의 영광榮光을 회복恢復하시되 이스라엘의 영광榮光과 같게 하시나니, 만군萬軍의 여호와의 말씀에 병거兵車를 살라 연기가 되게 하고, 젊은 사자獅子들을 칼로 멸滅할 것이며, 파견자派遣者의 목소리가 다시는 들리지 아니하리라. (나 2:1~13)

4. 여호와께서 내게 대답對答하여 가라사대 너는 이 묵시黙示를 기록記錄하여 판板에 명백明白히 새기되 달려가면서도 읽을 수 있게 하라. 이 묵시黙示는 정定한 때가 있나니

그 종말終末이 속速히 이르겠고 결코 거짓되지 아니하리라. 비록 더딜지라도 기다리라 지체遲滯되지 않고 정녕丁寧 응應하리라. 보라 그의 마음이 교만驕慢하며 그의 속에서 정직正直하지 못하리라. 그러나 의인義人은 믿음으로 말미암아 살리라. (합 2:2~4)

5. 대저大抵 물이 바다를 덮음같이 여호와의 영광榮光을 인정認定하는 것이 세상世上에 가득하리라. 새긴 우상偶像과 부어 만든 우상偶像을 의지依支하는 것이 무슨 유익有益이 있느냐, 나무더러 깨라 돌더러 일어나라 금金과 은銀으로 입힌 것인즉, 그 속에는 생기生氣가 도무지 없느니라. 오직 여호와는 그 성전聖殿에 계시니 온 천하天下는 그 앞에서 잠잠潛潛할지니라. (합 2:14~20)

6. 여호와여 내가 주主께 대한 소문所聞을 듣고 놀랐나이다. 여호와여 주主는 주主의 일을 수년 내어 부흥復興케 하옵소서 이 수년 내에 나타내시옵소서 진노震怒 중에서도 긍휼矜恤을 잊지 마옵소서. 하나님이 오시며 거룩한 자가 오시도다 그 영광榮光이 하늘을 덮었고 그 찬송讚頌이 세계世界에 가득하도다. 그 광명光明이 햇빛 같고 그 광선光線이 손에서 나오니 그 권능權能이 그 속에 감취었도다. 주의 날으시는 살의 빛과 번쩍이는 광채光彩로 인하여 해와 달이 그 처소處所에 멈추었나이다. 주主께서 주主의 백성百姓을 구원救援하시려고 기름 받은 자를 구원救援하시려고 악인惡人을 치시며 그 기초基礎를 끝까지 드러 내셨나이다. (합 3:2~13)

7. 비록 무화과無花果나무가 무성茂盛치 못하며 포도葡萄나무에 열매가 없으며, 감람橄欖나무에 소출所出이 없으며 밭에 식물食物이 없으며, 우리에 양羊이 없으며 외양간에 소가 없을지라도 나는 여호와로 인하여 즐거워하며, 나의 구원救援의 하나님을 인하여 기뻐하리로다. 주 여호와는 나의 힘이시라 나의 발을 사슴과 같게 하사 나로 나의 높은 곳에 다니게 하시리로다 이 노래는 영장을 위하여 수금竪琴에 맞춘 것이니라. (합 3:17~19)

하나님의 백성百姓들이 하나님의 율례律例와 법도法度대로 따르고 순종順從하면 약속約束되고 예비豫備된 모든 복福과 은혜恩惠를 받아 수년 내에 큰 부흥復興을 가져온다는 예언豫言의 말씀입니다. 하박국 선지자先知者의 결론結論은, 하나님 안에서 소유所有나 무소유無所有가 의미意味가 없음을 절감切感하는 것입니다. 하나님과의 신뢰관계信賴關係와 교제관계交際關係가 중요重要합니다. 얼마나 가졌느냐는 이차적二次的인 것이요 부수적附隨的인 것으로 보았습니다. 과일과 가축家畜과 곡식穀食 등은 필수품必需品이지만 하나님을 경외敬畏하며 기쁘게 하고 즐겁게 해드리려는 신앙생활信仰生活은 절대적絕對的이며 생명生命보다 귀貴합니다. 그러므로 "주 여호와는 나의 힘이시라", "주의 소문所聞을 듣고 놀랐나이다", "여호와여 부흥復興케 하옵소서" 하는 하박국의 찬송讚頌과 기도祈禱를 드립니다.

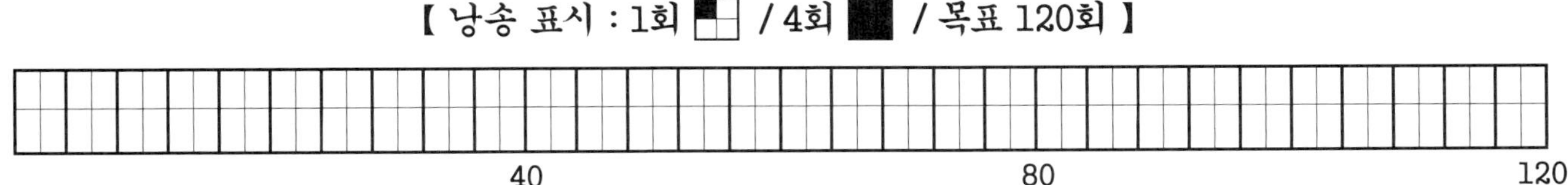

"주의 말씀은 내 발의 등이요 내 길에 빛이니이다"(시 119:105)

제 29 일

너로 인하여 즐거이 부르며 기뻐하시리라

스바냐 3:17

부모父母님의 보람과 기쁨은 자녀子女들이 행복幸福하게 되는 데 있습니다. 병病들고 실패失敗하고 좌절挫折한 모습을 보면 부모님의 가슴은 말할 수 없는 고통苦痛을 느끼게 됩니다. 하나님의 영광榮光과 행복幸福은 하나님의 자녀子女들의 성공적成功的인 신앙생활信仰生活에 있습니다. 스바냐 선지자先知는 하나님의 영광榮光을 "내가 너희 인하여 기쁨을 이기지 못하며"(습 3:17)로 표현表現하였습니다. '시온의 딸아 노래하라 기쁘게 부르라 기뻐하며 즐거워하라'(습 3:14). 하나님이 우리 성도聖徒들로 인하여 기쁨을 이기지 못하여 너를 사랑하시며 즐거이 부르며 기쁘시게 해드리는 것이 올바른 신앙생활信仰生活을 하는 성도聖徒들의 도리道理입니다.

1. 그때에 내가 열방列邦의 입술을 깨끗케 하여 그들로 다 나 여호와의 이름을 부르며 일심一心으로 섬기게 하리니, 내게 구求하는 백성百姓들이 하수河水 건너편에서부터 예물禮物을 가지고 와서 자랑을 제除하여 너로 나의 성산聖山에서 다시는 교만驕慢하지 않게 할 것임이니라. 내가 곤고困苦하고 가난한 백성百姓을 너희 중에 남겨두리니, 그들이 여호와의 이름을 의탁依託하여 보호保護를 받을지라. 이스라엘의 남은 자들은 악惡을 행行치 아니하며 거짓을 말하지 아니하며 입에 궤휼詭譎할 혀가 없으리라. 시온의 딸아 노래할지어다 이스라엘아 기쁘게 부를지어다. 예루살렘의 딸아 기뻐하며 즐거워할지어다. (습 3:9~14)

2. 여호와께서 형벌刑罰을 제除하시고 원수怨讐를 쫓아내시며, 여호와가 너희 중에 있으니 두려워하지 말라. 너의 하나님 여호와가 너희 가운데 계시니 구원救援을 베푸실 전능자全能者시라. 그가 너로 인하여 기쁨을 이기지 못하시며, 너를 잠잠潛潛히 사랑하시며 너로 인하여 즐거이 부르며 기뻐하시리라. 그때에 내가 너를 괴롭게 하는 자를 다 벌罰하고 쫓겨난 자를 모으며 온 세상世上에서 수욕羞辱을 받는 자로 칭찬稱讚과 명성名聲을 얻게 하리라. 너희로 천하 만민天下萬民 중에서 명성名聲과 칭찬稱讚을 얻게 하리라 나 여호와의 말이니라. (습 3:15~20)

3. 만군萬軍의 여호와가 말하여 이르노라. 이 백성百姓이 말하기를 여호와의 전殿을 건축建築할 시기가 이르지 아니하였다 하느니라. 여호와의 말씀이 선지자先知者 학개에게 임하여 가라사대 이 전殿이 황무荒蕪하였거늘 너희가 이 때에 판벽板壁한 집에 거居하는 것이 가하냐. 그러므로 이제 나 만군萬軍의 여호와가 말하노니 너희는 자기自己의 소위所爲를 살펴 볼지니라. 너희가 많이 뿌릴지라도 수입收入이 적으며 먹을지라도 배부르지 못하며, 마실지라도 흡족洽足하지 못하며 입어도 따뜻하지 못하며 일꾼이 삯을 받아도 그것을 구멍 뚫어진 전대纏袋에 넣음이 되느니라. 나 만군萬軍의 여호와가 말하노니 너희는 산에 올라가서 나무를 가져다가 전殿을 건축建築하라 그리하면 내가 그로 인因하여 기뻐하고 또 영광榮光을 얻으리라 나 여호와가 말하였느니라. (학 1:2~8)

4. 모든 백성百姓이 그 하나님 여호와의 목소리와 선지자先知者 학개의 말을 청종聽從하였으니, 이는 그들의 하나님 여호와께서 그를 보내셨음을 인함이라. 백성百姓이 다 여호와를 경외敬畏하매 때에 여호와의 사자使者 학개가 여호와의 명命을 의지依支하여 백성百姓에게 고告하여 가로되, 나 여호와가 말하노니 내가 너희와 함께 하노라 여호와께서 총독總督의 마음과 제사장祭司長의 마음과 모든 백성百姓의 마음을 흥분興奮시키시매, 그들이 와서 만군萬軍의 여호와 그들의 하나님 전殿 역사役事를 하였으니 때는 다리오 왕王 이년 유월 이십사일二年六月二十四日이었더라. (학 1:12~15)

5. 칠월七月 곧 그달 이십일일二十一日에 여호와의 말씀이 선지자先知者 학개에게 임臨하니라. 가라사대 너는 총독總督과 제사장祭司長과 백성百姓들에게 고告하여 이르라. 너희중에 이 전殿의 영광榮光을 본 자가 누구냐. 나 여호와가 이르노라 총독總督 스룹바벨아 스스로 굳세게 할지어다. 대제사장大祭司長 여호수아야 스스로 굳세게 할지어다 나 여호와의 말이니라. 이 땅 모든 백성百姓아 스스로 굳세게 하여 일할지어다. 만군萬軍의 여호와의 말이니라 내가 언약言約한 말과 나의 신神이 너희 중에 머물러 있나니 너희는 두려워 말지어다. 나 만군萬軍의 여호와가 말하노라 조금 있으면 내가 하늘과 땅과 바다와 육지陸地를 진동震動시킬 것이요. 또한 만국萬國을 진동震動시킬 것이며, 만국萬國의 보배가 이르리니 내가 영광榮光으로 이 전殿에 충만充滿케 하리라. 만군萬軍의 여호와의 말이니라 은銀도 내 것이요 금金도 내 것이니라 만군萬軍의 여호와의 말이니라. 이전 영광榮光보다 크리라. 내가 이곳에 평강平康을 주리라 만군萬軍의 여호와의 말이니라. (학 2:1~9)

6. 곡식穀食 종자種子가 창고倉庫에 있느냐 포도葡萄나무, 무화과無花果나무, 석류石榴나무, 감람橄欖나무에 열매가 있느냐 오늘부터 내가 너희에게 복福을 주리라. 그달 이십사일二十四日에 여호와의 말씀이 다시 학개에서 임臨하니라. 나 여호와가 말하노라 그 날에 내가 너를 취取하고 너로 인印을 삼으리니, 이는 내가 너를 택擇하였음이니라 만군萬軍의 여호와의 말이니라. (학 2:19~23)

하나님의 모든 마음과 관심關心은 '하나님의 백성百姓과 하나님의 성전聖殿'에 집중集中되어 있습니다. 하나님의 백성百姓은 그의 자녀子女들이기 때문이고, 하나님의 성전聖殿은 그의 집이요 몸이기 때문입니다. 성전聖殿에서 그 자녀子女들을 만나고 대화對話하시고 은혜恩惠와 복福을 주십니다. 허물어진 성전聖殿은 조속早速하게 재건再建 되어야 합니다. 성전聖殿은 그 시대時代의 성도聖徒들의 산生 신앙고백信仰告白이 구체적具體的으로 나타난 구조물構造物입니다. 성전聖殿이 거룩하고 장려壯麗하고 아름답게 건축建築되고 관리管理되고 사용使用되고 예배禮拜드리는 거룩한 장소場所가 될 때 만국萬國의 보배가 집중集中되고 배부配付하는 축복祝福을 받게 됩니다. "오늘부터 내가 너희에게 복福을 주리라." 아멘.

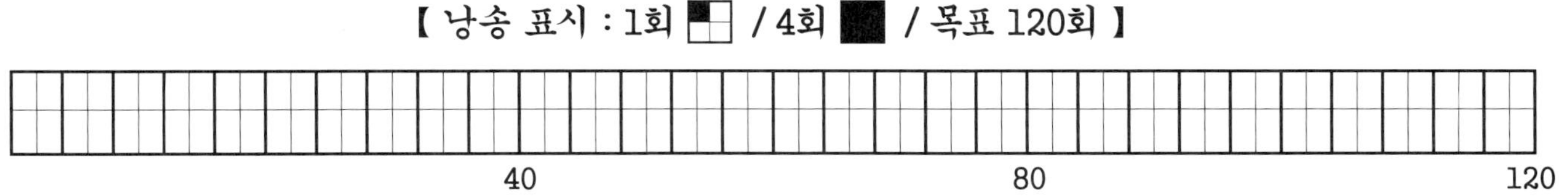

"주의 말씀은 내 발의 등이요 내 길에 빛이니이다"(시 119:105)

제 30 일

여호와의 날이 이르게 됨이니라

요엘 2:1

'여호와의 날'은 심판審判의 날입니다. 세상世上 모든 나라와 사람들의 싸움과 갈등葛藤과 전쟁戰爭의 모든 죄과罪果를 심판審判하여 상선벌악賞善罰惡의 엄정嚴正한 처리處理를 하십니다.

1. 땅의 모든 거민居民아 귀를 기울일지어다. 너희 자녀子女에게 고告하고 그 후대後代에 고告할 것이니라. 팟종이가 남긴 것을 메뚜기가 먹고 메뚜기가 남긴 것을 늣이 먹고, 늣이 남긴 것을 황충蝗蟲이가 먹었도다. 무릇 취하는 자들아 너희는 깨어 울지어다. 포도주葡萄酒를 마시는 자는 곡哭할지어다. 제사장祭司長들아 굵은 배를 동이고 슬피울지어다. 단壇에 수종隨從드는 자들아 곡哭할지어다. 이는 소제素祭와 전제奠祭를 너희 하나님 전殿에 드리지 못함이로다. 너희는 금식일禁食日을 정定하고 성회聖會를 선포宣布하여 장로長老들과 이 땅 모든 거민居民을 하나님 여호와의 전殿에 몰수沒數히 모으고 여호와께 부르짖으니, 시온에서 나팔을 불며 나의 성산聖山에서 호각號角을 불어 이 땅 거민居民으로 다 떨게 할지니 이는 여호와의 날이 이르게 됨이니라. (욜 1:2~2:1)

2. 여호와께서 그 군대軍隊 앞에서 소리를 발發하시고 그 전殿은 심甚히 크고 그 명령命令을 행行하는 자는 강强하니, 여호와의 날이 크고 심甚히 두렵도다 당當할 자가 누구랴. 여호와의 말씀에 너희는 이제라도 금식禁食하며 울매 애통哀痛하고 마음을 다하여 내게로 돌아오라 하셨나니, 너희는 옷을 찢지 말고 마음을 찢고 너희 하나님께로 돌아올지어다. (욜 2:11~13)

3. 그는 은혜恩惠로우시며 자비慈悲로우시며 노怒하기를 더디하시며 인애仁愛가 크시사 뜻을 돌이켜 재앙災殃을 내리지 아니하시나니, 주主께서 마음과 뜻을 돌이키사 복福을 내리사, 소제素祭와 전제奠祭를 받으신 줄 누가 아느냐. 너희는 시온에서 나팔을 불어 거룩한 금식일禁食日을 정하고 성회聖會를 선포宣布하고, 백성百姓을 모아 그 회會를 거룩하게 하고 장로長老를 모으며, 소아小兒와 젖먹이를 모으며, 신랑新郎은 그 방에서 나오게 하며 신부新婦도 그 골방에서 나오게 하라. 그때에 여호와께서 중심中心이 뜨거우시며 그 백성百姓을 긍휼矜恤히 여기실 것이라. 여호와께서 그들에게 응답應答하시여 곡식穀食과 새 포도주葡萄酒와 기름을 주리니 너희가 이로 인하여 흡족洽足하리라. (욜 2:13~19)

4. 내가 북편北便 군대軍隊를 멀리 떠나게 하여 메마르고 적막寂寞한 땅으로 쫓아내리니, 그 전군前軍은 동해東海로 그 후군後軍은 서해西海로 들어갈 것이라. 땅이여 두려워 말고 기뻐하며 즐거워할지어다. 여호와께서 큰일을 행하셨음이로다. 들의 풀이 싹이 나며 나무 열매가 맺으며 무화과無花果나무와 포도葡萄나무가 다 힘을 내는도다. 시온의 자녀子女들아 너희 하나님 여호와로 인하여 기뻐하며 즐거워할지어다. 그가 너희를 위하여 비를 내리시되 이른비를 너희에게 적당適當하게 주시리니, 이른 비와 늦은 비가 전前과 같을 것이라. 마당에는 밀이 가득하고 독에는 새 포도주葡萄酒와 기름이 넘치리로다. 너희는 먹되 풍족豊足히 먹고 너희를 기이奇異히 대접待接한 너희 하나님 여호와의 이름을 찬송讚頌할 것이라. 내 백성百姓이 영영永永히 수치羞恥를 당當치 아니하리로다. (욜 2:20~26)

5. 그 후後에 내가 신神을 만민萬民에게 부어 주리니, 너희 자녀子女들이 장래일將來日을 말할 것이며, 너희 늙은이는 꿈을 꾸며 너희 젊은이는 이상異像을 볼 것이며, 그때에 내가 또 내 신神으로 남종과 여종에게 부어 줄 것이며, 내가 이적異蹟을 하늘과 땅에 베풀리니 곧 피와 불과 연기煙氣 기둥이라. 여호와의 크고 두려운 날이 이르기 전에 해가 어두워지고 달이 핏빛 같이 변變하려니와, 누구든지 여호와의 이름을 부르는 자는 구원救援을 얻으리니, 이는 나 여호와의 말대로 시온 산과 예루살렘에서 피할 자가 있을 것임이요, 남은 자 중에 나 여호와의 부름을 받을 자가 있을 것임이니라. (욜 2:28~32)

6. 그날에 사로잡힌 자를 돌아오게 할 그때에, 내가 만국萬國을 모아 데리고 여호사밧 골짜기에 내려가서 내 백성百姓 곧 내 기업基業된 이스라엘을 위하여 거기서 그들을 국문鞫問하리니, 그들이 내 백성百姓을 열국列國중에 흩고 나의 땅을 나누었음이며, 또 제비 뽑아 내 백성百姓을 취하고 동남童男으로 기생妓生을 바꾸며 동녀童女로 술을 바꾸어 마셨음이니라. 또 너희가 내 은銀과 금金을 취하고 나의 진기珍奇한 보물寶物을 가져갔으며, 너희는 열국列國에 광포廣布할지어다. 너희는 전쟁戰爭을 준비準備하고 용사勇士를 격려激勵하고 올라오게 할지어다. 여호와여 주主의 용사勇士들로 그리로 내려오게 하옵소서 열국列國을 다 심판審判하리로다. (욜 3:1~12)

역사歷史의 심판審判 날은 반드시 옵니다. 역사歷史의 주인主人이신 하나님께서 모든 전쟁 무기戰爭武器들을 모두 파기破棄하시고 하나님의 공의公義를 성취成就하십니다.

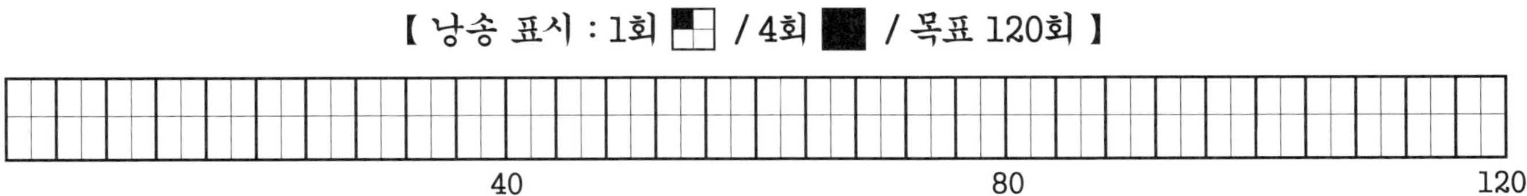

"주의 말씀은 내 발의 등이요 내 길에 빛이니이다"(시 119:105)

제 31 일

너희는 나를 찾으라 그리하면 살리라

아모스 5:4

양잠업養蠶業에 종사從事하는 아모스를 부르셔서 예언자豫言者로 세웠습니다. 하나님을 버리고 우상숭배偶像崇拜하는 백성百姓들에게 선포宣布한 하나님의 말씀입니다. 회개悔改하고 하나님께 돌아오면 개인個人이 살고 가정家庭이 살고 나라와 민족民族이 살 것이니, 돌아와서 하나님을 찾으라고 외쳤습니다.

1. 여호와께서 가라사대 저희가 은銀을 받고 의인義人을 팔며, 신 한 켤레를 받고 궁핍窮乏한 자를 팔며, 가난한 자의 머리에 있는 티끌을 탐貪내며, 겸손謙遜한 자의 길을 굽게 하며 부자父子가 한 젊은 여인女人에게 다녀서 나의 거룩한 이름을 더럽히며, 모든 단壇 옆에서 전당典當 잡은 옷 위에 누우며, 저희 신神의 전殿에서 벌금罰金으로 얻은 포도주葡萄酒를 마심이니라. 곡식穀食 단을 가득히 실은 수레가 흙을 누름 같이 내가 너희 자리에 너희를 누르리니, 빨리 달음박질하는 자도 도망逃亡할 수 없으며 강强한 자도 자기自己 힘을 낼 수 없으며 용사勇士도 피避할 수 없으며, 활을 가진 자도 설 수 없으며, 발이 빠른 자도 피避할 수 없으며 말 타는 자도 피避할 수 없고, 용사勇士 중에 굳센 자는 그 날에 벌거벗고야 도망逃亡하리라 이는 여호와의 말씀이니라. (암 2:6~16)

2. 주 여호와께서는 자기自己의 비밀秘密을 그 종 선지자先知者들에게 보이지 아니하시고는 결코 행行하심이 없으시리라. 주 여호와께서 말씀하신즉 누가 예언豫言하지 아니하겠느냐, 자기 궁궐宮闕에서 포학暴虐과 겁탈劫奪을 쌓는 자들이 바른 일 행行할줄을 모르느니라. 그러므로 주主 여호와께서 가라사대 네 힘을 쇠衰하게 하며 네 궁궐宮闕을 약탈掠奪하리라. 겨울 궁宮과 여름 궁宮을 치리니 상아궁象牙宮들이 파멸破滅되며 큰 궁宮들이 결딴나리라 이는 여호와의 말씀이니라. (암 3:7~15)

3. 내가 풍재風災와 깜부기 재앙災殃으로 너희를 쳤으며, 팟종이로 너희의 많은 동산과 포도원葡萄園과 무화과無花果나무의 감람橄欖나무를 다 먹게 하였으나 너희가 내게로 돌아오지 아니하였느니라. 너희 중에 염병染病이 임臨하게 하기를 애굽에서 한 것처럼 하였으며, 칼로 너희 청년靑年들을 죽였으며 너희 말들을 노략擄掠하게 하며 너희 진陣의 악취惡臭로 코를 지르게 하였으나, 너희가 내게로 돌아오지 아니하였느니라 이는 여호와의 말씀이니라. 네 하나님 만나기를 예비豫備하라, 대저大抵 산들을 지으며 바람을 창조創造하며 자기自己 뜻을 사람에게 보이며, 아침을 어둡게 하며 땅의 높은 데를 밟는 자는 그 이름이 만군萬軍의 하나님 여호와니라. (암 4:9~13)

4. 여호와께서 이르시기를 너희는 나를 찾으라 그리하면 살리라. 벧엘을 찾지 말며 길갈로 들어가지 말며 브엘세바로도 나아가지 말라. 길갈은 정녕丁寧 사로잡히겠고, 벧엘은 허무虛無하게 될 것임이라 하셨나니, 너희는 여호와를 찾으라 그리하면 살리라. 공법公法을 인진茵蔯으로 변變하며 정의正義를 땅에 던지는 자들아, 묘성昴星과 삼성參星을 만드시며 사망死亡의 그늘로 아침이 되게 하시며 백주白晝로 어두운 밤이 되게 하시며, 바닷물을 불러 지면地面에 쏟으시는 자를 찾으라 그 이름이 여호와시니라. (암 5:4~8)

5. 무리가 성문城門에서 책망責望하는 자를 미워하며 정직正直히 말하는 자를 싫어하는도다. 너희가 가난한 자를 밟고 저에게서 밀의 부당不當한 세稅를 취取하였은즉 너희가 비록 다듬은 돌로 집을 건축建築하였으나, 거기 거居하지 못한 것이요 아름다운 포도원葡萄願을 심었으나 그 포도주葡萄酒를 마시지 못하리라. 너희의 허물이 많고 죄악罪惡이 중重함을 내가 아노라. 너희는 의인義人을 학대虐待하며 뇌물賂物을 받고, 성문城門에서 궁핍窮乏한 자를 억울抑鬱하게 하는 자로다. 그러므로 지혜자智慧者가 잠잠潛潛하나니 이는 악惡한 때임이니라. 너희는 살기 위하여 선善을 구求하고 악惡을 구求하지 말지어다. 너희는 악惡을 미워하고 선善을 사랑하며 성문城門에서 공의公義를 세울지어다. 만군萬軍의 하나님 여호와께서 긍휼矜恤히 여기시리라. 오직 공법公法을 물같이 정의正義를 하수河水같이 흘릴지로다. (암 5:10~24)

6. 아모스가 대답對答하여 가로되 나는 선지자先知者가 아니며, 선지자先知者의 아들도 아니요 나는 목자牧者요 뽕나무를 배양培養하는 자로서, 양羊 떼를 따를 때에 여호와께서 나를 데려다가 내 백성百姓에게서 예언豫言하라 하셨나니, 이제 너는 여호와의 말씀을 들을지니라. 여호와께서 말씀하시기를 네 아내는 성읍城邑 중에서 창기娼妓가 될 것이요, 네 자녀子女들은 칼에 엎드러지며 네 땅은 줄 띄워 나누일 것이며, 너는 더러운 땅에서 죽을 것이요, 이스라엘은 정녕丁寧 사로잡혀 그 본토本土에서 떠나리라 하셨느니라. (암 7:14~17)

"오직 공법公法을 물 같이, 정의正義를 하수河水같이." 진정眞正한 하나님의 나라가 이 땅에 실현實現되는 것입니다. 그리스도인의 사회적社會的 사명使命과 그 책임責任이 바로 여기에 있습니다. 예수님께서는 '빛과 소금이 되라'는 말씀과 일치一致를 이루고 있습니다.

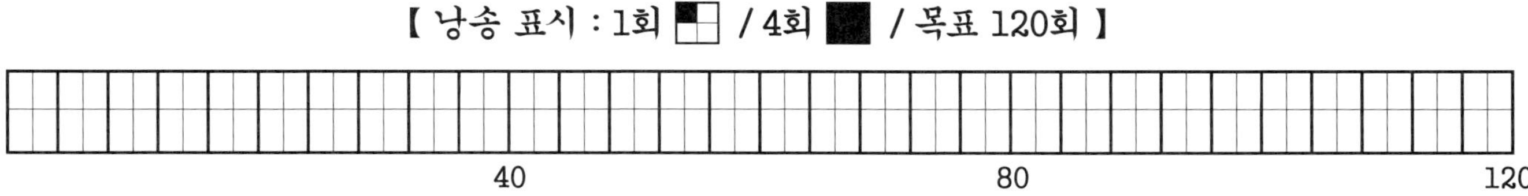

"주의 말씀은 내 발의 등이요 내 길에 빛이니이다"(시 119:105)

제 1 일

너희는 자기의 소위所爲를 살펴볼지니라

학개 1:7

포로 귀환捕虜歸還의 중요重要한 목적目的은 하나님의 백성百姓들의 올바른 신앙생활信仰生活의 회복回復입니다. 이는 하나님의 성전 중심 생활聖殿中心生活에서 이루어집니다. 허물어진 성전 재건聖殿再建이 최우선最優先 과업課業이었습니다.

1. 나 만군萬軍의 여호와가 말하노니 너희는 자기自己의 소위所爲를 살펴볼지니라. 너희는 산에 올라가서 나무를 가져다가 전殿을 건축建築하라. 그리하면 내가 그로 인하여 기뻐하고 또 영광榮光을 얻으리라 나 여호와가 말하였느니라. 모든 백성百姓이 그 하나님 여호와의 목소리와 선지자先知者 학개의 말을 청종聽從하였으니, 그들의 하나님 여호와께서 그를 보내셨음을 인함이라. 백성百姓이 다 여호와를 경외敬畏하매 때에 여호와의 사자使者 학개가 여호와의 명命을 의지依支하여 백성百姓에게 고告하여 가로되, 나 여호와가 말하노니 내가 너희와 함께 하노라 하셨느니라 하니라. 여호와께서 대제사장大祭司長의 마음과 모든 백성百姓의 마음을 흥분興奮시키시매 그들이 와서 만군萬軍의 여호와 그들의 하나님의 전殿 역사役事를 하였으니 때는 이년 유월 이십사일二年六月二十四日이었더라. (학 1:7~15)

2. 나 여호와가 이르노라 총독總督 스룹바벨아 스스로 굳세게 할지어다, 대제사장大祭司長 여호수아야 스스로 굳세게 할지어다 나 여호와의 말이니라. 이 땅 모든 백성百姓아 스스로 굳세게 일할지어다. 내가 너희와 함께 하노라 만군萬軍의 여호와의 말이니라. 나의 신神이 너희 중에 머물러 있나니 너희는 두려워하지 말지어다. 나 만군萬軍의 여호와가 말하노라 내가 하늘과 땅과 바다와 육지陸地를 진동震動시킬 것이요 만국萬國을 진동震動시킬 것이며, 내가 영광榮光으로 이 전殿에 충만充滿케 하리라 만국萬國이 여호와의 말이니라. 이 전殿의 나중 영광榮光이 이전 영광榮光보다 크리라 내가 이곳에 평강平康을 주리라. 만군萬軍의 여호와의 말이니라 곡식穀食 종자가 창고倉庫에 있느냐, 오늘 부터는 내가 너희에게 복福을 주리라. 나 여호와가 말하노라 그날에 내가 너를 취取하고 너로 인印을 삼으리니, 이는 내가 너를 택擇하였음이니라 만군萬軍의 여호와의 말이니라. (학 2:4~23)

3. 여호와께서 만국萬國을 벌罰할 날이 가까웠나니 너의 행行한 대로 너도 받을 것인즉 너의 행行한 것이 네 머리로 돌아갈 것이라. 너희가 내 성산聖山에서 마신 것같이 만국인萬國人이 항상 마시리니 곧 마시고 삼켜서 본래本來 없던 것같이 되리라. 오직 시온 산에서 피避할 자者가 있으리니 그 산이 거룩할 것이요, 야곱의 족속族屬은 자기自己 기업基業을 누릴 것이며, 구원자救援者들이 시온 산에 올라와서 에서의 산을 심판審判하리니 나라가 여호와께 속屬하리라. (옵 1:15~21)

4. 하나님을 위하여 전殿을 건축建築한다 함을 듣고 우리로 너희와 함께 건축建築하게 하라. 우리도 너희와 같이 하나님을 구求하노라. 우리를 이리로 오게 한 날부터 우리가

하나님께 제사祭祀 드리노라. 바사 왕 고레스가 우리에게 명命하신 대로 우리가 이스라엘 하나님 전殿에 대하여 이르노니, 이 전 곧 제사祭祀드리는 처소處所를 건축建築하되 지대地臺를 견고堅固히 쌓고, 바벨론으로 옮겼던 하나님의 전殿 금金 은銀 기명器皿을 돌려 보내서, 예루살렘 전殿에 가져다가 하나님 전殿 안 각기各其 본처本處에 둘지니라. 하나님의 전殿 역사役事를 누구든지 막지 말고, 유다 총독總督과 장로長老들로 하나님의 전殿을 본처本處에 건축建築하게 하라. 왕王의 재산財産 곧 강江 서편西便 세금稅金 중에서 그 경비經費를 신속迅速하게 주어 저희로 지체遲滯치 않게 하라. (스 4:1~6:8)

5. 그 수용물需用物 곧 하늘의 하나님께 드릴 번제燔祭의 수송아지와 숫양과 어린 양과, 또 밀과 소금도 포도주葡萄酒와 기름을 예루살렘 제사장祭司長의 소청所請대로 영락零落 없이 날마다 주어 저희로 하늘의 하나님께 향기香氣로운 제물祭物을 드려 왕王과 왕자王子들의 생명生命을 위하여 기도祈禱하라. 내가 조서詔書를 내리노니, 무론 누구든지 이 명령命令을 변개變改하면 그 집에서 들보를 빼어내고, 저를 그 위에 매어달게 하고 그 집은 이로 인해 거름더미가 되게 하라. 나 다리오가 조서詔書를 내렸노니 신속迅速히 행行할지어다. 다리오 왕王이 조서詔書를 내리매 신속迅速히 준행遵行한지라. 유다 장로長老들이 선지자先知者 학개와 스가랴의 권면勸勉함으로 인하여 전殿 건축建築할 일이 형통亨通한지라. 이스라엘 하나님의 명령命令과 바사와 왕王 고레스와 다리오와 아닥시스다 왕王의 조서詔書를 좇아 전殿을 건축建築하되 다리오 왕 육년에 전殿을 필역畢役 하니라. (스 6:9~15)

6. 그날에 내가 다윗의 무너진 천막天幕을 일으키고 그 틈을 막으며 그 퇴락頹落한 것을 일으켜서 옛적과 같이 세우고, 저희로 남은 자와 내 이름으로 일컫는 만국萬國을 기업基業으로 얻게 하리라. 이는 이를 행行하시는 여호와의 말씀이니라. 여호와께서 가라사대 보라 날이 이를지라 그때에 밭 가는 자가 곡식穀食 베는 자의 뒤를 이으며, 포도葡萄를 밟는 자가 씨 뿌리는 자의 뒤를 이으며, 산들은 단 포도주葡萄酒를 흘리며 작은 산들은 녹으리라. 내가 내 백성百姓 이스라엘의 사로잡힌 것을 돌이키리니 저희가 황무荒蕪한 성읍城邑을 건축建築하고 거居하며, 포도원葡萄願들을 심고 그 포도주葡萄酒를 마시며 과원果園들을 만들고 그 과실果實을 먹으리라. 내가 저희를 그 본토本土에 심으리니 저희가 나의 준 땅에서 다시 뽑히지 아니하리라 이는 네 하나님 여호와의 말씀이니라. (암 9:11~15)

하나님께서 가장 기뻐하시는 것은, 하나님이 영광榮光 가운데 임재臨齋하시고 성전聖殿을 세워서 하나님께 예배禮拜 드리는 것입니다. 하나님의 자녀子女들이 성전 건축聖殿建築 하여 온전한 제사祭祀를 드리는 것입니다. 하나님은 영광榮光을 받으시고 은혜恩惠와 복福을 예배禮拜하는 성도聖徒에게 베풀어 주십니다.

【 낭송 표시 : 1회 / 4회 / 목표 120회 】

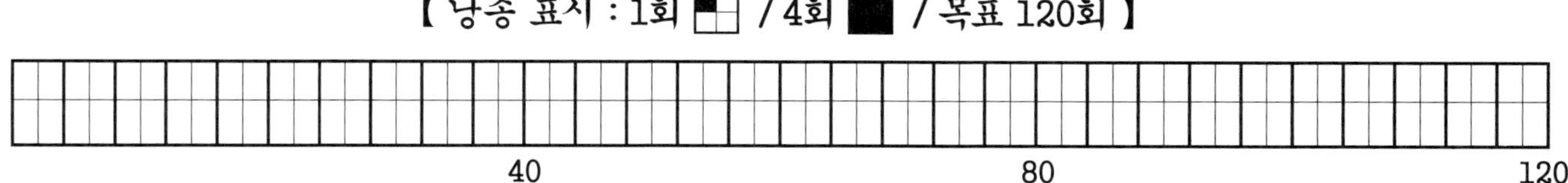

"주의 말씀은 내 발의 등이요 내 길에 빛이니이다"(시 119:105)

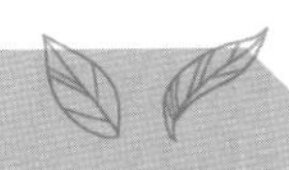

제 2 일

넘치도록 다시 풍부豐富할 것이라

스가랴 1:17

하나님께 회개悔改하고 돌아와서 성전聖殿을 다시 건축建築하면 다윗과 솔로몬의 영광榮光과 번영繁榮을 회복回復시켜 주시리라 거듭 약속約束하셨습니다. 하나님의 전殿을 떠나 이방 신상異邦神像과 우상偶像을 섬겼던 열조列祖들의 악행惡行을 본받지 말고 하나님의 말씀을 대언代言하는 선지자先知者의 말씀에 따르고 순종順從하라 하셨습니다. 제사장祭司長이 제사祭祀를 정성精誠을 다하여 드리고 성전聖殿을 아름답고 정결淨潔하고 거룩하게 보존保存하고 관리管理하면 하나님께서 '이전보다 더 큰 영광榮光'을 나타내어 '넘치도록 다시 풍부豐富할 것이라'(슥 1:17)고 재언약再言約을 하셨습니다.

1. 만군萬軍의 여호와께서 이르시되 너희는 내게로 돌아오라 그리하면 내가 너희에게 돌아가리라. 나 만군萬軍의 여호와의 말이니라 너희 열조列祖를 본받지 말라. 악惡한 길 악惡한 행실行實에서 떠나서 돌아오라. 그들이 듣지 않고 내게 귀를 기울이지 아니하였느니라. 나 여호와의 말이니라 내가 긍휼矜恤히 여기므로 예루살렘 위에 먹줄이 치어지리라. 다시 외쳐 이르기를 여호와의 말씀에 나의 성읍城邑들이 넘치도록 다시 풍부豐富할 것이라. 여호와가 다시 시온을 안위安慰하며 다시 예루살렘을 택擇하리라. (슥 1:3~17)

2. 내가 눈을 들어 본즉 한 사람이 측량尺量 줄을 그 손에 잡았기로 네가 어디로 가느냐 물은즉, 내게 대답對答하되 예루살렘을 측량尺量하여 그 장광長廣을 보고자 하노라 할 때에, 천사天使가 나와서 맞으며 여호와의 말씀에 그 사면四面에서 불 성곽城郭이 되며 그 가운데서 영광榮光이 되리라. 만군萬軍의 여호와께서 이같이 말씀하시되 너를 노략擄掠한 열국列國으로 영광榮光을 위하여 나를 보내셨나니, 무릇 너를 범犯하는 자는 그의 눈동자를 범犯하는 것이라. 여호와의 말씀에 시온의 딸아 노래하고 기뻐하라. 이는 내가 임臨하여 네 가운데 거居할 것임이니라. 그 날에 만나리라 여호와께 속屬하여 내 백성百姓이 될 것이요, 나는 네 가운데 거居하리라 네가 만군萬軍의 여호와께서 나를 보내신 줄 알리라. 여호와께서 장차將次 유다를 취取하여 거룩한 땅에서 자기自己 소유所有를 삼으시고 다시 예루살렘을 택擇하시리니, 무릇 혈기血氣 있는 자들은 여호와의 앞에서 잠잠潛潛할 것은 여호와께서 그 성소聖所에서 일어나심이니라. (슥 2:1~13)

3. 대제사장大祭司長 여호수아가 더러운 옷을 입고 천사天使 앞에 섰는지라. 여호와께서 명命하사 그 더러운 옷을 벗기라 하시고, 대제사장大祭司長에게 이르시되 네 죄과罪過를 제除하여 버렸으니, 아름다운 옷을 입히라 하시기로 정한 관冠을 씌우소서 옷을 입히고 여호와의 사자使者는 곁에 섰더라. 여호와의 사자使者가 제사장祭司長 여호수아에게 증거證據하여 가로되, 만군萬軍의 여호와의 말씀에 내 도道를 준행遵行하며 내 율례律例를 지키면 내 집을 다스릴 것이요, 내 뜻을 지킬 것이며 너로 왕래往來케 하리라. 그 날에 너희가 무화과無花果 나무 아래로 초대招待하리라. (슥 3:3~10)

4. 내가 보니 순금純金 등대燈臺가 있는데 그 꼭대기에 주발周鉢 같은 것이 있고, 또 그 등대燈臺에 일곱 등잔이 있으며 그 등대燈臺 꼭대기 등잔에는 일곱 관冠이 있고, 그

등대燈臺 곁에 두 감람橄欖나무가 있는데, 하나는 주발周鉢 우편右便에 있고 하나는 그 좌편左便에 있나이다. 만군萬軍의 여호와께서 말씀하시되 이는 힘으로 되지 아니하며 능能으로 되지 아니하고 오직 나의 신神으로 되느니라. 큰 산山아 평지平地가 되리라 은총恩寵이 그에게 있을지어다. 스룹바벨의 손이 이 전지대殿地臺를 놓았은즉 그 손이 또한 그것을 마치리라 하셨나니, 만군萬軍의 여호와께서 나를 너희에게 보내신 줄을 네가 알리라 하셨느니라. 온 세상世上에 두루 행行하는 여호와의 눈이라 다림줄이 스룹바벨의 손에 있음을 보고 기뻐하리라. 금기름이 흘려내는 두 금관金管 옆에 있는 이 감람橄欖나무 두 가지는 무슨 뜻이냐 내 주主여 알지 못하나이다. 가로되 이는 기름 발리운 자들이니 온 세상世上의 주主 앞에 모셔 섰는 자니라 하더라. (슥 4:2~14)

5. 너희는 여기서 나가서 땅에 두루 다니라 하매 곧 땅에 두루 다니더라. 그가 외쳐 내게 일러 가로되 북방北方으로 나간 자들이 북방北方에서 내 마음을 시원케 하였느니라 하더라. 여호와의 말씀이 내게 임臨하여 이르시되 은銀과 금金을 취取하여 면류관冕旒冠을 만들어 대제사장大祭司長의 머리에 씌우고 고告하여 이르기를, 만군萬軍의 여호와께서 말씀하시되 보라 여호와의 전殿을 건축建築하리라. 그가 여호와의 전殿을 건축建築하여 영광榮光도 얻고 그 위에 앉아서 다스릴 것이요, 또 제사장祭司長이 자기自己 위에 있으리니 평화平和의 의논議論이 있으리라. 그 면류관冕旒冠은 기념記念하기 위하여 여호와의 전殿 안에 두라 하시니라. 여호와의 전殿을 건축建築하리니 만군萬軍의 여호와께서 나를 너희에게 보내신 줄을 너희가 알리라. 너희가 만일 너희 하나님 여호와의 말씀을 청종聽從할진대 이같이 되리라. (슥 6:7~15)

6. 만군萬軍의 여호와의 말씀이 내게 임臨하여 이르시되 온 땅의 백성百姓과 제사장祭司長들에게 이르라. 너희가 오월五月과 칠월七月에 금식禁食하고 애통哀痛한 것이 나를 위한 것이냐, 선지자先知者들의 외친 말을 너희가 청종聽從할 것이 아니냐, 만군萬軍의 여호와의 말씀이 스가랴에게 임臨하여 이르시되 너희는 진실眞實한 재판裁判을 행하며, 피차彼此에 인애仁愛와 긍휼矜恤을 베풀며, 고아孤兒와 과부寡婦와 나그네와 궁핍窮乏한 자를 압제壓制하지 말며, 남을 해하려 하여 심중心中에 도모圖謀하지 말라. (슥 7:4~10)

여호와의 전殿을 건축建築하여 그 안에 순금純金 등대燈臺, 일곱 등잔燈盞, 두 감람橄欖나무, 면류관冕旒冠을 보존保存하라고 명命하셨습니다. 어둠을 밝히고 온 세상世上을 다스리라고 하나님이 세우사 일꾼들이 승리勝利의 면류관冕旒冠의 역할役割과 사명使命을 수행遂行하게 하십니다. 이것이 교회敎會와 성전聖殿의 사명使命입니다. 스룹바벨 총독總督은 "전 지대殿地臺를 놓았은즉 그 손이 건축建築을 마치리라"는 하나님의 명령命令을 받았고 마침내 영광榮光스러운 스룹바벨 성전聖殿이 완공完工되었습니다. 드디어 포로捕虜귀환歸還의 목적目的이 달성達成되었습니다.

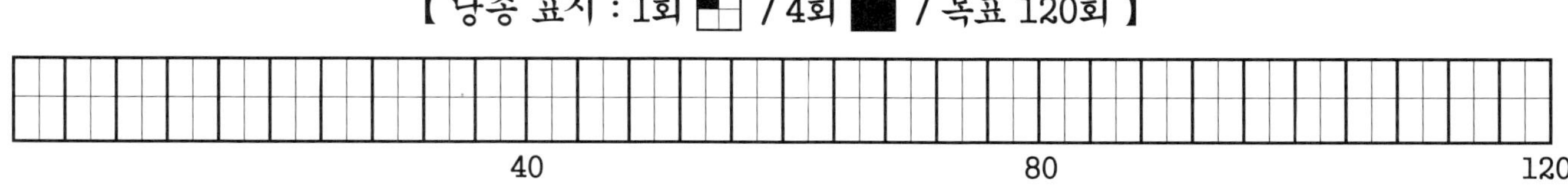

"주의 말씀은 내 발의 등이요 내 길에 빛이니이다"(시 119:105)

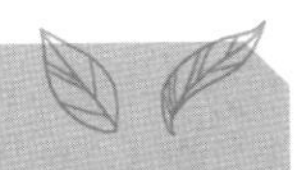

제 3 일

시온의 딸아 크게 기뻐할지어다

스가랴 9:9

하나님의 구원 역사救援役事는 시온에서 완성完成됩니다. 시온은 다윗과 솔로몬의 성전聖殿이 있는 곳입니다. 여호와 이레의 아브라함의 제단祭壇이 있는 곳입니다. 하나님의 어린 양 예수 그리스도께서 십자가十字架의 희생제물犧牲祭物이 되신 장소場所입니다. 예수님이 죄罪와 사망권세死亡權勢를 이기시고 부활復活하신 곳입니다. 다시 지상 재림地上再臨 할 것을 예언豫言하시고 하늘나라로 승천昇天하신 곳입니다. 예루살렘 초대교회初代敎會에 성령聖靈님이 충만充滿히 강림降臨하신 곳입니다. 예수님이 나귀 타고 입성入城하실 때 "시온의 딸아 크게 기뻐하라"는 스가랴 선지자先知者의 예언豫言이 700년 후에 이루어진 거룩한 도성都城입니다.

1. 만군萬軍의 여호와의 말씀이 임臨하여 이르시되 예루살렘은 진리眞理의 성읍城邑이라 일컫겠고, 만군萬軍의 여호와의 산山은 성산聖山이라 일컫게 되리라. 만군萬軍의 여호와가 말하노라 내 백성百姓을 동방東方에서부터 서방西方에서부터 구원救援하여 내고 인도引導하여다가 예루살렘 가운데 거居하게 하리니, 그들은 백성百姓이 되고 나는 성실誠實과 정의正義로 그들의 하나님이 되리라. 만군萬軍의 여호와가 말하노라 만군萬軍의 여호와의 집 곧 전殿을 건축建築하려고, 그 지대地臺를 쌓던 날에 일어난 선지자先知者들의 입의 말을 이 때에 듣고 너희는 손을 견고堅固히 할지어다. 평안平安한 추수秋收를 얻을 것이라 포도葡萄나무가 열매를 맺으며 땅이 산물産物을 내며 하늘은 이슬을 내리리니, 내가 이 남은 백성百姓으로 이 모든 것을 누리게 하리라. 이제는 내가 너희를 구원救援하여 너희로 축복祝福이 되게 하리니 두려워 말지니라 손을 견고堅固히 할지니라. 너희는 각기各其 이웃으로 더불어 진실眞實을 말하며, 너희 성문城門에서 진실眞實하고 화평和平한 재판裁判을 베풀고, 심중心中에 해하기를 도모圖謀하지 말며 거짓 맹세盟誓를 좋아하지 말라. (슥 8:3~17)

2. 만군萬軍의 여호와가 말하노라 사월四月의 금식禁食과 오월五月의 금식禁食과 칠월七月의 금식禁食과 시월十月의 금식禁食이 변變하여, 유다 족속族屬에게 기쁨과 즐거움과 희락喜樂과 절기節期가 되리니, 오직 너희는 진실眞實과 화평和平을 사랑할지니라. 많은 나라와 백성百姓들이 예루살렘으로 와서 만군萬軍의 여호와를 찾고 여호와께 은혜恩惠를 구求하리라 만군萬軍의 여호와가 말하노라. (슥 8:18~22)

3. 시온의 딸아 크게 기뻐할지어다 예루살렘의 딸아 즐거이 부를지어다. 보라 네 왕王이 네게 임臨하나니 그는 공의公義로우시며, 구원救援을 베풀며 겸손謙遜하여 나귀를 타리니 나귀의 작은 것 곧 나귀 새끼니라. 내가 병거兵車와 말과 활을 끊으리니 그가 이방異邦사람에게 화평和平을 전傳할 것이라. 그 날에 그들의 하나님 여호와께서 자기 백성百姓의 양 떼같이 구원救援하시리니, 그들이 면류관冕旒冠의 보석寶石같이 여호와의 땅에 빛나리로다. 그의 형통亨通함과 그의 아름다움이 어찌 그리 큰지 소년少年은 곡식穀食으로 강건强健하며 처녀處女는 새 포도주葡萄酒로 그리하리로다. (슥 9:9~17)

4. 여호와께서 말라기로 이스라엘에게 말씀하신 경고警告라, 여호와께서 가라사대 내가 너희를 사랑하였노라 만군萬軍의 여호와가 이르노라 너희는 나 하나님께서 은혜恩惠를 구求하기를 위를 긍휼矜恤히 여기소서 하여 보라. 만군萬軍의 여호와께 이르노라 해 뜨는 곳에서부터 해 지는 곳까지의 이방 민족異邦民族 중에서 내 이름이 크게 될 것이라.

각처에서 내 이름을 위하여 분향焚香하며 깨끗한 제물祭物을 드리리니 이는 내 이름이 이방민족異邦民族 중에서 크게 될 것임이니라. (말 1:1~11)

5. 만군萬軍의 여호와가 이르노라 이 일이 얼마나 번폐煩弊스러운고, 너희가 코 웃음을 하고 토색討索한 것과 저는 것 병病든 것을 가져 왔느니라. 너희가 이같은 헌물獻物을 가져오니 내가 그것을 받겠느냐, 서원誓願하는 일에 흠있는 것으로 내게 드리는 자는 저주詛呪를 받으리라. 너희가 듣지 아니하며 내 마음에 들지 아니하면 너희의 복福을 저주詛呪하리라 보라 내가 너희의 종자種子를 견책譴責할 것이요. 너희 절기節期의 희생犧牲의 배설물排泄物을 너희 얼굴에 바를 것이라. 너희가 그것과 함께 제除하여 버림을 당當하리라 만군萬軍의 여호와가 이르노라. 내가 이 명령命令을 내린 것은 나의 언약言約이 항상 있게 하려 함인 줄을 너희가 알리라. 나의 언약言約은 생명生命과 평강平康의 언약言約이라 내가 이것으로 나를 경외敬畏하고 화평和平과 정직正直한 중에 나와 동행同行하며 많은 사람을 돌이켜 죄악罪惡에서 떠나게 하였느니라. (말 1:13~2:6)

6. 대저大抵 제사장祭司長의 입술은 지식知識을 지켜야 하겠고, 사람들이 그 입에서 율법律法을 구求하게 되어야 할 것이니, 제사장祭司長은 만군萬軍의 여호와의 사자使者가 됨이어늘, 너희는 정도에서 떠나 많은 사람으로 율법律法에 거치게 하도다. 나 만군萬軍의 여호와가 이르노라 너희와 언약言約을 하였느니라. 너희가 내 도道를 지키지 아니하고 율법律法을 거역拒逆할 때에 사람에게 편벽偏僻되어 모든 백성百姓 앞에 멸시蔑視와 천대賤待를 당하게 되느니라. 어찌하여 형제兄弟에게 궤사詭詐를 행行하여 언약言約을 욕辱되게 하느냐. 너희가 말로 여호와를 괴로우시게 하고도 우리가 어떻게 여호와를 괴로우시게 하였나 하는도다. 만군萬軍의 여호와가 이르노라 보라 내가 사자使者를 보내리니 그가 내 앞에서 길을 예비豫備할 것이요, 홀연忽然히 그 전殿에 임臨하리니 너희의 사모思慕하는 바 언약言約의 사자使者가 임臨할 것이라. (말 2:7~3:1)

7. 그가 레위 자손子孫을 연단鍊鍛하여 깨끗게 하되 금은金銀 같이 그들을 연단鍊鍛하리니 그들의 의義로운 제물祭物을 나 여호와께 드릴 것이라. 그때에 예루살렘의 헌물獻物이 나 여호와께 기쁨이 되려니와 내가 심판審判하려 너희에게 임臨할 것이라. 술수術數하는 자와 간음姦淫하는 자와 거짓 맹세盟誓하는 자와, 삯에 대하여 억울抑鬱하게 하는 자와, 과부寡婦와 고아孤兒를 압제壓制하는 자와 나그네를 억울케 하는 자와, 하나님을 경외敬畏하지 않는 자들을 심판審判하리라 만군萬軍의 여호와가 말하였느니라. (말 3:3~5)

말라기서는 구약성경舊約聖經의 마지막 말씀입니다. 말라기 예언豫言으로 구약舊約은 마감되고 신약시대新約時代가 전개展開됩니다. "여호와께서 말라기로 이스라엘에게 말씀하신 경고警告라 여호와께서 가라사대 내가 너희를 사랑하였노라"(말 1:1~2). 하나님의 사랑을 거부拒否하는 것은 가장 큰 죄악罪惡입니다. 사랑의 배신背信은 증오憎惡를 가져오게 합니다. 하나님의 사랑을 받고 하나님께 우리의 사랑을 고백告白하고 증거證據하여 사랑의 동산을 이루어 화해和解와 용서容恕, 일치一致와 봉사奉仕로 예수 재림再臨을 맞이하는 성숙成熟한 성도聖徒들이 되시기 바랍니다.

【 낭송 표시 : 1회 ▦ / 4회 ■ / 목표 120회 】

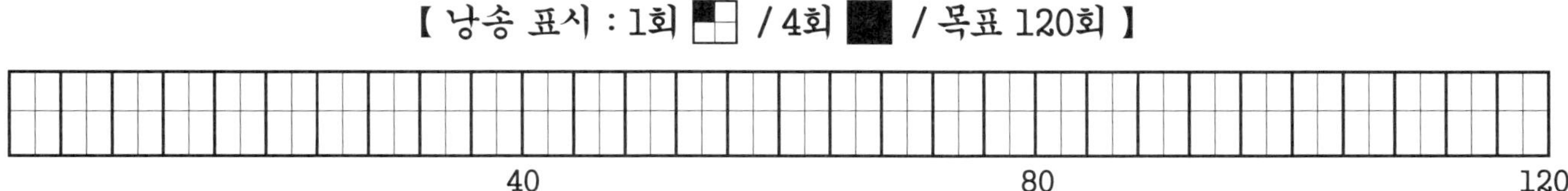

"주의 말씀은 내 발의 등이요 내 길에 빛이니이다"(시 119:105)

제 4 일

온전한 십일조十一條를 드려라

말라기 3:10

구약성경舊約聖經 마지막 메시지는 온전한 십일조 생활十一條生活을 강조强調하고 있습니다. 온전한 십일조十一條는 전부全部를 대표代表합니다. 하나님은 온전한 십일조十一條로 메시아이신 예수 그리스도를 죄악罪惡된 인류人類에게 보내 주셨습니다. 하나님은 우리의 모든 것을 십일조十一條 예물禮物로 받기를 원하십니다. 전부를 주고 전부全部를 받는 계약契約 즉 십일조 정신十一條精神입니다. 물질物質과 정신精神의 신앙고백信仰告白인 십일조十一條 예물禮物 그릇에 메시아이신 예수님을 담아 주신 것입니다. 그릇 속에 우리도 담겨 천국 영생 복락天國永生福樂을 누리게 되는 것입니다.

1. 만군萬軍의 여호와가 이르노라 너희 열조列祖의 날부터 나의 규례規例를 떠나 지키지 아니하였도다. 그런즉 내게로 돌아오라 그리하면 나도 너희에게로 돌아가니라. 우리가 어떻게 하여야 돌아가리이까 하도다. 사람이 어찌 하나님의 것을 도적盜賊질 하겠느냐. 그러나 너희는 나의 것을 도적盜賊질하고도 말하기를 우리가 어떻게 주主의 것을 도적盜賊질 하였나이까 하도다. 이는 십일조十一條와 헌물獻物이라. 너희 온 나라가 나의 것을 도적盜賊질 하였으므로 너희가 저주詛呪를 받았느니라. 만군萬軍의 여호와가 이르노라 너희의 온전한 십일조十一條를 창고倉庫에 들여 나의 집에 양식糧食이 있게 하고 그것으로 나를 시험試驗하여, 내가 하늘 문을 열고 너희에게 복福을 쌓을 곳이 없도록 붓지 아니하나 보라. 만군萬軍의 여호와가 이르노라 내가 너희를 위하여 황충蝗蟲을 금禁하여 너희 토지土地 소산所産을 멸滅하지 않게 하며, 너희 밭에 과실果實이 기한期限 전에 떨어지지 않게 하리니, 너희 땅이 아름다워지므로 열방列邦이 너희를 복福되다 하리라 만군萬軍의 여호와의 말이니라. (말 3:7~12)

2. 그때에 여호와를 경외敬畏하는 자들이 피차彼此에 말하매 여호와께서 그것을 분명分明히 들으시고, 여호와를 경외敬畏하는 자와 그 이름을 존중尊重히 생각生覺하는 자를 위하여 여호와 앞에 있는 기념책記念冊에 기록記錄하셨느니라. 만군萬軍의 여호와가 이르노라 내가 나의 정定한 날에 그들로 나의 특별特別한 소유所有를 삼을 것이요, 또 사람이 자기自己를 섬기는 이들을 아낌같이 내가 그들을 아끼리니, 그때에 너희가 돌아와서 의인義人과 하나님 섬기는 자를 분별分別하리라. (말 3:16~18)

3. 만군萬軍의 여호와가 이르노라 보라 극렬極烈한 풀무 불 같은 날이 이르리니 교만驕慢한 자와 악惡을 행行하는 자는 다 초개草芥 같을 것이라. 그 이르는 날이 그들을 살라 그 뿌리와 가지를 남기지 아니할 것이로되, 내 이름을 경외敬畏하는 너희에게는 의義로운 해가 떠올라서 치료治療하는 광선光線을 발發하리니 너희가 나가서 외양간에서 나온 송아지 같이 뛰리라. 또 너희가 악인惡人을 밟을 것이니 그들이 나의 정定한 날에 너희 발바닥 밑에 재와 같으리라 만군萬軍의 여호와의 말이니라. (말 4:1~3)

4. 너희는 내가 호렙에서 온 이스라엘을 위하여 내 종 모세에게 명命한 법法 곧 율례律例와 법도法度를 기억記憶하라. 보라 여호와의 크고 두려운 날이 이르기 전에 내가 선지자先知者

엘리야를 너희에게 보내리니 그가 아비의 마음을 자녀子女에게로 돌이키게 하고, 자녀子女들의 마음을 그들의 아비에게로 돌이키게 하리라 돌이키지 아니하면 두렵건대 내가 와서 저주詛呪로 그 땅을 칠까 하노라 하시니라. (말 4:4~6)

5. 그때에 세례洗禮 요한이 유대 광야曠野에서 전파傳播하여 가로되, 회개悔改하라 천국天國이 가까웠느니라 하였으니 저는 이사야로 말씀하신 자라 일렀으되, 광야曠野에 외치는 자의 소리가 있어 가로되, 너희는 주主의 길을 예비豫備하라 그의 첩경捷徑을 평탄平坦케 하라. 요한은 약대 털옷을 입고 허리에 가죽띠를 띠고 음식飮食은 메뚜기와 석청石淸이었더라. 이때에 예루살렘과 온 유대와 요단 강 서편西便 사방四方에서 다 그에게 나아가 자기自己들의 죄罪를 자복自服하고 요단 강에서 세례洗禮를 받더니, 그러므로 회개悔改에 합당合當한 열매를 맺고 좋은 열매를 맺지 아니하는 나무마다 찍혀 불에 던지우리라. (마 3:1~10)

6. 나는 너희로 회개悔改케 하기 위하여 물로 세례洗禮를 주거니와, 내 뒤에 오시는 이는 나보다 능력能力이 많으시니 나는 그의 신을 들기도 감당堪當치 못하겠노라. 그는 성령聖靈과 불로 너희에게 세례洗禮를 주실 것이요, 손에 키를 들고 자기自己의 타작打作마당을 정하게 하사, 알곡은 모아 곡간에 드리고 쭉정이는 꺼지지 않는 불에 태우시리라. (마 3:11~12)

7. 이때에 예수께서 갈릴리로서 요단 강에 이르러 요한에게 세례洗禮를 받으려 하신대, 요한이 말려 가로되 내가 당신에게 세례洗禮를 받아야 할 터인데 당신이 내게로 오시나이까, 예수께서 대답對答하여 가라사대 이제 허락許諾하라 우리가 이같이 하여 모든 의義를 이루는 것이 합당合當하니라 하신대 이에 요한이 허락許諾하는지라. 예수께서 세례洗禮를 받으시고 곧 물에서 올라오실새 하늘이 열리고 하나님의 성령聖靈이 비둘기 같이 내려 자기自己에게 임臨하심을 보시더니, 하늘로서 소리가 있어 말씀하시되 이는 내 사랑하는 아들이요 내 기뻐하는 자라 하시니라. (마 3:13~17)

말라기 예언豫言과 계시啓示가 구약성경舊約聖經 마지막으로 선포宣布된 후 중간 시대中間時代가 침묵沈黙으로 흐르다가, 메시아의 안내자案內者인 세례洗禮 요한이 유다 광야曠野와 요단 강에서 신약新約의 계시啓示와 메시지를 선포宣布하였습니다. "회개悔改하라 천국天國이 가까웠느니라", "보라 세상世上 죄罪를 지고 가는 하나님의 어린 양이로다"라고 예수님을 소개紹介하였습니다. 요단 강에서 세례식洗禮式을 거행擧行할 때 "이는 내 사랑하는 아들이요 내 기뻐하는 자"라 하는 음성音聲과 성령聖靈의 임재臨齋함으로 메시아 예수님의 공생애公生涯가 전개展開되어 인류 구원人類救援의 역사役事가 신약 시대新約時代로 시작始作되었습니다. 아멘.

【 낭송 표시 : 1회 ◰ / 4회 ■ / 목표 120회 】

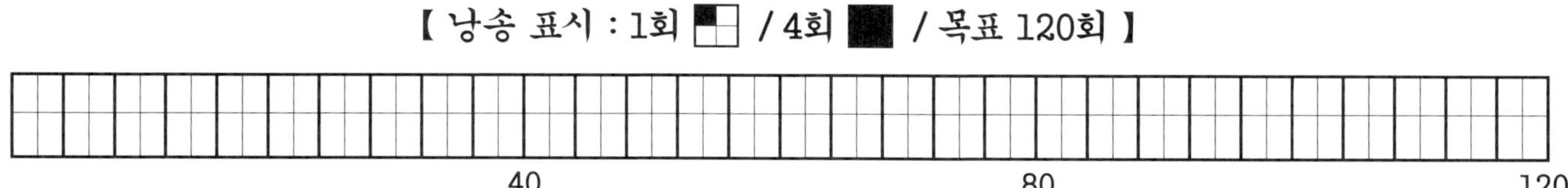

"주의 말씀은 내 발의 등이요 내 길에 빛이니이다"(시 119:105)

Ⅵ

예수 그리스도의 세계라

제1일	예수 그리스도의 세계라	마태복음 1:1
제2일	알곡은 곡간穀間에 들이고 쭉정이는 불에 태우시리라	마태복음 3:12
제3일	복福이 있나니 천국天國이 저희 것임이요	마태복음 5:3
제4일	네 아버지께서 갚으시리라	마태복음 6:18
제5일	좁은 문으로 들어가라	마태복음 7:13
제6일	일어나 침상寢床을 가지고 집으로 가라	마태복음 9:6
제7일	모든 약弱한 것을 고치는 권능權能을 주시니라	마태복음 10:1
제8일	침노侵虜하는 자는 빼앗느니라	마태복음 11:12
제9일	성령聖靈을 거역拒逆하지 말라	마태복음 12:32
제10일	추수秋收 때까지 함께 두어라	마태복음 13:30
제11일	머리를 소반小盤에 담아 내게 주소서	마태복음 14:8
제12일	네 믿음이 크도다 네 소원所願대로 되리라	마태복음 15:28
제13일	주主는 그리스도시요 살아 계신 하나님의 아들이시니이다	마태복음 16:16
제14일	실족失足케 하는 사람에게는 화禍가 있도다	마태복음 18:7
제15일	재물財物이 많은 고로 근심하여 가니라	마태복음 19:22
제16일	주여 우리 눈 뜨기를 원하나이다	마태복음 20:33
제17일	혼인婚姻 잔치에 오소서 하라	마태복음 22:4
제18일	땅 위에서 흘린 피가 그들에게 돌아가리라	마태복음 23:35
제19일	인자人子의 임臨함도 그러하니라	마태복음 24:37
제20일	내 장사葬死를 위함이라	마태복음 26:12
제21일	보라 나를 파는 자가 가까이 왔느니라	마태복음 26:46
제22일	예수께서 대답對答하시되 네 말이 옳도다	마태복음 27:11
제23일	그의 말씀하시던 대로 살아나셨느니라	마태복음 28:6
제24일	주主의 길을 예비豫備하라	마가복음 1:3
제25일	소자小子야 네 죄罪 사赦함을 받았느니라	마가복음 2:5
제26일	성령聖靈을 훼방毁謗하지 말라	마가복음 3:29
제27일	네 믿음이 너를 구원救援하였으니 평안平安히 가라	마가복음 5:34
제28일	다 성盛함을 얻으니라	마가복음 6:56
제29일	모세와 엘리야가 예수로 더불어 말씀하거늘	마가복음 9:4
제30일	죽지도 않고 꺼지지도 아니하느니라	마가복음 9:48
제31일	곧 보게 되어 예수를 좇으니라	마가복음 10:52

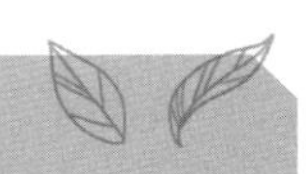

제 1 일

예수 그리스도의 세계라

마태복음 1:1

구약성경舊約聖經의 모든 예언豫言이 예수 그리스도의 탄생誕生으로 모두 성취成就되었습니다. 신약성경新約聖經 '예수 그리스도의 세계'로 전개展開되었습니다. 하나님의 인류人類 구원 역사救援役事가 펼쳐지게 되었습니다.

1. 아브라함과 다윗의 자손子孫 예수 그리스도의 세계라. 그런즉 모든 대수代數가 아브라함부터 다윗까지 열네 대十四代요, 다윗부터 바벨론으로 이거移居할 때까지 열네 대十四代요, 바벨론으로 이거移居한 후後부터 그리스도까지 열네 대十四代러라. 야곱은 마리아의 남편男便 요셉을 낳았으니 마리아에게서 그리스도라 칭稱하는 예수가 나시니라. 예수 그리스도의 나심은 이러하니라 그 모친母親 마리아가 요셉과 정혼定婚하고 동거同居하기 전에 성령聖靈으로 잉태孕胎된 것이 나타났더니, 그 남편男便 요셉은 의義로운 사람이라 저를 드러내지 아니하고 가만히 끊고자 하여, 이 일을 생각할 때에 주主의 사자使者가 현몽現夢하여 가로되 다윗의 자손子孫 요셉아 네 아내 마리아 데려오기를 무서워 말라. 저에게 잉태孕胎된 자는 성령聖靈으로 된 것이라. 아들을 낳으리니 그 이름을 예수라 하라. 이는 그가 자기自己 백성百姓을 저희 죄罪에서 구원救援할 자이심이라 하니라. (마 1:1~21)

2. 이 모든 일의 된 것은 주主께서 선지자先知者로 하신 말씀을 이루려 하심이니, 가라사대 보라 처녀處女가 잉태孕胎하여 아들을 낳을 것이요 그 이름은 임마누엘이라 하리라 하셨으니, 이를 번역飜譯한즉 하나님이 우리와 함께 계시다 함이라. 요셉이 잠을 깨어 일어나서 주主의 사자使者의 분부吩咐대로 행行하여 그 아내를 데려왔으나, 아들을 낳기까지 동침同寢치 아니하더니 낳으매 이름을 예수라 하니라. (마 1:22~25)

3. 헤롯 왕 때에 예수께서 유대 베들레헴에서 나시매 동방東方으로부터 박사博士들이 예루살렘에 이르러 말하되, 유대인의 왕王으로 나신 이가 어디 계시뇨, 우리가 동방東方에서 그의 별을 보고 그에게 경배敬拜하러 왔노라 하니, 헤롯 왕과 온 예루살렘이 듣고 소동騷動한지라. 왕王이 모든 대제사장大祭司長과 백성百姓의 서기관書記官들을 모아 그리스도가 어디서 나겠느뇨 물으니, 가로되 유대 베들레헴이오니 유대 고을중에 가장 작지 아니하도다. 네게서 한 다스리는 자가 나와서 내 백성百姓 이스라엘의 목자牧者가 되리라 하였음이니이다. 이에 헤롯이 가만히 박사博士들을 불러 별이 나타난 때를 자세히 묻고 베들레헴으로 보내며 이르되, 가서 아기에 대하여 자세히 알아보고 찾거든 내게 고告하여 나도 가서 그에게 경배敬拜하게 하라. 박사博士들이 왕王의 말을 듣고 갈새 동방東方에서 보던 그 별이 문득 앞서 인도引導하여 가다가 아기 있는 곳 위에 머물러 섰는지라. (마 2:1~9)

4. 저희가 별을 보고 가장 크게 기뻐하고 기뻐하더라. 집에 들어가 아내와 그 모친母親 마리아의 함께 있는 것을 보고 엎드려 아기께 경배敬拜하고 보배합寶杯盒을 열어 황금黃金과 유향乳香과 몰약沒藥을 예물禮物로 드리니라. 꿈에 헤롯에게로 돌아가지 말라 지시指示하심을 받아 다른 길로 고국故國에 돌아가니라. 저희가 떠난 후後에 주主의 사자使者가 요셉에게 현몽現夢하여 가로되, 헤롯이 아기를 찾아 죽이려하니 일어나 아기와 그 모친母親을 데리고 애굽으로 피하여, 내가 네게 이르기까지 거기 있으라 하시니, 요셉이 일어나서 밤에 아기와 그 모친母親을 데리고 애굽으로 떠나가 헤롯이 죽기까지 거기 있었으니, 이는 주主께서 선지자先知者로 말씀하신 바 애굽에서 내 아들을 불렀다 함을 이루려 하심이니라. (마 2:10~15)

5. 헤롯이 죽은 후에 주主의 사자使者가 애굽에서 요셉에게 현몽現夢하여 가로되 일어나 아기와 그 모친母親을 데리고 이스라엘 땅으로 가라. 아기의 목숨을 찾던 자들이 죽었느니라 하시니, 요셉이 일어나 아기와 그 모친母親을 데리고 이스라엘 땅으로 돌아가니라. 꿈에 지시指示하심을 받아 갈릴리 지방地方으로 떠나가 나사렛이란 동네에 와서 사니, 이는 선지자先知者로 하신 말씀에 나사렛 사람이라 칭稱하리라 하심을 이루려 함이러라. (마 2:16~23)

6. 그때에 세례 요한이 유대 광야曠野에서 전파傳播하여 가로되 회개悔改하라 천국天國이 가까왔느니라 하였으니, 저는 선지자先知者 이사야로 하신 자라 일렀으되, 광야曠野에 외치는 자의 소리가 있어 가로되 너희는 주의 길을 예비豫備하라 그의 첩경捷徑을 평탄平坦케하라 하였느니라. 이 요한은 약대 털옷을 입고 허리에 가죽띠를 띠고 음식飮食은 메뚜기와 석청石淸이었더라. 이때에 예루살렘과 온 유대와 요단 강 사방四方에서 다 그에게 나아와 자기自己들의 죄罪를 자복自服하고 요단 강에서 세례를 받더니, 요한이 많은 바리새인과 사두개인이 세례를 베푸는데 오는 것을 보고 이르되, 독사毒蛇의 자식子息들아 누가 너희를 가르쳐 임박臨迫한 진노震怒를 피避하라 하더냐, 그러므로 회개悔改에 합당合當한 열매를 맺고 속으로 아브라함이 우리 조상祖上이라고 생각지 말라, 하나님이 능能히 이 돌들로도 아브라함의 자손子孫이 되게 하시리라. (마 3:1~9)

하나님의 구원 역사救援役事는 오래전부터 준비準備되고 예비豫備되어 왔습니다. 많은 족장族長과 예언자豫言者들을 통하여 약속約束대로 이루어졌습니다. 아브라함의 믿음, 이삭의 순종順從, 다윗의 회개悔改, 스룹바벨의 해방解放, 요셉의 헌신獻身을 통하여 인류人類의 구세주救世主 예수 그리스도의 탄생誕生이 실현實現되었습니다.

【 낭송 표시 : 1회 ▚ / 4회 ■ / 목표 120회 】

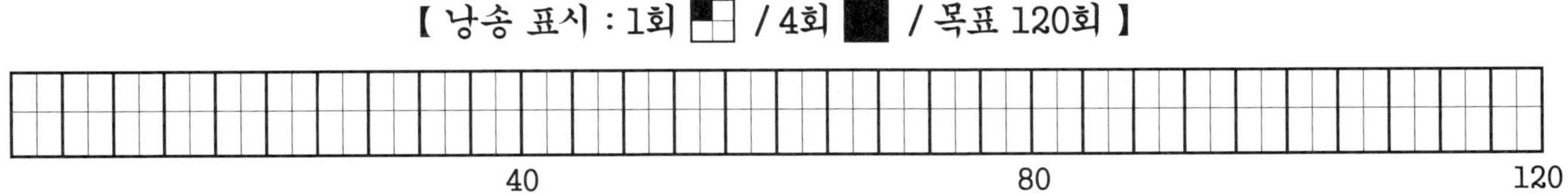

"주의 말씀은 내 발의 등이요 내 길에 빛이니이다"(시 119:105)

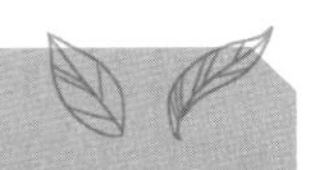

제 2 일

알곡은 곡간穀間에 들이고 쭉정이는 불에 태우시리라

마태복음 3:12

알곡은 올바른 신앙생활信仰生活 하는 알곡 성도聖徒이고 쭉정이는 거짓되게 살아가는 불성실不誠實한 인생人生들입니다. 가을 타작打作마당은 심판審判을 의미意味합니다. 알곡은 천국天國으로, 쭉정이는 지옥地獄불에 처벌處罰받게 된다는 것입니다.

1. 이미 도끼가 나무 뿌리에 놓였으니 좋은 열매 맺지 아니하는 나무마다 찍어 불에 던지우리라. 나는 너희로 회개悔改케 하기 위하여 물로 세례洗禮를 주거니와, 내 뒤에 오시는 이는 나보다 능력能力이 많으시니 나는 그의 신을 들기도 감당堪當치 못하겠노라. 그는 성령聖靈과 불로 너희에게 세례洗禮를 주실 것이요, 손에 키를 들고 자기自己의 타작打作 마당을 정定하게 하사, 알곡은 모아 곡간穀間에 들이고 쭉정이는 꺼지지 않는 불에 태우시리라. (마 3:10~12)

2. 이때에 예수께서 갈릴리로서 요단 강에 이르러 요한에게 세례洗禮를 받으려 하신대 요한이 말려 가로되, 내가 당신當身에게 세례洗禮를 받아야 할 터인데 당신當身이 내게로 오시나이까, 예수께서 대답對答하여 가라사대 이제 허락許諾하라. 우리가 이와 같이 하여 모든 의義를 이루는 것이 합당合當하니라 하신대 이에 요한이 허락許諾하는지라. 예수께서 세례洗禮를 받으시고 곧 물에서 올라 오실새, 하늘이 열리고 하나님의 성령聖靈이 비둘기 같이 내려 자기自己 위에 임臨하심을 보시더니, 하늘로서 소리가 있어 말씀하시되 이는 내 사랑하는 아들이요 내 기뻐하는 자라 하시니라. (마 3:13~17)

3. 그때에 예수께서 성령聖靈에게 이끌리어 마귀魔鬼에게 시험試驗을 받으러 광야曠野로 가사, 사십 일四十日을 밤낮으로 금식禁食하신 후後에 주리신지라. 시험試驗하는 자가 예수께 나아와서 가로되, 네가 만일 하나님의 아들이어든 명命하여 이 돌들이 떡덩이가 되게 하라. 예수께서 대답對答하여 가라사대 기록記錄되었으되, 사람이 떡으로만 살 것이 아니요 하나님의 입으로 나오는 모든 말씀으로 살 것이라 하였느니라 하시니, 이에 마귀魔鬼가 예수를 거룩한 성城으로 데려다가 성전聖殿 꼭대기에 세우고 가로되 네가 만일 하나님의 아들이어든 뛰어내리라. 기록記錄하였으되 주 너의 하나님을 시험試驗치 말라 하였느니라 하신대, 마귀魔鬼가 또 그를 데리고 지극至極히 높은 산山으로 가서 천하만국天下萬國과 그 영광榮光을 보며 가로되, 만일 내게 엎드려 경배敬拜하면 이 모든 것을 네게 주리라. 이에 예수께서 말씀하시되 사탄아 물러가라 기록記錄되었으되, 주 너의

하나님께 경배敬拜하고 다만 그를 섬기라 하였느니라. 이에 마귀魔鬼는 예수를 떠나고 천사天使들이 나아와서 수종隨從드니라. (마 4:1~11)

4. 예수께서 요한의 잡힘을 들으시고 갈릴리로 물러 가셨다가, 나사렛을 떠나 스불론과 납달리 지경地境 해변海邊에 있는 가버나움에 가서 사시니, 이는 선지자先知者 이사야로 하신 말씀을 이루려 하심이라 일렀으되, 스불론 땅과 납달리 땅과 요단 강 저편 해변海邊 길과 이방異邦의 갈릴리여 흑암黑暗에 앉은 백성百姓이 큰 빛을 보았고, 사망死亡의 땅과 그늘에 앉은 자들에게 빛이 비취었도다 하였느니라. (마 4:12~16)

5. 이때부터 예수께서 비로소 전파傳播하여 가라사대 회개悔改하라 천국天國이 가까웠느니라 하시더라. 갈릴리 해변海邊에 다니시다가 두 형제兄弟 곧 베드로라 하는 시몬과, 그 형제兄弟 안드레가 바다에 그물을 던지는 것을 보시니 저희는 어부漁夫라. 말씀하시되 나를 따라오너라 내가 너희로 사람을 낚는 어부漁夫가 되게 하리라 하시니, 저희가 곧 그물을 버려두고 예수를 좇으니라. 거기서 더 가시다가 다른 두 형제兄弟 곧 세베대의 아들 야고보와, 그 형제兄弟 요한이 그 부친父親 세베대와 한가지로 배에서 그물 깁는 것을 보시고 부르시니, 저희가 곧 배와 부친父親을 버려두고 예수를 좇으니라. (마 4:17~22)

6. 예수께서 온 갈릴리에 두루 다니사 저희 회당會堂에서 가르치시며, 천국 복음天國福音을 전파傳播하시며 백성百姓중에 모든 병病과 모든 약弱한 것을 고치시니, 그의 소문所聞에 온 수리아에 퍼진지라. 사람들이 모든 앓는 자 곧 각색各色 병病과 고통苦痛에 걸린 자, 귀신鬼神 들린 자, 간질癎疾하는 자, 중풍병자中風病者들을 데려오니 저희를 고치시더라 허다許多한 무리가 좇으니라. (마 4:23~25)

세례洗禮 요한과 예수와의 만남은 구약 시대舊約 時代와 신약 시대新約 時代의 연결連結의 현장現場이 되었습니다. 이렇게 하여 하나님의 의를 이루는 역사적歷史的 순간瞬間이었습니다. 복음 선교 사역福音宣敎使役의 협력協力은 하나님의 의義를 이루는 위대偉大한 역사役事입니다.

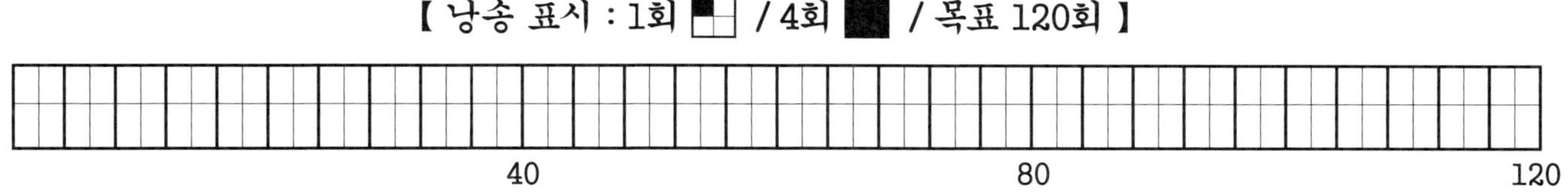

"주의 말씀은 내 발의 등이요 내 길에 빛이니이다"(시 119:105)

제 3 일

복福이 있나니 천국天國이 저희 것임이요

마태복음 5:3

예수님의 산상보훈山上寶訓은 금과옥조金果玉條입니다. 천국시민天國市民의 복福된 삶의 내용內容입니다. 이 세상世上에서도 복福되게 살고 영원永遠한 천국天國까지 연결連結시켜 주는 생활신조生活信條입니다.

1. 예수께서 무리를 보시고 산에 올라가 앉으시니 제자들이 나아온지라. 입을 열어 가르쳐 가라사대 심령心靈이 가난한 자는 복福이 있나니 천국天國이 저희 것임이요, 애통哀痛하는 자는 복福이 있나니 저희가 배부를 것임이요, 긍휼矜恤히 여기는 자는 복福이 있나니 저희가 긍휼矜恤히 여김을 받을 것임이요, 마음이 청결淸潔한 자는 복福이 있나나 저희가 하나님을 볼 것임이요, 화평和平케 하는 자는 복福이 있나니, 저희가 하나님의 아들이라 일컬음을 받을 것임이요, 의義를 위하여 핍박逼迫을 받는 자는 복福이 있나니 천국天國이 저희 것임이라. 나를 인하여 너희를 욕辱하고 핍박逼迫하고 거짓으로 너희를 거스려 모든 악惡한 말을 할 때에는 너희에게 복福이 있나니, 기뻐하고 즐거워하라 하늘에서 너희 상賞이 큼이라. 너희 전에 있던 선지자先知者들을 이같이 핍박逼迫하였느니라. (마 5:1~12)

2. 너희는 세상世上의 소금이니 소금이 만일 그 맛을 잃으면 무엇으로 짜게 하리요, 후後에는 아무 쓸데없이 다만 밖에 버리워 사람에게 밟힐 뿐이니라. 너희는 세상世上의 빛이라 산 위에 있는 동네가 숨기우지 못할 것이요, 사람이 등불을 켜서 말 아래 두지 아니하고 등경燈檠위에 두나니 이러므로 집 안 모든 사람에게 비취느니라. 이같이 너희 빛을 사람 앞에 비취게 하여 저희로 너희 착한 행실行實을 보고, 하늘에 계신 너희 아버지께 영광榮光을 돌리게 하라. 내가 율법律法이나 선지자先知者나 폐廢하러 온 줄로 생각지 말라 폐廢하러 온 것이 아니요 완전完全케 하려 함이로다. 진실眞實로 너희에게 이르노니 천지天地가 없어지기 전에는 율법律法의 일점 일획一點一劃이라도 반드시 없어지지 아니하고 다 이루리라. 그러므로 누구든지 이 계명誡命중에 지극至極히 작은 것 하나라도 버리고 또 그같이 사람을 가르치는 자는 천국天國에서 지극至極히 작다 일컬음을 받을 것이요, 누구든지 이를 행行하며 가르치는 자는 천국天國에서 크다 일컬음을 받은리라. 내가 너희에게 이르노니 너희 의義가 서기관書記官과 바리새인보다 더 낫지 못하면 결단코 천국天國에 들어가지 못하리라. (마 5:13~20)

3. 옛사람에게 말한 바 살인殺人하지 말라. 누구든지 살인殺人하면 심판審判을 받게 되리라 하였다는 것을 너희가 들었으나 나는 너희에게 이르노니, 형제兄弟에게 노怒하는 자마다 심판審判을 받게 되고, 형제兄弟를 대하여 라가RACA라 하는 자는 공회公會에 잡히게 되고, 미련한 놈이라 하는 자는 지옥地獄 불에 들어가게 되리라. 그러므로 예물禮物을 제단祭壇에 드리다가 거기서 네 형제兄弟에게 원망怨望들을 만한 일이 있는줄 생각나거든, 예물禮物을 제단祭壇 앞에 두고 먼저 가서 형제兄弟와 화목和睦하고 그 후後에 와서 예물禮物을 드리라. 너를 송사訟事하는 자와 함께 길에 있을 때에 급히 사화私和하라 그 송사訟事하는 자가

너를 재판관裁判官에게 내어 주고 재판관裁判官이 관예官隷에게 내어 주어 옥獄에 가둘까 염려念慮하라. 진실眞實로 네게 이르노니 네가 호리라도 남김이 없이 다 갚기 전에는 결단코 거기서 나오지 못하리라. (마 5:21~26)

4. 또 간음姦淫치 말라 하였다는 것을 너희가 들었으나 나는 너희에게 이르노니, 여자를 보고 음욕淫慾을 품는 자마다 마음에 이미 간음姦淫하엿느니라. 만일 네 오른눈이 너로 실족失足케 하거든 빼어 내버리라. 네 백체百體 중 하나가 없어지고 온 몸이 지옥地獄에 던지우지 않는 것이 유익有益하며, 또한 만일 네 오른눈이 너로 실족失足케 하거든 찍어 내버리라. 네 백체百體 중 하나가 없어지고 온몸이 지옥地獄에 던지우지 않는 것이 유익有益하니라. 또 일렀으되 누구든지 아내를 버리거든 이혼증서離婚證書를 줄 것이라 하였으나, 나는 너희에게 이르노니 누구든지 음행淫行한 연고緣故 없이 아내를 버리면, 이는 저로 간음姦淫하게 함이요, 또 누구든지 버린 여자女子에게 장가드는 자도 간음姦淫함이니라. (마 5:27~32)

5. 또 옛 사람에게 말한 바 헛 맹세盟誓를 하지 말고, 네 맹세盟誓한 것을 주主께 지키라 하였다는 것을 너희가 들었으나, 나는 너희에게 이르노니 도무지 맹세盟誓하지 말지니 하늘로도 말라. 이는 하나님의 보좌寶座임이요, 땅으로도 말라 이는 하나님의 발등상凳床이요, 예루살렘으로도 말라 이는 큰 임금의 성城이요, 네 머리로도 말라 이는 네가 한 터럭도 희고 검게 할 수 없음이라. 오직 너희 말은 옳다 옳다 아니라 아니라 하라, 이에서 지나는 것은 악惡으로 좇아 나느니라. 또 눈은 눈으로 이는 이로 갚으라 하였다는 것을 너희가 들었으나 왼편도 돌려 대며, 또 너를 송사訟事하여 속옷을 가지고자 하는 자는 겉옷까지도 가지게 하고, 또 누구든지 너로 억지臆志로 오 리五里를 가게 하거든, 그 사람과 십 리十里를 동행同行하고, 네게 구求하는 자에게 주며 네게 꾸고자 하는 자에게 거절拒絶하지 말라. (마 5:33~42)

6. 또 네 이웃을 사랑하고 네 원수怨讐를 사랑하며 너희를 핍박逼迫하는 자를 위하여 기도祈禱하라. 이같이 한 즉 하늘에 계신 너희 아버지의 아들이 되리니, 이는 하나님이 그 해를 악인惡人과 선인善人에게 비취게 하시며, 비를 의義로운 자와 불의不義한 자에게 내리우심이니라. 너희가 너희를 사랑하는 자를 사랑하면 무슨 상賞이 있으리요 세리도 이같이 아니하느냐, 그러므로 하늘에 계신 너희 아버지의 온전穩全하심같이 너희도 온전穩全하라. (마 5:43~48)

산상보훈山上寶訓은 신구약성경新舊約聖經의 완성 작품完成作品 설교說敎입니다. '원수怨讐를 사랑하며 핍박逼迫자를 위하여 기도祈禱하라.' 원수怨讐와 핍박逼迫자를 위하여 사랑하고 기도祈禱하는 것은 율법律法을 완성完成하는 것입니다.

【 낭송 표시 : 1회 ▚ / 4회 ■ / 목표 120회 】

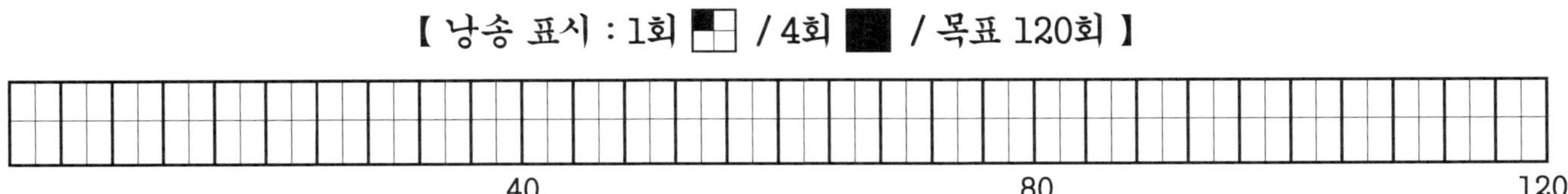

"주의 말씀은 내 발의 등이요 내 길에 빛이니이다"(시 119:105)

제 4 일

네 아버지께서 갚으시리라

마태복음 6:18

세상살이 하는 동안 억울한 일과 속상하고 마음 아픈 일들이 비일비재非一非在합니다. 해결解決되지 못한 채 가슴에 안고 미궁迷宮 속으로 쌓이는 경우境偶가 허다許多합니다. 그러나 하나님께서 그 모든 것을 선악간善惡間에 다 갚아 주시고 해결解決해 주십니다.

1. 사람에게 보이려고 의義를 행行치 않도록 주의注意하라. 구제救濟할 때에 외식外飾하는 자가 사람에게 영광榮光을 얻으려고, 회당會堂과 거리에서 하는 것과 같이 나팔을 불지 말라. 저희는 자기 상賞을 이미 받았으니라. 구제救濟 할 때에 오른손의 하는 것을 왼손이 모르게 하여 네 구제救濟함이 은밀隱密하게 하라. 은밀隱密한 중에 보시는 너의 아버지가 갚으시리라. 너희가 기도祈禱할 때에 외식外飾하는 자와 같이 되지 말라. 사람에게 보이려고 회당會堂과 큰 거리 어귀에 서서 기도祈禱하기를 좋아하느니라. 저희는 자기 상을 이미 받았느니라. 너는 기도祈禱할 때에 네 골방에 들어가 문을 닫고 은밀隱密한 중에 계신 네 아버지께 기도祈禱하라. 은밀隱密한 중에 보시는 네 아버지께서 갚으시리라. 또 기도祈禱할 때 이방인異邦人 같이 중언부언重言復言하지 말라. 구求하기 전에 너희에게 있어야 할 것을 하나님 너희 아버지께서 아시느니라. (마 6:1~8)

2. 그러므로 너희는 이렇게 기도祈禱하라 하늘에 계신 우리 아버지여 이름이 거룩히 여김을 받으시오며, 나라이 임하옵시며 뜻이 하늘에서 이룬 것같이 땅에서도 이루어지이다. 오늘날 우리에게 일용日用할 양식糧食을 주옵시고, 우리가 우리에게 죄罪지은 자를 사赦하여 준 것같이 우리 죄罪를 사赦하여 주옵시고 우리를 시험試驗에 들게 하지 마옵시고 다만 악惡에서 구求하옵소서 나라와 권세權勢와 영광榮光이 아버지께 영원永遠히 있사옵나이다 아멘. (마 6:9~13)

3. 너희가 사람의 과실過失을 용서容恕하지 아니하면 너희 아버지께서도 너희 과실過失을 용서容恕하지 아니하시리라. 금식禁食 할 때에 너희는 외식外飾하는 자들과 같이 슬픈 기색氣色을 내지 말라. 저희는 금식禁食하는 것을 사람에게 보이려고 얼굴을 흉凶하게 하느니라. 너는 금식禁食 할 때에 머리에 기름을 바르고 얼굴을 씻으라. 오직 은밀隱密한 중에 계신 네 아버지께 보이게 하려 함이라. 은밀隱密한 중에 계시는 네 아버지께서 갚으시리라. (마 6:15~18)

4. 너희를 위하여 보물寶物을 땅에 쌓아 두지 말라. 거기는 좀이나 동록銅綠이 해害하지 못하며, 도적盜賊이 구멍을 뚫지도 못하고 도적盜賊질도 못하느니라. 네 보물寶物 있는 그곳에는 네 마음도 있느니라. 눈은 몸의 등불이니 그러므로 네 눈이 성하면 온몸이 밝을 것이요, 눈이 나쁘면 온몸이 어두울 것이니 그러므로 네게 있는 빛이 어두우면 그 어두움이 얼마나 하겠느뇨, 한 사람이 두 주인主人을 섬기지 못할 것이니 너희가 하나님과 재물財物을 겸하여 섬기지 못하느니라. (마 6:20~24)

5. 그러므로 내가 너희에게 이르노니 목숨을 위하여 무엇을 먹을까, 무엇을 마실까 몸을 위하여 무엇을 입을까 염려念慮하지 말라. 목숨이 음식飮食보다 중重하지 아니하며, 몸이 의복衣服보다 중重하지 아니하냐, 공중空中의 새를 보라 심지도 않고 거두지도 않고 창고倉庫에 모아 들이지도 아니하되, 너희 천부天父께서 기르시나니 너희는 이것들보다 귀貴하지 아니하냐. 너희 중에 누가 염려念慮함으로 그 키를 한 자나 더할 수 있느냐, 너희가 어찌 의복衣服을 위하여 염려念慮하느냐, 들의 백합화가 어떻게 자라는가 생각하여 보라. 수고受苦도 아니하고 길쌈도 아니하느니라. 그러나 솔로몬의 모든 영광榮光으로도 입은 것이 이 꽃 하나만 같지 못하였느니라. (마 6:25~29)

6. 오늘 있다가 내일 아궁이에 던지우는 들풀도 하나님이 이렇게 입히시거든 하물며 너희일까보냐. 믿음이 적은 자들아 그러므로 염려念慮하여 이르기를 무엇을 먹을까 무엇을 마실까 무엇을 입을까 하지 말라 이는 다 이방인異邦人들이 구하는 것이라. 너희 천부天父께서 이 모든 것이 너희에게 있어야 할 줄을 아시느니라. 너희는 먼저 그의 나라와 그의 의義를 구하라 그리하면 이 모든 것을 너희에게 더하시리라. 그러므로 내일 일을 위하여 염려念慮하지 말라 내일 일은 내일 염려念慮할 것이요 한날 괴로움은 그날에 족足하니라. (마 6:30~39)

7. 비판批判을 받지 아니하려거든 비판批判하지 말라. 너희 비판批判하는 그 비판批判으로 너희가 비판批判을 받을 것이요, 너희의 헤아리는 그 헤아림으로 너희가 헤아림을 받을 것이니라. 어찌하여 형제兄弟의 눈속에 있는 티는 보고 네 눈속에 있는 들보는 깨닫지 못하느냐, 외식外飾하는 자여 먼저 네 눈 속에서 들보를 빼어라 그 후後에야 밝히 보고 형제兄弟의 눈속에서 티를 빼리라. 거룩한 것을 개에게 주지 말며 너희 진주眞珠를 돼지 앞에 던지지 말라. 저희가 그것을 발로 밟고 돌이켜 너희를 찢어 상傷할까 염려念慮하라. (마 7:1~6)

8. 구하라 그러면 너희에게 주실 것이요. 찾으라 그러면 찾을 것이요, 문을 두드리라 그러면 너희에게 열릴 것이니, 구하는 이마다 얻을 것이요 찾는 이가 찾을 것이요 두드리는 이에게 열릴 것이니라. 너희 중에 누가 아들이 떡을 달라 하면 돌을 주며, 생선을 달라 하면 뱀을 줄 사람이 있겠느냐, 너희가 악惡한 자라도 좋은 것으로 자식子息에게 줄줄 알거든 하물며 하늘에 계신 너희 아버지께서 구하는 자에게 좋은 것으로 주시지 않겠느냐. 그러면 무엇이든지 남에게 대접待接을 받고자 하는 대로 너희도 남을 대접待接하라 이것이 율법律法이요 선지자先知者니라. (마 7:7~12)

예수님의 설교說敎는 일상생활日常生活 문제問題에 연관連關되어 있습니다. 하나님의 자녀子女들이 올바로 행하도록 교훈敎訓하였습니다. "남에게 대접待接을 받고자 하는 대로 남을 대접待接하라." 황금율黃金律 GOLDEN RULE입니다.

【 낭송 표시 : 1회 ▚ / 4회 ■ / 목표 120회 】

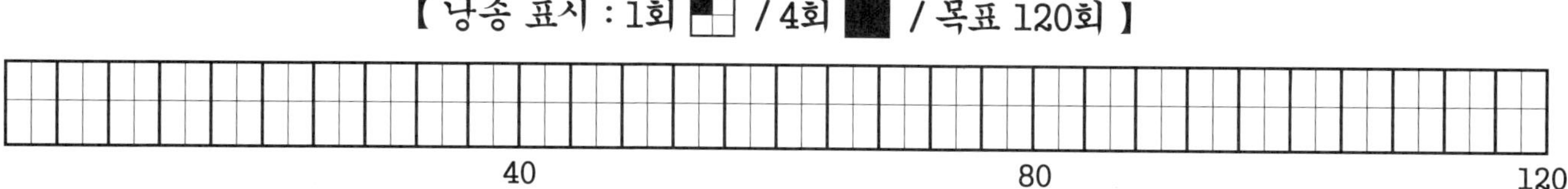

"주의 말씀은 내 발의 등이요 내 길에 빛이니이다"(시 119:105)

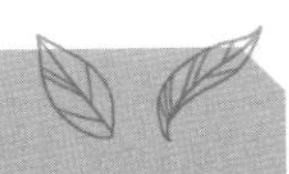

제 5 일

좁은 문으로 들어가라

마태복음 7:13

좁은 문은 생명문生命門입니다. 진리문眞理門이요, 천국 영생문天國永生門입니다. 좁은 문은 예수님 자신을 가리킵니다. 넓은 문門은 자기自己 중심문中心門이요 우상숭배偶像崇拜입니다. 우리 성도聖徒들은 가는 길이 험하고 협착狹窄하여도 영원 생명문永遠生命門으로 오늘도 나아갑시다.

1. 좁은 문門으로 들어가라 멸망滅亡으로 인도引導하는 문門은 그 길이 넓어 들어가는 자가 많고, 생명生命으로 인도引導하는 문門은 좁고 길이 협착狹窄하여 찾는 이가 적음이니라. 거짓 선지자先知者들을 삼가라 양羊의 옷을 입고 너희에게 나아오나, 속에는 노략擄掠질하는 이리라. 그의 열매로 그들을 알지니 가시나무에서 포도葡萄를, 또는 엉겅퀴에서 무화과無花果를 따겠느냐, 이와 같이 좋은 나무마다 아름다운 열매를 맺고 못된 나무가 나쁜 열매를 맺나니, 좋은 나무가 나쁜 열매를 맺을 수 없고 못된 나무가 아름다운 열매를 맺을 수 없느니라. 아름다운 열매를 맺지 아니하는 나무마다 찍혀 불에 던지우느니라. 이러므로 그의 열매로 그들을 알리라. (마 7:13~20)

2. 나더러 주主여 주여 하는자마다 천국天國에 다 들어 갈 것이 아니요, 다만 하늘에 계신 내 아버지의 뜻대로 행하는 자라야 들어가리라. 그날에 많은 사람이 나더러 이르되 주主여 주여 우리가 주의 이름으로 선지자先知者 노릇하며, 주의 이름으로 귀신鬼神을 쫓아내며 주의 이름으로 권능權能을 행치 아니하였나이까, 그때에 내가 저희에게 밝히 말하되 내가 너희를 도무지 알지 못하니, 불법不法을 행하는 자들아 내게서 떠나가라 하리라. 그러므로 누구든지 나의 이 말을 듣고 행하는 자는 그 집을 반석磐石 위에 지은 지혜智慧로운 사람 같으리니, 비가 내리고 창수漲水가 나고 바람이 불어 그 집에 부딪히되 무너지지 아니하나니, 이는 주초柱礎를 반석磐石위에 놓은 연고緣故요, 나의 이 말을 듣고 행치 아니하는 자는 그 집을 모래 위에 지은 어리석은 사람 같으리니, 비가 내리고 창수漲水가 나고 바람이 불어 그 집에 부딪히매 무너져 그 무너짐이 심하니라. 예수께서 이 말씀을 마치시매 무리들이 그 가르치심에 놀라니, 이는 그 가르치시는 것이 권세權勢 있는 자와 같고 저희 서기관書記官들과 같지 아니함일러라. (마 7:21~29)

3. 예수께서 산에서 내려오시니 허다許多한 무리가 좇으니라. 한 문둥 병자病者가 나아와 절하고 가로되, 주主여 원願하시면 저를 깨끗케 하실 수 있나이다 하거늘, 예수께서 손을 내밀어 저에게 대시며 가라사대, 내가 원願하노니 깨끗함을 받으라 하신대 즉시 그의 문둥병이 깨끗하여진지라. 예수께서 이르시되 삼가 아무에게도 이르지 말고 다만 가서 제사장祭司長에게 네 몸을 보이고, 모세의 명命한 예물禮物을 드려 저희에게 증거證據하라 하시니라. (마 8:1~4)

4. 예수께서 가버나움에 들어가시니 한 백부장百夫長이 나아와 간구懇求하여 가로되, 주主여 내 하인下人이 중풍병中風病으로 집에 누워 몹시 괴로워하나이다. 가라사대 내가

가서 고쳐 주리라 백부장百夫長이 대답對答하여 가로되, 주主여 내 집에 들어오심을 나는 감당勘當치 못하겠사오니, 다만 말씀으로만 하옵소서 그러면 내 하인下人이 낫겠삽나이다. 나도 남의 수하手下에 있는 사람이요, 내 아래도 군사軍士가 있으니, 이더러 가라 하면 가고 저더러 오라 하면 오고 내 종더러 이것을 하라 하면 하나이다. 예수께서 들으시고 기이奇異히 여겨 좇는 자들에게 이르시되, 내가 진실眞實로 너희에게 이르노니 이스라엘 아무에게서도 이만한 믿음을 만나 보지 못하였노라. 또 너희에게 이르노니 동서東西로부터 많은 사람이 이르러 아브라함과 이삭과 야곱과 함께 천국天國에 앉으려니와, 나라의 본本 자손子孫들은 바깥 어두운 데 쫓겨나 거기서 울며 이를 갊이 있으리라. 예수께서 백부장百夫長에게 이르시되 가라 네 믿은대로 될지어다 하시니, 그 시로 하인下人이 나으니라. (마 8:5~13)

5. 예수께서 베드로의 집에 들어가사 그의 장모丈母가 열병熱病으로 앓아 누운 것을 보시고, 그의 손을 만지시니 열병熱病이 떠나가고 여인女人이 일어나서 예수께 수종隨從들더라. 저물매 사람들이 귀신鬼神 들린 자를 많이 데리고 예수께 오거늘, 예수께서 말씀으로 귀신鬼神들을 쫓아내시고, 병든 자를 다 고치시니 이는 선지자先知者 이사야로 하신 말씀에 우리 연약軟弱한 것을 친親히 담당擔當하시고, 병病을 짊어지셨도다 함을 이루려 하심이더라. (마 8:14~17)

6. 예수께서 무리가 자기自己를 에워쌈을 보시고 저 편으로 건너가기를 명命하시니라. 한 서기관書記官이 나아와 예수께 말씀하시되 선생님이여 어디로 가시든지 저는 좇으리이다. 예수께서 이르시되 여우도 굴이 있고, 공중空中의 새도 거처居處가 있으되 오직 인자人子는 머리 둘 곳이 없다 하시더라. 제자 중에 또 하나가 가로되 주여 나로 먼저 가서 내 부친父親을 장사葬事하게 허락許諾하옵소서. 예수께서 가라사대 죽은 자들로 저희 죽은 자를 장사葬事하게 하고 너는 나를 좇으라 하시니라. (마 8:18~22)

7. 배에 오르시니 제자들이 좇았더니 바다에 큰 놀이 일어나 물결이 배에 덮이게 되었으되 예수는 주무시는지라. 그 제자들이 나아와 깨우며 가로되 주主여 구원救援하소서 우리가 죽겠나이다. 예수께서 이르시되 어찌하여 무서워하느냐 믿음이 적은 자들아 하시고, 곧 일어나사 바람과 바다를 꾸짖으신대 아주 잔잔潺潺하게 되거늘 그 사람들이 기이奇異히 여겨 가로되, 이 어떠한 사람이기에 바람과 바다도 순종順從하는고 하더라. (마 8:23~27)

예수님은 완전完全한 인간人間인 동시同時에 완전完全한 신神이십니다. "깨끗함을 받으라." "믿은대로 될지어다." "병든 자를 다 고치시니." "바람과 바다도 순종順從하는고." 예수님만이 하실 수 있는 놀라운 권능權能을 나타내셨습니다.

【 낭송 표시 : 1회 / 4회 / 목표 120회 】

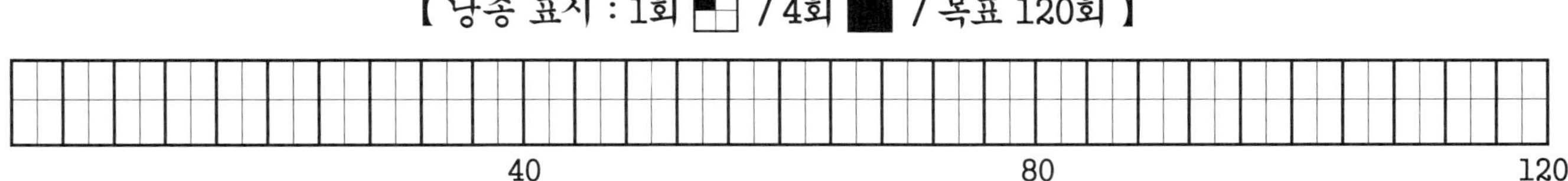

"주의 말씀은 내 발의 등이요 내 길에 빛이니이다"(시 119:105)

제 6 일

일어나 침상寢床을 가지고 집으로 가라

마태복음 9:6

정신병자精神病者나 귀신鬼神 들린 자는 자신自身과 가정家庭을 황폐荒廢케 합니다. 중풍병자中風病者, 혈류병자血瘤病者는 정상적正常的 생활生活을 하지 못할 뿐 아니라 자신自身과 타인他人에게 피해被害를 줍니다. 현대 의학現代醫學이 해결解決하지 못한 난치병難治病의 일종一種입니다. 예수님 당시에는 더욱 참담慘憺한 불치不治의 병病이었습니다. 예수님께서는 모두 고쳐 주시고 정상적正常的 생활生活을 하도록 하였습니다.

1. 또 예수께서 건너편 가다라 지방地方에 가시매 귀신鬼神 들린 자 둘이 무덤사이에서 나와 예수를 만나니, 저희는 심히 사나워 아무도 그 길로 지나갈 수 없을 만하더라. 이에 저희가 소리 질러 가로되 하나님의 아들이여 우리와 당신當身과 무슨 상관相關이 있나이까, 때가 이르기 전에 우리를 괴롭게 하려고 여기 오셨나이까 하더니, 마치 멀리서 많은 돼지 떼가 먹고 있는지라. 귀신鬼神들이 예수께 간구懇求하여 가로되 만일 우리를 쫓아 내실진대, 돼지 떼에 들여 보내소서 한대 저희 더러 가라 하시니, 귀신들이 나와서 돼지에게로 들어가는지라. 온 떼가 비탈로 내리달아 바다에 들어가서 물에서 몰사沒死하거늘, 치던 자들이 달아나 시내에 들어가 이 모든 일과 귀신鬼神 들린 자의 일을 고告하니, 온 시내市內가 예수를 만나려고 나가서 보고 그 지방地方에서 떠나시기를 간구懇求하더라. (마 8:28~34)

2. 예수께서 배에 오르사 건너가 본 동네에 이르시니, 침상寢床에 누운 중풍병자中風病者를 사람들이 데리고 오거늘, 예수께서 저희의 믿음을 보시고 중풍병자中風病者에게 이르시되 소자小子야 안심安心하라 네 죄罪 사赦함을 받았느니라. 어떤 서기관書記官들이 속으로 이르되 이 사람이 참람僭濫하도다. 예수께서 그 생각을 아시고 가라사대 너희가 어찌하여 마음에 악惡한 생각을 하느냐, 네 죄罪 사赦함을 받았느니라 하는 말과 일어나 걸어가라 하는 말이 어느 것이 쉽겠느냐, 그러나 인자人子가 세상世上에서 죄罪를 사赦하는 권세權勢가 있는 줄을 너희로 알게 하려 하노라 하시고, 중풍병자中風病者에게 말씀하시되 일어나 네 침상寢床을 가지고 집으로 가라 하시니, 그가 일어나 집으로 돌아가거늘 무리가 보고 두려워하며 이런 권세權勢를 사람에게 주신 하나님께 영광榮光을 돌리니라. (마 9:1~8)

3. 예수께서 거기서 떠나 지나가시다가 마태라 하는 사람이 세관稅關에 앉은 것을 보시고 이르시되, 나를 좇으라 하시니 일어나 좇으니라. 예수께서 마태의 집에 앉아 음식飮食을 잡수실 때에 많은 세리와 죄인罪人들이 와서 예수와 그 제자들과 함께 앉았더니, 바리새인들이 보고 그 제자들에게 이르되, 어찌하여 너희 선생은 죄인罪人들과 함께 잡수시느냐, 예수께서 들으시고 이르시되 건강健康한 자에게는 의원醫員이 쓸데없고 병病든 자에게라야 쓸데 있느니라. 너희는 가서 내가 긍휼矜恤을 원願하고 제사祭祀를 원치

아니하노라 하신 뜻이 무엇인지 배우라. 내가 의인義人을 부르러 온 것이 아니요 죄인罪人을 부르러 왔노라 하시니라. (마 9:9~13)

4. 예수께서 이르시되 혼인 집 손님들이 신랑新郞과 함께 있을 동안에 슬퍼할 수 있느뇨. 그러나 신랑新郞을 빼앗길 날이 이르리니 그때에는 금식禁食할 것이니라. 생베 조각을 낡은 옷에 붙이는 자가 없나니, 이는 기운 것이 그 옷을 당기어 해어짐이 더하게 됨이요, 새 포도주葡萄酒를 낡은 가죽 부대負袋에 넣지 아니하나니, 그렇게 하면 부대負袋가 터져 포도주葡萄酒도 쏟아지고 부대負袋도 버리게 됨이라. 새 포도주葡萄酒는 새 부대負袋에 넣어야 둘이 다 보전保全되느니라. (마 9:15~17)

5. 예수께서 이 말씀을 하실 때에 한 직원職員이 와서 절하고 가로되, 내 딸이 방장方將 죽었사오나 오셔서 그 몸에 손을 얹으소서 그러면 살겠나이다 하니, 예수께서 일어나 따라 가시매 제자들도 가더니, 열두 해를 혈루증血漏症으로 앓는 여자가 예수의 뒤로 와서 그 겉옷 가를 만지니, 이는 제 마음에 그 겉옷만 만져도 구원救援을 받겠다 함이라. 예수께서 돌이켜 그를 보시며 가라사대 딸아 안심安心하라. 네 믿음이 너를 구원救援하였다 하시니 여자가 그 시時로 구원救援을 받으니라. (마 9:18~22)

6. 예수께서 그 직원職員의 집에 가사 피리 부는 자들과 훤화喧譁하는 무리를 보시고, 가라사대 물러가라 이 소녀少女가 죽은 것이 아니라 잔다 하시니 저들이 비웃더라. 무리를 내어 보낸 후에 예수께서 들어가사 소녀小女의 손을 잡으시매 일어나는지라 그 소문所聞이 그 온 땅에 퍼지더라. 예수께서 거기서 떠나 가실새 두 소경이 따라오며 소리 질러 가로되, 다윗의 자손子孫이여 우리를 불쌍히 여기소서 하더니, 예수께서 집에 들어가시매 소경들이 나아오거늘 예수께서 이르시되, 내가 능能히 이 일 할 줄을 믿느냐 대답하되 주主여 그러하오이다 하니, 이에 예수께서 저희 눈을 만지시며 가라사대 너희 믿음대로 되라 하신대, 그 눈들이 밝아진지라 예수께서 엄嚴히 경계警戒하시되 삼가 아무에게도 알게 하지 말라 하셨으나, 저희가 나가서 예수의 소문所聞을 그 온 땅에 전파傳播하니라. (마 9:23~31)

"네 믿음이 너를 구원하였다." "너희 믿음대로 되라." 병病고침의 조건條件은 믿음이었습니다. 예수님께서 병病을 고치시는 이유理由는 그 병자病者의 믿음 회복回復이었습니다. 올바른 믿음을 가지면 인생人生의 모든 문제問題를 다 해결解決하여 은혜 충만 생활恩惠充滿生活과 영육 강건 생활靈肉康健生活을 하게 됨을 보여 주었습니다.

【 낭송 표시 : 1회 ▚ / 4회 ■ / 목표 120회 】

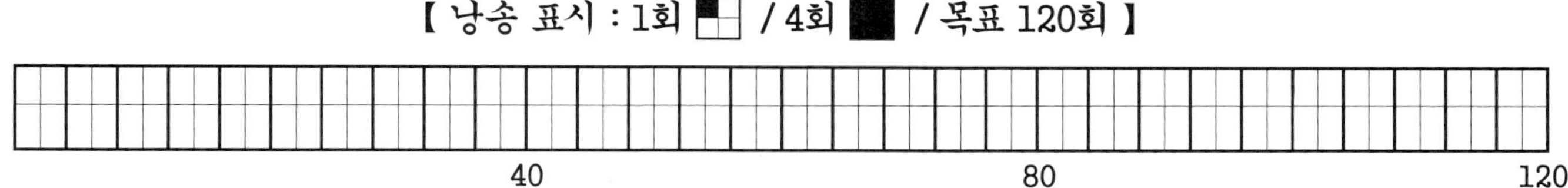

"주의 말씀은 내 발의 등이요 내 길에 빛이니이다"(시 119:105)

제 7 일

모든 약弱한 것을 고치는 권능權能을 주시니라

마태복음 10:1

예수님이 누구시기에 모든 병病을 고치시며, 모든 약弱한 것을 고치시는 분이십니까? 이는 곧 하나님이시기 때문입니다. 뿐만 아니라 그의 제자弟子들에게도 예수님께서 하시던 권능權能을 부여附與해 주셨습니다. 우리 성도聖徒들에게도 모든 병病과 약弱한 것을 고치시는 권능權能을 주셨습니다.

1. 예수께서 모든 성城과 촌村에 두루 다니사 저희 회당會堂에서 가르치시며, 천국 복음天國福音을 전파傳播하시며 모든 병病과 모든 약弱한 것을 고치시니라. 무리를 보시고 민망憫惘히 여기시니 이는 저희가 목자牧者 없는 양羊과 같이 고생苦生하며 유리遊離함이라. 이에 제자弟子들에게 이르시되 추수秋收할 것은 많되 일꾼은 적으니, 그러므로 추수秋收할 일꾼들을 보내어 주소서 하라 하시니라. (마 9:35~38)

2. 예수께서 그 열두 제자弟子를 부르사 더러운 귀신鬼神을 쫓아내며, 모든 병病과 모든 약弱한 것을 고치는 권능權能을 주시니라. 열두 사도使徒의 이름은 이러하니 베드로라 이름하는 시몬을 비롯하여, 그의 형제兄弟 안드레와 세베대의 아들 야고보와 그의 형제兄弟 요한, 빌립과 바돌로매, 도마와 세리 마태, 알패오의 아들 야고보와 다대오, 가나안인 시몬과 및 가룟 유다 곧 예수를 판 자라. 예수께서 이 열둘을 내어보내시며 명命하여 가라사대, 이방인異邦人의 길로도 가지 말고 사마리아인의 고을에도 들어가지 말고, 차라리 이스라엘 집의 잃어버린 양에게로 가라 가면서 전파傳播하여 말하되 천국天國이 가까웠다 하고, 병病든 자를 고치며 죽은 자를 살리며 문둥이를 깨끗하게 하며 귀신鬼神을 쫓아내되 너희가 거저 받았으니 거저 주어라. (마 10:1~8)

3. 여행旅行을 위하여 주머니나 두 벌 옷이나 신이나 지팡이를 가지지 말라. 이는 일꾼이 저 먹을 것 받는 것이 마땅함이니라. 아무 성城이나 촌村에 들어가든지 그중에 합당合當한 자를 찾아내어 너희 떠나기까지 거기서 머물라. 또 그 집에 들어가면서 평안平安하기를 빌라 그 집이 이에 합당合當하면 너희 빈 평안平安이 거기 임臨할 것이요, 만일 합당合當치 아니하면 그 평안平安이 너희에게 돌아올 것이니라. 누구든지 너희를 영접迎接도 아니하고 너희 말을 듣지도 아니하거든 그 집이나 성城에서 나가 너희 발의 먼지를 떨어 버리라. 내가 진실眞實로 너희에게 이르노니 심판審判 날에 소돔과 고모라 땅이 그 성城보다 견디기 쉬우리라. (마 10:10~15)

4. 보라 내가 너희를 보냄이 양羊을 이리 가운데 보냄과 같도다. 그러므로 너희는 뱀같이 지혜智慧롭고 비둘기같이 순결純潔하라. 사람들을 삼가라 저희가 너희를 공회公會에 넘겨

주겠고 저희 회당會堂에서 채찍질 하리라. 너희가 나를 인하여 총독總督들과 임금들 앞에 끌려가리니, 이는 저희와 이방인異邦人들에게 증거證據가 되게 하려 하심이라. 너희를 넘겨줄 때에 어떻게 또는 무엇을 말할까 염려念慮치 말라. 그때에 무슨 말할 것을 주시리니 말하는 이는 너희가 아니라 너희 속에서 말씀하시는 자 곧 너희 아버지의 성령聖靈이시니라. 너희가 내 이름을 인하여 미움을 받을 것이나 나중까지 견디는 자는 구원救援을 얻으리라. 이 동네에서 너희를 핍박逼迫하거든 저 동네로 피避하라. 그런즉 저희를 두려워하지 말라 감추인 것이 드러나지 않을 것이 없고, 숨은 것이 알려지지 않을 것이 없느니라. 너희가 귓속으로 듣는 것을 집 위에서 전파傳播하라. (마 10:16~27)

5. 몸은 죽여도 영혼靈魂은 능能히 죽이지 못하는 자들을 두려워하지 말고, 오직 몸과 영혼靈魂을 능能히 지옥地獄에 멸滅하시는 자를 두려워하라. 참새 두 마리가 한 앗사리온에 팔리는 것이 아니냐, 그러나 너희 아버지께서 허락許諾지 아니하시면 그 하나라도 땅에 떨어지지 아니하리라. 너희에게는 머리털까지 다 세신 바 되었나니, 누구든지 사람 앞에서 나를 시인是認하면 나도 하늘에 계신 내 아버지 앞에서 저를 시인是認할 것이요. 누구든지 사람 앞에서 나를 부인否認하면 나도 하늘에 계신 내 아버지 앞에서 저를 부인否認하리라. (마 10:28~33)

6. 내가 세상世上에 화평和平을 주러 온 줄로 생각지 말라 화평和平이 아니요 검劍을 주러 왔노라. 또 자기自己 십자가十字架를 지고 나를 좇지 않는 자도 내게 합당合當치 아니하니라. 자기自己 목숨을 얻는 자는 잃을 것이요, 나를 위하여 자기自己 목숨을 잃는 자는 얻으리라. 너희를 영접迎接하는 자는 나를 영접迎接하는 것이요 나를 영접迎接하는 자는 나 보내신 이를 영접迎接하는 것이니라. 선지자先知者의 이름으로 선지자先知者를 영접迎接하는 자는 선지자先知者의 상賞을 받을 것이요, 의인義人의 이름으로 의인義人을 영접迎接하는 자는 의인義人의 상賞을 받을 것이요, 또 누구든지 제자弟子의 이름으로 이 소자小子 중 하나에게 냉수冷水 한 그릇이라도 주는 자는 내가 진실眞實로 너희에게 이르노니 그 사람이 결단決斷코 상賞을 잃지 아니하리라 하시니라. (마 10:34~42)

'생필즉사生必卽死 사필즉생死必卽生'이란 말이 있습니다. "나를 위하여 자기 목숨을 잃는 자는 얻으리라." 예수님의 말씀과 일맥상통一脈相通하는 뜻입니다. 이것이 십자가 희생정신十字架犧牲精神입니다.

【 낭송 표시 : 1회 ◰ / 4회 ■ / 목표 120회 】

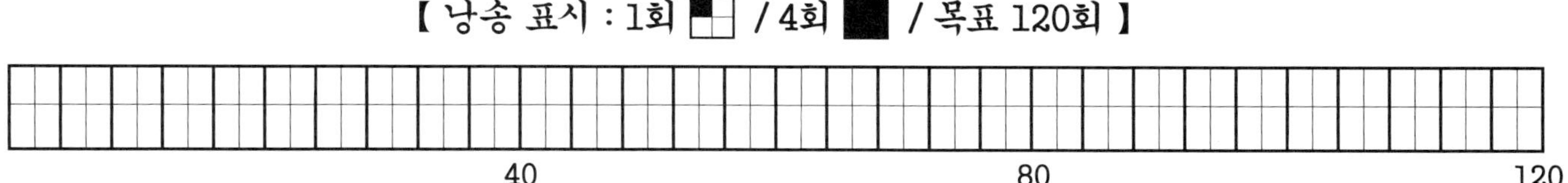

"주의 말씀은 내 발의 등이요 내 길에 빛이니이다"(시 119:105)

제 8 일

침노侵虜하는 자는 빼앗느니라

마태복음 11:12

천국天國은 침노侵虜하는 자가 차지한다는 적극적積極的인 교훈敎訓을 주셨습니다. 아무런 노력努力이나 수고手苦 없이 주어지는 무기력無氣力한 상태狀態가 아니라, 적극적積極的인 수고手苦와 노력努力과 정성精誠을 기울여서 최선最善을 다하는 것이 중요重要한 것임을 가르쳐 주셨습니다.

1. 예수께서 열두 제자에게 명命하시기를 마치시고 이에 저희 여러 동네에서 가르치시며 전도傳道하시려고 거기를 떠나 가시니라. 요한이 옥獄에서 그리스도의 하신 일을 듣고 제자들을 보내어 예수께 여짜오되, 오실 그이가 당신이오니이까 우리가 다른 이를 기다리오리이까, 예수께서 대답對答하여 가라사대 너희가 가서 듣고 보는 것을 요한에게 고告하되, 소경이 보며 앉은뱅이가 걸으며 문둥이가 깨끗함을 받으며, 귀머거리가 들으며 죽은 자가 살아나며 가난한 자에게 복음福音이 전파傳播된다 하라. 누구든지 나를 인하여 실족失足하지 아니하는 자는 복福이 있도다 하시니라. 예수께서 무리에게 요한에 대하여 말씀하시되, 너희가 무엇을 보려고 광야曠野에 나갔더냐 바람에 흔들리는 갈대냐, 무엇을 보려고 나갔더냐 부드러운 옷 입은 사람이냐 부드러운 옷을 입은 자들은 왕궁王宮에 있느니라. 기록記錄된 바 보라 내가 내 사자使者를 네 앞에 보내노니 저가 네 길을 네 앞에 예비豫備하리라 하신 것이 이 사람에 대한 말씀이니라. 내가 진실眞實로 너희에게 말하노니 여자女子가 낳은 자 중에 세례洗禮 요한보다 큰 이가 일어남이 없도다. 그러나 천국天國에서는 극極히 작을지라도 저보다 크니라. 세례洗禮 요한의 때부터 지금까지 천국天國은 침노侵擄를 당當하나니 침노侵擄하는 자는 빼앗느니라. (마 11:1~12)

2. 모든 선지자先知者와 및 율법律法의 예언豫言한 것이 요한까지니, 너희가 즐겨 받을진대 오리라 한 엘리야가 곧 이 사람이니라. 귀 있는 자는 들을지어다. 이 세대世代를 무엇으로 비유譬喩할꼬 비유譬喩컨대 아이들이 장터에 앉아 제 동무를 불러, 너희를 향하여 피리를 불어도 너희가 춤추지 않고, 우리가 애곡哀哭하여도 너희가 가슴을 치지 아니하였다 함과 같도다. 요한이 와서 먹지도 않고 마시지도 아니하매 저희가 말하기를 귀신鬼神이 들렸다 하더니, 인자人子는 와서 먹고 마시매 말하기를 보라. 먹기를 탐貪하고 포도주葡萄酒를 즐기는 사람이요 세리와 죄인罪人의 친구親舊로다 하니, 지혜智慧는 그 행行한 일로 인하여 옳다 함을 얻느니라. (마 11:13~19)

3. 예수께서 권능權能을 가장 많이 베푸신 고을들이 회개悔改치 아니하므로 그때에 책망責望하시되, 화禍가 있을진저 고라신아 화禍가 있을진저, 벳새다야 너희에게서 행行한 모든 권능權能을 두로와 시돈에서 행하였더면 저희가 벌써 베옷을 입고 재에 앉아 회개悔改하였으리라. 내가 너희에게 이르노니 심판審判날에 두로와 시돈이 너희보다 견디기 쉬우리라. 가버나움아 네가 하늘에까지 높아지겠느냐 음부陰府에까지 낮아지리라. 네게서 행한 모든 권능權能을 소돔에서 행行하였더면 그 성城이 오늘날까지 있었으리라.

내가 너희에게 이르노니 심판審判날에 소돔 땅이 너희보다 견디기 쉬우리라 하시니라. (마 11:20~24)

4. 그때에 예수께서 대답對答하여 가라사대 천지天地의 주재主宰이신 아버지여, 이것을 지혜智慧롭고 슬기 있는 자들에게는 숨기시고 어린아이들에게는 나타내심을 감사感謝하나이다. 옳소이다 이렇게 된 것이 아버지의 뜻이니이다. 내 아버지께서 모든 것을 내게 주셨으니 아버지 외에는 아들을 아는 자가 없고, 아들과 또 아들의 소원所願대로 계시啓示를 받는 자 외에는 아버지를 아는 자가 없느니라. 수고受苦하고 무거운 짐 진 자들아 다 내게로 오라 내가 너희를 쉬게 하리라. 나는 마음이 온유溫柔하고 겸손謙遜하니 나의 멍에를 메고 내게 배우라. 그러면 너희 마음이 쉼을 얻으리니 이는 내 멍에는 쉽고 내 짐은 가벼움이라 하시니라. (마 11:25~30)

5. 그때에 예수께서 안식일安息日에 밀밭 사이로 가실새 제자들이 시장嘶腸하여 이삭을 잘라 먹으니, 바리새인들이 보고 예수께 고告하되 보시오 당신의 제자들이 안식일安息日에 하지 못할 일을 하나이다. 예수께서 가라사대 다윗이 자기自己와 함께한 자들이 시장嘶腸할 때에 한 일을 읽지 못하였느냐, 그가 하나님의 전殿에 들어가서 제사장祭司長 외에는 자기나 그 함께한 자들이 먹지 못하는 진설병陳設餠을 먹지 아니하였느냐, 또 안식일安息日을 제사장祭司長들이 성전聖殿 안에서 안식安息을 범犯하여도 죄罪가 없음을 너희가 율법律法에서 읽지 못하였느냐, 내가 너희에게 이르노니 성전聖殿보다 더 큰 이가 여기 있느니라. 나는 자비慈悲를 원願하고 제사祭祀를 원願치 아니하노라 하신 뜻을 너희가 알았더면 무죄無罪한 자를 죄罪로 정定치 아니하였으리라. 인자人子는 안식일安息日의 주인主人이니라 하시니라. (마 12:1~8)

6. 거기를 떠나 저희 회당會堂에 들어가시니 한편 손 마른 사람이 있는지라. 사람들이 예수를 송사訟事하려 하여 물어 가로되 안식일安息日에 병病 고치는 것이 옳으니이까, 예수께서 가라사대 너희 중에 어느 사람이 양羊 한 마리가 있어 안식일安息日에 구덩이에 빠졌으면 붙잡아 내지 않겠느냐, 사람이 양羊보다 얼마나 더 귀貴하냐 그러므로 안식일安息日에 선善을 행하는 것이 옳으니라 하시고, 이에 그 사람에게 이르시되 손을 내밀라 하시니 저가 내밀매 다른 손과 같이 회복回復되어 성하더라. (마 12:9~13)

안식일安息日 성수聖守는 생명生命을 구원救援하고 증진增進시키는 사역使役입니다. 굶주린 자에게 먹을 것을 주고, 병病든 자의 병病을 고쳐 주고, 고민苦悶하는 문제問題를 해결解決하여 하나님의 자녀子女답게 살도록 해주는 것이, 안식일安息日을 거룩히 지키는 것입니다.

【 낭송 표시 : 1회 ┼ / 4회 ■ / 목표 120회 】

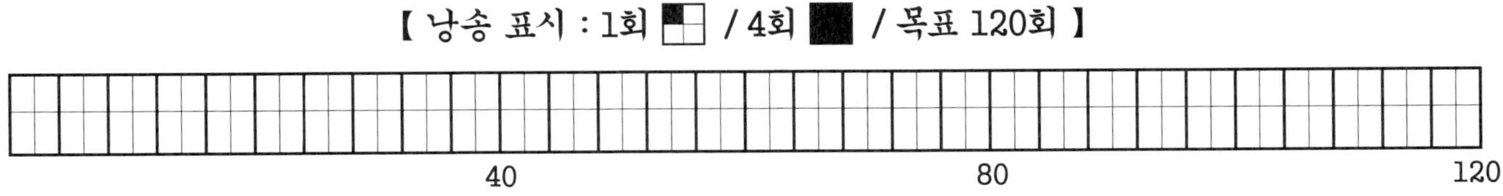

"주의 말씀은 내 발의 등이요 내 길에 빛이니이다"(시 119:105)

제 9 일

성령聖靈을 거역拒逆하지 말라

마태복음 12:32

성령 훼방聖靈毁謗과 성령 거역聖靈拒逆은 하나님의 구원 사역救援使役을 반대反對하는 반역 행위反逆行爲입니다. 일종一種의 쿠데타요 역모逆謀입니다. 이 세상世上 살면서 하나님의 구원 사역救援使役을 반대反對하고 훼방毁謗하는 일에 만萬의 하나라도 가담加擔하거나 주모主謀하는 일이 없어야 합니다.

1. 바리새인들이 나가서 어떻게 하여 예수를 죽일꼬 의논議論하거늘, 예수께서 아시고 거기를 떠나가시니 사람이 많이 좇는지라 예수께서 저희 병病을 다 고치시고 자기自己를 나타내지 말라 경계警戒하셨으니, 이는 선지자先知者 이사야로 말씀하신 바 보라 나의 택擇한 종 곧 내 마음에 기뻐하는 바 나의 사랑하는 자로다. 내가 내 성령聖靈을 줄 터이니 그가 심판審判을 이방異邦에 알게 하리라. (마 12:14~18)

2. 그때에 귀신鬼神들려 눈 멀고 벙어리 된 자를 데리고 왔거늘, 예수께서 고쳐 주시매 그 벙어리가 말하며 보게 된지라. 무리가 다 놀라 가로되 이는 다윗의 자손子孫이 아니냐 하니, 바리새인들이 듣고 가로되 이가 귀신鬼神의 왕 바알세불을 힘입지 않고는 귀신鬼神을 쫓아내지 못하느니라 하거늘, 예수께서 저희 생각을 아시고 가라사대 스스로 분쟁紛爭하는 나라마다 황폐荒廢하여질 것이요, 스스로 분쟁紛爭하는 동네나 집마다 서지 못하리라. 사탄이 만일 사탄을 쫓아내면 스스로 분쟁紛爭하는 것이니, 그리하고야 저의 나라가 어떻게 서겠느냐, 그러나 내가 하나님의 성령聖靈을 힘입어 귀신鬼神을 쫓아내는 것이면 하나님의 나라가 이미 너희에게 임하였느니라. 사람이 먼저 강强한 자를 결박結縛하지 않고야, 어떻게 그 강强한 자의 집에 들어가 그 세간을 늑탈勒奪하겠느냐, 결박結縛한 후後에야 그 집을 늑탈勒奪하리라. (마 12:22~29)

3. 나와 함께 아니하는 자는 나를 반대反對하는 자요, 나와 함께 모으지 아니하는 자는 해치는 자니라. 그러므로 내가 너희에게 이르노니 사람의 모든 죄罪와 훼방毁謗은 사赦하심을 얻되, 성령聖靈을 훼방毁謗하는 것은 사赦하심을 얻지 못하겠고, 누구든지 성령聖靈을 거역拒逆하면 사赦하심을 얻지 못하리라. 그 실과實果로 그 나무를 아느니라. 독사毒蛇의 자식子息들아 너희는 악惡하니 어떻게 선善한 말을 할 수 있느냐, 이는 마음에 가득한 것을 입으로 말함이라. 선善한 사람은 그 쌓은 선善에서 선善한 것을 내고, 악惡한 사람은 그 쌓은 악惡에서 악惡한 것을 내느니라. 내가 너희에게 이르노니 사람이 무슨 무익無益한 말을 하든지 심판審判날에 이에 대하여 심문審問을 받으리니, 네 말로 의義롭다 함을 받고 네 말로 정죄定罪함을 받으리라. (마 12:30~37)

4. 그때에 서기관書記官과 바리새인 중 몇 사람이 말하되, 선생님이여 우리에게 표적表蹟 보여 주시기를 원願하나이다. 예수께서 대답對答하여 가라사대 악惡하고 음란淫亂한 세대世代가 표적表蹟을 구求하나 선지자先知者 요나의 표적表蹟 밖에는 보일 표적表蹟이

없느니라. 요나가 밤낮 사흘을 큰 물고기 배 속에 있었던 것같이 인자人子도 밤낮 사흘을 땅속에 있으리라. 심판審判 때에 니느웨 사람들이 일어나 이 세대世代 사람을 정죄定罪하리니, 이는 그들이 요나의 전도傳道를 듣고 회개悔改하였음이어니와, 요나보다 더 큰 이가 여기 있으며, 심판審判 때에 남방南方 여왕女王이 일어나 이 세대世代 사람을 정죄定罪하리니, 이는 그가 솔로몬의 지혜智慧로운 말을 들으려고 땅 끝에서 왔음이어니와 솔로몬보다 더 큰 이가 여기 있느니라. (마 12:38~42)

5. 더러운 귀신鬼神이 사람에게서 나갔을 때에 물 없는 곳으로 다니며 쉬기를 구求하되 얻지 못하고, 이에 가로되 내가 나온 내 집으로 돌아가리라 하고 와 보니 그 집이 비고 소제掃除되고 수리修理되었거늘, 이에 가서 저보다 더 악惡한 귀신鬼神 일곱을 데리고 들어가서 거居하니 그 사람의 나중 형편形便이 전前보다 더욱 심甚하게 되느니라 이 악惡한 세대世代가 또한 이렇게 되리라. 예수께서 무리에게 말씀하실 때에 그 모친母親과 동생同生들이 예수께 말하려고 밖에 섰더니, 한 사람이 예수께 여짜오되 보소서 당신의 모친母親과 동생同生들이 당신께 말하려고 밖에 섰나이다 하니, 말하던 사람에게 대답對答하여 가라사대 누가 내 모친母親이며 내 동생同生들이냐 하시고, 손을 내밀어 제자弟子들을 가리켜 가라사대 나의 모친母親과 나의 동생同生들을 보라. 누구든지 하늘에 계신 내 아버지의 뜻대로 하는 자가 내 형제兄弟요 자매姉妹요 모친母親이니라 하시더라. (마 12:43~50)

6. 그날에 예수께서 집에서 나가사 바닷가에 앉으시매 듣거늘, 예수께서 배에 올라가 앉으시고 온 무리는 해변海邊에 섰더니, 예수께서 비유譬喩로 여러 가지를 저희에게 말씀하여 가라사대, 씨를 뿌리는 자가 뿌리러 나가서 부릴쌔 더러는 길 가에 떨어지매 새들이 와서 먹어 버렸고, 더러는 흙이 얇은 돌밭에 떨어지매 흙이 깊지 아니하므로 곧 싹이 나오나, 해가 돋은 후後에 타져서 뿌리가 없으므로 말랐고, 더러는 가시떨기 위에 떨어지매 가시가 자라서 기운氣運을 막았고, 더러는 좋은 땅에 떨어지매 혹 백 배百倍, 혹 육십 배六十倍, 혹 삼십 배三十倍의 결실結實을 하였느니라. 귀 있는 자는 들으라 하시니라. (마 13:1~9)

혈연血緣, 학연學緣, 지연地緣은 우리 사회의 갈등 구조葛藤構造의 원천源泉입니다. 예수님께서는 이 모든 이해 관계利害關係와 갈등 구조葛藤構造 극복克服하는 길은 하나님 아버지의 뜻대로 사는 것이며, 그런 자는 형제 자매임을 가르쳐 주었습니다. 믿음과 사랑으로 새로운 공동체共同體를 이루는 것이 하나님 나라입니다.

【 낭송 표시 : 1회 ◰ / 4회 ■ / 목표 120회 】

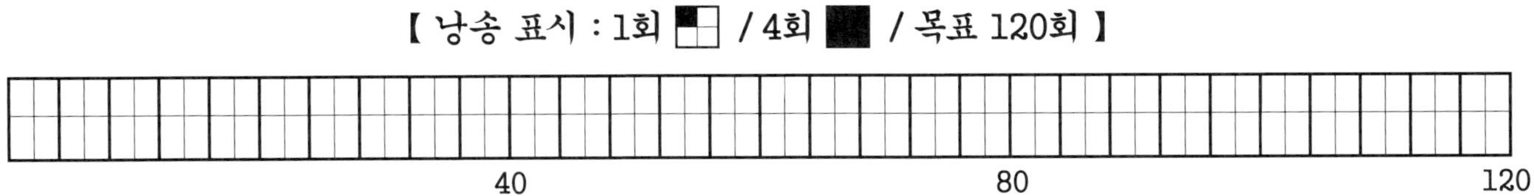

"주의 말씀은 내 발의 등이요 내 길에 빛이니이다"(시 119:105)

제 10 일

추수秋收 때까지 함께 두어라

마태복음 13:30

"알곡과 가라지가 함께 자라도록 두라." 가라지를 제거除去하다가 곡식穀食까지 다칠까 염려念慮되어 추수秋收 때까지 함께 두라고 했습니다. 함께 있기에 불편不便하고 유해有害한 가라지들이 있습니다. 가라지를 위해서 두는 것이 아니라 알곡을 위해서 추수秋收 때까지 집행유예 기간執行猶豫期間으로 두는 것입니다.

1. 제자弟子들이 예수께 나아와 가로되 어찌하여 저희에게 비유譬喩로 말씀하시나이까, 대답對答하여 가라사대 천국天國의 비밀秘密을 아는 것이 너희에게 허락許諾되었으나 저희에게는 아니되었나니, 무릇 있는 자는 받아 넉넉하게 되되 무릇 없는 자는 그 있는 것도 빼앗기리라. 그러므로 내가 저희에게 비유譬喩로 말하기를 저희가 보아도 보지 못하며 들어도 듣지 못하며 깨닫지 못함이니라. 이 백성百姓의 마음이 완악頑惡하여져서, 그 귀는 듣기에 둔鈍하고 눈은 감았으니 이는 눈으로 보고 귀로 듣고 마음으로 깨달아 돌이켜 내게 고침을 받을까 두려워함이라 하였느니라. 그러나 너희 눈은 봄으로 너희 귀는 들음으로 복福이 있도다. (마 13:10~16)

2. 내가 진실眞實로 너희에게 이르노니 많은 선지자先知者와 의인義人이 너희 보는 것들을 보고자 하여도 보지 못하였고, 너희 듣는 것을 듣고자 하여도 듣지 못하였느니라. 그런즉 씨뿌리는 비유譬喩를 들으라. 아무나 천국天國 말씀을 듣고 깨닫지 못할 때는 악惡한 자가 와서 그 마음에 뿌리운 것을 빼앗나니 이는 곧 길 가에 뿌리운 자요, 돌밭에 뿌리웠다는 것은 말씀을 듣고 즉시 기쁨으로 받되, 그 속에 뿌리가 없어 잠시 견디다가 말씀을 인하여 환난患難이나 핍박逼迫이 일어나는 때에는 곧 넘어지는 자요, 가시떨기에 뿌리웠다는 것은 말씀을 들으나 세상世上의 염려念慮와 재리財利의 유혹誘惑에 말씀이 막혀 결실結實치 못하는 자요, 좋은 땅에 뿌리웠다는 것은 말씀을 듣고 깨닫는 자니 결실結實하여 혹 백 배百倍, 혹 육십 배六十倍, 혹 삼십 배三十倍가 되느니라 하시더라. (마 13:17~23)

3. 예수께서 그들 앞에 또 비유譬喩를 베풀어 가라사대 천국天國은 좋은 씨를 제 밭에 뿌린 사람과 같으니, 사람들이 잘 때에 그 원수怨讐가 와서 곡식穀食 가운데 가라지를 덧뿌리고 갔더니, 싹이 나고 결실結實할 때에 가라지도 보이거늘 집 주인의 종들이 와서 말하되, 주主여 밭에 좋은 씨를 심지 아니하였나이까 그러면 가라지가 어디서 생겼나이까, 주인主人이 가로되 원수怨讐가 이렇게 하였구나 종들이 말하되, 그러면 우리가 가서 이것을 뽑기를 원願하시나이까, 주인主人이 가로되 가만 두어라 가라지를 뽑다가 곡식穀食까지 뽑을까 염려念慮하노라. 둘 다 추수秋收 때까지 함께 자라게 두어라 추수秋收 때에 내가 추수꾼秋收軍들에게 말하기를, 가라지는 먼저 거두어 불사르게 단으로 묶고 곡식穀食은 모아 내 곳간에 넣으라 하리라. (마 13:24~30)

4. 또 비유譬喩로 말씀하시되 천국天國은 마치 사람이 자기 밭에 갖다 심은 겨자씨 한 알 같으니, 이는 모든 씨보다 작은 것이로되 자란 후後에는 나물보다 커서 나무가 되매, 공중空中의 새들이 와서 그 가지에 깃들이느니라. 또 비유譬喩로 말씀하시되 천국天國은 마치 여자女子가 가루 서 말 속에 갖다 넣어 전부全部 부풀게 한 누룩과 같으니라. 예수께서 이 모든 것을 무리에게 비유譬喩로 말씀하시고 이는 선지자先知者로 말씀하신 바, 내가 입을 열어 창세創世부터 감추인 것들을 드러내리라 함을 이루려 하심이니라. (마 13:31~35)

5. 이에 예수께서 무리를 떠나사 집에 들어가시니 제자弟子들이 나아와 가로되 밭의 가라지의 비유譬喩를 우리에게 설명說明하여 주소서. 대답對答하여 가라사대 좋은 씨를 뿌리는 이는 인자人子요, 밭은 세상世上이요 좋은 씨는 천국天國의 아들들이요, 가라지도 악惡한 자의 아들들이요, 가라지를 심은 원수怨讐는 마귀魔鬼요, 추수秋收 때는 세상世上 끝이요, 추수군秋收軍은 천사天使들이니, 그런즉 가라지를 거두어 불에 사르는 것같이 세상世上 끝에도 그러하리라. 인자人子가 천사天使들을 보내리니 저희가 그 나라에서 모든 넘어지게 하는 것과, 또 불법不法을 행行하는 자들을 거두어 내어 풀무불에 던져 넣으리니 거기서 울며 이를 갊이 있으리라. 그때에 의인義人들은 자기 아버지 나라에서 해와 같이 빛나리라 귀 있는 자는 들으라. (마 13:36~43)

6. 또 천국天國은 마치 좋은 진주眞珠를 구求하는 장사와 같으니, 극極히 값진 진주眞珠 하나를 만나매 가서 자기自己의 소유所有를 다 팔아 그 진주眞珠를 샀느니라. 또 천국天國은 마치 바다에 치고 각종各種 물고기를 모는 그물과 같으니, 그물에 가득하매 물가로 끌어내고 앉아서 좋은 것은 그릇에 담고 못된 것은 내어버리느니라. 세상世上 끝에도 이러하리라. 천사天使들이 와서 의인義人 중에서 악인惡人을 갈라내어 풀무 불에 던져 넣으리니 거기서 울며 이를 갊이 있으리라. 이 모든 것을 깨달았느냐 하시니 대답對答하되 그러하오이다. 예수께서 가라사대 그러므로 천국天國의 제자弟子 된 서기관書記官마다 마치 새것과 옛것을 그곳간에서 내어오는 집 주인主人과 같으니라. (마 13:45~52)

의인義人들은 하나님 나라에서 해와 같이 빛나게 된다고 하셨습니다. 믿음으로 사는 자는 의인義人입니다. 알곡 성도聖徒들은 해같이 영원永遠토록 빛나는 의인義人들입니다. 우리 모든 성도聖徒들은 의인 반열義人班列에 세움 받았음을 높은 긍지矜持로 삼아 하나님께 영광榮光을 돌리시기 바랍니다.

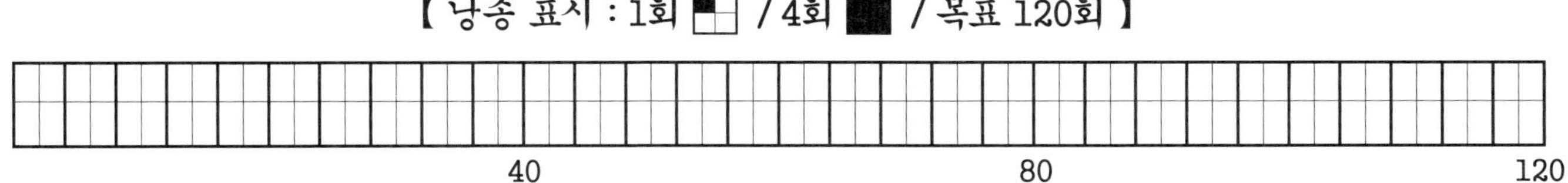

“주의 말씀은 내 발의 등이요 내 길에 빛이니이다”(시 119:105)

제 11 일

머리를 소반小盤에 담아 내게 주소서

마태복음 14:8

아무리 권력權力이 있어 마음대로 할 수 있다 하더라도, 의인義人의 생명生命을 연회장宴會場 유흥遊興 노리개로 삼는 것은 용서容恕할 수 없는 죄악罪惡입니다. 헤롯 왕과 헤로디아와 그 딸은 돌이킬 수 없는 큰 범죄犯罪를 저지르고야 말았습니다. "춤 값으로 저 의인義人 세례洗禮 요한의 목을 소반小盤에 담아 내게 주소서." 돌이킬 수 없는 범죄犯罪를 자행自行했습니다. 여인女人이 낳은 자 중에 가장 큰 자의 생명生命을 희생犧牲시키고야 말았습니다.

1. 예수께서 이 모든 비유譬喩를 마치신 후後에 거기를 떠나서 고향故鄕으로 돌아가서 저희 회당會堂에서 가르치시니, 저희가 놀라 가로되 이 사람의 지혜智慧와 능력能力이 어디서 났느뇨, 이는 그 목수木手의 아들이 아니냐 그 모친母親은 마리아, 그 형제兄弟들은 야고보, 요셉, 시몬, 유다라 하지 않느냐, 그 누이들은 다 우리와 함께 있지 아니하냐, 그런즉 이 사람의 이 모든 것이 어디서 났느뇨 하고 예수를 배척排斥한지라. 예수께서 저희에게 말씀하시되 선지자先知者가 자기 고향故鄕과 자기自己 집 외에서는 존경尊敬을 받지 않음이 없느니라 하시고, 저희의 믿지 않음을 인因하여 거기서 많은 능력能力을 행行치 아니하시니라. (마 13:53~58)

2. 그때에 분봉왕分封王 헤롯이 예수의 소문所聞을 듣고 그 신하臣下들에게 이르되, 이는 세례 요한이라 저가 죽은 자 가운데서 살아났으니 그러므로 이런 권능權能이 그 속에서 운동運動하는도다 하더라. 전前에 헤롯이 그 동생同生 빌립의 아내 헤로디아의 일로 요한을 잡아 결박結縛하여 옥獄에 가두었으니, 이는 요한이 헤롯에게 말하되 당신이 그 여자女子를 취娶한 것이 옳지 않다 하였음이라. 헤롯이 요한을 죽이려 하되 민중民衆이 저를 선지자先知者로 여기므로 민중民衆을 두려워하더니, 마침 헤롯의 생일生日을 당當하여 헤로디아의 딸이 연석宴席 가운데서 춤을 추어 헤롯을 기쁘게 하니, 헤롯이 맹세盟誓로 그에게 무엇이든지 달라는 대로 주겠다 허락許諾하거늘, 제 어미의 시킴을 듣고 가로되 세례 요한의 머리를 소반小盤에 담아 여기서 내게 주소서 하니, 왕王이 근심하나 자기의 맹세盟誓한 것과 그 함께 앉은 사람들을 인하여 주라 명命하고, 사람을 보내어 요한을 옥獄에서 목 베어 그 머리를 소반小盤에 담아다가 그 여아女兒에게 주니 그가 제 어미에게 가져가니라. 요한의 제자弟子들이 와서 시체屍體를 가져다가 장사葬事하고 가서 예수께 고告하니라. (마 14:1~12)

3. 예수께서 들으시고 배를 타고 떠나사 따로 빈 들에 가시니, 무리가 듣고 무리가 듣고 여러 고을로부터 걸어서 좇아간지라. 예수께서 나오사 큰 무리를 보시고 불쌍히 여기사 그중에 있는 병인病人을 고쳐 주시니라. (마 14:13~14)

4. 저녁이 되매 제자弟子들이 나와서 가로되 이곳은 빈 들이요 때도 이미 저물었으니

무리를 보내어 마을에 들어가 먹을 것을 사 먹게 하소서. 예수께서 가라사대 갈 것 없다 너희가 먹을 것을 주어라. 제자弟子**들이 가로되 여기 우리에게 있는 것은 떡 다섯 개와 물고기 두 마리뿐이니이다. 가라사대 그것을 내게 가져오라 하시고 무리를 명**命**하여 잔디 위에 앉히시고, 떡 다섯 개와 물고기 두 마리를 가지사 하늘을 우러러 축사**祝謝**하시고, 떡을 떼어 제자**弟子**들에게 주시매 제자**弟子**들이 무리에게 주니, 다 배불리 먹고 남은 조각을 열두 바구니에 차게 거두었으며, 먹은 사람은 여자**女子**와 아이 외**外**에 오천 명**五千名**이나 되었더라.** (마 14:15~21)

5. 예수께서 즉시卽時 **제자**弟子**들을 재촉하사 자기가 무리를 보내는 동안에 배를 타고 앞서 건너편으로 가게 하시고, 무리를 보내신 후**後**에 기도**祈禱**하러 따로 산에 올라가시다 저물매 거기 혼자 계시더니, 배가 이미 육지**陸地**에서 수리**數理**나 떠나서 바람이 거슬리므로 물결을 인하여 고난**苦難**을 당**當**하더라. 밤 사경**四更**에 예수께서 바다 위로 걸어서 제자**弟子**들에게 오시니, 제자**弟子**들이 그 바다 위로 걸어오심을 보고 놀라 유령**幽靈**이라 하며 무서워하여 소리 지르거늘, 예수께서 즉시**卽時 **일러 가라사대 안심**安心**하라 내니 두려워 말라. 베드로가 대답**對答**하여 가로되 주**主**여 만일 주시어든 나를 명**命**하사 물 위로 오라 하소서 한 대, 오라 하시니 베드로가 배에서 내려 물위로 걸어서 예수께로 가되, 바람을 보고 무서워 빠져 가는지라 소리 질러 가로되 주**主**여 나를 구원**救援**하소서 하니, 예수께서 즉시**卽時 **손을 내밀어 저를 붙잡으시며 가라사대 믿음이 적은 자여 왜 의심**疑心**하였느냐 하시고, 배에 함께 오르매 바람이 그치는지라. 배에 있는 사람들이 예수께 절하며 가로되 진실**眞實**로 하나님의 아들이로소이다 하더라.** (마 14:22~33)

6. 저희가 건너가 게네사렛 땅에 이르니, 그곳 사람들이 예수신 줄을 알고 그 근방近方**에 두루 통지**通知**하여 모든 병**病**든 자를 예수께 데리고 와서, 다만 예수의 옷가에라도 손을 대게 하시기를 간구**懇求**하니 손을 대는 자는 다 나음을 얻으니라.** (마 14:34~36)

7. 그때에 바리새인과 서기관書記官**들이 예루살렘으로부터 예수께 나아와 가로되, 당신의 제자**弟子**들이 어찌하여 장로**長老**들의 유전**遺傳**을 범**犯**하나이까 떡 먹을 때에 손을 씻지 아니하나이다. 대답**對答**하여 가라사대 입에 들어가는 것이 사람을 더럽게 하는 것이 아니라, 입에서 나오는 그것이 사람을 더럽게 하는 것이니라.** (마 15:1~11)

음식물飮食物은 모두 생명 증진生命增進의 자양분滋養分입니다. 좋은 음식飮食을 섭취攝取한 사람은 악惡한 생각生覺과 더러운 마음을 품지 말고 죄악罪惡된 생활生活을 하지 말아야 합니다. 방탕放蕩한 생활生活은 인생人生 전체全體를 더럽혀서 불결不潔한 인간人間이 되고 불의不義한 인생人生이 되는 것입니다.

【 낭송 표시 : 1회 / 4회 / 목표 120회 】

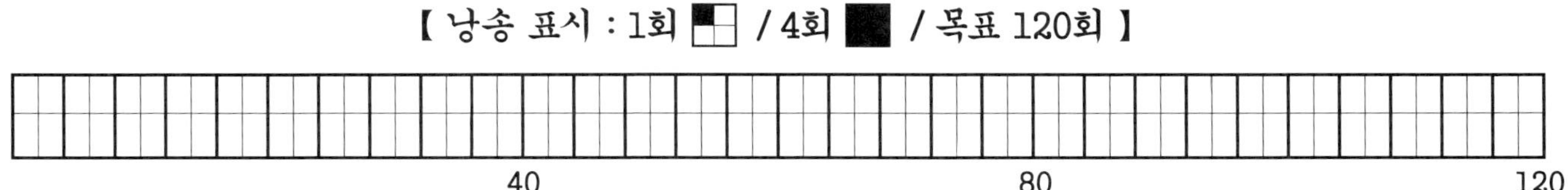

"주의 말씀은 내 발의 등이요 내 길에 빛이니이다"(시 119:105)

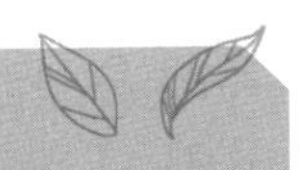

제 12 일

네 믿음이 크도다 네 소원所願대로 되리라

마태복음 15:28

정신병精神病 걸린 딸을 고치기 위해서 예수님을 찾아온 어머니의 애절哀切한 모습을 통하여 간절懇切한 믿음과 간구懇求는 이적異蹟과 기적奇蹟을 나타낸다는 것을 보여 주고 있습니다. 거절拒絕 당當하는 최악最惡의 경우境遇에도 좌절挫折하거나 포기拋棄하지 않고 굳센 믿음으로 예수님께 매달려 나갈 때 "네 믿음이 크도다 네 소원所願대로 되리라"는 응답應答과 축복祝福을 받고 병病 고침을 받게 됩니다.

1. 제자弟子들이 나아와 가로되 바리새인들이 이 말씀을 듣고 걸림이 된 줄 아시나이까, 예수께서 대답對答하여 가라사대 심은 것마다 내 천부天父께서 심으시지 않은 것은 뽑힐 것이니 그냥 두어라. 저희는 소경이 되어 소경을 인도引導하는 자로다 만일 소경이 소경을 인도引導하면 둘이 다 구덩이에 빠지리라 하신대, 베드로가 대답對答하여 가로되 이 비유譬喩를 우리에게 설명說明하여 주옵소서. 예수께서 가라사대 너희도 아직까지 깨달음이 없느냐, 입으로 들어가는 모든 것은 배로 들어가서 뒤로 내어 버려지는 줄을 알지 못하느냐, 입에서 나오는 것들은 마음에서 나오나니 이것이야말로 사람을 더럽게 하느니라. 마음에서 나오는 것은 악惡한 생각生覺과 살인殺人과 간음姦淫과 음란淫亂과 도적盜賊질과 거짓 증거證據와 훼방毀謗이니, 이런 것들이 사람을 더럽게 하는 것이요, 씻지 않은 손으로 먹는 것은 사람을 더럽게 하지 못하느니라. (마 15:12~20)

2. 예수께서 거기서 나가사 두로와 시돈 지방地方으로 들어가시니, 가나안 여자女子 하나가 그 지경地境에서 나와서 소리 질러 가로되, 주主 다윗의 자손子孫이여 나를 불쌍히 여기소서 내 딸이 흉악凶惡히 귀신鬼神 들렸나이다 하되, 예수는 한 말씀도 대답對答지 아니하시니, 제자弟子들이 와서 청請하여 말하되 그 여자女子가 우리 뒤에서 소리를 지르오니 보내소서. 예수께서 대답對答하여 가라사대 나는 이스라엘 집의 잃어버린 양羊 외에는 다른 데로 보내심을 받지 아니하였노라 하신대, 여자女子가 와서 예수께 절하며 가로되 주主여 저를 도우소서 대답對答하여 가라사대, 자녀子女의 떡을 취하여 개들에게 던짐이 마땅치 아니하니라. 여자女子가 가로되 주여 옳소이다마는 개들도 제 주인主人의 상床에서 떨어지는 부스러기를 먹나이다 하니, 이에 예수께서 대답對答하여 가라사대 여자女子야 네 믿음이 크도다 네 소원所願대로 되리라 하시니 그 시時로부터 그의 딸이 나으니라. (마 15:21~28)

3. 예수께서 거기서 떠나사 갈릴리 호숫가에 이르러 산에 올라가 거기 앉으시니, 큰 무리가 절뚝발이와 불구자不具者와 소경과 벙어리와 기타其他 여럿을 데리고 와서 예수의 발앞에 두매 고쳐 주시니, 벙어리가 말하고 불구자不具者가 건전健全하고 절뚝발이가

걸으며, 소경이 보는 것을 무리가 보고 기이奇異히 여겨 이스라엘의 하나님께 영광榮光을 돌리니라. (마 15:29~31)

4. 예수께서 제자弟子들을 불러 가라사대 내가 무리를 불쌍히 여기노라. 저희가 나와 함께 있은즉 이미 사흘이매 먹을 것이 없도다 길에서 기진氣盡할까 하여 굶겨 보내지 못하겠노라. 제자弟子들이 가로되 광야曠野에 있어 우리가 어디서 이런 무리의 배부를 만큼 떡을 얻으리이까, 예수께서 가라사대 너희에게 떡이 몇 개나 있느냐 가로되 일곱 개와 작은 생선 두어 마리가 있나이다 하거늘, 예수께서 명命하사 땅에 앉게 하시고, 떡 일곱 개와 그 생선을 가지사 축사祝謝하시고 떼어 제자弟子들에게 주시니, 제자弟子들이 무리에게 주매 다 배불리 먹고 남은 조각을 일곱 광주리에 차게 거두었으며, 먹은 자는 여자女子와 아이 외에 사천 명四千名이었더라. 예수께서 무리를 흩어 보내시고 배에 오르사 마가단 지경地境에 가시니라. (마 15:32~39)

5. 예수께서 가라사대 너희가 저녁에 하늘이 붉으면 날이 좋겠다 하고, 아침에 하늘이 붉고 흐리면 오늘은 날이 궂겠다 하나니, 너희가 천기天氣는 분별分別할 줄 알면서 시대時代의 표적表蹟은 분별分別할 수 없느냐, 악惡하고 음란淫亂한 세대世代가 표적表蹟을 구求하나 요나의 표적表蹟 밖에는 보여 줄 표적表蹟이 없느니라 하시고 저희를 떠나가시다. (마 16:2~4)

6. 제자弟子들이 건너편으로 갈새 떡 가져가기를 잊었더니, 예수께서 이르시되 삼가 바리새인과 사두개인들의 누룩을 주의注意하라 하신대, 제자弟子들이 서로 의론議論하여 가로되 우리가 떡을 가져오지 아니하였도다 하거늘, 예수께서 아시고 가라사대 믿음이 적은 자들아 어찌 떡이 없음으로 서로 의논議論하느냐, 너희가 아직도 깨닫지 못하느냐 어찌 내 말한 것이 떡에 관關함이 아닌 줄을 깨닫지 못하느냐 오직 바리새인과 사두개인들의 누룩을 주의注意하라 하시니, 그제야 제자弟子들이 떡의 누룩이 아니요 바리새인과 사두개인들의 교훈敎訓을 삼가라고 말씀하신 줄을 깨달으니라. (마 16:5~12)

놀랍고 새로운 획기적劃期的인 표적表蹟을 보여 달라는 요구要求에 요나의 표적表蹟을 보여 주신다고 했습니다. 요나의 표적表蹟은 하나님의 명령命令을 거역拒逆하고 엉뚱한 곳으로 가던 사람이 풍랑風浪을 만나 큰 시련試鍊을 당한 교훈敎訓입니다. 그러나 회개悔改하고 순종順從하면 용서容恕받고 구원 사역救援使役에 쓰임 받게 됩니다. 그 결과 니느웨 도성都城이 구원救援받는 큰 역사役事가 나타났습니다.

【 낭송 표시 : 1회 ▚ / 4회 ■ / 목표 120회 】

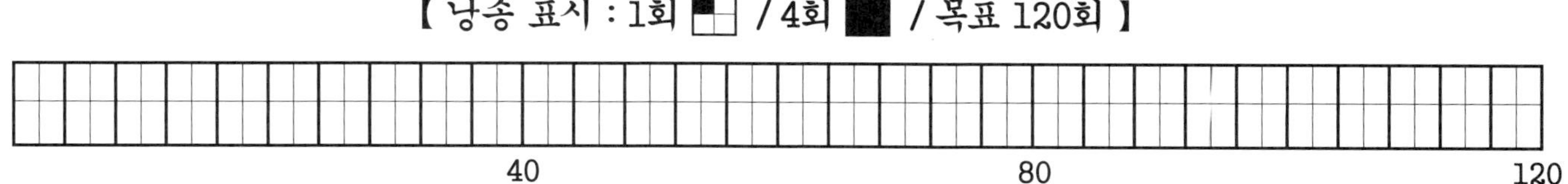

“주의 말씀은 내 발의 등이요 내 길에 빛이니이다”(시 119:105)

제 13 일

주主는 그리스도시요 살아 계신 하나님의 아들이시니이다

마태복음 16:16

예수님을 누구로 알고 믿느냐는 가장 중요重要한 판단判斷이요 신앙고백信仰告白입니다. 이는 하나님과 자신自身과의 관계 정립關係正立을 확정確定하는 것이 됩니다. 뿐만 아니라 천국시민天國市民이 되는 선서宣誓입니다.

1. 예수께서 가이사랴 빌립보 지방地方에 이르러 제자弟子들에게 물어 가라사대 사람들이 인자人子를 누구라 하느냐, 가로되 더러는 세례 요한 더러는 엘리야 어떤 이는 예레미야나 선지자先知者 중의 하나라 하나이다. 가라사대 너희는 나를 누구라 하느냐 시몬 베드로가 대답對答하여 가로되 주主는 그리스도시요 살아 계신 하나님의 아들이시니이다. 예수께서 대답對答하여 가라사대 바요나 시몬아 네가 복福이 있도다, 이를 네게 알게 한 이는 혈육血肉이 아니요 하늘에 계신 내 아버지시니라. 또 내가 네게 이르노니 너는 베드로라 내가 이 반석磐石 위에 내 교회教會를 세우리니 음부陰府의 권세權勢가 이기지 못하리라. 내가 천국天國 열쇠를 네게 주리니 네가 땅에서 무엇이든지 매면 하늘에서도 매일 것이요, 네가 땅에서 무엇이든지 풀면 하늘에서도 풀리리라 하시고, 이에 제자弟子들을 경계警戒하사 자기自己가 그리스도인 것을 아무에게도 이르지 말라 하시니라. (마 16:13~20)

2. 이때로부터 예수 그리스도께서 자기自己가 예루살렘에 올라가, 장로長老들과 대제사장大祭司長들과 서기관書記官들에게 많은 고난苦難을 받고 죽임을 당當하고 제삼일第三日에 살아나야 할 것을 제자弟子들에게 비로소 가르치시니, 베드로가 예수를 붙들고 간諫하여 가로되 주主여 그리 마옵소서 이 일이 결코 주主에게 미치지 아니하리이다. 예수께서 돌이키시며 베드로에게 이르시되 사탄아 내 뒤로 물러가라 너는 나를 넘어지게 하는 자로다. 네가 하나님의 일을 생각지 아니하고 도리어 사람의 일을 생각하는도다 하시고, 이에 예수께서 제자弟子들에게 이르시되 아무든지 나를 따라 오려거든 자기自己를 부인否認하고 자기自己 십자가十字架를 지고 나를 좇을 것이니라. (마 16:21~24)

3. 누구든지 제 목숨을 구원救援코자 하면 잃을 것이요, 누구든지 나를 위하여 제 목숨을 잃으면 찾으리라. 사람이 만일 온 천하天下를 얻고도 제 목숨을 잃으면 무엇이 유익有益하리요. 사람이 무엇을 주고 제 목숨을 바꾸겠느냐 인자人子가 아버지의 영광榮光으로 그 천사天使들과 함께 오리니 그때에 각 사람의 행行한 대로 갚으리라. 진실眞實로 너희에게 이르노니 여기 섰는 사람중에 죽기 전에 인자人子가 그 왕권王權을 가지고 오는 것을 볼 자들도 있느니라. (마 16:25~28)

4. 엿새 후後에 예수께서 베드로와 야고보와 그 형제兄弟 요한을 데리시고 따로 높은 산에 올라가셨더니, 저희 앞에서 변형變形되사 그 얼굴이 해같이 빛나며 옷이 빛과 같이

희어졌더라. 때에 모세와 엘리야가 예수로 더불어 말씀하는 것이 저희에게 보이거늘 베드로가 예수께 여짜와 가로되, 주主여 우리가 여기 있는 것이 좋사오니 주主께서 만일 원願하시면 내가 여기서 초막草幕 셋을 짓되 하나는 주主를 위하여 하나는 모세를 위하여 하나는 엘리야를 위하여 하리이다. 말할 때에 홀연忽然히 빛난 구름이 저희를 덮으며 구름 속에서 소리가 나서 가로되 이는 내 사랑하는 아들이요 내 기뻐하는 자니 너희는 저의 말을 들으라 하는지라. 제자弟子들이 듣고 엎드리어 심甚히 두려워하니, 예수께서 나아와 저희에게 손을 대시며 가라사대 일어나라 두려워 말라 하신대, 제자弟子들이 눈을 들고 보매 오직 예수 외外에는 아무도 보이지 아니하더라. (마 17:1~8)

5. 저희가 산에서 내려올 때에 예수께서 명命하여 가라사대 인자人子가 죽은 자 가운데서 살아나기 전前에는 본 것을 아무에게도 이르지 말라 하시니, 제자弟子들이 묻자와 가로되 그러면 어찌하여 서기관書記官들이 엘리야가 먼저 와야 하리라 하나이까, 예수께서 대답對答하여 가라사대 엘리야가 과연果然 먼저 와서 모든 일을 회복回復하리라. 내가 너희에게 말하노니 엘리야가 이미 왔으되 사람들이 알지 못하고 임의任意로 대우待遇하였도다. 인자人子도 이와 같이 그들에게 고난苦難을 받으리라 하시니, 그제야 제자弟子들이 예수의 말씀하신 것이 세례洗禮 요한인 줄을 깨달으니라. (마 17:9~13)

6. 저희가 무리에게 이르매 한 사람이 예수께 와서 꿇어 엎드리어 가로되 주主여 내 아들을 불쌍히 여기소서. 저가 간질癎疾로 심甚히 고생苦生하여 자주 불에도 넘어지며 물에도 넘어지는지라. 내가 주主의 제자弟子들에게 데리고 왔으나 능能히 고치지 못하더이다. 예수께서 대답對答하여 가라사대 믿음이 없고 패역悖逆한 세대世代여, 내가 얼마나 너희와 함께 있으며 얼마나 너희를 참으리요. 그를 이리로 데려오라 하시다, 이에 예수께서 꾸짖으시니 귀신鬼神이 나가고 아이가 그때부터 나으니라. 이때에 제자弟子들이 종용慫慂히 예수께 나아와 가로되 우리는 어찌하여 쫓아내지 못하였나이까. 가라사대 너희 믿음이 적은 연고緣故니라 진실眞實로 너희에게 이르노니, 너희가 만일 믿음이 한 겨자씨만큼만 있으면 이 산을 명命하여 여기서 저기로 옮기라 하여도 옮길 것이요 또 너희가 못 할 것이 없으리라. (마 17:14~20)

"우리는 어찌하여 못 하였나이까." 제자弟子들의 자기 평가自己評價와 자기 진단自己診斷입니다. 자기 한계自己限界와 자기 무능自己無能의 발견發見과 솔직한 시인是認입니다. '우리는 왜 못 합니까'라고 제자弟子들처럼 예수님께 종용慫慂히 물어 보아야 합니다. 예수님의 대답對答 "너희 믿음이 적은 연고緣故라"는 진단診斷과 처방處方을 내려 주십니다. 주여! 산을 옮길 만한 믿음을 주옵소서. 우리의 기도祈禱가 되기 바랍니다.

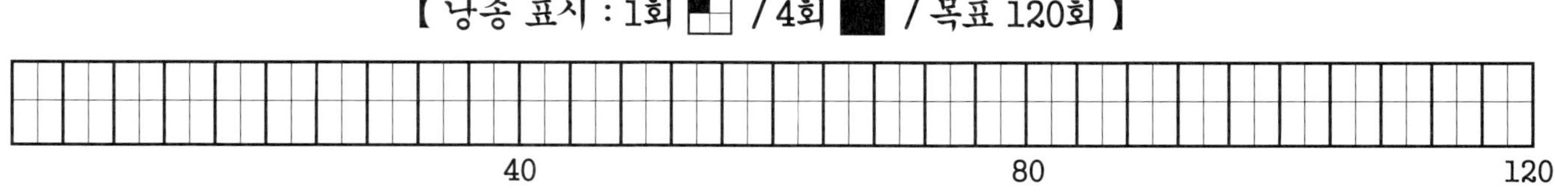

"주의 말씀은 내 발의 등이요 내 길에 빛이니이다"(시 119:105)

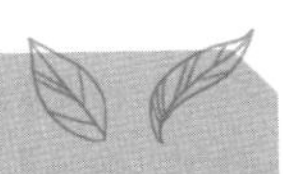

제 14 일

실족失足케 하는 사람에게는 화禍가 있도다

마태복음 18:7

실족失足이란 미끄러져 넘어지는 것을 말합니다. 잘못하여 넘어져 죄罪를 범犯하게 되는 경우境遇를 말합니다. 나의 말과 행동行動이나 역할役割로 다른 사람이 실족失足하게 하는 것을 큰 죄악罪惡임을 경고警告하고 있습니다.

1. 갈릴리에 모일 때에 예수께서 제자弟子들에게 이르시되 인자人子가 장차將次 사람들의 손에 넘기워, 죽임을 당當하고 제삼일第三日에 살아나리라 하시니 제자弟子들이 심甚히 근심하더라. 가버나움에 이르니 반 세겔 받는 자들이 베드로에게 나아와 가로되 너의 선생先生이 반 세겔을 내지 아니하느냐, 가로되 내신다 하고 집에 들어가니 예수께서 먼저 가라사대 시몬아 네 생각은 어떠하뇨, 세상世上 임금들이 뉘게 관세關稅와 정세丁稅를 받느냐 자기 아들에게냐 타인他人에게냐, 베드로가 가로되 타인他人에게니이다 예수께서 가라사대 그러하면 아들들은 세稅를 면免하리라. 그러나 우리가 저희로 오해誤解케 하지 않기 위하여 네가 바다에 가서 낚시를 던져 먼저 오르는 고기를 가져 입을 열면 돈 한 세겔을 얻을 것이니 가져다가 나와 너를 위하여 주라 하시니라. (마 17:22~27)

2. 그때에 제자弟子들이 예수께 나아와 가로되 천국天國에서는 누가 크니이까, 예수께서 한 어린아이를 불러 저희 가운데 세우시고 가라사대, 진실眞實로 너희에게 이르노니 너희가 돌이켜 어린아이들과 같이 되지 아니하면 결단決斷코 천국天國에 들어가지 못하리라. 또 누구든지 내 이름으로 이런 어린아이 하나를 영접迎接하면 곧 나를 영접迎接함이니 누구든지 나를 믿는 이 소자小子 중 하나를 실족失足케 하면 차라리 연자研子 맷돌을 그 목에 달리우고 깊은 바다에 빠뜨리우는 것이 나으니라. (마 18:1~6)

3. 실족失足케 하는 일들이 있음을 인하여 세상世上에 화禍가 있도다. 실족失足케 하는 일이 없을 수는 없으나 실족失足케 하는 그 사람에게는 화禍가 있도다. 만일 네 손이나 네 발이 너를 범죄犯罪케 하거든 찍어 내버리라. 불구자不具者나 절뚝발이로 영생永生에 들어가는 것이 두 손과 두 발을 가지고 영원永遠한 불에 던지우는 것보다 나으니라. 만일 네 눈이 너를 범죄犯罪케 하거든 빼어 내버리라 한 눈으로 영생永生에 들어가는 것이 두 눈을 가지고 지옥地獄 불에 던지우는 것보다 나으니라. 삼가 이 소자小子 중에 하나도 업신여기지 말라 너희에게 말하노니 저희 천사天使들이 하늘에서 하늘에 계신 내 아버지의 얼굴을 항상恒常 뵈옵느니라. (마 18:7~10)

4. 어떤 사람이 양 일백一百 마리가 있는데 그중에 하나가 길을 잃었으면 그 아흔아홉 마리를 산에 두고 가서 길 잃은 양을 찾지 않겠느냐, 찾으면 길을 잃지 아니한 아흔아홉 마리보다 이것을 더 기뻐하리라. 이와 같이 이 소자小子 중에 하나라도 잃어지는 것은 하늘에 계신 너희 아버지의 뜻이 아니니라. (마 18:12~14)

5. 네 형제兄弟가 죄罪를 범犯하거든 가서 너와 그 사람과만 상대相對하여 권고勸告하라. 만일 들으면 네가 네 형제兄弟를 얻은 것이요, 듣지 않거든 한 두 사람을 데리고 가서 두세 증인證人의 입으로 말마다 증참證參케 하라. 만일 그들의 말도 듣지 않거든 교회敎會에

말하고 교회教會의 말도 듣지 않거든 이방인異邦人과 세리와 같이 여기라. 진실眞實로 너희에게 이르노니 무엇이든지 너희가 땅에서 매면 하늘에서도 매일 것이요, 무엇이든지 땅에서 풀면 하늘에서도 풀리리라. 진실眞實로 다시 너희에게 이르노니 너희 중에 두 사람이 땅에서 합심合心하여 무엇이든지 구求하면 하늘에 계신 내 아버지께서 저희를 위하여 이루게 하시리라. 두세 사람이 내 이름으로 모인 곳에는 나도 그들 중에 있느니라. (마 18:15~20)

6. 그때에 베드로가 나아와 가로되 주主여 형제兄弟가 내게 죄罪를 범犯하면 몇 번이나 용서容恕하여 주리이까 일곱 번까지 하오리이까, 예수께서 가라사대 네게 이르노니 일곱 번뿐 아니라 일흔 번씩 일곱 번이라도 할지니라. 이러므로 천국天國은 그 종들과 회계會計하려 하던 어떤 임금과 같으니, 회계會計할 때에 일만 달란트 빚진 자 하나를 데려오매 갚을 것이 없는지라. 주인主人이 명命하여 그 몸과 처妻와 자식子息들과 모든 소유所有를 다 팔아 갚게 하라 한 대, 그 종이 엎드리어 절하며 가로되 내게 참으소서 다 갚으리이다 하거늘 그 종의 주인主人이 불쌍히 여겨 놓아 보내며 그 빚을 탕감蕩減하여 주었더니, 그 종이 나가서 제게 백 데나리온 빚진 동관同官 하나를 만나 붙들어 목을 잡고 가로되 빚을 갚으라 하매, 그 동관同官이 엎드리어 간구懇求하여 가로되 나를 참아 주소서 갚으리이다 하되, 허락許諾하지 아니하고 이에 가서 저가 빚을 갚도록 옥에 가두거늘 그 동관同官들이 그것을 보고 심히 민망憫惘하여 주인主人에게 가서 그 일을 다 고告하니, 이에 주인主人이 저를 불러다가 말하되 악惡한 종아 네가 빌기에 내가 네 빚을 전부 탕감하여 주었거늘, 내가 너를 불쌍히 여김과 같이 너도 네 동관同官을 불쌍히 여김이 마땅치 아니하냐 하고, 주인主人이 노怒하여 그 빚을 다 갚도록 저를 옥졸들에게 붙이니라. 너희가 각각各各 중심中心으로 형제兄弟를 용서容恕하지 아니하면 내 천부天父께서도 너희에게 이와 같이 하시리라. (마 18:21~35)

7. 예수께서 이 말씀을 마치시고 갈릴리에서 떠나 요단 강 건너 유대 지경地境에 이르시니, 큰 무리가 좇거늘 예수께서 거기서 저희 병病을 고치시더라. 바리새인들이 예수께 나아와 그를 시험試驗하여 가로되 사람이 아무 연고緣故를 물론하고 그 아내를 내어버리는 것이 옳으니이까, 예수께서 대답對答하여 가라사대 사람을 지으신 이가 본래本來 저희를 남자男子와 여자女子로 만드시고, 말씀하시기를 이러므로 사람이 그 부모父母를 떠나서 아내에게 합合하여 그 둘이 한 몸이 될지니라 하신 것을 읽지 못하였느냐, 이러한즉 이제 둘이 아니요 한 몸이니 그러므로 하나님이 짝 지어 주신 것을 사람이 나누지 못할지니라. (마 19:1~6)

부부夫婦는 이성지합二姓之合이요 일심동체一心同體입니다. 하나님이 짝지어 주셔서 돕는 배필配匹로 삼아 주셨습니다. 하나님이 짝지어 주신 것을 사람이 나누지 못합니다. 서로 사랑하고 존귀尊貴히 여겨 주어 일평생一平生 화락和樂하게 살아 자녀子女들의 효도孝道를 받고 하나님의 은총恩寵 가운데 명문대가名門大家를 이루어야 합니다.

【 낭송 표시 : 1회 ▚ / 4회 ■ / 목표 120회 】

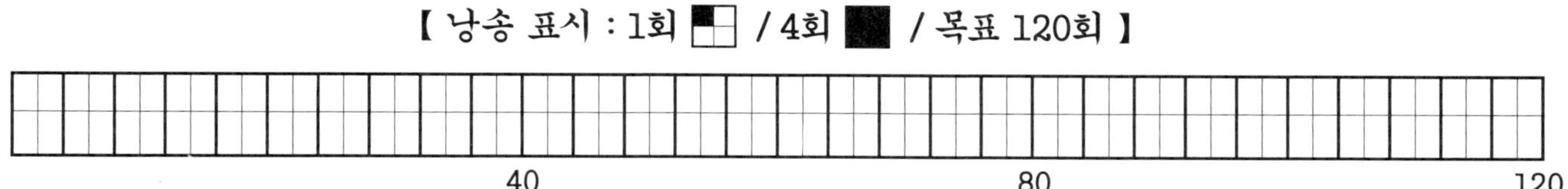

"주의 말씀은 내 발의 등이요 내 길에 빛이니이다"(시 119:105)

제 15 일

재물財物이 많은 고로 근심하여 가니라

마태복음 19:22

부자富者 청년靑年은 어릴 때부터 계명誡命을 다 지켰다고 했습니다. 사실事實 여부與否는 알 수 없습니다만은 대단한 일이 아닐 수 없습니다. 계명誡命을 다 준수遵守한 이의 객관적客觀的 기준基準은 자기自己의 부富를 가난한 자에게 나누어 구제할 수 있는 것입니다. 그러나 부자富者 청년靑年은 '재물財物이 많은고로 근심하며 갔다'라고 기록記錄하고 있습니다. 자기自己 중심中心과 이기적利己的 삶은 행동行動하는 신앙信仰이 될 수 없는 미신 숭상未信崇尙에 머물게 하고 맙니다.

1. 예수께서 가라사대 모세가 너희 마음의 완악頑惡함을 인하여 아내 내어버림을 허락許諾하였거니와 본래本來는 그렇지 아니하니라. 내가 너희에게 말하노니 누구든지 음행淫行하고 연고緣故 외外에 아내를 내어버리고 다른 데 장가드는 자는 간음姦淫함이니라. 때에 사람들이 예수의 안수按手하고 기도祈禱하심을 바라고, 어린아이들을 데리고 오매 제자弟子들이 꾸짖거늘 예수께서 가라사대, 어린아이들을 용납容納하고 내게 오는 것을 금禁하지 말라. 천국天國이 이런 자의 것이니라 하시고 저희 위에 안수按手하시고 거기서 떠나시니라. (마 19:8~15)

2. 어떤 사람이 주께 와서 가로되 선생님이여 내가 무슨 선善한 일을 하여 영생永生을 얻으리이까, 예수께서 가라사대 어찌하여 선善한 일을 내게 묻느냐, 선善한 이는 오직 한 분이시니라 네가 생명生命에 들어가려면 계명誡命들을 지키라. 가로되 어느 계명誡命이오니이까 예수께서 가라사대 살인殺人하지 말라, 간음姦淫하지 말라, 도적盜賊질하지 말라, 거짓 증거證據하지 말라, 네 부모父母를 공경恭敬하라, 네 이웃을 네 몸과 같이 사랑하라 하신 것이니라. 그 청년靑年이 가로되 이 모든 것을 내가 지키었사오니, 아직도 무엇이 부족不足하나이까 예수께서 가라사대 네가 온전穩全하고자 할진대, 가서 네 소유所有를 팔아 가난한 자들을 주라 그리하면 하늘에서 보화寶貨가 네게 있으리라. 그리고 와서 나를 좇으라 하시니 그 청년靑年이 재물財物이 많으므로 이 말씀을 듣고 근심하며 가니라. (마 19:16~22)

3. 예수께서 제자弟子들에게 이르시되 내가 진실眞實로 너희에게 이르노니 부자富者는 천국天國에 들어가기가 어려우니라. 다시 너희에게 말하노니 약대가 바늘귀로 들어가는 것이 부자富者가 하나님의 나라에 들어가는 것보다 쉬우니라 하신대, 제자弟子들이 듣고 심甚히 놀라 가로되 그런즉 누가 구원救援을 얻을 수 있으리이까, 예수께서 저희를 보시며 가라사대 사람으로는 할 수 없으되 하나님으로서는 다 할 수 있느니라. 이에 베드로가 대답對答하여 가로되 보소서 우리가 모든 것을 버리고 주主를 좇았사오니 그런즉 우리가 무엇을 얻으리이까, 예수께서 가라사대 내가 진실眞實로 너희에게 이르노니 세상世上이 새롭게 되어 인자人子가 자기 영광榮光의 보좌寶座에 앉을 때에 나를 좇는 너희도 열두 보좌寶座에 앉아 이스라엘 열두 지파支派를 심판審判하리라. 또 내 이름을 위하여 집이나 형제兄弟나 자매姉妹나 부모父母나 자식子息이나 전토田土를 버린 자마다 여러 배를 받고 또 영생永生을 상속相續하리라. 그러나 먼저 된 자로서 나중 되고 나중 된 자로서 먼저 될 자가 많으니라. (마 19:23~30)

4. 천국天國은 마치 품꾼을 얻어 포도원葡萄園에 들여보내려고 이른 아침에 나간 집 주인主人과 같으니, 저가 하루 한 데나리온씩 품꾼들과 약속約束하여 포도원葡萄園에 들여보내고, 또 제삼시第三時에 나가보니 장터에 놀고 섰는 사람들이 또 있는지라.

저희에게 이르되 너희도 포도원葡萄園에 들어가라 내가 너희에게 상당相當하게 주리라 하니 저희가 가고, 제육시第六詩와 제第 구시九時에 또 내가 그와 같이 하고 제십일시第十一時에도 나가 보니 섰는 사람들이 또 있는지라. 가로되 너희는 어찌하여 종일終日토록 놀고 여기 섰는뇨 가로되 우리를 품꾼으로 쓰는 이가 없음이니이다 가로되 너희도 포도원葡萄園에 들어가라 하니라. 저물매 포도원葡萄園 주인主人이 청지기에게 이르되 품꾼들을 불러 나중 온 자로부터 시작始作하여 먼저 온 자까지 삯을 주라 하니, 제 십일시에 온 자들이 와서 한 데나리온씩을 받거늘 먼저 온 자들이 와서 더 받을 줄 알았더니 저희도 한 데나리온씩 받은지라. 받은 후 집 주인主人을 원망怨望하여 가로되, 나중 온 이 사람들은 한 시간時間만 일하였거늘 저희를 종일終日 수고受苦와 더위를 견딘 우리와 같게 하였나이다. 주인主人이 대답對答하여 가로되 친구親舊여 내가 네게 잘못한 것이 없노라. 네가 나와 한 데나리온의 약속을 하지 아니하였느냐, 내 것이나 가지고 가라 나중 온 이 사람에게 너와 같이 주主는 것이 내 뜻이니라. 내 것을 가지고 내 뜻대로 할 것이 아니냐 내가 선善하므로 네가 악惡하게 보느냐, 이와 같이 나중 된 자로서 먼저 되고 먼저 된 자로서 나중 되리라. (마 20:1~16)

5. 예수께서 예루살렘으로 올라가려 하실 때에 열두 제자弟子를 따라 데리시고 길에서 이르시되, 보라 우리가 예루살렘으로 올라가노니 인자人子가 대제사장大祭司長들과 서기관書記官들에게 넘기우매 저희가 죽이기로 결안決案하고, 이방인異邦人들에게 넘겨주어 그를 능욕凌辱하며 채찍질하며 십자가十字架에 못박게 하리니 제삼일第三日에 살아나리라. (마 20:17~19)

6. 그때에 세베대의 아들의 어미가 그 아들들을 데리고 예수께 와서 절하며 무엇을 구求하니, 예수께서 가라사대 무엇을 원願하느뇨 가로되 이 나의 두 아들을 주主의 나라에서 하나는 주主의 우편右便에, 하나는 주主의 좌편左便에 앉게 명命하소서. 예수께서 대답對答하여 가라사대 너희 구求하는 것을 너희가 알지 못하는도다. 나의 마시려는 잔盞을 너희가 마실 수 있느냐 저희가 말하되 할 수 있나이다. 가라사대 너희가 과연果然 내 잔을 마시려니와 내 좌우편左右便에 앉는 것은 나의 줄 것이 아니라 내 아버지께서 누구를 위하여 예비豫備하셨든지 그들이 얻을 것이니라. 열 제자弟子가 듣고 그 두 형제兄弟에 대하여 분히 여기거늘, 예수께서 제자弟子들을 불러다가 가라사대 이방인異邦人의 집권자執權者들이 저희를 임의任意로 주관主管하고 그 대인大人들이 저희에게 권세權勢를 부리는 줄을 너희가 알거니와, 너희 중에는 그렇지 아니하니 너희 중에 누구든지 크고자 하는 자는 너희를 섬기는 자가 되고, 너희 중에 누구든지 으뜸이 되고자 하는 자는 너희 종이 되어야 하리라. 인자人子가 온 것은 섬김을 받으려 함이 아니라 도리어 섬기려 하고 자기 목숨을 많은 사람의 대속물代贖物로 주려 함이니라. (마 20:20~28)

예수님이 이 세상世上에 오신 것은, 섬김을 받으려 함이 아니라 섬기고 대속물代贖物이 되기 위함입니다. 크고자 하는 자는 섬기는 자가 되고 으뜸이 되고자 하는 대로 종이 되어야 합니다. 이천 년 전二千年前에 지도자指導者의 길을 계시啓示해 주시고 모범模範을 보여 주셨습니다.

【 낭송 표시 : 1회 ◪ / 4회 ■ / 목표 120회 】

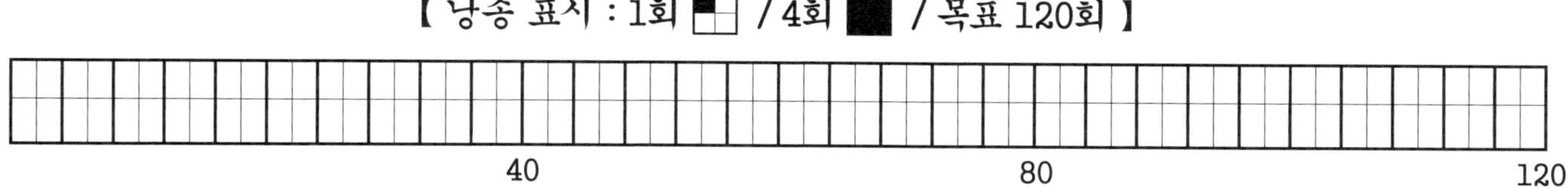

"주의 말씀은 내 발의 등이요 내 길에 빛이니이다"(시 119:105)

제 16 일

주여 우리 눈 뜨기를 원하나이다

마태복음 20:33

“주主여 우리를 불쌍히 여기소서.” 예수님을 향한 소경의 부르짖음입니다. “주여 눈뜨기를 원하나이다.” 소경의 간절한 기도祈禱입니다. ‘곧 보게 되어 예수를 좇으니라.’ 소경의 기도祈禱는 즉각 응답應答이 되어 시력視力을 회복回復하여 주님을 따르는 제자弟子가 되었습니다. 주主여 우리를 불쌍히 여기소서, 눈 뜨기를 원하나이다. 곧 보게 되어 예수님을 따르는 기도祈禱의 응답應答, 신앙생활信仰生活의 체험體驗이 있게 되기 바랍니다.

1. 저희가 여리고에서 떠나갈 때에 큰 무리가 예수를 좇더라. 소경 둘이 길가에 앉았다가 예수께서 지나가신다 함을 듣고 소리 질러 가로되, 주主여 우리를 불쌍히 여기소서 다윗의 자손子孫이여 하니, 무리가 꾸짖어 잠잠潛潛하라 하되 더욱 소리 질러 가로되 주主여 우리를 불쌍히 여기소서 다윗의 자손子孫이여 하는지라. 예수께서 머물러서서 저희를 불러 가라사대, 너희에게 무엇을 하여 주기를 원願하느냐, 가로되 주主여 우리 눈 뜨기를 원願하나이다. 예수께서 민망憫惘히 여기서 저희 눈을 만지시니 곧 보게 되어 저희가 예수를 좇으니라. (마 20:29~34)

2. 저희가 예루살렘에 가까이 와서 감람산 벳바게에 이르렀을 때에 예수께서 두 제자弟子를 보내시며 이르시되, 너희 맞은편 마을로 가라 곧 매인 나귀와 나귀 새끼가 함께 있는 것을 보리니 풀어 내게로 끌고 오너라. 만일 누가 무슨 말을 하거든 주主가 쓰시겠다 하라. 그리하면 즉시卽時 보내리라 하시니 이는 선지자先知者로 하신 말씀을 이루려 하심이라 일렀으되, 시온 딸에게 이르기를 네 왕王이 네게 임하나니, 그는 겸손謙遜하여 나귀 곧 멍에 메는 짐승의 새끼를 탔도다 하라 하였느니라. 제자弟子들이 가서 예수의 명命하신대로 하여, 나귀와 나귀 새끼를 끌고 와서 자기自己들의 겉옷을 그 위에 얹으매 예수께서 그 위에 타시니, 무리의 대부분大部分은 그 겉옷을 길에 펴며, 다른 이는 나무 가지를 베어 길에 펴고 앞에서 가고 뒤에서 따르는 무리가 소리 질러 가로되, 호산나 다윗의 자손子孫이여 찬송讚頌하리로다. 주主의 이름으로 오시는 이여 가장 높은 곳에서 호산나 하더라. (마 21:1~9)

3. 예수께서 예루살렘에 들어가시니 온 성城이 소동騷動하여 가로되, 이는 누구뇨 하거늘 무리가 가로되 갈릴리 나사렛에서 나온 선지자先知者 예수라 하니라. 예수께서 성전聖殿에 들어가사 성전聖殿 안에서 매매賣買하는 모든 자를 내어쫓으시며, 돈 바꾸는 자들의 상과 비둘기 파는 자들의 의자倚子를 둘러 엎으시고, 저희에게 이르시되 기록記錄된바 내 집은 기도祈禱하는 집이라. 일컬음을 받으리라 하였거늘 너희는 강도强盜의 굴혈掘穴을 만드는도다 하시니라. 소경과 저는 자들이 성전聖殿에서 예수께 나아오매 고쳐 주시니, 대제사장大祭司長들과 서기관書記官들이 예수의 하시는 이상異常한 일과 또 성전聖殿에서 소리 질러, 호산나 다윗의 자손子孫이여 하는 아이들을 보고 분忿하여, 예수께 말하되 저희의 하는 말을 듣느뇨, 예수께서 가라사대 그렇다 어린 아기와 젖먹이들의 입에서 나오는 찬미讚美를 온전穩全케 하셨나이다 함을 너희가 읽어 본 일이 없느냐 하시고, 그들을 떠나 성城밖으로 베다니에 가서 거기서 유留하시니라. (마 21:10~17)

4. 이른 아침에 성城으로 들어오실 때에 시장嘶腸하신지라. 길가에서 한 무화과無花果나무를 보시고 그리로 가사 잎사귀 밖에 아무것도 얻지 못하시고 나무에게 이르시되, 이제부터 영원永遠토록 네게 열매가 맺지 못하리라 하시니 무화과無花果나무가 곧 마른지라. 예수께서 가라사대 너희가 믿음이 있고 의심疑心치 아니하면 이 산더러 들려 바다에 던지우라 하여도 될 것이요, 너희가 기도祈禱할 때에 무엇이든지 믿고 구求하는 것은 다 받으리라 하시니라. (마 21:18~22)

5. 예수께서 성전聖殿에 들어가 가르칠새 대제사장大祭司長들과 백성百姓의 장로長老들이 나아와 가로되, 네가 무슨 권세權勢로 이런 일을 하느뇨 또 누가 이 권세權勢를 주었느뇨, 예수께서 대답對答하시되 나도 한 말을 너희에게 물으리니, 너희가 대답對答하면 나도 무슨 권세權勢로 이런 일을 하는지 이르리라. 요한의 세례洗禮가 어디로서 왔느냐, 하늘로서냐 사람에게로서냐 저희가 서로 의논議論하여 가로되, 만일 하늘로서라 하면 어찌하여 저를 믿지 아니하였느냐 할 것이요, 사람에게로서라 하면 모든 사람이 요한을 선지자先知者로 여기니 백성百姓이 무섭다 하여 예수께 대답對答하여 가로되 우리가 알지 못하노라 하니, 예수께서 가라사대 나도 무슨 권세權勢로 이런 일을 하는지 너희에게 이르지 아니하리라. (마 21:23~27)

6. 한 사람이 두 아들이 있는데 맏아들에게 가서 이르되, 얘 오늘 포도원葡萄園에 가서 일하라 하니, 대답對答하여 가로되 아버지여 가겠소이다 하더니 가지 아니하고, 둘째 아들에게 가서 또 이같이 말하니 대답對答하여 가로되 싫소이다 하더니, 그 후後에 뉘우치고 갔으니 그 둘 중에 누가 아비의 뜻대로 하였느뇨, 가로되 둘째 아들이니이다 예수께서 저희에게 이르시되 내가 진실眞實로 너희에게 이르노니, 세리稅吏들과 창기娼妓들이 너희보다 먼저 하나님의 나라에 들어가리라. 요한이 의義의 도道로 너희에게 왔거늘 너희는 저를 믿지 아니하였으되, 세리稅吏와 창기娼妓는 믿었으며 너희는 이것을 보고도 종시終是 뉘우쳐 믿지 아니하였도다. (마 21:28~32)

7. 다시 한 비유譬喩를 들으라 한 집 주인主人이 포도원葡萄園을 만들고, 산울로 두르고 거기 즙汁 짜는 구유를 파고 망대望臺를 짓고 농부農夫들에게 세貰로 주고 타국他國에 갔더니, 실과實果 때가 가까우매 그 실과實果를 받으려고 자기 종들을 농부農夫들에게 보내니, 농부農夫들이 종들을 잡아 하나는 심甚히 때리고 하나는 죽이고 하나는 돌로 쳤거늘, 다시 다른 종들을 처음보다 많이 보내니 저희에게도 그렇게 하였는지라. 후後에 자기 아들을 보내며 가로되 저희가 내 아들은 공경恭敬하리라 하였더니, 농부農夫들이 그 아들을 보고 이는 상속자相續者이니 죽이고 유업遺業을 차지하자 하고, 포도원葡萄園 밖에 내어쫓아 죽였느니라. (마 21:33~39)

무화과無花果 나무는 택擇한 하나님의 백성百姓을 상징象徵합니다. 꽃 없이 열매 맺는 특별特別한 은혜恩惠를 받은 자들은 항상 열매를 가지고 배고픈 나그네에게 공급供給하여 주어야 합니다. 저주詛呪 받는 자가 아니라 축복祝福을 받고 은혜恩惠를 공급供給하는 사명使命과 역할役割을 해야 합니다.

【 낭송 표시 : 1회 ▞ / 4회 ■ / 목표 120회 】

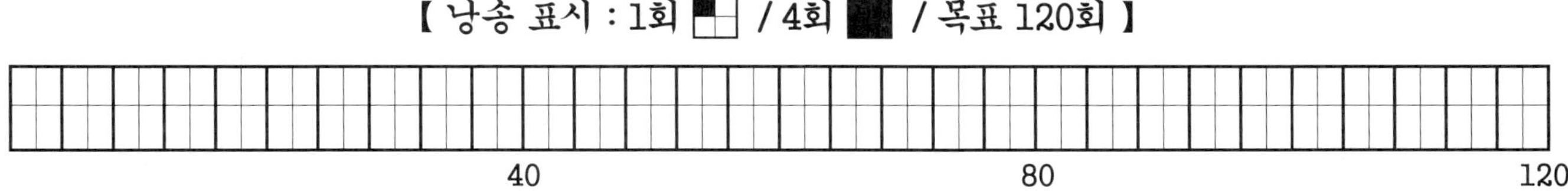

40 80 120

"주의 말씀은 내 발의 등이요 내 길에 빛이니이다"(시 119:105)

제 17 일

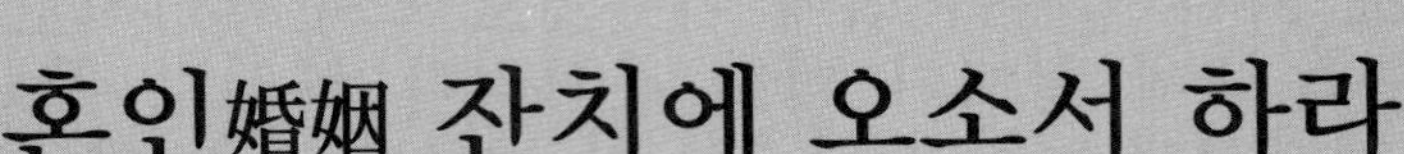

혼인婚姻 잔치에 오소서 하라

마태복음 22:4

교회敎會는 천국 혼인天國婚姻 잔치 집과 같습니다. 신랑新郞은 예수님이시고 신부新婦는 교회敎會와 성도聖徒들입니다. 잔치에는 기쁨과 흥겨움과 풍성豊盛함이 있습니다. 초대招待받은 이들은 예복禮服을 입고 기쁨으로 참석參席하여 축하祝賀해야 합니다.

1. 포도원葡萄園 주인主人이 올 때에 이 농부農夫들을 어떻게 하겠느뇨. 저희가 말하되 이
악惡한 자들을 진멸殄滅하고 포도원葡萄園은 제때에 실과實果를 바칠 만한 다른 농부農夫
들에게 세稅로 줄지니이다. 예수께서 가라사대 너희가 성경聖經에 건축자建築者들의
버린 돌이 모퉁이의 머릿돌이 되었나니, 이것은 주主로 말미암아 된 것이요 우리 눈에
기이奇異하도다 함을 읽어 본 일이 없느냐. 그러므로 하나님 나라를 너희는 빼앗기고
그 나라의 열매 맺는 백성百姓이 받으리라. 이 돌 위에 떨어지는 자는 깨어지겠고 이
돌이 사람 위에 떨어지면 저를 가루로 만들어 흩으리라 하시니, 대제사장大祭司長들과
바리새인들이 예수의 비유譬喩를 듣고 자기自己들을 가리켜 말씀하심인 줄 알고 잡고자
하나, 무리를 무서워하니 이는 저희가 예수를 선지자先知者로 앎이었더라. (마 21:40~46)

2. 예수께서 비유譬喩로 대답對答하여 가라사대, 천국天國은 마치 자기自己 아들을
위하여 혼인婚姻 잔치를 베푼 어떤 임금과 같으니, 그 종들을 보내어 그 청請한 사람들을
혼인婚姻 잔치에 오라 하였더니 오기를 싫어하거늘, 다시 보내며 가로되 청請한
사람들에게 이르기를 내가 오찬午餐을 준비準備하되, 나의 소와 살진 짐승을 잡고 모든
것을 갖추었으니 혼인婚姻 잔치에 오소서 하라 하였더니, 저희가 돌아 보지도 않고
하나는 자기自己 밭으로, 하나는 자기自己 상업 차商業次로 가고 그 남은 자들은 종들을
잡아 능욕凌辱하고 죽이니, 임금이 노怒하여 군대軍隊를 보내어 그 살인殺人한 자들을
진멸殄滅하고 그 동네를 불사르고, 이에 종들에게 이르되 혼인婚姻 잔치는 예비豫備
되었으나 청請한 사람들은 합당合當치 아니하니, 사거리 길에 가서 사람을 만나는대로
혼인婚姻 잔치에 청請하여 오너라. (마 22:1~9)

3. 이에 바리새인들이 가서 어떻게 하여 예수로 말의 올무에 걸리게 할까 상론相論하고,
자기自己 제자弟子들을 헤롯 당원黨員들과 함께 예수께 보내어 말하되, 선생님이여 우리가
아노니 당신은 참되시고 참으로써 하나님의 도道를 가르치시며, 아무라도 꺼리는 일이
없으시니 이는 사람을 외모外貌로 보지 아니하심이니이다. 가이사에게 세稅를 바치는 것이
가可하니이까 불가不可하니이까. 예수께서 저희의 악惡함을 아시고 가라사대 가이사의
것은 가이사에게, 하나님의 것은 하나님께 바치라 하시니 저희가 이 말을 듣고 기이奇異히
여겨 예수를 떠나가니라. (마 22:15~22)

4. 예수께서 가라사대 부활復活 때에는 장가도 아니 가고, 시집도 아니 가고 하늘에 있는
천사天使들과 같으니라. 죽은 자의 부활復活을 의논議論할진대, 나는 아브라함 하나님이요

이삭의 하나님이요 야곱의 하나님이로다. 하나님은 죽은 자의 하나님이 아니요 산 자의 하나님이시니라 하시니 무리가 듣고 그의 가르치심에 놀라더라. (마 22:29~33)

5. 한 율법사律法士가 예수를 시험試驗하여 묻되, 선생님이여 율법律法중에 어느 계명誡命이 크니이까, 예수께서 가라사대 내 마음을 다하고 목숨을 다하고 뜻을 다하여 주 너의 하나님을 사랑하라 하셨으니, 이것이 크고 첫째 되는 계명誡命이요, 둘째는 그와 같으니 네 이웃을 네 몸과 같이 사랑하라 하셨으니, 이 두 계명誡命이 온 율법律法과 선지자先知者의 강령綱領이니라. (마 22:35~40)

6. 바리새인들이 모였을 때에 예수께서 그들에게 물으시되, 너희는 그리스도에 대하여 어떻게 생각生覺하느냐 대답對答하되 다윗의 자손子孫이니이다. 가라사대 그러면 다윗이 성령聖靈에 감동感動하여 어찌 그리스도를 주라 칭稱하여 말하되, 주主께서 내 주主께 이르시되 내가 네 원수怨讐를 네 발 아래 둘 때까지 내 우편右便에 앉았으라 하셨도다 하였느냐, 다윗이 그리스도를 주主라 칭稱하였은즉 어찌 그의 자손子孫이 되겠느냐 하신, 한 말도 능能히 대답對答하는 자가 없고 그날부터 감敢히 그에게 묻는 자도 없더라. (마 22:41~46)

7. 너희 아버지는 하나이시니 곧 하늘에 계신 자시니라. 너희 지도자指導者는 하나이니 곧 그리스도니라. 너희 중에 큰 자는 너희를 섬기는 자가 되어야 하니라. 누구든지 자기自己를 높이는 자는 낮아지고 누구든지 자기自己를 낮추는 자는 높아지리라. 화禍 있을진저 외식外飾하는 서기관書記官과 바리새인들이여, 너희가 박하薄荷와 회향茴香과 근채芹菜의 십일조十一條를 드리되 율법律法의 더 중重한바 의義와 인仁과 신信은 버렸도다. 소경 된 인도引導자여 하루살이는 걸러내고 약대는 삼키는도다. (마 23:9~24)

8. 화禍 있을진저 외식外飾하는 서기관書記官과 바리새인들이여 잔盞과 대접大楪의 겉은 깨끗이하되, 그 안에는 탐욕貪慾과 방탕放蕩으로 가득하게 하는 도다. 소경된 바리새인아 너는 먼저 안을 깨끗이 하라 그리하면 겉도 깨끗하리라. 외식外飾하는 이들이여 회칠灰漆한 무덤 같으니, 겉으로는 아름답게 보이나 그 안에는 죽은 사람의 뼈와 모든 더러운 것이 가득하도다. 겉으로는 옳게 보이되 안으로는 외식外飾과 불법不法이 가득하도다. (마 23:25~28)

겉으로는 깨끗한 척하지만 속에는 더러움과 탐욕貪慾과 방탕放蕩으로 가득 찬 회칠灰漆한 무덤 같다고 했습니다. 이러한 마음이라면 바로 회개悔改하고 예수님의 십자가十字架 보혈寶血로 깨끗이 씻음 받아야 합니다.

【 낭송 표시 : 1회 / 4회 / 목표 120회 】

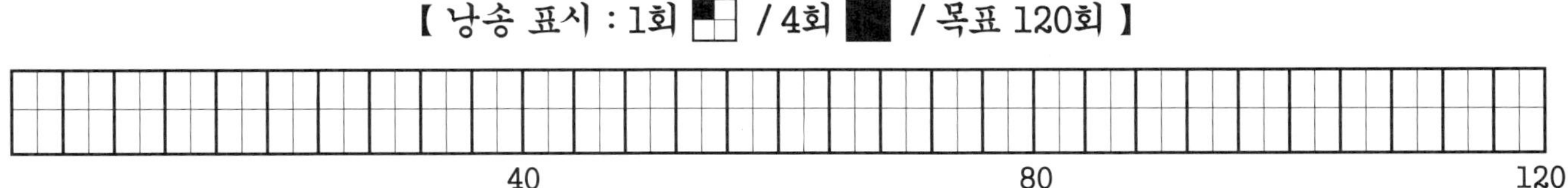

"주의 말씀은 내 발의 등이요 내 길에 빛이니이다"(시 119:105)

제 18 일

땅 위에서 흘린 피가 그들에게 돌아가리라

마태복음 23:35

가장 큰 슬픔과 비극悲劇은 하나님의 종들이 그 백성百姓들에게 당當한 핍박逼迫과 박해迫害였습니다. 아벨의 피에서 시작始作하여 예수 십자가의 피까지, 모든 택擇한 선민選民들에게 자행自行되었습니다. 오늘날도 도처到處에서 심지어 거룩한 공동체共同體 안에서 계속되고 있음을 볼 때 깊이 생각生覺하고 회개悔改해야 합니다.

1. 화禍 있을진저 외식外飾하는 서기관書記官들과 바리새인들이여 너희는 선지자先知者들의 무덤을 쌓고 의인義人들의 비석碑石을 꾸미며 가로되, 우리가 조상祖上 때에 있었더면 선지자先知者의 피를 흘리는 데 참예參與하지 아니하였으리라 하니, 그러면 너희가 선지자先知者를 죽인 자의 자손子孫됨을 스스로 증거證據함이로다. 너희가 너희 조상祖上의 양量을 채우라. 뱀들아 독사毒蛇의 새끼들아 너희가 어떻게 지옥地獄의 판결判決을 피하겠느냐, 그러므로 내가 너희에게 선지자先知者들과 지혜智慧 있는 자들과 서기관書記官들을 보내매, 너희가 그중에서 더러는 죽이고 십자가十字架에 못 박고, 그중에 더러는 너희 회당會堂에서 채찍질하고 이 동네에서 저 동네로 구박驅迫하리라. 그러므로 의인義人 아벨의 피로부터 성전聖殿과 제단祭壇 사이에서 너희가 죽인 바라갸의 아들 사가랴의 피까지 땅 위에서 흘린 의義로운 피가 다 너희에게 돌아가리라. 내가 진실眞實로 너희에게 이르노니 이것이 다 이 세대世代에게 돌아가리라. (마 23:29~36)

2. 예루살렘아 예루살렘아 선지자先知者들을 죽이고 네게 파송派送된 자들을 돌로 치는 자여, 암탉이 그 새끼를 날개 아래 모음 같이 내가 네 자녀子女를 모으려 한 일이 몇 번이냐, 그러나 너희가 원願치 아니하였도다 보라 너희 집이 황폐荒廢하여 버린 바 되리라. 내가 너희에게 이르노니 이제부터 너희는 찬송讚頌하리로다. 주主의 이름으로 오시는 이여 할 때까지 나를 보지 못하리라 하시니라. (마 23:37~39)

3. 예수께서 성전聖殿에서 나와서 가실 때에 제자弟子들이 성전聖殿 건물建物들을 가리켜 보이려고 나아오니, 대답對答하여 가라사대 너희가 이 모든 것을 보지 못하느냐, 내가 진실眞實로 너희에게 이르노니 돌 하나도 돌 위에 남지 않고 다 무너뜨리우리라. 예수께서 감람산橄欖山 위에 앉으셨을 때에 제자弟子들이 종용慫慂히 와서 가로되, 우리에게 이르소서 어느 때에 이런 일이 있겠사오며 또 주主의 임臨하심과 세상世上 끝에는 무슨 징조徵兆가 있사오리이까, 예수께서 대답對答하여 가라사대 너희가 사람의 미혹迷惑을 받지 않도록 주의注意하라. (마 24:1~4)

4. 많은 사람이 내 이름으로 와서 이르되 나는 그리스도라 하여 많은 사람을 미혹迷惑케

하리라. 민족民族이 민족民族을 나라가 나라를 대적對敵하여 일어나겠고, 처처處處에 기근饑饉과 지진地震이 있으리니 이 모든 것이 재난災難의 시작始作이니라. 너희가 내 이름을 위하여 모든 민족民族에게 미움을 받으리라. 그때에 많은 사람이 시험에 빠져 서로 잡아 주고 서로 미워하겠으며, 거짓 선지자先知者가 많이 일어나 많은 사람을 미혹迷惑하게 하겠으며, 불법不法이 성盛하므로 많은 사람의 사랑이 식어지리라. 그러나 끝까지 견디는 자는 구원救援을 얻으리라. 이 천국복음天國福音이 모든 민족民族에게 증거證據되기 위하여 온 세상世上에 전파傳播되리니 그제야 끝이 오리라. (마 24:5~14)

5. 그러므로 너희가 선지자先知者 다니엘의 말한 바 멸망滅亡의 가증可憎한 것이 거룩한 곳에 선 것을 보거든 깨달을진저, 지붕 위에 있는 자는 집안에 있는 물건物件을 가질러 내려가지 말며, 밭에 있는 자는 겉옷을 가질러 뒤로 돌이키지 말지어다. 그때에 사람이 너희에게 말하되 보라, 그리스도가 여기 있다 혹 저기 있다 하여도 믿지 말라. 거짓 그리스도들과 거짓 선지자先知者들이 일어나 큰 표적表蹟과 기사奇事를 보이어 할 수만 있으면 택擇하신 자들도 미혹迷惑하게 하리라. 번개가 동편東便에서 나서 서편西便까지 번쩍임 같이 인자人子의 임臨함도 그러하리라. 그날 환난患難 후에 즉시 해가 어두워지며, 달이 빛을 내지 아니하며 별들이 하늘에서 떨어지며 하늘의 권능權能들이 흔들리리라. 그때에 인자人子의 징조徵兆가 하늘에서 보이겠고, 그때에 땅의 모든 족속族屬들이 통곡痛哭하며 그들이 인자人子가 구름을 타고 능력能力과 큰 영광榮光으로 오는 것을 보리라. (마 24:15~30)

6. 저가 큰 나팔 소리와 함께 천사天使들을 보내리니 저희가 그 택擇하신 자들을 하늘 이 끝에서 저 끝까지 사방四方에서 모으리라. 무화과無花果 나무의 비유譬喩를 배우라 그 가지가 연軟하여지고 잎사귀를 내면 여름이 가까운 줄을 아나니, 이와 같이 너희도 이 모든 일을 보거든 인자人子가 가까이 곧 문앞에 이른줄 알라. 내가 진실眞實로 너희에게 말하노니, 이 세대世代가 지나가기 전에 이 일이 다 이루리라. 천지天地는 없어지겠으나 내 말은 없어지지 아니하리라. 그러나 그날과 그때는 아무도 모르나니 하늘의 천사天使들도, 아들도 모르고 오직 아버지만 아시느니라. (마 24:31~36)

"인자人子가 구름을 타고 능력能力과 큰 영광榮光으로 오는 것을 보리라"(마 24:30). 예수 재림再臨의 광경光景을 계시啓示해 주셨습니다. "그러나 그날과 그 시는 아무도 모르고 오직 아버지만 아시느니라"(마 24:36). 오직 하나님 아버지만 아시는 재림再臨의 그날을 바라보며 오늘 우리 각자에게 맡겨 준 사명使命에 충실忠實하시기 바랍니다.

【 낭송 표시 : 1회 ▚ / 4회 ■ / 목표 120회 】

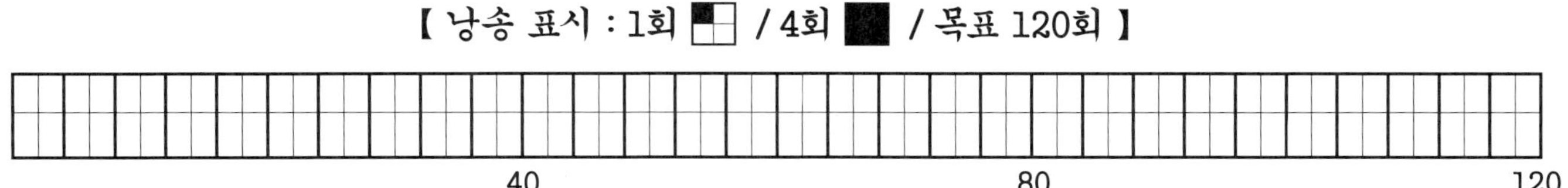

"주의 말씀은 내 발의 등이요 내 길에 빛이니이다"(시 119:105)

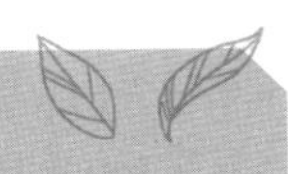

제 19 일

인자人子의 임臨함도 그러하니라

마태복음 24:37

예수님의 재림再臨 때 상황狀況이 노아 홍수洪水 때와 비슷하다는 교훈敎訓입니다. 무서운 홍수 심판洪水審判이 임박臨迫하였음에도 불구하고 많은 사람들은 노아의 경고警告를 무시하고 범죄犯罪와 방탕 생활放蕩生活에 빠졌습니다.

1. 노아의 때와 같이 인자人子의 임臨함도 그러하리라. 홍수洪水 전前에 노아가 방주方舟에 들어가던 날까지 사람들이 먹고 마시고 장가들고 시집가고 있으면서, 홍수洪水가 나서 저희를 다 멸滅하기까지 깨닫지 못하였으니 인자人子의 임臨함도 이와 같으리라. 그때에 두 사람이 밭에 있으매 하나는 데려감을 당當하고, 하나는 버려둠을 당當할 것이요, 두 여자女子가 매를 갈고 있으매 하나는 데려감을 당當하고 하나는 버려둠을 당當할 것이니라. 그러므로 깨어 있으라 어느 날에 너희 주主가 임臨할는지 너희가 알지 못함이니라. 이러므로 너희도 예비豫備하고 있으라 생각生覺지 않는 때에 인자人子가 오리라. 충성忠誠되고 지혜智慧 있는 종이 주인主人에게 그 집 사람들을 맡아 때를 따라 양식糧食을 나눠 줄 자가 누구뇨, 주인主人이 올 때에 그 종의 이렇게 하는 것을 보면 그 종이 복福이 있으리로다. 내가 진실眞實로 너희에게 이르노니 주인主人이 그 모든 소유所有를 저에게 맡기리라. (마 24:37~47)

2. 그때에 천국天國은 마치 등燈을 들고 신랑新郞을 맞으러 나간 열 처녀處女와 같다 하리니, 그중에 다섯은 미련하고 다섯은 슬기 있는지라. 미련한 자들은 등燈을 가지되 기름을 가지지 아니하고, 슬기 있는 자들은 그릇에 기름을 담아 등燈과 함께 가져갔더니, 신랑新郞이 더디 오므로 다 졸며 잘새 밤중에 소리가 나되 보라 신랑新郞이로다 맞으러 나오라 하매, 이에 그 처녀處女들이 다 일어나 등燈을 준비準備할새, 미련한 자들이 슬기 있는 자들에게 이르되 우리 등불이 꺼져 가니 너희 기름을 좀 나눠 달라 하거늘, 슬기 있는 자들이 대답對答하여 가로되 우리와 너희의 쓰기에 다 부족不足할까 하노니, 차라리 파는 자들에게 가서 너희 쓸 것을 사라 하니, 저희가 사러 간 동안에 신랑新郞이 오므로 예비豫備하였던 자들은 함께 혼인婚姻 잔치에 들어가고 문은 닫힌지라. 그 후에 남은 처녀處女들이 와서 가로되 주主여 주主여 우리에게 열어 주소서. 대답對答하여 가로되 진실眞實로 너희에게 이르노니 내가 너희를 알지 못하노라 하였느니라. (마 25:1~12)

3. 또 어떤 사람이 타국他國에 갈제 그 종들을 불러 자기自己 소유所有를 맡김과 같으니, 각각各各 그 재능才能대로 하나에게는 금金 다섯 달란트를, 하나에게는 두 달란트를, 하나에게는 한 달란트를 주고 떠났더니, 다섯 달란트를 받은 자는 바로 가서 그것으로 장사하여 또 다섯 달란트를 남기고, 두 달란트 받은 자도 그같이 하여 또 두 달란트를 남겼으되, 한 달란트 받은 자는 가서 땅을 파고 그 주인主人의 돈을 감추어 두었더니, 오랜 후後에 그 종들의 주인主人이 돌아와 저희와 회계會計할새, 다섯 달란트 받았던 자는 다섯 달란트를 더 가지고 와서 가로되, 보소서 내가 또 다섯 달란트를 남겼나이다. (마 25:14~20)

4. 그 주인主人이 이르되 잘하였도다 착하고 충성忠誠된 종아 네가 작은 일에 충성忠誠하였으매, 내가 많은 것으로 네게 맡기리니 네 주인主人의 즐거움에 참예參與할지어다 하고, 두 달란트 받았던 자도 와서 가로되 주主여 내게 두 달란트를 주셨는데 보소서 내가 또 두 달란트를 남겼나이다. 그 주인主人이 이르되 잘하였도다 착하고 충성忠誠된 종아 네가 작은 일에 충성忠誠하였으매 내가 많은 것으로 네게 맡기리니 네 주인主人의 즐거움에 참예參與할지어다 하고, 한 달란트 받았던 자도 와서 가로되 주主여 당신은 굳은 사람이라 심지 않은 데서 거두고 해치지 않은 데서 모으는 줄을 내가 알았으므로, 두려워하여 나가서 당신의 달란트를 땅에 감추어 두었었나이다 보소서 당신의 것을 받으셨나이다. 그 주인主人이 대답對答하여 가로되 악惡하고 게으른 종아 나는 심지 않은 데서 거두고 해치지 않은 데서 모으는 줄로 네가 알았느냐, 그에게서 그 한 달란트를 빼앗아 열 달란트 가진 자에게 주어라. 무릇 있는 자는 받아 풍족豊足하게 되고, 없는 자는 그 있는 것까지 빼앗기리라. 이 무익無益한 종을 바깥 어두운 데로 내어쫓으라 거기서 슬피 울며 이를 갊이 있으리라 하니라. (마 25:21~30)

5. 인자人子가 자기自己 영광榮光으로 모든 천사天使와 함께 올 때에 자기自己 영광榮光의 보좌寶座에 앉으리니, 모든 민족民族을 그 앞에 모으고 각각各各 분별分別하는 것같이 하여, 양羊은 그 오른편에 염소는 왼편에 두리라. 그때에 임금이 그 오른편에 있는 자들에게 이르시되, 내 아버지께 복福 받은 자들이여 나아와 창세創世로부터 너희를 위하여 예비豫備된 나라를 상속相續하라. (마 25:31~34)

6. 내가 주릴 때에 너희가 먹을 것을 주었고 목마를 때에 마시게 하였고 나그네 되었을 때에 영접迎接하였고, 벗었을 때에 옷을 입혔고 병病들었을 때에 돌아보았고 옥獄에 갇혔을 때에 와서 보았느니라. 내가 진실眞實로 너희에게 이르노니 내 형제兄弟 중에 지극至極히 작은 자 하나에게 한 것이 곧 내게 한 것이니라. 또 왼편에 있는 자들에게 이르시되, 저주詛呪를 받은 자들아 나를 떠나 마귀魔鬼와 그 사자使者들을 위하여 예비豫備된 영영永永한 불에 들어가라. 내가 진실眞實로 너희에게 이르노니 이 지극至極히 작은 자 하나에게 하지 아니한 것이 곧 내게 하지 아니한 것이니라 하시리니, 저희는 영벌永罰에 의인義人들은 영생永生에 들어가리라 하시니라. (마 25: 35~46)

작은 봉사奉仕와 구제救濟까지도 귀貴하고 중요重要함을 가르칩니다. 소자小子에 베푼 사랑의 손길은 주님께 봉사奉仕하는 것과 같다는 교훈敎訓입니다. 믿음으로 사는 의인義人은 영생永生의 축복자祝福者들입니다.

【 낭송 표시 : 1회 ▞ / 4회 ■ / 목표 120회 】

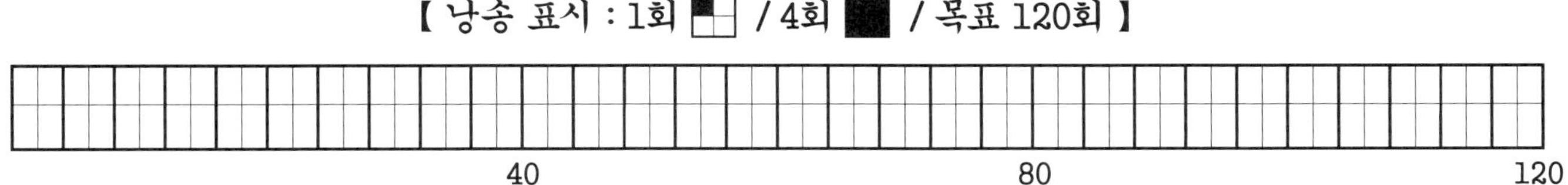

"주의 말씀은 내 발의 등이요 내 길에 빛이니이다"(시 119:105)

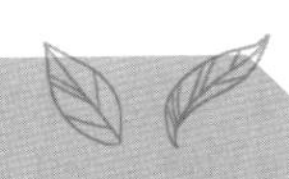

제 20 일

내 장사葬死를 위함이라

마태복음 26:12

한 여인女人이 옥합玉盒을 깨뜨려 향유香油를 예수님의 발에 부어 집안에 향기香氣가 가득하게 하였습니다. 예수님께서 자신의 죽음과 장사葬死를 위한 봉사奉仕와 칭찬稱讚을 하였습니다. 십자가十字架를 지시기 직전直前에 예수님이 받으신 최고의 격려激勵와 환대歡待였습니다.

1. 예수께서 이 말씀을 다 마치시고 제자弟子들에게 이르시되, 너희의 아는 바와 같이 이틀을 지나면 유월절逾越節이라, 인자人子가 십자가十字架에 못 박히기 위하여 팔리우리라 하시더라. 그때에 대제사장大祭司長들과 백성百姓의 장로長老들이 가야바라 하는 대제사장大祭司長의 아문衙門에 모여, 예수를 궤계詭計로 잡아 죽이려고 의논議論하되 말하기를 민요民擾가 날까 하노니 명절名節에는 말자 하더라. (마 26:1~5)

2. 예수께서 베다니 문둥이 시몬의 집에 계실 때에, 한 여자女子가 매우 귀貴한 향유香油 한 옥합玉盒을 가지고 나아와서, 식사食事하시는 예수의 머리에 부으니, 제자弟子들이 보고 분憤하여 가로되 무슨 의사意思로 이것을 허비虛費하느뇨, 이것을 많은 값에 팔아 가난한 자들에게 줄 수 있었겠도다 하거늘, 예수께서 아시고 저희에게 이르시되, 너희가 어찌하여 이 여자女子를 괴롭게 하느냐 저가 내게 좋은 일을 하였느니라. 가난한 자들은 항상 너희와 함께 있거니와 나는 항상 함께 있지 아니하리라. 내가 진실眞實로 너희에게 이르노니 온 천하天下에 어디서든지 이 복음福音이 전파傳播되는 곳에는 이 여자女子의 행行한 일도 말하여 저를 기념記念하리라 하시니라. (마 26:6~13)

3. 그때에 열둘 중에 하나인 가룟 유다라 하는 자가 대제사장大祭司長들에게 가서 말하되, 내가 예수를 너희에게 넘겨주리니 얼마나 주려느냐 하니, 그들이 은銀 삼십三十을 달아 주거늘 저가 그때부터 예수를 넘겨줄 기회機會를 찾더라. 무교절의 첫날에 제자弟子들이 예수께 나아와서 가로되, 유월절逾越節 잡수실 것을 우리가 어디서 예배禮拜하기를 원願하시나이까, 가라사대 성城 안 아무에게 가서 이르되 선생님 말씀이 내 때가 가까웠으니 내 제자弟子들과 함께 유월절逾越節을 네 집에서 지키겠다 하시더라 하라 하신대, 제자弟子들이 예수의 시키신 대로 하여 유월절逾越節을 예비豫備하였더라. (마 26:14~19)

4. 저물 때에 예수께서 열두 제자弟子와 함께 앉으셨더니 저희가 먹을 때에 이르시되, 내가 진실眞實로 너희에게 이르노니 너희 중에 한 사람이 나를 팔리라 하시니, 저희가 심甚히 근심하여 각각各各 여짜오되 주主여 내니이까, 대답對答하여 가라사대 나와 함께 그릇에 손을 넣는 그가 나를 팔리라. 인자人子는 자기自己에게 대하여 기록記錄된 대로 가거니와,

인자人子를 파는 그 사람에게는 화禍가 있으리로다. 그 사람은 차라리 나지 아니하였더면 제게 좋을 뻔하였느니라. 예수를 파는 유다가 대답對答하여 가로되 랍비여 내니이까 대답對答하시되 네가 말하였도다 하시니라. 저희가 먹을 때에 예수께서 떡을 가지사 축복祝福하시고 떼어 제자弟子들을 주시며 가라사대 받아 먹으라 이것이 내 몸이니라. 또 잔盞을 가지사 사례謝禮하시고 저희에게 주시며 가라사대 너희가 다 이것을 마시라. 이것은 죄罪 사赦함을 얻게 하려고 많은 사람을 위하여 흘리는 바 나의 피 곧 언약言約의 피니라. 그러나 너희에게 이르노니 내가 포도葡萄나무에서 난 것을 이제부터 내 아버지의 나라에서 새것으로 너희와 함께 마시는 날까지 마시지 아니하리라 하시니라. (마 26:20~29)

5. 이에 저희가 찬미讚美하고 감람산橄欖山으로 나아가니라. 때에 예수께서 제자弟子들에게 이르시되, 오늘 밤에 너희가 다 나를 버리리라 기록記錄된 바, 내가 목자牧者를 치리니 양羊의 떼가 흩어지리라 하였느니라. 그러나 내가 살아난 후後에 너희보다 먼저 갈릴리로 가리라. 베드로가 대답對答하여 가로되 다 주主를 버릴지라도 나는 언제든지 버리지 않겠나이다. 예수께서 가라사대 내가 진실眞實로 네게 이르노니 오늘 밤 닭 울기 전에 네가 세 번 나를 부인否認하리라. 베드로가 가로되 내가 주主와 함께 죽을지언정 주를 부인否認하지 않겠나이다 하고 모든 제자弟子도 이와 같이 말하니라. (마 26:30~35)

6. 이에 예수께서 제자弟子들과 함께 겟세마네라 하는 곳에 이르러 제자弟子들에게 이르시되, 내가 저기 가서 기도祈禱할 동안에 너희는 여기 앉아 있으라 하시고, 베드로와 세베대의 두 아들을 데리고 가실새 고민苦悶하고 슬퍼하사, 이에 말씀하시되 내 마음이 심甚히 고민苦悶하여 죽게 되었으니, 너희는 여기 머물러 나와 함께 깨어 있으라 하시고, 조금 나아가사 얼굴을 땅에 대시고 엎드려 기도祈禱하여 가라사대, 내 아버지여 만일 할 만하시거든 이 잔盞을 내게서 지나가게 하옵소서. 그러나 나의 원願대로 마옵시고 아버지의 원願대로 하옵소서 하시고, 제자弟子들에게 오사 그 자는 것을 보시고 베드로에게 말씀하시되, 너희가 나와 함께 한시 동안도 이렇게 깨어 있을 수 없더냐. 시험試驗에 들지 않게 깨어 있어 기도祈禱하라 마음에는 원願이로되 육신肉身이 약弱하도다. (마 26:36~41)

"시험試驗에 들지 않게 깨어 있어 기도祈禱하라." 예수님께서 겟세마네 동산에서 제자弟子들에게 하신 말씀입니다. 영적 무장靈的武裝인 기도祈禱는 모든 불의不義와 적適들을 물리치는 능력能力과 힘을 얻게 합니다.

【 낭송 표시 : 1회 ▚ / 4회 ■ / 목표 120회 】

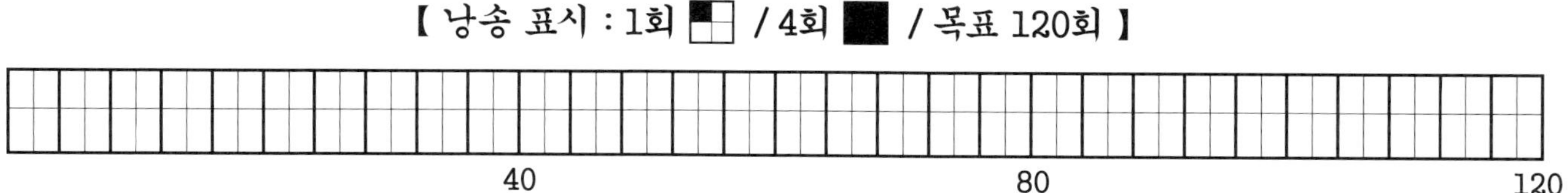

"주의 말씀은 내 발의 등이요 내 길에 빛이니이다"(시 119:105)

제 21 일

보라 나를 파는 자가 가까이 왔느니라

마태복음 26:46

믿고 신뢰信賴했던 제자弟子가 스승을 배반背反했을 때 오는 고통苦痛과 아픔은 실로 크고도 큰 것입니다. 재정財政을 담당擔當한 제자弟子가 스승을 인신매매人身賣買를 하였습니다. "보라 나를 파는 자가 가까이 왔느니라." 예수님의 음성音聲을 직접直接 청취聽取할 필요必要가 있습니다.

1. 다시 두 번째 나아가 기도祈禱하여 가라사대 내 아버지여 만일 내가, 마시지 않고는 이 잔盞이 내게서 지나갈 수 없거든, 아버지의 원願대로 되기를 원願하나이다 하시고, 다시 오사 보신즉 저희가 자니 이는 저희 눈이 피곤疲困함일러라. 또 저희를 두시고 나아가 세 번째 동일同一한 말씀으로 기도祈禱하신 후 이에 제자弟子들에게 오사 이르시되, 이제는 자고 쉬라 보라 때가 가까웠으니 인자人子가 죄인罪人의 손에 팔리우느니라. 일어나라 함께 가자 보라 나를 파는 자가 가까이 왔느니라. (마 26:42~46)

2. 말씀하실 때에 열둘 중에 하나인 유다가 왔는데, 대제사장大祭司長들과 백성百姓의 장로長老들에게서 파송派送된 큰 무리가 검劍과 몽치를 가지고 그와 함께하였더라. 예수를 파는 자가 그들에게 군호軍號를 짜 가로되, 내가 입맞추는 자가 그이니 그를 잡으라 하였는지라. 곧 예수께 나아와 랍비여 안녕하시옵니까 하고 입을 맞추니, 예수께서 가라사대 친구親舊여 네가 무엇을 하려고 왔는지 행行하라 하신대, 이에 저희가 나아와 예수께 손을 대어 잡는지라. 예수와 함께 있던 자 중에 하나가 손을 펴 검劍을 빼어 대제사장大祭司長의 종을 쳐 그 귀를 떨어뜨리니, 이에 예수께 이르시되 네 검劍을 도로 집에 꽂으라 검劍을 가지는 자는 다 검劍으로 망亡하느니라. 너는 내가 내 아버지께 구求하여 지금 열두 영營 더되는 천사天使를 보내시게 할 수 없는 줄을 아느냐, 내가 만일 그렇게 하면 이런 일이 있으리라 한 성경聖經이 어떻게 이루어지리요 하시더라. (마 26:47~54)

3. 그때에 예수께서 무리에게 말씀하시되, 너희가 강도强盜를 잡는 것같이 검劍과 몽치를 가지고 나를 잡으러 나왔느냐, 내가 날마다 성전聖殿에 앉아 가르쳤으되 너희가 나를 잡지 아니하였도다. 그러나 이렇게 된 것은 다 선지자先知者들의 글을 이루려 함이니라 하시더라. 이에 제자弟子들이 다 예수를 버리고 도망逃亡하니라. 예수를 잡은 자들이 끌고 대제사장大祭司長 가야바에게로 가니 거기 서기관書記官과 장로長老들이 모여 있더라. 베드로가 멀찍이 예수를 좇아 대제사장大祭司長의 집 뜰에까지 가서 그 결국結局을 보려고 안에 들어가 하속下屬들과 함께 앉았더라. (마 26:55~58)

4. 대제사장大祭司長들과 온 공회公會가 예수를 죽이려고 그를 칠 거짓 증거證據를 찾으매, 거짓 증인證人이 많이 왔으나 얻지 못하더니 후後에 두 사람이 와서 가로되, 이 사람의 말이 내가 하나님의 성전聖殿을 헐고 사흘에 지을 수 있다 하더라 하니, 대제사장大祭司長이 일어서서 예수께 묻되 아무 대답對答도 없느냐 이 사람들의 너를 치는 증거證據가 어떠하뇨 하되, 예수께서 잠잠潛潛하시거늘 대제사장大祭司長이 가로되,

내가 너로 살아 계신 하나님께 맹세盟誓하게 하노니 네가 하나님의 아들 그리스도인지 우리에게 말하라. (마 26:59~63)

5. 예수께서 가라사대 네가 말하였느니라. 그러나 내가 너희에게 이르노니, 이후已後에 인자人子가 권능權能의 우편右便에 앉은 것과 하늘 구름을 타고 오는 것을 너희가 보리라 하시니, 이에 대제사장大祭司長이 자기 옷을 찢으며 가로되 저가 참람僭濫한 말을 하였으니 어찌 더 증인證人을 요구要求하리요, 보라 너희가 지금只今 이 참람僭濫한 말을 들었도다. 생각生覺이 어떠하뇨 대답對答하여 가로되 저는 사형死刑에 해당該當하니라 하고, 이에 예수의 얼굴에 침 뱉으며 주먹으로 치고 혹은 손바닥으로 때리며 가로되, 그리스도야 우리에게 선지자先知者 노릇을 하라 너를 친 자가 누구냐 하더라. (마 26:64~68)

6. 베드로가 바깥 뜰에 앉았더니 한 비자婢子가 나아와 가로되, 너도 갈릴리 사람 예수와 함께 있었도다 하거늘, 베드로가 모든 사람 앞에서 부인否認하여 가로되 나는 네 말하는 것이 무엇인지 알지 못하겠노라 하며, 앞문까지 나아가니 다른 비자婢子가 저를 보고 거기 있는 사람들에게 말하되, 이 사람은 나사렛 예수와 함께 있었도다 하매, 베드로가 맹세盟誓하고 또 부인否認하여 갈되 내가 그 사람을 알지 못하노라 하더라. 조금 후에 곁에 섰던 사람들이 나아와 베드로에게 이르되 너도 진실眞實로 그 당黨이라 네 말소리가 너를 표명表明한다 하거늘, 저가 저주詛呪하며 맹세盟誓하여 가로되 내가 그 사람을 알지 못하노라 하니 닭이 곧 울더라. 이에 베드로가 예수의 말씀에 닭 울기 전에 네가 세 번 나를 부인否認하리라 하심이 생각生覺나서 밖에 나가서 심甚히 통곡痛哭하니라. (마 26:69~75)

7. 새벽에 모든 대제사장大祭司長과 백성百姓의 장로長老들이 예수를 죽이려고 함께 의논議論하고, 결박結縛하여 끌고 가서 총독總督 빌라도에게 넘겨주니라. 때에 예수를 판 유다가 그의 정죄定罪됨을 보고 스스로 뉘우쳐 그 은銀 삼십三十을 대제사장大祭司長들과 장로長老들에게 도로 갖다주며 가로되, 내가 무죄無罪한 피를 팔고 죄罪를 범犯하였도다 하니 저희가 가로되, 그것이 우리에게 무슨 상관相關이 있느냐 네가 당當하라 하거늘, 유다가 은銀을 성소聖所에 던져 넣고 물러가서 스스로 목매어 죽은지라. 대제사장大祭司長이 그 은銀을 거두며 가로되 이것은 피 값이라 성전고聖殿庫에 넣어 둠이 옳지 않다 하고, 의논議論한 후 이것으로 토기장土器匠이의 밭을 사서 나그네의 묘지墓地를 삼았으니, 그러므로 오늘날까지 그 밭을 피밭이라 일컫느니라. (마 27:1~8)

가룟 유다는 스승을 은銀 삼십에 팔았고, 베드로는 예수의 제자弟子가 아니라고 부인否認하였습니다. 가룟 유다는 배신背信과 죽음의 길을 갔고, 베드로는 회개悔改하고 스승 예수에게로 돌아왔습니다. 다 같이 실수失手와 범죄犯罪를 하였습니다. 그러나 그 결과結果는 천국天國과 지옥地獄의 차이였습니다.

【 낭송 표시 : 1회 ▣ / 4회 ■ / 목표 120회 】

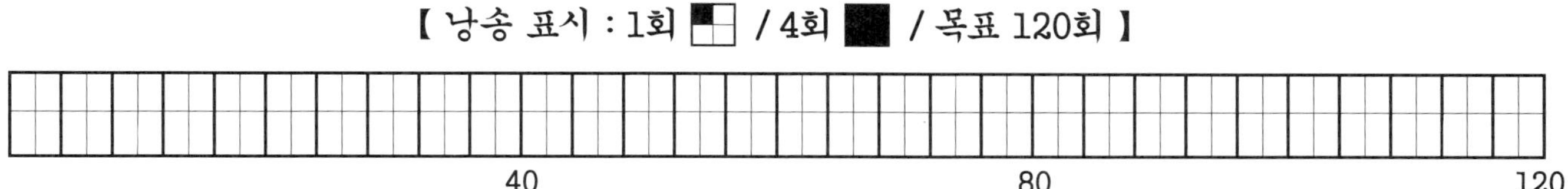

40 80 120

"주의 말씀은 내 발의 등이요 내 길에 빛이니이다"(시 119:105)

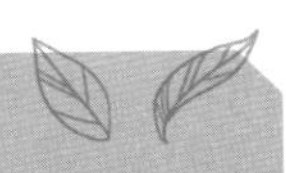

제 22 일

예수께서 대답對答하시되 네 말이 옳도다

마태복음 27:11

세상世上에서 제일第一 하기 어려운 말은 '예, 아니오'입니다. 사느냐 죽느냐의 기로機路에 직면直面했을 때 이 말 한마디는 참으로 중요重要합니다. "네가 왕王이냐"라는 질문에 "네 말이 옳도다"의 대답對答은 십자가형十字架刑 선고宣告가 내려 집행執行되는 결과結果를 가져오게 했습니다.

1. 예수께서 총독總督 앞에 섰으매 총독總督이 물어 가로되 네가 유대인의 왕王이냐 예수께서 대답對答하시되 네 말이 옳도다 하시고, 대제사장大祭司長들과 장로長老들에게 고소告訴를 당當하되 아무 대답對答도 아니하시는지라. 이에 빌라도가 이르되 저희가 너를 쳐서 얼마나 많은 것으로 증거證據하는지 듣지 못하느냐 하되, 한 마디도 대답對答지 아니하시니 총독總督이 심甚히 기이奇異히 여기더라. 명절名節을 당하면 총독總督이 무리의 소원所願대로 죄수罪囚 하나를 놓아주는 전례前例가 있더니, 그때에 바라바라 하는 유명有名한 죄수罪囚가 있는데 저희가 모였을 때에 빌라도가 물어 가로되, 너희는 내가 누구를 너희에게 놓아 주기를 원願하느냐 바라바냐 그리스도라 하는 예수냐 하니, 이는 저가 그들의 시기猜忌로 예수를 넘겨준 줄 앎이러라. 총독總督이 재판裁判 자리에 앉았을 때에 그 아내가 사람을 보내어 가로되 저 옳은 사람에게 아무 상관相關도 하지 마옵소서. 오늘 꿈에 내가 그 사람을 인因하여 애를 많이 썼나이다 하더라. (마 27:11~19)

2. 대제사장大祭司長들과 장로長老들이 무리를 권勸하여 바라바를 달라 하게 하고 예수를 멸滅하자 하게 하였더니, 총독總督이 가로되 그러면 그리스도라 하는 예수를 내가 어떻게 하랴. 저희가 다 가로되 십자가十字架에 못 박혀야 하겠나이다. 빌라도가 가로되 어찜이뇨 무슨 악惡한 일을 하였느냐 저희가 더욱 소리 질러 가로되, 십자가十字架에 못 박혀야 하겠나이다 하는지라. 빌라도가 아무 효험效驗도 없이 도리어 민란民亂이 나려는 것을 보고 물을 가져다가 무리 앞에서 손을 씻으며 가로되 이 사람의 피에 대하여 나는 무죄無罪하니 너희가 당當하라. 백성百姓이 다 대답對答하여 가로되 그 피를 우리와 우리 자손子孫에게 돌릴지어다 하거늘, 이에 바라바는 저희에게 놓아주고 예수는 채찍질하고 십자가十字架에 못 박히게 넘겨주니라. (마 27:20~26)

3. 이에 총독總督의 군병軍兵들이 예수를 데리고 관정官庭 안으로 들어가서 온 군대軍隊를 그에게로 모으고, 그의 옷을 벗기고 홍포紅袍를 입히며, 가시 면류관冕旒冠을 엮어 그 머리에 씌우고 갈대를 그 오른손에 들리고 그 앞에서 무릎을 꿇고 희롱戲弄하여 가로되, 유대인의 왕王이여 평안平安할지어다 하며, 그에게 침 뱉고 갈대를 빼앗아 그의 머리를 치더라. 희롱戲弄을 다한 후 홍포紅袍를 벗기고 도로 그의 옷을 입혀 십자가十字架에 못 박으려고 끌고 나가니라. (마 27:27~31)

4. 나가다가 시몬이란 구레네 사람을 만나매 그를 억지臆志로 같이 가게 하여 예수의 십자가十字架를 지웠더라. 골고다 즉 해골骸骨의 곳이라는 곳에 이르러 쓸개

탄 포도주葡萄酒를 예수께 주어 마시게 하려 하였더니 예수께서 맛보시고 마시고자 아니하시더라. 저희가 예수를 십자가十字架에 못 박은 후後에 그 옷을 제비 뽑아 나누고 거기 앉아 지키더라. 그 머리 위에 이는 유대인의 왕王 예수라 쓴 죄패罪牌를 붙였더라. 이때에 예수와 함께 강도强盜 둘이 십자가十字架에 못 박히니, 하나는 우편右便에 하는 좌편左便에 있더라. 지나가는 자들은 자기自己 머리를 흔들며 예수를 모욕侮辱하여 가로되, 성전聖殿을 헐고 사흘에 짓는 자여 네가 만일 하나님의 아들이어든 자기自己를 구원救援하고 십자가十字架에서 내려오라 하며, 그와 같이 대제사장大祭司長들도 서기관書記官들과 장로長老들과 함께 희롱戲弄하여 가로되, 저가 남은 구원救援하였으되 자기自己는 구원救援할 수 없도다. 저가 이스라엘의 왕王이로다 지금 십자가十字架에서 내려올지어다 그러면 우리가 믿겠노라. 저가 하나님을 신뢰信賴하니 하나님이 저를 기뻐하시면 이제 구원救援하실지라. 제 말이 나는 하나님의 아들이라 하였도다 하며 함께 십자가十字架에 못 박힌 강도强盜들도 이와 같이 욕辱하더라. (마 27:32~44)

5. 제육시六時로부터 온 땅에 어두움이 임臨하여 제구시九時까지 계속繼續하더니, 제구시九時 즈음에 예수께서 크게 소리 질러 가라사대, 엘리 엘리 라마 사박다니 하시니 이는 곧 나의 하나님, 나의 하나님, 어찌하여 나를 버리셨나이까 하는 뜻이라. 거기 섰던 자 중 어떤 이들이 듣고 가로되 이 사람이 엘리야를 부른다 하고, 그중에 한 사람이 곧 달려가서 해융海絨을 가지고 신 포도주葡萄酒를 머금게 하여 갈대에 꿰어 마시우거늘 그 남은 사람들이 가로되, 가만 두어라 엘리야가 와서 저를 구원救援하나 보자 하더라. 예수께서 다시 크게 소리 지르시고 영혼靈魂이 떠나시다. (마 27:45~50)

6. 이에 성소聖所 휘장揮帳이 위로부터 아래까지 찢어져 둘이 되고 땅이 진동震動하며 바위가 터지고, 무덤들이 열리며 자던 성도聖徒의 몸이 많이 일어나되, 예수의 부활復活 후後에 저희가 무덤에서 나와서 거룩한 성城에 들어가 많은 사람에게 보이니라. 백부장百夫長과 함께 예수를 지키던 자들이 지진地震과 그 되는 일들을 보고 심甚히 두려워하여 가로되, 이는 진실眞實로 하나님의 아들이었도다 하더라. 예수를 섬기며 갈릴리에서부터 좇아온 많은 여자女子가 거기 있어 멀리서 바라보고 있으니, 그중에 막달라 마리아와 또 야고보와 요셉의 어머니 마리아와 또 세베대의 아들들의 어머니도 있더라. (마 27:51~56)

예수님의 위대偉大하심이 십자가十字架를 지는 과정過程에서 나타났습니다. 인류人類의 죄罪를 담당擔當하신 구세주救世主 예수 그리스도는 십자가十字架에서 희생제물犧牲祭物이 되심으로 구속 사역救贖使役을 완성完成하셨습니다.

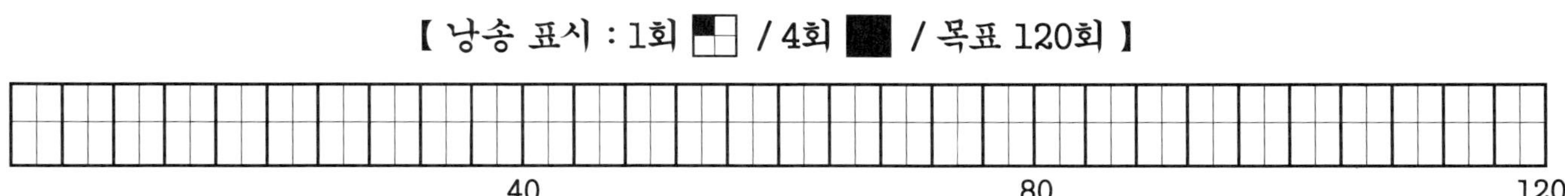

"주의 말씀은 내 발의 등이요 내 길에 빛이니이다"(시 119:105)

제 23 일

그의 말씀하시던 대로 살아나셨느니라

마태복음 28:6

상가喪家나 무덤에서 가장 기쁜 소식은 죽은 사람이 다시 살아나는 부활復活입니다. 예수 그리스도 우리 주님께서 사망死亡 권세權勢 이기시고 영원永遠한 생명生命의 부활復活을 하였습니다. 죄罪와 사망死亡 사탄과 마귀魔鬼의 권세權勢를 다 이기시고 승리勝利의 부활復活을 하셨습니다. 역사상歷史上 가장 기쁜 소식은 부활復活의 복음福音입니다.

1. 저물었을 때에 아리마대 부자富者 요셉이라 하는 사람이 왔으니 그도 예수의 제자弟子라. 빌라도에게 가서 예수의 시체屍體를 달라 하니 이에 빌라도가 내어주라 분부吩咐하거늘, 요셉이 시체屍體를 가져다가 정精한 세마포細麻布로 싸서 바위 속에 판 자기自己 새 무덤에 넣어 두고, 큰 돌을 굴려 무덤 문門에 놓고 가니 거기 막달라 마리아와 다른 마리아가 무덤을 향向하여 앉았더라. 그 이튿날은 예비일豫備日 다음 날이라 대제사장大祭司長들과 바리새인들이 함께 빌라도에게 모여 가로되, 주主여 저 유혹誘惑하던 자가 살았을 때에 말하되, 내가 사흘후에 다시 살아나리라 한 것을 우리가 기억記憶하노니, 그러므로 분부吩咐하여 그 무덤을 사흘까지 굳게 지키게 하소서. 그의 제자弟子들이 와서 시체屍體를 도적盜賊질하여 가고 백성百姓에게 말하되, 그가 죽은 자 가운데서 살아났다 하면 후後의 유혹誘惑이 전보다 더 될까 하나이다 하니, 빌라도가 가로되 너희에게 파수꾼把守軍이 있으니 가서 힘대로 굳게 하라 하거늘, 저희가 파수꾼把守軍과 함께 가서 돌을 인봉印封하고 무덤을 굳게 하니라. (마 27:57~66)

2. 안식일安息日이 다하여 가고 안식安息 후 첫날이 되려는 미명未明에 막달라 마리아와 다른 마리아가 무덤을 보려고 왔더니, 큰 지진地震이 나며 주主의 천사天使가 하늘로서 내려와 돌을 굴려내고 그 위에 앉았는데, 그 형상形像이 번개 같고 그 옷은 눈 같이 희거늘 수직守直하던 자들이 저를 무서워하여 떨며 죽은 사람과 같이 되었더라. 천사天使가 여자女子들에게 일러 가로되 너희는 무서워 말라 십자가十字架에 못 박히신 예수를 너희가 찾는 줄을 내가 아노라. 그가 여기 계시지 않고 그의 말씀 하시던대로 살아나셨느니라 와서 그의 누우셨던 곳을 보라. 또 빨리 가서 그의 제자弟子들에게 이르되 그가 죽은 자 가운데서 살아나셨고, 너희보다 먼저 갈릴리로 가시나니 거기서 너희가 뵈오리라 하라. 보라 내가 너희에게 일렀느니라 하거늘, 그 여자女子들이 무서움과 큰 기쁨으로 무덤을 빨리 떠나 제자弟子들에게 알게 하려고 달음질할새, 예수께서 저희를 만나 가라사대 평안平安하뇨 하시거늘, 여자女子들이 나아가 그 발을 붙잡고 경배敬拜하니, 이에 예수께서 가라사대 무서워 말라 가서 내 형제兄弟들에게 갈릴리로 가라 하라 거기서 나를 보리라 하시니라. (마 28:1~10)

3. 여자女子들이 갈 제 파수꾼把守軍 중 몇이 성城에 들어가 모든 된 일을 대제사장 大祭司長들에게 고告하니, 그들이 장로長老들과 함께 모여 의논議論하고 군병軍兵들에게 돈을 많이 주며 가로되, 너희는 말하기를 그의 제자弟子들이 밤에 와서 우리가 잘 때에 그를 도적盜賊질하여 갔다 하라. 만일 이 말이 총독總督에게 들리면 우리가 권勸하여 너희로 근심되지 않게 하리라 하니, 군병軍兵들이 돈을 받고 가르친 대로 하였으니, 이 말이 오늘날까지 유대인 가운데 두루 퍼지니라. (마 28:11~15)

4. 열한 제자弟子가 갈릴리에 가서 예수의 명命하시던 산山에 이르러 예수를 뵈옵고 경배敬拜하나 오히려 의심疑心하는 자도 있더라. 예수께서 나아와 일러 가라사대 하늘과 땅의 모든 권세權勢를 내게 주셨으니, 그러므로 너희는 가서 모든 족속族屬으로 제자弟子를 삼아 아버지와 아들과 성령聖靈의 이름으로 세례洗禮를 주고, 내가 너희에게 분부吩府한 모든 것을 가르쳐 지키게 하라. 볼지어다 내가 세상世上 끝 날까지 너희와 함께 있으리라 하시니라. (마 28:16~20)

5. 또 가라사대 너희는 온 천하天下에 다니며 만민萬民에게 복음福音을 전파傳播하라. 믿고 세례洗禮를 받는 사람은 구원救援을 얻을 것이요, 믿지 않는 사람은 정죄定罪를 받으리라. 믿는 자들에게는 이런 표적表蹟이 따르리니, 곧 저희가 내 이름으로 귀신鬼神을 쫓아내며 새 방언方言을 말하며, 뱀을 집으며 무슨 독毒을 마실찌라도 해害를 받지 아니하며, 병病든 사람에게 손을 얹은즉 나으리라 하시더라. 주 예수께서 말씀을 마치신 후에 하늘로 올리우사 하나님 우편右便에 앉으시니라. 제자弟子들이 나가 두루 전파傳播할새 주主께서 함께 역사役事하사 그 따르는 표적表蹟으로 말씀을 확실確實히 증거證據하시니라. (막 16:15~20)

십자가十字架의 구속救贖은 부활 승리復活勝利로 이어져 하나님 나라 승천昇天으로 지상 사역地上使役의 대단원大單元의 막幕을 내리게 됩니다. 그것으로 끝나거나 멈추지 아니하고, 예루살렘에서 땅끝까지 전개展開되고 역사歷史 속에서 오늘날까지 계속繼續되고 있으며 예수 재림再臨 때까지 이어지게 됩니다. 모든 족속族屬으로 제자弟子를 삼아 하나님 나라를 확장擴張시키는 사명使命이 오늘 우리들에게도 부여府與되어 있습니다.

【 낭송 표시 : 1회 ▞ / 4회 ■ / 목표 120회 】

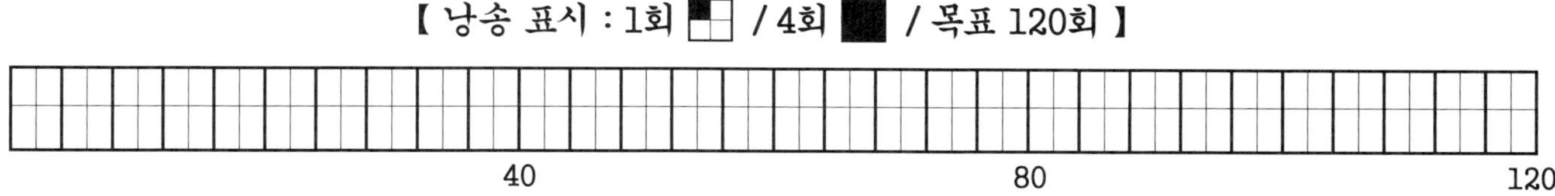

"주의 말씀은 내 발의 등이요 내 길에 빛이니이다"(시 119:105)

제 24 일

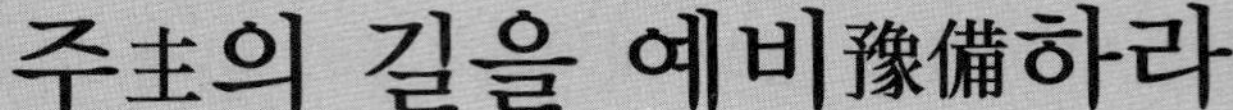

주主의 길을 예비豫備하라

마가복음 1:3

예수님은 복음福音의 내용內容이요 중심中心입니다. 구약성경舊約聖經은 예수 그리스도께서 메시아 구세주救世主로 오심을 예언豫言하였습니다. 신약성경新約聖經은 구약성경舊約聖經에서 예언豫言한 메시아가 예수님이심을 증거證據하였습니다. 신앙생활信仰生活은 예수님이 메시아 되심을 증거證據하는 생활生活입니다. 다시 오시는 재림再臨 예수의 길을 예비豫備하는 생활生活이 신약 시대新約時代 성도聖徒들의 사명使命입니다.

1. 하나님의 아들 예수 그리스도 복음福音의 시작始作이라. 선지자先知者 이사야의 글에, 보라 내가 내 사자使者를 네 앞에 보내노니 저가 네 길을 예비豫備하리라. 광야曠野에 외치는 자의 소리가 있어 가로되, 너희는 주主의 길을 예비豫備하라 그의 첩경捷徑을 평탄平坦케 하라. 기록記錄된 것과 같이 세례洗禮 요한이 광야曠野에서 죄 사罪死함을 받게 하는 회개悔改의 세례洗禮를 전파傳播하니, 온 유대 지방地方과 예루살렘 사람이 다 나아가 자기自己 죄罪를 자복自服하고 요단 강에서 그에게 세례洗禮를 받더라. (막 1:1~5)

2. 요한은 약대털을 입고 허리에 가죽띠를 띠고 메뚜기와 석청石淸을 먹더라. 전파傳播하여 가로되 나보다 능력能力 많으신 이가 내 뒤에 오시나니, 나는 굽혀 그의 신들메를 풀기도 감당堪當치 못하겠노라. 나는 너희에게 물로 세례洗禮를 주거니와 그는 성령聖靈으로 너희에게 세례洗禮를 주시리라. 그때에 예수께서 갈릴리 나사렛으로부터 와서 요단 강에서 요한에게 세례洗禮를 받으시고 곧 물에서 올라오실새, 하늘이 갈라짐과 성령聖靈이 비둘기 같이 자기自己에게 내려오심을 보시더니, 하늘로서 소리가 나기를 너는 내 사랑하는 아들이라 내가 너를 기뻐하노라 하시니라. (막 1:6~11)

3. 성령聖靈이 예수를 광야曠野로 몰아내신지라. 광야曠野에서 사십 일을 계셔서 사탄에게 시험試驗을 받으시며, 들짐승과 함께 계시니 천사天使들이 수종隨從들더라. 요한이 잡힌 후 예수께서 갈릴리에 오셔서 하나님의 복음福音을 전파傳播하여 가라사대 때가 찼고 하나님 나라가 가까웠으니 회개悔改하고 복음福音을 믿으라 하시더라. 갈릴리 해변海邊으로 가시다가 시몬과 그 형제兄弟 안드레가 바다에 그물 던지는 것을 보시니 저희는 어부漁夫라. 예수께서 가라사대 나를 따라오너라 내가 너희로 사람을 낚는 어부가 되게 하리라 하시니 곧 그물을 버려 두고 좇으니라. 조금 더 가시다가 야고보와 요한을 보시니 저희도 배에서 그물을 깁는데 부르시니 모든 것을 두고 예수를 따라 가니라. (막 1:12~20)

4. 예수께서 안식일安息日에 가버나움에 있는 회당會堂에 들어가 가르치시매, 뭇 사람이 그의 교훈敎訓에 놀라니 이는 그 가르치시는 것이 권세權勢 있는 자 같고 서기관書記官과

같지 아니함이러라. 마침 회당會堂에 더러운 귀신鬼神 들린 사람이 소리 질러 가로되, 나사렛 예수여 우리가 당신과 무슨 상관相關이 있나이까 당신은 하나님의 거룩한 자니이다. 예수께서 꾸짖어 가라사대 잠잠潛潛하고 그 사람에게서 나오게 하시니, 더러운 귀신鬼神이 그 사람으로 경련痙攣을 일으키게 하고 큰 소리를 지르며 나오는지라. 다 놀라 서로 물어 가로되 이는 어찜이뇨 권세權勢 있는 새 교훈敎訓이로다. 더러운 귀신鬼神들을 명命한즉 순종順從하는도다 하더라 예수의 소문所聞이 온 갈릴리 사방四方에 퍼지더라. (막 1:21~28)

5. 회당會堂에서 나와 야고보와 요한과 함께 시몬과 안드레의 집에 들어가시니, 시몬의 장모丈母가 열병熱病으로 누웠는지라. 사람들이 예수께 여짜온대 나아가사 그 손을 잡아 일으키시니 열병熱病이 떠나고 여자가 저희에게 수종隨從드니라. 저물어 해 질 때에 모든 병자病者와 귀신鬼神 들린 자를 예수께 데려오니 온 동네가 문門 앞에 모였더라. 예수께서 각색各色 병病든 많은 사람을 고치시며 많은 귀신鬼神을 내어쫓으시되, 귀신鬼神이 자기自己를 알므로 그 말하는 것을 허락許諾지 아니하시니라. (막 1:29~34)

6. 새벽 오히려 미명未明에 예수께서 일어나 나가 한적閒寂한 곳으로 가서 거기서 기도祈禱하시더니, 시몬과 함께 있는 자들이 예수의 뒤를 따라가 만나서 가로되 모든 사람이 주主를 찾나이다. 이르시되 우리가 다른 가까운 마을들로 가자 거기서도 전도傳道하리니, 내가 이를 위하여 왔노라 하시고 이에 온 갈릴리에 다니시며 저희 회당會堂에서 전도傳道하시고 귀신鬼神들을 내어쫓으시더라. 한 문둥 병자病者가 예수께 와서 꿇어 엎드리어 간구懇求하여 가로되, 원願하시면 저를 깨끗케 하실 수 있나이다 예수께서 민망憫惘히 여기사 손을 내밀어 저에게 대시며 가라사대, 내가 원願하노니 깨끗함을 받으라 하신대 곧 문둥병이 그 사람에게서 떠나가고 깨끗하여진지라. (막 1:35~42)

메시아 되신 예수님께서 이 세상世上에 오셔서 첫 번째 하신 일은 제자弟子 삼는 일이었습니다. 그다음으로 질병疾病으로 고통苦痛 당當하는 자의 병病을 고쳐 주셨습니다. 또한 귀신鬼神 들린 자, 정신병자精神病者들의 병病을 고쳐 주시고 귀신鬼神을 쫓아내셨습니다. 구약舊約의 율법律法과 규례規例를 지키시고 회당會堂에서 구약성경舊約聖經 말씀을 가르쳐 주셔서 곧 은혜恩惠와 감화감동感化感動을 받게 하였습니다.

【 낭송 표시 : 1회 ▦ / 4회 ■ / 목표 120회 】

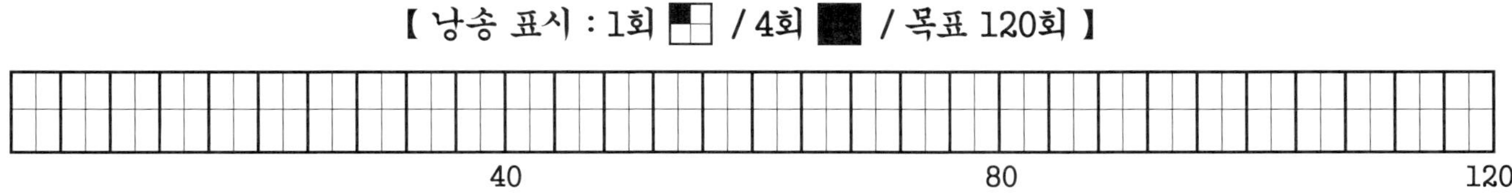

"주의 말씀은 내 발의 등이요 내 길에 빛이니이다"(시 119:105)

제 25 일

소자小子야 네 죄罪 사赦함을 받았느니라

마가복음 2:5

중풍병자中風病者의 병病을 고쳐 주시고 죄罪 사赦함의 은혜恩惠까지 주셨습니다. 예수님께서 이 세상世上에 오신 목적目的이 바로 죄罪 문제問題와 죽음 문제問題를 해결解決하시는 것입니다. 병病 고침과 죄罪 사赦함과 영원永遠한 생명生命은 예수님만이 주시는 축복祝福과 은혜恩惠입니다.

1. 엄嚴히 경계警戒하사 곧 보내시며 가라사대 삼가 아무에게도 말하지 말고 가서 네 몸을 제사장祭司長에게 보이고, 네 깨끗케 됨을 인하여 모세의 명命한 것을 드려 저희에게 증거證據하라 하셨더니, 그 사람이 나가서 이 일을 많이 전파傳播하여 널게 퍼지게 하니, 그러므로 예수께서 드러나게 동네에 들어가지 못하시고, 오직 바깥 한적閒寂한 곳에 계셨으나 사방四方에서 그에게로 나아오더라. (막 1:43~45)

2. 수일數日 후後에 예수께서 다시 가버나움에 들어가시니, 집에 계신 소문所聞이 들린지라. 많은 사람이 모여서 문 앞에서라도 용신容身할 수 없게 되었는데, 예수께서 저희에게 도道를 말씀하시더니 사람이 한 중풍병자中風病者를 네 사람에게 메워 가지고 예수께로 올새, 무리를 인하여 예수께 데려갈 수 없으므로 그 계신 곳의 지붕을 뜯어 구멍을 내고 중풍병자中風病者의 누운 상床을 달아 내리니, 예수께서 저희의 믿음을 보시고 중풍병자中風病者에게 이르시되, 소자小子야 네 죄罪 사赦함을 받았느니라. 예수께서 중심中心을 아시고 중풍병자中風病者에게 네 죄罪 사赦함을 받았느니라 하는 말과, 일어나 네 상床을 가지고 걸어가라 하는 말이 어느 것이 쉽겠느냐, 그러나 인자人子가 죄罪를 사赦하는 권세權勢가 있는 줄을 너희로 알게 하노라. 일어나 네 상床을 가지고 집으로 가라 하시니, 그가 일어나 곧 상을 가지고 모든 사람 앞에서 나가거늘, 저희가 다 놀라 영광榮光을 하나님께 돌리며 가로되 우리가 이런 일을 보지 못하였다 하더라. (막 2:1~12)

3. 예수께서 다시 바닷가에 나가시매 무리가 다 나아왔거늘 예수께서 저희를 가르치시니라. 세리와 죄인罪人들이 예수와 그 제자弟子들과 함께 앉았으니 저희가 많이 있어서 예수를 좇음이러라. 예수께서 함께 잡수시는 것을 보고 어찌하여 죄인罪人들과 함께 먹는가, 예수께서 들으시고 저희에게 이르시되 건강健康한 자에게는 의원醫員이 쓸데 없고, 병病든 자에게라야 쓸데 있느니라. 내가 의인義人을 부르러 온 것이 아니요 죄인罪人을 부르러 왔노라 하시니라. (막 2:13~17)

4. 요한의 제자弟子들과 바리새인들은 금식禁食하는데 어찌하여 당신의 제자弟子들은 금식禁食하지 아니하나이까, 예수께서 이르시되 혼인婚姻집 손님들이 신랑新郞과 함께

있을 때에 금식禁食하지 아니하나니 신랑新郎을 빼앗길 날이 이르리니 그날에는 금식禁食할 것이니라. 생베 조각을 낡은 옷에 붙이는 자가 없나니 기운 새것이 낡은 것에 당기어 헤어짐이 더하게 되느니라. 새 포도주葡萄酒를 낡은 가죽 부대負袋에 넣는 자가 없나니, 새 포도주葡萄酒가 부대負袋를 터뜨려 포도주葡萄酒와 부대負袋를 버리게 되리라. 오직 새 포도주葡萄酒는 새 부대負袋에 넣는니라 하시니라. 예수께서 밀밭 사이로 지나가실새 그 제자弟子들이 길을 열며 이삭을 자르니 바리새인들이 예수께 말하되, 보시오 저희가 어찌하여 안식일安息日에 하지 못할 일을 하나이까, 예수께서 가라사대 다윗과 함께한 자들이 핍절乏絶되어 시장嘶腸할 때에 제사장祭司長 외에는 먹지 못하는 진설병陳設餠을 먹고 함께한 자들에게도 주지 아니하였느냐, 또 가라사대 안식일安息日은 사람을 위하여 있는 것이요, 사람이 안식일安息日을 위하여 있는 것이 아니니 이러므로 인자人子는 안식일安息日에도 주인主人이니라. (막 2:18~28)

5. 예수께서 회당會堂에 들어가시니 한편 손 마른 사람이 거기 있는지라. 안식일安息日에 그 사람을 고치시는가 엿보거늘, 예수께서 손 마른 사람에게 이르시되 한가운데 일어서라 하시고, 저희에게 안식일安息日에 선善을 행하는 것과 악惡을 행하는 것, 생명生命을 구救하는 것, 어느 것이 옳으냐 하시니 저희가 잠잠潛潛하거늘 저희를 둘러 보시고 그 사람에게 이르시되, 내 손을 내밀라 하시니 그가 내밀매 그 손이 회복回復 되었더라. (막 3:1~5)

6. 예수께서 제자弟子들과 함께 바다로 물러가시니 큰 무리가 좇으며 허다許多한 무리가 그의 하신 큰 일을 듣고 나오는지라. 예수께서 무리의 에워싸 미는 것을 면免키 위하여, 작은 배를 등대等待하도록 제자弟子들에게 명命하셨으니, 이는 많은 사람을 고치셨으므로 병病에 고생苦生하는 자들이 예수를 만지고자 핍근逼近함이더라. 더러운 귀신鬼神들도 어느 때든지 예수를 보면 그 앞에 엎드려 부르짖어 가로되, 당신은 하나님의 아들이시니이다 하니 예수께서 자기自己를 나타내지 말라고 경계警戒하시니라. (막 3:7~12)

"네 손을 내밀라 하시니 그가 내밀매 그 손이 회복回復되었더라"(막 3:5). 손이 마비되고 말라 버린 상태狀態는 아무일도 할 수 없는 불구자不具者입니다. 마른 손을 예수님께 내밀어 맡기니 곧 회복回復되어 건강健康하게 되었습니다. 건강健康한 몸으로 귀貴한 일하며 사는 행복幸福한 인생人生이 되었습니다.

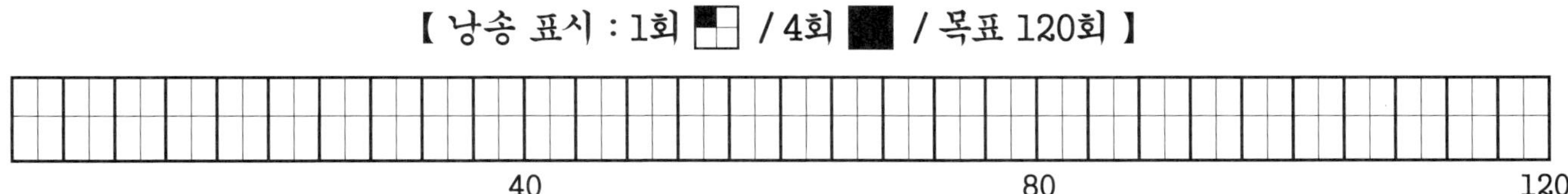

"주의 말씀은 내 발의 등이요 내 길에 빛이니이다"(시 119:105)

제 26 일

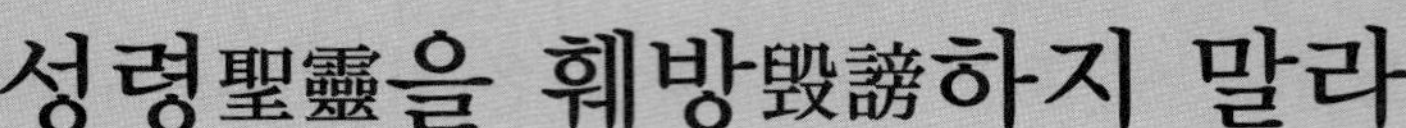

성령聖靈을 훼방毁謗하지 말라

마가복음 3:29

성령聖靈 훼방毁謗은 하나님의 구원救援 사역使役을 반대反對하고 방해妨害하고 비방誹謗하는 행동行動입니다. 하나님의 일을 방해妨害하고 비방誹謗하는 일은 하나님의 대적對敵하는 일입니다. 사탄과 마귀魔鬼와 합작合作해서 성령聖靈의 사역使役을 방해妨害하는 자는 용서容恕를 받지 못하고 애굽의 바로, 바벨론의 느부갓네살, 유다의 헤롯 왕 말로末路처럼 영원永遠한 멸망滅亡을 받는 비극悲劇의 주인공主人公이 되고 맙니다.

1. 산에 오르사 자기自己의 원願하는 자들을 부르시니 나온지라. 이에 열둘을 세우셨으니 시몬에게는 베드로란 이름을 더하셨고, 야고보와 요한에게는 우뢰雨雷의 아들이란 이름을 더하셨고, 안드레와 빌립 바돌로매와 마태 다대오와 시몬 또 가룟 유다니 이는 예수를 판 자러라. 집에 들어가시니 무리가 다시 모이므로 식사食事할 겨를도 없는지라. 내가 진실眞實로 너희에게 이르노니 사람의 모든 죄罪와 훼방毁謗은 사赦하심을 얻되 누구든지 성령聖靈을 훼방毁謗하는 자는 사赦하심을 영원永遠히 얻지 못하고 영원永遠한 죄罪에 처處하니라. 누구든지 하나님의 뜻대로 하는 자는 내 형제兄弟요 자매姉妹요 모친母親이니라. (막 3:13~35)

2. 예수께서 바닷가에서 가르치시니 큰 무리가 모여들거늘, 이에 예수께서 여러 가지 비유譬喩로 가르치시니, 들으라 씨를 뿌리는 자가 뿌리러 나가서 뿌릴새, 더러는 길가에 떨어지매 새들이 와서 먹어 버렸고, 더러는 흙이 얇은 돌밭에 떨어지매 흙이 깊지 아니하므로 곧 싹이 나오나, 해가 돋은 후後에 타져서 뿌리가 없으므로 말랐고, 더러는 가시떨기에 떨어지매 가시가 자라 기운氣運을 막으므로 결실結實치 못하였고, 더러는 좋은 땅에 떨어지매 자라 무성茂盛하여 결실結實하였으니, 삼십 배三十倍와 육십 배六十倍와 백배百倍가 되었느니라 하시고, 또 이르시되 들을 귀 있는 자는 들으라 하시니라. (막 4:1~9)

3. 예수께서 홀로 계실 때에 함께한 사람들이 열두 제자弟子와 더불어 비유譬喩들을 묻자오니 이르시되, 뿌리는 자는 말씀을 뿌렸다는 것이라. 길가에 뿌리웠다는 것은 곧 말씀을 들었을 때에 사탄이 즉시 와서 빼앗는 것이요, 돌밭에 뿌리웠다는 것은 이들이니 말씀을 들을 때에 기쁨으로 받으나 그 속에 뿌리가 없어 잠간 견디다가 말씀을 인하여 환난患難이나 핍박逼迫이 일어날 때에 곧 넘어지는 자요, 가시떨기에 뿌리웠다는 것은 말씀을 듣되 세상世上의 염려念慮와 재리財利의 유혹誘惑과 욕심慾心이 들어와 말씀을 막아 결실結實치 못하게 되는 자요, 좋은 땅에 뿌리웠다는 것은 곧 말씀을 듣고 받아 삼십 배三十倍와 육십 배六十倍와 백 배百倍의 결실結實을 하는 자니라. (막 4:10~20)

4. 또 저희에게 이르시되 사람이 등燈불을 가져 오는 것은 말 아래나 평상平床 아래나 두려 함이냐 등경燈檠 위에 두려 함이 아니냐. 들을 귀 있는 자는 들으라 너희가 무엇을

듣는가 스스로 삼가라 너희의 헤아리는 그 헤아림으로 받을 것이요, 있는 자는 받을 것이요 없는 자는 그 없는 것까지 빼앗기리라. 하나님의 나라는 사람이 씨를 뿌림 같으니 땅이 열매를 맺되 처음에는 싹이요 다음에는 이삭이요 그다음에는 충실充實**한 곡식**穀食**이라. 열매가 익으면 곧 낫을 대나니 이는 추수**秋收 **때가 이르렀음이니라. 하나님 나라를 무슨 비유**譬喩**로 나타낼꼬, 겨자씨 한 알 같으니 땅에 심길 때에는 작은 것이로되, 심긴 후에 자라서 모든 나물보다 커지며 큰 가지를 내니 공중**空中**의 새들이 그 그늘에 깃들일 만큼 되느니라. 예수께서 많은 비유**譬喩**로 말씀을 가르치시되 그 제자**弟子**들에게 모든 것을 해석**解釋 **하시더라.** (막 4:21~34)

5. 그날 저물 때에 제자弟子**들에게 이르시되 우리가 저편으로 건너가자 하시니, 저희가 무리를 떠나 예수를 배에 계신 그대로 모시고 가매 다른 배들도 함께하더니, 큰 광풍**狂風**이 일어나며 물결이 부딪혀 배에 들어와 배에 가득하게 되었더라. 예수께서는 고물에서 베개를 베시고 주무시더니, 제자**弟子**들이 깨우며 가로되 선생님이여 우리의 죽게된 것을 돌아보지 아니 하시나이까 하니, 예수께서 깨어 바람을 꾸짖으시며 바다더러 이르시되, 잠잠**潛潛**하라 고요하라 하시니 바람이 그치고 아주 잔잔**潺潺**하여지더라. 이에 제자**弟子**들에게 이르시되 어찌하여 무서워 하느냐, 너희가 어찌 믿음이 없느냐 하시니, 저희가 심**甚**히 두려워하여 서로 말하되 저가 뉘기에 바람과 바다라도 순종**順從**하는고 하였더라.** (막 4:35~41)

6. 예수께서 바다 건너편 거라사인의 지방地方**에 이르러 배에서 나오시매, 더러운 귀신**鬼神 **들린 사람이 무덤 사이에서 나와 예수를 만나다. 밤낮 무덤 사이에서나 산에서나 늘 소리 지르며 돌로 제 몸을 상**傷**하고 있었더라. 그가 멀리서 예수를 보고 달려와 절하며 큰 소리로 부르짖어, 지극**至極**히 높으신 하나님의 아들 예수여 나와 무슨 상관**相關**이 있나이까, 나를 괴롭게 마옵소서 하니 예수께서 이르시기를 더러운 귀신**鬼神**아 그 사람에게서 나오라 하셨음이라. 네 이름이 무엇이냐 내 이름은 군대**軍隊**니 우리가 많음이니이다. 이에 간구**懇求**하여 가로되 우리를 돼지에게로 보내어 들어가게 하소서 하니, 허락**許諾**하신대 더러운 귀신**鬼神**들이 나와서 돼지에게 들어가니, 비탈로 내리달아 바다에서 몰살**沒殺**하거늘 그 귀신**鬼神 **들렸던 자는 자기**自己 **옷을 입고 정신**精神**이 온전**穩全**하여 앉은 것을 보고 두려워하더라.** (막 5:1~15)

예수님은 하나님이시기에 바람과 바다를 잔잔潺潺하게 하십니다. 귀신鬼神을 추방追放하고 귀신鬼神 들린 자, 정신병자精神病者를 완전完全하게 고치셔서 정상적正常的인 삶을 살도록 해주셨습니다.

【 낭송 표시 : 1회 / 4회 / 목표 120회 】

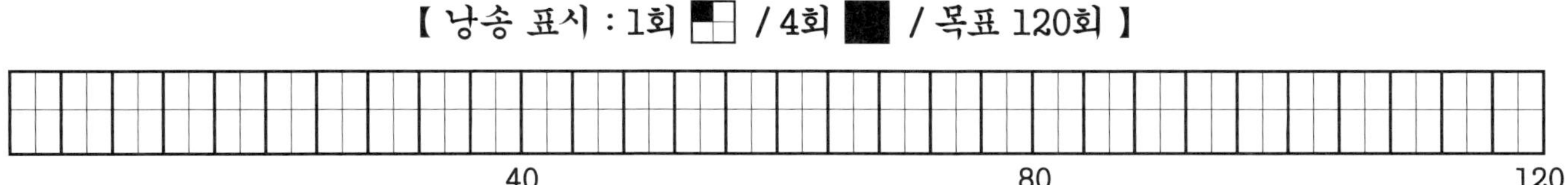

“주의 말씀은 내 발의 등이요 내 길에 빛이니이다”(시 119:105)

제 27 일

네 믿음이 너를 구원救援하였으니 평안平安히 가라

마가복음 5:34

예수님은 모든 문제를 해결解決할 수 있는 능력能力과 권세權勢를 가졌습니다. 불가능不可能한 것이 없었습니다. 전능全能하신 하나님이었습니다. 찾아온 환자患者들의 믿음을 회복回復시켜 주시고 모든 질병疾病을 고쳐 주었습니다. 죽은 소녀小女도 다시 살려 주었습니다. 어린이 도시락 한 개를 축사祝辭하시고 나누어 주심으로 5천 명이 배불리 먹고 남은 것이 12광주리에 가득 찼습니다. 전능全能하신 하나님만이 하실 수 있는 일을 예수님이 행行하셨습니다.

1. 예수께서 배를 타시고 저편으로 건너가시매, 큰 무리가 모이거늘 회당장會堂長 야이로가 와서 예수를 보고 발 아래 엎드리어 많이 간구懇求하여 가로되, 내 딸이 죽게 되었사오니 오셔서 그 위에 손을 얹으사 구원救援을 얻어 살게 하소서 하거늘, 이에 함께 가실새 큰 무리가 따라가며 에워싸 밀더라. 열두 해를 혈루증血漏症으로 앓는 한 여자女子가 있어 많은 의원醫員에게 많은 괴로움을 받았고 있던 것도 다 허비虛費하였으되, 아무 효험效驗이 없고 도리어 중重하여졌던 차에 예수의 소문所聞을 듣고 무리 가운데 섞여 뒤로 와서 그의 옷에 손을 대니, 이는 내가 그의 옷에만 손을 대어도 구원救援을 얻으리라 함일러라. 이에 그의 혈루血漏 근원根源이 곧 마르매 병病이 나은 줄을 몸에 깨달으니라. 예수께서 이 일을 행한 여자女子를 보려고 둘러보시니, 두려워하여 떨며 와서 그 앞에 엎드려 사실事實을 여짜온대 예수께서 가라사대, 딸아 네 믿음이 너를 구원救援하였으니 평안平安히 가라 네 병病에서 놓여 건강健康할지어다. (막 5:21~34)

2. 아직 말씀하실 때에 회당장會堂長의 집에서 사람들이 와서 가로되 당신의 딸이 죽었나이다. 어찌하여 선생先生을 더 괴롭게 하나이까 예수께서 들으시고 회당장會堂長에게 이르시되 두려워 말고 믿기만 하라 하시고, 베드로와 야고보와 요한 외에 따라옴을 허許치 아니하시고 회당장會堂長의 집에 함께 가사, 훤화喧譁함과 울며 심甚히 통곡痛哭함을 보시고 들어가서, 저희에게 이르시되 이 아이가 죽은 것이 아니라 잔다 하시니 저희가 비웃더라. 아이의 부모父母를 데리시고 들어가사 그 아이의 손을 잡고 가라사대 달리다굼 하시니, 곧 소녀小女야 일어나라 하심이라 소녀小女가 곧 일어나서 걸으니 나이 열두 살이라. 사람들이 크게 놀라고 놀라거늘 예수께서 소녀에게 먹을 것을 주라 하시니라. (막 6:35~43)

3. 예수께서 거기를 떠나사 고향故鄕으로 가시니 제자弟子들도 좇으니라. 안식일安息日이 되어 회당會堂에서 가르치시니, 많은 사람이 듣고 놀라 가로되 그 지혜智慧와 권능權能이 어찌 됨이뇨, 이 사람이 마리아의 아들 목수木手가 아니냐, 그 형제兄弟들이 우리와 함께 여기 있지 아니하냐 하고 예수를 배척排斥한지라. 예수께서 거기서는 아무 권능權能도

행行할 수 없어 소수小數의 병인病人에게 안수按手하여 고치실 뿐이요, 저희의 믿지 않음을 이상異常히 여기셨더라 이에 모든 촌村에 두루 다니시며 다르치시더라. (막 6:1~6)

4. 열두 제자弟子를 부르사 둘씩 둘씩 보내시며 더러운 귀신鬼神을 제어制馭하는 권세權勢를 주시고, 여행旅行을 위하여 양식糧食이나 주머니나 전대纏帶의 돈이나 아무것도 가지지 말며, 신만 신고 두 벌 옷도 입지 말라 하시고 뉘 집에 들어가거든 그곳을 떠나기까지 거기 유留하라. 너희를 영접迎接지 아니하고 너희 말을 듣지 아니하거든 나갈 때 먼지를 떨어버려 저희에게 증거證據를 삼으라. 제자弟子들이 나가서 회개悔改하라 전파傳播하고 많은 귀신鬼神을 쫓아내며 많은 병인病人에게 기름을 발라 고치더라. (막 6:7~13)

5. 사도使徒들이 예수께 모여 행行한 것과 가르친 것을 낱낱이 고告하니, 너희는 따로 한적閒寂한 곳에 와서 쉬어라 하시니 이는 사람이 많아 음식飮食 먹을 겨를도 없음이라. 이에 배를 타고 갈새 많은 사람이 달려와 저희보다 먼저 갔더라. 예수께서 나오사 큰 무리를 보시고 그 목자牧者없는 양羊 같음을 인하여 불쌍히 여기사 이에 여러 가지로 가르치시더라. 때가 저물어 가며 제자弟子들이 예수께 나아와 여짜오되 이곳은 빈 들이요 때도 저물어 가니, 무리를 보내어 두루 촌村과 마을로 가서 사 먹게 하옵소서. 대답對答하여 가라사대 너희가 먹을 것을 주라. (막 6:30~37)

6. 너희에게 떡 몇 개나 있느냐 하시니, 가로되 떡 다섯 개와 물고기 두 마리가 있더이다 하거늘, 제자弟子들을 명命하사 그 모든 사람으로 떼를 지어 푸른 잔디 위에 앉게 하시니, 떼로 혹或 백百씩, 혹或 오십五十씩 앉은지라. 예수께서 떡 다섯 개와 물고기 두 마리를 가지사 하늘을 우러러 축사祝謝하시고, 떡을 떼어 제자弟子들에게 주어 사람들 앞에 놓게 하시고, 또 물고기 두 마리도 모든 사람에게 나누어 주시매, 다 배불리 먹고 남은 떡 조각과 물고기가 열두 바구니에 차게 거두었으며 먹은 남자男子가 오천 명五千名이었더라. (막 6:38~44)

"네 믿음이 너를 구원救援하였으니 평안平安히 가라." 12년간 혈루병血淚病으로 고생苦生하고 고통苦痛을 당當하고 가산家産을 탕진蕩盡한 여인女人이 예수님의 옷자락을 잡으면 고침 받는다는 단순單純하고 소박素朴한 믿음으로 큰 이적異蹟과 권능權能을 체험體驗하고 고침 받는 역사役事가 나타났습니다. 작은 믿음이 큰 믿음이 되고 작은 헌신獻身이 큰 역사役事를 이루게 합니다. 작은 일에 충성忠誠하여 큰 역사役事를 이루는 신앙생활信仰生活을 하여서 주님으로부터 인정받고 칭찬稱讚받는 복福된 날이 되시기 바랍니다.

【 낭송 표시 : 1회 / 4회 / 목표 120회 】

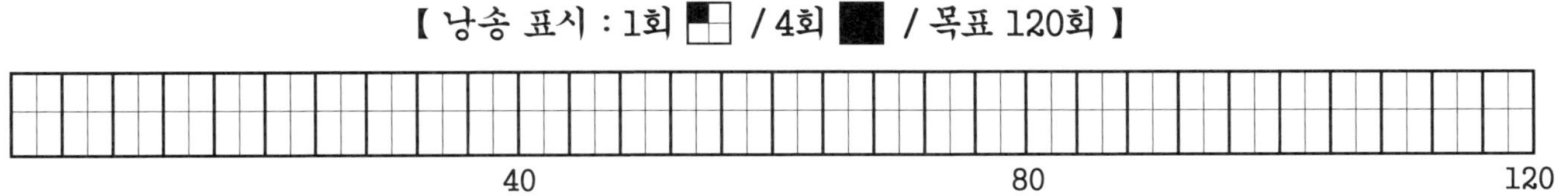

"주의 말씀은 내 발의 등이요 내 길에 빛이니이다"(시 119:105)

제 28 일

다 성盛함을 얻으니라

마가복음 6:56

고르반CORBAN이란 하나님께 바쳐진 예물禮物은 다른 사람이 사용使用하지 못하게 하는 규례規例입니다. 요즈음도 헌금獻金을 하고 다른 임무任務를 소홀疏忽히 하거나 회피回避한다면 이는 신앙생활信仰生活을 올바로 하는 것이 아닙니다. 가이사에게/하나님에게 구별區別하는 것은 지혜智慧로운 신앙생활信仰生活의 판단判斷입니다. 교회 생활教會生活 때문에 부모父母님 공경恭敬을 소홀疏忽히 해서는 안 됩니다. 학과 생활學課生活, 직장 생활職場生活에 지장支障이 되지 않도록 더욱 성실誠實하게 열심熱心을 다해야 합니다.

1. 예수께서 즉시卽時 제자弟子들을 재촉하사 배를 타고 건너편 벳새다로 가게 하시고 기도祈禱하러 산으로 가시다 저물매 배는 바다 가운데 있고 예수는 홀로 뭍에 계시다가 바람이 거스리므로 제자弟子들이 괴로이 노 젓는 것을 보시고, 밤 사경四更 즈음에 바다 위로 걸어서 제자弟子에게 오사 지나가려고 하시매, 제자弟子들이 그의 바다 위로 걸어 오심을 보고 유령幽靈인가 하여 소리 지르니 저희가 다 예수를 보고 놀람이라. 이에 예수께서 곧 더불어 말씀하여 가라사대 안심安心하라 내니 두려워 말라 하시고, 배에 올라 저희에게 가시니 바람이 그치는 지라. 제자弟子들이 마음에 심甚히 놀라니 이는 저희가 그 떡 떼시던 일을 깨닫지 못하고 도리어 그 마음이 둔鈍하여 졌음이러라. 건너가 게네사렛 땅에 이르러 대고 배에서 내리니 사람들이 곧 예수신 줄을 알고, 그 온 지방地方으로 달려 돌아다니며 예수께서 어디 계시단 말을 듣는대로 병病든 자를 침상寢牀채로 메고 나아오니, 아무데나 예수께서 들어가시는 마을이나 도시나 촌村에서 병자病者를 시장市場에 두고, 예수의 옷가에라도 손을 대게 하시기를 간구懇求하니 손을 대는 자는 다 성盛함을 얻으니라. (막 6:45~56)

2. 예수께서 가라사대 이사야가 너희 외식外飾하는 자에 대하여 잘 예언豫言하였도다 기록記錄하였으되, 이 백성百姓이 입술로는 나를 존경尊敬하되 마음은 내게서 멀도다. 사람의 계명誡命으로 교훈敎訓을 삼아 가르치니 나를 헛되이 경배敬拜하는도다 너희가 하나님의 계명誡命은 버리고 사람의 유전遺傳을 지키느니라. 너희가 유전遺傳을 지키려고 하나님의 계명誡命을 저버리는도다. 모세는 네 부모父母를 공경恭敬하라 하고, 부모父母를 훼방毁謗하는 자는 반드시 죽으리라 하였거늘, 너희는 부모父母에게 드려 유익有益하게 할 것을 고르반 곧 하나님께 드림이 되었다고 하기만 하면 그만이라 하고 부모父母에게 드리지 아니하나니라. 너희가 하나님의 말씀을 폐廢하며 이같은 일을 많이 행行하느니라. 너희는 다 내말을 듣고 깨달으라. 무엇이든지 밖에서 사람에게로 들어가는 것은 능能히 사람을 더럽게 하지 못하되 사람 안에서 나오는 것이 사람을 더럽게 하는 것이라. (막 7:6~16)

3. 예수께서 이르시되 너희도 이렇게 깨달음이 없느냐 가라사대 사람에게서 나오는 그것이 사람을 더럽게 하느니라. 사람의 마음에서 나오는 것은 악惡한 생각 곧 음란淫亂과 도적盜賊질과 살인殺人과 간음姦淫과 탐욕貪慾과 악독惡毒과 속임과 음탕淫蕩과 흘기는 눈과 훼방毁謗과 교만驕慢과 광패狂悖니, 이 모든 악惡이 다 속에서 나와서 사람을 더럽게 하느니라. (막 7:18~23)

4. 예수께서 일어나사 거기를 떠나, 두로 지경地境에서 나와 시돈을 지나고, 데가볼리 지경地境을 통과通過하여 갈릴리 호수湖水에 이르시매, 귀 먹고 어눌語訥한 자를 데리고 예수께 나아와 안수按手하여 주시기를 간구懇求하거늘, 예수께서 그 사람을 따로 데리고 무리를 떠나사 손가락을 그의 양兩 귀에 넣고, 침뱉아 그의 혀에 손을 대시며 하늘을 우러러 탄식嘆息 하시며 그에게 이르시되, 에바다 하시니 이는 열리라는 뜻이라. 그의 귀가 열리고 혀의 맺힌 것이 풀려 말이 분명分明하더라. 예수께서 저희에게 경계警戒하사 아무에게라도 이르지 말라 하시되, 경계警戒하실수록 저희가 더욱 널리 전파傳播하니 사람들이 심甚히 놀라 가로되, 그가 다 잘하였도다 귀머거리도 듣게 하고 벙어리도 말하게 한다 하니라. (막 7:31~37)

5. 그즈음에 또 큰 무리가 있어 먹을 것이 없는지라. 예수께서 제자弟子들을 불러 이르시되 내가 무리를 불쌍히 여기노라. 저희가 나와 함께 있은지 이미 사흘이매 먹을 것이 없도다. 예수께서 물으시되 너희에게 떡 몇 개나 있느냐 가로되 일곱이로소이다 하거늘, 예수께서 무리를 명命하사 땅에 앉게 하시고 떡 일곱 개를 가지사 축사祝謝하시고, 떼어 제자弟子들에게 주어 그 앞에 놓게 하시니 제자弟子들이 무리 앞에 놓더라. 또 작은 생선 두어 마리가 있는지라 이에 축복祝福하시고 명命하사 이것도 그 앞에 놓게 하시니, 배불리 먹고 남은 조각 일곱 광주리를 거두었으며 사람은 약 사천 명四千名이었더라. 예수께서 저희를 흩어 보내시고 제자弟子들과 함께 배에 오르사 달마누다 지방地方으로 가시니라. (막 8:1~10)

6. 바리새인들이 나와서 예수께 힐난詰難하며 시험試驗하여 하늘로서 오는 표적表蹟을 구求하거늘, 예수께서 마음 속에 깊이 탄식嘆息하시며 가라사대 어찌하여 이 세대世代가 표적表蹟을 구求하느냐, 내가 진실眞實로 너희에게 이르노니 이 세대世代에 표적表蹟을 주지 아니하리라 하시고, 저희를 떠나사 배에 올라 건너편으로 가시니라. 예수께서 경계警戒하여 가라사대 바리새인의 누룩과 헤롯의 누룩을 주의注意하라. 너희가 눈이 있어도 보지 못하며 귀가 있어도 듣지 못하느냐, 내가 떡 다섯 개를 오천 명五千名에게 줄 때에 조각 몇 바구니를 거두었느냐, 또 일곱 개를 사천 명四千名에게 떼어 줄 때에 조각 몇 광주리를 거두었더냐 가라사대 아직도 깨닫지 못하느냐 하시니라. (막 8:11~21)

'예수님께 나오면 다 성盛함을 얻느니라.' 육신肉身의 질병疾病, 정신적精神的 갈등葛藤, 신체적身體的 장애障碍 등 모든 문제問題가 해결解決되었습니다. 전인적全人的 구원救援, 전체적全體的 향상向上, 전체全體 생활生活의 균형均衡과 조화造化와 발전發展을 가져왔습니다. 오늘도 개인個人의 건강健康, 가정家庭의 행복幸福, 사회社會의 균형 발전均衡發展, 하나님 교회敎會의 부흥復興이 조화造化롭게 이루어져야 합니다.

【 낭송 표시 : 1회 ◰ / 4회 ■ / 목표 120회 】

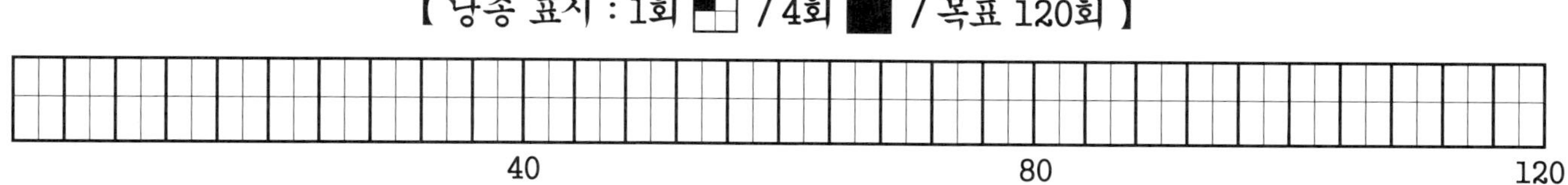

"주의 말씀은 내 발의 등이요 내 길에 빛이니이다"(시 119:105)

제 29 일

모세와 엘리야가 예수로 더불어 말씀하거늘

마가복음 9:4

변화산 상變化山上에 족장 시대族長時代를 대표代表하는 모세가 나타났고 선지자先知者를 대표代表하는 엘리야가 나타났습니다. 신구약성경新舊約聖經 완성完成의 대표代表로 예수님께서 그 가운데 계셨습니다. 변형變形 TRANSFORMATION 광채光彩 BRILLIANT, 영광榮光 GLORY으로 천국天國의 신비神秘한 신령체神靈體의 모습을 보여 주셨습니다. 이는 인류人類의 구원救援과 십자가十字架 대속代贖을 의논議論하신 장면場面입니다.

1. 벳새다에 이르매 사람들이 소경 하나를 데리고 예수께 나와 손대시기를 구求하거늘, 예수께서 소경의 손을 붙드시고 마을 밖으로 데리고 나가사 눈에 침을 뱉으시며 그에게 안수按手하시고, 무엇이 보이느냐 물으시니 우러러 보며 가로되 사람들이 보이나이다. 이에 그 눈에 다시 안수按手하시매 저가 주목注目하여 보더니 나아서 만물萬物을 밝히 보는지라. (막 8:22~25)

2. 예수의 제자弟子들이 가이사랴 빌립보 여러 마을로 나가실새 노중路中에서 제자弟子들에게 물어 가라사대, 사람들이 나를 누구라 하느냐 여짜와 가로되 세례洗禮 요한이라 하고 더러는 엘리야 더러는 선지자先知者중의 하나라 하나이다. 너희는 나를 누구라 하느냐 베드로가 대답對答하여 가로되 주主는 그리스도시니이다 하매, 인자人子가 많은 고난苦難을 받고 죽임을 당當하고, 사흘만에 살아나야 할 것을 비로소 저희에게 말씀하시니, 베드로가 예수를 붙들고 간諫하매 베드로를 꾸짖어 가라사대, 사탄아 내 뒤로 물러가라 네가 하나님의 일을 생각지 아니하고 도리어 사람의 일을 생각하는도다 하시고, 무리의 제자弟子들을 불러 이르시되 아무든지 나를 따라오려거든 자기自己를 부인否認하고 자기 십자가十字架를 지고 나를 좇을 것이니라. 누구든지 네 목숨을 구원救援코자 하면 잃을 것이요 누구든지 나와 복음福音을 위하여 제 목숨을 잃으면 구원救援하리라. 사람이 온 천하天下를 얻고도 제 목숨을 잃으면 무엇이 유익有益하리요, 사람이 무엇을 주고 제 목숨을 바꾸겠느냐, 누구든지 이 음란淫亂하고 죄罪 많은 세대世代에서 나와 내 말을 부끄러워하면, 인자人子도 아버지의 영광榮光으로 거룩한 천사天使들과 함께 올 때에 그 사람을 부끄러워하리라. (막 8:27~38)

3. 엿새 후에 예수께서 베드로와 야고보와 요한을 데리시고 따로 높은 산에 올라 가셨더니, 저희 앞에서 변형變形되사 그 옷이 광채光彩가 나며 심甚히 희어졌더라. 이에 엘리야가 모세와 함께 저희에게 나타나 예수로 더불어 말씀하거늘, 베드로가 예수께 고하되 랍비여 우리가 여기 있는 것이 좋사오니 우리가 초막草幕 셋을 짓되 하나는 주를 위하여, 하나는 모세를 위하여, 하나는 엘리야를 위하여 하사이다 하니, 구름이 와서 저희를 덮으며 구름 속에서 소리가 나되 이는 내 사랑하는 아들이니, 너희는 저희 말을 들어라 하는지라. 둘러보니 오직 예수와 자기들뿐이었더라. 저희가 산에서 내려 올 때에 예수께서 경계警戒하시되, 인자人子가 죽은 자 가운데서 살아날 때까지는 본 것을 아무에게도 이르지 말라 하시니라. (막 9:2~9)

4. 온 무리가 예수를 보고 심甚히 놀라며 달려와 문안問安하거늘, 예수께서 물으시되 무리 중에 하나가 대답對答하되, 벙어리 귀신鬼神 들린 내 아들을 데려왔나이다. 귀신鬼神이 어디서든지 저를 잡으면 거꾸러져 거품을 흘리며 이를 갈며 그리고 파리하여 가는지라. 내가 선생先生의 제자弟子들에게 내어쫓아 달라 하였으나 저희가 능能히 하지 못하더이다. 대답對答하여 가라사대 믿음이 없는 세대世代에 내가 얼마나 너희와 함께 있으며 얼마나 너희를 참으리요 그를 내게로 데려오라 하시매, 이에 데리고 오니 귀신鬼神이 예수를 보고 곧 그 아이로 심甚히 경련痙攣을 일으키게 하는지라. 저가 땅에 엎드러져 굴며 거품을 흘리더라. (막 9:15~20)

5. 예수께서 그 아비에게 물으시되 언제부터 이렇게 되었느냐 하시니 가로되 어릴 때부터니이다. 귀신鬼神이 저를 죽이려고 불과 물에 자주 던졌나이다. 그러나 무엇을 하실 수 있거든 우리를 불쌍히 여기사 도와 주옵소서. 예수께서 이르시되 할 수 있거든이 무슨 말이냐 믿는 자에게는 능能치 못할 일이 없느니라 하시니, 곧 그 아이의 아비가 소리 질러 가로되 내가 믿나이다. 나의 믿음 없는 것을 도와주소서 하더라. 예수께서 그 더러운 귀신鬼神을 꾸짖어 가라사대 벙어리 되고 귀먹은 귀신鬼神아, 내가 네게 명命하노니 그 아이에게서 나오고 다시 들어가지 말라 하시매, 귀신鬼神이 소리 지르며 아이로 심甚히 경련痙攣을 일으키게 하고 나가니, 그 아이가 죽은 것같이 되어 많은 사람이 말하기를 죽었다 하나, 예수께서 그 손을 잡아 일으키시니 이에 일어서니라. 집에 들어가시매 제자弟子들이 종용慫慂히 묻자오되, 우리는 어찌하여 능能히 그 귀신鬼神을 쫓아내지 못하였나이까, 이르시되 기도祈禱 외에 다른 것으로는 이런 유類가 나갈 수 없느니라 하시니라. (막 9:21~29)

6. 가버나움에 이르러 집에 계실새 제자弟子들에게 물으시되 너희가 노중路中에서 서로 토론討論한 것이 무엇이냐 하시되, 저희가 잠잠潛潛하니 이는 서로 누가 크냐 하고 쟁론爭論하였음이라. 예수께서 앉으사 열두 제자弟子를 불러서 이르시되 아무든지 첫째가 되고자 하면 뭇 사람의 끝이 되며, 뭇 사람을 섬기는 자가 되어야 하리라 하시고, 어린아이 하나를 데려다가 그들 가운데 세우시고 안으시며 제자弟子들에게 이르시되, 누구든지 내 이름으로 이런 어린아이 하나를 영접迎接하면 곧 나를 영접迎接함이요, 누구든지 나를 영접迎接하면 나를 보내신 이를 영접迎接함이니라. (막 9:33~37)

인류 구원人類救援을 권세權勢와 힘으로 하지 아니하고, 사랑과 겸손謙遜과 희생犧牲으로 하시는, 하나님과 아들 예수 그리스도의 극진極盡하신 은혜恩惠를 체험體驗하게 되었습니다. 십자가十字架는 하나님의 사랑과 겸손謙遜과 희생犧牲을 농축濃縮한 구원救援의 상징물象徵物입니다.

【 낭송 표시 : 1회 ▚ / 4회 ■ / 목표 120회 】

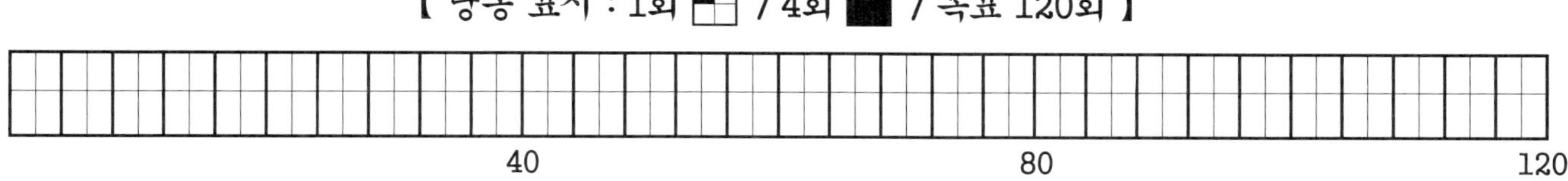

"주의 말씀은 내 발의 등이요 내 길에 빛이니이다"(시 119:105)

제 30 일

죽지도 않고 꺼지지도 아니하느니라

마가복음 9:48

성경聖經에서는 지옥地獄에 대해서 구체적具體的이고 자세한 설명說明을 하지 않고 있습니다. 여러 곳에 비유比喩나 상징적象徵的인 계시啓示를 하고 있습니다. '지옥地獄 꺼지지 않는 불'(막 9:43), '구더기도 죽지 않는 지옥地獄'(막 9:48), '이 불꽃 가운데서 고민苦悶하나이다'(눅 16:24). 죽지도 않고 불이 꺼지지도 않는 지옥地獄, 모든 희망이 끊어진 곳, 영원永遠히 버림받고 고통苦痛 당하는 곳, 사탄 마귀魔鬼의 심판審判과 처벌處罰의 장소場所인 무저갱無底坑(눅 8:31)이 지옥地獄입니다.

1. 요한이 예수께 여짜오되 우리를 따르지 않는 자가 주主의 이름으로 귀신鬼神을 쫓아내는 것을 보고 우리를 따르지 아니하므로 금禁하였나이다. 예수께서 가라사대 금禁하지 말라 내 이름을 의탁依託하여 능能한 일을 행行하고 즉시卽時 나를 비방誹謗할 자가 없느니라. 우리를 반대反對하지 않는 자는 우리를 위爲하는 자니라. 누구든지 너희를 그리스도에게 속屬한 자라 하여 물 한 그릇을 주면 내가 진실眞實로 너희에게 이르노니 저가 결단決斷코 상賞을 잃지 않으리라. 또 누구든지 나를 믿는 이 소자小子 중 하나를 실족失足케 하면 차라리 연자研子 맷돌을 그 목에 달리우고 바다에 던지움이 나으니라. (막 9:38~42)

2. 네 손이 범죄犯罪케 하거든 찍어 버리라. 불구자不具者로 영생永生에 들어가는 것이 두 손을 가지고 지옥地獄 꺼지지 않는 불에 들어가는 것보다 나으니라. 네 발이 범죄犯罪케 하거든 찍어 버리라. 절뚝발이로 영생永生에 들어가는 것이 두 발을 가지고 지옥地獄에 던지우는 것보다 나으니라. 네 눈이 범죄犯罪케 하거든 빼어 버리라. 한 눈으로 하나님 나라에 들어가는 것이 두 눈을 가지고 지옥地獄에 던지우는 것보다 나으니라. 거기는 구더기도 죽지 않고 불도 꺼지지 아니하느니라. 사람마다 불로서 소금 치듯함을 받으리라. 소금은 좋은 것이로되 소금이 그 맛을 잃으면 무엇으로 짜게 하리요, 너희 속에 소금을 두고 서로 화목和睦하라 하시니라. (막 9:43~50)

3. 예수께서 거기서 떠나 유대 지경地境과 요단 강 건너편으로 가시니 무리가 다시 모여 들거늘, 예수께서 전례前例대로 가르치시더니 바리새인들이 예수께 나아와 시험試驗하여 묻되 사람이 아내를 버리는 것이 옳으니이까, 예수께서 저희에게 이르시되 창조시創造時로부터 저희를 남자男子와 여자女子로 만드셨으니, 이러므로 사람이 그 부모父母를 떠나서 그 둘이 한 몸이 될지니라. 이러한즉 이제 둘이 아니요 한 몸이니 그러므로 하나님이 짝 지어 주신 것을 사람이 나누지 못할지니라 하시더라. 집에서 제자弟子들이 다시 이 일을 묻자온대 이르시되, 누구든지 그 아내를 내어 버리고 다른 데 장가드는 자는 간음姦淫을 행行함이요 또 아내가 남편男便을 버리고 다른 데로 시집가면 간음姦淫을 행行함이니라. (막 10:1~12)

4. 사람들이 예수의 만져 주심을 바라고 어린아이들을 데리고 오매 제자弟子들이 꾸짖거늘, 예수께서 보시고 분憤히 여겨 이르시되 어린아이들의 내게 오는 것을 용납容納하고 금禁하지 말라. 하나님의 나라가 이런 자의 것이니라 내가 진실眞實로 너희에게 이르노니, 누구든지 하나님의 나라를 어린아이와 같이 받들지 않은 자는 결단決斷코 들어가지 못하리라 하시고, 어린아이를 안고 저희 위에 안수按手하시고 축복祝福하시니라. (막 10:13~16)

5. 예수께서 길에 나가실새 한 사람이 달려와서 꿇어 앉아 묻자오되, 선善한 선생先生님이여 내가 무엇을 하여야 영생永生을 얻으리이까, 예수께서 이르시되 네가 어찌하여 나를 선善하다 일컫느냐, 하나님 한분 외에는 선善한 이가 없느니라. 네가 계명誡命을 아나니 살인殺人하지 말라, 간음姦淫하지 말라, 도적盜賊질 하지 말라, 거짓 증거證據하지 말라, 속여 취取하지 말라, 네 부모父母를 공경恭敬하라 하였느니라. 선생先生님이여 이것은 내가 어려서부터 다 지키었나이다. 예수께서 그를 보시고 사랑하사 가라사대 네게 오히려 한 가지 부족不足한 것이 있으니, 가서 네 있는 것을 다 팔아 가난한 자들을 주라. 그리하면 하늘에서 보화寶貨가 네게 있으리라 그리고 와서 나를 좇으라 하시니, 그 사람은 재물財物이 많은 고로 이 말씀을 인하여 슬픈 기색氣色을 띠고 근심하며 가니라. 예수께서 둘러 보시고 제자弟子들에게 이르시되 재물財物이 있는 자는 하나님 나라에 들어가기가 심甚히 어렵도다 하시니 제자弟子들이 그 말씀에 놀라는지라. (막 10:17~24)

6. 제자弟子들이 심甚히 놀라 서로 말하되 그런즉 누가 구원救援을 얻을 수 있는가 하니, 예수께서 저희를 보시며 가라사대 사람으로서는 할 수 없으되, 하나님으로는 그렇지 아니하니 하나님으로서는 다 하실 수 있느니라. 베드로가 여짜와 가로되 보소서 우리가 모든 것을 버리고 주主를 좇았나이다. 예수께서 가라사대 내가 진실眞實로 너희에게 이르노니, 나와 복음福音을 위하여 집이나 부모父母 형제兄弟나 자녀子女나 전토田土를 버린 자는 금세에 백 배百倍나 받되, 핍박逼迫을 겸하여 받고 내세來歲에 영생永生을 받으리라. 먼저 된 자者로서 나중 되고 나중 된 자者로서 먼저 된 자者가 많으니라. (막 10:26~31)

나와 복음福音을 위하여 헌신獻身하고 봉사奉仕하면 금세今世에 백배百倍의 축복祝福과 내세來世에 영생永生의 복福을 받는다고 언약言約하였습니다. 이 축복祝福은 핍박逼迫도 동시同時에 받는다는 사실事實을 잊지 맙시다. 십자가十字架의 고난苦難과 부활復活의 영광榮光! NO CROSS NO CROWN! 할렐루야!

【 낭송 표시 : 1회 ▞ / 4회 ■ / 목표 120회 】

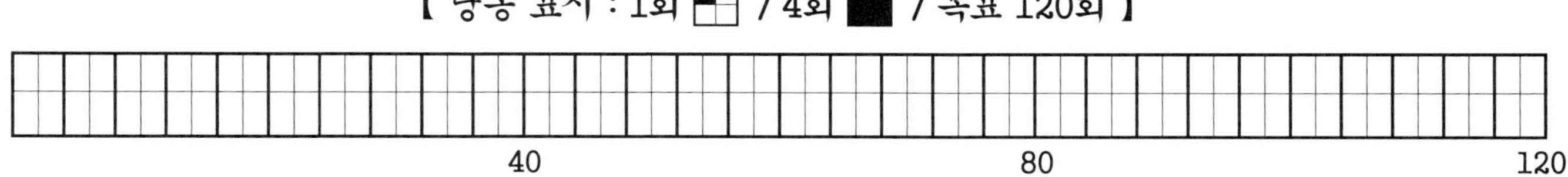

"주의 말씀은 내 발의 등이요 내 길에 빛이니이다"(시 119:105)

제 31 일

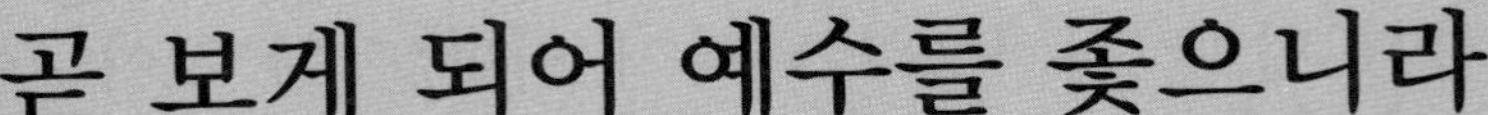

곧 보게 되어 예수를 좇으니라

마가복음 10:52

여리고JERICHO의 뜻은 '향기香氣'입니다. 사해死海 북편北便 사막砂漠과 황무지荒蕪地 속의 오아시스에 건설建設된 고대古代 도성都城입니다. 애굽에서 구원救援함을 받은 하나님의 백성百姓들이 광야 생활曠野生活의 훈련訓練을 마치고 요단 강을 건너 첫 번째 차지한 성읍城邑이 여리고 성城이었습니다. 십자가十字架의 구원救援을 성취成就하시려고 예루살렘을 향해 가던 예수님께서 여리고 성城을 방문訪門하셨습니다. 여호수아는 여리고의 라합의 가정家庭을 구원救援해 주었고, 예수님은 여리고의 맹인 바디매오를 구원救援하여 주었습니다. 바디매오는 "곧 보게 되어 예수를 좇으니라." 참으로 멋지고 신명神命나는 현장現場이 되었습니다.

1. 예루살렘으로 올라가는 길에 예수께서 제자弟子들 앞에 서서 가시는데 저희가 놀라고 좇는 자들은 두려워하더라. 이에 열두 제자弟子를 데리시고 자기自己의 당當한 일을 일러 가라사대, 보라 우리가 예루살렘으로 올라가노니 인자人子가 대제사장大祭司長들과 서기관書記官들에게 넘기우매, 저희가 죽이기로 결안決案하고 이방인異邦人들에게 넘겨 주겠고, 그들은 능욕凌辱하며 침 뱉으며 채찍질하고 죽일 것이니 저는 삼일三日 만에 살아나리라 하시니라. 야고보와 요한이 여짜오되 선생先生님이여 우리의 구求하는 바를 우리에게 하여 주시기를 원願하옵나이다. 무엇을 원하느냐 여짜오되 주主의 영광榮光중에서 우리를 하나는 주主의 우편右便에 하나는 좌편左便에 앉게 하여 주옵소서. 예수께서 가라사대 너희 구求하는 것을 너희가 알지 못하는도다. 너희가 나의 마시는 잔을 마시며 나의 받는 세례洗禮를 받을 수 있느냐 저희가 말하되 할 수 있나이다. 예수께서 이르시되 이방인異邦人의 집권자執權者들이 저희를 주관主管하고 권세權勢를 부리는 줄 너희가 알거니와, 너희 중에 누구든지 크고자 하는 자는 너희를 섬기는 자가 되고, 너희 중에 누구든지 으뜸이 되고자 하는 자는 모든 사람의 종이 되어야 하리라. 인자人子의 온 것은 섬김을 받으려 함이 아니라 도리어 섬기려 하고 자기自己 목숨을 많은 사람의 대속물代贖物로 주려 함이니라. (막 10:32~45)

2. 저희가 여리고에 이르렀더니 예수께서 제자弟子들과 허다許多한 무리와 함께 여리고에서 나가실 때에, 소경 거지 바디매오가 길가에 앉았다가 나사렛 예수시란 말을 듣고 소리 질러 가로되, 다윗의 자손子孫 예수여 나를 불쌍히 여기소서 하거늘, 많은 사람이 꾸짖어 잠잠潛潛하라 가로되 다윗의 자손子孫이여 나를 불쌍히 여기소서 하는지라. 예수께서 머물러 서서 저를 부르라 하시니 저희가 그 소경을 부르며 이르되 안심安心하고 일어나라 너를 부르신다 하매, 소경이 겉옷을 내어버리고 일어나 예수께 나아오거늘 예수께서 일러 가라사대 네게 무엇을 하여 주기를 원願하느냐, 소경이 가로되 선생先生님이여 보기를 원願하나이다 예수께서 이르시되 가라 네 믿음이 너를 구원救援하였으니라 하시니 저가 곧 보게되어 예수를 길에서 좇으니라. (막 10:46~52)

3. 저희가 예루살렘에 가까이 와서 감람산橄欖山 벳바게와 베다니에 이르렀을 때에, 예수께서 제자弟子 중 둘을 보내시며 이르시되 너희 맞은편 마을로 가라, 그리로 들어가면

아직 타 보지 않는 나귀 새끼의 매여 있는 것을 보리니 풀어 끌고 오너라. 누가 왜 이리 하느냐 묻거든 주主가 쓰시겠다 하라. 그리하면 즉시 이리로 보내리라 하시니 제자弟子들이 가서 본즉 나귀가 매여 있는지라. 그것을 푸니 가로되 나귀 새끼를 풀어 무엇하려느냐 하매, 제자弟子들이 예수의 이르신 대로 말한대 이에 허락許諾하는지라. 나귀 새끼를 예수께로 끌고 와서 자기自己들의 겉옷을 그 위에 걸쳐 두매 예수께서 타시니, 많은 사람은 자기自己 겉옷과 밭에서 벤 나뭇가지를 길에 펴며, 앞에서 가고 뒤에서 따르는 자들이 소리 지르되 호산나 찬송讚頌하리로다. 주主의 이름으로 오시는 이여 찬송讚頌하리로다 오는 우리 조상祖上 다윗의 나라여 가장 높은 곳에서 호산나 하더라. (막 11:1~10)

4. 예수께서 예루살렘에 이르러 성전聖殿에 들어가사 모든 것을 둘러 보시고, 때가 저물매 열두 제자弟子를 데리시고 베다니에 나가시다. 이튿날 저희가 베다니에서 나왔을 때에 시장嘶腸하신지라. 멀리서 무화과無花果 나무를 보시고 가서 보신즉 잎사귀 외에 아무것도 없더라. 예수께서 나무에게 일러 가라사대 네게서 열매를 따 먹지 못하리라 하시니, 제자弟子들이 이를 듣더라 저희가 예루살렘에 들어가니라. 예수께서 성전聖殿에 들어가사 성전聖殿 안에서 매매賣買하는 자들을 내어쫓으시며, 돈 바꾸는 자들의 상床과 비둘기 파는 자들의 의자椅子를 둘러 엎으시며, 아무나 기구器具를 가지고 성전聖殿 안으로 지나다님을 허許치 아니하시고, 이에 가르쳐 이르시되 기록記錄된 바 내 집은 만민萬民의 기도祈禱하는 집이라 칭稱함을 받으리라고 하지 아니하였느냐, 너희는 강도强盜의 굴혈掘穴을 만들었도다 하시매, 대제사장大祭司長들과 서기관書記官들이 듣고 예수를 어떻게 멸滅할까 하고 꾀하니, 이는 무리가 다 그의 교훈敎訓을 기이奇異히 여기므로 그를 두려워 함일러라. (막 11:11~18)

5. 예수께서 대답對答하여 저희에게 이르시되 하나님을 믿으라 내가 진실眞實로 너희에게 이르노니 누구든지 이 산더러 들리어 바다에 던지우라 하며, 그 말하는 것이 이룰 줄 믿고 마음에 의심疑心치 아니하면 그대로 되리라. 그러므로 내가 너희에게 말하노니 무엇이든지 기도祈禱하고 구求하는 것은 받은 줄로 믿으라. 그리하면 너희에게 그대로 되리라 서서 기도祈禱할때에 아무에게나 혐의嫌疑가 있거든 용서容恕하라. 그리하여야 하늘에 계신 너희 아버지도 너희 허물을 사赦하여 주시리라. (막 11:22~25)

쓰임 받을 때가 가장 보람이 있고 가치價値가 있는 것입니다. 대통령大統領에게 쓰임 받는 사람, 하나님께 쓰임 받는 사람 모두 귀貴하고 복福된 사람입니다. 비록 짐승일지라도 하나님의 독생성자獨生聖者 예수님께서 인류人類를 구원救援하기 위해 입성入城하실 때 모실 수 있게 된 것은 이 땅에 많은 짐승 가운데 가장 큰 축복祝福을 받은 것입니다.

【 낭송 표시 : 1회 ▚ / 4회 ■ / 목표 120회 】

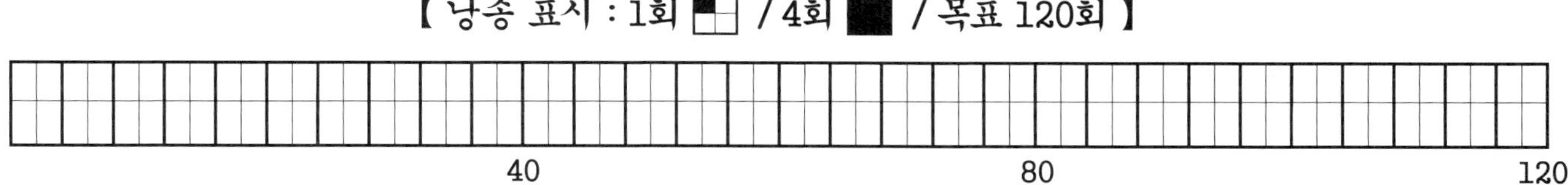

"주의 말씀은 내 발의 등이요 내 길에 빛이니이다"(시 119:105)

Ⅶ

감히 묻는 자가 없더라

일	제목	본문
제1일	감敢히 묻는 자가 없더라	마가복음 12:34
제2일	자기 택擇한 자들을 끝까지 사방四方에서 모으리라	마가복음 13:27
제3일	이제는 자고 쉬라 그만이다 때가 왔도다	마가복음 14:41
제4일	바라바는 놓아 주고 예수는 십자가十字架에 못 박으니라	마가복음 15:15
제5일	그가 살아나셨고 여기 계시지 아니하니라	마가복음 16:6
제6일	은혜恩惠를 받은 자여 평안平安할지어다	누가복음 1:28
제7일	만세萬世에 나를 복福 있다 일컬으리로다	누가복음 1:48
제8일	하나님의 은혜恩惠가 그 위에 있더라	누가복음 2:40
제9일	하나님께 경배敬拜하고 섬기라	누가복음 4:8
제10일	나는 죄인罪人이로소이다	누가복음 5:8
제11일	내 손을 내밀라 하시니 그 손이 회복回復된지라	누가복음 6:10
제12일	종이 이미 강건康健하여졌더라	누가복음 7:10
제13일	백배百倍의 결실結實을 하였느니라	누가복음 8:8
제14일	죽은 것이 아니라 잔다	누가복음 8:52
제15일	뒤를 돌아보는 자는 하나님 나라에 합당合當치 아니하니라	누가복음 9:62
제16일	가서 너도 이와 같이 하라	누가복음 10:37
제17일	오늘밤에 네 영혼靈魂을 도로 찾으리니	누가복음 12:20
제18일	금년今年에도 그대로 두소서	누가복음 13:8
제19일	나를 품꾼의 하나로 보소서	누가복음 15:19
제20일	나사로를 내 집에 보내소서	누가복음 16:27
제21일	인자人子가 올 때에 세상世上에서 믿음을 보겠느냐	누가복음 18:8
제22일	잃어버린 자를 찾아 구원救援하려 함이니라	누가복음 19:10
제23일	전부全部를 넣었느니라	누가복음 21:4
제24일	유월절逾越節을 먹을 객실客室이 어디 있느뇨	누가복음 22:11
제25일	십자가十字架에 못 박게 하소서	누가복음 23:21
제26일	어찌하여 산 자를 죽은 자 가운데서 찾느냐	누가복음 24:5
제27일	은혜恩惠와 진리眞理는 예수 그리스도로 말미암아 온 것이라	요한복음 1:17
제28일	그 영광榮光을 나타내시며 제자弟子들이 믿으니라	요한복음 2:22
제29일	영생永生하도록 솟아나는 샘물이 되리라	요한복음 4:14
제30일	일어나 네 자리를 들고 걸어가라	요한복음 5:8
제31일	하나님의 떡은 세상世上에 생명生命을 주는 것이니라	요한복음 6:33

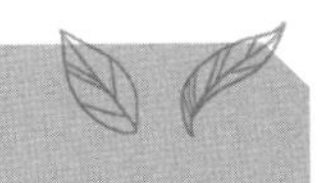

제 1 일

감敢히 묻는 자가 없더라

마가복음 12:34

기독교基督敎의 청교도 정신淸敎徒精神은 근면勤勉, 근검勤儉, 절약節約, 저축貯蓄, 봉사정신奉仕精神으로 오늘의 서구西歐 기독교基督敎 국가國家의 부富와 번영繁榮의 기초基礎입니다. 20세기의 자본주의資本主義는 각자各者의 직업職業을 하나님이 주신 소명召命으로 인식認識하고 일생 동안一生同案 최선最善을 다함으로 전문가傳門家가 되어 사회社會를 위해 공헌功獻하고 근검절약勤儉節約하여 봉사奉仕하고, 축적蓄積된 자본資本으로 연구硏究하고 투자投資하며 재생산再生産하여 사회社會 전반을 발전發展시키는 정신精神과 사상思想이 되어 왔습니다. 한국 사회韓國社會와 온 국민國民이 경건敬虔하고 성실誠實한 생활生活 토대土臺 위에 자본資本을 축적蓄積해서, 우리 사회社會와 열방列邦을 위해 봉사奉仕하고, 베푸는 실력實力과 능력能力이 있는 나라가 되어야겠습니다. 그리하면 감히 비판批判하고 폄하貶下하고 방해妨害하는 자者가 없어질 것입니다.

1. 저희가 예수의 말씀을 책責잡으려 하여 사람을 보내매 와서 가로되, 선생先生님이여 우리가 아노니 당신은 참되시고 아무라도 꺼리는 일이 없으시니, 이는 사람을 외모外貌로 보지 않고 오직 참으로서 하나님의 도道를 가르치심이니이다. 가이사에게 세稅를 바치는 것이 가可하니이까 불가不可하니이까, 우리가 바치리이까 말리이까 한대, 예수께서 그 외식外飾함을 아시고 이르시되 어찌하여 나를 시험試驗하느냐, 데나리온 하나를 가져다가 내게 보이라 하시니 가져왔거늘, 예수께서 가라사대 이 화상畵像과 이 글이 뉘 것이냐 가로되 가이사의 것이니이다. 이에 예수께서 가라사대 가이사의 것은 가이사에게 하나님의 것은 하나님께 바치라 하시니, 저희가 예수께 대하여 심甚히 기이奇異히 여기더라. (막 12:13~17)

2. 예수께서 가라사대 너희가 성경聖經도 하나님의 능력能力도 알지 못하므로 오해誤解함이 아니냐, 사람이 죽은 자 가운데서 살아날 때에는 장가도 아니가고 시집도 아니가고 하늘에 있는 천사天使들과 같으니라. 죽은 자의 살아난다는 것을 의논議論할진대 너희가 모세의 책冊 중 가시나무 떨기에 관關한 글에 하나님께서 모세에게 이르시되, 나는 아브라함의 하나님이요 이삭의 하나님이요 야곱의 하나님이로라 하신 말씀을 읽어보지 못하였느냐, 하나님은 죽은 자의 하나님이 아니요 산 자의 하나님이시라 너희가 크게 오해誤解 하였도다 하시니라. (막 12:24~27)

3. 서기관書記官 중 한 사람이 예수께 나아와 묻되 모든 계명誡命 중에 첫째가 무엇이니이까, 예수께서 대답對答하시되 첫째는 이것이니 이스라엘아 들으라 주主 곧 우리 하나님은 유일唯一하신 주主시라. 네 마음을 다하고 목숨을 다하고 뜻을 다하고 힘을 다하여 주主 너의 하나님을 사랑하라 하신 것이요, 둘째는 네 이웃을 네 몸과 같이 사랑하라 하신 것이라 이에서 더 큰 계명誡命이 없느니라. 서기관書記官이 가로되 옳소이다 하나님은 한 분이시오, 그 외에 다른 이가 없다 하신 말씀이 참이니이다. 또 마음을 다하고 지혜智慧를 다하고 힘을 다하여 하나님을 사랑하는 것과 또 이웃을 제 몸과 같이 사랑하는 것이 전체全體로 드리는 모든 번제燔祭물과 기타 제물祭物보다 나으니이다. 예수께서 그 지혜智慧있게 대답對答함을 보시고 이르시되 하나님 나라가 멀지 않도다 하시니 그 후에

감敢히 묻는 자가 없더라. (막 12:28~34)

4. 예수께서 성전聖殿에서 가르치실새 어찌하여 서기관書記官들이 그리스도를 다윗의 자손子孫이라 하느뇨, 다윗이 성령聖靈에 감동感動하여 친親히 말하되 주主께서 내 주主께 이르시되 네 원수怨讐를 네 발 아래 둘 때까지 내 우편右便에 앉았으라 하셨도다. 다윗이 그리스도를 주主라 하였은즉 어찌 그의 자손子孫이 되겠느냐 하시더라 백성百姓이 즐겁게 듣더라. 예수께서 가르치실 때에 가라사대 긴 옷을 입고 다니는 것과, 시장市場에서 문안問安 받는 것과 회당會堂 상좌上座와 잔치의 상석上席을 원願하는 서기관書記官들을 삼가라. 저희의 과부寡婦의 가산家産을 삼키며 외식外飾으로 길게 기도祈禱하는 자니 그 받는 판결判決이 더욱 중重하리라. 예수께서 연보궤捐補櫃를 대하여 앉으사 돈 넣는 것을 보실새, 여러 부자富者는 많이 넣는데 한 가난한 과부寡婦는 두 렙돈을 넣는지라. 예수께서 제자弟子들을 불러다가 너희에게 이르노니 이 가난한 여인女人은 모든 사람보다 많이 넣었도다. 저희는 풍족豊足한 중에 넣었거니와 이 여인女人은 그 구차苟且한 중에서 생활비生活費 전부全部를 넣었느니라. (막 12:35~44)

5. 예수께서 성전聖殿에서 나가실 때에 이르시되 이 큰 건물建物들을 보느냐 다 무너뜨려 지리라. 베드로와 야고보와 요한과 안드레가 종용慫慂히 묻자오되 어느 때에 이 모든 일이 이루려 할 때에 무슨 징조徵兆가 있사오리이까, 예수께서 이르시되 너희가 사람의 미혹迷惑을 받지 않도록 주의注意하라. 많은 사람이 내 이름으로 와서 이르되 내가 그로라 하여 많은 사람을 미혹迷惑케 하리라. 난리亂離와 난리亂離 소문所聞을 들을 때에 두려워 말라 이런 일이 있어야 하되 끝은 아니니라. 민족民族이 민족民族을 나라가 나라를 대적對敵하여 일어나겠고, 처처處處에 지진地震이 있으며 재난災難의 시작始作이니라. 너희는 스스로 조심操心하라 사람들이 너희를 공회公會에 넘겨주겠고, 나를 인하여 너희가 관장官長들과 임금들 앞에 서리니 이는 저희에게 증거證據되려 함이라. (막 13:1~9)

6. 복음福音이 만국萬國에 전파傳播되어야 할 것이니라. 사람들이 너희를 끌어다가 넘겨줄 때에 무슨 말을 할까 미리 염려念慮치 말고 무엇이든지 그 시時에 너희에게 주시는 그 말을 하라. 말하는 이는 너희가 아니요 성령聖靈이시니라 너희가 내 이름을 인하여 미움을 받을 것이나 나중까지 견디는 자는 구원救援을 얻으리라. (막 13:10~13)

만국萬國에 복음福音이 전파傳播될 때까지 핍박逼迫도 고난苦難도 시련試鍊도 함께 닥쳐온다는 주님의 말씀을 기억記憶합시다. 주님께서 우리와 함께하셔서 무슨 말을 하고 어떻게 대처對處하고 극복克服하여 승리勝利할지를 가르쳐 주고 인도引導해 주신다는 약속約束을 의심疑心 없이 믿고 체험體驗하는 나날이 되시기 바랍니다.

【 낭송 표시 : 1회 ▞ / 4회 ■ / 목표 120회 】

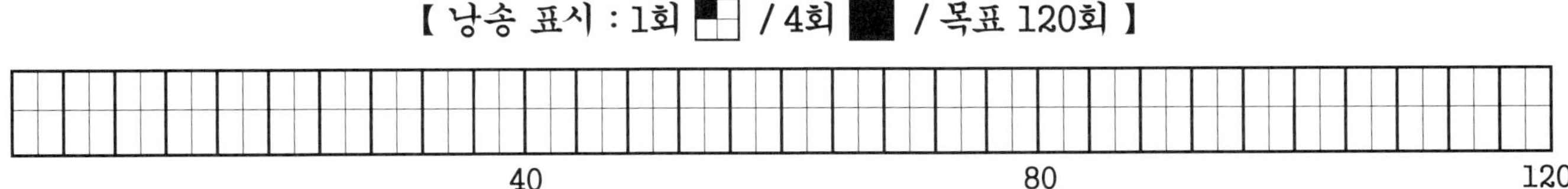

"주의 말씀은 내 발의 등이요 내 길에 빛이니이다"(시 119:105)

제 2 일

자기 택擇한 자들을 끝까지 사방四方에서 모으리라

마가복음 13:27

예수님이 재림再臨의 광경光景을 예고豫告하였습니다. "그때에 인자人子가 하늘 구름을 타고 큰 권능權能으로 오는 것을 사람들이 보리라"(막 13:26). 택擇한 성도聖徒들을 땅끝에서부터 하늘 끝까지, 산 자와 죽은 자들을 사방四方에서 다 모아 어린 양 혼인婚姻잔치에 모두 참여參與시킵니다. 바닷속과 땅속 그리고 땅 끝과 하늘 끝까지 흩어져 있는 유골遺骨과 시신屍身과 가루와 재까지 다 불러모아 거룩한 부활復活의 신령神靈체로 변화變化시켜 주님의 신부新婦 된 교회敎會와 성도聖徒들이 휴거携去 RAPTURE하여 공중空中에서 주主를 영접迎接하게 됩니다.

1. 멸망滅亡의 가증可憎한 것이 서지 못할 곳에 선 것을 보거든, 그때에 유대에 있는 자들은 산으로 도망逃亡할지어다. 지붕 위에 있는 자는 내려가지도 말고 집에 있는 무엇을 가지러 들어가지도 말며, 밭에 있는 자는 겉옷을 가지러 뒤로 돌이키지 말지어다. 그날에는 아이 밴 자들과 젖먹이는 자들에게 화禍가 있으리로다. 이 일이 겨울에 나지 않도록 기도祈禱하라 이는 그날들은 환난患難의 날이 되겠음이라. 하나님의 창조創造하신 창초創初부터 지금까지 이런 환난患難이 없었고 그 후後에도 없으리라. (막 13:14~19)

2. 그때에 사람들이 너희에게 말하되 보라 그리스도가 여기 있다 보라 저기 있다 하여도 믿지 말라. 거짓 그리스도인과 거짓 선지자先知者들이 일어나서 이적異蹟과 기사奇事를 행하여, 할 수 만 있으면 택擇하신 백성百姓을 미혹迷惑케 하리라. 너희는 삼가라 내가 모든 일을 너희에게 미리 말하였노라. 그때에 그 환난患難 후後에 해가 어두워지며 달이 빛을 내지 아니하며, 별들이 하늘에서 떨어지며 하늘에 있는 권능權能들이 흔들리리라. 그때에 인자人子가 하늘 구름을 타고 큰 권능權能으로 오는 것을 사람들이 보리라. 또 그때에 저가 사람들을 모아서 자기 택擇하신 자들을 땅끝으로부터 하늘 끝까지 사방四方에서 모으리라. (막 13:21~27)

3. 무화과無花果나무의 비유譬喩를 배우라 그 가지가 연軟하여지고 잎사귀를 내면 여름이 가까운 줄을 아나니, 이와 같이 너희가 이런 일이 나는 것을 보거든 인자人子가 가까이 곧 문門 앞에 이른 줄을 알라. 내가 진실眞實로 진실眞實로 너희에게 말하노니 이 세대世代가 지나가기 전에 이 일이 다 이루리라. 천지天地는 없어지겠으나 내 말은 없어지지 아니하리라. 그러나 그날과 그때는 아무도 모르나니, 하늘에 있는 천사天使들도 아들도 모르고 아버지만 아시느니라. 주의注意하라 깨어 있으라 그때가 언제인지 알지 못함이니라. 그러므로 깨어 있으라 주님이 언제 올는지 저물 때엘는지 밤중엘는지 새벽엘는지 너희가 알지 못함이라. 깨어 있으라 내가 너희에게 하는 이 말이 모든 사람에게 하는 말이니라. (막 13:28~37)

4. 이틀을 지나면 유월절逾越節과 무교절이라 대제사장大祭司長들과 서기관書記官들이 예수를 궤계詭計로 잡아 죽일 방책方策을 구求하며 가로되, 민요民擾가 날까 하노니 명절名節에는 말자 하더라. 예수께서 베다니 문둥이 시몬의 집에서 식사食事하실 때에

한 여자女子가 매우 값진 향유香油 곧 순전純全한 나드 한 옥합玉盒을 가지고 와서, 그 옥합玉盒을 깨뜨리고 예수의 머리에 부으니 어떤 사람이 분忿내어 서로 말하되, 무슨 의사意思로 이 향유香油를 허비虛費하였는가 예수께서 가라사대 가만 두어라. 너희가 어찌하여 저를 괴롭게 하느냐 저가 내게 좋은 일을 하였느니라. 가난한 자들은 항상 너희와 함께 있으니 아무 때라도 원願하는 대로 도울 수 있거니와 나는 너희와 항상 함께 있지 아니하리라. 저가 힘을 다하여 내 몸에 향유香油를 부어 내 장사葬事를 미리 준비準備하였느니라. 내가 진실眞實로 너희에게 이르노니 온 천하天下에 어디서든지 복음福音이 전파傳播되는 곳에는 이 여자女子의 행行한 일도 말하여 저를 기념記念 하리라 하시니라. (막 14:1~9)

5. 열둘 중에 하나인 가룟 유다가 예수를 넘겨주려고 대제사장大祭司長들에게 가매, 저희가 듣고 기뻐하여 돈을 주기로 약속하니 유다가 예수를 어떻게 넘겨줄 기회機會를 찾더라. 무교절의 첫날 곧 유월절逾越節 양羊 잡는 날에 제자弟子들이 예수께 여짜오되, 우리가 어디로 가서 선생先生님으로 유월절逾越節을 잡수시게 예비豫備하기를 원願하시나이까 하매, 예수께서 제자弟子중 둘을 보내시며 가라사대 성내城內로 들어가라 그리하면 물 한동이를 가지고 가는 사람을 만나리니, 그를 따라가서 그 집 주인主人에게 선생先生님의 말씀이 제자弟子들과 함께 유월절逾越節을 먹을 나의 객실客室이 어디 있느뇨 하시더라 하라. 그리하면 자리를 베풀고 예비豫備된 큰 다락방을 보이리니 거기서 우리를 위하여 예비豫備하라 하신대, 제자弟子들이 나가 성내城內로 들어가니 예수의 하시던 말씀대로 만나 유월절逾越節을 예비豫備하니라. (막 14:10~16)

6. 저물매 그 열둘을 데리시고 와서 다 앉아 먹을 때에 예수께서 가라사대, 내가 진실眞實로 너희에게 이르노니 너희 중에 한 사람이 나를 팔리라 하신대, 저희가 근심하여 하나씩 하나씩 여짜오되 내니이까, 이르시되 열둘 중에 하나 곧 나와 함께 그릇에 손을 넣는 자니라. 인자人子는 자기自己에게 대하여 기록記錄된 대로 가거니와 인자人子를 파는 그 사람에게는 화禍가 있으리로다. 그 사람은 차라리 나지 아니하였더면 제게 좋을 뻔 하였느니라 하시니라. (막 14:17~21)

예수님의 제자弟子들은 대표격代表格인 12 제자弟子뿐만 아니라, 배후背後에서 협력協力하고 후원後援하는 숨은 제자弟子들이 상당수相當數에 달했습니다. 예루살렘에 숨은 제자弟子들이 이미 예비豫備된 큰 다락방에 유월절逾越節 축제祝祭와 만찬晩餐을 준비準備해 두고 있었습니다. "거기서 우리를 위하여 예비豫備하라." 주님의 사역使役과 몸 된 교회敎會를 위하여 전면前面에 나타나 헌신獻身하는 분과 배후背後에 숨어서 봉사奉仕하는 분과 함께 효과적인 복음福音 선교 사역宣敎使役을 실시實施하는 협력체제協力體制 팀워크가 이루어져야 합니다. 전방 전투前方戰鬪 부대部隊와 후방 지원後方支援 부대部隊의 협동協同은 전쟁戰爭을 승리勝利로 이끌어 주는 강强하고 튼튼한 전투 전략戰鬪戰略입니다.

【 낭송 표시 : 1회 ◰ / 4회 ■ / 목표 120회 】

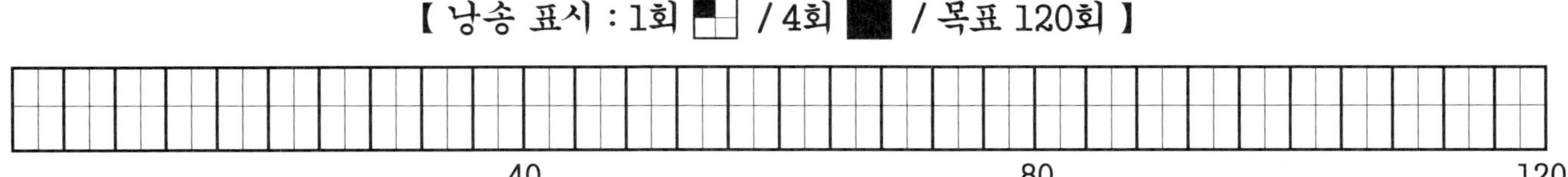

"주의 말씀은 내 발의 등이요 내 길에 빛이니이다"(시 119:105)

제 3 일

이제는 자고 쉬라 그만이다 때가 왔도다

마가복음 14:41

세상世上의 모든 일은 정定해진 때가 있습니다. 씨를 뿌릴 때와 거둘 때가 있습니다. 준비準備할 때가 있고 진행進行할 때가 있고 매듭지을 때가 있습니다. 기도祈禱할 때가 있고 실행實行할 때가 있고 응답應答받을 때가 있습니다. "눈물을 흘리며 씨를 뿌리는 자는 기쁨으로 거두리로다"(시 126:5). 기도祈禱할 때 기도祈禱하고, 십자가十字架를 질 때 십자가十字架를 지고, 무덤에 들어갈 때 들어가고, 부활復活할 때 부활復活하는 것입니다. 당당堂堂하고 의젓하게 나의 십자가十字架를 지고 고난苦難의 길을 극복克服해 가는 성도聖徒의 모습은 하나님께 영광榮光을 돌리고 하나님의 뜻을 이루게 합니다.

1. 저희가 먹을 때에 예수께서 떡을 가지사 축복祝福하시고, 떼어 제자弟子들에게 주시며 가라사대, 받으라 이것이 내 몸이니라 하시고, 또 잔盞을 가지사 사례謝禮하시고 저희에게 주시니 다 이를 마시매 가라사대, 이것은 많은 사람을 위하여 흘리는 바 나의 피 곧 언약言約의 피니라. 이에 저희가 찬미讚美하고 감람산橄欖山으로 나가니라. 예수께서 제자弟子들에게 이르시되 너희가 다 나를 버리리라. 이는 기록記錄된 바 내가 목자牧者를 치리니 양羊들이 흩어지리라. 그러나 내가 살아난 후에 너희보다 먼저 갈릴리로 가리라. 베드로가 다 여짜오되 다 버릴지라도 나는 그렇지 않겠나이다. 예수께서 가라사대 내가 진실眞實로 네게 이르노니 오늘 이 밤 닭이 두 번 울기전에 네가 세 번 나를 부인否認하리라. 베드로가 힘 있게 말하되 내가 주主와 함께 죽을지언정 주主를 부인否認하지 않겠나이다 하고 모든 제자弟子도 이와 같이 말하니라. (막 14:22~31)

2. 저희가 겟세마네라 하는 곳에 이르매 예수께서 제자弟子들에게 이르시되, 나의 기도祈禱할 동안에 너희는 여기 앉아 있으라 하시고, 베드로와 야고보와 요한을 데리고 가실새 심甚히 놀라시며 슬퍼하사 말씀하시되, 내 마음이 심히 고민苦悶하여 죽게 되었으니 너희는 여기 머물러 깨어 있으라 하시고, 조금 나아가사 땅에 엎드리어 될 수 있는대로 이때가 자기自己에게서 지나가기를 구求하여 가라사대, 아바 아버지여 아버지께는 모든 것이 가능可能하오니 이 잔盞을 내게서 옮기시옵소서. 그러나 나의 원願대로 마옵시고 아버지의 원願대로 하옵소서 하시고, 돌아오사 제자弟子들의 자는 것을 보시고, 베드로에게 말씀하시되 시몬아 자느냐, 네가 한 시時 동안도 깨어 있을 수 없더냐, 시험試驗에 들지 않게 깨어 있어 기도祈禱하라. 마음에는 원願이로되 육신肉身이 약弱하도다 하기고, 다시 나아가 동일同一한 말씀으로 기도祈禱 하시고, 다시 오사 보신즉 저희가 자니 이는 저희 눈이 심甚히 피곤疲困함이러라. 저희가 예수께 무엇으로 대답對答할 줄을 알지 못하더라. 세 번째 오사 저희에게 이르시되 이제는 쉬고 자라 그만이다 때가 왔도다. 오라 인자人子가 죄인罪人의 손에 팔리우느니라 일어나라 함께 가자 보라 나를 파는 자가 가까이 왔느니라. (막 14:32~42)

3. 말씀하실 때에 열둘 중에 하나인 유다가 왔는데 대제사장大祭司長들과 서기관書記官들과 장로長老들에게서 파송派送된 무리가 검劍과 몽치를 가지고 그와 함께하였더라. 예수를 파는 자가 이미 그들과 군호軍號를 짜 가로되, 내가 입 맞추는 자가 그이니 그를 잡아 단단히 끌어가라 하였는지라. 이에 와서 예수께 나아와 랍비여 하고 입을

맞추니, 저희가 예수께 손을 대어 잡거늘 곁에 섰는 자 중에 한 사람이 검劍을 빼어 대제사장大祭司長의 종을 쳐 그 귀를 떨어뜨리니라. 예수께서 무리에게 말씀하여 가라사대 너희가 강도强盜를 잡는 것같이 검劍과 몽치를 가지고 나를 잡으러 나왔느냐, 내가 날마다 너희와 함께 성전聖殿에 있어서 가르쳤으되 너희가 나를 잡지 아니하였도다. 그러나 이는 성경聖經을 이루려 함이니라 하시더라. 제자弟子들이 다 예수를 버리고 도망逃亡하니라 한 청년靑年이 벗은 몸에 베 홑이불을 두르고 예수를 따라오다가 무리에게 잡히매 홑이불을 버리고 벗은 몸으로 도망逃亡하니라. (막 14:43~52)

4. 저희가 예수를 끌고 대제사장大祭司長에게로 가니 대제사장大祭司長들과 장로長老들과 서기관書記官들이 다 모이더라. 베드로가 예수를 멀찍이 좇아 대제사장大祭司長의 집 뜰안까지 들어가서 하속下屬들과 함께 앉아 불을 쬐더라. 대제사장大祭司長들과 온 공회公會가 예수를 죽이려고 그를 칠 증거證據를 찾되 얻지 못하니, 이는 예수를 쳐서 거짓 증거證據하는 자가 많으나 그 증거證據가 서로 합合하지 못함이라. 대제사장大祭司長이 가운데 일어서서 예수에게 물어 가로되 네가 찬송讚頌 받을 자의 아들 그리스도냐, 예수께서 이르시되 내가 그니라 인자人子가 권능자權能者의 우편右便에 앉은 것과, 하늘 구름을 타고 오는 것을 너희가 보리라 하시니, 대제사장大祭司長이 옷을 찢으며 가로되 우리가 어찌 더 증인證人을 요구要求하리요, 그 합당合當한 말을 너희가 들었도다 너희는 어떻게 생각하느뇨 하니, 저희가 다 사형死刑에 해당該當한 자로 정죄定罪하고 그에게 침을 뱉으며 그의 얼굴을 가리우고 주먹으로 치며 가로되, 선지자先知者 노릇을 하라 하고 하속下屬들은 손바닥으로 치더라. (막 14:53~65)

5. 베드로는 아래 뜰에 있더니 대제사장大祭司長의 비자婢子 하나가 와서 베드로의 불 쬠을 보고 주목注目하여 가로되, 너도 나사렛 예수와 함께 있었도다 하거늘 베드로가 부인否認하여 가로되 나는 네가 말하는 것을 알지도 못하고 깨닫지도 못하겠노라 하며, 앞뜰로 나갈새 비자婢子가 그를 보고 곁에 서 있는 자들에게 다시 이르되, 이 사람은 그 당黨이니라 하되 또 부인否認하더라. 조금 후에 곁에 서 있는 사람이 다시 베드로에게 말하되, 너는 갈릴리 사람이니 참으로 그 당黨이니라. 베드로가 저주詛呪하며 맹세盟誓하되 나는 너희의 말하는 이 사람을 알지 못하노라 하니 닭이 곧 두 번째 울더라. 이에 베드로가 예수께서 자기自己에게 하신 말씀 곧 닭이 두 번 울기 전에 네가 세 번 나를 부인否認하리라 하심이 기억記憶되어 생각하고 울더라. (막 14:66~72)

예수님은 십자가十字架를 앞에 두고 추호秋毫의 흐트러짐이 없이 당당堂堂하고 의젓하게 대처對處하셨습니다. 제자弟子들은 오합지졸烏合之卒이 되어 도망逃亡가고 배반背反하고 부인否認하는 연약軟弱한 모습들이었습니다. 성도聖徒들은 앞으로 닥칠 미래未來를 대비對備하고 고난苦難의 뜻을 바로 알고 당당堂堂하게 대처對處해야 합니다. 마지막 환난患難이 닥칠 때 당당堂堂하게 극복克服하는 그리스도인이 되도록 미리 대비對備하고 준비準備하는 신앙생활信仰生活을 하시기 바랍니다.

【 낭송 표시 : 1회 ▦ / 4회 ■ / 목표 120회 】

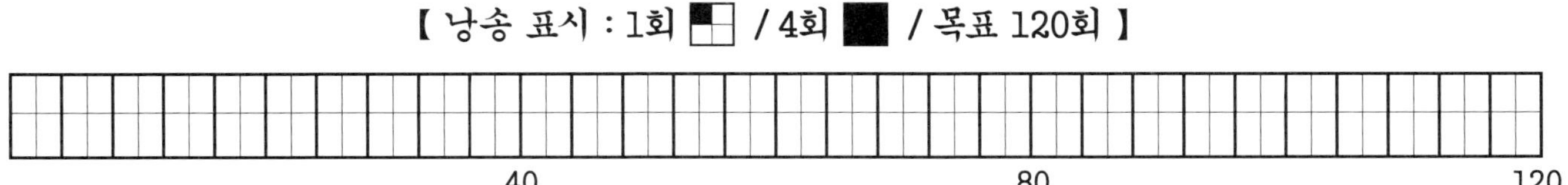

"주의 말씀은 내 발의 등이요 내 길에 빛이니이다"(시 119:105)

제 4 일

바라바는 놓아주고 예수는 십자가十字架에 못 박으니라

마가복음 15:15

처벌處罰 받아야 할 자는 방면放免되고 상賞 받을 자는 억울抑鬱한 벌罰을 받는 것이 세상世上의 모순矛盾과 죄악상罪惡狀입니다. 거꾸로 된 세상世上에서 악惡이 승리勝利하고 정의正意가 패배敗北하는 모습을 봅니다. 그러나 하나님은 이 부조리不條理와 모순矛盾을 사랑과 은혜恩惠로 승리勝利하게 하셨습니다. 겉으로 하는 복종服從이 아니라 마음속에서 우러나오는 순종順從과 경배敬拜를 함으로 승화昇華시켰습니다. 그것이 '예수 그리스도의 십자가十字架의 희생犧牲과 부활復活의 승리勝利'입니다. 그러므로 예수님이 역사歷史의 중심中心이 되었습니다. 예수님 전前을 B.C.Before Christ, 예수님 후後를 A.D.Anno Domini로 쓰며 예수님이 역사歷史 표기標記의 기준基準이 되었습니다.

1. 새벽에 대제사장大祭司長들이 즉시卽時 장로長老들과 서기관書記官들 곧 온 공회公會로 더불어 의논議論하고 예수를 결박結縛하여 끌고 가서 빌라도에게 넘겨주니, 빌라도가 묻되 네가 유대인의 왕王이냐 예수께서 대답對答하여 가라사대 네 말이 옳도다 하시매 대제사장大祭司長들이 여러 가지로 고소告訴하는지라. 빌라도가 또 물어 가로되 아무 대답對答도 없느냐, 저희가 얼마나 많은 것으로 너를 고소告訴하는가 보라 하되, 예수께서 아무 말씀도 대답對答지 아니하시니 빌라도가 기이奇異히 여기더라. (막 15:1~5)

2. 명절名節을 당當하면 백성百姓의 구求하는 대로 죄수罪囚 하나를 놓아주는 전례前例가 있더니, 민란民亂을 꾸미고 살인殺人하고 포박捕縛된 자 중에 바라바라 하는 자가 있는지라. 무리가 나와서 전례前例대로 하여 주기를 구求한대 빌라도가 대답對答하여 가로되, 너희는 내가 유대인의 왕王을 놓아주기를 원願하느냐 하니 제사장祭司長들이 무리를 충동衝動하여 바라바를 놓아 달라 하게 하니, 빌라도가 대답對答하여 가로되 유대인의 왕王이라 하는 이는 내가 어떻게 하랴, 저희가 소리 지르되 십자가十字架에 못 박게 하소서. 빌라도가 가로되 어찜이뇨 무슨 악惡한 일을 하였느냐 하니, 더욱 소리 지르되 십자가十字架에 못 박게 하소서 하는지라. 빌라도가 무리에게 만족滿足을 주고자 하여 바라바는 놓아주고 예수는 채찍질하고 십자가十字架에 못 박히게 넘겨주니라. (막 15:6~15)

3. 군병軍兵들이 예수를 끌고 브라이도리온PRAETORIUM이라는 뜰 안으로 들어가서 군대軍隊를 모으고, 예수에게 자색紫色옷을 입히고 가시 면류관冕旒冠을 엮어 씌우고, 예禮하여 가로되 유대인의 왕王이여 평안平安할지어다 하고, 갈대로 그의 머리를 치며 침을 뱉으며 꿇어 절하더라. 희롱戲弄을 다한 후 자색紫色 옷을 벗기고 도로 그의 옷을 입히고 십자가十字架에 못 박으려고 끌고 나가니라. (막 15:16~20)

4. 마침 알렉산더와 루포의 아비인 구레네 사람 시몬이 시골로서 와서 지나가는데,

저희가 그를 억지抑止로 같이 가게 하여 예수의 십자가十字架를 지우고, 예수를 끌고 골고다라 하는 곳에 이르러 몰약沒藥을 탄 포도주葡萄酒를 주었으나 예수께서 받지 아니하시니라. 십자가十字架에 못 박고 그 옷을 나눌새 누가 어느 것을 얻을까 하여 제비를 뽑더라. 때가 제삼시三時가 되어 십자가十字架에 못 박으니라. 그 위에 있는 죄패罪牌에 유대인의 왕王이라 썼고, 강도强盜 둘은 예수와 함께 십자가十字架에 못 박으니, 하나는 그의 우편右便에 하나는 좌편左便에 있더라. 지나가는 자들은 자기 머리를 흔들며 예수를 모욕侮辱하여 가로되, 아하 성전聖殿을 헐고 사흘에 짓는 자여 네가 너를 구원救援하여 십자가十字架에서 내려오라 하고, 대제사장大祭司長들도 서기관書記官들과 함께 희롱戱弄하여 서로 말하되, 저가 남은 구원救援하였으되 자기自己는 구원救援 할 수 없도다. 이스라엘의 왕王 그리스도라 지금 십자가十字架에서 내려와 우리로 보고 믿게 할지어다 하며, 함께 십자가十字架에 못 박힌 자들도 예수를 욕辱하더라. (막 15:21~32)

5. 제육시六時가 되매 온 땅에 어두움이 임臨하여 제구시九時까지 계속繼續하더니, 제구시九時에 예수께서 크게 소리지르시되, 엘리엘리 라마 사박다니ELI ELI LAMA SABACHTANI 하시니, 나의 하나님 나의 하나님 어찌하여 나를 버리셨나이가 하는 뜻이라. 예수께서 큰 소리를 지르시고 운명殞命하시다. 이에 성소聖所 휘장揮帳이 위로부터 아래까지 찢어져 둘이 되니라. 예수를 향向하여 섰던 백부장百夫長이 그렇게 운명殞命하심을 보고 가로되, 이 사람은 진실眞實로 하나님의 아들이었도다 하더라. (막 15:33~39)

6. 멀리서 바라보는 여자女子들도 있는데 그중에 막달라 마리아와 야고보와 요세의 어머니와 살로메가 있었으니, 이들은 예수께서 갈릴리에서 계실 때에 좇아 섬기던 자요, 이외에도 예수와 함께 예루살렘에 올라온 여자女子가 많이 있었더라. (막 15:40~41)

"저가 남은 구원救援하였으되 자기自己는 구원救援할 수 없도다"(막 15:31). 당시 집권층執權層들이 본 예수 그리스도의 십자가十字架 상의 모습을 평가平價한 내용內容입니다. 살아 있을 동안 복음 선교 사역福音宣敎使役을 통해 많은 사람과 병자病者를 고치고 살려 주었습니다. 십자가十字架에 죽으심으로 그의 몸과 생명生命을 제물祭物로 삼아 과거過去와 현재現在와 미래未來의 인류人類의 모든 죄罪를 다 담당擔當해서 살려 주는 완전完全한 메시아 사역使役을 완성完成하셨습니다. 진정眞正 예수 그리스도는 남도 구원救援하고 자신도 구원救援하고 인류人類를 구원救援하는 완전完全한 구세주救世主였습니다.

【 낭송 표시 : 1회 ◰ / 4회 ■ / 목표 120회 】

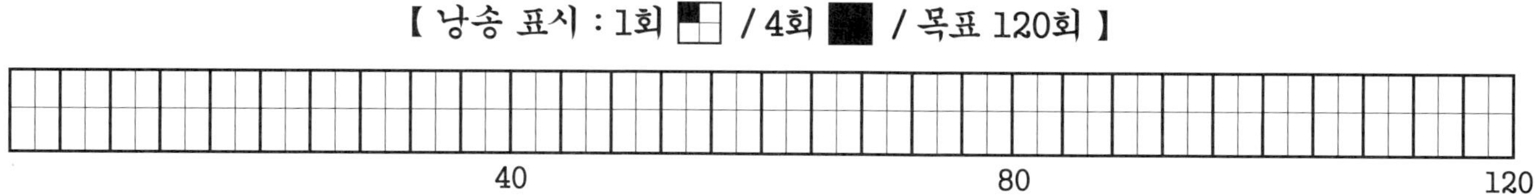

"주의 말씀은 내 발의 등이요 내 길에 빛이니이다"(시 119:105)

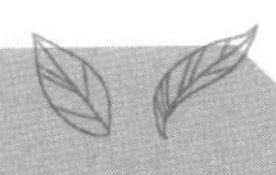

제 5 일

그가 살아나셨고 여기 계시지 아니하니라

마가복음 16:6

예수님의 몸이 무덤속에 보존保存되어 마치 애굽 피라미드 속의 미라와 같이 되어 있다면 교회敎會는 이 세상世上에 존재存在하지 아니하였을 것입니다. '살아나셨고 무덤에 없다'는 부활復活의 소식은 기독교회基督敎會의 그 바탕과 출발점出發點입니다. '빈 무덤과 영광榮光의 부활復活' 기쁨의 좋은 소식 GOOD NEWS이었습니다. 예수님이 부활復活하신 것과 같이 '우리도 부활復活하리라' 확신確信하는 성도聖徒들이 되어야 합니다.

1. 이날은 예비일豫備日 곧 안식일安息日 전前날이므로 저물었을 때에 아리마대 사람 요셉이 와서 당돌唐突히 빌라도에게 들어가 예수의 시체屍體를 달라 하니, 이 사람은 존귀尊貴한 공회원公會員이요 하나님 나라를 기다리는 자라. 빌라도는 예수께서 벌써 죽었을까 하고 이상異常히 여겨 백부장百夫長을 불러 죽은지 오래냐 묻고, 백부장百夫長에게 알아본 후에 요셉에게 시체屍體를 내어주는 지라. 요셉이 세마포細麻布를 사고 예수를 내려다가 이것으로 싸서, 바위속에 판 무덤에 넣어 두고 돌을 굴려 무덤 문에 놓으매, 그때에 막달라 마리아와 요세의 어머니 마리아가 예수 둔 곳을 보더라. (막 15:42~47)

2. 안식일安息日이 지나매 막달라 마리아와 야고보의 어머니와 살로메가 가서, 예수께 바르기 위하여 향품香品을 사다 두었다가 안식安息 후後 첫날 매우 일찍이 해 돋을 때에 그 무덤으로 가며, 서로 말하되 누가 우리를 위하여 무덤 문에서 돌을 굴려 주리요 하더니, 눈을 들어본즉 돌이 벌써 굴려졌으니 그 돌이 심히 크더라. 무덤에 들어가서 흰옷을 입은 한 청년靑年이 우편右便에 앉은 것을 보고 놀라매, 청년靑年이 이르되 놀라지 말라 너희가 십자가十字架에 못 박히신 나사렛 예수를 찾는구나 그가 살아나셨고 여기 계시지 아니하니라. 보라 그의 누었던 곳이니라 가서 그의 제자弟子들과 베드로에게 이르기를, 예수께서 너희 보아 먼저 갈릴리로 가시나니 전에 너희에게 말씀하신 대로 너희가 거기서 뵈오리라 하라 하는지라. 여자女子들이 심甚히 놀라 떨며 나와 무덤에서 도망逃亡하고, 무서워하여 아무에게도 아무말도 하지 못하더라. (막 16:1~8)

3. 예수께서 안식安息 후後 첫날 이른 아침에 살아나신 후, 전前에 일곱 귀신鬼神을 쫓아내어 주신 막달라 마리아에게 먼저 보이시니, 마리아가 가서 예수와 함께하던 사람들의 슬퍼하며 울고 있는 중에 이 일을 고告하매, 그들은 예수의 살으셨다는 것과 마리아에게 보이셨다는 것을 듣고도 믿지 아니하니라. 그 후後에 저희 중 두 사람이 걸어서 시골로 갈 때에 예수께서 다른 모양貌樣으로 저희에게 나타나시니, 두 사람이 가서 남은 제자弟子들에게 고告하였으되 역시 믿지 아니하니라. (막 16:9~13)

4. 그 후後에 열한 제자弟子가 음식 먹을 때에 예수께서 저희에게 나타나사 저희의

믿음 없는 것과 마음이 완악頑惡한 것을 꾸짖으시니, 이는 자기自己의 살아난 것을 본 자들의 말을 믿지 아니함일러라. 또 가라사대 너희는 온 천하天下에 다니며 만민萬民에게 복음福音을 전파傳播하라. 믿고 세례洗禮를 받는 사람은 구원救援을 얻을 것이요, 믿지 않는 사람은 정죄定罪를 받으리라 믿는 자들에게 이런 표적表蹟이 따르리니, 곧 저희가 내 이름으로 귀신鬼神을 쫓아내며 새 방언方言을 말하며 뱀을 집으며 무슨 독獨을 마실지라도 해害를 받지 아니하며, 병病든 사람에게 손을 얹은즉 나으리라 하시더라. (막 16:14~18)

5. 주 예수께서 말씀을 마치신 후後에 하늘로 올리우사 하나님 우편右便에 앉으시니라. 제자弟子들이 나가 두루 전파傳播할새 주主께서 함께 역사役事하사, 그 따르는 표적表蹟으로 말씀을 확실確實히 증거證據하시니라. (막 16:19~20)

6. 또 이르시되 내가 너희와 함께 있을 때에 너희에게 말한 바 곧 모세의 율법律法과 선지자先知者와 글과 시편詩篇에 나를 가리켜 기록記錄된 모든 것이 이루어져야 하리라 하시고, 이에 저희 마음을 열어 성경聖經을 깨닫게 하시고, 또 이르시되 이같이 그리스도가 고난苦難을 받고 제삼일三日에 죽은 자 가운데서 살아날 것과, 또 그의 이름으로 죄罪 사赦함을 얻게 하는 회개悔改가 예루살렘으로부터 시작始作하여 모든 족속族屬에게 전파傳播될 것이 기록記錄되었으니 너희는 이 모든 일의 증인證人이라. (눅 24:44~48)

7. 볼지어다 내가 내 아버지의 약속約束하신 것을 너희에게 보내리니 너희는 위로부터 능력能力을 입히울 때까지 이 성城에 유留하라 하시니라. 예수께서 저희를 데리고 베다니 앞까지 나가사 손을 들어 저희에게 축복祝福하시더니, 축복祝福하실 때에 저희를 떠나 하늘로 올리우시니 저희가 경배敬拜하고 큰 기쁨으로 예루살렘에 돌아가 늘 성전聖殿에 있어 하나님을 찬송讚頌하니라. (눅 24:49~53)

"만민萬民에게 복음福音을 전파傳播하라." 부활復活하신 주님의 분부分付입니다. 주님 오실 때까지 "온 천하天下에 다니며 복음福音을 전파傳播하라 믿고 세례洗禮를 받는 사람은 구원救援을 얻을 것이요, 믿지 않은 사람은 정죄定罪를 받으리라"(막 16:15). 열심히 복음福音을 전파傳播하여 정죄定罪와 지옥 형벌地獄刑罰 받지 말고, 예수님을 믿고 영접迎接하여 구원救援을 받고 하나님의 거룩한 자녀子女가 되어 천국天國에서 영생복락永生福樂 누리는 복福된 인생人生이 되도록 전傳하고 또 전傳합시다. 양육養育하고 또 양육養育합시다. 기도祈禱하고 또 기도祈禱합시다. 사랑하고 또 사랑합시다. 봉사奉仕하고 또 봉사奉仕합시다. 섬기고 또 섬깁시다. 정녕 기쁨으로 구원救援의 열매와 성령聖靈의 열매를 거두게 될 것입니다.

【 낭송 표시 : 1회 ▟ / 4회 ■ / 목표 120회 】

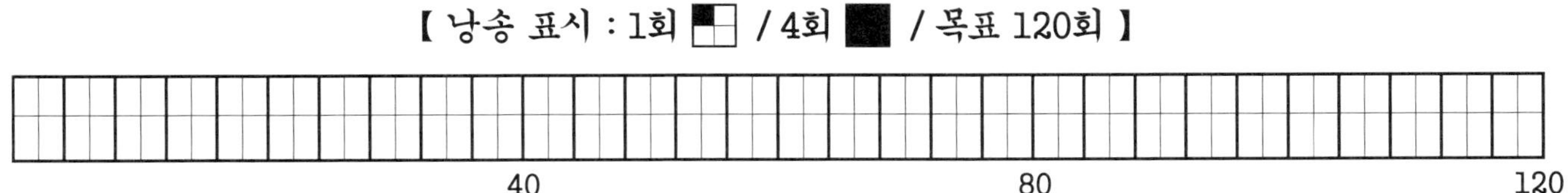

"주의 말씀은 내 발의 등이요 내 길에 빛이니이다"(시 119:105)

제 6 일

은혜恩惠를 받은 자여 평안平安할지어다

누가복음 1:28

천사天使가 전傳하는 메시지는 '은혜恩惠를 받은 자여 평안平安할지어다'였습니다. 감당堪當할 수 없는 큰 일을 예고豫告하여 놓고 은혜恩惠와 평안平安을 선포宣布하였습니다. 믿고 순종順從하면 모든 일이 주主 안에서 은혜恩惠가 되고 평안平安이 된다는 축복祝福의 말씀입니다. 사명使命을 주실 때에는 감당堪當할 수 있는 능력能力과 힘과 환경環境과 여건與件을 조성造成해 주신다는 말씀입니다.

1. 우리 중에 이루어진 사실事實에 대하여 처음부터 말씀의 목격자目擊者 되고 일꾼된 자들의 전傳하여 준 그대로 내력來歷을 저술著述하려고 붓을 든 사람이 많은지라. 그 모든 일을 근원根源부터 자세仔細히 미루어 살핀 나도 데오빌로 각하閣下에게 차례次例대로 써 보내는 것이 좋은줄 알았노니, 이는 각하閣下로 그 배운 바의 확실確實함을 알게 하려 함이로라. 유대 왕 헤롯 때에 아비야 반열班列에 제사장祭司長 하나가 있으니 이름은 사가랴요 그 아내는 아론의 자손子孫이니 이름은 엘리사벳이라. 이 두 사람이 하나님 앞에 의인義人이니 주主의 모든 계명誡命과 규례規例대로 흠欠이 없이 행行하더라. 엘리사벳이 수태受胎를 못하므로 저희가 무자無子하고 두 사람의 나이 많더라. (눅 1:1~7)

2. 마침 사가랴가 그 반열班列의 차례次例대로 제사장祭司長의 직무職務를 하나님 앞에 행行할새, 제사장祭司長의 전례前例를 따라 제비를 뽑아 주主의 성소聖所에 들어가 분향焚香하고, 모든 백성百姓은 그 분향焚香하는 시간時間에 밖에서 기도祈禱하더니, 주主의 사자使者가 저에게 나타난 향단香壇 우편右便에 선지라. 사가랴가 보고 놀라며 무서워하니 천사天使가 일러 가로되, 사가랴여 무서워 말라 너의 간구懇求함이 들린지라. 네 아내 엘리사벳이 네게 아들을 낳아 주리니 그 이름을 요한이라 하라. 너도 기뻐하고 즐거워할 것이요 많은 사람도 그의 남을 기뻐하리니, 이는 저가 주 앞에 큰 자가 되며 포도주葡萄酒나 소주를 마시지 아니하며 모태母胎로부터 성령聖靈의 충만充滿함을 입어, 이스라엘 자손子孫을 주 곧 저희 하나님께로 많이 돌아오게 하겠음이니라. (눅 1:8~16)

3. 저가 또 엘리야의 심령心靈과 능력能力으로 주主 앞에 앞서 가서 아비의 마음을 자식子息에게, 거스리는 자를 의인義人의 슬기에 돌아오게 하고 주主를 위하여 세운 백성百姓을 예비豫備하리라. 사가랴가 천사天使에게 이르되 내가 이것을 어떻게 알리요 내가 늙고 아내도 나이 많으니이다. 천사天使가 대답對答하여 가로되 나는 하나님 앞에 섰는 가브리엘이라 이 좋은 소식消息을 전하여 네게 말하라고 보내심을 입었노라. 보라 이 일의 되는 날까지 네가 벙어리가 되어 능能히 말을 못 하리니 이는 내 말을 네가 믿지 아니함이어니와 때가 이르면 내 말이 이루리라 하더라. (눅 1:17~20)

4. 백성百姓들이 사가랴를 기다리며 그의 성소聖所 안에서 지체遲滯함을 기이奇異히 여기더니, 그가 나와서 저희에게 말을 못하니 백성百姓들이 그 성소聖所 안에서 이상異像을 본 줄 알았더라. 그가 형용形容으로 뜻을 표시表示하며 그냥 벙어리대로 있더니 그

직무職務의 날이 다 되매 집으로 돌아가니라. 이후後에 그 아내 엘리사벳이 수태受胎하고 다섯 달 동안 숨어 있으며 가로되, 주主께서 나를 돌아보시는 날에 인간人間에 내 부끄러움을 없게 하시려고 이렇게 행行하심이라 하더라. (눅 1:21~25)

5. 여섯째 달에 천사天使 가브리엘이 하나님의 보내심을 받들어 갈릴리 나사렛이란 동네에 가서, 다윗의 자손子孫 요셉이라 하는 사람과 정혼定婚한 처녀處女에게 이르니 그 처녀處女의 이름은 마리아라 그에게 들어가 가로되 은혜恩惠를 받은 자여 평안平安할지어다 주主께서 너와 함께하시도다 하니, 처녀處女가 그 말을 듣고 놀라 이런 인사人事가 어찌함인고 생각하매, 천사天使가 일러 가로되 마리아여 무서워 말라 네가 하나님께 은혜恩惠를 얻었느니라. 보라 네가 수태受胎하여 아들을 낳으리니 그 이름을 예수라 하라. 저가 큰 자가 되고 지극至極히 높으신 이의 아들이라 일컬을 것이요, 주主 하나님께서 그 조상祖上 다윗의 위位를 저에게 주시리니, 영원永遠히 야곱의 집에 왕 노릇 하실 것이며 그 나라가 무궁無窮하리라. (눅 1:26~33)

6. 마리아가 천사天使에게 말하되 나는 사내를 알지 못하니 어찌 이 일이 있으리이까, 천사天使가 대답對答하여 가로되 성령聖靈이 네게 임臨하시고, 지극至極히 높으신 이의 능력能力이 너를 덮으시리니 이러므로 나실 바 거룩한 자는 하나님의 아들이라 일컬으리라 보라 네 친족親族 엘리사벳도 늙어서 아들을 배었느니라. 본래本來 수태受胎하지 못한다 하던 이가 이미 여섯 달이 되었나니, 대저大抵 하나님의 모든 말씀은 능能치 못하심이 없느니라. 마리아가 가로되 주主의 계집종이오니 말씀대로 내게 이루어지이다 하매 천사天使가 떠나가니라. (눅 1:34~38)

7. 이때에 마리아가 일어나 빨리 산중山中에 가서 유대 한 동네에 이르러, 사가랴의 집에 들어가 엘리사벳에게 문안問安하니 엘리사벳이 마리아의 문안問安함을 들으매 아이가 복중腹中에서 뛰노는지라. 엘리사벳이 성령聖靈의 충만充滿함을 입어 큰 소리로 불러 가로되 여자女子중에 네가 복福이 있으며 네 태중胎中의 아이도 복福이 있도다. 내 주主의 모친母親이 내게 나아오니 이 어찌된 일인고, 보라 네 문안問安하는 소리가 내 귀에 들릴 때에 아이가 내 복중腹中에서 기쁨으로 뛰놀았도다. 믿은 여자女子에게 복福이 있도다 주主께서 그에게 하신 말씀이 반드시 이루리라. (눅 1:39~45)

메시아 잉태孕胎 소식을 들은 마리아는 경건敬虔한 제사장祭司長의 가정家庭을 방문訪問하였습니다. 성령충만聖靈充滿한 믿음의 여인女人 엘리사벳과 신앙 상담信仰相談을 하고 함께 기도祈禱하였습니다. 앞으로 전개展開될 하나님의 구원 사역救援使役을 능동적能動的으로 적극積極 동참同參하는 결심決心과 기도祈禱를 드리며 찬송讚頌으로 화답和答하였습니다.

【 낭송 표시 : 1회 ◱ / 4회 ■ / 목표 120회 】

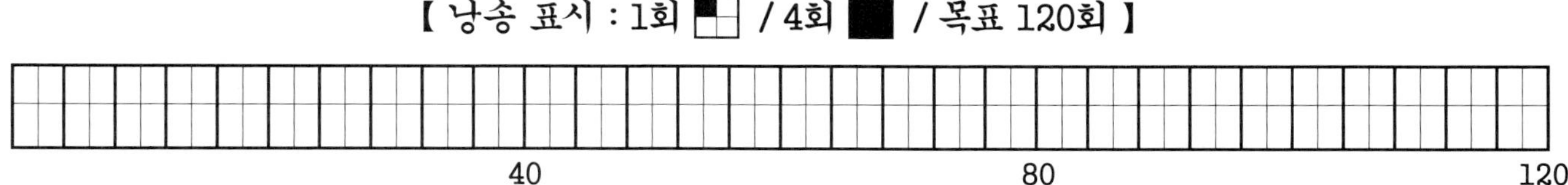

“주의 말씀은 내 발의 등이요 내 길에 빛이니이다”(시 119:105)

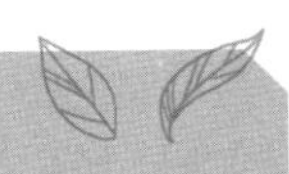

제 7 일

만세萬世에 나를 복福 있다 일컬으리로다

누가복음 1:48

가난하고 비천卑賤한 시골 처녀處女가 하나님의 천사天使 가브리엘의 수태고지受胎告知를 거부拒否하지 않고 믿음으로 받아들였습니다. 순종順從하고 헌신獻身을 결심決心할 때 만세萬世의 복자福者가 되고 새 역사歷史의 중심中心에 서게 됩니다.

1. 마리아가 가로되 내 영혼靈魂이 주主를 찬양讚揚하여 내 마음이 하나님 내 구주救主를 기뻐하였음은 그 계집 종의 비천卑賤함을 돌아보셨음이라. 보라 이제 후後로는 만세萬世에 나를 복福이 있다 일컬으리로다. 능能하신 이가 큰 일을 내게 행行하셨으니 그 이름이 거룩하시며, 긍휼矜恤하심이 두려워하는 자에게 대대代代로 이르는도다. 그의 팔로 힘을 보이사 마음의 생각이 교만驕慢한 자들을 흩으셨고 권세權勢 있는 자를 그 위에서 내리치셨으며 비천卑賤한 자를 높이셨고, 주리는 자를 좋은 것으로 배불리셨으며 부자富者를 공수空手로 보내셨도다. 그 종 이스라엘을 도우사 긍휼矜恤히 여기시고 기억記憶하시되, 우리 조상祖上에게 말씀하신 것과 같이 아브라함과 및 그 자손子孫에게 영원永遠히 하시리로다 하니라. 마리아가 석 달쯤 함께 있다가 집으로 돌아가니라. (눅 1:46~56)

2. 엘리사벳이 해산海産할 기한期限이 차서 아들을 낳으니, 이웃과 친족親族이 주主께서 저를 크게 긍휼矜恤히 여기심을 듣고 함께 즐거워하더라. 팔 일이 되매 아이를 할례割禮하러 와서 그 부친父親의 이름을 따라 사가랴라 하고자 하더니, 그 모친母親이 대답對答하여 가로되 아니라 요한이라 할 것이라 하매, 저희가 가로되 네 친족親族 중에 이 이름으로 이름한 이가 없다 하고, 그 부친父親께 형용形容하여 무엇으로 이름하려 하는가 물으니, 저가 서판書板을 달라하여 그 이름은 요한이라 쓰매 다 기이奇異히 여기더라. 이에 그 입이 곧 열리고 혀가 풀리며 말을 하여 하나님을 찬송讚頌하니, 그 근처近處에 사는 자가 다 두려워하고 이 모든 말이 온 유대 산중山中에 두루 퍼지매, 듣는 사람이 다 이 말을 마음에 두며 가로되 이 아이가 장차將次 어찌 될꼬 하니 이는 주主의 손이 저와 함께하심이러라. (눅 1:57~66)

3. 그 부친父親 사가랴가 성령聖靈의 충만充滿함을 입어 예언豫言하여 가로되, 찬송讚頌하리로다 주主 이스라엘의 하나님이여 그 백성百姓을 돌아보사 속량贖良하시며, 우리를 위하여 구원救援의 뿔을 그 종 다윗의 집에 일으키셨으니, 이것은 주主께서 예로부터 거룩한 선지자先知者의 입으로 말씀하신 바와 같이 우리 원수怨讐에게서와 우리를 미워하는 모든 자의 손에서 구원救援하시는 구원救援이라. 우리 조상祖上을 긍휼矜恤히 여기시며 그 거룩한 언약言約을 기억記憶하셨으니, 곧 우리 조상祖上 아브라함에게 맹세盟誓하신 맹세盟誓라. (눅 1:67~73)

4. 우리로 원수怨讐의 손에서 건지심을 입고, 종신終身토록 주主의 앞에서 성결聖潔과

의義로 두려움이 없이 섬기게 하리라 하셨도다. 이 아이여 네가 지극至極히 높으신 자의 선지자先知者라 일컬음을 받고 주主 앞에 앞서 가서 그 길을 예비豫備하여, 주主의 백성百姓에게 그 죄罪 사赦함으로 말미암는 구원救援을 알게 하리니 이는 우리 하나님의 긍휼矜恤을 인함이라. 이로써 돋는 해가 위로부터 우리에게 임臨하여 어두움과 죽음의 그늘에 앉은 자에게 비취고 우리 발을 평강平康의 길로 인도引導하시리로다 하니라. 아이가 자라며 심령心靈이 강强하여지며 이스라엘에게 나타나는 날까지 빈 들에 있으니라. (눅 1:74~80)

5. 이때에 가이사 아구스도가 영令을 내려 천하天下로 다 호적戶籍하라 하였으니, 이 호적戶籍은 구레뇨가 수리아 총독總督 되었을 때에 첫 번 한 것이라. 모든 사람이 호적戶籍하러 각각各各 고향故鄕으로 돌아가매, 요셉도 다윗의 집 족속族屬인 고로 갈릴리 나사렛 동네에서 유대를 향하여 베들레헴이라 하는 다윗의 동네로 그 정혼定婚한 마리아와 함께 호적戶籍하러 올라가니 마리아가 이미 잉태孕胎되었더라. 거기 있을 그때에 해산海産할 날이 차서 맏아들을 낳아 강보襁褓로 싸서 구유에 뉘었으니 이는 사관舍館에 있을 곳이 없음이러라. 그 지경地境에 목자牧者들이 밖에서 밤에 자기 양羊떼를 지키더니, 주主의 사자使者가 곁에 서고 주主의 영광榮光이 저희를 두루 비취매 크게 무서워하는지라. 천사天使가 이르되 무서워 말라 보라 내가 온 백성百姓에게 미칠 큰 기쁨의 좋은 소식消息을 너희에게 전傳하노라. 오늘날 다윗의 동네에 너희를 위하여 구주救主가 나셨으니 곧 그리스도 주主시니라. (눅 2:1~11)

6. 너희가 가서 강보襁褓에 싸여 구유에 누인 아기를 보리니 이것이 너희에게 표적表跡이니라 하더니, 홀연忽然히 허다許多한 천군天君이 그 천사天使와 함께 있어 하나님을 찬송讚頌하여 가로되, 지극至極히 높은 곳에서는 하나님께 영광榮光이요, 땅에서는 기뻐하심을 입은 사람들 중에 평화平和로다 하니라. 천사天使들이 떠나 하늘로 올라가니 목자牧者가 서로 말하되, 이제 베들레헴까지 가서 주主께서 우리에게 알리신바 이 이루어진 일을 보자 하고, 빨리 가서 마리아와 요셉과 구유에 누인 아기를 찾아서 보고 천사天使가 자기들에게 이 아기에 대하여 말한 것을 고하니, 듣는 자가 다 목자牧者의 말하는 일을 기이奇異히 여기되, 마리아는 이 모든 말을 마음에 지키어 생각生覺하니라. (눅 2:12~19)

가장 위대偉大하고 영광榮光스러운 하나님이 가장 가난하고 비천卑賤한 세상世上으로 오시고, 누추陋醜한 마구간 말구유까지 내려오신 날이 성탄聖誕입니다. 그러나 하나님이 계신 곳이 가장 비천卑賤한 곳일지라도 영광榮光과 거룩함의 중심中心이 되었습니다. 천국天國과 낙원樂園은 곧 예수님이 계신 곳입니다.

【 낭송 표시 : 1회 ┼ / 4회 ■ / 목표 120회 】

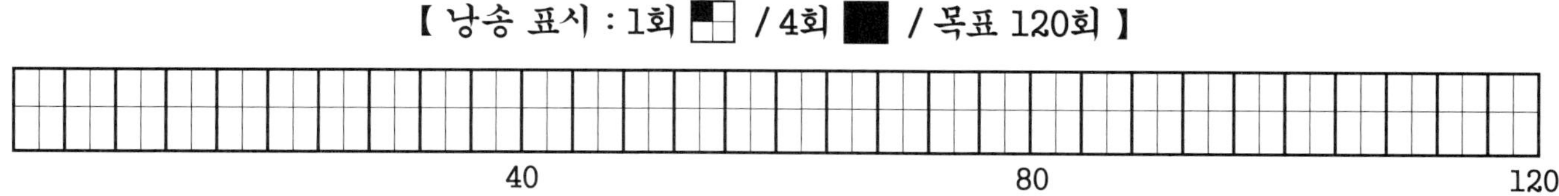

"주의 말씀은 내 발의 등이요 내 길에 빛이니이다"(시 119:105)

제 8 일

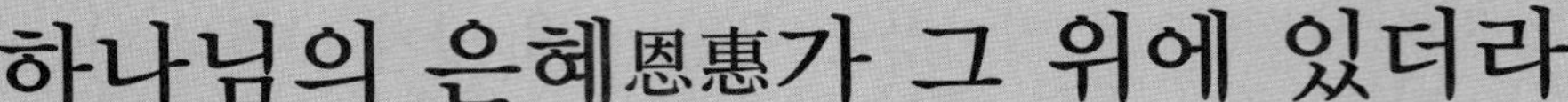

하나님의 은혜恩惠가 그 위에 있더라

누가복음 2:40

하나님의 독생자獨生子 예수님의 탄생誕生은 가장 가난하고 비천卑賤한 환경環境 속에서 이루어졌습니다. 출생出生과 성장成長의 여건與件과 환경環境은 최저最低, 최악最惡이었지만 하나님의 은혜恩惠와 성령聖靈과 지혜智慧가 충만充滿하게 임臨하였습니다.

1. 할례割禮할 팔 일이 되매 그 이름을 예수라 하니 곧 수태受胎하기 전前에 천사天使의 일컬은 바러라. 모세의 법法대로 결례潔禮의 날이 차매 아기를 데리고 예루살렘에 올라가니, 이는 주主의 율법律法에 쓴바 첫 태胎에 처음난 남자男子마다 주主의 거룩한 자라 하리라 한 대로 아기를 주主께 드리고, 또 주主의 율법律法에 말씀하신대로 비둘기 한 쌍이나 혹 어린 반구班鳩 둘로 제사祭祀하려 함이더라. 예루살렘에 시므온이라 하는 사람이 있으니 이 사람이 의義롭고 경건敬虔하여 이스라엘의 위로慰勞를 기다리는 자라 성령聖靈이 그 위에 계시더라. 저가 주主의 그리스도를 보기 전에 죽지 아니하리라 하는 성령聖靈의 지시指示를 받았더니, 성령聖靈의 감동感動으로 성전聖殿에 들어가매 마침 부모父母가 율법律法의 전례前例대로 행行하고자 하여 그 아기 예수를 데리고 오는지라. 시므온이 아기를 안고 하나님을 찬송讚頌하여 가로되, 주재主宰여 이제는 말씀하신대로 종을 평안平安히 놓아주시는도다. 내 눈이 주主의 구원救援을 보았사오니 이는 만민萬民 앞에 예비豫備하신 것이요, 이방異邦을 비추는 빛이요 주主의 백성百姓 이스라엘의 영광榮光이니이다 하니, 그 부모父母가 그 아기에 대한 말들을 기이奇異히 여기더라. (눅 2:21~33)

2. 시므온이 저희에게 축복祝福하고 그 모친母親 마리아에게 일러 가로되 보라 이 아이는 이스라엘 중 많은 사람의 패敗하고 흥興함을 위하며 비방誹謗을 받는 표적標的이 되기 위하여 세움을 입었고, 또 칼이 네 마음을 찌르듯 하리라 이는 여러 사람의 마음의 생각生覺을 드러내려 함이니라 하더라. 또 아셀 지파支派 바누엘의 딸 안나라 하는 선지자先知者가 있어 나이 매우 늙었더라. 그가 출가出嫁한 후 일곱 해 동안 남편男便과 함께 살다가 과부寡婦 된지 팔십사 년이라. 이 사람이 성전聖殿을 떠나지 아니하고 주야晝夜에 금식禁食하며 기도祈禱함으로 섬기더니, 마침 이때에 나아와서 하나님께 감사感謝하고 예루살렘의 구속救贖됨을 바라는 모든 사람에게 이 아기에 대하여 말하니라. 주主의 율법律法을 좇아 모든 일을 필畢하고 갈릴리로 돌아가 본 동네 나사렛에 이르니라. 아기가 자라며 강强하여지고 지혜智慧가 충족充足하며 하나님의 은혜恩惠가 그 위에 있더라. (눅 2:34~40)

3. 그 부모父母가 해마다 유월절逾越節을 당當하면 예루살렘으로 가더니, 예수께서 열두 살 될 때에 저희가 이 절기節期의 전례前例를 좇아 올라가다가 그날들을 마치고 돌아갈 때에 아이 예수는 예루살렘에 머무셨더라. 그 부모父母는 이를 알지 못하고 동행同行중에 있는 줄로 생각生覺하고 하룻길을 간 후 친족親族과 아는 자 중에서 찾되 만나지 못하매, 찾으면서 예루살렘에 돌아갔더니 사흘 후에 성전聖殿에서 만난즉 그가 선생先生들 중에 앉으사 저희에게 듣기도 하시며 묻기도 하시니, 듣는 자가 다 그 지혜智慧와 대답對答을 기이奇異히 여기더라. (눅 2:41~47)

4. 그 모친母親은 가로되 아이야 어찌하여 우리에게 이렇게 하였느냐 보라 네 아버지와 내가 근심하여 너를 찾았노라. 예수께서 가라사대 어찌하여 나를 찾으셨나이까 내가 내 아버지 집에 있어야 될 줄을 알지 못하셨나이까 하시니, 양친兩親이 그 하신 말씀을 깨닫지 못하더라 예수께서 한 가지로 내려가서 나사렛에 이르러 순종順從하여 받으시더라. 그 모친母親은 이 모든 말을 마음에 두니라 예수는 그 지혜智慧와 그 키가 자라가며 하나님과 사람에게 더 사랑스러워 가시더라. (눅 2:48~52)

5. 하나님의 말씀이 빈 들에서 사가랴의 아들 요한에게 임臨한지라. 요한이 요단 강 부근附近 각처各處에 와서 죄罪 사赦함을 얻게하는 회개悔改의 세례洗禮를 전파傳播하니, 선지자先知者 이사야의 책冊에 쓴 바 광야曠野에 외치는 자의 소리가 있어 가로되, 너희는 주主의 길을 예비豫備하라 그의 첩경捷徑을 평탄平坦케 하라. 모든 골짜기가 메워지고 모든 산과 작은 산이 낮아지고 굽은 것이 곧아지고 험한 길이 평탄平坦하여질 것이요, 모든 육체肉體가 하나님의 구원救援하심을 보리라 함과 같으니라. (눅 3:2~6)

6. 요한이 세례洗禮 받으러 나오는 무리에게 이르되 독사毒蛇의 자식子息들아 누가 너희를 가르쳐 장차將次 올 진노震怒를 피避하라 하더냐, 그러므로 회개悔改에 합당合當한 열매를 맺고 속으로 아브라함이 우리 조상祖上이라 말하지 말라. 내가 너희에게 이르노니 하나님이 능能히 이 돌들로도 아브라함의 자손子孫이 되게 하시리라. 이미 도끼가 나무 뿌리에 놓였으니 좋은 열매 맺지 아니하는 나무마다 찍혀 불에 던지우리라. 무리가 물어 가로되 그러하면 우리가 무엇을 하리이까, 대답對答하여 가로되 옷 두 벌 있는 자는 옷 없는 자에게 나눠 줄 것이요, 먹을 것이 있는 자도 그렇게 할 것이니라 하고 세리稅吏들도 세례洗禮를 받고자 하여 와서 가로되, 선생先生이여 우리는 무엇을 하리이까 하매 가로되 정定한 세稅 외外에는 늑징勒徵치 말라하고, 군병軍兵들도 물어 가로되 우리는 무엇을 하리이까 하매 가로되 사람에게 강포强暴하지 말며 무소誣訴하지 말고 받는 요料를 족足한 줄로 알라 하니라. (눅 3:7~14)

7. 백성百姓들이 바라고 기다리므로 모든 사람들이 요한을 혹或 그리스도신가 심중心中에 의논議論하니, 요한이 모든 사람에게 대답對答하여 가로되 나는 물로 세례洗禮를 주거니와 나보다 능력能力이 많으신 이가 오시나니, 나는 그 신들메를 풀기도 감당堪當치 못하겠노라. 그는 성령聖靈과 불로 너희에게 세례洗禮를 주실 것이요, 손에 키를 들고 자기自己의 타작打作마당을 정淨하게 하사 알곡은 모아 곳간에 들이고 쭉정이는 꺼지지 않는 불에 태우시리라. 또 기타其他 여러 가지로 권勸하여 백성百姓에게 좋은 소식消息을 전傳하였으나, 분봉왕分封王 헤롯은 그 동생同生의 아내 헤로디아의 일과 또 그의 행行한 모든 악惡한 일을 인因하여 요한에게 책망責望을 받고, 이 위에 한 가지 악惡을 더하여 요한을 옥獄에 가두니라. (눅 3:15~20)

광야曠野의 소리라고 자칭自稱한 메시아의 안내자案內者 세례洗禮 요한은 짧게 굵게, 위대偉大하게 그 사명使命을 수행遂行하였습니다. 그의 설교說敎는 심령心靈을 찌르고 불의不義를 책망責望하고 하나님의 공의公義를 선포宣布하였습니다.

【 낭송 표시 : 1회 ▜ / 4회 ■ / 목표 120회 】

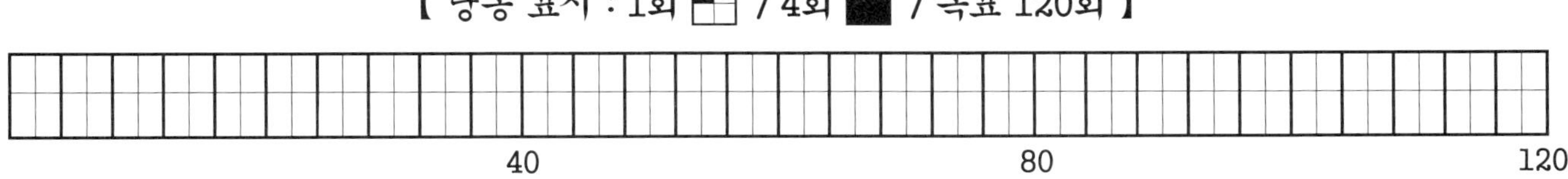

"주의 말씀은 내 발의 등이요 내 길에 빛이니이다"(시 119:105)

제 9 일

하나님께 경배敬拜하고 섬기라

누가복음 4:8

하나님은 논쟁論爭이나 토론討論의 대상對像이 아니고 오직 예배禮拜하고 경배敬拜할 분이십니다. 사탄과 마귀魔鬼는 할 수만 있으면 의심疑心케 하고 갈등葛藤을 일으켜 시험試驗 들게 하려 합니다. 이를 단호斷乎하게 물리치고 굳건한 믿음으로 생활生活해야 합니다.

1. 백성百姓이 다 세례洗禮를 받을새 예수도 세례洗禮를 받으시고, 기도祈禱하실 때에 하늘이 열리며 성령聖靈이 형체形體로 비둘기 같이 그의 위에 강림降臨하시더니, 하늘로서 소리가 나기를 너는 내 사랑하는 아들이라 내가 너를 기뻐하노라 하시니라. 예수께서 가르치심을 시작始作할 때에 삼십 세三十歲쯤 되시니라. 예수께서 성령聖靈의 충만充滿함을 입어 요단 강에서 돌아오사, 광야曠野에서 사십 일四十日동안 성령聖靈에게 이끌리시며 마귀魔鬼에게 시험試驗을 받으시더라. 이 모든 날에 아무것도 잡수시지 아니하시니 날 수數가 다하매 주리신지라. 마귀魔鬼가 가로되 네가 만일 하나님의 아들이어든 이 돌들에게 명命하여 떡덩이가 되게 하라. 예수께서 대답對答하시되 기록記錄하기를 사람이 떡으로만 살 것이 아니라 하였느니라. 마귀魔鬼가 또 예수를 이끌고 올라가서 순식간瞬息間에 천하만국天下萬國을 보이며, 가로되 이 모든 권세權勢와 그 영광榮光을 내가 네게 주리라. 이것은 내게 넘겨준 것이므로 나의 원願하는 자에게 주노라. 그러므로 네가 만일 내게 절하면 다 네 것이 되리라. 예수께서 대답對答하여 가라사대 기록記錄하기를 주 너의 하나님께 경배敬拜하고 다만 그를 섬기라 하였느니라. (눅 3:21~4:8)

2. 또 이끌고 예루살렘으로 가서 성전聖殿 꼭대기에 세우고 가로되, 네가 만일 하나님의 아들이어든 여기서 뛰어 내리라 기록記錄하였으되, 하나님이 너를 위하여 그 사자使者들을 명命하사 너를 지키게 하시리라 하였고, 또한 저희가 손으로 너를 받들어 네 발이 돌에 부딪히지 않게 하시리라 하였느니라. 예수께서 대답對答하여 가라사대 말씀하시기를 주主 너의 하나님을 시험試驗치 말라 하였느니라. 마귀魔鬼가 모든 시험試驗을 다 한 후後에 얼마 동안 떠나니라. (눅 4:9~13)

3. 예수께서 성령聖靈의 권능權能으로 갈릴리에 돌아가시니 그 소문所聞이 사방四方에 퍼졌고, 친親히 여러 회당會堂에서 가르치시매 뭇 사람에게 칭송稱頌을 받으시더라. 예수께서 그 자라나신 곳 나사렛에 이르사 안식일安息日에 자기自己 규례規例대로 회당會堂에 들어가사 성경聖經을 읽으려고 서시매, 선지자先知者 이사야의 글을 드리거늘 책冊을 펴서 이렇게 기록記錄한 데를 찾으시니 곧 주主의 성령聖靈이 내게 임臨하셨으니, 이는 가난한 자에게 복음福音을 전傳하게 하시려고 내게 기름을 부으시고, 나를 보내사 포로捕虜된 자에게 자유自由를, 눈먼 자에게 다시 보게 함을 전파傳播하며 눌린 자를 자유自由케하고, 주主의 은혜恩惠의 해를 전파傳播하게 하려 하심이라. 책冊을 덮어 그 맡은 자에게 주시고 앉으시니 회당會堂에 있는 자들이 다 주목注目하여 보더라. 이에 예수께서 저희에게 말씀하시되 이 글이 오늘날 너희 귀에 응應하였느니라. (눅 4:14~21)

4. 저희가 그 입으로 나오는 바 은혜恩惠로운 말이 기이奇異히 여겨 가로되, 이 사람이

요셉의 아들이 아니냐 예수께서 저희에게 이르시되, 너희가 반드시 의원醫員아 너를 고치라 하는 속담俗談을 인증引證하여 내게 말하기를 우리의 들은바 가버나움에서 행行한 일을 네 고향故鄕 여기서도 행行하라 하리라. 또 가라사대 내가 진실眞實로 너희에게 이르노니 선지자先知者가 고향故鄕에서 환영歡迎을 받는 자가 없느니라. 내가 참으로 너희에게 이르노니 엘리야 시대時代에 하늘이 세 해 여섯 달을 닫히어 온 땅에 큰 흉년凶年이 들었을 때에 이스라엘에 많은 과부寡婦가 있었으되, 엘리야가 그중 한 사람에게도 보내심을 받지 않고 오직 시돈 땅에 있는 사렙다의 한 과부寡婦에게 뿐이었으며, 또 선지자先知者 엘리사 때에 이스라엘에 많은 문둥이가 있었으되, 그중에 한 사람도 깨끗함을 얻지 못하고 오직 수리아 사람 나아만 뿐이니라. 회당會堂에 있는 자들이 이것을 듣고 다 분憤이 가득하여 일어나 동네 밖으로 쫓아내어 그 동네가 건설建設된 산 낭떠러지까지 끌고 가서 밀쳐 내리치고자 하되, 예수께서 저희 가운데로 지나서 가시니라. (눅 4:22~30)

5. 갈릴리 가버나움 동네에 내려오사 안식일安息日에 가르치시매, 저희가 그 가르치심에 놀라니 이는 그 말씀이 권세權勢가 있음이러라. 회당會堂에 더러운 귀신鬼神 들린 사람이 있어 크게 소리 질러 가로되, 아 나사렛 예수여 우리가 당신과 무슨 상관相關이 있나이까, 우리를 멸滅하러 왔나이까, 나는 당신이 누구인 줄 아노니 하나님의 거룩한 자니이다. 예수께서 꾸짖어 가라사대 잠잠潛潛하고 그 사람에게서 나오라 하시니 귀신鬼神이 그 사람을 무리 중에 넘어뜨리고 나오되 그 사람은 상傷하지 아니한지라. 다 놀라 서로 말하여 가로되 이 어떠한 말씀인고 권세權勢가 능력能力으로 더러운 귀신鬼神을 명命하매 나가는도다 하더라. 이에 예수의 소문所聞이 그 근처近處 사방四方에 퍼지니라. (눅 4:31~37)

6. 예수께서 일어나 회당會堂에서 나가서 시몬의 집에 들어가시니 시몬의 장모丈母가 중重한 열병熱病에 붙들린지라. 사람이 저를 위하여 예수께 구求하니 예수께서 가까이 서서 열병熱病을 꾸짖으신대 병病이 떠나고 여자女子가 곧 일어나 저희에게 수종隨從드니라. 해 질 적에 각색各色 병病으로 앓는 자 있는 사람들이 다 병인病人을 데리고 나아오매, 예수께서 일일이 그 위에 손을 얹으사 고치시니, 여러 사람에게서 귀신鬼神들이 나가며 소리 질러 가로되 당신은 하나님의 아들이니이다. 예수께서 꾸짖으사 저희의 말함을 허락許諾지 아니하시니 이는 자기를 그리스도인 줄 앎이러라. 날이 밝으매 예수께서 나오사 한적閑寂한 곳에 가시니, 무리가 찾다가 만나서 자기自己들에게서 떠나시지 못하게 만류挽留하려 하매, 예수께서 이르시되 내가 다른 동네에서도 하나님의 나라 복음福音을 전傳하여야 하리니, 나는 이 일로 보내심을 입었노라 하시고 갈릴리 여러 회당會堂에서 전도傳道하시더라. (눅 4:38~44)

예수님의 지상 사역地上使役은 "나는 이 일로 보내심을 입었노라"였습니다. 천국天國을 전파傳播하고 죄인罪人들을 구원救援하고 병病든 자를 고쳐 하나님의 자녀子女답게 살게 하는 것입니다.

【 낭송 표시 : 1회 / 4회 / 목표 120회 】

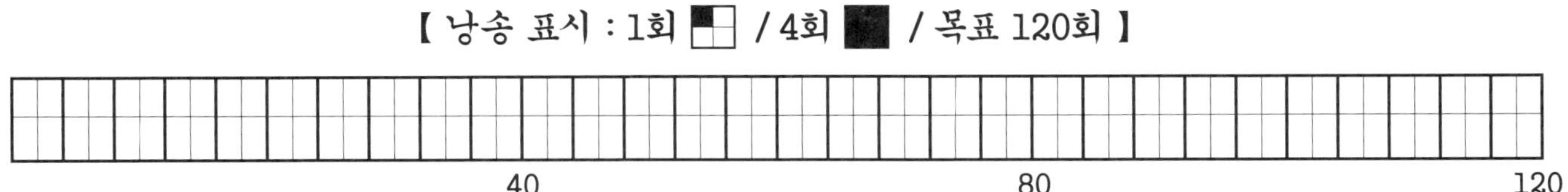

"주의 말씀은 내 발의 등이요 내 길에 빛이니이다"(시 119:105)

제 10 일

나는 죄인罪人이로소이다

누가복음 5:8

예수님께서 이 세상世上에 오신 목적目的은 죄인罪人을 구원救援하기 위함입니다. 갈릴리에서 고기잡이하는 베드로에게 두 배에 가득히 만선滿船의 복福을 주신 것은 베드로를 구원救援하여 제자弟子를 삼기 위한 목적目的이었습니다. 고기를 많이 잡고 난 후에 베드로는 고기와 도구道具를 뒤로하고 "나는 죄인罪人이로소이다" 회개悔改 기도祈禱를 드렸습니다.

1. 무리가 옹위擁圍하여 하나님의 말씀을 들을새 예수는 게네사렛 호숫가에 서서 두 배가 있는 것을 보시니, 어부漁夫들은 배에서 나와서 그물을 씻는지라. 예수께서 한 배에 오르시니 그 배는 시몬의 배라 육지陸地에서 조금 띄기를 청請하시고 앉으사, 배에서 무리를 가르치시더니 말씀을 마치고 시몬에게 이르시되 깊은 데로 가서 그물을 내려 고기를 잡으라. 시몬이 대답對答하여 가로되 선생先生이여 우리들이 밤이 맞도록 수고受苦를 하였으되, 얻은 것이 없지마는 말씀에 의지依支하여 내가 그물을 내리리이다 하고, 그리한즉 고기를 에운 것이 심히 많아 그물이 찢어지는지라. 이에 다른 배에 있는 동무를 손짓하여 와서 도와 달라 하니, 저희가 와서 두 배에 채우매 잠기게 되었더라. 시몬 베드로가 이를 보고 예수의 무릎 아래 엎드려 가로되 주主여 나를 떠나소서 나는 죄인罪人이로소이다 하니, 이는 모든 사람이 고기 잡힌 것을 인하여 놀라고, 동업자同業者인 야고보와 요한도 놀랐음이라. 예수께서 시몬에게 일러 가라사대 무서워 말라 이제 후로는 네가 사람을 취取하리라 하시니, 저희가 배들을 육지에 대고 모든 것을 버려두고 예수를 좇으니라. (눅 5:1~11)

2. 예수께서 한 동네에 계실 때에 온 몸에 문둥병 들린 사람이 있어 예수를 보고 엎드려 구求하여 가로되, 주主여 원願하시면 나를 깨끗게 하실 수 있나이다 하니, 예수께서 손을 내밀어 저에게 대시며 가라사대 내가 원願하노니 깨끗함을 받으라 하신대 문둥병이 곧 떠나니라. 예수께서 저를 경계警戒하시되 아무에게도 이르지 말고 가서 제사장祭司長에게 네 몸을 보이고, 또 네 깨끗게 됨을 인하여 모세의 명命한 대로 예물禮物을 드려 저희에게 증거證據하라 하셨더니, 예수의 소문所聞이 더욱 퍼지매 허다許多한 무리가 말씀도 듣고 자기 병도 나음을 얻고자 하여 모여 오되, 예수는 물러가사 한적閒寂한 곳에서 기도祈禱하시니라. (눅 5:12~16)

3. 하루는 가르치실 때에 갈릴리 각各 촌村과 유대와 예루살렘에서 나온 바리새인과 교법사敎法師들이 앉았는데, 병病을 고치는 주主의 능력能力이 예수와 함께하더라. 한 중풍병자中風病者를 사람들이 침상寢床에 메고 와서 예수 앞에 들여 놓고자 하였으나, 무리 때문에 메고 들어갈 길을 얻지 못한지라. 지붕에 올라가 기와를 벗기고 병자病者를 침상寢床채 무리 가운데로 예수 앞에 달아 내리니 예수께서 저희 믿음을 보시고 이르시되, 이 사람아 네 죄罪 사赦함을 받았느니라 하시니, 서기관書記官과 바리새인들이 의논議論하여 가로되 이 참람僭濫한 말을 하는 자가 누구뇨, 오직 하나님 외에 누가 능能히 죄罪를 사赦하겠느냐, 네 죄罪 사赦함을 받았느니라 하는 말과, 일어나 걸어가라

하는 말이 어느 것이 쉽겠느냐, 인자人子가 땅에서 죄罪를 사赦하는 권세權勢가 있는 줄을 너희로 알게 하리라 하시고, 중풍병자中風病者에게 말씀하시되, 내가 네게 이르노니 일어나 네 침상寢床을 가지고 집으로 돌아가니 모든 사람이 놀라 하나님께 영광榮光을 돌리며, 심甚히 두려워하여 가로되 오늘날 우리가 기이奇異한 일을 보았다 하니라. (눅 5:17~26)

4. 그 후에 나가사 레위라 하는 세리稅吏가 세관稅關에 앉은 것을 보시고, 나를 좇으라 하시니 저가 모든 것을 버리고 일어나 좇으니라. 레위가 예수를 위하여 자기自己 집에서 큰 잔치를 하니 세리稅吏와 다른 사람이 많이 함께 앉았는지라. 바리새인과 저희 서기관書記官들이 그 제자弟子들을 비방誹謗하여 가로되, 너희가 어찌하여 세리稅吏와 죄인罪人과 함께 먹고 마시느냐, 예수께서 대답對答하여 가라사대 건강健康한 자에게는 의원醫員이 쓸데없고, 병病든 자에게라야 쓸데 있나니 내가 의인義人을 부르러 온 것이 아니요 죄인罪人을 불러 회개悔改시키러 왔노라. (눅 5:27~32)

5. 저희가 예수께 말하되 요한의 제자弟子는 자주 금식禁食하며 기도祈禱하고, 바리새인의 제자弟子들도 또한 그리하되 당신의 제자弟子들은 먹고 마시나이다. 예수께서 저희에게 이르시되 혼인婚姻집 손님들이 신랑新郎과 함께 있을 때에 너희가 그 손님으로 금식禁食하게 할 수 있느뇨, 그러나 그날에 이르러 저희가 신랑新郎을 빼앗기리니 그날에는 금식禁食할 것이니라. 또 비유譬喩하여 이르시되 새 옷에서 한 조각을 찢어 낡은 옷에 붙이는 자가 없나니, 만일 그렇게 하면 새 옷을 찢을 뿐이요 또 새 옷에서 찢은 조각이 낡은 것에 합合하지 아니하리라. 새 포도주葡萄酒를 낡은 가죽 부대負袋에 넣는 자가 없나니, 만일 그렇게 하면 새 포도주葡萄酒가 부대負袋를 터뜨려 포도주葡萄酒가 쏟아지고 부대負袋도 버리게 되리라. 새 포도주葡萄酒는 새 부대負袋에 넣어야 할 것이니라. (눅 5:33~38)

6. 안식일安息日에 예수께서 밀밭 사이로 지나 가실새 제자弟子들이 이삭을 잘라 손으로 비비어 먹으니, 어떤 바리새인들이 말하되 어찌하여 안식일安息日에 하지 못할 일을 하느뇨, 예수께서 대답對答하여 가라사대 다윗이 자기自己와 및 함께한 자들이 시장嘶腸할 때에 한 일을 읽지 못하였느냐, 그가 하나님의 전殿에 들어가서 다만 제사장祭司長 외에는 먹지 못하는 진설병陳設餅을 집어 먹고 함께한 자들에게도 주지 아니하였느냐, 또 가라사대 인자人子는 안식일安息日의 주인主人이니라 하시더라. (눅 6:1~5)

안식일安息日 규례規例를 위하여 안식일安息日이 존재存在하는 것이 아니고, 하나님의 영광榮光과 하나님의 자녀子女들의 행복幸福을 위하여 안식일安息日이 재정되었습니다. 그러므로 안식일安息日은 피곤疲困한 인생人生들을 위해 주신 하나님의 은혜恩惠의 선물善物입니다.

【 낭송 표시 : 1회 ▞ / 4회 ■ / 목표 120회 】

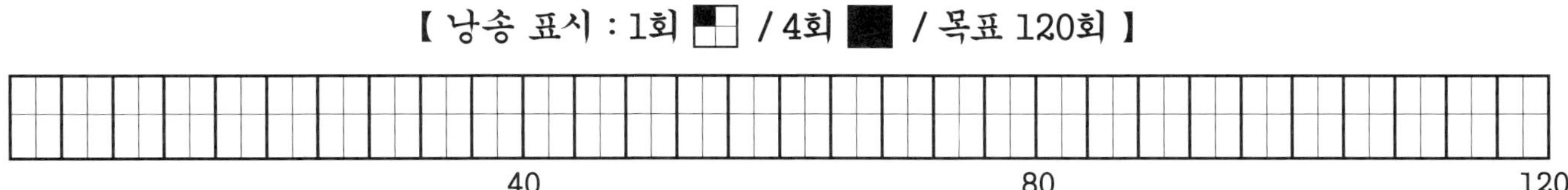

“주의 말씀은 내 발의 등이요 내 길에 빛이니이다”(시 119:105)

제 11 일

내 손을 내밀라 하시니 그 손이 회복回復된지라

누가복음 6:10

회당會堂 안에서 병病 고치는 모습을 보고 분기憤氣가 가득한 사람은 신앙생활信仰生活을 잘못하는 자입니다. 병病고침 받은 일을 기뻐하며 하나님께 영광榮光 돌려야 마땅합니다. 비판批判을 목적目的으로 하고 시기猜忌와 질투嫉妬하고 혈기血氣를 내는 것은 자신自身과 타인他人 모두를 불행不幸하게 하는 것입니다.

1. 또 다른 안식일安息日에 예수께서 회당會堂에 들어가사 가르치실새 거기 오른손 마른 사람이 있는지라. 서기관書記官과 바리새인들이 예수를 송사訟事할 빙거憑據를 찾으려 하여 안식일安息日에 병病 고치시는가 엿보니, 예수께서 저희 생각生覺을 아시고 손 마른 사람에게 이르시되, 일어나 한가운데 서라 하시니 저가 일어나 서거늘, 예수께서 저희에게 이르시되 내가 너희에게 묻노니 안식일安息日에 선善을 행行하는 것과 악惡을 행行하는 것 생명生命을 구救하는 것과 멸滅하는 것 어느 것이 옳으냐 하시며, 무리를 둘러보시고 그 사람에게 이르시되 네 손을 내밀라 하시니 저가 그리하매 그 손이 회복回復된지라. 저희는 분기憤氣가 가득하여 예수를 어떻게 처치處置할 것을 서로 의논議論하니라. (눅 6:6~11)

2. 이때에 예수께서 기도祈禱하시러 산으로 가사 밤이 맟도록 하나님께 기도祈禱하시고, 밝으매 그 제자弟子들을 부르사 그중에서 열둘을 택擇하여 사도使徒라 칭稱하셨으니, 곧 베드로라고도 이름 주신 시몬과 및 그 형제 안드레와 및 야고보와 요한과 빌립과 바돌로매와, 마태와 도마와 및 알패오의 아들 야고보와 및 셀롯이라 하는 시몬과, 야고보의 아들 유다와 및 예수는 파는 자 될 가룟 유다라. 예수께서 저희와 함께 내려오사 평지平地에 서시니 그 제자弟子의 허다許多한 무리와 또 예수의 말씀도 듣고 병病 고침을 얻으려고 유대 사방四方과 예루살렘과 및 두로와 시돈의 해안海岸으로부터 온 많은 백성百姓도 있더라. 더러운 귀신鬼神에게 고난苦難 받는 자들도 고침을 얻은지라. 온 무리가 예수를 만지려고 힘쓰니 이는 능력能力이 예수께로 나서 모든 사람을 낫게 함이러라. (눅 6:12~19)

3. 예수께서 눈을 들어 제자弟子들을 보시고 가라사대 가난한 자는 복福이 있나니 하나님의 나라가 너희 것임이요, 주리는 자는 복福이 있나니 너희가 배부름을 얻을 것임이요, 우는 자는 복福이 있나니 너희가 웃을 것임이요, 인자人子를 인因하여 사람들이 너희를 미워하며 멀리하고 욕辱하고 너희 이름을 악惡하다 하여 버릴 때에는 너희에게 복福이 있도다. 기뻐하고 뛰놀라 하늘에서 너희 상賞이 큼이라. 저희 조상祖上들이 선지자先知者들에게 이와 같이 하였느니라. 너희 부요富饒한 자여 너희는 너희의 위로慰勞를 이미 받았도다. 너희 웃는 자여 애통哀痛하며 울리로다 모든 사람이 너희를 칭찬稱讚하며 화禍가 있도다. 저희 조상祖上들이 거짓 선지자先知者들에게 이와 같이 하였느니라. (눅 6:20~26)

4. 내가 이르노니 너희 원수怨讐를 사랑하며 너희를 미워하는 자를 선대善待하며, 너희를 저주詛呪하는 자를 위하여 축복祝福하며 너희를 모욕侮辱하는 자를 위하여 기도祈禱하라. 네 이 뺨을 치는 자에게 저 뺨도 돌려대며 네 겉옷을 빼앗는 자에게 속옷도 금禁하지 말라. 무릇 네게 구求하는 자에게 주며 네 것을 가져가는 자에게 다시 달라지 말며,

남에게 대접待接을 받고자 하는 대로 너희도 남을 대접待接하라. 너희가 만일 너희를 사랑하는 자를 사랑하면 칭찬稱讚 받을 것이 무엇이뇨, 죄인罪人들도 사랑하는 자를 사랑하느니라. 너희가 만일 선대善待하는 자를 선대善待하면 칭찬稱讚 받을 것이 무엇이뇨 죄인罪人들도 이렇게 하느니라. 너희가 받기를 바라고 사람들에게 빌리면 칭찬稱讚 받을 것이 무엇이뇨, 죄인罪人들도 의수依數히 받고자 하여 죄인罪人에게 빌리느니라. 오직 너희는 원수怨讐를 사랑하고 선대善待하며 아무 것도 바라지 말고 빌리라. 그리하면 너희 상賞이 클 것이요 또 지극至極히 높으신 이의 아들이 되리니, 그는 은혜恩惠를 모르는 자와 악惡한 자에게도 인자人子로우시니라. 너희 아버지의 자비慈悲하심 같이 너희도 자비慈悲하라 비판批判치 말라. 그리하면 너희가 비판批判을 받지 않을 것이요, 정죄定罪하지 말라 그리하면 너희가 정죄定罪를 받지 않을 것이요, 용서容恕하라 그리하면 너희가 용서容恕를 받을 것이요, 주라 그리하면 너희에게 줄 것이니 곧 후厚히 되어 누르고 흔들어 넘치도록 하여 너희에게 안겨 주리라. 너희의 헤아리는 그 헤아림으로 너희도 헤아림을 도로 받을 것이니라. (눅 6:27~38)

5. 또 비유譬喩로 말씀하시되 소경이 소경을 인도引導할 수 있느냐 둘이 다 구덩이에 빠지지 아니하겠느냐. 제자弟子가 그 선생先生보다 높지 못하나 무릇 온전穩全케 된 자는 그 선생先生과 같으리라. 어찌하여 형제兄弟의 눈 속에 있는 티는 보고 네 눈 속에 있는 들보는 깨닫지 못하느냐. 너는 네 눈 속에 있는 들보를 보지 못하면서 어찌하여 형제兄弟에게 말하기를 형제兄弟여 나로 네 눈 속에 있는 티를 빼게 하라 할 수 있느냐, 외식外食하는 자여 먼저 네 눈 속에서 들보를 빼어라. 그 후後에야 네가 밝히 보고 형제兄弟의 눈 속에 있는 티를 빼리라. 못된 열매 맺는 좋은 나무가 없고 또 좋은 열매 맺는 못된 나무가 없느니라. 나무는 각각各各 그 열매로 아나니 가시나무에서 무화과無花果를, 또는 찔레에서 포도葡萄를 따지 못하느니라. 선善한 사람은 마음의 쌓은 선善에서 선善을 내고, 악惡한 자는 그 쌓은 악惡에서 악惡을 내나니 이는 마음의 가득한 것을 입으로 말함이니라. (눅 6:39~45)

6. 너희는 나를 불러 주主여 주主여 하면서도 어찌하여 나의 말하는 것을 행行치 아니하느냐, 네게 나아와 내 말을 듣고 행行하는 자마다 누구와 같은 것을 너희에게 보이리라. 집을 짓되 깊이 파고 주초柱礎를 반석磐石 위에 놓은 사람과 같으니, 큰물이 나서 탁류濁流가 그 집에 부딪히되, 잘 지은 연고緣故로 능能히 요동搖動케 못하였거니와, 듣고 행行치 아니하는 자는 주초柱礎 없이 흙 위에 집 지은 사람과 같으니 탁류濁流가 부딪히매 집이 곧 무너져 파괴破壞됨이 심甚하니라 하시니라. (눅 6:46~49)

하나님의 말씀을 듣고 순종順從하는 사람은 반석磐石 위에 집을 건축建築하는 사람과 같습니다. 듣고 순종順從하지 않는 사람은 모래 위에 건축建築하는 자와 같습니다. 반석磐石 위에 건축建築하는 자는 지혜智慧로운 인생人生 건축자建築者입니다.

【 낭송 표시 : 1회 ┼ / 4회 ■ / 목표 120회 】

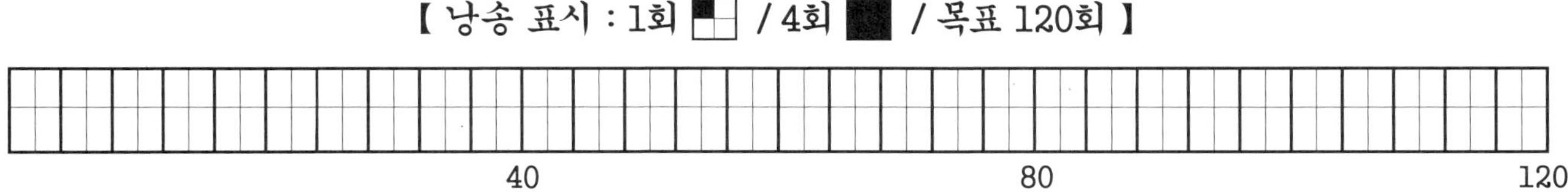

"주의 말씀은 내 발의 등이요 내 길에 빛이니이다"(시 119:105)

제 12 일

종이 이미 강건康健하여졌더라

누가복음 7:10

'말씀만 하여도 내 종의 병病이 고침을 받게 됩니다'라는 백부장百夫長의 믿음을 귀貴하게 여기신 주님께서 감동感動을 하였습니다. 주님을 감동感動시키는 길은 굳건한 믿음을 소유所有하는 것입니다. 나의 믿음으로 말미암아 나와 관계關係된 사람이 고침 받고 축복祝福 받는 일이 일어나게 합시다. 주인主人의 믿음으로 종의 병病이 낫는 기적奇蹟을 체험體驗합시다.

1. 예수께서 모든 말씀을 백성百姓에게 들려주시기를 마치신 후後에 가버나움으로 들어가시니라. 백부장百夫長의 종이 병病들어 죽게 되었더니, 예수의 소문所聞을 듣고 유대인의 장로長老 몇을 보내어 오셔서 그 종을 구원救援하시기를 청請한지라. 이에 저희가 예수께 나아와 간절懇切히 구求하여 가로되, 이 일을 하시는 것이 이 사람에게는 합당合當하니이다. 저가 우리 민족民族을 사랑하고 또한 우리를 위하여 회당會堂을 지었나이다 하니, 예수께서 함께 가실새 이에 그 집이 멀지 아니하여 백부장百夫長이 벗들을 보내어 가로되, 주主여 수고受苦하시지 마옵소서 내 집에 들어오심을 나는 감당堪當치 못하겠나이다. 그러므로 내가 주主께 나아가기도 감당堪當치 못할 줄을 알았나이다. 말씀만 하사 내 하인下人을 낫게 하소서. 저도 남의 수하手下에 든 사람이요 제 아래에도 군병軍兵이 있으니, 이더러 가라 하면 가고 저더러 오라 하면 오고 제 종더러 이것을 하라 하면 하나이다. 예수께서 들으시고 저를 기이奇異히 여겨 돌이키사 좇는 무리에게 이르시되, 내가 너희에게 이르노니 이스라엘 중에서도 이만한 믿음은 만나보지 못하였노라 하시더라. 보내었던 사람들이 집으로 돌아가 보매 종이 이미 강건康健하여졌더라. (눅 7:1~10)

2. 그 후後에 예수께서 나인이란 성城으로 가실새 제자弟子와 허다許多한 무리가 동행同行하더니, 성문城門에 가까이 오실 때에 사람들이 한 죽은 자를 메고 나오니, 이는 그 어미의 독자獨子요 어미는 과부寡婦라 그 성城의 많은 사람도 그와 함께 나오거늘, 주主께서 과부寡婦를 보시고 불쌍히 여기사 울지 말라 하시고, 가까이 오사 그 관棺에 손을 대시니 멘 자들이 서는지라. 예수께서 가라사대 청년靑年아 내가 네게 말하노니, 일어나라 하시매 죽었던 자가 일어앉고 말도 하거늘, 예수께서 그를 어미에게 주신대 모든 사람이 두려워하며 하나님께 영광榮光을 돌려 가로되, 큰 영광榮光을 돌려 가로되 큰 선지자先知者가 우리 가운데 일어나셨다 하고, 또 하나님께서 자기 백성百姓을 돌아보셨다 하더라. 예수께 대한 이 소문所聞이 온 유대와 사방四方에 두루 퍼지니라. (눅 7:11~17)

3. 요한의 제자弟子들이 이 모든 일을 그에게 고告하니, 요한이 그 제자弟子 중 둘을 불러 주主께 보내어 가로되 오실 그이가 당신이오니이까, 우리가 다른 이를 기다리오리이까 하라 하매, 저희가 예수께 나아와 가로되 세례洗禮 요한이 우리를 보내어 당신께 말하기를 오실 그이가 당신이오니이까, 우리가 다른 이를 기다리오리이까 하더이다 하니, 마침 그 시時에 예수께서 질병疾病과 고통苦痛과 및 악귀惡鬼 들린 자를 많이 고치시며 또 많은 소경을 보게 하신지라. 대답對答하여 가라사대 너희가 가서 보고 들은 것을 요한에게 고告하되, 소경이 보며 앉은뱅이가 걸으며 문둥이가 깨끗함을 받으며 귀머거리가 들으며, 죽은 자가 살아나며 가난한 자에게 복음福音이 전파傳播된다 하라. 누구든지 나를 인因하여 실족失足하지 아니하는 자는 복福이 있도다 하시니라. (눅 7:18~23)

4. 요한의 보낸 자가 떠난 후後에 예수께서 무리에게서 요한에 대하여 말씀하시되, 너희가 무엇을 보려고 광야曠野에 나갔더냐 바람에 흔들리는 갈대냐, 그러면 너희가 무엇을 보려고 나갔더냐 부드러운 옷 입은 사람이냐, 보라 화려한 옷 입고 사치奢侈하게 지내는 자는 왕궁王宮에 있느니라. 그러면 너희가 무엇을 보려고 나갔더냐 선지자先知者냐, 옳다 내가 너희에게 이르노니 선지자先知者보다도 나은 자니라. 기록記錄된 바 보라 내가 내 사자使者를 네 앞에 보내노니, 그가 네 앞에서 네 길을 예비豫備하리라 한 것이 이 사람에 대한 말씀이라. 내가 너희에게 말하노니 여자女子가 낳은 자 중에 요한보다 큰 이가 없도다. 그러나 하나님의 나라에서는 극極히 작은 자라도 저보다 크니라 하시니, 모든 백성百姓과 세리稅吏들은 이미 요한의 세례洗禮를 받은지라. 이 말씀을 듣고 하나님을 의義롭다 하되, 오직 바리새인과 율법사律法司들은 그 세례洗禮를 받지 아니한지라. 스스로 하나님의 뜻을 저버리니라. (눅 7:24~30)

5. 이 세대世代의 사람으로 무엇으로 비유譬喩할꼬 아이들이 장터에 앉아 우리가 피리를 불어도 너희가 춤추지 않고, 우리가 애곡哀哭을 하여도 너희가 울지 아니하였다 함과 같도다. 세례洗禮 요한이 와서 떡도 먹지 아니하며 포도주葡萄酒도 마시지 아니하매, 너희 말이 귀신鬼神이 들렸다 하더니 인자人子는 와서 먹고 마시매, 너희 말이 보라 먹기를 탐貪하고 포도주葡萄酒를 즐기는 사람이요 세리稅吏와 죄인罪人의 친구親舊로다 하니, 지혜智慧는 자기의 모든 자녀子女로 인因하여 옳다 함을 얻느니라. (눅 7:31~35)

6. 한 바리새인이 예수께 자기自己와 함께 잡수시기를 청請하니, 이에 바리새인의 집에 들어가 앉으셨을 때에 그 동네에 죄인罪人인 한 여자女子가 있어, 예수께서 바리새인의 집에 앉으셨음을 알고 향유香油 담은 옥합玉盒을 가지고 와서, 예수의 뒤로 그 발 곁에 서서 울며 눈물로 그 발을 적시고, 자기自己 머리털로 씻고 그 발에 입 맞추고 향유香油를 부으니, 예수를 청請한 바리새인이 이것을 보고 마음에 이르되 이 사람이 만일 선지자先知者더면 자기自己를 만지는 이 여자女子가 누구며 어떠한 자 곧 죄인罪人인 줄을 알았으리라 하거늘, 예수께서 대답對答하여 가라사대 시몬아 내가 네게 이를 말이 있다 하시니, 저가 가로되 선생님 말씀하소서 가라사대 빚 주는 사람에게 빚진 자가 둘이 있어, 하나는 오백 데나리온을 졌고, 하나는 오십 데나리온을 졌는데 갚을 것이 없으므로 둘 다 탕감蕩減하여 주었으니 둘 중에 누가 저를 더 사랑하겠느냐, 시몬이 대답對答하여 가로되 제 생각生覺에는 많이 탕감蕩減함을 받은 자니이다. 가라사대 네 판단判斷이 옳다 하시고, 여자女子를 돌아보시며 시몬에게 이르시되 이 여자女子를 보느냐, 저는 향유香油를 내 발에 부었느니라. 이에 여자女子에게 이르시되 네 죄罪 사赦함을 얻었느니라. 내 믿음이 너를 구원救援하였으니 평안平安히 가라 하시니라. (눅 7:36~50)

믿음의 봉사奉仕는 죄罪 사赦함과 구원救援으로 연결連結됩니다. 옥합玉盒을 깨뜨려 방 안에 향기香氣를 가득하게 하고 향유로 예수님의 발을 씻겨 드림은 십자가十字架 장례식葬禮式 거행擧行하는 것입니다. 또한 주님의 마음을 감동感動시키어 죄罪 사赦함과 구원救援의 축복祝福을 받게 되었습니다.

【 낭송 표시 : 1회 ◩ / 4회 ■ / 목표 120회 】

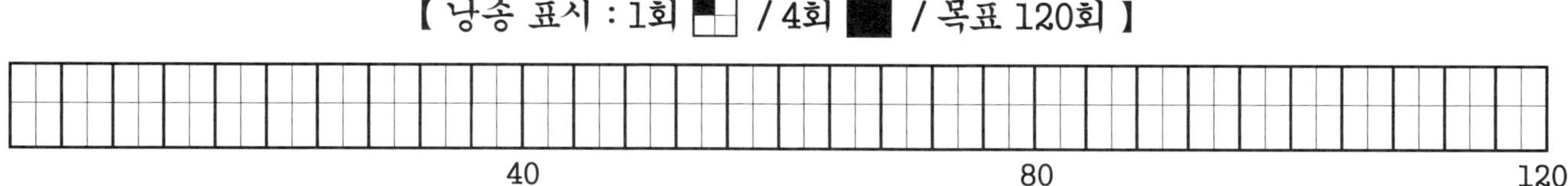

"주의 말씀은 내 발의 등이요 내 길에 빛이니이다"(시 119:105)

제 13 일

백배百倍의 결실結實을 하였느니라

누가복음 8:8

좋은 땅 옥토玉土는 좋은 마음밭입니다. 돌짝밭은 변덕變德이 심한 마음입니다. 길바닥은 딱딱하고 강퍅强愎한 마음입니다. 가시덤불은 복잡複雜하고 정리정돈整理整頓되지 않은 헝클어진 마음입니다. 좋은 땅 옥토玉土는 삼십 배三十倍 육십 배六十倍 백 배百倍의 결실結實을 가져오는 마음입니다. 주님이 사랑하시고 복福과 은혜恩惠를 내리는 마음밭입니다.

1. 이후以後에 예수께서 각 성城과 촌村에 두루 다니시며 하나님 나라를 반포頒布하시며 그 복음福音을 전傳하실새 열두 제자弟子가 함께하였고, 또한 악귀惡鬼를 쫓아내심과 병病 고침을 받은 어떤 여자女子들 곧 일곱 귀신鬼神이 나간 자 막달라인이라 하는 마리아와, 또 헤롯의 청지기廳直 구사의 아내 요안나와 또 수산나와 다른 여러 여자女子가 함께하여 자기自己들의 소유所有로 저희를 섬기더라. 각 동네 사람들이 예수께로 나아와 큰 무리를 이루니 예수께서 비유譬喩로 말씀하시되, 씨를 뿌리는 자가 그 씨를 뿌리러 나가서 뿌리쌔 더러는 길 가에 떨어지매 밟히며 공중空中의 새들이 먹어 버렸고, 더러는 바위 위에 떨어지매 났다가 습기濕氣가 없으므로 말랐고, 더러는 가시떨기 속에 떨어지매 가시가 함께 자라서 기운氣運을 막았고, 더러는 좋은 땅에 떨어지매 나서 백배百倍의 결실結實을 하였느니라. 이 말씀을 하시고 외치시되 들을 귀 있는 자는 들을지어다. (눅 8:1~8)

2. 제자弟子들이 이 비유譬喩의 뜻을 물으니 가라사대 하나님 나라의 비밀秘密을 아는 것이 너희에게는 허락許諾되었으나, 다른 사람에게는 비유譬喩로 하나니 이는 저희로 보아도 보지 못하고, 들어도 깨닫지 못하게 하려 함이니라. 이 비유譬喩는 이러하니라 씨는 하나님의 말씀이요, 길 가에 있다는 것은 말씀을 들은 자니 이에 마귀魔鬼가 와서 그들로 믿어 구원救援을 얻지 못하게 하려고 말씀을 그 마음에서 빼앗는 것이요, 바위 위에 있다는 것은 말씀을 들을 때에 기쁨으로 받으나 뿌리가 없어 잠깐 믿다가 시험試驗을 받을 때에 배반背叛하는 자요, 가시떨기에 떨어졌다는 것은 말씀을 들은 자니, 지내는 중 이생의 염려念慮와 재리財利와 일락逸樂에 기운氣運이 막혀 온전穩全히 결실結實치 못하는 자요, 좋은 땅에 있다는 것은 착하고 좋은 마음으로 말씀을 듣고 지키어 인내忍耐로 결실結實하는 자니라. (눅 8:9~15)

3. 누구든지 등불을 켜서 그릇으로 덮거나 평상平床 아래 두지 아니하고 등경燈檠 위에 두나니, 이는 들어가는 자들로 그 빛을 보게 하려 함이라. 숨은 것이 장차將次 드러나지 아니할 것이 없고, 감추인 것이 장차將次 알려지고 나타나지 않을 것이 없느니라. 그러므로 너희가 스스로 삼가라 누구든지 있는 자는 받겠고, 없는 자는 그 있는 줄로 아는 것까지 빼앗기리라 하시니라. 예수의 모친母親과 그 동생同生들이 왔으나 무리를 인하여 가까이 하지 못하니 고告하되, 당신의 모친母親과 동생同生들이 밖에 섰나이다. 예수께서 대답對答하여 가라사대 내 모친母親과 동생同生들은 곧 하나님의 말씀을 듣고 행行하는 이 사람들이라 하시니라. (눅 8:16~21)

4. 하루는 제자弟子들과 함께 배에 오르사 저희에게 이르시되, 호수湖水 저편으로 건너가자 하시매 이에 떠나 행선行船할 때에 예수께서 잠이 드셨더니, 마침 광풍狂風이 호수湖水로 내려치매 배에 물이 가득하게 되어 위태危殆한지라. 제자弟子들이 나아와 깨워 가로되 주主여 주主여 우리가 죽겠나이다 한 대, 예수께서 잠을 깨사 바람과 물결을 꾸짖으시니

이에 그쳐 잔잔潺潺하여지더라. 제자弟子들에게 이르시되 너희 믿음이 어디 있느냐 하시니, 저희가 두려워하고 기이奇異히 여겨 서로 말하되, 저가 뉘기에 바람과 물을 명命하여 순종順從하는고 하더라. (눅 8:22~25)

5. 갈릴리 맞은편 거라사인의 땅에 이르러 육지陸地에 내리시매, 그 도시都市 사람으로서 귀신鬼神 들린 자 하나가 예수를 만나니, 이 사람은 오래 옷을 입지 아니하며 집에 거居하지도 아니하고 무덤 사이에 거居하는 자라. 예수를 보고 부르짖으며 그 앞에 엎드리어 큰 소리로 불러 가로되, 지극至極히 높으신 하나님의 아들 예수여 나와 당신과 무슨 상관相關이 있나이까, 당신께 구求하노니 나를 괴롭게 마옵소서 하니, 이는 예수께서 이미 더러운 귀신鬼神을 명命하사 이 사람에게서 나오라 하셨음이라. 귀신鬼神이 가끔 이 사람을 붙잡으므로 저가 쇠사슬과 고랑에 매이어 지키웠으되, 그 맨 것을 끊고 귀신鬼神에게 몰려 광야曠野로 나갔더라. 예수께서 네 이름이 무엇이냐 물으신즉 가로되 군대軍隊라 하니 이는 많은 귀신鬼神이 들렸음이라. 무저갱無底坑으로 들어가라 하지 마시기를 간구懇求하더니, 마침 거기 많은 돼지 떼가 산에서 먹고 있는지라. 귀신鬼神들이 그 돼지에게로 들어가게 허許하심을 간구懇求하니, 이에 허許하신대 귀신鬼神들이 그 사람에게서 나와 돼지에게로 들어가니 그 떼가 비탈로 내리달아 호수湖水에 들어가 몰사沒死하거늘, 치던 자들이 그 된 것을 보고 도망逃亡하여 성내城內와 촌村에 고告하니, 사람들이 그 된 것을 보러 나와서 예수께 이르러 귀신鬼神 나간 사람이 옷을 입고 정신精神이 온전穩全하여 예수의 발 아래 앉은 것을 보고 두려워하거늘, 귀신鬼神 들렸던 자의 어떻게 구원救援 받은 것을 본 자들이 저희에게 이르매, 거라사인의 땅 근방近方 모든 백성百姓이 크게 두려워하여 떠나가시기를 구求하더라 예수께서 배에 올라 돌아가실새, 귀신鬼神 나간 사람이 함께 있기를 구求하였으나 예수께서 저를 보내시며 가라사대, 집으로 돌아가 하나님이 네게 어떻게 큰 일 행行하신 것을 일일一一이 고告하라 하시니, 저가 가서 예수께서 자기自己에게 어떻게 큰 일 하신 것을 온 성내城內에 전파傳播하니라. (눅 8:26~39)

6. 예수께서 가실 때에 무리가 옹위擁圍하더라. 이에 열두 해를 혈루증血漏症으로 앓는 중에 아무에게도 고침을 받지 못하던 여자女子가 예수의 뒤로 와서 그 옷가에 손을 대니 혈루증血漏症이 즉시 그쳤더라. 예수께서 가라사대 내게 손을 댄 자가 누구냐 하시니, 다 아니라 할 때에 베드로가 가로되 주主여 무리가 옹위擁圍하여 미나이다. 예수께서 가라사대 내게 손을 댄 자가 있도다. 이는 네게서 능력能力이 나간 줄 앎이로다 하신대, 여자女子가 스스로 숨기지 못할 줄을 알고 떨며 나아와 엎드리어 그 손 댄 연고緣故와 곧 나은 것을 모든 사람 앞에서 고告하니, 예수께서 이르시되 딸아 네 믿음이 너를 구원하였으니 평안히 가라 하시더라. (눅 8:42~48)

"딸아 네 믿음이 너를 구원救援하였으니 평안平安히 가라." 이 얼마나 은혜恩惠롭고 복福된 말씀입니까. 12년 동안 피를 흘리며 많은 고생苦生을 한 여인女人 영육靈肉간에 건강健康함을 얻었으니 이 얼마나 감사感謝한 일입니까.

【 낭송 표시 : 1회 ◩ / 4회 ■ / 목표 120회 】

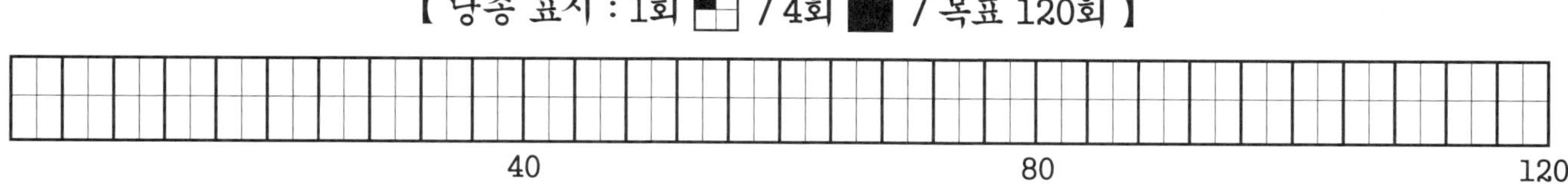

"주의 말씀은 내 발의 등이요 내 길에 빛이니이다"(시 119:105)

제 14 일

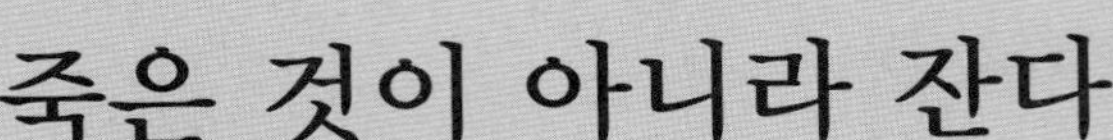

죽은 것이 아니라 잔다

누가복음 8:52

열두 살 소녀小女가 병病으로 죽었습니다. 딸의 아버지인 회당장會堂長 야이로의 슬픔은 이루 말할 수 없었습니다. 예수님께 달려가 예수님의 발아래 엎드려 간구懇求했습니다. 지위地位나 체면體面 등을 앞세울 수 없습니다. 딸을 살릴 수 있다면 무슨 일인들 못하겠습니까. 예수님께 무릎을 꿇고 간구懇求하지 않는 것은 가장 소중한 것을 잃어버리는 쓰라린 아픔을 경험經驗하지 않아 다리가 뻣뻣하기 때문입니다.

1. 예수께서 돌아오시매 무리가 환영歡迎하니 이는 다 기다렸음이러라. 이에 회당장會堂長인 야이로라 하는 사람이 와서 예수의 발 아래 엎드려 자기自己 집에 오시기를 간구懇求하니, 이는 자기自己에게 열두 살 먹은 외딸이 있어 죽어감이러라. 아직 말씀 하실 때에 회당장會堂長의 집에서 사람이 와서 말하되, 당신의 딸이 죽었나이다 선생先生을 더 괴롭게 마소서 하거늘, 예수께서 들으시고 가라사대 두려워 말고 믿기만 하라 그리하면 딸이 구원救援을 얻으리라 하시고, 집에 이르러 베드로와 요한과 야고보와 및 아이의 부모父母 외에는 함께 들어가기를 허許하지 아니하시니라. 모든 사람이 아이를 위하여 울며 통곡痛哭하매 예수께서 이르시되 울지 말라 죽은 것이 아니라 잔다 하시니, 그 영靈이 돌아와 아이가 곧 일어나거늘 예수께서 먹을 것을 주라 명命하신대 그 부모父母가 놀라는지라. 예수께서 경계警戒하사 이 일을 아무에게도 말하지 말라 하시니라. (눅 8:40~56)

2. 예수께서 열두 제자弟子를 불러 모으사 모든 귀신鬼神을 제어制御하며 병病을 고치는 능력能力과 권세權勢를 주시고, 하나님의 나라를 전파傳播하며 앓는 자를 고치게 하려고 내어 보내시며, 이르시되 여행旅行을 위하여 아무것도 가지지 말라. 지팡이나 주머니나 양식糧食이나 돈이나 두 벌 옷을 가지지 말며, 어느 집에 들어가든지 거기서 유留하다가 거기서 떠나라. 누구든지 너희를 영접迎接지 아니하거든 그 성城에서 떠날 때에 너희 발에서 먼지를 떨어 버려 저희에게 증거證據를 삼으라 하시니, 제자弟子들이 나가 각 촌村에 두루 행行하여 처처處處에 복음福音을 전傳하며 병病을 고치더라. (눅 9:1~6)

3. 분봉왕 헤롯이 이 모든 일을 듣고 심甚히 당황唐慌하여 하니, 이는 혹은 요한이 죽은 자 가운데서 살아났다고 하며, 혹은 엘리야가 나타났다고도 하며 혹은 옛 선지자先知者 하나가 다시 살아났다고도 함이라. 헤롯이 가로되 요한은 내가 목을 베었거든 이제 이런 일이 들리니 이 사람이 누군고 하며 저를 보고자 하더라. 사도使徒들이 돌아와 자기自己들의 모든 행行한 것을 예수께 고告한대 데리시고 따로 벳새다라는 고을로 떠나 가셨으나, 무리가 알고 따라왔거늘 예수께서 저희를 영접迎接하사 하나님 나라의 일을 이야기하시며 병病 고칠 자들은 고치시더라. (눅 9:7~11)

4. 날이 저물어가매 열두 사도使徒가 나아와 여짜오되 무리를 보내어 두루 마을과 촌村으로 가서 유留하며 먹을 것을 얻게 하소서. 우리 있는 여기가 빈 들이니이다. 예수께서 이르시되 너희가 먹을 것을 주어라 하시니 여짜오되 우리에게 떡 다섯 개와 물고기 두 마리밖에 없으니 이 모든 사람을 위하여 먹을 것을 사지 아니하고는 할 수 없나이다 하셨으니, 이는 남자男子가 한 오천 명 됨이러라. 제자弟子들에게 이르시되 떼를 지어 한 오십 명씩 앉히라 하시니, 제자弟子들이 이렇게 하여 다 앉힌 후 예수께서 떡 다섯 개와 물고기 두 마리를 가지사 하늘을 우러러 축사祝謝하시고 떼어 제자弟子들에게 주어 무리 앞에 놓게 하시니, 먹고 다 배불렀더라 그 남은 조각 열두 바구니를 거두니라. (눅 9:12~17)

5. 예수께서 따로 기도祈禱하실 때에 제자弟子들이 주와 함께 있더니 물어 가라사대 무리가 나를 누구라고 하느냐, 대답對答하여 가로되 세례洗禮 요한이라 하고 더러는 엘리야 더러는 옛 선지자先知者 중의 하나가 살아났다 하나이다. 예수께서 이르시되 너희는 나를 누구라 하느냐, 베드로가 대답對答하여 가로되 하나님의 그리스도시니이다 하니, 경계警戒하사 이 말을 아무에게도 이르지 말라 명命하시고, 가라사대 인자人子가 많은 고난苦難을 받고 장로長老들과 대제사장大祭司長들과 서기관書記官들에게 버린 바 되어 죽임을 당하고 제 삼일에 살아나야 하리라 하시고, 또 무리에게 이르시되 아무든지 나를 따라 오려거든 자기自己를 부인否認하고 날마다 제 십자가十字架를 지고 나를 좇을 것이니라. 만일 누구든지 제 목숨을 잃으면 구원救援 하리라. 만일 온 천하天下를 얻고도 자기自己를 잃든지 빼앗기든지 하면 무엇이 유익有益하리요, 누구든지 나와 내 말을 부끄러워하면 인자人子도 자기自己와 아버지와 거룩한 천사天使들의 영광榮光으로 올 때에 그 사람을 부끄러워하리라. 내가 참으로 너희에게 이르노니 여기 섰는 사람 중에 죽기 전에 하나님 나라를 볼 자들도 있느니라. (눅 9:18~27)

6. 이 말씀을 하신 후 팔일쯤 되어 예수께서 베드로와 요한과 야고보를 데리시고 기도祈禱하시러 산에 올라가사, 기도祈禱하실 때에 용모容貌가 변화變化되고 그 옷이 희어져 광채光彩가 나더라. 문득 두 사람이 예수와 함께 말하니 이는 모세와 엘리야라. 영광榮光 중에 나타나서 장차將次 예수께서 예루살렘에서 별세別世하실 것을 말씀할새, 베드로와 및 함께 있는 자들이 곤困하여 졸다가 아주 깨어 예수의 영광榮光과 및 함께 선 두 사람을 보더니 두 사람이 떠날 때에 베드로가 예수께 여짜오되, 주主여 우리가 여기 있는 것이 좋사오니 우리가 초막草幕 셋을 짓되, 하나는 주主를 위하여 하나는 모세를 위하여 하나는 엘리야를 위하여 하사이다 하되, 자기自己의 하는 말을 자기自己도 알지 못하더라. 이 말 할 즈음에 구름이 와서 저를 덮는지라 구름 속으로 들어갈 때에 저희가 무서워하더니, 구름 속에서 소리가 나서 가로되 이는 나의 아들 곧 택擇함을 받은 자니 너희는 저희 말을 들으라 하고, 소리가 그치매 오직 예수만 보이시더라 제자弟子들이 잠잠潛潛하여 그 본 것을 무엇이든지 그때에는 아무에게도 이르지 아니하니라. (눅 9:28~36)

7. 이튿날 산에서 내려오시니 큰 무리가 맞을쌔, 무리 중에 한 사람이 소리 질러 가로되 선생先生님 청請컨대 내 아들을 돌아보아 주옵소서 이는 내 외아들이니이다. 귀신鬼神이 저를 잡아 졸지에 부르짖게 하고 경련痙攣을 일으켜 거품을 흘리게 하며 심甚히 상傷하게 하고야 겨우 떠나 가나이다. 당신의 제자弟子들에게 내어 쫓아 주기를 구求하였으나 저희가 능能히 못하더이다. 예수께서 대답對答하여 가라사대 믿음이 없고 패역悖逆한 세대世代여, 내가 얼마나 너희와 함께 있으며 너희를 참으리요 네 아들을 이리로 데리고 오라 하시니, 올 때에 귀신鬼神이 거꾸러뜨리고 심한 경련痙攣을 일으키게 하는지라. 예수께서 더러운 귀신鬼神을 꾸짖으시고 아이를 낫게 하사 그 아비에게 도로 주시니 사람들이 다 하나님의 위엄威嚴을 놀라니라. (눅 9:37~43)

귀신 들려 고통苦痛 당當하는 아들의 아버지는 제자弟子들이 귀신병鬼神病을 고치지 못하는 것을 보고 실망失望하여 '능能히 고치지 못하더이다' 비난非難하였습니다. 예수님이 산에서 내려와서 그 병病을 고쳐 주셨습니다. 제자弟子들이 병病을 고쳐 주지 못한 이유理由를 '믿음이 적은 연고緣故'라고 지적指適했습니다. 굳건한 믿음은 병病 고치는 능력能力과 역사役事가 나타납니다.

【 낭송 표시 : 1회 ▞ / 4회 ■ / 목표 120회 】

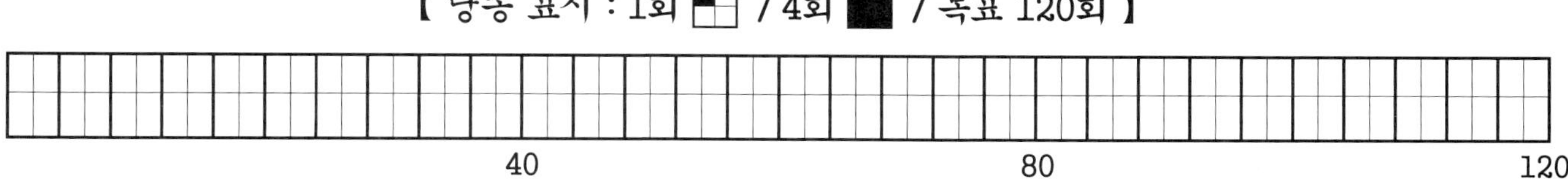

"주의 말씀은 내 발의 등이요 내 길에 빛이니이다"(시 119:105)

제 15 일

뒤를 돌아보는 자는 하나님 나라에 합당合當치 아니하니라

누가복음 9:62

쟁기를 잡고 밭을 가는 자는 앞으로 보고 나아가야 합니다. 뒤를 돌아보면 엉뚱한 곳으로 가게 됩니다. 목표目標를 향向해 전진前進하라는 말씀입니다. 넓은 길과 멸망滅亡의 길, 지옥地獄의 길과 죽음의 길로 가지 말고, 생명生命의 길과 구원救援의 길, 천국天國의 길과 영생永生의 길로 가라는 말씀입니다. 이방인異邦人의 길 곧 세상世上길로 가지 말고, 믿음과 사랑과 소망과 복음福音의 길로 전진前進하는 성도聖徒들이 되어야 합니다.

1. 저희가 다 그 행行하시는 모든 일을 기이奇異히 여길새 예수께서 제자弟子들에게 이르시되, 이 말을 너희 귀에 담아 두라 인자人子가 장차將次 사람들의 손에 넘기우리라 하시되, 저희가 이 말씀을 알지 못하였나니 이는 저희로 깨닫지 못하게 숨김이 되었음이라. 또 저희는 이 말씀을 묻기도 두려워 하더라. 제자弟子 중에 누가 크냐 하는 변론辯論이 일어나니, 예수께서 그 마음에 변론辯論하는 것을 아시고 어린아이 하나를 데려다가 자기 곁에 세우시고, 저희에게 이르시되 누구든지 내 이름으로 이 어린아이를 영접迎接하면 곧 나를 영접迎接함이요, 또 누구든지 나를 영접迎接하면 곧 나 보내신 이를 영접迎接함이라 너희 모든 사람 중에 가장 작은 그이가 큰 자니라. (눅 9:43~48)

2. 요한이 여짜오되 주主여 어떤 사람이 주主의 이름으로 귀신鬼神을 내어쫓는 것을 우리가 보고 우리와 함께 따르지 아니하므로 금禁하였나이다. 예수께서 가라사대 금禁하지 말라 너희를 반대反對하지 않는 자는 너희를 위하는 자니라 하시니라. 예수께서 승천昇天하실 기약期約이 차가매 예루살렘을 향하여 올라가기로 굳게 결심決心하시고, 사자使者들을 앞서 보내시매 저희가 가서 예수를 위하여 예비豫備하려고 사마리아인의 한 촌村에 들어갔더니, 예수께서 예루살렘을 향向하여 가시는 고告로 저희가 받아들이지 아니하는지라. 제자弟子 야고보와 요한이 이를 보고 가로되 주主여 우리가 불을 명命하여 하늘로 좇아 내려 저희를 멸滅하라 하기를 원願하시나이까, 예수께서 돌아보시며 꾸짖으시고 함께 다른 곳으로 가시니라. (눅 9:49~56)

3. 길 가실 때에 혹이 여짜오되 어디로 가시든지 저는 좇으리이다. 예수께서 가라사대 여우도 굴窟이 있고 공중空中의 새도 집이 있으되, 인자人子는 머리 둘 곳이 없도다 하시고 또 다른 사람에게 나를 좇으라 하시니, 그가 가로되 나로 먼저 가서 내 부친父親을 장사葬事하게 허락許諾하옵소서. 가라사대 죽은 자들로 자기自己의 죽은 자들을 장사葬事하게 하고 너는 가서 하나님의 나라를 전파傳播하라 하시고, 또 다른 사람이 가로되 주主여 내가 주主를 좇겠나이다 마는 나로 먼저 내 가족家族을 작별作別케 허락許諾하소서. 예수께서 이르시되 손에 쟁기를 잡고 뒤를 돌아보는 자는 하나님의 나라에 합당合當치 아니하니라 하시니라. (눅 9:57~62)

4. 이 후에 주主께서 달리 칠십 인을 세우사 친親히 가시려는 각동各洞 각처各處로 둘씩 앞서 보내시며, 이르시되 추수秋收할 것은 많되 일꾼이 적으니, 그러므로 추수秋收하는 주인主人에게 청請하여 추수秋收할 일꾼들을 보내어 주소서 하라. 갈지어다 내가 너희를 보냄이 어린 양을 이리 가운데로 보냄과 같도다. 전대纏帶나 주머니나 신을 가지지 말며 길에서 아무에게도 문안問安하지 말며, 어느 집에 들어가든지 먼저 말하되 이 집이 평안平安할지어다 하라. 평안平安을 받을 사람이 있으면 너희 빈 평안平安이 그에게 머물 것이요, 그렇지 않으면 너희에게로 돌아오리라. (눅 10:1~6)

5. 그 집에 유留하며 주는 것을 먹고 마시라 일꾼이 그 삯을 얻는 것이 마땅하니라. 이 집에서 저 집으로 옮기지 말라 어느 동네에 들어가든지 너희를 영접迎接하거든 너희 앞에 차려 놓는 것 먹고, 거기 있는 병자病者들을 고치고 하나님의 나라가 너희에게 가까이 왔다 하라. 너희를 영접迎接지 아니하거든 그 거리로 나와서 말하되, 우리 발에 묻은 먼지도 너희에게 떨어 버리노라. 내가 너희에게 말하노니 소돔이 그 동네보다 견디기 쉬우리라. 화禍 있을진저 고라신아 화禍 있을진저 벳새다야 너희에게 행行한 모든 권능權能을 두로와 시돈에서 행行하였더면 저희가 벌써 베옷을 입고 재에 앉아 회개悔改하였으리라. 심판審判 때에 두로와 시돈이 너희보다 견디기 쉬우리라. 가버나움아 네가 하늘에까지 높아지겠느냐 음부陰府에까지 낮아지리라. 나를 버리는 자는 나 보내신 이를 저버리는 것이라 하시니라. (눅 10:7~16)

6. 칠십인七十人이 기뻐 돌아와 가로되 주主여 주主의 이름으로 귀신鬼神들도 우리에게 항복降伏하더이다. 예수께서 이르시되 사탄이 하늘로서 번개같이 떨어지는 것을 내가 보았노라. 내가 너희에게 뱀과 전갈을 밟으며, 원수怨讐의 모든 능력能力을 제어制御할 권세權勢를 주었으니 너희를 해害할 자가 결단決斷코 없으리라. 그러나 귀신鬼神들이 너희에게 항복降伏하는 것으로 기뻐하지 말고, 너희 이름이 하늘에 기록記錄된 것으로 기뻐하라 하시니라. (눅 10:17~20)

7. 이때에 예수께서 성령聖靈으로 기뻐하사 가라사대 천지天地의 주재主宰이신 아버지여 이것을 지혜智慧롭고 슬기 있는 자들에게는 숨기시고, 어린아이들에게는 나타내심을 감사感謝하나이다. 옳소이다 이렇게 된 것이 아버지의 뜻이니이다. 내 아버지께서 모든 것을 내게 주셨으니 아버지 외에는 아들이 누군지 아는 자가 없고, 아들과 또 아들의 소원所願대로 계시啓示를 받는 자 외에는 아버지가 누군지 아는 자가 없나이다. 하시고 제자弟子들을 돌아 보시며 종용慫慂히 이르시되 너희의 보는 것을 보는 눈은 복福이 있도다. 내가 너희에게 말하노니 많은 선지자先知者와 임금이 너희 보는 바를 보고자 하였으되, 보지 못하였으며 너희 듣는 바를 듣고자 하여 쓰되 듣지 못하였느니라. (눅 10:21~24)

8. 어떤 율법사律法司가 일어나 예수를 시험試驗하여 가로되 선생先生님 내가 무엇을 하여야 영생永生을 얻으리이까, 예수께서 이르시되 율법律法에 무엇이라 기록記錄되었으며 네가 어떻게 읽느냐, 대답對答하여 가로되 네 마음을 다하며 목숨을 다하며, 힘을 다하며 뜻을 다하여 주主 너의 하나님을 사랑하고 또한 네 이웃을 네 몸과 같이 사랑하라 하였나이다. 예수께서 이르시되 네 대답對答이 옳도다 이를 행行하라 그러면 살리라. (눅 10:25~28)

"네 대답對答이 옳도다 이를 행行하라 그러면 살리라." 신행일치信行一致야말로 성도聖徒들의 가장 귀貴한 덕목德目입니다. 구약舊約 율법律法을 모두 지킨 율법사律法司가 사랑을 실천實踐하는 예수님의 제자弟子 되었다면, 바울 사도使徒를 능가凌駕하는 위대偉大한 복음 전도福音傳道 사역자使役者가 될 수 있었을 것입니다.

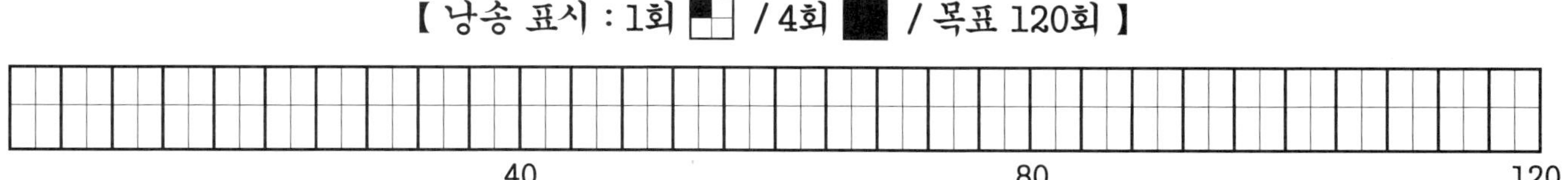

"주의 말씀은 내 발의 등이요 내 길에 빛이니이다"(시 119:105)

제 16 일

가서 너도 이와 같이 하라

누가복음 10:37

율법律法을 지키는 것은 이웃을 사랑하는 생활生活로 나타남을 의미意味합니다. 선善한 사마리아인은 율법律法을 알고 있든 모르고 있든 간에 강도强盜 만난 자를 돌보아 준 것이 율법律法을 지킨 삶이었습니다. 제사장祭司長과 레위인은 고난苦難 당當하는 이웃을 외면外面하였으므로 율법律法을 거역拒逆한 자들입니다.

1. 이 사람이 예수께 여짜오되 그러면 내 이웃이 누구오니이까 예수께서 대답對答하여 가라사대, 어떤 사람이 예루살렘에서 여리고로 내려가다가 강도强盜를 만나매, 강도强盜들이 그 옷을 벗기고 때려 거반居半 죽은 것을 버리고 갔더라. 마침 한 제사장祭司長이 그 길로 내려가다가 그를 보고 피避하여 지나가고, 또 이와 같이 한 레위인도 그곳에 이르러 그를 보고 피避하여 지나가되, 어떤 사마리아인은 여행旅行하는 중 거기 이르러 그를 보고 불쌍히 여겨 가까이 가서, 기름과 포도주葡萄酒를 그 상처傷處에 붓고 싸매고 자기 짐승에 태워 주막酒幕으로 데리고 가서 돌보아 주고, 이튿날에 데나리온 둘을 내어 주막酒幕 주인主人에게 주며 가로되, 이 사람을 돌보아 주라 부비浮費가 더 들면 내가 돌아 올 때에 갚으리라 하였으니, 네 의견意見에는 이 세 사람 중에 누가 강도强盜 만난 자의 이웃이 되겠느냐, 가로되 자비慈悲를 베푼 자니이다 예수께서 이르시되 가서 너도 이와 같이 하라 하시니라. (눅 10:29~37)

2. 저희가 길 갈 때에 예수께서 한 촌村에 들어가시매 마르다라 이름하는 한 여자女子가 자기 집으로 영접迎接하더라. 그에게 마리아라 하는 동생同生이 있어 주主의 발아래 앉아 그의 말씀을 듣더니, 마르다는 준비準備하는 일이 많아 마음이 분주奔走한지라. 예수께 나아가 가로되 주主여 내 동생同生이 나 혼자 일하게 두는 것을 생각生覺지 아니하시나이까 저를 명命하사 나를 도와주라 하소서. 주主께서 대답對答하여 가라사대 마르다야 마르다야 네가 많은 일로 염려念慮하고 근심하나 그러나 몇 가지만 하든지 혹 한 가지만이라도 족足하니라. 마리아는 이 좋은 편便을 택擇하였으니 빼앗기지 아니하리라 하시니라. (눅 10:38~42)

3. 예수께서 한곳에서 기도祈禱하시고 마치시매, 제자弟子 중 하나가 여짜오되 주主여 요한이 자기 제자弟子들에게 기도祈禱를 가르친 것과 같이 우리에게도 가르쳐 주옵소서. 예수께서 이르시되 너희는 기도祈禱할 때에 이렇게 기도祈禱하라. 아버지여 이름이 거룩히 여김을 받으시오며 나라이 임하옵시며, 우리에게 날마다 일용日用할 양식糧食을 주옵시고, 우리가 우리에게 죄罪지은 모든 사람을 용서容恕하오니 우리 죄罪도 사赦하여 주옵시고, 우리를 시험試驗에 들게 하지 마옵소서 하라. (눅 11:1~4)

4. 또 이르시되 너희 중에 누가 벗이 있는데 밤중에 그에게 가서 말하기를 벗이여 떡 세 덩이를 내게 빌리라. 내 벗이 여행旅行 중에 내게 왔으나 내가 먹일 것이 없노라 하면 저가 안에서 대답對答하여 이르되, 나를 괴롭게 하지 말라 문이 이미 닫혔고 아이들이 나와 함께 침소寢所에 누웠으니 일어나 네게 줄 수가 없노라 하겠느냐, 내가 너희에게 말하노니 비록 벗됨을 인하여서는 일어나 주지 아니할지라도, 그 강청强請함을 인하여 일어나 그 소용所用대로 주리라. (눅 11:5~8)

5. 내가 또 너희에게 이르노니 구求하라 그러면 너희에게 주실 것이요, 찾으라 그러면 찾을 것이요, 문을 두드리라 그러면 너희에게 열릴 것이니, 구求하는 이마다 받을 것이요, 찾는 이가 찾을 것이요, 두드리는 이에게 열릴 것이니라. 너희 중에 아비된 자가 아들이 생선을 달라 하면 생선 대신 뱀을 주며 알을 달라 하면 전갈을 주겠느냐, 너희가 악惡할지라도 좋은 것을 자식子息에게 줄줄 알거든, 하물며 너희 천부天父께서 구求하는 자에게 성령聖靈을 주시지 않겠느냐 하시니라. (눅 11:9~13)

6. 예수께서 한 벙어리 귀신鬼神을 쫓아내시니 귀신鬼神이 나가매 벙어리가 말하는지라. 무리가 기이奇異히 여겼으나 그중에 더러는 말하기를 저가 귀신鬼神의 왕王 바알세불을 힘입어 귀신鬼神을 쫓아낸다 하고, 또 더러는 예수를 시험試驗하여 하늘로서 오는 표적表蹟을 구求하니 예수께서 저희 생각生覺을 아시고 이르시되, 스스로 분쟁紛爭하는 나라마다 황폐荒廢하여지며 스스로 분쟁紛爭하는 집은 무너지느니라. 내가 하나님의 손을 힘입어 귀신鬼神을 쫓아내는 것이면 하나님 나라가 너희에게 임臨하였느니라. 나와 함께 아니하는 자는 나를 반대反對하는 자요, 나와 함께 모으지 아니하는 자는 헤치는 자니라. 예수께서 가라사대 하나님의 말씀을 듣고 지키는 자가 복福이 있느니라 하시니라. (눅 11:14~28)

7. 무리가 모였을 때에 예수께서 말씀하시되 이 세대世代는 악惡한 세대世代라 표적表蹟을 구求하되, 요나의 표적表蹟 밖에는 보일 표적表蹟이 없나니, 요나가 니느웨 사람들에게 표적表蹟이 됨과 같이 인자人子도 이 세대世代에 그러하리라. 심판審判 때에 니느웨 사람들이 요나의 전도傳道를 듣고 회개悔改하였음이어니와 요나보다 더 큰이가 여기 있느니라. 누구든지 등불을 켜서 움 속에나 말 아래 두지 아니하고, 등경燈檠 위에 두나니 이는 들어가는 자로 그 빛을 보게 하려 함이니라. 네 몸의 등불은 눈이라 네 눈이 성하면 온 몸이 밝을 것이요 만일 나쁘면 네 몸도 어두우리라. (눅 11:29~34)

8. 예수께서 말씀하실 때에 한 바리새인이 자기自己와 함께 점심 잡수시기를 청請하므로 들어가 앉으셨더니, 잡수시기 전에 손 씻지 아니하심을 이 바리새인이 보고 이상異常히 여기는지라. 주主께서 이르시되 너희 바리새인은 지금 잔盞과 대접待接의 겉은 깨끗이 하나, 너희 속인즉 탐욕貪慾과 악독惡毒이 가득하도다. 어리석은 자들아 밖을 만드신 이가 속도 만들지 아니하셨느냐, 오직 그 안에 있는 것으로 구제救濟하라 그리하면 모든 것이 너희에게 깨끗하리라. 화禍 있을진저 너희 바리새인이여 너희가 박하薄荷와 운향芸香과 모든 채소菜蔬의 십일조十一條를 드리되 공의公義와 사랑은 버리는도다. 이것도 행行하고 저것도 버리지 아니하여야 할지니라. 너희가 회당會堂의 높은 자리와 시장市場에서 문안問安 받는 것을 기뻐하는도다. 너희는 평토장平土葬한 무덤 같아서 그 위를 밟는 사람이 알지 못하느니라. (눅 11:37~44)

식사食事하기 전에 손을 씻는 것은 위생衛生에 필요必要할 것입니다. 손 씻을 물을 제공提供하는 것은 더욱 중요重要합니다. 손님을 초청招請하여 대접待接하는 데 정성精誠을 다하여야 합니다. 상대방의 약점弱點을 지적指適해서 비난非難하는 것은 비겁卑怯한 행위行爲입니다. 외적外的 청결淸潔도 중요重要하지만 속사람이 깨끗하고 정결淨潔한 것이 더욱 귀중貴重합니다.

【 낭송 표시 : 1회 ◪ / 4회 ■ / 목표 120회 】

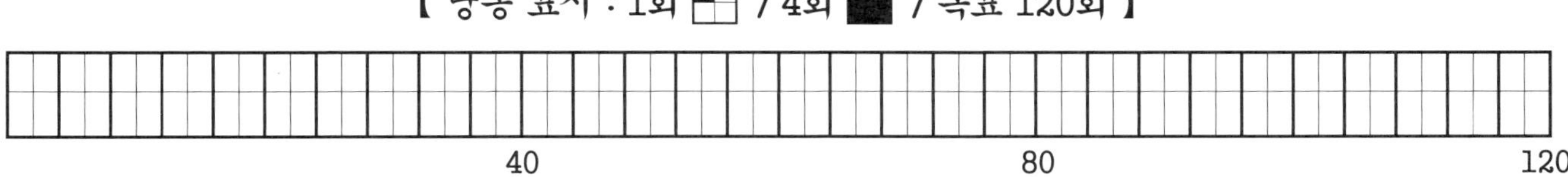

"주의 말씀은 내 발의 등이요 내 길에 빛이니이다"(시 119:105)

제 17 일

오늘 밤에 네 영혼靈魂을 도로 찾으리니

누가복음 12:20

창고倉庫를 더 크게 건축建築하고 연회宴會를 더 호화豪華롭게 배설排設하고 먹고 마시고 즐기자는 삶의 방식方式은 오늘날 소위 잘나가는 사람들의 공통점共通點입니다. 오늘 밤에 너의 생명生命을 중단中斷 시키고 그 영혼靈魂을 소환召喚하여 심판審判하겠다는 것이 하나님의 준엄峻嚴한 명령命令입니다. 그 모든 것이 무슨 의미意味와 가치價置가 있겠습니까. "오늘 밤에 도로 찾으리니." 이 말씀은 나를 향한 심각한 질문質問이기도 합니다.

1. 한 율법사律法師가 예수께 대답對答하여 가로되 선생님 이렇게 말씀하시니 우리까지 모욕侮辱하심이니이다. 가라사대 화禍 있을진저 또 너희 율법사律法師여 지기 어려운 짐을 사람에게 지우고 너희는 한 손가락도 이 짐에 대지 않는도다. 화禍 있을진저 너희 선지자先知者들의 무덤을 쌓는도다. 저희를 죽인 자도 너희 조상祖上들이로다. 저희는 죽이고 너희는 쌓으니 너희가 너희 조상祖上의 행行한 일에 증인證人이 되어 옳게 여기는도다. 이러므로 하나님의 지혜智慧가 일렀으되, 내가 선지자先知者와 사도使徒들을 저희에게 보내리니, 그중에 더러는 죽이며 또 핍박逼迫하리라 하였으니, 창세創世 이후로 흘린 모든 선지자先知者의 피를 이 세대世代가 담당擔當하되, 곧 아벨의 피로부터 제단祭壇과 성전聖殿 사이에서 죽임을 당한 사가랴의 피까지 하리라. 내가 너희에게 이르노니 과연果然 이 세대世代가 담당擔當하리라. 화禍 있을진저 너희 율법사律法師여 너희가 지식知識의 열쇠를 가져가고 너희도 들어가지 않고 또 들어가고자 하는 자도 막았느니라 하시니라. (눅 11:45~52)

2. 그동안에 무리 수만 명數萬名이 모여 서로 밟힐 만큼 되었더니 예수께서 먼저 제자弟子들에게 말씀하여 가라사대, 바리새인들의 누룩 곧 외식外飾을 주의注意하라. 감추인 것이 드러나지 않을 것이 없고 숨은 것이 알려지지 않을 것이 없나니, 이러므로 너희가 어두운데서 말한 모든 것이 광명光明한 데서 들리고, 너희가 골방에서 귀에 대고 말한 것이 집 위에서 전파傳播되리라. 누구든지 사람 앞에서 나를 시인是認하면 인자人子도 하나님의 사자使者들 앞에서 저를 시인是認할 것이요, 사람들 앞에서 나를 부인否認하는 자는 하나님의 사자使者들 앞에서 부인否認함을 받으리라. 누구든지 말로 인자人子를 거역拒逆하면 사赦하심을 받으려니와, 성령聖靈을 모독冒瀆하는 자는 사赦하심을 받지 못하리라. 무엇으로 대답對答하여 무엇으로 말할 것을 염려念慮치 말라. 마땅히 할 말을 성령聖靈이 곧 그때에 너희에게 가르치시리라 하시니라. (눅 12:1~12)

3. 무리 중에 한 사람이 이르되 선생先生님 내 형兄을 명命하여 유업遺業을 나와 나누게 하소서 하니, 이르시되 이 사람아 누가 나를 너희의 재판장裁判長이나 물건物件 나누는 자로 세웠느냐 하시고, 저희에게 이르시되 삼가 모든 탐심貪心을 물리치라. 사람의 생명生命이 그 소유所有의 넉넉한 데 있지 아니하니라 하시고, 또 비유譬喩로 저희에게 일러 가라사대 한 부자富者가 그 밭에 소출所出이 풍성豐盛하매, 심중心中에 생각生覺하여 가로되 내가 곡식穀食 쌓아 둘 곳이 없으니 어찌할꼬 하고, 내 곡간을 헐고 더 크게 짓고 내 모든 곡식穀食과 물건物件을 거기 쌓아 두리라. 또 내가 내 영혼靈魂에게 이르되, 내 영혼靈魂아 여러 해 쓸 물건物件을 많이 쌓아 두었으니, 평안平安히 쉬고 먹고 마시고 즐거워하자 하리라 하되, 하나님은 이르시되 어리석은 자여 오늘 밤에 네 영혼靈魂을 도로 찾으리니, 그러면 네 예비豫備한 것이 뉘 것이 되겠느냐 하셨으니, 자기自己를 위하여

재물財物을 쌓아 두고 하나님께 대하여 부요富饒치 못한 자가 이와 같으니라. (눅 12:13~21)

4. 또 제자弟子들에게 이르시되 그러므로 내가 너희에게 이르노니 너희 목숨을 위하여 무엇을 먹을까, 몸을 위하여 무엇을 입을까 염려念慮하지 말라. 목숨이 음식飮食보다 중重하고 몸이 의복衣服보다 중重하니라. 까마귀를 생각生覺하라 심지도 아니하고 거두지도 아니하며 골방도 없고 창고倉庫도 없으되, 하나님이 기르시나니 너희는 새보다 얼마나 더 귀貴하냐, 그런즉 지극至極히 작은 것이라도 능能치 못하거든 어찌 그 다른 것을 염려念慮하느냐, 백합화白合花를 생각生覺하여 보아라 실도 만들지 않고 짜지도 아니하느니라. 그러나 내가 너희에게 말하노니, 솔로몬의 모든 영광榮光으로도 입은 것이 이 꽃 하나만 같지 못하였느니라. 오늘 있다가 내일 아궁이에 던지우는 들풀도 하나님이 이렇게 입히시거든 하물며 너희일까보냐. 믿음이 적은 자들아 너희는 무엇을 먹을까, 무엇을 마실까 하여 구求하지 말며 근심하지도 말라. 이 모든 것은 세상世上 백성百姓들이 구求하는 것이라. 너희 아버지께서 이런 것이 너희에게 있어야 될 줄을 아시느니라. 오직 너희는 그의 나라를 구求하라 그리하면 이런 것을 너희에게 더하시리라. 적은 무리여 무서워 말라 너희 아버지께서 그 나라를 너희에게 주시기를 기뻐하시느니라. (눅 12:22~32)

5. 너희 소유所有를 팔아 구제救濟하여 낡아지지 아니하는 주머니를 만들라. 곧 하늘에 둔 바 다함이 없는 보물寶物이니 거기는 도적盜賊도 가까이 하는 일이 없고 좀도 먹는 일이 없느니라. 너희 보물寶物 있는 곳에는 너희 마음도 있으리라. 허리에 띠를 띠고 등불을 켜고 서 있으라. 너희는 마치 그 주인主人이 혼인婚姻 집에서 돌아와 문을 두드리면 곧 열어 주려고 기다리는 사람과 같이 되라. 주인主人이 와서 깨어 있는 것을 보면 그 종이 복福이 있으리로다. 내가 진실眞實로 너희에게 이르노니 주인主人이 띠를 띠고 그 종들을 자리에 앉히고 나아와 수종隨從하리라. 이러므로 너희도 예비豫備하고 있으라 생각生覺지 않은 때에 인자人子가 오리라 하시니라. (눅 12:33~40)

6. 베드로가 여짜오되 주主께서 이 비유譬喩를 우리에게 하심이니이까 모든 사람에게 하심이니이까, 주主께서 지혜智慧있고 진실眞實한 청지기廳直가 되어 주인主人에게 그 집 종들을 맡아 때를 따라 양식糧食을 나누어 줄 자가 누구냐, 주인主人이 이를 때에 그 종의 이렇게 하는 것을 보면 그 종이 복福이 있으리로다. 내가 참으로 너희에게 이르노니 주인主人이 그 모든 소유所有를 저희에게 맡기리라. 만일 그 종이 마음에 생각生覺하기를 주인主人이 더디 오리라 하여 노비奴婢를 때리며, 먹고 마시고 취醉하게 되면 생각生覺지 않은 날 알지 못하는 시간時間에 이 종의 주인主人이 이르러 엄嚴히 때리고 신실信實치 아니하는 자의 받는 율律에 처處하리라. (눅 12:41~46)

생각生覺지 않는 때에 주인主人되신 주님께서 재림再臨하신다는 비유譬喩의 말씀입니다. 지혜智慧 있고 진실眞實한 청지기廳直가 되어 때를 따라 양식糧食을 나누어 주는 성도聖徒가 되어야 주님 나라에서 주님과 더불어 영원永遠히 왕 노릇 하게 됩니다.

【 낭송 표시 : 1회 ▦ / 4회 ■ / 목표 120회 】

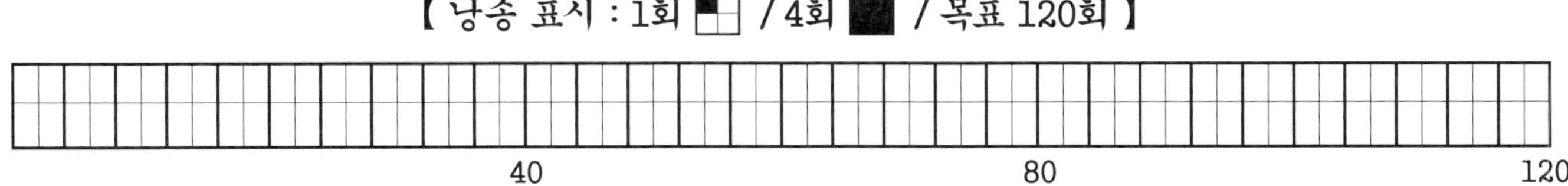

"주의 말씀은 내 발의 등이요 내 길에 빛이니이다"(시 119:105)

제 18 일

금년今年에도 그대로 두소서

누가복음 13:8

오늘 시대時代를 경쟁력競爭力 시대時代라고 합니다. 모든 방면方面에 성과成果가 중요重要하게 취급取扱됩니다. 과수원果樹園에서는 많은 실과實果를 수확收穫해야 합니다. 작은 소출所出은 퇴출退出 대상이 됩니다. "금년今年에도 그대로 두소서." 경작 기회耕作期會를 얻은 농부農夫는 정성精誠을 다하여 경작耕作하게 되었습니다.

1. 실로암에서 망대望臺가 무너져 치어 죽은 열여덟 사람이 예루살렘에 거居한 모든 사람보다 죄罪가 더 있는 줄 아느냐, 너희도 회개悔改치 아니하면 다 이같이 망亡하리라. 이에 비유譬喩로 말씀하시되 한 사람이 포도원葡萄園에 무화과無花果 나무를 심은 것이 있더니 와서 그 열매를 구求하였으나 얻지 못한지라. 과원지기果園直에게 이르되 내가 삼년三年을 와서 이 무화과無花果 나무에 실과實果를 구求하되 얻지 못하니 찍어 버리라 어찌 땅만 버리느냐, 대답對答하여 가로되 주인主人이여 금년今年에도 그대로 두소서. 내가 두루 파고 거름을 주리니 이 후後에 만일 실과實果가 열면이어니와 그렇지 않으면 찍어 버리소서 하였다 하시니라. (눅 13:4~9)

2. 안식일安息日에 한 회당會堂에서 가르치실 때에 십팔 년 동안을 귀신鬼神 들려 앓으며, 꼬부라져 조금도 펴지 못하는 한 여자女子가 있더라. 예수께서 보고 불러 이르시되 여자女子여 네가 네 병病에서 놓였다 하시고 안수按手하시매, 여자女子가 곧 펴고 하나님께 영광榮光을 돌리는지라. 회당장會堂長이 예수께서 안식일安息日에 병病 고치시는 것을 분忿내어 무리에게 이르되, 일할 날이 엿새가 있으니 그 동안에 와서 고침을 받을 것이요, 안식일安息日에는 말 것이니라 하거늘, 주主께서 대답對答하여 가라사대 외식外飾하는 자들아, 너희가 각각各各 안식일安息日에 자기의 소나 나귀나 마구馬廐에서 풀어내어 이끌고 가서 물을 먹이지 아니하느냐, 그러면 십팔 년 동안 사탄에게 매인 바 된 이 아브라함의 딸을 안식일安息日에 이 매임에서 푸는 것이 합당合當치 아니하냐, 예수께서 이 말씀을 하시매 모든 반대反對하는 자들은 부끄러워하고, 온 무리는 그 하시는 모든 영광榮光스러운 일을 기뻐하니라. (눅 13:10~17)

3. 하나님의 나라가 무엇과 같을꼬 내가 무엇으로 비比할꼬, 마치 사람이 자기 채전菜田에 갖다 심은 겨자씨 한 알 같으니 자라 나무가 되어 공중空中의 새들이 그 가지에 깃들였느니라. 내가 하나님 나라를 무엇으로 비比할꼬, 마치 여자女子가 가루 서 말 속에 갖다 넣어 전부全部 부풀게 한 누룩과 같으니라 하셨더라. 주主여 구원救援을 얻는 자가 적으니이까 저희에게 이르시되, 좁은 문門으로 들어가기를 힘쓰라, 내가 너희에게 이르노니 들어가기를 구求하여도 못하는 자가 많으리라. 사람들이 동서남북東西南北으로부터 와서 하나님의 나라 잔치에 참석參席하리니, 보라 나중 된 자로서 먼저 될 자도 있고, 먼저 된 자로서 나중 될 자도 있느니라 하시더라. 예루살렘아 예루살렘아 선지자先知者들을 죽이고 네가 파송派送된 자들을 돌로 치는 자여, 암탉이 제 새끼를 날개 아래 모음 같이 내가 너희의 자녀子女를 모으려 한 일이 몇 번이냐, 그러나 너희가 원願치 아니하였도다. 보라 너희 집이 황폐荒廢하여 버린 바 되리라 내가 너희에게 이르노니, 너희가 주主의 이름으로 오시는 이를 찬송讚頌하리로다 할 때까지는 나를 보지 못하리라 하시니라. (눅 13:20~35)

4. 안식일安息日에 예수께서 바리새인의 한 두령頭領의 집에 떡 잡수시러 들어가시니 저희가 엿보고 있더라. 주主의 앞에 고창병蠱脹病 든 한 사람이 있는지라. 예수께서 대답對答하여 율법사律法師들과 바리새인들에게 일러 가라사대, 안식일安息日에 병病 고쳐 주는 것이 합당合當하냐 아니하냐, 저희가 잠잠潛潛하거늘 예수께서 그 사람을 데려다가 고쳐 보내시고, 또 저희에게 이르시되 너희 중에 누가 그 아들이나 소나 우물에 빠졌으면 안식일安息日에라도 곧 끌어내지 않겠느냐 하시니, 저희가 이에 대하여 대답對答지 못하니라. (눅 14:1~6)

5. 청請함을 받은 사람들의 상좌上座 택擇함을 보시고 저희에게 비유譬喩로 말씀하여 가라사대, 네가 누구에게나 혼인婚姻 잔치에 청請함을 받았을 때에 상좌上座에 앉지 말라, 그렇지 않으면 너보다 더 높은 사람이 청請함을 받을 경우境遇에 너더러 자리를 내어 주라 하리니, 그때에 네가 부끄러워 말석末席으로 가게 되리라. 청請함을 받았을 때에 차라리 가서 말석末席에 앉으라 그러면 너를 청請한 자가 와서 너더러 벗이여 올라 앉으라 하리니, 그때에야 함께 앉은 모든 사람 앞에 영광榮光이 있으리라. 무릇 자기自己를 높이는 자는 낮아지고 자기自己를 낮추는 자는 높아지리라. 함께 먹는 사람 중에 하나가 이 말을 듣고 이르되, 무릇 하나님의 나라에서 떡을 먹는 자는 복福되도다 하리라. 주인主人이 종에게 이르되 길과 산을 가로 나가서 사람을 강권强勸하여 데려다가 내 집을 채우라. (눅 14:7~23)

6. 허다許多한 무리가 함께 갈새 예수께서 돌이키사 이르시되, 무릇 내게 오는 자가 자기自己 부모父母와 처자妻子와, 형제兄弟와 자매姉妹와 및 자기自己 목숨까지 미워하지 아니하면 능能히 나의 제자弟子가 되지 못하고, 누구든지 자기 십자가十字架를 지고 나를 좇지 않는 자도 능能히 나의 제자弟子가 되지 못하리라. 너희 중에 누가 망대望臺를 세우고자 할진대, 자기自己의 가진 것이 준공竣工하기까지에 족足할는지 먼저 앉아 그 비용費用을 예산豫算하지 아니하겠느냐, 기초基礎만 쌓고 능能히 이루지 못하면 보는 자가 다 비웃어 가로되, 이 사람이 역사役事를 시작始作하고 능能히 이르지 못하였다 하리라. (눅 14:25~30)

7. 어느 임금이 싸우러 갈 때에 먼저 앉아 일만一萬으로서 저 이만二萬을 가지고 오는 자를 대적對敵할 수 있을까 헤아리지 아니하겠느냐, 만일 못할 터이면 저가 아직 멀리 있을 동안에 사신使臣을 보내어 화친和親을 청請할지니라. 이와 같이 너희 중에 누구든지 자기自己의 모든 소유所有를 버리지 아니하면 능能히 내 제자弟子가 되지 못하리라. 소금이 좋은 것이나 소금도 만일 그 맛을 잃었으면 무엇으로 짜게 하리요, 땅에도 거름에도 쓸데 없어 내어버리니라. 들을 귀가 있는 자는 들을지어다 하시니라. (눅 14:31~35)

시작始作만 하고 중도中度에 포기拋棄하는 것은 모두에게 실망失望을 주고 공동체共同體 결속結束을 깨뜨리는 것입니다. 계획計劃대로 설계設計대로 완공完工하는 모든 공사工事와 사역使役이 되어야 합니다.

【 낭송 표시 : 1회 ▞ / 4회 ■ / 목표 120회 】

"주의 말씀은 내 발의 등이요 내 길에 빛이니이다"(시 119:105)

제 19 일

나를 품꾼의 하나로 보소서

누가복음 15:19

아버지의 집을 떠나 먼 타국他國에 가서 제 마음대로 세상世上과 짝하여 허랑방탕虛浪放蕩한 생활生活을 하면 농막農幕에서 돼지를 치며 쥐엄 열매로 배를 채우는 불쌍한 인생人生이 되고 맙니다. "나를 품꾼의 하나로 보소서" 처절한 회개悔改는 아버지의 품으로 돌아오는 구원救援의 길입니다. 수고手苦하고 무거운 짐을 지고 고난苦難을 당할 때 바로 회개悔改하고 주님 품으로 돌아오면 용서容恕를 받고 평안平安과 구원救援을 얻습니다. 아버지의 집에서 영원永遠한 복福과 영광榮光을 누리게 됩니다.

1. 예수께서 저희에게 비유譬喩로 이르시되, 너희 중에 어느 사람이 양羊 일백一百 마리가 있는데 그중에 하나를 잃으면 아흔아홉 마리를 들에 두고 그 잃은 것을 찾도록 찾아다니지 아니하느냐, 또 찾은즉 즐거워 어깨에 메고 집에 와서 그 벗과 이웃을 불러 모으고 말하되, 나와 함께 즐기자 나의 잃은 양을 찾았노라 하리라. 내가 너희에게 이르노니 이와같이 죄인罪人 하나가 회개悔改하면 하늘에서는 회개悔改할 것 없는 의인義人 아흔아홉을 인因하여 기뻐하는 것보다 더하리라. 어느 여자女子가 열 드라크마가 있는데, 하나를 잃으면 등불을 켜고 집을 쓸며 부지런히 찾지 아니하겠느냐, 또 찾은즉 벗과 이웃을 불러 모으고 말하되 나와 함께 즐기자 잃은 드라크마를 찾았노라 하리라. 내가 너희에게 이르노니 이와 같이 죄인罪人 하나가 회개悔改하면 하나님의 사자使者들 앞에 기쁨이 되느니라. (눅 15:3~10)

2. 또 가라사대 어떤 사람이 두 아들이 있는데, 그 둘째가 아버지에게 말하되 아버지여 재산財産 중에서 내게 돌아올 분깃을 내게 주소서 하는지라. 아비가 그 살림을 각각各各 나눠 주었더니, 그 후 며칠이 못되어 둘째 아들이 재물財物을 다 모아가지고 먼 나라에 가 거기서 허랑방탕虛浪放蕩하여 그 재산財産을 허비虛費하더니, 다 없이한 후 그 나라에 크게 흉년凶年이 들어 저가 비로소 궁핍窮乏한지라. 가서 그 나라 백성百姓 중 하나에게 붙여 사니, 그가 저를 들로 보내어 돼지를 치게 하였는데, 저가 돼지 먹는 쥐엄 열매로 배를 채우고자 하되 주는 자가 없는지라. 이에 스스로 돌이켜 가로되 내 아버지에게는 양식糧食이 풍족豊足한 품꾼이 얼마나 많은고 나는 여기서 주려 죽는구나. 내가 일어나 아버지께 가서 이르기를 아버지여 내가 하늘과 아버지께 죄罪를 얻었사오니, 지금只今부터는 아버지의 아들이라 일컬음을 감당堪當치 못하겠나이다. 나를 품꾼의 하나로 보소서 하리라 하고 이에 일어나서 아버지께로 돌아가니라. 아직도 상거相距가 먼데 아버지가 저를 보고 측은惻隱히 여겨 달려가 목을 안고 입을 맞추니 아들이 가로되, 아버지여 내가 하늘과 아버지께 죄罪를 얻었사오니, 지금只今부터는 아버지의 아들이라 일컬음을 감당堪當치 못하겠나이다 하나, 아버지는 종들에게 이르되 제일 좋은 옷을 내어다가 입히고, 손에 가락지를 끼우고 발에 신을 신기라. 그리고 살진 송아지를 끌어다가 잡으라 우리가 먹고 즐기자. 이 내 아들은 죽었다가 다시 살아났으며 내가 잃었다가 다시 얻었노라 하니 저희가 즐거워하더라. (눅 15:11~24)

3. 맏아들은 밭에 있다가 돌아와 집에 가까왔을 때에 풍류風流와 춤추는 소리를 듣고, 한 종을 불러 이 무슨 일인가 물은대 대답對答하되, 당신의 동생同生이 돌아왔으매 당신의 아버지가 그의 건강健康한 몸을 다시 맞아들이게 됨을 인因하여 살진 송아지를 잡았나이다 하니, 저가 노怒하여 들어가기를 즐겨 아니하거늘 아버지가 나와서 권勸한대, 아버지께 대답對答하여 가로되 내가 여러 해 아버지를 섬겨 명命을 어김이 없거늘 내게는 염소 새끼라도 주어 나와 내 벗으로 즐기게 하신 일이 없더니, 아버지의 살림을 창기娼妓와 함께 먹어 버린 이 아들이 돌아오매 이를 위하여 살진 송아지를 잡으셨나이다.

아버지가 아르되 얘 너는 항상 나와 함께 있으니 내 것이 다 네 것이로되, 이 네 동생同生은 죽었다가 살았으며 잃었다가 얻었기로 우리가 즐거워하고 기뻐하는 것이 마땅하다 하니라. (눅 15:25~32)

4. 또한 제자弟子들에게 이르시되 어떤 부자富者에게 청지기聽直가 있는데, 그가 주인主人의 소유所有를 허비虛費한다는 말이 그 주인主人에게 들린지라. 주인主人이 저를 불러 가로되 어찜이뇨 네 보던 일을 셈하라 청지기聽直 사무事務를 계속繼續하지 못하리라 하니, 청지기聽直가 속으로 이르되 주인主人이 내 직분職分을 빼앗으니 내가 무엇을 할꼬, 땅을 파자니 힘이 없고 빌어 먹자니 부끄럽구나 내가 할 일을 알았도다. 이렇게 하면 직분職分을 빼앗긴 후에 저희가 나를 자기自己 집으로 영접迎接하리라. 주인主人이 빚진 자를 낱낱이 불러다가 먼저 온 자에게 이르되 네가 내 주인主人에게 얼마나 졌느뇨, 말하되 기름 백 말이니이다 가로되 여기 네 증서證書를 가지고 빨리 앉아 오십이라 쓰라 하고, 또 다른이에게 이르되 너는 얼마나 졌느뇨, 가로되 밀 백 석百石이니이다 이르되, 여기 네 증서證書를 가지고 팔십八十이라 쓰라 하였는지라. 주인主人이 이 옳지 않은 청지기聽直가 일을 지혜智慧 있게 하였으므로 칭찬稱讚하였으니, 이 세대世代의 아들들이 자기自己 시대時代에 있어서는 빛의 아들들보다 더 지혜智慧로움이니라. 내가 너희에게 말하노니 불의不義의 재물財物로 친구親舊를 사귀라. 그리하면 없어질 때에 저희가 너희를 영접迎接하리라. (눅 16:1~9)

5. 지극至極히 작은 것에 충성忠誠된 자는 큰 것에도 충성忠誠되고, 지극至極히 작은 것에 불의不義한 자는 큰 것에도 불의不義하니라. 너희가 불의不義한 재물財物에 충성忠誠치 아니하면 누가 참된 것으로 너희에게 맡기겠느냐, 너희가 남의 것에 충성忠誠치 아니하면 누가 너희의 것을 너희에게 주겠느냐, 집 하인下人이 두 주인主人을 섬길 수 없나니 혹 이를 미워하고 저를 사랑하거나 혹 이를 중重히 여기고 저를 경輕히 여길 것임이니라. 너희가 하나님과 재물財物을 겸兼하여 섬길 수 없느니라. 바리새인들은 돈을 좋아하는 자라 이 모든 것을 듣고 비웃거늘, 예수께서 이르시되 너희는 사람 앞에서 스스로 옳다 하는 자이나, 너희 마음을 하나님께서 아시나니 사람 중에 높임을 받는 그것은 하나님 앞에 미움을 받는 것이니라. (눅 16:10~15)

6. 율법律法과 선지자先知者는 요한의 때까지요 그 후後부터는 하나님 나라의 복음福音이 전파傳播되어 사람마다 그리로 침입侵入하느니라. 그러나 율법律法의 한 획畫이 떨어짐보다 천지天地의 없어짐이 쉬우리라. 무릇 그 아내를 버리고 다른 데 장가드는 자도 간음姦淫함이요, 무릇 버리운 이에게 장가드는 자도 간음姦淫함이니라. (눅 16:16~18)

"너는 항상 나와 나와 함께 있으니 내 것이다 다 네 것이로되." 가장 많은 은혜恩惠와 축복祝福을 받고 살면서, 가장 불행不幸한 자처럼 생각生覺하고 살아가는 이들이 많습니다. 성도聖徒들은 하나님 아버지로부터 가장 큰 은혜恩惠와 복福을 받은 자들입니다. '내 것이 다 네 것이 된 자'들입니다. 그런고로 먹고 마시고 즐깁시다. 잃은 아들을 찾았고 죽은 아들이 다시 살아난 잔칫집이 바로 우리 교회敎會와 성도聖徒의 가정家庭입니다.

【 낭송 표시 : 1회 ▞ / 4회 ■ / 목표 120회 】

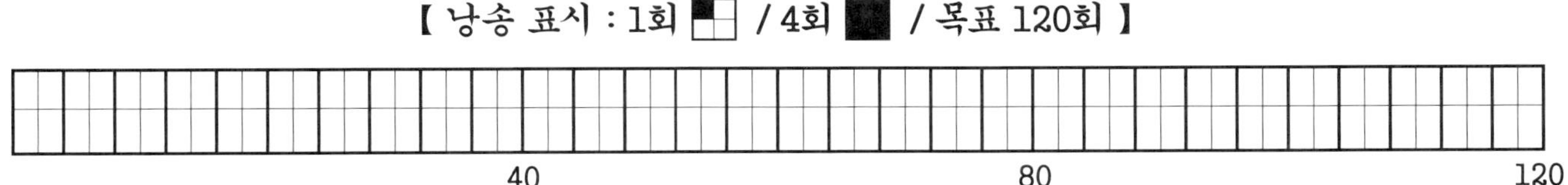

"주의 말씀은 내 발의 등이요 내 길에 빛이니이다"(시 119:105)

제 20 일

나사로를 내 집에 보내소서

누가복음 16:27

자색紫色옷을 입고 호화豪華로이 연락宴樂하는 부자富者집에 거지 나사로를 보내어 달라고 합니다. 그러나 음부陰府에서 고통苦痛 당當한다는 돌아가신 아버지의 소식을 전해 달라는 간곡懇曲한 부탁付託이 일언지하一言之下에 거절拒絕 당하고 맙니다. '지금只今이 은혜恩惠의 날이요 구원救援의 날'입니다.

1. 한 부자富者가 있어 자색自色 옷과 고운 베옷을 입고 날마다 호화豪華로이 연락宴樂하는데, 나사로라 이름한 거지가 헌데를 앓으며 그 부자富者의 대문大門에 누워, 부자富者의 상床에서 떨어지는 것으로 배불려 하매 심지어甚至於 개들이 와서 그 헌데를 핥더라. 이에 그 거지가 죽어 천사天使들에게 받들려 아브라함의 품에 들어가고 부자富者도 죽어 장사葬事되매, 저가 음부陰府에서 고통苦痛중에 눈을 들어 멀리 아브라함과 그의 품에 있는 나사로를 보고 불러 가로되, 아버지 아브라함이여 나를 긍휼矜恤히 여기사 나사로를 보내어 그 손가락 끝에 물을 찍어 내 혀를 서늘하게 하소서. 내가 이 불꽃 가운데서 고민苦悶하나이다. 아브라함이 가로되 너는 살았을 때에 네 좋은 것을 받았고, 나사로는 고난苦難을 받았으니 이것을 기억記憶하라. 이제 저는 여기서 위로慰勞를 받고 너는 고민苦悶을 받느니라. 이뿐 아니라 너희와 우리 사이에 큰 구렁이 끼어 있어 여기서 너희에게 건너 가고자 하되 할 수 없고, 거기서 우리에게 건너 올 수도 없게 하였느니라. 가로되 그러면 구求하노니 아버지여 나사로를 내 아버지의 집에 보내소서. 내 형제兄弟 다섯이 있으니 저희에게 증거證據하게 하여 저희로 이 고통苦痛 받는 곳에 오지 않게 하소서. 아브라함이 가로되 저희에게 모세와 선지자先知者들이 있으니 그들에게 들을지니라. 가로되 그렇지 아니하니이다. 아버지 아브라함이여 만일 죽은 자에게서 저희에게 가는 자가 있으면 회개悔改하리이다. 가로되 모세와 선지자先知者들에게 듣지 아니하면 비록 죽은자 가운데서 살아나는 자가 있을찌라도 권勸함을 받지 아니하리라 하였다 하시니라. (눅 16:19~31)

2. 예수께서 제자弟子들에게 이르시되 실족失足케 하는 것이 없을 수는 없으나 있게 하는 자에게는 화禍로다. 작은 자 중 하나를 실족失足케 할진대 차라리 연자姸子맷돌을 그 목에 매이우고 바다에 던지우는 것이 나으리라. 너희는 스스로 조심操心하라 만일 네 형제兄弟가 죄罪를 범犯하거든 경계警戒하고 회개悔改하거든 용서容恕하라. 만일 하루 일곱 번이라도 네게 죄罪를 얻고 일곱 번 네게 돌아와 내가 회개悔改하노라 하거든 너는 용서容恕하라 하시더라. (눅 17:1~4)

3. 사도使徒들이 주主께 여짜오되 우리에게 믿음을 더하소서 하니, 주主께서 가라사대 너희에게 겨자씨 한 알만한 믿음이 있었더면 이 뽕나무더러 뿌리가 뽑혀 바다에 심기우라 하였을 것이요, 그것이 너희에게 순종順從하였으리라. 너희 중에 밭을 갈거나 양을 치는 종이 있어 밭에서 돌아오면 저더러 곧 와 앉아서 먹으라 할 자가 있느냐, 도리어 저더러 내 먹을 것을 예비豫備하고 띠를 띠고 나의 먹고 마시는 동안에 수종隨從들고 너는 그 후에 먹고 마시라 하지 않겠느냐, 명命한 대로 하였다고 종에게 사례謝禮하겠느냐, 이와 같이 너희도 명령命令 받은 것을 다 행한 후에 이르기를 우리는 무익無益한 종이라 우리의 하여야 할 일을 한 것뿐이라 할지니라. (눅 17:5~10)

4. 예수께서 예루살렘으로 가실 때에 사마리아와 갈릴리 사이로 지나가시다가 한 촌村에 들어가시니, 문둥병자 열 명이 예수를 만나 멀리 서서 소리를 높여 가로되, 예수 선생先生님이여 우리를 긍휼矜恤히 여기소서 하거늘, 보시고 가라사대 가서 제사장祭司長들에게 너희 몸을 보이라 하셨더니, 저희가 가다가 깨끗함을 받은지라. 그중에 하나가 자기自己의 나은 것을 보고 큰 소리로 하나님께 영광榮光을 돌리며 돌아와 예수의 발아래 엎드리어 사례謝禮하니 저는 사마리아인이라. 예수께서 대답對答하여 가라사대 열 사람이 다 깨끗함을 받지 아니하였느냐 그 아홉은 어디 있느냐, 이 이방인異邦人 외에는 하나님께 영광榮光을 돌리러 돌아온 자가 없느냐 하시고, 그에게 이르시되 일어나 가라 네 믿음이 너를 구원救援하였느니라 하시더라. (눅 17:11~19)

5. 바리새인들이 하나님 나라가 어느 때에 임臨하나이까 묻거늘, 예수께서 대답對答하여 가라사대 하나님의 나라는 볼 수 있게 임臨하는 것이 아니요, 또 여기 있다 저기 있다고도 못하리니, 하나님의 나라는 너희 안에 있느니라. 또 제자弟子들에게 이르시되 때가 이르리니 너희가 인자人子의 날 하루를 보고자 하되 보지 못하리라. 사람이 너희에게 말하되 보라 저기 있다 보라 여기 있다 하리라. 그러나 너희는 가지도 말고 좇지도 말라. 번개가 하늘 아래 이 편便에서 번뜻하여 하늘 아래 저편까지 비췸같이 인자人子도 자기 날에 그러하리라. 그러나 그가 먼저 고난苦難을 받으며 이 세대世代에게 버린 바 되어야 할지니라. (눅 17:20~25)

6. 노아의 때에 된 것과 같이 인자人子의 때에도 그러하리라. 노아가 방주方舟에 들어가던 날까지 사람들이 먹고 마시고 장가들고 시집가더니 홍수洪水가 나서 저희를 다 멸滅하였으며, 또 롯의 때와 같으리니 사람들이 먹고 마시고 사고 팔고 심고 집을 짓더니, 롯이 소돔에서 나가던 날에 하늘로서 불과 유황硫黃이 비오듯하여 저희를 멸滅하였느니라. 인자人子의 나타나는 날에도 이러하리라. (눅 17:26~30)

7. 그날에 만일 사람이 지붕 위에 있고 그 세간이 집안에 있으면 그것을 가지러 내려오지 말 것이요, 밭에 있는 자도 이와 같이 뒤로 돌이키지 말 것이니라. 롯의 처妻를 생각生覺하라 무릇 자기 목숨을 보존保存하고자 하는 자는 잃을 것이요 잃는 자는 살리리라. 내가 너희에게 이르노니 그 밤에 두 남자男子가 한 자리에 누워 있으매 하나는 데려감을 당하고, 하나는 버려둠을 당할 것이요, 두 여자女子가 함께 매를 갈고 있으매, 하나는 데려감을 당하고 하나는 버려둠을 당할 것이니라. 저희가 대답對答하여 가로되 주主여 어디오니이까 가라사대 주검 있는 곳에는 독수리가 모이느니라 하시니라. (눅 17:31~37)

휴거携去는 예수님 재림再臨 때 택擇한 성도聖徒들을 지상 환란地上患亂에서 벗어나게 하여 어린 양 혼인婚姻 잔치에 참여參與시키기 위하여 공중空中으로 데려가는 것입니다. 우리 모든 성도聖徒들이 휴거携去해서 공중空中에서 주님主任의 환영歡迎과 영접迎接을 받아야 합니다.

【 낭송 표시 : 1회 ◪ / 4회 ■ / 목표 120회 】

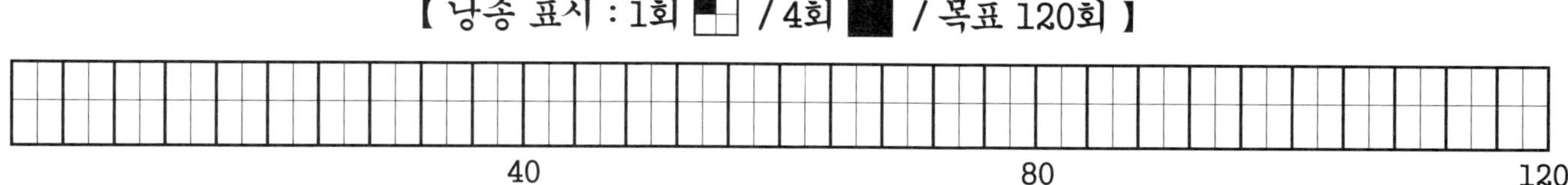

"주의 말씀은 내 발의 등이요 내 길에 빛이니이다"(시 119:105)

제 21 일

인자人子가 올 때에 세상世上에서 믿음을 보겠느냐

누가복음 18:8

참 믿음은 귀貴하고 중重하다는 말씀입니다. 참 믿음은 소중所重하다는 말씀입니다. 참 믿음은 찾기 힘들다는 말씀입니다. 믿음은 정금精金과 같다는 말씀입니다. 변變하지 않는 믿음, 배반背反하지 않는 믿음, 주님이 인정認定하는 믿음, 산을 옮기는 믿음, 병病을 고치는 믿음, 귀신鬼神을 쫓아내는 믿음, 기적奇蹟을 일으키는 믿음, 죄罪 사赦함 받고 구원救援을 얻는 믿음을 소유所有합시다.

1. 항상恒常 기도祈禱하고 낙망落望치 말아야 될 것을 저희에게 비유譬喩로 하여 가라사대, 어떤 도시都市에 하나님을 두려워 아니하고 사람을 무시無視하는 한 재판관裁判官이 있는데, 그 도시都市에 한 과부寡婦가 있어 자주 그에게 가서 내 원수怨讐에 대한 나의 원한怨恨을 풀어 주소서 하되, 그가 얼마동안 듣지 아니하다가 후에 속으로 생각生覺하되, 내가 하나님을 두려워 아니하고 사람을 무시無視하나 이 과부寡婦가 나를 번거롭게 하니 내가 그 원한怨恨을 풀어 주리라. 그렇지 않으면 늘 와서 나를 괴롭게 하리라 하였느니라. 주主께서 또 가라사대 불의不義한 재판관裁判官의 말한 것을 들으라. 하물며 하나님께서 그 밤낮 부르짖는 택擇하신 자들의 원한怨恨을 풀어 주지 아니하시겠느냐, 내가 너희에게 이르노니 속히 그 원한怨恨을 풀어 주시리라. 그러나 인자人子가 올 때에 세상世上에서 믿음을 보겠느냐 하시니라. (눅 18:1~8)

2. 또 자기自己를 의義롭다고 믿고 다른 사람을 멸시蔑視하는 자들에게 이 비유譬喩로 말씀하시되, 두 사람이 기도祈禱하여 성전聖殿에 올라가니 하나는 바리새인이요 하나는 세리稅吏라. 바리새인은 서서 따로 기도祈禱하여 가로되 하나님이여 나는 다른 삶들 곧 토색討索, 불의不義, 간음姦淫을 하는 자들과 갈지 아니하고 이 세리稅吏와도 같지 아니함을 감사感謝하나이다. 나는 이레에 두 번씩 금식禁食하고 또 소득所得의 십일조十一條를 드리나이다 하고, 세리稅吏는 멀리 서서 감敢히 눈을 들어 하늘을 우러러 보지도 못하고 다만 가슴을 치며 가로되, 하나님이여 불쌍히 여기옵소서 나는 죄인罪人이로소이다 하였느니라. 내가 너희에게 이르노니 이 사람이 저보다 의義롭다 하심을 받고 집에 내려갔느니라. 무릇 자기自己를 높이는 자는 낮아지고 자기自己를 낮추는 자는 높아지리라 하시니라. (눅 18:9~14)

3. 사람들이 예수의 만져 주심을 바라고 자기 어린 아기를 데리고 오매 제자弟子들이 보고 꾸짖거늘, 예수께서 그 어린아이들을 불러 가까이하시고 이르시되, 어린아이들이 내게 오는 것을 금禁하지 말라 하나님의 나라가 이런 자의 것이니라. 내가 진실眞實로 너희에게 이르노니 누구든지 하나님의 나라를 어린아이와 같이 받들지 않는 자는 결단決斷코 들어가지 못하리라 하시니라. (눅 18:15~17)

4. 어떤 관원官員이 물어 가로되 선善한 선생先生님이여 내가 무엇을 하여야 영생永生을 얻으리이까, 예수께서 이르시되 네가 어찌하여 나를 선善하다 일컫느냐 하나님 한 분 외에는 선善한 이가 없느니라. 네가 계명誡命을 아나니 간음姦淫하지 말라, 살인殺人하지

말라, 도적盜賊질하지 말라, 거짓 증거證據하지 말라, 네 부모父母를 공경恭敬하라 하였느니라. 여짜오되 이것은 내가 어려서부터 다 지키었나이다. 예수께서 이 말을 들으시고 이르시되 네가 오히려 한 가지 부족不足한 것이 있으니 네게 있는 것을 다 팔아 가난한 자들을 나눠 주라. 그리하면 하늘에서 보화寶貨가 네게 있으리라 그리고 와서 나를 좇으라 하시니, 그 사람이 큰 부자富者인 고로 이 말씀을 듣고 심甚히 근심하더라. 예수께서 저를 보시고 가라사대 재산財産이 있는 자는 하나님의 나라에 들어가기가 어떻게 어려운지 약대가 바늘귀로 들어가는 것보다 쉬우리라 하신대, 듣는 자들이 가로되 그런즉 누가 구원救援을 얻을 수가 있나이까, 가라사대 무릇 사람이 할 수 없는 것을 하나님께서는 할 수 있느니라. 베드로가 여짜오되 보옵소서 우리가 모든 것을 다 버리고 주를 좇았나이다. 이르시되 내가 진실眞實로 너희에게 이르노니 하나님의 나라를 위하여 집이나 아내나 형제兄弟나 부모父母나 자녀子女를 버린 자는 금세今世에 있어 여러 배倍를 받고 내세來世에 영생永生을 받지 못할 자가 없느니라 하시니라. (눅 18:18~30)

5. 예수께서 열두 제자弟子를 데리시고 이르시되 보라 우리가 예루살렘으로 올라가노니 선지자先知者들로 기록記錄된 모든 것이 인자人子에게 응應하리라. 인자人子가 이방인異邦人들에게 넘기워 희롱戱弄을 받고 능욕凌辱을 받고 침 뱉음을 받겠으며, 저희는 채찍질하고 죽일 것이니 저는 삼 일 만에 살아나리라 하시되, 제자弟子들이 이것을 하나도 깨닫지 못하였으니 그 말씀이 감추였으므로 저희가 그 이르신 바를 알지 못하였더라. (눅 18:31~34)

6. 여리고에 가까이 오실 때에 한 소경이 길 가에 앉아 구걸求乞하다가 무리의 지남을 듣고 이 무슨 일이냐고 물은대, 저희가 나사렛 예수께서 지나신다 하니 소경이 외쳐 가로되, 다윗의 자손子孫 예수여 나를 불쌍히 여기소서 하거늘, 앞서가는 자들이 저를 꾸짖어 잠잠潛潛하라 하되, 저가 더욱 심히 소리 질러 다윗의 자손子孫이여 나를 불쌍히 여기소서 하는지라. 예수께서 머물러 서서 명命하여 데려오라 하셨더니, 저가 가까이 오매 물어 가라사대, 네게 무엇을 하여 주기를 원願하느냐 가로되 주主여 보기를 원願하나이다. 예수께서 저에게 이르시되 보아라 네 믿음이 너를 구원救援하였느니라 하시매, 곧 보게 되어 하나님께 영광榮光을 돌리며 예수를 좇으니 백성百姓이 다 이를 보고 하나님을 찬양讚揚하니라. (눅 18:35~43)

기도祈禱 중에 가장 귀貴한 기도祈禱는 '주主여 나를 불쌍히 여기소서'입니다. 자랑하고 주장主張하는 바리새인의 기도祈禱보다 "나는 죄인罪人이로소이다" 하는 세리稅吏의 기도祈禱를 주님은 칭찬稱讚하셨습니다. 여리고 소경의 기도祈禱를 주님은 즉각卽刻 응답應答하였습니다. 곧 보게 되어 하나님께 영광榮光을 돌렸습니다.

【 낭송 표시 : 1회 ◪ / 4회 ■ / 목표 120회 】

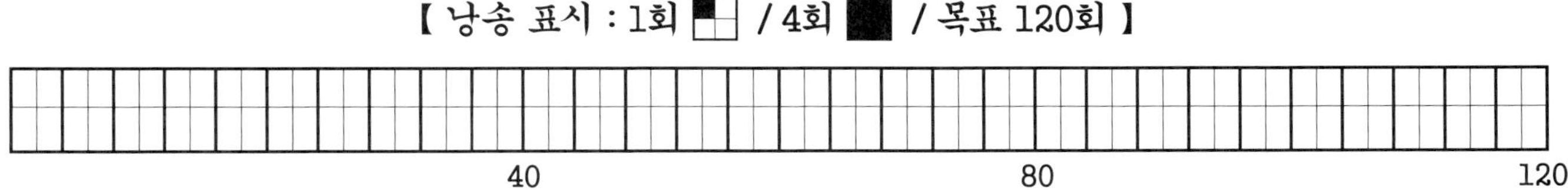

"주의 말씀은 내 발의 등이요 내 길에 빛이니이다"(시 119:105)

제 22 일

잃어버린 자를 찾아 구원救援하려 함이니라

누가복음 19:10

예수님은 죄인罪人들을 사랑하시고 용서容恕하시고 구원救援하셨습니다. 여리고 세무서장稅務署長 삭개오의 영접迎接을 받고 구원救援하여 하나님의 자녀子女로 인정認定해 주었습니다. 삭개오의 집에 심방尋訪가서 대접待接 받고 아브라함의 후사後嗣 가정家庭으로 축복祝福해 주셨습니다.

1. 예수께서 여리고로 들어가시더라. 삭개오라 이름하는 자가 있으니 세리장稅吏長이요 또한 부자富者라. 저가 예수께서 어떠한 사람인가 하여 보고자 하되, 키가 작고 사람이 많아 할 수 없어 앞으로 달려가 보기 위하여 뽕나무에 올라가니 이는 예수께서 그리로 지나가시게 됨이러라. 예수께서 그곳에 이르사 우러러 보시고 이르시되, 삭개오야 속速히 내려오라 내가 오늘 네 집에 유留하여야 하겠다 하시니, 급히 내려와 즐거워하며 영접迎接하거늘, 뭇 사람이 보고 수군거려 가로되 저가 죄인罪人의 집에 유留하러 들어갔도다 하더라. 삭개오가 서서 주主께 여짜오되 주여 보시옵소서. 내 소유所有의 절반折半을 가난한 자들에게 주겠사오며, 만일 뉘 것을 토색討索한 일이 있으면 사배四倍나 갚겠나이다. 예수께서 이르시되 오늘 구원救援이 이 집에 이르렀으니 이 사람도 아브라함의 자손子孫임이로다. 인자人子의 온 것은 잃어버린 자를 찾아 구원救援하려 함이니라. (눅 19:1~10)

2. 저희가 이 말씀을 듣고 있을 때에 비유譬喩를 더하여 말씀하시니 이는 자기自己가 예루살렘에 가까이 오셨고, 저희는 하나님의 나라가 당장當場에 나타날 줄로 생각生覺함이러라. 가라사대 어떤 귀인貴人이 왕위王位를 받아가지고 오려고 먼 나라로 갈 때에, 그 종 열을 불러 은 열 므나를 주며 이르되 내가 돌아오기까지 장사하라 하니라. 귀인貴人이 왕위王位를 받아 가지고 돌아와서 종들의 장사한 것을 알고자 하여 부르니, 그 첫째가 나아와 가로되 주主여 한 므나로 열 므나를 남겼나이다. 주인主人이 이르되 잘하였어다 착한 종이여 네가 작은 것에 충성忠誠하였으니 열 고을 권세權勢를 차지하라 하고, 그 둘째가 와서 가로되 주主여 한 므나로 다섯 므나를 만들었나이다. 주인主人이 그에게 다섯 고을을 차지하라 하고, 또 한 사람이 와서 가로되 주主여 보소서 주의 한 므나가 여기 있나이다 내가 수건으로 싸두었었나이다. 이는 당신이 엄嚴한 사람인 것을 내가 무서워함이라. 당신은 두지 않은 것을 취取하고 심지 않은 것을 거두나이다. 주인主人이 이르되 악惡한 종아 내가 네 말로 너를 판단判斷하노니, 너는 내가 두지 않은 것을 취하고 심지 않는 것을 거두는 엄嚴한 사람인 줄을 알았느냐, 그 한 므나를 빼앗아 열 므나 있는 자에게 주라 하니, 무릇 있는 자는 받겠고 없는 자는 그 있는 것도 빼앗기리라. 그리고 나의 왕王 됨을 원願치 아니하던 저 원수怨讐들을 이리로 끌어다가 내 앞에서 죽이라 하였느니라. (눅 19:11~27)

3. 예수께서 이 말씀을 하시고 예루살렘을 향하여 앞서서 가시더라. 감람원橄欖園이라는 산의 벳바게와 베다니에 가까이 왔을 때에 제자弟子 중 둘을 보내시며 이르시되, 너희 맞은편 마을로 가라 그리로 들어가면 아직 아무 사람도 타 보지 않은 나귀 새끼의 매여 있는 것을 보리니 풀어 끌고 오너라. 만일 누가 너희에게 어찌하여 푸느냐 묻거든 이렇게 말하되 주主가 쓰시겠다 하라 하시매, 보내심을 받은 자들이 가서 그 말씀하신대로 만난지라. 나귀 새끼를 풀 때에 그 임자들이 이르되 어찌하여 나귀새끼를 푸느냐, 대답對答하되 주主께서 쓰시겠다 하고, 그것을 예수께로 끌고 와서 자기들의 겉옷을 나귀새끼 위에 걸쳐 놓고 예수를 태우니, 가실 때에 저희가 자기自己의 겉옷을 길에 펴더라. 가로되 찬송讚頌하리로다 주主의 이름으로 오시는 왕王이여 하늘에는 평화平和요 가장 높은 곳에는 영광榮光이로다 하니, 무리 중 바리새인들이 말하되 선생先生이여 당신의 제자弟子들을 책망責望하소서 하거늘, 너희에게 말하노니 이 사람들이

잠잠潛潛하면 돌들이 소리지르니라 하시니라. (눅 19:28~40)

4. 가까이 오사 성城을 보시고 우시며 가라사대 너도 오늘날 평화平和에 관한 일을 알았더면 좋을 뻔하였거니와 지금 네 눈에 숨기웠도다. 날이 이를지라 네 원수怨讐들이 토성土城을 쌓고 너를 둘러 사면四面으로 가두고, 너와 네 자식子息들을 땅에 메어치며 돌 하나도 돌 위에 남기지 아니하리니, 이는 권고眷顧 받는 날을 네가 알지 못함을 인因함이니라 하시니라. 성전聖殿에 들어가사 장사하는 자들을 내어 쫓으시며, 저희에게 이르시되 기록記錄된바 내 집은 기도祈禱하는 집이 되리라 하였거늘, 너희는 강도强盜의 굴혈掘穴을 만들었도다 하시니라. 예수께서 날마다 성전聖殿에서 가르치시니 대제사장大祭司長들과 서기관書記官들과 백성百姓의 두목頭目들이 그를 죽이려고 꾀하되, 백성百姓이 다 그에게 귀를 기울여 들으므로 어찌할 방침方針을 찾지 못하였더라. (눅 19:41~48)

5. 예수께서 성전聖殿에서 백성百姓들을 가르치시며 복음福音을 전傳하실새, 대제사장大祭司長들과 서기관書記官들이 장로長老들과 함께 가까이 와서 말하여 가로되, 당신이 무슨 권세權勢로 이런 일을 하는지 이 권세權勢를 준이가 누구인지 우리에게 말하라. 대답對答하여 가라사대 나도 한 말을 너희에게 물으리니 내게 말하라. 요한의 세례洗禮가 하늘로서냐 사람에게로서냐, 저희가 서로 의논議論하여 가로되 만일 하늘로서라 하면 어찌하여 저를 믿지 아니하였느냐 할 것이요, 만일 사람에게로서라 하면 백성百姓이 요한을 선지자先知者로 인정認定하니, 저희가 다 우리를 돌로 칠 것이라 하고 대답對答하되 어디로서인지 알지 못하노라 하니, 예수께서 이르시되 나도 무슨 권세權勢로 이런 일을 하는지 너희에게 이르지 아니하리라 하시니라. (눅 20:1~8)

6. 이 비유譬喩로 백성百姓에게 말씀하시되 한 사람이 포도원葡萄園을 만들어 농부農夫들에게 세貰로 주고 타국他國에 가서 오래 있다가 때가 이르매, 포도원葡萄園 소출所出 얼마를 바치게 하려고 한 종을 심히 때리고 거저 보내었거늘, 다시 다른 종을 보내니 그도 심히 때리고 능욕凌辱하고 거저 보내었거늘, 다시 세 번째 종을 보내니 이도 상傷하게 하고 내어 쫓은지라. 포도원葡萄園 주인主人이 가로되 어찌할꼬 내 사랑하는 아들을 보내리니 저희가 혹 그는 공경恭敬하리라 하였더니, 농부農夫들이 그를 보고 의논議論하여 가로되 이는 상속자相續者니 죽이고 그 유업遺業을 우리의 것으로 만들자 하고, 포도원葡萄園 밖으로 내어쫓아 죽였느니라. 기록記錄된바 건축자建築者들의 버린 돌이 모퉁이의 머릿돌이 되었느니라. (눅 20:9~17)

7. 선생先生님이여 우리가 아노니 당신은 바로 말씀하시고 가르치시며, 사람을 외모外貌로 취하지 아니하시고 오직 참으로서 하나님의 도道를 가르치시나이다. 우리가 가이사에게 세貰를 바치는 것이 가可하니이까 불가不可하니이까 하니, 예수께서 그 간계奸計를 아시고 가라사대, 데나리온 하나를 내게 보이라 뉘 화상畵像과 글이 여기 있느냐 대답對答하되 가이사의 것이니이다. 가라사대 그런즉 가이사의 것은 가이사에게, 하나님의 것은 하나님께 바치라 하시니, 저희가 백성百姓 앞에서 그의 말을 능能히 책責잡지 못하고 그의 대답對答을 기이奇異히 여겨 잠잠潛潛하니라. (눅 20:21~26)

"책責 잡지 못하고…잠잠潛潛하니라." 예수님은 그 반대자反對者들과 대화對話에서 항상恒常 이겼습니다. 통쾌痛快하게 제압制壓하였습니다. 오늘 우리 성도聖徒들도 이방인異邦人의 도전挑戰을 모두 제압制壓하고 승리勝利하도록 철저徹底한 준비準備와 실력實力과 영력靈力으로 무장武將하시기 바랍니다.

【 낭송 표시 : 1회 ▣ / 4회 ■ / 목표 120회 】

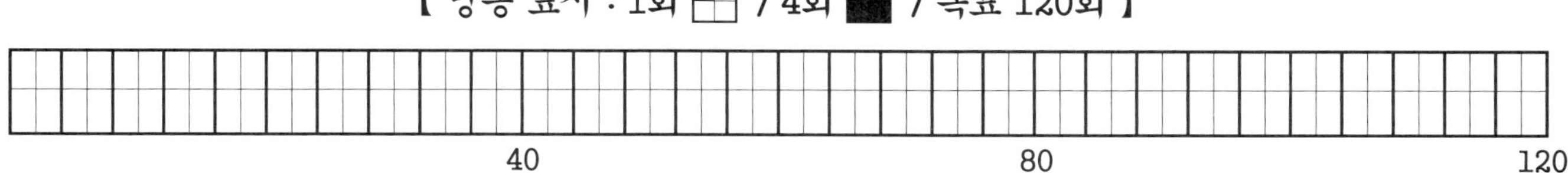

"주의 말씀은 내 발의 등이요 내 길에 빛이니이다"(시 119:105)

제 23 일

전부全部를 넣었느니라

누가복음 21:4

헌금獻金은 하나님께 드리는 봉헌예물奉獻禮物입니다. 나에게 주신 생명生命과 재능才能과 은사恩謝의 모든 것에 감사感謝하여 마음과 정성精誠을 다하여 드리는 예물禮物입니다. 가난한 여인女人은 전부全部를 드렸다고 예수님께서 칭찬稱讚하셨습니다.

1. 부활復活이 없다 주장主張하는 사두개인 중 어떤 이들이 와서 물어 가로되, 선생先生님이여 모세가 우리에게 써 주기를 사람의 형兄이 만일 아내를 두고 자식子息이 없이 죽거든, 그 동생同生이 그 아내를 취娶하여 형兄을 위하여 후사後嗣를 세울지니라 하였나이다. 예수께서 이르시되 이 세상世上의 자녀子女들은 장가도 가고 시집도 가되, 저 세상世上 및 죽은 자 가운데서 부활復活함을 얻기에 합당合當히 여김을 입은 자들은 장가가고 시집가는 일이 없으며, 저희는 다시 죽을 수도 없나니 이는 천사天使와 동등同等이요 부활復活의 자녀子女로서 하나님의 자녀子女임이니라. 죽은 자의 살아난다는 것은 모세도 가시나무떨기에 관關한 글에 보였으되, 주主를 아브라함의 하나님이요 이삭의 하나님이요 야곱의 하나님이시라 칭稱하였나니, 하나님은 죽은 자의 하나님이 아니요 산 자의 하나님이시라. 하나님에게는 모든 사람이 살았느니라 하시니, 서기관書記官 중 어떤 이들이 말하되 선생先生이여 말씀이 옳으니이다 하니, 저희는 아무 것도 감敢히 더 물을 수 없음이더라. (눅 20:27~40)

2. 예수께서 눈을 들어 부자富者들이 연보궤捐補櫃에 헌금獻金 넣는 것을 보시고, 또 어떤 가난한 과부寡婦의 두 렙돈 넣는 것을 보시고 가라사대, 내가 참으로 너희에게 말하노니 이 가난한 과부寡婦가 모든 사람보다 많이 넣었도다. 저들은 그 풍족豊足한 중에서 헌금獻金을 넣었거니와, 이 과부寡婦는 그 구차苟且한 중에서 자기自己의 있는바 생활비生活費 전부全部를 넣었느니라 하시니라. (눅 21:1~4)

3. 성전聖殿을 가리켜 그 미석美石과 헌물獻物로 꾸민 것을 말하매 예수께서 가라사대, 너희 보는 것이 날이 이르면 돌 하나도 돌 위에 남지 않고 다 무너뜨리우리라. 미혹迷惑을 받지 않도록 주의注意하라. 많은 사람이 내 이름으로 와서 내가 그로라 하며 때가 가까웠다 하겠으나 저희를 좇지 말라. 난리亂離와 소란騷亂의 소문所聞을 들을 때에 두려워 말라, 이 일이 먼저 있어야 하되 끝은 곧 되지 아니하니라. 민족民族이 민족民族을, 나라가 나라를 대적對敵하여 일어나겠고, 처처處處에 큰 지진地震과 기근飢饉과 온역瘟疫이 있겠고, 또 무서운 일과 하늘로서 큰 징조徵兆들이 있으리라. 내 이름을 인因하여 너희에게 손을 대어 핍박逼迫하며 회당會堂과 옥獄에 넘겨주며 관장官長들 앞에 끌어 가려니와 이 일이 도리어 너희에게 증거證據가 되리라. (눅 21:5~13)

4. 내가 너희의 모든 대적對敵을 능能히 대항對抗하거나 변박辨駁할 수 없는 구재口才와 지혜智慧를 너희에게 주리라. 심지어 부모父母와 형제兄弟와 친척親戚과 벗이 너희를

넘겨주어 너희 중에 몇을 죽이게 하겠고, 또 너희가 내 이름을 인하여 모든 사람에게 미움을 받을 것이나 너희 머리털 하나도 상傷치 아니하리라. 너희의 인내忍耐로 너희 영혼靈魂을 얻으리라. (눅 21:15~19)

5. 너희가 예루살렘이 군대軍隊들에게 에워싸이는 것을 보거든 그 멸망滅亡이 가까운 줄을 알라. 그때에 유대에 있는 자들은 산으로 도망逃亡할찌며, 성내城內에 있는 자들은 나갈지며 촌村에 있는 자들은 그리로 들어가지 말지어다. 이날들은 기록記錄된 모든 것을 이루는 형벌刑罰의 날이니라. 일월성신日月星辰에는 징조徵兆가 있겠고 땅에서는 민족民族들이 바다와 파도의 우는 소리를 인하여 혼란混亂한 중에 곤고困苦하리라. 그때에 사람들이 인자人子가 구름을 타고 능력能力과 큰 영광榮光으로 오는 것을 보리라. 이런 일이 되기를 시작始作하거든 일어나 머리를 들라 너희 구속救贖이 가까웠느니라. (눅 21:20~28)

6. 무화과無花果 나무와 모든 나무를 보라 싹이 나면 너희가 보고 여름이 가까운 줄을 자연自然히 아나니, 이런 일이 일어나거든 하나님의 나라가 가까운 줄을 알라. 내가 진실眞實로 너희에게 말하노니 이 세대世代가 지나가기 전에 모든 일이 다 이루리라. 천지天地는 없어지겠으나 내 말은 없어지지 아니하리라. 너희는 스스로 조심操心하라 방탕放蕩함과 술 취함과 생활生活의 염려念慮로 마음이 둔하여지고 그날이 덫과 같이 너희에게 임臨하리라. 이 날은 온 지구상地球上에 거居하는 모든 사람에게 임하리라. 이러므로 너희는 장차將次 올 이 모든 일을 능能히 피避하고 인자人子 앞에 서도록 항상恒常 기도祈禱하며 깨어 있으라 하시니라. 예수께서 낮이면 성전聖殿에서 가르치시고 밤이면 나가 감람원橄欖園이라 하는 산에서 쉬시니, 모든 백성百姓이 그 말씀을 들으려고 이른 아침에 성전聖殿에 나아가더라. (눅 21:29~38)

7. 유월절逾越節이라 하는 무교절이 가까우매 대제사장大祭司長들과 서기관書記官들이 예수를 무슨 방책方策으로 죽일꼬 연구硏究하니 이는 저희가 백성百姓을 두려워함이더라. 열둘 중에 하나인 가룟인이라 부르는 유다에게 사탄이 들어가니 이에 유다가 대제사장大祭司長들과 군관軍官들에게 가서 예수를 넘겨줄 방책方策을 의논議論하매, 저희가 기뻐하여 돈을 주기로 언약言約하는지라. 유다가 허락許諾하고 예수를 무리가 없을 때에 넘겨줄 기회機會를 찾더라. (눅 22:1~6)

예수님께서 낮에는 성전聖殿에서 가르치시고 밤에는 감람산橄欖山에서 기도祈禱하고 쉬셨습니다. 예수님의 일상생활日常生活의 모습을 볼 수 있습니다.

【 낭송 표시 : 1회 ▜ / 4회 ■ / 목표 120회 】

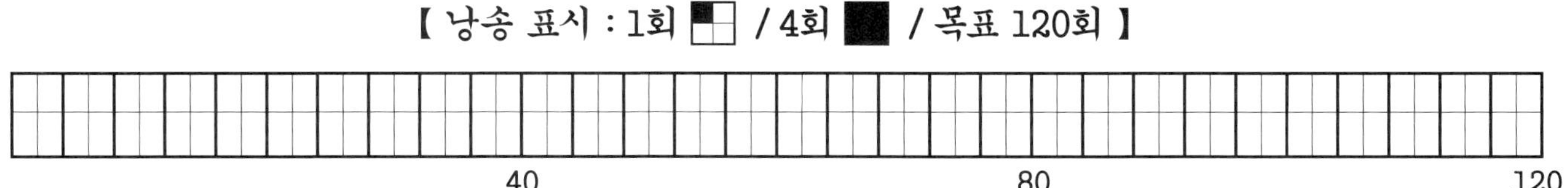

40 80 120

"주의 말씀은 내 발의 등이요 내 길에 빛이니이다"(시 119:105)

제 24 일

유월절逾越節을 먹을 객실客室이 어디 있느뇨

누가복음 22:11

예수님께서는 유월절逾越節 양으로 십자가十字架에서 피 흘려 구속救贖의 제물祭物이 되십니다. 이를 기념記念하는 유월절逾越節 만찬晩餐을 베풀 장소場所를 찾고 있습니다. 그 장소場所가 성찬 예식聖餐禮式의 거룩한 성소聖所가 됩니다. 마가 요한의 다락방은 바로 우리의 교회敎會요 우리의 지성소至聖所인 성도聖徒들의 마음입니다.

1. 유월절逾越節 양羊을 잡을 무교절일이 이른지라. 예수께서 베드로와 요한을 보내시며 가라사대, 가서 우리를 위하여 유월절逾越節을 예비豫備하여 우리로 먹게 하라. 여짜오되 어디서 예비豫備하기를 원願하시나이까, 이르시되 보라 너희가 성내城內로 들어가면 물 한 동이를 가지고 가는 사람을 만나리니, 그의 들어가는 집으로 따라 들어가서 그 집 주인主人에게 이르되, 선생先生님이 제자弟子들과 함께 유월절逾越節을 먹을 객실客室이 어디 있느뇨 하시더라 하라. 그리하면 저가 자리를 베푼 큰 다락방을 보이리니 거기서 예비豫備하라 하신대, 저희가 나가 그 하시던 말씀대로 만나 유월절逾越節을 예비豫備하니라. (눅 22:7~13)

2. 때가 이르매 예수께서 사도使徒들과 함께 앉으사 이르시되, 내가 고난苦難을 받기 전에 너희와 함께 이 유월절逾越節 먹기를 원願하고 원願하노라. 내가 너희에게 이르노니 이 유월절逾越節이 하나님의 나라에서 이루기까지 다시 먹지 아니하리라 하시고, 이에 잔盞을 받으사 사례謝禮하시고 가라사대 이것을 갖다가 너희에게 나누라. 내가 너희에게 이르노니 내가 이제부터 하나님의 나라가 임臨할 때까지 포도葡萄나무에서 난 것을 다시 마시지 아니하리라 하시고, 또 떡을 가져 사례謝禮하시고 떼어 저희에게 주시며 가라사대 이것은 너희를 위하여 주는 내 몸이라. 너희가 이를 행하여 나를 기념記念하라 하시고, 저녁 먹은 후에 잔盞도 이와 같이 하여 가라사대, 이 잔盞은 내 피로 세우는 새 언약言約이니 곧 너희를 위하여 붓는 것이라. 그러나 보라 나를 파는 자의 손이 나와 함께 상床위에 있도다. 인자人子는 이미 작정作定된 대로 가거니와 그를 파는 그 사람에게는 화禍가 있으리로다 하시니, 저희가 서로 묻되 우리 중에서 이 일을 행行할 자가 누구일까 하더라. (눅 22:14~23)

3. 또 저희 사이에 누가 그중 누가 크냐 하는 다툼이 난지라. 예수께서 이르시되 이방인異邦人의 임금들은 저희를 주관主管하며, 그 집권자執權者들은 은인恩人이라 칭稱함을 받으나, 너희는 그렇지 않을지니 너희 중에 큰 자는 젊은 자와 같고 두목頭目은 섬기는 자와 같을지니라. 앉아서 먹는 자가 크냐 섬기는 자가 크냐, 앉아 먹는 자가 아니냐 그러나 나는 섬기는 자로 너희 중에 있노라. 너희는 나의 모든 시험試驗 중에 항상恒常 나와 함께 한 자들인즉, 내 아버지께서 나라를 내게 맡기신 것같이 나도 너희에게 맡겨 너희로 내 나라에 있어 내 상床에서 먹고 마시며 보좌寶座에 앉아 열두 지파支派를 다스리게 하려 하노라. (눅 22:24~30)

4. 시몬아 시몬아 보라 사탄이 밀 까부르듯 하려고 너희를 청구請求하였으나, 내가 너를 위하여 네 믿음이 떨어지지 않기를 기도祈禱하였노니 너는 돌이킨 후에 네 형제兄弟를 굳게 하라. 저가 말하되 주主여 내가 주主와 함께 옥獄에도 죽는데도 가기를 준비準備하였나이다. 가라사대 베드로야 오늘 밤 닭 울기 전에 네가 세 번 나를 모른다고 부인否認하리라 하시니라. (눅 22:31~34)

5. 예수께서 나가사 습관習慣을 좇아 감람산橄欖山에 가시매 제자弟子들도 좇았더니, 그곳에 이르러 저희에게 이르시되 시험試驗에 들지 않기를 기도祈禱하라 하시고, 저희를 떠나 돌 던질 만큼 가서 무릎을 꿇고 기도祈禱하여 가라사대, 아버지여 아버지의

뜻이어든 이 잔盞을 내게서 옮기시옵소서. 그러나 내 원願대로 마옵시고 아버지의 원願대로 되기를 원願하나이다 하시니, 사자使者가 하늘로부터 예수께 나타나 힘을 돕더라. 예수께서 힘쓰고 애써 더욱 간절懇切히 기도祈禱하시니 땀이 땅에 떨어지는 핏방울같이 되더라. 기도祈禱 후에 일어나 제자弟子들에게 가서 슬픔을 인하여 잠든 것을 보시고 이르시되, 어찌하여 자느냐 시험試驗에 들지 않게 일어나 기도祈禱하라 하시니라. (눅 22:39~46)

6. 말씀하실 때에 한 무리가 오는데 열둘 중에 하나인 유다라 하는 자가 그들의 앞에 서서 와서 예수께 입을 맞추려 그 가까이 하는지라. 예수께서 이르시되 유다야 네가 입맞춤으로 인자人子를 파느냐 하시니 좌우座右가 그 될 일을 보고 여짜오되, 주主여 우리가 검劍으로 치리이까 하고 그중에 한 사람이 대제사장大祭司長의 종을 쳐 그 오른편 귀를 떨어뜨린지라. 예수께서 일러 가라사대 이것까지 참으라 하시고 그 귀를 만져 낫게 하시더라. 예수께서 그 잡으러 온 대제사장大祭司長들과 성전聖殿의 군관軍官들과 장로長老들에게 이르시되, 너희가 강도强盜를 잡는 것같이 검劍과 몽치를 가지고 나왔느냐, 내가 날마다 너희와 함께 성전聖殿에 있을 때에 내게 손을 대지 아니하였도다. 그러나 이제는 너희 때요 어두움의 권세權勢로다 하시더라. (눅 22:47~53)

7. 예수를 잡아 끌고 대제사장大祭司長의 집으로 들어 갈새 베드로가 멀찍이 따라가니라. 사람들이 뜰 가운데 불을 피우고 함께 앉았는지라 베드로도 그 가운데 앉았더니, 한 비자婢子가 베드로의 불빛을 향하여 앉은 것을 보고 주목注目하여 가로되, 이 사람도 그와 함께 있었느니라 하니, 베드로가 부인否認하여 가로되 이 여자女子여 내가 저를 알지 못하노라 하더라. 조금 후에 다른 사람이 보고 가로되 너도 그 당黨이라 하거늘, 베드로가 가로되 이 사람아 나는 아니로라 하더라. 또 한 사람이 잡담雜談하여 가로되 이는 갈릴리 사람이니 참으로 그와 함께 있었느니라. 베드로가 가로되 이 사람아 나는 너 하는 말을 알지 못하노라고 방금方今 말할 때에 닭이 곧 울더라. 주主께서 돌이켜 베드로를 보시니 베드로가 주主의 말씀 곧 오늘 닭 울기 전에 네가 세 번 나를 부인否認하리라 하심이 생각生覺나서 밖에 나가서 심甚히 통곡痛哭하니라. (눅 22:54~62)

8. 지키는 사람들이 예수를 희롱戲弄하고 때리며 그의 눈을 가리우고 물어 가로되, 선지자先知者노릇 하라 너를 친 자가 누구냐 하고 많은 말로 욕辱하더라. 날이 새매 백성百姓의 장로長老들 곧 대제사장大祭司長들과 서기관書記官들이 모이어 예수를 그 공회公會로 끌어들여 가로되, 네가 그리스도여든 우리에게 말하라 대답對答하시되 내가 말할지라도 너희가 믿지 아니할 것이요, 내가 물어도 너희가 대답對答지 아니할 것이니라. 그러나 이제 후後로는 인자人子가 하나님의 권능權能의 우편右便에 앉아 있으리라 하시니, 다 가로되 그러면 네가 하나님의 아들이냐 대답對答하시되 너희 말과 같이 내가 그니라. 저희가 가로되 어찌 더 증거證據를 요구要求하리요 우리가 친親히 그 입에서 들었노라 하더라. (눅 22:63~71)

멀찍이 따라가다가 하속下屬들 속에 들어가 불 쬐던 베드로는 스승을 세 번 부인否認하는 실수失手를 연발連發하고 맙니다. 예수님의 경고警告하신 말씀이 기억記憶나서 닭소리를 듣고 즉시 깨닫고 통회자복痛悔自服하고 회개悔改의 기도祈禱를 드렸습니다. 베드로는 즉각 회개卽刻悔改함으로 하나님의 긍휼矜恤과 용서容恕의 은총恩寵을 받았습니다.

【 낭송 표시 : 1회 ▚ / 4회 ■ / 목표 120회 】

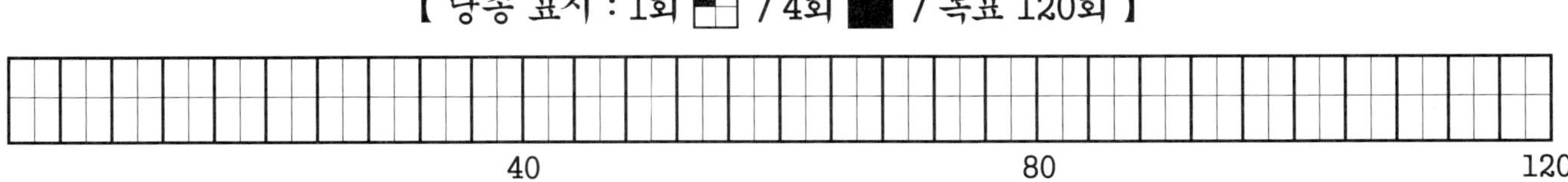

"주의 말씀은 내 발의 등이요 내 길에 빛이니이다"(시 119:105)

제 25 일

십자가十字架에 못 박게 하소서

누가복음 23:21

다수 군중多數軍衆들이 선善과 진리眞理 편이 아니고 악惡과 불의不義를 선택選擇하는 역사적歷史的 오류誤謬를 범犯하고 맙니다. 살인범殺人犯 바라바를 택擇하고 선善하신 예수 그리스도를 버리고 십자가十字架에 처형處刑시키는 과오過誤를 범犯하고 말았습니다.

1. 무리가 다 일어나 예수를 빌라도에게 끌고가서 고소告訴하여 가로되, 우리가 이 사람을 보매 우리 백성百姓을 미혹迷惑하고 가이사에게 세稅 바치는 것을 금禁하며 자칭自稱 왕王 그리스도라 하더이다 하니, 빌라도가 예수께 물어 가로되 네가 유대인의 왕王이냐 대답對答하여 가라사대 네 말이 옳도다. 빌라도가 대제사장大祭司長들과 무리에게 이르되 내가 보니 이 사람에게 죄罪가 없도다 하니, 무리가 더욱 굳세게 말하되 저가 온 유대에서 가르치고 갈릴리에서부터 시작始作하여 여기까지 와서 백성百姓을 소동騷動케 하나이다. 빌라도가 듣고 묻되 저가 갈릴리 사람이냐 하여 헤롯의 관關한 줄을 알고 헤롯에게 보내니 때에 헤롯이 예루살렘에 있더라. 헤롯이 예수를 보고 심甚히 기뻐하니 이는 그의 소문所聞을 들었으므로 보고자 한 지 오래였고 또한 무엇이나 이적異蹟 행하심을 볼까 바랐던 연고緣故러라. 여러 말로 물으나 아무 말도 대답對答지 아니하시니 대제사장大祭司長들과 서기관書記官들이 서서 힘써 고소告訴하더라. (눅 23:1~10)

2. 헤롯이 그 군병軍兵들과 함께 예수를 업신여기며 희롱戲弄하고 빛난 옷을 입혀 빌라도에게 도로 보내니, 헤롯과 빌라도가 전에는 원수怨讐이었으나 당일當日에 서로 친구親舊가 되니라. 빌라도가 대제사장大祭司長들과 관원官員들과 백성百姓을 불러 모으고 이르되, 너희가 이 사람을 백성百姓을 미혹迷惑하는 자라 하여 내게 끌어 왔도다. 보라 내가 너희 앞에서 사실査實하였으되, 너희의 고소告訴하는 일에 대하여 이 사람에게서 죄罪를 찾지 못하였고, 헤롯이 또한 그렇게 하여 저를 우리에게 도로 보내었도다 보라 저의 행한 것은 죽일 일이 없느니라. 그러므로 때려서 놓겠노라 무리가 일제一齊히 소리 질러 가로되, 이 사람을 없이하고 바라바를 우리에게 놓아주소서 하니 이 바라바는 성중城中에서 일어난 민란民亂과 살인殺人을 인因하여 옥獄에 갇힌 자러라. 빌라도는 예수를 놓고자 하여 다시 저희에게 말하되 저희는 소리 질러 가로되, 저를 십자가十字架에 못 박게 하소서 십자가十字架에 못 박게 하소서 하는지라. (눅 23:11~21)

3. 빌라도가 세 번째 말하되 이 사람이 무슨 악惡한 일을 하였느냐, 나는 그 죽일 죄罪를 찾지 못하였나니 때려서 놓으라 한 대, 저희가 큰 소리로 재촉하여 십자가十字架에 못박기를 구求하니 저희의 소리가 이긴지라. 이에 빌라도가 저희의 구求하는 대로 하기를 언도言渡하고 저희의 구求하는 자 곧 민란民亂과 살인殺人을 인하여 옥獄에 갇힌 자를 놓고 예수를 넘겨주어 저희 뜻대로 하게 하니라. (눅 23:22~25)

4. 저희가 예수를 끌고 갈 때에 시몬이라는 구레네 사람이 시골로서 오는 것을 잡아 그에게 십자가十字架를 지워 예수를 좇게 하더라. 또 백성百姓과 그를 위하여 가슴을 치며 슬피 우는 여자女子의 큰 무리가 따라 오는지라. 예수께서 돌이켜 그들을 향向하여 예루살렘의 딸들아 나를 위하여 울지 말고 자녀子女를 위하여 울라. (눅 23:26~28)

5. 해골骸骨이라 하는 곳에 이르러 거기서 예수를 십자가十字架에 못 박고 두 행악자行惡者도 그렇게 하니, 하나는 우편右便에 하나는 좌편左便에 있더라. 이에 예수께서 가라사대 아버지여 저희를 사赦하여 주옵소서. 자기의 하는 것을 알지 못함이니이다 하시더라. 저희가 그 옷을 나눠 제비 뽑을새 백성百姓은 서서 구경하며 관원官員들도 비웃어 가로되, 저가 남은 구원救援하였으나 하나님의 택擇하신 자 그리스도여든 자기自己도 구원救援할지어다 하고, 군병軍兵들도 희롱戲弄하면서 나아와 신 포도주葡萄酒를 주며, 가로되 네가 만일 유대인의 왕王이어든 네가 너를 구원救援하라 하더라. 그의 위에 이는 유대인의 왕王이라 쓴 패牌가 있더라. (눅 23:33~38)

6. 달린 행악자行惡者 중 하나는 비방誹謗하여 가로되 네가 그리스도가 아니냐 너와 우리를 구원救援하라 하되, 하나는 그 사람을 꾸짖어 가로되 네가 동일同一한 정죄定罪를 받고서도 하나님을 두려워 아니하느냐, 우리는 우리의 행한 일에 상당相當한 보응報應을 받는 것이니 이에 당연當然하거니와, 이 사람의 행한 것은 옳지 않은 것이 없느니라 하고, 예수여 당신의 나라에 임臨하실 때에 나를 생각生覺하소서 하니, 예수께서 이르시되 내가 진실眞實로 네게 이르노니 오늘 네가 나와 함께 낙원樂園에 있으리라 하시니라. (눅 23:39~43)

7. 때가 제육시第六時쯤 되어 해가 빛을 잃고 온 땅에 어두움이 임臨하여 제구시第九時까지 계속繼續하며, 성소聖所의 휘장揮帳이 한가운데가 찢어지더라. 예수께서 큰 소리로 불러 가라사대 내 아버지여 내 영혼靈魂을 아버지 손에 부탁付託하나이다 하고 이 말씀을 하신후 운명殞命하시다. 백부장百夫長이 그 된 일을 보고 하나님께 영광榮光을 돌려 가로되, 이 사람은 정녕丁寧 의인義人이었도다 하고, 이를 구경하러 모인 무리도 그 된 일을 보고 다 가슴을 두드리며 돌아가고, 예수의 아는 자들과 갈릴리로부터 따라온 여자女子들도 다 멀리 서서 이 일을 보니라. (눅 23:44~49)

8. 공회 의원公會議員으로 선善하고 의義로운 요셉이라 하는 사람이 있으니, 저희의 결의決議와 행사行事에 가타 하지 아니한 자라. 그는 유대인의 동네 아리마대 사람이요 하나님의 나라를 기다리는 자러니, 빌라도에게 가서 예수의 시체屍體를 달라 하여 세마포細麻布로 싸고 아직 사람을 장사한 일이 없는 바위에 판 무덤에 넣어 두니, 이 날은 예비일豫備日이요 안식일安息日이 거의 되었더라. 갈릴리에서 예수와 함께 온 여자女子들이 뒤를 좇아 그 무덤과 그의 시체屍體를 어떻게 둔 것을 보고 돌아가 향품香品과 향유香油를 예비豫備하더라. 계명誡命을 좇아 안식일安息日에 쉬더라. (눅 23:50~56)

12제자弟子 외에도 예수님의 숨은 제자弟子들이 있었습니다. 엘리야 선지자先知者 때는 숨은 제자弟子가 칠천 명七千名이나 된다고 했습니다. 공의회公義會 의원議員 요셉과 니고데모는 12제자弟子가 지쳐 쓰러져 있을 때, 숨은 제자弟子로서 십자가十字架에서 돌아가신 예수님의 시신屍身을 장사葬事하는 일을 수행遂行하였습니다.

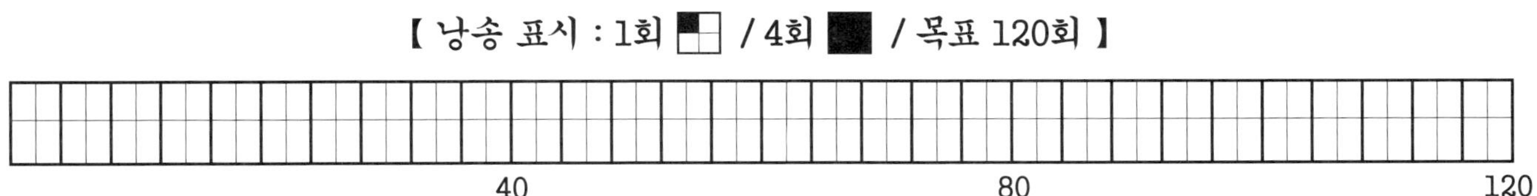

"주의 말씀은 내 발의 등이요 내 길에 빛이니이다"(시 119:105)

제 26 일

어찌하여 산 자를 죽은 자 가운데서 찾느냐

누가복음 24:5

무덤 속에는 시체屍體가 있을 뿐입니다. 천사天使의 고지告知는 '부활復活하신 예수님은 무덤에 계시지 않고 영광榮光 가운데 계신다'라는 기쁜 소식을 전傳해 주었습니다. 무덤과 죽음이 아니라 부활復活과 생명生命이십니다.

1. 안식安息 후後 첫날 새벽에 이 여자女子들이 그 예비豫備한 향품香品을 가지고 무덤에 가서 돌이 무덤에서 굴려 옮기운 것을 보고 들어가니, 주主 예수의 시체屍體가 뵈지 아니하더라. 이를 인因하여 근심할 때에 문득 찬란燦爛한 옷을 입은 두 사람이 곁에 섰는지라. 여자女子들이 두려워 얼굴을 땅에 대니 두 사람이 이르되 어찌하여 산 자를 죽은 자 가운데서 찾느냐, 여기 계시지 않고 살아나셨느니라. 갈릴리에 계실 때에 너희에게 어떻게 말씀하신 것을 기억記憶하라. 이르시기를 인자人子가 죄인罪人의 손에 넘기워 십자가十字架에 못 박히고 제삼일第三日에 다시 살아나야 하리라 하셨느니라 한대, 저희가 예수의 말씀을 기억記憶하고 무덤에서 돌아가 이 모든 것을 열한 사도使徒와 모든 다른이에게 고告하니, 이 여자女子들은 막달라 마리아와 안나와 야고보의 모친母親 마리아라, 또 저희와 함께한 다른 여자女子들도 이것을 사도使徒들에게 고告하니라. 사도使徒들은 저희 말이 허탄虛誕한 듯이 뵈어 믿지 아니하나, 베드로는 일어나 무덤에 달려가서 구푸려 들여다보니 세마포細麻布만 보이는지라 그 된 일을 기이奇異히 여기며 집으로 돌아가니라. (눅 24:1~12)

2. 그날에 저희 중 둘이 예루살렘에서 이십오二十五 리里 되는 엠마오라 하는 촌村으로 가면서 이 모든 된 일을 서로 이야기하더라. 저희가 서로 이야기하며 문의問議할 때에 예수께서 가까이 이르러 저희와 동행同行하시나, 저희의 눈이 가리워져서 그인 줄 알아보지 못하거늘 예수께서 이르시되, 너희가 길 가면서 서로 주고 받고 하는 이야기가 무엇이냐 하시니 두 사람이 슬픈 빛을 띠고 머물러 서더라. 그 한 사람인 글로바라 하는 자가 대답對答하여 가로되, 당신이 예루살렘에 우거寓居하면서 근일近日 거기서 된 일을 홀로 알지 못하느뇨, 무슨 일이뇨 나사렛 예수의 일이니 그는 하나님과 모든 백성百姓 앞에서 말과 일에 능能하신 선지자先知者여늘, 우리 대제사장大祭司長들과 관원官員들이 사형死刑 판결判決에 넘겨주어 십자가十字架에 못 박았느니라. 우리는 이 사람이 이스라엘을 구속救贖할 자라고 바랐노라. 이뿐 아니라 이 일이 된 지가 사흘째요 또한 우리 중에 어떤 여자女子들이 우리로 놀라게 하였으니, 이는 저희가 새벽에 무덤에 갔다가 그의 시체屍體를 보지 못하고 와서 그가 살으셨다 하는 천사天使들의 나타남을 보았다 함이라. (눅 24:13~23)

3. 우리와 함께한 자 중에 두어 사람이 무덤에 가 과연果然 여자女子들의 말한 바와 같음을 보았으나 예수는 보지 못하였느라 하거늘, 가라사대 미련하고 선지자先知者들의 말한 모든 것을 마음에 더디 믿는 자들이여, 그리스도가 이런 고난苦難을 받고 자기自己의 영광榮光에 들어가야 할 것이 아니냐 하시고, 이에 모세와 모든 선지자先知者의 글로 시작始作하여 모든 성경聖經에 쓴바 자기自己의 관關한 것을 자세仔細히 설명說明하시니라. (눅 24:24~27)

4. 저희의 가는 촌村에 가까이 가매 예수는 더 가려하는 것같이 하시니, 저희가 강권強勸하여 가로되 우리와 함께 유留하사이다. 때가 저물어 가고 날이 이미 기울었나이다 하니, 이에 저희와 함께 유留하러 들어 가시니라. 저희와 함께 음식飮食 잡수실때에 떡을 가지사 축사祝謝하시고 떼어 저희에게 주시매, 저희 눈이 밝아져 그인줄 알아 보더니 예수는 저희에게 보이지 아니하시는지라. 저희가 서로 말하되 길에서 우리에게 말씀하시고, 우리에게 성경聖經을 풀어 주실 때에 우리 속에서 마음이 뜨겁지 아니하더냐 하고, 곧 그 시時로 일어나 예루살렘에 들어가 보니, 열한 사도使徒와 및 그와 함께한 자들이 모여 있어 말하기를, 주主께서 과연果然 살아나시고 시몬에게 나타나셨다 하는지라. 두 사람도 길에서 된 일과 예수께서 떡을 떼심으로 자기自己들에게 알려지신 것을 말하더라. (눅 24:28~35)

5. 이 말을 할 때에 예수께서 친親히 그 가운데 서서 가라사대 너희에게 평강平康이 있을지어다 하시니, 저희가 놀라고 무서워하여 그 보는 것을 영靈으로 생각生覺하는지라. 예수께서 가라사대 어찌하여 두려워하며 어찌하여 마음에 의심疑心이 일어나느냐, 내 손과 발을 보고 나인 줄 알라 또 나를 만져 보라, 영靈은 살과 뼈가 없으되 너희 보는 바와 같이 나는 있느니라. 이 말씀을 하시고 손과 발을 보이시나 저희가 너무 기쁘므로 오히려 믿지 못하고 기이奇異히 여길 때에 이르시되, 여기 무슨 먹을 것이 있느냐 하시니 이에 구운 생선生鮮 한 토막을 드리매 받으사 그 앞에서 잡수시더라. (눅 24:36~43)

6. 또 이르시되 내가 너희와 함께 있을 때에 너희에게 말한 바 곧 모세의 율법律法과 선지자先知者의 글과, 시편詩篇에 나를 가리켜 기록記錄된 모든 것이 이루어져야 하리라 한 말이 이것이라 하시고, 이에 저희 마음을 열어 성경聖經을 깨닫게 하시고 또 이르시되, 이같이 그리스도가 고난苦難을 받고 제삼일第三日에 죽은 자 가운데서 살아날 것과, 또 그의 이름으로 죄罪 사赦함을 얻게 하는 회개悔改가 예루살렘으로부터 시작始作하여 모든 족속族屬에게 전파傳播될 것이 기록記錄되었으니 너희는 이 일의 증인證人이라. 볼지어다 내가 내 아버지의 약속約束하신 것을 너희에게 보내리니 너희는 위로부터 능력能力을 입히울 때까지 이 성城에 유留하라 하시니라. (눅 24:44~49)

7. 예수께서 저희를 데리고 베다니 앞까지 나가사 손을 들어 저희에게 축복祝福하시더니, 축복祝福하실 때에 저희를 떠나 하늘로 올리우시니, 저희가 그에게 경배敬拜하고 큰 기쁨으로 예루살렘에 돌아가 늘 성전聖殿에 있어 하나님을 찬송讚頌하니라. (눅 24:50~53)

사망死亡 권세權勢 이기고 승리勝利의 부활復活을 하신 주님께서 승천昇天하시기 전에 최후最後의 분부分付를 하셨습니다. 땅 끝까지 이르러 복음福音을 전파傳播하고 부활復活의 증인證人이 되라고 당부當付하셨습니다.

【 낭송 표시 : 1회 ▞ / 4회 ■ / 목표 120회 】

"주의 말씀은 내 발의 등이요 내 길에 빛이니이다"(시 119:105)

제 27 일

은혜恩惠와 진리眞理는 예수 그리스도로 말미암아 온 것이라

요한복음 1:17

어두운 세상世上에 빛으로 오신 예수님은 은혜恩惠와 진리眞理가 되십니다. 은혜恩惠는 하나님의 무한無限하신 사랑이요, 진리眞理는 영원불변永遠不變하는 원리原理입니다. 요한복음福音은 은혜恩惠와 진리眞理 되신 예수님이 하나님의 구세주救世主 메시아이심을 증거證據하는 하나님의 말씀입니다.

1. 태초太初에 말씀이 계시니라 이 말씀이 하나님과 함께 계셨으니 이 말씀은 곧 하나님이시니라. 그가 태초太初에 하나님과 함께 계셨고, 만물萬物이 그로 말미암아 지은바 되었으니 지은 것이 하나도 그가 없이는 된 것이 없느니라. 그 안에 생명生命이 있었으니 이 생명生命은 사람들의 빛이라. 빛이 어두움에 비취되 어두움이 깨닫지 못하더라. 하나님께서 보내심을 받은 사람이 났으니 이름은 요한이라. 저가 증거證據하러 왔으나 곧 빛에 대하여 증거證據하고 모든 사람으로 자기를 인因하여 믿게 하려 함이라. 그는 이 빛이 아니요 이 빛에 대하여 증거證據하러 온 자라. 참빛 곧 세상世上에 와서 각 사람에게 비취는 빛이 있었나니, 그가 세상世上에 계셨으며 세상世上은 그로 말미암아 지은바 되었으되 세상世上이 그를 알지 못하였고, 자기 땅에 오매 자기 백성百姓이 영접迎接지 아니하였으나, 영접迎接하는 자 곧 그 이름을 믿는 자들에게는 하나님의 자녀子女가 되는 권세權勢를 주셨으니, 이는 혈통血統으로나 육정肉情으로나 사람의 뜻으로 나지 아니하고 오직 하나님께로서 난 자들이니라. 말씀이 육신肉身이 되어 우리 가운데 거居하시매, 우리가 그 영광榮光을 보니 아버지의 독생자獨生子의 영광榮光이요 은혜恩惠와 진리眞理가 충만充滿하더라. (요 1:1~14)

2. 요한이 그에 대對하여 증거證據하여 외쳐 가로되 내가 전에 말하기를, 내 뒤에 오시는 이가 나보다 앞선 것은 나보다 먼저 계심이니라 한 것이 이 사람을 가리킴이니라 하니라. 우리가 다 그의 충만充滿한 데서 받으니 은혜恩惠 위에 은혜恩惠러라. 율법律法은 모세로 말미암아 주신 것이요, 은혜恩惠와 진리眞理는 예수 그리스도로 말미암아 온 것이라. 본래本來 하나님을 본 사람이 없으되 아버지 품속에 있는 독생獨生하신 하나님이 나타내셨느니라. (요 1:15~18)

3. 유대인들이 예루살렘에서 제사장祭司長들과 레위인들을 요한에게 보내어 네가 누구냐 물을 때에 요한의 증거證據가 이러하니라. 요한이 드러내어 말하고 숨기지 아니하니 나는 그리스도가 아니라, 나는 선지자先知者 이사야의 말과 같이 주主의 길을 곧게 하라고 광야曠野에서 외치는 자의 소리로라 하니라. 어찌하여 세례洗禮를 주느냐 요한이 대답對答하되 나는 물로 세례洗禮를 주거니와 내 뒤에 오시는 그이라. 나는 그의 신들메 풀기도 감당堪當치 못하겠노라. 이 일은 요한의 세례洗禮 주던 곳 요단 강 건너편에서 된 일이니라. (요 1:19~28)

4. 이튿날 요한이 예수께서 자기에게 나오심을 보고 가로되 보라 세상世上 죄罪를 지고 가는 하나님의 어린 양羊이로다. 내가 전에 말하기를 내 뒤에 오시는 사람이 있는데

나보다 앞선 것은 그가 나보다 먼저 계심이라 한 것이 이 사람을 가리킴이라. 나도 그를 알지 못하였으나 내가 와서 물로 세례洗禮를 주는 것은 그를 이스라엘에게 나타내려 함이라 하니라. 요한이 또 증거證據하여 가로되 내가 보매 성령聖靈이 비둘기같이 하늘로서 내려와서 그의 위에 머물렀더라. 나도 그를 알지 못하였으나 나를 보내어 물로 세례洗禮를 주라 하신 그이가 나에게 말씀하시되, 성령聖靈이 내려서 누구 위에든지 머무는 것을 보거든 그가 곧 성령聖靈으로 세례洗禮를 주는 이인 줄 알라 하셨기에, 내가 보고 그가 하나님의 아들이심을 증거證據하였노라 하니라. (요 1:29~34)

5. 또 이튿날 요한이 자기 제자弟子 중 두 사람과 함께 섰다가 예수의 다니심을 보고 말하되 보라 하나님의 어린 양羊이로다. 두 제자弟子가 그의 말을 듣고 예수를 좇거늘 예수께서 돌이켜 그 좇는 것을 보시고 물어 가라사대, 무엇을 구求하느냐 가로되 랍비여 어디 계시오니이까 하니, 예수께서 가라사대 와 보라 그러므로 저희가 가서 계신데를 보고 그날 함께 거居하니 때가 제십시쯤 되었더라. 요한의 말을 듣고 예수를 좇는 두 사람 중에 하나는 시몬 베드로의 형제兄弟 안드레라. 그가 먼저 자기의 형제兄弟 시몬을 찾아 말하되 우리가 메시아를 만났다 하고, 메시아는 번역飜譯하면 그리스도라. 데리고 예수께로 오니 예수께서 보시고 가라사대 네가 요한의 아들 시몬이니 장차將次 게바라 하리라 하시니라. 게바는 번역飜譯하면 베드로라. (요 1:35~42)

6. 이튿날 예수께서 갈릴리로 나가려 하시다가 빌립을 만나 이르시되 나를 좇으라 하시니, 빌립은 안드레와 베드로와 한 동네 벳새다 사람이라. 빌립이 나다나엘을 찾아 이르되 모세가 율법律法에 기록記錄하였고 여러 선지자先知者가 기록記錄한 그 이를 우리가 만났으니 요셉의 아들 나사렛 예수니라. 나다나엘이 가로되 나사렛에서 무슨 선善한 것이 날 수 있느냐 빌립이 가로되 와 보라. 나다나엘이 자기에게 오는 것을 보고 그를 가리켜 가라사대, 보라 이는 참 이스라엘 사람이라 그 속에 간사奸詐한 것이 없도다. 나다나엘이 가로되 어떻게 나를 아시나이까 빌립이 너를 부르기 전에 네가 무화과無花果나무 아래 있을 때에 보았노라. 랍비여 당신은 하나님의 아들이시요 이스라엘의 임금이로소이다. 예수께서 대답對答하여 가라사대 내가 너를 무화과無花果 나무 아래서 보았다 하므로 믿느냐, 이보다 더 큰 일을 보리라 진실眞實로 너희에게 이르노니 하늘이 열리고 하나님의 사자使者들이 인자人子 위에 오르락 내리락하는 것을 보리라 하시니라. (요 1:43~51)

'당신은 하나님의 아들이요 임금이로소이다.' 나다나엘의 신앙고백信仰告白은 참으로 위대偉大합니다. "주主는 그리스도시요 하나님의 아들이시니이다"라는 베드로의 신앙고백信仰告白보다 먼저입니다. 신앙고백信仰告白은 일찍 할수록 좋습니다.

【 낭송 표시 : 1회 ◱ / 4회 ■ / 목표 120회 】

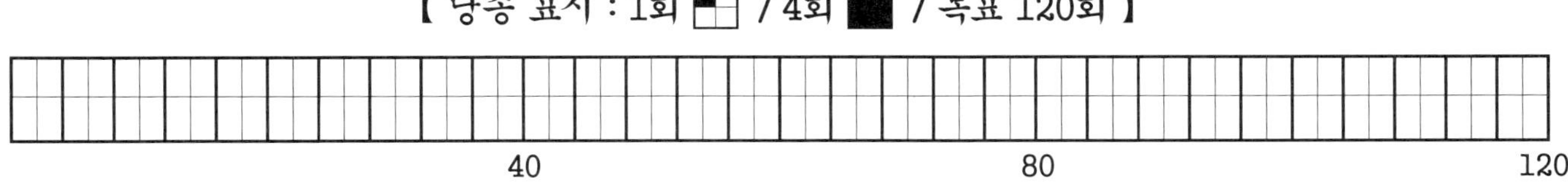

"주의 말씀은 내 발의 등이요 내 길에 빛이니이다"(시 119:105)

제 28 일

그 영광榮光을 나타내시며 제자弟子들이 믿으니라

요한복음 2:22

잔칫집에 포도주葡萄酒가 부족不足했을 때 예수님께서는 순종順從의 기적奇蹟을 교훈敎訓해 주셨습니다. 항아리에 물을 가득 채우게 하였고 그것을 하객賀客들에게 제공提供하였을 때 상품上品 포도주葡萄酒가 되었습니다. 잔칫집에 기쁨을 충만充滿하게 하였습니다. 이러한 표적標蹟을 본 많은 사람들이 하나님께 영광榮光을 돌리며 제자弟子들이 믿게 되었습니다.

1. 사흘 되던 날에 갈릴리 가나에 혼인婚姻이 있어 예수님의 어머니도 거기 계시고 예수와 그 제자弟子들은 혼인婚姻에 청請함을 받았더니 포도주葡萄酒가 모자란지라. 예수의 어머니가 예수에게 이르되 저희에게 포도주葡萄酒가 없다 하니, 예수께서 가라사대 여자女子여 나와 무슨 상관相關이 있나이까, 내 때가 아직 이르지 못하였나이다. 그 어머니가 하인下人들에게 이르되 너희에게 무슨 말씀을 하시든지 그대로 하라 하니라. 거기 유대인의 결례潔禮를 따라 두 세 통 드는 돌항아리 여섯이 놓였는지라. 예수께서 저희에게 이르시되 항아리에 물을 채우라 하신즉 아구까지 채우니, 이제는 떠서 연회장宴會長에게 갖다 주라 하시매 갖다주었더니, 연회장宴會長은 물로 된 포도주葡萄酒를 맛보고 어디서 났는지 알지 못하되 물 떠온 하인下人들은 알더라 연회장宴會長이 신랑新郎을 불러 말하되, 사람마다 먼저 좋은 포도주葡萄酒를 내고 취한 후에 낮은 것을 내거늘 그대는 지금까지 좋은 포도주葡萄酒를 두었도다 하니라. 예수께서 이 처음 표적表蹟을 갈릴리 가나에서 행하여 그 영광榮光을 나타내시매 제자弟子들이 그를 믿으니라. (요 2:1~11)

2. 그 후에 예수께서 그 어머니와 형제兄弟들과 제자弟子들과 함께 가버나움으로 내려가 거기 여러날 계시지 아니하시니라. 유대인의 유월절逾越節이 가까운지라 예수께서 예루살렘으로 올라가셨더니, 성전聖殿 안에서 소와 양羊과 비둘기 파는 사람들과 돈 바꾸는 사람들의 앉은 것을 보시고 노끈으로 채찍을 만드사, 양이나 소를 다 성전聖殿에서 내어 쫓으시고 돈 바꾸는 사람들의 돈을 쏟으시며, 상을 엎으시고 비둘기 파는 사람들에게 이르시되 이것을 여기서 가져가라. 내 아버지의 집으로 장사하는 집을 만들지 말라 하시니, 제자弟子들이 성경聖經 말씀에 주主의 전殿을 사모思慕하는 열심이 나를 삼키리라 한 것을 기억記憶하더라. 이에 유대인들이 대답對答하여 예수께 말하기를 내가 이런 일을 행하니 무슨 표적表蹟을 우리에게 보이겠느뇨. 예수께서 대답對答하여 가라사대 너희가 이 성전聖殿을 헐라 내가 사흘 동안에 일으키리라 유대인들이 가로되, 이 성전聖殿은 사십육 년 동안에 지었거늘 네가 삼 일 동안에 일으키겠느뇨 하더라. 그러나 예수는 성전聖殿된 자기 육체肉體를 가리켜 말씀하신 것이라. 죽은 자 가운데서 살아나신 후에야 제자弟子들이 이 말씀하신 것을 기억記憶하고 성경聖經과 및 예수의 하신 말씀을 믿었더라. (요 2:12~22)

3. 유월절逾越節에 예수께서 예루사렘에 계시니 많은 사람이 그 행하시는 표적表蹟을 보고 그 이름을 믿었으나, 예수는 그 몸을 저희에게 의탁依託지 아니하셨으니 이는 친親히 모든 사람을 아심이요, 또 친히 사람의 속에 있는 것을 아시므로 사람에 대하여 아무의 증거證據도 받으실 필요必要가 없음이니라. (요 2:23~25)

4. 바리새인 중에 니고데모라 하는 사람이 있으니 유대인의 관원官員이라. 그가 밤에 예수께 와서 가로되 랍비여 우리가 당신은 하나님께로서 오신 선생先生인 줄 아나이다. 하나님이 함께하시지 아니하시면 당신의 행하시는 이 표적表蹟을 아무라도 할 수 없음이니이다. 예수께서 대답對答하여 가라사대 진실眞實로 진실眞實로 네게 이르노니 이

사람이 거듭나지 아니하면 하나님 나라를 볼 수 없느니라. 니고데모가 가로되 사람이 늙으면 어떻게 날 수 있삽나이까 두 번째 모태母胎에 들어갔다가 날 수 있삽나이까, 예수께서 대답對答하시되 진실眞實로 진실眞實로 네게 이르노니 사람이 물과 성령聖靈으로 나지 아니하면 하나님 나라에 들어갈 수 없느니라. 육肉으로 난 것은 육肉이요, 성령聖靈으로 난 것은 영靈이니 내가 네게 거듭나야 하겠다 하는 말을 기이奇異히 여기지 말라. 바람이 임의任意로 불매 네가 그 소리를 들어도 어디서 오며 어디로 가는지 알지 못하나니 성령聖靈으로 난 사람은 다 이러하니라. 니고데모가 대답對答하여 가로되 어찌 이러한 일이 있을 수 있나이까, 예수께서 가라사대 너는 이스라엘의 선생先生으로서 이러한 일을 알지 못하느냐, 진실眞實로 진실眞實로 네게 이르노니 우리 아는 것을 말하고 본 것을 증거證據하노라. 그러나 너희가 우리 증거證據를 받지 아니하는도다. 내가 땅의 일을 말하여도 너희가 믿지 아니하거든 하물며 하늘의 일을 말하면 어떻게 믿겠느냐, 하늘에서 내려온 자 곧 인자人子외에는 하늘에 올라가는 자가 없느니라. 모세가 광야曠野에서 뱀을 든 것같이 인자人子도 들려야 하리니, 이는 저를 믿는자마다 영생永生을 얻게 하려 하심이니라. (요 3:1~15)

5. 하나님이 세상世上을 이처럼 사랑하사 독생자獨生子를 주셨으니, 이는 저를 믿는 자마다 멸망滅亡치 않고 영생永生을 얻게 하려 하심이니라. 하나님이 그 아들을 세상世上에 보내신 것은 세상世上을 심판審判하려 하심이 아니요, 저로 말미암아 세상世上이 구원救援을 받게 하려 하심이라. 저를 믿는 자는 심판審判을 받지 아니하는 것이요, 믿지 아니하는 자는 하나님의 독생자獨生子의 이름을 믿지 아니하므로 벌써 심판審判을 받은 것이니라. 그 정죄定罪는 이것이니 곧 빛이 세상世上에 왔으되 사람들이 자기 행위行爲가 악惡하므로 빛보다 어두움을 더 사랑한 것이니라. 악惡을 행하는 자마다 빛을 미워하여 빛으로 오지 아니하나니 이는 그 행위行爲가 드러날까 함이요, 진리眞理를 좇는 자는 빛으로 오나니 이는 그 행위行爲가 하나님 안에서 행한 것임을 나타내려 함이라 하시니라. (요 3:16~21)

6. 이 후에 예수께서 제자弟子들과 유대 땅으로 가서 거기 함께 유留하시며 세례洗禮를 주시더라. 요한도 살렘 가까운 애논에서 세례洗禮를 주니 거기 물들이 많음이라 사람들이 와서 세례洗禮를 받더라. 요한이 아직 옥獄에 갇히지 아니하였더라 이에 요한의 제자弟子 중에서 한 유대인으로 더불어 결례潔禮에 대하여 변론辯論이 되었더니, 저희가 요한에게 와서 가로되 랍비여 선생先生님과 함께 요단 강 저편에 있던 자 곧 선생先生님이 증거證據하시던 자가 세례洗禮를 주매 사람이 다 그에게로 가더이다. 요한이 대답對答하여 가로되 만일 하늘에서 주신 바 아니면 사람이 아무 것도 받을 수 없느니라. 나의 말한 바 나는 그리스도가 아니요 그의 앞에 보내심을 받은 자라고 한 것을 증거證據할 자는 너희니라. 신부新婦를 취하는 자는 신랑新郎이나 서서 신랑新郎의 음성音聲을 듣는 친구親舊가 크게 기뻐하나니 나는 이러한 기쁨이 충만充滿하였노라. 그는 흥興하여야 하겠고 나는 쇠衰하여야 하리라 하니라. (요 3:22~30)

니고데모 공의회의원公義會議員과의 심야 대화深夜對話를 통하여 신구약성경新舊約聖經의 진수眞髓인 '예수 구원 복음救援福音'이 선포宣布되었습니다. '하나님이 세상世上을 이처럼 사랑하사 독생자獨生子를 주셨으니 누구든지 믿으면 구원救援을 얻는다'라는 최고最高 복음 진리福音眞理를 주셨습니다.

【 낭송 표시 : 1회 ▞ / 4회 ■ / 목표 120회 】

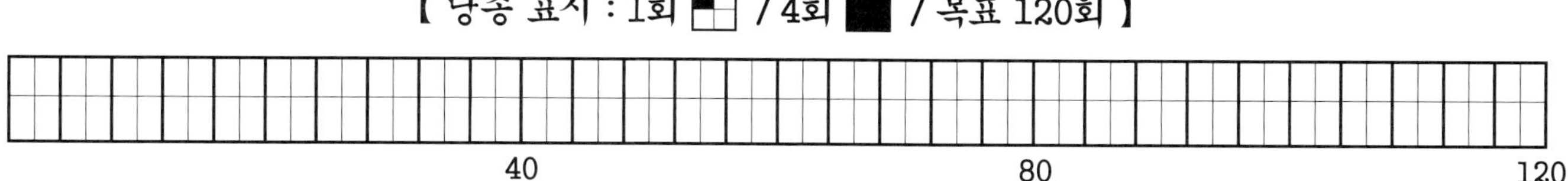

"주의 말씀은 내 발의 등이요 내 길에 빛이니이다"(시 119:105)

제 29 일

영생永生하도록 솟아나는 샘물이 되리라

요한복음 4:14

사마라아 여인女人이 주는 우물물은 계속繼續 마셔야 하는 음료飮料입니다. 예수님이 주는 물은 영생永生의 샘물입니다. 복음福音은 영원永遠한 생명生命을 주는 하나님의 선물善物입니다. 하나님의 말씀은 영생永生하도록 솟아나는 샘물이 되게 매일매일 상고詳考해야 합니다. 일용日用할 양식糧食이요 영원永遠한 양식糧食이 되게 합시다.

1. 위로부터 오시는 이는 만물萬物 위에 계시고 땅에서 난 이는 땅에 속屬하여 땅에 속屬한 것을 말하느니라. 하늘로서 오시는 이는 만물萬物 위에 계시나니, 그가 그 보고 들은 것을 증거證據하되 그의 증거證據를 받는 이가 없도다. 그의 증거證據를 받는 이는 하나님을 참되시다 하여 인印 쳤느니라. 하나님의 보내신 이는 하나님의 말씀을 하나니 이는 하나님이 성령聖靈을 한량限量 없이 주심이니라. 아버지께서 아들을 사랑하사 만물萬物을 다 그 손에 주셨으니 아들을 믿는 자는 영생永生이 있고, 아들을 순종順從치 아니하는 자는 영생永生을 보지 못하고 도리어 하나님의 진노震怒가 그 위에 머물러 있느니라. (요 3:31~36)

2. 예수의 제자弟子를 삼고 세례洗禮를 주는 것이 요한보다 많다 하는 말을 바리새인들이 들은 줄을 주主께서 아신지라. 유대를 떠나사 다시 갈릴리로 가실새 사마리아로 통행通行하여야 하겠는지라. 사마리아에 있는 수가라 하는 동네에 이르시니 야곱이 그 아들 요셉에게 준 땅이 가깝고 거기 또 야곱의 우물이 있더라. 예수께서 행로行路에 곤困하여 우물 곁에 그대로 앉으시니 때가 제육시第六時쯤 되었더라. 사마리아 여자女子 하나가 물을 길러 왔으매 예수께서 물을 좀 달라 하시니, 이는 제자弟子들이 먹을 것을 사러 동네에 들어갔음이러라. 사마리아 여자女子가 가로되 당신은 유대인으로서 어찌하여 사마리아 여자女子 나에게 물을 달라 하나이까, 이는 유대인이 사마리아인과 상종相從치 아니함이러라. 예수께서 대답對答하여 가라사대 네가 만일 하나님의 선물善物과 또 네게 물 좀 달라 하는 이가 누구인줄 알았더면, 네가 그에게 구求하였을 것이요 그가 생수生水를 네게 주었으리라. 여자女子가 가로되 주主여 물 길을 그릇도 없고 이 우물은 깊은데 어디서 이 생수生水를 얻겠삽나이까, 우리 조상祖上 야곱이 이 우물을 우리에게 주었고, 또 여기서 자기 아들들과 짐승이 다 먹었으니 당신이 야곱보다 더 크니이까, 예수께서 대답對答하여 가라사대 이 물을 먹는 자마다 다시 목마르려니와, 내가 주는 물을 먹는 자는 영원永遠히 목마르지 아니하리니 나의 주는 물은 그 속에서 영생永生하도록 솟아나는 샘물이 되리라. (요 4:1~14)

3. 여자女子가 가로되 주主여 이런 물을 내게 주사 목마르지도 않고 또 여기 물 길러 오지도 않게 하옵소서. 가라사대 가서 네 남편男便을 불러오라 여자女子가 대답對答하여 가로되, 나는 남편男便이 없나이다 예수께서 가라사대 네가 남편男便이 없다 하는 말이 옳도다. 네가 남편男便 다섯이 있었으나 지금 있는 자는 네 남편男便이 아니니 네 말이 참되도다. 여자女子가 가로되 주主여 내가 보니 선지자先知者로소이다. 우리 조상祖上들은 이 산에서 예배禮拜하였는데 당신들의 말은 예배禮拜 할 곳이 예루살렘에 있다 하더이다. 예수께서 가라사대 여자女子여 내 말을 믿으라 이 산山에서도 말고 예루살렘에서도 말고 너희가 아버지께 예배禮拜할 때가 이르리라. 너희는 알지 못하는 것을 예배禮拜하고 우리는 아는 것을 예배禮拜하노니 이는 구원救援이 유대인에게서 남이니라. 아버지께 참으로 예배禮拜하는 자들은 신령神靈과 진정眞情으로 예배禮拜할 때가 오나니 곧 이때라 아버지께서는 이렇게 자기에게 예배禮拜하는 자들을 찾으시느니라. 하나님은 영靈이시니 예배禮拜하는 자가 신령神靈과 진정眞情으로 예배禮拜할지니라. (요 4:15~24)

4. 여자女子가 가로되 메시아 곧 그리스도라 하는 이가 오실 줄을 내가 아노니 그가 오시면 모든 것을 우리에게 고告하시리이다. 예수께서 이르시되 네게 말하는 내가 그로라 하시니라. 이때에 제자弟子들이 돌아와서 예수께서 여자女子와 말씀하시는 것을 이상異常히 여겼으나 무엇을 구求하시나이까, 어찌하여 저와 말씀하시나이까 묻는 이가 없더라. 여자女子가 물동이를 버려두고 동네에 들어가서 사람들에게 이르되, 나의 행行한 모든 일을 내게 말한 사람을 와 보라 이는 그리스도가 아니냐 하니 저희가 동네에서 나와 예수께 오더라. (요 4:25~30)

5. 제자弟子들이 청請하여 가로되 랍비여 잡수소서 가라사대 내게는 너희가 알지 못하는 먹을 양식糧食이 있느니라. 제자弟子들이 서로 말하되 누가 잡수실 것을 갖다 드렸는가 한 대, 예수께서 이르시되 나의 양식糧食은 나를 보내신 이의 뜻을 행行하며 그의 일을 온전穩全히 이루는 이것이니라. 너희가 넉달이 지나야 추수秋收할 때가 이르겠다 하지 아니하느냐. 내가 너희에게 이르노니 눈을 들어 밭을 보라 희어져 추수秋收하게 되었도다. 거두는 자가 이미 삯도 받고 영생永生에 이르는 열매를 모으나니, 이는 뿌리는 자와 거두는 자가 함께 즐거워하게 하려함이니라. 그런즉 한 사람이 심고 다른 사람이 거둔다 하는 말이 옳도다. 내가 너희로 노력努力지 아니한 것을 거두러 보내었노니 다른 사람들은 노력努力하였고 너희는 그들의 노력努力한 것에 참예參與하였느니라. (요 4:31~38)

6. 여자女子의 말이 그가 나의 행行한 모든 것을 내게 말하였다 증거證據하므로 그 동네 중에 많은 사마리아인이 예수를 믿는지라. 사마리아인들이 예수께 와서 자기들과 함께 유留하기를 청請하니 거기서 이틀을 유留하시매, 예수의 말씀을 인하여 믿는 자가 더욱 많아 그 여자女子에게 말하되, 이제 우리가 믿는 것은 네 말을 인함이 아니니 이는 우리가 친親히 듣고 그가 참으로 세상世上의 구주救主신줄 앎이니라 하였더라. 이틀이 지나매 예수께서 거기를 떠나 갈릴리로 가시며 친親히 증거證據하시기를, 선지자先知者가 고향故鄕에서는 높임을 받지 못한다 하시고, 갈릴리에 이르시매 갈릴리인들이 그를 영접迎接하니 이는 자기들도 명절名節에 갔다가 예수께서 명절名節중에 예루살렘에서 하신 모든 일을 보았음이더라. (요 4:39~45)

7. 예수께서 다시 갈릴리 가나에 이르시니 전에 물로 포도주葡萄酒를 만드신 곳이라. 왕王의 신하臣下가 있어 그 아들이 가버나움에서 병病들었더니, 그가 예수께서 갈릴리에 오심을 듣고 가서 청請하되 내려오셔서 내 아들의 병病을 고쳐 주소서 하니 저가 죽게 되었음이라. 예수께서 가라사대 너희를 표적表蹟과 기사奇事를 보지 못하면 도무지 믿지 아니하리라. 신하臣下가 가로되 주主여 내 아이가 죽기 전에 내려오소서. 예수께서 가라사대 가라 네 아들이 살았다 하신대 그 사람이 예수의 하신 말씀을 믿고 가더니, 내려가는 길에서 그 종들이 오다가 만나서 아이가 살았다 하거늘, 그 낫기 시작始作한 때를 물은즉 어제 제칠시第七時에 열기熱氣가 떨어졌나이다 하는지라. 아버지가 예수께서 네 아들이 살았다 말씀하신 그때인줄 알고 자기와 그 온 집이 다 믿으니라. 이것은 예수께서 갈릴리로 오신 후 행하신 두 번째 표적表蹟이니라. (요 4:46~54)

"그 온 집이 다 믿으니라." 병病들어 죽게 된 아들이 고침을 받고 살아남으로 온 가족家族이 구원救援을 받고 믿음의 가정家庭이 되었습니다. 품행品行이 단정端正치 못한 여인女人이 예수님을 구세주救世主로 믿고 전도傳道할 때 사마리아 도성都城 많은 사람들이 구원救援받게 되었습니다.

【 낭송 표시 : 1회 ▦ / 4회 ■ / 목표 120회 】

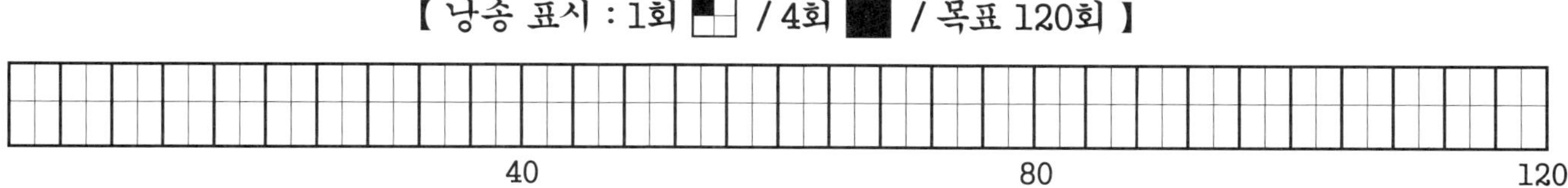

"주의 말씀은 내 발의 등이요 내 길에 빛이니이다"(시 119:105)

제 30 일

일어나 네 자리를 들고 걸어가라

요한복음 5:8

베데스다 못가에 수많은 병자病者들이 막연漠然한 전설傳說을 듣고 무작정無酌定 대기待機하고 있었습니다. 천사天使가 가끔 내려와 물을 동動하게 한다고 거짓으로 꾸며낸 말을 사실事實처럼, 실재實在 경험經驗한 것처럼 이야기까지 합니다. 사실事實과 전설傳說을 착각錯覺하고 살아갑니다. 예수님께서는 38년 동안 이러한 혼돈混沌과 혼란混亂 가운데 병病들어 사는 불쌍한 병자病者를 향해 믿음과 순종順從을 통해 병病 고침과 구원救援의 은혜恩惠를 선사善事하셨습니다. "일어나 네 자리를 들고 들어가라." "그 사람이 일어나서 자리를 들고 걸어가니라." 할렐루야. 아멘입니다.

1. 그 후에 유대인의 명절名節이 있어 예수께서 예루살렘에 올라가시니라. 예루살렘에 있는 양문羊門 곁에 베데스다라 하는 못이 있는데 거기 행각行閣 다섯이 있고, 그 안에는 많은 병자病者 소경 절뚝발이 혈기血氣 마른 자들이 누워 물의 동動함을 기다리니, 이는 천사天使가 못에 내려와 물을 동動하게 하는데, 동動한 후에 먼저 들어가는 자는 어떤 병病에 걸렸는지 낫게 됨이러라. 거기 삼십팔 년三十八年 된 병자病者가 있더라. 예수께서 그 누운 것을 보시고 병病이 벌써 오랜 줄 아시고 이르시되, 네가 낫고자 하느냐 병자病者가 대답對答하되 주主여 물이 동動할 때에 나를 못에 넣어 줄 사람이 없어 내가 가는 동안에 다른 사람이 먼저 내려가나이다. 예수께서 가라사대 일어나 네 자리를 들고 걸어가라 하시니 자리를 들고 걸어가니라. (요 5:1~9)

2. 이날은 안식일安息日이니 유대인들이 병病 나은 사람에게 이르되 안식일安息日인데 네가 자리를 들고 가는 것이 옳지 아니하니라. 대답對答하되 나를 낫게한 그가 자리를 들고 걸어가라 하더라 한대, 고침을 받은 사람이 그가 누구신지 알지 못하니 이는 거기 사람이 많으므로 예수께서 이미 피避하셨음이라. 그 후後에 예수께서 성전聖殿에서 그 사람을 만나 이르시되, 보라 네가 나았으니 더 심甚한 것이 생기지 않게 다시는 죄罪를 범犯치 말라 하시니, 그 사람이 유대인들에게 가서 자기自己를 고친 이는 예수라 하니라. 그러므로 안식일安息日에 이러한 일을 행行하신다 하여 유대인들이 예수를 핍박逼迫하게 된지라. 예수께서 저희에게 이르시되 내 아버지께서 이제까지 일하시니 나도 일한다 하시매, 유대인들이 이를 인하여 더욱 예수를 죽이고자 하니, 이는 안식일安息日만 범犯할 뿐 아니라 하나님을 자기의 친親 아버지라 하여 자기自己를 하나님과 동등同等으로 삼으심이러라. (요 5:9~18)

3. 그러므로 예수께서 저희에게 이르시되 내가 진실眞實로 진실眞實로 너희에게 이르노니, 아들이 아버지의 하시는 일을 보지 않고는 아무 것도 스스로 할 수 없나니, 아버지께서 행行하시는 그것을 아들도 그와 같이 행하느니라. 아버지께서 아들을 사랑하사 자기의 행하시는 것을 다 아들에게 보이시고 또 그보다 더 큰 일을 보이사 너희로 기이奇異히 여기게 하시리라. 아버지께서 죽은 자들을 일으켜 살리심같이 아들도 자기의 원願하는 자들을 살리느니라. 아버지께서 심판審判을 아들에게 맡기셨으니 이는 모든 사람으로 아버지를 공경恭敬하는 것같이 아들을 공경恭敬하게 하려 하심이라. 아들을 공경恭敬치 아니하는 자는 그를 보내신 아버지를 공경恭敬치 아니하느니라. 내가 진실眞實로 진실眞實로 너희에게 이르노니 내 말을 듣고, 또 나 보내신 이를 믿는 자는 영생永生을 얻었고, 심판審判에 이르지 아니하나니 사망死亡에서 생명生命으로 옮겼느니라. 진실眞實로 진실眞實로 너희에게 이르노니 죽은 자들이 하나님의 아들의 음성音聲을 들을 때가 오나니 곧 이때라 듣는 자는 살아나리라. (요 5:19~25)

4. 아버지께서 자기 속에 생명生命이 있음같이 아들에게도 생명生命을 주어 그 속에 있게 하셨고, 또 인자人子됨을 인하여 심판審判하는 권세權勢를 주셨느니라. 이를 기이奇異히 여기지 말라 무덤 속에 있는 자가 다 그의 음성音聲을 들을 때가 오나니, 선善한 일을 행한 자는 생명生命의 부활復活로, 악惡한 일을 행한 자는 심판審判의 부활復活로 나오리라. 나의 원願대로 하지 않고 나를 보내신 이의 원대로 하려는 고로 내 심판審判은 의義로우니라. 너희가 성경聖經에서 영생永生을 얻은 줄 생각生覺하고 성경聖經을 상고詳考하거니와, 이 성경聖經이 곧 내게 대하여 증거證據하는 것이로다. 그러나 너희가 영생永生을 얻기 위하여 내게 오기를 원願하지 아니하는도다. 모세를 믿었더면 또 나를 믿었으리니 이는 그가 내게 대하여 기록記錄하였음이라. 그러나 그의 글도 믿지 아니하거든 어찌 내 말을 믿겠느냐 하시니라. (요 5:26~47)

5. 그 후에 예수께서 갈릴리 바다 곧 디베랴 바다 건너편으로 가시매, 큰 무리가 따르니 이는 병인病人들에게 행行하시는 표적表蹟을 봄이러라. 예수께서 산에 오르사 제자弟子들과 함께 앉으시니 유대인의 명절名節인 유월절逾越節이 가까운지라. 예수께서 눈을 들어 큰 무리가 자기에게로 오는 것을 보시고 빌립에게 이르시되, 우리가 어디서 떡을 사서 이 사람들로 먹게 하겠느냐 하시니, 빌립이 대답對答하되 각 사람으로 조금씩 받게 할지라도 이백 데나리온의 떡이 부족不足하리이다. 안드레가 예수께 여짜오되 여기 한 아이가 있어 보리떡 다섯 개와 물고기 두 마리를 가졌나이다. 그러나 그것이 이 많은 사람에게 얼마나 되겠삽나이까, 예수께서 가라사대 이 사람들로 앉게 하라 하신대, 그곳에 잔디가 많은지라 사람들이 앉으니 수효數爻가 오천五千쯤 되더라. 예수께서 떡을 가져 축사祝謝하신 후에 앉은 자들에게 나눠 주시고 고기도 그렇게 저희의 원願대로 주시다. 저희가 배부른 후에 예수께서 제자弟子들에게 이르시되 남은 조각을 거두고 버리는 것이 없게 하라 하시므로, 이에 거두니 보리떡 다섯 개로 먹고 남은 조각이 열두 바구니에 찼더라. 그 사람들이 예수의 행行하신 이 표적表蹟을 보고 말하되 이는 참으로 세상世上에 오실 그 선지자先知者라 하더라. 그러므로 예수께서 저희가 와서 자기를 억지臆志로 잡아 임금 삼으려는 줄을 아시고 다시 혼자 산으로 떠나 가시니라. (요 6:1~15)

6. 저물매 제자弟子들이 바다에 내려가서 배를 타고 건너 가버나움으로 가는데 이미 어두웠고, 예수는 아직 저희에게 오시지 아니하셨더니, 큰 바람이 불어 파도가 일어나더라. 제자弟子들이 노櫓를 저어 십여 리쯤 가다가 예수께서 바다 위로 걸어 배에 가까이 오심을 보고 두려워하거늘, 가라사대 내니 두려워 말라 하신대 이에 기뻐서 배로 영접迎接하니 배는 곧 저희의 가려던 땅에 이르렀더라. (요 6:16~21)

빌립은 100데나리온의 돈을 머리로만 계산計算하였고, 안드레는 도시락 한 개를 들고 나와 예수님께 드렸습니다. 많은 금액金額의 돈 계산計算보다 현재現在 있는 것으로 봉사奉仕할 때 오병이어五餠二魚 기적奇蹟이 일어나는 것입니다. 주主여, 지금 나에게 있는 것을 주님께 드려 봉사奉仕하게 하옵소서, 오병이어五餠二魚의 표적表蹟이 나타나게 하옵소서.

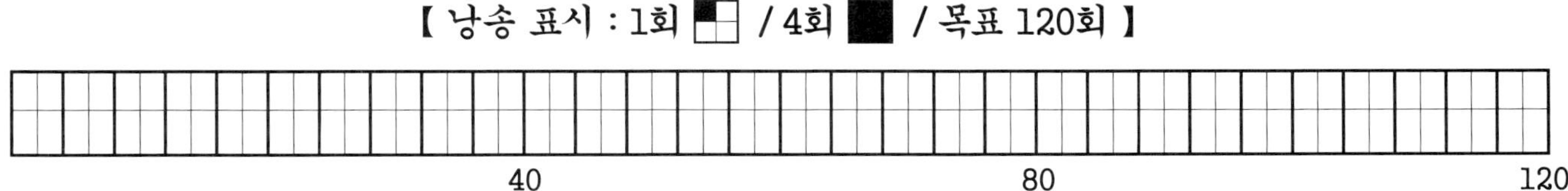

"주의 말씀은 내 발의 등이요 내 길에 빛이니이다"(시 119:105)

제 31 일

하나님의 떡은 세상世上에 생명生命을 주는 것이니라

요한복음 6:33

"이 떡을 먹으면 영생永生하리라." "나의 줄 떡은 내 살이로다." 영원永遠히 배고프지 않은 하늘나라의 양식糧食이 하나님의 말씀이요, 예수님의 몸이심을 나타내어 주셨습니다. 광야曠野에 내려 주신 만나는 하나님의 백성百姓들의 일용日用 양식糧食이요 예수님의 몸을 상징象徵하는 성찬식聖餐式의 떡을 상징象徵하였습니다.

1. 이튿날 바다 건너편에 섰는 무리가 배 한 척밖에 다른 배가 거기 없는 것과 또 어제 예수께서 제자弟子들과 함께 그 배에 오르지 아니하시고, 제자弟子들만 가는 것을 보았더니 디베랴에서 주主의 축사祝謝하신 후 떡 먹던 그곳에 가까이 왔더라. 무리가 거기 예수도 없으시고 제자弟子들도 없음을 보고 곧 배들을 타고 예수를 찾으러 가버나움으로 가서 바다 건너편에서 만나 랍비여 어느 때에 여기 오셨나이까 하니, 예수께서 대답對答하여 가라사대 내가 진실眞實로 진실眞實로 너희에게 이르노니, 너희가 나를 찾는 것은 표적表蹟을 본 까닭이 아니요 떡을 먹고 배부른 까닭이로다. 썩는 양식糧食을 위하여 일하지 말고 영생永生하도록 있는 양식糧食을 위하여 하라. 이 양식糧食은 인자人子가 너희에게 주리니 인자人子는 아버지의 하나님의 인印치신 자니라. 저희가 묻되 우리가 어떻게 하여야 하나님의 일을 하오리이까, 예수께서 대답對答하여 가라사대 하나님의 보내신 자를 믿는 것이 하나님의 일을 하오리이까 하시니, 저희가 묻되 당신을 믿게 행하시고 표적表蹟이 무엇이니이까 하시는 일이 무엇이니이까, 기록記錄된 바 하늘에서 저희에게 떡을 주어 먹게 하였다 함과 같이 우리 조상祖上들은 광야曠野에서 만나를 먹었나이다. 예수께서 이르시되 내가 진실眞實로 진실眞實로 너희에게 이르노니 하늘에서 내린 떡은 모세가 준 것이 아니라 오직 내 아버지가 하늘에서 내린 참 떡을 너희에게 주시나니 하나님의 떡은 하늘에서 내려 세상世上에서 생명生命을 주는 것이니라. (요 6:22~33)

2. 저희가 가로되 주主여 이 떡을 항상 우리에게 주소서. 예수께서 가라사대 내가 곧 생명生命의 떡이니 내게 오는 자는 결코 주리지 아니할 터이요, 나를 믿는 자는 영원永遠히 목마르지 아니하리라. 그러나 내가 너희더러 이르기를 너희는 나를 보고도 믿지 아니하는도다 하였느니라. 아버지께서 내게 주시는 자는 다 내게로 올 것이요, 내게 오는 자는 내가 결코 내어쫓지 아니하리라. 내가 하늘로서 내려온 것은 내 뜻을 행하려 함이 아니요, 나를 보내신 이의 뜻을 행하려 함이니라 나를 보내신 이의 뜻은 내게 주신 자 중에 내가 하나도 잃어버리지 아니하고 마지막 날에 다시 살리는 이것이니라. 내 아버지의 뜻은 아들을 보고 믿는 자마다 영생永生을 얻는 이것이니 마지막 날에 내가 이를 다시 살리리라 하시니라. (요 6:34~40)

3. 자기가 하늘로서 내려온 떡이라 하시므로 유대인들이 예수께 대하여 수군거려 가로되, 이는 요셉의 아들 예수가 아니냐 그 부모父母를 우리가 아는데 제가 지금 어찌하여 하늘로서 내려왔다 하느냐, 예수께서 대답對答하여 가라사대 너희는 서로 수군거리지 말라. 나를 보내신 아버지께서 이끌지 아니하면 아무라도 내게 올 수 없으니 오는 그를 내가 마지막 날에 다시 살리리라. 선지자先知者의 글에 저희가 다 하나님의 가르치심을 받으리라 기록記錄되었은즉, 아버지께 듣고 배운 사람마다 내게로 오느니라. 이는 아버지를 본 자가 있다는 것이 아니라 오직 하나님에게서 온 자만 아버지를 보았느니라. 진실眞實로 진실眞實로 너희에게 이르노니 믿는 자는 영생永生을 가졌나니 내가 곧 생명生命의 떡이로라. 너희 조상祖上들은 광야曠野에서 만나를 먹었어도 죽었거니와 이는 하늘로서 내려오는 떡이니 사람으로 하여금 먹고 죽지 아니하게 하는 것이니라. 나는

하늘로서 내려온 산 떡이니 사람이 이 떡을 먹으면 영생永生하리라. 나의 줄 떡은 곧 세상世上의 생명生命을 위한 내 살이로라 하시니라. (요 6:41~51)

4. 예수께서 이르시되 내가 진실眞實로 진실眞實로 너희에게 이르노니, 인자人子의 살을 먹지 아니하고 인자人子의 피를 마시지 아니하면 너희 속에 생명生命이 없느니라. 내 살을 먹고 내 피를 마시는 자는 영생永生을 가졌고 마지막 날에 내가 그를 다시 살리리니, 내 살은 참된 양식糧食이요 내 피는 참된 음료로다. 내 살을 먹고 내 피를 마시는 자는 내 안에 거居하고 나도 그 안에 거居하나니, 살아 계신 아버지께서 나를 보내시매 내가 아버지로 인因하여 사는 것같이 나를 먹는 그 사람도 나로 인因하여 살리라. 이것은 하늘로서 내려온 떡이니 조상祖上들이 먹고도 죽은 그것과 같지 아니하여 이 떡을 먹는 자는 영원永遠히 살리라. 이 말씀은 예수께서 가버나움 회당會堂에서 가르치실 때에 하셨느니라. (요 6:53~59)

5. 또 가라사대 이러하므로 네 아버지께서 오게 하여 주지 아니하시면 누구든지 내게 올 수 없다 하였노라. 예수께서 열두 제자弟子에게 이르시되 너희도 가려느냐, 시몬 베드로가 대답對答하되 주主여 영생永生의 말씀이 계시매 우리가 뉘게로 가오리이까, 우리가 주主는 하나님의 거룩하신 자신 줄 믿고 알았삽나이다. 예수께서 대답對答하시되 내가 너희 열둘을 택擇하지 아니하였느냐, 그러나 너희 중에 한 사람은 마귀魔鬼니라 하시니 이 말씀은 가룟 유다를 가리키심이라. 저는 열둘 중의 하나로 예수를 팔 자러라. (요 6:65~71)

6. 예수께서 가라사대 내 때는 아직 이르지 아니하였거니와 너희 때는 늘 준비準備되어 있느니라. 세상世上이 나를 미워하지 못하니 이는 내가 세상世上의 행사行事를 악惡하다 증거證據함이라. 명절名節 중에 유대인들이 예수를 찾으면서 그가 어디 있으냐 하고, 예수께 대하여 무리 중에서 수군거림이 많아 혹은 좋은 사람이라 하며, 혹은 아니라 무리를 미혹迷惑하게 한다 하나, 그러나 유대인들을 두려워하므로 드러나게 그를 말하는 자가 없더라. 이미 명절名節의 중간中間이 되어 예수께서 성전聖殿에 올라가사 가르치시니 유대인들이 기이奇異히 여겨 가로되, 이 사람은 배우지 아니하였거늘 어떻게 그을 아느냐 하니, 예수께서 대답對答하여 가라사대 내 교훈敎訓은 내 것이 아니요 나를 보내신 이의 것이니라. (요 7:6~16)

7. 명절名節 끝날 곧 큰날에 예수께서 서서 외쳐 가라사대 누구든지 목마르거든 내게로 와서 마시라. 나를 믿는 자는 성경聖經에 이름과 같이 그 배에서 생수生水의 강江이 흘러나리라 하니, 이는 그를 믿는 자의 받을 성령聖靈을 가리켜 말씀하신 것이라. 이 말씀을 들은 무리들 중에서 참으로 선지자先知者라 하며, 혹은 그리스도라 하면 어떤 이들은 그리스도가 어찌 갈릴리에서 나오겠느냐, 성경聖經에 이르기를 그리스도는 다윗의 씨는 베들레헴에서 나오리라 하지 아니하였느냐 하며 예수를 인하여 쟁론爭論이 되니, 그중에는 그를 잡고자 하는 자들도 있으나 손을 대는 자가 없었더라. (요 7:37~44)

주主여! 영생永生의 말씀이 계시오매 우리가 뉘게로 가오리이까! 영원永遠한 생명生命의 말씀이 있기에 세상世上에서 방황彷徨할 필요必要가 없습니다. 더 이상 시행착오施行錯誤를 거듭해서는 안 됩니다. 쟁기를 잡고 뒤를 돌아보지 말아야 하는 것입니다. 믿음의 주主요 온전穩全케 하시는 예수님만 바라보고 앞으로 전진前進하는 성도聖徒들이 되어야 합니다.

【 낭송 표시 : 1회 ▞ / 4회 ■ / 목표 120회 】

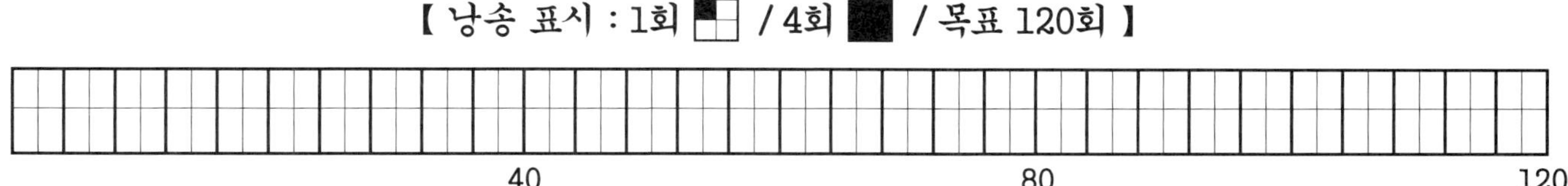

"주의 말씀은 내 발의 등이요 내 길에 빛이니이다"(시 119:105)

VIII

가서 다시는 죄를 범치 말라

제1일 가서 다시는 죄罪를 범犯치 말라 요한복음 8:11
제2일 나와 아버지는 하나이니라 요한복음 10:30
제3일 큰 소리로 나사로야 나오라 요한복음 11:43
제4일 끝까지 사랑하시니라 요한복음 13:1
제5일 영원永遠토록 함께 있게 하시리라 요한복음 14:16
제6일 담대膽大하라 내가 세상世上을 이기었노라 요한복음 16:33
제7일 또 부인否認하니 곧 닭이 울더라 요한복음 18:27
제8일 나사렛 예수 유대인의 왕王이라 요한복음 19:19
제9일 나를 보내신 것같이 나도 너희를 보내노라 요한복음 20:21
제10일 성령聖靈의 권능權能을 받아 증인證人이 되라 사도행전 1:8
제11일 우리가 다 이 일의 증인證人이로다 사도행전 2:32
제12일 우리는 보고 들은 것을 말하지 아니할 수 없다 사도행전 4:20
제13일 이 도道에 복종服從하니라 사도행전 6:7
제14일 이에 큰 무리가 주主께 더하더라 사도행전 11:24
제15일 교회敎會들을 굳게 하니라 사도행전 15:41
제16일 믿을 만한 증거證據를 주셨음이라 사도행전 17:31
제17일 주의 말씀이 힘이 있어 흥왕興旺하여 세력勢力을 얻으니라 사도행전 19:20
제18일 나는 네가 핍박逼迫하는 나사렛 예수라 사도행전 22:8
제19일 말씀하신 그대로 되리라고 하나님을 믿노라 사도행전 27:25
제20일 성경聖經에 미리 약속約束한 것이라 로마서 1:2
제21일 오직 하나님은 참되시다 할지어다 로마서 3:4
제22일 죄罪와 사망死亡의 법法에서 해방解放하였음이니라 로마서 8:2
제23일 하나님의 사랑에서 끊을 수 없으리라 로마서 8:39
제24일 핍박逼迫하는 자를 축복祝福하고 저주詛呪하지 말라 로마서 12:14
제25일 성령聖靈의 능력能力으로 소망所望이 넘치게 하시기를 원願하노라 로마서 15:13
제26일 구원救援을 얻는 우리에게는 하나님의 능력能力이라 고린도전서 1:18
제27일 그런즉 너희 몸으로 하나님께 영광榮光을 돌리라 고린도전서 6:20
제28일 너희는 나를 본本받는 자가 되라 고린도전서 11:1
제29일 그중에 제일은 사랑이라 고린도전서 13:13
제30일 항상 주主의 일에 더욱 힘쓰는 자가 되라 고린도전서 15:58
제31일 주主의 영靈이 계시는 곳에는 자유自由함이 있느니라 고린도후서 3:17

제 1 일

가서 다시는 죄罪를 범犯치 말라

요한복음 8:11

간음姦淫한 여인女人을 현장現場에서 체포逮捕해서 예수님께 데려왔다는 것은 인권 침해人權侵害요, 명예 훼손名譽毁損입니다. 적법 절차適法節次를 밟고 법정法庭에서 다루어야 할 일임에도 불구不拘하고 인민재판식人民裁判式으로 끌고와서 공개적公開的으로 시비是非를 하려는 것은 법치사회法治社會에서 있을 수 없는 처사處事입니다. 예수님께서 손에 돌을 들고 투석投石 직전直前에 "너희 중에 죄罪 없는 자가 먼저 돌로 치라" 하였고 그 여인女人에게 "가서 다시는 죄罪를 범犯하지 말라"고 말씀하셨습니다. 집단 살인集團殺人 직전直前 생명生命을 구하였습니다. 참으로 멋지게 예수님답게 처리處理하였습니다.

1. 아침에 다시 성전聖殿으로 들어오시니 백성百姓이 다 나아오는지라 앉으사 저희를 가르치시더니, 서기관書記官들과 바리새인들이 간음姦淫중에 잡힌 여자女子를 끌고 와서 가운데 세우고 예수께 말하되, 선생先生이여 이 여자女子가 간음姦淫하다가 현장現場에서 잡혔나이다. 모세는 율법律法에 이러한 여자女子를 돌로 치라 명命하였거니와 선생先生은 어떻게 말하겠나이까, 저희가 이렇게 말함은 고소告訴할 조건條件을 얻고자 하여 예수를 시험試驗함이러라. 예수께서 몸을 굽히사 손가락으로 땅에 쓰시니 저희가 이 말씀을 듣고 양심良心의 가책苛責을 받아 어른으로 시작始作하여 젊은이까지 하나씩 나가고, 오직 예수와 그 가운데 섰는 여자女子만 남았더라. 예수께서 일어나사 여자女子 외外에 아무도 없는 것을 보시고 이르시되, 여자女子여 너를 고소告訴하던 그들이 어디 있으냐 너를 정죄定罪한 자가 없느냐, 대답對答하되 주主여 없나이다 예수께서 가라사대 나도 너를 정죄定罪하지 아니하노니 가서 다시는 죄罪를 범犯치 말라 하시니라. (요 8:2~11)

2. 예수께서 또 일러 가라사대 나는 세상世上에 빛이니 나를 따르는 자는 어두움에 다니지 아니하고 생명生命의 빛을 얻으리라. 너희가 내 말에 거居하면 참된 제자弟子가 되고 진리眞理를 알지니 진리眞理가 너희를 자유自由케 하리라. 예수께서 대답對答하시되 진실眞實로 너희에게 이르노니, 죄罪를 범犯하는 자마다 죄罪의 종이라. 종은 영원永遠히 집에 거居하지 못하되 아들은 영원永遠히 거居하나니, 아들이 너희를 자유自由케 하면 너희가 참으로 자유自由하리라. 내 말이 너희 속에 있을 곳이 없으므로 나를 죽이려 하는도다. 예수께서 가라사대 하나님이 너희 아버지였으면 너희가 나를 사랑하였으니 이는 내가 하나님께로서 왔음이라. 나는 스스로 온 것이 아니요 아버지께서 나를 보내신 것이라. 어찌하여 내 말을 깨닫지 못하느냐 이는 내 말을 들을 줄 알지 못하느니라. (요 8:12~43)

3. 너희는 너희 아비 마귀魔鬼에게서 났으니 너희 아비의 욕심慾心을 너희도 행하고자 하느니라. 저는 처음부터 살인殺人한 자요 진리眞理가 그 속에 없으므로 진리眞理에 서지 못하고 거짓을 말할 때마다 제 것으로 말하나니, 이는 저가 거짓말쟁이요 거짓의 아비가 되었음이니라. 내가 진리眞理를 말하므로 너희가 나를 믿지 아니하는도다. 하나님께 속한 자는 하나님의 말씀을 듣나니 너희가 듣지 아니함은 하나님께 속하지 아니하였음이로라. 진실眞實로 너희에게 이르노니 사람이 내 말을 지키면 죽음을 영원永遠히 보지 아니하리라. 예수께서 가라사대 진실眞實로 진실眞實로 너희에게 이르노니 아브라함이 나기 전부터 내가 있느니라 하시니, 저희가 돌을 들어치려 하거늘 예수께서 숨어 성전聖殿에서 나가시니라. (요 8:44~59)

4. 예수께서 길 가실 때에 날 때부터 소경 된 사람을 보신지라. 제자弟子들이 물어 가로되 랍비여 이 사람이 소경으로 난 것이 뉘 죄罪로 인함이오니이까 자기오니이까 그

부모父母오니이까, 예수께서 대답對答하시되 이 사람이나 그 부모父母가 죄罪를 범犯한 것이 아니라 그에게서 하나님이 하시는 일을 나타내고자 하심이니라. 때가 아직 낮이매 나를 보내신 이의 일을 우리가 하여야 하리라. 밤이 오리니 그때는 아무도 일할 수 없느니라. 내가 세상에 있는 동안에는 세상世上의 빛이로라. 이 말씀을 하시고 땅에 침을 뱉아 진흙을 이겨 그의 눈에 바르시고 이르시되, 실로암 못에 가서 씻으라 하시니 실로암은 보냄을 받았다는 뜻이라. 이에 가서 씻고 밝은 눈으로 왔더라. 이웃 사람들과 전에 저가 걸인乞人인 것을 보았던 사람들이 가로되, 이는 앉아서 구걸求乞하던 자가 아니냐 그 사람이라 아니라 그와 비슷하다 하거늘, 내가 그로라 하니 저희가 묻되 그러면 네 눈이 어떻게 떠졌느냐 대답對答하되 예수라 하는 그 사람이 진흙을 이겨 내 눈에 바르고 나더러 실로암에 가서 씻으라 하기에 가서 씻었더니 보게 되었노라. (요 9:1~11)

5. 저희가 소경 되었던 사람을 데리고 바리새인들에게 갔더라. 예수께서 진흙을 이겨 눈을 뜨게 하신 날은 안식일安息日이라. 바리새인들도 그 어떻게 보게 된 것을 물으니 가로되, 그 사람이 진흙을 내 눈에 바르매 내가 씻고 보나이다 하고 그 부모父母는 말하기를 저가 장성長成하였으니 저에게 물어 보시오 하였더라. 소경 되었던 사람이 대답對答하되 내가 아는 것은 소경으로 있다가 지금 보는 그것이니이다. 저희가 가로되 그 사람이 네게 무엇을 하였느냐 어떻게 네 눈을 뜨게 하였느냐, 대답對答하되 내가 이미 일렀어도 듣지 아니하고 어찌하여 다시 듣고자 하나이까, 당신들도 그 제자弟子가 되려 하나이까 이상異常하다 이 사람이 내 눈을 뜨게 하였으되 당신들이 그가 어디서 왔는지 알지 못하는도다. 하나님이 죄인罪人을 듣지 아니하시고 경건敬虔하여 그의 뜻대로 행하는 자는 들으시는 줄을 우리가 아나이다. 이 사람이 하나님께로부터 오지 아니하였으면 아무 일도 할 수 없으리이다. 예수께서 저희가 그 사람을 쫓아냈다 하는 말을 들으셨더니, 그를 만나 가라사대 네가 인자人子를 믿느냐 대답對答하여 가로되, 주主여 그가 누구시오니이까 내가 믿고자 하나이다. 예수께서 가라사대 네가 그를 보았거니와 지금 너와 말하는 자가 그이니라. 가로되 주主여 내가 믿나이다 하고 절하는지라. (요 9:13~38)

6. 내가 진실眞實로 진실眞實로 너희에게 이르노니 양羊의 우리에 문門으로 들어가지 아니하고, 다른 데로 넘어가는 자는 절도窃盜며 강도强盜요 문門으로 들어가는 이가 양羊의 목자牧者라. 문지기門直는 그를 위하여 문을 열고 양羊은 그의 음성音聲을 듣나니 그가 자기 양의 이름을 각각 불러 인도引導하여 내느니라. 자기 양을 다 내어 놓은 후에 앞서 가면 양羊들이 그의 음성音聲을 아는 고로 따라 오되, 타인他人의 음성音聲은 알지 못하는 고로 타인他人을 따르지 아니하고 도리어 도망逃亡하느니라. (요 10:1~5)

날 때부터 소경 된 사람은 장애인의 대표代表입니다. 장애 원인 규명糾明은 고통苦痛과 아픔을 가중加重시킬 뿐입니다. 상처傷處의 고통苦痛을 증가增加시키는 일입니다. 예수님은 이러한 발상發想과 진행進行을 단호斷乎히 중단中斷시키고, 믿고 순종順從하는 마음을 통해 고침 받고 정상인正常人으로 생활生活하게 하였고, 믿음의 사람 신뢰信賴 받는 사람으로 살게 하였습니다. 성도聖徒의 사명使命과 교회敎會의 사명使命이 무엇인지를 모범模範으로 보여 주셨습니다.

【 낭송 표시 : 1회 ◱ / 4회 ■ / 목표 120회 】

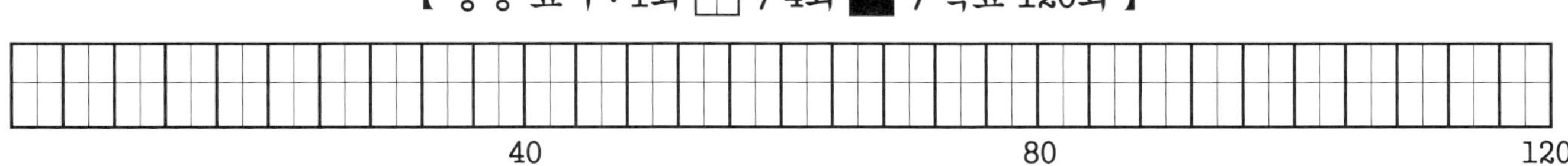

"주의 말씀은 내 발의 등이요 내 길에 빛이니이다"(시 119:105)

제 2 일

나와 아버지는 하나이니라

요한복음 10:30

예수님은 누구시냐가 최대最大의 관심사關心事입니다. 신자信者와 불신자不信者의 구별區別 기준基準이 됩니다. 예수님 자신自身은 '나와 하나님 아버지와 하나이니라'라고 선언宣言하였습니다. 그뿐만 아니라, '나를 본 자는 하나님을 보았다'라고 하였습니다. 예수님 자신自身이 하나님이라고 주장主張하셨습니다. 예수님은 하나님이십니다. 우리의 신앙고백信仰告白의 중심中心이 되어야 합니다.

1. 그러므로 예수께서 다시 이르시되 내가 진실眞實로 진실眞實로 너희에게 말하노니 나는 양羊의 문門이라. 나보다 먼저 온 자는 다 절도竊盜요 강도强盜니 양羊들이 듣지 아니하였느니라. 내가 문門이니 누구든지 나로 말미암아 들어가면 구원救援을 얻고 또는 들어가며 나오며 꼴을 얻으리라. 도적盜賊이 오는 것은 도적盜賊질하고 죽이고 멸망滅亡시키려는 것뿐이요, 내가 온 것은 양羊으로 생명生命을 얻게 하고 더 풍성豊盛히 얻게 하려는 것이라. 나는 선善한 목자牧者라 선善한 목자牧者는 양羊들을 위하여 목숨을 버리거니와, 삯꾼은 목자牧者도 아니요 양羊도 제 양이 아니라 이리가 오는 것을 보면 양을 버리고 달아나나니, 이리가 양을 늑탈勒奪하고 또 헤치느니라. 달아나는 것은 저가 삯꾼인 까닭에 양을 돌아보지 아니함이나, 나는 선善한 목자牧者라, 내가 내 양을 알고 양도 나를 아는 것이 아버지께서 나를 아시고 내가 아버지를 아는 것 같으니, 나는 양을 위하여 목숨을 버리노라. 아버지께서 나를 사랑하시는 것은 내가 다시 목숨을 얻기 위하여 목숨을 버림이라. 나는 버릴 권세權勢도 있고 다시 얻을 권세權勢도 있으니 이 계명誡命은 내 아버지에게서 받았노라 하시니라. (요 10:7~18)

2. 예루살렘에 수전절修殿節이 이르니 때는 겨울이라. 예수께서 성전聖殿 안 솔로몬 행각行閣에서 다니시니 유대인들이 에워싸고 가로되, 당신이 언제까지나 우리 마음에 의혹疑惑케 하려나이까 그리스도여든 밝히 말하시오 하니, 예수께서 대답對答하시되 내가 너희에게 말하였으되 믿지 아니하는도다. 내가 내 아버지의 이름으로 행하는 일들이 나를 증거證據하는 것이어늘 너희가 내 양이 아니므로 믿지 아니하는도다. 내 양은 내 음성音聲을 들으며 나는 저희를 알며 저희는 나를 따르느니라. 내가 저희에게 영생永生을 주노니 영원永遠히 멸망滅亡치 아니할 터이요, 또 저희를 내 손에서 빼앗을 자가 없느니라. 나와 아버지는 만유萬有보다 크시매 아무도 아버지 손에서 빼앗을 자가 없느니라. 나와 아버지는 하나이니라 하신대 유대인들이 다시 돌을 들어 치려 하거늘, 예수께서 대답對答하시되 내가 아버지께로 말미암아 여러 가지 선善한 일을 너희에게 보였거늘 그중에 어떤 일로 나를 돌로 치려하느냐, 유대인들이 대답對答하되 선善한 일을 인하여 우리가 너를 돌로 치려는 것이 아니라 참람僭濫함을 인함이니 네가 사람이 되어 자칭自稱 하나님이라 함이로라. (요 10:22~33)

3. 예수께서 가라사대 너희 율법律法에 기록記錄한 바 내가 너희를 신神이라 하였노라 하지 아니하였거늘, 하물며 아버지께서 거룩하게 하사 세상世上에 보내신 자가 나는 하나님의 아들이라 하는 것으로 너희가 어찌 참람僭濫하다 하느냐, 내가 내 아버지의 일을 행치 아니 하거든 나를 믿지 말려니와 내가 행하거든 나를 믿지 아니할지라도 그 일은 믿으라. 그러면 너희가 아버지께서 내 안에 계시고 내가 아버지 안에 있음을 깨달아 알리라 하신대, 저희가 다시 예수를 잡고자 하였으나 그 손에서 벗어나 나가시니라. (요 10:34~39)

4. 다시 요단 강 저편 요한이 처음으로 세례洗禮 주던 곳에 가사 거기 거居하시니, 많은 사람이 왔다가 말하되 요한은 아무 표적表蹟도 행치 아니하였으나, 요한이 이 사람을 가리켜 말한 것은 다 참이라 하더라. 그리하여 거기서 많은 사람이 예수를 믿으니라. (요 10:40~42)

5. 어떤 병든 자가 있으니 이는 마리아와 그 형제 마르다의 촌村 베다니에 사는 나사로라. 이 마리아는 향유香油를 주主께 붓고 머리털로 주主의 발을 씻기던 자요 병病든 나사로는 그의 오라비러라. 이에 그 누이들이 예수께 사람을 보내어 가로되 주主여 보시옵소서. 사랑하는 자가 병病들었나이다 하니, 예수께서 들으시고 가라사대 이 병病은 죽을 병病이 아니라 하나님의 영광榮光을 위함이요, 하나님의 아들로 인하여 영광榮光을 얻게 하려 함이라 하시더라. 예수께서 본래本來 마르다와 그 동생同生과 나사로를 사랑하시더니, 나사로가 병들었다 함을 들으시고 그 계시던 곳에 이틀을 더 유留하시고, 그 후에 제자弟子들에게 이르시되 유대로 다시 가자 하시니, 제자弟子들이 말하되 랍비여 방금도 유대인들이 돌로 치려 하였는데 또 그리로 가시려 하나이까, 예수께서 대답對答하시되 낮이 열두 시가 아니냐 사람이 낮에 다니면 이 세상世上의 빛을 보므로 실족失足하지 아니하고, 밤에 다니면 빛이 그 사람 안에 없는 고로 실족失足하느니라. 이 말씀을 하신 후에 또 가라사대 우리 친구親舊 나사로가 잠들었도다 그러나 내가 깨우러 가노라. (요 11:1~11)

6. 제자弟子들이 가로되 주主여 잠들었으면 낫겠나이다 하더라. 예수는 그의 죽음을 가리켜 말씀하신 것이나 저희는 잠들어 쉬는 것을 가리켜 말씀하심인 줄 생각生覺하는지라. 이에 예수께서 밝히 이르시되 나사로가 죽었느니라. 내가 거기 있지 아니한 것을 너희를 위하여 기뻐하노니 이는 너희로 믿게 하려 함이라 그러나 그에게로 가자 하신대 도마가 다른 제자弟子들에게 말하되 우리도 주와 함께 죽으러 가자 하니라. 예수께서 와서 보시니 나사로가 무덤에 있은지 이미 나흘이라. 베다니는 예루살렘에서 한 오리五里쯤 되매 많은 유대인들이 마르다와 마리아에게 그 오라비의 일로 위문慰問하러 왔더니, 마르다는 예수 오신다는 말을 듣고 곧 나가 맞되 마리아는 집에 앉았더라. 마르다가 예수께 여짜오되 주主께서 여기 계셨더면 내 오라비가 죽지 아니하였겠나이다. 그러나 이제라도 주主께서 무엇이든지 하나님께 구求하시는 것을 하나님이 주실 줄을 아나이다. 예수께서 가라사대 내 오라비가 다시 살리라. 마르다가 가로되 마지막 날 부활復活에는 다시 살 줄을 내가 아나이다. 예수께서 가라사대 나는 부활復活이요 생명生命이니 나를 믿는 자는 죽어도 살겠고, 무릇 살아서 나를 믿는 자는 영원永遠히 죽지 아니하리니 이것을 네가 믿느냐, 가로되 주主여 그러하외다 주主는 그리스도시요 세상世上에 오시는 하나님의 아들이신 줄 내가 믿나이다. (요 11:12~27)

7. 이 말을 하고 돌아가서 가만히 그 형제兄弟 마리아를 불러 말하되, 선생先生님이 오셔서 너를 부르신다 하니, 마리아가 이 말을 듣고 급히 일어나 예수께 나아가매, 예수는 아직 마을로 들어오지 아니하시고 마르다의 맞던 곳에 그저 계시더라. 마리아와 함께 집에 있어 위로慰勞하던 유대인들은 그의 급히 일어나 나가는 것을 보고, 곡哭하러 무덤에 가는 줄로 생각生覺하고 따라가더니, 마리아가 예수 계신 곳에 와서 보이고 그 발 앞에 엎드리어 가로되 주主께서 여기 계셨더면 내 오라비가 죽지 아니하였겠나이다 하더라. 예수께서 그의 우는 것과 또 함께 온 유대인들의 우는 것을 보시고 심령心靈에 통분痛憤히 여기시고 민망憫惘히 여기사, 가라사대 그를 어디 두었느냐 가로되 주主여 와서 보옵소서 하니 예수께서 눈물을 흘리시더라. (요 11:28~35)

'하나님과 하나'라고 주장主張하신 예수님은 "나는 부활復活이요 생명生命이니 나를 믿는 자는 죽어도 살겠고 무릇 살아서 나를 믿는 자는 영원永遠히 죽지 아니하리니"라고 하셨습니다. 예수님은 영원永遠한 생명生命이요 영원永遠한 소망所望이십니다. 나사로를 살리신 예수님은 자신도 부활復活하시고 우리도 주님과 같이 부활復活하게 됩니다.

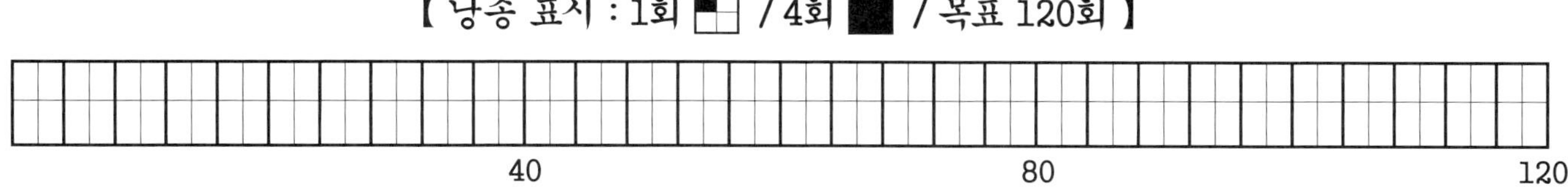

"주의 말씀은 내 발의 등이요 내 길에 빛이니이다"(시 119:105)

제 3 일

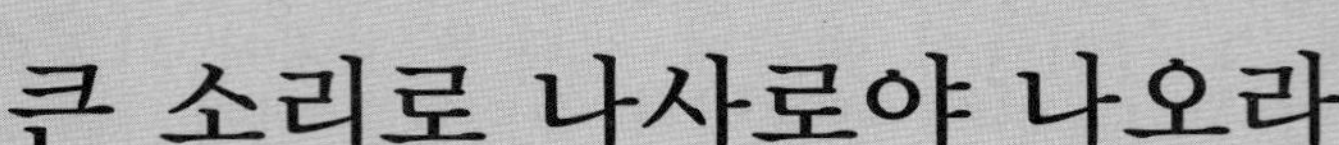

요한복음 11:43

나사로의 무덤에 도착한 예수님께서 시신屍身을 향하여 '나사로야 나오라'고 외쳤습니다. 정상인正常人으로 이해理解할 수 없는 사건事件입니다. 오직 하나님만이 하실 수 있는 부활復活의 권능權能이 나타나는 순간瞬間일 뿐입니다. 죽은 지 나흘이 되었고 장사葬死된 시체屍體가 수의壽衣를 입은 채 걸어왔습니다.

1. 그중에 어떤 이는 말하되 소경의 눈을 뜨게 한 이 사람이 그 사람은 죽지 않게 할 수 없었더냐 하더라. 이에 예수께서 다시 속으로 통분痛憤히 여기시며 무덤에 가시니 무덤이 굴이라 돌로 막았거늘, 예수께서 가라사대 돌을 옮겨 놓으라 하시니 그 죽은 자의 누이 마르다가 가로되, 주主여 죽은 지가 나흘이 되었으매 벌써 냄새가 나나이다. 예수께서 가라사대 내 말을 네가 믿으면 하나님의 영광榮光을 보리라. 돌을 옮겨 놓으니 예수께서 눈을 들어 우러러 보시고 가라사대 아버지여 내 말을 들으신 것을 감사感謝하나이다. 항상恒常 내 말을 들으시는 줄을 내가 알았나이다. 이 말씀하옵는 것은 둘러선 무리를 위함이니 곧 아버지께서 나를 보내신 것을 저희로 믿게 하려 함이니이다. 이 말씀을 하시고 큰 소리로 나사로야 나오라 부르시니, 죽은나가 수족手足을 베로 동인채로 나오는데 그 얼굴은 수건手巾에 싸였더라. 예수께서 가라사대 풀어 놓아 다니게 하라 하시니라. 예수의 하신 일을 본 많은 유대인이 저를 믿었으나 그중에 어떤 자는 바리새인들에게 가서 예수의 하신 일을 고告하니라. (요 11:37~46)

2. 유월절逾越節 엿새 전에 예수께서 베다니에 이르시니 이곳은 예수께서 죽은자 가운데서 살리신 나사로의 있는 곳이라. 거기서 예수를 위하여 잔치할새 마르다는 일을 보고 나사로는 예수와 함께 앉은 자 중에 있더라. 마리아는 지극至極히 비싼 향유香油 곧 순전純全한 나드 한 근斤을 가져다가 예수의 발에 붓고, 자기 머리털로 그의 발을 씻으니 향유香油 냄새가 집에 가득하더라. 제자弟子중 하나로서 예수를 잡아 줄 가룟 유다가 말하되, 이 향유香油를 어찌하여 삼백 데나리온에 팔아 가난한 자들에게 주지 아니하였느냐 하니, 이렇게 말함은 가난한 자들을 생각生覺함이 아니요, 저는 도적盜賊이라 돈 궤櫃를 맡고 거기 넣는 것을 훔쳐 감이러라. 예수께서 가라사대 저를 가만 두어 나의 장사葬事할 날을 위하여 이를 두게 하라. 가난한 자들은 항상恒常 너희와 함께 있거니와 나는 항상恒常 있지 아니하리라 하시니라. (요 12:1~8)

3. 유대인의 큰 무리가 예수께서 여기 계신 줄을 알고 오니 이는 예수만 위함이 아니요, 죽은 자 가운데서 살리신 나사로도 보려 함이러라. 명절名節에 온 큰 무리가 예수께서 예루살렘으로 오신다 함을 듣고 종려棕櫚나무 가지를 가지고 맞으러 나가 외치되 호산나 찬송讚頌하리이다. 주主의 이름으로 오시는 이 곧 이스라엘의 왕王이시여 하더라. 예수는 한 어린 나귀를 만나서 타시니 이는 기록記錄된 바, 시온 딸아 두려워 말라 보라 너의 왕王이 나귀 새끼를 타고 오신다 함과 같더라. (요 12:9~15)

4. 제자弟子들은 이 일을 깨닫지 못하였다가 예수께서 영광榮光을 얻으신 후後에야 이것을 예수께 대하여 기록記錄된 것임과 사람들이 예수께 이같이 한 것인 줄 생각生覺났더라. 나사로를 무덤에서 불러내어 죽은 자 가운데서 살리실 때에 함께 있던 무리가 증거證據하는지라. 바리새인들이 서로 말하되 보라 온 세상世上이 저를 좇는도다 하니라. (요 12:16~19)

5. 명절名節에 예배禮拜하러 온 사람 중에 헬라인이 몇이 있는데 저희가 갈릴리 벳새다 사람 빌립에게 가서 청請하여 가로되, 선생先生이여 우리가 예수를 뵈옵고자 하나이다. 빌립이 안드레에게 가서 말하고 안드레와 빌립이 예수께 가서 여짜온대 예수께서 대답對答하여 가라사대, 인자人子의 영광榮光을 얻을 때가 왔도다. 내가 진실眞實로 진실眞實로 너희에게 이르노니, 한 알의 밀이 땅에 떨어져 죽지 아니하면 한 알 그대로 있고 죽으면 많은 열매를 맺느니라. 자기自己 생명生命을 사랑하는 자는 잃어버릴 것이요, 이 세상世上에서 자기自己 생명生命을 미워하는 자는 영생永生하도록 보존保存하리라. 사람이 나를 섬기려면 나를 따르라 나 있는 곳에 나를 섬기는 자도 거기 있으리니, 사람이 나를 섬기면 내 아버지께서 저를 귀貴히 여기시리라. 지금 내 마음이 민망憫惘하니 무슨 말을 하리요, 아버지여 나를 구원救援하여 이때를 면免하게 하여 주옵소서. 그러나 내가 이를 위하여 이때에 왔나이이다 아버지여 아버지의 이름을 영광榮光스럽게 하옵소서 하신 이에 하늘에서 소리가 나서 가로되, 내가 이미 영광榮光스럽게 하였고 또 다시 영광榮光스럽게 하리라. (요 12:20~28)

6. 예수께서 외쳐 가라사대 나를 믿는 자는 나를 믿는 것이 아니요 나를 보내신 이를 믿는 것이며, 나를 보내신 자는 나를 보내신 이를 보는 것이니라. 나는 빛으로 세상世上에 왔나니 무릇 나를 믿는 자는 어두움에 거居하지 않게 하려 함이로라. 사람이 내 말을 듣고 지키지 아니할지라도 내가 저를 심판審判하려 함이 아니요 세상世上을 구원救援하려 함이로라. 나를 저버리고 내 말을 받지 아니하는 자를 심판審判할 이가 있으니 곧 나의 한 그 말이 마지막 날에 저를 심판審判하리라. 나를 보내신 아버지께서 나의 말할 것과 이를 것을 친親히 명령命令하여 주셨으니, 나는 그의 명령命令이 영생永生인 줄 아노라. 그러므로 나의 이르는 것은 내 아버지께서 내게 말씀하신 그대로 이르노라 하시니라. (요 12:44~50)

'하나님의 명령命令이 영생永生'(요 12:50)이라고 했습니다. 하나님의 말씀은 창조創造의 권능權能이었습니다. 말씀으로 우주만물宇宙萬物을 만드시고 말씀으로 주관主官하시고 말씀으로 완성完成하십니다. 하나님의 말씀을 믿고 순종順從하는 성도聖徒만이 영원생명永遠生命과 영원복락永遠福樂을 누리게 됩니다.

【 낭송 표시 : 1회 ▚ / 4회 ■ / 목표 120회 】

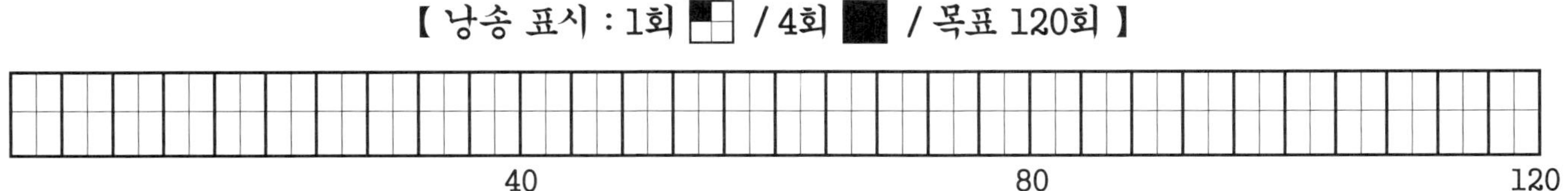

"주의 말씀은 내 발의 등이요 내 길에 빛이니이다"(시 119:105)

제 4 일

끝까지 사랑하시니라

요한복음 13:1

잠시 좋아하고 사랑하다 변變하는 것이 아니라 끝까지 사랑하는 것은 참으로 중요重要합니다. 그것이 참된 사랑입니다. 예수님께서는 제자弟子들을 끝까지 사랑하셨습니다. 변함없는 사랑, 끝까지 사랑하는 것이 온전穩全한 사랑이요, 완전完全한 사랑입니다.

1. 유월절逾越節 전에 예수께서 자기自己가 세상世上을 떠나 아버지께로 돌아가실 때가 이른 줄을 아시고, 세상에 있는 자기自己 사람들을 사랑하시되 끝까지 사랑하시니라. 마귀魔鬼가 벌써 시몬의 아들 가룟 유다의 마음에 예수를 팔려는 생각生覺을 넣었더니, 저녁 먹은 중 예수는 아버지께서 모든 것을 자기自己 손에 맡기신 것과, 또 자기自己가 하나님께로부터 오셨다가 하나님께로 돌아가실 것을 아시고, 저녁 잡수시던 자리에서 일어나 겉옷을 벗고 수건手巾을 가져다가 허리에 두르시고, 이에 대야에 물을 담아 제자弟子들의 발을 씻기시고 그 두르신 수건手巾으로 씻기기를 시작始作하여, 시몬 베드로에게 이르시니 가로되 주主여 주主께서 내 발을 씻기시나이까, 예수께서 대답對答하여 가라사대 나의 하는 것을 네가 이제는 알지 못하나 이 후後에는 알리라. 베드로가 가로되 내 발을 절대로 씻기지 못하시리이다. 예수께서 대답對答하시되 내가 너를 씻기지 아니하면 네가 나와 상관相關이 없느니라. 시몬 베드로가 가로되 주主여 내 발 뿐아니라 손과 머리도 씻겨 주옵소서. 예수께서 가라사대 이미 목욕沐浴한 자는 발 밖에 씻을 필요가 없느니라 온몸이 깨끗하니라. (요 13:1~10)

2. 저희 발을 씻기신 후後에 옷을 입으시고 다시 앉아 저희에게 이르시되, 내가 너희에게 행行한 것을 너희가 아느냐 너희가 나를 선생先生이라 또는 주主라 하니 너희 말이 옳도다 내가 그러하다. 내가 주主와 선생先生이 되어 너희 발을 씻겼으니 너희도 서로 발을 씻기는 것이 옳으니라. 내가 너희에게 행行한 것같이 너희도 행行하게 하려하여 본本을 보였노라. 내가 진실眞實로 진실眞實로 너희에게 이르노니 종이 상전上典보다 크지 못하고, 보냄을 받은 자가 보낸 자보다 크지 못하니 너희가 이것을 알고 행行하면 복福이 있으리라. 나의 보낸 자를 영접迎接하는 자는 나를 영접迎接하는 것이요, 나를 영접迎接하는 자는 나를 보내신 이를 영접迎接하는 것이니라. (요 13:12~20)

3. 예수께서 이 말씀을 하시고 심령心靈에 민망憫惘하여 증거證據하여 가라사대, 너희 중 하나가 나를 팔리라 하시니 제자弟子들이 서로 보며 의심疑心하더라. 예수의 제자弟子 중 하나 곧 그의 사랑하시는 자가 예수의 품에 의지依支하여 누웠는지라. 그가 예수의 가슴에 의지依支하여 말하되 주主여 누구오니이까, 예수께서 대답對答하시되 내가 한 조각을 찍어다가 주는 자가 그니라 하시고, 곧 한 조각을 찍으셔다가 가룟 유다에게 주시니 조각을 받은후 곧 사탄이 그 속에 들어간지라. 이에 예수께서 유다에게 이르시되 네 하는 일을 속速히 하라 하시니, 유다가 그 조각을 받고 곧 나가니 밤이러라. (요 13:21~30)

4. 저가 나간 후後**에 예수께서 가라사대 지금 인자**人子**가 영광**榮光**을 얻었고, 하나님도 인자**人子**를 인**因**하여 영광**榮光**을 얻으셨도다. 하나님이 저로 인하여 영원**永遠**을 얻으셨다면 하나님도 자기**自己**로 인하여 저에게 영광**榮光**을 주시더니 곧 주시리라. 새 계명**誡命**을 너희에게 주노니 서로 사랑하라 너희가 서로 사랑하면 이로써 모든 사람이 너희가 내 제자**弟子**인 줄 알리라. 시몬 베드로가 가로되 주**主**여 어디로 가시나이까, 예수께서 대답**對答**하시되 나의 가는 곳에 네가 지금을 따라올 수 없으나 후**後**에는 따라오리라. 베드로가 주**主**여 내가 지금은 어찌하여 따를 수 없나이까 주**主**를 위하여 내 목숨을 버리겠나이다. 예수께서 대답**對答**하시되 네가 나를 위하여 목숨을 버리겠느냐 네게 이르노니 닭 울기 전에 네가 세 번 나를 부인**否認**하리라.** (요 13:31~38)

5. 너희는 마음에 근심하지 말라 하나님을 믿으니 또 나를 믿으라. 내 아버지 집에 거居**할 곳이 많도다 그렇지 않으면 너희에게 일렀으리라. 내가 너희를 위하여 처소**處所**를 예비**豫備**하러 가노니, 가서 너희를 위하여 처소**處所**를 예비**豫備**하면 내가 다시와서 너희를 내게로 영접**迎接**하여 나 있는 곳에 너희도 있게 하리라. 내가 가는 곳에 그 길을 너희가 알리라. 도마가 가로되 주**主**여 어디로 가시는지 우리가 알지 못하거늘 그 길을 어찌 알겠삽나이까, 예수께서 가라사대 내가 곧 길이요 진리**眞理**요 생명**生命**이니 나로 말미암지 않고는 아버지께로 올 자가 없느니라.** (요 14:1~6)

6. 너희가 나를 알았더면 내 아버지도 알았으리로다. 이제부터는 너희가 그를 알았고 또 보았느니라. 빌립이 가로되 주主**여 아버지를 우리에게 보여 주옵소서. 그리하면 족**足**하겠나이다 예수께서 가라사대 빌립아 내가 이렇게 오래 너희와 함께 있으되 나를 알지 못하느냐, 나를 본 자는 아버지를 보았거늘 어찌 아버지를 보이라 하느냐, 나는 아버지 안에 있고 아버지는 내 안에 계신 것을 네가 믿지 아니하느냐, 내가 아버지 안에 있고 아버지께서 내 안에 계심을 믿으라. 행**行**하는 그 일을 인하여 나를 믿으라 나를 믿는 자는 나의 하는 일을 저도 할 것이요, 이보다 큰 것도 하리니 이는 내가 아버지께로 감이라. 너희가 내 이름으로 무엇을 구**求**하든지 내가 시행**施行**하리니 이는 아버지로 하여금 아들을 인하여 영광**榮光**을 얻으시게 하려 함이라. 내 이름으로 내게 구**求**하면 내가 시행**施行**하리라. 너희가 나를 사랑하면 나의 계명**誡命**을 지키리라.** (요 14:7~15)

"너희도 있게 하리라." "너희가 알리라." "저도 할 것이요." "시행하리라." 엄청난 혜택惠澤입니다. '천국天國에 있게 하리라. 내가 아는 것 모두 너희가 알리라. 내가 하는 일을 너희도 할 것이다. 너희의 기도祈禱를 시행施行해 주리라.' 그러므로 우리의 신앙생활信仰生活은 너무너무 아름답고 은혜恩惠롭고 행복幸福한 것입니다.

【 낭송 표시 : 1회 ⊞ / 4회 ■ / 목표 120회 】

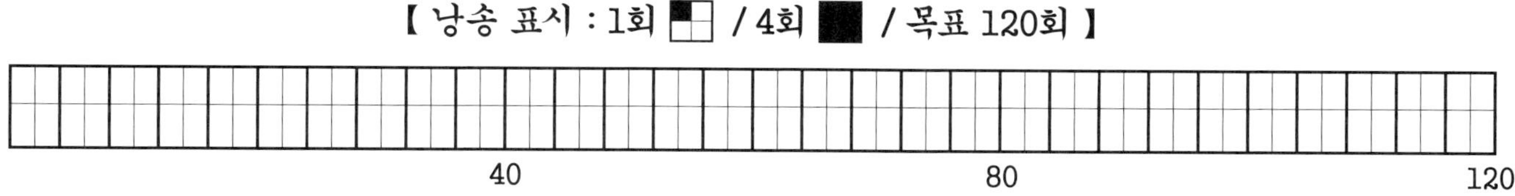

"주의 말씀은 내 발의 등이요 내 길에 빛이니이다"(시 119:105)

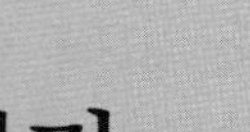

제 5 일

영원永遠토록 함께 있게 하시리라

요한복음 14:16

성자聖子 예수님은 구속 사역救贖使役을 완성完成하시고 천국天國으로 복귀復歸하셨습니다. 보혜사保惠師 성령聖靈님을 보내 주셔서 우리와 영원永遠토록 동행同行하게 하셨습니다.

1. 내가 아버지께 구求하였으니 보혜사保惠師를 너희에게 주사 영원永遠토록 너희와 함께 있게 하시리니 저는 진리眞理의 영靈이라. 저는 너희와 함께 거居하심이요 너희 속에 계시겠음이라. 내가 너희를 고아孤兒와 같이 버려두지 아니하고 너희에게로 오리라. 조금 있으면 세상世上은 나를 보지 못할 터이로되, 너희는 나를 보리니 이는 내가 살았고 너희도 살겠음이라. 그날에는 내가 아버지 안에 너희가 내 안에 내가 너희 안에 있는 것을 너희가 알리라. 나의 계명誡命을 가지고 지키는 자라야 나를 사랑하는 자니 나를 사랑하는 자는 내 아버지께 사랑을 받을 것이요, 나도 그를 사랑하여 그에게 나를 나타내리라. 사람이 나를 사랑하면 내 말을 지키리니 내 아버지께서 저를 사랑하실 것이요, 우리가 저에게 와서 거처를 저와 함께하리라. 나를 사랑하지 않는 자는 내 말을 지키지 아니하나니, 너희의 듣는 말은 내 말이 아니요 나를 보내신 아버지의 말씀이니라. (요 14:16~24)

2. 내가 아직 너희와 함께 있어서 이 말을 너희에게 하였거니와 보혜사保惠師 곧 아버지께서 내 이름으로 보내실 성령聖靈 그가 너희에게 모든 것을 생각生覺나게 하시리라. 평안平安을 너희에게 끼치노니 곧 나의 평안平安을 너희에게 주노라. 내가 너희에게 주는 것은 세상世上이 주는 것 같지 아니하니라. 너희는 마음에 근심도 말고 두려워하지도 말라. 내가 갔다가 너희에게로 온다 하는 말을 너희가 들었나니, 나를 사랑하였더면 나의 아버지께로 감을 기뻐하였으리라. 아버지는 나보다 크심이니라. 이제 일이 이루기 전에 너희에게 말한 것은 일이 이룰 때에 너희로 믿게 하려 함이라. (요 14:25~29)

3. 내가 참 포도葡萄나무요 내 아버지는 그 농부農夫라 무릇 내게 있어 과실果實을 맺지 아니하는 가지는 아버지께서 이를 제除해 버리시고, 무릇 과실果實을 맺는 가지는 더 과실果實을 맺게 하려하여 이를 깨끗케 하시느니라. 너희는 내가 일러준 말로 이미 깨끗하였으니, 내 안에 거居하라 나도 너희 안에 거居하리라 가지가 포도葡萄나무에 붙어 있지 아니하면 절로 과실果實을 맺을 수 없음같이 너희도 내 안에 있지 아니하면 그러하리라. 나는 포도葡萄나무요 너희는 가지니 저가 내 안에, 내가 저 안에 있으면 이 사람은 과실果實을 많이 맺나니 나를 떠나서는 너희가 아무 것도 할 수 없음이라. 사람이 내 안에 거居하지 아니하면 가지처럼 밖에 버리워 말라지게 되나니, 사람들이 이것을 모아다가 불에 던져 사르느니라. (요 15:1~6)

4. 너희가 내 안에 거居하고 내 말이 너희 안에 거居하면 무엇이든지 원願하는 대로 구求하라. 그리하면 이루리라 너희가 과실果實을 많이 맺으면 내 아버지께서 영광榮光을 받으실

것이요 너희가 내 제자弟子가 되리라. 아버지께서 나를 사랑하신 것같이 나도 너희를 사랑하였으니 나의 사랑 안에 거居하라. 내가 아버지의 계명誡命을 지켜 그의 사랑 안에 거居하는 것같이 너희도 내 계명誡命을 지키면 내 사랑 안에 거居하리라. 내가 이것을 너희에게 이름은 내 기쁨이 너희 안에 있어 너희 기쁨을 충만充滿하게 하려 함이니라. 내 계명誡命은 곧 내가 너희를 사랑한 것같이 너희도 서로 사랑하라 하는 이것이니라. (요 15:7~12)

5. 사람이 친구親舊를 위하여 자기自己 목숨을 버리면 이에서 더 큰 사랑이 없나니 너희가 나의 명命한 대로 행行하면 곧 나의 친구親舊라. 이제부터는 너희를 종이라 하지 아니하리니 종은 주인主人의 하는 것을 다 알지 못함이라. 너희를 친구親舊라 하였노니 내가 내 아버지께 들은 것은 다 너희에게 알게 하였음이니라. 너희가 나를 택擇한 것이 아니요 내가 너희를 택擇하여 세웠나니, 이는 너희로 가서 과실果實를 맺게 하고 또 너희 과실果實이 항상恒常 있게 하여, 내 이름으로 아버지께 무엇을 구하든지 다 받게 하여 함이니라. 내가 이것을 너희에게 명命한 것은 너희로 서로 사랑하게 하려 함이로라. 사람들이 나를 핍박逼迫하였은즉 너희도 핍박逼迫할 터이요, 내 말을 지켰은즉 너희 말도 지킬 터이라. 지금은 저희가 나와 및 내 아버지를 보았고 또 미워하였도다. 율법律法에 기록記錄한바 아버지께로서 너희에게 보낼 보혜사保惠師 곧 성령聖靈이 오실 때에 그가 나를 증거證據하실 것이요, 너희도 처음부터 나와 함께 있었으므로 증거證據하느니라. (요 15:13~27)

6. 내가 너희에게 실상實狀을 말하노니 내가 떠나는 것이 너희에게 유익有益이라. 내가 떠나가지 아니하면 보혜사保惠師가 너희에게로 오시지 아니할 것이요, 가면 내가 그를 너희에게로 보내리니 그가 와서 죄罪에 대하여 의義에 대하여 심판審判에 대하여 세상世上을 책망責望 하시리라. 죄罪에 대하여라 함은 저희가 나를 믿지 아니함이요, 심판審判에 대하여는 세상世上 임금이 심판審判을 받았음이니라. 진리眞理의 성령聖靈이 오시면 그가 너희를 모든 진리眞理 가운데로 인도引導하시리니, 장래將來 일을 너희에게 알리시리라. 무릇 아버지께 있는 것은 다 내 것이라 내가 진실眞實로 너희에게 이르노니 너희 근심이 도리어 기쁨이 되리라. 너희가 무엇이든지 아버지께 구求하는 것은 내 이름으로 주시리라. 지금只今까지는 너희가 내 이름으로 아무것도 구求하지 아니하였으나, 구求하라 그리하면 받으리니 너희 기쁨이 충만充滿하리라. (요 16:7~24)

"구求하라 그리하면 받으리니 너희 기쁨이 충만充滿하리라." 보혜사保惠師 성령聖靈님이 오시므로 우리 성도聖徒들과 동행同行하시고, 우리의 기도가 응답祈禱應答되어 기쁨과 은혜恩惠로 충만充滿하게 될 것입니다.

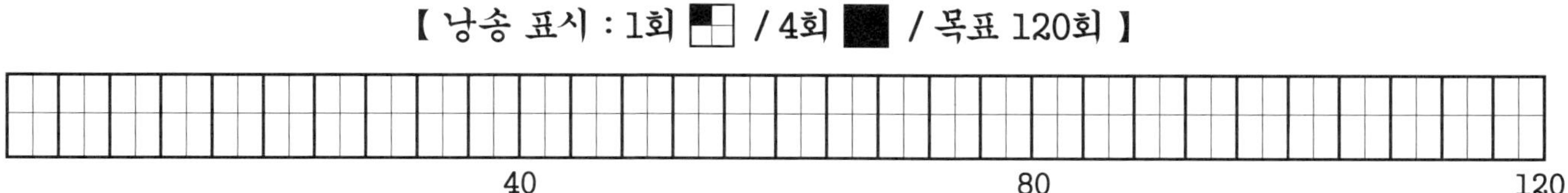

"주의 말씀은 내 발의 등이요 내 길에 빛이니이다"(시 119:105)

제 6 일

담대膽大하라 내가 세상世上을 이기었노라

요한복음 16:33

"너희가 세상世上에서 환란患亂을 당하나 담대膽大하라 내가 세상世上을 이기었노라." 얼마나 큰 용기勇氣와 힘을 북돋아 주는 권능權能의 말씀입니까! 주님께서 세상世上을 이겨 승리勝利하심같이 오늘 우리 모든 성도聖徒들도 이 세상世上과 싸워 모든 방면方面에 승리勝利해야 합니다.

1. 내가 아버지께로 나와서 세상世上에 왔고 다시 세상世上을 떠나 아버지께로 가노라 하시니, 제자弟子들이 말하되 하나님께로서 나오심을 우리가 믿삽나이다. 예수께서 대답對答하시되 이제는 너희가 믿느냐 보라 너희가 다 각각各各 제곳으로 흩어지고 나를 혼자 둘 때가 오나니 벌써 왔도다. 그러나 내가 혼자 있는 것이 아니라 아버지께로서 나와 함께 계시느니라. 이것을 너희에게 이름은 너희로 내 안에서 평안平安을 누리게 하려 함이라. 세상世上에서는 너희가 환난患難을 당하나 담대膽大하라 내가 세상世上을 이기었노라 하시니라. (요 16:28~33)

2. 예수께서 이 말씀을 하시고 눈을 들어 하늘을 우러러 가라사대 아버지여 때가 이르렀사오니 아들을 영화榮華롭게 하사 아들로 아버지를 영화榮華롭게 하게 하옵소서. 아버지께서 아들에게 주신 모든 자에게 영생永生을 주게 하시려고 만민萬民을 다스리는 권세權勢를 아들에게 주셨음이로소이다. 영생永生은 곧 유일唯一하신 참 하나님과 그의 보내신 자 예수 그리스도를 아는 것이니이다. 아버지께서 내게 하라고 주신 일을 내가 아버지와 함께 나를 영화榮華롭게 하옵소서. 내게 주신 사람들에게 아버지의 이름을 나타내었나이다 아버지께서 나를 보내신 줄로 믿었사옵나이다. 내가 비옵는 것은 내게 주신 자들을 위함이니이다. 저희는 아버지의 것이로소이다 내것은 다 아버지의 것이요 아버지의 것은 내 것이온데 내가 저를 말미암아 영광榮光을 받았나이다. (요 17:1~10)

3. 나는 세상世上에 더 있지 아니하오나 저희는 세상世上에 있사옵고 나는 아버지께로 가옵나니, 거룩하신 아버지여 내게 주신 아버지의 이름으로 저희를 보전保全하사 우리와 같이 저희도 하나가 되게 하옵소서. 지금 내가 아버지께로 가오니 저희로 내 기쁨을 저희 안에 충만充滿히 가지게 하려 함이니이다. 내가 세상世上에 속屬하지 아니함 같이 저희도 세상世上에 속屬하지 아니함을 인함이니이다. 저희를 악惡에 빠지지 않게 보전保全하시기를 위함이니이다. 저희를 진리眞理로 거룩하게 하옵소서 아버지의 말씀은 진리眞理니이다. 아버지께서 나를 세상世上에 보내신 것같이 나도 저희를 세상世上에 보내었고, 저희를 위하여 나를 거룩하게 하오니 저희도 진리眞理로 거룩함을 얻게 하려 함이니이다. (요 17:11~19)

4. 내가 비옵는 것은 나를 믿는 사람들을 위함이니 아버지께서 내 안에 내가 아버지 안에 있는 것같이, 저희도 하나가 되게 하려 함이니이다. 곧 내가 저희 안에 아버지께서 내 안에 계셔 저희로 온전穩全함을 이루어 하나가 되게 하려 함은, 아버지께서 나를 보내신 것과 또 나를 사랑하심같이 저희도 사랑하신 것을 세상世上으로 알게 하려 함이로소이다. 아버지여 내게 주신 자도 나 있는 곳에 나와 함께 있어 아버지께로 창세創世 전부터 나를 사랑하시므로, 내게 주신 나의 영광榮光을 저희로 보게 하시기를 원願하옵나이다. 의義로우신 아버지여 세상世上이 아버지를 알지 못하여도, 나는 아버지를 알았삽고 저희도 아버지께서 나를 보내신 줄 알았삽나이다. 내가 아버지의 이름을 저희에게 알게 하였고 또 알게 하리니 이는 나를 사랑하신 사랑이 저희 안에 있고 나도 저희 안에 있게 하려 함이니이다. (요 17:20~26)

5. 예수께서 이 말씀을 하시고 제자弟子들과 함께 기드론 시내 저편으로 나가시니 거기 동산이 있는데 제자弟子들과 함께 들어가시다 거기는 예수께서 제자弟子들과 가끔 모이시는 곳이므로 예수를 파는 유다도 그곳을 알더라. 유다가 군대軍隊와 및 대제사장大祭司長들과 바리새인들에게서 얻은 하속下屬들을 데리고 등燈과 홰와 병기兵器를 가지고 그리로 오는지라. 예수께서 그 당할 일을 다 아시고 나아가 가라사대 너희가 누구를 찾느냐, 대답對答하되 나사렛 예수라 하거늘 가라사대 내로라 하시니라. 예수께서 나를 이 사람들을 용납容納하라 하시니, 이는 아버지께서 내게 주신 자 중 하나라도 잃지 아니하였삽나이다 하신 말씀을 응應하게 하려 함이러라. 이에 시몬 베드로가 검劍을 가졌는데 이것을 빼어 대제사장大祭司長의 종을 쳐서 오른편 귀를 베어버리니 그 종의 이름은 말고라. 예수께서 베드로더러 이르시되 검劍을 집에 꽂으라 아버지께서 주신 잔盞을 내가 마시지 아니하겠느냐 하시니라. (요 18:1~11)

6. 이에 군대軍隊와 천부장千夫長과 유대인의 하속下屬들이 예수를 잡아 결박結縛하여 먼저 안나스에게로 끌고 가니, 안나스는 그해의 대제사장大祭司長인 가야바의 장인丈人이라. 가야바는 유대인들에게 한 사람이 백성百姓을 위하여 죽는 것이 유익有益하다 권고勸告하던 자러라. (요 18:12~14)

"검劍을 집에 꽂으라 검劍을 쓰는 자는 검劍으로 망亡하느니라." "검劍을 집에 꽂으라 아버지께서 주신 잔盞을 마시지 아니하겠느냐." 무저항無抵抗 비폭력정신非暴力精神 사랑으로 세상世上을 정복征服하시는 예수님의 위대偉大한 모습을 바라보게 됩니다.

【 낭송 표시 : 1회 ◰ / 4회 ■ / 목표 120회 】

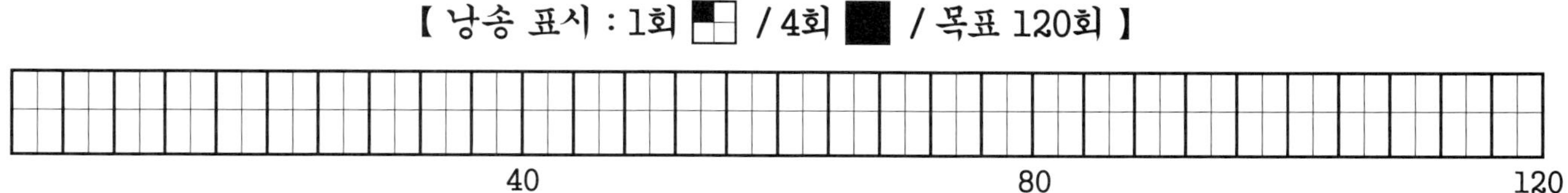

"주의 말씀은 내 발의 등이요 내 길에 빛이니이다"(시 119:105)

제 7 일

또 부인否認하니 곧 닭이 울더라

요한복음 18:27

결정적決定的인 순간瞬間에 올바른 말의 중요성重要性을 교훈教訓해 주고 있습니다. '예수님의 제자弟子가 아니다'라고 말한 베드로는 수제자首弟子로서 수치羞恥스러운 추락墜落을 하게 되었습니다. '나는 하나님의 아들이라', '나는 유대인의 왕王이라'고 말씀하신 대로 예수님은 십자가十字架 구속救贖을 완성完成하셨습니다.

1. 시몬 베드로와 또 다른 제자弟子 하나가 예수를 따르니 이 제자弟子는 대제사장大祭司長과 아는 사람이라. 예수와 함께 대제사장大祭司長의 집 뜰에 들어가고 베드로는 문門 밖에 섰는지라. 문門 지키는 여종이 베드로에게 말하되 너도 이 사람의 제자弟子 중 하나가 아니냐 하니, 그가 말하되 나는 아니라 하고 그때가 추운 고로 종從과 하속下屬들이 숯불을 피우고 서서 쬐니 베드로도 함께 서서 쬐더라. (요 18:15~18)

2. 대제사장大祭司長들이 예수에게 그의 제자弟子들과 그의 교훈教訓에 대하여 물으니 예수께서 대답對答하시되 내가 드러내어 놓고 세상世上에 말하였노라. 모든 유대인들의 모이는 회당會堂과 성전聖殿에서 항상恒常 가르쳤고 은밀隱密히는 아무것도 말하지 아니하였거늘, 어찌하여 내게 묻느냐 내가 무슨 말을 하였는지 들은 자들에게 물어 보라 저희가 나의 하던 말을 아느니라. 이 말씀을 하시매 곁에 섰는 하속下屬 하나가 손으로 예수를 쳐 가로되, 네가 대제사장大祭司長에게 이같이 대답對答하느냐 하니 예수께서 대답對答하시되, 내가 말을 잘못하였으면 그 잘못한 것을 증거證據하라 잘하였으면 네가 어찌하여 나를 치느냐 하시더라. 안나스가 예수를 결박結縛한 그대로 대제사장大祭司長 가야바에게 보내니라. (요 18:19~24)

3. 시몬 베드로가 서서 불을 쬐더니 사람들이 묻되 너도 그 제자弟子 중 하나가 아니냐, 베드로가 부인否認하여 가로되 나는 아니라 하니 대제사장大祭司長의 종 하나를 베드로에게 귀를 베어 버리운 사람의 일가一家라 가로되, 네가 그 사람과 함께 동산에 있던 것을 내가 보지 아니하였느냐, 이에 베드로가 또 부인否認하니 곧 닭이 울더라. (요 18:25~27)

4. 저희가 예수를 가야바에게서 관정官庭으로 끌고 가니 새벽이라. 빌라도가 말하되 너희가 무슨 일로 이 사람을 고소告訴하느냐, 대답對答하여 가로되 이 사람이 행악자行惡者가 아니였더면 우리가 당신當身에게 넘기지 아니하였겠나이다. 빌라도가 가로되 너희가 저를 데려다가 너희 법法대로 재판裁判하라. 유대인들이 가로되 우리에게는 사람을 죽이는 권權이 없나이다 하니, 이는 예수께서 자기自己가 어떠한 죽음으로 죽을 것을 가리켜 하신 말씀을 응應하게 하려 함이러라. (요 18:28~32)

5. 이에 빌라도가 다시 관정官庭에 들어가 예수를 불러 가로되 네가 유대인의 왕王이냐, 예수께서 대답對答하시되 내 나라는 이 세상世上에 속한 것이 아니라, 만일 내 나라가

이 세상世上에 속屬한 것이었더면 내 종들이 싸워 나로 유대인들에게 넘기우지 않게 하였으리라. 이제 내 나라는 여기에 속屬한 것이 아니니라. 빌라도가 가로되 그러면 네가 왕王이 아니냐 예수께서 대답對答하시되 네 말과 같이 내가 왕王이니라. 내가 이를 위하여 세상世上에 왔나니 곧 진리眞理에 대하여 증거證據하려 함이로라. 무릇 진리眞理에 속屬한 자는 내 소리를 듣느니라 하신대, 빌라도가 가로되 진리眞理가 무엇이냐 하더라. 이 말을 하고 다시 유대인들에게 나가서 이르되 나는 그에게서 아무 죄罪도 찾지 못하노라. 유월절逾越節이면 내가 너희에게 한 사람을 놓아 주는 전례前例가 있으니, 그러면 너희는 내가 유대인의 왕王을 너희에게 놓아 주기를 원願하느냐 하니, 저희가 또 소리 질러 가로되 이 사람이 아니라 바라바라 하니 바라바는 강도强盜러라. (요 18:33~40)

6. 이에 빌라도가 예수를 데려다가 채찍질하더라. 군병軍兵들이 가시로 면류관冕旒冠을 엮어 그의 머리에 씌우고 자색紫色 옷을 입히고, 앞에 와서 가로되 유대인의 왕王이여 평안平安할지어다 하며 손바닥으로 때리더라. 빌라도가 다시 밖에 나가 말하되 보라 이 사람을 데리고 너희에게 나오나니, 이는 내가 그에게서 아무 죄罪도 찾지 못한 것을 너희로 알게 하려 함이로라 하더라. 이에 예수께서 가시 면류관冕旒冠을 쓰고 자색紫色 옷을 입고 나오시니, 빌라도가 저희에게 말하되 보라 이 사람이로다 하매, 대제사장大祭司長들과 하속下屬들이 예수를 보고 소리 질러 가로되 십자가十字架에 못 박게 하소서. 십자가十字架에 못 박게 하소서 하는지라. 빌라도가 가로되 너희가 친親히 데려다가 십자가十字架에 못 박으라 하는 그에게서 죄罪를 찾지 못하노라. (요 19:1~6)

7. 유대인들이 대답對答하되 우리에게 법法이 있으니 그 법法대로 하면 저가 당연當然히 죽을 것은 저가 자기自己를 하나님 아들이라 함이니이다. 빌라도가 이 말을 듣고 더욱 두려워하여 다시 관정官庭에 들어가서 예수께 말하되, 너는 어디로서냐 하되 예수께서 대답對答하여 주시지 아니하시는지라. 빌라도가 가로되 내게 말하지 아니하느냐, 내가 너를 놓을 권세權勢도 있고 십자가十字架에 못 박을 권세權勢도 있는 줄 알지 못하느냐, 예수께서 대답對答하시되 위에서 주지 아니하셨더면 나를 해害할 권세權勢가 없었으리니, 그러므로 나를 네게 넘겨준 자의 죄罪는 더 크니라 하시니, 이러하므로 빌라도가 예수를 놓으려고 힘썼으나 유대인들이 소리 질러 가로되, 이 사람을 놓으면 가이사의 충신忠臣이 아니니이다. 무릇 자기自己를 왕王이라 하는 자는 가이사를 반역叛逆하는 것이니이다. (요 19:7~12)

"죄罪를 찾지 못하였다." 빌라도 총독總督의 무죄 판결無罪判決입니다. 그러나 빌라도는 많은 민중民衆들의 외침에 편승便乘해서 여론 재판與論裁判의 역사적歷史的 오점을 남겼습니다. "본디오 빌라도에게 고난苦難을 받으사"의 악역惡役 주인공主人公이 되고 말았습니다.

【 낭송 표시 : 1회 ◰ / 4회 ■ / 목표 120회 】

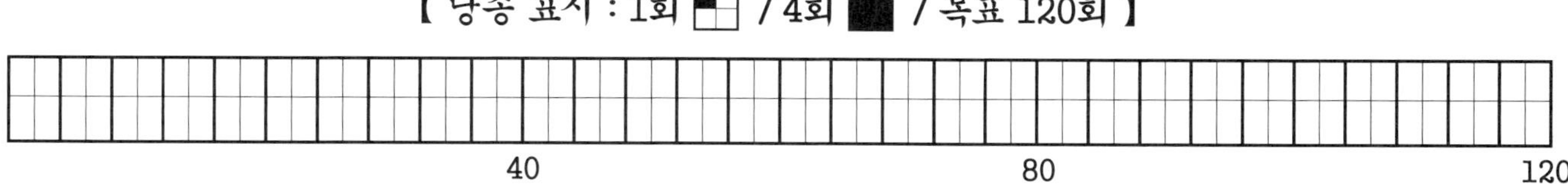

"주의 말씀은 내 발의 등이요 내 길에 빛이니이다"(시 119:105)

제 8 일

나사렛 예수 유대인의 왕王이라

요한복음 19:19

빌라도 총독總督은 예수님의 십자가十字架 명패名牌에 '나사렛 예수 유대인의 왕王이라' 쓸 것을 썼다고 하였습니다. 아무리 나쁜 사람이라도 올바른 일을 하는 경우境遇가 있습니다. 로마어語, 희랍어語, 히브리어語 세 나라 언어言語로 왕王이신 메시아 예수 그리스도를 온 세상世上에 선포宣布하였습니다.

1. 빌라도가 이 말을 듣고 예수를 끌고 나와서 박석磚石이란 곳에서 재판석裁判席에 앉았더라. 이날은 유월절逾越節의 예비일豫備日이요, 때는 제육시第六時라 빌라도가 유대인들에게 이르되 보라 너희 왕王이로다. 저희가 소리 지르되 없이 하소서, 없이 하소서 저를 십자가十字架에 못박게 하소서 빌라도가 가로되, 내가 너희 왕王을 십자가十字架에 못 박으랴. 대제사장大祭司長이 대답對答하되 가이사 외外에는 우리에게 왕王이 없나이다 하니, 이에 예수를 십자가十字架에 못 박히게 저희에게 넘겨주니라. 저희가 예수를 맡으매 예수께서 자기自己 십자가十字架를 지시고 해골骸骨 (히브리말로 골고다) 이라 하는 곳에 나오시니, 저희가 거기서 예수를 십자가十字架에 못 박을새 다른 두 사람도 그와 함께 좌우편左右便에 못 박으니 예수는 가운데 있더라. 빌라도가 패牌를 써서 십자가十字架 위에 붙이니 나사렛 예수 유대인의 왕王이라 기록記錄되었더라. (요 19:13~19)

2. 예수의 못 박히신 곳이 성城에서 가까운 고로 많은 유대인이 이 패牌를 읽는데 히브리와 로마와 헬라 말로 기록記錄되었더라. 유대인의 대제사장大祭司長들이 빌라도에게 이르되, 유대인의 왕王이라 말고 자칭自稱 유대인의 왕王이라 쓰라 하니, 빌라도가 대답對答하되 나의 쓸 것을 썼다 하니라. 군병軍兵들이 예수를 십자가十字架에 못 박고 그의 옷을 취取하여 네 깃에 나눠 각각各各 한 깃씩 얻고, 속옷도 취取하니 이 속옷은 호지 아니하고 위에서부터 통通으로 짠 것이라. 군병軍兵들이 서로 말하되 이것을 찢지 말고 누가 얻나 제비 뽑자 하니, 이는 성경聖經에 저희가 내 옷을 나누고 내 옷을 제비 뽑나이다 한 것을 응應하게 하려 함이러라. (요 19:20~24)

3. 예수의 십자가十字架 곁에는 그 모친母親과 이모姨母와 글로바의 아내 마리아와 막달라 마리아가 섰는지라. 예수께서 그 모친母親과 사랑하시는 제자弟子가 곁에 섰는 것을 보시고 그 모친母親께 말씀하시되, 여자女子여 보소서 아들이니이다 하시고 또 그 제자弟子에게 이르시되, 보라 네 어머니라 하신대 그때부터 그 제자弟子가 자기自己 집에 모시니라. 이 후後에 예수께서 모든 일이 이미 이룬 줄 아시고 성경聖經으로 응應하게 하려하사 가라사대, 내가 목마르다 하시니 거기 신 포도주葡萄酒가 가득히 담긴 그릇이 있는지라. 사람들이 신 포도주葡萄酒를 머금은 해융海絨을 우슬초牛膝草에 매여 예수의 입에 대니 예수께서 가라사대, 다 이루었다 하시고 머리를 숙이시고 영혼靈魂이 돌아가시니라. (요 19:25~30)

4. 이날은 예비일豫備日이라 유대인들은 그 안식일安息日이 큰 날이므로, 그 안식일安息日에 시체屍體들을 십자가十字架에 두지 아니하려 하여, 빌라도에게 그들의 다리를 꺾어 시체屍體를 치워 달라 하니, 군병軍兵들이 가서 예수와 함께 못 박힌 첫째 사람과 또 그 다른 사람의 다리를 꺾고, 예수께 이르러는 이미 죽은 것을 보고 다리를 꺾지 아니하고, 그중 한 군병軍兵이 창創으로 옆구리를 찌르니 곧 피와 물이 나오더라. 이를 본 자가 증거證據하였으니 그 증거證據가 참이라. 저가 자기自己의 말하는 것이 참인 줄 알고 너희로 믿게 하려함이니라. 이 일이 이룬 것은 그 뼈가 하나도 꺾이우지 아니하리라 한 성경聖經을 응應하게 하려 함이라. 또 다른 성경聖經에 저희가 그 찌른 자를 보리라 하였느니라. (요 19:31~37)

5. 아리마대 사람 요셉이 예수의 제자弟子나 유대인을 두려워하여 은휘隱諱하더니, 이 후後에 빌라도더러 예수의 시체屍體를 가져가기를 구求하매 빌라도가 허락許諾하는지라. 이에 가서 예수의 시체屍體를 가져가니라. 일찍 예수께 밤에 나아왔던 니고데모도 몰약沒藥과 침향沈香 섞은 것을 백 근斤쯤 가지고 온지라. 이에 예수의 시체屍體를 가져다가 유대인의 장례법禮葬法대로 그 향품香品과 함께 세마포細麻布로 쌌더라. 예수의 십자가十字架에 못 박히신 곳에 동산이 있고 동산 안에 아직 사람을 장사葬事한 일이 없는 새 무덤이 있는지라. 이 날은 유대인의 예비일豫備日이요 또 무덤이 가까운 고로 예수를 거기 두니라. (요 19:38~42)

6. 안식安息 후後 첫날 이른 아침 아직 어두울 때에 막달라 마리아가 무덤에 와서 돌이 무덤에서 옮겨간 것을 보고, 시몬 베드로와 예수의 사랑하시던 그 다른 제자弟子에게 달려가서 말하되, 사람이 주主를 무덤에서 가져다가 어디 두었는지 우리가 알지 못하겠다 하니, 베드로와 그 다른 제자弟子가 나가서 무덤으로 갈새, 둘이 같이 달음질하더니 그 다른 제자弟子가 베드로보다 더 빨리 달아나서 먼저 무덤에 이르러, 구푸려 세마포細麻布 놓인 것을 보았으나 들어가지는 아니하였더니, 시몬 베드로가 따라 와서 무덤에 들어가 보니 세마포細麻布가 놓였고, 또 머리를 쌌던 수건手巾은 세마포細麻布와 함께 놓이지 않고 딴 곳에 개켜 있더라. 그때에야 무덤에 먼저 왔던 그 다른 제자弟子도 들어가 보고 믿더라. 저희는 성경聖經에 그가 죽은 자 가운데서 다시 살아나야 하리라 하신 말씀을 아직 알지 못하더라. 이에 두 제자弟子가 자기 집으로 돌아가니라. (요 20:1~10)

"다 이루었다." 예수님의 십자가 상十字架上 최후 선언最後宣言입니다. 죄罪 사赦함과 죽음의 정복征服과 영원永遠한 생명生命과 구원 완성救援完成을 선포宣布하였습니다. 신구약성경新舊約聖經의 모든 예언豫言과 언약言約이 성취成取되었습니다. 이것이 가장 기쁜 소식 복음福音입니다.

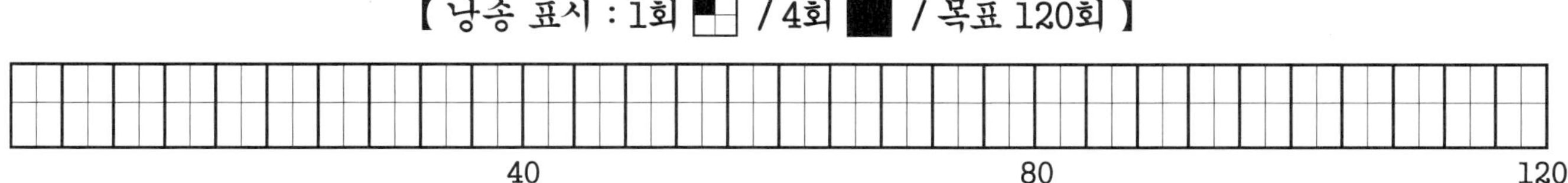

"주의 말씀은 내 발의 등이요 내 길에 빛이니이다"(시 119:105)

제 9 일

나를 보내신 것같이 나도 너희를 보내노라

요한복음 20:21

예수님은 비록 짧은 인생人生을 이 땅에서 사셨지만 인류 역사人類歷史의 질곡 속에 전부全部를 체험體驗하시고, 고난苦難의 길과 억울抑鬱한 인생人生의 가시밭길을 헤쳐 나가셨습니다. 그리고 인류人類의 근본적根本的 문제問題인 죄罪와 궁극적窮極的 문제問題인 죽음 문제問題를 해결解決하셨습니다. 그것이 '십자가十字架와 부활復活'입니다. 십자가十字架는 죄罪 문제 해결問題解決의 상징像徵이고, 부활復活은 죽음 문제 해결問題解決의 상징像徵입니다. 이 놀라운 해결解決의 소식이 복음福音입니다. "나를 보내신 것같이 너희를 보내노라." 복음 전파福音傳播는 인생人生의 문제問題를 완전 해결完全解決을 받는 구원救援의 기쁜 소식입니다.

1. 안식安息 후後 첫날 이른 아침 어두울 때에 막달라 마리아가 무덤에 와서 돌이 무덤에서 옮겨간 것을 보고, 마리아는 무덤 밖에 서서 울고 있더니 울면서 무덤 속을 들여다 보니, 흰옷 입은 두 천사天使가 예수 시체屍體 뉘였던 곳에 하나는 머리편에 하나는 발편에 앉았더라. 천사天使들이 가로되 여자女子여 어찌하여 우느냐, 가로되 내 주主를 어디 두었는지 알지 못함이니이다. 이 말을 하고 뒤로 돌이켜 예수의 서신 것을 보니 예수신 줄을 알지 못하더라. 예수께서 가라사대 여자女子여 어찌하여 울며 누구를 찾느냐 하시니, 마리아는 가로되 주主여 당신當身이 옮겨갔거든 어디 두었는지 내게 이르소서 그리하면 내가 가져가리이다. 예수께서 마리아야 하시거늘 마리아가 랍오니여 하니, 예수께서 이르시되 너는 내 형제兄弟들에게 가서 이르되, 내 아버지 곧 너희 아버지 내 하나님 곧 너희 하나님께로 올라간다 하라 하신대, 막달라 마리아가 가서 제자弟子들에게 내가 주主를 보았다 하고, 주主께서 자기自己에게 이렇게 말씀하셨다 이르니라. (요 20:1~18)

2. 안식후安息後 첫날 저녁 때에 제자弟子들이 모인 곳에 문門들을 닫았더니, 예수께서 오사 가운데 서서 가라사대 너희에게 평강平康이 있을지어다. 이 말씀을 하시고 손과 옆구리를 보이시니 제자弟子들이 주主를 보고 기뻐하더라. 예수께서 또 가라사대 너희에게 평강平康이 있을지어다. 아버지께서 나를 보내신 것같이 나도 너희를 보내노라. 이 말씀을 하시고 저희를 향向하사 숨을 내쉬며 가라사대 성령聖靈을 받으라. 너희가 뉘 죄罪든지 사赦하면 사赦하여질 것이요 뉘 죄罪든지 그대로 두면 그대로 있으리라 하시니라. (요 20:19~23)

3. 열두 제자弟子중의 하나인 도마는 예수 오셨을 때에 함께 있지 아니한지라. 제자弟子들이 이르되 우리가 주主를 보았노라 하니 도마가 가로되, 내가 그 손의 못 자국을 보며 내 손가락을 그 못 자국에 넣으며 내 손을 그 옆구리에 넣어 보지 않고는 믿지 아니하겠노라 하니라. 여드레를 지나서 제자弟子들이 다시 집안에 있을 때에 도마도 함께 있고 문門들이 닫혔는데, 예수께서 오사 가운데 서서 가라사대 너희에게 평강平康이 있을지어다 하시고, 도마에게 이르시되 네 손가락을 이리 내밀어 내 옆구리에 넣어 보라 그리하고 믿음 없는 자가 되지 말고 믿는 자가 되라. 도마가 대답對答하여 가로되 나의 주主시여 나의 하나님이시니라. 예수께서 가라사대 너는 나를 본 고로 믿느냐 보지 못하고 믿는 자는 복福되도다 하시니라. (요 20:24~29)

4. 예수께서 제자弟子**들 앞에서 이 책**冊**에 기록**記錄**되지 아니한 다른 표적**表蹟**도 많이 행**行**하셨으나, 오직 이것을 기록**記錄**함은 너희로 예수께서 하나님의 아들 그리스도이심을 믿게 하려 함이요, 또 너희로 믿고 그 이름을 힘입어 생명**生命**을 얻게 하려 함이니라.** (요 20:30~31)

5. 그 후後**에 예수께서 디베랴 바다에서 또 제자**弟子**들에게 자기**自己**를 나타내셨으니, 날이 새어갈 때에 예수께서 바닷가에 서셨으나 제자**弟子**들이 예수신 줄 알지 못하는지라. 예수께서 이르시되 너희에게 고기가 있느냐 대답**對答**하되 없나이다. 가라사대 그물을 배 오른편에 던지라 그리하면 얻으리라 하신대, 이에 던졌더니 고기가 많아 그물을 들 수 없더라. 예수의 사랑하시는 그 제자**弟子**가 베드로에게 이르되 주**主**시라 하니, 시몬 베드로가 벗고 있다가 주**主**라 하는 말을 듣고, 겉옷을 두른 후에 바다로 뛰어 내리더라. 다른 제자**弟子**들은 육지**陸地**에서 상거**相距**가 불과**不過 **오십 간**五十間**쯤 되므로, 작은 배를 타고 고기든 그물을 끌고 와서 육지**陸地**에 올라보니 숯불이 있는데, 그 위에 생선**生鮮**이 놓였고 떡도 있더라. 예수께서 가라사대 지금 잡은 생선**生鮮**을 가져 오라 하신대, 시몬 베드로가 올라가서 그물을 육지**陸地**에 끌어올리니, 가득히 찬 큰 고기가 일백쉰세 마리라 이같이 많으나 그물이 찢어지지 아니하였더라.** (요 21:1~11)

6. 예수께서 가라사대 와서 조반朝飯**을 먹으라 하시니, 제자**弟子**들이 주신 줄 아는 고로 당신**當身**이 누구냐 감**敢**히 묻는 자가 없더라. 예수께서 가셔서 떡을 가져다가 저희에게 주시고 생선**生鮮**도 그와 같이 하시니라. 저희가 조반**朝飯** 먹은 후**後**에 예수께서 시몬 베드로에게 이르시되, 요한의 아들 시몬아 네가 나를 사랑하느냐 가로되, 주**主**여 내가 주**主**를 사랑하는 줄 주**主**께서 아시나이다. 가라사대 내 어린 양을 먹이라 하시고, 두 번째 가라사대 네가 나를 사랑하느냐 하시니 가로되 주**主**여 그러하외다, 내가 주**主**를 사랑하는 줄 주**主**께서 아시나이다. 가라사대 내 양**羊**을 치라 하시고, 세 번째 가라사대 네가 나를 사랑하느냐 하시니, 가로되 주**主**여 모든 것을 아시오매 내가 주**主**를 사랑하는 줄을 주**主**께서 아시나이다. 예수께서 가라사대 내 양을 먹이라. 이 말씀을 하시고 베드로에게 이르시되 나를 따르라 하시니라. 이 일을 증거**證據**하고 이 일을 기록**記錄**한 제자**弟子**가 이 사람이라. 우리는 그의 증거**證據**가 참인 줄 아노라 예수의 행하신 일이 이외에도 많으니 낱낱이 기록**記錄**된다면 이 세상**世上**이라도 이 기록**記錄**된 책**冊**을 두기에 부족**不足**할 줄 아노라.** (요 21:12~25)

성경聖經은 인간 구원人間救援에 필요必要한 내용內容만 기록記錄한 하나님의 말씀입니다. 예수님의 생애生涯와 사상思想이 교훈敎訓 가운데 구원 사역救援使役의 진수眞髓만 계시啓示되어 있습니다. '저희로 믿고 구원救援'을 받게 하신 것입니다. 성경聖經은 역사歷史 해설서解說書나 문학전집文學全集이 아니고 인간 구원人間救援의 진리眞理만을 담고 있습니다.

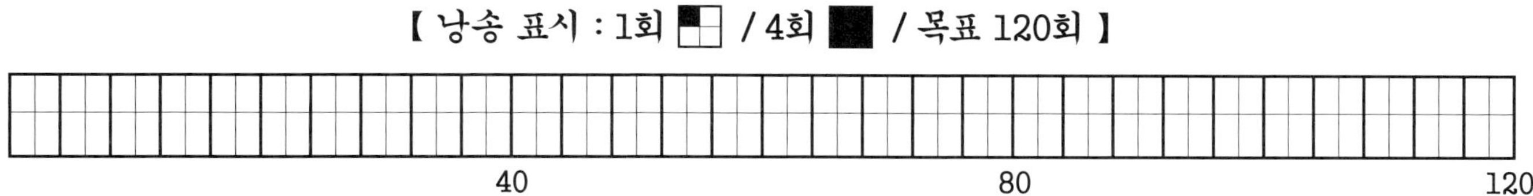

"주의 말씀은 내 발의 등이요 내 길에 빛이니이다"(시 119:105)

제 10 일

성령聖靈의 권능權能을 받아 증인證人이 되라

사도행전 1:8

예수님께서 인류人類의 죄罪를 대속代贖하기 위하여 십자가十字架에 속죄제물贖罪祭物이 되셨습니다. 죄罪 문제問題를 다 해결解決하신 주님은 사망권세死亡權勢를 이기고 승리勝利의 부활復活을 하셨습니다. 부활復活하신 예수님께서 사십 일간 제자弟子들과 함께 계시다가 땅끝까지 부활復活의 증인證人이 되라고 분부吩咐하고 하늘나라로 승천昇天하셨습니다. 예루살렘을 떠나지 말고 약속約束하신 성령聖靈의 권능權能을 받은 후 땅끝까지 증인證人이 되어 하나님의 나라를 이 땅 위에 건설建設하게 하셨습니다.

1. 내가 먼저 쓴 글에는 예수의 행하시며 성령聖靈으로 명命하시고 승천昇天하신 날까지의 일을 기록記錄하였노라. 해害 받으신 후後에 또한 저희에게 확실確實한 많은 증거證據로 친親히 사십을 나타내사 사십 일四十日 동안 저희에게 보이시며, 하나님 나라의 일을 말씀하시니라. 사도使徒와 같이 모이사 저희에게 분부吩咐하여 가라사대 예루살렘을 떠나지 말고 내게 들은바 아버지의 약속約束하신 것을 기다리라. 요한은 물로 세례洗禮를 베풀었으나 너희는 몇 날이 못 되어 성령聖靈으로 세례洗禮를 받으리라 하셨느니라. 저희가 모였을 때에 예수께 묻자와 가로되 주主께서 이스라엘 나라를 회복回復하심이 이때니이까 하니, 가라사대 때와 기한期限은 아버지께서 자기自己의 권한權限에 두셨으니 너희의 알바 아니요, 오직 성령聖靈이 너희에게 임臨하시면 너희가 권능權能을 받고 예루살렘과 온 유대와 사마리아와 땅끝까지 이르러 내 증인證人이 되리라 하시니라. 이 말씀을 마치시고 저희 보는 데서 올리워 가시니 구름이 저희를 가리워 보이지 않게 하더라. 올라가실 때에 제자弟子들이 자세仔細히 하늘을 쳐다보고 있는데, 흰옷 입은 두 사람이 저희 곁에 서서 가로되 갈릴리 사람들아 어찌하여 서서 하늘을 쳐다보느냐, 너희 가운데서 하늘로 올리우신 이 예수는 하늘로 가심을 본 그대로 오시리라 하였느니라. (행 1:1~11)

2. 제자弟子들이 감람원橄欖園이라 하는 산으로부터 예루살렘에 돌아오니 이 산은 예루살렘에서 가까워 안식일安息日에 가기 알맞은 길이라. 베드로 요한 야고보 안드레와 빌립 도마와 바돌로매, 마태와 알패오의 아들 야고보 셀롯인 시몬 야고보의 아들 유다가 다 거기 있어, 여자女子들과 예수의 모친母親 마리아와 예수의 아우들로 더불어 마음을 같이하여 전혀 기도祈禱에 힘쓰니라. (행 1:12~14)

3. 모인 무리의 수數가 일백이십 명一百二十名이나 되더라. 그때에 베드로가 그 형제兄弟 가운데 일어서서 가로되, 형제兄弟들아 성령聖靈이 다윗의 입을 의탁依託하사 예수 잡는 자들을 지로指路한 유다를 가리켜 미리 말씀하신 성경聖經이 응應하였으니 마땅하도다. 이 사람이 본래本來 우리 수數 가운데 참예參與하여 이 직무職務의 한 부분部分을 맡았던 자라. 이 사람이 불의不義의 삯으로 밭을 사고 후後에 몸이 곤두박질하여 배가 터져 창자가 다 흘러나온지라. 이 일이 예루살렘에 사는 모든 사람에게 알게 되어 본방언本方言에 그 밭을 이르되 아겔다마라 하니 이는 피밭이라는 뜻이라. 시편詩篇에 기록記錄하였으되 그의 거처居處로 황폐荒廢하게 하시며 거기 거居하는 자가 없게 하소서 하였고, 또 일렀으되 그 직분職分을 타인他人이 취取하게 하소서 하였도다. (행 1:15~20)

4. 이러하므로 요한의 세례洗禮로부터 우리 가운데서 올리워 가신 날까지, 주主 예수께서 우리 가운데 출입出入하실 때에 항상恒常 우리와 함께 다니던 사람 중에 하나를 세워, 우리로 더불어 예수의 부활復活하심을 증거證據할 사람이 되게 하여야 하리라 하거늘, 저희가 두 사람을 천薦하니 하나는 바사바라고도 하고 별명은 유스도라고 하는 요셉이요 하나는 맛디아라. 저희가 기도祈禱하여 가로되 뭇 사람의 마음을 아시는 주主여, 이 두 사람 중에 누가 주主의 택擇하신 바 되어 봉사奉仕와 및 사도使徒의 직무職務를 대신代身할 자를 보이시옵소서, 유다는 이를 버리옵고 제곳으로 갔나이다 하고, 제비 뽑아 맛디아를 얻으니 저가 열한 사도使徒의 수에 가입加入하니라. (행 1:21~26)

5. 오순절五旬節 날이 이미 이르매 저희가 다 한 곳에 모였더니, 홀연忽然히 하늘로부터 급急하고 강强한 바람 같은 소리가 있어 저희 앉은 온 집에 가득하며, 불의 혀 같이 갈라지는 것이 저희에게 보여 각 사람 위에 임臨하여 있더니, 저희가 다 성령聖靈의 충만充滿함을 받고 성령聖靈이 말하게 하심을 따라 다른 방언方言으로 말하기를 시작始作하니라. 그때에 경건敬虔한 유대인이 천하天下 각국各國으로부터 와서 예루살렘에 우거寓居하더니, 이 소리가 나매 큰 무리가 모여 각각各各 자기自己의 방언方言으로 제자弟子들의 말하는 것을 듣고 소동騷動하여 다 놀라 기이奇異히 여겨 이르되, 보라 이 말하는 사람이 다 갈릴리 사람이 아니냐, 각 사람의 방언方言으로 듣게 되는 것이 어찜이뇨, 우리가 다 각 방언方言으로 하나님의 큰 일을 말함을 듣는도다 하고, 다 놀라며 의혹疑惑하여 서로 가로되 이 어진 일이냐 하며, 어떤 이들은 조롱嘲弄하여 가로되 저희가 새 술이 취醉하였다 하더라. (행 2:1~13)

6. 베드로가 열한 사도使徒와 같이 서서 소리를 높여 가로되, 유대인들과 예루살렘에 사는 모든 사람들아 이 일을 너희로 알게 할 것이니 내 말에 귀를 기울이라. 때가 제삼시第三時니 취醉한 것이 아니라. 선지자先知者 요엘이 말씀하신 것이니 일렀으되, 하나님이 가라사대 말세末世에 내가 내 영靈으로 모든 육체肉體에게 부어 주리니, 너희의 자녀子女들은 예언豫言할 것이요, 너희의 젊은이들은 환상幻像을 보고 너희의 늙은이들은 꿈을 꾸리라. 그때에 내가 영靈으로 남종과 여종에게 부어 주리니, 저희가 예언豫言할 것이요 하늘에서는 기사奇事와 아래로 땅에서는 징조徵兆를 베풀리니 곧 피와 불과 연기煙氣로다. 주主의 크고 영화榮華로운 날이 이르기 전에 해가 변變하여 어두워지고 달이 변變하여 피가 되리라. 누구든지 주主의 이름을 부르는 자는 구원救援을 얻으리라. (행 2:14~21)

1. 하늘로 가심을 본 그대로 오시리라. 2. 마음을 같이하여 기도祈禱하기를 힘쓰니라. 3. 그 직분職分을 타인他人이 취取하게 하소서. 4. 이를 버리고 제 곳으로 갔나이다. 5. 저가 열한 사도使徒의 수數에 가입加入하니라. 6. 주主의 이름을 부르는 자는 구원救援을 얻으리라. 7. 저희가 다 성령聖靈의 충만充滿함을 받으니라. 놀라운 역사役事입니다. 하나님의 권능權能이 나타났습니다. 오늘도 오순절五旬節 성령聖靈의 역사役事가 일어나도록 기도祈禱하고 전진前進합시다.

【 낭송 표시 : 1회 ◰ / 4회 ■ / 목표 120회 】

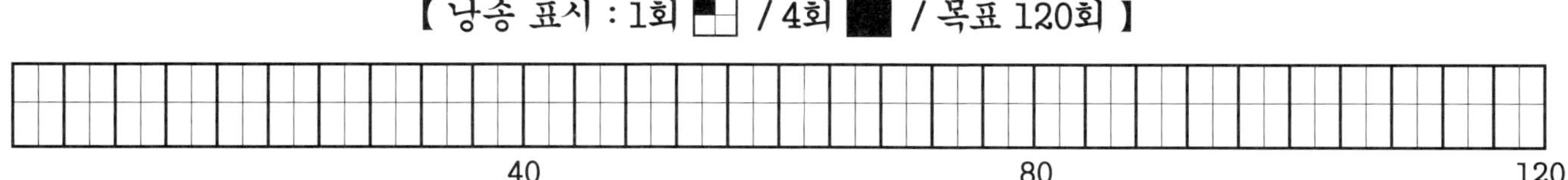

"주의 말씀은 내 발의 등이요 내 길에 빛이니이다"(시 119:105)

제 11 일

우리가 다 이 일의 증인證人이로다

사도행전 2:32

오순절五旬節 성령 강림聖靈降臨으로 은혜恩惠 충만充滿함을 받은 제자弟子들은 예루살렘 거리에 나가서 '예수 그리스도의 십자가十字架의 죽으심과 부활復活'을 힘차게 증거證據하였습니다. "우리가 다 이 일에 증인證人이로다"라고 선포宣布하였습니다. 이 설교說敎 말씀을 들은 많은 사람들이 회개悔改하고 세례洗禮를 받게 되었습니다.

1. 사람들아 이 말을 들으라. 너희도 아는바에 하나님께서 나사렛 예수로 큰 권능權能과 기사奇事와 표적表蹟을 너희 가운데서 베푸사, 너희 앞에서 그를 증거證據하셨느니라. 그가 하나님의 정定하신 뜻과 미리 아신 대로 내어 준바 되었거늘, 너희가 법法 없는 자들의 손을 빌어 못 박아 죽였으나, 하나님께서 사망死亡의 고통苦痛을 풀어 살리셨으니 이는 그가 사망死亡에게 매여 있을 수 없었음이라. 다윗이 가로되 내가 항상恒常 내 앞에 계신 주主를 뵈었음이여, 나로 요동搖動치 않게 하기 위하여 그가 내 우편右便에 계시도다. 이러므로 내 마음이 기뻐하였고 내 입술도 즐거워 하였으며 육체肉體는 희망希望에 거居하리니, 이는 내 영혼靈魂을 음부陰府에 버리지 아니하시며 주主의 거룩한 자로 썩음을 당當치 않게 하실 것임이로다. 주主께서 생명生命의 길로 내게 보이셨으니, 주主의 앞에서 나로 기쁨이 충만充滿하게 하시리로다 하였으니, 형제兄弟들아 조상祖上 다윗에 대하여 담대膽大히 말할 수 있노니, 다윗이 죽어 장사葬事되어 그 묘墓가 오늘까지 우리 중에 있도다. 그는 선지자先知者라 하나님이 이미 그 자손子孫 중에서 한 사람을 그 위에 앉게 하리라 하심을 알고, 미리 보는 고로 그리스도의 부활復活하심을 말하되 육신肉身의 썩음을 당當하지 아니하시리라 하더니, 이 예수를 하나님이 살리신지라 우리가 다 이 일에 증인證人이로다. (행 2:22~32)

2. 하나님이 오른손으로 예수를 높이시매, 그가 약속約束하신 성령聖靈을 아버지께 받아서 너희 보고 듣는 이것을 부어 주셨느니라. 다윗은 하늘에 올라가지 못하였으나 친親히 말하여 가로되, 네 원수怨讐로 네 발 등상凳床 되게 하기까지 너는 네 우편右便에 앉았으라 하셨도다 하였으니, 그런즉 이스라엘 온 집이 정녕 알지니, 너희가 십자가十字架에 못 박은 이 예수를 하나님이 주主와 그리스도가 되게 하셨느니라 하니라. 저희가 이 말을 듣고 마음에 찔려 베드로와 다른 사도使徒들에게 물어 가로되 형제兄弟들아 우리가 어찌할꼬 하거늘, 베드로가 가로되 너희가 회개悔改하여 각각 예수 그리스도의 이름으로 세례洗禮를 받고 죄罪 사赦함을 얻으라. 그리하면 성령聖靈을 선물膳物로 받으리니 이 약속約束은 너희와 너희 자녀子女와 모든 사람 곧 우리주 하나님이 부르시는 자들에게 하신 것이라. 또 확증確證하며 권勸하여 가로되 너희가 이 패역悖逆한 세대世代에 구원救援을 받으라 하니, 그 말을 받는 사람들은 세례洗禮를 받으매 이 날에 제자弟子의 수數가 삼천三千이나 더하더라. (행 2:33~41)

3. 저희가 사도使徒의 가르침을 받고 서로 교제交際하며 떡을 떼며 기도祈禱하기를 전專혀 힘쓰니라. 사람마다 두려워하는데 사도使徒들로 인因하여 기사奇事와 표적表蹟이 많이 나타나니, 믿는 사람이 다함께 있어 모든 물건物件을 서로 통용通用하고, 또 재산財産과 소유所有를 팔아 각 사람의 필요必要를 따라 나눠주고, 날마다 마음을 같이 하여 성전聖殿에 모이기를 힘쓰고 집에서 떡을 떼며, 기쁨과 순전純全한 마음으로 음식飮食을 먹고 하나님을 찬미讚美하며, 또 온 백성百姓에게 칭송稱頌을 받으니 주主께서 구원救援 받는 사람을 날마다 더하게 하시니라. (행 2:42~47)

4. 제구시第九時 기도祈禱 시간時間에 베드로와 요한이 성전聖殿에 올라갈새, 나면서 앉은뱅이 된 자를 사람들이 메고오니 이는 성전聖殿에 들어가는 사람들에게 구걸求乞하기 위하여 날마다 미문美門이라는 성전문聖殿門에 두는 자라. 그가 베드로와 요한이 성전聖殿에 들어가려함을 보고 구걸求乞하거늘, 베드로가 요한으로 더불어 주목注目하여 가로되 우리를 보라 하니, 그가 저희에게 무엇을 얻을까 하여 바라보거늘, 베드로가 가로되 은銀과 금金은 내게 없거니와 내게 있는 것으로 네게 주노니, 곧 나사렛 예수 그리스도의 이름으로 걸으라 하고, 오른손을 잡아 일으키니 발과 발목이 곧 힘을 얻고, 뛰어서서 걸으며 그들과 함께 성전聖殿으로 들어가면서 걷기도 하고 뛰기도 하며 하나님을 찬미讚美함을 보고, 그 본래本來 성전聖殿 미문美門에 앉아 구걸求乞하던 사람인 줄 알고, 그의 당當한 일을 인하여 심甚히 기이奇異히 여기며 놀라니라. (행 3:1~10)

5. 나은 사람이 베드로와 요한을 붙잡으니, 모든 백성百姓이 크게 놀라며 달려 나아가 솔로몬 행각行閣에 모이거늘 베드로가 말하되, 사람들아 이 일을 왜 기이奇異히 여기느냐 우리 개인個人의 권능權能과 경건敬虔으로 이 사람을 걷게 한 것처럼 왜 우리를 주목注目하느냐, 아브라함과 이삭과 야곱의 하나님 곧 우리 조상祖上의 하나님이 그 종 예수를 영화榮華롭게 하셨느니라. 너희가 저를 넘겨주고 빌라도가 놓아주기로 결안決案한 것을 너희가 그 앞에서 부인否認하였으니, 너희가 거룩하고 의義로운 자를 부인否認하고 도리어 살인殺人한 사람을 놓아주기를 구求하여 생명生命의 주主를 죽였도다. 그러나 하나님이 죽은 자 가운데서 살리셨으니 우리가 이 일에 증인證人이로라. 그 이름을 믿으므로 그 이름이 너희 보고 아는 이 사람을 성하게 하였나니, 예수로 말미암아 난 믿음이 너희 모든 사람 앞에서 이같이 완전完全히 낫게 하였느니라. (행 3:11~16)

6. 형제兄弟들아 너희가 알지 못하여서 그리 하였으며 너희 관원官員들도 그리 한 줄 아노라. 그러나 하나님이 모든 선지자先知者의 입을 의탁依託하사, 자기自己의 그리스도의 해 받으실 일을 미리 알게 하신 것을 이와 같이 이루셨느니라. 그러므로 너희가 회개悔改하고 돌이켜 너희 죄罪 없이함을 받으라. 이같이 하면 유쾌愉快하게 되는 날이 주主 앞으로부터 이를 것이요, 또 주主께 너희를 위하여 예정豫定하신 그리스도 곧 예수를 보내시리니, 하나님이 영원永遠 전부터 거룩하신 선지자先知者의 입을 의탁依託하여 말씀하신 바, 만유萬有를 회복回復하실 때까지는 하늘이 마땅히 그를 받아 두리라. 누구든지 선지자先知者의 말을 듣지 아니하는 자는 백성百姓 중에서 멸망滅亡 받으리라. 너희는 선지자先知者의 자손子孫이요 또 하나님이 너희 조상祖上으로 더불어 세우신 언약言約의 자손子孫이라. 아브라함에게 이르시기를 땅위의 모든 족속族屬이 너의 씨를 인하여 복福을 받으리라 하셨으니, 하나님이 그 종을 세워 복福 주시려고 너희에게 먼저 보내사 너희로 하여금 돌이켜 각각 그 악惡함을 버리게 하셨느니라. (행 3:17~26)

"나사렛 예수 그리스도의 이름으로 걸으라." 예수님의 권능權能이 제자弟子들에게 계승繼承되었습니다. 날 때부터 앉은뱅이 된 사람이 걷게 되었으니 이 얼마나 즐겁고 기쁜 일이었겠습니까? 기뻐 뛰며 예루살렘 성전聖殿에서, 예수살렘 거리에서 '예수님께서 나를 고쳐 주셨다'라고 증거證據했습니다. 최대最大의 전도傳導였습니다. 최고最高의 선교宣敎였습니다.

【 낭송 표시 : 1회 ☐ / 4회 ■ / 목표 120회 】

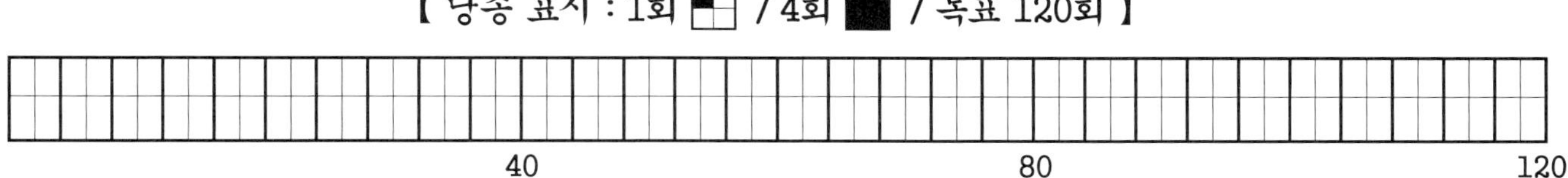

"주의 말씀은 내 발의 등이요 내 길에 빛이니이다"(시 119:105)

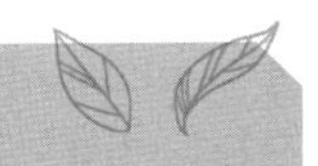

제 12 일

우리는 보고 들은 것을 말하지 아니할 수 없다

사도행전 4:20

"보고 들은 것을 말하지 아니할 수 없다." 사실 증거事實證據는 생명生命을 걸고 진술陳述해야 합니다. 사도使徒들은 복음福音을 전파傳播하였습니다. 나사렛 예수의 이름으로 앉은뱅이를 걷게 한 확실確實한 역사役事를 사실事實대로 증거證據를 아니 할 수 없었습니다. 직접直接 체험體驗한 놀라운 이적異蹟을 모든 사람들에게 담대膽大하게 증거證據하였습니다. 그 누구도 막지 못하였습니다. 이는 곧 천하 인간天下人間에게 예수 그리스도 외에 구원救援 얻게 할 자가 없음을 나타내었습니다.

1. 사도使徒들이 백성百姓에게 말할 때에 제사장祭司長들과 성전聖殿 맡은 자와 사두개인들이 이르러, 백성百姓을 가르침과 예수를 들어 죽은 자 가운데서 부활復活하는 도道 전傳함을 싫어하여 저희를 잡으매, 날이 이미 저문 고로 이튿날까지 가두었으나, 말씀을 들은 사람들 중에 믿는 자가 많으니 남자男子의 수數가 약 오천五千이나 되었더라. 이튿날에 관원官員과 장로長老와 서기관書記官들이 예루살렘에 모였는데, 대제사장大祭司長의 문중門中이 다 참예參與하여 사도使徒들 가운데 세우고 묻되, 너희가 무슨 권세權勢와 뉘 이름으로 이 일을 행하였느냐, 이에 베드로가 성령聖靈이 충만充滿하여 가로되 백성百姓의 관원官員과 장로長老들아, 병인病人에게 행行한 착한 일에 대하여 이 사람이 어떻게 구원救援을 얻었느냐고 오늘 우리에게 질문質問하면 너희와 모든 백성百姓들은 알라. 너희가 십자가十字架에 못 박고 하나님이 죽은 자 가운데서 살리신 나사렛 예수 그리스도의 이름으로 이 사람이 건강健康하게 되어 너희 앞에 섰느니라. 이 예수는 너희 건축자建築者들의 버린 돌로서 집 모퉁이의 머릿돌이 되었느니라. 다른 이로서는 구원救援을 얻을 수 없나니, 천하인간天下人間에 구원救援을 얻을만한 다른 이름을 우리에게 주신 일이 없음이니라 하였더라. (행 4:1~12)

2. 저희가 베드로와 요한이 기탄忌憚없이 말함을 보고, 그 본래本來 학문學問 없는 범인凡人으로 알았다가 이상異常히 여기며, 예수와 함께 있던 줄도 알고 또 병病 나은 사람이 그들과 함께 섰는 것을 보고 힐난詰難할 말이 없는지라. 명命하여 공회公會에서 나가라 하고 서로 의논議論하여 가로되, 이 사람들을 어떻게 할꼬 저희로 인因하여 유명有名한 표적表蹟 나타난 것이 예루살렘에 사는 모든 사람에게 알려졌으니 우리도 부인否認할 수 없느니라. 이것이 민간民間에 더 퍼지지 못하게 저희를 위협威脅하여, 이 후後에는 이 이름으로 아무 사람에게도 말하지 말게 하자 하고, 그들을 불러 경계警戒하여 도무지 예수의 이름으로 말하지도 말고 가르치지도 말라 하니, 베드로와 요한이 대답對答하여 가로되, 하나님 앞에서 너희 말 듣는 것이 하나님 말씀 듣는 것보다 옳은가 판단判斷하라. 우리는 보고 들은 것을 말하지 아니할 수 없다 하니, 관원官員들이 백성百姓을 인하여 저희를 어떻게 벌罰할 도리道理를 찾지 못하고 다시 위협威脅하여 놓아주었으니, 이는 모든 사람이 그 된 일을 보고 하나님께 영광榮光을 돌림이러라. 이 표적表蹟으로 병病 나은 사람은 사십여세四十餘歲나 되었더라. (행 4:13~22)

3. 사도使徒들이 놓이매 그 동류同類에게 가서 제사장祭司長들과 장로長老들의 말을 다 고告하니, 저희가 듣고 일심一心으로 하나님께 소리를 높여 가로되, 대주재大主宰여 천지天地와 바다와 그 가운데 만유萬有를 지은이시요, 주主의 종 우리 조상祖上 다윗의 입을 의탁依託하사 성령聖靈으로 말씀하시기를, 어찌하여 열방列邦이 분노忿怒하며 족속族屬들이 허사虛事를 경영經營하였는고, 세상世上의 군왕君王들이 나서며 관원官員들이 함께 모여 주主와 그 그리스도를 대적對敵하도다. 헤롯과 빌라도는 이방인異邦人과 이스라엘 백성百姓과 합동合同하여, 하나님의 기름 부으신 거룩한 종 예수를 거스려 하나님의 권능權能과 뜻대로 이루려고 예정豫定하신 그것을 행行하려고 이 성城에 모였나이다. 주主여 이제도 저희의 위협威脅함을 하감下鑑하옵시고, 또 종들로 하여금 하나님의 말씀을 전傳하게 하여 주옵시며, 손을 내밀어 병病을 낫게 하옵시고 표적表蹟과 기사奇事가 거룩한 종 예수의 이름으로 이루어지게 하옵소서 하더라. 빌기를 다하매 모인 곳이 진동震動하더니 무리가 다 성령聖靈이 충만充滿하여 담대膽大히 하나님의 말씀을 전傳하니라. (행 4:23~31)

4. 사도使徒들의 손으로 민간民間에 표적表蹟과 기사奇事가 많이 되매, 믿는 사람이 다 마음을 같이하여 솔로몬 행각行閣에 모이고, 감敢히 그들과 상종相從하는 사람이 없으나 백성百姓이 칭송稱頌하더라. 믿고 주主께로 나오는 자가 더 많으니 남녀男女의 큰 무리더라. 심지어 병病든 사람을 메고 거리에 나가 침대寢臺와 요 위에 뉘이고, 베드로가 지날 때에 혹 그 그림자라도 뉘게 덮일까 바라고, 예루살렘 근읍近邑 허다許多한 사람들도 모여 병病든 사람과 더러운 귀신鬼神에게 괴로움 받는 사람을 데리고 와서 다 나음을 얻으니라. (행 5:12~16)

5. 대제사장大祭司長과 그와 함께 있는 사람 즉 사두개인의 당파黨派가 다 마음에 시기猜忌가 가득하여 일어나서, 사도使徒들을 잡아다가 옥獄에 가두었더니, 주主의 사자使者가 밤에 옥문獄門을 열고 끌어내어 가로되, 가서 성전聖殿에 서서 이 생명生命의 말씀을 다 백성百姓에게 말하라 하매, 저희가 듣고 새벽에 성전聖殿에 들어가서 가르치더니, 대제사장大祭司長과 그와 함께 있는 사람들이 와서 공회公會와 이스라엘 족속族屬의 원로元老들을 다 모으고, 사람을 옥獄에 보내어 사도使徒들을 잡아오라 하니, 관속官屬들이 가서 옥獄에서 사도使徒들을 보지 못하고 돌아와 말하여 가로되, 우리가 보니 옥獄은 든든하게 잠기고 지킨 사람들이 문門에 섰으되, 문門을 열고 본즉 그 안에는 한 사람도 없더이다 하니, 성전聖殿 맡은 자와 제사장祭司長들이 이 말을 듣고 의혹疑惑하여 이 일이 어찌 될까 하더니, 사람이 와서 고하되 보소서 옥獄에 가두었던 사람들이 성전聖殿에 서서 백성百姓을 가르치더이다 하니, 성전聖殿 맡은 자가 관속官屬들과 같이 가서 저희를 잡아 왔으나, 강제强制로 못함은 백성百姓들이 돌로 칠까 두려워함이러라. (행 5:17~26)

6. 저희를 끌어다가 공회公會 앞에 세우니, 대제사장大祭司長이 물어 가로되 우리가 이 이름으로 사람을 가르치지 말라고 엄금嚴禁하였으되, 너희가 너희 교敎를 예루살렘에 가득하게 하니 이 사람의 피를 우리에게로 돌리고자 함이로다. 베드로와 사도使徒들이 대답對答하여 가로되 사람보다 하나님을 순종順從하는 것이 마땅하니라. 너희가 나무에 달아 죽인 예수를 우리 조상祖上의 하나님이 살리시고, 이스라엘로 회개悔改케 하사 죄罪 사赦함을 얻게 하시려고 그를 오른손으로 높이사 임금과 구주救主를 삼으셨느니라. 우리는 이 일에 증인證人이요 하나님이 자기自己를 순종順從하는 사람들에게 주신 성령聖靈도 그러하니라. 저희가 듣고 크게 노怒하여 사도使徒들을 없이 하고자 할새, 바리새인 가말리엘은 교법사敎法師로 모든 백성百姓에게 존경尊敬을 받는 자라. 공회公會 중에 일어나 명命하여 사도使徒들을 잠간暫間 밖에 나가게 하고 말하되, 이스라엘 사람들아 너희가 이 사람들에게 대하여 조심操心하라. 이전에 드다가 일어나 스스로 자랑하매 사람이 약 사백이나 따르더니, 그가 죽임을 당하매 좇던 사람이 다 흩어져 없어졌고, 그 후 호적戶籍할 때에 갈릴리 유다가 일어나 백성百姓을 꾀어 좇게 하다가 그도 망亡한 즉 좇던 사람이 다 흩어졌느니라. 이제 내가 너희에게 말하노니 이 사람들을 상관相關 말고 버려두라. 이 사상思想과 이 소행所行이 사람에게로서 났으면 무너질 것이요, 만일 하나님께로서 났으면 너희가 저희를 무너뜨릴 수 없겠고, 도리어 하나님을 대적對敵하는 자가 될까 하노라 하니, 저희가 옳게 여겨 사도使徒들을 불러들여 채찍질하며 예수의 이름으로 말하는 것을 금禁하고 놓으니, 사도使徒들은 그 이름을 위하여 능욕凌辱 받는 일에 합당合當한 자로 여기심을 기뻐하면서 공회公會 앞을 떠나니라. 저희가 날마다 성전聖殿에 있든지 집에 있든지 예수는 그리스도라 가르치기와 전도傳道하기를 쉬지 아니하니라. (행 5:27~42)

"사상思想과 소행所行이 사람에게로서 났으면 무너질 것이요." "하나님께로서 났으면 무너뜨릴 수 없겠고 도리어 하나님을 대적對敵하는 자者가 될까 하노라." 가말리엘의 위대偉大한 발언發言입니다. 복음福音은 하나님께로 나서 영원永遠한 발전發展과 부흥復興이 교회敎會를 통하여 전개展開됩니다.

【 낭송 표시 : 1회 / 4회 / 목표 120회 】

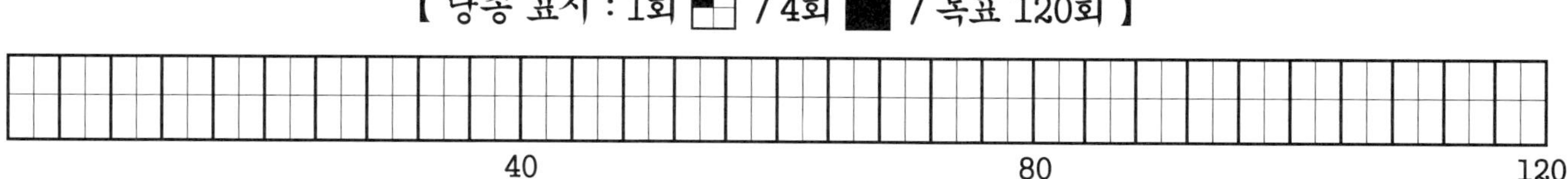

"주의 말씀은 내 발의 등이요 내 길에 빛이니이다"(시 119:105)

제 13 일

이 도道에 복종服從하니라

사도행전 6:7

'성령聖靈과 지혜智慧가 충만充滿하여 칭찬稱讚 듣는 사람.' 얼마나 소중所重하고 자랑스러운 교회敎會 지도자指導者들입니까? 사도使徒들의 후계자後繼者들의 훌륭한 지도력指導力입니다. 오늘 우리 교회敎會와 영적靈的 지도자指導者들도 저들과 같이 되어 세상世上 사람들이 복음福音의 도道에 복종服從하는 역사役事가 나타나기 바랍니다.

1. 형제兄弟들아 너희 가운데서 성령聖靈과 지혜智慧가 충만充滿하여 칭찬稱讚 듣는 사람 일곱을 택擇하라. 우리는 기도祈禱하는 것과 말씀 전傳하는 것을 전무專務하리라. 온 무리가 기뻐하여 믿음과 성령聖靈이 충만充滿한 사람을 택擇하여 사도使徒들 앞에 세우니 사도使徒들이 기도祈禱하고 그들에게 안수按手하니라. 하나님의 말씀이 점점漸漸 왕성旺盛하여 예루살렘에 있는 제자弟子의 수數가 더 심甚히 많아지고 허다許多한 제사장祭司長의 무리도 이 도道에 복종服從하니라. (행 6:3~7)

2. 스데반이 성령聖靈이 충만充滿하여 하늘을 우러러 주목注目하여, 하나님의 영광榮光과 예수께서 하나님 우편右便에 서신 것을 보고 말하되, 보라 인자人子가 하나님 우편右便에 서신 것을 보노라. 가로되 주主 예수여 내 영혼靈魂을 받으시옵소서. 그 흩어진 사람들이 두루 다니며 말씀을 전할새, 무리가 빌립의 말을 듣고 행行하는 표적表蹟을 보고 일심一心으로 그의 말하는 것을 좇더라. 많은 사람에게 붙었던 더러운 귀신鬼神들이 크게 소리를 지르며 나가고, 또 많은 중풍병자中風病者와 앉은뱅이가 나으니 그 성城에 큰 기쁨이 있더라. 빌립이 하나님 나라와 및 예수 그리스도의 이름에 관하여 전도傳道함을 저희가 믿고 다 세례洗禮를 받으니, 그 나타나는 표적表蹟과 큰 권능權能을 보고 놀라니라. 예루살렘에 있는 사도使徒들이 사마리아도 하나님의 말씀을 받았다 함을 듣고, 베드로와 요한을 보내매 그들이 내려가서 저희를 위하여 성령聖靈 받기를 기도祈禱하니, 이에 두 사도使徒가 저희에게 안수按手하매 성령聖靈을 받는지라. (행 7:55~8:17)

3. 형제兄弟 사울아 네가 오는 길에서 나타나시던 중, 예수께서 나를 보내어 너로 다시 보게 하시고 성령聖靈으로 충만充滿하게 하신다 하니, 즉시卽時 사울의 눈에서 비늘같은 것이 벗어져 다시 보게 된지라. 일어나 세례洗禮를 받고 음식飮食을 먹으매 강건康健하여지니라. 사울은 힘을 더 얻어 예수를 그리스도라 증명證明하여 다메섹에 사는 유대인들을 굴복屈服시키니라. 그리하여 온 유대와 갈릴리와 사마리아 교회敎會가 평안平安하여 든든히 서가고, 주主를 경외敬畏함과 성령聖靈의 위로慰勞로 진행進行하여 수數가 더 많아지니라. (행 9:17~31)

4. 때에 베드로가 사방四方으로 두루 행行하다가 룻다에 사는 성도聖徒들에게도 내려갔더니, 거기서 애니아라 하는 사람을 만나매 그가 중풍병中風病으로 상床 위에 누운지 팔년八年이라. 베드로가 가로되 애니아야 예수 그리스도께서 너를 낫게 하시니, 일어나 네 자리를 정돈整頓하라 한대 곧 이러나니, 룻다와 사론에 사는 사람들이 다 그를 보고 주主께로 돌아가니라. (행 9:32~35)

5. 욥바에 다비다라 하는 여제자女弟子가 있으니 그 이름을 번역飜譯하면 도르가라, 선행善行과 구제救濟하는 일이 심히 많더니, 그때에 병病들어 죽으매 시체屍體를 씻어 다락에 뉘우니라. 룻다가 욥바에 가까운지라 제자弟子들이 베드로가 거기 있음을 듣고 두 사람을 보내어 지체遲滯 말고 오라고 간청懇請하니, 베드로가 일어나 저희와 함께 가서 이르매 저희가 데리고 다락에 올라가니, 모든 과부寡婦가 저희와 함께 있을 때에 지은 속옷과 겉옷을 다 내어 보이거늘, 베드로가 사람을 다 내어보내고 무릎을 꿇고 기도祈禱하고 돌이켜 시체屍體를 향向하여 가로되, 다비다야 일어나라 하니 그가 눈을 떠 베드로를 보고 일어나 앉는지라. 베드로가 손을 내밀어 일으키고 성도聖徒들과 과부寡婦들을 불러 들여 그의 산 것을 보이니, 온 욥바 사람이 알고 많이 주主를 믿더라. (행 9:36~42)

6. 그가 경건敬虔하여 온 집과 더불어 하나님을 경외敬畏하며, 백성百姓을 많이 구제救濟하고 하나님께 항상恒常 기도祈禱하더니, 환상幻像 중에 하나님의 사자使者가 들어와 가로되, 고넬료야 하니 주主여 무슨 일이니이까, 천사天使가 가로되 네 기도祈禱와 구제救濟가 하나님 앞에 상달上達하여 기억記憶하신 바가 되었으니, 지금只今 사람을 보내어 베드로를 청請하라. 내가 곧 당신에게 사람을 보내었더니 오셨으니 잘하였나이다. 이제 우리는 주主께서 당신에게 명命하신 모든 것을 듣고자 하여 다 하나님 앞에 있나이다. 베드로가 가로되 하나님은 사람의 외모外貌를 취取하지 아니하시고 각 나라 중 하나님을 경외敬畏하며 의義를 행行하는 사람은 하나님이 받으시는 줄 깨달았도다. (행 10:2~35)

7. 하나님이 나사렛 예수에게 성령聖靈과 능력能力을 기름 붓듯 하였으며 두루 다니시며 착한 일을 행行하시니, 마귀魔鬼에게 눌린 모든 자를 고치셨으니 이는 하나님이 함께하였음이라. 저가 나무에 달아 죽였으니 하나님이 사흘 만에 다시 살리사, 저를 믿는 사람들이 다 그 이름을 힘입어 죄罪 사赦함을 받는다 하였느니라. 베드로가 이 말 할 때에 성령聖靈이 말씀 듣는 모든 사람에게 내려오시니, 이방인異邦人들에게도 성령聖靈 부어 주심을 인因하여 놀라니, 이에 베드로가 가로되 이 사람들이 우리와 같이 성령聖靈을 받았으니, 누가 능能히 물로 세례洗禮 줌을 금禁하리요 하고 명命하여 예수 그리스도의 이름으로 세례洗禮를 주라 하니라. (행 10:38~48)

성령聖靈으로 세례洗禮를 받으라, 성령聖靈이 너희에게 임臨하시면, 성령聖靈 충만充滿을 받고, 성령聖靈이 말하게 하심 따라, 내 영靈으로 육체肉體에 부어 주리니, 성령聖靈을 선물善物로, 다 성령聖靈이 충만充滿하여, 성령聖靈과 지혜智慧가 충만充滿하여, 믿음과 성령聖靈이 충만充滿한 사람, 성령聖靈 받기를 기도祈禱하니 성령聖靈을 받는지라, 성령聖靈의 위로慰勞로, 성령聖靈과 능력能力을, 말씀 듣는 모든 사람에게 성령聖靈 부어 주심을 인하여, 성령聖靈의 충만充滿한 역사役事가 사도행전 교회教會에 나타났습니다. 주主여! 오늘 저희들에게 나타나 충만充滿하게 하옵소서. 그리하여 능력能力 있는 증인證人 되게 하옵소서.

【 낭송 표시 : 1회 ▦ / 4회 ■ / 목표 120회 】

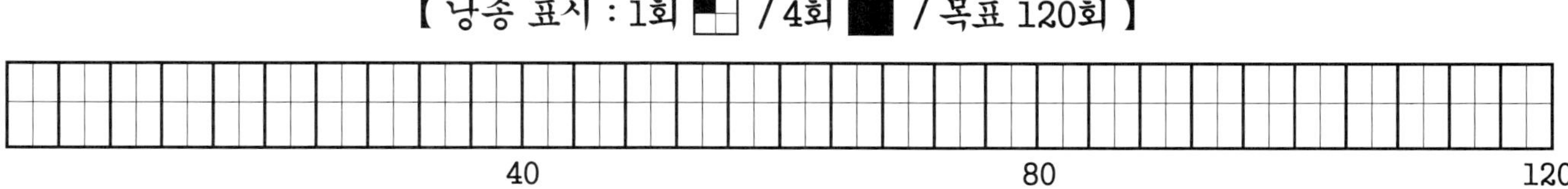

“주의 말씀은 내 발의 등이요 내 길에 빛이니이다”(시 119:105)

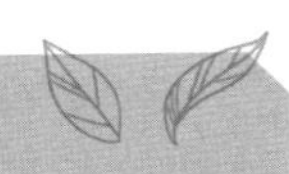

제 14 일

이에 큰 무리가 주主께 더하더라

사도행전 11:24

복음福音이 전파傳播되는 곳에 구원救援의 역사役事가 일어났습니다. 병病든 자가 고침을 받고 귀신鬼神이 물러가고 문제問題가 해결解決되었습니다. 영접迎接하는 사람과 그 가정家庭은 세례洗禮를 받고 큰 무리가 주主께 더하는 역사役事가 나타났습니다. 빌립보 옥중獄中의 죄수罪囚와 간수看守가 예수님을 영접迎接하게 되었습니다. 간수看守의 온 가족이 예수님을 믿고 세례洗禮를 받아 가정家庭 전체全體가 구원救援받는 역사役事가 일어났습니다.

1. 성령聖靈이 내게 명命하사 아무 의심疑心 말고 함께 가라. 그가 너와 네 온 집의 구원救援 얻을 말씀을 네게 이르리라. 내가 말을 시작始作할 때에 성령聖靈이 저희에게 임臨하시기를 너희는 성령聖靈으로 세례洗禮를 받으라. 그런즉 하나님이 우리가 주主 예수 그리스도를 믿을 때에 주신 것과 같은 선물善物을 저희에게도 주셨으니, 누가 하나님의 능력能力을 막겠느냐, 저희가 이 말을 듣고 잠잠潛潛하여 하나님께 영광榮光을 돌려 가로되, 하나님께서 이방인異邦人에게도 생명生命 얻는 회개悔改를 주셨도다 하니라. 주主 예수를 전파傳播하니 주主의 손이 그들과 함께하시매 수다數多한 사람이 믿고 주主께 돌아오더라. 바나바를 보내니 저가 이르러 하나님의 은혜恩惠를 보고 기뻐하여 모든 사람에게 굳은 마음으로 주主께 붙어 있으라 권勸하니 바나바는 착한 사람이요, 성령聖靈과 믿음이 충만充滿한 자라 이에 큰 무리가 주主께 더하더라. (행 11:12~24)

2. 베드로는 옥獄에 갇혔고 교회敎會는 그를 인하여 간절懇切히 하나님께 빌더라. 홀연忽然히 주主의 사자使者가 곁에 서매 옥중獄中에 광채光彩가 조요照耀하며, 또 베드로의 옆구리를 쳐 깨워 가로되, 급히 일어나라 하니 쇠사슬이 그 손에서 벗어지더라. 내가 이제야 참으로 주主께서 그의 천사天使를 보내어 나를 옥獄에서 구원救援하여 주신 줄 알겠노라 하여, 깨닫고 마가라 하는 집에 가니 여러 사람이 모여 기도祈禱하더라. 헤롯이 영광榮光을 하나님께로 돌리지 아니하는 고로, 주主의 사자使者가 곧 치니 충蟲이 먹어 죽으니라. 하나님의 말씀은 흥왕興旺하여 더하더라. (행 12:5~24)

3. 안디옥 교회敎會에 선지자先知者들과 교사敎師들이 있으니, 곧 바나바와 니게르라 하는 시므온과 루기오와 헤롯의 동생同生 마나엔과 사울이라. 주主를 섬겨 금식禁食할 때에 성령聖靈이 가라사대, 내가 불러 시키는 일을 위하여 바나바와 사울을 따로 세우라

하시니, 이에 금식禁食하고 기도祈禱하고 두 사람에게 안수按手하여 보내니라. 두 사람이 성령聖靈의 보내심을 받아 구브로에 가서 하나님의 말씀을 여러 회당會堂에서 전傳할새, 총독總督 서기오 바울은 지혜智慧 있는 사람이라. 바나바와 사울을 불러 하나님의 말씀을 듣고자 하더라. 박수 엘루마는 사도使徒를 대적對敵하여 총독總督으로 믿지 못하게 힘쓰니, 바울이라고 하는 사울이 성령聖靈이 충만充滿하여 그를 주목注目하여 가로되, 모든 궤계詭計와 악행惡行이 가득한 자요, 마귀魔鬼의 자식子息이요, 의義의 원수怨讐요, 바른 길을 굽게 하는 자여 그치지 아니 하겠느냐, 보라 이제 주主의 손이 네 위에 있으니 네가 소경이 되어 해를 보지 못하리라 하니, 즉시卽時 안개와 어두움이 그를 덮어 인도引導할 사람을 구求하는지라. 이에 총독總督이 그렇게 된 것을 보고 믿으며 주主의 가르침을 기이奇異히 여기니라. (행 13:1~12)

4. 유대인과 유대교에 입교入敎한 경건敬虔한 사람들이 많이 바울과 바나바를 좇으니, 두 사도使徒가 더불어 말하고 항상恒常 하나님의 은혜恩惠 가운데 있으라 권勸하니라. 그다음 안식일安息日에는 온 성城이 거의 다 하나님의 말씀을 듣고자 하여 모이니, 바울과 바나바가 담대膽大히 말하여 가로되 하나님의 말씀을 마땅히 먼저 너희에게 전傳할 것이로되, 너희가 버리고 영생永生 얻음에 합당合當치 않는 자로 자처自處하기로 우리가 이방인異邦人에게로 향向하노라. 주主께서 명命하시기를 내가 너를 이방異邦의 빛을 삼아 너로 땅끝까지 구원救援하게 하리라 하셨느니라 하니, 이방인異邦人들이 듣고 기뻐하여 하나님의 말씀을 찬송讚頌하며 영생永生 주시기를 작정作定된 자는 다 믿더라. 주主의 말씀이 그 지방地方에 두루 퍼지니라. 제자弟子들은 기쁨과 성령聖靈이 충만充滿하니라. (행 13:43~52)

"이방인異邦人들이 듣고 기뻐하여." "하나님을 찬송讚頌하며." "영생永生 주시기로 작정作定된 자라 믿더라." "주主의 말씀이 두루 퍼지니라." "제자弟子들은 기쁨과 성령聖靈이 충만充滿하더라." 이 얼마나 놀랍고 복福된 말씀입니까. 복음福音이 전파傳播되는 곳에는 기뻐하고 찬송讚頌하며 다 믿으며, 두루 퍼지며, 기쁨과 성령聖靈이 충만充滿케 되는 역사役事가 나타났습니다.

【 낭송 표시 : 1회 ▦ / 4회 ■ / 목표 120회 】

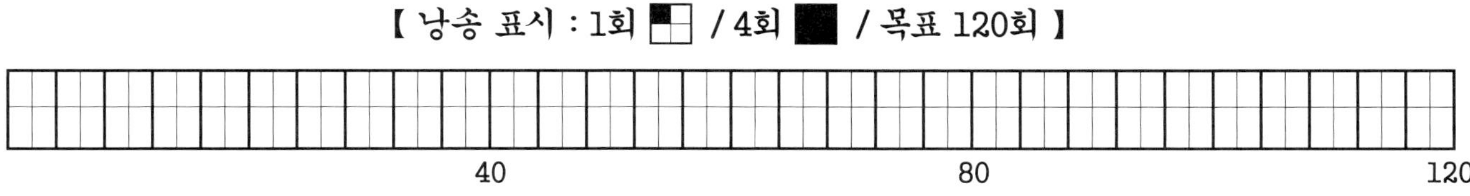

"주의 말씀은 내 발의 등이요 내 길에 빛이니이다"(시 119:105)

제 15 일

교회教會들을 굳게 하니라

사도행전 15:41

사도使徒들이 복음福音 전파傳播 사역使役을 하는 곳에는 하나님의 교회敎會가 부흥復興하였습니다. 사도使徒들이 방문房門하는 곳마다 교회敎會와 성도聖徒들의 신앙信仰이 굳건하게 되었습니다. 또한 주主께로 돌아온 성도聖徒들이 크게 기뻐하였습니다. 믿음이 굳건해지고 크게 기뻐하는 생활生活이 참된 신앙생활信仰生活의 모습입니다.

1. 저희가 교회敎會의 전송餞送을 받고 이방인異邦人들이 주主께로 돌아온 일을 말하여 형제兄弟들을 다 크게 기뻐하더라. 예루살렘에 이르러 교회敎會와 사도使徒와 장로長老들에게 영접迎接을 받고, 하나님이 자기自己들과 함께 계셔 행行하신 모든 일을 말하매, 베드로가 일어나 말하되 형제兄弟들아 너희도 알거니와, 하나님이 이방인異邦人들로 내 입에서 복음福音의 말씀을 들어 믿게 하시려고 오래전부터 너희 가운데서 나를 택擇하시고, 또 마음을 아시고 하나님이 저희에게로 성령聖靈을 주어 증거證據하시고, 믿음으로 저희 마음을 깨끗이 하사 우리와 저희가 동일同一하게 주主 예수의 은혜恩惠로 구원救援받는 줄을 믿노라 하니라. (행 15:3~11)

2. 온 무리가 바나바와 바울이 하나님이 자기自己들로 말미암아 이방인異邦人 중에 행行하신 표적表蹟과 기사奇事로 하는 것을 들으니라. 우리 주主 예수 그리스도의 이름을 위하여 생명生命을 아끼지 아니하는 자인 우리의 사랑하는 바나바와 바울과 함께 너희에게 보내기를 일치가결一致可決 하였노라. 바울은 실라를 택擇한 후後에 형제兄弟들에게 주主의 은혜恩惠에 부탁付託함을 받고 수리아와 길리기아로 다녀가며 교회敎會들을 굳게 하니라. (행 15:12~41)

3. 바울이 더베와 루스드라에 이르매 거기 디모데라하는 제자弟子가 있으니 형제兄弟들에게 칭찬稱讚 받는 자니라. 여러 성城으로 다녀갈 때에 예루살렘에 있는 사도使徒와 장로長老들의 작정作定한 규례規例를 저희에게 주어 지키게 하니, 이에 여러 교회敎會가 믿음이 굳어지고 수數가 날마다 더하니라. 밤에 환상幻像이 바울에게 보이니 마게도냐 사람이 서서 청請하며 가로되, 마게도냐로 건너와서 우리를 도우라 하거늘, 바울이 환상幻像을 본 후後에 마게도냐로 떠나가기를 힘쓰니, 이는 하나님이 저 사람들에게 복음福音을 전傳하라고 우리를 부르신 줄로 인정認定함이러라. (행 16:1~10)

4. 거기서 빌립보에 이르니 이는 마게도냐의 첫 성城이라. 안식일安息日에 기도처祈禱處가 있는가 하여 문門밖 강江가에 나가 모인 여자女子들에게 말하더니, 두아디라 성城의 자주紫紬 장사로서 하나님을 공경恭敬하는 루디아라 하는 여자女子가 있는데, 주主께서 그 마음을 열어 바울의 말을 청종聽從하게 하신지라. 저와 그 집이 다 세례洗禮를 받고 나를 알거든 내 집에 들어와 유留하라 하고 강권强勸하여 있게 하니라. (행 16:12~15)

5. 점占하는 귀신鬼神 들린 여종을 만나니 가로되, 이 사람들은 지극至極히 높으신 하나님의 종으로 구원救援의 길을 너희에게 전傳하는 자라, 바울이 돌이켜 그 귀신鬼神에게 이르되 예수 그리스도의 이름으로 내가 네게 명命하노니 그에게서 나오라

하니 귀신鬼神이 즉시 나오니라. 이 일로 관원官員들이 바울과 실라를 옥獄에 가두고 그 발을 착고에 든든히 채웠더니, 밤중쯤 되어 바울과 실라가 기도祈禱하고 하나님을 찬미讚美하매 죄수罪囚들이 듣더라. 이에 홀연忽然히 큰 지진地震이 나서 옥獄터가 움직이고, 문門이 다 열리며 모든 사람의 매인 것이 다 벗어진지라. 간수看守가 무서워 떨며 바울과 실라 앞에 부복俯伏하고, 선생先生들아 내가 어떻게 하여야 구원救援을 얻으리이까 하거늘, 가로되 주主 예수를 믿으라 그리하면 너와 네 집이 구원救援을 얻으리라 하고 주主의 말씀을 모든 사람에게 전傳하니라. 그 밤에 간수看守가 저희를 데려다가 자기自己와 그 권속眷屬이 다 세례洗禮를 받은 후 음식飮食을 차려 주고, 저와 온 집이 하나님을 믿었으므로 크게 기뻐하니라. (행 16:16~34)

6. 두 사람이 옥獄에서 나가 루디아의 집에 들어가서 형제兄弟들을 만나보고 위로慰勞하고 가니라. 저희가 데살로니가에 이르니 거기 유대인의 회당會堂이 있는지라. 바울이 자기自己의 규례規例대로 저희에게로 들어가서 안식일安息日에 성경聖經을 가지고 강론講論하며, 뜻을 풀어 그리스도가 해를 받고 죽은 자 가운데서 다시 살아야 할 것을 증명證明하고 이르되, 내가 너희에게 전傳하는 이 예수가 곧 그리스도라 하니, 그중에 어떤 사람 곧 경건敬虔한 헬라인의 큰 무리와 적지 않은 귀부인貴婦人도 권勸함을 받고 바울과 실라를 좇으나, 그러나 유대인들은 시기猜忌하여 읍장邑長들 앞에 가서 소리 질러 가로되, 천하天下를 어지럽게 하던 이 사람들이 여기도 이르매, 이 사람들이 가이사의 명命을 거역拒逆하여 말하되, 다른 임금 곧 예수라 하는 이가 있다 하더이다 하니, 무리와 읍장邑長이 소동騷動하여 야손과 그 나머지 사람들에게 보를 받고 놓으니라. 밤에 형제兄弟들이 곧 바울과 실라를 베뢰아로 보내니 저희가 이르러 유대인의 회당會堂에 들어가니라. (행 16:40~17:10)

7. 베뢰아 사람은 데살로니가에 있는 사람보다 더 신사적紳士的이어서 간절懇切한 마음으로 말씀을 받고, 이것이 그러한가 하여 날마다 성경聖經을 상고詳考하므로, 그중에 믿는 사람이 많고 또 헬라의 귀부인貴婦人과 남자男子가 적지 아니하니라. 형제兄弟들이 바울을 보내어 바다까지 가게 하되, 실라와 디모데는 아직 거기 유留하더라. 자기自己에게로 속히 오라는 명命을 받고 떠나니라. 바울이 아덴에서 저희를 기다리다가 온 성城에 우상偶像이 가득한 것을 보고 스도이고 철학자哲學者들이 바울과 쟁론爭論할새, 이는 바울이 예수와 부활復活 전傳함을 인因함이러라. (행 17:11~18)

빌립보 감옥監獄 담당擔當 간수看守가 예수님을 영접迎接하고 가족家族 전체全體가 하나님을 믿으므로 세례洗禮를 받고 크게 기뻐하는 역사役事가 나타났습니다. 점占하는 귀신鬼神이 쫓겨 가고 처녀處女가 건강健康을 회복回復하였습니다. 복음福音이 전파傳播되는 곳에서 병마病魔가 물러가고 귀신鬼神은 쫓겨가고 죄수罪囚가 회개悔改하고 온 가정家庭이 기쁨이 넘치는 축복祝福을 받게 되었습니다. 가정家庭 구원救援과 사회社會 구원救援이 이루어졌습니다. 복음福音이 전파傳播되고 주님을 영접迎接하는 곳에는 크게 기뻐하는 역사役事가 나타나게 되었습니다.

【 낭송 표시 : 1회 ◪ / 4회 ■ / 목표 120회 】

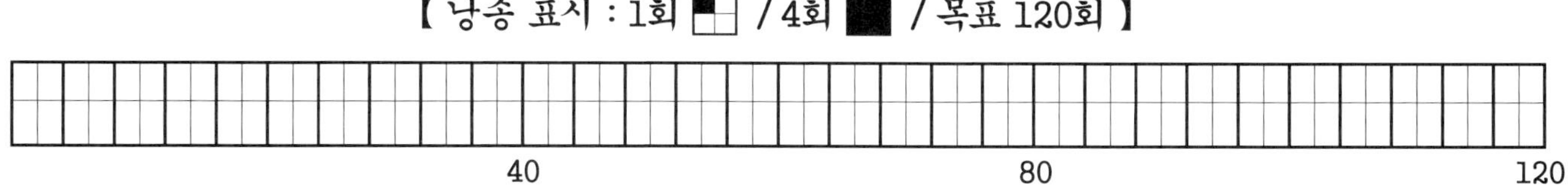

40 80 120

"주의 말씀은 내 발의 등이요 내 길에 빛이니이다"(시 119:105)

제 16 일

믿을 만한 증거證據를 주셨음이라

사도행전 17:31

우주만물宇宙萬物과 삼라만상森羅萬像은 창조주創造主 하나님의 피조물被造物입니다. 하나님이 창조創造하신 증거證據입니다. 사람이 만든 조각품彫刻品이자 공예품工藝品인 신전神殿 속에 들어 있는 신神은 우상偶像일 뿐입니다. 진정眞正한 신神과 참된 신神은 우주만물宇宙萬物과 온 세상世上을 주관主官하시는 전능全能한 하나님이십니다.

1. 바울이 아레오바고 가운데 서서 말하되 아덴 사람들아 너희를 보니 범사凡事에 종교성宗敎性이 많도다. 내가 두루 다니며 너희를 위하는 것들을 보다가 알지 못하는 신神에게라고 새긴 단壇도 보았으니, 그런즉 너희가 알지 못하고 위하는 그것을 내가 너희에게 알게 하리라. 우주宇宙와 그 가운데 있는 만유萬有를 지으신 신神께서는 천지天地의 주재主宰시니 손으로 지은 전殿에 계시지 아니하시고, 또 무엇이 부족不足한 것처럼 사람의 손으로 섬김을 받으시는 것이 아니니, 이는 만민萬民에게 생명生命과 호흡呼吸과 만물萬物을 친親히 주시는 자이심이라. 인류人類의 모든 족속族屬을 한 혈통血統으로 만드사 온 땅에 거居하게 하시고, 저희의 연대年代를 정定하시며 거주居住의 경계境界를 한限하셨으니, 이는 사람으로 하나님을 찾아 발견發見케 하려 하심이로되, 그는 우리 각 사람에게서 멀리 떠나 계시지 아니하도다. (행 17:22~27)

2. 우리가 그를 힘입어 살며 기동起動하며 있느니라. 시인詩人 중에도 우리가 그의 소생所生이라 하니, 신神을 금金이나 은銀이나 돌에다 사람의 기술技術과 고안考案으로 새긴 것들과 같이 여길 것이 아니니라. 알지 못하던 시대時代에는 하나님이 허물치 아니하셨거니와, 이제는 어디든지 사람을 다 명命하사 회개悔改하라 하셨으니, 이는 정定하신 사람으로 하여금 천하天下를 공의公義로 심판審判할 날을 작정作定하시고, 이에 저를 죽은 자 가운데서 다시 살리신 것으로 모든 사람에게 믿을 만한 증거證據를 주셨음이니라 하니라. 저희가 죽은 자의 부활復活을 듣고 혹은 기롱譏弄도 하고, 혹은 이 일에 대하여 네 말을 다시 듣겠다 하니, 이에 바울이 저희 가운데서 떠나매 몇 사람이 그를 친親하여 믿으니, 그중 아레오바고 관원官員 디오누시오와 다마리라 하는 여자女子와 또 다른 사람들도 있었더라. (행 17:28~34)

3. 이 후後에 바울이 아덴을 떠나 고린도에 이르러 아굴라라 하는 본도本島에서 난 유대인 하나를 만나니, 그 아내 브리스길라와 함께 이달리야로부터 새로 온지라. 바울이 그들에게 가매 업業이 같으므로 함께 거居하여 일을 하니 그 업業은 장막帳幕을 만드는 것이더라. 안식일安息日마다 바울이 회당會堂에서 강론講論하고 유대인과 헬라인을 권면勸勉하니라. 실라와 디모데가 마게도냐로서 내려오매 바울이 하나님의 말씀에 붙잡혀 유대인들에게 예수는 그리스도라 밝히 증거證據하니, 저희가 대적對敵하여 훼방毁謗하거늘, 바울이 옷을 떨어 가로되 너희 피가 너희 머리로 돌아갈 것이요 나는 깨끗하니라. 이후以後에는 이방인異邦人에게로 가리라 하고, 거기서 옮겨 하나님을 공경恭敬하는 디도 유스도라 하는 사람의 집에 들어가니 그 집이 회당會堂 옆이라. (행 18:1~7)

4. 회당장會堂長 그리스보가 온 집으로 더불어 주主를 믿으며 수다數多한 고린도 사람도 듣고 믿어 세례洗禮를 받더라. 밤에 주主께서 환상幻像 가운데 바울에게 말씀하시되, 두려워하지 말며 잠잠潛潛하지 말고 말하라. 너와 함께 있으매 아무 사람도 너를 대적對敵하여 해롭게 할자가 없을 것이니, 이는 이 성중城中에 내 백성百姓이 많음이라 하시더라. 일년一年 육개월六個月을 유留하며 그들 가운데서 하나님의 말씀을 가르치니라. 바울은 여러날 유留하다가 형제兄弟들을 작별作別하고 배타고 수리아로 떠나갈새 브리스길라와 아굴라도 함께하더라. 바울이 일찍 서원誓願이 있으므로 겐그레아에서 머리를 깎았더라. 에베소에 와서 저희를 거기 머물러 두고 자기自己는 회당會堂에 들어가서 유대인들과 변론辯論하니, 여러 사람이 더 오래 있기를 청請하되 허락許諾지 아니하고 작별作別하여 가로되, 만일 하나님의 뜻이면 너희에게 돌아오리라 하고, 배를 타고 에베소를 떠나 가이사랴에서 상륙上陸하여 교회敎會의 안부安否를 물은 후에 안디옥으로 내려가서 갈라디아와 브루기아 땅을 차례次例로 다니며 모든 제자弟子를 굳게 하니라. (행 18:8~23)

5. 알렉산드리아에서 난 아볼로라 하는 유대인이 에베소에 이르니 이 사람도 학문學問이 많고 성경聖經에 능能한 자라. 그가 일찍 주主의 도道를 배워 열심熱心히 예수에 관關한 것을 자세仔細히 말하며 가르치나 요한의 세례洗禮만 알 따름이라. 그가 회당會堂에서 담대膽大히 말하기를 시작始作하거늘, 브리스길라와 아굴라가 듣고 데려다가 하나님의 도道를 더 자세仔細히 풀어 이르더라. 아볼로가 아가야로 건너가고자 하니 형제兄弟들이 저를 장려奬勵하며 제자弟子들에게 편지便紙하여 영접迎接하라 하였더니, 저가 가매 은혜恩惠로 말미암아 믿은 자들에게 많은 유익有益을 주니, 이는 성경聖經으로써 예수는 그리스도라고 증거證據하여 공중公衆 앞에서 유력有力하게 유대인의 말을 이김일러라. (행 18:24~28)

6. 바울이 에베소에 와서 어떤 제자弟子들을 만나 너희가 믿을 때에 성령聖靈을 받았느냐, 가로되 아니라 우리는 성령聖靈이 있음도 듣지 못하였노라. 바울이 가로되 그러면 너희가 무슨 세례洗禮를 받았느냐, 대답對答하되 요한의 세례洗禮로라. 바울이 가로되 요한이 회개悔改의 세례洗禮를 베풀며 백성百姓에게 말하되, 내 뒤에 오시는 이를 믿으라 하였으니 이는 곧 예수라 하거늘, 저희가 듣고 주主 예수의 이름으로 세례洗禮를 받으니, 바울이 그들에게 안수按手하매 성령聖靈이 그들에게 임臨하시므로 방언方言도 하고 예언豫言도 하니 모두 열두 사람쯤 되니라. (행 19:1~7)

"온 집으로 더불어 주主를 믿으며." "수다數多한 사람이 믿어 세례洗禮를 받더라." "이 성城중에 내 백성百姓이 많음이라." "모든 제자弟子들을 굳게 하니라." "공중公衆에서 유력有力하여 이김이더라." "안수按手하매 성령聖靈이 임臨하시므로." 선교宣敎 현장現場에 나타난 놀라운 역사役事입니다. 오늘도 복음福音이 전파傳播되는 곳에 사도행전使徒行傳의 역사役事가 나타나게 하옵소서.

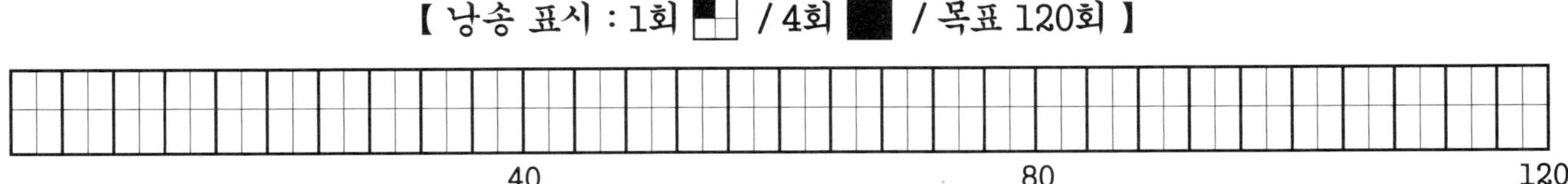

"주의 말씀은 내 발의 등이요 내 길에 빛이니이다"(시 119:105)

제 17 일

주의 말씀이 힘이 있어 흥왕興旺하여 세력勢力을 얻으니라

사도행전 19:20

복음福音이 전파傳播되는 곳에 주主의 말씀이 흥왕興旺하여 세력勢力을 얻게 되었습니다. 사탄과 악령惡靈의 세력勢力들은 물러가고 하나님의 성령聖靈의 역사役事가 강强하게 나타났습니다. 병病이 떠나고 악귀惡鬼도 떠나는 놀라운 역사役事가 나타났습니다. 또한 '주主 예수께 받은 사명使命 곧 복음福音을 증거證據하는 일에 나의 생명生命을 바치련다'라는 각오覺悟와 결심決心으로 무장武將되어 있습니다.

1. 바울이 회당會堂에 들어가 석 달 동안을 담대膽大히 하나님 나라에 대하여 강론講論하며 권면勸勉하되, 어떤 사람들은 마음이 굳어 순종順從치 않고 무리 앞에서 이 도道를 비방誹謗하거늘, 바울이 그들을 떠나 제자弟子들을 따로 세우고 두란노 서원書院에서 날마다 강론講論하여, 이같이 두 해 동안을 하매 아시아에 사는 자는 다 주主의 말씀을 듣더라. 하나님이 바울의 손으로 희한稀罕한 능能을 하게 하시니, 심지어甚至於 사람들이 바울의 몸에서 손 수건手巾이나 앞치마를 가져다가, 병든 사람에게 얹으면 그 병病이 떠나고 악귀惡鬼도 나가더라. 에베소에 거居하는 유대인과 헬라인들이 다 이 일을 알고 두려워하며, 주主 예수의 이름을 높이고 믿은 사람들이 많이 와서 자복自服하여 행行한 일을 고告하며, 마술魔術을 행行하던 많은 사람들이 그 책冊을 불사르니 그 책冊 값을 계산計算한즉 은銀 오만五萬이나 되더라. 이와 같이 주主의 말씀이 힘이 있어 흥왕興旺하여 세력勢力을 얻으니라. (행 19:8~20)

2. 안식 후後 첫날에 우리가 떡을 떼려 하여 모였더니 바울이 이튿날 떠나고자 하여 저희에게 강론講論할새, 말을 밤중까지 계속繼續하매 다락에 등불을 많이 켰는데, 유두고라 하는 청년靑年이 창窓에 걸터 앉았다가 깊이 졸더니, 바울이 강론講論하기를 더 오래 하매 졸음을 이기지 못하여 삼층三層 누樓에서 떨어지거늘 일으켜 보니 죽었는지라. 바울이 내려가서 그 위에 엎드려 그 몸을 안고 말하되 떠들지 말라 생명生命이 저에게 있다 하고, 올라가 떡을 떼어 먹고 오래 동안 곧 날이 새기까지 이야기하고 떠나니라. 사람들이 살아난 아이를 데리고 와서 위로慰勞를 적지 않게 받았더라. (행 20:7~12)

3. 바울이 밀레도에서 사람을 에베소로 보내어 교회敎會 장로長老들을 청請하니 오매 저희에게 말하되, 첫날부터 지금까지 내가 항상恒常 너희 가운데서 어떻게 행行한 것을 너희도 아는바니, 곧 모든 겸손謙遜과 눈물이며 유대인의 간계奸計를 인因하여 당當한 시험試驗을 참고 주主를 섬긴 것과, 유익有益한 것은 무엇이든지 공중公衆 앞에서나 각 집에서나 꺼림이 없이 너희에게 전傳하여 가르치고, 하나님께 대한 회개悔改와 우리 주主 예수 그리스도께 대한 믿음을 증거證據한 것이라. 보라 이제 나는 심령心靈에 매임을 받아 예루살렘으로 가는데 저기서 무슨 일을 만날는지 알지 못하노라. 오직 성령聖靈이 각 성城에서 내게 증거證據하여 결박結縛과 환난患難이 나를 기다린다 하시나, 나의 달려갈 길과 주主 예수께 받은 사명使命 곧 하나님의 은혜恩惠의 복음福音 증거證據하는 일을 마치려 함에는 나의 생명生命을 조금도 귀貴한 것으로 여기지 아니하노라. (행 20:17~24)

4. 보라 내가 너희 중에 왕래往來하며 하나님 나라를 전파傳播하였으나, 지금은 너희가 다 내 얼굴을 다시 보지 못할 줄 아노라. 그러므로 오늘 너희에게 증거證據하노니 모든 사람의 피에 대하여 내가 깨끗하니, 이는 내가 꺼리지 않고 하나님의 뜻을 다 너희에게 전傳하였음이라. 너희는 자기自己를 위하여 또는 온 양 떼를 위하여 삼가라, 성령聖靈이

저들 가운데 너희로 감독자監督者를 삼고 하나님이 자기自己 피로 사신 교회教會를 치게 하셨느니라. 내가 떠난 후後에 흉악凶惡한 이리가 너희에게 들어와서 그 양 떼를 아끼지 아니하며, 또한 너희 중에서도 제자弟子들을 끌어 자기自己를 좇게 하려고 어그러진 말을 하는 사람들이 일어날 줄을 내가 아노니, 그러므로 너희가 일깨어 내가 삼년三年이나 밤낮 쉬지 않고 눈물로 각 사람을 훈계訓誡하던 것을 기억記憶하라. 지금 내가 너희를 주主와 및 그 은혜恩惠의 말씀께 부탁付託하노니, 그 말씀이 너희를 능能히 든든히 세우사 거룩케 하심을 입은 모든 자 가운데 기업基業이 있게 하시리라. 내가 아무의 은銀이나 금金이나 의복衣服을 탐貪하지 아니하였고, 너희 아는 바에 이 손으로 나와 내 동행同行들의 쓰는 것을 당當하여 범사凡事에 너희에게 모본模本을 보였노니, 곧 이같이 수고受苦하여 약弱한 사람들을 돕고 또 주主 예수의 친親히 말씀하신 바 주는 것이 받는 것보다 복福이 있다 하심을 기억記憶하여야 할지니라. (행 20:25~35)

5. 이 말을 한 후後 무릎을 꿇고 저희 모든 사람과 함께 기도祈禱하니 다 크게 울며 바울의 목을 안고 입을 맞추고, 다시 그 얼굴을 보지 못하리라 한 말을 인하여 더욱 근심하고 배에까지 그를 전송餞送하니라. (행 20:36~38)

6. 가이사랴에 이르러 일곱 집사執事중 하나인 전도자前導者 빌립의 집에 들어가서 유留하니라. 여러날 있더니 한 선지자先知者 아가보라 하는 이가 유대로부터 내려와 우리에게 와서, 바울의 띠를 가져다가 자기自己도 수족手足을 잡아매고 말하기를, 성령聖靈이 말씀하시되 예루살렘에서 유대인들이 이같이 이 띠 임자를 결박結縛하여 이방인異邦人의 손에 넘겨주리라 하거늘, 우리가 그 말을 듣고 그곳 사람들로 더불어 바울에게 예루살렘으로 올라가지 말라 권勸하니, 바울이 대답對答하되 너희가 어찌하여 울어 내 마음을 상傷하게 하느냐, 나는 주主 예수의 이름을 위하여 결박結縛 받을 뿐 아니라, 예루살렘에서 죽을 것도 각오하였노라 하니, 저가 권勸함을 받지 아니하므로 우리가 주主의 뜻대로 이루어지이다. (행 21:8~14)

7. 이 여러 날 후後에 행장行裝을 준비準備하여 예루살렘으로 올라갈새, 가이사랴의 몇 제자弟子가 함께 가며 한 오랜 제자弟子 구브로 사람 나손을 데리고 가니, 이는 우리가 그의 집에 유留하려 함이라. 예루살렘에 이르니 형제兄弟들이 우리를 기꺼이 영접迎接하거늘, 그 이튿날 바울이 우리와 함께 야고보에게로 들어가니 장로長老들도 다 있더라. 바울이 문안問安하고 하나님이 자기自己의 봉사奉事로 말미암아 이방異邦 가운데서 하신 일을 낱낱이 고告하니, 저희가 듣고 하나님께 영광榮光을 돌리고 바울 더러 이르되, 형제兄弟여 그대도 보는 바에 유대인 중에 믿는 자 수만 명數萬名이 있으니 다 율법律法에 열심熱心 있는 자라. (행 21:15~20)

"나는 주主 예수의 이름을 위하여 죽을 각오覺悟를 하였노라." 바울 사도使徒의 결심決心입니다. 선교보고宣教報告를 하고 더 큰 선교 사역宣教使役을 위하여 전진前進하는 바울 사도使徒의 결의結義는 그리스도를 위하여 순교殉教를 각오覺悟하고 나아가는 것이었습니다.

【 낭송 표시 : 1회 ▚ / 4회 ■ / 목표 120회 】

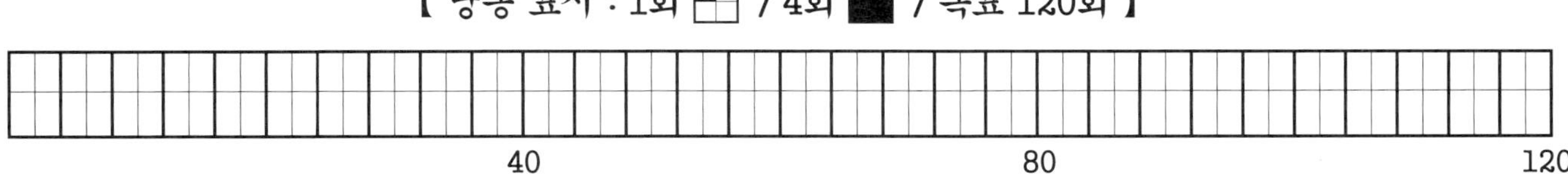

"주의 말씀은 내 발의 등이요 내 길에 빛이니이다"(시 119:105)

제 18 일

나는 네가 핍박逼迫하는 나사렛 예수라

사도행전 22:8

예루살렘에 도착到着한 바울 선교사宣敎師는 선교 보고宣敎報告를 하였습니다. 이어서 회심回心의 간증干證을 하였습니다. 다메섹 도상途上에서 부활하신 예수님을 만남으로 180도 전환轉換과 회개悔改를 하였습니다. 핍박자逼迫者 사울이 전도자傳道者 바울이 되었습니다.

1. 네가 이방異邦에 있는 모든 유대인을 가르치되 모세를 배반背叛하고 아들들에게 할례割禮를 하지말고, 또 규모規模를 지키지 말라 한다 함을 저희가 들었도다. 저희를 데리고 함께 결례潔禮를 행行하고 저희를 위하여 비용費用을 내어 머리를 깎게 하라. 그러면 모든 사람이 그대에게 대하여 들은 것이 헛된 것이고 그대도 율법律法을 지켜 행行하는 줄로 알 것이라. 주主를 믿는 이방인異邦人에게는 우리가 우상偶像의 제물祭物과 피와 목매어 죽인 것과 음행淫行을 피避할 것을 결의決議하고 편지便紙하였느니라 하니, 바울이 이 사람들을 데리고 이튿날 저희와 함께 결례潔禮를 행行하고 성전聖殿에 들어가서 각 사람을 위하여 제사祭祀 드릴 때까지의 결례潔禮의 만기滿期 된 것을 고告하니라. (행 21:21~26)

2. 바울이 가로되 나는 유대인이라 길리기아 다소 성의 시민市民이니 청請컨대 백성百姓에게 말하기를 허락許諾하라 하니, 바울이 층대層臺 위에 서서 백성百姓에게 손짓하여 크게 종용慫慂히 한 후後에 가로되, 부형父兄들아 내가 지금 너희 앞에서 변명辨明하는 말을 들으라. 나는 유대인으로 길리기아 다소에서 났고, 이 성城에서 자라 가말리엘의 문하門下에서 우리 조상祖上들의 율법律法의 엄嚴한 교훈敎訓을 받았고, 오늘 너희 모든 사람처럼 하나님께 대하여 열심熱心하는 자라. 내가 이 도道를 핍박逼迫하여 사람을 죽이기까지 하고 남녀男女를 결박結縛하여 옥獄에 넘겼노니, 이에 대제사장大祭司長과 모든 장로長老들이 내 증인證人이라. (행 21:39~22:5)

3. 또 내가 저희에게 다메섹 형제兄弟들에게 가는 공문公文을 받아 가지고, 거기 있는 자들도 결박結縛하여 예루살렘으로 끌어다가 형벌刑罰 받게 하려고 가더니, 다메섹에 가까웠을 때에 오정午正쯤 되어 홀연忽然히 하늘로서 큰 빛이 나를 둘러 비취매, 내가 땅에 엎드러져 들으니 소리 있어 가로되, 사울아 사울아 네가 왜 나를 핍박逼迫하느냐 하시거늘, 내가 대답對答하되 주主여 뉘시니이까 하니 가라사대 나는 네가 핍박逼迫하는 나사렛 예수라 하시더라. 내가 가로되 주主여 무엇을 하리이까 주主께서 가라사대 일어나 다메섹으로 들어가라 정定한 바, 너희 모든 행行할 것을 거기서 누가 이르리라 하시거늘, 나는 그 빛의 광채光彩를 인하여 볼 수 없게 되었으므로 나와 함께 있는 사람들의 손에 끌려 다메섹에 들어갔노라. (행 22:5~11)

4. 경건敬虔한 사람으로 모든 사람에게 칭찬稱讚을 듣는 아나니아라 하는 이가 내게 와 곁에 서서 말하되, 형제兄弟 사울아 다시 보라 하거늘 즉시卽時 그를 쳐다보았노라. 가로되 우리 조상祖上들의 하나님이 너를 택擇하여 자기自己의 뜻을 알게 하시며, 저 의인義人을 보게 하시고 그 입에서 나오는 음성音聲을 듣게 하셨으니, 네가 그를 위하여 모든 사람 앞에서 너의 보고 들은 것에 증인證人이 되리라. 일어나 주主의 이름을 불러 세례洗禮를 받고 너의 죄罪를 씻으라 하더라. 내가 예루살렘 성전聖殿에서 기도祈禱할 때에 비몽사몽非夢似夢 간에 보매, 주主께서 내게 말씀하시되 속히 예루살렘에서 나가라 떠나가라, 내가 너를 멀리 이방인異邦人에게로 보내리라 하셨느니라. (행 22:12~21)

5. 그날 밤에 주主께서 바울 곁에 서서 이르시되 담대膽大하라. 네가 예루살렘에서 나의 일을 증거證據한 것같이 로마에서도 증거證據하여야 하리라 하시니라. (행 23:11)

6. 바울이 손을 들어 변명辨明하되 아그립바 왕王이여 오늘 당신 앞에서 변명辨明하게 된 것을 다행多幸히 여기옵나이다. 하나님이 우리 조상祖上에게 약속約束하신 것을 바라는 까닭이니 이 약속約束은 우리 열두 지파支派가 밤낮으로 간절懇切히 하나님을 받들어 섬김으로 얻기를 바라는 바인데, 이 소망所望을 인하여 송사訟事를 받는 것이니이다. (행 26:1~7)

7. 당신들은 어찌하여 죽은 사람을 다시 살리심을 어찌하여 못 믿을 것으로 여기나이까, 나도 나사렛 예수의 이름을 대적對敵하여 범사凡事를 행行하여야 될 줄 스스로 생각生覺하고, 예루살렘에서 이런 일을 행하여 대제사장大祭司長들에게서 권세權勢를 얻어 가지고 많은 성도聖徒를 옥獄에 가두며, 또 죽일 때에 내가 가편可便 투표投票를 하였고, 또 모든 회당會堂에서 여러번 형벌刑罰하여 강제强制로 모독冒瀆하는 말을 하게 하고, 저희를 대하여 심甚히 격분激忿하여 외국外國 성城까지도 가서 핍박逼迫하였고, 그 일로 대제사장大祭司長들의 권세權勢로 위임委任을 받고 다메섹으로 갔나이다. 왕王이여 때가 정오正午나 되어 길에서 보니 해보다 더 밝은 빛이 나와 내 동행同行들을 둘러 비추는지라. 우리가 다 땅에 엎드러지매 내가 소리를 들으니 사울아 사울아 네가 어찌하여 나를 핍박逼迫하느냐 가시채를 뒷발질하기가 네게 고생苦生이니라. (행 26:8~14)

8. 내가 대답對答하되 주主여 뉘시니이까 주主께서 가라사대 나는 네가 핍박逼迫하는 예수라. 일어나 네 발로 서라 내가 네게 나타난 것은 곧 네가 나를 본 일과 장차將次 내가 네게 나타날 일에 너로 사환使喚과 증인證人을 삼으려 함이니, 이스라엘과 이방인異邦人들에게서 내가 너를 구원救援하여 저희에게 보내어 그 눈을 뜨게 하여 어두움에서 빛으로, 사탄의 권세權勢에서 하나님께로 돌아가게 하고, 죄罪 사赦함과 나를 믿어 거룩케 된 무리 가운데서 기업基業을 얻게 하리라 하더이다. (행 26:15~18)

9. 아그립바 왕王이여 그러므로 하늘에서 보이신 것을 내가 거스리지 아니하고, 먼저 다메섹과 또 예루살렘에 있는 사람과 유대 온 땅과 이방인異邦人에게까지 회개悔改하고 하나님께로 돌아가서 회개悔改에 합당合當한 일을 행行하라 선전宣傳하므로, 하나님의 도우심을 받아 내가 오늘까지 서서 높고 낮은 사람 앞에서 증거證據하는 것은 선지자先知者들과 모세가 반드시 되리라 말한 것밖에 없으니, 곧 그리스도가 고난苦難을 받으실 것과 죽은 자 가운데서 먼저 다시 살아나사 이스라엘과 이방인異邦人들에게 빛을 선전宣傳하시리라 함이니이다 하니라. (행 26:19~23)

가장 감동적感動的인 전도傳道는 감동적感動的인 간증干證입니다. 바울 사도使徒의 간증干證은 언제나 감격感激과 감동感動으로 은혜恩惠 충만充滿합니다.

【 낭송 표시 : 1회 / 4회 / 목표 120회 】

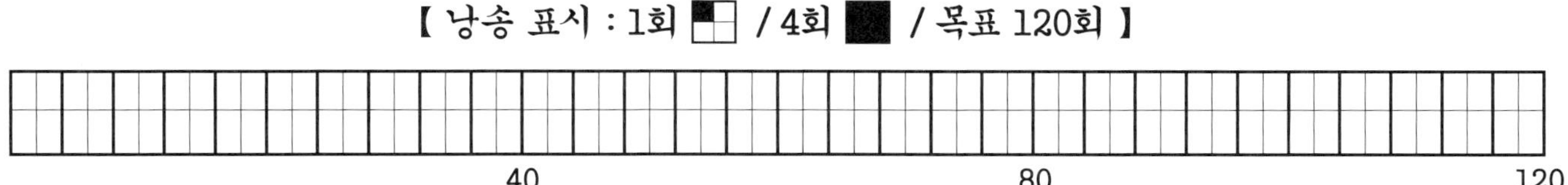

"주의 말씀은 내 발의 등이요 내 길에 빛이니이다"(시 119:105)

제 19 일

말씀하신 그대로 되리라고 하나님을 믿노라

사도행전 27:25

'하나님을 믿노라.' 믿음은 은혜恩惠입니다. 하나님의 은혜恩惠를 받아야 믿음을 소유所有하게 됩니다. 하나님께서 말씀하신 그대로 되리라고 믿는 것이 생명력生命力 있는 참된 믿음입니다. 믿어질 때 신앙심信仰心이 생기고 놀라운 하나님의 능력能力을 체험體驗하게 됩니다.

1. 여러 날이 걸려 금식禁食하는 절기節期가 이미 지났으므로 행선行船하기가 위태危殆한지라 바울이 저희를 권勸하여 말하되, 여러분이여 내가 보니 이번 행선行船이 하물荷物과 배만 아니라, 우리 생명生命에도 타격打擊과 많은 손해損害가 있으리라 하되, 백부장百夫長이 선장船長과 선주船主의 말을 바울의 말보다 더 믿더라. 남풍南風이 순順하게 불매 저희가 득의得意한 줄 알고 닻을 감아 그레데 해변海邊을 가까이 하고 행선行船하더라. 얼마 못되어 섬 가운데로서 유라굴로라는 광풍狂風이 대작大作하니, 배가 밀려 바람을 맞추어 갈 수 없어 가는 대로 두고 쫓겨가다가, 가우다라는 작은 섬 아래로 지나 간신艱辛히 거루를 잡아 끌어올리고 줄을 가지고 선체船體를 둘러 감고, 스르디스에 걸릴까 두려워 연장을 내리고 그냥 쫓겨가더니, 우리가 풍랑風浪으로 심甚히 애쓰다가 이튿날 사공沙工들이 짐을 바다에 풀어 버리고, 사흘째 되는 날에 배의 기구器具를 저희 손으로 내어 버리니라. 여러날 동안 해와 별이 보이지 아니하고 큰 풍랑風浪이 그대로 있으매 구원救援의 여망餘望이 다 없어졌더라. (행 27:9~20)

2. 여러 사람이 오래 먹지 못하였으매 바울이 가운데 서서 말하되, 여러분이여 내 말을 듣고 그레데에서 떠나지 아니하여 이 타격打擊과 손상損傷을 면免하였더면 좋을뻔 하였느니라. 내가 너희를 권勸하노니 이제는 안심安心하라, 너희 중 생명生命에는 아무 손상損傷이 없겠고 오직 배뿐이리라. 나의 속한 바 곧 나의 섬기는 하나님의 사자使者가 어제 밤에 내 곁에 서서 말하되, 바울아 두려워 말라 네가 가이사 앞에 서야 하겠고, 또 하나님께서 너와 함께 행선行船하는 자를 다 네게 주셨다 하였으니, 그러므로 여러분이여 안심安心하라 나는 네게 말씀하신 그대로 되리라고 하나님을 믿노라. (행 27:21~25)

3. 그러나 우리가 한 섬에 걸리리라 하더라. 열나흘 되는 날 밤에 우리가 아드리아 바다에 이리저리 쫓겨 가더니, 암초暗礁에 걸릴까 하여 고물로 닻 넷을 주고 날이 새기를 고대苦待하더니, 사공沙工들이 도망逃亡하고자 하여 거루를 바다에 내려놓거늘, 바울이 백부장百夫長과 군사軍士들에게 이르되 배에 있지 않으면 너희가 구원救援을 얻지 못하리라. 이에 군사軍士들이 거룻줄을 끊어 떼어 버리니라. 날이 새어 가매 바울이 여러 사람을 음식飮食 먹으라 권勸하여 가로되, 너희가 기다리고 기다리며 먹지 못하고 주린 자가 오늘까지 열나흘인즉, 음식飮食을 먹으라 권勸하노니 이것이 너희 구원救援을 위한 것이요, 너희 중에 하나라도 잃을 자가 없느니라. (행 27:26~34)

4. 떡을 가져다가 모든 사람 앞에서 하나님께 축사祝謝하고 떼어 먹기를 시작始作하매, 배에 있는 무리의 수數는 전부全部 이백칠십육 인二百七十六人이더라. 배부르게 먹고 밀을 바다에 버려 배를 가볍게 하였더라. 백부장百夫長이 바울을 구원救援하려 하여 저희의 뜻을 막고 헤엄칠 줄 아는 사람들을 명命하여, 물에 뛰어내려 먼저 육지陸地에 나가게 하고, 그 남은 사람들은 널조각과 배 물건物件에 의지依支하여 나가게 하니, 마침내

사람들이 다 상륙上陸하여 구원救援을 얻으니라. (행 27:35~44)

5. 우리가 구원救援을 얻은 후後에 안즉 그 섬은 멜리데라 하더라. 토인土人들이 우리에게 특별特別한 동정同情을 하여, 비가 오고 날이 차매 불을 피워 우리를 다 영접迎接하더라. 바울이 한뭇 나무를 거두어 불에 넣으니 뜨거움을 인하여 독사毒蛇가 나와 그 손을 물고 있는지라. 토인土人들이 서로 말하되 진실眞實로 이 사람은 살인殺人한 자로다. 바다에서는 구원救援을 얻었으나 공의公義가 살지 못하게 하심이로다 하더니, 바울이 그 독사毒蛇를 불에 떨어버리매 조금도 상傷함이 없더라. 그가 갑자기 죽을 줄로 저희가 기다렸더니 아무 이상異狀이 없음을 보고 돌려 생각生覺하여 말하되 신神이라 하더라. 이 섬에 제일 높은 사람 보블리오라 하는 이가 그 근처近處에 토지土地가 있는지라. 그가 우리를 영접迎接하여 사흘이나 친절親切히 유숙留宿하게 하더니, 보블리오의 부친父親이 열병熱病과 이질痢疾에 걸려 누웠거늘, 바울이 들어가서 기도祈禱하고 그에게 안수按手하여 낫게 하매, 이러므로 섬 가운데 다른 병病든 사람들이 와서 고침을 받고, 후後한 예로 우리를 대접待接하고 떠날 때에 우리 쓸 것을 배에 올리더라. (행 28:1~10)

6. 우리가 로마에 들어가니 바울은 자기自己를 지키는 한 군사軍士와 함께 따로 있게 허락許諾하더라. 사흘 후後에 바울이 유대인 중 높은 사람을 청請하여 모인 후後에 이르러, 여러분 형제兄弟들아 내가 이스라엘 백성百姓이나 우리 조상祖上의 규모規模를 배척排斥한 일이 없는데 예루살렘에서 로마인의 손에 죄수罪囚로 내어준 바 되었으니 로마인은 나를 심문審問하여 죽일 죄목罪目이 없으므로 놓으려 하였으나, 유대인들이 반대反對하기로 내가 마지 못하여 가이사에게 호소呼訴함이요, 내 민족民族을 송사訟事하려는 것이 아니로라. 이러하므로 내가 이 쇠사슬에 매인 바 되었노라. 저희가 일자日字를 정定하고 그의 우거寓居하는 집에 많이 오니, 바울이 아침부터 저녁까지 강론講論하여 하나님 나라를 증거證據하고 모세의 율법律法과 선지자先知者의 말을 가지고 예수의 일로 권勸하더라. (행 28:16~23)

7. 그런즉 하나님의 이 구원救援을 이방인異邦人에게로 보내신 줄 알라 저희는 또한 들으리라 하더라. 바울이 온 이태를 자기自己 셋집에 유留하며 자기自己에게 오는 사람을 다 영접迎接하고, 담대膽大히 하나님 나라를 전파傳播하며 주主 예수 그리스도께 관關한 것을 가르치되 금禁하는 사람이 없었더라. (행 28:28~31)

항해航海 중에 큰 풍랑風浪을 만나 구사일생九死一生으로 모두 구원救援 받았습니다. 그 과정過程에서 바울 사도使徒의 영적靈的 지도력指導力이 나타나 선원船員들과 승객乘客들이 구원救援을 받고 멜리데 주민住民들까지 구원救援을 받게 되었습니다. 로마에 소문所聞이 전파傳播되었습니다. 로마에 도착到着한 바울은 복음福音을 증거證據하였습니다. 금禁하는 자가 없었고 복음福音은 로마 세계世界 전역全域으로 급속急速하게 퍼져 나갔습니다.

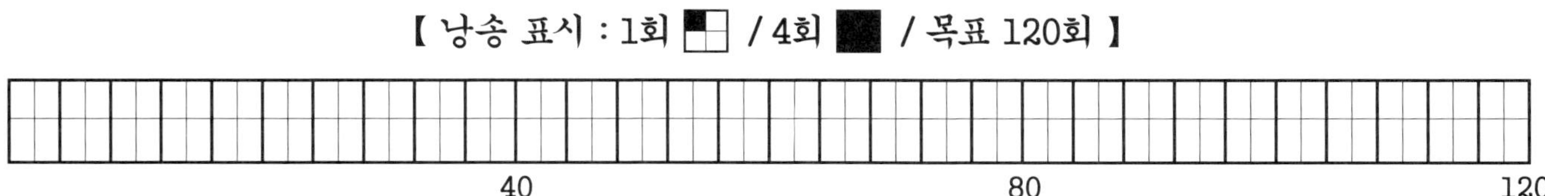

"주의 말씀은 내 발의 등이요 내 길에 빛이니이다"(시 119:105)

제 20 일

성경聖經에 미리 약속約束한 것이라

로마서 1:2

하나님께서는 그의 사랑하시는 자녀子女들을 위하여 미리 예정豫定하시고 미리 약속約束하셨습니다. 예정豫定은 하나님의 계획計劃이고 약속約束은 하나님의 자녀子女들과의 신실信實한 관계關係입니다. 하나님께서는 약속約束하심을 변變함없이 역사歷史속에서 이루어 주셨습니다. 그것을 기록記錄한 말씀이 성경聖經입니다.

1. 예수 그리스도의 종 바울은 사도使徒로 부르심을 받아 하나님의 복음福音을 위하여 택정擇定함을 입었으니, 이 복음福音은 하나님이 선지자先知者들로 말미암아 그의 아들에 관하여 성경聖經에 미리 약속約束하신 것이라. 이 아들로 말하면 육신肉身으로는 다윗의 혈통血統에서 나셨고, 성결聖潔의 영靈으로는 죽은 가운데서 부활復活하여 능력能力으로 하나님의 아들로 인정認定되셨으니, 곧 우리 주主 예수 그리스도시니라. 그로 말미암아 우리가 은혜恩惠와 사도使徒의 직분職分을 받아 그 이름을 위하여 모든 이방인異邦人 중에서 믿어 순종順從케 하나니, 너희도 그들 중에 있어 예수 그리스도의 것으로 부르심을 입은 자니라. (롬 1:1~6)

2. 첫째는 내가 예수 그리스도로 말미암아 너희 모든 사람을 인하여 내 하나님께 감사感謝함은 너희 믿음이 온 세상世上에 전파傳播됨이로다. 내가 그의 아들의 복음福音 안에서 내 심령心靈으로 섬기는 하나님이 나의 증인證人이 되시거니와, 항상恒常 내 기도祈禱에 쉬지 않고 너희를 말하며, 어떠하든지 이제 하나님의 뜻 안에서 너희에게로 나아갈 좋은 길 얻기를 구求하노라. 내가 너희 보기를 심甚히 원願하는 것은 무슨 신령神靈한 은사恩賜를 너희에게 나눠 주어 너희를 견고堅固케 하려 함이니, 이는 곧 내가 너희 가운데서 너희와 나의 믿음을 인因하여 피차彼此 안위安慰함을 얻으려 함이라. 형제兄弟들아 내가 여러번 너희에게 가고자 한 것을 너희가 모르기를 원願치 아니하노니, 이는 너희 중에서도 다른 이방인異邦人 중에서와 같이 열매를 맺게 하려 함이로되 지금只今까지 길이 막혔도다. 헬라인이나 야만이나 지혜智慧 있는 자나 어리석은 자에게 다 내가 빚진 자라. 그러므로 나는 할 수 있는대로 로마에 있는 너희에게도 복음福音 전傳하기를 원願하노라. (롬 1:8~15)

3. 내가 복음福音을 부끄러워하지 아니하노니 이 복음福音은 모든 믿는 자에게 구원救援을 주시는 하나님의 능력能力이 됨이라. 첫째는 유대인에게요 또한 헬라인에게로다. 복음福音에도 하나님의 의義가 나타나서 믿음으로 믿음에 이르게 하나니, 기록記錄된바 오직 의인義人은 믿음으로 말미암아 살리라 함과 같으니라. 하나님의 진노震怒가 불의不義로 진리眞理를 막는 사람들의 모든 경건敬虔치 않음과 불의不義에 대하여 하늘로 좇아 나타나나니, 이는 하나님을 알 만한 것이 저희 속에 보임이라. 하나님께서 이를 저희에게 보이셨느니라. 창세創世로부터 그의 보이지 아니하는 것들 곧 그의 영원永遠하신 능력能力과 신성神性이 그 만드신 만물萬物에 분명分明히 보여 알게 되나니, 그러므로 저희가 핑계치 못할지니라. 하나님을 알되 하나님으로 영화榮華롭게도 아니하며 감사感謝치도 아니하고 오히려 그 생각生覺이 허망虛妄하여지며 미련한 마음이 어두워졌나니, 스스로 지혜智慧 있다 하나 우준愚蠢하게 되어 썩어지지 아니하는 하나님의 영광榮光을 썩어질 사람과 금수禽獸와 버러지 형상形像의 우상偶像으로 바꾸었느니라. 그러므로 하나님께서 저희를 마음의 정욕情慾대로 더러움에 내어 버려두사 저희 몸을 서로 욕辱되게 하셨으니, 이는 저희가 하나님의 진리眞理를 거짓 것으로 바꾸어 피조물被造物을 조물주造物主보다 더 경배敬拜하고 섬김이라 주主는 곧 영원永遠히 찬송讚頌할 이시로다 아멘. (롬 1:16~25)

4. 이를 인하여 하나님께서 저희를 부끄러운 욕심慾心에 내어 버려두셨으니, 곧 저희 여인女人들도 순리順理대로 쓸 것을 바꾸어 역리逆理로 쓰며, 이와 같이 남자男子들도 순리順理대로 여인女人

쓰기를 버리고 서로 향하여 음욕淫慾이 불일 듯하매, 남자男子가 남자男子로 더불어 부끄러운 일을 행行하여 저희의 그릇됨에 상당相當한 보응報應을 그 자신에 받았느니라. 또한 저희가 마음에 하나님 두기를 싫어하매 하나님께서 저희를 그 상실喪失한 마음대로 내어 버려두사 합당合當치 못한 일을 하게 하셨으니, 곧 모든 불의不義 추악醜惡 탐욕貪慾 악의惡意가 가득한 자요, 시기猜忌 살인殺人 분쟁紛爭 사기詐欺 악독惡毒이 가득한 자요, 수군수군하는 자요 비방誹謗하는 자요 하나님의 미워하시는 자요, 능욕凌辱하는 자요 교만驕慢한 자요 자랑하는 자요 악惡을 도모圖謀하는 자요, 부모父母를 거역拒逆하는 자요 우매愚昧한 자요 배약背約하는 자요 무정無情한 자요 무자비無慈悲한 자라. 저희가 이같은 일을 행하는 자는 사형死刑에 해당該當하다고 하나님의 정定하심을 알고도 자기自己들만 행할 뿐 아니라 또한 그 일을 행行하는 자를 옳다 하느니라. (롬 1:26~32)

5. 그러므로 남을 판단判斷하는 사람아 무론無論 누구든지 네가 핑계치 못할 것은 남을 판단判斷하는 것으로 네가 너를 정죄定罪함이니, 판단判斷하는 네가 같은 일을 행行함이니라. 하나님의 판단判斷이 진리眞理대로 되는 줄 우리가 아노라. 네 고집과 회개悔改치 아니하는 마음을 따라 진노震怒의 날 곧 하나님의 의義로우신 판단判斷이 나타나는 그날에 임臨할 진노震怒를 네게 쌓는도다. 하나님께서 각各 사람에게 그 행한 대로 보응報應하시되, 참고 선善을 행行하여 영광榮光과 존귀尊貴와 썩지 아니함을 구求하는 자에게는 영생永生으로 하시고, 오직 당當을 지어 진리眞理를 좇지 아니하고, 불의不義를 좇는 자에게는 노怒와 분憤으로 하시리라. 악惡을 행하는 사람의 영靈에게 환난患難과 곤고困苦가 있으며, 선善을 행하는 사람에게는 영광榮光과 존귀尊貴와 평강平康이 있으리라. 이는 하나님께서 외모外貌로 사람을 취取하지 아니하심이니라. 무릇 율법律法없이 범죄犯罪한 자는 율법律法없이 망亡하고, 무릇 율법律法이 있고 범죄犯罪한 자는 율법律法으로 말미암아 심판審判을 받으리라. (롬 2:1~12)

6. 하나님 앞에서는 율법律法을 듣는 자가 의인義人이 아니요 오직 율법律法을 행行하는 자라야 의義롭다 하심을 얻으리니, 율법律法없는 이방인異邦人이 본성本性으로 율법律法의 일을 행할 때는 이 같은 율법律法이 없어도 자기自己가 자기自己에게 율법律法이 되나니, 이런 이들은 그 양심良心이 증거證據가 되어 그 생각生覺들이 서로 혹或은 송사訟事하며 혹或은 변명辨明하여, 그 마음에 새긴 율법律法의 행위行爲를 나타내느니라. 복음福音에 이른 바와 같이 하나님이 예수 그리스도로 말미암아 사람들의 은밀隱密한 것을 심판審判하시는 그날이라. 네가 율법律法을 의지依支하며 하나님을 자랑하며, 율법律法의 교훈敎訓을 받아 하나님의 뜻을 알고 지극至極히 선善한 것을 좋게 여기며, 네가 율법律法에 있는 지식知識과 진리眞理의 규모規模를 가진 자로서, 소경의 길을 인도引導하는 자요 어두움에 있는 자요 빛이요, 어리석은 자의 훈도訓導요 어린아이의 선생先生이라고 스스로 믿으니, 다른 사람을 가르치는 네가 네 자신自身을 가르치지 아니하느냐, 도적盜賊질 말라 반포頒布하는 네가 도적盜賊질 하느냐, 간음姦淫하지 말라 하는 자가 간음姦淫하느냐, 율법律法을 자랑하는 자가 율법律法을 범犯함으로 하나님을 욕辱되게 하느냐. (롬 2:13~23)

1. 자기自己가 자기自己에게 율법律法이 되나니 2. 양심良心이 증거證據가 되어 3. 마음에 새긴 율법律法의 행위行爲는 '율법律法과 복음福音'을 받지 못하고 알지 못하는 이방 세계異邦世界 모든 이들에게 해당該當되는 내용입니다.

【 낭송 표시 : 1회 ▚ / 4회 ■ / 목표 120회 】

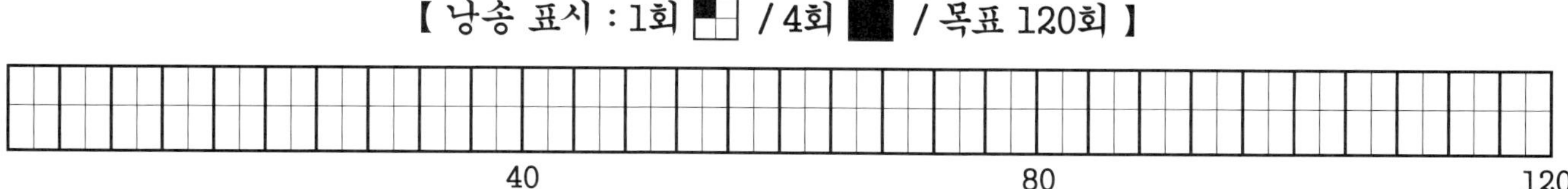

"주의 말씀은 내 발의 등이요 내 길에 빛이니이다"(시 119:105)

제 21 일

오직 하나님은 참되시다 할지어다

로마서 3:4

"사람은 다 거짓되되 오직 하나님은 참되시다 할지어다." "의인義人은 없나니 하나도 없도다." "모든 사람이 죄罪를 범犯하였으매." 모든 사람들은 죄인罪人들입니다. 예수님은 죄인罪人들을 구원救援하기 위하여 이 세상世上에 오셨습니다. 죄인罪人이 죄인罪人을 구원救援할 수 없습니다. 의義로우신 하나님이 인간人間을 구원救援할 수 있습니다.

1. 사람은 다 거짓되되 오직 하나님은 참되시다 할지어다. 기록記錄된 바 주主께서 주主의 말씀에 의義롭다 함을 얻으시고, 판단判斷 받으실 때에 이기려 하심이라 함과 같으니라. 기록記錄된바 의인義人은 없나니 하나도 없으며, 깨닫는 자도 없고 하나님을 찾는 자도 없고 다 치우쳐 한가지로 무익無益하게 되고 선善을 행行하는 자는 없나니 하나도 없도다. 저희 목구멍은 열린 무덤이요 그 혀로는 속임을 베풀며 그 입술에는 독사毒蛇의 독毒이 있고, 그 입에는 저주詛呪와 악독惡毒이 가득하고 그 발은 피 흘리는데 빠른지라. 파멸破滅과 고생苦生이 그 길에 있어 평강平康의 길을 알지 못하였고, 저희 눈앞에 하나님을 두려워함이 없느니라. 우리가 알거니와 무릇 율법律法이 말하는 바는 율법律法 아래 있는 자들에게 말하는 것이니, 이는 모든 입을 막고 온 세상世上으로 하나님의 심판審判 아래 있게 하려 함이니라. 그러므로 율법律法의 행위行爲로 그의 앞에 의義롭다 하심을 얻을 육체肉體가 없나니 율법律法으로는 죄罪를 깨달음이니라. 이제는 율법律法 외에 하나님의 한 의義가 나타났으니 율법律法과 선지자先知者들에게 증거證據를 받은 것이라. 곧 예수 그리스도를 믿음으로 말미암아 모든 믿는 자에게 미치는 하나님의 의義니 차별差別이 없느니라. (롬 3:4~22)

2. 모든 사람이 죄罪를 범犯하였으매 하나님의 영광榮光에 이르지 못하더니, 그리스도 예수 안에 있는 구속救贖으로 말미암아 하나님의 은혜恩惠로 값없이 의義롭다 하심을 얻은 자 되었느니라. 이 예수를 하나님이 그의 피로 인하여 믿음으로 말미암는 화목和睦 제물祭物로 세우셨으니, 이는 하나님께서 길이 참으시는 중에 전에 지은 죄罪를 간과看過하심으로 자기自己의 의義로우심을 나타내려 하심이니, 곧 이때에 자기自己의 의義로우심을 나타내사 자기自己도 의義로우시며 또한 예수 믿는 자를 의義롭다 하려 하심이니라. 그런즉 자랑할 데가 어디뇨 있을 수가 없느니라. 무슨 법法으로냐 행위行爲로냐 아니라 오직 믿음의 법法으로니라. 그러므로 사람이 의義롭다 하심을 얻는 것은 율법律法의 행위行爲에 있지 않고 믿음으로 되는 줄 우리가 인정認定하노라. 하나님은 진실眞實로 이방인異邦人의 하나님도 되시니라. 그런즉 우리가 믿음으로 말미암아 율법律法을 굳게 세우느니라. (롬 3:23~31)

3. 아브라함이 바랄 수 없는 중에 바라고 믿었으니 이는 네 후손後孫이 이같으리라 하신 말씀대로, 많은 민족民族의 조상祖上이 되게 하려 하심을 인因함이라. 그가 백세百歲가 되어 자기自己 몸의 죽은 것 같음과 사라의 태胎의 죽은 것 같음도 알고도 믿음이 약하여지지 아니하고, 믿음이 없어 하나님의 약속約束을 의심疑心치 않고 믿음에 견고堅固하여져서 하나님께 영광榮光을 돌리며, 약속約束하신 그것을 또한 능能히 이루실 줄을 확신確信하였으니, 그러므로 이것을 저에게 의義로 여기셨느니라. 이는 아브라함만 위한 것이 아니요, 의義로 여기심을 받을 우리도 위함이니 곧 예수 우리 주主를 죽은 자 가운데서 살리신 이를 믿는 자니라. 예수는 우리 범죄犯罪함을 위하여 내어줌이 되고, 우리를 의義롭다 하심을 위하여 살아나셨느니라. (롬 4:18~25)

4. 그러므로 우리가 믿음으로 의義롭다 하심을 얻었은즉 우리 주主 예수 그리스도로 말미암아 하나님으로 더불어 화평和平을 누리자. 또한 그로 말미암아 우리가 믿음으로 서 있는 이

은혜恩惠에 들어감을 얻었으며 하나님의 영광榮光을 바라고 즐거워하느니라. 다만 이뿐 아니라 우리가 환난患難 중에도 즐거워 하나니, 이는 환난患難은 인내忍耐를, 인내忍耐는 연단演壇을, 연단演壇은 소망所望을 이루는 줄 앎이로다. 소망所望이 부끄럽게 아니함은 우리에게 주신 성령聖靈으로 말미암아 하나님의 사랑이 우리 마음에 부은 바 됨이니, 우리가 아직 연약軟弱할 때에 기약期約대로 그리스도께서 경건敬虔치 않은 자를 위하여 죽으셨도다. 우리가 아직 죄인罪人 되었을 때에 그리스도께서 우리를 위하여 죽으심으로 하나님께서 우리에게 대한 자기自己의 사랑을 확증確證하셨느니라. 그러면 이제 우리가 그 피를 인하여 의義롭다 하심을 얻었은즉 더욱 그로 말미암아 진노震怒하심에서 구원救援을 얻을 것이니, 곧 우리가 원수怨讐 되었을 때에 그 아들의 죽으심으로 말미암아 하나님으로 더불어 화목和睦되었은즉, 화목和睦된 자로서는 더욱 그의 살으심을 인하여 구원救援을 얻을 것이니라. 화목和睦을 얻게 하신 우리 주主 예수 그리스도로 말미암아 하나님 안에서 즐거워하느니라. (롬 5:1~11)

5. 이러므로 한 사람으로 말미암아 죄罪가 세상世上에 들어오고 죄罪로 말미암아 사망死亡이 왔나니, 이와 같이 모든 사람이 죄罪를 지었으므로 사망死亡이 모든 사람에게 이르렀느니라. 곧 한 사람의 범죄犯罪로 인하여 많은 사람이 죽었은즉 더욱 하나님의 은혜恩惠와 한 사람 예수 그리스도의 은혜恩惠로 말미암은 선물善物이 많은 사람에게 넘쳤으리라. 한 사람의 범죄犯罪로 인하여 사망死亡이 왕王 노릇 하였은즉 더욱 은혜恩惠와 의義의 선물善物을 넘치게 받는 자들이 한 분 예수 그리스도로 말미암아 생명生命 안에서 왕王노릇 하리로다. 그런즉 한 범죄犯罪로 많은 사람이 정죄定罪에 이른 것같이 의義의 한 행동行動으로 말미암아 많은 사람이 의義롭다 하심을 받아 생명生命에 이르렀느니라. 한 사람의 순종順從치 아니함으로 많은 사람이 죄인罪人 된 것같이, 한 사람의 순종順從하심으로 많은 사람이 의인義人이 되리라. 그러나 죄罪가 더한 곳에 은혜恩惠가 더욱 넘쳤나니 이는 죄罪가 사망死亡안에서 왕王 노릇 한 것같이 은혜恩惠도 또한 의義로 말미암아 왕王 노릇하여 우리 주主 예수 그리스도로 말미암아 영생永生에 이르게 하려 함이니라. (롬 5:12~21)

6. 무릇 그리스도 예수와 합合하여 세례洗禮를 받은 우리는 그의 죽으심과 합合하여 세례洗禮 받은 줄을 알지 못하느뇨. 그러므로 우리가 그의 죽으심과 합合하여 세례洗禮를 받음으로 그와 함께 장사葬事되었나니, 이는 아버지의 영광榮光으로 말미암아 그리스도를 죽은 자 가운데서 살리심과 같이 우리로 또한 새 생명生命 가운데서 행하게 하려 함이니라. 우리가 그의 죽으심을 본本받아 연합聯合한 자가 되었으면, 또한 그의 부활復活을 본本받아 연합聯合한 자가 되리라. 우리가 알거니와 우리 옛 사람이 예수와 함께 십자가十字架에 못 박힌 것은 죄罪의 몸이 멸滅하여 다시는 우리가 죄罪에서 종노릇하지 아니하려 함이니, 이는 죽은 자가 죄罪에서 벗어나 의義롭다 하심을 얻었음이니라. 우리가 그리스도와 함께 죽었으면 또한 그와 함께 살 줄을 믿노니, 이는 그리스도께서 죽은 자 가운데서 사셨으매 다시 죽지 아니하시고, 사망死亡이 다시 그를 주장主掌하지 못할 줄을 앎이로라. (롬 6:3~9)

"예수의 부활復活을 본本받아 예수와 연합聯合한 자가 되리라." 이 얼마나 복福되고 영화榮華로운 일입니까, '예수와 함께 죽고 예수와 함께 살리라.' 이것이 하나님의 자녀子女들의 정체성正體性입니다. 그리스도인의 본질적本質的 변화變化입니다.

【 낭송 표시 : 1회 ▦ / 4회 ■ / 목표 120회 】

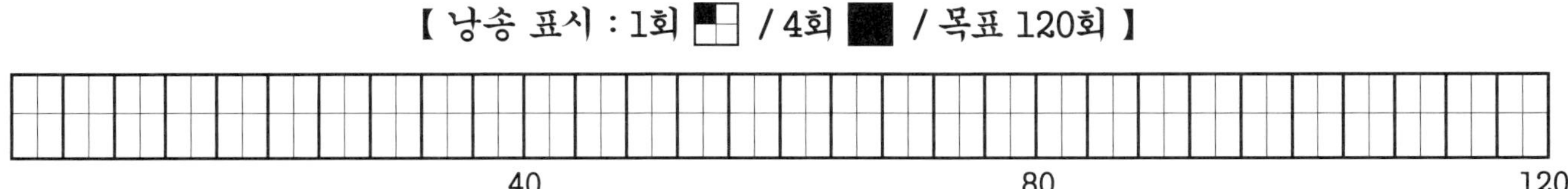

"주의 말씀은 내 발의 등이요 내 길에 빛이니이다"(시 119:105)

제 22 일

죄罪와 사망死亡의 법法에서 해방解放하였음이니라

로마서 8:2

율법律法은 하나님의 자녀子女답게 하는 거룩한 삶의 기준基準입니다. 세상世上이 점점 타락墮落하고 죄罪와 악惡이 관영貫盈함으로 율법律法이 심판審判의 기준基準이 되었고, 사망死亡의 문門이 되고 말았습니다. 그러나 하나님의 사랑이 율법律法을 완성完成시켜 예수 그리스도로 말미암아 구원救援을 이루어 은혜恩惠의 시대時代로 이끌어 주셨습니다.

1. 그의 죽으심은 죄罪에 대하여 단번單番에 죽으심이요, 그의 살으심은 하나님께 대하여 살으심이니, 이와 같이 너희도 너희 자신을 죄罪에 대하여는 죽은 자요, 그리스도 예수 안에서 하나님을 대하여는 산 자로 여길지어다. 그러므로 너희는 죄罪로 너희 죽을 몸에 왕王노릇하지 못하게 하여 몸의 사욕私慾을 순종順從치 말라. 또한 너희 지체肢體를 불의不義의 병기兵器로 죄罪에서 드리지 말고, 오직 너희 자신을 죽은 자 가운데서 다시 산 자 같이 하나님께 드리며 너희 지체肢體를 의義의 병기兵器로 하나님께 드리라. 죄罪가 너희를 주관主管치 못하리니 이는 너희가 법法 아래 있지 아니하고 은혜恩惠 아래 있음이니라. (롬 6:10~14)

2. 그런즉 어찌하리요 우리가 법法 아래 있지 아니하고 은혜恩惠 아래 있으니 죄罪를 지으리요 그럴 수 없느니라. 너희 자신을 종으로 드려 죄罪의 종으로 사망死亡에 이르고 순종順從의 종으로 의에 이르느니라. 하나님께 감사感謝하리로다 너희가 본래本來 죄罪의 종이더니, 너희에게 전傳하여 준바 교훈敎訓의 본本을 마음으로 순종順從하여 죄罪에게서 해방解放되어 의義에게 종이 되었느니라. 이제는 너희 지체肢體를 의義에게 종으로 드려 거룩함에 이르라. 의義에 대하여 자유自由하였느니라 이제는 죄罪에게서 해방解放되고 하나님께 종이 되어 거룩함에 이르는 열매를 얻었으니 이 마지막은 영생永生이라. 죄罪의 삯은 사망死亡이요 하나님의 은사恩賜는 그리스도 예수 우리 주主 안에 있는 영생永生이니라. (롬 6:15~23)

3. 그러므로 내 형제兄弟들아 그리스도의 몸으로 말미암아 율법律法에 대하여 죽임을 당當하였으니, 이는 죽은 자 가운데서 살아나신 이에게 가서 우리로 하나님을 위하여 열매를 맺히게 하려 함이니라. 우리가 육신肉身에 있을 때에는 율법律法으로 말미암는 죄罪의 정욕情慾이 우리 지체肢體 중에 역사役事하여 우리가 사망死亡의 열매를 맺게 하였더니, 이제 우리는 율법律法에서 벗어났느니라. 내가 원願하는바 선善은 행行하지 아니하고, 원願치 아니하는바 악惡은 행行하도다. 오호라 나는 곤고困苦한 사람이로다 이 사망死亡의 몸에서 누가 나를 건져 내랴, 우리 주主 예수 그리스도를 말미암아 하나님께 감사感謝하리로다. 그런즉 내 자신이 마음으로는 하나님의 법法을 육신肉身으로는 죄罪의 법法을 섬기노라. (롬 7:4~25)

4. 그러므로 이제 그리스도 예수 안에 있는 자에게는 정죄定罪함이 없나니, 이는 그리스도 예수 안에 있는 생명生命의 성령聖靈이 법法이 죄罪와 사망死亡의 법法에서 너를 해방解放하였음이라. 율법律法이 육신肉身으로 말미암아 연약軟弱하여 할 수 없는 그것을 하나님은 하시나니, 곧 죄罪를 인하여 자기 아들을 죄罪 있는 육신肉身의 모양貌樣으로 보내어 육신肉身에 죄罪를 정定하사, 육신肉身을 좇지 않고 그 영靈을 좇아 행行하는 우리에게 율법律法의 요구要求를 이루어지게 하려 하심이니라. (롬 8:1~4)

5. 육신肉身을 좇지 않고 그 영靈을 좇아 행行하는 우리에게 율법律法의 요구要求를 이루어지게 하려 하심이니라. 육신肉身의 생각生覺은 사망死亡이요, 영靈의 생각生覺은 생명生命과 평안平安이니라. 육신肉身의 생각生覺은 하나님과 원수怨讐가 되나니 이는 하나님의 법法에 굴복屈服치 아니할 뿐 아니라 할 수도 없음이라. 육신肉身에 있는 자들은 하나님을 기쁘시게 할 수 없느니라. 너희속에 하나님의 영靈이 거居하시면 너희가 육신肉身에 있지 아니하고 영靈에 있나니, 누구든지 그리스도의 영靈이 없으면 그리스도의 사람이 아니라. 그리스도께서 너희 안에 계시면 영靈은 이를 인하여 산 것이니라. 예수를 죽은 자 가운데서 살리신 이의 영靈이 너희 안에 거居하시면 그리스도 예수를 죽은 자 가운데서 살리신 이가 너희 안에 거居하시는 그의 영靈으로 말미암아 너희 죽을 몸도 살리시리라. (롬 8:5~11)

6. 그러므로 형제兄弟들아 우리가 빚진 자로되 육신肉身에게 져서 육신肉身대로 살 것이 아니니라. 너희가 육신肉身대로 살면 반드시 죽을 것이로되 영靈으로써 몸의 행실行實을 죽이면 살리니, 무릇 하나님의 영靈으로 인도引導함을 받는 그들은 곧 하나님의 아들이라. 너희는 다시 무서워하는 종의 영靈을 받지 아니하였고, 양자養子의 영靈을 받았으므로 아바 아버지라 부르짖느니라. 성령聖靈이 친親히 우리 영靈으로 더불어 우리가 하나님의 자녀子女인 것을 증거證據하시나니, 자녀子女이면 또한 후사後嗣 곧 하나님의 후사後嗣요 그리스도와 함께한 후사後嗣니, 우리가 그와 함께 영광榮光을 받기 위하여 고난苦難도 함께 받아야 될 것이니라. 생각生覺건대 현재現在의 고난苦難을 장차將次 우리에게 나타날 영광榮光과 족足히 비교比較할 수 없도다. 피조물被造物의 고대苦待하는 하나님의 아들들의 나타나는 것이니, 피조물被造物이 허무虛無한데 굴복屈服하는 것은 자기自己의 뜻이 아니요, 오직 굴복屈服케 하시는 이로 말미암음이라. 그 바라는 것은 피조물被造物도 썩어짐의 종노릇 한데서 해방解放되어 하나님의 자녀子女들의 영광榮光의 자유自由에 이르는 것이니라. (롬 8:12~21)

7. 우리가 알거니와 하나님을 사랑하는 자 곧 그 뜻대로 부르심을 입은 자들에게는 모든 것이 합력合力하여 선善을 이루느니라. 하나님이 미리 아신 자들로 또한 그 아들의 형상形像을 본받게 하기 위하여 미리 정定하셨으니, 이는 그로 많은 형제兄弟 중에서 맏아들이 되게 하려 하심이니라. 또 미리 정定하신 그들을 또한 의義롭다 하시고, 의義롭다 하신 그들을 또한 영화榮華롭게 하셨느니라. 하나님이 우리를 위하시면 누가 우리를 대적對敵하리요, 누가 능能히 하나님의 택擇하신 자들을 송사訟事하리요, 의義롭다 하신 이는 하나님이시니 누가 정죄定罪하리요 죽으실 뿐아니라 다시 살아나신 이는 그리스도 예수시니, 그는 하나님 우편右便에 계신 자요, 우리를 위하여 간구懇求하시는 자者시니라. (롬 8:28~34)

우리 성도聖徒는 하나님 나라의 후사後嗣입니다. 죄罪와 사망死亡에서 구원救援받은 하나님의 자녀子女입니다. 영원永遠한 하나님나라의 시민市民이 되었습니다.

【 낭송 표시 : 1회 ▦ / 4회 ■ / 목표 120회 】

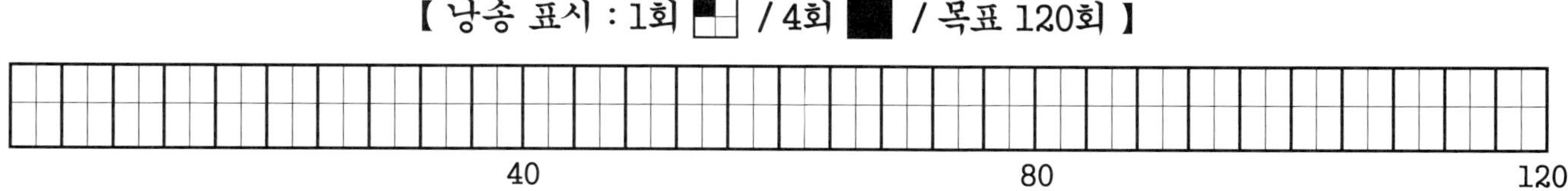

"주의 말씀은 내 발의 등이요 내 길에 빛이니이다"(시 119:105)

제 23 일

하나님의 사랑에서 끊을 수 없으리라

로마서 8:39

"넉넉히 이기느니라." "하나님의 사랑에서 끊을 수 없으리라." "말씀을 이루사 필畢하시고 끝내시리라." 하나님은 사랑하는 자녀子女들을 끝까지 사랑하시고 인도引導하시고 보호保護하시고 축복祝福해 주십니다. 하나님의 사랑을 받게 됨을 감사感謝하며 힘차게 살아가는 성도聖徒들이 되시기 바랍니다.

1. 누가 우리를 그리스도의 사랑에서 끊으리요 환난患難이나 곤고困苦나 핍박逼迫이나 기근饑饉이나 적신赤身이나 위험危險이나 칼이랴, 기록記錄된바 우리가 종일終日 주主를 위하여 죽임을 당當케 되며 도살屠殺할 양羊 같이 여김을 받았나이다 함과 같으니라. 그러나 이 모든 일에 우리를 사랑하시는 이로 말미암아 우리가 넉넉히 이기느니라. 사망死亡이나 생명生命이나 천사天使들이나 권세자權勢者들이나 현재現在 일이나, 장래將來 일이나 능력能力이나 높임이나 깊음이나 다른 아무 피조물被造物이라도 우리를 우리 주主 그리스도 예수 안에 있는 하나님의 사랑에서 끊을 수 없으리라. (롬 8:35~39)

2. 내게 큰 근심이 있는 것과 마음에 그치지 않는 고통苦痛이 있는 것을 내 양심良心이 성령聖靈 안에서 나로 더불어 증거證據하노니, 나의 형제兄弟 곧 골육骨肉의 친척親戚을 위하여 내 자신이 저주詛呪를 받아 그리스도에게서 끊어질지라도 원願하는 바로라. 저희에게는 양자養子 됨과 영광榮光과 언약言約과 율법律法을 세우신 것과 예배禮拜와 약속約束들이 있고, 육신肉身으로 하면 그리스도가 저희에게서 나셨으니 저는 만물萬物 위에 계셔 세세世世에 찬양讚揚을 받으실 하나님이시니라 아멘. (롬 9:1~5)

3. 하나님의 뜻이 행위行爲로 말미암지 않고 오직 부르시는 이에게로 말미암아 서게 하려 하사, 리브가에게 이르시되 큰 자가 어린 자를 섬기리라 하셨나니, 기록記錄된바 내가 야곱은 사랑하고 에서는 미워하였다 하심과 같으니라. 모세에게 이르시되 내가 긍휼矜恤히 여길 자를 긍휼矜恤히 여기고, 불쌍히 여길 자를 불쌍히 여기리라 하셨으니, 오직 긍휼矜恤히 여기시고 하나님으로 말미암음이니라. 바로에게 이르시되 내가 이 일을 위하여 너를 세웠으니 곧 너로 말미암아 내 능력能力을 보이고 내 이름이 온 땅에 전파傳播되게 하려 함이로라 하셨으니, 그런즉 하나님께서 하고자 하시는 자를 긍휼矜恤히 여기시고 하고자 하시는 자를 강퍅剛愎케 하시느니라. 남은 자만 구원救援을 얻으리니 주主께서 땅 위에서 그 말씀을 이루사 필하시고 끝내시리라. 만군萬軍의 주主께서 우리를 남겨 두시지 아니하셨더면 우리가 소돔과 고모라 같았으리로다 함과 같으니라. (롬 9:11~29)

4. 말씀이 네게 가까워 네 입에 있으며 네 마음에 있다 하였으니, 곧 우리가 전파傳播하는 믿음의 말씀이라. 네 입으로 예수를 주主로 시인是認하며 또 하나님께서 죽은 자 가운데서 살리신 것을 마음에 믿으면 구원救援을 얻으리니, 사람이 마음으로 믿어 의義에 이르고 입으로 시인是認하여 구원救援에 이르느니라. 성경聖經에 이르되 누구든지 저를 믿는 자는 부끄러움을 당當하지 아니하리라. 한 주主께서 모든 사람의 주主가 되사 저를 부르는 모든 사람에게 부요富饒하시도다. 누구든지 주主의 이름을 부르는 자는 구원救援을 얻으리라. 그런즉 저희가 믿지 아니하는 이를 어찌 부르리요, 듣지 못한 이를 어찌 믿으리요 전파傳播하는 자가 없이 어찌 들으리요, 보내심을 받지 아니하였으며 어찌 전파傳播하리요 기록記錄된 바, 아름답도다 좋은 소식을 전傳하는 자의 발이여 함과 같으니라. 그러므로 믿음은 들음에서 나며 들음은 그리스도의 말씀으로 말미암았느니라. (롬 10:8~17)

5. 그리하여 온 이스라엘이 구원救援을 얻으리라. 기록記錄된 바 구원자救援者가 시온에서 오사 야곱에게서 경건敬虔치 않은 것을 돌이키시겠고, 복음福音으로 하여 저희가 너희를 인하여 원수怨讐 된 자요 택擇하심으로 하면 조상祖上들을 인하여 사랑을 입은 자라. 하나님의 은사恩賜와 부르심에는 후회後悔하심이 없느니라. 너희가 전前에 하나님께 순종順從치 아니하더니 너희에게 베푸시는 긍휼矜恤을 얻게 하려 하심이라. 깊도다 하나님의 지혜智慧와 지식知識의 부요富饒함이여, 그의 판단判斷은 측량測量치 못할 것이며 그의 길은 찾지 못할 것이로다. 이는 만물萬物이 주主에게서 나오고 주主로 말미암고 주主에게로 돌아감이라. 영광榮光이 그에게 세세世世에 있으리로다 아멘. (롬 11:26~36)

6. 그러므로 형제兄弟들아 하나님의 모든 자비慈悲하심으로 너희를 권勸하노니, 너희 몸을 하나님이 기뻐하시는 거룩한 산 제사祭祀로 드리라 이는 너희의 드릴 영적靈的 예배禮拜니라. 너희는 이 세대世代를 본받지 말고 오직 마음을 새롭게 함으로 변화變化를 받아 하나님의 선善하시고 기뻐하시고 온전穩全하신 뜻이 무엇인지 분별分別하도록 하라. 내게 주신 은혜恩惠로 말미암아 너희 중 각 사람에게 말하노니 마땅히 생각生覺할 그 이상以上의 생각生覺을 품지 말고, 오직 하나님께서 각 사람에게 나눠주신 믿음의 분량分量대로 지혜智慧롭게 생각生覺하라. (롬 12:1~3)

신약 시대新約時代 예배禮拜는 양羊과 소가 아닌 자신自身의 몸과 마음을 산 제물祭物로 봉헌奉獻해야 합니다. 예수님께서 자신의 몸을 십자가十字架 제단祭壇에 바쳤기 때문입니다. 우리도 몸과 마음을 바쳐 신령神靈과 진정眞正의 예배禮拜를 드려야 합니다. 하나님께서 이러한 예배禮拜를 산 제물祭物로 기쁘게 받아 주십니다.

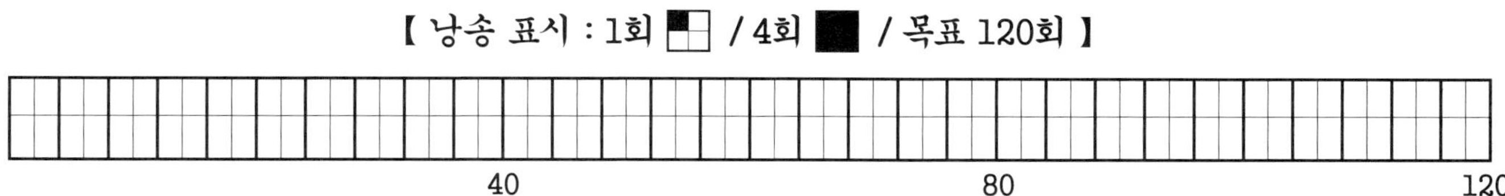

"주의 말씀은 내 발의 등이요 내 길에 빛이니이다"(시 119:105)

제 24 일

핍박逼迫하는 자를 축복祝福하고 저주詛呪하지 말라

로마서 12:14

'원수怨讐를 사랑하라.' '핍박逼迫하는 자를 축복祝福하라.' '먼저 남을 대접待接하라.' 그리스도인의 최고最高의 도덕道德이 최상最上의 윤리倫理입니다. 율법律法과 계명誡命의 완성完成입니다. 사랑으로 온 세상世上을 정복征服하는 기독교基督敎의 전술 전략戰術戰略입니다.

1. 한 몸에 많은 지체肢體를 가졌으나 모든 지체肢體가 같은 직분職分을 가진 것이 아니니, 이와 같이 우리 많은 사람이 그리스도 안에서 한 몸이 되어 서로 지체肢體가 되었느니라. 우리에게 주신 은혜恩惠대로 받은 은사恩賜가 각각 다르니 혹 예언豫言이면 믿음의 분수分數대로, 섬기는 일이면 섬기는 일로, 가르치는 자면 가르치는 일로, 권위勸慰하는 자면 권위勸慰하는 일로, 구제救濟하는 자는 성실誠實함으로, 다스리는 자는 부지런함으로, 긍휼矜恤을 베푸는 자는 즐거움으로 할 것이니라. 사랑엔 거짓이 없나니 악惡을 미워하고 선善에 속屬하라. 형제兄弟를 사랑하여 서로 우애友愛하고 존경尊敬하기를 서로 먼저 하며, 부지런하여 게으르지 말고 열심을 품고 주主를 섬기라. 소망所望 중에 즐거워하며 환난患難 중에 참으며 기도祈禱에 항상 힘쓰며, 성도聖徒들의 쓸 것을 공급供給하며 손 대접待接하기를 힘쓰라. (롬 12:4~13)

2. 너희를 핍박逼迫하는 자를 축복祝福하라 축복祝福하고 저주詛呪하지 말라. 즐거워하는 자들로 함께 즐거워하고 우는 자들로 함께 울라. 서로 마음을 같이하여 높은데 마음을 두지 말고 도리어 낮은 데 처하며 스스로 지혜智慧 있는체 말라. 아무에게도 악惡으로 악惡을 갚지 말고 모든 사람 앞에서 선善한 일을 도모圖謀하라. 모든 사람으로 더불어 평화平和하라. 내 사랑하는 자들아 너희가 친親히 원수怨讐를 갚는 것이 내게 있으니 내가 갚으리라고 주主께서 말씀하시니라. 네 원수怨讐가 주리거든 먹이고 목마르거든 마시우라. 그리하면 네가 숯불을 그 머리에 쌓아 놓으리라. 악惡에게 지지 말고 선善으로 악惡을 이기라. (롬 12:14~21)

3. 각 사람은 위에 있는 권세자權勢者들에게 굴복屈服하라 권세權勢는 하나님께로 나지 않음이 없나니, 모든 권세權勢는 다 하나님의 정定하신 바라. 그러므로 권세權勢를 거스리는 자는 하나님의 명命을 거스림이니 거스리는 자들은 심판審判을 자취自取하리라. 관원官員들은 선善을 행行하라 그리하면 칭찬稱讚을 받으리라. 그는 하나님의 사자使者가 되어 선善을 이루는자니라. 악惡을 행行하거든 두려워하라 공연空然히 칼을 가지지 아니하였으니, 하나님의 사자使者가 되어 악惡을 행行하는 자에게 진노震怒하심을 위하여 보응報應하는 자니라. (롬 13:1~4)

4. 피차彼此 사랑의 빚 외에는 아무에게든지 아무 빚도 지지 말라 남을 사랑하는 자는 율법律法을 다 이루었느니라. 간음姦淫하지 말라 살인殺人하지 말라 도적盜賊질하지 말라 탐貪내지 말라 한 것과, 네 이웃을 네 자신과 같이 사랑하라 하신 그 말씀 가운데 다

들었느니라. 사랑은 이웃에게 악惡을 행行치 아니하나니, 그러므로 사랑은 율법律法의 완성完成이니라. 너희가 이 시기時機를 알거니와 자다가 깰 때가 벌써 되었으니 이는 이제 우리의 구원救援이 처음 믿을 때보다 가까웠음이니라. 밤이 깊고 낮이 가까웠으니 그러므로 우리가 어두움의 일을 벗고 빛의 갑옷을 입자. 낮에와 같이 단정端正히 행行하고 방탕放蕩과 술 취醉하지 말며, 음란淫亂과 호색好色하지 말며 쟁투爭鬪와 시기猜忌하지 말고, 오직 주主 예수 그리스도로 옷 입고 정욕情慾을 위하여 육신肉身의 일을 도모圖謀하지 말라. (롬 13:8~14)

5. 우리가 살아도 주主를 위하여 살고 죽어도 주主를 위하여 죽나니 사나 죽으나 우리가 주主의 것이로라. 그리스도께서 죽었다가 다시 살으셨으니 곧 죽은 자요 산 자의 주主가 되려 하심이니라. 어찌하여 형제兄弟를 판단判斷하고 형제兄弟를 업신 여기느뇨, 다 하나님의 심판대審判臺 앞에 서리라. 주主께서 가라사대 모든 무릎이 내게 꿇을 것이요 모든 혀가 하나님께 자백自白하리라. 이러므로 각인各人이 자기自己 일을 하나님께 직고直告하리라. 그런즉 서로 판단判斷하지 말고 부딪힐 것이나 거칠 것으로 형제兄弟 앞에 두지 아니할 것을 주의注意하라. 만일 식물食物을 인因하여 네 형제兄弟가 근심하게 되면 이는 네가 사랑으로 행行치 아니함이라. 그리스도께서 대신代身하여 죽으신 형제兄弟를 네 식물食物로 망亡케 하지 말라. 그러므로 너희의 선善한 것이 비방誹謗을 받지 않게 하라. (롬 14:8~16)

6. 하나님의 나라는 먹는 것과 마시는 것이 아니요, 오직 성령聖靈 안에서 의義와 평강平康과 희락喜樂이라. 이로써 그리스도를 섬기는 자는 하나님께 기뻐하심을 받으며 사람에게도 칭찬稱讚을 받느니라. 이러므로 우리가 화평和平의 일과 서로 덕德을 세우는 일을 힘쓰나니, 식물食物을 인因하여 하나님의 사업事業을 무너지게 말라. 만물萬物이 다 정淨하되 거리낌으로 먹는 사람에게는 악惡하니라. 고기도 먹지 아니하고 포도주葡萄酒도 마시지 아니하고, 무엇이든지 네 형제兄弟로 거리끼게 하는 일을 아니함이 아름다우니라. 네게 있는 믿음을 하나님 앞에서 스스로 가지고 있으라 자기自己의 옳다 하는 바로 자기自己를 책責하지 아니하는 자는 복福이 있도다. 의심疑心하고 먹는 자는 정죄定罪되었나니, 이는 믿음으로 좇아 하지 아니한 연고緣故라. 믿음으로 좇아 하지 아니하는 모든 것이 죄罪니라. (롬 14:17~23)

"살아도 주主를 위하여 살고 죽어도 주主를 위하여 죽나니 사나 죽으나 우리가 주主의 것이로라." 바울 사도使徒의 위대偉大한 신앙고백信仰告白입니다. "믿음으로 좇아 하지 아니하는 모든 것이 죄罪니라." 우리 그리스도인들의 생활 지침生活指針이 되시기 바랍니다.

【 낭송 표시 : 1회 / 4회 / 목표 120회 】

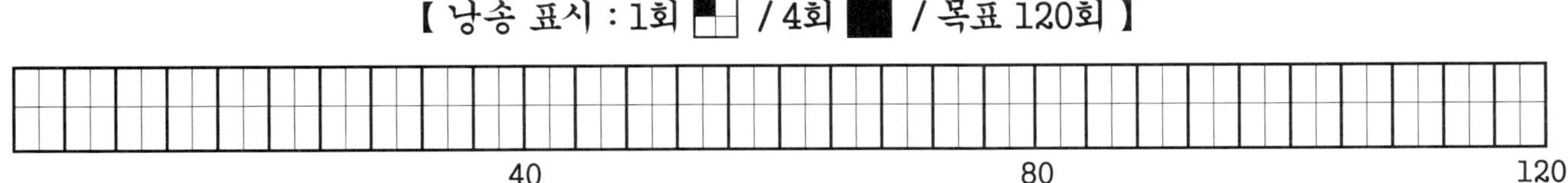

"주의 말씀은 내 발의 등이요 내 길에 빛이니이다"(시 119:105)

제 25 일

성령聖靈의 능력能力으로 소망所望이 넘치게 하시기를 원願하노라

로마서 15:13

예수 그리스도의 복음福音이 소아시아와 로마에 전파傳播되었습니다. 바울 사도使徒는 서바나까지 복음福音을 증거證據하는 것을 소원所願하고 있습니다. '성령聖靈의 능력能力으로' '소망所望이 넘치게.' 참으로 놀랍고 위대偉大한 선교宣敎의 열정熱情입니다.

1. 강强한 자가 마땅히 연약軟弱한 자의 약점弱點을 담당擔當하고 자기自己를 기쁘게 하지 아니할 것이라. 각 사람이 이웃을 기쁘게 하되 선善을 이루고 덕德을 세우도록 할지니라. 그리스도께서 자기를 기쁘게 하지 아니하셨나니 기록記錄된바, 주主를 비방誹謗하는 자들의 비방誹謗이 내게 미쳤나이다 함과 같으니라. 이제 인내忍耐와 안위安慰의 하나님이 너희로 그리스도 예수를 본받아 서로 뜻이 같게 하여 주사, 한마음과 한 입으로 하나님 곧 우리 주主 예수 그리스도의 아버지께 영광榮光을 돌리게 하려 하노라. 이러므로 그리스도께서 조상祖上들에게 주신 약속約束들을 견고堅固케 하시고, 이방인異邦人으로 그 긍휼矜恤하심을 인因하여 하나님께 영광榮光 돌리게 하려 하심이라. 기록記錄된바 열방列邦 중에서 주主께 감사感謝하고 주主의 이름을 찬송讚頌하리로다 함과 같으니라. 열방列邦들아 주主의 백성百姓과 함께 즐거워하라 모든 백성百姓들아 찬송讚頌하라 열방列邦이 그에게 소망所望을 두리라. 소망所望의 하나님이 모든 기쁨과 평강平康을 믿음 안에서 너희에게 충만充滿케 하사 성령聖靈의 능력能力으로 소망所望이 넘치게 하시기를 원願하노라. (롬 15:1~13)

2. 내 형제兄弟들아 선善함이 가득하고 모든 지식知識이 차서 서로 권勸하는 자임을 나도 확신確信하노라. 이 은혜恩惠는 나로 이방인異邦人을 위하여 그리스도 예수의 일꾼이 되어 하나님의 복음福音의 제사장祭司長 직무職務를 하게 하사, 이방인異邦人을 제물祭物로 드리는 그것이 성령聖靈 안에서 거룩하게 되어 받으심직하게 하려 하심이라. 그러므로 내가 그리스도 예수 안에서 하나님의 일에 대하여 자랑하는 것이 있거니와, 그리스도께서 이방인異邦人들을 순종順從케 하기 위하여 나로 말미암아 말과 일이며, 표적表蹟과 기사奇事의 능력能力이며 성령聖靈의 능력能力으로 역사役事하신 것 외에는 내가 감敢히 말하지 아니하노라. 이 일로 인하여 내가 예루살렘으로부터 두루 행하여 그리스도의 복음福音을 편만遍滿하게 전傳하였노라. (롬 15:14~19)

3. 내가 그리스도의 이름을 부른 곳에는 복음福音을 전傳하지 않기로 힘썼노니 이는 남의 터 위에 건축建築하지 아니하려 함이라. 기록記錄된바 주主의 소식消息을 받지 못한 자들이 볼 것이요 듣지 못한 자들이 깨달으리라 함과 같으니라. 그러므로 너희에게 가려 하던 것이 여러번 막혔더니 여러해 전부터 서바나로 갈 때에 너희에게 가려는 원願이 있었으니, 너희와 교제交際하여 약간 만족滿足을 받은 후에 너희의 그리로 보내줌을 바람이라. 그러므로 내가 이 일을 마치고 이 열매를 확증確證한 후後에 너희에게 지나서 서바나로 가리라. 내가 너희에게 나갈 때에 그리스도의 충만充滿한 축복祝福을 가지고 갈 줄을 아노라. (롬 15:20~29)

4. 겐그레아 교회敎會의 일꾼으로 있는 우리 자매姉妹 뵈뵈를 너희에게 천거薦擧하노니, 너희가 주主 안에서 성도聖徒들의 합당合當한 예절禮節로 그를 영접迎接하고, 무엇이든지 그에게 소용所用되는 바를 도와 줄지니 이는 그가 여러 사람과 나의 보호자保護者가 되었음이니라. 너희가 그리스도 예수 안에서 나의 동역자同役者들인 브리스가와 아굴라에게 문안問安하라. 저희는 내 목숨을 위하여 자기自己의 목이라도 내어놓았나니, 나 뿐아니라 이방인異邦人의 모든 교회敎會도 저희에게 감사感謝하느니라. 나의 사랑하는 에배네도에게 문안問安하라 저는 아시아에서 처음 익은 열매니라. 너희를 위하여 많이 수고受苦한 마리아에게 문안問安하라. 주主 안에서 택擇하심을 입은 루포와 그 어머니에게 문안問安하라 그 어머니는 곧 나의 어머니니라. 너희가 거룩하게 입맞춤으로 서로 문안問安하라. 그리스도의 모든 교회敎會가 다 너희에게 문안問安하느니라. (롬 16:1~16)

5. 형제兄弟들아 너희를 권勸하노니 너희 교훈敎訓을 거스려 분쟁紛爭을 일으키고 거치게 하는 자들을 살피고 저희에게서 떠나라. 이 같은 자들은 우리 주主 예수 그리스도를 섬기지 아니하고 다만 자기自己의 배만 섬기나니, 공교工巧하고 아첨阿諂하는 말로 순진純眞한 자들의 마음을 미혹迷惑하느니라. 너희 순종順從함이 모든 사람들에게 들리는지라. 그러므로 내가 너희를 인하여 기뻐하노니 너희가 선善한 데 지혜智慧롭고 악惡한 데 미련하기를 원願하노라. 평강平康의 하나님께서 속速히 사탄을 너희 발 아래서 상傷하게 하시리라. 우리 주主의 은혜恩惠가 너희에게 있을지어다. (롬 16:17~20)

6. 나의 동역자同役者 디모데와 나의 친척親戚 누기오와 야손과 소시바더가 너희에게 문안問安하느니라. 나와 온 교회敎會가 너희에게 문안問安하고 이 성城의 재무財務 에라스도와 형제兄弟 구아도도 너희에게 문안問安하느니라. 나의 복음福音과 예수 그리스도를 전파傳播함은 영세전永世前부터 감취었다가 이제는 나타내신 바 되었으며, 영원永遠하신 하나님의 명命을 좇아 선지자先知者들의 글로 말미암아 모든 민족民族으로 믿어 순종順從케 하시려고 알게 하신바, 그 비밀秘密의 계시啓示를 좇아 된 것이니, 이 복음福音으로 너희를 능能히 견고堅固케 하실 지혜智慧로우신 하나님께 예수 그리스도로 말미암아 영광榮光이 세세무궁世世無窮토록 있을지어다 아멘. (롬 16:21~27)

사도행전使徒行纏 마지막 장章은 "복음 전파福音傳播를 금禁하는 자가 없더라"고 마감磨勘하고 있습니다. 로마서 마지막 장章에는 "예수 그리스도로 말미암아 영광榮光이 세세무궁世世無窮토록 있을지어다"로 지상地上에서 영원永遠으로 전개全開되고 있습니다.

【 낭송 표시 : 1회 ▚ / 4회 ■ / 목표 120회 】

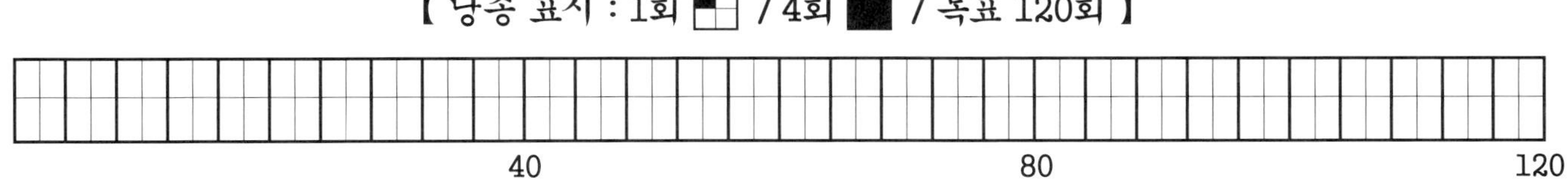

"주의 말씀은 내 발의 등이요 내 길에 빛이니이다"(시 119:105)

제 26 일

구원救援을 얻는 우리에게는 하나님의 능력能力이라

고린도전서 1:18

복음福音이 드디어 당시 세계 문명世界文明의 중심지中心地인 그리스에 전파傳播되었습니다. 희랍 신화神話의 세계世界가 참된 신앙信仰의 세계世界로 변화變化되어 갔습니다. '십자가十字架의 도道가 멸망滅亡하는 자에게는 미련한 것이요, 구원救援을 얻는 하나님의 백성百姓들에게는 하나님의 능력能力'으로 온 희랍 세계世界가 복음福音으로 구원救援받는 역사役事가 나타났습니다.

1. 하나님의 뜻을 따라 그리스도 예수의 사도使徒로 부르심을 입은 바울과 및 형제兄弟 소스데네는, 고린도에 있는 하나님의 교회教會 곧 그리스도 예수 안에서 거룩하여지고, 성도聖徒라 부르심을 입은 자들과 또 각처各處에서 우리의 주主 곧 저희와 우리의 주主 되신 예수 그리스도의 이름을 부르는 모든 자들에게 하나님 우리 아버지와 주主 예수 그리스도로 좇아 은혜恩惠와 평강平康이 있기를 원願하노라. 그리스도 예수 안에서 너희에게 주신 하나님의 은혜恩惠를 인因하여 내가 너희를 위하여 항상 하나님께 감사感謝하노니, 이는 너희가 그의 안에서 모든 일 곧 모든 구변口辯과 모든 지식知識에 풍족豊足하므로, 그리스도의 증거證據가 너희 중에 견고堅固케 되어, 너희가 모든 은사恩賜에 부족不足함이 없이 우리 주主 예수 그리스도의 나타나심을 기다림이라. 주主께서 너희를 우리 주主 예수 그리스도의 날에 책망責望할 것이 없는 자로 끝까지 견고堅固케 하시리라. 너희를 불러 그의 아들 예수 그리스도 우리 주主로 더불어 교제交際케 하시는 하나님은 미쁘시도다. (고전 1:1~9)

2. 형제兄弟들아 우리 주主 예수 그리스도의 이름으로 너희를 권勸하노니, 다같이 말을 하고 너희 가운데 분쟁紛爭이 없이 같은 마음과 같은 뜻으로 온전穩全히 합合하라. 십자가十字架의 도道가 멸망滅亡하는 자들에게는 미련한 것이요, 구원救援을 얻는 우리에게는 하나님의 능력能力이라. 하나님의 지혜智慧에 있어서는 이 세상世上이 자기 지혜智慧로 하나님을 알지 못하는 고로, 하나님께서 전도傳道의 미련한 것으로 믿는 자들을 구원救援하시기를 기뻐하셨도다. 유대인은 표적表蹟을 구求하고 헬라인은 지혜智慧를 찾으나, 우리는 십자가十字架에 못박힌 그리스도를 전傳하니 그리스도는 하나님의 능력能力이요 하나님의 지혜智慧니라. 하나님의 미련한 것이 사람보다 지혜智慧 있고, 하나님의 약弱한 것이 사람보다 강强하니라. 형제兄弟들아 너희를 부르심을 보라 하나님께서는 세상世上의 미련한 것들을 택擇하사 지혜智慧 있는 자를 부끄럽게 하려 하시고, 세상世上의 약弱한 것들을 택擇하사 강强한 것들을 부끄럽게 하시며, 하나님께서 세상世上의 천賤한 것들과 멸시蔑視 받는 것들과 없는 것들을 택擇하사 있는 것들을 폐廢하려 하시나니, 이는 아무 육체肉體라도 하나님 앞에서 자랑하지 못하게 하려 하심이라. 너희는 하나님께로부터 나서 그리스도 예수 안에 있고, 예수는 하나님께로서 나와서 우리에게 지혜智慧와 의義로움과 거룩함과 구속救贖함이 되셨으니 기록記錄된바 자랑하는 자는 주主 안에서 자랑하라. (고전 1:10~31)

3. 형제兄弟들아 내가 너희에게 나아가 하나님의 증거證據를 전傳할 때에 지혜智慧의 아름다운 것으로 아니하였나니, 예수 그리스도와 십자가十字架에 못 박히신 것 외에는 아무것도 알지 아니하였나니, 내 말과 내 전도傳道함이 지혜智慧의 권勸하는 말로 하지 아니하고, 다만 성령聖靈의 나타남과 능력能力으로 하여 너희 믿음이 사람의 지혜智慧에 있지 아니하고, 다만 하나님의 능력能力에 있게 하려 하였노라. 오직 비밀秘密한 가운데 있는 하나님의 지혜智慧를 말하는 것이니, 곧 감취었던 것인데 하나님이 우리의 영광榮光을 위하사 만세萬世 전에 미리 정定하신 것이라. 기록記錄된 바 하나님이 자기自己를 사랑하는 자를 위하여 예비豫備하신 모든 것은 눈으로 보지 못하고, 귀로 듣지도 못하고 사람의 마음으로도 생각生覺지 못하였다

함과 같으니라. 오직 하나님이 성령聖靈으로 모든 것 곧 하나님의 깊은 것이라도 통달通達하시느니라. (고전 2:1~10)

4. 형제兄弟들아 내가 신령神靈한 자들을 대함과 같이 너희에게 말할 수 없어서 육신肉身에 속屬한 자, 곧 그리스도 안에서 어린아이들을 대함과 같이 하노라. 저희는 주主께서 각각各各 주신대로 너희로 하여금 믿게 한 사역자使役者들이니라. 나는 심었고 아볼로는 물로 주었으되 오직 하나님은 자라나게 하셨나니, 그런즉 심는 이나 물주는 이는 아무것도 아니로되, 오직 자라나게 하시는 하나님뿐이니라. 심는 이와 물주는 이가 일반이나 각각各各 자기自己의 일하는 대로 자기自己의 상賞을 받으리라. 우리는 하나님의 동역자同役者들이요 너희는 하나님의 밭이요 하나님의 집이니라. (고전 3:1~9)

5. 내게 주신 하나님의 은혜恩惠를 따라 내가 지혜智慧로운 건축자建築者와 같이 터를 닦아 두매, 다른 이가 그 위에 세우나 그러나 각각 어떻게 그 위에 세우기를 조심操心할지니라. 이 닦아 둔 것 외에 능能히 다른 터를 닦아 둘 자가 없으니 이 터는 곧 예수 그리스도라. 누구든지 금金이나 은銀이나 보석寶石이나 나무나 풀이나 짚으로 이 터 위에 세우면 각각各各 공력功力이 나타날 터인데 그날이 공력功力을 밝히리니, 이는 불로 나타내고 그 불이 각 사람의 공력功力이 어떠한 것을 시험試驗할 것임이니라. 누구든지 그 위에 세운 공력功力이 그대로 있으면 상賞을 받고, 공력功力이 불타면 해害를 받으리니 구원救援을 얻되 불가운데서 얻은 것 같으리라. (고전 3:10~15)

6. 너희가 하나님의 성전聖殿인 것과 하나님의 성령聖靈이 너희 안에 거居하시는 것을 알지 못하느뇨, 누구든지 하나님의 성전聖殿을 더럽히면 하나님이 그 사람을 멸滅하시리라. 하나님의 성전聖殿은 거룩하니 너희도 그러하니라. 아무도 자기自己를 속이지 말라 너희 중에 누구든지 이 세상世上에서 지혜智慧 있는 줄로 생각生覺하거든 미련한 자가 되어라 그리하여야 지혜智慧로운 자가 되리라. 이 세상世上 지혜智慧는 하나님께 미련한 것이니 기록記錄된바, 지혜智慧 있는 자들로 하여금 자기 궤휼詭譎에 빠지게 하시는 이라 하였고, 또 주主께서 지혜智慧 있는 자들의 생각生覺을 헛것으로 아신다 하셨느니라. 그런즉 누구든지 사람을 자랑하지 말라 만물萬物이 다 너희 것임이라. 너희는 그리스도의 것이요 그리스도는 하나님의 것이니라. (고전 3:16~23)

7. 사람이 마땅히 우리를 그리스도의 일꾼이요, 하나님의 비밀秘密은 맡은 자로 여길지어다. 그리고 맡은 자들에게 구求할 것은 충성忠誠이니라. 그러므로 주主께서 오시기까지 아무것도 판단判斷치 말라. 그가 어두움에 감추인 것들을 드러내고 마음의 뜻을 나타내시리니, 그때에 각 사람에게 하나님으로부터 칭찬稱讚이 있으리라. 너희로 하여금 기록記錄한 말씀밖에 넘어가지 말라 한 것을 우리에게서 배워 서로 대적對敵하여 교만驕慢한 마음을 먹지 말게 하려 함이라. 오직 너희를 내 사랑하는 자녀子女같이 하는 것이라. 그리스도 예수 안에서 복음福音으로서 너희를 낳았음이라. 그러므로 내가 너희에게 권勸하노니 너희는 나를 본받는 자 되라. (고전 4:1~16)

1. 우리는 그리스도의 일꾼이요 2. 하나님의 비밀秘密을 맡은 자 3. 맡은 자들에게 구求할 것은 충성忠誠이니라. 바울 사도使徒는 그리스도의 일꾼으로 하나님의 비밀秘密을 맡은 자로서 생명生命을 다 바쳐가며 충성忠誠을 다하였습니다. 오늘날도 바울 사도使徒와 같이 충성忠誠된 일꾼을 찾고 있습니다.

【 낭송 표시 : 1회 ▞ / 4회 ■ / 목표 120회 】

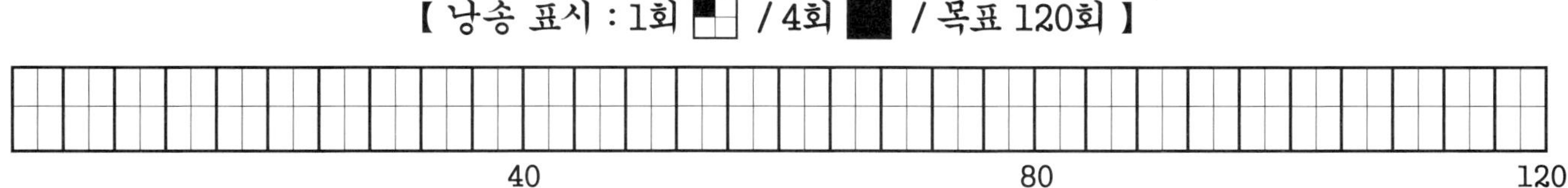

"주의 말씀은 내 발의 등이요 내 길에 빛이니이다"(시 119:105)

제 27 일

그런즉 너희 몸으로 하나님께 영광榮光을 돌리라

고린도전서 6:20

사람의 몸은 하나님의 영광榮光을 위하여 창조創造되었습니다. 흙으로 재료材料로 삼고 하나님의 형상形像으로 만들어졌습니다. 존귀尊貴한 하나님의 자녀子女로 삼기 위하여 예수 그리스도의 십자가十字架의 희생犧牲으로 구속救贖하였습니다. "값으로 산 것이 되었으니" "그런즉 너희 몸으로 하나님께 영광榮光을 돌리라." 인간 존재 목적人間存在目的이 여기에 있습니다.

1. 주主 안에서 내 사랑하고 신실信實한 아들 디모데를 너희에게 보내었노니, 저가 너희로 하여금 그리스도 예수 안에서 나의 행사行事 곧 내가 각처各處 각 교회敎會에서 가르치는 것을 생각生覺나게 하리라. 주主께서 허락許諾하시며 그 능력能力을 알아보겠노니, 하나님의 나라는 말에 있지 아니하고 오직 능력能力에 있음이라. 너희가 무엇을 원願하느냐 내가 매를 가지고 너희에게 나아가랴 사랑과 온유溫柔한 마음으로 나아가랴. (고전 4:17~21)

2. 음행淫行하는 자들을 사귀지 말라. 음행淫行하는 자들이나 탐貪하는 자들과 토색討索하는 자들이나 우상숭배偶像崇拜하는 자들을 도무지 사귀지 말라. 음행淫行하거나 탐람貪婪하거나 우상숭배偶像崇拜하거나 후욕詬辱하거나, 술 취醉하거나 토색討索하거든 사귀지도 말고 그런 자와는 함께 먹지도 말라 함이라. 외인外人들은 판단判斷하시려니와 이 악惡한 사람은 너희 중에서 내어 쫓으라. (고전 5:9~13)

3. 불의不義한 자가 하나님의 나라를 유업遺業으로 받지 못할 줄을 알지 못하느냐, 미혹迷惑을 받지 말라 음란淫亂한 자나 우상숭배偶像崇拜하는 자나 간음姦淫하는 자나 탐색探索하는 자나, 남색男色하는 자나 도적盜賊이나 탐람貪婪하는 자나 술 취醉하는 자나 후욕詬辱하는 자나 토색討索하는 자들은 하나님의 나라를 유업遺業으로 받지 못하리라. 너희 중에 이와 같은 자들이 있다 하니 주主 예수 그리스도의 이름과 우리 하나님의 성령聖靈 안에서 씻음과 거룩함과 의義롭다 하심을 얻었느니라. 몸은 음란淫亂을 위하여 있지 않고 오직 주主를 위하여 주는 몸을 위하시느니라. 하나님이 주主를 다시 살리셨고 또한 그의 권능權能으로 우리를 다시 살리시리라. 너의 몸이 그리스도의 지체肢體인 줄을 알지 못하느냐 내가 그리스도의 지체肢體를 가지고 창기娼妓의 지체肢體를 만들겠느냐 결코 그럴 수 없느니라. 창기娼妓와 합合하는 자는 저와 한 몸인 줄을 알지 못하느냐, 음행淫行을 피避하라 사람이 범犯하는 죄罪마다 몸 밖에 있거니와, 음행淫行하는 자는 자기 몸에게 죄罪를 범犯하느니라. 너희 몸은 너희 하나님께로부터 받은 바 너희 가운데 계신 성령聖靈의 전殿인 줄을 알지 못하느냐, 너희는 너희의 것이 아니라. 값으로 산 것이 되었으니 그런즉 너희 몸으로 하나님께 영광榮光을 돌리라. (고전 6:9~20)

4. 남자男子마다 자기 아내를 두고 여자女子마다 자기 남편男便을 두라. 남편男便은 그 아내에게 대한 의무義務를 다하고 아내도 그 남편男便에게 그렇게 할지라. 아내가 자기自己 몸을 주장主掌하지 못하고 오직 그 남편男便이 하며, 남편男便도 이와 같이 자기 몸을 주장主掌하지 못하고 오직 그 아내가 하나니 서로 분방分房하지 말라. 다만 기도祈禱할 틈을 얻기 위하여 합의상合意上 얼마 동안은 하되 다시 합合하라. 이는 너희의 절제節制 못함을 인하여 사탄으로 너희를 시험試驗하지 못하게 하려 함이라. (고전 7:2~5)

5. 내가 복음福音**을 전**傳**할지라도 자랑할 것이 없음은 내가 부득불**不得不 **할 일임이라. 만일 복음**福音**을 전**傳**하지 아니하면 내게 화**禍**가 있을 것임이로라. 내가 자유**自由**하였으나 스스로 모든 사람에게 종이 된 것은 더 많은 사람을 얻고자 함이라. 내가 복음**福音**을 위하여 모든 것을 행**行**함은 복음**福音**에 참예**參與**하고자 함이라. 운동장**運動場**에서 달음질하는 자들이 다 달아날지라도 오직 상**賞 **얻는 자는 하나인 줄을 너희가 알지 못하느냐 너희도 얻도록 이와 같이 달음질하라. 이기기를 다투는 자마다 모든 일에 절제**節制**하나니 저희는 썩을 면류관**冕旒冠**을 얻고자 하되 우리는 썩지 아니할 것을 얻고자 하노라. 그러므로 내가 달음질하기를 향방**向方 **없는 것같이 아니하고 싸우기를 허공**虛空**을 치는 것같이 아니하여, 내가 내 몸을 쳐 복종**服從**하게 함은 내가 남에게 전파**傳播**한 후**後**에 자기**自己**가 도리어 버림이 될까 두려워함이로라.** (고전 9:16~27)

6. 우리 조상祖上**들이 다 구름 아래 있고 바다 가운데로 지나며 바다에서 세례**洗禮**를 받고, 다 같은 신령**神靈**한 식물**食物**을 먹으며 다 같은 신령**神靈**한 음료**飮料**를 마셨으니, 이는 저희를 따르는 신령**神靈**한 반석**磐石**으로부터 마셨으매 그 반석**磐石**은 곧 그리스도시라. 그러나 저희의 다수**多數**를 하나님이 기뻐하지 아니하신고로 저희가 광야**曠野**에서 멸망**滅亡**을 받았느니라. 그런 일은 우리의 거울이 되어 우리로 하여금 저희가 악**惡**을 즐겨한 것같이 즐겨하는 자가 되지 않게 하려 함이니, 너희는 우상숭배**偶像崇拜**하는 자가 되지 말라. 간음**姦淫**하다가 하루에 이만삼천 명**二萬三千名**이 죽었나니 우리는 저희와 같이 간음**姦淫**하지 말자. 주**主**를 시험**試驗**하다가 뱀에게 멸망**滅亡**하였나니 우리는 저희와 같이 시험**試驗**하지 말자. 원망**怨望**하다가 멸망**滅亡**시키는 자에게 멸망**滅亡**하였나니 너희는 저희와 같이 원망**怨望**하지 말라. 저희에게 당**當**한 일이 거울이 되고 말세**末世**를 만난 우리의 경계**警戒**로 기록**記錄**하였느니라.** (고전 10:1~11)

7. 그런즉 선 줄로 생각生覺**하는 자는 넘어질까 조심**操心**하라. 사람이 감당**堪當**할 시험**試驗 **밖에는 너희에게 당**當**한 것이 없나니, 오직 하나님은 미쁘사 너희가 감당**堪當**치 못할 시험**試驗 **당**當**함을 허락**許諾**지 아니하시고, 시험**試驗 **당**當**할 즈음에 또한 피**避**할 길을 내사 너희로 능**能**히 감당**堪當**하게 하시느니라. 그런즉 내 사랑하는 자들아 우상숭배**偶像崇拜**하는 일을 피**避**하라. 대저**大抵 **이방인**異邦人**의 제사**祭祀**하는 것은 귀신**鬼神**에게 하는 것이요, 하나님께 제사**祭祀**하는 것이 아니니 나는 너희가 귀신**鬼神**과 교제**交際**하는 자 되기를 원**願**치 아니하노라. 너희가 주**主**의 잔**盞**과 귀신**鬼神**의 잔**盞**을 겸**兼**하여 마시지 못하고 주**主**의 상**床**과 귀신**鬼神**의 상**床**에 겸**兼**하여 참예**參與**치 못하리라.** (고전 10:12~21)

1. 간음姦淫하지 말라 2. 원망怨望하지 말라 3. 시험試驗하지 말라 4. 우상숭배偶像崇拜 하지 말라. 광야 생활曠野生活 하는 하나님의 백성百姓들이 경계警戒하고 지켜야 할 신앙생활信仰生活의 중요重要 덕목德目입니다. 여기에 실패失敗하여 광야曠野에서 뱀에 물려 쓰러지고 약속約束의 땅 가나안 복지福地에 들어가지 못하였습니다.

【 낭송 표시 : 1회 ▦ / 4회 ■ / 목표 120회 】

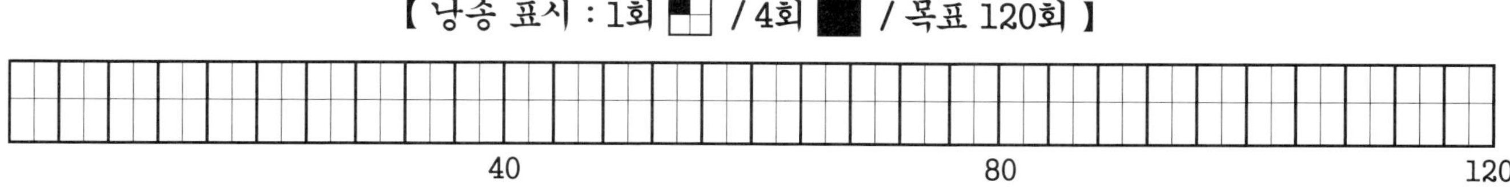

"주의 말씀은 내 발의 등이요 내 길에 빛이니이다"(시 119:105)

제 28 일

너희는 나를 본本받는 자가 되라

고린도전서 11:1

복음福音은 예수 그리스도의 인격人格과 삶과 생명生命입니다. 이 복음福音을 받은 자는 복음福音에 합당合當한 생활生活을 해야 합니다. 바울 사도使徒는 예수님과 같이 그의 인생人生을 살았습니다. 예수의 인격人格을 닮고 그의 생명生命을 받아 또 다른 예수 그리스도가 되어 갔습니다. "내가 그리스도를 본本받은 것같이 너희는 나를 본本받으라"고 했습니다. 우리들도 '내가 그리스도를 본本받은 것같이 나를 본本받으라' 증거證據할 수 있어야 합니다.

1. 자기自己의 유익有益을 구求치 말고 남의 유익有益을 구求하라. 무릇 시장市場에서 파는 것은 양심良心을 위하여 묻지 말고 먹으라. 이는 땅과 거기 충만充滿한 것이 주主의 것임이니라. 너희 앞에 무엇이든지 차려 놓은 것은 양심良心을 위하여 묻지 말고 먹으라. 누가 너희에게 이것이 제물祭物이라 말하거든 알게 한 자와 및 양심良心을 위하여 먹지 말라. 그런즉 너희가 먹든지 마시든지 무엇을 하든지 다 하나님의 영광榮光을 위하여 하라. 유대인에게나 헬라인에게나 하나님의 교회敎會에나 거치는 자가 되지 말고, 나와 같이 모든 일에 모든 사람을 기쁘게 하여 나의 유익有益을 구求치 아니하고 많은 사람의 유익有益을 구求하여 저희로 구원救援을 얻게 하라. (고전 10:24~33)

2. 내가 그리스도를 본本받는 자 된 것같이 너희는 나를 본받는 자 되라. 너희가 나를 기억記憶하고 너희에게 전傳하여 준 대로 너희가 지키므로 너희를 칭찬稱讚하노라. 내가 너희에게 전傳한 것은 주主께 받은 것이니, 곧 주主 예수께서 잡히시던 밤에 떡을 가지사 축사祝謝하시고 떼어 가라사대, 이것은 너희를 위하는 내 몸이니 이것을 행行하여 나를 기념記念하라 하시고, 식후食後에 또한 이와 같이 잔盞을 가지시고 가라사대, 이 잔盞은 내 피로 세운 새 언약言約이니 이것을 행行하여 마실 때마다 나를 기념記念하라 하셨으니, 너희가 이 떡을 먹으며 이 잔盞을 마실 때마다 주主의 죽으심을 오실 때까지 전傳하는 것이니라. 그러므로 누구든지 주主의 떡이나 잔盞을 합당合當치 않게 먹고 마시는 자는 주主의 몸과 피를 범犯하는 죄罪가 있느니라. 사람이 자기自己를 살피고 그 후後에야 이 떡을 먹고 이 잔盞을 마실지니, 주主의 몸을 분변分辨치 못하고 먹고 마시는 자는 자기自己의 죄罪를 먹고 마시는 것이니라. (고전 11:1~29)

3. 형제兄弟들아 신령神靈한 것에 대하여는 내가 너희의 알지 못하기를 원願치 아니하노니, 너희가 이방인異邦人으로 있을 때에 말 못하는 우상偶像에게로 끄는 그대로 끌려 갔느니라. 하나님의 영靈으로 말하는 자는 누구든지 예수를 저주詛呪할 자라 하지 않고, 또 성령聖靈으로 아니하고는 누구든지 예수를 주主시라 할 수 없느니라. 은사恩賜는 여러 가지나 성령聖靈은 같고 직임職任은 여러 가지나 주主는 같으며, 역사役事는 여러 가지나 모든 것을 모든 사람 가운데서 역사役事하시는 하나님은 같으니, 각 사람에게 성령聖靈의 나타남을 주심은 유익有益하게 하려 하심이라. 성령聖靈으로 말미암아 지혜智慧의 말씀을 어떤 이에게는 같은 성령聖靈을 따라 지식知識의 말씀을, 성령聖靈으로 믿음을 성령聖靈으로 병病 고치는 은사恩賜를 능력能力 행行함을 예언豫言함을 영靈들 분별分別함을 각종各種 방언方言함을 방언方言 통역通譯함을 주시나니, 이 모든 일은 같은 한 성령聖靈이 행行하사 그 뜻대로 각 사람에게 나눠 주시느니라. (고전 12:1~11)

4. 몸은 하나인데 많은 지체肢體가 있고 몸의 지체肢體가 많으나 한 몸임과 같이 그리스도도 그러하니라. 종이나 자유자自由者나 다 한 성령聖靈으로 세례洗禮를 받아 한 몸이 되었고, 또 다 한 성령聖靈을 마시게 하셨느니라. 몸은 한 지체肢體뿐 아니요 여럿이니 만일 발이 이르되 나는 손이 아니니 몸에 붙지 아니하였다 할지라도 이로 인하여 몸에 붙지 아니한 것이 아니요, 또 귀가 이르되 나는 눈이 아니니 몸에 붙지 아니하였다 할지라도 이로 인하여 몸에 붙지 아니한 것이 아니니, 만일 온 몸이 눈이면 듣는 곳은 어디며 온몸이 듣는 곳이면 냄새 맡는 곳은 어디뇨, 그러나 하나님이 원願하시는대로 지체肢體를 각각各各 몸에 두셨으니 지체肢體는 많으나 몸은 하나라. 눈이 손더러 쓸데없다 하거나 또한 발더러 쓸데 없다 하지 못하리라. 몸의 약弱하게 보이는 지체肢體가 도리어 요긴하고, 몸에 덜 귀貴히 여기는 것들을 귀貴한 것들로 입혀 주며, 아름답지 못한 지체肢體는 더욱 아름다운 것을 얻고, 하나님이 몸을 고르게 하여 부족不足한 지체肢體에게 존귀尊貴를 더하사 몸 가운데서 분쟁紛爭이 없고, 오직 여러 지체肢體가 함께 고통苦痛을 받고 한 지체肢體가 영광榮光을 얻으면 모든 지체肢體도 함께 즐거워하나니, 너희는 그리스도의 몸이요 지체肢體의 각各 부분部分이라. (고전 12:12~27)

5. 하나님이 교회教會 중에 몇을 세우셨으니 첫째는 사도使徒요, 둘째는 선지자先知者요 셋째는 교사教師요 그다음은 능력能力이요, 그다음은 병病 고치는 은사恩賜와 서로 돕는 것과 다스리는 것과 각종各種 방언方言을 하는 것이라. 다 사도使徒겠느냐 다 선지자先知者겠느냐 다 교사教師겠느냐 다 능력能力을 행行하는 자겠느냐, 다 병病 고치는 은사恩賜를 가진 자겠느냐 다 방언方言을 말하는 자겠느냐 다 통역通譯하는 자겠느냐, 너희는 더욱 큰 은사恩賜를 사모思慕하라 내가 또한 제일第一 좋은 길로 너희에게 보이리라. (고전 12:28~31)

6. 내가 사람의 방언方言과 천사天使의 말을 할지라도 사랑이 없으면 소리나는 구리와 울리는 꽹과리가 되고, 내가 예언豫言하는 능能이 있어 모든 비밀秘密과 모든 지식知識을 알고, 또 산山을 옮길 만한 모든 믿음이 있을지라도 사랑이 없으면 내가 아무것도 아니요, 내가 내게 있는 모든 것으로 구제救濟하고 또 내 몸을 불사르게 내어 줄지라도 사랑이 없으면 내게 아무 유익有益이 없느니라. 사랑은 오래 참고 사랑은 온유溫柔하며 투기妬忌하는 자가 되지 아니하며, 성내지 아니하며 악惡한 것을 생각生覺지 아니하며, 불의不義를 참으며, 모든 것을 믿으며 모든 것을 바라며 모든 것을 견디느니라. (고전 13:1~7)

교회教會는 그리스도의 몸입니다. 그리스도는 교회教會의 머리입니다. 성도聖徒들은 몸의 지체肢體입니다. 각 지체肢體는 각기各其 사명使命이 있습니다. 하나님께서 주신 은사恩賜에 따라 충성忠誠을 다해야 합니다. 그리해야 건강健康한 몸이 되어 교회教會의 사명使命을 수행遂行할 수 있습니다.

【 낭송 표시 : 1회 ◱ / 4회 ■ / 목표 120회 】

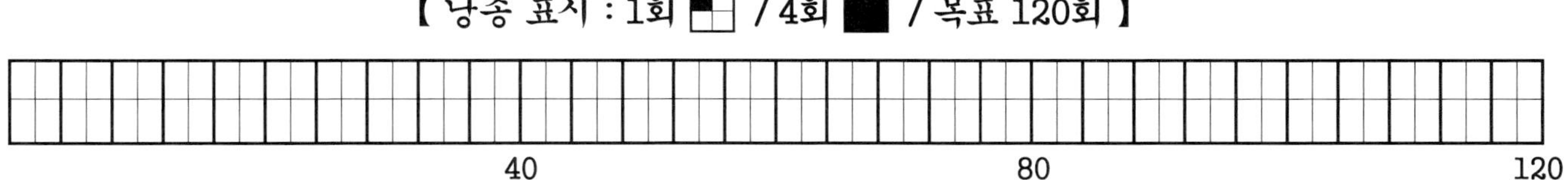

"주의 말씀은 내 발의 등이요 내 길에 빛이니이다"(시 119:105)

제 29 일

그중에 제일은 사랑이라

고린도전서 13:13

그리스도인의 삼대三大 덕목德目은 믿음, 소망, 사랑입니다. 그 가운데 최대最大 덕목德目이 사랑입니다. "하나님은 사랑이시라." "하나님이 세상世上을 이처럼 사랑하사." "예수님이 제자弟子들을 끝까지 사랑하시니라." 하나님께서 이 귀貴하고 놀라운 사랑을 우리에게 주셨고 모범模範을 보여 주셨습니다. 우리 각자各自 이러한 하나님의 큰 사랑을 받은 몸입니다.

1. 사랑은 언제까지든지 떨어지지 아니하나 예언豫言도 폐廢하고 방언方言도 그치고 지식知識도 폐廢하리라. 우리가 부분적部分的으로 알고 부분적部分的으로 예언豫言하니 온전穩全한 것이 올 때에는 부분적部分的으로 하던 것이 폐廢하리라. 내가 어렸을 때에는 말하는 것이 어린아이와 같고 깨닫는 것이 어린아이와 같고 생각生覺하는 것이 어린아이와 같다가 장성長成한 사람이 되어서는 어린아이의 일을 버렸노라. 우리가 이제는 거울로 보는 것같이 희미하나 그때에는 얼굴과 얼굴을 대對하여 볼 것이요, 이제는 내가 부분적部分的으로 아나 그때에는 주主께서 나를 아신 것같이 내가 온전穩全히 알리라. 그런즉 믿음 소망 사랑 이 세 가지는 항상 있을 것인데 그중에 제일第一은 사랑이라. (고전 13:8~13)

2. 사랑을 따라 구求하라 신령神靈한 것을 사모思慕하되 특별特別히 예언豫言을 하려고 하라. 방언方言을 말하는 자는 사람에게 하지 아니하고 하나님께 하나니, 이는 알아듣는 자가 없고 그 영靈으로 비밀秘密을 말함이니라. 예언豫言하는 자는 사람에게 말하여 덕德을 세우며 권면勸勉하여 안위安慰하는 것이요, 방언方言을 말하는 자는 자기의 덕德을 세우고 예언豫言하는 자는 교회敎會의 덕德을 세우나니, 다 방언方言하기를 원願하나 특별特別히 예언豫言하기를 원願하노라. 너희는 신령神靈한 것을 사모思慕하는 자인즉 교회敎會의 덕德 세우기를 위하여 풍성豊盛하기를 구求하라. 내가 영靈으로 기도祈禱하고 또 마음으로 기도祈禱하며 영靈으로 찬미讚美하고 마음으로 찬미讚美하리라. 교회敎會에서 남을 가르치기 위하여 깨달은 마음으로 말하는 것이 일만 마디 방언方言으로 말하는 것보다 나으니라. 형제兄弟들아 지혜智慧에는 아이가 되지 말고 장성長成한 사람이 되라. (고전 14:1~20)

3. 하나님은 어지러움의 하나님이 아니시요 오직 화평和平의 하나님이시니라. 모든 성도聖徒들이 교회敎會에서 함과 같이 여자女子는 교회敎會에서 잠잠潛潛하라. 저희의 말하는 것을 허락許諾함이 없나니 율법律法에 이른 것같이 오직 복종服從할 것이요, 무엇을 배우려거든 집에서 자기自己 남편男便에게 물을지니, 여자女子가 교회敎會에서 말하는 것은 부끄러운 것임이라. 그런즉 형제兄弟들아 예언豫言하기를 사모思慕하여 방언方言 하기를 금禁하지 말라. 모든 것을 적당適當하게 하고 질서秩序대로 하라. (고전 14:33~40)

4. 형제兄弟들아 내가 너희에게 전傳한 복음福音을 너희로 알게 하노니, 이는 너희가 받은 것이요 또 그 가운데 선 것이라. 나의 전傳하는 그 말을 굳게 지키고 헛되이 믿지

아니하였으면 이로 말미암아 구원救援을 얻으리라. 내가 받은 것을 먼저 너희에게 전傳하였노니, 이는 성경聖經대로 그리스도께서 우리 죄罪를 위하여 죽으시고, 장사葬事지낸 바 되었다가 성경聖經대로 사흘 만에 다시 살아나사 게바에게 보이시고, 후後에 열두 제자弟子에게 와 그 후後에 오백여五百餘 형제兄弟에게 일시一時에 보이셨나니, 그중에 지금只今까지 태반太半이나 살아있고 어떤 이는 잠들었으며, 그 후後에 야고보에게 보이셨으며 그 후後에 모든 사도使徒에게와, 맨 나중에 만삭滿朔되지 못하여 난 자 같은 내게도 보이셨느니라. (고전 15:1~8)

5. 나는 사도使徒중에 지극至極히 작은 자라 내가 하나님의 교회敎會를 핍박逼迫하였으므로 사도使徒가 칭稱함을 받기에 감당勘當치 못할 자로라. 그러나 나의 나된 것은 하나님의 은혜恩惠로 된 것이니 내게 주신 그의 은혜恩惠가 헛되지 아니하여, 내가 모든 사도使徒보다 더 많이 수고受苦하였으나 내가 아니요, 오직 나와 함께하신 하나님의 은혜恩惠로라. 그리스도께서 죽은 자 가운데서 다시 살아나셨다 전파傳播되었거늘, 너희 중에서 어떤 이들은 어찌하여 죽은 자 가운데서 부활復活이 없다 하느냐, 죽은 자의 부활復活이 없으면 그리스도도 다시 살지 못하셨으리라. 그리스도께서 다시 살지 못하셨으면 우리의 전파傳播하는 것도 헛것이요 또 너희 믿음도 헛것이며, 우리가 하나님의 거짓 증인證人으로 발견發見되리니 우리가 하나님이 그리스도를 다시 살리셨다고 증거證據하였음이라. 죽은 자가 다시 사는 것이 없으면 하나님이 그리스도를 다시 살리시지 아니하셨으리라. 그리스도 안에서 우리의 바라는 것이 다만 이생今生 뿐이면 모든 사람 가운데 우리가 더욱 불쌍한 자리라. (고전 15:9~19)

6. 그러나 이제 그리스도께서 죽은 자 가운데서 다시 살아 잠자는 자들의 첫 열매가 되셨도다. 사망死亡이 한 사람으로 말미암았으니 죽은 자의 부활復活도 사람으로 말미암는도다. 아담 안에서 모든 사람이 죽은 것같이 그리스도 안에서 모든 사람이 삶을 얻으리라. 각각各各 차례次例대로 되리니 먼저는 첫 열매인 그리스도요, 다음에는 그리스도 강림降臨하실 때에 그에게 붙은 자요, 그 후後에는 모든 정사政事와 모든 권세權勢와 능력能力을 멸滅하시고 나라를 아버지 하나님께 바칠 때라. 저가 모든 원수怨讐를 그 발 아래 둘 때까지 불가불不可不 왕 노릇 하시리니, 멸망滅亡 받을 원수怨讐는 사망死亡이니라. (고전 15:20~26)

인류人類의 최대最大 과제課題는 죄罪와 사망死亡입니다. 그 누구도 해결解決하지 못하고 죄罪의 고통苦痛과 사망死亡에 의해 희생犧牲 당當하고 말았습니다. 오직 예수 그리스도만이 십자가十字架에 고귀高貴한 피를 흘리심으로 죄罪를 사赦하고 죽은 지 사흘 만에 부활復活하심으로 죽음의 문제問題를 해결解決하였습니다. 그러므로 예수님만이 참된 구세주救世主가 되십니다.

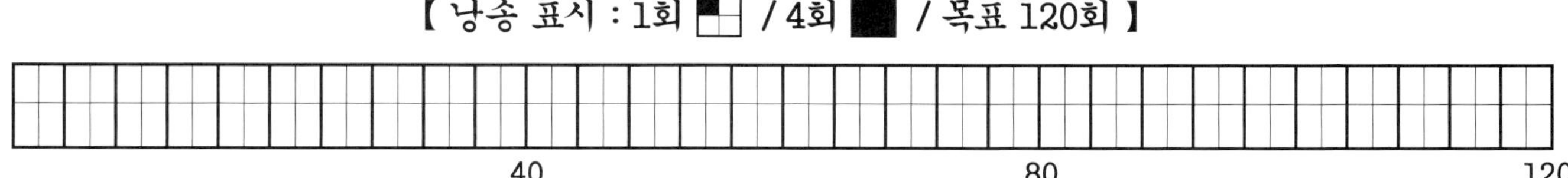

"주의 말씀은 내 발의 등이요 내 길에 빛이니이다"(시 119:105)

제 30 일

항상 주主의 일에 더욱 힘쓰는 자가 되라

고린도전서 15:58

가장 훌륭한 모습은 열심熱心히 성실誠實하게 일하는 모습입니다. 주님의 교회敎會를 위하여 헌신獻身 봉사奉仕 충성忠誠하는 것은 위대偉大한 삶입니다. 항상 주主의 일에 더욱 힘쓰는 자는 영원永遠한 복福을 누릴 자입니다.

1. 형제兄弟들아 내가 그리스도 예수 우리 주主 안에서 단언斷言하노니 나는 날마다 죽노라. 죽은 자가 다시 살지 못할 것이면 먹고 마시자 하리라. 속지 말라 악惡한 동무同伴들은 선善한 행실行實을 더럽히나니, 깨어 의義를 행行하고 죄罪를 짓지 말라. 하나님이 그 뜻대로 저에게 형체形體를 주시되 각 종자種子에게 그 형체形體를 주시느니라. 하늘에 속한 형체形體도 있고 땅에 속한 형체形體도 있으나, 하늘에 속屬한 자의 영광榮光이 따로 있고 땅에 속屬한 자의 영광榮光이 따로 있으니, 해의 영광榮光도 다르며 달의 영광榮光도 다르며 별의 영광榮光도 다른데 별과 별의 영광榮光이 다르도다. 죽은 자의 부활復活도 이와 같으니 썩을 것으로 심고 썩지 아니할 것으로 다시 살며 욕辱된 것으로 심고, 영광榮光스러운 것으로 다시 살며 약弱한 것으로 심고 강强한 것으로 다시 살며, 육肉의 몸으로 심고 신령神靈한 몸으로 다시 사나니, 육肉의 몸이 있은즉 또 신령神靈한 몸이 있느니라. (고전 15:31~44)

2. 첫 사람 아담은 산 영靈이 되었다 함과 같이 마지막 아담은 살려 주는 영靈이 되었나니, 첫 사람은 땅에서 났으니 흙에 속屬한 자이거니와 둘째 사람은 하늘에서 나셨느니라. 무릇 흙에 속屬한 자는 흙에 속屬한 자요, 하늘에 속屬한 자는 하늘에 속屬한 자니, 우리가 흙에 속屬한 자의 형상形狀을 입은 것같이 또한 하늘에 속屬한 자의 형상形狀을 입으리라. 형제兄弟들아 내가 이것을 말하노니 혈血과 육肉은 하나님 나라를 유업遺業으로 받을 수 없고, 또한 썩은 것은 썩지 아니한 것을 유업遺業으로 받지 못하느니라. 보라 내가 너희에게 비밀秘密을 말하노니 우리가 다 잠잘 것이 아니요, 마지막 나팔에 순식간瞬息間에 홀연忽然히 다 변화變化하리니, 나팔 소리가 나매 죽은 자들이 썩지 아니할 것으로 다시 살고 홀연忽然히 다 변화變化하리라. (고전 15:45~52)

3. 이 썩을 것이 불가불不可不 썩지 아니할 것을 입겠고, 이 죽을 것이 죽지 아니함을 입으리로다. 이 썩을 것이 썩지 아니함을 입고 이 죽을 것이 죽지 아니함을 입을 때에는 사망死亡이 이김의 삼킨 바 되리라고 기록記錄된 말씀이 응應하리라. 사망死亡아 너의 이기는 것이 어디 있느냐 사망死亡아 너의 쏘는 것이 어디 있느냐, 사망死亡의 쏘는 것은 죄罪요 죄罪의 권능權能은 율법律法이라. 우리 주主 예수 그리스도로 말미암아 우리에게 이김을 주시는 하나님께 감사感謝하노니, 그러므로 내 사랑하는 형제兄弟들아 견고堅固하며 흔들리지 말며, 항상 주主의 일에 더욱 힘쓰는 자들이 되라. 이는 너희 수고受苦가 주主 안에서 헛되지 않을 줄을 앎이니라. (고전 15:53~58)

4. 연보捐補에 대對하여는 내가 갈라디아 교회敎會들에게 명命한 것같이 너희도 그렇게 하라. 너희 각 사람이 이를 얻은대로 저축貯蓄하여 두어서 내가 갈 때에 연보捐補를 하지 않게 하라. 디모데가 이르거든 너희는 조심操心하여 저로 두려움이 없이 너희 가운데 있게 하라. 이는 저도 나와 같이 주主의 일에 힘쓰는 자임이니라. 그러므로 누구든지 저를 멸시蔑視하지 말고 평안平安히 보내어 내게로 오게 하라. 나는 저가 형제兄弟들과 함께 오기를 기다리노라. 깨어 믿음에 굳게 서서 남자男子답게 강건强健하여라 너희 모든 일을 사랑으로 행行하라. 형제兄弟들아 스데바나의 집은 곧 아가야의 첫 열매요, 또 성도聖徒 섬기기로 작정作定한 줄을 너희가 아는지라. 내가 너희를 권勸하노니 이와 같은 자들과 또 함께 일하며 수고受苦하는 모든 자에게 복종服從하라. (고전 15:1~16)

5. 내가 스데바나와 브드나도와 아가이고의 온 것을 기뻐하노니, 저희가 너희의 부족不足한 것을 보충補充하였음이니라. 저희가 나와 너희 마음을 시원케 하였으니 그러므로 너희는 이런 자들을 알아 주라. 아시아의 교회敎會들이 너희에게 문안問安하고 아굴라와 브리스가와 및 그 집에 있는 교회敎會가 주主 안에서 너희에게 간절懇切히 문안問安하고, 모든 형제兄弟도 너희에게 문안問安하니 너희는 거룩하게 입맞춤으로 서로 문안問安하라. 나 바울은 친필親筆로 너희에게 문안問安하노니, 만일 누구든지 주主를 사랑하지 아니하거든 저주詛呪를 받을지어다 주主께서 임臨하시느니라. 주主 예수 그리스도의 은혜恩惠가 너희와 함께하고 나의 사랑이 그리스도 예수의 안에서 너희 무리와 함께 할지어다. (고전 16:17~24)

6. 하나님의 뜻으로 말미암아 그리스도 예수의 사도使徒 된 바울과 및 형제兄弟 디모데는 고린도에 있는 하나님의 교회敎會와, 또 온 아가야에 있는 모든 성도聖徒에게 하나님 우리 아버지와 주主 예수 그리스도를 좇아 은혜恩惠와 평강平康이 있기를 원願하노라. 찬송讚頌하리로다 그는 우리 주主 예수 그리스도의 하나님이시요, 자비慈悲의 아버지시요 모든 위로慰勞의 하나님이시며, 우리의 모든 환난患難 중에서 우리를 위로慰勞하사 우리로 하여금 하나님께 받는 위로慰勞로써, 모든 환난患難 중에 있는 자들을 능能히 위로慰勞하게 하시는 이시로다. 그리스도의 고난苦難이 우리에게 넘친 것같이 우리의 위로慰勞도 그리스도로 말미암아 넘치는도다. 우리가 환난患難 받는 것도 너희의 위로慰勞와 구원救援을 위함이요, 혹 위로慰勞 받는 것도 너희의 위로慰勞를 위함이니, 이 위로慰勞가 너희 속에 역사役事하여 우리가 받는 것 같은 고난苦難을 너희도 견디게 하느니라. (고후 1:1~6)

"우리가 아멘하여 하나님께 영광榮光을 돌리게 되느니라"(고후 1:20). '아멘'은 '진실眞實로 그러합니다' 완전동의完全同意함을 의미意味합니다. "저에게 예만 있느니라." 믿음은 예로 순종順從하는 생활生活입니다.

【 낭송 표시 : 1회 ▞ / 4회 ■ / 목표 120회 】

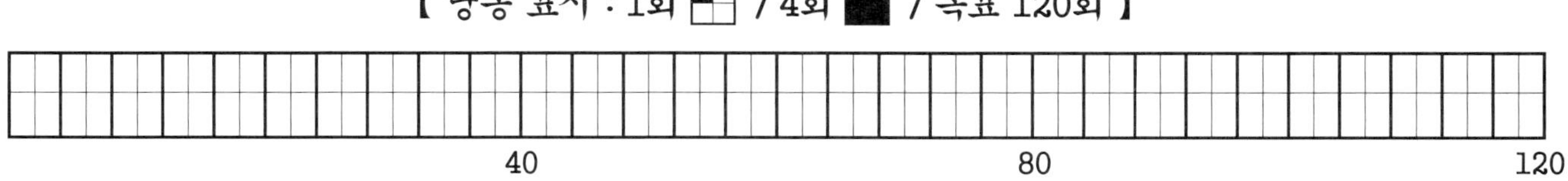

"주의 말씀은 내 발의 등이요 내 길에 빛이니이다"(시 119:105)

제 31 일

주主의 영靈이 계시는 곳에는 자유自由함이 있느니라

고린도후서 3:17

예수님께서 말씀하시기를 "진리眞理를 알지니 진리眞理가 너희를 자유自由케 하리라"고 하셨습니다. 바울 사도使徒는 "주主의 영靈이 계시는 곳에는 자유自由함이 있느니라"고 말씀하였습니다. '진리眞理와 주主의 영靈'은 하나님의 말씀과 하나님의 성령聖靈을 가리킵니다. 말씀과 성령聖靈이 역사役事하는 곳에 진정眞正한 자유自由와 영원永遠한 해방解放이 있습니다.

1. 너희를 위한 우리의 소망所望이 견고堅固함은 너희가 고난苦難에 참예參與하는 자가 된 것같이 위로慰勞에도 그러할 줄을 앎이라. 형제兄弟들아 우리가 아시아에서 당當한 환난患難을 너희가 알지 못하기를 원願치 아니하노니, 힘에 지나도록 심한 고생苦生을 받아 살 소망所望까지 끊어지고, 우리 마음에 사형 선고死刑宣告를 받은 줄 알았으니 이는 우리로 자기自己를 의뢰依賴하지 말고, 오직 죽은 자를 다시 살리시는 하나님만 의뢰依賴하게 하심이라. 그가 이같이 큰 사망死亡에서 우리를 건지셨고 또 건지시리라. 또한 이후에라도 건지시기를 그를 의지依支하여 바라노라. 너희도 우리를 위하여 간구懇求함으로 도우라 이는 우리가 많은 사람의 기도祈禱로 얻은 은사恩賜를 인하여 많은 사람도 우리를 위하여 감사感謝하게 하려 함이라. (고후 1:7~11)

2. 우리가 세상世上에서 특별特別히 너희에게 대對하여 하나님의 거룩함과 진실眞實함으로써 하되, 육체肉體의 지혜智慧로 하지 아니하고 하나님의 은혜恩惠로 행行함은, 우리 양심良心의 증거證據하는 바니 이것이 자랑이라. 우리 주主 예수의 날에 너희가 우리의 자랑이 되고 우리가 너희의 자랑이 되는 것이라. 하나님은 미쁘시니라 우리가 너희에게 한 말은 예 하고 아니라 함이 없노라. 우리 곧 나와 실루아노와 디모데로 말미암아 너희 가운데 전파傳播된 하나님의 아들 예수 그리스도는 예 하고 아니라 함이 되지 아니하였으니 저에게 예만 되었느니라. 하나님의 약속約束은 얼마든지 그리스도 안에서 예가 되니 그런즉 그로 말미암아 우리가 아멘 하여 하나님께 영광榮光을 돌리게 되느니라. (고후 1:12~20)

3. 너희 무리를 대對하여 나의 기쁨이 너희 무리의 기쁨인 줄 확신確信함이로라. 큰 환난患難과 애통哀痛한 마음이 있어 많은 눈물로 너희에게 썼노니 이는 너희로 근심하게 하려 한 것이 아니요, 오직 내가 너희를 향하여 넘치는 사랑이 있음을 너희로 알게 하려 함이라. 그러므로 너희를 권勸하노니 사랑을 저희에게 나타내라. 너희가 범사凡事에 순종順從하는지 그 증거證據를 알고자 하여 내가 이것을 너희에게 썼노라. 항상 우리를 그리스도 안에서 이기게 하시고, 우리로 말미암아 각처各處에서 그리스도를 아는 냄새를 나타내시는 하나님께 감사感謝하노라. 우리는 구원救援 얻는 자들에게나 망亡하는 자들에게나 하나님 앞에서 그리스도의 향기香氣니, 이 사람에게는 사망死亡으로 좇아 사망死亡에 이르는 냄새요, 저 사람에게는 생명生命으로 좇아 생명生命에 이르는 냄새라. (고후 2:3~16)

4. 너희가 우리의 편지便紙라 우리 마음에 썼고 뭇 사람이 알고 읽는 바라. 너희는 우리로 말미암아 나타난 그리스도의 편지便紙니 이는 먹으로 쓴 것이 아니요 오직 육肉의 심비心碑에 한 것이라. 우리로 새 언약言約의 일꾼 되기에 만족滿足케 하셨으니, 의문儀文은

죽이는 것이요 영靈은 살리는 것임이니라. 주主는 영靈이시니 주主의 영靈이 계신 곳에는 자유自由함이 있느니라. 우리가 다 수건手巾을 벗은 얼굴로 거울을 보는 것같이 주主의 영광榮光을 보매, 저와 같은 형상形狀으로 화化하여 영광榮光으로 영광榮光에 이르니 곧 주主의 영靈으로 말미암음이니라. (고후 3:2~18)

5. 이러하므로 우리가 이 직분職分을 받아 긍휼矜恤하심을 입은 대로 낙심落心하지 아니하고, 이에 숨은 부끄러움의 일을 버리고 궤휼詭譎 가운데 행行하지 아니하며, 하나님의 말씀을 혼잡混雜케 아니하고 오직 진리眞理를 나타냄으로 하나님 앞에서 각 사람의 양심良心에 대對하여 스스로 천거薦擧하노라. 만일 우리 복음福音이 가리웠으면 망亡하는 자들에게 가리운 것이라. 그중에 이 세상世上 신神이 믿지 아니하는 자들의 마음을 혼미昏迷케 하여, 그리스도의 영광榮光의 복음福音의 광채光彩가 비취지 못하게 함이니 그리스도는 하나님의 형상形像이니라. 우리가 우리를 전파傳播하는 것이 아니라 오직 그리스도 예수의 주主가 되신 것과 또 예수를 위하여 우리가 너희의 종 된 것을 전파傳播함이라. 어두운데서 빛이 비취리라 하시던 그 하나님께서 예수 그리스도의 얼굴에 있는 하나님의 영광榮光을 아는 빛을 우리 마음에 비취셨느니라. (고후 4:1~6)

6. 우리가 이 보배를 질그릇에 가졌으니 이는 능력能力의 심히 큰 것이 하나님께 있고 우리에게 있지 아니함을 알게 하려 함이라. 우리가 사방四方으로 우겨쌈을 당當하여도 싸이지 아니하며 답답沓沓한 일을 당當하여도 낙심落心하지 아니하며, 핍박逼迫을 받아도 버린바 되지 아니하며 거꾸러뜨림을 당當하여도 망亡하지 아니하고, 우리가 항상 예수 죽인 것을 몸에 짊어 짐은 예수의 생명生命도 우리 몸에 나타나게 하려 함이라. 주主 예수를 살리신 이가 예수와 함께 우리도 살리사 너희와 함께 그 앞에 서게 하실 줄을 아노니, 모든 것을 너희에게 위하여 하는 것은 은혜恩惠가 많은 사람의 감사感謝함으로 말미암아 더하게 넘쳐서 하나님께 영광榮光을 돌리게 하려 함이라. 그러므로 우리가 낙심落心하지 아니하노니 겉사람은 후패朽敗하나 우리의 속은 날로 새롭도다. 우리의 잠시暫時 받는 환난患難의 경輕한 것이 지극至極히 크고 영원永遠한 영광榮光의 중重한 것을 우리에게 이루게 함이니, 우리의 돌아보는 것은 보이는 것이 아니요 보이지 않는 것이니 보이는 것은 잠깐이요 보이지 않는 것은 영원永遠함이니라. (고후 4:7~18)

1. 반드시 그리스도의 심판대審判臺 앞에 드러나 2. 각각各各 선악간善惡間 그 몸으로 행行한 대로 3. 심판審判을 받으리라. 4. 믿는 자는 심판審判에 이르지 아니하나니 5. 사망死亡에서 생명生命으로 옮겼느니라. 6. 그리스도 예수 안에 있는 자에게 정죄定罪함이 없는니라. 7. 너희가 그 은혜恩惠로 말미암아 구원救援을 얻었나니 하나님의 선물善物이라. 모든 것이 하나님의 극진極盡하신 사랑과 은혜恩惠입니다.

【 낭송 표시 : 1회 ▚ / 4회 ■ / 목표 120회 】

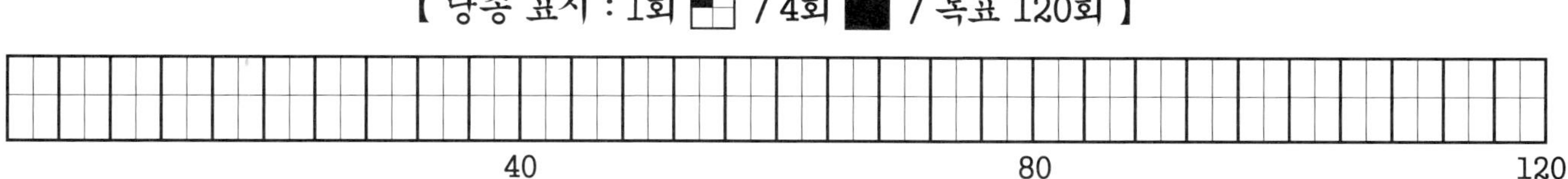

"주의 말씀은 내 발의 등이요 내 길에 빛이니이다"(시 119:105)

IX

하나님의 은혜를 헛되이 받지 말라

제1일	하나님의 은혜恩惠를 헛되이 받지 말라	고린도후서 6:1
제2일	하나님은 즐겨 내는 자를 사랑하시느니라	고린도후서 9:7
제3일	영광榮光이 세세世世토록 있을지어다	갈라디아서 1:5
제4일	아브라함과 함께 복福을 받느니라	갈라디아서 3:9
제5일	서로 격동激動하고 투기妬忌하지 말라	갈라디아서 5:26
제6일	더욱 믿음의 가정家庭들에게 할지니라	갈라디아서 6:10
제7일	누구든지 자랑치 못하게 함이니라	에베소서 2:9
제8일	성령聖靈의 하나 되게 하심을 힘써 지키라	에베소서 4:3
제9일	자녀子女들아 너희 부모父母를 주主 안에서 순종順從하라	에베소서 6:1
제10일	각각 다른 사람들의 일을 돌아보아 기쁨을 충만充滿케 하라	빌립보서 2:4
제11일	주主 안에서 항상恒常기뻐하라	빌립보서 4:4
제12일	함께 참예參與하였으니 잘하였도다	빌립보서 4:14
제13일	그리스도의 남은 고난苦難을 내 육체肉體에 채우노라	골로새서 1:24
제14일	그리스도의 평강平康이 너희 마음을 주장主掌하게 하라	골로새서 3:15
제15일	믿음의 역사役事, 사랑의 수고受苦, 소망所望의 인내忍耐	데살로니가전서 1:3
제16일	일하기 싫은 자는 먹지도 말라	데살로니가후서 3:10
제17일	복福되신 하나님의 영광榮光의 복음福音을 좇음이니라	디모데전서 1:11
제18일	하나님의 말씀과 기도祈禱로 거룩하여짐이라	디모데전서 4:5
제19일	먹을 것과 입을 것이 있은즉 족足한 줄 알라	디모데전서 6:8
제20일	기쁨이 가득하게 하려 함이라	디모데후서 1:4
제21일	온전穩全케 하려 함이니라	디모데후서 3:17
제22일	은혜恩惠와 평강平康이 네게 있을지어다	디도서 1:4
제23일	기쁨을 얻게 하고 평안平安하게 하라	빌레몬서 1:20
제24일	거룩한 형제들아 예수를 깊이 생각生覺하라	히브리서 3:1
제25일	가시와 엉겅퀴를 내면 버림을 당하고 불사름이 되리라	히브리서 6:8
제26일	오직 자기自己 피血로 영원永遠한 속죄贖罪를 이루사	히브리서 9:12
제27일	하나님을 기쁘시게 하는 자者라	히브리서 11:5
제28일	예수를 바라보자	히브리서 12:2
제29일	생명生命의 면류관冕旒冠을 얻으리라	야고보서 1:12
제30일	행行함이 없는 믿음은 죽은 것이니라	야고보서 2:26
제31일	만군萬軍의 주主의 귀에 들렸느니라	야고보서 5:4

제 1 일

하나님의 은혜恩惠를 헛되이 받지 말라

고린도후서 6:1

하나님의 은혜恩惠는 값없이 사랑으로 주시고 대가代價 없이 무상無償으로 주시기 때문에 그 가치價値를 소홀疏忽히 여기거나 무시無視하는 이들이 있습니다. 하나님의 은혜恩惠는 세상世上의 그 무엇보다 크고 위대偉大합니다. 죄罪 사赦함 받고 구원救援받는 최고最高의 축복祝福과 최대最大의 행복幸福입니다.

1. 땅에 있는 우리의 장막帳幕 집이 무너지면 하나님께서 지으신 집 곧 손으로 지은 것이 아니요, 하늘에 있는 영원永遠한 집이 우리에게 있는 줄 아나니, 과연果然 우리가 여기 있어 탄식嘆息하며 하늘로부터 오는 우리 처소處所로 덧입기를 간절懇切히 사모思慕하노니, 이렇게 입음은 벗은 자들로 발견되지 않으려 함이라. 이 장막帳幕에 있는 우리가 짐 진 것같이 탄식嘆息하는 것은 벗고자 함이 아니요, 오직 덧입고자 함이니 죽을 것이 생명生命에게 삼킨바 되게 하려 함이라. 곧 이것을 우리에게 이루게 하시고 보증保證으로 성령聖靈을 우리에게 주신 이는 하나님이시니라. 이러므로 우리가 항상 담대膽大하여 몸에 거居할 때에는 주主와 따로 거하는 줄을 아노니, 이는 우리가 믿음으로 행하고 보는 것으로 하지 아니함이로라. 우리가 담대膽大하여 원願하는 바는 차라리 몸을 떠나 주主와 함께 거居하는 그것이라. 그런즉 우리는 거하든지 떠나든지 주主를 기쁘시게 하는 자 되기를 힘쓰노라. 이는 우리가 다 반드시 그리스도의 심판대審判臺 앞에 드러나 각각各各 선악간善惡間에 그 몸으로 행行한 것을 따라 받으려 함이라. (고후 5:1~10)

2. 우리가 미쳤어도 하나님을 위한 것이요 정신精神 온전穩全하여도 너희를 위한 것이니, 그리스도의 사랑이 우리를 강권强勸하시는도다. 한 사람이 모든 사람을 대신代身하여 죽었은즉 모든 사람이 죽은 것이라. 저가 모든 사람을 위하여 죽으심은 산 자들로 하여금 다시는 저희 자신自身을 위하여 살지 않고, 오직 저희를 대신代身하여 죽었다가 다시 사신 자를 위하여 살게 하려 함이니라. 그런즉 누구든지 그리스도 안에 있으면 새로운 피조물被造物이라. 이전 것은 지나갔으니 보라 새것이 되었도다. 모든 것이 하나님께로 났나니 저가 그리스도로 말미암아 우리를 자기自己와 화목和睦하게 하시고, 또 우리에게 화목和睦하게 하는 직책職責을 주셨으니, 이는 하나님께서 그리스도 안에 계시사 세상世上을 자기自己와 화목和睦하게 하시며, 저희의 죄罪를 저희에게 돌리지 아니하시고 화목和睦하게 하는 말씀을 우리에게 부탁付託하셨느니라. 이러므로 우리가 그리스도를 대신代身하여 사신使臣이 되어 하나님이 우리로 너희를 권면勸勉하시는 것같이 그리스도를 대신代身하여 간구懇求하노니 너희는 하나님과 화목和睦하라. 하나님이 죄罪를 알지도 못하신 자로 우리를 대신代身하여 죄罪를 삼으신 것은 우리로 하여금 저의 안에서 하나님의 의義가 되게 하려 하심이니라. (고후 5:13~21)

3. 우리가 하나님과 함께 일하는 자로서 너희를 권勸하노니 하나님의 은혜恩惠를 헛되이 받지 말라. 가라사대 내가 은혜恩惠를 베풀 때에 너를 듣고 구원救援의 날에 너를 도왔다 하셨으니, 보라 지금只今은 은혜恩惠 받을 만한 때요 보라 지금只今은 구원救援의 날이로다. 우리가 이 직책職責이 훼방毁謗을 받지 않게 하려고 무엇에든지 아무에게도 거리끼지 않게 하고, 오직 모든 일에 하나님의 일꾼으로 자천自薦하여 많이 견디는 것과, 환난患難과 궁핍窮乏과 곤난困難과 매 맞음과 갇힘과 요란擾亂한 것과, 수고受苦로움과 자지 못함과 깨끗함과 지식知識과 오래 참음과, 자비慈悲함과 성령聖靈의 감화感化와 거짓이 없는 사랑과, 진리眞理의 말씀과 하나님의 능력能力 안에 있어 의義의 병기兵器로 좌우左右하고, 영광榮光과 욕辱됨으로 말미암으며, 악惡한 이름과 아름다운 이름으로 말미암으며 속이는 자 같으나 참되고, 무명無名한 자 같으나 유명有名한 자요 죽은 자 같으나 보라 우리가 살고

징계懲戒를 받는 자 같으나 죽임을 당當하지 아니하고, 근심하는 자 같으나 항상 기뻐하고 가난한 자 같으나 많은 사람을 부요富饒하게 하고 아무것도 없는 자 같으나 모든 것을 가진 자로다. (고후 6:1~10)

4. 너희를 향하여 우리의 입이 열리고 우리의 마음이 넓었으니 너희도 마음을 넓히라. 너희는 믿지 않는 자와 멍에를 같이 하지 말라. 의義와 불법不法이 어찌 함께하며 빛과 어두움이 어찌 사귀며, 그리스도와 벨리알이 어찌 조화調和되며 믿는 자와 믿지 않는 자가 어찌 상관相關하며, 하나님의 성전聖殿과 우상偶像이 어찌 일치一致가 되리요, 우리는 살아 계신 하나님의 성전聖殿이라. 이와 같이 하나님이 가라사대 나는 저희 하나님이 되고 저희는 나의 백성百姓이 되리라 하셨느니라. 그러므로 주主께서 말씀하시기를 너희는 저희 중에서 나와서 따로 있고, 부정不淨한 것을 만지지 말라 내가 너희를 영접迎接하여 너희에게 아버지가 되고, 너희는 내게 자녀子女가 되리라 전능全能하신 주主의 말씀이니라 하셨느니라. (고후 6:11~18)

5. 그런즉 사랑하는 자들아 이 약속約束을 가진 우리가 하나님을 두려워하는 가운데서 거룩함을 온전穩全히 이루어, 육肉과 영靈의 온갖 더러운 것에서 자신을 깨끗케 하자. 마음으로 우리를 영접迎接하라 우리가 아무에게도 불의不義를 하지 않고 아무에게도 해롭게 하지 않고, 아무에게도 속여 빼앗은 일이 없노라. 내가 정죄定罪하려고 이 말을 하는 것이 아니라, 이전에 말하였거니와 너희로 우리 마음에 있어 함께 죽고 함께 살게 하고자 함이라. 내가 너희를 향向하여 하는 말이 담대膽大한 것도 많고, 너희를 위하여 자랑하는 것도 많으니 내가 우리의 모든 환난患難 가운데서도 위로慰勞가 가득하고 기쁨이 넘치는도다. 우리가 마게도냐에 이르렀을 때에도 우리 육체肉體가 편치 못하고, 사방四方으로 환난患難을 당當하여 밖으로는 다툼이요 안으로는 두려움이라. 그러나 비천卑賤한 자들을 위로慰勞하시는 하나님이 디도의 옴으로 우리를 위로慰勞하셨으니, 너희에게 많은 위로慰勞로 위로慰勞하고 너희의 사모思慕함과 애통哀痛함과 열심 있는 것을 고함으로 더욱 기쁘게 하였느니라. (고후 7:1~7)

6. 하나님의 뜻대로 하는 근심은 후회後悔할 것이 없는 구원救援에 이르게 하는 회개悔改를 이루는 것이요, 세상世上 근심은 사망死亡을 이루는 것이니라. 보라 하나님은 뜻대로 하게 한 이 근심이 너희로 얼마나 간절懇切하게 하며 얼마나 변명辨明하게 하며 얼마나 분憤하게 하며, 얼마나 두렵게 하며 얼마나 사모思慕하게 하며, 얼마나 열심있게 하며 얼마나 벌罰하게 하였는가, 너희가 저 일에 대하여 일절一切 너희 자신의 깨끗함을 나타내었느니라. 그런즉 내가 너희에게 쓴 것은 오직 너희의 간절懇切함이 하나님 앞에서 나타나게 하려 함이로라. 이로 인하여 우리가 위로慰勞를 받고 우리의 받은 위로慰勞 위에 더욱 많이 기뻐함은 그의 마음이 너희 무리를 인하여 안심安心함을 얻었음이니라. 내가 너희를 인하여 범사凡事에 담대膽大한 고로 기뻐하노라. (고후 7:10~16)

헌금獻金은 성도聖徒들의 생활生活과 믿음과 정성精誠을 하나님께 봉헌奉獻하는 동시同時에 성도聖徒들의 은혜恩惠로운 생활生活을 평균平均케 하여 모두 영육간靈肉間에 부요富饒케 하는 데 있습니다.

【 낭송 표시 : 1회 ▚ / 4회 ■ / 목표 120회 】

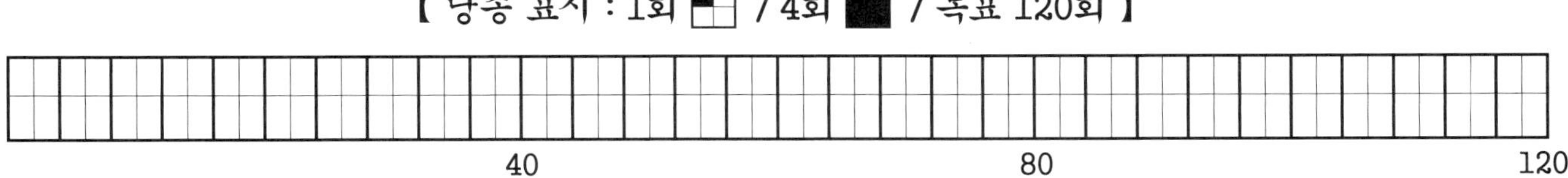

“주의 말씀은 내 발의 등이요 내 길에 빛이니이다”(시 119:105)

제 2 일

하나님은 즐겨 내는 자를 사랑하시느니라

고린도후서 9:7

사랑하는 이를 위하여 가장 좋고 귀貴한 것을 주기를 원願합니다. 억지臆志가 아닌 기쁨으로 즐겨 주는 것입니다. 예배禮拜가 소중所重한 이유는 자발적自發的으로 기쁨으로 드리기 때문입니다. 자발적自發的으로 십자가十字架에 희생제물犧牲祭物이 되신 주님께서는 즐겨 헌금獻金하는 자발적自發的인 예물禮物을 기쁘게 받으시고 봉헌자奉獻者를 극진極盡히 사랑하십니다.

1. 형제兄弟들아 하나님께 마게도냐 교회教會들에게 주신 은혜恩惠를 우리가 너희에게 알게 하노니, 환난患難의 많은 시련試鍊 가운데서 저희 넘치는 기쁨과 극極한 가난이 저희로 풍성豊盛한 연보捐補를 넘치도록 하게 하였느니라. 저희가 힘대로 할 뿐아니라 힘에 지나도록 자원自願하여, 이 은혜恩惠와 성도聖徒 섬기는 일에 참여參與함에 대하여 우리에게 간절懇切히 구求하니, 먼저 자신을 주主께 드리고 또 하나님 뜻을 좇아 우리에게 주었도다. 이러므로 우리가 디도를 권勸하여 너희 가운데서 시작始作하였은즉 이 은혜恩惠를 그대로 성취成就케 하라 하였노라. (고후 8:1~6)

2. 오직 너희는 믿음과 말과 지식知識과 모든 간절懇切함과 우리를 사랑하는 이 모든 일에 풍성豊盛한 것같이 이 은혜恩惠에도 풍성豊盛하게 할지니라. 우리 주主 예수 그리스도의 이 은혜恩惠를 너희가 알거니와, 부요富饒하신 자로서 너희를 위하여 가난하게 되심은 그의 가난함을 인하여 너희로 부요富饒케 하려 하심이니라. 이 일에 내가 뜻만 보이노니 이것은 너희에게 유익有益함이라. 이제 행行하기를 성취成就할지니 마음에 원願하던 것과 같이 성취成就하되 있는 대로 하라. (고후 8:7~11)

3. 이는 다른 사람들은 평안平安하게 하고 너희는 곤고困苦하게 하려는 것이 아니요 평균平均케 하려 함이니, 이제 너희의 유여裕餘한 것으로 저희 부족不足한 것을 보충補充함은, 후後에 저희 유여裕餘한 것으로 너희 부족不足한 것을 보충補充하여 평균平均하게 하려 함이라. 기록記錄한 것같이 많이 거둔 자도 남지 아니하였고, 적게 거둔 자도 모자라지 아니 하였느니라. 너희를 위하여 같은 간절懇切함을 디도의 마음에도 주시는 하나님께 감사感謝하노니, 저가 권勸함을 받고 더욱 간절懇切함으로 자원自願하여 너희에게 나아갔고, 또 저와 함께 한 형제兄弟를 보내었으니 이 사람은 복음福音으로서 모든 교회教會에서 칭찬稱讚을 받는 자요, 동일同一한 주主의 영광榮光과 우리의 원願을 나타내기 위하여 여러 교회教會의 택擇함을 입어 우리의 맡은 은혜恩惠의 일로 우리와 동행同行하는 자라. (고후 8:13~19)

4. 이것을 조심操心함은 우리가 맡은 거액巨額의 연보捐補로 인하여 아무도 우리를 훼방毁謗하지 못하게 하려 함이니, 이는 우리가 주主 앞에서만 아니라 사람 앞에서도

선善한 일에 조심操心하려 함이라. 디도로 말하면 나의 동무同伴요 너희를 위한 나의 동역자同役者요, 우리 형제兄弟들로 말하면 여러 교회敎會의 사자使者들이요 그리스도의 영광榮光이니라. 그러므로 너희는 여러 교회敎會 앞에서 너희의 사랑과 너희를 대한 우리 자랑의 증거證據를 저희에게 보이라. (고후 8:20~24)

5. 성도聖徒를 섬기는 일에 대하여 내가 너희에게 쓸 필요가 없나니 이는 내가 너희의 원願함을 앎이라. 과연果然 너희 열심熱心이 많은 사람들을 격동激動시켰느니라. 이러므로 너희의 약속約束한 연보捐補를 미리 준비準備케 하도록 권면勸勉하는 것이 필요必要한 줄 생각生覺하였노니, 이렇게 준비準備하여야 참 연보捐補답고 억지臆志가 아니니라. 이것이 곧 적게 심는 자는 적게 거두고 많이 심는 자는 많이 거둔다 하는 말이로다. 각각各各 그 마음에 정定한 대로 할 것이요, 인색吝嗇함으로나 억지臆志로 하지 말지니 하나님은 즐겨 내는 자를 사랑하시느니라. 하나님이 능能히 모든 은혜恩惠를 너희에게 넘치게 하시나니, 이는 너희로 모든 일에 항상 모든 것이 넉넉하여 모든 착한 일을 넘치게 하게 하려 하심이라. 기록記錄한 바 저가 흩어 가난한 자들에게 주었으니 그의 의義가 영원永遠토록 있느니라 함과 같으니라. 심는 자에게 씨와 먹을 양식糧食을 주시는 이가 너희 심을 것을 주사 풍성豊盛하게 하시고, 너희 의義의 열매를 더하게 하시리니 너희가 모든 일에 부요富饒하여 너그럽게 연보捐補를 함은 저희로 우리로 말미암아 하나님께 감사感謝하게 하는 것이라. (고후 9:1~11)

6. 이 봉사奉事의 직무職務가 성도聖徒들의 부족不足한 것만 보충補充할 뿐 아니라, 하나님께 드리는 많은 감사感謝가 넘쳤느니라. 이 직무職務로 증거證據를 삼아 너희의 그리스도의 복음福音을 진실眞實히 믿고 복종服從하는 것과, 저희와 모든 사람을 섬기는 너희의 후後한 연보捐補를 인하여 하나님께 영광榮光을 돌리고, 너희를 위하여 간구懇求하며 하나님이 너희에게 주신 지극至極한 은혜恩惠를 인하여 너희를 사모思慕하느니라. 말할 수 없는 그의 은사恩賜를 인하여 하나님께 감사感謝하노라. (고후 9:12~15)

바울 사도使徒는 셋째 하늘까지 가서 하나님 나라의 신비神秘한 광경光景을 보고 큰 은혜恩惠를 받고 왔습니다. “무익無益하나마 부득불不得不 자랑하노니”라고 가장 겸손謙遜한 자세姿勢로 고백告白하였습니다. “사람으로 가可히 이르지 못할 말이로다.” 그 내용內容과 진상眞狀을 말하지 아니하고 모든 성도聖徒들의 개인적個人的 은사恩賜와 상상想像에 맡겼습니다.

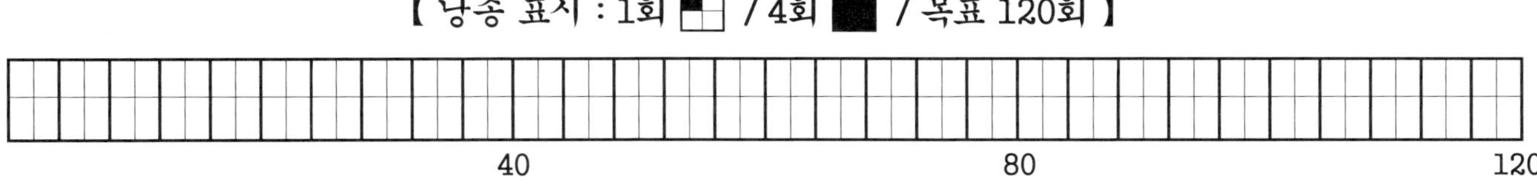

“주의 말씀은 내 발의 등이요 내 길에 빛이니이다”(시 119:105)

제 3 일

영광榮光이 세세世世토록 있을지어다

갈라디아서 1:5

"우리 죄罪를 위하여 자기自己 몸을 드리셨으니." 역사상歷史上 인류人類의 죄罪 문제問題와 죽음死亡 문제 해결問題解決을 위해 자신自身의 몸을 드리신 예수님께 "영광榮光이 세세무궁世世無窮토록 있을지어다"는 당연當然히 받으실 영광榮光과 경배敬拜입니다.

1. 담대膽大한 나 바울은 이제 그리스도의 온유溫柔와 관용寬容으로 친親히 너희를 권勸하고, 우리가 육체肉體에 있어 행行하나 육체肉體대로 싸우지 아니하노니, 우리의 싸우는 병기兵器는 육체肉體에 속한 것이 아니요, 오직 하나님 앞에서 견고堅固한 진陣을 파破하는 강력强力이라. 모든 이론理論을 파破하며 하나님 아는 것을 대적對敵하여 높아진 것을 다 파破하고, 모든 생각生覺을 사로잡아 그리스도에게 복종服從케 하니, 너희 복종服從이 온전穩全히 될 때에 모든 복종服從치 않는 것을 벌罰하려고 예비豫備하는 중에 있노라. 자랑하는 자는 주主 안에서 자랑할지니라. 옳다 인정認定함을 받는 자는 자기自己를 칭찬稱讚하는 자가 아니요 오직 주主께서 칭찬稱讚하는 자니라. (고후 10:1~18)

2. 내가 수고受苦를 넘치도록 하고 옥獄에 갇히기도 더 많이 하고 매도 수數없이 맞고 여러 번 죽을뻔 하였으니, 사십四十에 하나 감減한 매를 다섯 번 맞았으며, 세 번 태장笞杖으로 맞고 한 번 돌로 맞고 세 번 파선破船하는데 일 주야一晝夜를 깊음에서 지냈으며, 여러 번 여행旅行에 강江의 위험危險과 이방인異邦人의 위험危險과, 광야曠野의 위험危險과 바다의 위험危險과 거짓 형제兄弟 중의 위험危險을 당當하고, 또 수고受苦하며 애쓰고 여러 번 자지 못하고 주리며 목마르고 여러번 굶고 춥고 헐벗었노라. 이 외의 일은 고사하고 오히려 날마다 내 속에 눌리는 일이 있으니 곧 모든 교회敎會를 위하여 염려念慮하는 것이라. 내가 부득불不得不 자랑할진대 나의 약弱한 것을 자랑하리라. 주主 예수의 아버지 영원永遠히 찬송讚頌할 하나님이 내가 거짓말 아니하는 줄을 아시느니라. (고후 11:23~31)

3. 무익無益하나마 내가 부득불不得不 자랑하노니 주主의 환상幻像과 계시啓示를 말하리라. 내가 그리스도 안에 있는 한 사람을 아노니 십사년十四年 전에 그가 셋째 하늘에 이끌려 간 자라. 그가 몸 안에 있었는지 몸 밖에 있었는지 나는 모르거니와 하나님은 아시느니라. 내가 이런 사람을 아노니 그가 낙원樂園으로 이끌려가서 말할 수 없는 말을 들었으니 사람이 가可히 이르지 못할 말이로다. 내가 이런 사람을 위하여 자랑하겠으나 나를 위하여는 약弱한 것들 외에 자랑치 아니하리라. 내가 만일 자랑하고자 하여도 어리석은 자가 되지 아니할 것은 내가 참말을 함이라. 그러나 누가 나를 보는 바와 내게 듣는 바에 지나치게 생각生覺할까 두려워하여 그만 두노라. 여러 계시啓示를 받은 것이 지극至極히 크므로 너무 자고自高하지 않게 하시려고 내 육체肉體에 가시 곧 사탄의 사자使者를 주셨으니, 이는 나를 쳐서 너무 자고自高하지 않게 하려 하심이니라. 이것이 내게서 떠나기 위하여 내가 세 번 주께 간구懇求하였더니, 내게 이르시기를 내 은혜恩惠가 네게 족足하도다. 이는 내 능력能力이 약弱한 데서 온전穩全하여짐이라 하신지라. 이러므로

도리어 크게 기뻐함으로 나의 여러 약弱한 것들에 대하여 자랑하리니 이는 그리스도의 능력能力으로 내게 머물게 하려 함이라. 그러므로 내가 그리스도를 위하여 약弱한 것들과 능욕凌辱과 궁핍窮乏과 핍박逼迫과 곤란困難을 기뻐하노니 이는 내가 약弱할 그때에 곧 강强함이니라. (고후 12:1~10)

4. 내가 어리석은 자가 되었으나 너희가 억지臆志로 시킨 것이니 내가 너희에게 칭찬稱讚을 받아야 마땅하도다. 내가 아무것도 아니나 지극至極히 큰 사도使徒들보다 조금도 부족不足하지 아니하니라. 사도使徒의 표標 된 것은 너희 가운데서 모든 참음과 표적表蹟과 기사奇事와 능력能力을 행行한 것이라. 보라 이제 세 번째 너희에게 가기를 예비豫備하였으나 너희에게 폐를 끼치지 아니하리라. 나의 구求하는 것은 너희 재물財物이 아니요 오직 너희니라. 어린아이가 부모父母를 위하여 재물財物을 저축貯蓄하는 것이 아니요, 이에 부모父母가 어린아이를 위하여 하느니라. 그리스도 안에서 하나님 앞에 말하노라 사랑하는 자들아 이 모든 것은 너희의 덕德을 세우기 위함이니라. (고후 12:11~19)

5. 그리스도께서 내 안에서 말씀하시는 증거證據를 너희가 구求함이니, 저가 너희를 향向하여 약弱하지 않고 도리어 너희 안에서 강强하시니라. 그리스도께서 약弱하심으로 십자가十字架에 못 박히셨으나 오직 하나님의 능력能力으로 살으셨으니, 우리도 저의 안에서 약弱하나 너희를 향하여 하나님의 능력能力으로 저와 함께 살리라. 너희가 믿음에 있는가 너희 자신을 시험試驗하고 너희 자신自身을 확증確證하라. 예수 그리스도께서 너희 안에 계신 줄을 너희가 스스로 알지 못하느냐, 그렇지 않으면 너희가 버리운 자니라. (고후 13:3~5)

6. 사람들에게 난 것도 아니요 사람으로 말미암은 것도 아니요, 오직 예수 그리스도와 죽은 자 가운데서 그리스도를 살리신 하나님 아버지로 말미암아 사도使徒된 바울은 함께 있는 모든 형제兄弟로 더불어 갈라디아 여러 교회教會들에게 우리 하나님 아버지와 주主 예수 그리스도로 좇아 은혜恩惠와 평강平康이 있기를 원願하노라. 그리스도께서 하나님 곧 우리 아버지의 뜻을 따라 이 악惡한 세대世代에서 우리를 건지시려고 우리 죄罪를 위하여 자기自己 몸을 드리셨으니, 영광榮光이 저에게 세세世世토록 있을지어다 아멘. (갈 1:1~5)

예수님은 인류人類의 죄罪를 대속代贖하시기 위하여 십자가十字架에서 희생제물犧牲祭物이 되셨습니다. 예수 그리스도가 부활復活하신 영화榮華로운 모습을 본 바울 사도使徒는 자신의 몸과 일치一致시켰습니다. "내가 그리스도와 함께 십자가十字架에 못 박혔나니…이제는 내가 산 것이 아니요 오직 내 안에 그리스도께서 사신 것이라." 동일시同一視하였습니다. "십자가十字架에서 함께 죽고 함께 부활復活한 신령神靈한 몸으로 변화變化되었다"라고 선언宣言하였습니다.

【 낭송 표시 : 1회 ▣ / 4회 ■ / 목표 120회 】

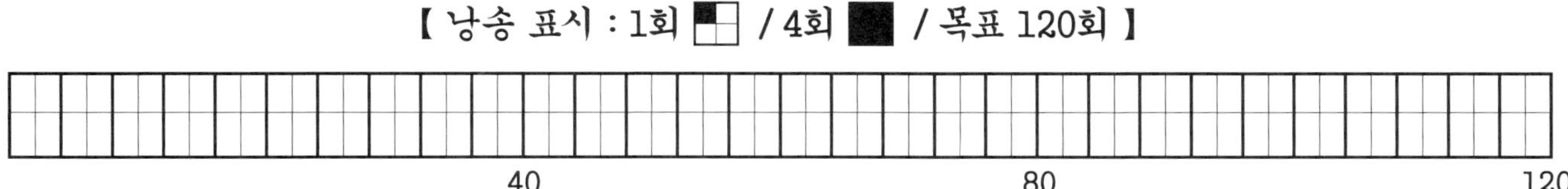

40 80 120

"주의 말씀은 내 발의 등이요 내 길에 빛이니이다"(시 119:105)

제 4 일

아브라함과 함께 복福을 받느니라

갈라디아서 3:9

아브라함이 받은 복福은 하나님의 사랑과 은혜恩惠로 주신 언약言約의 실현實現입니다. 변變함없는 믿음과 끝까지 헌신獻身하는 신앙생활信仰生活로 이루어졌습니다. 아브라함과 같이 믿음과 헌신獻身이 있는 사람은 오늘도 아브라함이 받은 복福을 받게 됩니다.

1. 그리스도의 은혜恩惠로 너희를 부르신 이를 이같이 속速히 떠나 다른 복음福音 좇는 것을 내가 이상異常히 여기노라. 다른 복음福音은 없나니 다만 어떤 사람들이 너희를 요란擾亂케 하여 그리스도의 복음福音을 변變하려 함이라. 그러나 우리나 혹 하늘로부터 온 천사天使라도 우리가 너희에게 전傳한 복음福音 외에 다른 복음福音을 전傳하여 저주詛呪를 받을지어다. 내가 사람들에게 좋게 하랴 하나님께 좋게 하랴 사람들에게 기쁨을 구求하랴 내가 지금只今까지 사람의 기쁨을 구求하는 것이었더면 그리스도의 종이 아니니라. 이는 내가 사람들에게서 받은 것도 아니요 배운 것도 아니요 오직 예수 그리스도의 계시啓示로 말미암은 것이라. (갈 1:6~12)

2. 내가 이전에 유대교에 있을 때에 행行한 일을 너희가 들었거니와 하나님의 교회敎會를 심히 핍박逼迫하여 잔해殘害하고, 내가 유대교를 지나치게 믿어 내 조상祖上의 유전遺傳에 대하여 더욱 열심熱心히 있었으나, 내 어머니의 태胎로부터 택정擇定하시고, 은혜恩惠로 나를 부르신 이가 그 아들을 이방異邦에 전傳하기 위하여 그를 내 속에 나타내시기를 기뻐하실 때에 내가 곧 혈육血肉과 의논議論하지 아니하고, 또 나보다 먼저 사도使徒 된 자들을 만나려고 예루살렘으로 가지 아니하고, 오직 아라비아로 갔다가 다시 다메섹으로 돌아 갔노라. 그 후後 삼 년三年 만에 내가 게바를 심방尋訪하려고 예루살렘에 올라가서 저와 함께 십오 일十五日을 유留할새, 주主의 형제兄弟 야고보 외外에 다른 사도使徒들을 보지 못하였노라. (갈 1:13~19)

3. 십사十四 년年 후에 내가 바나바와 함께 디도를 데리고 다시 예루살렘에 올라갔노니, 계시啓示를 인하여 올라가 내가 이방異邦 가운데 전파傳播하는 복음福音을 저희에게 제출提出하되, 유명有名한 자들에게 사사私私로이 한 것은 내가 달음질하는 것이나 달음질 한 것이 헛되지 않게 하려 함이라. 베드로에게 역사役事하사 그를 할례자割禮者의 사도使徒로 삼으셨느니라. 또 내게 주신 은혜恩惠를 알므로, 기둥 같이 여기는 야고보와 게바와 요한도 나와 바나바에게 교제交際의 악수握手를 하였으니, 이는 우리는 이방인異邦人에게로 저희는 할례자割禮者에게로 가게 하려 함이라. 다만 우리에게 가난한 자들 생각生覺하는 것을 부탁付託하였으니, 이것을 나도 본래本來 힘써 행하노라. 게바가 안디옥에 이르렀을 때에 책망責望할 일이 있기로 내가 저를 면책面責하였노라. 저희가 복음福音의 진리眞理를 따라 바로 행하지 아니함을 보고 모든 자 앞에서 게바에게 이르되, 네가 유대인으로서 이방異邦을 좇고 유대인답게 살지 아니하면서 어찌하여 억지臆志로 이방인異邦人을 유대인답게 살게 하려느냐 하였노라. (갈 2:1~14)

4. 사람이 의義롭게 되는 것은 율법律法의 행위行爲에서 난 것이 아니요, 오직 예수 그리

스도를 믿음으로 말미암는 줄 아는 고로, 우리도 그리스도 예수를 믿나니 이는 우리가 율법律法의 행위行爲에서 아니고 그리스도를 믿음으로서 의義롭다 함을 얻으려 함이라. 율법律法의 행위行爲로서는 의義롭다 함을 얻을 육체肉體가 없느니라. 내가 그리스도와 함께 십자가十字架에 못 박혔나니, 그런즉 이제는 내가 산 것이 아니요 오직 내 안에 그리스도께서 사신 것이라. 이제 내가 육체肉體 가운데 사는 것은 나를 사랑하사 나를 위하여 자기自己 몸을 버리신 하나님의 아들을 믿는 믿음 안에서 사는 것이라. 내가 하나님의 은혜恩惠를 폐廢하지 아니하노니, 만일 의義롭게 되는 것이 율법律法으로 말미암으면 그리스도께서 헛되이 죽으셨느니라. (갈 2:16~21)

5. 어리석도다 갈라디아 사람들아 예수 그리스도께서 십자가十字架에 못 박히신 것이 너희 눈앞에 밝히 보이거늘, 누가 너희를 꾀더냐 너희가 성령聖靈을 받은 것은 율법律法의 행위行爲로냐 듣고 믿음으로냐, 너희가 이같이 어리석으냐 성령聖靈으로 시작始作하였다가 이제는 육체肉體로 마치겠느냐, 너희가 이같이 많은 괴로움을 헛되이 받았느냐 과연果然 헛되냐, 너희에게 성령聖靈을 주시고 너희 가운데서 능력能力을 행行하시는 이의 일이 율법律法의 행위行爲에서냐 듣고 믿음에서냐, 아브라함이 하나님을 믿으매 이것을 그에게 의義로 정定하셨다 함과 같으니라. 그런즉 믿음으로 말미암은 자들은 아브라함의 아들인 줄 알지어다. 또 하나님이 이방異邦을 믿음으로 말미암아 의義로 정定하실 것을 성경聖經이 미리 알고 먼저 아브라함에게 복음福音을 전傳하되, 모든 이방異邦이 너를 인하여 복福을 받으리라 하였으니 그러므로 믿음으로 말미암은 자는 믿음이 있는 아브라함과 함께 복福을 받느니라. (갈 3:1~9)

6. 무릇 율법律法 행위行爲에 속한 자들은 저주詛呪 아래 있나니, 기록記錄된 바, 누구든지 율법책律法冊에 기록記錄된 대로 온갖 일을 항상 행行하지 아니하는 자는 저주詛呪 아래 있는 자라 하였음이라. 또 하나님 앞에서 아무나 율법律法으로 말미암아 의義롭게 되지 못할 것이 분명分明하니 이는 의인義人이 믿음으로 살리라 하였음이니라. 율법律法은 믿음에서 난 것이 아니라 이를 행行하는 자는 그 가운데서 살리라 하였느니라. 그리스도께서 우리를 위하여 저주詛呪를 받은바 되사 율법律法의 저주詛呪에서 우리를 속량贖良하셨으니, 기록記錄된바 나무에 달린 자마다 저주詛呪 아래 있는 자라 하였음이라. 이는 그리스도 예수 안에서 아브라함의 복福이 이방인異邦人에게 미치게 하고 또 우리로 하여금 믿음으로 말미암아 성령聖靈의 약속約束을 받게 하려 함이니라. (갈 3:10~14)

"그리스도의 형상形像이 이루기까지…해산解産하는 수고受苦"는 하나님의 자녀子女로 삼는 길이 얼마나 힘들고 어려운 것임을 가르쳐 주고 있습니다. 잃어버린 낙원樂園을 회복回復하고 상실喪失한 하나님의 형상形像을 회복回復하는 일이 하나님의 구원 사역救援使役입니다. 십자가十字架의 부활復活의 기쁜 소식 복음福音을 전파傳播하여 하나님 나라를 확장擴張시키는 것이 전도 사역傳道事役입니다.

【 낭송 표시 : 1회 ◪ / 4회 ■ / 목표 120회 】

"주의 말씀은 내 발의 등이요 내 길에 빛이니이다"(시 119:105)

제 5 일

서로 격동激動하고 투기妬忌하지 말라

갈라디아서 5:26

서로 귀貴하게 여기고 존중尊重히 하는 것은 자기自己 자신自身을 귀貴하게 하고 보호保護하는 것입니다. 서로 격동激動하고 투기妬忌하는 행동行動은 자신自身과 타인他人에게 상처傷處를 주고 아픔과 고통苦痛을 주는 것입니다. 모두를 불행不幸하게 하는 생활방식生活方式입니다.

1. 형제兄弟들아 사람의 예例대로 말하노니 사람의 언약言約이라도 정定한 후後에는 아무나 폐廢하거나 더하거나 하지 못하느니라. 이 약속約束들은 아브라함과 그 자손子孫에게 말씀하신 것인데 여럿을 가리켜 그 자손子孫들이라 하지 아니하시고, 오직 하나를 가리켜 네 자손子孫이라 하셨으니 곧 그리스도라. 내가 이것을 말하노니 하나님의 미리 정定하신 언약言約을 사백삼십 년四百三十年 후後에 생긴 율법律法이 없이 하지 못하여 그 약속約束을 헛되게 하지 못하리라. 그 유업遺業이 율법律法에서 난 것이면 약속約束에서 난 것이 아니리라. 그러나 하나님이 약속約束으로 말미암아 아브라함에게 은혜恩惠로 주신 것이라. (갈 3:15~18)

2. 예수 그리스도를 믿음으로 말미암은 약속約束을 믿는 자들에게 주려함이니라. 율법律法이 그리스도에게로 인도引導하는 몽학선생蒙學先生이 되어 우리로 하여금 믿음으로 말미암아 의義롭다 함을 얻게 하려 함이니라. 너희가 다 믿음으로 말미암아 그리스도 예수 안에서 하나님의 아들이 되었으니 누구든지 그리스도와 합合하여 세례洗禮를 받은 자는 그리스도로 옷입었느니라. 유대인이나 헬라인이나 종이나 자주자自主者나 남자男子나 여자女子 없이 다 그리스도 예수 안에서 하나이니라. 너희가 그리스도께 속屬한 자면 아브라함의 자손子孫이요 약속約束대로 유업遺業을 이을 자니라. (갈 3:22~29)

3. 때가 차매 하나님이 그 아들을 보내사 여자女子에게서 나게 하시고, 율법律法 아래 나게 하신 것은 율법律法 아래 있는 자들을 속량贖良하시고 우리로 아들의 명분名分을 얻게 하려 하심이라. 너희가 아들인고로 하나님이 그 아들의 영靈을 우리 마음 가운데 보내사 아바 아버지라 부르게 하셨느니라. 그러므로 아들이면 하나님으로 말미암아 유업遺業을 이을 자니라. 나의 자녀子女들아 너희 속에 그리스도의 형상形像이 이루기까지 다시 너희를 위하여 해산解産하는 수고受苦를 하노니, 형제兄弟들아 너희는 이삭과 같이 약속約束의 자녀子女라. 그런즉 형제兄弟들아 우리는 계집 종의 자녀子女가 아니요 자유自由하는 여자女子의 자녀子女니라. 그리스도께서 우리로 자유自由케 하려고 자유自由를 주셨으니, 그러므로 굳세게 서서 다시는 종의 멍에를 메지 말라. (갈 4:4~5:1)

4. 너희가 할례割禮를 받으면 그리스도께서 너희에게 아무 유익有益이 없으리라.

내가 할례割禮를 받는 각 사람에게 다시 증거證據하노니 그는 율법律法 전체全體를 행行할 의무義務를 가진 자라. 율법律法 안에서 의義롭다 함을 얻으려 하는 너희는 그리스도에게서 끊어지고 은혜恩惠에서 떨어진 자로다. 우리가 성령聖靈으로 믿음을 좇아 의義의 소망所望을 기다리노니, 그리스도 예수 안에서는 할례割禮나 무할례無割禮가 효력效力이 없되 사랑으로써 역사役事하는 믿음 뿐이니라. 너희가 다른 마음도 품지 아니할 줄을 주主 안에서 확신確信하노라. 그러나 너희를 요동搖動케 하는 자는 누구든지 심판審判을 받으리라. 형제兄弟들아 너희가 자유自由를 위하여 부르심을 입었으나, 그러나 그 자유自由로 육체肉體의 기회機會를 삼지 말고 오직 사랑으로 서로 종노릇 하라. 온 율법律法은 네 이웃 사랑하기를 네 몸과 같이 하게 하신 한 말씀에 이루었나니, 만일 서로 물고 먹으면 피차彼此 멸망滅亡할까 조심操心하라. (갈 5:2~15)

5. 형제兄弟들아 너희가 자유自由를 위하여 부르심을 입었으나 그러나 그 자유自由로 육체肉體의 기회機會를 삼지 말고 오직 사랑으로 서로 종노릇하라. 온 율법律法은 네 이웃 사랑하기를 네 몸같이 하라 하신 한 말씀에 이루었나니, 서로 물고 먹으면 피차彼此 멸망滅亡할까 조심操心하라. 너희는 성령聖靈을 좇아 행行하라 그리하면 육체肉體의 욕심慾心을 이루지 아니하리라. 육체肉體의 소욕所欲은 성령聖靈을 거스리고 성령聖靈의 소욕所欲은 육체肉體를 거스리나니, 이 둘이 서로 대적對敵함으로 너희의 원願하는 것을 하지 못하게 하려 함이니라. 성령聖靈의 인도引導하시는 바가 되면 율법律法 아래 있지 아니하리라. 육체肉體의 일은 현저顯著하니 곧 음행淫行과 더러운 것과 호색好色과 우상숭배偶像崇拜와 술수術數와 원수怨讐를 맺는 것과, 분쟁紛爭과 시기猜忌와 분忿냄과 당黨짓는 것과 분리分離함과 이단異端과 투기妬忌와 술 취醉함과 방탕放蕩함과 또 그와 같은 것들이라. 이런 일을 행行하는 자들은 하나님 나라를 유업遺業으로 받지 못할 것이요, 오직 성령聖靈의 열매는 사랑과 희락喜樂과 화평和平과 오래 참음과 자비慈悲와 양선良善과 충성忠誠과 온유溫柔와 절제節制니 이 같은 것을 금지禁止할 법法이 없느니라. (갈 5:13~23)

6. 그리스도의 예수의 사람들은 육체肉體와 함께 그 정情과 욕심慾心을 십자가十字架에 못 박았느니라. 만일 우리가 성령聖靈으로 살면 또한 성령聖靈으로 행行할지니, 헛된 영광榮光을 구求하여 서로 격동激動하고 서로 투기妬忌하지 말지니라. (갈 5:24~26)

그리스도 안에서 서로 용납容納하고 사랑하는 삶은 모두를 행복幸福하게 합니다. 예수님을 통通하여 받은 큰 사랑을 실천實踐하는 생활生活이야말로 신구약성경新舊約聖經말씀을 성취成就시키는 위대偉大한 삶입니다.

【 낭송 표시 : 1회 ◪ / 4회 ■ / 목표 120회 】

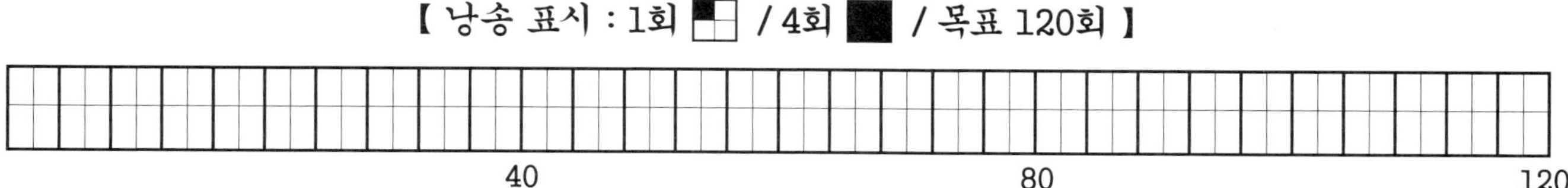

"주의 말씀은 내 발의 등이요 내 길에 빛이니이다"(시 119:105)

제 6 일

더욱 믿음의 가정家庭들에게 할지니라

갈라디아서 6:10

가르치는 자는 교역자敎役者들이고 가르침을 받는 자는 성도聖徒들입니다. 평소平素 신앙생활信仰生活할 때 좋은 관계關係를 유지維持해야 합니다. 또한 믿는 성도聖徒들의 가정家庭이 평안平安해야 합니다. 육적肉的인 건강健康과 영적靈的인 건강健康과 물질적物質的 부요富饒함이 조화造化를 이루어야 합니다.

1. 형제兄弟들아 범죄犯罪한 일이 드러나거든 신령神靈한 너희는 온유溫柔한 심령心靈으로 그러한 자를 바로잡고 내 자신自身을 돌아보아 너도 시험試驗을 받을까 두려워하라. 너희가 짐을 서로 지라 그리하여 그리스도의 법法을 성취成就하라. 만일 누가 아무것도 되지 못하고 된줄로 생각生覺하면 스스로 속임이니라. 각각各各 자기自己의 일을 살피라 그리하면 자랑할 것이 자기自己에게만 있고 남에게는 있지 아니하리니, 각각各各 자기自己의 짐을 질 것임이니라. (갈 6:1~5)

2. 가르침을 받는 자는 말씀을 가르치는 자와 모든 좋은 것을 함께하라. 스스로 속이지 말라. 하나님은 만홀漫忽히 여김을 받지 아니하시나니 사람이 무엇으로 심든지 그대로 거두리라. 자기自己의 육체肉體를 위하여 심는 자는 육체肉體로부터 썩어진 것을 거두고 성령聖靈을 위하여 심는 자는 성령聖靈으로부터 영생永生을 거두리라. 우리가 선善을 행行하되 낙심落心하지 말지니 피곤疲困하지 아니하면 때가 이르매 거두리라. 그러므로 기회機會 있는 대로 모든 이에게 착한 일을 하되 더욱 믿음의 가정家庭들에게 할지니라. (갈 6:6~10)

3. 내 손으로 너희에게 이렇게 큰 글자로 쓴 것을 보라. 무릇 육체肉體의 모양貌樣을 내려 하는 자들이 억지臆志로 너희로 할례割禮 받게 함은 저희가 그리스도의 십자가十字架를 인하여 핍박逼迫을 면免하려 할 뿐이라. 스스로 율법律法은 지키지 아니하고 너희로 할례割禮 받게 하려 하는 것은 너희의 육체肉體를 자랑하려 함이니라. 그러나 내게는 우리 주主 예수 그리스도의 십자가十字架 외에 결코 자랑할 것이 없으니, 그리스도로 말미암아 세상世上이 나를 대하여 십자가十字架에 못 박히고, 내가 또한 세상世上을 대하여 그러하니라. 무릇 이 규례規例를 행하는 자에게 평강平康과 긍휼矜恤이 있을지어다. 누구든지 나를 괴롭게 말라 내가 내 몸에 예수의 흔적痕迹을 가졌노라. 형제兄弟들아 우리 주主 예수 그리스도의 은혜恩惠가 너희 심령心靈에 있을지어다 아멘. (갈 6:11~18)

4. 하나님의 뜻으로 말미암아 그리스도 예수의 사도使徒 된 바울은 에베소에 있는 성도聖徒들과 그리스도 예수 안의 신실信實한 자들에게 편지便紙하노니, 하나님 우리 아버지와 주主 예수 그리스도로 좇아 은혜恩惠와 평강平康이 너희에게 있을지어다. 찬송讚頌하리로다 하나님 곧 우리 주主 예수 그리스도의 아버지께서 그리스도 안에서 하늘에 속屬한 모든 신령神靈한 복福으로 우리에게 복福 주시되, 곧 창세創世 전에 그리스도

안에서 우리를 택擇하사, 우리로 사랑 안에서 그 앞에 거룩하고 흠欠이 없게 하시려고, 그 기쁘신 뜻대로 우리를 예정豫定하사 예수 그리스도로 말미암아 자기自己의 아들들이 되게 하셨으니, 이는 그의 사랑하시는 자 안에서 우리에게 거저 주시는 바 그의 은혜恩惠의 영광榮光을 찬미讚美하게 하려는 것이라. (엡 1:1~6)

5. 우리가 그리스도 안에서 그의 은혜恩惠의 풍성豊盛함을 따라 그의 피로 말미암아 구속救贖 곧 죄罪 사赦함을 받았으니, 이는 그가 모든 지혜智慧와 총명聰明으로 우리에게 넘치게 하사, 그 뜻의 비밀秘密을 우리에게 알리셨으니 곧 그 기쁘심을 따라 그리스도 안에서 때가 찬 경륜經綸을 위하여 예정豫定하신 것이니, 하늘에 있는 것이나 땅에 있는 것이 다 그리스도 안에서 통일統一되게 하려 하심이라. (엡 1:7~10)

6. 모든 일을 원願대로 역사役事하시는 자의 뜻을 따라 우리가 예정豫定을 입어 그 안에서 기업基業이 되었으니, 이는 그리스도 안에서 전부터 바라던 우리로 그의 영광榮光의 찬송讚頌이 되게 하려 하심이라. 그 안에서 너희도 진리眞理의 말씀 곧 너희의 구원救援의 복음福音을 듣고, 그 안에서 또한 믿어 약속約束의 성령聖靈으로 인 치심을 받았으니, 이는 우리의 기업基業에 보증保證이 되사 그 얻으신 것을 구속救贖하시고 그의 영광榮光을 찬미讚美하게 하려 하심이라. 이를 인하여 주主 예수 안에서 너희 믿음과 모든 성도聖徒를 향한 사랑을 나도 듣고, 너희를 인하여 감사感謝하기를 마지 아니하고 내가 기도祈禱할 때에 너희를 말하노라. (엡 1:11~16)

7. 우리 주主 예수 그리스도의 하나님 영광榮光의 아버지께서 지혜智慧와 계시啓示의 정신精神을 너희에게 주사 하나님을 알게 하시고, 너희 마음눈을 밝히사 그의 부르심의 소망所望이 무엇이며, 성도聖徒 안에서 그 기업基業의 영광榮光의 풍성豊盛이 무엇이며, 그의 힘의 강력强力으로 역사役事하심을 죽은 자들 가운데서 다시 살리시고 하늘에서 자기自己의 오른편에 앉히사, 모든 정사政事와 권세權勢와 능력能力과 주관主管하는 자와 이 세상世上뿐 아니라, 오는 세상世上에 일컫는 모든 이름 위에 뛰어나게 하시고, 또 만물萬物을 그 발 아래 복종服從하게 하시고 그를 만물萬物 위에 교회敎會의 머리로 주셨느니라. 교회敎會는 그의 몸이니 만물萬物 안에서 만물萬物을 충만充滿케 하시는 자의 충만充滿이니라. (엡 1:17~23)

심은 대로 거둔다는 진리眞理는 모든 부분部分에 적용適用됩니다. 선행善行으로 심고 사랑으로 심고 믿음으로 심고 성실誠實함으로 심으면 성령聖靈의 열매를 풍성豊盛하게 거두는 신앙생활信仰生活이 됩니다.

【 낭송 표시 : 1회 ▞ / 4회 ■ / 목표 120회 】

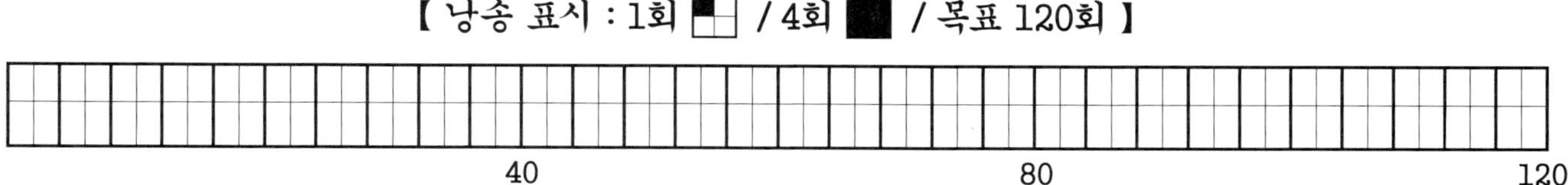

"주의 말씀은 내 발의 등이요 내 길에 빛이니이다"(시 119:105)

제 7 일

누구든지 자랑치 못하게 함이니라

에베소서 2:9

죄罪의 용서容恕나 생명生命의 구원救援은 사람의 노력努力이나 공로功勞가 아님을 성경聖經은 분명分明히 밝히고 있습니다. 오직 믿음으로 받은 은혜恩惠입니다. 값없이 받는 은총恩寵의 선물善物입니다. 오직 감사感謝와 겸손謙遜과 사랑만이 있을 뿐입니다.

1. 너희의 허물과 죄罪로 죽었던 너희를 살리셨도다. 그때에 너희가 그 가운데서 행하여 이 세상世上 풍속風俗을 좇고 공중空中의 권세權勢 잡은 자를 따랐으니, 곧 지금 불순종不順從의 아들들 가운데서 역사役事하는 영靈이라. 전에는 우리도 다 그 가운데서 우리 육체肉體의 욕심慾心을 따라 지내며, 육체肉體와 마음의 원願하는 것을 하여 다른 이들과 같이 본질상本質上 진노震怒의 자녀子女이었더니, 긍휼矜恤에 풍성豊盛하신 하나님이 우리를 사랑하신 그 큰 사랑을 인하여 허물로 죽은 우리를 그리스도와 함께 살리셨고, 너희가 은혜恩惠로 구원救援을 얻은 것이라. 또 함께 일으키사 그리스도 예수 안에서 함께하늘에 앉히시니 이는 그리스도 예수 안에서 우리에게 자비慈悲하심으로써, 그 은혜恩惠의 지극至極히 풍성豊盛함을 오는 여러 세대世代에 나타내려 하심이니라. 너희가 그 은혜恩惠를 인하여 믿음으로 말미암아 구원救援을 얻었나니, 이것이 너희에게서 난 것이 아니요 하나님의 선물善物이라. 행위行爲에서 난 것이 아니니 이는 누구든지 자랑치 못하게 함이니라. (엡 2:1~9)

2. 우리는 그의 만드신 바라 그리스도 예수 안에서 선善한 일을 위하여 지으심을 받은 자니, 이 일은 하나님이 전에 예비豫備하사 우리로 그 가운데서 행하게 하려 하심이니라. 그러므로 생각生覺하라 너희는 그때에 육체肉體로 이방인異邦人이요, 너희는 그리스도 밖에 있었고 이스라엘 나라 밖의 사람이라. 약속約束의 언약言約들에 대하여 외인外人이요 세상世上에서 소망所望이 없고 하나님도 없는 자이더니, 이제는 멀리 있던 너희가 그리스도 예수 안에서 그리스도의 피로 가까워졌느니라. (엡 2:10~13)

3. 그는 우리의 화평和平이신지라 둘로 하나를 만드사 중간中間에 막힌 담을 허시고, 원수怨讐 된 것 곧 의문儀文에 속屬한 계명誡命의 율법律法을 자기自己 육체肉體로 폐廢하셨으니, 이는 이 둘로 자기의 안에서 한 새 사람을 지어 화평和平케 하시고, 또 십자가十字架로 이 둘을 한 몸으로 하나님과 화목和睦하게 하려 하심이라. 원수怨讐 된 것을 십자가十字架로 소멸消滅하시고, 또 오셔서 먼 데 있는 너희에게 평안平安을 전하고 가까운 데 있는 자들에게 평안平安을 전하셨으니, 이는 저로 말미암아 우리 둘이 한 성령聖靈 안에서 아버지께 나아감을 얻게 하려 하심이라. (엡 2:14~18)

4. 그러므로 이제부터 너희가 외인外人도 아니요 손도 아니요 오직 성도聖徒들과 동일同一한 시민市民이요 하나님의 권속眷屬이라. 너희 사도使徒들과 선지자先知者들의 터 위에 세우심을 입은 자라, 그리스도 예수께서 친親히 모퉁이 돌이 되셨느니라. 그의 안에서 건물建物마다 서로 연결聯結하여 주主 안에서 성전聖殿이 되어가고, 너희도 성령聖靈 안에서 하나님의 거居하실 처소處所가 되기 위하여 예수 안에서 함께 지어져 가느니라. (엡 2:19~22)

5. 이러하므로 그리스도 예수의 일로 너희 이방異邦을 위하여 갇힌 자 된 나 바울은, 너희를 위하여 내게 주신 하나님의 그 은혜恩惠의 경륜經綸을 너희가 들었을 터이라. 곧 계시啓示로 비밀秘密을 알게 하신 것은 내가 이미 대강大綱 기록記錄함과 같으니, 이것을 읽으면 그리스도의 비밀秘密을 내가 깨달은 것을 너희가 알 수 있으리라. 이는 이방인異邦人들이 복음福音으로 말미암아 그리스도 예수 안에서 함께 후사後嗣가 되고, 함께 지체肢體가 되고 함께 약속約束에 참예參與하는 자가 됨이라. 이 복음福音을 위하여 그의 능력能力이 역사役事하시는 대로 내게 주신 하나님의 선물善物을 따라 내가 일꾼이 되었노라. (엡 3:1~7)

6. 모든 성도聖徒 중에 지극至極히 작은 자보다 더 작은 나에게 이 은혜恩惠를 주신 것은, 측량測量할 수 없는 그리스도의 풍성豊盛을 이방인異邦人에게 전傳하게 하시고, 영원永遠부터 만물萬物을 창조創造하신 하나님 속에 감취었던 비밀秘密의 경륜經綸이 어떠한 것을 드러내게 하려 하심이라. 이는 이제 교회敎會로 말미암아 하늘에서 정사政事와 권세權勢들에게 하나님의 각종各種 지혜智慧를 알게 하려 하심이니, 곧 영원永遠부터 우리 주主 그리스도 예수 안에서 예정豫定하신 뜻대로 하신 것이라. 우리가 그 안에서 그를 믿음으로 말미암아 담대膽大함과 하나님께 당당堂堂히 나아감을 얻느니라. 그러므로 너희에게 구求하노니 너희를 위한 나의 여러 환난患難에 대하여 낙심落心치 말라 이는 너희의 영광榮光이니라. (엡 3:8~13)

성도聖徒들의 현주소現住所는 지금 살고 있는 곳이지만 원주소原住所는 하늘나라 천국天國입니다. '오직 동일同一한 시민市民이요 하나님의 권속眷屬'이 되었습니다. 이 세상世上을 떠날 때 영광榮光의 찬송讚頌을 부르며 천사天使들의 영접迎接과 안내案內를 받아 천국天國에 가게 됩니다.

【 낭송 표시 : 1회 / 4회 / 목표 120회 】

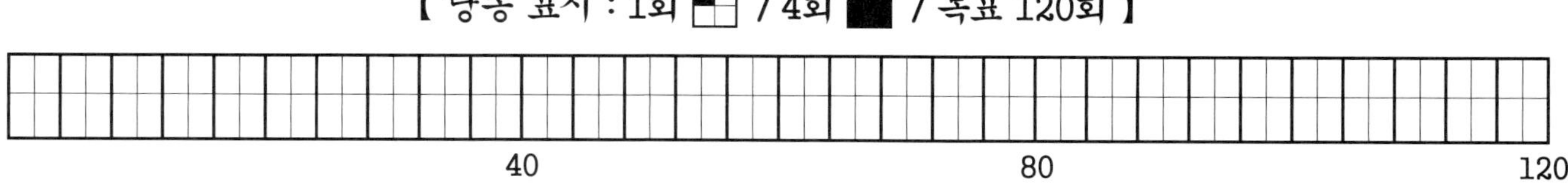

"주의 말씀은 내 발의 등이요 내 길에 빛이니이다"(시 119:105)

제 8 일

성령聖靈의 하나 되게 하심을 힘써 지키라

에베소서 4:3

화합和合하고 일치一致되어 하나님께 영광榮光을 돌리는 것이 성도聖徒들의 사명使命입니다. 성령聖靈님의 역사役事하심은 하나 되게 하심입니다. 이를 충실忠實히 실행實行하고 힘써 지켜야 합니다. 모든 겸손謙遜과 온유溫柔와 인내忍耐로 서로 용납容納하는 생활生活을 하는 것이 성령聖靈을 충만充滿히 받은 증거證據입니다.

1. 이러하므로 내가 하늘과 땅에 있는 각 족속族屬에게 이름을 주신 아버지 앞에 무릎을 꿇고 비노니, 그 영광榮光의 풍성豊盛을 따라 그의 성령聖靈으로 말미암아 너희 속 사람을 능력能力으로 강건强健하게 하옵시며, 믿음으로 말미암아 그리스도께서 너희 마음에 계시게 하옵시고 너희가 사랑 가운데서 뿌리가 박히고 터가 굳어져서, 능能히 모든 성도聖徒와 함께 지식知識에 넘치는 그리스도의 사랑을 알아, 그 넓이와 길이와 높이와 깊이가 어떠함을 깨달아 하나님의 모든 충만充滿하신 것으로 너희에게 충만充滿하게 하시기를 구求하노라. 우리 가운데 역사役事하시는 능력能力대로 우리의 온갖 구求하는 것이나 생각生覺하는 것에 더 넘치도록 능能히 하실 이에 교회敎會 안에서와 그리스도 예수 안에서 영광榮光이 대대代代로 영원무궁永遠無窮하기를 원願하노라 아멘. (엡 3:14~21)

2. 그러므로 주主 안에서 갇힌 내가 너희를 권勸하노니 너희가 부르심을 입은 부름에 합당合當하게 행하여, 모든 겸손謙遜과 온유溫柔로 하고 오래 참음으로 사랑 가운데서 서로 용납容納하고, 평안平安의 매는 줄로 성령聖靈의 하나 되게 하신 것을 힘써 지키라. 몸이 하나이요 성령聖靈이 하나이니 이와 같이 너희가 부르심의 한 소망所望 안에서 부르심을 입었느니라. 주主도 하나이요 믿음도 하나이요 세례洗禮도 하나이요, 하나님도 하나이시니 곧 만유萬有의 아버지시라. 만유萬有 위에 계시고 만유萬有를 통일統一하시고 만유萬有 가운데 계시도다. 우리 각 사람에게 그리스도의 선물善物의 분량分量대로 은혜恩惠를 주셨나니, 그러므로 이르기를 그가 위로 올라가실 때에 사로잡힌 자를 사로잡고 사람들에게 선물善物을 주셨다 하였도다. (엡 4:1~8)

3. 그가 모든 하늘 위에 오르신 자니 이는 만물萬物을 충만充滿케 하려 하심이니라. 사도使徒로 선지자先知者로 복음福音 전傳하는 자로 목사牧師와 교사敎師로 주셨으니, 이는 성도聖徒를 온전穩全케 하며 봉사奉事의 일을 하게 하며 그리스도의 몸을 세우려 하심이라. 우리가 다 하나님의 아들을 믿는 것과 아는 일에 하나가 되어 온전穩全한 사람을 이루어 그리스도의 장성長成한 분량分量이 충만充滿한데까지 이르리니, 이는 우리가 이제부터 어린아이가 되지 아니하여 사람의 궤술詭術과 간사奸詐한 유혹誘惑에 빠져 모든 교훈敎訓의 풍조風潮에 밀려 요동搖動치 않게 하려 함이라. (엡 4:10~14)

4. 오직 사랑 안에서 참된 것을 하여 범사凡事에 그에게까지 자랄지라 그는 머리니 곧 그리스도라. 그에게서 온몸이 각 마디를 통通하여 도움을 입음으로 연락聯絡하고 상합相合하여, 각 지체肢體의 분량分量대로 역사役事하여 그 몸을 자라게 하며 사랑 안에서 스스로 세우느니라. 이제부터는 이방인異邦人이 그 마음의 허망虛妄한 것으로 행行함 같이

너희는 행行하지 말라. 저희 총명聰明이 어두워지고 저희 가운데 있는 무지無知함과 저희 마음이 굳어짐으로 말미암아 하나님의 생명生命에서 떠나 있도다. 저희가 감각感覺 없는 자 되어 자신自身을 방탕放蕩에 방임放任하여 모든 더러운 것을 욕심慾心으로 행하되, 오직 너희는 그리스도를 이같이 배우지 아니하였느니라. 진리眞理가 예수 안에 있는 것같이 너희가 과연果然 그에게서 듣고 또한 그 안에서 가르침을 받았을진대, 너희는 유혹誘惑의 욕심慾心을 따라 썩어져 가는 구습舊習을 좇는 옛 사람을 벗어 버리고, 오직 심령心靈으로 새롭게 되어 하나님을 따라 의義와 진리眞理의 거룩함으로 지으심을 받은 새 사람을 입으라. (엡 4:15~24)

5. 그런즉 거짓을 버리고 각각 그 이웃으로 더불어 참된 것을 말하라. 이는 우리가 서로 지체肢體가 됨이니라. 분忿을 내어도 죄罪를 짓지 말며 해가 지도록 분忿을 품지 말고, 마귀魔鬼로 틈을 타지 못하게 하라. 도적盜賊질하는 자는 다시 도적盜賊질하지 말고, 돌이켜 빈궁貧窮한 자에게 구제救濟할 것이 있기 위하여 제 손으로 수고受苦하여 선善한 일을 하라. 무릇 더러운 말은 너희 입밖에도 내지 말고 오직 덕德을 세우는데 소용所用되는 대로, 선善한 말을 하여 듣는 자들에게 은혜恩惠를 끼치게 하라. 하나님의 성령聖靈을 근심하게 하지 말라. 그 안에서 너희가 구속救贖의 날까지 인치심을 받았느니라. 너희는 모든 악독惡毒과 노怒함과 분忿냄과, 떠드는 것과 훼방毁謗하는 것을 모든 악의惡意와 함께 버리고, 서로 인자仁慈하게 하며 불쌍히 여기며 서로 용서容恕하기를 하나님이 그리스도 안에서 너희를 용서容恕하심과 같이 하라. (엡 4:25~32)

6. 그러므로 사랑을 입은 자녀子女같이 너희는 하나님을 본本받는 자가 되고, 그리스도께서 너희를 사랑하신 것같이 너희도 사랑 가운데서 행行하라. 그는 우리를 위하여 자신을 버리사 향기香氣로운 제물祭物과 생축牲畜으로 하나님께 드리셨느니라. 음행淫行과 온갖 더러운 것과 탐욕貪慾은 너희 중에서 그 이름이라도 부르지 말라 이는 성도聖徒의 마땅한 바니라. 누추陋醜함과 어리석은 말이나 희롱戱弄의 말이 마땅치 아니하니 돌이켜 감사感謝하는 말을 하라. 너희도 이것을 정녕丁寧히 알거니와 음행淫行하는 자나 더러운 자나 탐하는 자, 곧 우상숭배자偶像崇拜者는 다 그리스도와 하나님 나라에서 기업基業을 얻지 못하리니, 누구든지 헛된 말로 너희를 속이지 못하게 하라. 이를 인하여 하나님의 진노震怒가 불순종不順從의 아들들에게 임하나니, 그러므로 저희와 함께 참예參與하는 자 되지 말라. (엡 5:1~7)

더러운 말 사용使用을 금禁하였습니다. "선善한 말을 하여 듣는 자들에게 은혜恩惠를 끼치게 하라." 말은 그 사람의 인격人格을 나타냄입니다. 인자仁慈하게 불쌍히 여기며 서로 용서容恕하는 생활生活을 할 때 세상世上에서 빛과 소금의 역할役割을 하게 됩니다.

【 낭송 표시 : 1회 / 4회 / 목표 120회 】

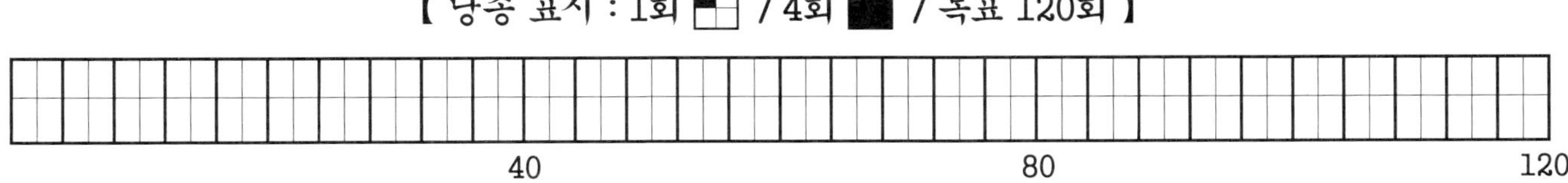

"주의 말씀은 내 발의 등이요 내 길에 빛이니이다"(시 119:105)

제 9 일

자녀子女들아 너희 부모父母를 주主 안에서 순종順從하라

에베소서 6:1

효도孝道는 백행百行의 근본根本입니다. 진정眞正한 효도孝道는 부모父母님의 마음을 기쁘게 해드리는 것입니다. 부모父母님의 말씀에 순종順從하여 그 뜻을 이루어 성공成功과 행복幸福을 영위營爲하는 것이 참된 효도孝道입니다. 또한 주主 안에서 신앙생활信仰生活을 잘하여 영원永遠한 생명生命을 천국天國에서 누리는 것입니다.

1. 너희가 전에는 어두움이더니 이제는 주主 안에서 빛이라 빛의 자녀子女들처럼 행行하라. 빛의 열매는 모든 착함과 의義로움과 진실眞實함에 있느니라. 주主께 기쁘시게 할 것이 무엇인가 시험試驗하여 보라. 너희는 열매 없는 어두움의 일에 참예參與하지 말고 도리어 책망責望하라. 저희의 은밀隱密히 행行하는 것들은 말하기도 부끄러움이라. 그러나 책망責望을 받는 모든 것이 빛으로 나타나나니 나타나지는 것마다 빛이니라. 그러므로 이르시기를 잠자는 자여 깨어서 죽은 자들 가운데서 일어나라 그리스도께서 네게 비취시리라 하셨느니라. (엡 5:8~14)

2. 그런즉 너희가 어떻게 행行할 것을 자세仔細히 주의注意하여 지혜智慧 없는 자 같이 말고, 오직 지혜智慧 있는 자 같이 하여 세월歲月을 아끼라 때가 악惡하니라. 그러므로 어리석은 자가 되지 말고 오직 주主의 뜻이 무엇인가 이해理解하라. 술 취醉하지 말라 이는 방탕放蕩한 것이니 오직 성령聖靈의 충만充滿을 받으라. 시詩와 찬미讚美와 신령神靈한 노래들로 서로 화답和答하며, 너희의 마음으로 주主께 노래하며 찬송讚頌하며 범사凡事에 우리 주主 예수 그리스도의 이름으로 항상 아버지 하나님께 감사感謝하며, 그리스도를 경외敬畏함으로 피차彼此 복종服從하라. (엡 5:15~21)

3. 아내들이여 자기自己 남편男便에게 복종服從하기를 주主께 하듯하라. 이는 남편男便이 아내의 머리 됨이 그리스도께서 교회敎會의 머리 됨과 같음이니 그가 친親히 몸의 구주救主시니라. 그러나 교회敎會가 그리스도에게 하듯 아내들도 범사凡事에 그 남편男便에게 복종服從할지니라. 남편男便들아 아내 사랑하기를 그리스도께서 교회敎會를 사랑하시고 위하여 자신을 주심 같이 하라. 이는 곧 물로 씻어 말씀으로 깨끗하게 하사 거룩하게 하시고, 자기自己 앞에 영광榮光스러운 교회敎會로 세우사 티나 주름잡힌 것이나 이런 것들이 없이 거룩하고 흠欠이 없게 하려 하심이니라. 이와 같이 남편男便들도 자기 아내 사랑하기를 제몸 같이 할지니, 자기自己 아내를 사랑하는 자는 자기自己를 사랑하는 것이라. 누구든지 언제든지 제 육체肉體를 미워하지 않고 오직 양육養育하여 보호保護하기를, 그리스도께서 교회敎會를 보양保養함과 같이 하나니 우리는 그 몸의 지체肢體임이니라. 이러므로 사람이 그 부모父母를 떠나 그 아내와 합合하여 그 둘이 한 육체肉體가 될지니, 이 비밀秘密이 크도다 내가 그리스도와 교회敎會에 대하여 말하노라. 그러나 너희도 각각 자기自己의 아내를 사랑하기를 자기自己 같이 하고 아내도 그 남편男便을 경외敬畏하라. (엡 5:22~33)

4. 자녀子女들아 너희 부모父母를 주主 안에서 순종順從하라 이것이 옳으니라. 네 아버지와

어머니를 공경恭敬하라 이것이 약속約束 있는 첫 계명誡命이니, 이는 네가 잘되고 땅에서 장수長壽하리라. 또 아비들아 너희 자녀子女를 노怒엽게 하지 말고, 오직 주主의 교양敎養과 훈계訓戒로 양육養育하라. 종들아 두려워말고 떨며 성실誠實한 마음으로 육체肉體의 상전上典에게 순종順從하기를 그리스도께 하듯하여, 눈가림만 하여 사람을 기쁘게 하는 자처럼 하지 말고 그리스도의 종들처럼 마음으로 하나님의 뜻을 행行하여, 단 마음으로 섬기기를 주主께 하듯하고 사람들에게 하듯하지 말라. 이는 각 사람이 무슨 선善을 행行하든지 종이나 자유自由하는 자나 주主에게 그대로 받을 줄을 앎이니라. 상전上典들아 너희도 저희에게 이와 같이 하고 공갈恐喝을 그치라. 이는 저희와 너희의 상전上典이 하늘에 계시고 그에게는 외모外貌로 사람을 취取하는 일이 없는 줄 너희가 앎이니라. (엡 6:1~9)

5. 종말로 너희가 주主 안에서와 그 힘의 능력能力으로 강건强健하여지고, 마귀魔鬼의 궤계詭計를 능能히 대적對敵하기 위하여 하나님의 전신갑주全身甲冑를 입으라. 우리의 씨름은 혈血과 육肉에 대한 것이 아니요, 정사政事와 권세權勢와 이 어두움의 세상世上 주관자主管者들과 하늘에 있는 악惡의 영靈들에게 대함이라. 그러므로 하나님의 전신갑주全身甲冑를 취取하라. 이는 악惡한 날에 너희가 능能히 대적對敵하고 모든 일을 행行한 후에 서기 위함이라. 그런즉 서서 진리眞理로 너희 허리띠를 띠고 의義의 흉배胸背를 붙이고, 평안平安의 복음福音의 예비豫備한 것으로 신을 신고, 모든 것 위에 믿음의 방패防牌를 가지고 이로써 능能히 악惡한 자의 모든 화전火箭을 소멸消滅하고, 구원救援의 투구와 성령聖靈의 검劍 곧 하나님의 말씀을 지키라. 모든 기도祈禱와 간구懇求로 하되 무시無時로 성령聖靈 안에서 기도祈禱하고, 이를 위하여 깨어 구求하기를 항상 힘쓰며 여러 성도聖徒를 위하여 구求하고, 또 나를 위하여 구求할 것은 내게 말씀을 주사 나로 입을 벌려 복음福音의 비밀秘密을 담대膽大히 알리게 하옵소서 할 것이니, 이 일을 위하여 내가 쇠사슬에 매인 사신使臣이 된 것은 나로 이 일에 당연當然히 할 말을 담대膽大히 하게 하려 하심이니라. (엡 6:10~20)

6. 나의 사정私情 곧 내가 무엇을 하는지 너희에게도 알게 하려 하노니 사랑을 받은 형제兄弟요, 주主 안에서 진실眞實한 일꾼인 두기고가 모든 일을 너희에게 알게 하리라. 우리 사정私情을 알게 하고 또 너희 마음을 위로慰勞하게 하기 위하여 내가 특별特別히 저를 너희에게 보내었노라. 아버지 하나님과 주主 예수 그리스도에게로 부터 평안平安과 믿음을 겸兼한 사랑이 형제兄弟들에게 있을지어다. 우리 주主 예수 그리스도를 변變함 없이 사랑하는 모든 자에게 은혜恩惠가 있을지어다. (엡 6:21~24)

행복幸福한 결혼 생활結婚生活은 '아내를 제몸같이 사랑하는 남편男便' '남편男便에게 복종服從하는 아내'가 될 때 이루어집니다. 이 원리原理는 예수님이 교회敎會를 사랑하고 교회敎會는 예수님의 말씀에 순종順從하는 생활生活과 같습니다.

【 낭송 표시 : 1회 ▚ / 4회 ■ / 목표 120회 】

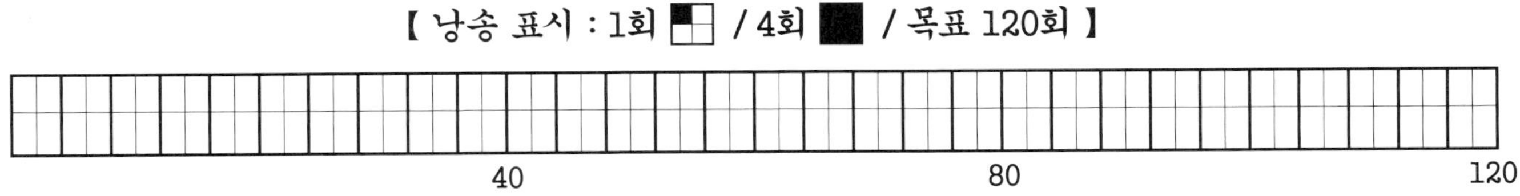

"주의 말씀은 내 발의 등이요 내 길에 빛이니이다"(시 119:105)

제 10 일

각각 다른 사람들의 일을 돌아보아 기쁨을 충만充滿케 하라

빌립보서 2:4

"오직 너희는 복음福音에 합당合當하게 생활生活하라." "각각各各 다른 사람들의 일을 돌아보아 나의 기쁨을 충만充滿케 하라." 복음福音에 합당合當한 생활生活은 기쁨을 충만充滿케 합니다. 하나님의 나라가 이루어지는 내용內容입니다. 그리스도인의 향기香氣가 가득히 풍기고 빛과 소금의 직분職分을 잘 실천實踐하여 하나님께 영광榮光을 돌리게 합니다.

1. 그리스도 예수의 종 바울과 디모데는 그리스도 예수 안에서 빌립보에 사는 모든 성도聖徒와 또는 감독監督들과 집사執事들에게 편지便紙하노니, 하나님 우리 아버지와 주主 예수 그리스도에게로서 은혜恩惠와 평강平康이 너희에게 있을 지어다. 내가 너희를 생각生覺할 때마다 나의 하나님께 감사感謝하며 간구懇求할 때마다, 너희 무리를 위하여 기쁨으로 항상 간구懇求함은 첫날부터 이제까지 복음福音에서 너희가 교제交際함을 인因함이라. 너희 속에 착한 일을 시작始作하신 이가 그리스도 예수의 날까지 이루실 줄을 우리가 확신確信하노라. 내가 너희 무리를 위하여 이와 같이 생각生覺하는 것이 마땅하니, 이는 너희가 내 마음에 있음이며 나의 매임과 복음福音을 변명辯明함과 확정確定함에 너희가 다 나와 함께 은혜恩惠에 참예參與한 자가 됨이라. 내가 예수 그리스도의 심장心腸으로 너희 무리를 어떻게 사모思慕하는지 하나님이 내 증인證人이시니라. 내가 기도祈禱하노라 너희 사랑을 지식知識과 모든 총명聰明으로 점점 더 풍성豊盛하게 하사, 너희로 지극至極히 선善한 것을 분별分別하며 또 진실眞實하여 허물 없이 그리스도의 날까지 이르고, 예수 그리스도로 말미암아 의義의 열매가 가득하여 하나님의 영광榮光과 찬송讚頌이 되게 하시기를 원願하노라. (빌 1:1~11)

2. 형제兄弟들아 나의 당當한 일이 도리어 복음福音의 진보進步가 된 줄을 너희가 알기를 원願하노라. 이러므로 나의 매임이 그리스도 안에서 온 시위대侍衛隊 안과 기타其他 모든 사람에게 나타났으니, 형제兄弟 중 다수多數가 나의 매임을 인하여 주主 안에서 신뢰信賴하므로 겁怯 없이 하나님의 말씀을 더욱 담대膽大히 말하게 되었느니라. 어떤 이들은 투기妬忌와 분쟁紛爭으로 어떤 이들은 착한 뜻으로 그리스도를 전파傳播하나니, 이들은 내가 복음福音을 변명辨明하기 위하여 세우심을 받은 줄 알고 사랑으로 하나, 저들은 나의 매임에 괴로움을 더하게 할 줄로 생각生覺하여 순전純全치 못하게 다툼으로 그리스도를 전파傳播하느니라. 그러면 무엇이뇨 외모外貌로 하나 참으로 하나 무슨 방도方道로 하든지 전파傳播되는 것을 그리스도니 이로써 내가 기뻐하고 또한 기뻐하리라. (빌 1:12~18)

3. 이것이 너희 간구懇求와 예수 그리스도의 성령聖靈의 도우심으로 내 구원救援에 이르게 할 줄 아는고로, 나의 간절懇切한 기대企待와 소망所望을 따라 아무 일에든지 부끄럽지 아니하고, 오직 전과 같이 이제도 온전穩全히 담대膽大하여 살든지 죽든지 내 몸에서 그리스도가 존귀尊貴히 되게 하려 하나니, 이는 내게 사는 것이 그리스도니 죽는 것도 유익有益함이니라. 육신肉身으로 사는 이것이 내 일의 열매일진대 무엇을 가릴는지 나는 알지 못하노라. 내가 그 둘 사이에 끼었으니 떠나서 그리스도와 함께 있을 욕망慾望을 가진 이것이 더욱 좋으나, 그러나 내가 육신肉身에 거居하는 것이 너희를 위하여 더

유익有益하리라. 내가 살 것과 너희 믿음의 진보進步와 기쁨을 위하여 너희 무리와 함께 거居할 이것을 확실確實히 아노니, 내가 다시 너희와 같이 있음으로 그리스도 예수 안에서 너희 자랑이 나를 인하여 풍성豊盛하게 하려 함이라. (빌 1:19~26)

4. 오직 너희는 그리스도 복음福音에 합당合當하게 생활生活하라. 이는 내가 너희를 가보나 떠나 있으나 너희가 일심一心으로 서서 한 뜻으로 복음福音의 신앙信仰을 위하여 협력協力하는 것과, 아무 일에든지 대적對敵하는 자를 인하여 두려워하지 아니하는 이 일을 듣고자 함이라. 이것이 저희에게는 멸망滅亡의 빙거憑據요, 너희에게는 구원救援의 빙거憑據니 이는 하나님께로부터 난 것이니라. 그리스도를 위하여 너희에게 은혜恩惠를 주신 것은 다만 그를 믿을 뿐 아니라, 또한 그를 위하여 고난苦難도 받게 하심이라. 너희에게도 같은 싸움이 있으니 너희가 내 안에서 본 바요 이제도 내 안에서 듣는 바니라. (빌 1:27~30)

5. 그러므로 그리스도 안에 무슨 권면勸勉이나 사랑에 무슨 위로慰勞나 성령聖靈의 무슨 교제交際나 긍휼矜恤이나 자비慈悲가 있거든, 마음을 같이 하여 같은 사랑을 가지고 뜻을 합合하며 한 마음을 품어, 아무 일에든지 다툼이나 허영虛榮으로 하지 말고, 오직 겸손謙遜한 마음으로 각각各各 자기自己보다 남을 낫게 여기고, 각각各各 자기自己 일을 돌아볼뿐더러 또한 각각各各 다른 사람들의 일을 돌아보아 나의 기쁨을 충만充滿케 하라. (빌 2:1~4)

6. 너희 안에 이 마음을 품으라 곧 그리스도 예수의 마음이니, 그는 근본根本 하나님의 본체本體시나 하나님과 동등同等됨을 취取할 것으로 여기지 아니하시고, 오히려 자기自己를 비어 종의 형체形體를 가져 사람들과 같이 되었고, 사람의 모양貌樣으로 나타나셨으매 자기自己를 낮추시고 죽기까지 복종服從하셨으니 곧 십자가十字架에 죽으심이라. 이러므로 하나님이 그를 지극至極히 높여 모든 이름 위에 뛰어난 이름을 주사 하늘에 있는 자들과, 땅에 있는 자들과 땅 아래 있는 자들로 모든 무릎을 예수 이름에 꿇게 하시고, 모든 입으로 예수 그리스도를 주라 시인是認하여 하나님 아버지께 영광榮光을 돌리게 하셨느니라. 그러므로 나의 사랑하는 자들아 너희가 나 있을 때 뿐 아니라, 더욱 지금 나 없을 때에도 항상 복종服從하여 두렵고 떨림으로 너희 구원救援을 이루라. 너희 안에서 행行하시는 이는 하나님이시니 자기自己의 기쁘신 뜻을 위하여 너희로 소원所願을 두고 행行하게 하시나니, 모든 일을 원망怨望과 시비是非가 없이 하라. (빌 2:5~14)

"그리스도 예수 안에서 너희 자랑이 나를 인하여 풍성豊盛하게 하려 함이라"(빌 1:26). 주主 안에서 부모父母님께 순종順從하는 것이 이 세상世上에 행복幸福해지는 첫 번째 도리道理입니다. 예수 안에서 자랑이 풍성豊盛하게 한 것이 천국天國에서 영원永遠한 복락福樂을 누리고 하나님께 영광榮光 돌리는 첫 번째 도리道理입니다.

【 낭송 표시 : 1회 ▚ / 4회 ■ / 목표 120회 】

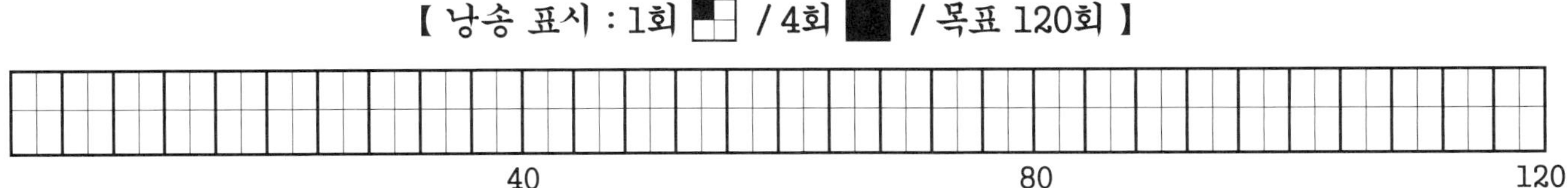

"주의 말씀은 내 발의 등이요 내 길에 빛이니이다"(시 119:105)

제 11 일

주主 안에서 항상恒常 기뻐하라

빌립보서 4:4

기쁨과 행복幸福은 양면兩面으로 되어 있습니다. 주님의 십자가十字架와 부활復活을 통해서 기쁨과 행복幸福을 누리게 됩니다.

1. 이는 너희가 흠欠없고 순전純全하여 어그러지고 거스리는 세대世代 가운데서 하나님의 흠欠 없는 자녀子女로 세상世上에서 그들 가운데 빛들로 나타내며, 생명生命의 말씀을 밝혀 나의 달음질도 헛되지 아니하고 수고受苦도 헛되지 아니함으로, 그리스도의 날에 나로 자랑할 것이 있게 하려 함이라. 너희 믿음의 제물祭物과 봉사奉事 위에 내가 나를 관제灌祭로 드릴찌라도, 나는 기뻐하고 너희 무리와 함께 기뻐하리니 이와 같이 너희도 기뻐하고 나와 함께 기뻐하라. 디모데를 속速히 너희에게 보내기를 주主 안에서 바람은 너희 사정私情을 앎으로 안위安慰를 받으려 함이니, 디모데의 연단鍊鍛을 너희가 아나니 자식子息이 아비에게 함같이 나와 함께 복음福音을 위하여 수고受苦하였느니라. 에바브로디도를 너희에게 보내는 것이 필요必要한 줄로 생각生覺하노니, 그는 나의 형제兄弟요 함께 수고受苦하신 함께 군사軍士된 자요 너희 사자使者로 나의 쓸 것을 돕는 자라. (빌 2:15~25)

2. 너희 무리를 간절懇切히 사모思慕하고 자기 병病든 것을 너희가 들은 줄을 알고 심히 근심한지라. 저가 병病들어 죽게 되었으나 하나님이 저를 긍휼矜恤히 여기셨고 저 뿐아니라 또 나를 긍휼矜恤히 여기사 내 근심 위에 근심을 면免하게 하셨느니라. 그러므로 내가 더욱 급急히 저를 보낸 것은 너희로 저를 다시 보고 기뻐하게 하며 내 근심도 덜려 함이니, 이러므로 너희가 주主 안에서 모든 기쁨으로 저를 영접迎接하고 또 이와 같은 자들을 존귀尊貴히 여기라. 저가 그리스도의 일을 위하여 죽기에 이르러도 자기自己 목숨을 돌아 보지 아니한 것은 나를 섬기는 너희의 일에 부족不足함을 채우려 함이니라. (빌 2:26~30)

3. 종말로 나의 형제兄弟들아 주主 안에서 기뻐하라 너희에게 같은 말을 쓰는 것이 내게는 수고受苦로움이 없고 너희에게는 안전安全하니라. 개들은 삼가고 행악行惡하는 자들을 삼가고 손할례당損割禮黨을 삼가라. 하나님의 성령聖靈으로 봉사奉事하며 그리스도 예수로 자랑하고 육체肉體를 신뢰信賴하지 아니하는 우리가 곧 할례당割禮黨이라. 그러나 나도 육체肉體를 신뢰信賴할 만하니 내가 팔 일八日 만에 할례割禮를 받고, 이스라엘의 족속族屬이요 베냐민의 지파支派요 히브리인 중의 히브리인이요, 율법律法으로는 바리새인이요, 열심熱心으로는 교회敎會를 핍박逼迫하고 율법律法의 의義로는 흠欠이 없는 자로라. (빌 3:1~6)

4. 무엇이든지 내게 유익有益하던 것을 내가 그리스도를 위하여 다 해害로 여길 뿐더러, 모든 것을 해害로 여김은 내 주主 그리스도 예수를 아는 지식知識이 가장 고상高尙함을

인因함이라. 내가 그를 위하여 모든 것을 잃어버리고 배설물排泄物로 여김은 그리스도를 얻고, 그 안에서 발견發見되려 함이니 내가 가진 의義는 율법律法에서 난 것이 아니요, 오직 그리스도를 믿음으로 말미암은 것이니 곧 믿음으로 하나님께로서 난 의義라. 내가 그리스도와 부활復活의 권능權能과 그 고난苦難에 참예參與함을 알려 하여 그의 죽으심을 본받아, 어찌하든지 죽은 자 가운데서 부활復活에 이르려 하노니, 내가 이미 얻었다 함도 아니요 온전穩全히 이루었다 함도 아니라, 오직 내가 그리스도께 잡힌 바 된 그것을 잡으려고 좇아가노라. (빌 3:7~12)

5. 그러므로 누구든지 온전穩全히 이룬 자들은 이렇게 생각生覺할지니, 만일 무슨 일에 너희가 달리 생각生覺하면 하나님이 이것도 너희에게 나타내시리라. 오직 우리가 어디까지 이르렀든지 그대로 행할 것이라. 형제兄弟들아 너희는 함께 나를 본本받으라 또 우리로 본本을 삼은 것같이 그대로 행하는 자들을 보이라. 내가 여러번 너희에게 말하였거니와, 이제도 눈물을 흘리며 말하노니 여러 사람들이 그리스도 십자가十字架의 원수怨讐로 행行하느니라. 오직 우리의 시민권市民權은 하늘에 있는지라. 거기로서 구원救援하는 자 곧 주主 예수 그리스도를 기다리노니, 그가 만물萬物을 자기自己에게 복종服從케 하실 수 있는 자의 역사役事로 우리의 낮은 몸을 자기自己 영광榮光의 몸의 형체形體와 같이 변變케 하시리라. (빌 3:15~21)

6. 그러므로 나의 사랑하고 사모思慕하는 형제兄弟들, 나의 기쁨이요 면류관冕旒冠인 사랑하는 자들아 이와 같이 주主 안에 서라. 내가 유오디아를 권勸하고 순두게를 권勸하노니 주主 안에서 같은 마음을 품으라. 또 참으로 나와 멍에를 같이 한 자 네게 구求하노니, 복음福音에 나와 함께 힘쓰던 저 부녀婦女들을 돕고 또한 글레멘드와 그 외에 나의 동역자同役者들을 도우라 그 이름들이 생명책生命冊에 있느니라. 주主 안에서 항상恒常 기뻐하라 내가 다시 말하노니 기뻐하라. 너희 관용寬容을 모든 사람에게 알게 하라 주主께서 가까우시니라. 아무 것도 염려念慮하지 말고, 오직 모든 일에 기도祈禱와 간구懇求로 너희 구求할 것을 감사感謝함으로 하나님께 아뢰라. 그리하면 모든 지각知覺에 뛰어난 하나님의 평강平康이 그리스도 예수 안에서 너희 마음과 생각生覺을 지키시리라. (빌 4:1~7)

바울 사도使徒는 부활復活하신 주님을 만나기 전까지는 세상世上 중심中心으로 육체肉體의 모든 것을 자랑하며 뽐내는 사람이었습니다. 부활復活하신 주님을 만나고 이방異邦의 사도使徒가 된 후 예수님 외에 자랑할 것이 없었습니다. 예수님만 자랑하고 자신은 낮아지고 섬기는 종으로 살아가는 것을 최고最高의 자랑으로 여겼습니다.

【 낭송 표시 : 1회 ▣ / 4회 ■ / 목표 120회 】

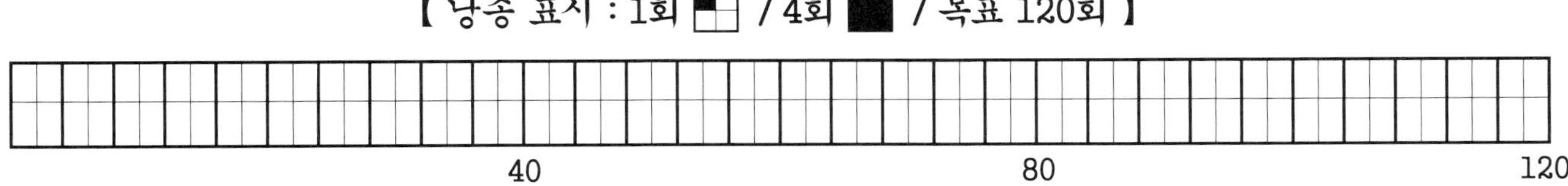

"주의 말씀은 내 발의 등이요 내 길에 빛이니이다"(시 119:105)

제 12 일

함께 참예參與하였으니 잘하였도다

빌립보서 4:14

복음 선교福音宣敎의 길은 십자가十字架를 지고 가는 순례자巡禮者의 길입니다. 바울 사도使徒의 선교 사역宣敎 使役에 빌립보 교회敎會 성도聖徒들이 동참同參하였습니다. "함께 참예參與하였으니 잘하였도다" 칭찬稱讚하였습니다.

1. 종말終末로 형제兄弟들아 무엇에든지 참되며 무엇에든지 경건敬虔하며 무엇에든지 옳으며, 무엇에든지 정결淨潔하며 무엇에든지 사랑할 만하며, 무엇에든지 칭찬稱讚할만하며 무슨 덕德이 있든지 무슨 기림이 있든지 이것들을 생각生覺하라. 너희는 내게 배우고 받고 듣고 본 바를 행行하라 그리하면 평강平康의 하나님이 너희와 함께 계시리라. 내가 주主 안에서 크게 기뻐함은 너희가 나를 생각生覺하던 것이 이제 다시 싹이 남이니 너희가 또한 이를 위하여 생각生覺은 하였으나 기회機會가 없었느니라. 내가 궁핍窮乏하므로 말하는 것이 아니라 어떠한 형편形便에든지 내가 자족自足하기를 배웠노니, 내가 비천卑賤에 처處할 줄도 알고 풍부豊富에 처處할 줄도 알아 모든 일에 배부르며 배고픔과 풍부豊富와 궁핍窮乏에도 일체一切의 비결秘訣을 배웠노라. 내게 능력能力 주시는 자 안에서 내가 모든 것을 할 수 있느니라. 너희가 내 괴로움에 함께 참예參與하였으니 잘하였도다. (빌 4:8~14)

2. 빌립보 사람들아 너희도 알거니와 복음福音의 시초始初에 내가 마게도냐를 떠날 때에 주고 받는 내 일에 참예參與한 교회敎會가 너희 외에 아무도 없었느니라. 데살로니가에 있을 때에도 너희가 한 번 두 번 나의 쓸 것을 보내었도다. 내가 선물善物을 구求함이 아니요, 오직 너희에게 유익有益하도록 과실果實이 번성蕃盛하기를 구求함이라. 내게는 모든 것이 있고 또 풍부豊富한지라. 에바브로디도 편에 너희의 준 것을 받으므로 내가 풍족豊足하니, 이는 받으실 만한 향기香氣로운 제물祭物이요 하나님을 기쁘시게 한 것이라. 나의 하나님이 그리스도 예수 안에서 그 풍성豊盛한 대로 너희 모든 쓸 것을 채우시리라. 하나님 곧 우리 아버지께 세세무궁世世無窮토록 영광榮光을 돌릴지어다 아멘. (빌 4:15~20)

3. 그리스도 예수 안에 있는 성도聖徒들에게 각각各各 문안問安하라. 나와 함께 있는 형제兄弟들이 너희에게 문안問安하고 모든 성도聖徒들이 너희에게 문안問安하되, 특별特別히 가이사 집 사람 중 몇이니라. 주主 예수 그리스도의 은혜恩惠가 너희 심령心靈에 있을지어다. (빌 4:21~23)

4. 하나님의 뜻으로 말미암아 그리스도 예수의 사도使徒된 바울과 형제兄弟 디모데는 골로새에 있는 성도聖徒들, 곧 그리스도 안에서 신실信實한 형제兄弟들에게 편지便紙하노니, 우리 아버지 하나님으로부터 은혜恩惠와 평강平康이 너희에게 있을지어다. 우리가 너희를 위하여 기도祈禱할 때마다 하나님 곧 우리 주主 예수 그리스도의 아버지께 감사感謝하노니, 이는 그리스도 예수 안에 너희의 믿음과 모든 성도聖徒에 대한 사랑을 들음이요, 너희를

위하여 하늘에 쌓아 둔 소망所望을 인함이니 곧 너희가 전에 복음福音 진리眞理의 말씀을 들은 것이라. (골 1:1~5)

5. 이 복음福音이 이미 너희에게 이르매 너희가 듣고 참으로 하나님의 은혜恩惠를 깨달은 날부터 너희 중에서와 같이, 또한 온 천하天下에서도 열매를 맺어 자라는도다. 이와 같이 우리와 함께 종 된 사랑하는 에바브라에게 너희가 배웠나니, 그는 너희를 위하여 그리스도의 신실信實한 일꾼이요, 성령聖靈 안에서 너희 사랑을 우리에게 고告한 자니라. 이로써 우리도 듣던 날부터 너희를 위하여 기도祈禱하기를 그치지 아니하고 구求하노니, 너희로 하여금 모든 신령神靈한 지혜智慧와 총명聰明에 하나님의 뜻을 아는 것으로 채우게 하시고, 주主께 합당合當히 행行하여 범사凡事에 기쁘시게 하고, 모든 선善한 일에 열매를 맺게 하시며, 하나님을 아는 것에 자라게 하시고 그 영광榮光의 힘을 좇아 기쁨으로 모든 견딤과 오래 참음에 이르게 하시고, 우리로 하여금 빛 가운데서 성도聖徒의 기업基業의 부분部分을 얻기에 합당合當하게 하신 아버지께 감사感謝하게 하시기를 원願하노라. (골 1:6~12)

6. 우리를 흑암黑暗의 권세權勢에서 건져내사 그의 사랑의 아들의 나라로 옮기셨으니, 그 아들 안에서 우리가 구속救贖 곧 죄罪 사赦함을 얻었도다. 그는 보이지 아니하시는 하나님의 형상形像이요, 모든 창조물創造物보다 먼저 나신 자니, 만물萬物이 그에게 창조創造되되 하늘과 땅에서 보이는 것들과 보이지 않는 것들과, 혹은 보좌寶座들이나 주관主管들이나 정사政事들이나 권세權勢들이나 만물이 다 그로 말미암고 그를 위하여 창조創造되었고, 또한 그가 만물萬物보다 먼저 계시고 만물萬物이 그 안에 함께 섰느니라. 그는 몸인 교회敎會의 머리라 그가 근본根本이요, 죽은 자들 가운데서 먼저 나신 자니 이는 친親히 만물萬物의 으뜸이 되려 하심이요, 아버지께서는 모든 충만充滿으로 예수 안에 거居하게 하시고, 그의 십자가十字架의 피로 화평和平을 이루사, 만물萬物 곧 땅에 있는 것들이나 하늘에 있는 것들을 그로 말미암아 자기自己와 화목和睦케 되기를 기뻐하심이라. (골 1:13~20)

빌립보 교회敎會 성도聖徒들은 바울 사도使徒의 기쁨과 자랑이었습니다. 복음福音을 잘 받아들이고 온 성도聖徒들이 믿음에 굳건하게 섰습니다. 화목和睦하고 선교宣敎의 동역자同役者가 되었습니다. 바울 사도使徒의 사역使役을 위하여 선교비宣敎費를 후원後援해 주었습니다. 유럽에 첫 번째 설립設立된 모교회母敎會답게 예배禮拜, 선교宣敎, 봉사奉仕의 모범模範을 보여 주었습니다.

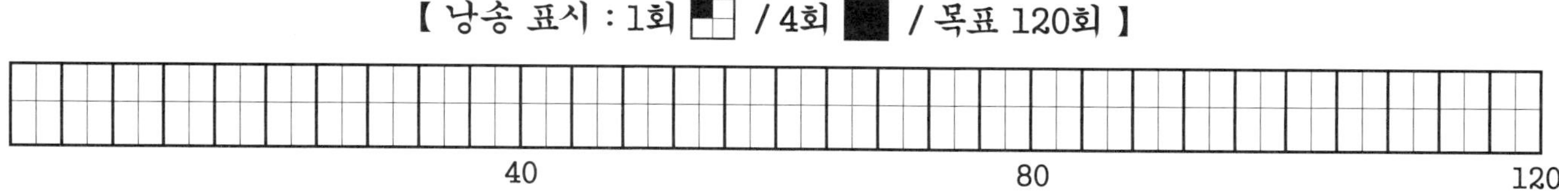

"주의 말씀은 내 발의 등이요 내 길에 빛이니이다"(시 119:105)

제 13 일

그리스도의 남은 고난苦難을 내 육체肉體에 채우노라

골로새서 1:24

'그리스도의 남은 고난苦難'은 '십자가十字架와 부활復活의 복음 전파福音傳播'입니다. 주님의 몸 된 교회教會를 위하여 충성忠誠, 봉사奉仕하는 일입니다. 주님을 위해 헌신獻身하고 봉사奉仕하는 일은 우리 육체肉體에 주님의 고난苦難을 채우는 거룩하고 복福된 일입니다.

1. 악惡한 행실行實로 멀리 떠나 마음으로 원수怨讐가 되었던 너희를 이제는 그의 육체肉體의 죽음으로 말미암아 화목和睦케 하사, 너희를 거룩하고 흠欠 없고 책망責望할 것이 없는 자로 그 앞에 세우고자 하셨으니, 만일 너희가 믿음에 거居하고 터 위에 굳게 서서 너희 들은바 복음福音의 소망所望에서 흔들리지 아니하면 그리하리라. 이 복음福音은 천하만민天下萬民에게 전파傳播된 바요, 나 바울은 이 복음福音의 일꾼이 되었노라. 내가 이제 너희를 위하여 받는 괴로움을 기뻐하고 그리스도의 남은 고난苦難을 그의 몸된 교회教會를 위하여 내 육체肉體에 채우노라. (골 1:21~24)

2. 내가 교회教會 일꾼 된 것은 하나님이 너희를 위하여 내게 주신 경륜經綸을 따라 하나님의 말씀을 이루려 함이니라. 이 비밀秘密은 만세萬世와 만대萬代로부터 옴으로 감취었던 것인데 이제는 그의 성도聖徒들에게 나타났고, 하나님이 그들로 하여금 이 비밀秘密의 영광榮光이 이방인異邦人 가운데 어떻게 풍성豐盛한 것을 알게 하려하심이라. 이 비밀은 너희 안에 계신 그리스도시니 곧 영광의 소망이니라. 우리가 전파傳播하여 각 사람을 권勸하고 모든 지혜智慧로 각 사람을 가르침은 각 사람을 그리스도 안에서 완전完全한 자로 세우려 함이니, 이를 위하여 나도 내 속에서 능력能力으로 역사役事하시는 이의 역사役事를 따라 힘을 다하여 수고受苦하노라. (골 1:25~29)

3. 저희도 마음에 위안慰安을 받고 사랑 안에서 연합連合하여 원만圓滿한 이해理解의 모든 부요富饒에 이르러, 하나님의 비밀秘密인 그리스도를 깨닫게 하려 함이라. 그 안에는 지혜智慧와 지식知識의 모든 보화寶貨가 감취어 있느니라. 내가 육신肉身으로 떠나 있으나 심령心靈으로는 너희가 함께 있어 너희의 규모規模와 그리스도를 믿는 너희 믿음의 굳은 것을 기쁘게 봄이라. 그러므로 너희가 그리스도 예수를 주主로 받았으니 그 안에서 행行하되, 그 안에 뿌리를 박으며 세움을 입어 교훈教訓을 받은대로 믿음에 굳게 서서 감사感謝함을 넘치게 하라. (골 2:2~7)

4. 누가 철학哲學과 속임수로 너희를 노략擄掠할까 주의注意하라. 이것이 사람의 유전遺傳과 세상世上의 초등初等 학문學問을 좇음이요 그리스도를 좇음이 아니니라. 그 안에는 신성神性의 모든 충만充滿이 육체肉體로 거하시고, 너희도 그 안에서 충만充滿하여졌으니 그는 모든 정사政事와 권세權勢의 머리시라. 또 그 안에서 너희가 손으로 하지 아니한 할례割禮를 받았으니, 곧 육적肉的 몸을 벗는 것이요 그리스도의 할례割禮니라. 너희가 세례洗禮로 그리스도와 함께 장사葬事한 바 되고, 또 죽은 자들 가운데서 그를 일으키신 하나님의 역사役事를 믿음으로 말미암아 그 안에서 함께 일으키심을 받았느니라. 너희의 범죄犯罪와 육체肉體의 무할례無割禮로 죽었던 너희를 하나님이 그와 함께 살리시고 우리에게 모든 죄罪를 사赦하시고, 우리를 거스리고 우리를 대적對敵하는 의문儀文에 쓴 증서證書를 도말塗抹하시고 제際하여 버리사 십자가十字架에 못 박으시고, 정사政事와 권세權勢를 벗어 버려 밝히 드러내시고 십자가十字架로 승리勝利하셨느니라. (골 2:8~15)

5. 그러므로 먹고 마시는 것과 절기節期나 월삭月朔이나 안식일安息日을 인하여 누구든지 너희를 폄론貶論하지 못하게 하라. 이것들은 장래將來 일의 그림자이나 몸은 그리스도의 것이니라. 누구든지 일부러 겸손謙遜함과 천사天使 숭배崇拜함을 인하여 너희 상賞을 빼앗지 못하게 하라. 저가 그 본 것을 의지依支하여 그 육체肉體의 마음을 좇아 헛되이 과장誇張하고 머리를 붙들지 아니하는지라. 온 몸이 머리로 말미암아 마디와 힘줄로 공급供給함을 얻고 연합連合하여 하나님이 자라게 하심으로 자라느니라. (골 2:16~19)

6. 너희가 세상世上의 초등初等 학문學問에서 그리스도와 함께 죽었거든 어찌하여 세상世上에 사는 것과 같이 의문儀文에 순종順從하느냐, 곧 붙잡지도 말고 맛보지도 말고 만지지도 말라 하는 것이니, 이 모든 것은 쓰는 대로 부패腐敗에 돌아가리라. 사람의 명命과 가르침을 좇느냐 이런 것들은 자의적恣意的 숭배崇拜와 겸손謙遜과 몸을 괴롭게 하는데 지혜智慧 있는 모양貌樣이나 오직 육체肉體 좇는 것을 금禁하는 데는 유익有益이 조금도 없느니라. (골 2:20~23)

세례洗禮는 그리스도와 함께 십자가 상十字架上에서 죽고 그 피로 죄罪 씻음 받고 부활復活하여 주님과 한 몸, 한 사랑, 한 생명生命 되었다는 거룩한 의식儀式입니다.

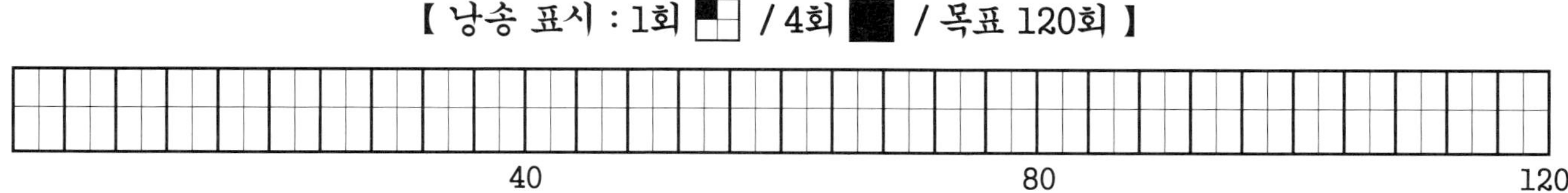

"주의 말씀은 내 발의 등이요 내 길에 빛이니이다"(시 119:105)

제 14 일

그리스도의 평강平康이 너희 마음을 주장主掌하게 하라

골로새서 3:15

알을 품고 있으면 정定해진 날에 부화孵化합니다. 선善을 품고 있으면 선善을 부화孵化시키고 악惡을 품고 있으면 악惡을 부화孵化 시킵니다. 그리스도의 사랑과 성령聖靈을 품고 있으면 성령聖靈의 열매를 낳게 됩니다. 그리스도의 평강平康을 품어 우리 마음을 주장主掌하게 합시다.

1. 그러므로 너희가 그리스도와 함께 다시 살리심을 받았으면 위에 것을 찾으라 거기는 그리스도께서 하나님 우편右便에 앉아 계시느니라. 위엣 것을 생각生覺하고 땅엣 것을 생각生覺지 말라. 이는 너희가 죽었고 너희 생명生命이 그리스도와 함께 하나님 안에 감취었음이니라. 우리 생명生命이신 그리스도께서 나타나실 그때에, 너희도 그와 함께 영광榮光 중에 나타나리라. 그러므로 땅에 있는 지체肢體를 죽이라 곧 음란淫亂과 부정不淨과 사욕邪慾과 악惡한 정욕情慾과 탐심貪心이니 탐심貪心은 우상숭배偶像崇拜니라. 이것들을 인하여 하나님의 진노震怒가 임하느니라. 너희도 전에 그 가운데 살 때에는 그 가운데서 행行하였으나, 이제는 너희가 이 모든 것을 벗어 버리라 곧 분憤과 악의惡意와 훼방毁謗과 너희 입의 부끄러운 말이라. 너희가 서로 거짓말을 말라 옛 사람과 그 행위行爲를 벗어 버리고 새사람을 입었으니, 이는 자기自己를 창조創造하신 자의 형상形像을 좇아 지식知識에까지 새롭게 하심을 받는 자니라. 거기는 종이나 자유인自由人이 분별分別이 있을 수 없나니, 오직 그리스도는 만유萬有시요 만유萬有 안에 계시니라. (골 3:1~11)

2. 그러므로 너희는 하나님의 택擇하신 거룩하고 사랑하신 자처럼 긍휼矜恤과 자비慈悲와 겸손謙遜과 온유溫柔와 오래 참음을 옷입고, 뉘게 혐의嫌疑가 있거든 서로 용납容納하여 피차彼此 용서容恕하되, 주主께서 너희를 용서容恕하신 것과 같이 너희도 그리하고, 이 모든 것 위에 사랑을 더하라 이는 온전穩全하게 매는 띠니라. 그리스도의 평강平康이 너희 마음을 주장主掌하게 하라 평강平康을 위하여 너희가 한 몸으로 부르심을 받았나니, 또한 너희는 감사感謝하는 자가 되라. 그리스도의 말씀이 너희 속에 풍성豊盛히 거居하여 모든 지혜智慧로 피차彼此 가르치며 권면勸勉하고, 시詩와 찬미讚美와 신령神靈한 노래를 부르며 마음에 감사感謝함으로 하나님을 찬양讚揚하고, 또 무엇을 하든지 말에나 일에나 다 주主 예수의 이름으로 하고 그를 힘입어 하나님 아버지께 감사感謝하라. (골 3:12~17)

3. 아내들아 남편男便에게 복종服從하라 이는 주主 안에서 마땅하니라. 남편男便들아 아내를 사랑하며 괴롭게 하지 말라. 자녀子女들아 모든 일에 부모父母에게 순종順從하라 이는 주主 안에서 기쁘게 하는 것이니라. 아비들아 너희 자녀子女를 격노激怒케 말지니 낙심落心할까 함이라. 종들아 모든 일에 육신肉身의 상전上典들에게 순종順從하되, 사람을 기쁘게 하는 자와 같이 눈가림만 하지 말고 오직 주主를 두려워하여 성실誠實한 마음으로 하라. 무슨 일을 하든지 마음을 다하여 주主께 하듯하고 사람에게 하듯하지 말라. 이는 유업遺業의 상賞을 주主께 받을 줄 앎이니 너희는 주主 그리스도를 섬기느니라. 불의不義를

행行하는 자는 불의不義의 보응報應을 받으리니 주主는 외모外貌로 사람을 취取하심이 없느니라. (골 3:18~25)

4. 기도祈禱에 항상恒常 힘쓰고 기도祈禱에 감사感謝함으로 깨어 있으라. 우리를 위하여 기도祈禱하되 하나님이 전도傳道할 문門을 우리에게 열어 주사 그리스도의 비밀秘密을 말하게 하시기를 구求하라. 내가 이것을 인하여 매임을 당當하였노라. 외인外人을 향하여서는 지혜智慧로 행行)여 세월歲月을 아끼라. 너희 말을 항상 은혜恩惠 가운데서 소금으로 고루게 함같이 하라. 그리하면 각 사람에게 마땅히 대답對答할 것을 알리라. (골 4:2~6)

5. 두기고가 내 사정私情을 다 너희에게 알게 하리니 그는 사랑을 받는 형제兄弟요, 신실信實한 일꾼이요 주主 안에서 함께 된 종이라. 내가 저를 특별特別히 너희에게 보낸 것은 너희로 우리 사정私情을 알게 하고 너희 마음을 위로慰勞하게 하려 함이라. 신실信實하고 사랑을 받는 형제兄弟 오네시모를 함께 보내노니, 그는 너희에게서 온 사람이라 저희가 여기 일을 다 너희에게 알게 하리라. (골 4:7~9)

6. 나와 함께 갇힌 아리스다고와 바나바의 생질甥姪 마가와 이 마가에 대하여 너희가 명命을 받았으매 그가 이르거든 영접迎接하라. 유스도라 하는 예수도 너희에게 문안問安하니 저희는 할례당割禮黨이라. 이들만 하나님 나라를 위하여 함께 역사役事하는 자들이니, 이런 사람들이 나의 위로慰勞가 되었느니라. 그리스도 예수의 종인 너희에게서 온 에바브라가 너희에게 문안問安하니, 저가 항상恒常 너희를 위하여 애써 기도祈禱하여 너희로 하나님의 모든 뜻 가운데서 완전完全하고 확신確信있게 서기를 구求하나니, 그가 너희와 라오디게아에 있는 자들과 히에라볼리에 있는 자들을 위하여 많이 수고受苦하는 것을 내가 증거證據하노라. 사랑 받는 의원醫員 누가와 또 데마가 너희에게 문안問安하느니라. 라오디게아에 있는 형제兄弟들과 눔바와 그 여자女子의 집에 있는 교회敎會에 문안問安하고, 이 편지便紙를 너희에게서 읽은 후에 라오디게아로서 오는 편지便紙를 너희도 읽으라. 아킵보에게 이르기를 주主 안에서 받은 직분職分을 삼가 이루라고 하라. 나 바울은 친필親筆로 문안問安하노니 나의 매인 것을 생각生覺하라 은혜恩惠가 너희에게 있을지어다. (골 4:10~18)

"주主 안에서 받은 직분職分을 삼가 이루라." "나의 매인 것을 생각生覺하라." "읽은 후에, 또 읽게 하고… 너희도 읽으라." "지혜智慧로 행行하여 세월歲月을 아끼라." "은혜恩惠가 너희에게 있을지어다." 위로慰勞와 은혜恩惠와 사랑과 축복祝福이 풍성豊盛합니다. 우리도 골로새 교회敎會의 은혜恩惠와 축복祝福을 받으시기 바랍니다.

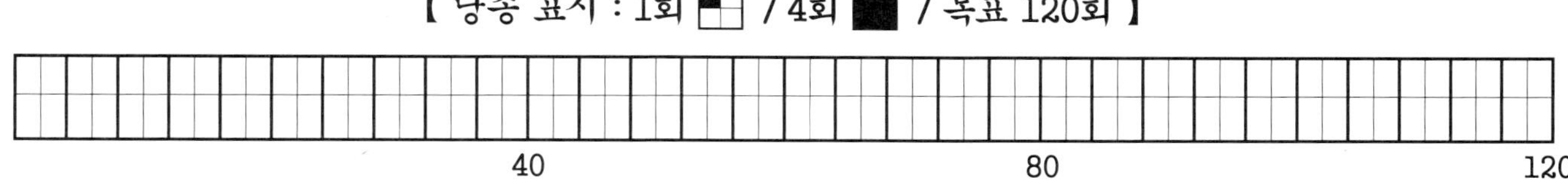

"주의 말씀은 내 발의 등이요 내 길에 빛이니이다"(시 119:105)

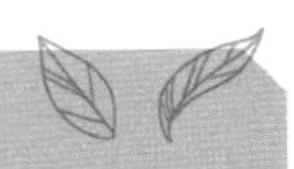

제 15 일

믿음의 역사役事, 사랑의 수고受苦, 소망所望의 인내忍耐

데살로니가전서 1:3

은혜恩惠로운 교회敎會는 지상地上에서 가장 행복幸福한 사람들이 사는 공동체共同體입니다. 데살로니가 교회敎會는 바울 사도使徒가 생각生覺할 때마다 '너희 무리를 인하여 항상 하나님께 감사感謝하고 기도祈禱할 때마다 기쁨과 보람이 가득한 교회敎會'였습니다. 그 이유理由는 '믿음의 역사役事가 있고, 사랑의 수고受苦가 나타나고, 소망所望의 인내忍耐가 넘치는 교회敎會'였기 때문입니다.

1. 우리가 너희 무리를 인하여 항상 하나님께 감사感謝하고 기도祈禱할 때에 너희를 말함은, 너희의 믿음의 역사役事와 사랑의 수고受苦와 우리 주主 예수 그리스도에 대한 소망所望의 인내忍耐를, 우리 하나님 아버지 앞에서 쉬지 않고 기억記憶함이니, 하나님의 사랑하심을 받은 형제兄弟들아 너희를 택擇하심을 아노라. 너희는 많은 환난患難 가운데서 성령聖靈의 기쁨과 도道를 받아 우리와 주主를 본받는 자 되었으니, 그러므로 너희가 모든 믿는 자의 본本이 되었는지라. 주主의 말씀과 하나님을 향向하는 너희 믿음의 소문所聞이 각처各處에 퍼진고로, 너희가 어떻게 우상偶像을 버리고 하나님께로 돌아와서 사시고 참되신 하나님을 섬기며, 또 죽은 자들 가운데서 다시 살리신 그의 아들이 하늘로부터 강림降臨하심을 기다리노니 이는 우리를 건지시는 예수시니라. (살전 1:2~10)

2. 우리 하나님을 힘입어 하나님의 복음福音을 너희에게 말하였노라. 오직 하나님의 복음福音 전傳할 부탁付託을 받았으니, 사람을 기쁘게 하려 함이 아니요 우리 마음을 감찰鑑察하시는 하나님을 기쁘시게 하려 함이라. 우리가 너희를 사모思慕하여 하나님의 복음福音으로만 아니라 우리 목숨까지 너희에게 주기를 즐겨함은, 너희가 우리의 사랑하는 자됨이니라. 형제兄弟들아 우리가 밤과 낮으로 일하면서 하나님의 복음福音을 전파傳播하였노라. 너희를 부르사 자기自己 나라와 영광榮光에 이르게 하시는 하나님께 합당合當히 행行하게 하려 함이라. 이러므로 우리가 하나님께 쉬지 않고 감사感謝함은, 너희가 우리에게 들은 바 하나님의 말씀을 받을 때에 사람의 말로 아니하고, 하나님의 말씀으로 받음이니 진실眞實로 그러하다. 이 말씀이 너희 믿는 자 속에서 역사役事하느니라. 우리의 소망所望이나 기쁨이나 자랑의 면류관冕旒冠이 무엇이냐, 그의 강림降臨하실 때 우리 주主 예수 앞에 너희는 우리의 영광榮光이요 기쁨이니라. (살전 2:2~20)

3. 지금只今은 디모데가 와서 너희 믿음과 사랑의 기쁜 소식消息을 우리에게 전傳하고, 모든 궁핍窮乏과 환란患亂 가운데서 너희 믿음으로 말미암아 너희에게 위로慰勞를 받았노라. 그러므로 너희가 주主 안에서 굳게 선 즉 이제는 살리라. 우리 하나님 앞에서 너희를 인하여 모든 기쁨으로 기뻐하니 어떠한 감사感謝함으로 하나님께 보답報答할꼬, 주야晝夜로 심甚히 간구懇求함은 너희 얼굴을 보고 너희 믿음의 부족不足함을 온전穩全케 하려 함이라. 주主께서 우리가 너희를 사랑함과 같이 너희도 피차간彼此間과 모든 사람에 대한 사랑이 더욱 많아 넘치게 하사 너희 마음을 굳게 하시고, 우리 주主 예수께서 그의 모든 성도聖徒와 함께 강림降臨하실 때에 하나님 우리 아버지 앞에서 거룩함에 흠欠이 없게 하시기를 원願하노라. (살전 3:6~13)

4. 형제兄弟들아 주主 예수 안에서 너희에게 권면勸勉하노니, 하나님께 기쁘시게 할 것을 받았으니 더욱 힘쓰라. 우리가 주主 예수로 말미암아 너희에게 명령命令으로 준 것을 너희가 아느니라. 하나님의 뜻은 이것이니 너희의 거룩함이라. 음란淫亂을 버리고 각각各各 거룩함과 존귀尊貴함으로 색욕色慾을 좇지 말고, 일에 분수分數를 넘어서 형제兄弟를 해害하지 말라. 하나님이 우리를 부르심은 거룩케 하심이니라. 형제兄弟들아 권勸하노니 자기自己 일을 힘써하고 너희 손으로 일하기를 힘쓰라. 단정端正히 행行하고 아무 궁핍窮乏함에 없게 하려 함이라. (살전 4:1~12)

5. 형제兄弟들아 자는 자들에게 관關하여는 너희가 알지 못함을 우리가 원願치 아니하노니, 이는 소망所望 없는 다른 이와 같이 슬퍼하지 않게 하려 함이라. 우리가 예수의 죽었다가 다시 사심을 믿을진대 이와 같이 예수 안에서 자는 자들도 하나님이 저와 함께 데리고 오시리라. 우리가 주主의 말씀으로 너희에게 말하노니 주主 강림降臨하실 때까지 우리 살아 남아 있는 자도 자는 자보다 결단決斷코 앞서지 못하리라. 주主께서 호령號令과 천사장天使長의 소리와 하나님의 나팔로 친親히 하늘로 좇아 강림降臨하시리니, 그리스도 안에서 죽은 자들이 먼저 일어나고, 그 후에 우리 살아 남은 자도 저희와 함께 구름 속으로 끌어올려 공중空中에서 주主를 영접迎接하게 하시리니 그리하여 우리가 항상 주主와 함께 있으리라. (살전 4:13~17)

6. 형제兄弟들아 너희는 어두움에 있지 아니하매, 그날이 도적盜賊같이 너희에게 임하지 못하리니 너희는 다 빛의 아들이요 낮의 아들이라. 오직 깨어 근신謹愼할지라 우리는 낮에 속하였으니 근신謹愼하여 믿음과 사랑의 흉배胸背를 붙이고 구원救援의 소망所望의 투구를 쓰자. 하나님이 우리를 세우심은 오직 우리 주主 예수 그리스도로 말미암아 구원救援을 얻게 하신 것이라. 예수께서 우리를 위하여 죽으사 우리로 하여금 깨든지 자든지 자기自己와 함께 살게 하려 하셨느니라. 그러므로 피차彼此 권면勸勉하고 피차彼此 덕德을 세우기를 너희가 하는 것같이 하라. 형제兄弟들아 우리가 너희에게 구求하노니 너희 가운데서 수고受苦하고 주主 안에서 너희를 다스리며, 권勸하는 자들을 너희가 알고 저의 역사役事로 말미암아 사랑 안에서 가장 귀貴히 여기며 너희끼리 화목和睦하라. (살전 5:4~13)

"주主께서…강림降臨하시리니." 예수 그리스도의 재림再臨의 날은 모든 수고受苦와 인내忍耐, 기다림, 억울抑鬱함이 다 해결解決되는 날입니다. 그날을 바라보고 성도聖徒들의 생활生活을 알차게 꾸려 나갑시다. '사랑 안에서 가장 귀貴하게 여기며 화목和睦하는 생활生活'을 합시다.

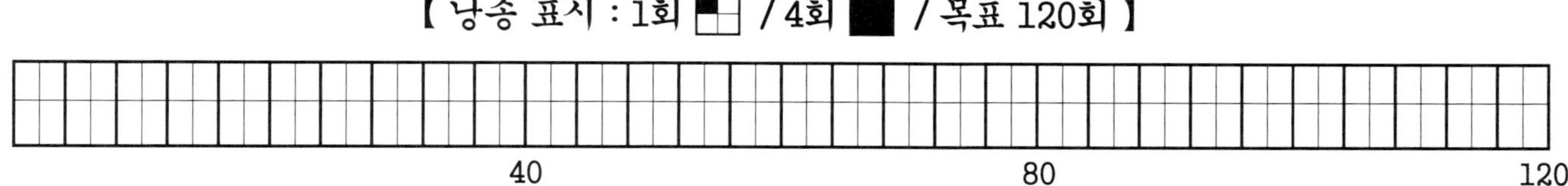

"주의 말씀은 내 발의 등이요 내 길에 빛이니이다"(시 119:105)

제 16 일

일하기 싫은 자는 먹지도 말라

데살로니가후서 3:10

"아버지께서 일하시니 나도 일한다"라고 예수님께서 말씀하셨습니다. 일은 하나님의 창조 사역創造使役에 동참同參하는 거룩한 사역使役입니다. 성실誠實하게 일하는 것이 행복幸福의 바탕입니다. "일하기 싫어하거든 먹지도 말게 하라"(살후 3:10). "종용慫慂히 일하여 자기自己 양식糧食을 먹으라"(살후 3:12). 열심熱心히 일하고 성실誠實하게 사는 것이 그리스도인의 참된 모습입니다.

1. 형제兄弟들아 너희를 권면勸勉하노니 규모規模 없는 자들을 권계勸戒하며, 마음이 약弱한 자들을 안위安慰하고 힘이 없는 자들을 붙들어 주며 모든 사람을 대하든지 항상 선善을 좇으라. 항상 기뻐하라 쉬지 말고 기도祈禱하라 범사凡事에 감사感謝하라 이는 그리스도 예수 안에서 너희를 향하신 하나님의 뜻이니라. 성령聖靈을 소멸消滅치 말고 예언豫言을 멸시蔑視치 말고, 범사凡事에 헤아려 좋은 것을 취하고 악惡은 모양模樣이라도 버리라. 평강平康의 하나님이 친親히 너희로 온전穩全히 거룩하게 하시고, 또 너희 온 영靈과 혼魂과 몸이 우리 주主 예수 그리스도 강림降臨하실 때에 흠欠 없게 보전保全되기를 원願하노라. 너희를 부르시는 이는 미쁘시니 그가 또한 이루시리라. 형제兄弟들아 우리를 위하여 기도祈禱하라. 거룩하게 입맞춤으로 모든 형제兄弟에게 문안問安하라 내가 주主를 힘입어 너희를 명命하노니, 모든 형제兄弟에게 이 편지便紙를 읽어 들리라 우리 주主 예수 그리스도의 은혜恩惠가 너희에게 있을지어다. 아멘 (살전 5:14~28)

2. 형제兄弟들아 우리가 너희를 위하여 항상 하나님께 감사感謝할지니 이것이 당연當然함은 너희 믿음이 더욱 자라고, 너희가 각각各各 서로 사랑함이 풍성豊盛함이며, 그리고 너희의 참는 모든 핍박逼迫과 환난患難 중에서 인내忍耐와 믿음을 인하여, 하나님의 여러 교회敎會에서 우리가 친親히 자랑함이라. 이는 하나님의 공의公義로운 심판審判의 표標이며, 너희로 하여금 하나님 나라에 합당合當한 자로 여기심을 얻게 하려 함이니, 그 나라를 위하여 너희가 또한 고난苦難을 받느니라. (살후 1:3~5)

3. 환난患難 받는 너희에게는 우리와 함께 안식安息으로 갚는 것이 하나님의 공의公義시니, 주主 예수께서 능력能力의 천사天使들과 함께 하늘로부터 불꽃 중에 나타나실 때에, 우리 주主 예수의 복음福音을 복종服從치 않는 자들에게 형벌刑罰을 주시리니, 이런 자들이 주主의 얼굴과 그의 힘의 영광榮光을 떠나 영원永遠한 멸망滅亡의 형벌刑罰을 받으리로다. 그날에 강림降臨하사 그의 모든 성도聖徒들에게서 영광榮光을 얻으시고, 모든 믿는 자에게서 기이奇異히 여김을 얻으시리라. 이러므로 항상恒常 너희를 위하여 기도祈禱함은 우리 하나님이 너희를 그 부르심에 합당合當한 자로 여기시고, 모든 선善을 기뻐함과 믿음의 역사役事를 능력能力으로 이루게 하시고 우리 하나님과 주主 예수 그리스도의 은혜恩惠대로 우리 주主 예수의 이름이 너희 가운데서 영광榮光을 얻으시고, 너희도 그 안에서 영광榮光을 얻게 하려 함이니라. (살후 1:7~12)

4. 진리眞理를 믿지 않고 불의不義를 좋아하는 모든 자로 심판審判을 받게 하려 하심이니라. 주主의 사랑하시는 형제兄弟들아 우리가 항상恒常 너희를 위하여 마땅히 하나님께

감사感謝할 것은 하나님이 처음부터 너희를 택擇하사, 성령聖靈의 거룩하게 하심과 진리眞理를 믿음으로 구원救援을 얻게 하심이니, 이를 위하여 우리 복음福音으로 너희를 부르사 우리 주主 예수 그리스도의 영광榮光을 얻게 하려 하심이니라. 이러므로 형제兄弟들아 굳게 서서 말로나 우리 편지便紙로 가르침을 받은 유전遺傳을 지키라. 우리 주主 예수 그리스도와 우리를 사랑하시고 영원永遠한 위로慰勞와 좋은 소망所望을 은혜恩惠로 주신 하나님 우리 아버지께서 너희 마음을 위로慰勞하시고 모든 선善한 일과 말에 굳게 하시기를 원願하노라. (살후 2:12~17)

5. 종말終末로 형제兄弟들아 너희는 우리를 위하여 기도祈禱하기를, 주主의 말씀이 너희 가운데서와 같이 달음질하여 영광榮光스럽게 되고, 주主는 미쁘사 너희를 굳게 하시고 악惡한 자에게서 지키시리라. 너희에게 대하여는 우리의 명命한 것을 너희가 행行하고 도道 행行할 줄을 우리가 주主 안에서 확신確信하노니, 주主께서 너희 마음을 인도引導하여 하나님의 사랑과 그리스도의 인내忍耐에 들어가게 하시기를 원願하노라. 형제兄弟들아 우리 주主 예수 그리스도의 이름으로 명命하노니, 누구든지 일하지 싫어하거든 먹지도 말게 하라 너희 가운데 규모規模없이 행行하여 일하지 아니하고, 일만 만드는 자들이 있다 하니 주主 예수 그리스도 안에서 권勸하기를 종용從慂히 일하여 자기 양식糧食을 먹으라. 형제兄弟들아 너희는 선善을 행行하다가 낙심落心치 말라. 평강平康의 주主께서 친親히 때마다 일마다 너희에게 평강平康을 주기를 원願하노라. 주主는 너희 모든 사람과 함께하실지어다. 나 바울은 친필親筆로 문안問安하노니 이는 편지便紙마다 표적表蹟이기로 이렇게 쓰노라. 우리 주主 예수 그리스도의 은혜恩惠가 너희 무리에게 있을지어다. (살후 3:1~18)

6. 형제兄弟 사랑하기를 계속繼續하고 손님 대접待接하기를 잊지 말라. 이로써 부지중不知中에 천사天使들을 대접待接한 이들이 있었느니라. 갇힌 자를 생각生覺하고 학대虐待 받는 자를 생각生覺하라. 모든 사람은 혼인婚姻을 귀貴히 여기고 침소寢所를 더럽히지 말라. 음행淫行하는 자와 간음姦淫하는 자들을 하나님이 심판審判하시리라. 돈을 사랑치 말고 있는 바를 족足한 줄로 알라. 내가 과연果然 너희를 버리지 아니하고 과연果然 너희를 떠나지 아니하리라. 그러므로 우리가 담대膽大히 가로되 주主는 나를 돕는 자시니 내가 무서워 아니하겠노라. 하나님의 말씀을 너희에게 이르고 너희를 인도引導하던 자들을 생각生覺하며, 저희 행실行實의 종말終末을 주의注意하여 보고 저희 믿음을 본本 받으라. 예수 그리스도는 어제나 오늘이나 영원永遠토록 동일同一하시니라. (히 13:1~8)

성도聖徒들의 가장 아름답고 존귀尊貴한 덕목德目은, 주님을 위하여 주님의 몸된 교회敎會를 위하여 믿음으로 봉사奉仕하는 일입니다. 사랑의 수고受苦와 땀 흘림은 그리스도의 복음福音을 각各 심령心靈에 심게 하는 것입니다. 소망所望의 인내忍耐로 모든 심령心靈이 하나님 나라의 복福을 받아, 영육간靈肉間에 풍성豊盛한 삶을 영위營爲하고 금생今生과 내생來生에 영원永遠한 복락福樂을 누리게 하십니다.

【 낭송 표시 : 1회 ▚ / 4회 ■ / 목표 120회 】

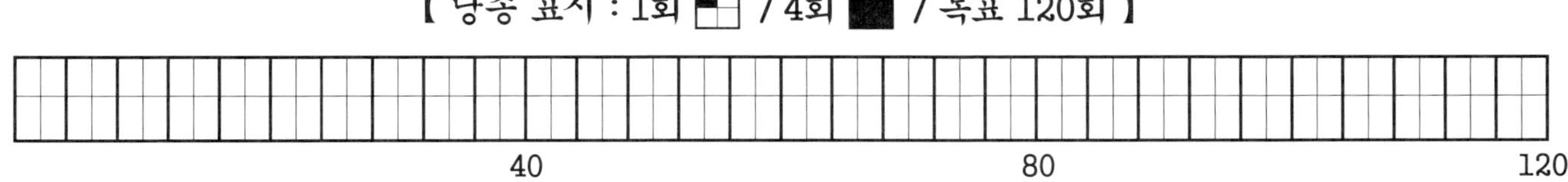

"주의 말씀은 내 발의 등이요 내 길에 빛이니이다"(시 119:105)

제 17 일

복福되신 하나님의 영광榮光의 복음福音을 좇음이니라

디모데전서 1:11

'하나님의 말씀이 없으면 그 백성百姓은 방자放恣히 행行하느니라'(잠 29:18). 방자放恣히 행行함은 당나귀나 노새같이 날뛰는 야생동물野生動物같이 된다는 말씀입니다. 바울 사도使徒는 디모데에게 지중해地中海 일대 각各 민족民族과 족속族屬들에게 복음福音을 증거證據하고 교회敎會를 설립設立하고 목회牧會를 하여 열방列邦의 족속族屬들을 하나님의 거룩한 성민聖民이 되게 하였습니다.

1. 우리 구주救主 하나님과 우리 소망所望이신 그리스도 예수의 명령命令을 따라 그리스도 예수의 사도使徒된 바울은, 믿음 안에서 참 아들 된 디모데에게 편지便紙하노니, 하나님 아버지와 그리스도 예수 우리 주主께로부터 은혜恩惠와 긍휼矜恤과 평강平康이 네게 있을지어다. 내가 너희를 권勸하여 명命하노니 다른 교훈敎訓을 가르치지 말라. 이는 신화神話와 족보族譜에 착념着念치 말게 하려 함이라. 이런 것은 믿음 안에 있는 하나님의 경륜經綸을 이룸보다 도리어 변론辯論을 내는 것이라. 경계警戒의 목적目的은 청결淸潔한 믿음과 선善한 양심良心과 거짓 없는 믿음으로 나는 사랑이거늘, 사람들이 헛된 말에 빠져 불법不法한 자와 복종服從치 아니하는 자며, 경건敬虔치 아니한 자와 죄인罪人이며 거룩치 아니한 자와 망령妄靈된 자며, 아비를 치는 자와 어미를 치는 자며, 살인殺人하는 자며 음행淫行하는 자며 남색男色하는 자며, 사람을 탈취奪取하는 자며 거짓말하는 자며, 거짓 맹세盟誓하는 자와 바른 교훈敎訓을 거스리는 자를 위함이라. 이 교훈敎訓은 내게 맡기신 바 복福되신 하나님의 영광榮光의 복음福音을 좇음이니라. (딤전 1:1~11)

2. 나를 능能하게 하신 그리스도 예수 우리 주主께 감사感謝함은, 나를 충성忠誠되이 여겨 내게 직분職分을 맡기심이니, 내가 전에는 훼방자毁謗者요 핍박자逼迫者요 포행자暴行者이었으나, 도리어 긍휼矜恤을 입은 것은 내가 믿지 아니할 때에 알지 못하고 행行하였음이라. 우리 주主의 은혜恩惠가 넘치도록 풍성豊盛하였도다. 미쁘다 모든 사람이 받을 만한 이 말이여, 그리스도 예수께서 죄인罪人을 구원救援하시려고 세상世上에 임하셨다 하였도다. 죄인罪人 중에 내가 괴수魁首니라. (딤전 1:12~15)

3. 내가 긍휼矜恤을 입은 까닭은 예수 그리스도께서 오래 참으심을 보이사, 주主를 믿어 영생永生을 얻는 자들에게 본本이 되게 하심이라. 만세萬世의 왕王 곧 썩지 아니하고 보이지 아니하고, 홀로 하나이신 하나님께 존귀尊貴와 영광榮光이 세세世世토록 있을지어다. 아들 디모데야 경계警戒로써 명命하노니, 너를 지도指導한 예언豫言을 따라 선善한 싸움을 싸우며, 믿음과 착한 양심良心을 가지라 어떤 이는 이 양심良心을 버렸고 그 믿음에 관關하여는 파선破船하였느니라. (딤전 1:16~19)

4. 그러므로 권勸하노니 모든 사람을 위하여 간구懇求와 기도祈禱와 도고禱告와 감사感謝를

하되, 임금들과 높은 지위地位에 있는 모든 사람을 위하여 하라. 이는 우리가 모든 경건敬虔과 단정端正한 중에 고요하고 평안平安한 생활生活을 하려 함이니라. 이것이 우리 구주救主 하나님 앞에 선善하고 받으실 만한 것이니, 하나님은 모든 사람이 구원救援을 받으며 진리眞理를 아는 데 이르기를 원願하시느니라. 하나님은 한 분이시요, 또 하나님과 사람 사이에 중보中保도 한 분 이시니 곧 사람이신 그리스도 예수라. 그가 모든 사람을 위하여 자기自己 속전贖錢으로 주셨으니 기약期約이 이르면 증거證據할 것이라. (딤전 2:1~6)

5. 내가 전파傳播하는 자와 사도使徒로 세움을 입은 것은 참말이요, 믿음과 권리權利 안에서 내가 이방인異邦人의 스승이 되었노라. 그러므로 각처各處에서 남자男子들이 분노憤怒나 다툼이 없이 거룩한 손을 들어 기도祈禱하기를 원願하노라. 또 여자女子들도 아담한 옷을 입으며 염치廉恥와 정절貞節로 자기自己를 단장丹粧하고, 땋은 머리와 금金이나 진주眞珠나 값진 옷으로 하지 말고 오직 선행善行으로 하기를 원願하라. 이것이 하나님을 공경恭敬하는 자들에게 마땅한 것이니라. 여자女子는 일절一切 순종順從함으로 종용慫慂히 배우라. 여자女子의 가르치는 것과 남자男子를 주관主管하는 것을 허락許諾지 아니하노니 오직 종용慫慂할지니라. 이는 아담이 먼저 지음을 받고 이와가 그 후後며 여자女子가 꾀임을 보아 죄罪에 빠졌음이니라. 여자女子들이 정절貞節로써 믿음과 사랑과 거룩함에 거居하면 그 해산解産함으로 구원救援을 얻으리라. (딤전 2:7~15)

6. 미쁘다 이 말이여, 사람이 감독監督의 직분職分을 얻으려면 선善한 일을 사모思慕한다 함이로다. 그러므로 감독監督은 책망責望할 것이 없으며 한 아내의 남편男便이 되며, 절제節制하며 근신謹愼하며 아담雅淡하며 나그네를 대접待接하며, 가르치기를 잘하며 술을 즐기지 아니하며, 구타毆打하지 아니하며 오직 관용寬容하며 다투지 아니하며, 돈을 사랑치 아니하며 자기 집을 잘 다스려 자녀子女들로 모든 단정端正함으로 복종服從케 하는 자라야 할지며, 자기自己 집을 다스릴 줄 알지 못하면 어찌 하나님의 교회敎會를 돌아보리요, 새로 입교入敎한 자도 말지니 교만驕慢하여져서 마귀魔鬼를 정죄定罪하는 그 정죄定罪에 빠질까 함이요, 또한 외인外人에게도 선善한 증거證據를 얻은 자라야 할지니, 비방誹謗과 마귀魔鬼의 올무에 빠질까 염려念慮하라. (딤전 3:1~7)

기독교基督敎 복음福音은 성숙成熟한 신앙信仰 인격자人格者가 되게 하여, 가정家庭과 사회社會와 교회敎會를 잘 섬기고 하나님 나라의 사역자使役者로 세워 줍니다. 이러한 부르심을 거부拒否하지 말고 복福되신 하나님의 영광榮光의 복음福音을 좇고 따르는 가정家庭과 사회社會가 되시기 바랍니다.

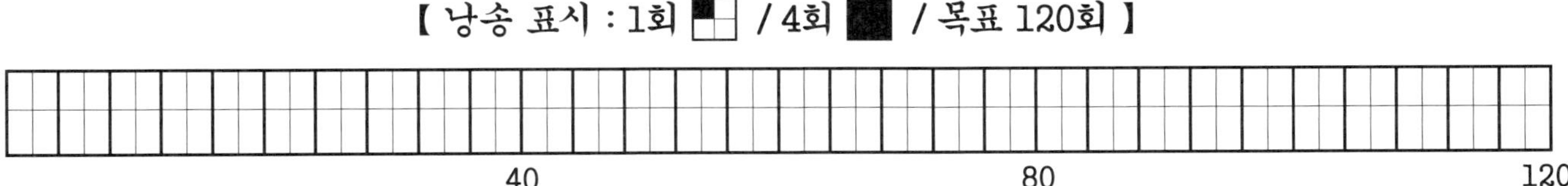

"주의 말씀은 내 발의 등이요 내 길에 빛이니이다"(시 119:105)

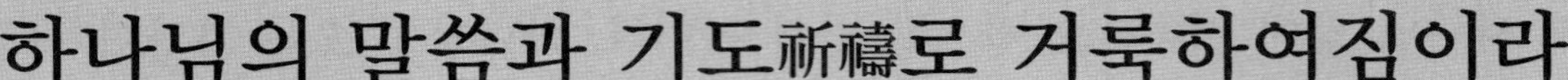

제 18 일

하나님의 말씀과 기도祈禱로 거룩하여짐이라

디모데전서 4:5

'술, 담배, 마약痲藥, 노름, 불륜不倫'을 5대 행악五大行惡이라고 합니다. 옛날에는 주색잡기酒色雜技 허랑방탕虛浪放蕩이라 했습니다. 성경聖經에는 옛 사람 곧 '탐욕貪慾과 방탕放蕩으로 가득한'(마 23:25) 우상숭배자偶像崇拜者와 귀신 숭상자鬼神崇尙者들이라고 지적指摘했습니다. 현대인現代人들의 우상숭배偶像崇拜 행위行爲 과정過程은 5대 행악五大行惡으로 자신自身의 몸과 가정家庭과 사회社會를 혼란混亂과 파탄破綻으로 끌고 가는 과정過程임을 유의有意해야 합니다.

1. 이와 같이 집사執事들도 단정端正하고 일구이언一口二言하지 아니하고, 술에 인박이지 아니하고 더러운 이를 탐貪하지 아니하고 깨끗한 양심良心에 믿음의 비밀秘密을 가진 자라야 할지니, 이에 이 사람들을 먼저 시험試驗하여 보고 그 후後에 책망責望할 것이 없으면 집사執事의 직분職分을 하게 할 것이요, 여자女子들도 이와 같이 단정端正하고 참소讒訴하지 말며 절제節制하며 모든 일에 충성忠誠된 자라야 할지니라. 집사執事는 한 아내의 남편男便이 되어 자기 집을 잘 다스리는 자일지니, 집사執事의 직분職分을 잘한 자들은 아름다운 지위地位와 그리스도 예수 안에 있는 믿음에 큰 담력膽力을 얻느니라. (딤전 3:8~13)

2. 내가 너로 하나님의 집에서 어떻게 행行할 것을 알게 하려 함이니, 이 집은 살아 계신 하나님의 교회敎會요 진리眞理의 기둥과 터이니라. 크도다 경건敬虔의 비밀秘密이여 그는 육신肉身으로 나타나신 바 되신, 영靈으로 의義롭다 하심을 입으시고 천사天使들에게 보이시고, 만국萬國에서 전파傳播되시고 세상世上에서 믿은바 되시고 영광榮光 가운데서 올리우셨음이라. (딤전 3:15~16)

3. 성경聖經이 밝히 말씀하시기를 어떤 자들이 믿음에서 떠나 미혹迷惑케 하는 영靈과 귀신鬼神의 가르침을 좇으라 하였으니, 양심良心이 화인火印 맞아서 외식外飾함으로 거짓말하는 자들이라. 혼인婚姻을 금禁하고 식물食物을 폐廢하라 하는 자들이 있으나, 식물食物은 하나님이 지으신 바니 믿는 자들과 진리眞理를 아는 자들은 감사感謝함으로 받을 것이니라. 하나님이 지으신 모든 것이 선善하매 감사感謝함으로 받으면 버릴 것이 없나니, 하나님의 말씀과 기도祈禱로 거룩하여 짐이라. 네가 이것으로 형제兄弟를 깨우치면 그리스도 예수의 선善한 일꾼이 되어 믿음의 말씀과 네가 좇는 선善한 교훈敎訓으로 양육養育을 받으리라. (딤전 4:1~6)

4. 망령妄靈되고 허탄虛誕한 신화神話를 버리고 오직 경건敬虔에 이르기를 연습練習하라. 육체肉體의 연습練習은 약간若干의 유익有益이 있으나 경건敬虔은 범사凡事에 유익有益하니, 금생今生과 내생來生에 약속約束이 있느니라. 미쁘다 이 말이여 모든 사람이 받을 만하도다. 이를 위하여 우리가 수고受苦하고 진력盡力하는 것은 우리 소망所望을 살아 계신 하나님께 둠이니, 곧 모든 사람 특히 믿는 자들의 구주救主시라. (딤전 4:7~10)

5. 네가 이것들을 명命하고 가르치라. 누구든지 네 연소年少함을 업신 여기지 못하게 하고, 오직 말과 행실行實과 사랑과 믿음과 정절貞節에 믿는 자의 본本이 되어, 내가 이를 때까지 읽는 것과 권勸하는 것과 가르치는 것에 착념着念하라. 네 속에 있는 은사恩賜 곧 장로長老의 회會에서 안수按手 받을 때에 예언豫言으로 말미암아 받은 것을 조심操心 없이 말며, 이 모든 일에 전심전력全心全力하여 너의 진보進步를 모든 사람에게 나타내게 하라. 네 자신自身과 가르침을 삼가 이 일을 계속繼續하라. 이것을 행行함으로 네 자신自身과 네게 듣는 자를 구원救援하리라. (딤전 4:11~16)

6. 늙은이들은 꾸짖지 말고 권勸하되 아비에게 하듯하며 젊은이를 형제兄弟에게 하듯하고, 늙은 여자女子를 어미에게 하듯하며 젊은 여자女子를 일절一切 깨끗함으로 자매姉妹에게 하듯하라. 과부寡婦를 경대敬待하고 자녀子女와 손자孫子들에게 효행孝行을 가르쳐 보답報答하기를 배우게 하라. 이것이 하나님 앞에 받으실 만한 것이니라. 외로운 자는 하나님께 소망所望을 두어 항상 간구懇求와 기도祈禱를 하거니와, 일락逸樂을 좋아하는 이는 살았으나 죽었느니라. 이것을 명命하여 책망責望 받을 것이 없게 하라. 누구든지 자기自己 친족親族과 가족家族을 돌보지 아니하면 믿음을 배반背叛하는 자요 불신자不信者보다 더 악惡한 자니라. (딤전 5:1~8)

지도자指導者, 지휘자指揮者, 지휘관指揮官, 책임자責任者가 알코올 중독中毒이거나 마약痲藥을 하거나 불륜不倫을 하면 판단력判斷力이 상실喪失되어 부적격자不適格者가 되고 결국結局 폐인廢人이 되고 맙니다. 영적靈的 지도자指導者인 우리 그리스도인들은 철저徹底한 지도자指導者 능력能力과 지도력指導力을 하나님의 말씀과 성령聖靈의 권능權能으로 배양培養해야 귀貴하고 크게 쓰임 받게 됩니다. "하나님의 말씀과 기도祈禱로 거룩하여짐이니라." 영적靈的 지도력指導力 함양涵養을 위한 교훈敎訓입니다.

【 낭송 표시 : 1회 ▞ / 4회 ■ / 목표 120회 】

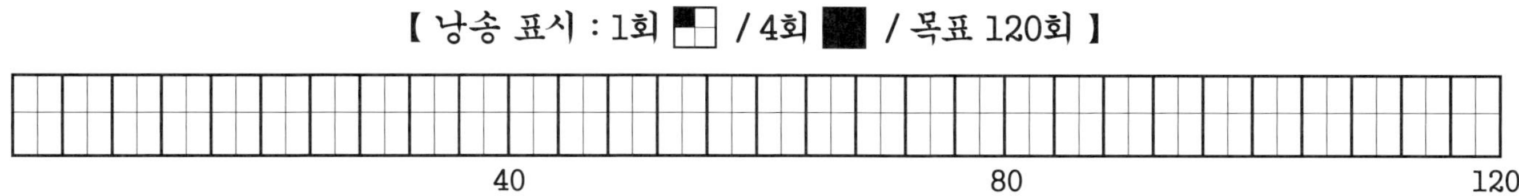

"주의 말씀은 내 발의 등이요 내 길에 빛이니이다"(시 119:105)

제 19 일

먹을 것과 입을 것이 있은즉 족足한 줄 알라

디모데전서 6:8

의식주衣食住 문제 해결問題解決은 생활生活의 기본基本입니다. 동물 세계動物世界는 먹는 문제問題가 해결解決되면 즐겁게 뛰놀고 잠자고 아무 불평不平도 불만不滿도 없습니다. 먹을 것과 입을 것이 있고 가정家庭에서 화목和睦하게 생활生活하고 열심熱心히 일할 직장職場과 일터가 있고, 하나님께 예배禮拜 드리는 교회생활敎會 生活을 한다면 "내 은혜恩惠가 내게 족足하도다"(고후 12:9). 참으로 행복자幸福者인 것입니다.

1. 잘 다스리는 장로長老들을 배倍나 존경尊敬할 자로 알되 말씀과 가르침에 수고受苦하는 이들은 더할 것이니라. 성경聖經에 일렀으되 곡식穀食을 밟아 떠는 소의 입에 망網을 씌우지 말라 하였고, 일꾼이 그 삯을 받는 것이 마땅하도다 하였느니라. 장로長老에 대한 송사訟事는 두세 증인證人이 없으면 받지 말 것이요, 범죄犯罪할 자들은 모든 사람 앞에 꾸짖어 나머지 사람으로 두려워하게 하라. (딤전 5:17~20)

2. 하나님과 그리스도 예수와 택擇하심을 받은 천사天使들 앞에서 내가 엄嚴히 명命하노니, 너는 편견偏見없이 이것들을 지켜 아무 일도 편벽偏僻되이 하지 말며, 아무에게나 경솔輕率히 안수按手하지 말고 다른 사람의 죄罪를 간섭干涉치 말고 네 자신自身을 지켜 정결淨潔케 하라. 이제부터 물만 마시지 말고 네 비위脾胃와 자주 나는 병病을 인하여 포도주葡萄酒를 조금씩 쓰라. 어떤 사람의 죄罪는 밝히 드러나 먼저 심판審判에 나아가고, 어떤 사람들의 죄罪는 그 뒤를 좇나니 이와 같이 선행善行도 밝히 드러나고 그렇지 아니한 것도 숨길 수 없느니라. (딤전 5:21~25)

3. 무릇 종들은 상전上典들을 범사凡事에 마땅히 공경恭敬할 자로 알지니, 이는 하나님의 이름과 교훈敎訓으로 훼방毁謗을 받지 않게 함이라. 상전上典을 형제兄弟라고 경輕히 여기지 말고 더 잘 섬기게 하라. 이는 유익有益을 받는 자들이 믿는 자요 사랑을 받는 자임이니라. 너는 이것들을 가르치고 권勸하라. 우리 주主 예수 그리스도의 말씀과 경건敬虔에 관關한 교훈敎訓에 착념着念치 아니하면 저는 교만驕慢하여 변론辯論과 언쟁言爭을 하며, 투기妬忌와 분쟁紛爭과 훼방毁謗과 악惡한 생각生覺이 나며, 마음이 부패腐敗하여 지고 진리眞理와 경건敬虔을 잃어버려 다툼이 일어나느니라. 그러나 지족知足하는 마음이 있으면 경건敬虔이 큰 이익利益이 되느니라. (딤전 6:1~6)

4. 우리가 세상世上에 아무것도 가지고 온 것이 없으매 또한 아무 것도 가지고 가지 못하리니, 우리가 먹을 것과 입을 것이 있은즉 족足한 줄로 알 것이라. 부富하려는 자들은

시험試驗과 올무와 여러 가지 어리석고 해害로운 정욕情慾에 떨어지나니, 곧 사람으로 침륜沈淪과 멸망滅亡에 빠지게 하는 것이라. 돈을 사랑함이 일만一萬 악惡의 뿌리가 되나니, 이것을 사모思慕하는 자들이 미혹迷惑을 받아 믿음으로 떠나 많은 근심으로써 자기自己를 찔렀도다. 오직 너 하나님의 사람아 이것들을 피避하고, 의義와 경건敬虔과 믿음과 사랑과 인내忍耐와 온유溫柔를 좇으며, 믿음의 선善한 싸움을 싸우고 영생永生을 취取하라. 이를 위하여 네가 부르심을 입었고 많은 증인證人들 앞에서 선善한 증거證據를 증거證據하였도다. (딤전 6:7~12)

5. 만물萬物을 살게 하신 하나님 앞과 선善한 증거證據로 증거證據하신 그리스도 예수 앞에서 내가 너를 명命하노니, 우리 주主 예수 그리스도의 나타나실 때까지 점點도 없고 책망責望 받을 것도 없이 이 명령命令을 지키라. 기약期約이 이르면 하나님이 그의 나타나심을 보이시리니, 하나님은 복福 되시고 홀로 한 분이시며 능能하신 자시며 만왕萬王의 왕王이시며 만주萬主의 주主시요, 오직 그에게만 죽지 아니함이 있고 가까이 못할 빛에 거居하시고, 아무 사람도 보지 못하였고 또 볼 수 없는 자시니, 그에게 존귀尊貴와 영원永遠한 능력能力을 돌릴지어다 아멘. (딤전 6:13~16)

6. 네가 이 세대世代에 부富한 자들을 명命하여 마음을 높이지 말고, 정定함이 없는 재물財物에 소망所望을 두지 말고, 오직 우리에게 모든 것을 후厚히 주사 누리게 하시는 하나님께 두며, 선善한 일을 행行하고 선善한 사업事業에 부富하고 나누어 주기를 좋아하며, 동정同情하는 자가 되게 하라. 이것이 장래將來 자기自己를 위하여 좋은 터를 쌓아 참된 생명生命을 취取하는 것이니라. (딤전 6:17~19)

7. 디모데야 네게 부탁付託한 것을 지키고 거짓되이 일컫는 지식知識의 망령妄靈되고 허虛한 말과 변론辯論을 피避하라. 이것을 좇는 사람들이 있어 믿음에서 벗어 났느니라. 은혜恩惠가 너희와 함께 있을지어다. (딤전 6:20~21)

하나님의 사람은 '의義와 경건敬虔과 믿음과 사랑과 인내忍耐와 온유溫柔를 좇으며 믿음의 선善한 싸움을 싸우며 영생永生을 취하는' 복福된 삶을 살아야 합니다. 이를 위하여 우리는 부르심을 받았고 각양各樣 은사恩賜와 귀貴한 직분職分을 받았습니다. 아멘.

【 낭송 표시 : 1회 ▦ / 4회 ■ / 목표 120회 】

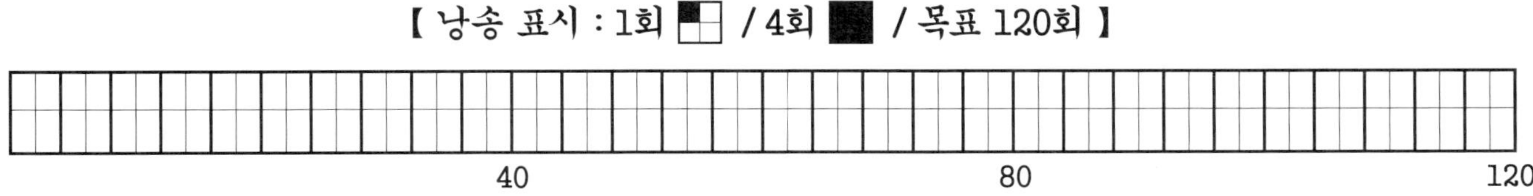

"주의 말씀은 내 발의 등이요 내 길에 빛이니이다"(시 119:105)

제 20 일

기쁨이 가득하게 하려 함이라

디모데후서 1:4

바울 사도使徒는 사랑하는 믿음의 아들 디모데를 생각生覺하면 기쁨이 가득하게 됩니다. 이 얼마나 아름답고 은혜恩惠로운 관계關係입니까. 그 이유理由는 "주主를 위하여 복음福音과 함께 고난苦難에 동참同參"(딤후 1:8)하였기 때문입니다. 또한 "모집한 주님을 기쁘게"(딤후 2:4)하였습니다. 이와 같이 "기쁨이 가득하게 은혜恩惠가 가득하게"(딤후 1:4) 하는 우리의 신앙생활信仰生活이 되어야겠습니다.

1. 하나님의 뜻으로 말미암아 그리스도 예수 안에 있는 생명生命**의 약속**約束**대로, 그리스도 예수의 사도**使徒**된 바울은 사랑하는 아들 디모데에게 편지**便紙**하노니, 하나님 아버지와 그리스도 예수 우리 주**主**께로부터 은혜**恩惠**와 긍휼**矜恤**과 평강**平康**이 네게 있을지어다. 나의 밤낮 간구**懇求**하는 가운데 쉬지 않고 너를 생각**生覺**하여, 청결**淸潔**한 양심**良心**으로 조상**祖上**적부터 섬겨오는 하나님께 감사**感謝**하고, 네 눈물을 생각**生覺**하여 너 보기를 원**願**함은 내 기쁨이 가득하게 하려 함이니, 이는 네 속에 거짓없는 믿음을 생각**生覺**함이라.** (딤후 1:1~5)

2. 이 믿음은 먼저 네 외조모外祖母 **로이스와 네 어머니 유니게 속에 있더니 네 속에도 있는 줄을 확신**確信**하노라. 그러므로 내가 나의 안수**按手**함으로 네 속에 있는 하나님의 은사**恩賜**를 다시 불일 듯 하게 하기 위하여 너로 생각**生覺**하노니, 하나님이 우리에게 주신 것은 두려워 하는 마음이 아니요, 오직 능력**能力**과 사랑과 근신하는 마음이니 그러므로 네가 우리 주**主**의 증거**證據**와 또는 주**主**를 위하여, 갇힌 자 된 나를 부끄러워 말고 오직 하나님의 능력**能力**을 좇아 복음**福音**과 함께 고난**苦難**을 받으라.** (딤후 1:5~8)

3. 하나님이 우리를 구원救援**하사 거룩하신 부르심으로 부르심은 우리의 행위**行爲**대로 하심이 아니요, 오직 자기**自己 **뜻과 영원**永遠**한 때 전부터 그리스도 예수 안에서 우리에게 주신 은혜**恩惠**대로 하심이라. 이제는 우리 구주 그리스도 예수의 나타나심으로 말미암아 나타났으니, 저는 사망**死亡**을 폐**廢**하려고 복음**福音**으로써 생명**生命**과 썩지 아니할 것을 드러내신지라. 내가 이 복음**福音**을 위하여 반포자**頒布者**와 사도**使徒**와 교사**敎師**로 세우심을 입었노라. 이를 인**因**하여 고난**苦難**을 받되 부끄러워 아니함은 나의 의뢰**依賴**한 자를 내가 알고, 나의 의탁**依託**한 것을 그날까지 저가 능**能**히 지키실 줄을 확신**確信**함이라. 너는 그리스도 예수 안에 있는 믿음과 사랑으로써 내게 들은바 바른말을 본**本**받아 지키고, 우리 안에 거**居**하시는 성령**聖靈**으로 말미암아 네게 부탁**付託**한 아름다운 것을 지키라.** (딤후 1:9~14)

4. 내 아들아 그러므로 내가 그리스도 예수 안에 있는 은혜恩惠 **속에서 강**强**하고, 또 네가 많은 증인**證人 **앞에서 내게 들은 바를 충성**忠誠**된 사람들에게 부탁**付託**하라, 저희가 또**

다른 사람들을 가르칠 수 있으리라. 네가 그리스도 예수의 좋은 군사軍士로 나와 함께 고난苦難을 받을지니, 군사軍士로 모집募集한 자를 기쁘게 하려 함이라. 경기競技하는 자가 법法대로 경기競技하지 아니하면 면류관冕旒冠을 얻지 못할 것이며, 수고受苦하는 농부農夫가 곡식穀食을 먼저 받는 것이 마땅하니라. 내 말하는 것을 생각生覺하라 주主께서 범사凡事에 네게 총명聰明을 주시리라. 나의 복음福音과 같이 다윗의 씨로 죽은 자 가운데서 다시 살으신 예수 그리스도를 기억記憶하라. (딤후 2:1~8)

5. 그러므로 내가 택擇하신 자를 위하여 모든 것을 참음은, 저희로 그리스도 예수 안에 있는 구원救援을 영원永遠한 영광榮光과 함께 얻게 하려 함이로다. 미쁘다 이 말이여 우리가 주主와 함께 죽었으면 또한 함께 살 것이요, 참으로 함께 왕王노릇 할 것이요 우리가 주主를 부인否認하면 주主도 우리를 부인否認하실 것이라. 주主는 일향一向 미쁘시니 자기自己를 부인否認하실 수 없으시리라. 너는 저희로 이 일을 기억記憶하게 하여 말다툼을 하지 말라고 하나님 앞에서 엄嚴히 명命하라. 이는 유익有益이 없고 도리어 듣는 자들을 망亡하게 함이니라. 네가 진리眞理의 말씀을 옳게 분변分辨하며 부끄러울 것이 없는 일꾼으로 인정認定된 자로 자신自身을 하나님 앞에 드리기를 힘쓰라. 하나님의 견고堅固한 터는 섰으니 인印침이 있어 일렀으되, 주主께서 자기自己 백성百姓을 아신다 하며, 또 주主의 이름을 부르는 자마다 불의不義에서 떠날지어다. (딤후 2:10~19)

6. 큰 집에는 금金과 은銀 그릇이 있을 뿐 아니요, 나무와 질그릇도 있어 귀貴히 쓰는 것도 있고 천賤히 쓰는 것도 있나니, 그러므로 누구든지 자기自己를 깨끗하게 하면 귀貴히 쓰는 그릇이 되어 거룩하고, 주인主人의 쓰심에 합당合當하며 모든 선善한 일에 예비豫備함이 되리라. 네가 청년靑年의 정욕情慾을 피避하고 주主를 깨끗한 마음으로 부르는 자들과 함께 의義와 믿음과 사랑과 화평和平을 좇으라. 어리석고 무식無識한 변론辯論을 버리라 이에서 다툼이 나는 줄 앎이라. 마땅히 주主의 종은 다투지 아니하고 모든 사람을 대하여 온유溫柔하며 가르치기를 잘하며, 참으며 거역拒逆하는 자를 온유溫柔함으로 징계懲戒할지니, 하나님이 저희에게 회개悔改함을 주사 진리眞理를 알게 하실까 하며, 저희로 깨어 마귀魔鬼의 올무에서 벗어나 하나님께 사로잡힌 바 되어 그 뜻을 좇게 함이라. (딤후 2:20~26)

우리가 받은 은사恩賜와 직분職分은 다양多樣합니다. 깨끗하게 하여 귀貴히 쓰는 그릇이 되어 하나님을 기쁘시게 하고 부모님을 기쁘게 하고 주主의 종을 기쁘게 하는 우리 모든 성도聖徒들이 되시기를 바랍니다.

【 낭송 표시 : 1회 / 4회 / 목표 120회 】

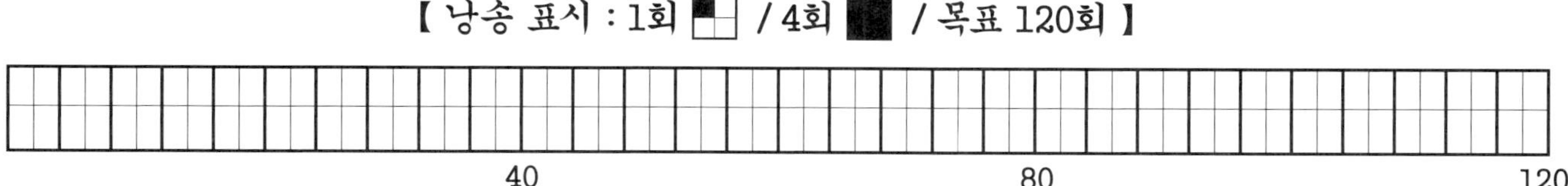

"주의 말씀은 내 발의 등이요 내 길에 빛이니이다"(시 119:105)

제 21 일

온전穩全케 하려 함이니라

디모데후서 3:17

기독교基督敎 교육敎育의 목표目標는 '하나님의 삶으로 온전穩全한 신앙信仰 인격자人格者'가 되도록 교육敎育을 하는 데 있습니다. 신앙생활信仰生活의 연륜年輪과 정비례正比例하여 점점 주님의 모습을 닮는 성도聖徒들이 되는 데 있습니다. "부르신 그들을 또한 의義롭다 하시고 의義롭다 하신 그들을 또한 영화榮華롭게 하셨느니라"(롬 8:30). 의義롭게 하시고 영화榮華롭게 하는 것이 하나님의 뜻입니다. 부름 받은 성도聖徒는 의義롭게 영화榮華롭게 성화聖化되어야 합니다.

1. 네가 이것을 알라 말세末世에 고통苦痛하는 때가 이르리니, 사람들이 자기自己를 사랑하며 돈을 사랑하며 자긍自矜하며 교만驕慢하여 훼방毁謗하며, 부모父母를 거역拒逆하며 감사感謝치 아니하며 거룩하지 아니하며, 무정無情하며 원통寃痛함을 풀지 아니하며 참소讒訴하며 절제節制하지 못하며, 사나우며 선善한 것을 좋아 아니하며 배반背叛하여 팔며, 조급躁急하며 자고自高하며 쾌락快樂 사랑하기를 하나님 사랑하는 것보다 더하며, 경건敬虔의 모양模様은 있으나 경건敬虔의 능력能力은 부인否認하는 자니 이 같은 자들에게서 돌아서라. (딤후 3:1~5)

2. 나의 교훈敎訓과 행실行實과 의향意向과 믿음과 오래 참음과 사랑과 인내忍耐와 핍박逼迫과 고난苦難을, 주主께서 이 모든 것 가운데서 나를 건지셨느니라. 무릇 그리스도 예수 안에서 경건敬虔하게 살고자 하는 자는 핍박逼迫을 받으리라. 악惡한 사람들과 속이는 자들은 더욱 악惡하여져서 속이기도 하고 속기도 하나니, 그러나 너는 배우고 확신確信한 일에 거居하라. 네가 뉘게서 배운 것을 알며 또 네가 어려서부터 성경聖經을 알았나니, 성경聖經은 능能히 너로 하여금 그리스도 예수 안에 있는 믿음으로 말미암아 구원救援에 이르는 지혜智慧가 있게 하느니라. 모든 성경聖經은 하나님의 감동感動으로 된 것으로 교훈敎訓과 책망責望과 바르게 함과 의義로 교육敎育하기에 유익有益하니, 이는 하나님의 사람으로 온전穩全케 하며 모든 선善한 일을 행行하기에 온전穩全케 하려 함이니라. (딤후 3:10~17)

3. 하나님 앞과 산 자와 죽은 자를 심판審判하실 그리스도 예수 앞에서 그의 나타나실 거소居所가 그의 나라를 두고 엄嚴히 명命하노니, 너는 말씀을 전파傳播하라 때를 얻든지 못 얻든지 항상 힘쓰라. 범사凡事에 오래 참음과 가르침으로 경책警責하며 경계警戒하며 권勸하라. 그러나 너는 고난苦難을 받으며 전도인傳道人의 일을 하며 네 직무職務를 다하라. (딤후 4:1~5)

4. 관제灌祭와 같이 벌써 내가 부음이 되고 나의 떠날 기약期約이 가까웠도다. 내가 선善한 싸움을 싸우고 나의 달려갈 길을 마치고 믿음을 지켰으니, 이제 후後로는 나를 위하여 의義의 면류관冕旒冠이 예비豫備 되었으므로, 주主 곧 의義로우신 재판장裁判長이 그날에 내게 주실 것이니 내게만 아니라 주主의 나타나심을 사모思慕하는 모든 자에게니라. (딤후 4:6~8)

5. 너는 어서 속速히 오라 데마는 이 세상世上을 사랑하여 나를 버리고 데살로니가로 갔고 그레스게는 갈라디아로, 디도는 달마디아로 갔고 누가만 나와 함께 있느니라. 네가 올 때에 마가를 데리고 오라 저가 나의 일에 유익有益하니라. 두기고는 에베소로 보내었노라 네가 올 때 가보의 집에 둔 겉옷을 가지고 오고, 또 책冊을 특별特別히 가죽 종이에 쓴 것을 가져오라. 알렉산더가 내게 해害를 많이 보였으매, 주主께서 그 행行한 대로 저에게 갚으시리니, 너도 저를 주의注意 하라 저가 우리말을 심甚히 대적對敵하였느니라. (딤후 4:9~15)

6. 주主께서 내 곁에 서서 나를 강건康健케 하심은 나로 말미암아, 전도傳道의 말씀이 온전穩全히 전파傳播되어 이방인異邦人으로 듣게 하려 하심이니, 내가 사자獅子의 입에서 건지웠느니라. 주主께서 나를 모든 악惡한 일에서 건져 내시고, 또 그의 천국天國에 들어가도록 구원救援하시리니, 그에게 영광榮光이 세세무궁世世無窮토록 있을지어다 아멘. (딤후 4:17~18)

7. 브리스가와 아굴라와 오네시보로의 집에 문안問安하라. 에라스도는 고린도에 머물렀고 드로비모는 병病듦으로 밀레도에 두었노니, 겨울 전에 너는 어서 오라. 으뷸로와 부데와 리노와 글라우디아와 모든 형제兄弟가 다 네게 문안問安하느니라. 나는 주主께서 네 심령心靈에 함께 계시기를 바라노니 은혜恩惠가 너희와 함께 있을지어다. (딤후 4:19~22)

믿음으로 그 인격人格이 의義롭게 성화聖化된 이에게 의義의 면류관冕旒冠을 수여해 주십니다. 선善한 싸움을 싸운 이에게 생명生命의 면류관冕旒冠을 주십니다. "세상世上에서 환난患難을 당當하나 담대膽大하라 내가 세상世上을 이기었노라"(요 16:33). 달려갈 길을 다 달린 성도聖徒는 주님과 더불어 왕王 노릇(계 22:5) 하게 됩니다. 그러므로 영광榮光을 세세무궁世世無窮토록 누리게 됩니다.

【 낭송 표시 : 1회 / 4회 / 목표 120회 】

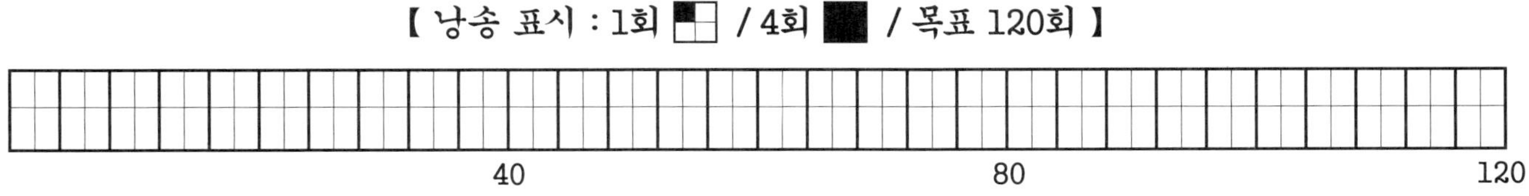

"주의 말씀은 내 발의 등이요 내 길에 빛이니이다"(시 119:105)

제 22 일

은혜恩惠와 평강平康이 네게 있을지어다

디도서 1:4

디도는 바울 사도使徒의 후계자後繼者이자 초대교회初代敎會 지도자指導者였습니다. 그레데 교회敎會에서 목회牧會하도록 사명使命을 부여附與하였습니다. 목회牧會 현장現場에 은혜恩惠와 평강平康이 풍성豊盛히 임臨하도록 축복祝福하였습니다.

1. 하나님의 종이요 예수 그리스도의 사도使徒인 바울 곧 나의 사도使徒 된 것은, 하나님의 택擇하신 자들의 믿음과 경건敬虔함에 속屬한 진리眞理의 지식知識과 영생永生의 소망所望을 인因함이라. 이 영생永生은 거짓이 없으신 하나님이 영원永遠한 때 전부터 약속約束하신 것인데, 자기自己 때에 자기自己의 말씀을 전도傳道로 나타내셨으니, 이 전도傳道는 우리 구주救主 하나님의 명命대로 내게 맡기신 것이라. 같은 믿음을 따라 된 나의 참 아들 디도에게 편지便紙하노니, 하나님 아버지와 그리스도 예수 우리 구주救主로 좇아 은혜恩惠와 평강平康이 네게 있을지어다. (딛 1:1~4)

2. 내가 너를 그레데에 떨어뜨려 둔 이유理由는 부족不足한 일을 바로잡고 나의 명命한 대로 각 성城에 장로長老들을 세우게 하려 함이니, 책망責望할 것이 없고 한 아내의 남편男便이며 방탕放蕩하다 하는 비방誹謗이나 불순종不順從하는 일이 없는 믿는 자녀子女를 둔 자라야 할지라. 감독監督은 하나님의 청지기淸直로서 책망責望할 것이 없고 제 고집대로 하지 아니하며, 급急히 분憤내지 아니하며 술을 즐기지 아니하며 구타毆打하지 아니하며, 더러운 이를 탐貪하지 아니하며 오직 나그네를 대접待接하며, 선善을 좋아하며 근신하며 의義로우며 거룩하며 절제節制하며, 미쁜 말씀의 가르침을 그대로 지켜야 하리니, 이는 능能히 바른 교훈敎訓으로 권면勸勉하고 거스려 말하는 자들을 책망責望하게 하려 함이라. (딛 1:5~9)

3. 복종服從치 아니하고 헛된 말을 하며 속이는 자가 많은 중 특별特別히 할례당割禮黨 가운데 심甚하니 저희의 입을 막을 것이라. 이런 자들이 더러운 이를 취取하려고 마땅치 아니한 것을 가르쳐 집들을 온통 엎드러치는도다. 그레데인 중에 어떤 선지자先知者가 말하되 그레데인들은 항상恒常 거짓말쟁이며, 악惡한 짐승이며 배만 위하는 게으름장이라 하니 이 증거證據가 참되도다. 그러므로 내가 저희를 엄嚴히 꾸짖으라 이는 저희로 하여금 믿음을 온전穩全케 하고, 허탄虛誕한 이야기와 진리眞理를 배반背叛하는 사람들의 명령命令을 좇지 않게 하려 함이라. 깨끗한 자들에게는 모든 것이 깨끗하나 더럽고 믿지 아니하는 자들에게는 아무것도 깨끗한 것이 없고 오직 저희 마음과 양심良心이 더러운지라. 저희가 하나님을 시인是認하나 행위行爲로는 부인否認하니 가증可憎한 자요, 복종服從치 아니하는 자요 모든 선善한 일을 버리는 자니라. (딛 1:10~16)

4. 오직 너는 바른 교훈敎訓에 합合한 것을 말하여, 절제節制하며 경건敬虔하며 근신하며 믿음과 사랑과 인내忍耐함에 온전穩全케 하고, 행실行實이 거룩하며 참소讒訴치 말며 많은 술의 종이 되지 말며, 선善한 것을 가르치는 자들이 되고, 남편男便과 자녀子女를 사랑하며

근신하며 순전順轉하며 집안 일을 하며 선善하며 자기 남편男便에게 복종服從하게 하라. 이는 하나님의 말씀이 훼방毁謗을 받지 않게 하려 함이니라. 너는 이와 같이 남자男子들을 권면勸勉하여 근신하게 하되, 범사凡事에 네 자신으로 선善한 일의 본本을 보여 교훈敎訓의 부패腐敗치 아니함과 경건敬虔함과 책망責望할 것이 없는 바른 말을 하게 하라. 이는 대적對敵하는 자로 하여금 부끄러워 우리를 악惡하다 할 것이 없게 하려 함이라. 종들로는 자기 상전上典들에게 범사凡事에 순종順從하여 기쁘게 하고 거스려 말하지 말며, 떼어 먹지 말고 오직 선善한 충성忠誠을 다하게 하라. 이는 범사凡事에 우리 구주救主 하나님의 교훈敎訓을 빛나게 하려 함이라. (딛 2:1~10)

5. 모든 사람에게 구원救援을 주시는 하나님의 은혜恩惠가 나타나 우리를 양육養育하시되, 경건敬虔치 않은 것과 이 세상世上 정욕情慾을 다 버리고, 근신함과 의義로움과 경건敬虔함으로 이 세상世上에 살고 복福스러운 소망所望과, 우리의 크신 하나님 구주救主 예수 그리스도의 영광榮光이 나타나심을 기다리게 하셨으니, 그가 우리를 대신하여 자신自身을 주심은 모든 불법不法에서 우리를 구속救贖하시고, 우리를 깨끗하게 하사 선善한 일에 열심熱心하는 친 백성百姓이 되게 하려 하심이니라. 너는 이것을 말하고 권면勸勉하며 모든 권위權威로 책망責望하여 누구에게든지 업신여김을 받지 말라. (딛 2:11~15)

6. 저희로 하여금 정사政事와 권세權勢 잡은 자들에게 복종服從하며 순종順從하며, 모든 선善한 일 행行하기를 예비豫備하게 하며, 아무도 훼방毁謗하지 말며 다투지 말며 관용寬容하며, 범사凡事에 온유溫柔함을 모든 사람에게 나타낼 것을 기억記憶하게 하라. 우리도 전에는 어리석은 자요 순종順從치 아니한 자요, 속은 자요 각색各色 정욕情慾과 행락行樂에 종노릇한 자요, 악독惡毒과 투기妬忌로 지낸 자요 가증可憎스러운 자요 피차彼此 미워한 자이었으나, 우리 구주救主 하나님의 자비慈悲와 사람 사랑하심을 나타내실 때에 우리를 구원救援하시되, 우리의 행行한바 의義로운 행위行爲로 말미암지 아니하고, 오직 그의 긍휼矜恤하심을 좇아 중생重生의 씻음과 성령聖靈의 새롭게 하심으로 하셨나니, 성령聖靈을 우리 구주救主 예수 그리스도로 말미암아 우리에게 풍성豊盛히 부어 주사, 우리로 저의 은혜恩惠를 힘입어 의義롭다 하심을 얻어 영생永生의 소망所望을 따라 후사後嗣가 되게 하려 하심이라. 이 말이 미쁘도다 원願컨대 네가 이 여러 것에 대하여 굳세게 말하라. 이는 하나님을 믿는 자들로 하여금 조심操心하여 선善한 일을 힘쓰게 하려 함이라. 이것은 아름다우며 사람들에게 유익有益하니라. (딛 3:1~8)

목회牧會 동역자同役者 선택選擇 기준基準을 제시提示하였습니다. 신앙信仰 인격人格이 구비具備된 사람을 세우도록 그 자격自格과 기준基準을 엄격嚴格하게 세웠습니다.

【 낭송 표시 : 1회 ▣ / 4회 ■ / 목표 120회 】

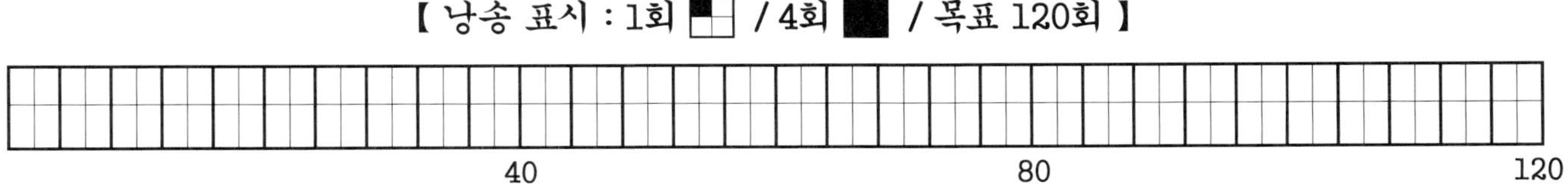

"주의 말씀은 내 발의 등이요 내 길에 빛이니이다"(시 119:105)

제 23 일

기쁨을 얻게 하고 평안平安하게 하라

빌레몬서 1:20

빌레몬과 오네시모는 상전上典과 노예奴隸 관계關係입니다. 도망逃亡간 노예奴隸는 붙잡히면 죽임을 당합니다. 바울 사도使徒와 오네시모는 로마 옥중獄中에서 복음 전파福音傳播의 동역자同役者 관계關係가 되었습니다. 바울과 빌레몬은 빌립보 교회敎會 사도使徒와 성도聖徒의 관계關係였습니다. 또한 '주主 안에서 너를 인하여 기쁨을 얻게 하고 평안平安한 관계關係'였습니다. 그리스도의 사랑 안에서 모든 관계關係가 유익有益한 관계關係로 변화變化되었습니다. 기쁨과 평안平安으로 유익有益과 감사感謝로 승화昇華되는 은혜恩惠로운 체험體驗을 하시기 바랍니다.

1. 그리스도를 위하여 갇힌 자 된 바울과 형제兄弟 디모데로 우리의 사랑받는 자요, 동역자同役者인 빌레몬과 자매姉妹 압비아와 함께 군사軍士된 아킵보와 네 집에 있는 교회敎會에 편지便紙하노니, 하나님 우리 아버지와 주主 예수 그리스도를 좇아 은혜恩惠와 평강平康이 너희에게 있을지어다. 내가 항상恒常 내 하나님께 감사感謝하고 기도祈禱할 때에 너를 말함은 주主 예수와 및 모든 성도聖徒에 대한 네 사랑과 믿음이 있음을 들음이니, 이로써 네 믿음의 교제交際가 우리 가운데 있는 선善을 알게 하고 그리스도께 미치도록 역사役事하느니라. (몬 1:1~6)

2. 형제兄弟여 성도聖徒들의 마음이 너로 말미암아 평안平安함을 얻었으니, 내가 너의 사랑으로 많은 기쁨과 위로慰勞를 얻었노라. 이러므로 내가 그리스도 안에서 많은 담력膽力을 가지고 네게 마땅한 일로 명命할 수 있으나 사랑을 인하여 도리어 간구懇求하노니, 나이 많은 나 바울은 지금도 또 예수 그리스도를 위하여 갇힌 자 되어 네게 간구懇求하노라. 저가 전에는 네게 무익無益하였으나 이제는 나와 네게 유익有益함으로 네게 저를 돌려 보내노니, 저를 내게 머물러 두어 내 복음福音을 위하여 갇힌 중에서 네 대신 나를 섬기게 하고자 하나 다만 네 승낙承諾 없이는 내가 아무것도 하기를 원願치 아니하노니, 이는 너의 선善한 일이 억지臆志가 되지 아니하고 자의自意로 되게 하려 함이라. (몬 1:7~14)

3. 나 바울이 친필親筆로 쓰노니 내가 갚으려니와 너는 이외에 네 자신自身으로 내게 빚진 것을 내가 말하지 아니하노라. 오 형제兄弟여! 나로 주主 안에서 너를 인하여 기쁨을 얻게 하고, 내 마음이 그리스도 안에서 평안平安하게 하라. 나는 네가 순종順從함을 확신確信하므로, 네게 썼노니 네가 나의 말보다 더 행行할 줄을 아노라. 오직 너는 나를 위하여 처소處所를 예비豫備하라. 너희 기도祈禱로 내가 너희에게 나아가게 하여 주시기를 바라노라. 그리스도 예수 안에서 나와 함께 갇힌 자 에바브라와 마가, 아리스다고, 데마, 누가가 문안問安 하느니라. 우리 주主 예수 그리스도의 은혜恩惠가 너희 심령心靈과 함께 할지어다. (몬 1:19~25)

4. 너희는 유혹誘惑의 욕심慾心을 따라 썩어져 가는 구습舊習을 좇는 옛 사람을 벗어 버리고, 오직 심령心靈으로 새롭게 되어 하나님을 따라 의義와 진리眞理의 거룩함으로 지으심을 받은 새사람을 입어라. 그런즉 거짓을 버리고 각각各各 그 이웃으로 더불어 참된

것을 말하라. 이는 우리가 서로 지체肢體가 됨이니라. 분忿을 내어도 죄罪를 짓지 말며, 해가 지도록 분忿을 품지 말고 마귀魔鬼로 틈을 타지 못하게 하라. 도적盜賊질 하는 자는 다시 도적盜賊질하지 말며, 돌이켜 빈궁貧窮한 자에게 구제救濟할 것이 있기 위하여 제 손으로 수고受苦하여 선善한 일을 하라. 무릇 더러운 말은 너희 입 밖에도 내지 말고, 오직 덕德을 세우는 데 선善한 말을 하여 듣는 자들에게 은혜恩惠를 끼치게 하라. 하나님의 성령聖靈을 근심하게 하지 말라, 그 안에서 너희가 구속救贖의 날까지 인印 치심을 받았느니라. 너희는 모든 악독惡毒과 노怒함과 분忿냄과 떠드는 것과, 훼방毁謗하는 것을 모든 악의惡意와 함께 버리고 서로 인자仁慈하게 하며 불쌍히 여기며, 서로 용서容恕하기를 하나님이 그리스도 안에서 너희를 용서容恕하심과 같이 하라. (엡 4:22~32)

5. 너희는 하나님을 본本받는 자가 되고 그리스도께서 너희를 사랑하신 것같이 너희도 사랑 가운데서 행行하라. 그는 우리를 위하여 자신自身을 버리사 향기香氣로운 제물祭物과 생축生祝으로 하나님께 드리셨느니라. 음행淫行과 온갖 더러운 것과 탐욕貪慾은 너희 중에서 그 이름이라도 부르지 말라. 너희도 정녕丁寧히 알거니와 음행淫行하는 자나 더러운 자나 탐貪하는 자, 곧 우상숭배偶像崇拜하는 자는 다 그리스도와 하나님 나라에서 기업基業을 얻지 못하리니, 누구든지 헛된 말로 너희를 속이지 못하게 하라. 이를 인하여 하나님의 진노震怒가 불순종不順從의 아들들에게 임하나니 그러므로 저희와 함께 참예參與하는 자가 되지 말라. 너희가 전에는 어두움이더니 이제는 주主 안에서 빛이라 빛의 자녀子女들처럼 행行하라. 빛의 열매는 모든 착함과 의義로움과 진실眞實함에 있느니라. 주主께 기쁘시게 할 것이 무엇인가 시험試驗하여 보라. 잠자는 자여 깨어서 죽은 자들 가운데서 일어나라 그리스도께서 네게 비취시리라. (엡 5:1~14)

6. 그런즉 너희가 어떻게 행行할 것을 자세仔細히 주의注意하여 지혜智慧없는 자 같이 말고, 오직 지혜智慧 있는 자 같이 하여 세월歲月을 아끼라 때가 악惡하니라. 그러므로 어리석은 자가 되지 말고 오직 주主의 뜻이 무엇인가 이해하라. 술 취하지 말라 이는 방탕放蕩한 것이니 오직 성령聖靈의 충만充滿함을 받으라. 시詩와 찬미讚美와 신령神靈한 노래들로 서로 화답和答하며, 너희 마음으로 주主께 노래하며 찬송讚頌하며 범사凡事에 우리 주主 예수 그리스도의 이름으로 항상恒常 아버지 하나님께 감사感謝하며 그리스도를 경외敬畏함으로 피차彼此 복종服從하라. (엡 5:15~21)

종이 도망逃亡갔다가 잡히면 죽음을 당하는 처지處地였지만 그리스도의 사랑으로 용서容恕 받은 오네시모는 후일後日에 로마 감독監督이 되었습니다. 그리스도의 사랑으로 용서容恕해 준 빌레몬은 바울 사도使徒에게 기쁨을 얻게 하고 평안平安하게 해주는 동역자同役者가 되었습니다. 오네시모와 빌레몬을 통通하여 로마 선교宣敎와 소아시아 선교宣敎에 큰 역사役事를 이루었습니다. 그리스도 예수 안에서 모든 일이 협력協力하여 하나님의 구원救援의 역사役事를 이루게 되었습니다. 주主여! 이 땅에 모든 원수怨讐 관계關係와 갈등葛藤과 대립 관계代立關係를 복음 선교福音宣敎의 동역 관계同役關係로 승화昇華시켜 주옵소서.

【 낭송 표시 : 1회 ▚ / 4회 ■ / 목표 120회 】

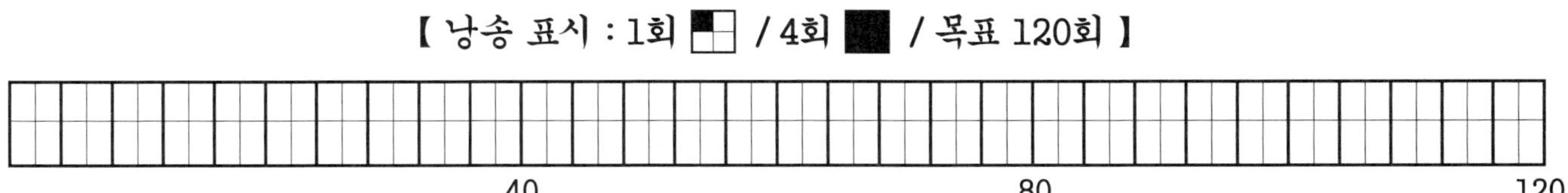

"주의 말씀은 내 발의 등이요 내 길에 빛이니이다"(시 119:105)

제 24 일

거룩한 형제들아 예수를 깊이 생각生覺하라

히브리서 3:1

예수님은 완전完全한 사람이요 하나님이십니다. 최고最高의 이상理想이요 목표目標입니다. 깊이 생각生覺하고 바라보아야 할 분이십니다. 예수님의 말씀과 교훈敎訓, 그의 생활生活과 행동行動, 그의 사상思想과 인격人格을 본本받아 닮아가야 합니다.

1. 옛적에 선지자先知者들로 여러 부분部分과 여러 모양貌樣으로 우리 조상祖上들에게 말씀하신 하나님이, 이 모든 날 마지막날에 아들로 우리에게 말씀하셨으니, 이 아들을 만유萬有의 후사後嗣로 세우시고 또 저로 말미암아 모든 세계世界를 지으셨느니라. 이는 하나님의 영광榮光의 광채光彩시오, 그 본체本體의 형상形狀이시라. 그의 능력能力의 말씀으로 만물萬物을 붙드시며 죄罪를 정결淨潔케하는 일을 하시고, 높은 곳에 계신 위엄威嚴의 우편右便에 앉으셨느니라. 하나님께서 맏아들을 이끌어 세상世上에 다시 들어오게 하실 때에 하나님의 모든 천사天使가 저에게 경배敬拜할지어다. 그는 그의 천사天使들을 바람으로 그의 사역자使役者들을 불꽃으로 삼으시느니라. 하나님이여 주主의 보좌寶座가 영영永永하며 주主의 나라의 홀笏은 공평公平한 홀笏이니이다. (히 1:1~8)

2. 네가 의義를 사랑하고 불법不法을 미워하였으니, 그러므로 하나님 곧 너의 하나님이 즐거움의 기름을 네게 부어 네 동류同類들보다 승勝하게 하셨도다. 주主여 태초太初에 주主께서 땅의 기초基礎를 두셨으며 하늘도 주主의 손으로 지으신 바라. 그것들은 멸망滅亡할 것이나 오직 주主는 영존永存할 것이요, 그것들은 다 옷과 같이 낡아지리니, 의복衣服처럼 갈아 입을 것이요 그것들이 옷과 같이 변變할 것이나, 주主는 여전如前하여 연대年代가 다함이 없으리라. (히 1:9~12)

3. 큰 구원救援을 등한等閑히 여기면 어찌 피避하리요. 이 구원救援은 처음에 주主로 말씀하신 바요, 들은 자들이 우리에게 확증確證한 바니 하나님도 표적表蹟들과 기사奇事들과, 여러 가지 능력能力과 및 자기自己 뜻을 따라 성령聖靈의 나눠 주신 것으로써 저희와 함께 증거證據하셨느니라. 사람이 무엇이관대 주主께서 저를 생각生覺하시며 인자人子가 무엇이관대 주主께서 저를 권고勸告하시나이까, 저를 잠간暫間동안 천사天使보다 못하게 하시며 영광榮光과 존귀尊貴로 관冠 씌우시며, 만물萬物을 그 발아래 복종服從케 하셨느니라 하였으니, 만물萬物로 저에게 복종服從케 하셨은즉 복종服從치 않은 것이 하나도 없으나, 죽음의 고난苦難 받으심을 인하여 영광榮光과 존귀尊貴로 관冠 쓰신 예수를 보니, 이를 행行하심은 하나님의 은혜恩惠로 말미암아 모든 사람을 위하여 죽음을 맛보려 하심이라. 마귀魔鬼를 없이 하시며 종노릇하는 모든 자들을 놓아주려 하심이니, 충성忠誠된 대제사장大祭司長이 되어 백성百姓의 죄罪를 구속救贖하려 하심이라. 자기自己가 시험試驗을 받아 고난苦難을 당當하셨은즉 시험試驗 받는 자들을 능能히 도우시느니라. (히 2:3~18)

4. 그러므로 함께하늘의 부르심을 입은 거룩한 형제兄弟들아 우리의 믿는 도리道理의 사도使徒시며 대제사장大祭司長이신 예수를 깊이 생각生覺하라. 저가 자기自己를 세우신 이에게 충성忠誠하기를 모세가 하나님의 온 집에서 한 것과 같으니, 저는 모세보다 더욱 영광榮光을 받을 만한 것이 마치 집 지은 자가 그 집보다 더욱 존귀尊貴함 같으니라.

집마다 지은 이가 있으니 만물萬物을 지으신 이는 하나님이시라. 모세는 장래將來에 말할 것을 증거證據하기 위하여 하나님의 온 집에서 사환使喚으로 충성忠誠하였고, 그리스도는 그 집 맡은 아들로 충성忠誠하였으니, 우리가 소망所望의 담대膽大함과 자랑을 끝까지 견고堅固히 잡으면 그의 집이라. 그러므로 성령聖靈이 이르신 바와 같이 오늘날 너희가 그의 음성音聲을 듣거든 노怒하심을 격동激動하여 광야曠野에서 시험試驗하던 때와 같이 너희 마음을 강퍅剛愎 하지 말라. 너희 열조列祖가 나를 시험試驗하여 증험證驗하고 사십년四十年 동안에 나의 행사行事를 보았느니라. (히 3:1~9)

5. 저희가 항상恒常 마음이 미혹迷惑되어 내 길을 알지 못하는도다 하였고, 내가 노怒하여 맹세盟誓한 바와 같이 저희는 내 안식安息에 들어오지 못하리라 하셨다 하였으니, 형제兄弟들아 너희가 삼가 혹或 너희 중에 누가 믿지 아니하는 악심惡心을 품고 살아 계신 하나님에게서 떨어질까 염려念慮할 것이요, 피차彼此 권면勸勉하여 너희 중에 누구든지 죄罪의 유혹誘惑으로 강퍅剛愎케 됨을 면免하라. 우리가 시작始作할 때에 확실確實한 것을 끝까지 견고堅固히 잡으면 그리스도와 함께 참예參與한 자가 되리라. 듣고 격노激怒케 하던 자가 누구뇨, 모세를 좇아 애굽에서 나온 모든 이가 아니냐, 범죄犯罪하여 그 시체屍體가 광야曠野에 엎드러진 자에게가 아니냐, 하나님이 누구에게 안식安息에 들어오지 못하리라 하셨느뇨, 곧 순종順從치 아니하던 자에게가 아니냐, 저희가 믿지 아니하므로 능能히 들어가지 못한 것이라. (히 3:10~19)

6. 이미 믿는 우리들은 저 안식安息에 들어 가는도다. 그러므로 우리가 저 안식安息에 들어가기를 힘쓸지니, 이는 누구든지 저 순종順從치 아니하는 본本에 빠지지 않게 하려 함이라. 하나님의 말씀은 살았고 운동력運動力이 있어 좌우左右에 날 선 어떤 검劍보다도 예리銳利하여, 혼魂과 영靈과 및 관절關節과 골수骨髓를 찔러 쪼개기까지 하며 또 마음의 생각生覺과 뜻을 감찰鑑察하나니, 지으신 것이 하나라도 그 앞에 나타나지 않음이 없고, 오직 만물萬物이 우리를 상관相關하시는 자의 눈앞에 벌거벗은 것같이 드러나느니라. 그러므로 우리에게 큰 대제사장大祭司長이 있으니 승천昇天하신 자 곧 하나님 아들 예수시라. 우리가 믿는 도리道理를 굳게 잡을지어다. 우리에게 있는 대제사장大祭司長은 우리의 연약軟弱함을 체휼體恤하지 아니하는 자가 아니요, 모든 일에 우리와 한결 같이 시험試驗을 받는 자로되 죄罪는 없으시니라. 그러므로 우리가 긍휼矜恤하심을 받고 때를 따라 돕는 은혜恩惠를 얻기 위하여 은혜恩惠의 보좌寶座 앞에 담대膽大히 나아갈 것이니라. (히 4:1~16)

그 누구도 하나님 앞에 설 수 없습니다. 죄인罪人은 그 죄악罪惡을 해결解決하지 않고는 하나님 앞에 나아갈 수 없습니다. 예수님의 속죄贖罪의 은총恩寵으로 하나님 앞인 은혜恩惠의 보좌寶座 앞으로 나아갈 수 있게 되었습니다.

"주의 말씀은 내 발의 등이요 내 길에 빛이니이다"(시 119:105)

제 25 일

가시와 엉겅퀴를 내면 버림을 당하고 불사름이 되리라

히브리서 6:8

좋은 나무가 좋은 열매를 맺어 주인主人에게 기쁨을 줍니다. 나쁜 나무는 가시와 엉겅퀴입니다. 찔림과 상처傷處를 주고 고통苦痛과 아픔을 줍니다. 끝내는 버림을 당하고 불사름을 당하게 됩니다.

1. 대제사장大祭司長마다 사람 가운데서 취取한 자이므로, 하나님께 속屬한 일에 사람을 위하여 예물禮物과 속죄贖罪하는 제사祭祀를 드리게 하나니, 저가 무식無識하고 미혹迷惑한 자를 능能히 용납容納할 수 있는 것은 자기自己도 연약軟弱에 싸여 있음이니라. 이러므로 백성百姓을 위하여 속죄제贖罪祭를 드림과 같이 또한 자기自己를 위하여 드리는 것이 마땅하니라. 이 존귀尊貴는 아무나 스스로 취取하지 못하고 오직 아론과 같이 하나님의 부르심을 입은 자라야 할 것이니라. 또한 이와 같이 그리스도께서 대제사장大祭司長 되심도 스스로 영광榮光을 취取하심이 아니요 오직 말씀하신 이가 저더러 이르시되, 너는 내 아들이니 내가 오늘날 너를 낳았다 하셨고, 또 이와 같이 다른 데 말씀하시되 네가 영원永遠히 멜기세덱의 반차班次를 좇는 제사장祭司長이라 하셨으니, 그는 육체肉體에 계실 때에 자기自己를 죽음에서 능能히 구원救援하실 이에게 심甚한 통곡痛哭과 눈물로 간구懇求와 소원所願을 올렸고, 그의 경외敬畏하심을 인하여 들으심을 얻었느니라. (히 5:1~7)

2. 그가 아들이시라도 받으신 고난苦難으로 순종順從함을 배워서 온전穩全하게 되었은즉, 자기自己를 순종順從하는 모든 자에게 영원永遠한 구원救援의 근원根源이 되시고, 하나님께 멜기세덱의 반차班次를 좇은 대제사장大祭司長이라 칭稱하심을 받았느니라. 멜기세덱에 관關하여는 우리가 할 말이 많으나 너희의 듣는 것이 둔鈍하므로 해석解釋하기 어려우니라. 때가 오래므로 너희가 마땅히 선생先生이 될 터인데 너희가 다시 하나님의 말씀의 초보初步가 무엇인지 누구에게 가르침을 받아야 할 것이니, 젖이나 먹고 단단한 식물食物을 못먹을 자가 되었도다. 대저大抵 젖을 먹는 자마다 어린아이니 의義의 말씀을 경험經驗하지 못한 자요, 단단한 식물食物은 장성長成한 자의 것이니 저희는 지각知覺을 사용使用하므로 연단鍊鍛을 받아 선악善惡을 분변分辨하는 자들이니라. (히 5:8~14)

3. 그러므로 우리가 그리스도 도道의 초보初步를 버리고, 죽은 행실行實을 회개悔改함과 하나님께 대한 신앙信仰과 세례洗禮들과 안수按手와 죽은 자의 부활復活과, 영원永遠한 심판審判에 관關한 교훈敎訓의 터를 다시 닦지 말고 완전完全한데 나아갈지니라. 하나님께서 허락許諾하시면 우리가 이것을 하리라. 하늘의 은사恩賜를 맛보고 성령聖靈에 참예參與한바 되고, 하나님의 선善한 말씀과 내세來世의 능력能力을 맛보고 타락墮落한 자들은 다시 새롭게 하여 회개悔改케 할 수 없나니, 이는 자기自己가 하나님의 아들을 다시 십자가十字架에 못 박아 현저顯著히 욕辱을 보임이라. 땅이 비를 흡수吸收하여 밭 가는 자들의 쓰기에 합당合當한 채소菜蔬를 내면 하나님께 복福을 받고, 가시와 엉겅퀴를 내면 버림을 당하고 저주詛呪함에 가까워 그 마지막은 불사름이 되리라. 사랑하는 자들아 우리가 이같이 말하나 너희에게는 이보다 나은 것과 구원救援에 가까운 것을 확신確信하노라. (히 6:1~9)

4. 우리가 간절懇切히 원願하는 것은 너희 각 사람이 동일同一한 부지런을 나타내어, 끝까지 소망所望의 풍성豊盛함에 이르러 게으르지 아니하고, 믿음과 오래 참음으로 말미암아 약속約束들을 기업基業으로 받는 자들을 본本받는 자 되게 하려는 것이니라. 하나님이 아브라함에게 약속約束하실 때에 가라사대, 내가 반드시 너를 복福주고 복福주며 너를 번성蕃盛케 하고 번성蕃盛케 하리라 하셨더니, 저가 이같이 오래 참아 약속約束을 받았느니라. 하나님은 약속約束을 기업基業으로 받은 자들에게 그 뜻이 변變치 아니함을 충분充分히 나타내시려고 그 일에 맹세盟誓로 보증保證하셨나니, 이는 하나님이 거짓말을 하실 수 없이 이 두 가지 변變치 못할 사실事實을 인하여, 앞에 있는 소망所望을 얻으려고 피避하여 가는 우리로 큰 안위安慰를 받게 하려 하심이라. 우리가 이 소망所望이 있는 것은 영혼靈魂의 닻 같아서 튼튼하고 견고堅固하여 휘장揮帳 안에 들어가나니, 그리로 앞서 가신 예수께서 멜기세덱의 반차班次를 좇아 영원永遠히 대제사장大祭司長이 되어 우리를 위하여 들어가셨느니라. (히 6:11~20)

5. 멜기세덱은 살렘 왕王이요 지극至極히 높으신 하나님의 제사장祭司長이라 아브라함을 만나 복福을 빈 자라. 아브라함이 일체一切 십분十分의 일一을 그에게 나눠주니라. 그 이름을 번역飜譯한즉 첫째 의義의 왕王이요, 또 살렘 왕王이니 곧 평강平康의 왕王이요, 아비도 없고 어미도 없고 족보族譜도 없고 시작始作한 날도 없고 생명生命의 끝도 없이 하나님 아들과 방불彷佛하여 항상恒常 제사장祭司長으로 있느니라. 이 사람의 어떻게 높은 것을 생각生覺하라. 조상祖上 아브라함이 십분 일十分一을 저에게 주었느니라. 멜기세덱은 아브라함에게서 십분十分의 일一을 취하고 그 약속約束 얻은 자를 위하여 복福을 빌었나니, 폐일언蔽一言하고 낮은 자가 높은 자에게 복福 빎을 받느니라. (히 7:1~7)

6. 이와 같이 예수는 더 좋은 언약言約의 보증保證이 되셨느니라. 저희 제사장祭司長 된 자의 수효數爻가 많은 것은 죽음을 인하여 항상恒常 있지 못함이로되, 예수는 영원永遠히 계시므로 그 제사祭祀 직분職分도 갈리지 아니하나니, 그러므로 자기自己를 힘입어 하나님께 나아가는 자들을 온전穩全히 구원救援하실 수 있으니, 이는 그가 항상恒常 살아서 저희를 위하여 간구懇求하심이니라. 이러한 대제사장大祭司長은 우리에게 합당合當하니 거룩하고 악惡이 없고 더러움이 없고, 죄인罪人에게서 떠나 계시고 하늘보다 높이 되신 자라. 대제사장大祭司長들이 백성百姓의 죄罪를 위하여 날마다 제사祭祀 드리는 것과 같이 할 필요必要가 없으니 이는 저가 단번에 자기自己를 드려 이루셨음이니라. 율법律法은 약점弱點을 가진 사람들을 제사장祭司長으로 세웠거니와, 율법律法 후에 하신 맹세盟誓의 말씀은 영원永遠히 온전穩全케 되신 아들을 세우셨느니라. (히 7:22~28)

예수님은 멜기세덱의 반차班次를 좇아 영원永遠한 대제사장大祭司長이 되어 죄인罪人을 구원救援하셨습니다. 멜기세덱의 반차班次는 영원永遠한 평화平和의 도성都城 예루살렘의 구원救援과 평화平和를 하늘나라에서 지상地上 나라에 연결連結시킨 지점地點과 사역使役 정통성正統性으로 계시啓示하고 있습니다.

"주의 말씀은 내 발의 등이요 내 길에 빛이니이다"(시 119:105)

제 26 일

오직 자기自己 피血로 영원永遠한 속죄贖罪를 이루사

히브리서 9:12

피血는 생명生命입니다. 죄罪는 죽음입니다. 죄罪는 생명生命을 바치므로 해결解決됩니다. 예수님의 보혈寶血은 모든 인류人類의 죄罪를 속량贖良하였습니다. 오직 예수님은 자기自己 피血로 속죄贖罪를 이루신 대제사장大祭司長이 되셨습니다.

1. 대제사장大祭司長이 우리에게 있는 것이라 그가 하늘에서 위엄威嚴의 보좌寶座 우편右便에 앉으셨으니 성소聖所와 참 장막帳幕에 부리는 자라. 이 장막帳幕은 주主께서 베푸신 것이요 사람이 한 것이 아니니라. 대제사장大祭司長마다 예물禮物과 제사祭祀 드림을 위하여 세운 자니, 이러므로 저도 무슨 드릴 것이 있어야 할지니라. 예수께서 땅에 계셨더면 제사장祭司長이 되지 아니하셨을 것이니 이는 율법律法을 좇아 예물禮物을 드리는 제사장祭司長이 있음이라. 저가 섬기는 것은 하늘에 있는 것의 모형模型과 그림자라. 모세가 장막帳幕을 지으려 할 때에 지시指示하심을 얻음과 같으니, 가라사대 삼가 모든 것을 산에서 네게 보이던 본本을 좇아 지으라 하셨느니라. 이제 그가 더 아름다운 직분職分을 얻으셨으니 이는 더 좋은 약속約束으로 세우신 더 좋은 언약言約의 중보中保시라. 주主께서 가라사대 볼지어다 날이 이르리니 내가 이스라엘 집과 유다 집으로 새 언약言約을 세우리라. 내가 세울 언약言約이 이것이니 내 법法을 저희 생각生覺에 두고 저희 마음에 기록記錄하리라. 나는 저희에게 다시 기억記憶하지 아니하리라 하셨느니라. 새 언약言約이라 말씀하셨으매 첫 것은 낡아지게 하신 것이니 낡아지고 쇠衰하는 것은 없어져 가는 것이니라. (히 8:1~13)

2. 첫 언약言約에도 섬기는 예법禮法과 세상世上에 속屬한 성소聖所가 있더라. 예비豫備한 첫 장막帳幕이 있고 그 안에 등대燈臺와 상床과 진설병陳設餠이 있으니 이는 성소聖所라 일컫고, 또 둘째 휘장揮帳 뒤에 있는 장막帳幕을 지성소至聖所라 일컫나니, 금향로金香爐와 사면四面을 금金으로 싼 언약궤言約櫃가 있고, 그 안에 만나를 담은 금金 항아리와 아론의 싹난 지팡이와 언약言約의 비석碑石들이 있고, 그 위에 속죄소贖罪所를 덮는 영광榮光의 그룹들이 있으니, 이것들에 관關하여는 이제 낱낱이 말할 수 없노라. 이 모든 것을 이같이 예비豫備하였으니 제사장祭司長들이 항상恒常 첫 장막帳幕에 들어가 섬기는 예禮를 행行하고, 오직 둘째 장막帳幕은 대제사장大祭司長이 홀로 일년一年 일차一次씩 들어가되, 피 없이는 아니하나니 이 피는 자기自己와 백성百姓의 허물을 위하여 드리는 것이라. (히 9:1~7)

3. 그리스도께서 장래將來 좋은 일의 대제사장大祭司長으로 오사 손으로 짓지 아니한, 곧 이 창조創造에 속屬하지 아니한 더 크고 온전穩全한 장막帳幕으로 말미암아, 염소와 송아지의 피로 아니하고 오직 자기自己 피로 영원永遠한 속죄贖罪를 이루사 단번單番에 성소聖所에 들어 가셨느니라. 염소와 황소의 피와 및 암송아지의 재로 부정不淨한 자에게 뿌려 그 육체肉體를 정결淨潔케 하여 거룩케 하거든, 하물며 영원永遠하신 성령聖靈으로 말미암아 흠欠없는 자기自己를 하나님께 드린 그리스도의 피가 어찌 너희 양심良心으로 죽은 행실行實에서 깨끗하게 하고 살아 계신 하나님을 섬기게 못하겠느뇨, 이를 인하여 그는 새 언약言約의 중보中保니 이는 첫 언약言約 때에 범犯한 죄罪를 속屬하려고 죽으사

부르심을 입는 자로 하여금 영원永遠한 기업基業의 약속約束을 얻게 하려 하심이니라. (히 9:11~15)

4. 첫 언약言約도 피 없이 세운 것이 아니니, 모세가 율법律法대로 모든 계명誡命을 온 백성百姓에게 말한 후에, 송아지와 염소의 피와 및 물과 붉은 양羊털과 우슬초牛膝草를 취取하여 그 책冊과 온 백성百姓에게 뿌려 이르되, 이는 하나님이 너희에게 명命하신 언약言約의 피라 하고, 또한 이와 같이 피로써 장막帳幕과 섬기는 일에 쓰는 모든 그릇에 뿌렸느니라. 율법律法을 좇아 거의 모든 물건物件이 피로써 정결淨潔케 되나니 피흘림이 없은즉 사赦함이 없느니라. 이제 자기自己를 단번單番에 제사祭祀드려 죄罪를 없게 하시려고 세상世上에 나타나셨느니라. 한번 죽는 것은 사람에게 정定하신 것이요 그 후後에는 심판審判이 있으리니, 이와 같이 그리스도도 많은 사람의 죄罪를 담당擔當하시려고 단번單番에 드리신바 되셨고, 구원救援에 이르게 하기 위하여 죄罪와 상관相關없이 자기自己를 바라는 자들에게 두 번째 나타나시리라. (히 9:18~28)

5. 율법律法은 장차將次 오는 좋은 일의 그림자요 참 형상形狀이 아니므로, 해마다 늘 드리는바 같은 제사祭祀로는 나오는 자들을 언제든지 온전穩全케 할 수 없느니라. 예수 그리스도의 몸을 단번單番에 드리심으로 말미암아 우리가 거룩함을 얻었노라. 제사장祭司長마다 매일 서서 섬기며 같은 제사祭祀를 드리되, 이 제사祭祀는 언제든지 죄罪를 없게 하지 못하거니와, 오직 그리스도는 죄罪를 위하여 한 영원永遠한 제사祭祀를 드리시고, 하나님 우편右便에 앉으사 저가 한 제물祭物로 거룩하게 된 자를 영원永遠히 온전穩全케 하셨느니라. 또한 성령聖靈이 증거證據하시되 저희와 세울 언약言約이 이것이라 하시고, 내 법法을 저희 마음에 두고 저희 생각生覺에 기록記錄하리라 하신 후後에, 저희 죄罪와 불법不法을 기억記憶지 아니하리라 하셨으니, 사赦하셨은즉 다시 죄罪를 위하여 제사祭祀 드릴 것이 없느니라. 그러므로 형제兄弟들아 우리가 예수의 피를 힘입어 성소聖所에 들어갈 담력膽力을 얻었나니, 그 길은 휘장揮帳 가운데로 열어 놓으신 산 길이요 휘장揮帳은 저의 육체肉體니라. (히 10:1~20)

6. 하나님의 집을 다스리는 큰 제사장祭司長이 계시매, 우리가 마음에 뿌림을 받아 양심良心의 악惡을 깨닫고 몸을 맑은 물로 씻었으니, 참 마음과 온전穩全한 믿음으로 하나님께 나아가자. 또 약속約束하신 이는 미쁘시니 우리가 믿는 도리道理의 소망所望을 움직이지 말고 굳게 잡아, 서로 돌아보아 사랑과 선행善行을 격려激勵하며, 모이기를 폐廢하는 어떤 사람들의 습관習慣과 같이 하지 말고 오직 권勸하여 그날이 가까움을 볼수록 더욱 그리하자. (히 10:21~25)

"예수 그리스도의 몸을 단번單番에 드리심으로 말미암아 우리가 거룩함을 얻었노라"(히 10:10). "피 흘림이 없은즉 사赦함이 없느니라"(히 9:22). 예수님의 몸으로 인류人類의 범죄인犯罪人의 몸을 대표代表하고 있습니다. 우리 각자各者의 몸이 되셨습니다. 우리 한 사람 한 사람을 대신代身해서 십자가十字架에서 구속救贖의 제물祭物이 되었습니다.

【 낭송 표시 : 1회 ▚ / 4회 ■ / 목표 120회 】

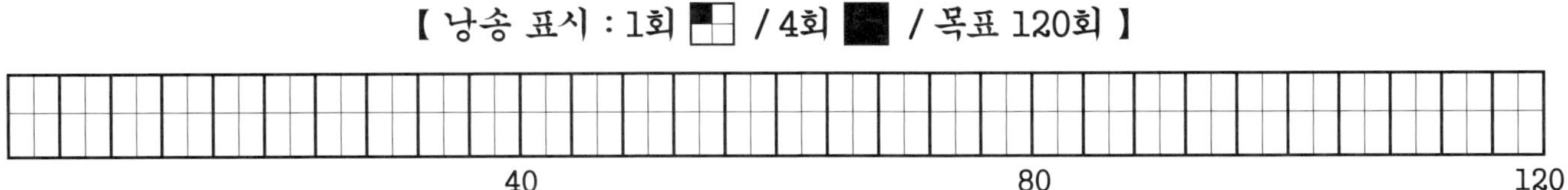

"주의 말씀은 내 발의 등이요 내 길에 빛이니이다"(시 119:105)

제 27 일

하나님을 기쁘시게 하는 자者라

히브리서 11:5

하나님이 가장 좋아하고 필요必要로 하는 것은 믿음입니다. 하나님의 자녀子女는 믿음으로 하나님과 신뢰관계信賴關係를 굳게 하는 것이 이 세상世上에서 해야 할 최대最大의 임무任務요 과제課題입니다. 믿음 문제問題만 올바로 세워지면 모든 일이 만사형통萬事亨通해집니다. 하나님을 기쁘시게 하는 자는 믿음의 사람입니다.

1. 믿음은 바라는 것들의 실상實狀이요 보지 못하는 것들의 증거證據니 선진先進들이 이로써 증거證據를 얻었느니라. 믿음으로 모든 세계世界가 하나님의 말씀으로 지어진 줄을 우리가 아나니, 보이는 것은 나타난 것으로 말미암아 된 것이 아니니라. 믿음으로 아벨은 가인보다 더 나은 제사祭祀를 하나님께 드림으로 의義로운 자라 하시는 증거證據를 얻었으니, 하나님이 그 예물禮物에 대하여 증거證據하심이라. 저가 죽었으나 그 믿음으로써 오히려 말하느니라. 믿음으로 에녹은 옮기우기 전에 하나님을 기쁘시게 하는 자라 하는 증거證據를 받았느니라. 믿음이 없이는 기쁘시게 못하나니 하나님께 나아가는 자는 반드시 그가 계신 것과 또한 그가 자기自己를 찾는 자들에게 상賞 주시는 이심을 믿어야 할지니라. (히 11:1~6)

2. 믿음으로 노아는 아직 보지 못하는 일에 경고警告하심을 받아 경외敬畏함으로 방주方舟를 예비豫備하여 그 집을 구원救援하였으니, 이로 말미암아 세상世上을 정죄定罪하고 믿음을 좇는 의義의 후사後嗣가 되었느니라. 믿음으로 아브라함은 부르심을 받았을 때 순종順從하여 장래將來 기업基業으로 받을 땅에 나갈새 갈 바를 알지 못하고 나갔으며, 믿음으로 저가 외방外邦에 있는 것같이 약속約束하신 땅에 우거寓居하여 동일同一한 약속約束을 유업遺業으로 함께 받은 이삭과 야곱으로 더불어 장막帳幕에 거居하였으니, 이는 하나님의 경영經營하시고 지으실 터가 있는 성城을 바랐음이니라. 믿음으로 사라 자신도 나이 늙어 단산斷産 하였으나, 잉태孕胎하는 힘을 얻었으니 이는 약속約束하신 이를 미쁘신 줄 앎이라. 이러므로 죽은 자와 방불彷佛한 한 사람으로 말미암아 하늘에 허다許多한 별과 또 해변海邊의 무수無數한 모래와 같이 많이 생육生育하였느니라. (히 11:7~12)

3. 저희가 이제는 더 나은 본향本鄕을 사모思慕하니 곧 하늘에 있는 것이라. 그러므로 하나님이 저희의 하나님이라 저희를 위하여 하늘의 성城을 예비豫備하셨느니라. 아브라함은 믿음으로 이삭을 드렸으니 저는 약속約束을 받은 자로 그 독생자獨生子를 드렸느니라. 저가 능能히 죽은 자 가운데서 다시 살리실 줄을 생각生覺한지라. 죽은 자 가운데서 도로 받은 것이니라. 믿음으로 이삭은 장차將次 오는 일에 대하여 야곱에게 축복祝福하였으며, 믿음으로 모세는 하나님의 백성百姓과 함께 고난苦難 받기를 잠시暫時 죄악罪惡의 낙樂을 누리는 것보다 더 좋아하고, 그리스도를 위하여 능욕凌辱을 애굽의 모든 보화寶貨보다 더 큰 재물財物로 여겼으니 이는 상賞 주심을 바라봄이라. (히 11:16~26)

4. 믿음으로 노아는 아직 보지 못하는 일에 경고警告하심을 받아 경외敬畏함으로 방주方舟를

예비豫備하여 그 집을 구원救援하였으니, 이로 말미암아 세상世上을 정죄定罪하고 믿음을 좇는 의義의 후사後嗣가 되었느니라. 믿음으로 아브라함은 부르심을 받았을 때 순종順從하여 장래將來 기업基業으로 받을 땅에 나갈새 갈 바를 알지 못하고 나갔으며, 믿음으로 저가 외방外邦에 있는 것같이 약속約束하신 땅에 우거寓居하여 동일同一한 약속約束을 유업遺業으로 함께 받은 이삭과 야곱으로 더불어 장막帳幕에 거居하였으니, 이는 하나님의 경영經營하시고 지으실 터가 있는 성城을 바랐음이니라. 믿음으로 사라 자신도 나이 늙어 단산斷産하였으나, 잉태孕胎하는 힘을 얻었으니 이는 약속約束하신 이를 미쁘신 줄 앎이라. 이러므로 죽은 자와 방불彷佛한 한 사람으로 말미암아 하늘에 허다許多한 별과 또 해변海邊의 무수無數한 모래와 같이 많이 생육生育하였느니라. 저희가 이제는 더 나은 본향本鄉을 사모思慕하니 곧 하늘에 있는 것이라. 그러므로 하나님이 저희 하나님이라 저희를 위하여 한 성城을 예비豫備 하셨느니라. (히 11:7~16)

5. 아브라함은 시험試驗을 받을 때에 믿음으로 이삭을 드렸으니 저는 약속約束을 받은 자로되 그 독생자獨生子를 드렸느니라. 믿음으로 이삭은 장차將次 오는 일에 대하여 야곱과 에서에게 축복祝福하였으며, 믿음으로 야곱은 요셉의 각 아들에게 축복祝福하고 믿음으로 요셉은 임종 시臨終時에 이스라엘 자손子孫들의 떠날 것을 말하고, 믿음으로 모세가 났을 때에 아름다운 아이임을 보고 석 달 동안 숨겨 임금의 명령命令을 무서워 아니 하였으며, 믿음으로 모세는 장성長成하여 하나님의 백성百姓과 함께 고난苦難 받기를 잠시暫時 죄악罪惡의 낙樂을 누리는 것보다 더 좋아하고, 그리스도를 위하여 받는 능욕凌辱을 모든 보화寶貨보다 더 큰 재물財物로 여겼으니 이는 상賞 주심을 바라봄이라. (히 11:17~26)

6. 믿음으로 유월절逾越節과 피 뿌리는 예禮를 정定하였으며, 믿음으로 홍해紅海를 육지陸地같이 건넜으며, 믿음으로 칠 일七日 동안 여리고 성城을 두루다니매 성城이 무너졌으며, 믿음으로 라합은 정탐군偵探軍을 평안平安히 영접迎接 하였으며, 믿음으로 나라를 이기며 의義를 행行하며 약속約束을 받으며, 사자獅子들의 입을 막으며, 불의 세력勢力을 멸滅하며 칼날을 피避하며 강强하게 되며, 전쟁戰爭에 승리勝利해서 시험試驗을 이기며 핍박逼迫을 이기며 궁핍窮乏과 환난患難과 학대虐待를 받았으니, 이런 믿음의 사람은 세상世上이 감당勘當치 못하도다. 다 믿음으로 증거證據를 받고 하나님이 더 좋은 것을 예비豫備하신 것을 믿음이라. (히 11:28~40)

옛적 믿음의 선진先進들은 더 나은 본향本鄉을 사모思慕하여 여호와 하나님의 말씀을 믿고 순종順從하는 생활生活을 하였습니다. 장차將次 오실 메시아를 소망所望하며 성결聖潔하게 살았습니다. "하늘의 부르심을 입은 거룩한 형제兄弟들아 우리의 믿는 도리道理의 사도使徒시며 대제사장大祭司長이신 예수를 깊이 생각生覺하라"(히 3:1). 예수를 깊이 생각生覺하며 예수님을 닮는 믿음의 선조先祖들의 뒤를 따라가는 성도聖徒들이 됩시다.

【 낭송 표시 : 1회 ▞ / 4회 ■ / 목표 120회 】

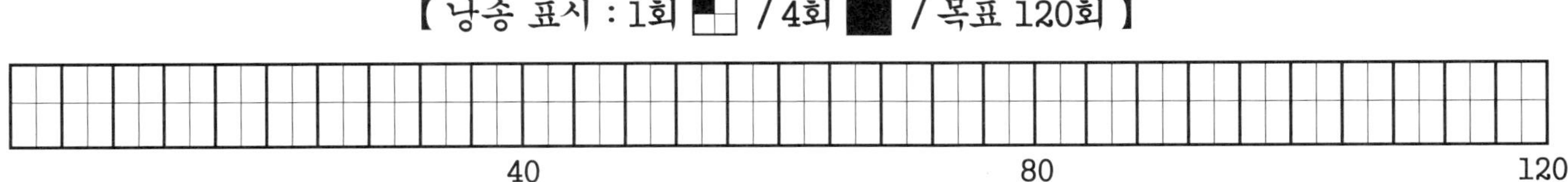

"주의 말씀은 내 발의 등이요 내 길에 빛이니이다"(시 119:105)

제 28 일

예수를 바라보자

히브리서 12:2

"믿음의 주主요 또 온전穩全케 하시는 이인 예수를 바라보자." 우리 신앙생활信仰生活의 대주제大主題요 목표目標입니다. 예수님은 경배敬拜와 예배禮拜의 대상對像입니다. 세상世上 모든 것이 예수님의 장중掌中에 있습니다. 주님은 역사歷史의 시작始作과 과정過政과 종말終末과 완성完成이십니다. 예수님만 바라보고 살아가는 분들은 모든 것을 소유所有한 복福된 성도聖徒들입니다.

1. 이러므로 우리에게 구름같이 둘러싼 허다許多한 증인證人들이 있으니, 모든 무거운 것과 얽매이기 쉬운 죄罪를 벗어 버리고, 인내忍耐로써 우리 앞에 당當한 경주競走를 경주競走하며, 믿음의 주主요 또 온전穩全케 하시는 이인 예수를 바라보자. 저는 그 앞에 있는 즐거움을 위하여 십자가十字架를 참으사 부끄러움을 개의介意치 아니하시더니 하나님 보좌寶座 우편右便에 앉으셨느니라. 아들에게 권勸하는 것같이 너희에게 권면勸勉하신 말씀을 잊었도다. 내 아들아 주主의 징계懲戒하심을 경輕히 여기지 말며, 꾸지람을 받을 때에 낙심落心하지 말라. 주主께서 그 사랑하시는 자를 징계懲戒하시고 그의 받으시는 아들마다 채찍질하심이니라. 어찌 징계懲戒하지 않는 아들이 있으리요 아비의 징계懲戒가 없으면 사생자私生子요 참 아들이 아니니라. (히 12:1~8)

2. 우리 육체肉體의 아버지가 우리를 징계懲戒하여도 공경恭敬하였거든 하물며 모든 영靈의 아버지께 복종服從하여 살려하지 않겠느냐, 잠시暫時 자기自己의 뜻대로 우리를 징계懲戒하였거니와, 오직 하나님은 우리의 유익有益을 위하여 그의 거룩하심에 참예參與케 하시느니라. 무릇 징계懲戒가 당시當時에는 즐거워 보이지 않으나 후後에 그로 말미암아 연달鍊達한 자에게는 의義의 평강平康한 열매를 맺나니, 피곤疲困한 손과 연약軟弱한 무릎을 일으켜 세우고, 저는 다리를 고칩 받게 되리라. 너희는 모든 사람으로 더불어 화평和平함과 거룩함을 좇으라. (히 12:9~14)

3. 너희는 돌아보아 하나님 은혜恩惠에 이르지 못한 자가 있는가 두려워하고, 또 쓴 뿌리가 나서 괴롭게 하고 많은 사람이 이로 말미암아 더러움을 입을까 두려워 하고, 음행淫行하는 자와 한그릇 식물食物을 위하여 장자長子의 명분名分을 판 에서와 같이 망령妄靈된 자가 있을까 두려워하라. 너희는 삼가 말하신 자를 거역拒逆하지 말라. 그러므로 은혜恩惠를 받자 이로 말미암아 경건敬虔함과 두려움으로 하나님을 기쁘시게 섬길지니 우리 하나님은 소멸燒滅하는 불이심이니라. (히 12:15~29)

4. 형제兄弟 사랑하기를 계속繼續하고 손님 대접待接하기를 잊지 말라. 이로써 부지중不知中에

천사天使들을 대접待接한 이들이 있었느니라. 모든 사람은 혼인婚姻을 귀貴히 여기고 침소寢所를 더럽히지 않게 하라. 음행淫行하는 자들과 간음姦淫하는 자들을 하나님이 심판審判하시리라. 돈을 사랑치 말고 있는 바를 족足한 줄로 알라. 그가 친親히 말씀하시기를 내가 과연果然 너희를 버리지 아니하고 과연果然 너희를 떠나지 아니하리라. 그러므로 주主는 나를 돕는 자시니 내가 무서워 아니 하겠노라. 사람이 내게 어찌하리요 하나님의 말씀을 너희에게 이르고 너희를 인도引導하던 자들을 생각生覺하며, 저희 행실行實의 종말終末을 주의注意하여 보고 저희 믿음을 본本 받으라. 예수 그리스도는 어제나 오늘이나 영원永遠토록 동일同一하시니라. (히 13:1~8)

5. 여러 가지 다른 교훈敎訓에 끌리지 말라. 마음은 은혜恩惠로서 굳게 함이 아름답고 식물食物로써 할 것이 아니니, 식물食物로 말미암아 행行한 자는 유익有益을 얻지 못하느니라. 그러므로 예수도 자기自己 피로써 백성百姓을 거룩하게 하려고 성문城門 밖에서 고난苦難을 받으셨느니라. 이러므로 우리가 예수로 말미암아 항상恒常 찬미讚美의 제사祭祀를 하나님께 드리자, 이는 그 이름을 증거證據하는 입술의 열매니라. 오직 선善을 행行함과 서로 나눠 주기를 잊지 말라. 이같은 제사祭祀는 하나님이 기뻐하시느니라. 너희를 인도引導하는 자들에게 순종順從하고 복종服從하라. 저희는 너희 영혼靈魂을 위하여 경성警醒하기를 자기自己가 회계會計할 자인 것같이 하느니라. 저희로 하여금 즐거움으로 이것을 하게 하고 근심으로 하게 말라. 그렇지 않으면 너희에게 유익有益이 없느니라. 우리를 위하여 기도祈禱하라. (히 13:9~18)

6. 너희 기도祈禱함을 더욱 원願하노라. 양羊의 큰 목자牧者이신 우리 주主 예수를, 영원永遠한 언약言約의 피로 죽은 자 가운데서 이끌어 내신 평강平康의 하나님이, 모든 선善한 일에 너희를 온전穩全케 하사, 그 앞에 즐거운 것을 예수 그리스도로 말미암아 우리 속에 이루시기를 원願하노라. 영광榮光이 그에게서 세세무궁世世無窮토록 있을지어다 아멘. (히 13:19~21)

"항상恒常 찬미讚美의 제사祭祀를 하나님께 드리자." '입술의 열매'로 드립시다. 힘들고 어려운 인생人生길이라 하더라도 '믿음의 주主요 온전穩全케 하시는 예수님을 바라보고' '항상恒常 찬미讚美의 제사祭祀'를 하나님께 드리는 신앙생활信仰生活은, '증거證據하는 입술의 열매'를 풍성豊盛히 거두게 합니다.

【 낭송 표시 : 1회 ▙ / 4회 ■ / 목표 120회 】

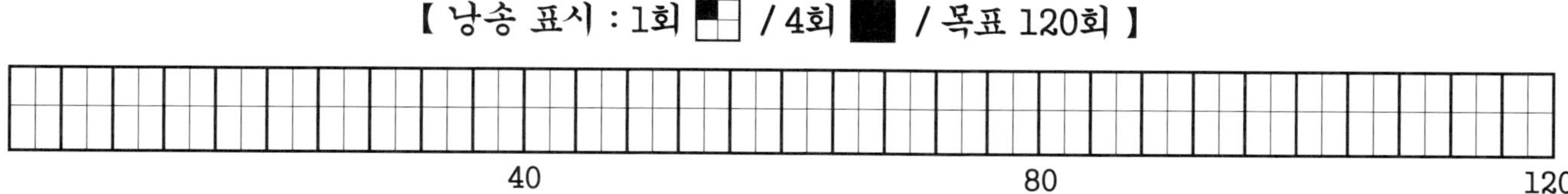

"주의 말씀은 내 발의 등이요 내 길에 빛이니이다"(시 119:105)

제 29 일

생명生命의 면류관冕旒冠을 얻으리라

야고보서 1:12

학과學課 공부工夫를 철저徹底히 하고 준비準備를 충분充分히 하여 시험試驗을 잘 치르고 나면, 실력實力이 향상向上됨을 학생學生 자신自身이 느낍니다. 신앙생활信仰生活의 과정課程에도 일정日政한 기간期間 시험 과정試驗課程이 있어, 그동안 준비準備된 신앙생활信仰生活로 잘 극복極服하면 성숙成熟한 신앙信仰 인격자人格者가 되어 갑니다. 광야曠野같은 세상世上에서 시험試驗을 당할 때 성숙成熟한 신앙인信仰人만이 승리勝利의 용장勇將들이 됩니다.

1. 내 형제兄弟들아 여러 가지 시험試驗을 만나거든 온전穩全히 기쁘게 여기라. 이는 너희 믿음의 시련試鍊이 인내忍耐를 만들어 내는 줄 너희가 앎이라. 인내忍耐를 온전穩全히 이루라 이는 너희로 온전穩全하고 구비具備하여 조금도 부족不足함이 없게 하려 함이라. 너희 중에 누구든지 지혜智慧가 부족不足하거든 모든 사람에게 후後히 주시고 꾸짖지 아니하시는 하나님께 구求하라 그리하면 주시리라. 오직 믿음으로 구求하고 조금도 의심疑心하지 말라, 의심疑心하는 자는 마치 바람에 밀려 요동搖動하는 바다 물결 같으니, 이런 사람은 무엇이든지 주主께 얻기를 생각生覺지 말라. 두 마음을 품어 모든 일에 정定함이 없는 자로다. 낮은 형제兄弟는 자기自己의 높음을 자랑하고, 부富한 형제兄弟는 자기自己의 낮아짐을 자랑할지니 이는 풀의 꽃과 같이 지나감이라. 시험試驗을 참는 자는 복福이 있도다. 이것에 옳다 인정認定함을 받은 후後에, 주主께서 자기自己를 사랑하는 자들에게 약속約束하신 생명生命의 면류관冕旒冠을 얻을 것임이니라. (약 1:2~12)

2. 사람이 시험試驗을 받을 때에 내가 하나님께 시험試驗을 받는다 하지 말지니, 하나님은 악惡에게 시험試驗을 받지도 아니하시고 친親히 아무도 시험試驗하지 아니하시니라. 오직 각 사람이 시험試驗을 받는 것은 자기自己 욕심慾心에 끌려 미혹迷惑됨이니, 욕심慾心이 잉태孕胎하여 죄罪를 낳고 죄罪가 장성長成한 즉 사망死亡을 낳느니라. 내 사랑하는 형제兄弟들아 듣기는 속히 하고 말하기는 더디하며 성내기도 더디하라. 사람의 성내는 것이 하나님의 의義를 이루지 못함이니라. 그러므로 모든 더러운 것과 넘치는 악惡을 버리고 너희 영혼靈魂을 구원救援할 바 마음에 심긴 도道를 온유溫柔함으로 받으라. (약 1:13~21)

3. 너희는 도道를 행行하는 자가 되고 듣기만 하여 자신을 속이는 자가 되지 말라. 자유自由하게 하는 온전穩全한 율법律法을 들여다보고 있는 자는 듣고, 잊어버리는 자가 아니요 실행實行하는 자니 이 사람이 그 행하는 일에 복福을 받으리라. 누구든지 스스로 경건敬虔하다 생각生覺하며 자기自己 혀를 재갈 먹이지 아니하고 자기自己 마음을 속이면 이 사람의 경건敬虔을 헛 것이라. 하나님 아버지 앞에서 정결淨潔하고 더러움이 없는 경건敬虔은 곧 고아와 과부寡婦를 그 환난患難 중에 돌아보고 또 자기自己를 지켜 세속世俗에 물들지 아니하는 이것이니라. (약 1:22~27)

4. 내 형제兄弟들아 영광榮光의 주主 곧 우리 주主 예수 그리스도를 믿는 믿음을 너희가 받았으니 사람을 외모外貌로 취取하지 말라. 만일 너희 회당會堂에 금金가락지를 끼고 아름다운 옷을 입은 사람이 들어오고, 또 더러운 옷을 입은 가난한 사람이 들어올 때에 너희가 아름다운 옷을 입은 자를 돌아보아 가로되, 여기 좋은 자리에 앉으소서 하고 또 가난한 자에게 이르되 너는 거기 섰든지 내 발등상 아래 앉으라 하면, 너희끼리 구별區別하며 악惡한 생각生覺으로 판단判斷하는 자가 되는 것이 아니냐, 내 사랑하는 형제兄弟들아 들을지어다. 하나님이 세상世上에 대하여는 가난한 자를 택擇하사 믿음에 부요富饒하게 하고, 또 자기自己를 사랑하는 자들에게 약속約束하신 나라를 유업遺業으로 받게 아니하셨느냐. (약 2:1~5)

5. 네 이웃 사랑하기를 네 몸과 같이 하라 하신 최고最高의 법法을 지키면 잘하는 것이거니와, 너희가 외모外貌로 사람을 취取하면 죄罪를 짓는 것이니 율법律法이 너희로 범죄자犯罪者로 정定하리라. 누구든지 온 율법律法을 지키다가 그 하나에 거치면 모두 범犯한 자가 되나니, 간음姦淫하지 말라 하신 이가 또한 살인殺人하지 말라 하셨은즉, 네가 비록 간음姦淫하지 아니하여도 살인殺人하면 율법律法을 범犯한 자가 되느니라. 너희는 자유自由의 율법律法대로 심판審判 받을 자처럼 말도 하고 행行하기도 하라. 긍휼矜恤을 행行하지 아니하는 자에게는 긍휼矜恤없는 심판審判이 있으리라. 긍휼矜恤은 심판審判을 이기고 자랑하느니라. (약 2:8~13)

6. 내 형제兄弟들아 믿음이 있노라 하고 행行함이 없으면 무슨 이익利益이 있으리요, 그 믿음이 능能히 자기를 구원救援하겠느냐, 만일 형제兄弟나 자매姉妹나 헐벗고 일용日用할 양식糧食이 없는데 너희 중에 누구든지 그에게 이르되 평안平安히 가라, 더웁게 하라, 배부르게 하라 하며 그 몸에 쓸 것을 주지 아니하면 무슨 이익利益이 있으리요, 이와 같이 행行함이 없는 믿음은 그 자체自體가 죽은 것이라. 너는 믿음이 있고 나는 행行함이 있으니, 행行함이 없는 네 믿음을 내게 보이라 나는 행行함으로 내 믿음을 네게 보이리라. 하나님을 믿느냐 잘하였도다 귀신鬼神들도 믿고 떠느니라. 아아 허탄虛誕한 사람아 행行함이 없는 믿음이 헛 것인 줄 알고자 하느냐. (약 2:14~20)

'사람을 외모外貌로 취取하지 말라.' '긍휼矜恤을 베풀어라.' '믿음은 행行함이라.' 그리스도인의 실천적實踐的 생활生活을 교훈敎訓하고 있습니다. 신행일체信行一體는 그리스도인의 참된 모습이요 참된 생활生活입니다.

【 낭송 표시 : 1회 ◪ / 4회 ■ / 목표 120회 】

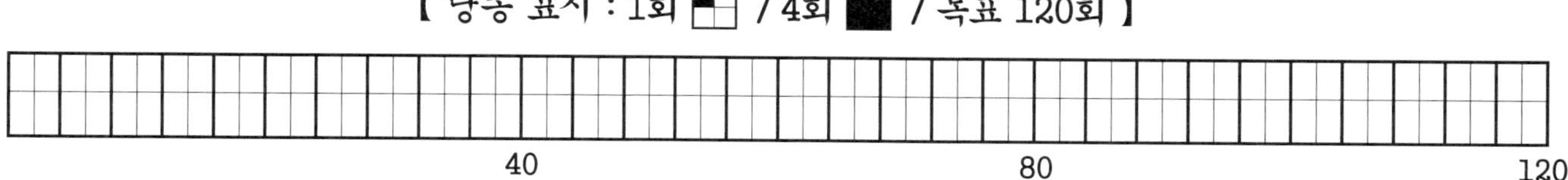

"주의 말씀은 내 발의 등이요 내 길에 빛이니이다"(시 119:105)

제 30 일

행行함이 없는 믿음은 죽은 것이니라

야고보서 2:26

믿음과 행行함은 양면兩面과 같습니다. 참된 믿음은 실천實踐이 따릅니다. 아브라함의 믿음은 순종順從과 일치一致되었습니다. 언어생활言語生活이 은혜恩惠롭습니다. 하나님께 찬양讚揚하여 영광榮光 돌리고 사람들에게 유익有益을 주어 화평和平하게 합니다.

1. 우리 조상祖上 아브라함이 그 아들 이삭을 제단祭壇에 드릴 때에 행行함으로 의義롭다 하심을 받은 것이 아니냐, 믿음이 그의 행行함과 함께 일하고 행行함으로 믿음이 온전穩全케 되었느니라. 아브라함이 하나님을 믿으니 의義로 여기셨다는 말씀이 응應하였고 그는 하나님의 벗이라 칭稱함을 받았나니, 사람이 행行함으로 의義롭다 하심을 받고 믿음으로만 아니니라. 라합이 사자使者를 접대接待하여 다른 길로 나가게 할 때에 행行함으로 의義롭다 하심을 받은 것이 아니냐, 영혼靈魂 없는 몸이 죽은 것같이 행行함이 없는 믿음은 죽은 것이니라. (약 2:21~26)

2. 내 형제兄弟들아 너희는 선생先生 된 우리가 더 큰 심판審判을 받을 줄을 알고 많이 선생先生이 되지 말라. 우리가 다 실수失手가 많으니 만일 말에 실수失手가 없는 자면 곧 온전穩全한 사람이라 능能히 온 몸도 굴레 씌우리라. 우리가 말을 순종順從케 하려고 그 입에 재갈 먹여 온 몸을 어거하며, 광풍狂風에 밀려가는 것들을 지극至極히 작은 키로 사공沙工의 뜻대로 운전運轉하나니, 이와 같이 혀도 작은 지체肢體로되 큰 것을 자랑하도다. 보라 어떻게 작은 불이 어떻게 많은 나무를 태우는가, 혀는 곧 불이요 불의不義의 세계世界라 혀는 우리 지체肢體 중에서 온 몸을 더럽히고 생生의 바퀴를 불사르나니 그 사르는 것이 지옥불에서 나느니라. 혀는 능能히 길들일 사람이 없나니 쉬지 아니하는 악惡이요, 죽이는 독毒이 가득한 것이라. (약 3:1~8)

3. 혀로 주主 하나님을 찬송讚頌하고 하나님의 형상形像대로 지음을 받은 사람을 저주詛呪하나니, 한 입으로 찬송讚頌과 저주詛呪가 나는도다. 내 형제兄弟들아 이것이 마땅치 아니하니라. 샘이 한 구멍으로 어찌 단 물과 쓴 물을 내겠느뇨, 무화과無花果가 감람橄欖 열매를, 포도葡萄나무가 무화과無花果를 맺겠느뇨 이와 같이 짠 물이 단 물을 내지 못하느니라. 너희 중에 지혜智慧와 총명聰明이 있는 자가 누구뇨, 그는 선행善行으로 말미암아 지혜智慧의 온유溫柔함으로 그 행行함을 보일지니라. 너희 마음속에 독毒한 시기猜忌와 다툼이 있으면 자랑하지 말라. 진리眞理를 거스려 거짓하지 말라. (약 3:9~14)

4. 이러한 지혜智慧는 위로부터 내려온 것이 아니요 세상적世上的이요 정욕적情慾的이요 마귀적魔鬼的이니, 시기猜忌와 다툼이 있는 곳에는 요란擾亂과 모든 악惡한 일이 있음이니라. 오직 위로부터 난 지혜智慧는 첫째 성결聖潔하고 화평和平하고 관용寬容하고 양순良順하며 긍휼矜恤과 선善한 열매가 가득하고 편벽偏僻과 거짓이 없나니, 화평和平케 하는 자들은 화평和平으로 심어 의義의 열매를 거두느니라. (약 3:15~18)

5. 너희 중에 싸움이 어디로 다툼이 어디로 좇아 나느뇨, 너희 지체肢體 중에서 싸우는 정욕情慾으로 좇아 난 것이 아니냐, 너희가 욕심慾心을 내어도 얻지 못하고 살인殺人하며, 시기猜忌하여도 능能히 취取하지 못하나니 너희가 다투고 싸우는도다. 너희가 얻지 못함은 구求하지 아니함이요, 구求하여도 받지 못함은 정욕情慾으로 쓰려고 잘못 구함이니라. 간음姦淫하는 여자女子들이여 세상世上과 벗된 것이 하나님의 원수怨讐임을 알지 못하느뇨, 그런즉 누구든지 세상世上과 벗이 되고자 하는 자는 스스로 하나님과 원수怨讐되게 하는 것이니라. (약 4:1~4)

6. 너희가 하나님이 우리 속에 거居하게 하신 성령聖靈이 시기猜忌하기까지 사모思慕한다 하신 말씀을 헛된 줄로 생각生覺하느뇨, 그러나 더욱 큰 은혜恩惠를 주시나니 그러므로 일렀으되, 하나님이 교만驕慢한 자를 물리치시고 겸손謙遜한 자에게 은혜恩惠를 주신다 하였느니라. 그런즉 너희는 하나님께 순복順服할지어다 마귀魔鬼를 대적對敵하라 그리하면 너희를 피避하리라. 하나님을 가까이 하라 그리하면 너희를 가까이 하시리라. 죄인罪人들아 손을 깨끗이 하라 두 마음을 품은 자들아 마음을 성결聖潔케 하라. 슬퍼하며 애통哀痛하며 울지어다 너희 웃음을 애통哀痛으로, 너희 즐거움을 근심으로 바꿀지어다. 주主 앞에서 낮추라 그리하면 주主께서 너희를 높이시리라. (약 4:5~10)

'교만驕慢한 자를 물리치고 겸손謙遜한 자에게 은혜恩惠를 베푸신다.' 그리스도인의 사회생활社會生活의 덕목德目입니다. '주主 앞에서 낮추면 주主께서 높여주시리라.' '마귀魔鬼를 대적對敵하라.' 강력强力한 권고勸告입니다. 승리勝利의 비결秘訣입니다.

【 낭송 표시 : 1회 ▙ / 4회 ■ / 목표 120회 】

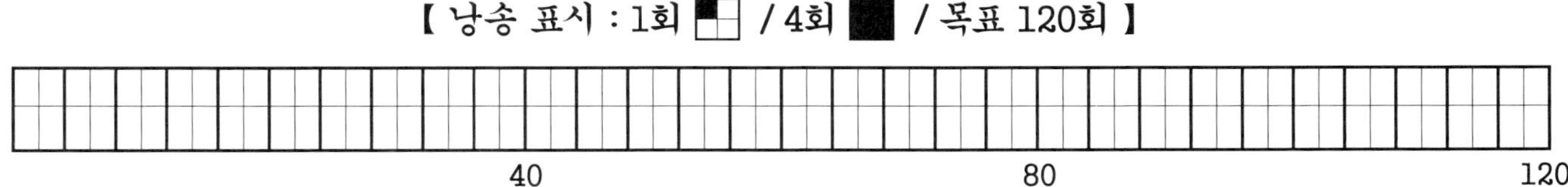

"주의 말씀은 내 발의 등이요 내 길에 빛이니이다"(시 119:105)

제 31 일

만군萬軍의 주主의 귀에 들렸느니라

야고보서 5:4

녹음기錄音器는 모든 소리가 전파電波로 기록記錄되는 오디오AUDIO 시스템SYSTEM입니다. 비디오VIDEO 녹화錄畵는 모든 장면場面이 그대로 전파電波로 기록記錄되는 시스템입니다. 이러한 전자 장비電子裝備에 비교比較할 수 없이 우수優秀한 것이 하나님 나라에 있습니다. '만군萬軍의 하나님 귀'입니다.

1. 형제兄弟들아 피차彼此에 비방誹謗하지 말라. 형제兄弟를 비방誹謗하는 자나 형제兄弟를 판단判斷하는 자는 곧 율법律法을 비방誹謗하고 율법律法을 판단判斷하는 것이라. 네가 만일 율법律法을 판단判斷하면 율법律法의 준행遵行자가 아니요 재판裁判자로다. 입법자立法者와 재판자裁判者는 오직 하나이시니, 능能히 구원救援하기도 하시며 멸滅하기도 하시느니라. 너는 누구관대 이웃을 판단判斷하느냐, 들으라 너희중에 말하기를 오늘이나 내일이나 우리가 아무 도시都市에 가서 거기서 일년一年을 유留하며 장사하여 이를 보리라 하는 자들아 내일 일을 너희가 알지 못하는도다. 너희 생명生命이 무엇이뇨 너희는 잠깐 보이다가 없어지는 안개니라. 너희가 도리어 말하기를 주主의 뜻이면 우리가 살기도 하고 이것 저것을 하리라 할 것이거늘, 이제 너희가 허탄虛誕한 자랑을 자랑하니 이러한 자랑은 다 악惡한 것이라. 이러므로 사람이 선善을 행行할 줄 알고도 행行치 아니하면 죄罪니라. (약 4:11~17)

2. 들으라 부富한 자들아 너희에게 임臨할 고생苦生을 인因하여 울고 통곡痛哭하라. 너희 재물財物은 썩었고 너희 옷은 좀먹었으며, 너희 금金과 은銀은 녹이 슬었으니 이 녹이 너희에게 증거證據가 되며 불같이 너희 살을 먹으리라. 너희가 말세末世에 재물財物을 쌓았도다 보라 너희 밭에 추수秋收한 품꾼에게 주지 아니한 삯이 소리 지르며 추수秋收한 자의 우는 소리가 만군萬軍의 주主의 귀에 들렸느니라. 너희가 땅에서 사치奢侈하고 연락宴樂하여 도살屠殺의 날에 너희 마음을 살지게 하였도다. 너희가 옳은 자를 정죄定罪하였도다 또 죽였도다 그는 너희에게 대항對抗하지 아니하였느니라. (약 5:1~6)

3. 그러므로 형제兄弟들아 주主의 강림降臨하시기까지 길이 참으라. 보라 농부農夫가 땅에서 나는 귀貴한 열매를 바라고 길이 참아 이른 비와 늦은 비를 기다리나니, 너희도 길이 참고 마음을 굳게 하라 주主의 강림降臨이 가까우니라. (약 5:7~8)

4. 형제兄弟들아 서로 원망怨望하지 말라 그리하여야 심판審判을 면免하리라 보라 심판자審判者가 문門 밖에 서 계시니라. 형제兄弟들아 주主의 이름으로 말한 선지자先知者들로 고난苦難과 오래 참음의 본本을 삼으라. 보라 인내忍耐하는 자를 우리가 복福되다 하나니, 너희가 욥의 인내忍耐를 들었고 주主께서 주신 결말結末을 보았거니와, 주主는 가장 자비慈悲하시고 긍휼矜恤히 여기는 자시니라. 내 형제兄弟들아 무엇보다도 맹세盟誓하지 말지니, 하늘로나 땅으로나 아무 다른 것으로도 맹세盟誓하지 말고, 오직 너희의 그렇다 하는 것은 그렇다 하고, 아니라 하는 것은 아니라 하여 죄罪 정定함을 면免하라. (약 5:9~12)

5. 너희 중에 고난苦難 당하는 자가 있느냐 저는 기도祈禱할 것이요 즐거워하는 자가 있느냐 저는 찬송讚頌할지니라. 너희 중에 병病든 자가 있느냐 저는 교회敎會의 장로長老들을 청請할 것이요, 그들은 주主의 이름으로 기름을 바르며 위하여 기도祈禱할지니라. 믿음의 기도祈禱는 병病든 자를 구원救援하리니 주主께서 저를 일으키시리라. 혹시 죄罪를 범犯하였을지라도 사赦하심을 얻으리라. 이러므로 너희 죄罪를 서로 고告하며 병病 낫기를 위하여 서로 기도祈禱하라. 의인義人이 간구懇求는 역사役事하는 힘이 많으니라. (약 5:13~16)

6. 엘리야는 우리와 성정性情이 같은 사람이로되 저가 비 오지 않기를 간절懇切히 기도祈禱한즉, 삼년三年 육개월六個月 동안 땅에 비가 아니 오고 다시 기도祈禱한즉, 하늘이 비를 주고 땅이 열매를 내었느니라. 내 형제兄弟들아 너희 중에 미혹迷惑하여 진리眞理를 떠난 자를 누가 돌아서게 하면 너희가 알 것은 죄인罪人을 미혹迷惑한 길에서 돌아서게 하는 자가 그 영혼靈魂을 사망死亡에서 구원救援하며 허다許多한 죄罪를 덮을 것이니라. (약 5:17~20)

원망怨望하지 말고, 비방誹謗하지 말고, 맹세盟誓 하지 말고, 그 대신代身 찬송讚頌하고 기도祈禱하라고 하셨습니다. 원망怨望과 비방誹謗과 맹세盟誓는 모두 땅에 묻어 버리고 은혜恩惠 가운데 기뻐하며 감사感謝 찬송讚頌하며 기도祈禱하여 기적奇蹟과 권능權能을 체험體驗하는 신앙생활信仰生活을 합시다.

【 낭송 표시 : 1회 ▣ / 4회 ■ / 목표 120회 】

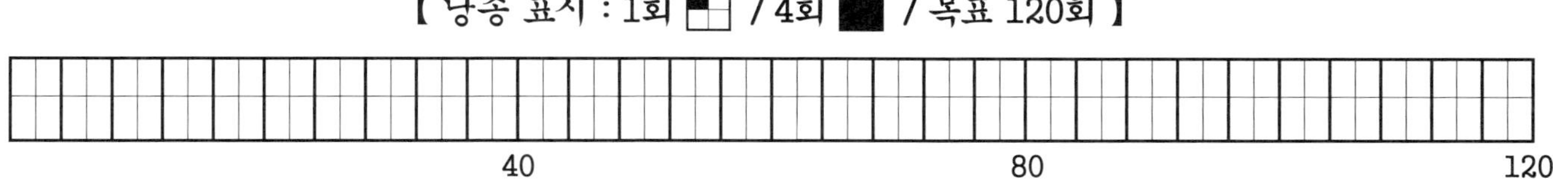

"주의 말씀은 내 발의 등이요 내 길에 빛이니이다"(시 119:105)

X

충성하라 면류관을 주리라

제1일	칭찬稱讚과 영광榮光과 존귀尊貴를 얻으라	베드로전서 1:7
제2일	오직 너희는 왕王 같은 제사장祭司長들이요	베드로전서 2:9
제3일	그리스도의 고난苦難에 참예參與하는 것으로 즐거워하라	베드로전서 4:13
제4일	더욱 힘써 부르심과 택擇하심을 굳게 하라	베드로후서 1:10
제5일	저희에게 응應하였도다	베드로후서 2:22
제6일	우리의 기쁨이 충만充滿케 하려 함이로라	요한일서 1:4
제7일	아들을 시인是認하는 자에게는 아버지도 있느니라	요한일서 2:23
제8일	사랑하는 자들아 우리가 서로 사랑하자	요한일서 4:7
제9일	자녀子女들아 너희 자신自身을 지켜 우상偶像에게서 멀리하라	요한일서 5:21
제10일	도리어 색욕色慾 거리로 바꾸고 부인否認하는 자니라	유다서 1:4
제11일	충성忠誠하라 면류관冕旒冠을 주리라	요한계시록 2:10
제12일	귀 있는 자는 말씀을 들을지어다	요한계시록 3:6
제13일	이 향香은 성도聖徒들의 기도祈禱들이라	요한계시록 5:8
제14일	모든 눈물을 씻어 주시리라	요한계시록 7:17
제15일	그리스도로 더불어 왕王 노릇 하리라	요한계시록 20:6
제16일	생명책生命冊에 기록記錄된 자들뿐이라	요한계시록 21:27
제17일	아멘 주主 예수여 오시옵소서	요한계시록 22:20

제 1 일

칭찬稱讚과 영광榮光과 존귀尊貴를 얻으라

베드로전서 1:7

사람은 잘되면 존귀尊貴한 인생人生이 되고 잘못되면 천賤하고 부끄럽고 비참悲慘한 인생人生이 되어 버립니다. 믿음으로 사는 자는 하나님 말씀을 믿고 순종順從하는 자입니다. 성령聖靈의 인도引導함을 받는 자는 칭찬稱讚과 영광榮光과 존귀尊貴를 얻게 됩니다. 이 얼마나 복福되고 은혜恩惠로운 삶입니까? 이 크신 은총恩寵을 누리시는 성도聖徒들이 되시기 바랍니다.

1. 예수 그리스도의 사도使徒 베드로는 흩어진 나그네 곧 하나님 아버지의 미리 아심을 따라 성령聖靈의 거룩하게 하심으로 순종順從하라. 예수 그리스도의 피 뿌림을 얻기 위하여 택擇하심을 입은 자들에게 편지便紙하노니, 은혜恩惠와 평강平康이 너희에게 더욱 많을지어다. 찬송讚頌하리로다 우리 주主 예수 그리스도의 아버지 하나님이 그 많으신 긍휼矜恤대로 예수 그리스도의 죽은 자 가운데서 부활復活하심으로 말미암아, 우리를 거듭나게 하사 산 소망所望이 있게 하시며 썩지 않고 더럽지 않고 쇠衰하지 아니하는 기업基業을 있게 하시나니, 곧 너희를 위하여 하늘에 간직看直하신 것이라. (벧전 1:1~4)

2. 너희가 말세末世에 나타내기로 예비豫備하신 구원救援을 얻기 위하여 믿음으로 말미암아 하나님의 능력能力으로 보호保護하심을 입었나니, 너희가 이제 여러 가지 시험試驗을 인하여 잠깐 근신謹愼하게 되었으나 오히려 크게 기뻐하도다. 너희 믿음의 시련試鍊이 불로 연단演壇하여도 없어질 금金보다 더 귀貴하여, 예수 그리스도의 나타나실 때에 칭찬稱讚과 영광榮光과 존귀尊貴를 얻게 하려 함이라. 예수를 너희가 보지 못하였으나 사랑하는도다. 이제도 보지 못하나 믿고 말할 수 없는 영광榮光스러움으로 기뻐하니 믿음의 결국結局 곧 영혼靈魂의 구원救援을 받음이라. (벧전 1:5~9)

3. 이 구원救援에 대對하여는 너희에게 임臨할 은혜恩惠를 예언豫言하던 선지자先知者들이 연구硏究하고 부지런히 살펴서, 자기自己 속에 계신 그리스도의 영靈이 그 받으실 고난苦難과 후後에 얻으실 영광榮光을 미리 증거證據하여, 어느 시時 어떠한 때를 지시指示하시는지 상고詳考하니라. 이 섬긴 바가 자기自己를 위한 것이 아니요 너희를 위한 것임이 계시啓示로 알게 되었으니, 이것은 하늘로부터 보내신 성령聖靈을 힘입어 복음福音을 전傳하는 자들로 이제 너희에게 고告한 것이요, 천사天使들도 살펴보기를 원願하는 것이니이다. (벧전 1:10~12)

4. 그러므로 너희 마음의 허리를 동이고 근신謹愼하여 예수 그리스도의 나타나실 때에 너희에게 가져올 은혜恩惠를 온전穩全히 바랄지어다. 불순종不順從하는 자식子息처럼 이전以前 알지 못할 때에 좇던 사욕私慾을 본本 삼지 말고, 오직 너희를 부르신 거룩한

자처럼 너희도 모든 행실行實에 거룩한 자가 되라. 기록하였으되 내가 거룩하니 너희도 거룩할지어다 하셨느니라. 외모外貌로 보시지 않고 각 사람의 행위行爲대로 판단判斷하시는 자를 너희가 아버지라 부른즉 너희의 나그네로 있을 때를 두려움으로 지내라. 너희가 알거니와 너희 조상祖上의 유전遺傳한 망령妄靈된 행실行實에서 구속救贖된 것은, 은銀이나 금金같이 없어질 것으로 한 것이 아니요, 오직 흠欠없고 점點없는 어린 양 같은 그리스도의 보배로운 피로 한 것이니라. (벧전 1:13~19)

5. 그는 창세전創世前부터 미리 알리신 바 된 자나 이 말세末世에 너희를 위하여 나타내신바 되었으니, 너희는 저를 죽은 자 가운데서 살리시고 영광榮光을 주신 하나님을 그리스도로 말미암아 믿는 자니 너희 믿음과 소망所望이 하나님께 있게 하셨느니라. 너희가 진리眞理를 순종順從함으로 너희 영혼靈魂을 깨끗하게 하여 거짓이 없이 형제兄弟를 사랑하기에 이르렀으니 마음으로 뜨겁게 피차彼此 사랑하라. 너희가 거듭난 것이 썩어질 씨로 된 것이 아니요 썩지 아니한 씨로 된 것이니 하나님의 살아 있고 항상 있는 말씀으로 되었느니라. 그러므로 모든 육체肉體는 풀과 같고 그 모든 영광榮光이 풀의 꽃과 같으니 풀은 마르고 꽃은 떨어지되, 오직 주主의 말씀은 세세世世토록 있도다 하였으니 너희에게 전傳한 복음福音이 곧 이 말씀이니라. (벧전 1:20~25)

6. 그러므로 모든 악독惡毒과 궤휼詭譎과 외식外飾과 시기猜忌와 비방誹謗하는 말을 버리고, 갓난 아이들 같이 순전純全하고 신령神靈한 젖을 사모思慕하라. 이는 너희로 구원救援에 이르도록 자라게 하려 함이라. 너희가 주主의 인자仁慈하심을 맛보았으면 그리하라. 사람에게는 버린 바가 되었으나 하나님께서는 택擇하심을 입은 보배로운 산 돌이신 예수에게 나아와 너희도 산 돌같이 신령神靈한 집으로 세워지고, 예수 그리스도로 말미암아 하나님이 기쁘게 받으실 신령神靈한 제사祭祀를 드릴 거룩한 제사장祭司長이 될지니라. 경經에 기록記錄하였으되 보라 내가 택擇한 보배롭고 요긴要緊한 모퉁이 돌을 시온에 두노니 저를 믿는 자는 부끄러움을 당當치 아니하리라. (벧전 2:1~6)

"은혜恩惠를 온전穩全히 바랄지어다." "모든 행실行實에 거룩한 자가 되라." "내가 거룩하니 너희도 거룩하라." 은혜 중심恩惠中心 거룩한 성도聖徒는 하나님이 가장 기뻐하고 사랑하는 자녀子女들입니다. 오직 어린 양羊 예수 그리스도의 보배로운 피 된 은혜恩惠입니다.

【 낭송 표시 : 1회 ◰ / 4회 ■ / 목표 120회 】

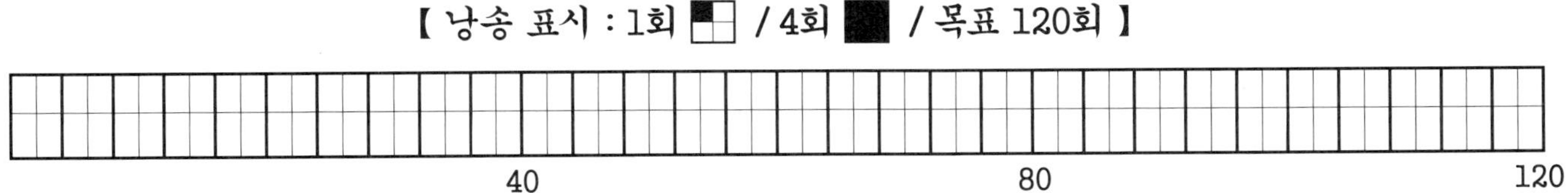

"주의 말씀은 내 발의 등이요 내 길에 빛이니이다"(시 119:105)

제 2 일

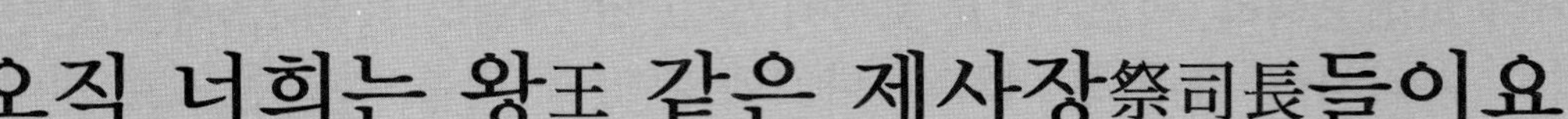

오직 너희는 왕王 같은 제사장祭司長들이요

베드로전서 2:9

우리 성도聖徒들의 신분身分은 영광榮光스럽습니다. 엄청난 위치位置에 있습니다. "택擇하신 족속族屬이요 왕王같은 제사장祭司長이요 거룩한 나라요, 하나님의 백성百姓들"입니다. 존귀尊貴하게 여기고 감사感謝하는 마음을 가져야 합니다.

1. 그러므로 믿는 너희에게는 보배이나 믿지 아니하는 자에게는 건축자建築者들의 버린 돌이 모퉁이의 머릿돌이 되고, 또한 부딪히는 돌과 거치는 반석磐石이 되었다 하니라. 저희가 말씀을 순종順從치 아니하므로 넘어지나니 이는 저희를 이렇게 정定하신 것이라. 오직 너희는 택擇하신 족속族屬이요 왕王 같은 제사장祭司長들이요, 거룩한 나라요 그의 소유所有된 백성百姓이니 이는 너희를 어두운데서 불러 내어 그의 기이奇異한 빛에 들어가게 하신 자의 아름다운 덕德을 선전宣傳하게 하려 하심이라. 너희가 전에는 백성百姓이 아니더니 이제는 하나님의 백성百姓이요 전에는 긍휼矜恤을 얻지 못하였더니 이제는 긍휼矜恤을 얻은 자니라. (벧전 2:7~10)

2. 사랑하는 자들아 나그네와 행인行人 같은 너희를 권勸하노니 영혼靈魂을 거스려 싸우는 육체肉體의 정욕情慾을 제어制馭하라. 너희가 이방인異邦人 중에서 행실行實을 선善하게 가져 너희를 악행惡行한다고 비방誹謗하는 자들로 하여금 너희 선善한 일을 보고 권고勸告하시는 날에 하나님께 영광榮光을 돌리게 하려 함이라. 인간人間에 세운 모든 제도制度를 주主를 위하여 순복順服하되 혹或은 위에 있는 왕王이나, 악惡을 행行하는 자를 징벌懲罰하고 선행善行하는 자를 포장褒奬하기 위하여 그의 보낸 방백方伯에게 하라. 곧 선행善行으로 어리석은 사람들의 무식無識한 말을 막으시는 것이라. 자유自由하나 그 자유自由로 악惡을 가리우는 데 쓰지 말고, 오직 하나님의 종과 같이 하라 뭇 사람을 공경恭敬하며 형제兄弟를 사랑하며 하나님을 두려워하며 왕王을 공경恭敬하라. (벧전 2:11~17)

3. 애매曖昧히 고난苦難을 받아도 하나님을 생각生覺함으로 슬픔을 참으면 이는 아름다우니라. 이를 위하여 고난苦難을 받으사 너희에게 본本을 끼쳐 그 자취를 따라 오게 하려 하셨느니라. 저는 죄罪를 범犯치 아니하시고 그 입에 궤사詭詐도 없으시며 욕辱을 받으시되, 대신代身 욕辱하지 아니하시고 고난苦難을 받으시되, 위협威脅하지 아니하시고 오직 공의公義로 심판審判하시는 자에게 부탁付託하시며, 친히 나무에 달려 그 몸으로 우리 죄罪를 담당擔當하셨으니 이는 우리로 죄罪에 대하여 죽고 의義에 대하여 살게 하려 하심이라. 저가 채찍에 맞음으로 너희는 나음을 얻었나니, 너희가 전에는 양羊과 같이 길을 잃었더니 이제는 너희 영혼靈魂의 목자牧者와 감독監督되신 이에게 돌아왔느니라. (벧전 2:19~25)

4. 아내 된 자들아 이와 같이 자기 남편男便에게 순복順服하라. 도道를 순종順從치 않는

자라도 말로 말미암지 않고 그 아내의 행위行爲로 말미암아 구원救援을 얻게 하려 함이니, 너희의 두려워하며 정결淨潔한 행위行爲를 봄이라. 너희 단장丹粧은 머리를 꾸미고 금金을 차고 아름다운 옷을 입은 외모外貌로 하지 말고, 오직 마음에 숨은 사람을 온유溫柔하고 안정安靜한 심령心靈의 썩지 아니할 것으로 하라 이는 하나님 앞에 값진 것이니라. 전前에 하나님께 소망所望을 두었던 거룩한 부녀婦女들도 이와 같이 자기 남편男便에게 순복順服함으로 자기自己를 단장丹粧하였나니, 사라가 아브라함을 주라 칭稱하여 복종服從한 것같이 너희가 선善을 행行하고 아무 두려운 일에도 놀라지 아니함으로 그의 딸이 되었느니라. 남편男便된 자들아 이와 같이 지식知識을 따라 너희 아내와 동거同居하고 저는 연약軟弱한 그릇이요, 또 생명生命의 은혜恩惠를 유업遺業으로 함께 받을 자로 알아 귀貴히 여기라. 이는 너희 기도祈禱가 막히지 아니하게 하려 함이라. (벧전 3:1~7)

5. 너희가 마음을 같이하여 형제兄弟를 사랑하며 불쌍히 여기며 겸손謙遜하며, 악惡을 악惡으로 욕辱을 욕辱으로 갚지 말고 도리어 복福을 빌라. 이를 위하여 부르심을 입었으니 이는 복福을 유업遺業으로 받게 하려 하심이라. 그러므로 생명生命을 사랑하고 좋은 날 보기를 원願하는 자는 혀를 금禁하여 악惡한 말을 그치며, 그 입술로 궤휼詭譎을 말하지 말고 악惡에서 떠나 선善을 행行하고 화평和平을 행行하는 자들을 향向하시느니라. (벧전 3:8~12)

6. 너희가 열심熱心으로 선善을 행行하면 누가 너희를 해害하리요, 그러나 의義를 위하여 고난苦難을 받으면 복福 있는 자니 저희의 두려움을 두려워말며 소동騷動치 말고, 너희 마음에 그리스도를 주主로 삼아 거룩하게 하고 너희 속에 있는 소망所望에 관關한 이유理由를 묻는 자에게는 대답對答할 것을 항상恒常 예비豫備하되 온유溫柔와 두려움으로 하고 선善한 양심良心을 가지라. 이는 그리스도 안에 있는 너희의 선행善行을 욕辱하는 자들로 그 비방誹謗하는 일에 부끄러움을 당當하게 하려 함이라. 선善을 행行함으로 고난苦難을 받는 것이 하나님의 뜻일진대 악惡을 행行함으로 고난苦難 받는 것보다 나으니라. 그리스도께서도 한번 죄罪를 위하여 죽으사 의인義人으로서 불의不義한 자를 대신代身하셨으니, 이는 우리를 하나님 앞으로 인도引導하려 하심이라. (벧전 3:13~18)

마음을 같이 하고 서로 사랑하고 용납容納하며 겸손謙遜히 섬기며, 주님께 받은 사랑을 나누는 생활生活을 하면, 모든 일이 주主 안에서 형통亨通하게 됩니다. 남을 나보다 낫게 여기며 근신謹愼하여 기도祈禱하면 '금金보다 더 귀貴하여 예수 그리스도의 나타나실 때에 칭찬稱讚과 영광榮光과 존귀尊貴를 얻는 복福된 성도聖徒'들이 됩니다.

【 낭송 표시 : 1회 ▞ / 4회 ■ / 목표 120회 】

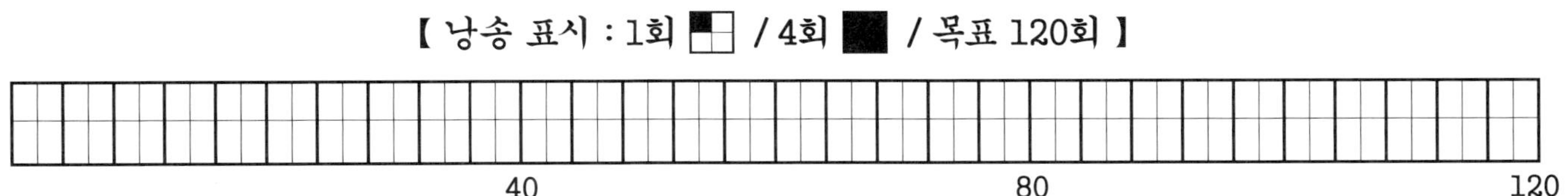

"주의 말씀은 내 발의 등이요 내 길에 빛이니이다"(시 119:105)

제 3 일

그리스도의 고난苦難에 참예參與하는 것으로 즐거워하라

베드로전서 4:13

사랑은 율법律法의 완성完成입니다. 예수님은 십자가十字架에서 원수怨讐를 용서容恕하는 사랑을 보여 주셨습니다. "내가 너희를 사랑한 것같이 너희가 서로 사랑하라." "서로 사랑하는 것이 마땅하도다"(요일 4:11). 고난苦難에 참예參與하는 것은 바로 사랑의 실천實踐입니다. 여기에서 오는 것이 참된 즐거움입니다.

1. 노아의 날 방주方舟 예비豫備할 동안 하나님이 오래 참고 기다리실 때에 순종順從치 아니하던 자들이라. 방주方舟에서 물로 말미암아 구원救援을 얻은 자가 몇 명 뿐이니 겨우 여덟 명이라. 물은 예수 그리스도의 부활復活하심으로 말미암아 이제 너희를 구원救援하는 표標니 곧 세례洗禮라 육체肉體의 더러운 것을 제除하여 버림이 아니요, 오직 선善한 양심良心이 하나님을 향向하여 찾아가는 것이라. 저는 하늘에 오르사 하나님 우편右便에 계시니 천사天使들과 권세權勢들과 능력能力들이 저에게 순복順服하느니라. (벧전 3:20~22)

2. 그리스도께서 이미 육체肉體의 고난苦難을 받으셨으니 너희도 같은 마음으로 갑옷을 삼으라. 이는 육체肉體의 고난苦難을 받은 자가 죄罪를 그쳤음이니, 그 후後로는 다시 사람의 정욕情慾을 좇지 않고 오직 하나님의 뜻을 좇아 육체肉體의 남은 때를 살게 하려 함이라. 너희가 음란淫亂과 정욕情慾과 술취함과 방탕放蕩과 연락宴樂과 무법無法한 우상숭배偶像崇拜를 하여 이방인異邦人의 뜻을 좇아 행行한 것이 지나간 때가 족足하도다. 이러므로 너희가 저희와 함께 그런 극極한 방탕放蕩에 달음질하지 아니하는 것을 저희가 이상異常히 여겨 비방誹謗하나, 저희가 산 자와 죽은 자 심판審判하기를 예비豫備하신 자에게 직고直告하리라. 이를 위하여 죽은 자들에게도 복음福音이 전파傳播되었으니, 이는 육체肉體로는 사람처럼 심판審判을 받으나 영靈으로는 하나님처럼 살게 하려 함이니라. (벧전 4:1~6)

3. 만물萬物의 마지막이 가까웠으니 그러므로 너희는 정신精神을 차리고 근신謹愼하여 기도祈禱하라. 무엇보다도 열심熱心히 서로 사랑할지니 사랑은 허다許多한 죄罪를 덮느니라. 서로 대접待接하기를 원망怨望 없이하고 각각各各 은사恩賜를 받은대로 하나님의 각양各樣 은혜恩惠를 맡은 선善한 청지기廳直 같이 서로 봉사奉事하라. 누가 말하려면 하나님의 말씀을 하는 것같이 하고 누가 봉사奉事하려면 하나님의 공급供給하시는 힘으로 하는 것같이 하라. 이는 범사凡事에 예수 그리스도로 말미암아 하나님이 영광榮光을 받으시게 하려 함이니, 그에게 영광榮光과 권능權能이 세세世世에 무궁無窮토록 있느니라 아멘. (벧전 4:7~11)

4. 사랑하는 자들아 너희를 시련試鍊하려고 오는 불시험試驗을 이상異常한 일 당當하는 것같이 이상異常히 여기지 말고, 오직 너희가 그리스도의 고난苦難에 참여參與하는 것으로 즐거워하라. 이는 그의 영광榮光을 나타내실 때에 너희로 즐거워하고 기뻐하여 하려

함이라. 너희가 그리스도의 이름으로 욕辱**을 받으면 복**福 **있는 자로다. 영광**榮光**의 영**靈 **곧 하나님의 영**靈**이 너희 위에 계심이라. 너희 중에 누구든지 살인**殺人**이나 도적**盜賊**질이나 악행**惡行**이나 남의 일을 간섭**干涉**하는 자로 고난**苦難**을 받지 말려니와, 그리스도인으로 고난**苦難**을 받은즉 부끄러워 말고 도리어 그 이름으로 하나님께 영광**榮光**을 돌리라. 하나님의 집에서 심판**審判**을 시작**始作**할 때가 되었나니 만일 우리에게 먼저 하면 하나님의 복음**福音**을 순종**順從**치 아니하는 자들의 그 마지막이 어떠하며, 또 의인**義人**이 겨우 구원**救援**을 얻으면 경건**敬虔**치 아니한 자와 죄인**罪人**이 어디 서리요, 그러므로 하나님의 뜻대로 고난**苦難**을 받는 자들은 또한 선**善**을 행**行**하는 가운데 그 영혼**靈魂**을 미쁘신 조물주**造物主**께 부탁**付託**할지어다.** (벧전 4:12~19)

5. 너희 중 장로長老**들에게 권**勸**하노니 나는 함께 장로**長老**된 자요, 그리스도의 고난**苦難**의 증인**證人**이요 나타날 영광**榮光**에 참예**參與**할 자로라. 너희 중에 있는 하나님의 양**羊 **무리를 치되 부득이**不得已**함으로 하지 말고, 오직 하나님의 뜻을 좇아 자원**自願**함으로 하며 더러운 이를 위하여 하지 말고 오직 즐거운 뜻으며 하며, 맡기운 자들에게 주장**主掌**하는 자세**藉勢**를 하지 말고 오직 양**羊 **무리의 본**本**이 되라. 그리하면 목자장**牧者長**이 나타나실 때에 시들지 아니하는 영광**榮光**의 면류관**冕旒冠**을 얻으리라. 젊은 자들아 이와 같이 장로**長老**들에게 순복**順服**하고 다 서로 겸손**謙遜**으로 허리를 동이고, 하나님이 교만**驕慢**한 자를 대적**對敵**하시되 겸손**謙遜**한 자들에게는 은혜**恩惠**를 주시느니라. 그러므로 하나님의 능**能**하신 손 아래서 겸손**謙遜**하라 때가 되면 너희를 높이시리라.** (벧전 5:1~6)

6. 너희 염려念慮**를 다 주**主**께 맡겨 버리라 이는 저가 너희를 권고**勸告**하심이니라. 근신**謹愼**하라 깨어라 너희 대적**對敵 **마귀**魔鬼**가 우는 사자**獅子**같이 두루 다니며 삼킬 자를 찾나니, 너희는 믿음을 굳게 하여 저를 대적**對敵**하라. 이는 세상**世上**에 있는 너희 형제**兄弟**들도 동일**同一**한 고난**苦難**을 당**當**하는 줄을 앎이니라. 모든 은혜**恩惠**의 하나님 곧 그리스도 안에서 너희를 부르사 자기**自己**의 영원**永遠**한 영광**榮光**에 들어가게 하신 이가 잠간**暫間 **고난**苦難**을 받은 너희를 친히 온전**穩全**케 하시며, 굳게 하시며 강**强**하게 하시며 터를 견고**堅固**케 하시리라. 권력**權力**이 세세무궁**世世無窮**토록 그에게 있을지어다. 그리스도 안에 있는 모든 이에게 평강**平康**이 있을지어다.** (벧전 5:7~14)

"그리스도의 고난苦難에 참예參與하는 것으로 즐거워하라"(벧전 4:13). "그리스도의 이름으로 욕辱을 받으면 복福 있는 자로다"(벧전 4:14). "겸손謙遜한 자들에게 은혜恩惠를 주시느니라"(벧전 5:5). "영광榮光의 면류관冕旒冠을 얻으리라"(벧전 5:4). 주님께서 맡기신 복음 사역福音使役에 최선最善을 다하는 이에게 약속約束된 복福과 은혜恩惠를 주십니다.

【 낭송 표시 : 1회 ▚ / 4회 ■ / 목표 120회 】

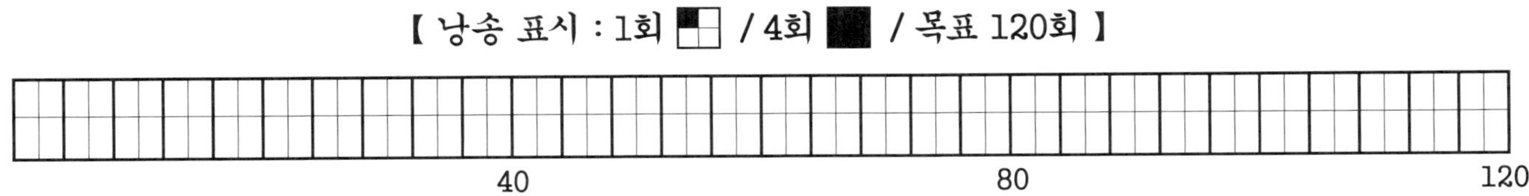

"주의 말씀은 내 발의 등이요 내 길에 빛이니이다"(시 119:105)

제 4 일

더욱 힘써 부르심과 택擇하심을 굳게 하라

베드로후서 1:10

부르심은 소명召命입니다. 택擇하심은 예정豫定입니다. 하나님께서는 택擇하신 자를 불러 소명召命하심으로 하나님 나라 건설建設의 사명使命을 주셨습니다. 그러므로 '더욱 힘써 부르심과 택擇하심을 굳게' 해야 합니다.

1. 예수 그리스도의 종과 사도使徒인 시몬 베드로는 우리 하나님과 구주救主 예수 그리스도의 의義를 힘입어, 동일同一하게 보배로운 믿음을 우리와 같이 받은 자들에게 하나님과 우리 주主 예수를 앎으로 은혜恩惠와 평강平康이 너희에게 더욱 많을지어다. 그의 신기神奇한 능력能力으로 생명生命과 경건敬虔에 속屬한 모든 것을 우리에게 주셨으니, 이는 자기自己의 영광榮光과 덕德으로써 우리를 부르신 자를 앎으로 말미암음이라. 이로써 그 보배롭고 지극至極히 큰 약속約束을 우리에게 주사 이 약속約束으로 말미암아, 너희로 정욕情慾을 인하여 세상世上에서 썩어질 것을 피하여 신神의 성품性品에 참예參與하는 자가 되게 하려 하셨으니, 이러므로 너희가 더욱 힘써 너희 믿음에 덕德을 덕德에 지식知識을 지식知識에 절제節制를 절제節制에 인내忍耐를, 인내忍耐에 경건敬虔을 경건敬虔에 형제우애兄弟友愛를 형제우애兄弟友愛에 사랑을 공급供給하라. 그러므로 형제兄弟들아 더욱 힘써 너희 부르심과 택擇하심을 굳게 하라. 너희가 이것을 행行한즉 우리 구주救主 예수 그리스도의 영원永遠한 나라에 들어감을 넉넉히 너희에게 주시리라. (벧후 1:1~11)

2. 내가 이 장막帳幕에 있을 동안에 너희를 일깨워 생각生覺하게 함이 옳은 줄로 여기노니, 이는 우리 주主 예수 그리스도께서 내게 지시指示하신 것같이, 나도 이 장막帳幕을 벗어 날 것이 임박臨迫한 줄을 앎이라. 내가 힘써 너희로 하여금 나의 떠난 후後에라도 필요必要할 때는 이런 것을 생각生覺나게 하려 하노라. 우리 주主 예수 그리스도의 능력能力과 강림降臨하심을 너희에게 알게 한 것이 공교工巧히 만든 이야기를 좇은 것이 아니요, 우리는 그의 크신 위엄威嚴을 친히 본 자라. 지극至極히 큰 영광榮光 중에서 이러한 소리가 그에게 나기를 이는 내 사랑하는 아들이요, 내 기뻐하는 자라 하실 때에 저가 하나님 아버지께 존귀尊貴와 영광榮光을 받으셨느니라. (벧후 1:13~17)

3. 이 소리는 우리가 저와 함께 거룩한 산에 있을 때에 하늘로서 나옴을 들은 것이라. 또 우리에게 더 확실確實한 예언豫言이 있어 어두운데 비취는 등불과 같으니, 날이 새어 샛별이 너희 마음에 떠오르기까지 너희가 이것을 주의注意하는 것이 가可하니라. 먼저 알 것은 경經의 모든 예언豫言은 사사로이 풀 것이 아니니, 예언豫言은 언제든지 사람의 뜻으로 낸 것이 아니요, 오직 성령聖靈의 감동感動하심을 입은 사람들이 하나님께 받아 말한 것임이니라. (벧후 1:18~21)

4. 거짓 선지자先知者들이 일어났었나니 저희는 멸망滅亡케 할 이단異端을 가만히 끌어들여, 자기自己들을 사신 주主를 부인否認하고 임박臨迫한 멸망滅亡을 스스로 취取하는 자들이라. 여럿이 호색好色하는 것을 좇으리니 이로 인하여 진리眞理의 도道가 훼방毁謗을 받을 것이요, 저희가 탐심貪心을 인하여 지은 말을 가지고 너희로 이를 삼으니, 저희 심판審判은 옛적부터 지체遲滯하지 아니하며 저희 멸망滅亡은 자지 아니하느니라. (벧후 2:1~3)

5. 하나님이 범죄犯罪한 천사天使들을 용서容恕치 아니하시고, 지옥地獄에 던져 어두운 구덩이에 두어 심판審判때까지 지키게 하셨으며, 옛 세상世上을 용서容恕치 아니하시고 오직 의義를 전파傳播하는 노아와 그 일곱 식구食口를 보존保存하시고, 경건敬虔치 아니한 자들의 세상世上에 홍수洪水를 내리셨으며, 소돔과 고모라 성城을 멸망滅亡하기로 정定하여 재가 되게 하사 후세後世에 경건敬虔치 아니할 자들에게 본本을 삼으셨으며, 무법無法한 자의 음란淫亂한 행실行實을 인因하여 고통苦痛하는 의義로운 롯을 건지셨으니, 의인義人이 저희 중에 거居하여 날마다 저 불법不法한 행실行實을 보고 들음으로 그 의義로운 심령心靈을 상傷하니라. (벧후 2:4~8)

6. 주主께서 경건敬虔한 자는 시험試驗에서 건지시고, 불의不義한 자는 형벌刑罰 아래 두어 심판審判날까지 지키시며, 육체肉體를 따라 더러운 정욕情慾 가운데서 행行하며 주관主管하는 이를 멸시蔑視하는 자들에게 특별特別히 형벌刑罰하실 줄을 아시느니라. 이들은 담대膽大하고 고집固執하여 떨지 않고 영광榮光 있는 자를 훼방毁謗하거니와, 더 큰 힘과 능력能力을 가진 천사天使들이라도 주主 앞에서 저희를 거스려 훼방毁謗하는 송사訟事를 하지 아니하느니라. 이 사람들은 본래本來 잡혀 죽기 위하여 난 이성理性 없는 짐승 같아서 그 알지 못한 것을 훼방毁謗하고 저희 멸망滅亡 가운데서 멸망滅亡을 당當하며, 불의不義의 값으로 불의不義를 당當하며 낮에 연락宴樂을 기쁘게 여기는 자들이니 점點과 흠欠이라. (벧후 2:9~13)

하나님의 나라는, 택擇하신 하나님의 백성百姓들은 구원救援을 완성完成하고, 하나님을 거역拒逆한 자들은 심판審判하는 것입니다. 지상地上의 교회敎會와 천상天上 교회敎會가 하나가 되는 완전完全한 하나님의 나라가 이루어지는 것입니다. 범죄犯罪한 자들과 사탄을 추종하는 자들, 곧 멸망滅亡으로 가는 자들을 불쌍히 여겨 구원救援에 동참同參케 하는 길이 천국 복음 전파天國福音傳播입니다.

【 낭송 표시 : 1회 / 4회 / 목표 120회 】

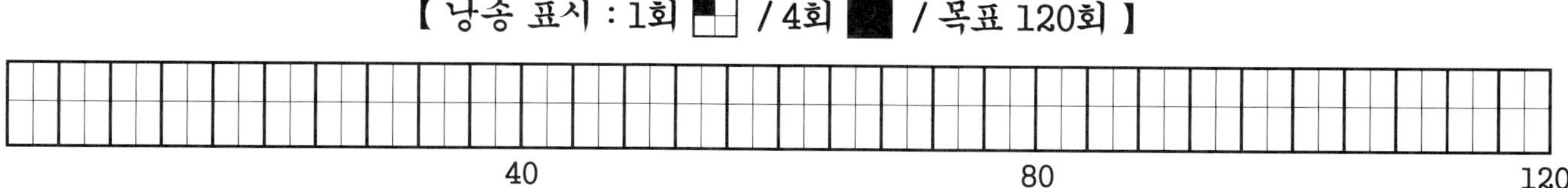

"주의 말씀은 내 발의 등이요 내 길에 빛이니이다"(시 119:105)

제 5 일

저희에게 응應하였도다

베드로후서 2:22

속담俗談은 민족 전래 격언民族傳來格言입니다. 민족民族 공동체共同體의 공통적共通的인 경험經驗에서 얻은 보편적普遍的 가치價値와 교훈敎訓입니다. “개가 그 토吐한 것을 도로 먹고, 돼지가 깨끗이 씻은 몸으로 시궁창 속에 들어간다”는 잘못을 반복反復한다는 속담俗談으로 신앙생활信仰生活에도 적용適用됩니다.

1. 너희와 함께 연회宴會할 때에 저희 간사奸詐한 가운데 연락宴樂하며, 음심淫心이 가득한 눈을 가지고 범죄犯罪하기를 쉬지 아니하고 굳세지 못한 영혼靈魂들을 유혹誘惑하며, 탐욕貪慾에 연단鍊鍛된 마음을 가진 자들이니 저주詛呪의 자식子息이라. 저희가 바른 길을 떠나 미혹迷惑하여 브올의 아들 발람의 길을 좇는도다. 그는 불의不義의 삯을 사랑하다가 자기自己의 불법不法을 인因하여 책망責望을 받되, 말 못하는 나귀가 사람의 소리로 말하여 이 선지자先知者의 미친 것을 금지禁止하였느니라. (벧후 2:13~16)

2. 이 사람들은 물 없는 샘이요 광풍狂風에 밀려 가는 안개니, 저희를 위하여 캄캄한 어두움이 예비豫備되어 있나니, 저희가 허탄虛誕한 자랑의 말을 토吐하여 미혹迷惑한데 행하는 사람들에게서 겨우 피避한 자들을 음란淫亂으로써, 육체肉體의 정욕情慾 중에서 유혹誘惑하여 저희에게 자유自由를 준다 하여도, 자기自己는 멸망滅亡의 종들이니 누구든지 진 자는 이긴 자의 종이 됨이니라. 저희가 우리 주主 되신 구주救主 예수 그리스도를 앎으로 세상世上의 더러움을 피避한 후後에 다시 그중에 얽매이고 지면 그 나중 형편形便이 처음보다 더 심甚하리니, 의義의 도道를 안 후後에 받은 거룩한 명령命令을 저버리는 것보다 알지 못하는 것이 도리어 저희에게 나으니라. 속담俗談에 개가 그 토吐하였던 것에 돌아가고, 돼지가 씻었다가 더러운 구덩이에 도로 누웠다 하는 말이 저희에게 응應하였도다. (벧후 2:17~22)

3. 사랑하는 자들아 너희 진실眞實한 마음을 일깨워 생각生覺하게 하여 거룩한 선지자先知者의 예언豫言한 말씀과 주主 되신 구주救主께서 너희의 사도使徒들로 말미암아 명命하신 것을 기억記憶하게 하려 하노라. 먼저 이것을 알지니 말세末世에 기롱譏弄하는 자들이 와서 자기自己의 정욕情慾을 좇아 행行하며 기롱譏弄하여 가로되, 주主의 강림降臨하신다는 약속約束이 어디 있느뇨 하니 저희가 부러 잊으려 함이로다. (벧후 3:1~5)

4. 이는 하늘이 옛적부터 있는 것과 땅이 물에서 나와 물로 성립成立한 것도 하나님의

말씀으로 된 것을 저희가 부러 잊으려 함이로다. 이로 말미암아 그때 세상世上은 물의 넘침으로 멸망滅亡하였으되, 이제 하늘과 땅은 그 동일同一한 말씀으로 불사르기 위하여 간수看守하신바 되어 경건敬虔치 아니한 사람들의 심판審判과 멸망滅亡의 날까지 보존保存하여 두신 것이니라. (벧후 3:5~7)

5. 사랑하는 자들아 주主께서 하루가 천 년千年 같고 천 년千年이 하루 같은 이 한가지를 잊지 말라. 주主의 약속約束은 어떤 이의 더디다고 생각生覺하는 것같이 더딘 것이 아니라, 오직 너희를 대對하여 오래 참으사 아무도 멸망滅亡치 않고 다 회개悔改하기에 이르기를 원願하시느니라. 그러나 주主의 날이 도적盜賊 같이 오리니 그날에는 하늘이 큰 소리로 떠나가고, 체질體質이 뜨거운 불에 풀어지고 땅과 그중에 있는 모든 일이 드러나리로다. 이 모든 것이 이렇게 풀어지리니 너희가 어떠한 사람이 되어야 마땅하뇨, 거룩한 행실行實과 경건敬虔함으로 하나님의 날이 임臨하기를 바라보고 간절懇切히 사모思慕하라. 그날에 하늘이 불에 타서 풀어지고 체질體質이 뜨거운 불에 녹아지려니와 우리는 그의 약속約束대로 의義의 거하는바 새 하늘과 새 땅을 바라보도다. (벧후 3:8~13)

6. 그러므로 사랑하는 자들아 너희가 이것을 바라보나니 주主 앞에서 점點도 없고 흠欠도 없이 평강平康 가운데서 나타나기를 힘쓰라. 또 우리 주主의 오래 참으심이 구원救援이 될 줄로 여기라 우리 사랑하는 형제兄弟 바울도 그 받은 지혜智慧대로 너희에게 이같이 썼고, 또 그 모든 편지便紙에도 이런 일에 관하여 말하였으되 그중에 알기 어려운 것이 더러 있으니, 무식無識한 자들과 굳세지 못한 자들이 다른 성경聖經과 같이 그것도 억지臆志로 풀다가 스스로 멸망滅亡에 이르느니라. 그러므로 사랑하는 자들아 너희에게 이것을 미리 알았은즉 무법無法한 자들의 미혹迷惑에 이끌려 너희 굳센데서 떨어질까 삼가라. 오직 우리 주主 곧 구주救主 예수 그리스도의 은혜恩惠와 저를 아는 지식知識에서 자라 가라 영광榮光이 이제와 영원永遠한 날까지 저에게 있을지어다. (벧후 3:14~18)

하나님의 심판審判 날은 반드시 임臨합니다. 더딘 것이 아니라 회개悔改하여 구원救援코자 하는 은혜恩惠의 기회機會를 제공提供하신 것입니다. 그날이 오기 전에 죄인들이 주님을 영접迎接하고 구원救援받는 축복祝福을 받게 합시다.

【 낭송 표시 : 1회 / 4회 / 목표 120회 】

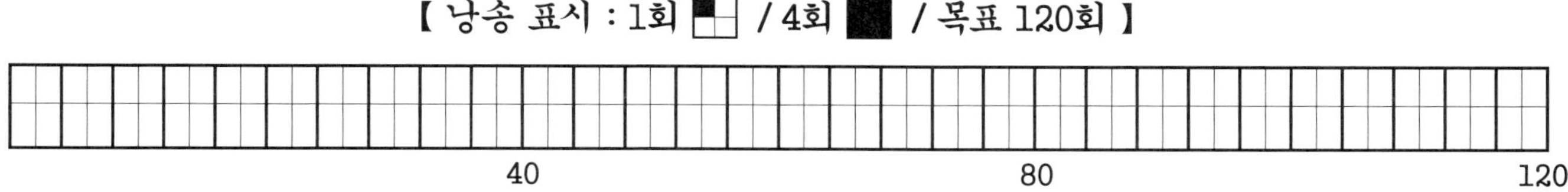

“주의 말씀은 내 발의 등이요 내 길에 빛이니이다”(시 119:105)

제 6 일

우리의 기쁨이 충만充滿케 하려 함이로라

요한일서 1:4

올바른 신앙생활信仰生活을 하면 하나님께 영광榮光이 되고, 자기自己 자신自身에게는 삶의 보람이 되고, 믿음의 공동체共同體인 교회敎會에 속屬한 모든 성도聖徒들에게 기쁨이 됩니다. 더욱이 주主의 종從인 목회자牧會者들에게는 기쁨이 충만充滿하게 됩니다.

1. 태초太初부터 있는 생명生命의 말씀에 관關하여는 우리가 들은 바요 눈으로 본 바요 주목注目하고 우리 손으로 만진 바라. 이 생명生命이 나타내신바 된지라 이 영원永遠한 생명生命을 우리가 보았고 증거證據하여 너희에게 전傳하노니, 이는 아버지와 함께 계시다가 우리에게 나타내신바 된 자니라. 우리가 보고 들은 바를 너희에게도 전傳함은 너희로 우리와 사귐이 있게 하려 함이니, 우리의 사귐은 아버지와 그 아들 예수 그리스도와 함께 함이라. 우리가 이것을 씀은 우리의 기쁨이 충만充滿케 하려 함이로라. (요일 1:1~4)

2. 우리가 저에게서 듣고 너희에게 전傳하는 소식消息이 이것이니, 곧 하나님은 빛이시라 그에게는 어두움이 조금도 없으시니라. 만일 우리가 하나님과 사귐이 있다 하고 어두운 가운데 행行하면 거짓말을 하고 진리眞理를 행行치 아니함이거니와, 저가 빛 가운데 계신 것같이 우리도 빛 가운데 행行하면 우리가 서로 사귐이 있고, 그 아들 예수의 피가 우리를 모든 죄罪에서 깨끗하게 하실 것이요, 만일 우리가 죄罪 없다 하면 스스로 속이고 또 진리眞理가 우리 속에 있지 아니할 것이요, 우리 죄罪를 자백自白하면 저는 미쁘시고 의義로우사 우리 죄罪를 사하시며 모든 불의不義에서 우리를 깨끗케 하실 것이요, 우리가 범죄犯罪하지 아니하였다 하면 하나님을 거짓말 하는 자로 만드는 것이니, 또한 그의 말씀이 우리 속에 있지 아니하니라. (요일 1:5~10)

3. 자녀子女들아 이것을 너희에게 씀은 너희로 죄罪를 범犯치 않게 하려 함이라. 누가 죄罪를 범犯하면 아버지 앞에서 우리에게 대언자代言者가 있으니 곧 의義로우신 예수 그리스도시라. 저는 우리 죄罪를 위한 화목和睦 제물祭物이니 우리만 위할 뿐 아니요 온 세상世上의 죄罪를 위하심이라. 우리가 그의 계명誡命을 지키면 이로써 우리가 저를 아는 줄로 알 것이요 저를 아노라 하고, 그의 계명誡命을 지키지 아니하는 자는 거짓말 하는 자요 진리眞理가 그 속에 있지 아니하되, 누구든지 그의 말씀을 지키는 자는 하나님의 사랑이 참으로 그 속에서 온전穩全케 되었나니, 이로써 우리가 저 안에 있는 줄을 아노라. (요일 2:1~5)

4. 저 안에 거居한다 하는 자는 그의 행行하시는 대로 자기自己도 행行할지니라. 사랑하는 자들아 내가 새 계명誡命을 너희에게 쓰는 것이 아니라 너희가 처음부터 가진 옛 계명誡命이니, 이 옛 계명誡命은 너희의 들은 바 말씀이거니와 새 계명誡命을 쓰노니, 저에게와 너희에게도 참된 것이라 이는 어두움이 지나가고 참빛이 벌써 비췸이니라. 빛 가운데 있다 하며 그 형제兄弟를 미워하는 자는 지금只今까지 어두운 가운데 있는 자요, 그의 형제兄弟를 사랑하는 자는 빛 가운데 거居하여 자기自己 속에 거리낌이 없으나, 그의 형제兄弟를 미워하는 자는 어두운 가운데 있고, 또 어두운 가운데 행行하며 갈 곳을 알지 못하나니 이는 어두움이 그의 눈을 멀게 하였음이니라. (요일 2:6~11)

5. 자녀子女들아 내가 너희에게 쓰는 것은 너희 죄罪가 그의 이름으로 말미암아 사赦함을 얻음이요, 아비들아 내가 너희에게 쓰는 것은 너희가 태초太初부터 계신 이를 앎이요, 청년靑年들아 내가 너희에게 쓰는 것은 너희가 악惡한 자를 이기었음이니라. 아이들아 내가 너희에게 쓴 것은 너희가 아버지를 알았음이요, 아비들아 내가 너희에게 쓴 것은 너희가 태초太初부터 계신 이를 알았음이요, 청년靑年들아 내가 너희에게 쓴 것은 너희가 강强하고 하나님의 말씀이 너희 속에 거居하시고 너희가 흉악凶惡한 자를 이기었음이라. (요일 2:12~14)

6. 이 세상世上이나 세상世上에 있는 것들을 사랑치 말라 누구든지 세상世上을 사랑하면 아버지의 사랑이 그 속에 있지 아니하니, 이는 세상世上에 있는 모든 것이 육신肉身의 정욕情慾과 안목眼目의 정욕情慾과 이 생生의 자랑이니, 다 아버지께로 좇아 온 것이 아니요 세상世上으로 좇아 온 것이라. 이 세상世上도 그 정욕情慾도 지나가되 오직 하나님의 뜻을 행行하시는 이는 영원永遠히 거居하느니라. 아이들아 이것이 마지막 때라. 적敵그리스도가 이르겠다 함을 너희가 들은 것과 같이 지금只今도 많은 적敵그리스도가 일어났으니, 이러므로 우리가 마지막 때인 줄 아노라. (요일 2:15~18)

'세상世上을 사랑하지 말라'는 말은 세상世上의 모든 유혹誘惑과 유행流行에 마음을 빼앗겨 하나님의 뜻을 잊어버리고 방황彷徨하지 말라는 것을 뜻합니다. 세상世上의 모든 것이 우상偶像이 되어 세상世上 따라 사는 삶을 경계警戒하신 말씀입니다.

【 낭송 표시 : 1회 / 4회 / 목표 120회 】

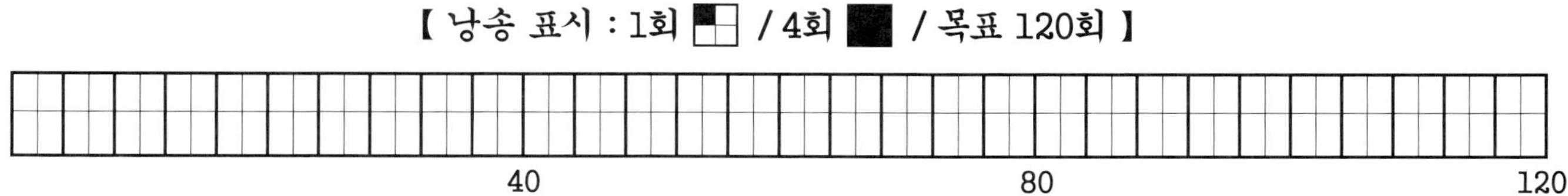

“주의 말씀은 내 발의 등이요 내 길에 빛이니이다”(시 119:105)

제 7 일

아들을 시인是認하는 자에게는 아버지도 있느니라

요한일서 2:23

예수님을 하나님의 아들로 시인是認하는 자가 신앙인信仰人이요, 하나님이 그와 함께합니다. 부인否認하는 것은 불신자不信者요 신앙인信仰人이 아닙니다. 시인是認하는 믿음은 하나님이 인정認定하는 공적公的 믿음입니다.

1. 저희가 우리에게 나갔으나 우리에게 속屬하지 아니하였나니, 만일 우리에게 속屬하였더면 우리와 함께 거하였으려니와, 저희가 나간 것은 다 우리에게 속屬하지 아니함을 나타내려 함이니라. 너희는 거룩하신 자에게서 기름 부음을 받고 모든 것을 아느니라. 내가 너희에게 쓴 것은 너희가 진리眞理를 알지 못함을 인因함이 아니라 너희가 앎을 인因함이요, 또 모든 거짓은 진리眞理에서 나지 않음을 인因함이니라. 거짓말 하는 자가 누구뇨, 예수께서 그리스도이심을 부인否認하는 자가 아니뇨, 아버지와 아들을 부인否認하는 그가 적敵그리스도니, 아들을 부인否認하는 자에게는 아버지가 없으되, 아들을 시인是認하는 자에게는 아버지도 있느니라. (요일 2:19~23)

2. 너희는 처음부터 들은 것을 너희 안에 거居하게 하라. 처음부터 들은 것이 너희 안에 거居하면 너희가 아들의 안과 아버지의 안에 거居하리라. 그가 우리에게 약속約束하신 약속約束이 이것이니 곧 영원永遠한 생명生命이니라. 너희를 미혹迷惑케 하는 자들에 관關하여 내가 이것을 너희에게 썼노라. 너희는 주主께 받은 바 기름 부음이 너희 안에 거居하나니 아무도 너희를 가르칠 필요必要가 없고, 오직 그의 기름 부음이 모든 것을 너희에게 가르치며 또 참되고 거짓이 없으니 너희를 가르치신 그대로 주主 안에 거居하라. 자녀子女들아 이제 그 안에 거居하라 이는 주主께서 나타내신바 되면 그의 강림降臨하실 때에 우리로 담대膽大함을 얻어 그 앞에서 부끄럽지 않게 하려 함이라. 너희가 그의 의義로우신 줄을 알면 의義를 행行하는 자마다 그에게서 난 줄을 알리라. (요일 2:24~29)

3. 보라 아버지께서 어떠한 사랑을 우리에게 주사 하나님의 자녀子女라 일컬음을 얻게 하셨는고, 우리가 그러하도다 그러므로 세상世上이 우리를 알지 못함은 그를 알지 못함이니라. 사랑하는 자들아 우리가 지금只今은 하나님의 자녀子女라. 장래將來에 어떻게 될 것은 아직 나타나지 아니하였으나, 그가 나타내심이 되면 우리가 그와 같을 줄을 아는 것은 그의 계신 그대로 볼 것을 인因함이니, 주主를 향하여 이 소망所望을 가진 자마다 그의 깨끗하심과 같이 자기自己를 깨끗하게 하느니라. 죄罪를 짓는 자마다 불법不法을 행行하나니 죄罪는 불법不法이라. (요일 3:1~4)

4. 그가 우리 죄罪를 없이 하려고 나타내신바 된 것을 너희가 아나니 그에게는 죄罪가 없느니라. 그 안에 거居하는 자마다 범죄犯罪하지 아니하나니 범죄犯罪하는 자마다 그를 보지도 못하였고, 그를 알지도 못하였느니라. 자녀子女들아 아무도 너희를 미혹迷惑하지 못하게 하라 의義를 행行하는 자는 그의 의義로우심과 같이 의義롭고, 죄罪를 짓는 자는 마귀魔鬼에게 속屬하나니 마귀魔鬼는 처음부터 범죄犯罪함이니라. 하나님의 아들이 나타나신 것은 마귀魔鬼의 일을 멸滅하려 하심이니라. 하나님께로서 난 자마다 죄罪를 짓지 아니 하나니 이는 하나님의 씨가 그의 속에 거居함이요, 저도 범죄犯罪치 못하는 것은 하나님께로서 났음이라. (요일 3:5~9)

5. 하나님의 자녀子女들과 마귀魔鬼의 자녀子女들이 나타나나니, 무릇 의義를 행行치 아니하는 자나 또는 그 형제兄弟를 사랑치 아니하는 자는 하나님께 속屬하지 아니하니라. 우리가 서로 사랑할지니 이는 너희가 처음부터 들은 소식消息이라. 가인같이 하지 말라 저는 악惡한 자에게 속屬하여 그 아우를 죽였으니 어찐 연고緣故로 죽였느뇨, 자기自己의 행위行爲는 악惡하고 그 아우의 행위行爲는 의義로움이니라. 형제兄弟들아 세상世上이 너희를 미워하거든 이상異常히 여기지 말라. 우리가 형제兄弟를 사랑함으로 사망死亡에서 옮겨 생명生命으로 들어간 줄을 알거니와, 사랑치 아니하는 자는 사망死亡에 거居하느니라. (요일 3:10~14)

6. 그 형제兄弟를 미워하는 자마다 살인殺人하는 자니 살인殺人하는 자마다 영생永生이 그 속에 거居하지 아니하는 것을 너희가 아는 바라. 그가 우리를 위하여 목숨을 버리셨으니 우리가 이로써 사랑을 알고 우리도 형제兄弟들을 위하여 목숨을 버리는 것이 마땅하니라. 누가 이 세상世上 재물財物을 가지고 형제兄弟의 궁핍窮乏함을 보고도 도와줄 마음이 막으면 하나님의 사랑이 어찌 그 속에 거居할까 보냐, 자녀子女들아 우리가 말과 혀로만 사랑하지 말고 오직 행行함과 진실眞實하므로 하자. 이로써 우리가 진리眞理에 속屬한 줄을 알고 또 우리 마음을 주主 앞에서 굳세게 하리로다. (요일 3:15~19)

"가인같이 하지 말라"(요일 3:12). 가인은 시기猜忌하고 질투嫉妬함으로 동생同生 아벨을 살해殺害하였습니다. 칭찬稱讚하고 격려激勵하는 것은 생명生命과 행복幸福을 증진增進시키는 것입니다. "말과 혀로만 사랑하지 말고 오직 행行함과 진실眞實함으로 사랑"(요일 3:18)하는 것이 가장 아름답고 은혜恩惠로운 인생人生입니다.

【 낭송 표시 : 1회 ▚ / 4회 ■ / 목표 120회 】

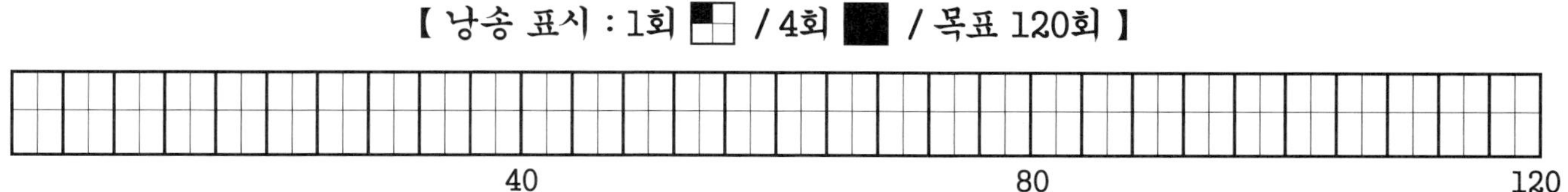

"주의 말씀은 내 발의 등이요 내 길에 빛이니이다"(시 119:105)

제 8 일

사랑하는 자들아 우리가 서로 사랑하자

요한일서 4:7

사랑을 받는 자와 사랑을 주는 자는 서로 행복幸福하게 됩니다. 하나님의 큰 사랑을 받았으니 우리가 서로 그 사랑에 보답報答해야 하는 것입니다. 그것이 이웃 사랑에서 나타납니다. 하나님 사랑에 대한 보답報答은 나와 관계關係된 모든 사람을 사랑하는 것입니다.

1. 사랑하는 자들아 만일 우리 마음이 책망責望할 것이 없으면 하나님 앞에서 담대膽大함을 얻고, 무엇이든지 구求하는 바를 그에게 받나니 이는 우리가 그의 계명誡命들을 지키고 그 앞에서 기뻐하시는 것을 행行함이라. 그의 계명誡命은 이것이니 곧 그 아들 예수 그리스도의 이름을 믿고 그가 우리에게 주신 계명誡命대로 서로 사랑할 것이니라. 그의 계명誡命들을 지키는 자는 주主 안에 거居하고, 주主는 저 안에 거居하시나니 우리에게 주신 성령聖靈으로 말미암아 그가 우리 안에 거居하시는 줄을 우리가 아느니라. (요일 3:21~24)

2. 사랑하는 자들아 영靈을 다 믿지 말고 오직 영靈들이 하나님께 속屬하였나 시험試驗하라. 많은 거짓 선지자先知者가 세상世上에 나왔음이니라. 하나님의 영靈은 이것으로 알지니 곧 예수 그리스도께서 육체肉體로 오신 것을 시인是認하는 영靈마다 하나님께 속屬한 것이요, 예수를 시인是認하지 아니하는 영靈마다 하나님께 속屬한 것이 아니니, 곧 적敵그리스도의 영靈이 오리라 한 말을 너희가 들었거니와 이제 벌써 세상世上에 있느니라. 자녀子女들아 너희는 하나님께 속屬하였고 또 저희를 이기었나니, 이는 너희 안에 계신 이가 세상世上에 있는 이보다 크심이라. 저희는 세상世上에 속屬한고로 세상世上에 속한 말을 하매 세상世上이 저희 말을 듣느니라. 우리는 하나님께 속屬하였으니 하나님을 아는 자는 우리의 말을 듣고, 하나님께 속屬하지 아니한 자는 우리의 말을 듣지 아니하나니, 진리眞理의 영靈과 미혹迷惑의 영靈을 이로써 아느니라. (요일 4:1~6)

3. 사랑하는 자들아 우리가 서로 사랑하자 사랑은 하나님께 속屬한 것이니, 사랑하는 자마다 하나님께로 나서 하나님을 알고, 사랑하지 아니하는 자는 하나님을 알지 못하나니 이는 하나님은 사랑이심이라. 하나님의 사랑이 우리에게 이렇게 나타난바 되었으니, 하나님이 자기自己의 독생자獨生子를 세상世上에 보내심은 저로 말미암아 우리를 살리려 하심이니라. 사랑은 여기 있으니 우리가 하나님을 사랑한 것이 아니요, 오직 하나님이 우리를 사랑하사 우리 죄罪를 위하여 화목제和睦祭로 그 아들을 보내셨음이니라. 사랑하는 자들아 하나님이 이같이 우리를 사랑하셨은즉 우리도 서로 사랑하는 것이 마땅하도다. (요일 4:7~11)

4. 어느 때나 하나님을 본 사람이 없으되 만일 우리가 서로 사랑하면 하나님이 우리 안에 거居하시고, 그의 사랑이 우리 안에 온전穩全히 이루느니라. 그의 성령聖靈을

우리에게 주시므로 우리가 그 안에 거居하고, 그가 우리 안에 거居하시는 줄을 아느니라. 아버지가 아들을 세상世上의 구주救主로 보내신 것을 우리가 보았고 또 증거證據하노니, 누구든지 예수를 하나님의 아들이라 시인是認하면 하나님이 저 안에 거居하시고, 저도 하나님 안에 거居하느니라. 하나님이 우리를 사랑하시는 사랑을 우리가 알고 믿었노니, 하나님은 사랑이시라 사랑 안에 거居하는 자는 하나님 안에 거居하고 하나님도 그 안에 거居하시느니라. 이로써 사랑이 우리에게 온전穩全히 이룬 것은 우리로 심판審判날에 담대膽大함을 가지게 하려 함이니, 주主의 어떠하심과 같이 우리도 세상世上에 그러하니라. (요일 4:12~17)

5. 사랑 안에 두려움이 없고 온전穩全한 사랑이 두려움을 내어쫓나니, 두려움에는 형벌刑罰이 있음이라 두려워하는 자는 사랑 안에서 온전穩全히 이루지 못하였느니라. 우리가 사랑함은 그가 먼저 우리를 사랑하였음이라. 누구든지 하나님을 사랑하노라 하고 그 형제兄弟를 미워하면 이는 거짓말 하는 자니 보는바 그 형제兄弟를 사랑치 아니하는 자가 보지 못하는바 하나님을 사랑할 수가 없느니라. 우리가 이 계명誡命을 주主께 받았나니 하나님을 사랑하는 자는 또한 그 형제兄弟를 사랑할지니라. (요일 4:18~21)

6. 예수께서 그리스도이심을 믿는 자마다 하나님께로서 난 자니, 또한 내신 이를 사랑하는 자마다 그에게서 난 자를 사랑하느니라. 우리가 하나님을 사랑하고 그의 계명誡命들을 지킬 때에 이로써 우리가 하나님의 자녀子女 사랑하는 줄을 아느니라. 하나님을 사랑하는 것은 이것이니 우리가 그의 계명誡命들을 지키는 것이라 그의 계명誡命들은 무거운 것이 아니로다. 대저大抵 하나님께로서 난 자마다 세상世上을 이기느니라. 세상世上을 이긴 이김은 이것이니 우리의 믿음이니라. 예수께서 하나님의 아들이심을 믿는 자가 아니면 세상世上을 이기는 자가 누구뇨, 이는 물과 피로 임臨하신 자니 곧 예수 그리스도시라. 물로만 아니요 물과 피로 임臨하였고 증거證據하는 이가 셋이니, 성령聖靈과 물과 피라 또한 이 셋이 합合하여 하나이니라. (요일 5:1~8)

'하나님께로서 난 자마다 세상世上을 이긴다.' 이 얼마나 큰 능력能力입니까? 세상世上을 이긴다는 말씀은 세상世上을 다스린다는 통치統治의 의미意味가 있습니다. 하나님의 자녀子女들은 세상世上을 이기고 세상世上을 다스리는 자들이 되어야 합니다.

【 낭송 표시 : 1회 ▚ / 4회 ■ / 목표 120회 】

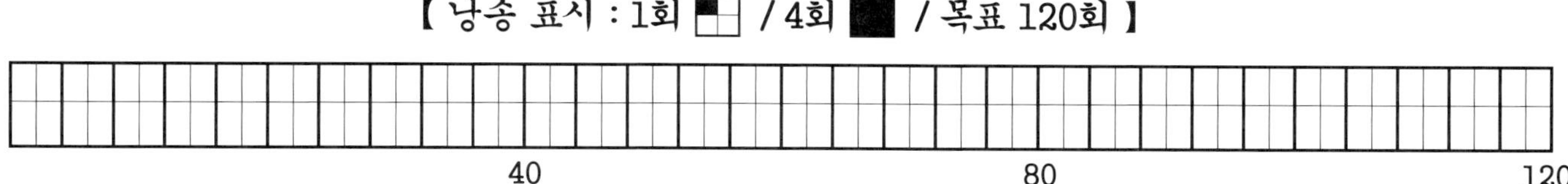

"주의 말씀은 내 발의 등이요 내 길에 빛이니이다"(시 119:105)

제 9 일

자녀子女들아 너희 자신自身을 지켜 우상偶像에게서 멀리하라

요한일서 5:21

하나님의 자녀子女들은 자기 관리自己管理를 잘해야 합니다. 세상世上의 죄악罪惡과 유혹誘惑으로부터 자신自身을 지켜야 합니다. 우상숭배偶像崇拜는 단호斷乎히 배격排擊해야 합니다. 자신自身의 몸과 마음과 영혼靈魂을 거룩하고 정결淨潔하게 보존保存해야 합니다.

1. 우리가 사람들의 증거證據를 받을진대 하나님의 증거證據는 더욱 크도다 하나님의 증거證據는 이것이니 그 아들에 관關하여 증거證據하신 것이니라. 하나님의 아들을 믿는 자는 자기自己 안에 증거證據가 있고, 하나님을 믿지 아니하는 자는 하나님을 거짓말하는 자로 만드나니, 이는 하나님께서 그 아들에 관關하여 증거證據하신 증거證據를 믿지 아니하였음이라. 또 증거證據는 이것이니 하나님이 우리에게 영생永生을 주신 것과 이 생명生命이 그의 아들 안에 있는 그것이니라. 아들이 있는 자에게는 생명生命이 있고 하나님의 아들이 없는 자에게는 생명生命이 없느니라. 내가 하나님의 아들의 이름을 믿는 너희에게 이것을 쓴 것은 너희로 하여금 너희에게 영생永生이 있음을 알게 하려 함이라. (요일 5:9~13)

2. 그를 향向하여 우리의 가진바 담대膽大한 것이 이것이니, 그의 뜻대로 무엇을 구求하면 들으심이라. 우리가 무엇이든지 구求하는 바를 들으시는 줄을 안즉, 우리가 그에게 구求한 그것을 얻은 줄을 또한 아느니라. 누구든지 형제兄弟가 사망死亡에 이르지 아니한 죄罪 범犯하는 것을 보거든 구求하라. 그러면 사망死亡에 이르지 아니하는 범죄자犯罪者들을 위하여 저에게 생명生命을 주시리라 사망死亡에 이르는 죄罪가 있도다. 하나님께로서 난 자마다 범죄犯罪치 아니하는 줄을 우리가 아노라. 하나님께로서 난 자가 저를 지키시매 악惡한 자가 저를 만지지도 못하느니라. 또 아는 것은 우리는 하나님께 속屬하고 온 세상世上은 악惡한 자 안에 처處한 것이며, 또 아는 것은 하나님의 아들이 이르러 우리에게 지각知覺을 주사 우리로 참된 자를 알게 하신 것과 또한 우리가 참된 자 곧 그의 아들 예수 그리스도 안에 있는 것이니, 그는 참 하나님이시오 영생永生이시라. 자녀子女들아 너희 자신自身을 지켜 우상偶像에서 멀리하라. (요일 5:14~21)

3. 택擇하심을 입은 부녀婦女와 그의 자녀子女에게 편지便紙하노니, 내가 참으로 사랑하는 자요 나뿐 아니라 진리眞理를 아는 모든 자도 그리하는 것은, 우리 안에 거居하여 영원永遠히 우리와 함께 할 진리眞理를 인因함이로다. 은혜恩惠와 긍휼矜恤과 평강平康이 하나님 아버지와 아버지의 아들 예수 그리스도로부터 진리眞理와 사랑 가운데서 우리와 함께 있으리라. (요이 1:1~3)

4. 너의 자녀子女 중에 우리가 아버지께 받은 계명誡命대로 진리眞理에 행行하는 자를 내가 보니 심甚히 기쁘도다. 부녀婦女여 내가 이제 네게 구求하노니 서로 사랑하자. 이는 새 계명誡命 같이 네게 쓰는 것이 아니요 오직 처음부터 우리가 가진 것이라. 또 사랑은 이것이니 우리가 그 계명誡命을 좇아 행行하는 것이요, 계명誡命은 이것이니 너희가 처음부터 들은 바와 같이 그 가운데서 행行하라 하심이라. 미혹迷惑하는 자가 많이 세상世上에 나왔나니, 이는 예수 그리스도께서 육체肉體로 임臨하심을 부인否認하는 자라. 이것이 미혹迷惑하는 자요 적敵그리스도니, 삼가 우리의 일한 것을 잃지 말고 오직 온전穩全한 상賞을 얻으라. (요이 1:4~8)

5. 그리스도의 교훈敎訓 안에 거居하지 아니하는 자마다 하나님을 모시지 못하되, 교훈敎訓 안에 거居하는 이 사람이 아버지와 아들을 모시느니라. 누구든지 이 교훈敎訓을 가지지 않고 너희에게 나아가거든, 그를 집에 들이지도 말고 인사人事도 말라. 그에게 인사人事하는 자는 그 악惡한 일에 참예參與하는 자임이니라. 내가 너희에게 쓸 것이 많으나 종이와 먹으로 쓰기를 원願치 아니하고, 오히려 너희에게 가서 면대面對하여 말하려 하니 이는 너희 기쁨을 충만充滿케 하려 함이라. 택擇하심을 입은 네 자매姉妹의 자녀子女가 네게 문안問安하느니라. (요이 1:9~13)

6. 사랑하는 가이오 곧 나의 참으로 사랑하는 자에게 편지便紙하노라. 사랑하는 자여 네 영혼靈魂이 잘 됨같이 네가 범사凡事에 잘 되고 강건强健하기를 내가 간구懇求하노라. 형제兄弟들이 와서 네게 있는 진리眞理를 증거證據하되, 네가 진리眞理 안에서 행行한다 하니 내가 심甚히 기뻐하노라. 내가 내 자녀子女들이 진리眞理 안에서 행行한다 함을 듣는 것보다 더 즐거움이 없도다. 사랑하는 자여 네가 무엇이든지 형제兄弟 곧 나그네 된 자들에게 행行하는 것이 신실信實한 일이니, 저희가 교회敎會 앞에서 너의 사랑을 증거證據하였느니라. 네가 하나님께 합당合當하게 저희를 전송餞送하면 가可하리로다. 우리가 이같은 자들을 영접迎接하는 것이 마땅하니, 이는 우리로 진리眞理를 위하여 함께 수고受苦하는 자가 되게 하려 함이니라. (요삼 1:1~8)

하나님의 자녀子女들은 범사凡事가 잘되고 영육靈肉이 강건强健하고 모든 일이 주主 안에서 형통亨通하여야 합니다. 그의 삶 전체全體를 통通하여 하나님께 영광榮光 돌리는 생활生活이 되어야 합니다. '과연果然 여호와께 복福 받는 자'로 인정認定 받아야 합니다. 이것이 성도聖徒의 본분本分이요, 권리權利입니다.

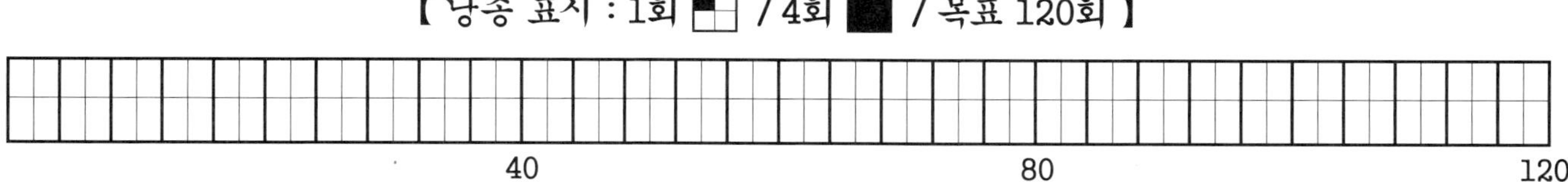
【 낭송 표시 : 1회 / 4회 / 목표 120회 】
40 80 120

"주의 말씀은 내 발의 등이요 내 길에 빛이니이다"(시 119:105)

제 10 일

도리어 색욕色慾 거리로 바꾸고 부인否認하는 자니라

유다서 1:4

'하나님의 은혜恩惠를 색욕色慾 거리로 바꾸고 주主 예수 그리스도를 부인否認하는 자'들이 교회敎會 내에 들어와서 어지럽게 한다고 경고警告하였습니다. 루시퍼-가인-발람-고라-가룟 유다-공중 권세자-사탄은 모두 물리쳐야 할 대상對像입니다.

1. 사랑하는 자여 네 영혼靈魂이 잘 됨같이 네가 범사凡事에 잘 되고 강건强健하기를 내가 간구懇求하노라. 진리眞理를 증거證據하되 네가 진리眞理 안에서 행行한다 하니 내가 심甚히 기뻐하노라. 자녀子女들이 진리眞理 안에서 행行한다 함을 듣는 것보다 더 즐거움이 없도다. 사랑하는 자여 형제兄弟 곧 나그네 된 자들에게 행行하는 것이 신실信實한 일이니, 교회敎會 앞에서 너의 사랑을 증거證據하였느니라. 네가 하나님께 합당合當하게 저희를 전송餞送하면 가可하리로다. 이러므로 우리가 이같은 자들을 영접迎接하는 것이 마땅하니 이는 우리로 진리眞理를 위하여 함께 수고受苦하는 자가 되게 하려 함이니라. (요삼 1:2~8)

2. 사랑하는 자여 악惡한 것을 본本받지 말고 선善한 것을 본本받으라. 선善을 행行하는 자는 하나님께 속屬하고 악惡을 행行하는 자는 하나님을 뵈옵지 못하였느니라. 내가 쓸 것이 많으나 속速히 보기를 바라노니, 또한 우리가 면대面對하여 말하리라 평강平康이 네게 있을지어다. (요삼 1:11~15)

3. 예수 그리스도의 종이요 야고보의 형제兄弟인 유다는 부르심을 입은 자, 곧 하나님 아버지 안에서 사랑을 얻고 예수 그리스도를 위하여 지키심을 입은 자들에게 편지便紙하노라. 긍휼矜恤과 평강平康과 사랑이 너희에게 더욱 많을지어다. 사랑하는 자들아 너희에게 편지便紙하려는 뜻이 간절懇切하던 차次에 성도聖徒에게 주신 믿음의 도道를 위하여 힘써 싸우라는 편지便紙로 너희를 권勸하여야 할 필요必要를 느꼈노니, 이는 가만히 들어온 사람 몇이 있음이라. 저희는 경건敬虔치 아니하여 하나님의 은혜恩惠를 색욕色慾 거리로 바꾸고 홀로 하나이신 주재主宰 곧 우리 주主 예수 그리스도를 부인否認하는 자니라. (유 1:1~4)

4. 자기自己 지위地位를 지키지 아니하고, 자기自己 처소處所를 떠난 천사天使들을 큰 날의 심판審判까지 영원永遠한 결박結縛으로 흑암黑暗에 가두셨으며, 소돔과 고모라와 그 이웃 도시都市들도 저희와 같은 모양貌樣으로 간음姦淫을 행行하며, 다른 색色을

따라 가다가 영원永遠한 불의 형벌刑罰을 받음으로 거울이 되었느니라. 이 사람들도 그와 같이 육체肉體를 더럽히며 권위權威를 업신여기며 영광榮光을 훼방毁謗하는도다. 천사장天使長 미가엘이 모세의 시체屍體에 대하여 마귀魔鬼와 다투어 변론辯論할 때에, 감敢히 훼방毁謗하는 판결判決을 쓰지 못하고 다만 말하되, 주主께서 너를 꾸짖으시기를 원願하노라 하였거늘, 저희는 이성異性 없는 짐승 같이 본능本能으로 아는 그것으로 멸망滅亡하느니라. 화禍 있을진저 가인의 길에 행行하였으며, 발람의 어그러진 길로 몰려 갔으며 고라의 패역悖逆을 좇아 멸망滅亡을 받았도다. (유 1:6~11)

5. 저희는 기탄忌憚없이 너희와 함께 먹으니, 너희 애찬愛餐의 암초暗礁요, 자기自己 몸만 기르는 목자牧者요 바람에 불려가는 물 없는 구름이요, 죽고 또 죽어 뿌리까지 뽑힌 열매 없는 가을 나무요, 자기自己의 수치羞恥의 거품을 뿜는 바다의 거친 물결이요, 영원永遠히 예비豫備된 캄캄한 흑암黑暗에 돌아갈 유리遊離하는 별들이라. 이 사람들은 원망怨望하는 자며 불만不滿을 토吐하는 자며 그 정욕情慾대로 행行하는 자라. 그 입으로 자랑하는 말을 내며 이를 위하여 아첨阿諂하느니라. (유 1:12~16)

6. 사랑하는 자들아 너희는 우리 주主 예수 그리스도의 사도使徒들의 미리 한 말을 기억記憶하라. 마지막 때에 정욕情慾대로 행行하며 기롱譏弄하는 자들이 있으리라. 이 사람들은 당黨을 짓는 자며 육肉에 속屬한 자며 성령聖靈은 없는 자니라. 사랑하는 자들아 너희는 지극至極히 거룩한 믿음 위에 자기自己를 건축建築하며 성령聖靈으로 기도祈禱하며, 하나님의 사랑 안에서 자기自己를 지키며 영생永生에 이르도록 우리 주主 예수 그리스도의 긍휼矜恤을 기다리라. 불에서 끌어내어 구원救援하라. 우리 구주救主 예수 그리스도로 말미암아 영광榮光과 위엄威嚴과 권력權力과 권세權勢가 만고萬古 전부터 이제와 세세世世에 있을지어다 아멘. (유 1:17~25)

강퍅剛愎한 자, 원망怨望하는 자, 불만不滿을 토吐하는 자, 정욕情慾대로 행行하는 자, 아첨阿諂하는 자, 기롱譏弄하는 자, 당黨 짓는 자들은 세상世上에 속屬한 자요, 마귀魔鬼의 하수인下手人입니다. 성령聖靈 충만充滿함으로 물리쳐 이겨야 합니다.

【 낭송 표시 : 1회 ▦ / 4회 ■ / 목표 120회 】

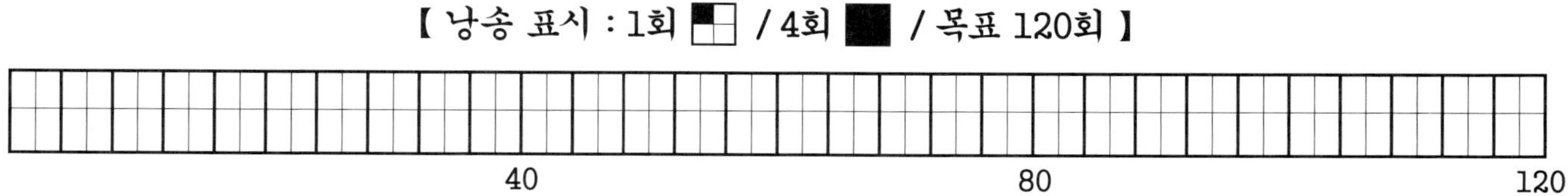

"주의 말씀은 내 발의 등이요 내 길에 빛이니이다"(시 119:105)

제 11 일

충성忠誠하라 면류관冕旒冠을 주리라

요한계시록 2:10

충성忠誠 LOYALTY이란 중심中心으로 성의誠意를 다하는 삶입니다. 하나님의 나라를 위하여 하나님의 몸된 교회敎會를 위하여 충성忠誠하는 성도聖徒에게 생명生命의 면류관冕旒冠 CROWN OF LIFE을 수여受與한다고 언약言約하셨습니다. 이 상급賞給은 영원永遠한 상賞이요 무한無限한 축복祝福입니다.

1. 예수 그리스도의 계시啓示라 이는 하나님이 그에게 주사 반드시 속速히 될 일을 그 종들에게 보이시려고, 그 천사天使를 그 종 요한에게 보내어 지시指示하신 것이라. 요한은 하나님의 말씀과 예수 그리스도의 증거 곧 자기自己의 본 것을 다 증거證據하였느니라. 이 예언豫言의 말씀을 읽는 자와 듣는 자들과 그 가운데 기록記錄한 것을 지키는 자들이 복福이 있나니 때가 가까움이라. 요한은 아시아에 있는 일곱 교회敎會에 편지便紙 하노니, 이제도 계시고 전에도 계시고 장차將次 오실 이와 그 보좌寶座 앞에 일곱 영靈과, 또 충성忠誠된 증인證人으로 죽은 자들 가운데서 먼저 나시고, 땅의 임금들의 머리가 되신 예수 그리스도로 말미암아 은혜恩惠와 영광榮光이 너희에게 있기를 원願하노라. 우리를 사랑하사 그의 피로 우리 죄罪에서 우리를 해방解放하시고, 그 아버지 하나님을 위하여 우리를 나라와 제사장祭司長으로 삼으신 그에게 영광榮光과 능력能力이 세세世世토록 있기를 원願하노라 아멘. (계 1:1~6)

2. 볼지어다 구름을 타고 오시리라 각인各人의 눈이 그를 보겠고 그를 찌른 자들도 볼터이요, 땅에 있는 모든 족속族屬이 그를 인하여 애곡哀哭하리니 그러하리라. 주主 하나님이 가라사대 나는 알파ALPHA와 오메가OMEGA라 이제도 있고 전에도 있었고 장차將次 올자요 전능全能한 자라 하시더라. 나 요한은 너희 형제兄弟요 예수의 환난患難과 나라와 참음에 동참同參하는 자라. 하나님의 말씀과 예수의 증거證據를 인하여 밧모PATMOS라 하는 섬에 있었더니, 주主의 날에 성령聖靈에 감동感動하여 나팔소리 같은 큰 음성音聲을 들으니 가로되, 너 보는 것을 책冊에 써서 소아시아 일곱 교회敎會에 보내라 하시기로 몸을 돌이켜 나더러 말한 음성音聲을 알아 보려고 돌이킬 때에 일곱 금金 촛대를 보았는데, 촛대 사이에 인자人子 같은 이가 발에 끌리는 옷을 이고 가슴에 금金띠를 띠고, 그 머리와 털의 희기가 흰 양羊털 같고 눈 같으며, 그의 눈은 불꽃 같고 그의 발은 풀무에 단련鍛鍊한 빛난 주석朱錫 같고, 그의 음성音聲은 많은 물 소리와 같으며, 그 오른손에 일곱 별이 있고 그 입에서 좌우左右에 날선 검劍이 나오고 그 얼굴은 해가 힘있게 비취는 것 같더라. (계 1:7~16)

3. 내가 볼 때에 그 발앞에 엎드러져 죽은 자 같이 되매, 그가 오른손을 내게 얹고 가라사대 두려워 말라 나는 처음이요 나중이니 곧 산 자라 내가 전에 죽었노라. 볼지어다 이제 세세世世토록 살아 있어 사망死亡과 음부陰府의 열쇠를 가졌노니, 그러므로 네 본 것과 이제 있는 일과 장차將次 될 일을 기록記錄하라. 네 본 것은 네 오른손에 일곱 별과 일곱 금金 촛대라. 일곱 별은 일곱 교회敎會의 사자使者요, 일곱 촛대는 일곱 교회敎會니라. (계 1:17~20)

4. 에베소 교회教會의 사자使者에게 편지便紙하기를 오른손에 일곱 별을 붙잡고, 일곱 금金 촛대 사이에 다니시는 이가 가라사대, 내가 네 행위行爲와 수고受苦와 네 인내忍耐를 알고, 또 악惡한 자들을 용납容納지 아니한 것과, 자칭自稱 사도使徒라 하되 아닌 자들을 시험試驗하여 그 거짓된 것을 네가 드러낸 것과, 또 네가 참고 내 이름을 위하여 견디고 게으르지 아니한 것을 아노라. 그러나 너를 책망責望할 것이 있나니 너의 처음 사랑을 버렸느니라. 그러므로 어디서 떨어진 것을 생각生覺하고 회개悔改하여 처음 행위行爲를 가지라. 만일 그리하지 아니하고 회개悔改치 아니하면 네 촛대를 그 자리에서 옮기리라. 오직 네게 이것이 있으니 네가 니골라당의 행위行爲를 미워하는도다. 귀 있는 자는 성령聖靈이 교회敎會들에게 하시는 말씀을 들을지어다. 이기는 그에게는 내가 하나님의 낙원樂園에 있는 생명生命나무 과실果實을 주어 먹게 하리라. (계 2:1~7)

5. 서머나 교회教會의 사자使者들에게 편지便紙하기를 처음이요 나중이요 죽었다가 살아나신 이가 가라사대, 네 환난患難과 궁핍窮乏을 아노니 실상實狀은 네가 부요富饒한 자니라. 네가 장차將次 받을 고난苦難을 두려워 말라. 볼지어다 마귀魔鬼가 장차將次 옥獄에 던져 시험試驗을 받게 하리니 너희가 환난患難을 받으리라. 네가 죽도록 충성忠誠하라 그리하면 내가 생명生命의 면류관冕旒冠을 네게 주리라. 귀 있는 자는 성령聖靈이 교회敎會들에게 하시는 말씀을 들을지어다. 이기는 자는 둘째 사망死亡의 해害를 받지 아니하리라. (계 2:8~11)

6. 버가모 교회教會의 사자使者에게 편지便紙하기를 좌우左右에 날선 검劍을 가진 이가 가라사대, 네가 어디 사는 것을 내가 아노니 거기는 사탄의 위가 있는 데라. 네가 내 이름을 굳게 잡아서 나를 믿는 믿음을 저버리지 아니하였도다. 그러나 네게 책망責望할 것이 있나니, 네게 발람의 교훈敎訓을 지키는 자들이 있도다. 발람이 올무를 놓아 우상偶像의 제물祭物을 먹게 하였고, 또 행음行淫하게 하였느니라. 그러므로 회개悔改하라 그리하지 아니하면 내가 속速히 임臨하여 내 입의 검劍으로 그들과 싸우리라. 귀 있는 자는 성령聖靈이 교회敎會들에게 하시는 말씀을 들을지어다. 이기는 그에게는 내가 만나를 주고 또 흰 돌을 줄 터인데, 그 돌 위에 새 이름을 기록記錄한 것이 있나니 받는 자 밖에는 그 이름을 알 사람이 없느니라. (계 2:12~17)

계시록啓示錄의 일곱 교회敎會는 당시 소小아시아 일곱 교회敎會인 동시에, 교회敎會 역사歷史 속에 나타난 교회敎會요, 오늘날 우리 시대時代 각 교회敎會들입니다. 그뿐만 아니라 우리 성도聖徒 한 분 한 분을 향向해서 주시는 말씀입니다. 오늘 나에게 주主님이 주시는 계시啓示의 말씀으로 받아들이시기 바랍니다.

【 낭송 표시 : 1회 ◪ / 4회 ■ / 목표 120회 】

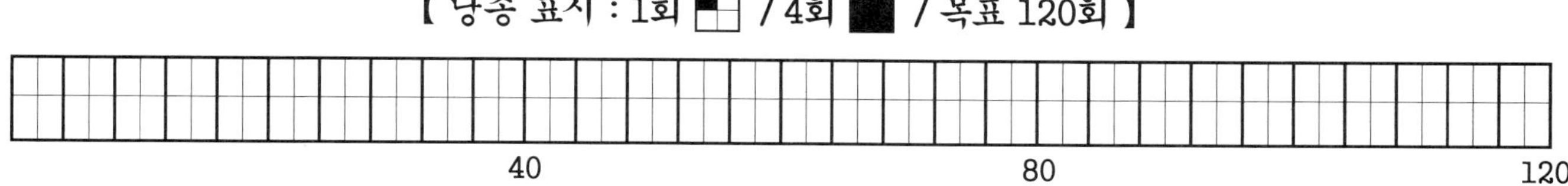

40 80 120

"주의 말씀은 내 발의 등이요 내 길에 빛이니이다"(시 119:105)

제 12 일

귀 있는 자는 말씀을 들을지어다

요한계시록 3:6

"귀 있는 자는 성령聖靈이 교회敎會들에게 하시는 말씀을 들을지어다." 하나님의 말씀을 듣는 것이 중요重要합니다. 들을 귀가 있는 자는 참으로 복福 받은 자입니다. 그 마음이 옥토玉土 곧 좋은 땅이 되었습니다. "믿음은 들음에서 나며 들음은 그리스도의 말씀으로 말미암았느니라"(롬 10:17). 말씀을 듣고 즉각 순종順從하고 실행實行하는 사람은 반석磐石 위에 집을 건축建築하는 지혜智慧로운 자입니다.

1. 두아디라 교회敎會의 사자使者에게 편지便紙하기를 그 눈이 불꽃 같고, 그 발이 빛난 주석朱錫과 같은 하나님의 아들이 가라사대 내가 네 사업事業과 사랑과 믿음과 섬김과 인내忍耐를 아노니, 네 나중 행위行爲가 처음것보다 많도다. 그러나 네게 책망責望할 일이 있노라 자칭自稱 선지자先知者 이세벨을 용납容納함이니, 그가 내 종들을 꾀어 행음行淫하게 하고 우상偶像의 제물祭物을 먹게 하는도다. 내가 그에게 회개悔改할 기회機會를 주었으되 그 음행淫行을 회개悔改하고자 아니하는도다. 볼지어다 내가 그를 침상寢牀에 던질터이요, 또 그로 더불어 간음姦淫하는 자들도 만일 그의 행위行爲를 회개悔改치 아니하면 큰 환난患難 가운데 던지고, 내가 너희 각 사람의 행위行爲대로 갚아 주리라. 이기는 자와 끝까지 내 일을 지키는 그에게 만국萬國을 다스리는 권세權勢를 주리니, 그가 철장鐵杖을 가지고 저희를 다스려 질그릇 깨뜨리는 것과 같이 하리라. 내가 그에게 새벽별을 주리라 귀 있는 자는 성령聖靈이 교회敎會들에게 하시는 말씀을 들을지어다. (계 2:18~29)

2. 사데 교회敎會의 사자使者에게 편지便紙하기를 하나님의 일곱 영靈과 일곱 별을 가진 이가 가라사대, 내가 네 행위行爲를 아노니 네가 살았다 하는 이름을 가졌으나 죽은 자로다. 너는 일깨워 그 남은바 죽게 된 것을 굳게 하라. 하나님 앞에 네 행위行爲의 온전穩全한 것을 찾지 못하였으니, 회개悔改하라 일깨지 아니하면 어느 시時에 임臨할는지 알지 못하리라. 이기는 자는 흰옷을 입을 것이요 그 이름을 생명책生命冊에서 흐리지 아니하고, 그 이름을 내 아버지 앞에서 시인是認하리라. 귀 있는 자는 성령聖靈이 교회敎會들에게 하시는 말씀을 들을지어다. (계 3:1~6)

3. 빌라델비아 교회敎會의 사자使者들에게 편지便紙하기를, 거룩하고 진실眞實하사 다윗의 열쇠를 가지신 이, 곧 열면 닫을 사람이 없고 닫으면 열 사람이 없는 그이가 가라사대, 볼지어다 네 앞에 열린 문을 두었으되 능能히 닫을 사람이 없으리라. 네 행위行爲를 아노니 적은 능력能力을 가지고 내 말을 지키며 내 이름을 배반背叛치 아니하였도다. 나의 인내忍耐의 말씀을 지켰은즉 너를 지키어 시험試驗의 때를 면免하게 하리니, 내가 속速히 임臨하여 네가 가진 것을 굳게 잡아 네 면류관冕旒冠을 빼앗지 못하게 하라. 이기는 자는

내 하나님 성전聖殿**에 기둥이 되게 하리니, 곧 하늘에서 내려오는 새 예루살렘의 이름과 나의 새 이름을 기록**記錄**하리라. 귀 있는 자는 성령**聖靈**이 교회**教會**에 하시는 말씀을 들을지어다.** (계 3:7~13)

4. 라오디게아 교회教會**의 사자**使者**에게 편지**便紙**하기를, 아멘이시요 충성**忠誠**되고 참된 증인**證人**이시요, 하나님의 창조**創造**의 근본**根本**이신 이가 가라사대, 네 행위**行爲**를 아노니 네가 차지도 아니하고 더웁지도 아니하도다. 내 입으로 토**吐**하여 내치리라 내가 말하기를 나는 부자**富者**라 부요**富饒**하여 부족**不足**한 것이 없다 하나, 네 곤고**困苦**한 것과 가련**可憐**한 것과 가난한 것과 눈 먼 것과 벌거벗은 것을 알지 못하는도다. 내가 너를 권**勸**하노니 내게서 불로 연단**演壇**한 금**金**을 사서 부요**富饒**하게 하고, 흰옷을 사서 입어 벌거벗은 수치**羞恥**를 보이지 않게 하고, 안약**眼藥**을 사서 눈에 발라 보게 하라. 무릇 내가 사랑하는 자를 책망**責望**하여 징계**懲戒**하노니, 그러므로 네가 열심을 내라 회개**悔改**하라. 볼지어다 내가 문**門** 밖에 서서 두드리노니, 누구든지 내 음성**音聲**을 듣고 문**門**을 열면 내가 그에게로 들어가 그로 더불어 먹고 그는 나로 더불어 먹으리라. 이기는 자는 보좌**寶座**에 함께 앉게 하여주기를 내가 이기고 아버지 보좌**寶座**에 함께 앉을 것과 같이 하리라. 귀 있는 자는 성령**聖靈**이 교회**教會**들에게 하시는 말씀을 들을지어다.** (계 3:14~22)

5. 이 일 후後**에 내가 보니 하늘에 열린 문**門**이 있는데, 나팔소리 같은 음성**音聲**이 가로되 이리로 올라오라. 이 후**後**에 마땅히 될 일을 내가 네게 보이리라. 내가 곧 성령**聖靈**에 감동**感動**하였더니 보라 하늘에 보좌**寶座**를 베풀었고, 그 보좌**寶座** 위에 앉으신 이가 있는데 모양**貌樣**이 벽옥**碧玉**과 홍보석**紅寶石** 같고, 또 무지개가 있어 보좌**寶座**에 둘렸는데 그 모양**貌樣**이 녹보석**錄寶石** 같더라. 또 보좌**寶座**에 둘려 이십사**二十四** 보좌**寶座**들이 있고, 그 보좌**寶座**들 위에 이십사**二十四** 장로**長老**들이 흰옷을 입고, 머리에 금**金** 면류관**冕旒冠**을 쓰고 앉았더라. 보좌**寶座**로부터 번개와 음성**音聲**과 뇌성**雷聲**이 나고, 보좌**寶座** 앞에 일곱 등불 켠 것이 있으니 이는 하나님의 일곱 영**靈**이라. 보좌**寶座** 앞에 수정**水晶** 같은 유리 바다가 있고, 보좌**寶座** 가운데와 보좌**寶座** 주위**周圍**에 네 생물**生物**이 있는데 앞뒤에 눈이 가득하더라.** (계 4:1~6)

충성忠誠된 장로長老들은 흰옷을 입고 금면류관金冕旒冠을 쓰고, 보좌寶座에서 주님의 영광榮光에 참여參與하고 있는 영화榮華로운 모습을 보여주고 있습니다. 벽옥碧玉과 녹보석錄寶石의 보좌寶座에 앉으신 장로長老님 뒤편에는 찬란燦爛한 무지개의 영롱玲瓏한 빛이 보좌寶座를 두르고 있는 어마어마한 광경光景이 전개展開되고 있습니다.

【 낭송 표시 : 1회 ▚ / 4회 ■ / 목표 120회 】

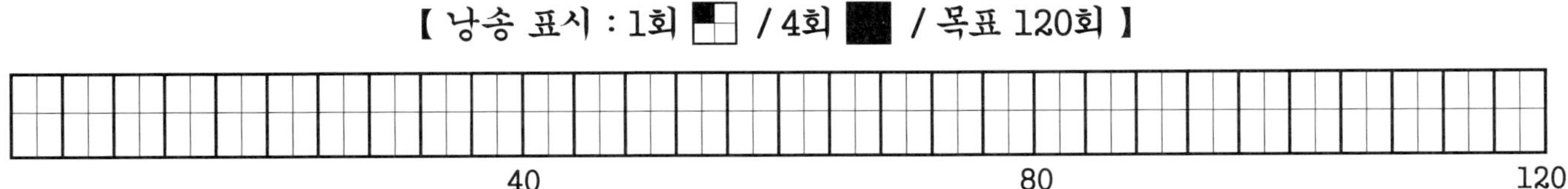

"주의 말씀은 내 발의 등이요 내 길에 빛이니이다"(시 119:105)

제 13 일

이 향香은 성도聖徒들의 기도祈禱들이라

요한계시록 5:8

이 세상世上은 시작始作과 종말終末이 있습니다. 계시록啓示錄은 세상世上의 종말終末을 계시啓示하고 있습니다. 결국結局 환란患亂을 통通하여 마지막에 사탄과 마귀魔鬼와 악령惡靈들은 최후最後의 심판審判을 받고 지옥地獄 무저갱無底坑에 감금監禁 당하여 영원永遠히 멸망滅亡하게 됩니다. 이러한 환란患亂 가운데 성도聖徒가 믿음을 지키고 하나님께 드린 기도祈禱는 하늘 보좌寶座에 향香이 가득한 금金 대접에 담긴 기도祈禱의 제물祭物이 되어 하나님께 응답應答되어 구원救援과 영광榮光으로 화답和答받게 됩니다.

1. 그 보좌寶座들 위에 이십사二十四 장로長老들이 흰옷을 입고 머리에 금金 면류관冕旒冠을 쓰고 앉았더라. 보좌寶座로부터 번개와 음성音聲과 뇌성雷聲이 나고, 보좌寶座앞에 일곱 등불 켠 것이 있으니 이는 하나님의 일곱 영靈이라. 보좌寶座 앞에 수정水晶과 같은 유리琉璃 바다가 있고, 보좌寶座 가운데와 보좌寶座 주위周圍에 네 생물生物이 있는데 앞뒤에 눈이 가득하더라. 그 첫째 생물生物은 사자獅子 같고, 그 둘째 생물生物은 송아지 같고, 그 셋째 생물生物은 얼굴이 사람 같고, 그 넷째 생물生物은 날아가는 독수리 같은데, 네 생물生物이 각각各各 여섯 날개가 있고 그 안과 주위周圍에 눈이 가득하더라. 그들이 이르기를 거룩하다 거룩하다 주主 하나님 곧 전능全能하신 이여 전에도 계셨고 이제도 계시고 장차將次 오실 자라 하고, 그 생물生物들이 영광榮光과 존귀尊貴와 감사感謝를 보좌寶座에 앉으사, 세세世世토록 사시는 이에게 돌릴 때에 이십사二十四 장로長老들이 보좌寶座에 앉으사, 이 앞에 엎드려 세세世世토록 사시는 이에게 경배敬拜하고, 자기自己의 면류관冕旒冠을 보좌寶座에 던지며 가로되, 우리 주主 하나님이여 영광榮光과 존귀尊貴와 능력能力을 받으시는 것이 합당合當하오니 주主께서 만물萬物을 지으신지라. 만물萬物이 주主의 뜻대로 있었고 또 지으심을 받았나이다 하더라. (계 4:4~11)

2. 내가 보매 보좌寶座에 앉으신 이의 오른손에 책冊이 있으니, 안팎으로 썼고 일곱 인印으로 봉奉하였더라. 또 보매 힘 있는 천사天使가 큰 음성音聲으로 외치기를, 누가 책冊을 펴며 그 인印을 떼기에 합당合當하냐 하니, 장로長老중에 하나가 말하되 울지 말라 유대 지파支派의 사자獅子 다윗의 뿌리가 이기었으니, 이 책冊과 그 일곱 인印을 떼시리라 하더라. 내가 보니 보좌寶座와 네 생물生物과 장로長老들 사이에 어린 양羊이 섰는데 일찍 죽임을 당한 것 같더라. 일곱 뿔과 일곱 눈이 있으니 이 눈은 온 땅에 보내심을 입은 하나님의 일곱 영靈이더라. 어린 양羊이 나아와서 보좌寶座에 앉으신 이의 오른손에서 책冊을 취取하시니라. 책冊을 취取하시매 네 생물生物과 이십사二十四 장로長老들이 어린 양羊 앞에 엎드려, 각각各各 거문고와 향香이 가득한 금金 대접待接을 가졌으니 이 향香은 성도聖徒의 기도祈禱들이라. (계 5:1~8)

3. 새 노래를 노래하여 가로되 책冊을 가지고 그 인봉印封을 떼기에 합당合當하시도다. 일찍 죽임을 당하사 각 족속族屬과 방언方言과 백성百姓과 나라 가운데서 사람들을 피로 사서 하나님께 드리시고, 저희로 우리 하나님 앞에서 나라와 제사장祭司長으로

삼으셨으니 저희가 땅에서 왕王노릇 하리로다. 내가 또 보고 들으매 보좌寶座와 생물生物들과 장로長老들을 둘러 선 많은 천사天使의 음성音聲이 있으니 그 수數가 만만萬萬이요 천천千千이라. 큰 음성音聲으로 가로되 죽임을 당하신 어린 양羊이 능력能力과 부富와 지혜智慧와 힘과 존귀尊貴와 영광榮光과 찬송讚頌을 받으시기에 합당合當하도다. 내가 들으니 하늘 위에와 땅 위에와 땅 아래와 바다 위에와 그 가운데 모든 만물萬物이 가로되, 보좌寶座에 앉으신 이와 어린 양羊에게 찬송讚頌과 존귀尊貴와 영광榮光과 능력能力을 세세世世토록 돌릴지어다 하니, 네 생물生物이 가로되 아멘하고 장로長老들은 엎드려 경배敬拜하더라. (계 5:9~14)

4. 내가 보매 어린 양羊이 일곱 인印 중에 하나를 떼시는 그때에 내가 들으니, 네 생물生物 중에 하나가 우뢰雨雷 소리 같이 말하되 오라 하기로 내가 이에 보니 흰 말이 있는데, 그 탄 자가 활을 가졌고 면류관冕旒冠을 받고 나가서 이기고 또 이기려고 하더라. 내가 보니 여섯째 인印을 떼실 때에 큰 지진地震이 나며, 해가 검어지며 달이 피 같이 되며 별들이 떨어지며, 하늘은 종이 축軸이 말리는 것 같으며, 임금들과 왕족王族들과 장군將軍들과 부자富者들과 강强한 자들과 자주자自主者가 굴과 산 바위틈에 숨어 산과 바위에게 이르되, 우리 위에 떨어져 보좌寶座에 앉으신 어린 양羊의 진노震怒에서 우리를 가리우라 진노震怒의 큰날이 이르렀으니 누가 능能히 서리요 하더라. (계 6:1~17)

5. 이 일 후後에 내가 보니 각 나라와 족속族屬과 백성百姓과 방언方言에서 아무라도 능能히 셀 수 없는 큰 무리가 흰옷을 입고, 손에 종려棕櫚가지를 들고 보좌寶座 앞에 서서 큰 소리로 외쳐 가로되, 구원救援하심이 보좌寶座에 앉으신 우리 하나님과 어린 양羊에게 있도다 하니, 모든 천사天使가 보좌寶座와 장로長老들과 네 생물生物 주위周圍에 섰다가 보좌寶座 앞에 엎드려 하나님께 경배敬拜하여 가로되, 아멘 찬송讚頌과 영광榮光과 지혜智慧와 감사感謝와 존귀尊貴와 능력能力과 힘이 우리 하나님께 세세世世토록 있을지로다 아멘. 내 주主여 어린 양羊의 피에 그 옷을 씻어 희게 하였느니라. 저희가 다시 주리지도 아니하며 목마르지도 아니하고, 해나 아무 뜨거운 기운氣運에 상傷하지 아니할지니, 이는 보좌寶座 가운데 계신 어린 양羊이 저희의 목자牧者가 되사 생명수生命水 샘으로 인도引導하시고, 하나님께서 저희 눈에서 모든 눈물을 씻어 주실 것임이러라. (계 7:9~17)

보좌寶座에 계신 어린 양羊 예수님의 영광榮光과 보좌寶座 곁에 계신 이십사二十四 장로長老님의 영화榮華로운 모습은 영원永遠 세계世界에서 보여 주는 영광榮光의 극치極致입니다. 그날에 우리 모든 성도聖徒들도 그 보좌寶座 앞에서 완전完全한 예배禮拜를 드리는 제사장祭司長의 역할役割을 수행遂行하게 될 것입니다.

【 낭송 표시 : 1회 ◰ / 4회 ■ / 목표 120회 】

"주의 말씀은 내 발의 등이요 내 길에 빛이니이다"(시 119:105)

제 14 일

모든 눈물을 씻어 주시리라

요한계시록 7:17

인류人類 역사歷史는 사탄과 마귀魔鬼에게 미혹迷惑 당한 이후 많은 싸움과 투쟁鬪爭과 전쟁戰爭으로 점철되어 왔습니다. 그 결과結果 많은 사람들이 고통苦痛과 고난苦難을 당함으로 눈물을 흘렸고 피 흘림을 당하는 희생犧牲도 계속繼續되어 왔습니다. 사랑하는 자녀子女들이 흘린 눈물은 인자仁慈하신 부모父母님께서 품에 안아 위로慰勞해 주시고 그 눈물을 닦아 주십니다. 자녀子女들의 고통苦痛과 억울함은 부모님이 풀어 주시고 해결解決해 주듯이, 우리 성도聖徒들의 눈물과 억울함을 어린 양羊 되신 우리 주님께서 닦아 주시고 해결解決해 주시고 씻어 주십니다.

1. 이 일 후後에 내가 보니 각 나라와 족속族屬과 백성百姓과 방언方言에서 아무라도 능能히 셀 수 없는 큰 무리가 흰옷을 입고 손에 종려棕櫚가지를 들고 보좌寶座 앞에 어린 양羊 앞에 서서 큰 소리로 외쳐 가로되, 구원救援하심이 보좌寶座에 앉으신 우리 하나님과 어린 양羊에게 있도다 하니, 모든 천사天使가 보좌寶座와 장로長老들과 네 생물生物 주위周圍에 섰다가 보좌寶座 앞에 엎드려 얼굴을 대고 하나님께 경배敬拜하여 가로되, 아멘 찬송讚頌과 영광榮光과 지혜智慧와 감사感謝와 존귀尊貴와 능력能力과 힘이 우리 하나님께 세세世世토록 있을지로다 아멘 하더라. (계 7:9~12)

2. 장로長老 중에 하나가 응답應答하여 내게 이르되 이 흰옷 입은 자들이 누구며 어디서 왔느뇨, 내가 가로되 내 주主여 당신이 알리이다 하니 그가 나더러 이르되, 이는 큰 환난患難에서 나오는 자들인데 어린 양羊의 피에 그 옷을 씻어 희게 하였느니라. 그러므로 그들이 하나님의 보좌寶座 앞에 있고, 그의 성전聖殿에서 밤낮 하나님을 섬기며, 보좌寶座에 앉으신 이가 그들 위에 장막帳幕을 치시리니, 저희가 다시 주리지도 아니하며 목마르지도 아니하고, 해나 아무 뜨거운 기운氣運에 상傷하지 아니할지니, 이는 보좌寶座 가운데 계신 어린 양羊이 저희의 목자牧者가 되사 생명수生命水 샘으로 인도引導하시고, 하나님께서 저희 눈에서 모든 눈물을 씻어 주실 것임이러라. (계 7:13~17)

3. 내가 보매 하나님 앞에 시위侍衛한 일곱 천사天使가 있어 일곱 나팔을 받더라. 또 다른 천사天使가 와서 제단祭壇 곁에 서서 금金 향로香爐를 가지고 많은 향香을 받았으니, 이는 모든 성도聖徒들의 기도祈禱들과 합合하여 보좌寶座 앞 금단金壇에 드리고자 함이라. 향연香煙이 성도聖徒의 기도祈禱와 함께 천사天使의 손으로부터 하나님 앞으로 올라가는지라. 천사天使가 향로香爐를 가지고 단壇 위의 불을 담아다가 땅에 쏟으매 뇌성雷聲과 음성音聲과 번개와 지진地震이 나더라. 일곱 나팔 가진 일곱 천사天使가 나팔 불기를 예비豫備하더라. (계 8:2~6)

4. 천사天使가 나팔을 불매 하늘에서 땅에 떨어진 별 하나가 있는데, 무저갱無底坑 열쇠를 받았더라. 저가 무저갱無底坑을 여니 그 구멍에서 큰 풀무의 연기煙氣 같은 연기煙氣가 올라오매, 해와 공기空氣가 연기煙氣로 인하여 어두워지며, 또 황충蝗蟲이 연기煙氣

가운데로부터 땅 위에 나오매, 저희가 땅에 있는 전갈全蝎의 권세權勢와 같은 권세權勢를 받았더라. 그날에는 사람들이 죽기를 구求하여도 얻지 못하고 죽고 싶으나 죽음이 저희를 피避하리로다. 이 재앙災殃에 남은 사람들은 그 손으로 행行하는 일을 회개悔改치 아니하고, 오히려 여러 귀신鬼神과 또는 보거나 듣거나 다니거나 하지 못하는, 금金 은銀 동銅과 목석木石의 우상偶像에게 절하고 살인殺人과 복술卜術과 음행淫行과 도적盜賊질을 회개悔改치 아니하더라. (계 9:1~21)

5. 일곱째 천사天使가 소리내는 날 그 나팔을 불게 될 때에, 하나님의 비밀秘密이 그 종 선지자先知者들에게 전轉하신 복음福音과 같이 이루리라. 하늘에서 나서 내게 들리던 음성音聲이 가로되 바다와 땅을 밟고 섰는 천사天使의 손에 펴 놓인 책冊을 가지라 하기로 내가 갖다 먹어 버리니, 내 입에는 꿀같이 다나 먹은 후後에는 쓰게 되더라. 저가 내게 말하기를 많은 백성百姓과 나라와 방언方言과 임금에게 다시 예언豫言하여야 하리라 하더라. (계 10:7~11)

6. 일곱째 천사天使가 나팔을 불 때 하늘에 큰 음성音聲들이 나서 가로되, 세상世上 나라가 우리 주主와 그리스도의 나라가 되어 세세世世토록 왕王 노릇 하시리로다 하니, 하나님 앞에 자기自己 보좌寶座에 앉은 이십사二十四 장로長老들이 엎드려 얼굴을 대고 하나님께 경배敬拜하여 가로되, 감사感謝하옵나니 옛적에도 계셨고 사방四方도 계신 주主 하나님 곧 전능全能하신 이여 친親히 큰 권능權能를 잡으시고 왕王 노릇 하시도다. 주主의 진노震怒가 임臨하여 죽은 자를 심판審判하시며, 종 선지자先知者들과 성도聖徒들과 또 무론대소無論大小하고 주主의 이름을 경외敬畏하는 자들에게 상賞 주시며 이에 하늘에 있는 하나님의 성전聖殿이 열리니, 성전聖殿 안에 하나님의 언약궤言約櫃가 보이며 또 번개와 음성音聲들과 뇌성雷聲과 지진地震과 큰 우박雨雹이 있더라. (계 11:15~19)

7. 내가 들으니 하늘에서 음성音聲이 나서 가로되 기록記錄하라 자금自今 이후로 주主 안에서 죽은 자들은 복福이 있도다 하시매, 성령聖靈이 가라사대 그러하다 저희 수고受苦를 그치고 쉬리니, 이는 저희의 행行한 일이 따름이라 하시더라. (계 14:13)

이 세상世上에서의 모든 일을 다 마치고 주님의 품에 안긴 성도聖徒들은 주主 안에서 죽은 자들입니다. 주主 안에서 죽은 자들은 복福이 있습니다. 수고受苦를 그치고 안식安息의 평안平安을 누리게 됩니다. 또한 주님을 위해 행行한 모든 일들은 상급賞給으로 수여授與 될 것입니다. "사랑하는 형제兄弟들아 견고堅固하며 흔들리지 말며 항상 주主의 일에 더욱 힘쓰는 자들이 되라 이는 너희 수고受苦가 주主 안에서 헛되지 않은 줄을 앎이니라"(고전 15:58). 아멘.

【 낭송 표시 : 1회 ◪ / 4회 ■ / 목표 120회 】

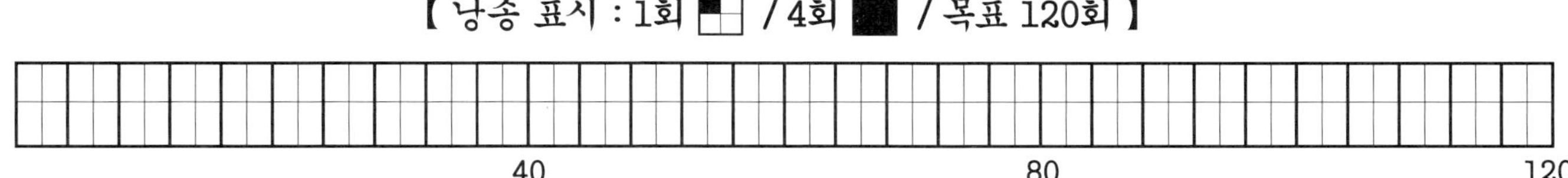

40 80 120

"주의 말씀은 내 발의 등이요 내 길에 빛이니이다"(시 119:105)

제 15 일

그리스도로 더불어 왕王 노릇 하리라

요한계시록 20:6

계시록啓示錄에 '천년왕국千年王國'이 계시啓示되어 있습니다. 천년千年 동안 주主와 더불어 왕王 노릇 하는 메시아 통치 기간統治期間이 나타나 있습니다. ① 심판審判하는 권세權勢를 받은 자들 ② 순교자殉敎者들 ③ 우상숭배偶像崇拜 거부자拒否者들 ④ 짐승의 표標를 받지 않는 자들 ⑤ 첫째 부활復活 참여자參與者들 ⑥ 제사장祭司長된 성도聖徒들은 천년千年 동안 그리스도로 더불어 왕王 노릇 하리라고 기록記錄되어 있습니다(계 20:4, 6).

1. 이 일 후後에 내가 들으니 하늘에 허다許多한 무리의 큰 음성音聲 같은 것이 있어 가로되, 할렐루야 구원救援과 영광榮光과 능력能力이 우리 하나님께 있도다. 그의 심판審判은 참되고 의義로운지라 음행淫行으로 땅을 더럽게 한 큰 음녀淫女를 심판審判하사, 자기自己 종들의 피를 그의 손에 갚으셨도다 하고 할렐루야 하더니, 그 연기煙氣가 세세世世토록 올라가더라. 또 이십사二十四 장로長老와 네 생물生物이 엎드려 보좌寶座에 앉으신 하나님께 경배敬拜하여 가로되, 아멘 할렐루야 하니 보좌寶座에서 음성音聲이 나서 가로되, 하나님의 종들 곧 그를 경외敬畏하는 너희들아 무론대소無論大小하고 다 우리 하나님께 찬송讚頌하라 하더라. (계 19:1~5)

2. 또 내가 들으니 허다許多한 무리의 음성音聲도 같고 많은 물 소리도 같고 큰 뇌성雷聲도 같아서 가로되, 할렐루야 주主 우리 하나님 곧 전능全能하신 이가 통치統治하시도다. 우리가 즐거워하고 크게 기뻐하였으니 그에게 영광榮光을 돌리며 어린 양羊의 혼인婚姻 기약期約이 이르렀고, 그 아내가 예비豫備하였으니 그에게 허락許諾하사 빛나고 깨끗한 세마포細麻布를 입게 하셨은즉, 이 세마포細麻布는 성도聖徒들의 옳은 행실行實이로다 하더라. 천사天使가 내게 말하기를 기록記錄하라 어린 양羊의 혼인婚姻 잔치에 청請함을 입은 자들이 복福이 있도다 하고 이것은 하나님의 참되신 말씀이라. (계 19:6~9)

3. 오직 하나님께 경배敬拜하라 예수의 증거證據는 대언代言의 영靈이라. 또 내가 하늘이 열린 것을 보니 보라 백마白馬와 탄 자가 있으니 그 이름은 충신忠信과 진실眞實이라. 그가 공의公義로 심판審判하며 싸우더라. 그 눈이 불꽃같고 그 머리에 많은 면류관冕旒冠이 있었고, 그가 피 뿌린 옷을 입었는데 그 이름은 하나님의 말씀이라 칭稱하더라. 하늘에 있는 군대軍隊들이 희고 깨끗한 세마포細麻布를 입고 백마白馬를 타고 그를 따르더라. 만국萬國을 치겠고 철장鐵杖으로 다스리며 그 옷과 다리에 이름 쓴 것이 만왕萬王의 왕王이요, 만주萬主의 주主라 하였더라. 또 내가 보매 땅의 임금과 군대軍隊들이 모여 그 말 탄 자의 군대軍隊로 더불어 전쟁戰爭을 일으켜 짐승의 표標를 받고, 우상偶像에게 경배敬拜하던 자들을 산채로 유황硫黃 불 붙는 못에 던지우더라. (계 19:10~20)

4. 또 내가 보좌寶座들을 보니 거기 앉은 자들이 있어 심판審判하는 권세權勢를 받았더라. 또 내가 보니 예수의 증거證據와 하나님의 말씀을 인하여 목베임을 받은 영혼靈魂들과 또 짐승과 우상偶像에게 예배禮拜하지 아니하고, 이마와 손에 그 표標를 받지 아니하는 자들이 살아서 그리스도와 더불어 천년千年동안 왕王 노릇하니, 이 첫째 부활復活에 참여參與하는 자들은 복福이 있고 거룩하도다. 그들이 하나님과 그리스도의 제사장祭司長이 되어 천년千年동안 그리스도로 더불어 왕王 노릇 하리라. 또 저희를 미혹迷惑하는 마귀魔鬼가 불과 유황硫黃 못에 던지우니, 거기는 짐승과 거짓 선지자先知者도 있어 세세世世토록 밤낮 괴로움을 받으리라. 또 내가 크고 흰 보좌寶座와 그 위에 앉으신 자를 보니 땅과 하늘이 그 앞에서 피하여 간 데 없더라. (계 20:4~11)

5. 또 내가 보니 죽은 자들이 무론대소無論大小하고 그 보좌寶座 앞에 섰는데, 책冊들이 펴 있고 또 다른 책冊이 펴졌으니 곧 생명책生命冊이라. 죽은 자들이 자기自己 행위行爲를 따라 책冊들에 기록記錄된 대로 심판審判을 받으니, 바다가 그 가운데 죽은 자들을 내어 주고 또 사망死亡과 음부陰府도 그 가운데서 불못에 던지우니 이것이 둘째 사망死亡 곧 불못이라. 누구든지 생명책生命冊에 기록記錄되지 못한 자는 불못에 던지우더라. (계 20:12~15)

6. 또 내가 새 하늘과 새 땅을 보니 처음 하늘과 처음 땅이 없어졌고 바다도 다시 있지 않더라. 또 내가 보매 거룩한 성城 새 예루살렘이 하나님께로부터 하늘에서 내려오니, 그 예비豫備한 것이 신부新婦가 남편男便을 위하여 단장丹粧한 것 같더라. 내가 들으니 보좌寶座에서 큰 음성音聲이 나서 가로되 보라, 하나님의 장막帳幕이 사람과 함께 있으매 하나님이 저희와 함께하시리니, 저희는 하나님의 백성百姓이 되고 하나님은 저희와 함께 계셔서 모든 눈물을 그 눈에서 씻기시매, 다시 사망死亡이 없고 애통哀痛하는 것이나 곡哭하는 것이나 아픈 것이 다시 있지 아니하리니 처음 것들이 다 지나갔음이러라. (계 21:1~4)

'생명책生命冊에 기록記錄된 자'와 '책冊들에 기록記錄된 자'들이 있습니다. 생명책生命冊에 기록記錄된 자는 구원救援을 얻고 주님과 더불어 왕王 노릇 하는 성도聖徒들입니다. 책冊들에 기록記錄된 자는 각자各自 행위行爲대로 심판審判을 받고 사망死亡과 음부陰府와 마귀魔鬼와 사탄과 더불어 지옥地獄 불못에 던짐을 당하게 됩니다.

【 낭송 표시 : 1회 ▚ / 4회 ■ / 목표 120회 】

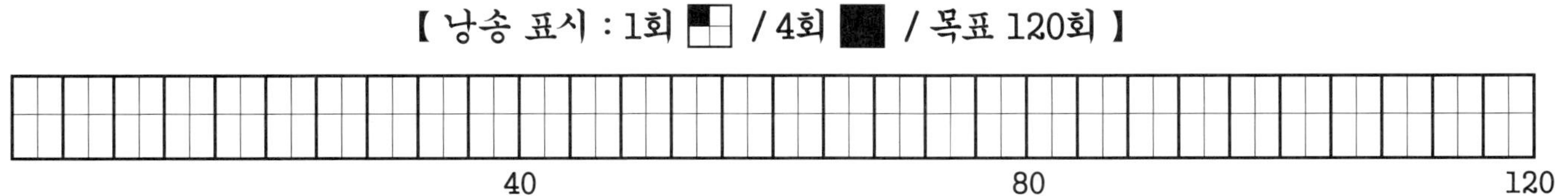

"주의 말씀은 내 발의 등이요 내 길에 빛이니이다"(시 119:105)

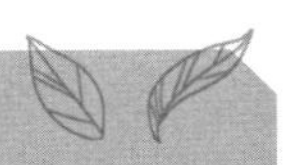

제 16 일

생명책生命冊에 기록記錄된 자들뿐이라

요한계시록 21:27

바울 사도使徒는 천국天國에 가 보고 "사람이 가可히 이르지 못할 말이로다"(고후 12:4)라면서 천국天國의 실상實狀을 자세하게 소개紹介하지 않으셨습니다. 사도使徒 요한은 천국天國의 장면場面을 계시啓示로 보고 지상地上의 모든 표현表現 자료資料를 총동원總動員해서 최대最大한 상징적象徵的 표현表現으로 설명說明해 주셨습니다. 생명책生命冊에 기록記錄된 자는 모두 영광榮光스러운 천국天國에 들어가게 된다고 확정確定하였습니다.

1. 보좌寶座에 앉으신 이가 가라사대 보라 내가 만물萬物을 새롭게 하노라 하시고, 또 가라사대 이 말은 신실信實하고 참되니 기록記錄하라 하시고 또 말씀을 하시되 이루었도다. 나는 알파ALPHA와 오메가OMEGA요 처음과 나중이라. 내가 생명수生命水 샘물로 목마른 자에게 값없이 주리니 이기는 자는 이것들을 유업遺業으로 얻으리라. 나는 저희 하나님이 되고 그는 내 아들이 되리라. 그러나 두려워 하는 자들과 믿지 아니하는 자들과, 흉악凶惡한 자들과 살인자殺人者들과 행음자行淫者들과 모든 거짓말하는 자들은 불과 유황硫黃으로 타는 못에 참여參與하리니 이것이 둘째 사망死亡이라. (계 21:5~8)

2. 일곱 천사天使중 하나가 와서 말하여 가로되, 이리 오라 신부新婦 곧 어린 양羊의 아내를 네게 보이리라 하고, 성령聖靈이 나를 데리고 크고 높은 산에 올라가 하나님께로부터 하늘에서 내려오는 거룩한 성城 예루살렘을 보이니, 하나님의 영광榮光이 있으매 그 성城의 빛이 지극至極히 귀貴한 보석寶石같고 벽옥碧玉과 수정水晶같이 맑더라. 크고 높은 성곽城郭이 있고 열두 문門이 있는데, 문門에 열두 천사天使가 있고 그 문門들위에 이름을 썼으니 열두 지파支派의 이름들이라. 동편東便에 세 문門, 북편北便에 세 문門, 남편南便에 세 문門, 서편西便에 세 문門이니, 그 성城의 성곽城郭은 열두 기초석基礎石이 있고 그 위에 어린 양羊의 열두 사도使徒의 이름이 있더라. (계 21:9~14)

3. 내게 말하는 자가 그 성城과 그 문門들과 성곽城郭을 척량尺量하려고 금金 갈대를 가졌더라. 그 성城은 네모가 반듯하며 장광長廣이 같은지라. 그 갈대로 척량尺量하니 일만이천一萬二千 스다디온이요STADION(2,200km) 장長과 광廣과 고高가 같더라. 그 성곽城郭을 척량尺量하매 일백一百 사십사四十四 규빗이니 사람의 척량尺量 곧 천사天使의 척량尺量이라. (계 21:15~17)

4. 그 성곽城郭은 벽옥碧玉 JASPER으로 쌓였고, 그 성城은 정금精金 PUREGOLD인데 맑은 유리琉璃 GLASS 같더라. 그 성城의 성곽城郭 기초석基礎石은 각색各色 보석寶石으로 꾸몄는데, 첫째 기초석基礎石 FOUNDATION STONES은 벽옥碧玉 JASPER이요 둘째는 남보석藍寶石 SAPPHIRE이요, 셋째는 옥수玉髓 AGATE 넷째는 녹보석綠寶石 EMERALD이요, 다섯째는 홍마노紅瑪瑙 SARDONYX요 여섯째는 홍보석紅寶石 SARDUS이요, 일곱째는 황옥黃玉 CHRYSOLITE이요, 여덟째는 녹옥綠玉 BERYL이요, 아홉째는 담황옥淡黃玉 TOPAZ이요, 열째는 비취옥翡翠玉 CHRYSOPRASE이요, 열한째는 청옥靑玉 JACLNTH이요, 열둘째는 자정紫晶 AMETHYST이라. 그 열두 문門은 열두 진주眞珠 PEARLS니 문門마다 한 진주眞珠요, 길은 맑은 유리琉璃같은 정금精金 PURE GOLD이더라. (계 21:18~21)

5. 성城안에 성전聖殿은 내가 보지 못하였으니 이는 주主 하나님 곧 전능全能하신 이와 및 어린 양羊의 그 성전聖殿이심이라. 그 성城은 해나 달의 비췸이 쓸데 없으니, 이는 하나님의 영광榮光이 비취고 어린 양羊이 그 등이 되심이라. 만국萬國이 그 빛 가운데로 다니고, 땅의 왕王들이 자기自己 영광榮光을 가지고 그리로 들어오리라. 성문城門들을 낮에 도무지 닫지 아니하리니 거기는 밤이 없음이라. 사람들이 만국萬國의 영광榮光과 존귀尊貴를 가지고 그리로 들어오겠고, 무엇이든지 속俗된 것이나 가증可憎한 일 또는 거짓말 하는 자는 결코 들어오지 못하되, 오직 어린 양羊의 생명책生命冊에 기록記錄된 자들뿐이라. (계 21:22~27)

천국天國의 가시적可視的 크기는 12,000STADION 2,250,000마일로서 영국 런던의 약 530배 정도가 되며, 안락安樂한 거주居住 공간空間 비율로 530억 명 인구人口가 상주常住할 수 있는 공간空間이라고 학자學者들은 측정測定하고 있습니다. 정입방체正入方體는 균형均衡과 완전完全을 상징象徵하며 1,2000스다디온은 성도聖徒의 거주 공간居住空間의 안전성安全性을 상징象徵합니다. 성곽城郭은 투명透明한 벽옥碧玉으로 존귀尊貴와 견고성堅固性을 상징象徵하며, 정금精金과 유리琉璃는 불변성不變性과 순결성純潔性을 뜻합니다. 12기초석基礎石은 제사장祭司長 흉배胸背에 있는 12지파支派 보석寶石의 영광榮光과 존귀尊貴함을 나타내며, 12진주眞主 문門은 천국天國의 안전安全과 영원성永遠性을 나타내었습니다. 천국天國이 생명수生命水 강江과 12과실果實을 맺는다는 것은 에덴동산의 완전完全 회복回復과 가나안 복지福地의 완전完全한 실현實現을 계시啓示하고 있습니다.

【 낭송 표시 : 1회 ◰ / 4회 ■ / 목표 120회 】

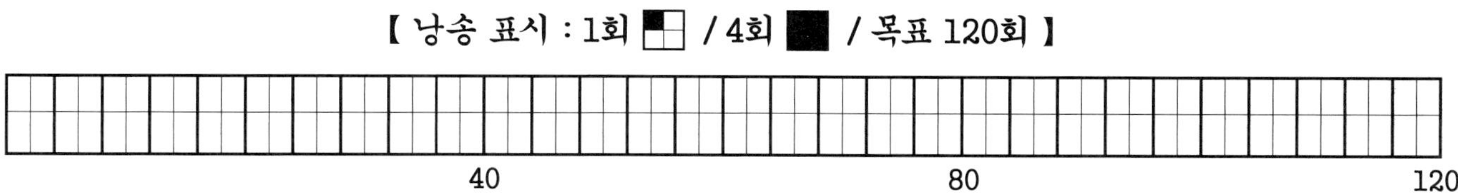

"주의 말씀은 내 발의 등이요 내 길에 빛이니이다"(시 119:105)

제 17 일

아멘 주主 예수여 오시옵소서

요한계시록 22:20

계시록啓示錄 22장에 일곱 가지 약속約束이 있습니다. ① 이 말은 신실信實하고 참된지라(계 22:6). ② 보라 내가 속速히 오리니(계 22:7). ③ 내가 진실眞實로 속히 오리라(계 22:20). ④ 아멘 주主 예수여 오시옵소서(계 22:20). ⑤ 주主 예수의 은혜恩惠가 모든 자들에게 있을지어다(계 22:21). ⑥ 각 사람에게 그의 일한 대로 갚아주리라(계 22:12). ⑦ 예언豫言의 말씀을 지키는 자가 복福이 있으리라(계 22:7). 이 얼마나 절실切實하며 절박切迫합니까? 사랑하는 이에게 꼭 전하여 멸망滅亡의 자리에서 구출救出하여 구원救援과 영생복락永生福樂을 얻게 해야 할 일이 그 무엇보다도 가장 시급時急하고 중요重要합니다.

1. 또 저가 수정水晶같이 맑은 생명수生命水의 강江을 내게 보이니, 하나님과 어린 양의 보좌寶座로부터 나서 길 가운데로 흐르더라. 강江 좌우左右에 생명生命나무가 있어 열두 가지 실과實果를 맺히되 달마다 그 실과實果를 맺히고, 그 나무 잎사귀들은 만국萬國을 소성蘇醒하기 위하여 있더라. 다시 저주詛呪가 없으며 하나님과 어린 양의 보좌寶座가 그 가운데 있으리니, 그의 종들이 그를 섬기며 그의 얼굴을 볼 터이요, 그의 이름도 저희 이마에 있으리라 다시 밤이 없겠고 등불과 햇빛이 쓸데없으니 이는 주主 하나님이 저희에게 비취심이라. 저희가 세세世世토록 왕王 노릇 하리로다. (계 22:1~5)

2. 또 그가 내게 말하기를 이 말은 신실信實하고 참된지라. 주主 곧 선지자先知者들의 영靈의 하나님이 그의 종들에게 결코 속速히 될 일을 보이시려고 그의 천사天使를 보내셨도다. 보라 내가 속速히 오리니 이 책冊의 예언豫言의 말씀을 지키는 자가 복福이 있으리라 하더라. 이것들을 보고 들은 자는 나 요한이니, 내가 듣고 볼 때에 이 일을 내게 보이던 천사天使의 발 앞에 경배敬拜하려고 엎드렸더니, 저가 내게 말하기를 나는 너와 네 형제兄弟 선지자先知者들과 또 이 책冊의 말을 지키는 자들과 함께 된 종이니, 그리하지 말고 오직 하나님께 경배敬拜하라 하더라. (계 22:6~9)

3. 또 내게 말하되 이 책冊의 예언豫言의 말씀을 인봉印封하지 말라 때가 가까우니라. 불의不義하는 자는 그대로 불의不義하고, 더러운 자는 그대로 더럽고 의義로운 자는 그대로 의義를 행行하고, 거룩한 자는 그대로 거룩되게 하라. 보라 내가 속速히 오리니 내가 줄 상賞이 내게 있어 각 사람에게 그의 일한 대로 갚아 주리라. 나는 알파ALPHA와 오메가OMEGA요 처음과 나중이요 시작始作과 끝이라. (계 22:10~13)

4. 보라 내가 속速히 오리니 내가 줄 상賞이 내게 있어, 각 사람에게 그의 일한 대로 갚아 주리라. 나는 알파와 오메가요 처음과 나중이요 시작始作과 끝이라. 그 두루마기를 빠는 자들은 복福이 있으니 이는 저희가 생명生命나무에 나아가며 문門들을 통하여 성城에 들어갈 권세權勢를 얻으려 함이로다. 개들과 술객術客들과 행음자行淫者들과 살인자殺人者들과 우상숭배자偶像崇拜者들과 거짓말을 좋아하며 지어내는 자마다 성城밖에 있으리라. 나 예수는 교회教會들을 위하여 내 사자使者를 보내어 이것들을 너희에게 증거證據하게 하였도다. 나는 다윗의 뿌리요 자손子孫이니 곧 광명光明한 새벽별이라 하시더라. (계 22:12~16)

5. 성령聖靈과 신부新婦가 말씀하시기를 오라 하시도다. 듣는 자도 오라 할 것이요 목마른 자도 올 것이요, 또 원願하는 자는 값없이 생명수生命水를 받으라 하시더라. 내가 이 책冊의 예언豫言의 말씀을 듣는 각인各人에게 증거證據하노니, 만일 누구든지 이것들 외에 더하면 하나님이 이 책冊에 기록記錄된 재앙災殃들을 그에게 더하실 터이요, 만일 누구든지 이 책冊의 예언豫言의 말씀에서 제除하여 버리면 하나님이 이 책冊에 기록記錄된 생명生命나무와 및 거룩한 성城에 참예參與함을 제除하여 버리시리라. 이것들을 증거證據하신 이가 가라사대 내가 진실眞實로 속速히 오리라 하시거늘, 아멘 주主 예수여 오시옵소서 주主 예수의 은혜恩惠가 모든 자에게 있을지어다 아멘. (계 22:17~21)

창세기創世記는 천지창조天地創造와 에덴동산의 아담의 가정家庭과 족장族長들의 신앙생활信仰生活을 통해서 하나님의 사랑과 구원 역사救援役事를 계시啓示하고 있습니다. 마태복음은 하나님의 아들 예수 그리스도께서 메시아 사역使役을 통하여 범죄犯罪하고 타락한 인류人類를 구원救援하신 사역使役이 계시啓示되었습니다. 요한계시록啓示錄은 하나님의 구속 사역救贖使役의 완성完成과 영원永遠한 신천신지新天新地를 계시啓示해 주고 있습니다. 창세기創世記 - 마태복음 - 계시록啓示錄은 인생人生과 인류人類의 서론序論 - 본론本論 - 결론結論의 과정課程이기도 합니다.

【 낭송 표시 : 1회 ▣ / 4회 ■ / 목표 120회 】

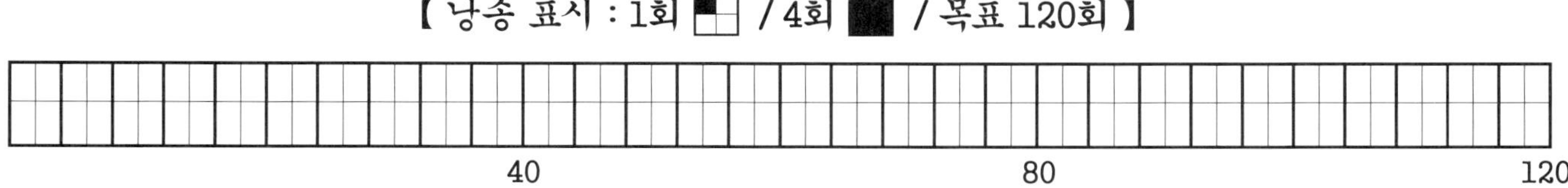

"주의 말씀은 내 발의 등이요 내 길에 빛이니이다"(시 119:105)

결언 結言

일본日本에 떨어진 원자탄原子彈은 두 도시 (히로시마, 나가사키)를 잿더미로 만들었다. 《사랑의 원자탄原子彈》은 애양원에서 나환자(한센병)들을 돌보시던 손양원 목사님의 일대기를 담은 책명冊名이다. 손 목사님의 두 아들이 순천에서 고등학교 다닐 때 공산당 좌익들에 의하여 살해당하였다. 두 아들을 죽인 자가 검거되어 처형당하게 될 때 손 목사님은 이승만 대통령께 탄원하여 석방시켰다.

이후 손 목사님은 "내 두 아들 동인, 동신은 미국 유학 가려고 했지만 미국 유학보다 더 나은 천국 유학 갔도다"라고 감사하였다. 그리고 두 아들을 죽인 사형수를 양자養子로 입양入養하여 아들 대신 신학 공부시켜 목회자로 세웠다. 손 목사님은 두 아들 동인, 동신을 잃은 슬픔을 예수님 사랑으로 하나님의 말씀을 몸소 실천하심으로 핵폭발 전이轉移한 것이다.

일본 열도의 원자탄은 제국주의 욕심을 잉태하여 사망으로 전개되어 수천만 명의 생명을 유린한 2차세계대전을 종식시킨 무서운 살상 파괴의 무기였다. 북한의 원자탄은 김일성, 김정일, 김정은 3대가 한반도와 전 세계를 상대하여 협박하는 현재의 무기이다.

예수님의 사랑과 하나님의 말씀으로 무장된 손양원 목사님 가정의 원자탄은 지상의 모든 원자탄을 녹여 평화의 도구로 만들어낸 제2의 십자가와 부활 사건이요 사도행전 28장 이후의 승전보勝戰報이다. "그 칼을 쳐서 보습을 만들고 그 창을 쳐서 낫을 만들 것이며 이 나라와 저 나라가 다시는 칼을 들고 서로 치지 아니하며 다시는 전쟁을 연습지 아니하리라"(사 2:4). 쿰란Qumran 동굴에서 발견된 사해 사본에 확인된 이사야 선지의 예언이 이루어진 놀라운 사건이다.

북한의 원자탄은 김일성 가정의 작품이다. 아들 정일, 손자 정은을 통해 완성되었다. 김일성의 가정은 가장 많은 피해를 준 가정이고 손양원 목사님의 가정은 가장 피해를 많이 당한 가정으로 서로 대조를 이룬다. 이러한 부조리와 억울한 한限과 트라우마trauma를 안고 한국교회는 신음呻吟하고 있다. 예수님께서 십자가 상에서 "다 이루었다"(요 19:30)고 하심은 사랑과 희생으로 화해와 속죄, 구원과 평화를 완성하셨다는 선언이다. 이것이 복음福音 진수眞髓이다. 그야말로 사랑의 원자탄原子彈 atomic bumb이다. 결국 사랑의 원자탄은 손양원 목사님 가정의 승리였음을 한국교회는 전 세계에 보여 주어야 한다.

손양원 목사님 가정의 하나님 말씀 사랑의 원자탄이 세상 모든 전쟁 살상 무기를 녹여 평화의 도구로 바꾸어 주소서! 본本《가정 성경 낭송 독본家庭 聖經 朗頌 讀本》이 모든 가정 모든 식구들에게 함께 낭송되어 지구촌에 가득 채우는 날! 드디어 "주여 나를 평화의 도구로 써 주소서" 성聖 프란시스코의 기도가 이루어지리라. 아멘.

《가정 성경 낭송 독본》 구입 안내
안수식 목사 010-6622-1003
우체국 계좌 201129-02-703076

찬송가 전곡 함께 부르기 (영한 찬송가 251장~275장) by Dr. ...
youtu.be

북한교회 재건 시 옮겨 심을 정원수들이 수목원에서 자라고 있는 모습

저자_**안수식** 목사

- 성균관대학교 / 장신대 신학대학원 / 연세대학교 연합신학대학원
  신시내티 신학대학원 / 샌프란시스코 신학대학원
- 종로구 명륜중앙교회 전도사·강도사·부목사/ 서대문 북가좌교회·신시내티 한인교회
  뉴저지 에리자베스 한인교회·신영주교회·해안중앙교회 담임
- 총회 단군상대책위원회 서기 / 한기총단군상특별위원회 진행위원장
- (현) 안식수목원安植樹木園 대표(북한교회 복구 시 심을 정원수)
- 12사단사령부 을지교회 협동목사 / 강원노회 은퇴목사회 회장
- 찬송가 전곡 함께 부르기(1장-645장) 한영 찬송가 Youtube by DR. S AHN

가정 성경 낭송 독본

家庭 聖經 朗誦 讀本

1판 1쇄 인쇄 _ 2024년 7월 25일
1판 1쇄 발행 _ 2024년 8월 10일

지은이 _ 안수식
펴낸이 _ 이형규
펴낸곳 _ 쿰란출판사

주소 _ 서울특별시 종로구 이화장길 6
편집부 _ 745-1007, 745-1301~2, 743-1300
영업부 _ 747-1004, FAX 745-8490
본사평생전화번호 _ 0502-756-1004
홈페이지 _ http://www.qumran.co.kr
E-mail _ qrbooks@daum.net / qrbooks@gmail.com
한글인터넷주소 _ 쿰란, 쿰란출판사
페이스북 _ www.facebook.com/qumranpeople
인스타그램 _ www.instagram.com/qrbooks
등록 _ 제1-670호(1988.2.27)
책임교열 _ 이화정·최찬미

 ISBN 979-11-6143-966-2 93230

책값은 뒤표지에 있습니다.

파본(破本)은 구입처에서 교환해 드립니다.